本书得到国家社会科学基金重大项目：《深化基层矛盾纠纷化解共建共治机制及其风险预判研究》（18ZDA166）、

国家社会科学基金规划项目：《我国农民权益保护与新农村社区发展基本法律问题研究》（07BFX0003）、

华中科技大学人文社会科学重大原创性成果培育项目：《全面乡村振兴进程中农民土地权益保障研究》的资助。

中国新农村社区发展的法理与实践

The jurisprudence and practice of Chinese new rural community development

李长健 著

上册

人民出版社

目　录

上　册

基础理论编

法律关系编

实证研究与比较分析编

前　　言

　　农村社区法治建设是中国农民权益保护与新农村社区发展的关键抓手，是关乎中国基层治理体系和治理能力现代化的基础性工程，具有基础性、引导性、保障性和长效性的特点。农民权益保护又是新农村社区发展的重要生发点。农村社区法治建设越是趋于体系化与成熟化，新农村社区的发展机制就越是可持续、有活力，农民权益的保护机制就越是可落实、有韧劲。从目前来看，中国农民权益保护仍存在资源错位、规范缺位、主体弱位的现实情形，新农村社区发展亦遇到发展动力匮乏、发展逻辑难洽、发展行为失范的实在困境，严重制约着中国全面乡村振兴的推动进程和现代化农业强国的建设步伐。因此，我们要发挥好农村社区法治建设在中国农民权益保护与新农村社区发展结构框架中的基石性、规范性、协同性的作用与价值，以农民权益保护为重心，从法学理论与法治实践两个方面去分析研究，进而处理好现阶段新农村社区发展的基本法律问题，为破解"三农"发展过程中的顽疾、维护农村社区和谐有序的发展环境、建立健全农村社区长效治理机制、培育壮大新型农民群体和农村集体经济组织等方面提供坚实的支撑。本书从法学理论与法治实践的角度切入研究农民权益保护和新农村社区发展的紧密联系并探究两者的内在契合点，系统地阐述了中国新农村发展的相关法学理论基础，通过大量的调查研究后分析了中国新农村发展的法治实践，为未来的新农村社区建设的实践与探索、农民群体权益的全方位、全要素、全过程的保护以及农村经济组织的高质量发展等提供可行的制度、机制、模式与方案。

　　本书采取"基础理论—法律关系—实证研究与比较分析—基本法理、法律问题及对策—保障模式与制度构建"的全流程、一体化的分析体例。首先从农民权益保护与新农村社区发展相互关系理论的理论契合点、实践互动面、原理与机制分析、功能与模式探索等方面切入,结合农民权益保护与新农村社区发展的价值理念、基本取向、多维主体等,为农民权益保护与新农村社区发展的政治法律关系、经济法律关系、文化法律关系、社会法律关系、生态法律关系的论述作铺垫;其次在充分的理论研究、实证研究与比较分析的基础上,呈现出农民权益保护与新农村社区发展的法理念、法价值和法特征等基本法理,全方位、宽领域地剖析出农民权益保护与新农村社区发展在政治、经济、文化、社会、生态、社区建设、矛盾化解、农业补贴、权益救济等方面存在的重点法律问题,并在我国社区基本法设计、政府行为与责任、社区法律选择机制、矛盾纠纷化解机制等层面上提出了具体的对策与建议;最后对农村社会治理模式展开了类型化分析,总结了农民权益保护与新农村社区发展的实践模式应用标准与基点,剖析了农民权益保护与新农村社区发展的法律保障模式的总体设计、主体架构、制度构建、多元协调等内容。

　　本书的核心创新点体现在以下几个方面;其一,在基础理论层面,构建了主客体权利体系互动融合的社区发展权理论体系,并将社区发展权理论体系应用于全书的论证分析。社区发展权是农民权益保护与新农村社区建设和发展的创新理论基础。它以农民平等生存权、平等发展权为中心的主体权利体系与以土地及资源发展权、生态与环境发展权为基础的客体权利体系互动融合而成。在此基础上,新农村社区建设实现农民利益在时空上拓展、维度上深化、内容序列上优化组合,实现利益逻辑与社区建设在时空、组织、制度和文化上的契合。其二,系统地对农民权益保护与新农村社区发展的五方面法律关系展开深入研究。其三,从主体层面构建多元社会主体的农民权益保护的机制体系,实现多元主体互动互促共同实现农民权益保护的组织体系。并从政府、基层党组织、农民、社会中间层组织、农村社区、农民合作经济组织、社区集体经济组织以及涉农企业八个主体的角度构建了主体制度体系。其四,将农业补贴纳入农民权益保护与新农村社区发展的重要推动主线,探讨了农业补贴在农民权益保护和新农村社区发展中的地位作用、创新理论、法律问题与制度机制应对。其五,在立法实践方面,本书尝试提出了我国社区组织法、社区发展促进法的具体法律框架设计以及农村合作金融法的法律条文设计学者建议稿,从立法方面对我国农村社区法治建设展开大胆探索。其六,创造性地提出以生存权与发展权平等为中心的"白箱"补贴制度的具体设计。"白箱"在规则的定性上具有兜底的性质,更加符合我国农业的产业弱质性要求和生存权与发展权平等理念。

本书认为农民权益保护与农村社区发展存在着互动互促和谐共生的逻辑关系。对于互动互促和谐共生逻辑关系的审视可以从新农村社区发展在农民权益保护中发挥经济共同体和社会共同体作用切入。新农村社区作为社会中间层组织体,可以充分发挥其作为第三部门的力量,通过将农民个体的经济能量聚合并加以发展,不但能够在农民经济权益保障与发展方面为其奠定坚实的基础,更可以通过其组织的建立为广大农村社区成员提供必要的公共物品,为新农村建设与构建和谐社会打下牢固基石。

本书认为农村社区发展的制度目标是实现保护农民权益的政治制度、经济制度、文化制度、社会制度、生态环境制度等制度和谐。本书根据法律关系所调整的领域和范围标准,对农民权益保护与新农村社区发展之间深层次的法律关系从政治、经济、文化、社会、生态五方面进行系统分类与分析。

本书认为基于农民权益保护与新农村社区发展的尊重农民"权利优先"并不违背权利与义务统一原则,而是权利与义务互补理论的体现。旧的权利义务的对应关系、对等关系和功能上的互补关系并不能满足新时代条件下对生存权与发展权平等的需要,基于特定的历史条件造成的不平等呼唤一种新的权利义务关系理论——互补性权利义务规则,处于相对弱势地位的农民和新农村社区暂时只享受权利、不履行义务,表面上看是权利与义务的不对等,但从整个历史发展的视角来看,农业长期支持工业导致大量农业利益向城市流动的事实,表明权利与义务的统一是需要条件的,不是绝对的。因此,在农民权益保护与新农村社区发展中,尊重农民的"权利优先"是在特殊特定历史时期农民权益保护与新农村社区发展的客观选择。

本书认为农业补贴是农民权益保护与新农村社区发展的重要推动主线。

本书认为,将各流转环节的补贴转为生产环节的直接补贴,不仅可以提高农业补贴效率、减少补贴资金的流失,而且可以增加农民收入、保障国家粮食安全,实现国家整体安全。针对现有农业补贴制度的局限性和农业发展需要,建构以生存权和发展权平等为中心的"白箱"农业补贴法律制度。该制度由于其具有的"兜底"条款性质以及相对弱势群体保护的倾斜性差异原则,使其具体规定更具灵活性;其允许各成员遵守在 WTO 框架的原则性规定的同时,作出有利于生存权与发展权平等实现的灵活规定,在国际化大背景下更具国际协调意义。

本书认为我国亟需制定社区组织法和社区发展促进法。社区组织法主要对社区的性质、作用、主体法律地位、职能、社区管理机构的产生和设置及各自的职责权限、社区管理方式及运作机制等作出明确的规定,以规范社区的建设与管理而为社区的健康发展提供制度上、法律上的保障。社区发展促进法主要围绕农村社区建立、农村社区组织建设、农村社区经济发展、农村社区基础设施、农村社区信息公开、农村社区文化建设、农村社区环境保护七个方面提出立法思路、依据、宗旨和基本框架内容。

总体而言,本书在法学理论运用与创新、法律关系论证、现实问题发掘、具体对策建议、保障模式完善以及制度体系建构等方面均作出了重要的学术努力、学术归结与成果贡献。在农民权益保护与新农村社区建设视域下,社区发展权、金融发展权、权利与义务互补理论的结构性嵌入,农民利益在时空上拓展、维度上深化、内容序列上的优化组合,农民权益保护与新农村社区发展之间深层次的政治、经济、文化、社会、生态五方面法律关系的深度剖析,"白箱"农业补贴法律制度的设计以及中华人民共和国社区组织法、社区发展促进法等进行了初步立法设计等是本书的学术努力,期望本书的研究成果可以为中国新农村社区发展的法治建设提供有益的借鉴思路,为实现城乡一体化高质量发展和共同富裕,建成中国式社会主义现代化强国作出法学人的应有的贡献。

基 础 理 论 编

第一章　农民权益保护的基础理论

　　一个民族和国家的复兴，没有大多数人的积极主动参与是不可能成功的。回顾历史，我们很容易看到，在中国革命和建设时期，"三农"均不同程度被政治家、学者们所高度重视。从梁漱溟的"乡村建设道路"到毛泽东"农民问题是革命的首要问题"的"农村包围城市"；从费孝通对"三农"问题的学院派研究新时期我们创造的农村承包制、村民自治、新农村建设、脱贫攻坚、全面小康、乡村振兴等制度；从过去的"问题导向性"研究，到"政策导向性"实践，再到今天的"规范法治化"建设，我们可以清晰地看到：中国"三农"问题的关键是农民问题，而农民问题的核心是农民利益问题。谁解决好了农民利益问题，调动好了农民的积极性，利用好了农民这支中国社会最基本的力量作为革命和建设的主体，谁就会取得领导革命和建设的成功。改革开放以来，农业有了很大发展，农村有了很大变化，农民社会地位也有了很大提高。党和政府高度重视农民问题，将农民问题作为社会建设的根本问题来看待，制定了一系列以增加农民收入、改善农民生活条件、提高农民社会地位等为根本出发点和落脚点的农村政策，取得了很大的成绩。不过相对于其他社会主体而言，农民问题仍有一些问题未得到根本好转。为解决这些问题，一些法学家、经济学家、社会学家和社会实践工作者分别对"三农"问题中的农民问题从理论与实践角度进行了广泛的研究和实践，试图寻找解决"农民问题"的良方。对农民权益保护的基础理论进行梳理，从农民自身发展的角度明确中国"三农"问题解决的基本走向，是当前理论研究与社会实践的必由之路。

第一节　农民权益保护的战略意义

"三农"问题直接关系到国家的稳定与社会的可持续发展,农民权益保护是解决"三农"问题的核心与关键。农民权益是农民应该享受的不容侵犯的各种权利和利益的总称。从第三代人权角度看,农民权益主要包括农民的生存权益与发展权益。随着社会发展,从农民生存权向农民发展权转变是农民权益保护的重要理念。为了实现农民权益的可持续保护,建构基于农民权益保护的系统理论是现实发展的必然要求,具有十分重要的理论价值和实践意义。

一、农民权益保护是农民自身发展的基本要求

马克思主义唯物史观强调,历史活动是群众的事业。伟大领袖毛泽东更是明确指出:人民,只有人民,才是创造世界历史的动力[①]。人民群众是社会物质财富的创造者,也是社会精神财富的创造者,更是推动社会变革的决定性力量。建设社会主义新农村就是要赋予广大农民平等的发展机会和发展能力,平等地享有发展的成果,弥合城乡差距,实现共同富裕。农民最知道自己想要什么,因此建设新农村与全面实施乡村振兴的根本动力在于广大农民积极性的激发。要从农民最愿意、最迫切需要而又能实现的事情做起。如果农民的"话语权"不受尊重,其公共参与意识淡薄,缺乏参与建设的内生动力,对建设社会主义新农村没有一种主人翁意识和归属感,没有一个良性与稳定的心理预期,就不可能有农村真正的变革与发展。

社会主义新农村建设与全面实施乡村振兴战略的真正主体就是农民自身。当前,中国的社会发展、社会改革、社会利益分享离不开农民的参与,要调动广大农民的积极性,就必须把尊重农民意愿,以及调动农民积极性贯穿于建

---

① 《毛泽东选集》第三卷,人民出版社 1991 年版,第 1031 页。

设新农村与全面实施乡村振兴全过程。党和政府必须继续坚持农村基本经营制度,尊重农民的主体地位,不断创新农村体制机制;必须坚持以人为本,着力解决农民生产生活中最迫切的实际问题,维护好、实现好、发展好农民利益,让农民在建设新农村与全面实施乡村振兴战略的过程中切实得到实惠,包括经济、政治、文化、社会、生态等各方面的权益得到保护和实现。建设新农村与全面实施乡村振兴要以让农民拥护、让农民满意、让农民受惠为最高标准。由此可见,对农民权益进行保护有利于调动农民的积极性,使其成为社会主义建设的主体力量。

二、农民权益保护是农民组织化的内在要求

对于维护农民权益,西方有句很流行的民谚,即"农民第一"。这有两层含义:一是政府决策要充分反映农民意愿、维护农民合法权益;二是农民要参与国家决策的全过程,要对政府的决策方案进行评议、筛选、排序和表决。在此博弈过程中,政府和农民之间应存在很多进行协调、沟通的"桥梁",即农民利益的代表组织。这种思想在西方社会的形成和发展与西方历史中农民和农民组织的重要地位分不开。长期以来,以美国为首的西方发达国家农民人数比重相当低,农业产值在国民生产总值中也只占很小的份额,但农民组织在国家政治生活和农业政策制定方面一直发挥着巨大的作用。1965 年,戴高乐由于拒绝英国加入欧洲市场,使盼望着扩大出口量的法国农民失望了,农民在共同市场的马拉松式的谈判过程中,掀起了暴力示威活动,并且不支持戴高乐,因此,戴高乐在首轮选举中未获得半数选票①。时隔 30 年,1995 年法国总统选举前夕,候选人之一巴拉迪尔总理前往北部里尔地区游说拉票,当地农民却以强烈的抗议迎接他,农民们不满意农产品收购价过低,在当地政府办公厅前焚烧车轮等物以示抗议。这也直接导致他在 4 月 23 日法国大选首轮投票中名落孙山②。由此可见,在国外,农民是政治天平上有分量的砝码,统治者面

---

① 李成贵:《中国的二元结构与三农困境》,《古今农业》2003 年第 11 期。
② 李成贵:《国家、利益集团与三农困境》,《经济社会体制比较》2004 年第 9 期。

对农民团体的压力,逆之者要付出高昂的代价,顺之者则会获得好处。在华盛顿、伦敦、巴黎、东京等城市发展中情况莫不如此。又如,美国的三大农民团体:农民协会、农民联盟、农场局所代表的农民政治势力,对政府决策展现了强大的影响力。再如,日本自 21 世纪初就开始实行农业保护政策,在长达近百年的时间内,农业政策的保护性质几乎没有什么改变,其主要农产品特别是大米的价格远远高过了国际市场价格,这使得消费者的利益受到很大损失。究其原因,就在于日本的农民团体具有较强的利益表达能力,在政治博弈中处于优势地位。目前日本农业人口不足全国总人口的 5%但控制着全国 25%选票,并且有自己得力的团体——农协,从而迫使政府决策时更多考虑农民的要求。在这种情况下,统治者不可能无视农民及其团体给予的压力。其结果是,这些国家普遍实行了农业支持政策,如对农产品给予价格支持,对主要农产品的进口进行限制、出口给予补贴等等。

由此可见,在公共选择过程中,各社会阶层和集团之间的权力和影响是不平等的,有些利益集团处于明显的优势地位,他们的行动对政策选择产生重大影响。而农民通过农民组织的作用,形成集团优势,进而维护自身的利益是当前国际社会发达国家农民维护自身利益的重要途径。在我国缺少的恰恰正是这种“桥梁”性组织。一方面农民群体没有自己统一的全国性组织,在国家层面上缺少农民群体权益的代言人,农民群体的利益无法及时、全面地得到实现;另一方面各个相关利益群体在农民权益保护中的作用还有待加强,尤其是作为村民自治组织的村民委员会在实践中存在严重的职能异化、组织涣散等问题,不能充分代表农民利益,不能很好地维护农民权益。由此可见,农民权益保护与农民组织化是一对相关概念,二者相互促进。

三、农民权益保护是农村社区发展的根本动力

我国新农村社区的发展是中国式市场经济发展的产物。农村社区是广大农民在市场经济条件下为弥补市场缺陷,同时防止政府对市场的干预过度可能出现的弊端而组织起来的社会共同行动体。它可以增强抵御强势集团影响的能力,防止公平和效率的双重损失。我国社会进入转型与发展加速期后,农

村社会分层和社会流动加剧以及社会结构变迁导致利益分化、利益多元化和利益群体显性化，一定程度上加剧了农村社会利益的冲突，农村社区的出现与发展契合了农村社会结构的变迁、农村社会分层流动和利益协调的需求。

随着计划经济体制向社会主义市场经济体制转轨，经济结构战略性调整，工业化、城市化进程加快和对外开放扩大，我国经济社会发生了深刻的变化，综合国力和人民生活水平显著提高。伴随着发展所带来的增量利益不断被侵蚀，农民在经济收入、利益保护、社会竞争力、就业和社会保障等方面处于相对困难与不利的境地，成为当今中国社会相对弱势群体。新形势下，经济社会的发展与新农村建设、全面乡村振兴的历史实践对农民权益保护提出了全新的理念与要求。农民权益保护制度的完善需要改革不适应现代社会发展趋势的旧制度，建立促进广大农民平等生存权、人的尊严、平等发展权实现的保护体制与运行机制。显然，认识新农村建设、全面乡村振兴与农民权益保护之间的内在关联及融合相通之处，在宏观上建构起二者之间良性互动的理论范式，自觉地把和谐新农村的理想目标与农民权益保护的精神理念融入现实的制度设计与实践中，必将成为推动我国经济发展、建设社会主义新农村的强大动因。

具体而言，农民权益在新农村社区建设中具有根本性的作用，是形成农村社区关系和农村社区发展的本源性动因。从利益角度来看，人的利益起源于人的需要。由于社会分工和专业化生产的需求，人们在经济关系的基础上发展出了政治、文化等社会关系。因此，农民利益可以使农民在相互活动中形成一定的社区关系，这些关系既是他们活动的结果，又是他们赖以进行活动的条件。只有形成这种关系并且在这种关系中活动才有他们的社区生活。矛盾的产生和运动是事物变化和发展的原因，不同个人、群体之间的利益矛盾，同一群体中不同成员利益与群体利益之间的矛盾发展以及利益本身内容和层次的变化发展，都会引起农村社区关系的变化和发展，从而引起农村社区建设的变化和发展。而农村社区对农村权益保护有着重要的作用。和谐农村社区的构建可以实现利益主体和利益客体的和谐发展，在农民利益的保护中发挥重要作用。其一，农村社区作为一个组织化的时空载体，发挥着桥梁纽带作用。农村社区是基于相对稳定与相对共性的文化关系、互相依存的经济关系、错综复杂的社会关系、共同利益的政治关系的组织化时空载体。其二,农村社区作为一种区域化的社会组织,可以积极发挥公共职能,参与农村社会的公共产品与公共服务供给。其三,农村社区作为一个社会组织体,发挥着利益协调作用。通过社区文化的培育来协调差异利益和冲突利益,在认同差异性利益的前提下缩减利益差异和平衡差异利益,最终实现利益之间的和谐。从动态发展的视野来看,在主体多元化社会关系与利益交叠冲突的现代社会,农民权益不能仅通过个人选择还必须通过不同组织进行集体选择的方法来实现。

四、农民权益保护是和谐社会建设的现实要求

构建社会主义和谐社会,是在一个新的历史高度谋划中国特色社会主义,它与建立社会主义市场经济一样,是中国特色社会主义理论的重要组成部分。我们知道:农村和谐发展是构建社会主义和谐社会的重要基础。现代和谐社会对权利保障的核心要求,就是对权利的平等配置和平等保护。其一,对基本权利的配置实行无差别的平等,即对于不同的人给予同等待遇。其二,对所有人的权利给予同等的尊重,当权利被侵害时予以同等的救济机会,无论这种侵害是来自个人、群体,还是公共机构。农民权益保护制度与和谐社会的价值耦合,保护农民权益与社会和谐发展的正相关关系,要求我们在构建和谐社会进程中必须高度重视农民权益保护,并通过建立健全农民权益保护制度来化解现实社会问题和社会矛盾。农民权益保护制度的发展和完善,不仅是为构建和谐社会创建基础性的社会和谐机制,更是为经济社会发展营造更具持续力的动力机制。构建社会主义和谐社会的伟大实践必将为农民权益保护制度的建立提供可靠的历史依据和现实场景,并对农民权益制度的发展完善及其理性定位产生深远的影响,而农民权益保护制度的变革与创新则也为社会和谐提供了重要的制度支撑。

对农民权益进行保护有利于城乡社会稳定,构建和谐的城乡关系。我国目前正处于工业化的关键时期,要防止出现贫富差距悬殊、城乡和地区差距拉大问题,否则会导致经济社会长期徘徊不前,甚至会出现动荡,严重影响经济社会稳定。党中央及时提出实行"多予、少取、放活"的方针,并迅速出台了一

系列重农、惠农政策,提出了建设社会主义新农村的历史任务。社会矛盾是引发社会问题、导致社会不稳定的重要因素。当前农村出现的各种社会矛盾,大量的是涉及利益关系的人民内部矛盾。因此,我们必须坚持在代表农民利益、保护农民权益的基础上处理农村社会矛盾的原则。法治化调处矛盾的政策方案只有充分考虑农民的合法权益,才会得到农民群众的支持和拥护,才能使发生在城乡之间、农民与城市居民之间以及农民相互之间、农民与政府之间的矛盾得到有效化解,走向关系和谐、利益和谐。保护好农民权益对于维护城乡稳定至关重要。

第二节　农民权益保护的基本内涵与特点

农民权益是农民作为社会主体存在的条件,农民权益保护则是对作为社会主体的农民的基本人权的真切关怀与核心诉求。保护农民权益就是维护社会其他主体权益,重视农民就是重视我们自己。因此,深入剖析农民权益保护的内涵对于理论发展和实践把握有着重要意义。

一、农民权益保护的基本内涵

权益问题主要涉及权利和利益问题。权利具有丰富的内涵,不同的学者往往给出不同的解释。综合各种观点,我们可以把握权利的本质,即:权利是规定或隐含在法律规范中、实现于法律关系中的、主体以相对自由的作为或不作为的方式获得利益的一种手段[①]。当然,权利不会自己实现,必须依靠权利主体积极主动地行使权利,从而获得法律承认和保障。利益是人们受客观条件制约的,为了满足生存和发展而产生的,对于一定对象的各种客观需求,是权利的目的。法律通过对社会中利益关系的选择,对特定利益予以承认,或者拒绝承认特定的利益应受法律保护,达到社会控制的目的。法律将它承认的

---

① 孙国华、朱景文:《法理学》,中国人民大学出版社 2002 年版,第 168 页。

某种利益规定为权利,用国家强制力加以保护。可见,法律上权利与利益是两个紧密联系而又相区别的概念。权利和利益是权益的两个方面,将其结合在一起,就简称权益。权利是指现行法律所承认和保护的利益,所有的权利都与利益有关;但所有的利益并不都可成为权利,只有现行法律所承认和保护的利益才是法律意义上的权利。也就是说,任何群体或个人的权益实现都离不开这样一个过程:法律赋予权利——权利主体积极行使权利——获得法律保护的利益①。在这个过程中权利主体的权益得到了保护,法律的精神也得到彰显。考察我国农民权益的保护,就是要看农民法定权利向现实权利转化的程度,即法律规定的权利农民在多大程度上能够实现。

对于农民权益,学者做出了许多探讨。学者们一致指出中国“三农”问题的关键是农民问题,而农民问题的核心问题是农民利益问题。农民权益是农民作为社会主体存在的条件,从某种意义上来说也是人类社会其他主体存在的前提条件。② 分析我国农民权益保护的具体意蕴和基本内涵应该从保护对象与保护客体,即现实社会农民的具体范围与农民权益的实质内容两个层面进行考量。长期从事“三农”问题研究的著名法学家李昌麒则从政策层面进一步对“农民权益”的内涵做出了解读。他认为,农民、农业抑或农村问题一直是党中央、国务院长期致力于解决的至为关键的问题。农村的改革、发展与稳定,从根本上说涉及三个基本问题:一是农业经济的改革、发展与稳定;二是农民生活的保障和改善;三是农村精神文明水平的提高③。农民生活稳定和生活水平的提高是农村改革、发展与稳定的一个重要表现。他主要从减轻农民负担的角度,倡导完全建立起一套科学、公平的规范农民负担的法律机制来进一步深化对农民合法权益的实质保护。而较早对“农民权益”涵义做出较为清晰界定的是任大鹏教授。他在充分调研的基础上提出:权益是指作为社会成员、国家公民应享有的权利与应得到的利益。农民作为一般公民应当享

---

① 孙国华、朱景文:《法理学》,中国人民大学出版社 2002 年版,第 168 页。
② 李长健:《论农民权益的经济法保护——以利益与利益机制为视角》,《中国法学》2005年第 3 期。
③ 李昌麒等:《农村法治建设若干基本问题的思考》,《现代法学》2001 年第 2 期。

有宪法和法律所确认或赋予的一切权益,同时作为相对弱势群体,理应在法律制度上为其架构一个更为公平的生存和发展平台。农民的权益包括农民的财产权利、人身权利、民主政治权利以及参与社会、经济事务的权利,也应涵盖获得司法救助等程序性权利。还有学者从中国近现代乡村建设发展变迁的视角,比较、总结出农民权益所具有的鲜明时代特征。通过专家、学者以及政府工作人员从经济学、政治学、社会学和历史学等不同学科视角的审视以及宏观经济社会政策层面的解读,我们可以看到:"农民权益"是一个全面、综合、动态的范畴,需要在具有中国特色社会主义现代化建设的伟大实践中去不断加以充实、丰富和升华。

首先,要明确现实社会农民的具体范围。农民权益的享有主体应当是农民。中国是农业大国,农民是我国公民中人数最为庞大的群体。然而,什么是"农民"？究竟哪些人应当成为农民权益保护制度的保护对象？明确农民权益保护制度的调整范围需要从特征入手对农民作出清晰的界定。首先,从职业特征上看,农民是从事农业生产经营活动的劳动者。根据《中华人民共和国农业法》(以下简称《农业法》)的定义,农业是指种植业、林业、畜牧业和渔业等产业,包括与其直接相关的产前、产中、产后服务。其次,从收入特征上分析,农民以农业收入为主要收入来源,与《农业法》中"农业"的概念相一致的是,这里的"农业"也是一个广义的概念,但不延伸到农民投资兴办的企业,也不延伸到主要劳动力长期从事稳定的非农产业的情况,尽管其具有农业户籍。

其次,要明确农民权益的实质内容。权益是公民应有的不容侵犯的各种合法权利和利益的总称。我们认为农民问题的核心问题是农民利益问题。法律上的权利与利益是两个紧密联系而又相区别的概念。农民权益从宏观上而言,是指农村居民作为社会成员、国家公民享有的政治、经济、法律、文化、教育、卫生及社会保障等各种权利和应得的利益,其包含政治权益和经济权益两个基本方面。经济权益在农民权益中处于基础性、决定性地位,政治权益又深深地影响着经济权益,成为经济权益实现的保障。在文明社会中,两者实现的共同前提条件就是平等权的真正实现。20世纪以来,中国农村有过两次飞跃性变化:第一次是以毛泽东为代表的共产党人通过实行革命使农民获得土地,第二次是 20 世纪 70 年代末开始在农村推行的以家庭联产承包责任制为核心的农村经济改革。两次变化都以让农民获得一定权利为起点,使农民利益得到了部分保障,调动了广大农民的积极性,从而使"三农"问题得到一定程度的缓解[①]。

再次,要明确农民权益保护的紧迫需要。新中国成立以来,我国农民权益及其保护问题受到社会各界的广泛关注,党和国家高度重视对农民权益的保护,农民权益的保障程度在整体水平上得到了很大的提高。但是农民权益保障的任务还任重而道远,仍需要我们继续不断地从政治、经济、文化、社会、生态等方面加强对我国农民权益的保护。

由此可见,农民权益保护是一个具有包容性的、富有张力的概念,既包括对农民个体的权益保护,又包括对农民组织权益保护,还包括对农民个体、农民组织生存的时空载体即农村社区的权益保护,既包括对农民现有存量权益的保护,又包括对农民未来增量权益的保护。

二、农民权益保护的特点

农民权益保护追求的是农民权益的可持续保护与发展,实现的是全社会可持续和谐的价值。可持续是一种生生不息的勃兴,一种循环往复的发展力的生动体现;而和谐是指各子系统内部诸要素自身、诸要素之间及子系统之间在横向的空间意义上的协调与均衡。农民权益保护在不同的阶段呈现不同的特点,现阶段的农民权益保护有以下几个特点:

首先,农民权益保护的对象具有广泛性和发展性。农民权益保护的对象是具体的农民权益。如前所述,农民权益保护是一个具有包容性且富有张力的概念,其内容随个体权益体系发展而不断完善。从第三代人权角度看,农民权益主要包括农民的生存权益与发展权益。在我国,农民权益具体是指农村居民作为社会成员、国家公民享有的政治、经济、法律、文化、教育、卫生及社会保障等各种权利和应得的利益,包括政治权益、经济权益、文化权益、社会权益

---

① 张屹山、齐红倩:《三农问题与农民权利研究》,《学习与探索》2005 年第 2 期。

和生态权益等。其中,农民政治权益和经济权益是最基本的两个方面。经济学理论表明,农民也是具有有限理性的"经济人",农民与其他社会个体一样要追求自身利益。对自身利益特别是经济利益的追求,形成了在农村社区建设中的原发性力量。农民利益是以经济利益为中心的,经济利益是农民最基础的利益。各社会主体作为"经济人"展开对社会利益的争夺,这就需要对处于相对弱势的农民及其利益进行特殊保护。实现利益的作用最主要方式是制度,因此以制度实现对农民利益的导向与保护具有当然性。

其次,农民权益保护追求公平性与效率性。农民权益保护不是一次性的、临时的,而是长期的、动态的。保护的目的是促进农民、农村的可持续发展,保护的内容和保障手段要以促进农民、农村的可持续发展为核心。在保护农民权益的同时要注意农民权益与其他社会主体利益和公共利益的协调,在手段和措施上要注意做到政策的协调配套。农民权益保护具体体现了以下几种思想准则:一是以人为本。以人为本是一种尊重人的思维方式和价值取向,它要求尊重人(包括人的需要、能力、个性等)、依靠人、为了人、塑造人,实际上是指以人的需要和满足为出发点和归宿点,以人的生活条件来分析和解决与人相关的一切问题。其核心内容就是尊重人,尊重人的特性和人的本质,把人作为手段与目的的统一。以人为本的思想深刻体现了马克思主义的基本原理,回答和破解了人的解放和人的自由及全面的发展问题,是马克思主义的要旨。农民权益保护以农民为本,以农民的现实发展与真切需要为核心依归,最终促进农民的全面发展。二是公平性。所谓公平,意味着在一定时空范围内对资源、利益、机会、权利、义务等所作的配置,符合公正、平等、均衡的要求,符合既能保证每个人发展又能保证整体发展的要求。合理的农民权益保护是一种对社会公平正义的生动体现。公平性衍生的一个基本价值是公正。当代社会的市场经济是一种契约经济,这种契约经济所体现出来的基本价值观就是契约双方权利义务的平等。广大农民与强势利益集团同样作为市场主体,他们有理由享受到与对方平等的权利。现实中农民与强势利益集团权利义务的享有和承担不对等,这就需要农民积极地通过对公共政策制定的利益诉求和政府倾斜性的利益采纳来进行调衡。在市场经济条件下,利益的多元化和个体化使得任何个体不可能放弃自己原有的利益,强势利益集团对原有社会资源占有的部分归与社会,需要借助于政府的积极斡旋,与积极干预,才能保障弱势群体的利益,只有政府的介入,强势利益集团才能够以改善广大人民群众的生活状况为条件去获取利益。尤其是在当代中国农民更大程度上不是由于天生的不利地位,而是由于特定的社会历史原因造成的,这就更加要求政府对农民进行积极的社会关怀。这种关怀不仅是物质上的给予,而且还包括政治权利的平等赋予,尤其是对公共政策制定利益诉求和利益被采纳的权利、进入政策制定的过程和影响公共政策制定的程序性权利。三是效率性。迟来的正义非正义,农民权益保护更是如此。当前农民权益保护亟需相关制度及配套机制的作用,需要政府、相关社会中间层主体的协力。四是可持续性。可持续是一种生生不息的勃兴,一种循环往复的发展力的生动体现。完善的农民权益保护制度体系是内在动力与外在合力的有效融合,是农民权益保护高效、公正、可持续的需求。

再次,农民权益保护要求机制的协调性和优化性。通过制度安排让农民能普遍受益的同时,让农民所得与应得、所付与应付相称,做到机会平等,实现程序公平,体现机会平等与效率增加的正相关关系,最终实现结果公平。农民权利以特有的利益导向与利益激励作用于农民的行为,农民义务以其特有的利益约束与利益强制作用于农民的行为,农民利益机制保障农民权利、农民义务的实化。

农民利益机制共有四组:农民利益产生机制与农民利益分配机制,农民利益代表机制与农民利益表达机制,农民利益协调机制与农民利益联结机制,农民利益保障机制与农民利益实现机制。[①] 农民利益产生机制保障增量农民利益的生成,农民利益分配机制则是分配存量与增量农民利益的机制安排,农民利益分配的核心在于依法分配、公正分配。农民利益代表机制指农民主体有利益代表者。农民利益表达则需要表达渠道,也存在表达限度,安排利益表达

① 李长健:《论农民权益的经济法保护——以利益与利益机制为视角》,《中国法学》2005年第3期。

制度时,应以社会秩序稳定为底线,以利益准确表达为上限,以合法规范为过程的保证,不断地拓展底线和上限之间形成的利益表达机制的制度化表达空间。农民利益关系错综复杂,利益冲突面需要利益协调,利益共同面需要利益联结,这就为政府管理中利益协调与利益联结提供了基础。政府管理要对农民利益关系合理定位,通过协调机制缓解利益冲突与矛盾,实现利益均沾。另外应尽量寻求并扩大各利益主体的利益契合面,提高利益相关者的参与程度,实现利益联结。

农民利益的保障与实现密不可分,利益保障的目的是利益实现,利益实现是利益保障的结果。没有利益保障与利益实现,那农民权利与农民义务就只能停留在纸面,法律制度也只会是空框架,无法运行。从本质上来说,在我国,个人利益、群体利益、国家利益和社会利益是一致的。农民的利益也与国家根本利益相一致。当国家稳定、社会经济快速发展的时候,我们需要重视农民利益,提高其生活和收入水平。可以说,农民社会经济地位的高低,直接反映出一个国家社会进步和文明程度。兼顾农民利益时要正确认识和处理农民的短期利益和长远利益、局部利益和整体利益、代内利益和代际利益之间的关系。在涉及农民权益保护中要尽可能做到制度中看得到、措施中落实得了、效果中体现得了。兼顾农民利益不是无原则的利益妥协,也不能无原则地进行利益协调,应当追求一种旨在缩小农民与其他利益主体之间的利益差距,以社会整体利益为出发点和最终归宿的平衡,实现以农民权益为中心多方利益相互促进、共同发展的平衡。完善的农民权益保护体系能够在客观上平衡协调各方利益关系,缓和乃至化解相关利益冲突,促使不同地区间、不同利益阶层(集团)间、人与自然间、经济与社会间在发展中协调和谐,最终实现共同进步和繁荣。

第三节　农民权益保护的种类

庞德指出:法律的目的在于对私有财产的维护,保障法律适用的平等和机会平等,使安全、生命、自由、财产得到法律保障。我国作为人口最多的发展中国家,农民的数量最为庞大,没有农民权益的真正维护,就不可能真正实现法律的目的。因此,党中央和国家高度重视农民权益的维护,积极采取各种措施,力求实现农民权益最大化。农民权益保护是关系到我国农村改革、发展和稳定大局的重大课题。它不仅直接影响着农民的收入和农村社会的稳定,也关系到整个国民经济的健康发展。在全社会倡导构建和谐社会、建设新农村与全面实施乡村振兴的历史进程中切实保护农民权益,已经成为新一轮农村改革和当前迫切需要解决的重大课题。当下,在党的第四代领导集体的高度重视下,农民权益状况处于历史最好时期,为了更好地保护农民权益,使农民充分分享社会发展所带来的成果,有必要对农民权益保护的类别做出更清晰的界定。农民权益的表现形式多种多样,涉及的面也很广,因此,从不同层面对农民权益保护进行分类,是明晰当前农民权益保护的现状,研究农民权益体系化保护方略的重要前提。具体而言,从农民权益涉及的内容以及当前已有的保护方式两个方面对农民权益保护进行分类。

一、根据农民权益的内容不同进行的分类

一般说来,农民权益主要包括政治、经济、文化、社会、生态等方面的权益,这些权益在法律上就表现为政治、经济、文化、社会、生态等方面的权利。随着社会各界对农民保护的重视,农民权益体系不断发展完善,当前的农民权益保护已经涵括了政治、经济、文化、社会、生态等全方位内容的权益体系。从第三代人权角度看,农民权益主要包括农民的生存权益与发展权益。从前面论述中,我们知道:在我国,农民权益具体是指农村居民作为社会成员、国家公民享有的政治、经济、法律、文化、教育、卫生及社会保障等各种权利和应得的利益,包括政治权益、经济权益、文化权益、社会权益、生态权益等。因此,农民权益从内容上可分为农民的政治权益保护、农民的经济权益保护、农民的文化权益保护、农民的社会权益保护、农民的生态权益保护等。

(一)农民政治权益保护

农民政治权益是农民权益的重要组成部分,是农民其他权益实现的政治

保障和支撑。农民政治权益的保护是指农民依法参与国家和社会管理的权利,从政治权能上不仅包括政治决策权、政治参与权和政治利益表达权等的保护,还包括农民的选举权和被选举权、结社自由权、参政权以及申诉、控告检举权的保护等。在当前我国农村,村民自治是农村民主的重要形式,是农民政治权益得以实现的基本保障。我国宪法和村民委员会组织法赋予村民自治权,扩大农民民主权利。中国农村村民自治是基层群众自治组织,即根据村民委员会组织法,村民自治组织依法办理与村民利益相关的村内事务,实现村民的自我管理、自我教育、自我服务;自治的方式是民主选举、民主决策、民主管理、民主监督。村民自治是伴随我国农村经济改革而出现的一种村民自治管理模式,它是农村经济和社会发展的必然结果,是民主原则在中国农村的具体体现。从理论上讲,农民应享有与其他公民平等的政治权利。但在现实生活中,我国农民所实际享有的政治权利,与其他社会群体相比,还需进一步维护和发展。

(二)农民经济权益保护

经济权益是人这一主体实现和促进自身发展的基础。在我国,广大农民群体的经济权益则表现为满足农民自身生存和发展的土地财产权益、自主经营管理权益等各方面的经济权利和经济利益的总称。农民的经济权益保护则指农民的合法财产和生产经营活动等受到的保护。十一届三中全会之后,家庭联产承包责任制开始推行,乡镇企业异军突起,城镇化进程加快,破解"三农"难题的政策措施不断推出,使农民经济权益得到了长足的发展。与此同时,改革开放以来我国农村的经济、政治、文化和社会所发生的深刻变革对农民经济权益的影响也日益突出。在这个过程中,农民的土地使用权益受损严重、集体资产收益享有权悄然流失、失地失业农民就业权难以保障等情形并不鲜见,农民经济权益保障不足一定程度上制约了农民的发展,如何做好农民经济权益保护成为农村经济社会发展中的一个重大难题。

(三)农民文化权益保护

农民的文化权益保护是指农民接受文化教育和参与各种文化活动所受到的保护。主要包括农民教育资源分配、受教育、参与公共文化活动的权益等。

改革开放 40 多年来,农民的物质生活条件获得了极大改善,而农村文化建设则相对滞后。我们要让农村文化进一步繁荣,从而使农民基本文化权益得到更好落实。乡村文化建设是新农村建设与全面实施乡村振兴题中应有之义。在新的历史时期,进行乡村文化建设,既是满足农民日益增长的文化生活需求、维护农民文化权益的基本途径,也是促进农村社会稳定、全面发展的一项基础性工程。加强乡村文化建设,维护农民的文化权益,满足农民的文化需求,是实现全面乡村振兴、构建社会主义和谐社会的重要特征和根本保证。

(四)农民社会权益保护

农民的社会权益保护通常是指农民可以获得国家在医疗、卫生、生活保障等方面生存和发展权利的保护。主要表现在农民在劳动就业、养老、工伤、失业保险、医疗保障、最低生活保障以及社会福利享有等方面的权益。党的十七届三中全会指出,建设社会主义新农村,形成城乡经济社会发展一体化新格局,必须扩大公共财政覆盖农村范围,发展农村公共事业,使广大农民学有所教、劳有所得、病有所医、老有所养、住有所居。要繁荣发展农村文化、大力办好农村教育事业、促进农村医疗卫生事业发展、健全农村社会保障体系、加强农村基础设施和环境建设、推进农村扶贫开发、加强农村防灾减灾能力建设、强化农村社会管理。由此可见,建立健全农村社会保障制度既是建设社会主义新农村的一项重要内容,也是尊重农民的基本权利,建设公正、公平的和谐社会的必然要求。长期以来,由于受过去的城乡二元体制制约,社会保障制度主要面向城市居民,适应新变化的农村社会保障体系迟迟未能建立。在推进新农村建设与全面实施乡村振兴的新形势下,加快推进农村社会保障体系建设,是政府和社会的共同责任,对于调节贫富差距、促进社会公平、扩大内需、拉动经济增长,解决"三农"问题,降低社会风险、维护社会稳定,应对人口老龄化挑战等都具有重大的现实意义和深远的历史意义。

(五)农民生态权益保护

生态环境权是当代人类的一项基本人权。农村环境污染和资源破坏给农村自然生态环境带来了巨大的危害,而依赖于农村环境资源生存的农民是农村环境危机的最大受害者,农民生态权益流失严重。保护农民的生态环境权利,是对农民权益最直接、最具体、最实在的保护。由于过去长期的城乡二元经济格局及经济上的相对贫困,同时因为法治的不完善及相关制度的缺失,使得农民在生态环境权益的分配、保障及实现上处于弱势地位。注重对农民生态环境权益的保护,是维护广大人民根本利益的需要,也是构建农村生态环境法治,促进农业和农村的可持续发展,实现党和国家提出的创建和谐农村建设生态农村的需要。将农民生态权益保护作为农民权益保护体系的重要内容是当前促进和全面实现乡村振兴农民权益体系发展的重要方面。

二、根据农民权益保护方式的不同进行的分类

从保护的方式上可以将农民权益保护方式分为农民权益的政策保护、农民权益的行政保护、农民权益的法律保护等。农民权益的政策保护指的是国家根据农民负担的轻重,调整各阶段政策,对农民的各项权益进行的保护。具体而言,主要包括免除农业税、增加农业补贴等。农民权益的行政保护是指国家行政机关行使行政职权对农民合法权益进行的保护。农民权益的法律保护是指不同的法律体系和法律部门对农民权益的保护,主要包括农民权益的宪法保护、行政法保护、经济法保护、民商法保护、劳动与社会保障法保护、诉讼仲裁法保护和国际法保护等。这里将着重探讨和研究农民权益的法律保护。

(一)农民权益的宪法保护

宪法被称为权利的脊梁,从宪法的角度来研究和实践对农民的保护,是解决农民问题的最根本、最基础的保护方式。一方面,宪法在立法层面,保障公民的平等权。一个社会无论效率多高,如果它缺乏公平,则我们不能认为它就比效率低但比较公平的社会更理想。我国宪法保障了我国广大农民的平等权、选举权、教育权和自由权等诸多方面的权利;另一方面,在法律适用方面,宪法安排了法律实施制度机制,充分保护赋予农民的基本权利,切实保护农民的劳动权、休息权、社会保障权,切实保护农民子女的受教育权。宪法是我国的根本大法,宪法不仅是保护公民基本自由权、实现公民追求幸福权利和实现平等权的需要,也是国家经济发展、社会进步、政治民主,实现依法治国的需要,更是顺应文明进步、遵守国际条约、履行国际承诺和义务的需要。

（二）农民权益的行政法保护

在保护农民权益方面,政府有着义不容辞的责任和法律义务。但与此同时,权利的最大危险不是来自个人权利的滥用,而是公权力的滥用。法国思想家孟德斯鸠指出:有权力的人们使用权力一直到遇有界限的地方才休止。权力都有一种天然的扩张欲望,政府的公权力也不例外。为求得社会整体利益的实现,政府公权力会调动一切强力资源,甚至是合法的暴力。这就使政府权力在保护人权的同时也可能与公民个体权利发生冲突①。而"如果政府不给予法律获得尊重的权利,它就不能够重建人们对法律的尊重。如果政府不认真地对待权利,那么它也不能够认真地对待法律。"②我国农民权益的保护问题除了需要宪法这一最高母法的确认和保护,更需要我国行政法律制度的有力配合。我国法治建设要实现法治政府与法治社会的有机结合,在我国农民权益的保护方面上就必须尤其重视行政执法活动的法治化。

（三）农民权益的经济法保护

农民权益保护与其市场主体地位及其组织化程度存在很大的关联③。在我国,由于农民经营的分散性使得其市场主体地位受到诸多限制,这极大地阻碍了农业生产的发展和农民权益的保护。拥有合理的收益是农民的基本权益,要保护好农民权益最为根本的就是应想方设法增加农民收入和提高农民福利。在这方面,经济法在农业补贴、农村公共产品供给等农业政策的落实方面是大有可为的。首先,在动态发展的社会系统中,政治的制度化是保障经济关系,实现经济权益的重要过程。这种过程的现实化反映在经济法制度上就当然地体现在经济主体法律制度上。经济法主体包括国家经济管理主体、社会中间层主体和市场经济活动主体三部分。农民权益的经济法保护离不开这三个主体协调配合而成的主体组织系统。其次,市场规制法是经济法体系的一个重要组成部分,是经济法的核心部分。农村市场规制法律制度是农民权益保护的经济法制度建设中的重要组成部分。在农村市场规制法律制度建设

---

① 孟德斯鸠:《论法的精神》,商务印书馆1982年版,第160页。
② 德沃金:《认真对待权利》,中国大百科全书出版社1998年版,第270页。
③ 杜旭宇:《中国农民的市场主体权益及其保障》,《云南社会科学》2005年第2期。

中,我们主要进行竞争行为和消费秩序规制制度、商品(服务)市场规制制度、要素市场规制制度和市场管理制度等建设。本着"重农、强农、富农"的思想,在农村市场规制法律制度的架构中,以农民为本,从市场规制制度的源头上,优化农民制度生存环境,以降低和避免市场对不完善的农民市场主体造成的损害,强化农民的市场主体地位和主体能力。再次,作为经济法的主要部门法——宏观调控法可以在功能上弥补其他部门法在保护农民权益方面的不足。通过宏观调控法律制度的完善,通过一系列更直接、更有力的宏观调控政策措施,达到既防止市场在保护农民利益方面的失灵,又防止政府自身在保护农民权益上的失灵,从而有效地协调农民与其他利益主体之间的利益矛盾与冲突,建立以利益协调机制和利益分配机制为中心的保护农民权益的宏观调控法律制度。最后,可持续发展法律制度可分为自然可持续发展法和社会可持续发展法两部门。前者主要由自然资源法和环境保护法构成。后者主要由劳动法和社会保障法构成。在自然可持续发展法方面,对涉及农民可持续发展利益的关注,对自然资源法、环境保护法、自然灾害防减法等方面作出更有利于农民长远利益的制度安排,是自然资源可持续发展法的基本任务。在社会可持续发展法方面,目前法学界研究较多,也较精透,涉及问题很多,如劳动法的完善问题、农民工的利益保护问题、农民社会保障问题、农民社会保险问题、农民救助、农民社会福利、农民社会优抚等方面的法律问题。在可持续发展法的规范和保障下,农民相对弱势地位问题将会得到彻底解决,农民权益将会得到可持续的法律制度保护。①

(四)农民权益的民商法保护

财产权是以财产为内容并体现一定物质利益的权利,是公民的基本权利之一。财产权是人的自然不可动摇的权利。公民如果没有明确具体的财产权利,就会失去其作为人的尊严和条件。如果自然人失去了财产权,就可能会丧失人身自由权,进而危及生命权,更不用说发展权了。作为公民基本权利的财

---

① 李长健:《论农民权益的经济法保护——以利益与利益机制为视角》,《中国法学》2005年第3期。

产权一经法律确定,非经法定程序不得剥夺。农民的财产权益包含农民各类型的财产权益。其中,农村土地承包经营权是农民财产权利中最为核心和重要的组成部分,从民商法律层面明确土地承包经营权的物权方面的基本内容,解决农村土地承包经营权中不稳定、无保障因素等问题,能够切实保障广大农民的财产权,从根本上保护农民的基本权益。农民的人身权和人格权毫无疑问需要民商法予以确认和保护。

(五)农民权益的劳动与社会保障法保护

社会保障制度是国家依据一定的法律形式规定的通过国民收入的再分配来保证全体公民享有平等权利和义务的制度安排。长期以来,我国实行的是受保障权的双重标准,在现有的条件下,根据劳动与社会保障法的相关规定,完善农村医疗保险制度和农村养老制度,结合农村扶贫政策和其他民政补贴政策,实行农民最低生活保障制度并将其法律化,这对于保障当前我国农民的权益具有重大意义。目前,国家已出台了相关政策,在我国广大农村地区将全面推行农村合作医疗保险制度和农村九年义务免费教育政策,这对于减轻我国广大农民的医疗负担及其子女的教育问题都具有重要意义。随着我国现代化和城市化进程的加快,在对进城农民工的权益保护问题上,我国《劳动法》将会进一步完善劳动合同制,保障广大农民特别是进城农民工平等的劳动权、工资待遇权和社会保障待遇权。

(六)农民权益的诉讼仲裁法保护

"无权利救济就无权利"。诉讼仲裁法律制度,特别是其中的法律援助制度对于我国农民权益的保护是必不可少的。我国农民权益保护问题正日益凸显,结合诉讼仲裁法的相关规定进行有效的制度安排,将有利于对农民权益进行有效地保护。首先,确立基层司法所在维护我国广大农民权益方面的基础地位。目前我国参加法律援助的主体是律师、公证员和基层法律工作者,在实践中参与法律援助的主体主要是律师。由于律师事务所的营利性质,而农民往往是无法或不愿支付律师费用,因此要求营利机构长期法定地负担起公益性质的工作也不切实际。因此,在我国广大农村最适宜担任农民权益保护法律援助机构的就是乡镇司法所。我们可以在相关在农民权益法律援助法中明确规定其对农民权益保护的核心功能,辅之以调解工作和法治宣传教育工作。其次,切实加强法律援助中心对农民权益保护的法律援助工作。现阶段我国法律明确规定法律援助的对象主要是因经济困难、无能力或无完全能力支付法律服务费用的贫困者,范围过于狭窄,削弱了法律援助的社会意义,未来应适当扩大援助的范围以及援助金额,并更多地关注农民的权益保护问题。再次,可以统筹城乡法治资源,在城乡一体化发展中实现城乡法律援助资源的合理配置和有效流动。

最后,运用好仲裁、诉讼等救济方式及时有效解放农民权益保护中出现的法律问题。随着农民法治思想的不断深入,利用司法机关作为解决问题的途径已经成为农民们乐意做出的选择,同时非诉讼纠纷解决中的仲裁也成为农民考虑的途径之一,我国相关的诉讼法、仲裁法在保护农民权益方面将会发挥起越来越大的作用。

(七)农民权益的国际法保护

现代科技的突飞猛进极大地密切了"地球村落"里的各种关系,也引发了一系列全球性的问题,法律行为的产生、发展、结果也难以囿于一国境内,法律关系的涉外性与跨国性也明显增强。随着公民生存空间的拓展,商品出口环境的自由,国际务工的拓展,我国广大农村劳动力的国际转移,农民的农副产品进入流通市场更加畅通,产业结构调整及成本投入更加多样化、市场化和国际化。以国民待遇为基础的 WTO 法律体系下,农民权益保护的国家间合作也成为必要。为了分享合作所产生的更大利益,农民权益保护也应从单向国际化走向双向国际化,并不断走向多边国际化。

三、根据保护区域的不同进行的分类

根据农民权益在国际和国内两个不同层面的考虑,可以从保护区域的不同、国内保护和国际保护两个方面对农民权益保护体系的完善做出考量。在国内层面,将农民作为本国公民的组成,对其合法的政治、经济、文化、社会、生态权益进行政策、法律等方面的保护与促进,强化保护的体系化和全方面,从而系统保障农民的生存权与发展权等具体权益的实现。具体而言,农民权益的国内保护主要是通过相关政策、法律、制度实现在农民收入、农业资源环境保护等方面的促进。在国际层面,我们追求的农民权益保护是对涉及到农产品的国际竞争力、农产品国际贸易、涉农知识产权、国际劳务和投资等方面的一系列保护。这就要求国家在国际市场竞争中发挥作用,充分保护农民的各项权益。通过国内和国际两个层面的保障机制的实施与完善,促进农民权益保护体系的发展,使农民权益保护真正落到实处。

第四节　农民权益保护的原则

研究农民权益保护,必须根据农民权益的特性以及农民权益保护的要求确立相关原则,作为农民权益保护的基本准绳。在探究保护农民权益的原则时,我们首先应考虑基本原则确立的依据问题。首先要从宪法等基本法律的角度,结合经济社会发展的基本态势去考量,确保所确立的原则符合农民权益保护的内在要求,对农民权益的发展和促进具有重要的保障和推动作用。其次应注重从标准化的角度,结合规范标准、高度标准、普遍标准和特色标准的要求,确保原则的规范性、普遍性。最后应掌握科学的确立方法,如应采用系统法、结构功能分析法、效益分析法(又称绩效分析法)等基本方法。总之,在合理的框架内确定农民权益保护的原则对于农民权益保护制度的发展与完善有着重要意义。在本研究中,从农民权益保护的基本要求、农民权益在社会分配中的体现、农民个体发展与社会发展的关系、农民权益与其他社会主体利益的关系以及农民权益的发展与促进等角度,全方位考虑农民权益保护应当确立的原则。

一、生存权与发展权平等的原则

生存权与发展权平等不仅体现在国际社会,主要是发展中国家和发达国家之间、发达国家和发达国家之间、发展中国家和发展中国家之间,也同样体现在一国国内的不同阶层、不同主体之间,其中最为重要的是实现发展不同主体之间生存权与发展权的平等。① 随着社会的发展,农民权益保护应进行相应理念的转变,即不仅仅保护农民的生存权,还要促进农民发展权的实现,以发展促保护。因此应将农民权益与农民发展、农民发展与物质资料和客体环境相联系,促进农民权益可持续、系统的保护。

生存权凸显了社会弱势群体的主体地位,其以积极权利的性质为社会弱势群体权利的实现提供了强有力的支撑。在实质平等理念的指引下,生存权将关怀社会弱势群体的福祉作为价值目标。发展权的发展是全人类的发展而不是某一部分人与国家的发展,发展权尤其关注被边缘化、被掩盖、被遮蔽的弱势群体与发展中国家的权利。我国农民个体发展权内容上还存在不足,难以实现个体发展权。农民发展权的缺失将会导致了农民新的贫困,发展权剥夺的影响比收入低下的影响更重大,发展权贫困将会限制中国农民的发展机会和空间。发展权对贫困主体发展具有内在的价值功能。就新农村社区发展而言,首先,在相关规则的制定中要实现不同主体之间话语权的平等,要让农民能够充分表达自己的意愿;其次,相关规则的制定要以生存权与发展权平等为中心。新农村社区建设是一定历史时期的必然选择,必须兼顾现阶段的特殊情况,促进社区和谐发展、乡村全面振兴和农民利益保护。最后,在规则的执行中,要实现不同主体间的生存权与发展权平等,任何主体都不能以牺牲其他主体的生存权与发展权为代价实现自己的发展。随着社会不断进步,农民这一庞大的相对弱势群体,在满足基本生存权利后,应让农民真正平等地参与到社会建设中,并平等地享受社会发展的成果,保障农民权益应从传统单纯的保障农民基本生存权向实现农民发展权、实现生存权与发展权平等保护转变,以促进农民的全面自由充分发展来促进农民基本权益的实现。

二、分配领域公平与效率合理运用的原则

公平与效率都是法的价值。公平,又称公正、正义和公道。自古以来,公

---

① 李长健:《中国农业补贴法律制度研究——以生存权与发展权平等为中心》,法律出版社 2009 年版,第 63—80 页。

平都被人们作为评价社会制度和个体行为是否合理的基础性尺度和准则。进入近现代后,公平的应用范围更加广泛,不仅被当成一种基本道德原则,而且被看作一种法律原则和社会制度的首要价值准则。

相较于公平,效率是近20多年来日益受到重视的一种价值。效率的基本含义是以最少的资源消耗取得同样多的效果,或以同样的资源消耗取得最大的效果。效率价值标准的适用大致包括三种情形:全部资源配置上的效率、收入分配领域的效率和特定资源的配置和利用上的效率。其中,收入分配领域的效率意味着对产品和一切由人们创造出来的价值物进行分配,应打破平均主义,充分考虑利用好的分配方式调动人的积极性,从而使分配本身成为扩大再生产、创造更多财富的调整机制。在收入分配问题上,公平与效率的规范价值成为考量分配制度的首要考量因素。我们在进行公平、效率两个价值的取舍时,不能将其绝对化,既不能无视社会公平的要求,为了效率而舍弃公平;也不能忽略效率,为了公平而牺牲效率。在可供分配的财富较小的情况下,效率应当具有优先性,合理拉开差距。当可供分配的财富较多时,应当注重公平,提倡先富帮后富,实现共同富裕。在特定资源的配置和利用上,如法律资源、政治资源配置上,效率价值居于优先位阶,是配置社会资源的首要价值标准。

在我国社会主义制度下,效率和公平本质上是统一的,是相互联系的,是一对既相互矛盾又相互适应的社会价值。公平与效率之间存在异向变化的同时,在一定条件和一定范围内,效率与公平的变化也可以是同向的,即公平程度的提高伴随着效率的增加。公平原则应是当代中国利益协调的基础性原则和首要原则。坚持利益协调的公平原则,首要的和基础性的内容就是要建立一套更公正、更合理、更完善的利益协调制度,实现制度公正。在农民权益保护方面,应通过制度安排让农民能普遍受益的同时,让农民所得与应得、所付与应付相称,做到机会平等,实现程序公平,体现机会平等与效率增加的正相关关系,最终实现结果公平。要让与农业生产相关的既得利益者付出一定的代价,而不能让没有得到利益或者得到很少利益的农民承担更多的成本。公正原则追求的局面是:人们是能够愉快地对付相当大的困难的,只要这种困难也为社会其余的人公平分担。

在公平与效率关系的处理中,经济法律制度是最为有效的制度之一。如果说建立在社会整体利益基础上的经济与社会可持续发展是经济法目的性价值体现的话,实现实质公平就成为经济法的工具性价值之一。注重社会整体利益的公平,注重社会总体的公平,是要求绝大多数个体和群体间必需的公平。对农民权益保护的制度安排中要体现社会整体公平、长远公平、发展公平基础上的高层次的公平观。从农民权益的利益特征来看,存在增量利益和存量利益的分配问题:在对社会增量利益的分割中,我们仍主张坚持效率优先;在对社会存量利益的分割中,对农民权益的分配,我们主张坚持公平优先。总之,公平与效率的合理运用符合我国农民发展的现状和农业是弱质产业的实质要求,能较好地利用制度杠杆的作用尽可能快地解决农民权益保护中农民权益缺失、流失和受侵的问题。

三、农民个体发展自由与社会整体秩序并重的原则

从古到今,人们对自由的探求没有停止过。然而,对自由的含义至今却没有一个统一的界定。从经济学角度来看,如制度经济学奠基人康芒斯就认为自由主体之间必然存在利益、权利、价值观等冲突,一方的自由直接威胁到另一方的不自由,即"一个人的自由可以给另一个有相互关系的人带来未来的利益或损失,这样造成的经济状态是'暴露于对方的自由'。"[1]从政治学出发,如著名学者罗尔斯就认为自由就是主体能在免受强制与制约的前提下自行其是,即"这个或那个人(或一些人)自由地(或不自由地)免除这种或那种限制(或一组限制)而这样做(或不这样做)"。[2] 从哲学角度上探讨,如唯心主义者认为自由是指"可以照意志的决定来行为或不行为的一种能力"[3],唯物主义者则认为自由是"根据对自然界的必然性的认识来支配我们自己和外部自然"[4],也

---

① 康芒斯:《制度经济学》(上册),于树生译,商务印书馆 1962 年版,第 88 页。
② 约翰·罗尔斯:《正义论》,何怀宏等译,中国社会科学出版社 1988 年版,第 200 页。
③ 休谟:《人类理解研究》,商务印书馆 1981 年版,第 185 页。
④ 《马克思恩格斯选集》第 3 卷,人民出版社 1995 年版,第 455—456 页。

就是我们通常所说的"对必然的认识和对世界的改造"。① 多样的定义,从侧面反映出自由的重要性。从历史进程来看,人类社会的发展离不开自由的推动,这是因为:(1)社会发展的推动力量是人,只有解放对人的禁锢,还人以自由,才能充分发挥人的主观能动性。换句话讲,人的自由对社会发展具有工具的价值,这种工具价值决定了自由的必要性;(2)自由是人享有其他各种权利的前提和基础。缺少对自由的保障,其他权利就无法得到实现,自由是社会发展具有终极意义的价值目标。② 因此,自由始终是人类的基本价值取向。

所谓秩序,是指"社会得以聚结在一起的方式",③这种方式"在本质上便意味着个人的行动是由成功的预见所指导的,这亦即是说人们不仅可以有效地运用他们的知识,而且还能够极有信心地预见到他们能从其他人那里所获得的合作"。④ 换句话说,社会秩序指的是那些稳定的、有规则的和可预测的,是由人们在社会实践中创造出来的一种有效的行为模式。这种行为模式既制约自由,又是其实现的根本前提条件。这是因为:首先是秩序与自由在价值观上存在冲突。自由强调的是主体的独立发展和个性发挥,追求的是不受任何约束的理想状态;秩序强调的是稳定化和有序化,追求的是一种模式化的自由秩序。这两种截然不同的价值取向决定了自由与秩序相互冲突的不可避免。也就是说,虽然自由不仅能够满足个人的生存、享受和发展,而且还有利于促进社会进步和发展,但自由始终"是社会形式的某种样式"⑤,现有的自由和不自由都是现有的秩序所赋予,自由总是否定现有秩序,现有秩序也总是束缚现有自由。对自由的追求过程,其实就是一个不断打破陈旧的秩序、建立一个保障更多人类自由实现的新秩序的过程,这决定了自由只能是社会性的,是相对的,它必须受特定的社会、历史条件的制约。因此对自由的追求难免会打破当前秩序,而当前秩序反过来会压制自由的发展。其次,秩序是自由实现的根本

① 《毛泽东文集》第二卷,人民出版社 1993 年版,第 344 页。
② 邹吉忠:《自由与秩序》,北京师范大学出版社 2003 年版,第 38 页。
③ 李普塞特:《一致与冲突》,张华青等译,上海人民出版社 1995 年版,第 12 页。
④ 哈耶克:《自由秩序原理》,邓正来译,生活·读书·新知三联书店 1997 年版,第 160 页。
⑤ 约翰·罗尔斯:《正义论》,何怀宏等译,中国社会科学出版社 1988 年版,第 60 页。

前提条件。亨廷顿就曾经尖锐地指出:"首要的问题不是自由,而是建立一个合法的公共秩序。人当然可以有秩序而无自由,但不能有自由而无秩序。"[1]从社会角度来看,个人无法脱离社会而生存,人必须依靠群体的力量,必须过群体的生活,而这必须受到社会秩序的制约。这种社会生活的客观规律决定了人的自由只能在秩序下才能实现。也就是说,只有承认秩序对自由的优先性,只有把自由纳入秩序框架下来讨论,自由才有实现的可能和意义。

由此可见,个人与社会的协调发展是社会持续发展的根源性内在要求。因此在农民权益保护中,更是要注意农民个人自由发展与社会秩序的平衡协调。

四、兼顾农民利益与平衡协调的原则

从本质上来说,在我国个人利益、群体利益、国家利益和社会利益是一致的。当国家稳定、社会经济快速发展的时候,我们需要重视农民利益,提高其生活和收入水平。可以说,农民社会经济地位的高低,直接反映出一个国家社会进步和文明程度。保障农民利益是建设全面和谐文明社会的基础。兼顾农民利益时要正确认识和处理农民目前利益和长远利益、局部利益和整体利益、代内利益和代际利益之间的关系。在涉及农民权益保护中要尽可能做到制度中看得到、措施中落实得了、效果中体现得了。当然,兼顾农民利益不是无原则的利益妥协,也不能无原则地进行利益协调。

平衡协调原则是作为调整特定经济关系的手段性基本原则,是社会效益优先、社会整体利益至上价值要求的体现。这里的平衡是一种旨在缩小农民与其他利益主体之间的利益差距,以社会整体利益为出发点和最终归宿的平衡,是实现以农民权益为中心的多方利益相互促进、共同发展的平衡。这里的协调是指在理顺社会、国家、集体和农民四者之间的利益分配关系的基础上的,保障各利益主体在利益分配活动中和谐基础上的整体分配协调与统

---

① 塞缪尔·亨廷顿:《变化社会中的政治秩序》,王冠华等译,生活·读书·新知三联书店1989年版,第7页。

一。平衡协调是对利益主体作超越形式平等的权利义务分配,以达到实质上的利益平衡。在实践中,法律要在承认一定的利益差异的同时,采取适当的调节措施进行利益平衡,逐步缩小利益差距,从而最终实现社会公正的终极目标。

五、最小限制与最大促进的原则①

任何法律制度都可能为了某种特定的目的而对人们的利益进行必要的限制。通常来看,这种限制必须有合理的界限和标准,应该是有限的和合理的。

最小限制原则就是指任何政策和法律制度在限制农民权益时应尽可能采取最小范围、最低程度、最小代价的限制手段。让利于农民,还利于农民,生利于农民,应是解决农民问题制度设计的逻辑起点。最小限制原则还要求我们,在涉及到农民权益保护时应进行利益衡量,即在限制公民权利时,比较因限制而得到的利益和失去的利益,当得到的利益大于失去的利益时方可进行,否则就不能加以限制。这里利益大小的比较,不仅要考虑利益的数量,而且要考虑利益质的差异性。对于那些因制度性歧视而影响农民权益,事关国家和社会根本利益的限制,不管其可以产生多少利益总量,都应该从制度上予以取消。

最大促进原则主要是基于我国农民利益的历史状况而提出来的。最大促进原则的核心是通过制度和措施最大限度地把农民利益增加起来、发展起来,长富于民,藏富于民。党的十一届三中全会揭开了农村改革序幕,围绕土地制度、农村经营制度和农业产业化、工业化、城市化及中国式现代化而制定的富民政策,使农民逐步富裕起来。党中央先后发布的数个"三农"问题的一号文件是最大促进原则的生动体现。让农民"有其田""有其利",从而"有其产","富民强国"成为推进农业和农村工作的基本出发点,成为最大促进原则的基本目标。

---

① 李长健:《论农民权益的经济法保护——以利益与利益机制为视角》,《中国法学》2005年第3期。

第五节　农民权益保护的现实困境成因综述

近年来,党和政府围绕"三农问题"的解决陆续出台了一系列方针政策,取得一定的成效。特别是在对《农业法》的修改过程中,《农业法》新增了第九章"农民权益保护",在保护农民权益方面发挥了积极的作用,使农民权益问题获得较大的缓解,农民权益特别是经济权益的状况有了较大改善。农民收入有所增加,农业和农村发展出现了明显转机,这得益于中央政府"多予、少取、放活"的惠农政策和农业税减免政策在各地的良好落实。但是,我们必须清醒地看到,"农业弱、农民苦、农村穷"的格局有了巨大的改观,但"农业强、农村美、农民富"的目标仍在建设之中,农民权益保护的实然状况离应然要求还有很长的路要走。

农民权益被漠视的现象在各地具体实践中还一定程度的存在,政策安排还存在不利于农民、农民处于被相对歧视的情况。恩格斯曾指出,"革命胜利以后,农民在政治上和经济上日益退居次要的位置"。中国革命胜利后,农民正是经历了这样的遭遇:改革并没有因工业化中期的到来而做出政策安排上的适应性变化和调整,而是保持和放大了工业化初期特定条件下的政策扭曲,持续向工业和城市偏斜。这种变化是对改革以前经济社会二元格局的"巩固",而不是"改革",在这个过程中,农民的利益往往被忽视。由此可见,农民权益缺失是一种不合理的权益分配格局导致的,这种格局是长期形成的,与这种格局的形成相对应是制度失灵、市场失灵和政府失灵,①这些因素直接阻碍了农民权益保护的持续性。

制度失灵成为农民权益保护困境的一个根本性因素。制度是指由人制定的规则体系,它抑制着人际交往中可能出现的任意行为和机会主义行为。制度为一个共同体所共有,并总是依靠某种惩罚而得以贯彻,制度对人们实现其

---

① 杜旭宇:《农民权益的缺失及其保护》,《农业经济问题》2003 年第 10 期。

个人、集团利益和其他方面的目标取向有着巨大的影响。① 制度可以分为正式制度和非正式制度。制度失灵主要包括制度精神失灵、制度供给不足、制度执行失范三个层面,制度失灵一般会诱发功利化行为取向。所谓功利化行为取向,是指人们在社会交往、情感体验、行为方式等方面追求自身利益的实现,这种追求是极端个人主义和拜金主义的典型形态。②

一般认为,市场失灵的主要原因机理是经济人的利己动机和利己行为的双重性影响,具体表现在公共物品、外部因素、垄断、道德风险以及信息不对称等方面。在此,我们循着市场失灵理论的内在机理逐一分析市场在农民权益保护中的缺位与不作为。具体分析如下:一方面,市场机制无力实现公共产品的供给。所谓公共产品,是指那些能够同时供许多人共同享用的产品和劳务,并且供给它的成本与享用它的效果并不随着用它的人数规模的变化而变化。③ 显然,农民权益符合这一特征,属于准公共产品的历史范畴。正是因为公共产品具有消费的非排他性和非对抗性特征,一个人对公共产品的消费不会导致别人对该产品的减少,于是,只要有公共产品存在,大家都可以消费。这样一方面公共产品的供给固然需要成本,这种费用理应由受益者分摊;“它一旦被生产出来,生产者就无法决策谁来得到它”,即公共产品的供给一经形成,就无法排斥不为其付费的消费者,于是不可避免地会产生如前所述的经济外在性以及由此而出现的“搭便车者”。所以人人都希望别人来提供公共产品,而自己坐享其成,其结果很可能是大家都不提供公共产品。而缺乏必要的公共产品,就无法满足社会经济的客观需要,大大降低社会资源配置的效率④。另一方面,市场分配机制会造成收入分配不公和贫富两极分化。一般而言,市场能促进经济效率的提高和生产力的发展,但不能自动带来社会分配结构的均衡和公正。⑤ 奉行等价交换、公平竞争原则的市场分配机制会因为

---

①　柯武刚、史漫飞:《制度经济学:社会秩序与公共政策》,商务印书馆 2000 年版。

②　杨明:《论制度缺位与功利化行为取向》,《理论界》2006 年第 3 期。

③　金太军:《市场失灵、政府失灵、政府干预》,《中共福建省委党校学报》2002 年第 5 期。

④　金太军:《市场失灵、政府失灵、政府干预》,《中共福建省委党校学报》2002 年第 5 期。

⑤　孙建峰:《经济学基础》,东北财经大学出版社 2003 年版。

各地区、各部门(行业)、各单位发展的不平衡以及个人的自然禀赋、教养素质及其所处社会条件的不同,造成其收入水平的差别,产生事实上的不平等;而竞争规律往往具有强者愈强、弱者愈弱、财富越来越集中的"马太效应",导致收入在贫富之间、发达与落后地区之间的差距越来越大。①

　　此外,市场调节本身不能保障充分就业,而失业现象更加剧了贫富悬殊,过度的贫富分化"不仅削弱了社会的内聚力,而且培养了不公正"。在这样的前提下,广大农民成为了现实中的相对弱势群体。市场失灵是农民权益保护缺乏强大推动力的重要因素。市场失灵为政府干预提供了基本依据,但政府干预也非万能,同样存在着"政府失灵"的可能性。一般认为,由于不完善的信息和市场、政府机构特有的寻租活动和官僚性职业需要等客观因素的存在,导致了政府失灵的产生。通常,政府维护社会公共利益的经济行为是社会公共选择的重要组成部分和表现,而公共选择理论认为,政府官员是公共利益代表的这种理想化的认识与现实相距甚远,行使经济选择权的人并非"经济阉人"②。政府理性的行为在不健全的市场中被扭曲、变异,从而使政府在维护公共利益方面的努力消弭,并给公益维护带来消极的后果。官僚主义的效用最大化过程与社会福利最大化过程没有任何联系。官僚主义的各种模型都假定官僚的效用函数包括权力、声望、部门预算的规模、工作保障、津贴、未来的工资和工作条件等要素。而当追求的这些目标与社会福利发生冲突时,社会福利就因此而降低了③。政府失灵一方面表现为政府的无效干预,即政府宏观调控的范围和力度不足或方式选择失当;另一方面,则表现为政府的过度干预,即政府干预的范围和力度超过了弥补"市场失灵"和维持市场机制正常运行的合理需要,或干预的方向不对路,形式选择失当。除此之外,政府不作为,即政府应该对市场进行干预而不干预,形成"不作为",其对社会、市场主体权益的影响同样是巨大的。由此,农民权益损害问题便很可能从这里开始滋生和蔓延。

---

① 孙建峰:《经济学基础》,东北财经大学出版社 2003 年版。
② 理查德·波斯纳:《法律的经济分析》,中国大百科全书出版社 1997 年版,第 29 页。
③ 尼古拉斯·麦考罗:《经济学与法律》,法律出版社 2005 年版,第 125 页。

第二章 农村社区发展的基础理论

农民权益保护制度与农村社区发展构成了一种密不可分的、正相关的内在联系。农民权益保护制度的保障与维系不仅是农村社区全面发展的客观基础,而且是农村社区可持续发展的条件。要顺利实现农民权益保护,就必须对农村社区发展的理论进行比较系统的研究。

第一节 农村社区的内涵与外延

滕尼斯、齐美尔、马克斯·韦伯等是最早提出社区理论的德国系统社会学派的主要代表。自社区理论产生之后,各国学者在此基础上不断发展形成了不同学派。随着经济的发展,社区理论的内涵与外延不断丰富。我国学者与实际工作者结合我国农村的实际情况,形成了中国特色的新农村社区理论体系。

一、社区的内涵与外延

"社区"一词源于拉丁语,在英文里称作"Community",是指共同的东西和亲密的伙伴关系。社区概念最早由德国社会学家斐迪南·滕尼斯(F. Tonnies)在 1887 年出版的《共同体与社会》一书中提出,指由具有共同价值观念的同质人口组成的关系密切、守望相助、富于人情味的社会"共同体"。滕尼斯认为由社区向社会过渡是社会发展的趋势,他提出社区这个概念本意是和现代社会作对比,借以说明社会变迁的趋势。Gemeinschaft 这个词在翻译成英文时被译为 Community。20 世纪 30 年代,Community 引进中国时,被译成了"社区"。

当时,最早产生社区理论的德国系统社会学派的主要代表有滕尼斯、齐美尔、马克斯·韦伯等,并在社区理论的发展中逐渐形成风格各异的不同学派。其理论学说传播到美国以后,成为美国社会学界社区研究的基础理论,并获得了巨大的发展。随后出现了"社区消失论"和"社区发现论",即"类型学"理论的应用和延伸。1962 年,H.甘斯(Herbert Gans)出版了城市社区研究名著的《城市村民》。甘斯、费谢尔等人通过一系列个案研究发现,无论是发达国家还是发展中国家的城市中都存在着具有内聚性和认同感的"都市村庄",城市中确实存在着具有地域范围的社区。邻里和亲属群体在当代城市中仍然是丰富复杂强大的,城市化引起大规模社会变迁既没有造成城市社区的衰败,更不会使城市社区消失。城市社区响应大规模社会变迁的压力、机遇和约束的结果,必然是社区生活方式和运行方式的多样化,这种多样化又与社区居民生产和需求的多样化紧密相关。显然,社区理论可以被分为一般理论与实践理论两类,而实践理论主要以社区实践模式形式来体现。作为一个具备科学特质的理论体系,社区理论为认识社区本质与结构的变迁规律提供基础性理论解释,为社区发展提供了可资借鉴的理论源泉。

滕尼斯的社区理论认为,社区与社会是被人们假设出来的极端结构,虽然它们都可作为一种理想类型的社会关系,但两者是截然不同的对立物。在社区中,社会关系的基础是包括情感、传统和共同联系在内的自然意愿,这种自然意愿存在于家庭或生活、工作于同一地方的人群中间。社区的特点在于人们对本社区的强烈认同感。而在社会中,社会关系的基础是包括理性、个人主义和感情因素在内的理性意愿,这种理性意愿存在于都市和工业化的资本主义社会之中。社会的特点是,人们没有或很少有认同感、情感中立和社会成员之间的片面交往。滕尼斯还认为,在欧洲的社会关系越来越朝着现代化社会的方向发展时期,在现实世界中,既没有纯粹的社区型的社会关系,也没有纯粹的社会型的社会关系。在现实生活中,人类组织都是处于社区和社会这两个极端的假设结构之间。

自 1887 年滕尼斯提出至今,社区这一术语的含义一直在不断地变化,根据美国匹兹堡大学教授杨庆坤的研究,仅社区的定义就已多达 140 余种。但总结起来,大部分定义的描述基于以下两种观点:一类是功能主义观点,认为社区是由共同目标和共同利害关系的人组成的社会团体。目前,受到公认的观点是美国社会学家戴伦·波谱诺在《社会学》一书中提出的,他认为社区是在一个地理区域围绕着日常交往方式组织起来的一群人。另一类是地区性观点,认为社区是在一个地区内共同生活的有组织的人群。日本社会学家横山宁夫在其所著的《社会学概论》一书中指出,社区具有一定的空间地区,它是一种综合性的生活共同体。即它既有地理空间性,又具有社会空间性。虽然"社区"一词可以做多方面的理解和使用,但大多数国内外学者均认同"社区地理区域观"。在这里所谓社区,就是聚居在一定地域中人群的生活共同体①。目前国内学术界倾向于认为社区是由生活在一定地域范围内的人们所形成的一种社会生活共同体,它既是人们聚集、生活的一定地域,也是社会成员参与社会活动的基本场所②。具体而言,社区是指在一定地域内发生各种社会关系和社会活动,有特定的生活方式,具有某种互动关系、成员归属感和共同文化维系力人群所组成的一个相对独立的社会实体。

二、传统农村社区的内涵与外延

农村社区是人类最早的社区形式。1915 年,美国威斯康辛大学盖尔平教授认为:"一个农村社区是由一个交易中心与其周围散居的农家合成的。要划定这样一个社区,最好是利用那个交易中心的行为所能达到的距离,在其远处划下记号,将这些记号连起来,就形成了一个圆圈,圆圈以内就是一个农村社区。《新时期中国社区建设与管理实务全书》③中指出:农村社区要受社会

---

① 袁秉达、孟临:《社区论》,中国纺织大学出版社 2000 年版。
② 徐晓军:《转型期中国乡村社区记忆的变迁》,中国社会科学出版社 2001 年版,第 48—52 页。
③ 《新时期中国社区建设与管理实务全书》,学苑出版社 2001 年版,第 168 页。

生活基本要素(土地和人口等)的支配,总是限定在一定规模或空间的范围之中,不仅农作物的种植带有地域性,而且人与人之间的关系也带有地缘色彩,所谓30分钟共同地域社会,就是指30分钟可以从社区中心走到边缘。基于以上分析探究,农村社区是指以村庄或即将形成的村庄为中心与其周围散居农家合成,以从事农业生产活动为主的,全村村民有共同的生活方式和活动方式的相对独立的社会生活共同体。农村社区往往具有社会结构相对简单,相对人口密度和人口规模比较少,居民以农业生产为主要经济活动,家庭地位和作用相对突出,血缘、地缘关系发挥着基础性作用,社区文化地方性色彩浓厚的特征。以血缘、地缘关系为基础性作用的农村社区具有较大的同质性,可以说是一个典型的熟人社会。在农村社区中社区居民互动频率高,也具有较强的社区认同感和归属感。家庭,甚至家族、宗族的势力在社区事务的处理中作用突出,形成了由政治精英(村干部)、经济精英(经济能人)和社会精英(家族首领、社区名人)共同影响农村政治的局面。

我国农村社区与城市社区相比具有鲜明的特点,主要表现在以下方面:一是人口相对分散,人口密度较小;二是组织结构、经济结构单一,农村经济相对落后;三是社区文化地方性色彩浓厚,风俗习惯和生活方式受传统势力影响较大;四是社会结构相对简单,家庭地位和作用相对突出,血缘、地缘关系发挥着基础性的作用,社会流动性较小;五是社区成员关系密切、血缘关系浓厚;六是社区基础设施不完善、精神文化生活不丰富、物质条件等相对落后;七是社会生活的节奏较慢,社会生活的文化变迁速度较慢。

我国20世纪30年代以梁漱溟先生为代表所发起乡村建设运动为农村社区建设发展的开端。与其他传统国家一样,传统农村社区更多是一种文化共同体。[①] 我国从1950年开始的农业社会主义改造,这是对传统农村社区加以改造和重新规划的过程。在改造过程中农民不再是自然状态下的农民,而是被组织到人民公社体制之中成为公社社员。在1980年废除人民公社体制后,我国农村也并没有回转到传统农村社区之中,而是形成新的农村社区。进入

---

① 徐勇:《在社会主义新农村建设中推进农村社区建设》,《江汉论坛》2007年第4期。

现代社会以来,传统农村社区发生了重大变化。随着现代国家的建构,外部性因素日益向乡村社会渗透,农村社区不再是自然状态,而是一种国家规划性制度变迁的产物,这也是我们在此所探讨的农村社区。

三、新农村社区的内涵与外延

传统农村社区是以村落为居住和社会活动的地域范围、以从事农业生产为主要谋生手段的人口组成的区域社会共同体。与传统的农村社区相比,新农村社区无论在内涵上还是在外延上都发生了变化。特别是在我国改革开放后,我国逐步由计划经济体制转入市场经济体制以后,新农村社区与传统农村社区相比,更加充满了活力,并且在社区发展中呈现出一些新的特征。第一,新农村社区比传统农村社区更具有开放性。在经历了人民公社和"文革"后,我国传统的乡村社会已经瓦解,以宗族为主的乡村组织和制度几乎已荡然无存。在农村经济迅速发展的带动下,农村已不再是孤立封闭的社会而更趋于开放。传统的封闭乡村社会向现代工业社会进行转变。这种转变不仅发生在沿海发达地区农村社区中,在我国中西部欠发达地区的农村中,传统的乡土社会也已经从单纯农业向居住社区转变。第二,新农村社区人口群体更趋向多元化。以血缘关系为纽带的传统农村社区中的居民更趋向于同质化。随着我国改革开放的步伐,农村家庭联产承包经营体制的形成确立与发展,使农村社区劳动组织方式、生产资料占有形式、劳动产品分配方式,以及社区居民思想观念、文化素质、家庭功能和产业结构等发生大变化。城乡人口的自由流动使得许多新鲜血液注入农村社会中,打破以单一的血缘关系为联结纽带的传统农村社区的社会关系结构,人口结构趋向于多元化。第三,新农村社区经济活动多类化。改革开放解放了农村的生产力,通过农村土地制度改革,实行土地集体所有、家庭承包经营等一系列措施,我国农村土地实现了使用权与所有权分离。农村居民摆脱了千百年来对土地的依附关系,农业劳动力获得了空前的解放,出现大量的农业剩余劳动力。在城市中,市场经济环境下社会分工越趋细化,社会分工的细化为大量的农业剩余劳动力提供一个新的出口,城市发展、乡镇企业、私营企业与个体工商业为脱离土地的农民提供了新的载体。同时由于商品经济进入农村市场,农村经济的封闭式生产格局被打破,带来农村经济的非农化趋势和乡镇企业的发展。第四,新农村社区文化的多样化。随着城乡人口的自由流动,农村社会不再是一个封闭性的社会更趋向于开放性。各种不同的文化元素随着人口流动在农村中流动,为传统乡土文化注入了新血液。

第二节　农村社区的形成原因及发展条件

一、农村社区的形成原因

建设社会主义新农村是我国现代化进程中的重大历史任务,是统筹城乡发展和以工促农、以城带乡的基本途径,是缩小城乡差距、扩大农村市场需求的根本出路,是解决"三农"问题、全面建设小康社会的重大战略举措。纵观我国农村社区的发展,新农村社区的形成有以下的几个原因:

第一,经济原因。市场经济的发展为农村社区的形成提供了有利条件。现代社会在市场经济条件下已经发育得比较成熟,为农村社区的良性发展提供了良好的外部条件。市场经济是以市场机制为手段实现资源的优化配置,是一种自主经济,它要求社会能够依据市场运行规则实现自我调节与发展。社会与国家合理分界和相对独立的社会发展空间的形成。现代市场经济的不断发展为农村社区实践提供了适宜的土壤。

第二,政治原因。政治民主化进程为农村社区的自我发展提供了可能。村民自治是国家还权社会的结果,是社会转型中的一种新的基层治理模式。不过在现实中村民自治的"准行政化"倾向较重,在实行过程中出现了诸多问题与挑战,例如面临所有制形式多样化、土地规模化、城镇化、市场化、法治化、国际化、管理科学化等等诸多挑战。以开放、业缘为基础的地域性自治代替封闭、血缘村落为基础的村民自治可以有效解决这些问题,从而推动农村资源的合理配置和农村社会的健康、有序发展。

第三,文化原因。传统文明与现代文明的发展为农村社区发展提供了良好的文化环境。传统村落的村民往往是因血缘、地缘而居,以宗族认同为核心,形成了"父慈子孝,兄友弟恭"等基本道德准则,并在农村社区得到传承发展。现代文明逐步渗透进农村社区,为其发展提供了新鲜血液,引导农民积极参与社区管理,培养他们的民主法治、合作协商精神,唤醒他们的公民意识和社会责任感,推动他们从"血缘人"转变为"社会人",进而从自理走向自治。

第四,社会原因。农村自然村落的解体给农村社区的形成提供了发展空间。随着国家现代化进程的深入推进,在现代的行政规划下,自然村落不可避免走向衰落,逐步被纳入国家行政管理板块。随着农民"打工潮"高涨,农村人口向外流动量剧增,流动的频率增强,打破了农村原有的固定居住模式,这是农村社区形成和自治的基本条件。随着经济社会的迅速发展,我国阶层结构正发生着巨大的变化。改革开放和市场经济驱动着越来越多的农民工大规模涌向城市。一方面,"工业反哺农业"时代的到来使城市资源逐步流向农村,这必将逐步消除城乡二元社会保障制度,有利于农村社区的产生和社区自治的形成;另一方面,随着农村人口不断地向城镇化流动,许多农村出现了"空壳化"现象。村庄的衰落为农村社区的产生和发展提供了自主活动空间,必然推动农村社会结构的重构和农村社区的崛起。

第五,生态原因。农村生态环境不断恶化。高消耗换来高增长的同时,也带来了高排放和高污染。农业的稳定发展面临了巨大威胁,水土流失、荒漠化、酸雨、自然灾害、气候变暖等一系列环境问题破坏了正常的农业生产活动。农业环境自身具有脆弱性,抗灾能力差,加之旱涝、冻害、冰雹、大风等灾害发生频繁,造成农村环境的破坏与退化。在农业生产过程中,化肥、农药等的滥用严重影响农村环境卫生状况,降低了农村居民的生活质量。因此,农村急需走上一条可持续性发展的道路。农村社区在这种背景下逐渐发展起来。农村社区以一种全新的组织形式和区别以往的发展路径受到人们的关注和重视。农村社区以生态为资源,走生态环境产业道路,合理地将生态维护与经济发展联系起来,实现农村生态环境和农村经济的协同发展。

二、农村社区的发展条件

建设社会主义新农村是我国现代化进程中的重大历史任务,而社区建设将是建设社会主义新农村的新模式。我党在十六届六中全会上提出了"全面开展城市社区建设,积极推进农村社区建设,健全新型社区管理和服务体制,把社区建设成为管理有序、服务完善、文明祥和的社会生活共同体"的要求,将农村社区建设作为今后一个时期的重点工程。2006 年 9 月民政部下发通知,要求在有条件的地区开展农村社区建设的研究探索和试点工作,2007 年 3月,又在青岛召开全国农村社区建设研讨会,并下发了《全国农村社区建设实验县(市、区)工作实施方案》,决定利用 1 至 2 年的时间开展农村社区建设实践活动。2009 年 3 月,为巩固农村社区建设实验工作的阶段性成果,扩大受益面,促进农村经济社会又好又快发展,民政部开展"领导协调机制的全覆盖、社区建设规划的全覆盖、社区综合服务设施的全覆盖、社区各项服务的全覆盖"的农村社区建设实验全覆盖的创建活动。2010 年 10 月 14 日,民政部在宁夏银川组织召开了全国农村社区建设实验工作推进会议,会议明确了争取到 2015 年,全国农村地区普遍开展农村社区建设,60%以上的农村社区基本建设成为管理有序、服务完善、文明祥和的社会生活共同体,到 2020 年,所有农村社区基本实现上述要求的目标。2011 年 12 月 9 日至 10 日,民政部基层政权和社区建设司在华中师范大学组织召开了"中外农村社区建设比较研讨会",从理论、实践和政策三个层面对我国农村社区建设中的热点难点问题进行了深入讨论,并对中外农村社区建设的差异和我国农村社区建设的特点进行了分析,对当前我国农村社区建设的工作重点以及推进策略提出了建议。2011 年 12 月 3 日,根据民发〔2011〕213 号《民政部关于命名吉林省长春市宽城区等 14 个县(县、区)为"全国农村社区建设实验全覆盖示范单位"命名决定》,民政部又命名了 14 个"全国农村社区建设实验全覆盖示范单位"。至此,"全国农村社区建设实验全覆盖示范单位"已达 106 个。国家政策的倾斜对我国农村社区的建设提供政策保障,农村社区的前景是光明的,也是广阔的。

第一,经济条件。我国国民经济综合实力的增强为我国农村社区的发展提供了物质基础。2004 年 1 月,针对近年来全国农民人均纯收入连续增长缓慢的情况,中央下发《中共中央国务院关于促进农民增加收入若干政策的意见》;2005 年 1 月 30 日,《中共中央国务院关于进一步加强农村工作提高农业综合生产能力若干政策的意见》,即第七个"一号文件"公布。文件要求,坚持"多予少取放活"的方针,稳定、完善和强化各项支农政策。当前和今后一个时期,要把加强农业基础设施建设,加快农业科技进步,提高农业综合生产能力,作为一项重大而紧迫的战略任务,切实抓紧抓好;2006 年,中共中央,国务院下发《中共中央国务院关于推进社会主义新农村建设的若干意见》,这是2004 年以来中国连续第三个以农业、农村和农民为主题的中央"一号文件"。这份 2006 年中央"一号文件"显示,中共十六届五中全会提出的建设社会主义新农村的重大历史任务,2006 年将迈出有力的一步;2007 年 1 月中央一号文件《中共中央国务院关于积极发展现代农业扎实推进社会主义新农村建设的若干意见》提出,加强"三农"工作,积极发展现代农业,扎实推进社会主义新农村建设,是全面落实科学发展观、构建社会主义和谐社会的必然要求,是加快社会主义现代化建设的重大任务;2008 年 1 月 30 日,《中共中央国务院关于切实加强农业基础建设进一步促进农业发展农民增收的若干意见》正式公布。这是近 5 年来第 5 个关于"三农"问题的中央一号文件,也是改革开放以来第 10 个以"三农"问题为主题的中央一号文件;2008 年中央一号文件指出按统筹城乡发展要求,加大"三农"投入力度,完善农村基础设施建设,稳产增收;2009 年中央一号文件要求围绕稳粮、增收、强基础、重民生,千方百计保证国家粮食安全和主要农产品有效供给,千方百计促进农民收入持续增长,"粮食安全"和"农民增收"成为当前农村改革的核心问题;2010 年中央一号文件要求加大统筹城乡发展力度,进一步夯实农业农村发展基础,从新农村建设单轮驱动转向城镇化与新农村建设双轮驱动。2011 年中央一号文件《中共中央国务院关于加快水利改革发展的决定》以水利改革发展为主题,是新中国成立以来中央首个关于水利的综合性政策文件,就是想要抓住当前水利这个薄弱环节,解除水利这个瓶颈制约,夯实农田水利这个重要基础,以稳定农业发展,进而推动现代农业的发展。2012 年的中央一号文件则突出强调部署农业科技创新,把推进农业科技创新作为 2012 年"三农"工作的重点,作为农产品生产保供和现代农业发展的支撑,出台了一系列含金量高、打基础、管长远的政策措施,在我国农业科技发展史上具有里程碑意义。2018 年中央一号文件《关于实施乡村振兴战略的意见》、2022 年中央一号文件《中共中央　国务院关于做好 2022 年全面推进乡村重点工作的意见》和 2023 年中央一号文件《中共中央　国务院关于做好 2023 年全面推进乡村振兴重点工作的意见》均以实施乡村振兴战略为重点,推进农业农村现代化发展。纵观一系列中央"一号文件","三农"问题从来摆在首位,重点解决农民增收。农业增收、农业稳定、农民生存状态、农民平等的权利等问题,给农业、农村、农民的发展以优先发展的地位,我国农业不负众望,取得巨大成就,为国民经济快速稳定健康的发展做出了贡献,农业基础地位得到巩固,农业经济稳定向前发展。农民权益得到一定的保障。这是我国广大农村地区进行社区建设的前提所在。此外,按照"两个趋向"论断,中国从农业提取积累支持工业发展的历史阶段已经结束,已进入到"工业反哺农业、城市支持农村,城乡协调发展的新阶段"。"两个趋向"的本质是发展农村经济,保护和支持农业,提高农民收入,逐步缩小城乡差距、工农差距和区域差距,充分体现了"以人为本",全面、协调、可持续的科学发展观,形成了新"重农"思想。经过四十多年的改革发展,适应生产力发展要求和社会主义本质要求的"以公有制为主体,多种所有制经济共同发展"的社会主义市场经济已经在我国建立并且不断完善。这一经济制度对生产力发展产生了巨大的促进作用,促使我国经济进入到快速发展阶段,国民经济连续保持较快的增长,国家综合实力显著增强,总体上已进入到以工促农、以城带乡的发展阶段,具备了工业反哺农业、城市支持农村的能力。这无疑是开展农村社区建设,构建农村和谐社会的前提条件和物质基础。[1] 只有在社会物质财富充裕的前提下,农村社会救助和社会保障才能够得以充分发挥其作用,农村社区福利事业才能得到大规模发展与完善,农村社会成员才能够

---

① 孟宪江:《推进新农村建设具备了一定的条件和基础》,资料来源:http://www.ce.cn/xwzx/gnsz/gdxw/200603/02/t20060302_6247027.shtml。

过上稳定、安宜的生活,发挥自己的才能,为社会主义的建设贡献自己的力量。

第二,政治条件。村民自治制度在我国农村的建立和发展为农村社区的建设提供了政治条件。村民自治是根据我国社会发展和国家民主进程的实际而制定的让农民直接行使民主权利,依法实行自我管理、自我教育、自我服务的一项基本社会政治制度。实行村民自治的目的是通过把农民群众组织起来,保证农民群众依法行使民主权利,促进农村经济的发展和社会化的进步。以民主选举、民主决策、民主管理、民主监督为主要内容的村民自治制度在我国广大的农村推行以来,我国农村已经初步确立了村民自治制度,村务公开和村务管理制度以及民主监督机制也在不断完善。我国亿万农民正以空前的政治热情推动广大农村的民主进程。1987 年全国人大制定颁布了《中华人民共和国村民委员会组织法(试行)》正式确定了村民自治的原则及其框架。《村委会组织法》的试行和我国农村村民自治的启动始于 1988 年 6 月 1 日。全国已有很多省、自治区、直辖市制定了本行政区域贯彻《村委会组织法》实施办法,福建、江苏、湖北、辽宁、贵州、湖南、河北、宁夏、河南、内蒙古等省、自治区还先后制定了专门的村委会选举法规。许多地(市)县(市)乡(镇)村,也制定了有关村民自治的制度和办法。各地农村根据自我管理、自我教育、自我服务的原则,在村民自治中实行民主选举、民主决策、民主管理和民主监督。村委会干部由全村村民按照有关法律、法规的规定以直接、差额、无记名投票的方式民主选举,并可视其政绩进行撤换或罢免;涉及村民利益的大事和村民共同关心的问题,由村民会议或村民代表会议依法民主决策;村内的日常事务,通过村民代表会议和村民自治章程、村规民约进行民主管理;对村委会工作、村内重大事务和干部行为,村民通过村务和财务公开、定期考评干部等形式进行民主监督。2007 年 6 月,全国村务公开协调小组召开"全国村务公开和民主管理理论研讨会",对制度创新获奖项目进行表彰,并向全国推广这些成功做法。2008 年 11 月,民政部组织开展《中华人民共和国村民委员会组织法》颁布实施十周年纪念活动。明确了进一步健全农村基层党组织领导的充满活力的农村基层群众自治机制,扩大农村居民群众自治范围,完善民主管理制度,保障人民享有更多更切实的民主权利的历史任务。2012 年 5 月 10 日,全国村务公开民主管理示范单位经验交流会在宁夏召开;2012 年 7 月 3 日,全国村务公开民主管理工作会议在山西省运城市召开。会议以建立健全村务公开民主管理长效机制为主线,认真落实民主管理制度,进一步完善乡村治理机制,着力解决农民群众反映强烈的问题,切实维护农民群众合法权益,促进农村社会和谐稳定,推动农村经济社会又好又快发展。采取农村社区建设的方式是进一步深化村民自治制度,推动农村自治的深入开展,使得农村社区成为完善村民自治的有效形式和重要载体。2010 年、2018 年全国人民代表大会常务委员会分别对《中华人民共和国村民委员会组织法》进行了修订,为村民自治促进农村社区发展提供了法律保证。

第三,文化条件。农村公共文化服务体系建立为新农村社区的发展提供了夯实的文化基础。改革开放以来,党中央、国务院对农村文化建设非常重视。在每年召开的农村工作会议上,都把加强农村文化建设作为重要内容,予以部署和安排。国家逐年加大对农村文化资金的投入,中央和省级财政设立了专项扶持资金,加大对农村地区,特别是老、少、边、穷地区文化建设的扶持力度,农村文化建设经费也进一步增加。仅"十五"期间对农村文化投入达到134.23 亿元,占全国文化事业费比重为 27.05%。国家发改委从 2002 年到2006 年投资 4.8 亿元,全国共补助县级图书馆、文化馆建设项目 1086 个,总建设规模达 197.7 万平方米,总投资达 17 亿元。到"十五"期末,县县有图书馆文化馆的目标基本实现。各地也加大投入力度,落实了一批基层文化设施建设项目,扶持公共文化建设。到 2007 年,全国共有县级以上公共图书馆2762 个,文化馆 3226 个(含群艺馆),博物馆 1601 个,文化站机构 38362 个,县、乡两级公共文化服务网络初步形成。国家大力发展农村教育,促进教育公平,提高农民科学文化素质,培育有文化、懂技术、会经营的新型农民。2007年全国普及九年义务教育的人口覆盖率已达 99%,其中西部地区由 2003 年的77% 提高到 98%。实现"普九"的县数占全国总县数的 98.5%。① 国家文化部

---

① 秦佩华:《夯实新农村建设的文化基础》,资料来源:http://www.ccmedu.com/bbs38_45836.html。

和财政部联合实施了全国文化信息资源共享工程,从 2002 年实施以来"共享工程",在 2005 年底共整合加工约 58TB 数字文化资源,形成了包括文化艺术、农业技术、科普知识、医药保健、生活百科等内容的数字资源库群,已建成各级中心和基层服务点 6700 个,辐射人群已过亿。① 建立文化科技卫生"三下乡"长效机制,通过送戏剧电影、送图书报刊、开展文艺演出,通过举办科普大集、科技讲座、实用技术培训,通过送药品、送健康知识、巡回医疗和义诊咨询,通过举办法律讲座、提供法律援助等形式,进一步把文化科技卫生资源送到农村、送给农民。同时,加大对非物质文化遗产保护工作,各地积极发掘当地的非物质文化遗产资源,利用各种节庆日,尤其是民族传统节日,开展各种民俗活动、传统文化活动,为农村群众提供丰富多彩的公共文化服务。

第四,社会条件。推行农村战略的实施,解决"三农"问题,以促进农村经济社会全面协调发展,成为党和政府以及社会各界的共识。近年来党中央、国务院高度重视"三农"问题,各级党委和政府都大力支持农村发展,广大农民强烈盼望加快农村发展,社会各界关注农村发展,全党全社会的共同认识和共同行动推进社会主义新农村建设,为推进社会主义新农村建设创造了良好的社会氛围,为进一步解决好"三农"问题提供了许多有利的条件。新农村建设战略的实施,为开展农村社区建设提供了机遇。党的十六届六中全会提出要"全面开展城市社区建设,积极推进农村社区建设,健全新型社区管理和服务体制,把社区建设成为管理有序、服务完善、文明祥和的社会生活共同体"的要求,首次完整提出了"农村社区建设"的概念。党的十七大再次提出,要"把城乡社区建设成为管理有序、服务完善、文明祥和的社会生活共同体"。党中央、国务院对农村社区建设的深刻阐述和明确定位,为开展农村社区建设指明了方向。党中央《关于推进社会主义新农村建设的若干意见》,对建设社会主义新农村做出了战略部署。2018 年、2022 年、2023 年中央一号文件更是全面

① 曲哲涵:《财政部将加大对文化信息资源共享工程的资金投入》,资料来源:http://www.china.com.cn/policy/txt/2007-06/20/content_8414432.htm。

聚焦乡村振兴战略实施,为农村社区建设提供了重要的制度政策保障。新中国成立以来关于社会发展的重大战略调整,从发展理念上彻底打破了长期实行的"城市优先"发展模式。国家将自觉调整国民收入的分配格局,大幅度地增加对新农村建设的投入,让公共财政的雨露更多地滋润农业、阳光更多地照耀农村、支出更多地惠及农民。解决好"三农"问题,促进农村经济社会全面协调可持续发展,全面实施乡村振兴战略,越来越成为党和政府以及社会各界的共识。实践中,着力促进农村二、三产业发展,拓展农村产业发展空间,扩大农民就业,促进农民增收。加强农村基础设施建设,着力改善村容村貌。开展"环境优美乡镇""生态文明村"创建活动,镇村环境明显改善。拓展公共服务,提高农民生活质量。拓展社区卫生服务中心、社区卫生服务站建设,基本实现医疗卫生服务全面覆盖农村人口的目标;新增农村连锁超市、群众健身场所、文化室、图书室等都进一步改善农村居民的物质与文化生活条件。这一系列支农惠农政策先后出台,促进全社会关心农业、关注农村、关爱农民的良好氛围形成,从而为开展农村社区建设营造了广泛的群众基础和社会条件。

第五,生态条件。农村优势的生态资源环境,为农村社区的良性发展提供了有利的生态条件。2005 年《"十一五"规划纲要建议》指出,要按照"生产发展、生活富裕、乡风文明、村容整洁、管理民主"的要求,扎实推进社会主义新农村建设。其中"村容整洁"既指实现人与环境和谐发展。这种发展的基本目标是构建"资源节约型、环境友好型"的两型社会。一方面,整个社会经济建立在节约资源的基础上,在生产、流通、消费等各领域各环节,通过采取技术和管理等综合措施,不断提高资源利用效率,尽可能地减少资源消耗和环境,以较小的代价满足人们日益增长的物质文化需求;另一方面,人类的生产和消费活动与自然生态系统协调可持续发展,实现人与自然和谐共生的社会形态。可见,党中央、国务院高度重视农村生态环境的维护和改善。这一系列政策的出台,有利于农村社区把握好新时代的需要,实现农村经济和环境的可持续发展。

第三节　农村社区的作用与功能

一、农村社区的作用

农村社区是城乡社区的重要组成部分,是构建富强民主文明和谐美丽的社会主义现代化国家的重要基础。完善基层服务和管理网络,加强农村社区建设,整合社区资源,强化社区功能,把政府的公共服务和管理向农村基层延伸,对切实解决农民群众关心的难点、热点问题,提升农村社区文明程度,促进农村社区各项事业的协调健康发展具有重要作用①。

第一,新农村社区发展有助于促进农业现代化,推动农业经济发展。农业现代化是指从传统农业向现代农业转化的过程和手段。在这个过程中,农业日益用现代工业、现代科学技术和现代经济管理方法武装起来,农业生产力由落后的传统农业日益转化为当代世界先进水平的农业。农业现代化是各国农业发展的趋势,也是各国政府追求的目标,农业的现代化不仅是改变农业与农村落后面貌的根本出路,也是保障国民经济持续稳定发展的重要条件。实现了这个转化过程的农业就叫作现代化的农业。农业现代化是一种过程,同时,农业现代化又是一种手段。农业现代化的目标就在于发达的农业、富庶的农村和良好的环境。早在 20 世纪 70 年代我们就提出了农业现代化的目标。发达的农业就是要努力提高农业生产力,将目前低产低效的农业建设成高产高效的农业,社会对农产品的需要能够得到充分的满足,从而为整个国家经济的现代化奠定稳固的基础;富庶的农村就是要改变农村的落后面貌,稳步提高农民的收入,缩小城乡之间、工农之间的物质生活与精神生活方面的差距;良好的环境就是要在实现农业现代化的过程中避免对自然资源掠夺式的开发经营,注意保护和改善生态环境,为农业的稳定发展、资源的持续利用创造良好

---

① 李长健、张锋:《新农村建设中社区发展研究:基于利益逻辑与社区建设的双重视角》,《贵州师范大学学报(社会科学版)》2007 年第 2 期。

的条件,为人民工作与生活创造美好的环境。综合国内外实现农业现代化的经验,结合我国农业发展现状和基本国情,可以对中国特色农业现代化道路的基本内涵作如下概括:以保障农产品供给、增加农民收入、促进可持续发展为目标,以提高农业劳动生产率、资源产出率和商品率为途径,以现代科技和装备为支撑,在家庭承包经营的基础上,在市场机制和政府调控的综合作用下,建成农工贸紧密衔接、产加销融为一体、多元化的产业形态和多功能的产业体系①。但由于目前我国农业生产力水平还不高,我国农户的经营规模普遍较小,农产品商品率和农业资源配置的市场化程度均较低,农业产业结构规模小,无法应对市场变化等因素,都制约着我国农业产业现代化的进程。以农村社区为载体,可以通过整合社区内资源,组织社区内农民,提高我国农业生产水平。同时农村社区经济组织通过合作方式,联合大量农户进行技术或资源的互补以解决农业发展与土地细碎化、资金短缺之间的矛盾;通过同龙头企业合作,组织农民从事专业化、规模化生产经营,实现规模经济和范围经济,并促进分工的进一步细化,减少了市场风险,提高产品的市场竞争力,加速了我国农业产业现代化的进程。农业现代化不能脱离现代化工业、交通运输及国民经济其他部门的支援。如果就传统社会与现代社会而言,农业现代化本身就意味着社会经济形态的转变。这就对农业补贴提出了要求,这也是农业补贴存在的时代背景之一。

第二,农村社区有助于推进农村基层民主政治,协调农村社会的利益关系。其作用主要表现在:通过社区促成共有利益的聚合,促进农民平等地参与并分享利益、实现和谐利益;通过社区发展促进经济利益的发展,扩大存量利益、增加增量利益,实现利益的可持续发展;通过社区对差异利益、冲突利益的协调实现社区和谐利益的各种运行模式、运行方式和运行机理。和谐农村社区的构建可以实现利益主体和利益客体的和谐发展。其一,新农村社区发挥桥梁纽带作用。农村社区作为政府和农村社会信息沟通、对话、合作的桥梁和

---

① 新华社:《党的十七大报告解读:走中国特色农业现代化道路》,资料来源:http://www.gov.cn/ztzl/xxgc/content_821057.htm。

纽带,它可以有效地平衡协调政府和农村社会的利益关系,实现农村共有利益和共同利益表达参与的制度化、规范化和法治化,保障农民组织化、制度化地参与政府公共政策的制定,降低政府制度变迁、制度创新的成本、政策制定的风险、政策执行的成本,实现农民的和谐利益。其二,农村社区作为一个社会组织,可以参与农村社会的公共产品供给。由于供给公共产品的针对性强、成本低、效率高等优点,能够高效地促进农村社会利益的发展,增加农村的增量利益。社区参与公共产品的供给能够促成与政府竞争关系的形成,增加政府公共产品创新的动力和提高政府公共产品的质量、数量和性价比,实现社区利益的可持续发展。其三,农村社区作为一个社会组织体,通过社区文化的培育来协调差异利益和冲突利益,在认同差异利益的前提下缩减差异利益和平衡差异利益,最终实现利益之间的和谐。目前学术界关于农民利益发展与农村社区建设的研究较多,但研究往往突出农民利益逻辑关系或农村社区建设的单一视角,或者对农民利益逻辑层次的研究只停留在平面的视角上,没有从立体化和系统化的视角来研究农民利益的逻辑和农村社区的建设,不能实现农民利益逻辑和农村社区建设的互促共进和同质同向。农民权益保护制度与农村社区和谐发展的正相关关系,要求我们在构建和谐社区进程中必须高度重视农民权益保护制度,并通过健全完善农民权益保护制度来化解现实农村社区问题和农村社区矛盾,使得农民权益伴随着社会变迁而发展。在主体多元化社会关系与社会利益交叠冲突的现代社会,农民权益不能仅通过个人选择还必须通过不同组织进行集体选择的方法来实现,农民权益保护要以动态发展的视野,在以农民为中心的主体发展权与以土地为主的客体发展权的构建维度中,以农村社区发展权为实践的时空载体,提出基于主客体和谐发展的社区发展权理论,从而寻求农民权益更新,实现更高层次的保护。

第三,新农村社区有助于繁荣农村文化,提升农村风气文明。农村社区是实现社会主义新农村的有效途径。农村社区建设的根本所在和生命力所在是发展农村经济,提高农民生活质量。农村社区的经济发展可以促进社会主义新农村建设的深入推进,使农民的生活更宽裕,便利社区居民生活,为农村地区的整体发展提供坚实的经济支持和物质保证。农村社区服务等活动可以提升新农村的风气文明,建立和谐融洽、互助互惠的人际关系,提升农村社区居民的生活质量和文化品位。农村社区环境卫生建设可以保障新农村的村容整洁,帮助社区居民形成讲卫生、讲文明、爱护环境的优良习惯,改变社区脏、乱、差的局面,建设环境优美的新型农村社区。建设农村社区的过程实际上也是促进社区管理民主化和农村社区居民政治建设的过程,可以很好地推进新农村建设中管理民主目标的实现。把开展农村社区建设与农村党的基层组织建设、村民自治、农村综合配套改革、文明村庄创建等工作结合起来,真正将农村社区建设成为管理有序、服务完善、文明祥和的社会生活共同体,为推进社会主义新农村建设与全面实施乡村振兴打下坚实的基础。

第四,新农村社区有助力于推动农村社会进步,实现城乡一体化发展。农村在基础设施、文化水平、社会保障、公共服务等方面较之城市存在很大的差距,城乡二元社会保障制度还在不断拉大城乡彼此的差距,构成社会发展的不稳定因素。新农村社区建设可以有效地解决这样的问题。农村社区建设可以对农村的发展力量进行整合和优化,将农民组织起来,形成一种强大的团体力量,改善农村的社会状况。农村社区本身还具有公共服务功能,提供法律服务、科技教育、社会保障等,可以切实提高整个农村社会的公共服务水平。

第五,新农村社区有助于保护农村生态环境,实现生态文明农村社区的目标。新农村社区建设是农村发展的新路,是在结合当地传统文化和优势资源的基础上寻找到的新发展途径。农民群体力量的集合,伴随着现代科技的引进,公共服务的不断扩展,以及农村生活水平的不断提高,使得新社区的农民有能力,也有意识去维护好农村的生态环境。农村生态环境对于当地的农民来说,不仅是日常生活面对的自然环境,同时也是农民发展创收的一个重要元素。新农村社区作为一个农民共同生活的区域,农民彼此的熟悉和频繁交流,有利于相互间的提醒和监督。而农村社区作为农民整体利益的代表,理所当然地肩负起农村生态环境保护和改善的责任,保证农民生活环境的舒适和生活质量的提高。

二、农村社区的功能

农村社区以亲缘和血缘为纽带,以居民为基础,在农村社区经济建设和社会发展中发挥了重要功能。

第一,农村社区具有发展社区经济的经济功能。发展农业和其他产业,增加农村社区居民的收入,提高他们的物质文化水平是社区发展经济的目的所在。农村社区进行合理规划后,要对辖区内资源实行重新整合和合理利用,尤其是对于一些拥有村办企业或经济实体的社区来说,应该结合现代企业经营管理理念,推进企业改制,不断实现集体资产保值增值,推动社区经济发展。在发展经济同时,在稳定传统农业生产的前提下,要着力发展区域特色经济,因地制宜,培育和发展社区特色经济,不断壮大社区经济能力。

第二,农村社区具有促进基层民主的政治功能。农村社区的政治功能主要是通过社区自治组织来实现的。农村社区有义务和职责贯彻、执行国家的法律法规和各项政策。社区居民依法拥有选举权、被选举权和监督权来参与社会政治。社区组织村民开展民主选举,采取民主决策,进行民主管理,确保民主监督,使农村社区内部的政治治理在法治化、规范化的轨道上进行,加强民主政治的常态建设。鼓励、引导并支持广大村民积极参与农村社区建设,推动村民自我管理、自我教育和自我服务,着重发挥村民小组、志愿者组织、互助性民间组织的功能。社区管理是在党和政府的领导下人民群众的自治管理,真正体现人民当家作主。

第三,农村社区具有繁荣农村文化的文化传承功能。农村社区文化由一系列基本要素组成,这些文化为农村社区内的所有成员所共同拥有,同时又制约着人们的思考方式和行为方式。宣传并弘扬农村优秀传统文化,开展富有特色的文化活动,以传统文化为纽带并通过社区的道德约束和纪律约束,引导居民树立正确的世界观、人生观、价值观,这也是社区文化功能的具体要求。

第四,农村社区具有村民自治的社会治理功能。农村地区公共管理与公共服务的功能应该由农村社区逐渐承接,由社区协助政府开展基层管理和服务工作,建立起政府行政管理和社区自我管理的有效衔接、政府依法行政和村民依法自治良性互动的农村基层社会治理体制。农村社区是社会保障制度得以实施的基础平台和时空载体。农村社区的社会保障一般由两方面组成:一方面利用社区集体资产向成员提供基础的医疗、卫生、教育、养老等社会保障;另一方面邻里互助也加强了农村社区的稳定性,成为农村社保强有力的辅助力量。随着国家在广大农村地区逐步建立社会福利网络,农村社区必然成为社会福利和保障制度的实施平台。农村社区应该积极协助国家相关部门开展社会保障工作,承担各项具体事务性工作。例如,医疗保险、养老保险、社会救助人员的基本信息等档案数据的建立;补贴资金的发放;人员动态管理等各类工作,必须依托农村社区进行。

第五,农村社区具有协调政府工作的社会建设功能。农村社区的社会建设功能主要体现在协助政府进行公共服务与管理方面。例如,在基层建立为民服务代理制度,探索引导社会福利、医疗卫生、科技教育、文化体育、社会救助、劳动保障、法律服务等多项公共服务,由此来改进农村社区的工作条件,扩大政府公共服务在广大农村社区的覆盖广度与深度。除此之外,农村社区还具有提供农业生产资料、提供农产品交易信息服务、促进农业科技创新与发展、促进农村剩余劳动力转移、加强经济合作组织管理与协调等等各方面的服务功能,以推动农业产业化的形成。

第六,农村社区具有生态维护的功能。生态环境不仅是农村生活的装饰,更能成为农民收入增长的重要途径。生态环境产业有利于实现经济增长方式转变,可以有效地将自然资源的消耗和对环境的影响相协调,实现产业活动与生态系统的良性循环和可持续发展,达到资源的有效利用和环境的有效保护,最终促使农村经济的健康、稳定、持续发展。农村社区责无旁贷地承担起生态维护的功能,以农村社区自身的人力、物力、财力投入生态维护与利用当中去,合理规划生态环境的利用和保护,同时吸引外界社会因素的参加,在农民创收的同时,保护好农村生态的平衡和环境的舒适。

农村社区的上述作用和功能,不是单单依靠农村社区的自身运作就可实现,这些功能应是作为整个区域实体所共同发挥的功能,在提供管理和服务的过程中,需要农村社区村委会、上级政府部门以及社会各界的参与和支持,形成政府与社区、行政与自治两种力量的协调配合才能完成。

第四节　农村社区发展的理论视角综述

理论是实践的指导和依据。农村社区发展不是单纯的自我随意发展,必要的理论支持是农村社区发展好的重要保证。正确的理论能为农村社区发展指明方向,避免陷于以往的误区和怪圈。农村社区发展有众多理论可供指导和支撑。首先,从法学角度来说,社区发展权理论、生存权与发展权理论、权利与义务互补理论、利益与利益机制理论等是农村社区发展的重要理论。权利是农民和农村社区发展的利益体现,把握好农村社区发展中的权利,就是对农民和社区利益的保护。社区发展权是以社区居民平等地参与社区活动与平等地享受社区发展的成果为内容,以促进主体发展权实现为内涵,在社区关系中体现为平等地参与社区活动与平等地分享社区发展的成果。生存权与发展权理论是实现农民基本人权的重要体现。权利与义务互补理论以实现权利义务的一致性和统一性为目标。利益与利益机制理论从利益角度平衡农村资源开发利用的利益分配与分享,实现利益的和谐才能最终实现农村社会的和谐。从经济学角度来说,公共产品供给理论、公共选择理论、新公共管理理论等理论为农村社区发展提供重要的经济理论依据。公共产品供给理论从农村公共产品角度,探求农村公共产品的供给主体和实现方式。公共选择理论就是强调市场调节作用的充分发挥,弱化相应的政府权力,使得市场实现自我调节。新公共管理理论旨在改革以往的官僚体制,削弱政府干预权力,强化市场的基础调节作用。从政治和社会角度来说,社会资本理论和可持续发展理论可以为农村社区的发展提供重要指导。社会资本理论考虑个人与制度的连接,将个人理性的要求与共同生活的需要联系起来,最终解决群体选择的困境。可持续发展理论旨在实现人与社会、人与自然、人与资源环境的协调可持续性发展。

一、农村社区发展的法学理论视角

首先是生存权与发展权理论。权利是现代法治社会的基础,权利的平等实现是现代文明社会的重要条件。随着社会发展步伐的加快,社会向人提出的要求越来越高,在解决了适者生存、不适者也生存的问题之后,发展权成为人权发展的必然要求,这也是社会发展的需要,促进农民权益从平等生存权向平等发展权转变成为我国现代化建设的全新课题。

生存权作为法律概念是基于特定的物质生活条件而提出的,其不仅是指人的生命不受非法剥夺的权利,而且还包括每个生命得以延续的权利。在实践中农民的生存权具有两大特点:生存权的弱者身份性与生存权的脆弱性。显然,生存权是农民作为人而应该享有的权利,是为保障人之生存而需要享有的权利。对农民生存权的保障需达到这样一个水平,即农民能够"像人那样生存";只有实现了农民的生存权,并且是像人一样生存,才谈得上"人格和尊严",这是许多人权学说或宣言所追求的目标。农民权益保护和农民合作经济组织发展的基本理念就是通过国家(政府)的积极作为,凸显对农民群体的倾斜性保护,以保证其有尊严的、体面的人类基本生活,进而最终实现社会的实质正义。同时,"人的尊严必不可少的一部分是,人要使自己及其家庭获得作为人应有的生活水平的能力。只有借助发展,人的食物权、衣着权、庇护权、医疗权、就业权和教育权才能得到充分实现。"①人是发展进程的主体,发展政策应尽量使每个人成为发展的主要参与者和受益者,而非造就一批"边缘人"和"牺牲品"。具体到农民发展权中,就是农民的生活状况不至于恶化;农民作为社会中的平等人格不至于被贬低和否定;农民追求自由的私人性和参与公民政治生活的公共性不至于被束缚和扼杀。在现代社会,农民只有不断提高自身的社会化程度,增强在实践活动中满足自身生存和发展需要的能力才能适应日益发展着的社会对人的整体素质和能力的越来越高的客观要求。只有这样,农民才能与经济社会相协调,才能不断满足自身日益增长的对生存权

---

① 李林:《当代人权理论与实践》,吉林人民出版社 1996 年版,第 318 页。

与发展权的需要。

其次是社区发展权理论。[①] 发展权利的实质是弱者权利,社区发展权是发展权的重要组成部分,是建立在主体发展权与客体发展权融合实现的时空载体基础上,以社区形式享有的经济、政治与文化各方面发展权利的总和。社区发展权属于集体人权,但它又区别于一般发展权,是主客体时空载体融合而成,其表面上是社区所享有的经济、政治与文化权利,实质上是社区成员所享有的现实发展权利,是个体发展权在主客体融合的时空载体下实现的一种集体形式。社区发展权主要从两个层面实现,其一是外部发展权的实现,即通过法律实现社区所享有的政治、经济与文化发展权利。其二是内部发展权的实现,即通过内部民主治理形式,按照民有、民享、民管原则,实现社区成员的发展权利。社区发展权的创设改变了传统主体权利与客体权利实现的静态、平面思维,形成了一种动态、立体的权利构建,其主要是以社区发展的形式促进人的全面自由发展的集体实现。我国农民仍属于相对弱势群体,促进农民群体的自由全面充分的发展是我国现代化建设的重要内容。从社会治理与公民社会之间的相互依存关系出发,需要以农村社区的构建来促进农民权益的保护。建立新型合作组织是发展农村社区的重要力量,在促进农村社区经济发展,实现农民权益的保护,促进全面乡村振兴上发挥着不可替代的作用。

最后是利益与利益机制理论。利益作为人类一切经济活动的直接目的和最终目的,赋予了以人类经济活动为中心的所有社会活动全过程以指向性和生命力,任何人类社会活动,特别是经济活动都可以找寻到利益的作用和影子,因此从利益角度研究农民权益保护与合作组织发展是非常重要的。人类利益的基础是需要,当人们的需要在一定的社会关系中与其他人发生关系时就产生了利益,因而只要有不同需要就有不同的利益,也就有利益分歧。利益是民生的核心内容,利益分歧是社会矛盾冲突的核心。利益格局的失衡源于社会权利的失衡。要化解人们利益冲突,就要给予他们相对公正的利益。和

---

① 李长健、伍文辉:《基于农民权益保护的社区发展权理论研究》,《法律科学》2006 年第 6 期。

谐社会最根本的就是要尊重和保护每个社会成员的合法权利,尤其是社会弱势群体的权利,克服社会权利配置的失衡。企业利益相关者理论认为企业是所有利益相关者实现其权益主张的载体,因此,企业并非仅仅追求股东利润的最大化。利益相关者理论认为企业的生存与发展并不只是依赖于股东资本的投入,而且同样依赖于企业管理者、雇员、消费者、供应商、社区等企业利益相关者的投入。以农民合作经济组织为例,农民合作经济组织作为与企业同等的市场主体,同样依赖于雇员提供的人力资本,消费者对其产品的消费,以及所在社区提供的其他公共设施等。离开种种利益相关者,农民合作经济组织是不能生存与发展的。农民合作经济组织同样应是所有利益相关者实现自身权益主张的载体。开展各种形式的联合和合作以保障农民自身的利益成为一项重要任务。新型合作组织是以利益为纽带结成的互惠互利共同体。作为农民利益集团的代表,合作组织为其成员带来的利益不仅包括直接利益或间接利益,短期利益或长远利益,还包括了社员的个人利益和组织的整体利益,它是实现社会利益均衡和农民权益保护的重要组织形式。

二、农村社区发展的经济学理论视角

首先是公共产品供给理论。公共产品是农村社区生活中重要方面。所谓公共产品是指农村社区居民集体使用的公共消费品。效用的不可分割性、消费的非竞争性和收益的非排他性是公共产品的三个基本特征。效用的不可分割性是指社区提供的公共产品使每一个社区成员受益;消费的非竞争性是指社区中的任何一个消费者享受了公共产品的益处,不会影响其他消费者享受同样的好处;收益的非排他性是指社区的公共产品不能从技术上将不愿付款的人排除在社区提供对象的收益范围之外,每一位社区成员,即便他不愿意支付公共产品的任何费用,他也能从中受益。在我国广大的农村地区,尤其是比较贫困的农村地区,公共产品供给不足严重制约了农村社区的发展,成为城乡差距具体表现的一个重要方面。如何有效增加农村社区的公共产品供给,避免扭曲现象的发生,从而缩小城乡差距,实现社会公平,是实践中亟待解决的问题。

农村社区的公共产品具有非排他性和非竞争性的特点。如果通过市场化运作进行供给,就不能防止其外部性,且实现排他成本高昂,不可避免地会出现"搭便车"现象。因此,一般公共产品的供给都是由政府来担当。政府相比市场其他主体而言,更具有供给的可能性和高效率。但政府没有直接的生产工厂,不能通过自己生产来予以满足。农村社区公共产品的"提供"和"生产"可以实现分离。政府在公共产品提供中的角色作用为征税和财政支出决策,引导和决定农村社区公共产品供给的服务和水平,安排和监督生产。政府也可以组织起自己的生产单位,或者从别的生产者那里购买,或者进行共同投资等方式实现公共产品的供给。目前,我国农村社区公共产品供给相对短缺,农村社区公共财政紧张是其中的重要原因。一方面要加强农村社区的经济发展,实现财政的有效增长;另一方面要实现对公共财政的节约支出,尽量满足农村社区公共产品的需要,提高财政的利用效率。可以从以下三个方面努力:一是完善农村社区的公共财政制度;二是建立起农村社区财政的长效运行机制;三是明确政府与农村社区的责任与权力,实现财权与事权的统一。

其次是公共选择理论。我国农村社区类型多样,模式多元化,区域差异明显。在农村社区治理中,政府如何进行引导、动员、组织社区居民积极参与社区治理,广大的社区居民又如何充分行使自己的民主权利参与到社区治理中来,是农村社区治理应该解决的问题。公共选择理论以"人是有理性且自私的"为前提,在农村社区具体体现为:第一,社区居民存在自己的偏好。第二,社区居民都是利益最大化的行动者,行为选择的标准就是收益最大化和成本最低化。社区居民采取行动会根据自己获取的个人利益多少来决定选择。这种以个人为中心的理性选择,使得社区居民为了防止不利于自己的情况发生,而不约而同地达成共识和形成协议,即非市场的集体选择形式,也就是通常所指的政府选择。公共选择的结果就是市场调节作用的充分发挥,政府作用的相对弱化。市场较之政府拥有更灵活的公共选择责任机制,如果政府提供产品和服务的作用弱化,最后受益的会是整个农村社区乃至整个经济社会。

为了避免政府的"自私"行为,政府内部的市场问题是农村社区发展公共选择上首先应当考虑的问题。因为政府决策也是由人来实现,人作出决策的

时候,不可避免地会受客观环境的影响,而不单单只考虑国家利益。无论市场
经济还是计划调控,在合理前提下决策者一般都会尽可能地实现其自身利益
的最大化。目前,农村社区公共决策的出台,政府不同程度都存在腐败现象。
要缓解这种现象,必须重新界定农村社区政府官员与社区、官员与市场的关
系,减少社区领导的干预,实现市场的自由调节,社区官员应当从操控者转变
为引导者,调动并充分发挥社区的群体力量。这样一方面打破了公私界限,破
除了行政垄断,强化了市场竞争;另一方面给公众以选择公共服务的机会,可
以调动广大农村社区居民积极投身社区公共建设发展的热情。农村社区公共
选择理论的运用,有利于重新厘清政府、市场、社会三者之间的范围和边界,有
力推动农村社区的民主自治。

再次是新公共管理理论。我国当今农村社区的部分弊病是由于政府过度
干预造成的,消除这些弊病就应当返回到自由竞争的状态。新公共管理理论
这样认为,政府干预减少,而竞争就会进一步扩展,垄断的产生就会大大减少,
以提高政府公共管理的有效性,实现经济(economy)、效率(effieieney)、效能
(effectiveness)的同步增长和提高。新公共管理运动中存在着两种密切联系
的趋势:一是逐渐脱离官僚体制的趋势,市场提供服务是替代官僚体制的最有
效手段,市场竞争机制引入是农村社区新公共管理改革的核心;二是公共部门
向市场化发展的趋势。公共部门提供转向私人部门供给,主要是通过私人投
资或是合同外包的方式实现。新公共选择理论旨在改变以往的僵死的、官僚
制的公共行政,将政府组织形式转变为灵活的、弹性的、以市场为基础的形式。

农村社区的新公共管理具有以下八个基本特征:权力转移,提高灵活性;
发展竞争和选择;确保绩效、控制和责任制;改善人力资源管理;提供回应性服
务;优化信息管理;加强政府指导而非干预的职能,提高管制质量。要运用好
新公共管理理论,在农村社区管理的实践中就应体现社区生产力持续增长的
目标,并以科学合理的管理方式为手段,发挥信息技术、组织技术、生产技术的
有效组织功能。新公共管理理论在农村社区治理中的运用,可以实现农村社
区行政管理与治理方式从原来的机构臃肿、权责混乱、管理失灵的模式转变为
一个综合的市场机制、各级政府管理体系、社区自治机制来高效提供公共产品

与公共服务的治理方式。新公共管理理论将公共管理活动扩展为在公共产品与公共服务供给过程中由多元主体共同组成的复杂网络的治理,不再仅仅是政府的行政管理职能,而是由公共部门、准公共部门及部分参与公共服务供给的私人等主体共同对公共事务进行的处理。新公共管理理论重新定位政府与市场之间的关系,提出建立市场导向型政府的思路,为农村社区发展提供了一种新的路径和方法。

三、农村社区发展的政治学、社会管理学理论视角

首先是社会资本理论。社会资本理论将微观的个体行为与宏观的集体选择结合在一起,通过彼此的利益连接,达到个人理性与社会理性的统一、个人利益与社会利益的一致。社会资本是连接个人与制度的桥梁,社会资本的作用发挥既能满足个人理性的要求,又能满足个人对共同生活的需要,最终解决集体行动的困境。社会资本的作用机制表现在以下几方面:第一,社会资本为公民的自愿合作提供了非正式制度,例如社会道德规范、风俗习惯等。这种非正式制度区别于文字形式流传下来具有正式执行机制的制度。非正式制度多为社会群众默认的规范,通过教育、经验、习惯流传下来。第二,社会资本为公民的自愿合作提供了双盈的互惠规则。第三,社会资本为公民自愿合作提供激励监督机制。对于一个合作的团体,个体从中得到奖励和认同感的满足,可以激励个体行动的积极性,提高个体参与解决公共事物治理问题的热情。同时,社会资本内在因素也能很好地监督组织的良好动作,避免个体的"偷懒""搭便车"等道德风险行为。

将社会资本理论引入新农村社区的管理是有效的,通过互惠机制激发下的组织内部监督,可以有效地解决公共事务管理的困境。社会资本主要涉及信任、规范和网络三个关键内容。其一是信任。群体之间的分工合作需要信任,这是个体为实现共同目标而普遍认同的信任。其二是规范,即社会规范。社会规范是约束人们行为的准则,包括规章制度、风俗习惯、道德法律等。其三是网络。这里的网络是指人际关系网络。人与人之间的多样联系,彼此熟识和认可便产生了社会资本。它是个人开拓自身资源利用社会资源的必然渠

道。社会资本的信任、互惠等内在要求能够促进新农村社区内的多元合作,激励社员参与网络体系和社区自治的发展,有利于社区公共事务的管理和公共产品的创造,改善社区发展的外部环境,有利于社区发展水平的提高。

其次是可持续发展理论。农村社区可持续发展理论是一个涉及经济、社会、文化、资源、环境的综合概念。它旨在实现人与社会、人与自然、人与资源环境的协调可持续性发展。这是立足于社区长远发展建设的战略和模式,也是符合人类有序发展的共同理念。可持续发展强调人类社会发展与资源的利用应当与环境的承载能力相适应,不能超越发展,更不能以损害环境为代价的破坏性发展。农村社区可持续发展的思想主要包括三个方面的内容:

第一,农村社区可持续发展鼓励经济增长。经济发展是解决农村社区一系列问题的钥匙。因此,应当强调经济增长的必要性。通过农村社区经济的不断发展,来提高农村社区居民的福利状况和水平,改善社区环境,增强社区实力和增加社区财富。农村社区的经济发展是健康的、可持续的,不同于以往破坏性增长的老路。可持续发展依靠现代科技进步,提高社区服务和产品的质量和效率,以科学的发展方式促进农村社区的整体发展,实现"专业化、现代化、规模化"的集约发展模式取替原来的"高投入、高消耗、高污染"粗放发展模式,清洁生产和文明消费,降低对社区环境的不利影响,真正实现人与自然的和谐。

第二,农村社区可持续发展的标志是资源的永续利用和良好的生态环境。农村社区可持续发展必然要求实现人与资源的和谐。社区发展的速度和效率不能超越环境的承载能力,当代对资源环境的利用不能损害后代人满足及其需求的能力。在社区发展过程中,需要合理控制人口的增长速度,提高社区居民的素质水平,维护生态环境,有序利用资源,保证以可持续的方式利用社区的资源和环境,实现经济增长与环境保持和改善并重发展。需要转变社区发展模式,使得社区自然资源的耗竭速率低于社区自然资源的再生速率,从根本上解决社区环境治理问题。环境的可持续是经济发展的有力保障。如果资源与环境问题处理不当,资源破坏和环境恶化的损失会抵消社区经济发展的成果,甚至会造成生态环境无法弥补的损失。

第三,农村社区可持续发展的目标是谋求社区的全面进步。在经济发展的基础上,促进社区物质文明、政治文明、精神文明协调发展,推动社区的全面进步和人的全面发展。农村社区的发展不单单是经济问题,还应该包括社会进步和人的发展。单纯追求社区经济发展数值不能体现发展的内涵。社区发展的目标应当定位于社区的全面进步,这一目标应当包括提高社区居民的收入水平,改善社区居民的生活质量,创建一个"生产发展、生活宽裕、乡风文明、村容整洁、管理民主"的和谐社区环境。可以说,农村社区可持续发展,经济发展是基础,环境保护是手段,社区进步是目的。三者相互联系,相互统一,形成一个有机整体,体现在社区发展的各个过程和环节当中。

第五节　新农村社区发展的历史沿革

我国农村社区组织经过几十年改革的建设和发展,已形成了具有中国社会主义特色的新型农村社区组织。其发展过程大致可以分为四大阶段:

第一阶段,新农村社区建设萌芽时期。我国农村社区建设的初期始于20世纪30年代梁漱溟先生发起的乡村建设运动。以米迪刚在河北定县翟城村提倡的农村建设和晏阳初在同一地所办的平民教育实验为开始,到1937年因日军大举侵略中国使各项建设事业被迫中止的期间内,全国各地掀起了乡村建设热潮。美国学者拉穆利(Harry J Lamley)曾对我国从乡村建设活动团体进行统计,统计表明至1934年,我国各地从事诸种建设活动的公私团体共有691个①。在乡村建设运动中,以梁漱溟主持的山东邹平的乡村建设实验、晏阳初主持的河北定县的平民教育工作以及江苏的乡村教育工作,为全国乡村建设运动的三大中心。这是我国农村社区建设发展的萌芽时期。但是由于我国农村社区还处于旧封建社会的土地所有制,这时期的社区成员主要由地主、官绅、佃户、个体农民、小手工艺者组成,且受封建制度的制约以及地域分割影

---

① 　赵志强:《我国农村社区发展及存在的若干问题》,《广西社会科学》2002年第237期。

响,各社区均处于孤立存在的状态。

第二阶段,新农村社区初步形成时期。解放后农村走上农业合作化道路,实行了农业支持工业的工业化优先发展战略和严格限制自由流动的户籍制度。这时期的农民得到了土地,成为土地的主人,生产积极性空前高涨,农业生产得到极大发展,农民收入有较大幅度的增长。农户成为农村社区最重要、最积极推动农业生产力发展的因素,但是,由于生产资料缺乏、制度缺位,此时的农村社区发展还很不成熟。在农村实行人民公社体制,将农民和其生产资料,全部无条件纳入生产队、生产大队和公社的组织体系内。这一时期农村社区在集体主义的影响下,原有的旧秩序被打乱,农会及新中国的农村基层政权承担了农村社会的组织、互助合作运动和治理职能,解决农业生产中由于劳动力、技术、资金、土地、耕畜、农具生产要素等问题,出于农业生产的需要,农村出现了借贷、雇工、合工等形式的自发组织的互助,农村社区组织更多地表现在小队范围内,全队社员一起从事农业生产,紧密地居住在一起,实行统一分配,其他社会活动也一起进行,形成独特的农村社会"均有"现象,农民的热情被调动,但农村劳动生产率受到较为严重影响,与此同时导致城乡二元社会割裂加剧。

第三阶段,新农村社区建设初步发展时期。1978年后全国实行了家庭联产承包责任制,乡镇企业的异军突起,农户作为农村社区的基本因素,摆脱了对人民公社的组织依附,恢复了其作为独立生产者的地位,重新具有生产项目和生产方式的选择权,初步具有职业选择及身份转换的自由,农户已成为具有独立进行农业生产经营权的经济实体,生产积极性大大提高。大量农业剩余劳动力被释放出来,从而使农户除了种植业外,继而转向其他农业的生产,使农业生产布局更加合理,或从事农业以外的其他产业,这将农村社会带入一个新的发展阶段。农村许多原来以农业生产活动和土地共有凝聚起来的自然村的社区组织功能大大弱化,而社区的经济功能得到较大发展,城乡差距也有所缩小,农村社区生活有了很大改善。农村各种经济合作组织发展迅速,集体经济走向正规化和集团化,农村社区的发展主要依托经济功能的实现和完善,农村社区的社会化服务水平也不断提高。

第四阶段,新农村社区建设全面发展时期。随着我国小城镇规模迅速扩大,部分农村剩余劳动力实现了非农化的转移。同时,由于城市的扩张,大量农村剩余劳动力转移到城市寻求就业机会,这在一定程度上增加了农民的收入。随着我国的市场化进程的加快、改革的力度加大以及改革朝纵深方向发展,乡镇企业发展的整体环境有所恶化,农民的收入增长开始变缓,城乡差距逐渐拉大,农村社区相较城市社区发展相对缓慢。"三农"问题突现,农村社会矛盾突出,传统的农村社会组织逐渐解体,农村基层自治组织逐渐失去号召力和吸引力,农村宗族势力有乘机抬头的趋势,应该说整个农村社会都处于一定的动荡的调整阶段。改革开放后的这个时期,我国社会正处于向市场化转型时期,农村改革从冲破传统的社会主义农业的经济组织模式开始,发展到激活农村经济,繁荣农村社会,产业结构调整和农业产业化的推进,各种经济组织、行业协会、技术协会应运而生,丰富了农村组织的结构,同时是对传统农村治理结构不足的补充,农村社会组织出现分化,政治组织如农村党支部和村民委员会等逐渐回归管理本位,行业经济、合作组织更多的是农村经济组织者和推动者。经济功能先导下农村社区是一个复合体,农民群体也逐渐出现群体分化,农村出现不同的利益集团,农村社区是政治组织或泛政治组织、经济组织、利益群体博弈下的农村社会。农村社区概念也走向服务化本位,强调文化教育、卫生、福利和公益基础设施的营建等,这必将带来农村社区的新的发展。

综合考察近代我国农村社区的发展历史来看,土地制度的不断创新和制度环境变化推动着农村社区的发展。首先,土地制度变化。土地制度的不断变革是促使农村社区变革的关键因素,而土地制度是与政治体制有着紧密联系的,政治体制革新是造成土地制度变革的原因。而农村社区每一个时期的困惑都与农村社会与城市社会、农民收入与城市收入的不协调发展相关。土地制度变化决定劳动制度,从而影响甚至决定农村劳动力的转移,进而影响农村经济发展和农村社会的变革。其次,制度环境变化。所谓制度环境是一种新制度的诞生和发挥正常功能的社会、经济、文化和政治的背景。这实际上是指与新制度相关的其他制度系列,或者择时对新制度产生组织适应效率的制度安排①。新中国成立以来,我国就开始了一系列的变革,农村社区的制度环境随之发生了一系列的根本性变化。新中国成立初期土地运动的发起,逐渐形成"土地农有"制度,促进我国农村经济的快速发展,在农民个体之间也形成了劳动互助、生产互助和购销互助等一系列非正式的制度。此后随着我国在政治上所示"社会主义改造"目标,高度集中的计划经济体制的实现,重工业化优先发展战略的影响,使农村社区快速进入到人民公社时代。这一时期农村社区的发展受了严重的阻碍。而随着改革开放的实施,国外环境不断改善与国内环境不断放松,家庭联产承包制不断落实,市场经济体制不断完善,乡镇企业迅速的发展,农村社区发展显现多元化发展趋势。国家将农村社区建设作为一定时期的重点工程,并推出一系列有关农村社区建设的措施,更进一步地推动农村社区的快速发展。可见宏观制度环境的变化对我国农村社区的发展具有重要的推动作用。

---

① 夏忠胜、丁延武:《农村社区组织与制度》,四川大学出版社 2007 年版,第 138 页。

第三章　农民权益保护与新农村社区
　　　　发展的相互关系理论

　　历史和实践表明:农村社区发展与农民权益保护构成了一种密不可分的、正相关的内在联系。新农村社区发展具有不同于城市社区发展的特点,从城乡发展现状进行对比考究,发展新农村社区无疑是保护农民权益不可替代的路径保证。

第一节　农民权益保护与新农村社区
　　　　发展的理论契合点

　　农村社区发展是以社区发展权为理论基础的,以社区发展权为中心的。农民利益是农村社区发展与农民权益保护的契合点。社区发展权是发展权的重要组成部分,是建立在主体发展权与客体发展权融合实现的时空载体基础上的,以社区形式享有的经济、政治、文化、社会和生态等各方面发展权利的总和。社区发展权属于集体人权,但它又区别于一般发展权,是主客体时空载体融合而成的,其表面上是社区所享有的经济、政治、文化、社会和生态等权利,实质上是社区成员所享有的现实发展权利,是个体发展权在主客体融合的时空载体下实现的一种集体形式和时空方式。社区发展权主要从两个层面来实现,其一是外部发展权的实现,即通过法律实现社区所享有的政治、经济、文化、社会和生态等发展权利。其二是内部发展权的实现,即通过内部民主治理形式,按照民有、民享、民管原则,实现社区成员的发展权利。

　　发展权作为所有个人和全体人类应该享有的自主促进其政治、经济、社会、文化和生态等全面发展并享受这一发展成果的人权,最初是由塞内加尔第一任最高法院院长、联合国人权委员会委员凯巴·姆巴耶于提出的。[①] 发展权的形成经历了一个从发展要求、发展原则到发展权利的过程。按照《发展权宣言》的宣告,发展权是一项不可剥夺的人权,由于这种权利,每个人和所有各国人民均有权参与、促进、并享受经济、社会、文化、生态和政治发展,在这种发展中,所有人权和基本自由都能获得充分实现。发展权的主体既是集体也是个人,这种双重性的主体特征使其成为一项独立的新型人权。个人发展权的实现,是以人人平等地参与发展的决策,分享发展的成果,并实现个人的充分自由为内容。人的本质在个人那里的全面发展,实际就是人的能力的充分发挥;人的社会本质在个人那里的充分发展,实际就是人的社会关系的全面丰富。

　　首先,社区发展权是发展权的重要组成部分,是建立在主体发展权与客体发展权融合实现的时空载体基础上,以社区形式享有的经济、政治、文化、社会和生态等各方面发展权利的总和。其次,社区发展权的价值理念成为发展权价值理念的新发展。社区发展权的创设改变了传统主体权利与客体权利实现的静态、平面思维,形成了一种动态、立体的权利构建,其主要是以社区发展的形式促进人的全面、自由、发展的集体实现。再次,社区发展权的性质。社区发展权属于集体人权,但它又区别于一般发展权,是主客体时空载体融合而成,其表面上是社区所享有的经济、政治与文化权利,实质上是社区成员所享有的现实发展权利,是个体发展权在主客体融合的时空载体下实现的一种集体形式。最后,社区发展权的实现方式发展了发展权实现的方式体系。社区发展权主要从两个层面实现,其一是外部发展权的实现,即通过法律实现社区所享有的政治、经济与文化发展权利。其二是内部发展权的实现,即通过内部民主治理形式,按照民有、民享、民管原则,实现社区成员的发展权利。

---

　　① 米兰:《布拉伊奇.国际发展法原则》,中国对外翻译出版公司 1989 年版,第 364 页。

在主体多元化、社会关系与社会利益交叠冲突的现代社会,农民权益不能仅通过个人选择来实现,还必须通过不同组织进行集体选择的方法来实现。因此,农民权益保护要以动态发展的视野,在以农民为中心的主体发展权与以土地为主的客体发展权的构建维度中,以农村社区发展权为实践的时空载体,提出基于主客体和谐发展的社区发展权理论,从而寻求农民权益更新、更高层次的保护。从哲学角度思考,物质世界的主客体是对立的,同时又是统一的,主客体世界处在一个命运共同体的世界之中,社区发展权正是这种对立统一发展中的理想载体。主体利益的实现需要以客体利益存在为条件,同时客体利益存在和发展又以主体利益诉求为基础。主体若在对客体正确认识的基础上,把握改造客体、满足自身需要,则实现了自由,完成了从必然王国向自由王国的飞跃。作为主体的根本构成要素的人则实现了其最终解放与全面发展。社区发展权是主体发展权在客体物质世界实现的重要载体,也是人类发展权全面实现的重要条件。

第二节　农民权益保护与新农村社区发展的实践互动面

新农村社区与农民权益保护两者之间具有明显的正相关关系。一方面,农民权益保护制度的保障与维系是新农村社区发展的客观基础和社区和谐发展的条件;另一方面,新农村社区的发展为农民权益的保护提供了坚实的保障。

一、农村社区发展对农民权益保护的聚合层面

随着计划经济体制向社会主义市场经济体制的转轨,经济结构战略性调整,工业化、城市化、现代化进程的加快和对外开放的扩大,我国的经济社会发生了深刻的变化,综合国力和人民生活水平显著提高。与此同时,伴随着发展所带来的增量利益不断被侵蚀,农民可能会更加边缘化,在经济收入、利益保

护、社会竞争力、就业和社会保障等方面,处于困难与不利的境地,已经成为社会的相对弱势阶层。农民的相对弱势群体地位是由多方面原因造成的,农民组织化程度低是最重要的原因之一。在我国几千年的历史文明史长河中,小农经济占据绝对主导地位,农民分散且不太善于合作,最终导致农民组织化程度低的现状。

从社会学的角度看,可将"组织"一词界定为"人们通过特定的社会关系和社会结合方式而形成的高于群体的社会共同体,是组成此种共同体的人们或单位所采取的社会生活方式。"①在广大农村地区,由于农民的分散,导致地方政府、企业以及其他组织侵害农民权益的事件时有发生。农民权益之所以在某些方面得不到充分保护,农民利益之所以存在丧失和被侵蚀的现象,其中主要原因之一是农民利益代表主体缺失。国家在制定政策、法律、法规时,农民无法全面参与讨论、制订、修改,农民的处境很少能被全面感同身受,也缺乏强大的发言权和代言人。在利益主体多元化的今天,农民群体的利益表达问题是非常重要而又无法回避的问题。新农村社区可以通过社区政治、经济、文化、社会与生态五项基本建设,在社区整体利益基础上将农民权益聚合起来,把农民个体的积极性调动起来,为社区发展做贡献,最终为农民组织化程度的提高提供基础和平台,使广大农民群众聚集在农村社区的旗帜下,为社会主义新农村建设与全面实施乡村振兴献计献策,发展农民的主体作用。这样不但可以强化农民自身的维权意识,减少社会上其他利益强势集团对其权益的侵害,最终为构建社会主义和谐社会贡献制度化力量。新农村社区建设就是通过社区这一时空载体实现利益的整合,通过社区促成共有利益、共同利益的聚合,促进利益参与、利益诉求的低成本、规范化、制度化和法治化表达,实现和谐利益;通过社区发展促进经济利益的发展,扩大存量利益、创造增量利益,实现利益的可持续发展,通过社区对差异利益、冲突利益的协调实现社区和谐利益的各种运行模式、运行方式和运行机理。

---

① 袁亚愚:《乡村社会学》,四川大学出版社 1999 年版,第 171 页。

二、新农村社区发展对农民权益保护的增进层面

新农村社区根据农民的需求,所提供的服务主要体现为:(1)协调农村社区资源的使用并提供公共产品,解决农村社区生产、生活带来的外部效应问题,实现农村社区资源的合理配置;(2)协调农村社区居民的收入再分配,农村社区组织通过开展公益事业使困难户得到救助和帮扶,通过提供社会化服务等方式,保护相对弱势群体,使农村社区成员的基本生活需要得到保障;(3)管理农村社区集体资产,创造就业机会。农村社区组织一方面要管好农村社区集体资产,使其保值并不断增值,另一方面要不断拓宽门路,兴办新的集体经济(商业、企业等),为农村社区内不断增加的劳动力提供就业机会;(4)农村社区组织作为农民进入市场进行交易活动的中介,协调农村社区、农民与外界的关系。农村社区组织要成为农民与外部市场的支持体系(从事市场与劳动就业信息的收集、整理、发布、就业培训、指导,以及其他经济项目的开设与管理机构)之间的中介,降低农民的交易费用,并向农民提供生产、经营方面较完整和准确的信息,消除信息不对称现象;(5)农村社区文化、体育、卫生、精神文明建设等各项活动的开展,是促进农村社区发展的重要途径,也是提升农民生活质量、实现农民自身发展权的必经之路。为促进社区活动的开展,农村社区可以兴建文化广场和社区活动中心,开展老年秧歌、群众摄影、少儿书法、歌咏比赛等具有本社区文化特色的活动。通过举办社区体育运动会、区域性的单项体育竞赛活动、家庭式的趣味体育活动、以辅导站为核心的晨练及晚练等形式多样的社区体育活动吸引广大农村成员的积极参与。社区卫生工作稳健推进,为居民群众提供集预防、医疗、保健、康复于一体的综合服务并在试点的基础上加以推广。

新农村社区能够推动社会广泛关注和帮助在经济和社会发展过程中遭遇困难的相对弱势群体,促进社会的和谐稳定,促进社会公平正义。新农村社区大多关心的是社会相对弱势群体和公共问题,因而在凭借自身力量参与社会公共经济活动管理的同时,也推动了全社会对他们的关注与支持,缩小了经济发展中产生的贫富差距,增进了社会的相对公平,促进了共同富裕。新农村社

区营造社会和谐的文化氛围。农村社区所倡导的自愿、自助、非盈利等原则在很大程度上减少了社会中的腐败现象的发生。自愿性活动推动了利他主义的深化并在潜移默化中影响行动者、受益者和旁观者,达到净化社会风气的效果,从而促使整个社会更加和谐与安定,更具有向心力和凝聚力。

三、农民权益保护对新农村社区发展的促进层面

农民权益发展在新农村社区建设中具有根本性的作用,是形成农村社区关系和农村社区发展的动因。从利益的角度来看,人的利益起源于人的需要。由于社会分工和专业化生产的需求,人们在经济关系的基础上发展出了政治、文化等社会关系。因此,农民利益可以使农民在相互活动中形成一定的社区关系,这些关系既是他们活动的结果,又是他们赖以进行活动的条件,只有形成这种关系并且在这关系中才有他们的社区生活,我们都知道矛盾的产生和运动是事物变化和发展的原因,不同个人、群体之间的利益矛盾,同一群体中成员个人利益与群体利益之间的矛盾发展以及利益本身内容和层次的发展提高,都会引起农村社区关系的变化和发展,从而引起农村社区建设的变化和发展。

构建和谐农村社区,促进乡村全面振兴,实质上是要更好地回答为什么发展和为谁发展的问题,农民权益保护的提出是经济社会发展、新农村建设与全面实施乡村振兴的必然要求,而农村社区的深化发展则是内外因素共同作用的结果。一般来说,社区建设是一种有目标、有计划地引导社会变迁的行动过程。我国现阶段乡村社区建设的要义是在全面建设社会主义现代化国家的总体框架下,通过外部支持和内源发展的结合,以市场化、民主化为导向建设新型的乡村社区。通过社区重建,构造村民自治的社会基础,满足村民的社会化需求,这与以往的乡村改造最大的不同在于不是单一地实现国家意志,而主要是为了满足农民实现富裕、民主、文明的内在需求。新农村建设与全面实施乡村振兴的核心是立足农村、从增加农民广泛福利的角度来打开建设社会主义新农村、全面实施乡村振兴的思路。建设和谐农村社区是在维护社会公平正义的同时,让社区公民共享经济发展的成果,而在促进社区全面发展和人的全

面发展以及实现社区公民共享发展成果方面,农民权益保护制度无疑是不可替代的基本制度安排与保证。农民权益保护制度作为国家干预收入分配和协调经济社会发展的重要工具与基本手段,具有缩小差距、化解矛盾、实现共享发展成果等多方面的独特功能。一方面通过对相对弱势群体的援助,可以帮助这些群体摆脱生存危机,缩小贫富差距,促进社会公平正义的实现,从而维护公共利益,真正实现全体公民共享经济发展的成果,最终促进共同福利的最大化。另一方面也从客观上平衡了社会关系,缓和乃至化解相关利益冲突,促使社会达至和谐。农民权益保护制度的确立与保障不仅是社区和谐发展的客观基础,而且是社区和谐发展的条件。

四、农民权益保护对新农村社区发展的升华层面

我国过去长期存在的城乡二元经济社会结构,导致当今我国农民权益保护存在比较严重的问题:第一,农民权益保护制度供给相对缺乏。农民在享受国家提供的社会保障、医疗卫生等方面也与城镇居民有着巨大的差距。农民无论在保障项目、保障内容和保障水平上,都无法与城镇居民所获得的保障相提并论。第二,农民社会保障权的相对缺失。农民社会保障权的特殊价值在于减少不公正、不平等和消除贫困方面的变革性潜能,将农村社会保障机制的规范、标准和原则融入到发展的规划、政策和过程之中,凸显以权利为基础促进发展。

我们在构建和谐新农村社区进程中通过健全完善农民权益保护制度来化解和减少在新农村社区建设中所产生的问题与矛盾。伴随着社会变迁农民权益从其内涵到外延都在不断发展变化。农村社区建设从农民权益保护出发,又以农民权益保护为依归。离开农民权益保护这个中心,新农村社区建设便丧失了灵魂和活力;离开农民权益保护这个中心,新农村社区建设便丧失了动力和源泉;离开农民权益保护这个中心,新农村社区建设便丧失了目标和方向。农民权益保护是对新农村社区建设的升华,新农村社区建设也是对农民权益保护的升华,二者相互作用,共同推动我国社会主义新农村建设不断前进。在主体多元化、社会关系与社会利益交叠冲突的现代社会,农民权益不能

仅通过个人选择来实现,还必须通过不同组织进行集体选择的方式来实现,农民权益保护要以动态发展的视野,在以农民为中心的主体发展权和以土地为主的客体发展权的构建维度中,以农村社区发展权为实践的时空载体,提出基于主客体和谐发展的社区发展权理论,从而寻求农民权益更新、更高层次的保护。

五、新农村社区发展是农民权益保护的时空载体

社区建设是指在党和政府的领导下,依靠社区力量,利用社区资源,强化社区功能,解决社区问题,促进社区政治、经济、文化、社会和生态协调和健康可持续发展,不断提高社区成员生活水平和生活质量的过程。

新农村社区是农民权益保护与新农村建设、全面实施乡村振兴战略的时空载体。我们知道:利益是社会发展的基础、前提和动力因素。任何社会变革归根到底都必须重新调整人们的利益关系,以促进和推动社会生产的发展,以满足人们的物质文化利益的需要。利益多元的时代存在着利益的时空拓展、利益的维度深化、利益的序列优化问题。利益的时空拓展是指利益在时间上有代内利益之间的平衡协调和代际之间利益的平衡协调问题,在空间上有区域利益之间的平衡、群体之间的利益平衡和城乡之间的利益平衡问题;在维度上的深化是指利益的发展从个体利益、集体利益、公共利益、国家利益、社会利益到和谐利益的深化问题;利益的序列优化是指利益的内容、价值、形式等序列有着不同的优化组合问题。这是农村社区作为社区发展权理论时空载体能契合利益的多向度和多维度协调、发展需要的前提。

利益是农村社区发展的逻辑起点和分析基点,和谐社会下要实现农民利益发展,就要求农民利益在时空上的拓展、在维度上的深化、在内容序列上优化组合,必须促使农民利益发展与组织载体的培育以实现时空上的契合,实现利益主体、利益客体和利益载体之间互动互促、同质同向,而农村社区恰好是该组织载体的理想形式。我国农村社区的产生是社会变迁、制度创新和组织变革的内在需要,是和谐社会发展、社会利益协调的内生变量,它具有公益性、志愿性、民间性、组织性特点,这些特点契合了和谐社会发展背景下基于农民

权益保护对农村社区农民利益整合的需要,它是通过农村社区的建设来实现同质利益的认同、异质利益的协调和多维、多向利益之间的和谐。

其一,新农村社区是农民权益的保障载体——农民权益保护和新农村发展的平台。当前我国城乡利益集团的力量对比十分悬殊,农民处于相对的弱势地位,又加上农业生产在经济上具有弱质性,因而农民更加需要合作,以联合起来的集体力量共同抵抗各种利益侵害。否则农民在中国社会利益博弈中,其所表达的利益诉求始终不能形成对决策的有效参与和影响,不能通过组织化形式和集体的力量来争取自己的正当利益。作为一种改变单个农业生产者和大市场之间进行不对等交易状况的制度安排,农村社区正作为一种独特组织形式发挥着巨大作用,成为提高农民组织化程度、保护农民利益、促进农村稳定和农业发展的重要主体力量,成为统筹城乡经济社会发展、建立和谐社会的重要组织载体。在我国,农民的生产经营一般是个体性、分散性的小规模经营模式,农户之间、农户与市场之间缺乏紧密联系,农民的组织化程度低,对市场风险和自然风险的评估和防御能力比较弱,对于自身利益的保护不足,面临构建利益和谐的平台困境。我国农民应在组织化和专业化程度上进行提高,进而增强竞争意识,提高与其他市场主体的利益博弈能力,使农民利益免受侵害,实现农民增收,农村稳定,农业发展。这种聚合利益的作用需要在利益的协调与表达层面建构中观的利益机制即新农村社区为代表的利益机制。

其二,新农村社区是农村秩序的维护载体——农民权益保护与新农村发展的法价值体现。一是秩序价值。从维护社会稳定的角度看,社区发挥着重要的基础作用。社区作为一个最基础层面的社会单元,以其特殊的组织结构和活动方式,在满足人们日常生活的需求、满足人们广泛的社会参与、满足人们开展社会互助、满足人们走向社会化等方面发挥着独特而又丰富的社会整合功能。社区功能的发挥可以在很大程度上有效地实现市场按照效率配置资源、避免分配所固有的局限性乃至负面效应,避免甚至消除政府职能转换、管理体制转轨过程中出现的提供社会公共产品不足、公平分配的能力有限等的弊端,实现社会救助、促进全面的社会公平和公正。社区发展权的秩序价值主要体现于社区发展权以其特有的矛盾调和机制亦称社会和谐机制,促使社区保持良好的秩序,形成一个利益多元、可持续均衡的和谐社区。二是正义价值。在经济和社会的不平等条件下,正义要求制度安排必须使人们能合理地得到对每个人都有利的期待,最大限度地照顾最小受惠者的最大利益。保证每个人行使其平等权利的结果能满足社会所有成员的利益,使社会整体的自由(利益)总量增加。社区通过自身独特的运行机制来实现对社区居民的保护,进而真正深化和体现社会的实质正义。三是和谐价值。和谐寓意着社会关系的和谐,表现的形式就是社会的稳定有序。社区作为一种维系社会共同体的结构性力量,从根本上体现了这样的精神价值,即对共同体利益、公共空间的自觉认同,并突出地表现为社会公益精神、奉献精神、慈善精神、互助精神。社区服务、社区保障、社区精神文明等内容的建设发展,能够促使社区居民建立起高尚的精神追求。社区是一个农村和谐社会与法治建设的时空载体,社区发展权是以社区形式享有的经济、政治与文化各方面权利的总和。社区发展权的实现机制是一种重要的利益平衡机制,一种调和多元矛盾的社会和谐机制。在一定的时空意义下,统筹融洽社会各方关系,促进共同发展,进而体现对社会公平正义的核心诉求,最终达至人与社会的协调、可持续发展。

其三,新农村社区是农村社会的发展载体——农民权益保护与新农村建设、全面实施乡村振兴的发展路径。生产发展是新农村的强大物质基础,农村集体经济是农村发展的重要部分,其中农村社区企业是重要力量。农村社区企业主要从以下两方面开展工作:一方面,整合内外部资源,充分抓住新农村建设与全面实施乡村振兴的契机,利用中央新农村建设的"多予、少取、放活"的方针,以争取更好的发展环境。如充分利用公共产品的形式,加强对农村基础设施的建设,为农业发展服务。另一方面,灵活发挥地方优势,发展农村特色经济,形成产业优势。农村社区建设应依据农村的内外部环境,充分发挥地理资源优势,调动广大农民的积极性,以农业产业化为基础,加强对农业衍生品的加工,积极进入第二、三产业,从而建立以农村社区企业为主体、多种经济组织形式并存的农村经济发展模式。

农村社区也是农村自治的重要形式,其民主治理需要良好的内外部环境。农村社区治理从行政权力的单向制约向多元权力互动转变,从政府型主导逐渐向社会型主导转变,形成社区组织凭借社区公共权力对社区公共事务和公益事业进行组织与管理的活动,实现社区完全自治,完善农村社区的直接选举制度,从而达到"自我教育,自我管理,自我服务"的目的。农村社区治理的优化,不仅强化了农村基层民主建设,而且从制度上提高和拓展了农民参与公共事务的能力和途径,从而最终保护了农民的政治权益和经济权益,促进农民发展权的实现。对于处在经济转轨与社会结构转型交织的历史时期,既要大力发展农村社区,又要强化对农村社区的控制,以避免权力被异化而侵害农民权益以及社会公共利益。农村社区建设应明确以经济效益、社会效益、生态效益统筹协调发展为目标,促进人与社会、人与自然的和谐发展。

新农村社区建设还担负着活跃农村社区文化,促进农民文化权益保护的责任。首先,农村传统文化的传承。农村社区建设为农村传统文化传承提供了现实载体,为农村文化事业提供各种服务体系,以社区组织的形式举办各种文化活动,活跃农民文化生活,满足农民的文化生活需求。其次,农村文化教育的优化。农村社区能很好地促进农村文化教育体系的完善,可以通过农村社区,以公共产品的形式为农村地区提供教育设施,改善教育条件,并能很好地反映农民群体的意见。同时,农村社区可以很好地组织农民接受职业培训,为其提升劳动技能提供服务和组织载体。最后,农村文化与现代文化的融合。农村文化与现代文化的冲突是目前农村文化发展的重要影响因素,促进农村文化与现代文化的融合主要包括两个层面:一方面是现代文化对农村传统生活的影响,另一方面是农村优秀传统文化对外的发展。农村社区能为文化融合提供很好的载体,如农村社区组织文化下乡与乡戏进城活动等。

第三节　新农村社区发展在农民权益保护中的原理与机制分析

农民权益问题解决的好坏,关系到"三农"问题解决的好坏。经济权益是农民权益的重要内容,经济的发展是利益实现和社区发展的源动力,是社区发展权实现的重要内容,是农民权益实现的重要基础。同时社区建设反过来促进农村经济的发展,二者相辅相成。社会主义新农村建设与全面实施乡村振兴中要实现新农村社区建设的利益发展功能,必须大力发展社区经济,以经济的发展为构建和谐新农村社区提供强大的经济基础和物质保障,社区经济发展的质量、速度、结构、规模和效益是构建新农村社区的内在源动力,新农村社区构建的落脚点也是通过促进社区经济的发展来推动农民权益的实现。

一、新农村社区发展在农民权益保护中的原理逻辑

社会转型时期社会结构的基本特征是国家与社会领域相互渗透、相互交织的程度较高,传统社会与现代社会因素并存共生,政治、经济与社会、文化的边界不清,社会形态呈现出典型的中介性特征。中介性社会形态的经济基础是过渡性经济形态。中介性社会概念框架的重要理论意义与政策涵义在于:既指出了当代中国社会发展演变的阶段性问题,又提出了社会转型时期中国社会的结构构成与主要构成元素之间的关系模式问题。中介性社会是种新型的社会形态,它向现代社会的转变过渡主要取决于市场经济发展状况,取决于国家、市场、社区间的组合模式与性质。国家与社会的点、线关系已让位于国家与市场、社区的三角关系,现代社会结构雏形与框架已经出现。市场和社区已从绝对依附于父权主义全能国家,发展到拥有相对独立自主的生存与发展空间。总体来说,市场、社区(地域与功能社区)、家庭已成为中国社会的三大主要组成部分。国家与社会的关系已演变为国家、市场、社区、家庭之间的关系①。

社会部门可分为三大部门,第一部门是政府组织,第二部门是盈利性的经济组织,第三部门则是非盈利性的社会组织。社区则属于第三部门,是非盈利性的社会组织。社区包括城市社区与农村社区。农村社区具有区别于城市社区的自身特点,主要是指以从事农业生产为主要谋生手段的人口为主,人口密

---

① 王青山、刘继同:《中国社区建设模式研究》,中国社会科学出版社 2004 年版,第382—386 页。

度和人口规模相对较小的社区,其具有人口密度低,同质性强,流动性强,风俗习惯和生活方式受传统势力影响较大,社区成员血缘关系浓厚等特点①。

推进新农村建设与全面实施乡村振兴是一个必须长期坚持的系统工程,而改革的关键在于如何培育新型农民并调动起农民群众的积极性和创造力。发展新农村社区是培育新型农民的路径之一。发展新农村社区的核心就是将社区和贫困人口作为目标群体和受益对象,将决策权和资源的使用权完全交给农村社区,由农民们自己决定做什么和怎么做,并由农民自己掌控资金的使用,依靠农民自己推动农村社区的发展,实现从旧式农民向新型农民的时代转变。首先,发展新农村社区能够提高农民的民主管理能力。如将社区项目和资金的决策权和控制权完全交给农民,由新农村社区全体农民大会民主选举、民主讨论和民主决策,明确社区的职责任务,任何外部人员都无权干涉和改变。其次,发展新农村社区可以采取设立社区发展基金的形式,从而能为农民提供金融服务,促进生产发展。有了社区发展基金,农民不出村就能得到贷款,不但方便快捷,也降低了贷款成本,为农民带来了更多的发展机会,提升了农户的发展能力。社区发展基金还能发挥资金的纽带作用,把农民组织起来共同抵御自然风险和市场风险,共同进入市场,降低交易成本,提高农民的市场地位。再次,发展新农村社区有助于改善现有社区生产生活条件,促进乡风文明。通过社区会议的定时召开,农户间可以相互交流,探讨致富门路,了解外面的社会,还可以互相帮助,共同解决困难和问题,这有利于减少邻里纠纷,促进社区和谐和乡风文明,促进社会风气的好转,增强农村社区的凝聚力。最后,发展新农村社区增强了农民的制度意识,促进了政府职能转变。将决策权和控制权交给社区,这不仅强化了政府的服务意识和服务功能,促进了政府职能的转变,让农民认识到政府是为农民服务的,政府和农民的利益是一致的,有助于促进基层政府与群众之间的关系和谐。

二、新农村社区发展在农民权益保护中的利益机制分析

在研究农民权益保护问题过程中发现,农民利益代表主体缺失使得农民

---

① 娄成武、孙萍:《社区管理》,高等教育出版社 2003 年版,第 10—11 页。

权益在某些方面得不到全面保护,存在权益丧失和权益被侵蚀的现象。基于利益与利益机制,新农村社区能够实现对农民权益的有力保护,具体而言,表现为:

其一,新农村社区发展在农民权益保护中的利益代表机制与利益表达机制。农民权益之所以在某些方面得不到全面保护,农民利益之所以存在丧失和被侵蚀的现象,其中主要原因之一是农民利益代表主体缺失。农民问题的解决归根结底离不开广大农民群众的积极参与,即提高农民的组织化程度。以新农村社区为载体,形成能与其他主体利益集团相抗衡的代表农民利益、维护农民权益的利益集团。提高农民利益集团在社会利益分割与制衡中的话语权和行动力,是保护农民权益、解决农民问题的客观需要。与利益代表机制密切相关的是利益表达机制。虽然社区成员之间客观存在利益冲突,但我们更要肯定他们之间客观存在的共同利益,这是建设和谐的社会主义新型农村社区,实现全面乡村振兴的需要。应使农民在新农村社区发展与建设中都得到使各自满足的利益,他们之间的共同利益相对于他们之间的个人利益应该占据矛盾的主要方面。因此,新农村社区利益主要是表现为农民的共同利益,它是联系农民的主要纽带,是农村社区存在和发展的核心。我国社会阶层日益分化,利益逐渐多元化,人民内部利益矛盾日趋复杂;利益表达渠道不够通畅已成为构建社会主义和谐社会的障碍;构建畅通有序的利益表达机制,使各阶层之间的利益关系得到协调和规范,避免出现具有破坏性的利益表达方式,是党和政府代表人民根本利益和构建社会主义和谐社会的迫切需要。在我国,农民群体是最大的群体,只有畅通农民的利益诉求,整合好各阶层之间的利益冲突,才能保持社会的和谐与稳定。农民作为一个相对弱势群体,唯有以农村社区建设为载体组织联合起来,才能最大程度地实现其利益表达权利。

其二,新农村社区发展在农民权益保护中的利益产生与利益分配机制。农村社区发展主要涉及以下几个方面:第一,新农村社区主体——农村社区成员的发展。第二,新农村社区共同意识培养——有关农村社区互动的社区道德规范及调节的力量。第三,新农村社区管理机构完善——维系农村社区内各类组织与成员关系的权利结构和管理机制。第四,新农村社区物质环境与设施的改善——农村社区的自然资源、公共服务设施、道路交通、住宅建设等硬件环境。其特点是与农村社区发展体系相对应的,具有主体性、目标性、动态性和建设性。基于农村社区载体性功能,依法促使可持续的农民利益产生,源源不断地为解决农民问题提供增量利益。扩大农民的增量利益,改变其在经济中、社会中的相对弱势地位,是全面建设和谐社会,实现"两个一百年"发展目标的需要,也是实现人的全面发展、实现人的可持续发展和实现公正社会的希望所在。

利益分配机制从来都是与利益产生机制是密切相联的。利益分配机制的中心任务是依法、合理地对社会经济活动中产生的利益进行分配。在新农村社区建设与全面乡村振兴战略实施中,利益分配机制是依法对新农村社区经济活动中所产生的经济利益进行合理、有效的分配。这种利益分配所涉及的分配关系,既有社区成员与社区成员之间分配、农业组织与农业组织之间的利益分配关系,又包括社区成员与其他经济主体之间的利益分配关系。

其三,新农村社区发展在农民权益保护中的利益协调与利益保障机制。有利益就必有利益冲突,当利益产生时,就需要新农村社区来协调各利益主体之间的利益分配。在新农村社区的建设与全面乡村振兴战略实施过程中所产生的利益冲突问题时,以农村社区作为载体安排重组利益关系,来调整利益主体之间的利益分配格局,能科学、有效地实现利益主体间利益协调,以解决利益冲突问题。利益协调机制的目标是通过协调农民与其他利益主体之间的利益矛盾和冲突,缓解和解决利益矛盾和冲突所带来一系列问题。

利益保障机制的中心是依法保障农民利益,包括三层意思:依法保障,即在农村社区的建设下农民更加容易通过自己的合法行为直接实现自身利益;受害保护,农村社区将弱势的农民或农户个体联合在社区共同利益之下,依托农村社区的集体组织力量,能够最大限度地保证农民在受到侵害时得到及时有力的保护;受损补偿,当农民由于社会经济转型、结构变化,特别是制度调整导致其利益受损时,必须建立合理的利益补偿机制,给其提供一定的补偿,从而提高社会公平水平,促进社会稳定、和谐和可持续发展。

第四节　新农村社区发展在农民权益
保护中的功能及模式

一、新农村社区发展在农民权益保护中的功能分析

马克思说过,"随着新生产力的获得,人们改变自己的一切社会关系"①。我国农村社区的产生是社会变迁、制度创新和组织变革的内在需要,是和谐社会发展、社会利益协调的内生变量,它具有公益性、志愿性、民间性、组织性的特点,这些特点契合了和谐社会下对农村社区利益整合的需要,它是通过农村社区的建设来实现同质利益的认同、异质利益的协调和多维、多向利益之间的和谐。新农村社区是农村的新社会力量和治理主体,要改变当前农村社区治理缺失的普遍现象,必须凸显农民组织化的主体地位和治理功能,农民对新农村社区持乐观态度主要是因为农村社区在农民权益保护中所发挥的功能,主要表现在:

第一,保障与发展农民经济权益功能。主要指充分动员和利用社区自有资源为社区提供普遍和特殊的公共物品,满足社会的多元化需求。通过发展社区经济,发展农业和其他产业增加居民收入,提高物质文化水平,同时因地制宜,结合当地实际培育和发展特色经济,不断壮大社区经济,为改变农民经济上的相对弱势主体地位发挥了巨大作用,使农民在经济上联合起来,提高了抗风险能力,为保障与发展农民经济权益提供了坚实基础。

第二,保障与发展农民政治权益功能。新农村社区可动员和汲取大量社会资源,在市场和政府都无法有效配置资源的地方发挥有效的角色功能,在制度创新和社会指导变革中起基础性作用。通过传递农民声音,表达农民利益,影响政府决策,增强农民的民主参与和管理社会公共事务的能力,限制公权力对社会自治的侵蚀,满足整个社会对公共性的要求。因此,农村社区不仅在国

---

① 《马克思恩格斯选集》第 1 卷,人民出版社 2012 年版,第 108 页。

家与农民、政府与市场之间搭起一座重要桥梁,而且还将成为促进民主政治,实现小政府大社会、还权于社会、主权在民目标的一个重要平台,持续地发挥保障与发展农民政治权益功能。

第三,保障与发展农民文化权益功能。新农村社区发挥着意识形态、文化理念等方面的功能。它改变了人们传统的依靠政府提供公共物品和管理社会的观念,增强了农民自身的参与度和治理社会的积极性,提高了农民的治理能力和技巧,为保障与发展农民文化权益提供了平台和机遇。

第四,保障与发展农民社会权益功能。新农村社区实现了对以市场为基础的经济资源和以公共利益和公共事务为基础的社会资源的多元化配置,促进了社会组织功能与形式的专业化、多样化,使社会的异质性大大增强,并刷新了社会动员、社会参与的新形式。中国自古就是一个以"人伦制度"作为深层次社会结构基础的国家,社会结构的特点是整个社会组织形式序列化和国家直接面对民众互动,个人与国家的关系是部分与整体的关系,而不是个人与联合体的关系。因此,各种组织的出现和确立对中国社会结构是一个史无前例的制度创新。它促进了社会结构的重新分化,形成了新的社会格局,这种新格局既是实现"小政府大社会"的战略目标的良好途径,又符合治道变革与迈向民主政治的世界性趋势。

第五,实现农民生态权益功能。生态环境保护作为一种产业发展道路,不仅为农民生活提供良好的外部环境,更能为农民的增收创造条件。生态权益作为农民的一项重要权益,是农民参与生态利益分享的重要保障。但单个的农民力量薄弱,没有能力参与到农村生态利益分配的谈判中去,只能丧失自己的生态权益,任由其他主体任意瓜分和破坏。农村社区很好地解决了这样的困境,农村社区作为当地生态的管理者,代表了农民群体实行对社区生态的各种行为,包括开发、利用和保护,生态实现的收益社区也会以份额的方式或者其他方式公平分配到社区成员的手中。农村社区集合了社区成员的所有力量,具有利益谈判的资格和能力,可以有效地保护和发展农民的生态权益。

二、新农村社区发展在农民权益保护中的模式划分

(一)经济发展型农村社区模式

在新农村建设与全面实施乡村振兴背景下,生产发展为新农村发展提供了强大物质基础,农村集体经济是农村发展的重要组成部分,其中农村社区企业是重要力量。我国农村经历了几次大的变革,组织形式从分田分地到合作化,再到家庭联产承包,基本上遵循着调动劳动者积极性,激发劳动热情的原则。但必须明确不同的产业形式有不同的组织形式,产生的效益也不尽相同。农村社区自治可以通过村民委员会、基层组织等正式组织实现,也可以通过合法的非正式组织来实现,如以技术、劳务、资本等方面的自愿合作为基础的经济利益组织或其他以自律、避险和公益为目的的民众组织,同时也可能是二者的有效融合,正式组织以非正式组织为条件发展。纵观农村社会发展历史,农业产业化是发展必然,而单靠目前松散的农户个体是无法实现农村经济跨越式发展,因此加快建立经济发展型农村社区,壮大农村集体经济是非常重要的。经济发展型农村社区主要从以下两方面来打造:其一,整合内外部资源,充分抓住新农村建设与全面实施乡村振兴的契机,利用中央新农村建设的"多予、少取、放活"的方针,以争取更好的发展环境。如充分利用公共产品的形式,加强对农村基础设施的建设,为农业发展服务。其二,灵活发挥地方优势,发展农村特色经济。经济发展型农村社区建设应依据农村的内外部环境,充分发挥地理资源优势,调动广大农民的积极性,以农业产业化为基础,加强对农业衍生品的加工,积极进入第二、三产业,从而建立以农村社区企业为主体、多种经济组织形式并存的农村经济发展模式。发展农村社区可以考虑与土地发展权充分地融合,我国农村土地实行集体所有制,如果我国土地发展权实行土地所有者权属安排,则农村社区可以以农村集体对拥有土地发展权为条件和基础,采取如土地入股等多种合作形式,以农村特有的资源环境,促进农村技术、资金发展,从而促进农村经济发展。

(二)政治促进型农村社区模式

新农村社区建设是党和政府在新的发展阶段落实全面乡村振兴、构建社

会主义和谐社会的重大举措,是为适应农村经济社会发展做出的一项重大制度创新,是新中国成立以来我国农村基层组织与管理体制的第三次重大改革,具有重要的现实意义和深远的历史意义。农村公共产品的有效供给是农村经济社会发展的基础。当前,政府作为单一主体提供农村公共产品存在的缺陷已经成为制约农村发展的瓶颈。农村公共产品的有效供给在经济上可以促进农业的发展,在政治上可以保持农村的稳定。目前,在新农村社区的建设与乡村振兴实践中,农村社区中还存在着诸如农民素质相对低下、受封建思想影响等一系列现实性情况的存在,容易引发出歪曲民主、重视短期效益、轻视长期效益等诸多问题,这都不利于我国新农村社区的建设与发展,不利于和谐社会建设,不利于农业产业与农民的可持续发展。因此,新农村社区建设应明确以经济效益、社会效益、生态效益统筹协调发展为目标,促进人与社会、人与自然的和谐发展。我们认为建立政治促进型农村社区是十分必要而且必需的,首先应坚持党的领导,发挥基层党组织的作用。其次,制定科学合理的农村社区民主治理制度,强化运行程序。再次,建立民主监督机制,强化农村社区治理透明化。最后,提升农民的综合素质,强化农民的权利意识。土地是农村集体经济组织和村民最主要的生产和生活资料,是他们从事农业生产经营活动的物质基础,也是他们基本生活资料的重要来源。在农地发展中,农地一旦被国家征收,农村集体经济组织和农民便丧失了土地所有权和使用权,同时也丧失了基本生活来源的依托和从事农业生产建设活动的现实基础,农村社区的民主参与对于农民平等参与农地发展利益分配也是至关重要的,因此,应建立以发展权为中心的农民土地合作形式,真正贯彻民有、民管、民享原则。

(三)社会治理型农村社区模式

随着全球化与信息化时代的到来,人类政治活动的重心正在从"统治"(government)走向"治理"(governance),治理的目标是走向"善治"(good governance),即良好的治理,也就是实现公共利益最大化的社会管理过程。作为一种管理方式,治理的权威不是单一的而是多元的,其特征可以归结为:治理不是规则、活动,而是一个过程;治理过程的基础不是控制,而是协调,治理强调通过改善政府管理和倡导社会参与,促使国家与社会的良性互动,推动经济发展和社会进步①。

农村社区是农村治理的重要形式,其民主治理需要良好的内外部环境,而目前农村自治受行政权力干预较大,"越位"与"错位"现象严重,有必要建立社会治理型农村社区。一方面,应进行农村社区权力合理配置,在坚持基层党组织的领导下,农村社区治理从行政权力的单向制约向多元权力互动转变,从政府型主导逐渐向社会型主导转变,形成社区组织凭借社区公共权力对社区公共事务和公益事业进行组织与管理的活动,实现社区完全自治,完善农村社区的直接选举制度,从而达到"自我教育,自我管理,自我服务"的目的,主要可以包括以下基本自主权力:财务自主权、日常事务决策权、干部人事任免权、民主监督权、不合理摊派拒绝权、管理自主权。农村社区治理的优化,不仅强化了农村基层民主建设,而且从制度上提高和拓展了农民参与公共事务的能力和途径,从而最终保护了农民的政治权益和经济权益,促进农民发展权的实现。另一方面,农村社区建设是社会主义新农村建设与全面实施乡村振兴的重要部分,但由于处在经济转轨与社会结构转型交织的历史时期,农村社区既要大力发展,又要强化农村社区的调节,以避免权力被异化,而侵害农民权益和社会公共利益。

(四)文化培育型农村社区模式

农村文化是在一定社会经济条件下,以农民创新为基础逐渐形成的文化,具有明显的封闭性、边缘性和落后性。我国广大农村积淀了深厚的传统文化,农村文化是中华文化之根、文化之源。文化需要传承,更需要创新发展。古代中国是一个典型的传统农业社会,社会形态代代相传、历久不变,这种"闭固性的风格"在社会高速发展中产生了传统与现代文化的矛盾冲突。在这种情况下,文化培育型农村社区的建设能很好促进农村文化的发展。其一,农村传统文化的传承。广大农村地区积淀了我国优秀的传统文化,但由于社会经济的发展,许多传统优秀文化都面临断层与遗失的风险,而一些落后的乡俗民风却逐渐兴起,这极大影响了农村文化的发展。文化培育型农村社区建设为农

---

① 俞可平:《治理与善治》,社会科学文献出版社 2000 年版,第 7 页。

村传统文化传承提供了现实载体,为农村文化事业提供了各种服务体系,以社区组织的形式举办各种文化活动,活跃农民文化生活,满足农民的文化生活需求。其二,农村文化教育的优化。提高农民文化素质,促进农民文化发展权的实现,促进农村文化教育结构的完善,从初级教育到职业教育,再到道德素质教育等,从而形成完整的农村社区文化教育体系。文化培育型农村社区能很好地促进农村文化教育体系的完善,可以通过农村社区,以公共产品的形式为农村地区提供教育设施,并能很好地反映农民群体的意见。同时,文化培育型农村社区可以很好地组织农民进行职业培训,为其提供服务和组织载体。其三,农村文化与现代文化的融合。农村文化与现代文化的冲突是目前农村文化发展的重要影响因素,促进农村文化与现代文化的融合。主要包括两个层面:一方面是现代文化对农村传统生活的影响;另一方面是农村优秀传统文化对外的发展。文化培育型农村社区能为文化融合提供很好的载体,如组织文化下乡与乡戏进城活动等。

第四章　农民权益保护与新农村社区
发展的理念与价值

在社会经济发展过程中,供农民参与分配的利益会逐渐增多,在以农民为中心的主体发展权和以土地为主的客体发展权要求下,我们在把"蛋糕逐渐做大"的同时,应使农民在存量利益与增量利益的分配过程中改变传统相对弱势地位,通过个人和政府的双重选择进行利益重构,以发展利益为理论基点,从发展权利的原点出发,以农村社区为时空载体,在动态发展中寻求农民权益立体保护。

第一节　农民权益保护与新农村
社区发展的理念

"理念"是西方思想史上一个十分重要而又十分古老的思想范畴。就其古希腊的词源而论,原意为形象。西方哲学家曾从不同的角度加以运用,或指思想的理念,或指客观的理念,中世纪经院哲学称理念为共相。正确的农民权益保护与新农村社区发展的创新理念的确定对于农民权益保护有巨大的推动作用。

一、和谐发展理念

事物的发展就是在"和谐——不和谐——和谐"循环往复的过程中,永远也不会停留在一个水平上。所以,我们可以得出结论:"和谐"的价值取向在于事物的发展。和谐社会在政治上的特征是民主法治的社会。民主是构建和谐社会的根本保证,法治是构建和谐社会的手段和途径。和谐社会要求:社会各方面的利益关系得到妥善协调,人民内部矛盾和其他社会矛盾得到正确处理,社会公平和正义得到切实维护和实现。社会公平就是社会成员的基本权利得到切实的保障,共享发展的机会,按照贡献大小进行分配。和谐本身就是一种有序状态,我们所构建的社会主义和谐社会在结构上和运行机制上的特征是安定团结、运行有序。农村和谐社会是包括人与人的和谐、人与自然的和谐的发展,同时也是农村社会内部的和谐与外部世界的和谐统一。首先,人与自然的和谐。这种和谐应该表现为农民群众生活、居住的村容是整洁、有序和谐美的,村容的整洁、有序和谐美正是农村和谐社会的外在反映。其次,农村社会的稳定与和谐。这种稳定是依靠人与人之间的和谐关系来实现。一要靠不断改进的农村社会生活,这是农村和谐社会在物质层面的基本体现;二要靠文明的农村社会氛围,这是农村和谐社会在精神层面的基本体现。三要靠不断发展的农村民主,这是农村和谐社会在政治层面的基本体现。

二、权利倾斜理念

在观念社会中,农民作为社会地位相对低下的弱势群体处于一种结构性的社会歧视之中,一般不具备自我改变的能力和自我发展的潜力,必须诉诸外在的权威对其进行特别的权利保护。边沁认为,公权力机关的职责就是通过避苦求乐来增进社会的幸福。他确信,如果组成社会的个人是幸福和美满的,那么整个国家就是幸福和昌盛的。[①] 让每一个人机会均等地参与社会的发展并公平地分享社会发展的成果,从而使人们处在物质上免于匮乏、精神上免于恐惧的生活境地,是人权追求的至高境界,也是和谐社会建构所应有的题中之义。现有农民权利需要更多的关怀和对待,现有农民生存权、发展权应当抛弃

---

① E. 博登海默:《法理学—法律哲学与法律方法》,邓正来译,中国政法大学出版社 1999 年版。

只在形式上强调主体之间的公平与自治,而不问其实质上公平与否的传统。我们认为要实现农民与其他个人、群体同等地参与经济、政治、社会和文化发展并享有发展成果的权益和维护这些权益,必须有一种新的互补性权利义务配置制度规则,即应更多的体现为一种倾斜性的权利配置制度规则。所谓倾斜性的权利配置是指通过公权力介入弱者与相对强者所形成的私权关系,实行政策性倾斜,从单纯的向弱、贫、无权者与强、富、有权者提供平等的政策设计、安排到有意识地向弱、贫、无权者提供更多的政策、制度设计、安排,以期平衡两者的力量对比,实现两者实质上的平等。在权利配置过程中,能否贯彻"向弱者倾斜"的原则是衡量一个国家人权保护体系合理度的重要指标。对社会弱势群体权利进行特别保护的理论基础和价值取向是以"不平等"形式求实质正义。日本学者桥本公亘认为:法的平等,所以非为绝对的平等之意,而为相对的平等之意者,系由于现实生活中之具体的人类,具有事实上之差异,如忽视此种差异,而实现数学的平等,宁为不平等之强制。[1]

全面实行乡村振兴和新农村社区建设也对权利保障和权利的倾斜性配置和倾斜性保护提出了要求。农民权益保护与新农村社区发展的价值耦合、农民权益保护与新农村社区发展的正相关关系,要求我们在构建新农村社区进程中必须高度重视农民权益保护,并通过健全完善农民权益保护的一系列制度来化解现实社会问题和社会矛盾,以更好地实现农民权益保护。农民权益保护与新农村社区发展的完善,不仅是为构建和谐社会创建基础性的社会和谐机制,更是为经济社会发展营造更具持续力的动力机制。推进全面乡村振兴的构建社会主义和谐社会的伟大实践必将为农民权益保护与新农村社区发展的建立提供难得的历史场景和现实基础,并对农民权益保护与新农村社区的发展完善及其理性定位产生深远的影响,而农民权益保护与新农村社区发展的变革与创新也将为全面乡村振兴和社会和谐提供重要的制度支撑。

三、生存权、发展权平等理念

生存权、发展权是首要人权的观点,是中国人民从自己的历史和国情出

---

[1]　林纪东:《比较宪法》,五南图书出版公司 1980 年版,第 183 页。

发,在人权问题上得出的一个基本结论。中国人民有过长期遭受外来侵略和殖民统治的遭遇:国家主权沦丧,社会动荡不宁,人民处于水深火热,饥寒交迫,毫无尊严可言。中国人民深切地认识到,国家不独立、人民的生命安全没有保障,其他一切人权都无从谈起。中国人民为此进行了一百多年的斗争,终于实现了国家的独立,建立了自己的国家,主宰了自己的命运。但是,由于人口众多、人均资源相对贫乏、经济文化比较落后,如何发展经济,解决人民的生存权、发展权问题,实现不同主体间生存权与发展权平等,一直是摆在中国政府面前的重大问题。①

（一）农民与其他主体生存权、发展权的平等

生存权作为法律概念是基于特定的物质生活条件而提出的,其不仅是指人的生命不受非法剥夺的权利,而且还包括每个生命得以延续的权利。在现时的中国,农民的生存权具有两大特点:生存权的弱者身份性与生存权的脆弱性。显然,农民作为人而应该享有的权利,是为保障人之生存而需要享有的权利。对农民生存权的保障需达到这样一个水平,使农民能够"像人那样生存";只有实现了农民的生存权,并且是像人一样的生存,才达到"人格和尊严"这一许多人权学说或宣言所追求的目标。

农民权益保护和新农村社区发展的基本理念就是通过国家(政府)的积极作为,凸显对农民群体的倾斜性保护,以保证其有尊严的、体面的人类基本生活,进而最终实现社会的实质正义。同时,"人的尊严必不可少的一部分是,人要使自己及其家庭获得作为人应有的生活水平的能力。只有借助发展,人的食物权、衣着权、庇护权、医疗权、就业权和教育权才能得到充分实现。"②人是发展进程的主体,发展政策应尽量使每个人成为发展的主要参与者和受益者,而非造就一批"边缘人"和"牺牲品"。具体到农民发展权中,就是农民的生活状况不至于恶化;农民在社会中的平等人格不至于被贬低和否定;农民追求自由的私人性和参与公民政治生活的公共性不至于被束缚和扼杀。

---

① 《生存权和发展权是首要人权》,资料来源:http://news.xinhuanet.com/ziliao/2003 - 01/20/content_698249.htm。

② 李林:《当代人权理论与实践》,吉林人民出版社 1996 年版,第 318 页。

在现代社会,农民只有不断提高自身的社会化程度,增强在实践活动中满足自身生存和发展需要的能力,才能适应日益发展着的社会对人的整体素质和综合能力的越来越高的客观要求。只有这样,农民才能与经济社会相协调,才能不断满足自身日益增长着的对生存权与发展权的需要。

(二)农村社区与城市社区生存权、发展权的平等

农村社区生存权与发展权的平等主要是以农村社区生存的形式保障农民生存权益的集体实现,以农村社区发展的形式促进农民全面自由发展的集体实现。农村社区生存权与发展权属于集体人权,但它又区别于一般的生存权与发展权,是主客体时空载体融合而成,其表面上是社区所享有的经济、政治与文化权利,实质上是社区成员所享有的现实的生存、发展权利,是个体生存权、发展权在主客体融合的时空载体下实现的一种集体形式。

农村社区生存权与发展权的平等,实质在于为其成员即农民争取更多的生存权与发展权,并保障这些权利能够得到切实有效的维护。所以,农村社区生存权、发展权主要从两个层面得以实现,其一是外部生存权、发展权的实现,即通过法律实现社区所享有的政治、经济、文化、社会和生态发展权利。其二是内部生存权、发展权的实现,即通过内部民主治理形式,按照民有、民享、民管原则,实现社区成员的生存、发展权利。农村社区生存权、发展权的满足有一个自身固有的过程。随着社会不断进步,农民这一庞大的弱势群体,在满足其基本生存权利的基础上,应让农民真正平等地参与到社会建设中,并平等地享受社会发展的成果,保障农民权益应从传统单纯地保障农民基本生存权向实现农民发展权转变,以促进农民的全面自由充分发展来促进农民基本权益的实现。

四、新财富观理念

随着市场经济的不断发展,传统的财富观念已经发生了极大的变化。新财富观赋予了财富与以往迥然不同的内涵,财富的内容、财富的特点、财富的积累手段等都有了新的发展。在传统的物质财富积累基础上,新财富观更加关注资源、环境、生态等其他形式财富的积累、应用及保护。

从时代要求看财富更需要用增量的、绿色的眼光来看问题。农业生产所形成的绿色生态环境具有巨大的财富价值。"绿水青山就是金山银山"是其最好的总结。农业作为我国的基础性产业,农民作为我国占绝对比例的人群,他们为社会所创造的财富是不可估量的。在经济形态完成从计划向市场的转型后,社会价值观念也应该相应地完成转型,就社会层面来说,也需要建立起与时代发展同步的、积极健康的现代财富观。在新农村建设与全面实施乡村振兴中,供农民参与分配的利益会逐渐增多,在以农民为中心的主体发展权要求下,在把"蛋糕逐渐做大"的同时,应使农民在存量利益与增量利益的分配过程中改变传统弱势身份,通过个人和政府的双重选择进行利益重构,以农村社区发展权为时空载体,在动态发展中寻求农民权益保护。随着市场体制的健全、社会环境的改善,支持农业现代化,推动新农村建设与全面实施乡村振兴,促进农民增收,为财富的增长和绿色化财富的价值实现创造良好的社会环境和市场实现机制,从而推动经济的发展和社会整体的进步。

第二节　农民权益保护与新农村社区发展的价值

作为农村社区建设的主力军,农民能够发挥出巨大的内发性力量,而内发性力量是农村社区建设与全面乡村振兴实践的根本动力,左右着农村社区建设与全面乡村振兴实践的成败。因此,合理的农民权益保护与新农村社区发展的价值定位是至关重要的。

一、形式公平与实质公平共存

在形式公平的理念下,人被抽象为一种普遍的人格,一种没有自然和社会差别的人,这种没有任何差别的公平使某些主体徒有形式上的自由权,而这些权利的实现毫无保障也毫无意义,甚至在某些领域内会造成更加广泛的不公平。形式公平的实践产生了贫困、失业、两极分化等严重的社会冲突和不公,人们开始重新思考:"习惯上,正义被认为是维护或重建平衡或均衡,其重要的格言常常被格式化为'同样的情况同样对待'。当然,我们需要对之补上'不同情况不同对待'"。① 在这样的背景下,产生了实质公平理论。所谓"实质上的平等原理,主要指的是为了在一定程度上纠正由于保障形式上的平等所招致的事实上的不平等,依据各个人的不同属性分别采取不同的方式,对各个人的人格发展所必须的前提条件进行实质意义上的平等保障"。② 罗尔斯在他的《正义论》中谈到正义原则包括两个部分:"第一个原则:每个人对所有人所拥有的最广泛的基本自由体系相容的类似自由体系都有一种平等的权利。第二个原则:社会和经济的不平等应当这样安排,使它们(1)被合理地期望适合于每一个人的利益。(2)依系于地位和职位向所有的人开放。即差别原则和机会均等原则。"③

农民权益保护和新农村社区发展中的公平,应是在承认相关主体的资源和个人禀赋等方面差异的前提下而追求的一种结果上的公平,即实质公平。实质公平是一种高层次发展的公平,是一种可持续的发展公平,它克服了民法以平等求公平的形式公平的价值理念,追求的是以结果公平为内容的实质公平。

二、权利与义务互补

差异性权利义务与"不同情况不同对待""共同但有区别责任"本质上是一致的。农民权益保护和新农村社区发展中的"不同情况不同对待""共同但有区别责任"属于一个新颖和重要的法律原则。它所蕴涵的权利义务差异性体现在以下方面:就城市支持农村、工业反哺农业来说,处于强势地位的非农民主体目前属于"义务优先"。其应当"率先"承担义务并且在承担方面作出符合自身能力实际的义务,这与强势地位的非农民主体的经济先发、财务实力、技术能力、人力资源优势及其历史和现实情况等方面是相辅相成的。而就

---

① 哈特:《法律的概念》,张文显等译,中国大百科全书出版社1996年版,第158页。

② 林来梵:《从宪法规范到规范宪法:规范宪法学的一种前言》,法律出版社2001年版,第107页。

③ 约翰·罗尔斯:《正义论》,何怀宏等译,中国社会科学出版社2001年版,第7页。

农业发展、农村稳定、农民富裕来说,处于相对弱势地位的农民主体目前属于"权利优先"。差异性权利义务在一定程度上体现了针对不同对象和在特定时期内"实质公平"先于"形式公平"的思想。从公平的角度,处于相对弱势地位的农民主体暂时只享受权利、不履行义务,看起来是"权义结构"的权利、义务的分配与组合上的不对等,看起来对处于强势地位的非农民主体造成了"不平等",但从历史的角度看,国家长期实行的工农业剪刀差、农业支持工业发展导致大量农业利益向城市流动的事实,以及处于相对弱势地位的农民主体最终亦需要履行其义务,说明了:不可能存在绝对的权利和绝对的义务,权利和义务存在着辩证统一的关系。所以,无论是处于强势地位的非农民主体在城市支持农村、工业反哺农业方面现实性的"义务优先"或是处于相对弱势地位的农民主体在农业发展、农村稳定、农民富裕方面暂时性的"权利优先",最终必须回归于权利义务的一致性和统一性上来。

权利义务的一致性和统一性要求享受权利就应当履行义务、履行义务就应当享受权利,但权利与义务的互补、对应关系并不意味着两者的均等,也并不是说我们要求这两个主体履行的义务和享受的权利上具有相同性。权利与义务存在着功能上的互补性,功能的互补性是说权利与义务对同一主体同时贡献着启动与抑制、激励与约束、主动与被动、受益与付出两种机制。以社会需要而言,当活力、创造及革新为人们所追求时,权利的功能就会被人们格外重视;而当稳定、秩序与安全为人们所珍视时,义务的功能更能满足人们的要求。功能上的互补性体现着社会时代变迁的需求,在权利和义务体系中存在着一个价值互换的模式,根据社会的现实需要,权利和义务会互相取长补短,以实现权利和义务动态结构的功能性。处于强势地位的非农民主体与处于弱势地位的农民主体的权利义务互补性决定了其中一主体的义务履行可以成为另一主体的享受的权利,其中一主体的权利享受可以要求另一主体的义务履行,而不必然要求权利与义务之间的对等性和同一性。

三、秩序与效率并重

现阶段,我国面临着许多机遇的同时也遇到种种的挑战,因经济发展和利益调整引发了多种利益矛盾,如何把矛盾控制在"秩序"范围内,调动一切积极因素,维护好、发展好、保障好广大农民的根本利益,就成为和谐秩序的内在要求和利益协调的目标指向。秩序为效率提供前提,效率为秩序提供动力,两者相互统一,互促互进。在农民利益保护过程中,应能够体现秩序与效率的统一。秩序不能是没有效率的秩序,秩序的目的之一在于效率,没有效率的秩序没有任何意义。秩序应该是群众利益保护目标,但不是唯一目标,因为如果仅以秩序作为目标,这样的秩序必然僵化,丧失活力,不仅没有效率,而且还可能导致群众利益保护更加难以为继。

农民权益保护和新农村社区发展本身就体现和反映了秩序价值的内在要求。秩序价值要求树立法治在农民权益保护和新农村社区发展中的地位,在农民权益保护和新农村社区发展过程中,保障农民在政治、经济、文化、社会等方面的权利和利益,引导农民依法行使权利、履行义务。从各个层次扩大农民有序的政治参与,保障农民依法参与国家事务、参与经济和文化事业、参与社会事务;推进决策科学化、民主化,深化政务公开,依法保障农民的知情权、参与权、表达权、监督权;扩大基层民主,完善社务公开、村务公开等办事公开制度,完善基层民主管理制度,发挥社会自治功能,保证农民依法直接行使民主权利;坚持农民在法律面前一律平等,尊重和保障人权,依法保障农民权利和自由。秩序价值要求在农民权益保护和新农村社区发展过程中要统筹兼顾,要重视社会总体效率的可持续增长。效率多种多样,包括经济效率、政治效率、社会效率、文化效率等等,这里主要是指农民权益保护和新农村社区发展的社会总体效率。农民权益保护和新农村社区发展的社会总体效率主要由农民个体和社区团体经济效率构成,为了总体效率,必须重视各个个体和团体效率。

效率不能是没有秩序的效率,没有了秩序的约束,最终会导致低效率或没有效率。农民权益保护和新农村社区发展必须致力于效率的提高,这样才能使农民从秩序中切实感受到好处与实惠。但与此同时,过去我们一味强调效率,虽然效率曾经促进了农民权益保护和新农村社区发展的顺利进行,但随着经济、社会的快速发展,注重效率、忽视秩序就不能适应和推动进一步的发展需求,这就要求必须适时开拓农民参政的渠道,完善民主制度化建设,扩展秩序的社会基础,重建新的农民权益保护和新农村社区发展的政治、经济、文化、社会和生态秩序。否则,就可能因为秩序得不到农民的支持和认可,诱发社会治理不稳的局面,从而降低秩序的权威和阻碍效率的提高。

四、传统方式与现代方式统一

传统方式与现代方式在相互矛盾、相互对立的同时,还存在相互依存、相互吸收的关系。就中国社会来说,尽管传统因素还广泛存在,并在某些方面还起着某种主导作用,但是现代因素也显现在社会生活的各个方面,在越来越多的方面起着主导作用。而且,分别看来,纯粹传统的东西也很难找到,总是多多少少、不同程度地带有一些现代特点,可以说是你中有我,我中有你;同时,传统因素不仅可以转化为现代因素,而且如果在方针和做法正确的情况下,还可以成为促进现代化的深层因素。①

虽然制度变迁理论告诉和提醒我们:新农村社区发展只能在传统方式的前提下,分阶段、分步骤地实现从传统到现代的范式转型。一步到位的突现型变迁模式,往往会使原有方式裂变解体,而新的现代方式还不够巩固有力,从而出现制度断层。这并不表示我们要一味地抵制现代化,恰恰相反,我们应该积极利用现代化带来的成果和优势,我们可以借鉴和吸收现代方式中的合理成分。传统和现代的辩证逻辑关系表明,在传统方式和现代方式的抉择和取向上,"在传统方式与现代方式之间的关系处理上,更为合理的思路在于,在现代方式的主导下容纳并发挥传统方式的长处,而不是在传统方式的主导下容纳并发挥现代方式的长处"。② 我国农民权益保护的传统牢固、基础脆弱的现实,使得农民权益保护和新农村社区发展更多地依赖传统方式的组织与实施。但传统方式并不是一切都是"存在即合理的",我们所要做的就是继承和保留现有的合理的制度资源并将其予以发展创新。"一方面,要与旧的阻碍

---

① 郑杭生:《现代性过程中的传统与现代》,《学术研究》2007 年第 11 期。
② 胡水君:《民主政治下的为民之道——对政治、行政及其关系的一个分析》,《法学研究》2007 年第 3 期。

社会发展的旧制度等旧传统实行最彻底的决裂;另一方面,现代又要批判地继承传统创造的一切文明的成果,而这两者是不可截然分开的"。①

第三节　农民权益保护与新农村
社区发展的基本取向

农民权益是农民应该享受的不容侵犯的各种权利和利益的总称,从第三代人权角度看农民权益主要包括农民的生存权益与发展权益。在我国,农民权益具体是指农村居民作为社会成员、国家公民享有的政治、经济、法律、文化、教育、卫生及社会保障等各种权利和应得的利益,具体包括政治权益、经济权益、社会权益、文化权益、生态权益等。

一、以保护农民权益为中心

农民权益中政治权益和经济权益是最基本的两个方面。经济权益在农民权益中处于基础性、决定性地位,政治权益又深深影响着经济权益,成为经济权益实现的保障。本书中的农民权益保护主要指农民的经济权益。经济学的理论表明,农民也是具有有限理性的"经济人",农民与其他社会个体一样要追求自身利益。对自身利益,特别是经济利益的追求,形成了在农村社区建设中的原发性力量。农民利益是以经济利益为中心的,经济利益是农民最基础的利益。各社会主体作为"经济人"展开对社会利益的争夺,这就需要对处于相对弱势地位的农民及其利益进行特殊保护。实现利益机制作用的最主要方式是通过制度,因此以制度实现对农民利益的导向与保护具有当然性。

在经济利益的作用过程中,将利益主体、利益客体和利益中介(人的活动)等三部分有机结合起来的利益机制处于基础核心地位,成为推动经济活动的关键性因素。权利以其特有的利益导向机制和激励机制作用于人的行

---

① 　郑杭生:《现代性过程中的传统与现代》,《学术研究》2007 年第 11 期。

为,义务以其特有的利益约束和强制功能作用于人的行为,两者有机结合并影响人们的动机,引导人们的行为,通过共同作用而使法律形成有效的利益调整机制。保护农民权益的利益机制体系应包括如下三组六个方面的内容:(1)利益代表机制与利益表达机制;(2)利益产生机制与利益分配机制;(3)利益协调机制与利益保障机制。

在农民权益保护的利益机制体系中,利益代表机制的中心是依法确立能真正代表农民利益,维护农民权益的代表者。这些代表者可以通过宪法、经济法、行政法等法律制度的安排在各种经济活动中真正地代表和维护农民利益,形成能与其他利益主体集团抗衡的代表农民利益、维护农民权益的利益集团,提高农民利益集团在社会利益分割与制衡中的话语权和行动力;利益表达机制的中心是依法确定农民利益代表者通过制度规定的多种渠道表达农民真正的利益诉求;当农民权益受到侵蚀时能代表农民行使表达权利,表达农民心声,从而使农民利益的代表者真正行使代表、表达、争取、维护农民权益的基本职能。利益分配机制的中心是依法合理地对农业经济活动中产生的利益进行分配。它既包括农民与农民之间、农业组织与农业组织之间的利益分配关系,又包括农民与其他主体之间的利益分配关系。利益保障机制的中心是依法保障农民利益。包括依法保障,即农民通过自己的合法行为直接实现自身利益;受害保护,即当农民利益受到侵害时予以保护;受损补偿,即当农民利益受损时,必须建立合理的利益补偿机制,给其提供一定的补偿。

二、农村社区组织的培养、发展和规范

当前我国城乡利益集团的力量对比十分悬殊,农民处于相对弱势地位已成了一种普遍的社会现象。正是在这种聚合利益的作用下促生了农民的组织化利益表达机构的诞生——农村社会中间层组织。有学者指出,组建中国的农业利益集团,通过在法律的框架内就"三农"问题进行利益表达与矛盾疏导,不仅可以逐步恢复农业的造血再生功能,而且可以避免基层矛盾的极端式触发,在政府、社会各利益集团和农民之间构筑起缓冲与调和的通道,有着巨大的政治经济与社会意义。而现代法律往往对于社会中间层有着特别的关

怀。社会中间层主体是指独立于国家经济管理主体与市场活动主体,为政府干预市场,市场影响政府及市场主体之间相互联系起中介作用的主体。可以说,在统筹城乡发展的过程中,农村社区组织是市场经济条件下农民权益的最佳保护者,农村社区组织正发挥着一种独特组织形式的巨大作用,成为提高农民组织化程度、保护农民利益、促进农村稳定和农业发展的重要主体力量,成为统筹城乡经济社会发展、建立和谐社会的重要组织载体。

　　在农村社区组织发展与规范中要发挥各方力量,做到政府力量的适当控制、市场力量的合理发挥、社会中间层力量的积极调动,做出三者之间权利配置,力量整合,责任明晰,利益和谐的制度安排。我们认为可以通过以下措施对农村中间层组织加以完善。首先,坚持民有的资本制度。农民社区组织要坚持"民有"原则,要针对不同类型的农民社区经济组织制定有关认缴股本、退出股本的规定。就社员退社造成股本变动而言,为了保证合作组织的正常运行,维护正常的市场秩序和社员的合法权益,应对退社程序做出一个时间的规定。其次,配置"优化"的组织制度,1993 年诺贝尔经济学奖获得者诺思(Douglass North)在研究西方世界近百年变迁实践后得出了一个有名的结论:"一个有效率的组织是经济增长的关键"。诺思的理论对于我们架构农民社区组织的组织制度有重要意义。选择何种制度安排唯一的原因就是在这种制度安排下资源配置和使用过程的成本低于别的安排。在农户与农民社区组织这两种制度安排中,为了降低农户进入市场的交易成本,提高农户组织化程度,把小农户引入大市场,使外部经济内部化,从而获得资源配置的帕累托最优,使农户得到在其他组织与制度安排下所得不到的收入,农民社区组织就成了一个很好的组织制度。因此,我们应高度重视农民合作组织的建设。再次,建立公平和谐的分配制度。分配表面上是消费产品,其实质会影响生产,会因分配制度的好坏促进或阻碍生产的发展。在农民社区经济组织的分配制度中,我们应从促公平、促效率的双重理念出发配置分配制度。基于社区组织的本质特征,在社区组织内部,我们应坚持公平优先兼顾效率的原则,特别是在社区组织发展初期。公平原则应是当代中国利益协调的基础性原则和首要原则。为此,我们应建立一套适合社区组织发展的,吸引农民加入组织的公正、合理、完善的利益协调机制,实现制度公平。在社区组织与其他社会主体之间,因其涉及的利益属于初级分配层面,我们仍应注意效率,坚持效率优先兼顾公平的原则。

三、市场主导与政府引导相结合的方式方法

农民权益的保护离不开农村社区的健康发展,而要保障农民权益,促进新农村社区发展,就离不开市场主导和政府引导的双重作用。一方面,市场主导是保障农民权益,发展农村社区的内质性原则。我国农村社区的发展是市场经济发展的产物。农村社区是广大农民在市场经济条件下为弥补市场缺陷,防止政府对市场缺陷的干预可能出现的弊端而组织起来的社会共同行动体。它可以增强抵御强势集团影响的能力,防止公平和效率的双重损失。农村社区既是市场经济的必然产物,也是农民面对市场竞争时通过提高自己组织化程度来提高竞争力的重要途径,它的成立、变更、发展和消灭均与市场有关。在法律制度的安排中,架构一套面对市场,尊重生产发展规律,以市场为主导的农村社区运行制度应是法律规定中的基础性原则。另一方面,政府引导是保障农民权益,发展农村社区的外部支撑。虽然农村社区组织产生于市场经济,理应由市场占主导地位,但是,我们应该考虑到中国农业的发展水平,要看到我国农民自身的政治、经济、文化特征,并由此注意中国农民的法律特征。我国经济发展的阶段性特征,WTO 对我国农业发展的压力,以及我国农村社区发展的现状,由此决定了我们要坚持政府鼓励扶持的原则。在中国农村社区化进程中,政府既不能强化对农村社区的行政领导和控制,也不能放手不管,而是要在坚持"引导不领导,扶持不干预"基本准则的前提下,站在坚持和落实习近平新时代中国特色社会主义思想的高度上,加强理论研究和实地考察力度,完善基本发展政策和配套政策,健全和规范基本运营制度。坚持市场主导原则是农村社区存在和发展的基础性、内在性要求;而坚持政府鼓励扶持原则则是农村社区存在和发展的环境性、外部性条件,两者是相辅相成的、缺一不可的。

第四节　农民权益保护与新农村
社区发展的主体

在农民权益保护和新农村社区发展中要发挥各个主体的力量,做到政府力量的适当控制、农民力量的充分发挥、社区力量的积极调动、农民合作组织等其他组织力量的合理驱动,做出主体和谐的制度安排,充分发挥多元主体的同质同向、同频共振互促作用。

一、政府——农民权益保护与新农村社区发展的双重作用主体

社会公共利益和个体利益的双重作用下政府会采取某种选择,而这种选择以政府的相关政策或行为的形式表现出来,对于社会公共利益和个体利益的能动作用是巨大的。这种双重利益模式正是在利益机制中应加以恰当利用的互促形式。其一,在社会公共利益层面。社会公共利益反映的是社会与其环境中对其生存和发展具有一定意义的各种事物和现象之间的关系。一定社会的需要一旦具化为社会公共利益,就会成为政府活动的基点与归宿,以实现其社会公共利益的安排。其中法律在这一层面的本质特征最为鲜明,这是法的独特价值之所在。政府在现代经济活动中是一种主导型主体,是一种领导性、管理性力量。在我国的经济社会发展中,为了达到社会公共利益的最优化,政府被赋予了宏观调控权和其他的经济职权,而恰当的行使这些职权,是政府对于社会公共利益最优化的追求,由此形成社会公共利益对于政府的指引作用。从另一个角度考察,政府作用的发挥是通过社会经济发展过程的参与,政府对施动对象的决策对于其他的利益主体具有巨大的驱动作用,甚至可以对社会的发展方向产生重要影响。其二,在个体利益层面。在农村和谐社会建设中,个体利益——主要是农民利益会对政府的相关决策发生作用,其通过对市场的参与行为,以其参与信息和利益实现状况对政府的决策进行现实反馈。而政府作为新农村建设与全面实施乡村振兴的发动者和主导性力量,

其职权的恰当行使对于个体利益的实现与社会公共利益的最优化具有促进、强化和协调作用。

政府在社会生活中扮演着重要角色,它主要有以下几种职能①:(1)提供经济基础。政府为现代市场经济体系的正常运行提供所必需的制度、规则和安排。现代经济社会也是政治社会,离开政治体制为其制定的游戏规则和经济生活的框架,经济体制根本无法运行。(2)提供各种公共物品和服务。有些有益于社会整体的公共物品对个人而言却很难根据其使用的数量而付费。一旦将它提供给某个人,就等于是向整个社会提供。这些公共物品和服务的供给需要政府的干预,但政府干预并不意味着政府直接供应。有些公共物品和服务可由私营部门提供,但须由政府来制定一整套管理办法进行规范。(3)协调和解决团体冲突。政府得以存在的一个基本原因是需要政府来缓和和化解社会中的冲突,维护正义、秩序和稳定,包括在经济上保护弱者,抑制强者的行动。(4)维护竞争。竞争在私营部门并不总能持续进行,因此经常需要政府干预以确保竞争的真正实现。离开政府的控制,自由企业制度的优越性将无从体现。政府的行为包括制定各项法律法规和消费者保护措施,这对维持和增进私营部门的竞争是必不可少的。此外,政府还有保护自然资源、为个人提供获得商品和服务的最低条件和保持经济稳定的职能等等。因此,这些职能的发挥无论是对农民权益的保护,还是新农村社区的发展都具有重要的促进作用。

二、基层党组织——农民权益保护与新农村社区发展的直接保障主体

基层党组织是党的全部工作和战斗力的基础,是党执政的根基。新农村社区发展与全面实施乡村振兴中我们要充分发挥基层党组织推动发展、服务群众、凝聚人心、促进和谐的作用。农村基层党组织在农民权益保护与新农村社区发展中起到了重要作用。

第一,基层党组织的组织作用。发挥党的基层组织的组织载体作用,通过

---

① 李文良:《中国政府职能转变问题报告》,中国发展出版社 2003 年版,第 116 页。

创新党的组织形态,调整党组织的设置方式,以及加强流动党员的管理等途径,把分散在农村各行业、各领域的党员组织起来,把他们的意志和力量凝聚起来,使他们全身心地投入到农村社区发展、农民权益保护的工作中来。

第二,基层党组织的纽带作用。基层党组织以群众路线为工作方针,广泛征求群众意见,并高度重视和认真研究。将农村社区中农民群众反映突出和急迫的问题及时向上级党组织反映。基层党组织是基层农民与政府联系的纽带和桥梁,一方面基层党组织向下贯彻党中央的路线、方针和政策;另一方面将农民的问题和困难向上级党组织反映。

第三,基层党组织的服务作用。全心全意为人民服务是党的根本宗旨。党的根基在人民、血脉在人民、力量在人民。基层党组织始终把服务群众作为重要职责,围绕农民权益实现来献计献策,从人民最关心、最直接、最现实的利益问题入手,为群众诚心诚意办实事,尽心竭力解难事,坚持不懈做好事。为农民群众提供政策法规咨询、技术信息服务等。

第四,基层党组织的执政能力及保垒作用。良好的基层执政能力,是农村社区健康发展的有力保障。将党的基层组织建设成为贯彻新时代中国特色社会主义思想的组织者、推动者和实践者,为社会主义新农村建设与全面实施乡村振兴提供坚强的组织保证。党的基层组织是党在社会基层组织中的战斗堡垒,是党的全部工作和战斗力的基础。基层党组织不仅是党联系群众、团结群众、组织群众、贯彻党的路线方针的前线力量,而且还是党调查民意、了解民意、掌握民意的纽带和桥梁。然而在农村市场经济不断发展的环境下,基层党组织自身也存在许多不足之处。首先,基层党组织人员年龄老化,素质偏低。在农村的基层党组织中多为年长的党员,年轻的新生党员数量偏少,不能满足农村党组织发展的需要,呈现出农村党员"入不敷出"的状况。其次,基层党组织的管理制度不健全。因为农村地理位置较偏,缺少必要的党员学习机会,许多农村党员党性观念较差,缺少积极组织村民活动和参与活动的热情,党员的先进性无法表现出来。再次,有些村党员培训只注重形式,缺少实质的党性培养,导致农村党员领导办事的能力不强,带领农民群众致富的热情不高,组织涣散,不能发挥基层党组织应有的作用。最后,基层党组织缺乏活动,生机不够。由于年龄老化和没有较多的新生党员力量的注入等原因,农村党组织的活动难以开展,缺乏朝气。这些问题影响了基层党组织承载的桥梁和纽带作用的发挥,关系到党的兴衰成败,关系到农村基层政权的稳定,关系到农村经济发展的大局,解决这些问题任重而道远,必须予以高度地重视。

三、农民——农民权益保护与新农村社区发展的终极主体

作为农民权益保护和新农村社区发展的主力军,农民能够发挥出巨大的内发性力量,是农民权益保护和新农村社区发展的内在动力,左右着农民权益保护和新农村社区发展的成败。没有农民利益的保护,就会影响社会的安定,影响国家的稳定、繁荣和发展。农民利益是以经济利益为中心的,经济利益是农民最基础的利益。各社会主体作为"经济人"展开对社会利益的争夺,这就需要对利益争夺中处于弱势的农民及其利益进行特殊保护。法律对农民利益的导向与保护体现在对农民市场交易过程中利益实现的关注,我们需要在法律的框架下,架构利益的实现与保障层面的微观意义上的利益机制。首先,农民作为市场主体的法律地位应得到确认。由于在我国当前的社会经济体制下,户籍制度中的不合理的利益因素与价值倾向实际上制造和巩固着城乡居民之间的实质不平等。而在农村和谐社会与法治建设过程中,农民作为原发性力量的社会角色及其待遇应得到法律的明确承认,这就要求在法律层面推动市场主体地位的平等,进而实现在文化利益上的平等,实现人才回流,精英归位。其次,切实保障农民在市场交易和分配中得到公平对待。需要通过合同制度、价格制度和竞争制度等相关法律制度的有机组合,并在此组合中实现对农民利益的保障。再次,确保农民参与市场运作的权利实化。农民合法权益的实现是客观上推动政府决策的终极力量。最后,恰当引导农民行为。正如前文所述,农民也要追求自身利益,在利益机制下,要求我们用利益来引导农民的行为,政府可以利用税收、信贷、金融、投资等方面的优惠政策,运用经济手段来引导农业的健康发展。

农民问题是"三农"问题的关键。农民问题最核心的就是增收问题。农民权益保护和社区发展的最终目的也是促进农民增收。农民是农村生活的主

体,是新农村建设与全面实施乡村振兴的主力军,离开了农民,粮食生产和农产品供给只能是空谈;离开了农民,农村经济的发展只能是空想;离开了农民,建设社会主义新农村只能是空话。只有以农民为中心,贯彻习近平新时代中国特色社会主义思想,实现好,维护好,发展好广大人民群众的根本利益,做好农民增收工作,才能最终实现整个国民经济的增长和全面建成社会主义现代化国家目标的实现。

四、社会中间层组织——农民权益保护与新农村社区发展的连接主体

作为辅助政府管理的社会中间层主体,是随着"市民社会思潮"的兴起,"二元社会结构的破灭"和现实经济、社会发展而出现的一种新型的社会主体。在现代经济法的视野里,传统的"政治国家——市民社会"的二元框架无法满足社会化大生产的需要,自由市场的缺陷和国家由一个"夜警察"转变为全面干预市场经济所带来的各种缺陷,使国家——市场二元框架的社会结构再次发生改变,产生了作为国家与市场主体间中介的社会中间层,原有的二元框架被"国家——社会中间层——市场主体"的三元框架所取代。社会中间层主体既承担部分国家职能,又承担部分市场职能;既能在一定程度上限制国家利益,又能在一定程度上限制市场主体的利益,起到既弥补"市场失灵",又弥补"政府失灵"的作用,使国家、市场主体在社会中间层的协调下良性互动,从而实现经济法所追求的社会整体利益优化的目标,"政府——社会中间层——市场"框架是对"政府——市场"框架的修正和超越,大量的市场中间层主体——非政府公共组织的出现,已成为"小政府——大社会"格局中"大社会"的重要组成部分,成为现代市场经济体制中经济民主的重要实现形式。

培育和发展保护农民利益的社会中间层主体是现代社会结构发生变化的需要。发展农村社会中间层主体主要是发展农业行业(专业)协会和建立农会。农业行业(专业)协会和农会是独立于国家经济管理主体和市场活动主体的,为政府干预市场、市场影响政府和市场主体之间相互联系起中介作用的主体,是经济法主体制度中在实现农民权益保护时介于国家和市场之间的辅助管理主体。对于国家管理主体而言,农业行业(专业)协会在受其管理的同

时,又可成为国家管理市场、维护农民权益的辅助力量和传导媒介;对于农民等市场活动主体而言,社会中间层主体既可在某种程度上有助于实现自己的利益,又可承担某些领域的管理者角色,还可以从某些方面成为利益的代言人,弥补其在各级代表中的人数偏少、话语权较弱的现象,增强其与政府协商调整的能力,为农业发展提供一个坚实的共同体保证,为保护农民权益提供一个有力的组织体。培育和壮大农村社会中间层主体可坚持"扶持、帮助、引导、鼓励"的原则,因地制宜,放手发展。

五、农村社区——农民权益保护与新农村社区发展的时空载体

农村社区是农民权益保护和新农村社区发展的时空载体。在党和政府的领导下,依靠社区力量,利用社区资源,强化社区功能,解决社区问题,促进社区政治、经济、文化、社会、生态协调和健康发展,不断提高社区成员生活水平和生活质量。

当前我国城乡利益集团的力量对比十分悬殊,农民处于相对弱势地位已成了一种普遍的社会现象,由于农业生产在经济上具有弱质性,因而更加需要合作,以联合起来的集体力量共同抵抗各种利益侵害。否则农民在中国社会利益博弈中,其所表达的利益诉求始终不能形成对决策的有效参与和影响,不能通过组织化形式和集体的力量来争取自己的正当利益。作为一种改变单个农业生产者和大市场之间进行不对等交易状况的制度安排,农村社区正发挥着一种独特组织形式的巨大作用,应该成为提高农民组织化程度、保护农民利益、促进农村稳定和农业发展的重要主体力量,成为统筹城乡经济社会发展、建立和谐社会的重要时空载体。

在我国,农民的生产经营一般是个体性、分散性的小规模经营模式,农户之间、农户与市场之间缺乏紧密联系,农民的组织化程度相对较低,对市场风险和自然风险的评估和防御能力比较弱,对于自身利益的保护不足,出现构建利益和谐的平台困境。我国农民应在组织化和专业化程度上进行提高,进而增强竞争意识,提高与其他市场主体的利益博弈能力,使农民利益免受剥夺,实现农民增收,农村稳定,农业发展。正是在这种聚合利益的作用下,就需要

在利益的协调与表达层面建构中观的利益机制即农村社区。因此,要弥补农村社区法律主体缺位问题,进一步明确农村社区的法律地位,形成有效的农民利益表达机制。

目前,我国农村社区主体的法律地位模糊,没有完全独立的法律地位,在很多事务上受行政机关很大的制约。而在农村和谐社会建设与全面乡村振兴实践中,农村社区的主体作用将进一步发挥,将成为新农村建设与全面实施乡村振兴利益分配过程中的协调主体,所以要大力发展农村中间层主体,赋予其明确而独立的法律地位和法律人格,政府也要把具体的利益协调机能赋予农村中间层主体,使他们拥有相应权限,保障其在新农村社区建设中对于农民的经济利益、政治利益、社会利益、文化利益和生态利益的组织化争取;其次,完善农村社区体系,加强农村专业性经济合作组织建设。农村社区是新农村建设与全面实施乡村振兴的主体之一,要实现其在农村和谐社会建设中的利益协调作用,必须建立完整的组织体系,即建立各种农村专业性经济合作组织对新农村社区建设中的各种利益参与协调与分配,各种组织相互独立,相互配合,实现新农村建设与全面实施乡村振兴过程中的利益和谐。最后,要建立农村社区的利益联动机制。农村社会中间层本质是在农民的聚合利益机制下建立的,是利用农民集体力量来对农民权益进行保护,以及对新农村社区建设中的利益进行协调,即以农村社区具体运作为平台,实现对农民利益的表达与协调。

六、农民合作经济组织——农民权益保护与新农村社区发展的组织载体

农民权益之所以在某些方面得不到保护,并存在丧失和被侵蚀的现象,其中主要原因之一是组织载体的缺失。单个分散的农民在市场经济的汪洋大海中无力维护自己的权益,在利益冲突中永远处于弱势地位。在公共经济学的公共选择理论中,有利益集团,又称压力集团之说。西方社会中,利益集团在社会事务的公共决策中发挥着显著作用,且数量多、涵盖面广。从农民利益角度看,西方发达国家农民人数的比重已大幅度下降,农业生产产值在国民生产总值中所占比例也不断缩小,只占很小的份额,但农民组织在国家政治生活和

农业政策决定方面一直发挥着巨大作用。例如美国有农民协会、农民联盟、农场局三大农民团体代表农民,对政府决策显示了强大的影响力;法国有农民工会、农民协会等组织代表农民利益;日本则有全国农协联盟代表日本农民利益。

社会转型下农村社会分层、社会流动加剧,农村社会结构也发生相应的变迁,农村社会利益的冲突和矛盾日益尖锐化和激烈化。我们在转型社会下进行农民权益保护和新农村社区建设,关键是协调好农村的各种社会利益,建立有效的利益机制。新农村建设与全面实施乡村振兴中利益和谐的实现,必须依托科学、高效的组织推动,农村合作组织是市场经济条件下农民权益的最佳保护者,是统筹城乡经济社会发展的组织载体。在农民权益保护和新农村社区发展的过程中,必须发挥农民合作组织的利益功能机制的作用,坚持以农民利益的实现为本,以农业的发展为基础,以农村社会的利益和谐为最终目标。当前,我们在进行新农村建设与全面实施乡村振兴中需要完善农民合作组织的相关法律、法规,处理好村民自治组织与基层政府和基层党组织的关系,加强农民合作组织的组织建设和制度建设,大力发展农村教育文化事业,培育先进的农村文化、农村社区文化,真正实现村民自治,只有这样才能最终保障农民合作组织的利益功能机制作用的发挥。我们期待在农民权益保护和新农村社区建设的过程中,通过农民合作组织利益功能机制作用的发挥,来促进农民权益保护和新农村社区发展。

七、社区集体经济组织——农民权益保护与新农村社区发展的重要主体

农村社区集体经济组织是一个以集体经济组织成员共同拥有土地及其他集体资产为前提,以地域为界限而形成的特定群体组织,这个特定群体中的成员长期共同生活、生产,形成许多内在的地缘、血缘、人缘和亲缘关系。农村社区集体经济组织不同于各种民办专业合作经济组织,它以本社区的农民为成员,是社区集体土地的所有者代表。承担着社区土地的发包管理工作,同时,它往往还是政府与农民沟通的桥梁。这些不同之处,使它在发展农业产业化、组织农民进入市场方面所起的作用与各种民办专业合作经济组织不同,主要

表现在以下几个方面：

第一，提供综合性社会化服务。在我国，小农户经营仍然是主要的经营方式。目前农村的商品经济并不发达，农户的生产规模小，商品率很低，但在一个社区范围内，生产的种类却很多，形成了提供的商品种类多、数量少，十分需要社会化服务，但在每种商品生产上又难以形成专业服务规模的情形。而综合性的社区集体经济组织能满足提供综合性、社会化服务的要求，社区集体经济组织在这方面的优势是其他组织所不具备的。

第二，提供社区公共物品的职能。道路建设、农机设备、农田水利建设等基础设施，往往具有投资金额大、公共性强、收效慢等特点，单个的农民难以单独建造，其他的组织按照市场经济原则也难以有效提供。这些设施又多为发展农业生产和农民生活所急需。所以，这些设施主要由社区集体经济组织经过集体成员大会表决通过之后统一进行建设和管理。这些基础设施也有利于改善农村生活条件，改善农村生产经营环境。在目前政府的公共服务不能遍及农村的各个角落时，社区集体经济组织的这种职能显得更为重要。

第三，联系政府与农民、农户与公司的桥梁和纽带。社区集体经济组织作为农民的代表，可向政府反映农民的意见和要求，为国家农业政策法规的制定提供参考意见。社区集体经济组织在农村土地管理、农业基础设施建设等方面承担着贯彻落实政府农业政策的重大使命。社区集体经济组织的存在，降低了政策执行的成本。社区集体经济组织还可充当"中介人"角色，成为公司与农户联接的桥梁与纽带。公司通过合作经济组织与分散的小农户联结，获得稳定的产品供应，降低生产成本和谈判成本，农民也通过社区集体经济组织提高谈判能力，分享农产品加工、销售环节的利润，使其利益得到保护。[1]

社区集体经济组织也显示出其群众性、互利性、互助性等特点，所以社区集体经济组织在发展农业产业化，组织农民进入市场方面有独特的地位和优势，是专业合作经济组织所不能代替的。

---

[1]　陈莉:《对完善农村社区集体经济组织的法律思考》,《科技进步与对策》2003 年第 18 期。

八、涉农企业——农民权益保护和新农村社区发展的重要力量

涉农企业是指与农业相关,使用一定劳动资料,独立经营,自负盈亏,从事商品性农业生产以及与农产品直接相关的经济组织。[1] 涉农企业与农业、农民、农村有着天然的血缘关系、地缘关系和利益关系,它们彼此依靠,互相促进。涉农企业生产经营所需要的基地,原材料,种植、采购,产品的生产,市场销售,企业所需要的生产工人,都与三农密切相关。同时,发达健康的涉农企业在科技服务、优良品种推广、实用技术应用和市场供求信息等方面也能为农民增收提供全程的配套服务。因此,涉农企业对带动农民增收,带动农村经济发展,作用非常大,必须大力发展。[2] 涉农企业是农民权益保护和新农村社区发展的重要力量。任何企业发展战略都是根据当时的外部环境与内部条件为根据制定的,当外部环境或内部条件发生重大变化时,企业就应根据新的环境进行新的部署战略。随着市场经济的发展和我国加入 WTO,国内和国际环境都发生了巨大的变化,涉农企业在迎来机遇的同时也面临着更大的挑战。因此,涉农企业要发展要做强做大必须做到以下几点:首先,要以现代化的经营理念进行涉农企业的经营运作。在完善的企业法人制度基础上,以有限责任制度为保证,以公司企业为主要形式,以产权清晰、权责明确、政企分开、管理科学为条件建立新型的农业企业。其次,要加强涉农企业的品牌塑造。搞企业要有自己的品牌,知名品牌既是企业的无形资产,又是企业形象的代表。品牌它包含着知识产权、企业文化以及由此形成的商品和信誉。一般来说,有了品牌也就容易塑造企业的形象,反之如果在品牌的基础上进一步推行企业的整体形象战略,也就更有利于品牌的扩展和延伸。最后,发展农业行业协会等社会中间层的作用。行业协会本质上是一种市场经济条件下某一行业或企业群体自我管理、自我规范和自我服务的社会性自治组织。在涉农企业发展过

---

[1] 胡鞍钢:《农业企业化是中国农村现代化的重要途径》,资料来源:http://www.help-poverty.org.cn/helpweb2/fpjk/new/93-12.htm。

[2] 范亮:《农业企业是新农村建设的主要力量》,资料来源:http://www.zgxcfx.com/Article_Show.asp?ArticleID=10106。

程中要充分发挥行业协会等社会中间层的监督、管理、服务的功能,实现涉农企业群体的自我管理、自我服务、自我监督、自我保护,使其真正担当起政府与行业或政府与市场之间的桥梁作用。

第五节　农民权益保护与新农村
社区发展的理论创新

一、基于农民权益保护的社区发展权理论创新概述①

农民权益保护是我国法治进程中的重要组成部分。马克思曾说过,人是社会关系的总和,人的所有行为都与利益有关,需要法律对权利进行界定,以规范主体行为,这是从主体出发通过制定法律进行农民权益保护的路径。同时,也有学者探讨从物质世界中客体角度出发,基于客体设定法律保护农民权益,这种从主客体原点出发着手的农民权益保护思路,随着现代化发展已显现不足。新农村建设与全面实施乡村振兴中,供农民参与分配的利益会逐渐增多,在以农民为中心的主体发展权和以土地为主的客体发展权的要求下,我们在把"蛋糕逐渐做大"的同时,应使农民在存量利益与增量利益的分配过程中改变传统弱势身份,通过个人和政府的双重选择进行利益重构,以发展利益为理论基点,从发展权利的原点出发,以农村社区发展权为时空载体,在动态发展中寻求农民权益保护。

对于农民权益保护与新农村社区发展,国内外学者都做了相关研究。关于农民权益保护问题,普遍的认识是农民权益保护是解决"三农"问题的关键和核心,学者也从多方面对农民权益问题展开了深入研究。农村社区在和谐社会建设中发挥着重要作用,社区发展的一个基本社会功能是促进社会的全面发展,体现了和谐社会的本质要求,对于实现我国整体发展目标具有特殊的

---

① 本节的第一至五部分参见李长健、伍文辉:《基于农民权益保护的社区发展权理论研究》,《法律科学》2006 年第 6 期。

意义,通过推进作为农村社会基础单元的农村社区发展,对构建农村和谐社会有着积极意义。同时,农民权益保护与社区发展是存在内在联结的。李长健等学者指出,保护农民权益是促进农村社区发展的基础和前提,农村社区发展又是保护农民权益的目标和归宿。而通过发展农村社区保障体系,可以弥补由于政府对农村社会保障投入不足导致农村社会保障存在覆盖范围小、保障功能差、资金缺乏、社会化程度低等缺陷,使政府的社会保障体系与农村社区发展工作密切结合,相互取长补短,共同担当起保障农民生存权与发展权的重任。另外,农村社区功能包含经济、管理与自治、服务、文化、保障"五大"完善功能体系;在构建农村和谐社会过程中,应以农村社区发展为切入点,全面提升农村社区功能,建设富裕、文明、民主、和谐的新型农村社会;通过制度创新理顺乡村社区治理主体间权利义务关系,推进农村社会结构的合理分化,使农村社区成为管理有序、服务完善、文明祥和的社会生活共同体。由此可见,当前关于农民权益保护与社区发展的理论研究已经有一定的基础,对促进农民权益保护和社区发展起着重要的指引作用。

在新农村建设与全面实施乡村振兴中,农民利益是社会经济文化发展的前提和动因。没有农民利益的适度增长,就谈不上提高农民劳动生产率的积极性,就会导致农业生产的停滞和农业剩余的衰减,进而影响社会的安定,影响国家的稳定、繁荣和发展。农民权益伴随着社会变迁而发展。在主体多元化、社会关系与社会利益交叠冲突的现代社会,农民权益不能仅通过个人选择还必须通过不同组织进行集体选择的方法来实现。农民权益保护要以动态发展的视野,在以农民为中心的主体发展权与以土地为主的客体发展权的立体维度构建中,以农村社区发展权为实践的时空载体,第一次提出基于主客体和谐发展的社区发展权理论,从而寻求农民权益更新、更高层次的保护。发展权从本质上说是一种人权,是在人的基本生存权基础上的阐发,是每一个个体都应该享有的基本权利。

社区是农民生存和发展的基本环境,是土地等资源可持续发展的重要平台,在当前中国"三农"问题面临的困境中,如何实现农民发展与资源环境可持续发展的和谐共进是当前农村发展面临的一个重大难题。在这个问题上,以社区为平台,促进主客体之间的和谐发展是重要出路,因此,以社区发展促进主客体发展的基本理念进行突破和创新,即社区发展权理论的提出与实践。

社区发展权即是以社区居民平等的参与社区活动与平等的享受社区发展成果为内容,以促进主体发展权实现为目的,在社区关系中体现为平等的参与社区活动与平等的分享社区发展的成果两个层面。社区发展权是建立在主体发展权与客体发展权融合实现的时空载体基础上,以社区形式享有的经济、政治与文化各方面发展权利的总和。社区发展权以社区发展的形式促进人的全面自由发展的集体实现,其创设改变了传统主体权利与客体权利实现的静态、平面思维,形成了一种动态、立体的权利构建。社区发展权属于集体人权,但它又区别于一般发展权,是主客体时空载体融合而成,其表面上是社区所享有的经济、政治与文化权利,实质上是社区成员所享有的现实发展权利,是个体发展权在主客体融合的时空载体下的一种集体实现形式。由此可见,社区发展权理论是发展权的重要组成部分,社区发展权是主体发展权在客体物质世界实现的重要载体,也是人类发展权体系全面实现的重要条件。

二、基于农民权益保护的社区发展权理论的逻辑框架

农民群体是社会主义建设的重要力量,做好农民这一特殊群体的权益保护是社会发展的重要内容。随着社会的发展,从农民生存权向农民发展权转变是农民权益保护的重要理念,实现农民权益的可持续保护,建构基于农民权益保护的系统理论是现实发展的必然要求。理论是客观实在的人的意识中的观念反映的基本形式,它以有序的命题系统的形态,作为有关客观实在或人的精神生活现象的某一个领域的概括性知识而存在,因此理论构成了人们在实践活动以及理论活动中所进行的有意识、有目的以及致力于一定目标的行为的最重要基础。从实际出发,以系统的思想和可持续发展的视野,致力介于理论支撑与实践指导之间的中层理论架构,即社区发展权理论,以促进农民权益的可持续保护。

(一)社区发展权理论的逻辑思路

从理论上把握客观世界,理论永远是具有逻辑的抽象的性质,理论活动以

实践活动为基础,产生自实践活动,并由实践活动所推动,因此,理论是与社会实践相联系的。社会发展具有相应规律性,理论建构也应具有逻辑性,因此社区发展权理论的建构应首先明确其逻辑思路。其一,对传统农民权益保护理论的检视。权利义务是社会法律制度建构的基础,致力于权利的保护是法治社会的重要内容,而关于农民权益保护的理论,通常是相互割裂的,尚未形成系统性,而是散见于各法律制度之中。从主体角度探讨农民权益保护,如从农村民主自治角度,发展农村民主保护农民的政治权益,还如从农业补贴等角度,保护农民的经济权益着手。这对于农民权益保护发挥了重要作用,但需要形成系统,随着社会的发展,农民权益保护应进行相应理念的转变,不仅仅保护农民的生存权问题,而且促进农民发展权的实现,以发展促保护,因此应以农民权益与农民发展、农民发展与物质资料和客体环境相联系的方式,促进农民权益可持续、系统保护。其二,是社会和谐发展与农民权益可持续保护理念。和谐社会是一个发展、公平、民主、文明、法治的社会。和谐社会建构,应以现实发展为基础,促进农民发展,农民权益的可持续保护是和谐社会建构的重要内容。因此,社区发展权理论以社会和谐发展为理论逻辑点,以农民权益的可持续保护为实践逻辑点。其三,是农民的发展权利。农民群体整体上仍属弱势群体,促进社会和谐发展,农民利益不仅仅在于利益分配中,还应该在利益的产生中,产生更多供农民参与分配的利益,而利益是权利之源,因此从法律角度设置农民发展权利,规范存量利益与增量利益的产生和分配,从而促进农民权益的可持续保护。

(二)社区发展权理论的条件支撑

任何一种理论都是历史决定的,并且是相对的,其作为客观实在的反映,具体地由被反映的客体领域所决定,同时它也取决于相应的社会实践、生产力、生产关系以及社会利益,因此社区发展权理论建构需要相应的主客观条件支撑。首先是社区发展权理论建构的主观条件,包括农民权利意识的增强、社会文化的发展、法律制度的变迁等。随着社会的发展,农民文化素质逐步得到提高,农民的权利意识与民主意识也在不断增强,法律制度不断完善,这些都从主观上为社区发展权理论提供了软硬条件的支撑。其次从社区发展权理论建构的客观条件来看,主要包括政治、经济、社会条件。我国经历了经济的高速发展,市场经济体制已经逐步完善,农村经济也得到了极大的发展。农村民主法治进程也在逐渐加快,农村存量民主在完善的同时,如农村自治制度的完善等,也为农民源源不断的提供增量民主。同时,社会融合的加快,农村社会主体的多样性需求,都为社区发展权理论提供了客观条件支撑。

（三）社区发展权理论的比对分析

社区发展具有其自身的历史特点,更与其所处的社会、自然环境密切相关,因此,农村社区发展具有区别于城市社区发展的自身特点,从城乡发展现状进行对比考究,对基于农民权益保护的社区发展权理论构建具有重要现实意义。农村社会发展较为滞后,农业具有天然的弱质性,农村文化具有相对封闭性,其被传统文化所深深影响,因此农村社区发展应与城市社区发展加以区别。同时,也应明确在新农村发展战略中,城市反哺农村,工业反哺农业为城乡之间的协调发展提供了条件和基础,这也为社区发展权的实现提供了现实支撑。

（四）社区发展权理论的结构要素

每一个理论都有一定的结构,由一定的规律和其他一些相互处于某种关系的命题组成,对理论逻辑结构的准确表述是发展理论的重要手段,因此对社区发展权理论结构要素进行明确阐述是现实中保护农民权益的重要内容。社区发展权理论主要可分为外在要素与内在要素,其中,外在要素包括主体、客体、社区,而内在要素则包括政治、经济、文化。

首先,从社区发展权理论的外在因素层面考究。其一,主体在社会的整个过程中,是一定发展阶段的人类社会中存在的重要部分,同时必须明确:无论是个体的还是集体的主体都始终是由社会所决定的整个社会主体的一部分。随着社会不断进步,农民这一庞大的相对弱势群体,我们不仅仅要保障其基本生存权利,更重要的是让农民真正平等地参与到经济社会建设中,平等地享受社会发展带来的财富和成果,实现从传统单纯保障基本生存条件向保障农民平等发展权的转变,以促进农民的全面、自由、充分发展,从而促进农民基本权益的真正实现。发展权是一项不可剥夺的人权,实质是社会弱势群体的权利,是经济、社会、文化权利与公民权利和政治权利的综合,追求人的全面充分自由发展。农民发展权是农民权益在增量民主构建中的现实体现,也是社会发展的必然要求,包括获得平等的机会、拥有平等的能力,参与社会发展进程并且公平分享社会发展成果。其二,根据马克思哲学分析,客体是依其客观实在性,不依赖于主体而存在的,是主体的能动活动、认识实践的对象,主体的存在和活动都由社会的客观物质条件和客观规律来决定。根据系统发生学的观点,作为主体根本构成因素的人,是从自然界分化而来,人为了生存和发展,必然产生需要,即向自然界索取物质生活资料。以土地为主的资源环境是主体生存和发展的重要物质条件,客体发展权是主体发展权实现的重要基础和条件。主体的需要是在一定的社会关系中和历史条件下产生和发展的,受已经达到的或正在形成中的物质条件和实践能力的制约。现实中,主体发展的无限性与客体资源的有限性之间的矛盾形成了发展的瓶颈,促进客体资源的可持续利用应是主体发展的重要内容。其三,不论主体、客体,还是主客体统一的状态,都具有历史发展性。土地是主体发展的重要物质资源,农村土地所有权属农村集体所有,而促进诸如土地的发展权实现等,必须在现实中与主体相联系,从而形成主客体统一的状态。依据我国目前农村发展现状,农村社区是主客体统一在现实中的时空载体。我国农村社区基本单位是村庄,村庄经济相对落后,基础设施较差,农民自身素质,治理结构等问题都是抑制农村社区发展的重要因素。马克思在总结巴黎公社的宝贵经验时指出,公社—这是社会把国家政权重新收回,把它从统治社会、压制社会的力量变成社会本身的生命力;这是人民群众把国家政权重新收回,他们组成自己的力量去代替压迫他们的有组织的力量;这是人民群众获得社会解放的政治形式。农村社区的发展对于农民发展权的实现具有重要意义,发展权的主体既是个人也是集体,具有双重性,发展权是个人的人权,当个人作为孤立的个体被有机连结而成为一个集合体后,该集合体便以其相对独立性而成为发展权的特有主体。

其次,从社区发展权理论的内在因素层面考究。发展权是经济、社会、文化权利与公民权利和政治权利的综合,基于农民权益的社区层面上考虑,社区发展权理论的内在要素包括政治、经济与文化三个方面,这三方面是互为整体,辩证统一的关系。第一,社区发展权理论内含的政治要素主要从两个层面,即社区内的民主与社区外的民主,彼此互为条件、共同发展。民主政治是政治要素的必然要求,即在不断发展农村自治制度的基础上,促进农民的增量民主,保障农民政治权益,从而最终实现发展民主。社区发展权理论中的政治要素,主要目的在于实现发展民主,促进农民政治权益保护,以农村社区内的民主实现农村民主自治,另一个层面通过社区发展来实现农民参与全社会事务的民主,包括农民通过直接和间接的方式平等地参与社会公共事务的决策、管理与监督,具有平等的选举投票权等,这是实现社区发展权的政治保障。第二,社区发展权理论内含的经济要素,可以从两个层面进行理解,即经济发展是社区发展权实现的重要内容,同时社区建设反过来促进农村经济的发展,二者相辅相成。经济发展是农民权益实现的重要基础,经济权益也是农民权益的重要内容,在社区发展权理论中,经济要素以农民平等的参与经济发展过程与平等的分享社会发展的成果为依归,同时在新农村建设与全面实施乡村振兴中,应联系工业对农业的反哺,城市对乡村的反哺,甚至在制度设计中可以考虑非对称优惠原则,真正实现产富于民、藏富于民。第三,社区发展权理论内含的文化要素。文化是一个综合的概念,文化发展对于民主政治的建设与经济的发展具有重要作用,可以促进民主政治文化的建设,促进公民政治价值、政治意识和政治态度的改变,同时文化对经济产生直接和间接的发展动力,因此文化要素是社区发展权理论的重要内容。社区发展权理论的文化要素,既包括农民文化素质的提高,又包括农村先进文化与农村文化多样性的发展,还包括农村文化事业与文化产业的发展等。

第五,社区发展权的研究范式。范式多被用来描述或表征一种理论模型、一种框架、一种思维方式、一种理解现实的体系、科学共同体的共识。范式的功能主要在于理顺和总结现实,理解现象之间的因果关系,推断和预测未来的发展,从不重要的东西中区分出重要的东西,弄清我们应该选择哪条道路来实现我们的目标。[1] 我们认为应该主要从以下四个方面建构社区发展权理论。

---

[1] 塞缪尔·亨廷顿:《文明的冲突与世界秩序的重建》,周琪等译,新华出版社1999年版,第67页。

其一是以利益为视角,通过存量利益与增量利益,形成农民的发展利益。人是社会关系的总和,人的所有行为都与利益相关,在保证存量利益的基础上,不断发展农民的增量利益,从而保证农民的发展利益。社区发展权建构以农民发展利益为基点,在不断增加可供农民参与分配的利益总量的同时,改变传统的农民相对弱势地位,平等的分享社会发展的成果,农村社区的建设为农民发展利益的分享提供了现实载体,因此从利益角度研究社区发展权理论是非常重要的。其二是农民权益保护从平等生存权向平等发展权的转变。生存权是人权中的首要内容,是人所享有的为延续生命而从社会获得基本生活条件的有关权利。生存权是发展权实现的基础和条件,而发展权又是生存权的延续和发展,因此,二者在现实中应是统一的。随着社会发展,城市社会取得巨大成就、工业快速发展,而广大农村地区发展仍显滞后,传统自然农业并未彻底改变,农民与城市居民之间的生活水平差距逐步拉大,这种城乡差别已成为抑制和谐社会建构的重要影响因素。促进农民全面自由充分发展是现代社会发展的必然要求,因此促进农民权益保护从平等生存权向平等发展权转变是重要思路。其三是主客体的哲学关系变化。根据马克思主义哲学体系来分析,我们发现,单纯对客体或对主体的认识与把握都不是人类的终极追求,只有从主客体相互间关系中,对主客体进行认识和把握,达到主客体的最高状态的统一,才是人类终极追求的指向,这即表现为人类对真、善、美的永恒追求。马克思主义哲学以实践为基础来理解人与世界、主客体之间的关系,并认为"主体现实的本质力量对外部世界的有效掌握达到什么范围和程度,外部世界就能够在这个有效的范围内和程度上成为对主体有意义的现实客体,反之外部世界在何种范围和程度上成为对主体有意义的现实客体,就相应地表现和确证主体的本质力量对外部世界的有效掌握达到什么范围和程度。马克思主义在实践基础上的主客相互适应的世界,超越了西方旧哲学的'主客二分'的世界,它也不同于中国式的主客相融的人的天机盎然的原发世界,然而却没有窒息人的超越本性,而沦为机械唯物论。马克思主义哲学立足于实践,着力于实现人的全面发展,反对'人作为单纯的劳动人的抽象存在'。"人作为社会主体,应该自发地、主动地、有选择性地、创造性地改造客体,着力实现人的目的,在客体的充分利用中确证主体的力量,同时也使主体本身得到全面、自由的发展。其四是市民社区的三元结构。根据米格戴尔的"国家的社会嵌入与互动论"可以推断,个人、公民社会和国家的分界是通过互动内生的,相辅相成,相互转变,而不是一成不变的。① 这一分析方法与哈贝马斯认为"公共领域"即"公民社会"独立于国家的分析范式形成了明显的对照。"国家的社会嵌入与互动论"分析范式强调人们必须意识到,私人领域、公民社会、有限政府的形成是通过互动内生而成的。这意味着,私人领域、公民社会和政府三者之间往往存在着较量推拉关系。私人领域和公民社会的形成和维护能够促成有限政府,从而达致多赢格局。市民社会的社区是社会发展必然要求,而市民社区中从政治、经济与文化三元结构出发,其是一个完整的不可分割的体系。

三、基于农民权益保护的社区发展权理论的基点:发展利益

农民生产的农产品是从土地生产中提供给人类赖以生存必需的有机物生活资料,生产农产品的农业经济活动是人类最基本的经济活动,是人类一切活动的前提。以农民为主体参与力量的农业发展是社会分工的前提,是国民经济其他部门得以独立和进一步发展的基础。农民在农业生产中产生的农业剩余是经济社会文化发展的原动力。农业的发展、农业剩余的创造需要调动农民积极性,而这种积极性与农民利益紧密相联。所以说,农民利益是社会经济文化发展的前提和动因。没有农民利益的适度增长,就谈不上提高农民劳动生产率的积极性,就会导致农业生产的停滞和农业剩余的衰减,进而影响社会的安定,影响国家的稳定、繁荣和发展。我们可以说,农民权益是以经济利益为中心的,经济利益是农民权益最基础、本源性的内容。保护农民权益就是维护社会其他主体权益;重视农民,就是重视我们自己。

(一)农民发展利益的基本内涵

人的一切行为都与利益相关,但人们对利益的理解从不同角度也不尽相

---

① Migdal,Joel S. (1988):Strong Societies and Weak States:State-Society Relations and State Capabilities in the Third World. Princeton University Press.

同,有从主观角度,也有从客观的对象和社会关系出发,有相对和绝对、动态和静态之分。《牛津法律大辞典》将利益定义为"个人或个人的集团寻求得到满足和保护的权利请求、要求、愿望或需求"。人的需要是人之本性,这种需要导向对"需要满足"的目的性利益追求,在利益的追求与冲突中演绎着社会的变迁。一定利益的追求也就成了人们对于与获得满足相关的各种外部客观可能性条件需求的动力,因此,人的需要以及由需要所表现出的利益追求就成了权利的动向之源和动力之源。

从哲学的主客体二元对立出发,利益是独立于主体世界的内在,而利益的起源和内容又是由客观决定的,因为利益必然是从一定的物质生活条件中产生,同时利益的主观特性决定了利益必须以人的意识、经验和知识为媒介,因此利益产生于人同他的物质生活条件的相互作用,是客观和主观的统一体。随着社会发展,主客体辩证的对立统一关系逐渐在现实中显现,主体利益的实现需要以客体利益存在为条件,同时客体利益存在和发展又以主体利益诉求为基础。法律上权利和利益是两个紧密联系而又相互区别的概念,法律对利益的调整不是将人们的主观愿望、要求作为调整对象,法律也不可能对人的主观世界进行直接介入,利益是权利动力之源,利益冲突是权利产生的直接原因,它使人满足需要的行为与满足需要的社会客观可能性条件联系起来。同时,并非一切利益冲突都能导向权利,只有经过利益主体选择后由现行法律所承认和保护的利益才能成为权利。农民权益含政治权益和经济权益两个基本方面,经济权益在农民权益中处于基础性、决定性地位,政治权益又深深地影响着经济权益,成为经济权益实现的保障。农民权益是农民作为社会主体存在的条件,从某种意义上来说也是人类社会其他主体存在的前提条件。以农民为主要参与力量的农业发展是社会分工的前提,也是国民经济其他部门得以独立和进一步发展的基础,农业发展、农村进步都需要调动农民积极性,所以说,农民利益是社会经济文化发展的前提和动因。随着社会发展,供农民参与分配的利益总量将会逐渐增大,农民存量利益和增量利益的保护进入人们的视野。劳动与生产资料的有机结合创造价值,在利益的产生过程中,不仅需要促进以农民为主体的全面自由发展,而且需要以土地为核心客体的生产资料发展,其带动的是各利益主体关系的变化,利益分配格局乃至社会结构的改变。各级地方政府掌握着主要经济资源配置的权力,也在利益分配格局中处于强势地位,而农民由于天然的弱势身份,其利益分配中的相对弱势地位必须加以改变,抑制政府处于理性人的自身考虑,通过社会结构调整和利益重构,以社会整体利益为考虑,从利益的产生、分配、再分配等全过程各环节中,给农民以平等的参与权和分享权,从而实现社会的实质公平。

(二)基于农民权益保护的社区发展权理论下的农民发展利益

民主与权利是紧密相连的,也是实现社会公平的重要形式。西方诸多学者认为民主一个基本特点就是"法律平等"。我们必须明确民主是目前最好的社会治理形式,民主是一定社会追求的一种价值,也是一定社会价值体系的体现,相对于这种价值体系,民主是作为手段而不是目的存在。可见,民主追求的一个基本价值就是人的权利和自由。在发展利益的产生与分配过程中,发展民主对于农民权益具有重要作用,一方面从主体角度出发构建发展民主,对农民而言,发展民主主要包括经济发展民主与政治发展民主。另一方面从客体角度出发为发展民主提供物质条件和生成基础。同时,我们必须明确在动态发展过程中,增量民主与增量利益、存量民主与增量民主之间的差异和整合,以发展利益为逻辑起点,以发展民主为内容,进行农民权益保护理论的社区发展权理论构建。

在利益发展过程中,构建发展民主,使农民能平等地享受存量利益与增量利益,必须首先明确发展利益分为两个层次,其一是农村内部产生的发展利益,其二是外部对其的利益供给。基于农村的发展民主,应在现有农村自治等存量民主基础上,发展增量民主,从而实现发展利益的平等分享。增量民主在现实发展中具有重要意义,并具有丰富的内涵,有学者归纳为五个层面:其一,必须以足够的存量民主为基础;其二,应是原有存量民主的增加,以此形成新的突破;其三,这种突破是渐进缓慢的,而非突变型;其四,自觉增进放大公民利益;其五,以基层民主为突破口。① 发展民主是一个动态发展的过程,可以

---

① 俞可平:《民主与陀螺》,北京大学出版社 2006 年版,第 165 页。

在主客体发展两个层面出发,从价值、制度、机制运作三个方面考究,第一个层面围绕实现农民自由全面充分发展的角度,以社会结构变迁为基础,构建发展民主;第二个层面从实现农民发展权必需的以土地为主体的资源环境发展出发,围绕资源环境发展中的农民权益保障,构建发展民主;第三层面把权利作为其价值追求,以实现公民权利为目标,因此发展民主从主客体发展的现实载体出发为农民权益保护提供了全新时空载体,即农村社区。

四、基于农民权益保护的社区发展权理论的核心:农民的发展权利

权利是现代法治社会的基础,权利的平等实现是现代文明社会的重要条件。随着社会发展步伐的加快,社会向人提出的相应要求也越来越高,在解决了适者生存、不适者也生存的问题之后,发展权成为人权发展的必然要求,这也是社会发展的需要,促进农民权益从平等生存权向平等发展权转变的保护思路成为我国现代化建设的全新课题。

(一)发展权与农民的发展权利

发展权是指个体和集体基于持续而全面的发展需要而获取的发展机会均等和发展利益共享的权利。在人权系统中,发展权是一项崭新的权利,是生存权的延伸,是个人权利和集体权利的综合,是每个人及其集合体有资格自由地向国内和国际社会主张参与、促进和享受经济、社会、文化和政治各方面的全面发展的一项基本人权。首先,发展权是全体人类的权利,其主体具有普遍性。

农民发展权属于发展权的范畴,是一种特殊性的发展权。农民发展权是指在现阶段中国社会中,农民作为"弱势群体",自主地行使参与、促进发展的行为权和获取发展利益的收益权的统一,从而享受在不同时空限度内得以协调、均衡、持续地整体良性发展,维护农民作为人的尊严价值和享受到真正的国民待遇的一项基本人权。简言之,农民发展权是关于农民发展机会均等和发展利益共享的权利。农民发展权的核心内容则应是保障农民个人潜能的充分开发以及个性全面自由发展的权利。农民作为社会成员和国家公民,应当拥有分享政治、经济、社会、文化、生态资源和发展成果以及

分享村社集体经济成果的权利。农民发展权旨在争取使农民享有在社会中良性发展的权利,它既包括农民享有随经济、政治、社会、文化发展充分实现其基本自由的权利,也包括农民享有参与和促进经济、政治、社会、文化发展的权利。总而言之,农民发展权是农民发展机会均等和发展利益共享的权利。

(二)基于农民权益保护的社区发展权理论下的农民发展权利

发展权利是 21 世纪一项新型的权利,其实质也就是弱者权利,我国农民仍属于弱势群体,促进农民群体的自由全面充分的发展是我国现代化建设的重要内容。在全新发展时期,应以主客体的和谐发展,彼此互为整体和统一为目标,促进农民发展权的实现,然而要实现这种和谐发展需要相应的时空载体,这就是农村社区的发展。社区发展权正是基于这种利益调整与定位的目的建立起来的,建立的目标就是要实现各个阶层的和谐发展。

第一,发展权的主体向度。在不同社会历史发展时期,从人类社会主体出发,探寻人类主体超越自身向度和改变消极被动的历史状况,从而成为自觉创造历史的主人。基于发展权的综合权利特性,其包括国家、民族、个人享有的经济、政治、文化和社会各方面发展权利的总和,而经济、社会和文化权利具有集体权利的倾向,[1]故其主体向度具有双重性和多维度。首先,发展权主体具有个人与集体双重性。发展权是所有个人以及一定组织,包括国家、民族所享有的权利,《发展权宣言》在序言中指出"发展权利是一项不可剥夺的人权,发展机会均等是国家和组成国家的个人的一项特有权利。"发展权在原则和结论上是一项个人权利,其实现方式是一项集体权利。其次,发展权主体向度具有多维度。发展权主体的个人和集体的双重性,决定了主体向度的多维度,发展权主体包括一切国家、民族和所有个人,因此发展权具有实现的立体性和统一性。同时,发展权体系包括经济发展权、政治发展权、社会发展权和文化发展权,是一个完整的不可分割的体系,这也决定了发展权实现的多维度。

---

① Henkin,The Age of Rights,New York,Columbia University Press,1990,p.33.

第二,农民发展权的客体向度。马克思认为,人的全面发展的实现首先植根于主体对使用价值之需求的充分满足和主体作为全面的生产力对社会资源的无限开发,这一过程也是物质财富无限丰裕的社会对个人全面发展的外在印证。在现实发展过程中,物质世界的客体资源不可能无序、无限开发,这也无法保证主体发展权的真正实现,因此从客体向度探讨发展权显得必要,但我们应明确人类主体并不是异在地表现为客体发展的人格化。人类社会的可持续发展需要以客体资源的可持续利用为条件,而现实发展中,主客体发展的矛盾冲突已经显现。因此,从土地、资源与环境等方面探讨权利配置实现土地等资源的可持续利用已受到越来越多关注,土地发展权是其重要内容。土地发展权作为一种土地财产权利,是一种可与土地所有权分割而进行单独处分的财产权利,原指土地变更使用性质,例如农地变为城市建设用地,或对土地原有的分散使用状态的改善,提高集约化程度。但随着社会发展,土地发展权被赋予了更丰富的内涵,也促进了土地权利规定从静态向动态发展的理念转变,关于土地发展权的权属配置尚在争论之中,我们认为其应以土地所有者归属为宜。这是从一个全新的视角促进土地资源的可持续利用,最终实现农民权益的保护。

五、基于农民权益保护的社区发展权理论的目标:农民权益的保护

农民权益是农民作为社会主体存在的必备条件,从某种意义上来说也是人类社会其他主体赖以生存的前提条件。因为人类的生存需要是经济利益的自然基础,人类必须通过经济活动实现各种各样的需要。农产品是人类从土地生产中提供给人类赖以生存必需的有机物的生活资料,农业经济活动应该是人类最基本的经济活动,是人类生存和进行一切活动的前提。

(一)基于农民权益保护的社区发展权理论的基本理念

农业、农村、农民问题是在 20 世纪 90 年代才被归纳在一起的,我们称之为"三农"问题。改革开放以来,农业有了很大发展,农村有了很大变化,农民社会地位也有了很大提高。但我们应该看到,在我国社会不断现代化的同时,农民更加边缘化,在社会地位、经济收入、利益保护、社会竞争力、就业和社

会保障等方面,农民处于困难和不利的弱势地位。"三农"问题的关键是农民问题,农民问题的实质是人权问题、发展权问题,而农民问题的核心是农民利益问题。法律上权利与利益是两个紧密联系而又相区别的概念,将其结合在一起,就简称权益。农民权益含政治权益和经济权益两个基本方面,经济权益在农民权益中处于基础性、决定性地位,政治权益又深深地影响着经济权益,成为经济权益实现的保障。在文明社会中,两者实现的共同前提条件就是平等权和发展权的真正实现。以农民为主体参与力量的农业发展是社会分工的前提,是国民经济其他部门得以独立和进一步发展的基础。农民在农业生产中产生的农业剩余是经济社会文化发展的原动力。农业的发展、农业剩余的创造需要调动农民积极性,而这种积极性与农民利益紧密相联。作为一般公民的农民应当享有法律所确认或赋予的一切权益,同时作为相对弱势群体,在法律制度上理应为农民架构一个更为公平的生存和发展平台。当前我国农民权益保护制度中的体系架构及其运行机制很大程度已经不符合经济社会的发展要求,凸显的问题也日益增多。社区发展权的创设改变了传统主体权利与客体权利实现的静态、平面思维,形成了一种动态、立体的权利构建,其主要是以社区发展的形式促进人的全面自由发展的集体实现,深层次体现了对农民权益(平等生存权、平等发展权)保护的核心诉求。

社区发展权主要包括和谐发展、实质公平、程序正义及和谐利益四大理念,该四大理念都体现出农民权益保护的目标指向,体现出农民权益保护的必然性。因此,对农民利益进行保护是社区发展权理论的基础目标。农民权益是农民作为社会主体存在的条件,从某种意义上来说也是人类社会其他主体存在的前提条件。以农民为主要参与力量的农业发展是社会分工的前提,也是国民经济其他部门得以独立和进一步发展的基础,农业发展、农村进步都需要调动农民积极性,农民利益是社会经济文化发展的前提和动因。农村的稳定与发展是社会稳定与发展的基础。发展权是一项不可剥夺的人权,实质是社会弱势群体的权利,是经济、社会、文化权利与公民权利和政治权利的综合,追求人的全面充分自由发展。农民发展权是农民权益在增量民主构建中的现实体现,也是社会发展的必然要求,发展权的主体包括个人与集体,集体主体内容丰富,既包括弱势群体也包括强势群体,发展权实质上强调的是弱势群体的发展,实质是被边缘化、被掩盖、被遮蔽的弱势群体的权利。作为弱势群体的农民,发展权的缺失在我国是很普遍的现象,农民发展权的缺失导致了农民进一步贫困,发展权剥夺的影响比收入低下的影响更重要,发展权贫困限制了中国农民的发展机会和空间,发展权对贫困主体具有内在的价值功能。此外,在利益分配格局中,由于农民天然的弱势身份,导致其利益分配中的弱势地位,要促进各社会主体的利益和谐,实现社会的实质公平及和谐发展,就必须改变农民发展权缺失的状况,就必须以保护农民权益为目标,通过社会结构调整和利益重构,以社会整体利益为考虑,从利益的产生、分配、再分配等全过程各环节中,给农民以平等的参与权和分享权,最终实现发展权的价值及理念。

(二)基于农民权益保护的社区发展权理论的农民权益保护的新实践

权利是主体和客体共同结合的产物,不是单纯的主体存在,也不是单纯的客体存在,权利的存在与相应外部环境紧密相连,包括文化、经济、环境等。发展权具有主体双重性,但应明确集体发展权,最终也是为了个体发展权的实现,同时主体发展权某种程度上也依赖于客体物质资源的发展。因此,基于农民权益保护的社区发展权理论,以主客体互动的双重角度,以社区建构为现实载体,通过基于社区个体的共同发展实现全社会的发展,体现人的价值,真正实现社会的可持续发展。社会主义新农村建设与全面实施乡村振兴是我国的未来发展方略之一,既从理念上契合了社区发展权理论,同时又是社区发展权理论的全新实践。

整个社会由三大部门组成,第一部门是政府组织,第二部门是盈利性的经济组织,第三部门则是非盈利性的社会组织,社区属于社会第三部门组织,在社区发展权理论下,农民权益保护必须明确对介于国家与个人之间的社会权力进行配置。法国思想家托克维尔认为:"政治的、工业的和商业的社团,甚至科学和文艺的社团,都像是一个不能随意限制或暗中加以迫害的既有知识又有力量的公民,它们在维护自己的权益而反对政府的无礼要求的时候,也保护了公民全体的自由。"①从社会治理与公民社会之间的相互依存关系出发，以农村社区构建促进农民权益的保护。农村社区具有区别于城市社区的自身特点，主要是指以从事农业生产为主要谋生手段的人口为主，人口密度和人口规模相对较小的社区，其具有人口密度低，同质性强，流动性强，风俗习惯和生活方式受传统势力影响较大，社区成员血缘关系浓厚等特点。② 我们认为应着力发展社区经济，壮大农村集体经济实力，优化社区治理结构，增强基层民主，以发展促规范，以发展促保障，具体从政治、经济和文化三个方面实践社区发展权理论，从而促进农民权益的共同实现。

第一，建设农村社区企业，促进农村集体经济发展。在新农村建设与全面实施乡村振兴背景下，生产发展是新农村的强大物质基础，农村集体经济是农村发展的重要部分，其中农村社区企业是重要力量。我国农村经历了几次大的变革，组织形式从分田分地到合作化，再到家庭联产承包，基本上遵循着调动劳动者积极性，激发劳动热情的原则，但必须明确不同的产业形式，有不同的组织形式，产生的效益也不尽相同。农村社区自治可以通过村民委员会、基层组织等正式组织实现，也可以通过合法的非正式组织来实现，如以技术、劳务、资本等方面的自愿合作为基础的经济利益组织或其他以自律、避险和公益为目的的民众组织，同时也可能是二者的有效融合，正式组织以非正式组织为条件发展。纵观农村社会发展历史，农业产业化是发展必然，而单靠目前松散的农户个体是无法实现农村经济跨越式发展，因此加快建立农村社区企业，壮大农村集体经济是非常重要的。农村社区企业主要从以下两方面，其一，整合内外部资源，充分抓住新农村建设与全面实施乡村振兴的契机，利用中央新农村建设的"多予、少取、放活"的方针，以争取更好的发展环境。如充分利用公共产品的形式，加强对农村基础设施的建设，为农业发展服务。其二，灵活发挥地方优势，发展农村特色经济。农村社区建设应依据农村的内外部环境，充分发挥地理资源优势，调动广大农民的积极性，以农业产业化为基础，加强对

①　托克维尔：《论美国的民主》，董果良译，商务印书馆1988年版，第17页。
②　娄成武、孙萍：《社区管理》，高等教育出版社2003年版，第207页。

农业衍生品的加工,积极进入第二、三产业,从而建立以农村社区企业为主体、多种经济组织形式并存的农村经济发展模式。农村社区的发展可以考虑充分与土地发展权融合,我国农村土地实行集体所有制,如果我国土地发展权实行土地所有者权属安排,则农村社区可以以农村集体拥有土地发展权为条件和基础出发,采取如土地入股等多种合作形式,以农村特有的资源环境,促进农村技术、资金发展,从而促进农村社区经济发展。

第二,优化农村社区治理,促进农民平等参与,防止权力异化。农村社区是农村自治的重要形式,其民主治理需要良好的内外部环境,而目前农村自治受行政权力干预较大,"越位"与"错位"现象严重。第一,应进行农村社区权力合理配置,在坚持基层党组织的领导下,农村社区治理从行政权力的单向制约向多元权力互动转变,从政府型主导逐渐向社会型主导转变,形成社区组织凭借社区公共权力对社区公共事务和公益事业进行组织与管理的活动,实现社区完全自治,完善农村社区的直接选举制度,从而达到"自我教育,自我管理,自我服务"的目的,主要可以包括以下基本自主权力:财务自主权、日常事务决策权、干部人事任免权、民主监督权、不合理摊派拒绝权、管理自主权。农村社区治理的优化,不仅强化了农村基层民主建设,而且从制度上提高和拓展了农民参与公共事务的能力和途径,从而最终保护了农民的政治权益和经济权益,促进农民发展权的实现。第二,农村社区建设是社会主义新农村建设与全面实施乡村振兴的重要部分,但对于处在经济转轨与社会结构转型交织的历史时期,既要大力发展农村社区,又要强化对农村社区的调控,以避免权力被异化,而侵害农民权益,以及社会公共利益。目前,广大农民素质相对低下等诸多现实性问题有了很大程度的改变,但农村社区中农村个别精英主义歪曲民主、重视短期效益,而无视长期效益,不利于社会的可持续发展的现象时有发生。因此,农村社区建设应明确以经济效益、社会效益、生态效益统筹协调发展为目标,促进人与社会、人与自然的和谐发展。我们认为,首先应坚持党的领导,发挥基层组织的作用。其次,制定科学合理的农村社区民主治理制度,强化运行程序。再次,建立民主监督机制,强化农村社区治理透明化。最后,提升农民的综合素质,强化农民的权利意识。第三,土地是农村集体经济组织和农村村民最主要的生产和生活资料,是他们从事农业生产经营活动的物质基础,也是他们基本生活资料的重要来源。在农村发展中,农地一旦被国家征收,农村集体经济组织和农民便丧失了土地所有权,同时也丧失了基本生活来源和从事农业生产建设活动的现实基础,农村社区的民主参与对于农民平等参与农地发展利益分配也是至关重要的,因此,应建立以发展权为中心的农民土地合作形式,真正贯彻民有、民管、民享原则。

第三,活跃农村社区文化,促进农村文化繁荣与发展。农村文化是在一定社会经济条件下,以农民创新为基础逐渐形成的文化,具有明显的封闭性、边缘性和落后性。我国广大农村积淀了深厚的传统文化,古典中国是一个典型的传统农业社会,社会形态代代相传,历久不变,这种"闭固性的风格"在社会高速发展中产生了传统与现代文化的矛盾冲突。在这种情况下,农村社区的建设能很好促进农村文化的发展。其一,农村传统文化的传承。广大农村地区积淀了我国优秀的传统文化,但由于社会经济的发展,许多传统优秀文化都面临断层与遗失,而一些落后的乡俗民风却逐渐兴起,这极大影响到农村文化的发展。农村社区建设为农村传统文化传承提供了现实载体,为农村文化事业提供各种服务体系,以社区组织的形式举办各种文化活动,活跃农民文化生活,满足农民的文化生活需求。其二,农村文化教育的优化。提高农民文化素质,促进农民文化发展权的实现,促进农村文化教育结构完善,从初级教育到职业教育、再到道德素质教育等,形成完整的农村文化教育体系。农村社区能很好的促进农村文化教育体系的完善,可以通过农村社区,以公共产品的形式为农村地区提供教育设施,并能很好的反映农民群体的意见。同时,农村社区可以很好的组织农民接受职业培训,为其提供服务和组织载体。其三,农村文化与现代文化的融合。农村文化与现代文化的冲突是目前农村文化发展的重要影响因素,促进农村文化与现代文化的融合主要包括两个层面,一方面的现代文化对农村传统生活的影响,一方面是农村优秀传统文化对外的发展。农村社区能为文化融合提供很好的载体,如农村社区组织文化下乡与乡戏进城活动等。

第六节　农村社区发展推动农民权益
保护绩效评价体系的构建[①]

　　新农村社区建设应以农民为根本,为农民的全面发展提供有利的条件、机制和环境,继而促进社会的和谐。由此可见,农民权益保护与新农村社区发展是存在天然联结的两个概念,如何促进二者的和谐发展,为农民权益保护以及新农村社区发展创造更多活力、提供更多发展空间,是当前理论研究与实践探索的重要价值取向。目前学者们主要从以下方面对两者进行研究:一是从法理方面阐述两者的契合度,并探寻农民权益保护的法律制度,如基于社区发展权理论对农村社区治理中着重于维护农村社区农民权益保护的对策研究。二是选取农村社区建设中的某方面,挖掘其中农民权益保护的状态,并提出对策建议。[②] 三是单独研究农村社区建设问题或农民权益保护问题,或规范理论演绎或实证调查。[③] 四是有关农村社区治理绩效的评价指标体系的构建,这方面的研究多为引用国外,少数在实践构建中往往只注重评价绩效的结果,[④]而忽视绩效行为的评价。本节在已有研究的基础上,以农民权益保护与新农村社区发展相互关系理论为构建的理论支撑,着重将农民权益保护视为新农村社区发展绩效评价的基点,不仅注重绩效结果评价,更注重绩效行为评价,并从政治、经济、文化、社会、生态五个层面构建新农村社区发展推动农民权益保护的指标体系,在此过程中,将农村社区发展与农民权益保护视为两个子系

---

① 参见李玲玲、李长健:《农村社区发展推动农民权益保护绩效评价体系研究——基于PSR 模型的分析》,《华中农业大学学报(社会科学版)》2013 年第 3 期。

② 柴振国、潘静:《土地承包经营权出资中农民权益保护研究》,《河北法学》2009 年第9 期。

③ 张君:《关于新型农村社区建设效果的调查分析——以新乡市祥和新村为例》,《四川行政学院学报》2011 年第 8 期。

④ 李小伟:《由政府主导到政府引导:农村社区建设的路径选择》,《社会科学家》2010 年第9 期。

统,进行复合系统的 PSR(压力—状态—响应)分析,具有一定的新颖性。"绩效的结果会因测量维度的不同而有所不同"。① 在本研究中认定绩效的含义包含行为和结果两方面。那么,绩效评价就是运用相应的评价指标体系对实现绩效目标的行为和结果进行综合评价。农村社区发展推动农民权益保护的绩效评价就是运用统计、计量等方法,根据特定、恰当的评价指标,按照规范的评估程序,对一定地域、时空范围内农村社区建设推动农民权益保护行为及其影响过程和效果进行综合量化的评价。

一、农村社区发展推动农民权益保护复合系统特征分析

农村社区发展推动农民权益保护可以体现为在整个复合系统中农村社区子系统对农民权益保护子系统的积极影响,即促进作用,但我们也应该看到农村社区发展对农民权益保护带来的一些挑战因素,甚至是一些负面影响。从农村社区发展与农民权益保护复合系统结构图来看,农村社区发展子系统与农民权益保护子系统具有相互作用的关系,每个系统内部又可划分为政治、经济、文化、社会、生态环境子系统,它们之间也具有相互促进和制约的关系。可以看到,农村社区发展推动农民权益保护所属的复合系统不仅具有一般系统的特征,其系统内部结构以及子系统之间相互作用机制也比一般系统要复杂很多,农村社区发展推动农民权益保护不仅需要各个子系统内部协调发展,更依赖各个子系统之间的高度协调。

农村社区发展和农民权益保护之间存在各个维度的能量流、物质流、信息流,如果不加以干预,系统自发作用后的结果可能会使农村社区发展脱离保护农民权益的初衷,出现新农村社区建设与发展的各个维度方面无法使农民满意,无法保障农民的根本利益,从而降低整个复合系统的综合能力。在这个复合系统中,政府和有关部门决策者可以从政治、经济、文化、社会、生态五个方面入手,在一定程度上改变农村社区发展系统与农民权益保护系统之间相互作用力的大小及方向,从而使农村社区发展成为促进农民权益保护的空间载体。

---

① 蔡永红、林崇德:《绩效的评估研究的现状和反思》,《北京师范大学学报》2001 年第 3 期。

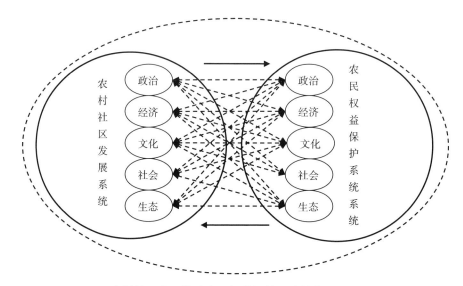

农村社区发展推动农民权益保护系统基本结构图

农村社区发展推动农民权益保护复合系统包括若干子系统,各个子系统之间,子系统内部,各个子系统与外部环境之间都存在相互影响相互作用的关系。同时,这些联系也错综复杂,有单向联系、双向联系、交叉联系同时并存的特点,并且这些联系并非简单的线性,而可能是多元、离散和不可逆的。所以,农村社区发展推动农民权益保护的系统具有复杂性的特征。

农村社区发展推动农民权益保护绝不是一个静态的过程,而是一个充满变数、异常艰辛的动态拟合过程。在这个复杂系统中,且不说外部环境因素的变化,绝大多数元素,诸如资金、技术、土地资源、农民的劳动技能、心态特征、文化价值观念等等都是变化的,我们必须把握这种变化,并作出反应,所以,也需要适时恰当调整农村社区发展推动农民权益保护的绩效指标和参数。

农村社区发展子系统与农民权益保护子系统之间的关系在不同的地域所表现出的矛盾结构也不相同。这是因为中国不同地域农村发展水平差异较大,有些农村地区,有自己的农业支撑产业,农村经济发展水平较高,农民观念开放,农民对新农村社区建设的积极性较高,参与度也较强,农村社区职能结构合理,农村社区建设在很多方面有着较高的农民满意度,从而能较好的促进农民权益的保护;相反,有些农村地区,经济发展落后,农民观念守旧,农民对新农村社区建设缺乏积极性,参与度不高,农村社区职能结构不合理,甚至缺失,无法提高当地农民的满意度,也无法促进农民权益的保护。

二、农村社区发展推动农民权益保护的 PSR 分析

PSR 模型是经济合作与发展组织给出的复合系统评价模型,是一种反映可持续发展机理的概念框架",①即"压力—状态—响应"模型(PSR,Pressure-State-Response),该模型能够清晰反映子系统之间的相互作用关系,并表征系统运行的内在动力因素及机制。在环境、能源、社会、经济、农业等领域的绩效评价及决策过程中得到广泛应用。农村社区发展推动农民权益保护的作用关系可以用 PSR 模型来解释,具体来讲,农村社区建设的政治、经济、文化、社会、生态的活动行为,诸如"有新房无新村,有新村无新貌现象"、环境的破坏、重复劳民伤财的建设、紧迫基础设施建设不全面、缺乏长效投入增长机制、不尊重农民意愿的强制建设资金的吸纳、低效能职能机构的配备等活动都对农民权益保护系统形成一定的负面压力。新农村社区建设中技能培训、经济扶持、文化的丰富等活动又会对农民权益保护系统形成一定的正面压力,即对农民权益保护的推动作用,与此同时,在这种正负压力下,农民权益保护将以一定的状态表现出来,其结果将传导给政府、社会等行为主体,使其作出一定的反应,从而减轻农村社区建设对农民权益保护的负面压力,更好地促进农民权益的保护。

在 PSR 模型中,压力和响应评价系统是对绩效行为的反映,而状态评价系统则是对绩效结果的反映。根据农村社区发展子系统和农民权益保护子系统的系统结构特征,我们构建农村社区发展推动农民权益保护的 PSR 模型。农民权益保护系统的发展需要与外界进行物质和能量交换,将受到农村社区建设活动行为的压力,即为 Pressure,这种外部压力表现为 5 个方面:农村社区发展对农民政治权益保护的影响,农村社区发展对农民经济权益保护的影响,农村社区发展对农民文化权益保护的影响,农村社区发展对农民社会权益保护的影响,农村社区发展对农民生态权益保护的影响。在受到各种压力后,农

---

① 殷克东等:《基于 PSR 模型的可持续发展研究》,《软科学》2002 年第 5 期。

民权益保护系统将会在政治、经济、文化、社会、生态方面表现出一定的结构特征和功能状态,我们可以构建农民政治权益保护子系统、农民经济权益保护子系统、农民文化权益保护子系统、农民社会权益保护子系统、农民生态权益保护子系统的指标体系来反映这种状态,即为 State,针对农民权益保护系统状态,政府等行为主体将做出一定的反应,即为 Response,以采取各种措施促进农民权益保护各个子系统的改善和发展,从而使农村社区发展推动农民权益保护复合系统保持良好的结构功能状态,实现我国农村社区发展与农民权益保护的协调、可持续发展。

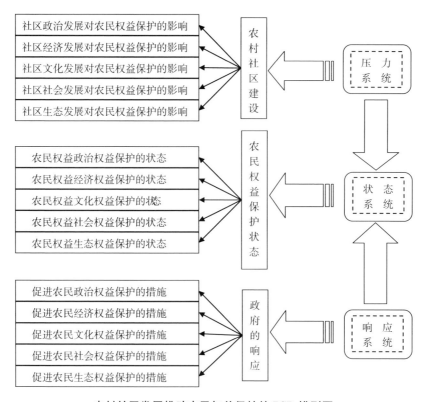

农村社区发展推动农民权益保护的 PSR 模型图

三、农村社区发展推动农民权益保护绩效评价指标体系总体构建

农村社区发展推动农民权益保护是农村社区发展与农民权益保护在政

治、经济、文化、社会、生态等各个方面相互影响、相互制约的过程,是一个错综复杂的系统,如果仅仅只是运用少量的一个表面考察指标来度量,是无法准确反映这一复合系统的本质特征。必须有一套恰当且细致清晰科学适用的指标体系加以正确描述。本书根据农村社区发展推动农民权益保护复合系统特征及其 PSR 总模型的基本原理,考虑评价指标体系构建的基本原则,结合现有关于绩效评价资料状况,构建了农村社区发展推动农民权益保护的综合绩效指标体系。该指标体系共有五个层次,即总目标层、具体目标层、系统层、要素层、指标层。其中总目标层是评价农村社区发展对农民权益保护的总体影响:具体目标层包括农村社区发展对农民权益保护政治层面的影响、经济层面的影响、文化层面的影响、社会层面的影响、生态层面的影响;系统层分为压力子系统、状态子系统、响应子系统,压力子系统和响应子系统反映农村社区发展的绩效行为,状态子系统反映农村社区发展的绩效结果。要素层是对系统层的具体化,每个系统层可以分解为若干个要素,指标层是指标体系的最基本层次,反映要素的特征,是可以直接用于度量的评价因子。

四、农村社区发展推动农民权益保护的绩效评价指标体系说明

农村社区发展推动农民权益保护的绩效指标可以分解为农村社区发展推动农民权益保护的政治绩效评价指标体系,经济绩效评价指标体系、文化绩效评价指标体系、社会绩效评价指标体系和生态绩效评价指标体系。

(一)农村社区发展推动农民权益保护的政治绩效评价指标体系

1.政治压力子系统。它体现为农村社区建设对农民政治权益保护的推动作用,农村社区在政治方面的推动作用一般通过农村民主法治建设、基层民主机构配备、村民利益表达机制、村务公开、村务监督、村务议事制度等方面来反映。我们选择了对农村社区建设相关政策宣传会议的次数、农村社区普法活动的开展次数、社区法律救援机构的规模、社区矛盾纠纷处理组织规模、对农村社区建设政府投入总额的使用率、基层民主自治组织的个数、基层民主机构的规模、社区建设规划制定的投入、基层民主组织例会次数、基层组织干部的出勤率、基层组织干部培训次数、村务公开次数等指标来反映农村社区对农民

政治权益保护的推动作用。

农村社区发展推动农民权益保护的政治绩效评价指标体系

总目标层	具体目标层	系统层	要素层	指标层
农村社区建设对农民权益保护的总体影响	农村社区建设对农民政治权益保护的影响(侧重于农村村民社区民主法制的实现程度)	1.政治压力子系统	1.农村社区建设对农民政治权益保护的推动作用	社区建设规划制定的投入(万元) 民主议事制度的普及率(%) 对农村社区建设相关政策宣传会议的次数(次) 农村社区普法宣传活动的开展次数(次) 社区法律救援机构的规模(人数) 社区矛盾纠纷处理组织的规模(人数) 村民自治组织的个数(个) 基层民主组织日常规范的制度化率(%) 社区公益事务"一事一议"制度的普及率(%) 基层组织的规模(人数) 基层组织例会次数(次/周) 基层组织干部的出勤率(%) 基层组织干部参与培训的次数(次) 村务公开次数(次)
		2.政治状态子系统	2.农民政治权益保护的状态	农民对新农村社区建设政策的知晓率(%) 农民意见建议表达渠道个数(个) 农民对其利益维护的申述率、上访率(%) 农民当选人大代表率(%) 矛盾纠纷的解决率(%)
		3.政治响应子系统	3.促进农民政治权益保护的政策措	农村社区建设专项资金投入额(万元) 基层民主组织建设的投入(万元) 基层民主组织建设的法治化率(%) 社区建设资金来源的配给比例设定(%) 成立农村社区建设专项领导组织的普及率(%) 农村社区建设专项资金占市财政的支出比例(%)

2.政治状态子系统。它反映了农村社区发展推动农民政治权益保护的状态结果。农民政治权益状态一般包括对基层民主组织的选举、参与、监督等权利,我们选取了农民对其利益维护的申述率、上访率来反映农民自身利益维护的程度,用农民对新农村社区建设政策的知晓率、农民意见建议表达渠道数、农民当选人大代表率、农村社区矛盾纠纷解决率来反映农民在新农村社区建设中,其政治权益保护方面所呈现的状态。

3.政治响应子系统。对于财政对农村社区民主法治建设方面的支持力度及相对适应性,主要选取财政及法律工具作为调控农村民主法治建设的手段,用基层民主组织建设的投入、基层民主建设的法治化率来反映政府在投入和立法方面所作出的响应,用农村社区专项资金投入、农村社区建设资金来源的配给率、成立农村社区建设专项领导组织的普及率来反映政府从资金的来源及管理组织方面的响应,用农村社区建设专项资金占财政支出的比例来反映政府在农村社区建设方面的投入力度。

(二)农村社区发展推动农民权益保护的经济绩效评价指标体系

农村社区发展推动农民权益保护的经济绩效评价指标体系

总目标层	具体目标层	系统层	要素层	指标层
农村社区建设对农民权益保护的总体影响	农村社区建设对农民经济权益保护的影响(侧重于农村社区经济发展实现程度)	1.经济压力子系统	1.农村社区建设对农民经济权益保护的推动作用	农业生产基础设施投入资金(万元) 农民外出就业指导、服务、培训次数(次/年) 农业技术推广活动次数(次/年) 各种农业补贴政策宣传活动次数(次) 社区农民合作经济组织的个数(个) 社区农民合作经济组织的规模(人数) 社区农民接受转岗专业培训的人数(人) 农作物主导品种和主推技术的入户率(%) 社区耕地总面积数(亩) 农村社区粮食播种面积(亩) 农村社区粮食平均亩产(公斤) 乡镇企业个数(个) 农产品加工转化率(%) 农作物的良种率(%) 农民耕种综合机械化水平(%) 农村社区提供农业生产的小额贷款机构数(个)
		2.经济状态子系统	2.农民经济权益保护的状态	农村社区人均GDP(元从) 社区农民年人均纯收入(元/年) 社区农业成本的增长率(%) 农村社区人均拥有耕地(亩) 城乡人均收入比(以农村社区为1)(%) 社区劳动力转移就业人数(人) 农民获得小额贷款的金额(万元) 接受政府农业补贴的农民人数(人)
		3.经济响应子系统	3.促进社区经济发展的政策措施	农村社区农业生产补贴总额(万元) 科技进步对农村社区农业增长的贡献率(%) 社区粮食综合生产能力(吨) 农业生产基础设施建设支出占市财政支出比例(%)

1.经济压力子系统。它体现的是农村社区经济建设对农民经济权益保护的推动作用。一般通过农业生产基础设施建设、农业科技推广、农业补贴政策、农民粮食生产、农产品附加值率、农业机械化、农村金融等方面进行反映，我们选取了农业生产基础设施投入资金、农民外出就业指导、服务、培训次数、农业技术推广活动次数、各种农业补贴政策宣传活动次数、社区农民合作经济组织的个数、社区农民合作经济组织的规模、社区农民接受转岗专业培训的人数、农作物主导品种和主推技术的入户率、社区耕地总面积数、农村社区粮食播种面积、农村社区粮食平均亩产、乡镇企业个数、农产品加工转化率、农作物的良种率、农民耕种收综合机械化水平、农村社区提供农业生产的小额贷款机构数等指标来综合反映农村社区建设对农民经济权益保护的推动能力。

2.经济状态子系统。它反映了在农村社区经济建设的压力下，农民经济权益保护所呈现的状态。主要表现为农民收入的增长、农业产业化、城乡收入比、收入增长的抵销因素、农业生产的资金缺口的解决等，选取了农村社区人均 GDP、社区农民年人均纯收入、社区农业生产物资成本增长率、农村社区人均拥有耕地、农村社区粮食平均亩产、城乡人均收入比（以农村社区为为例）、社区劳动力转移就业人数、农民获得小额贷款的金额等指标来反映农村社区建设对农民经济权益保护的绩效结果。

3.经济响应子系统。一般来说，政府调控经济的手段包括财政、税收、金融等，本文选取科技进步对农村社区农业增长的贡献率来反映政府在农业科技投入方面的水平，用社区粮食综合生产能力、农村社区基础设施建设占市财政支出比例、农村社区农业补贴总额反映政府在农村社区建设方面的投入力度。

（三）农村社区发展推动农民权益保护的文化绩效评价指标体系

农村社区发展推动农民权益保护的文化绩效评价指标体系

总目标层	具体目标层	系统层	要素层	指标层
农村社区建设对农民权益保护的总体影响	农村社区建设对农民社会权益保护的影响（侧重于社区农民人口素质的实现程度）	1.文化压力子系统	1.农村社区建设对农民文化权益保护的推动作用	开展农业科技推广培训次数（次） 开展农业实用人才培训的次数（次） 开展农民转岗转业培训的次数（次） 科技书屋普及率（%） "三下乡"活动的开展次数（次/年） 农村义务教育"两免一补"政策的普及率（%）
		2.文化状态子系统	2.农民文化权益保护的状态	农民接受科技培训的人数（个） 农民接受实用人才培训的人数（个） 农民接受转岗转业培训的人数（个） 农民每周去科技书屋的次数（次/周） 村民对"三下乡"文娱活动的参与率（%）
		3.文化响应子系统	3.促进农民文化权益保护的政策措施	促进"三下乡"活动经费投入（万元） 安排用于义务教育的资金（万元） 农业技术推广体系建设的专项资金投入（万元） 农村社区文化基础设施建设支出占市财政支出的比例（%）

1. 文化压力子系统。该子系统主要表现为农村社区建设对农民文化权益保护的推动作用。可以通过开展各类培训的数量，从而以及农村义务教育方面的完成率等方面来反映。选取了农村社区开展农业科技推广培训次数、农村社区开展农业实用人才培训的次数、农村社区开展转岗转业培训的次数、农村社区科技书屋普及率、"三下乡"活动的开展次数、农村义务教育"两免一补"政策的普及率等指标来反映农村社区建设推动农民文化权益保护的能力。

2. 文化状态子系统。它直接反映了在文化压力系统的作用下，农民文化权益保护的绩效结果。选取农民接受科技培训的人数、农民接受实用人才培训的人数、农民接受转岗转业培训的人数、农民每周去科技书屋的次数、村民对"三下乡"文娱活动的参与率等指标来进行综合反映。

3. 文化响应子系统。选取"三下乡"活动经费投入、安排用于义务教育的

中国新农村社区发展的法理与实践

资金、农业技术推广体系建设的专项资金投入、农村社区文化基础设施建设支出占市财政支出的比例等指标来反映政府在农村社区文化投入及"文化"下乡效果方面来反映政府在新农村社区建设中推动农民文化权益保护的力度和水平。

（四）农村社区发展推动农民权益保护的社会绩效评价指标体系

1. 社会压力子系统。它直接体现了农村社区建设在推动农村公共事业方面的推动作用,一般可通过新型农村合作医疗制度的普及率、农村社区卫生院医疗设备投入额、农村社区卫生院医务人员配备、农村社区卫生院可接待的最大病人数、农村公路建设里程、农村电网改造率等指标来反映农村社区建设在推动农村公共事业方面的能力。

农村社区发展推动农民权益保护的文化绩效评价指标体系

总目标层	具体目标层	系统层	要素层	指标层
农村社区建设对农民权益保护的总体影响（体现为农村社区全面小康实现程度）	农村社区建设对农民社会权益保护的影响（侧重于农村村民生活质量的实现程度）	1.社会压力子系统	1.农村社区建设对农民社会权益保护的推动作用	新型农村合作医疗制度的普及率(%) 农村社区卫生院医疗设备投入额(万元) 农村社区卫生院医务人员配备(人数) 农村社区卫生院可接待病人的最大人数(人数) 农村公路建设里程(千米) 农村电网改造率(%)
		2.社会状态子系统	2.农民社会权益保护的状态	社区农民恩格尔系数(%) 社区贫困农民救济数(人) 城乡每百人病床数比(%) 农村电视覆盖率(%) 农村电话普及数(千户) 农村人均住房面积(平方米) 农村社会养老保险覆盖率(%) 接受最低生活保障的农民人数(人) 农民接受转移支付的人数(人)
		3.社会响应子系统	3.社会响应子系统	农村卫生支出占市财政支出比例(%) 农村社保补助支出占市财政的支出比例(%) 农村社会保障支出占市财政支出的比例(%) 对农民转移支付支出占市财政支出比例(%)

2.社会状态子系统。由于本书设定的农民权益保护的社会绩效指标体系侧重于用来反映农民生活质量提高的程度,所以选取社区农民恩格尔系数、社区贫困农民救济数、城乡每百人病床数比、农村电视覆盖率、农村电话普及数、农村人均住房面积、农村社会养老保险覆盖率、接受最低生活保障的农民人数、农民接受转移支付的人数这些反映农民生活质量状态的指标来阐述本系统。

3.社会响应子系统。选取直接影响农民生活质量程度的医疗卫生、社会保障文娱基础等方面,包括农村卫生支出占市财政支出比例、农村社保补助支出占市财政的支出比例、农村社会保障支出占市财政支出的比例、对农民转移支付支出占市财政支出比例等指标反映政府对农村社区建设中农民生活质量提高方面的关注和投入力度。

(五)农村社区发展推动农民权益保护的生态绩效评价指标体系

1.生态压力子系统。农村社区建设中,对农民生态方面的压力一般包括两方面,一是对农村社区环境的保护和改进方面,我们选取社区绿化覆盖率、社区固体废弃物综合利用率、社区农业企业废水排放达标率等指标来反映,二是所带来的对农村环境的污染和破坏,我们用社区农业企业二氧化硫排放量、单位耕地面积化肥施用量、单位耕地农药施用量、水土流失率等指标来反映。

2.生态状态子系统。分别从绿化、水质、空气质量、污水处理等方面来反映农村社区中农民生态权益保护的状态。主要包括人均公共绿地面积、农村人口饮用水源水质达标率、社区空气质量良好天数比例、社区污水、垃圾处理率、农村每百人垃圾池数等指标。

3.生态响应子系统。分别从农村环境整治投入农村环境建设法制化率、水土流失治理面积、农村循环环保农业投资占财政的比例等四个方面来分析,反映政府在生态权益保护方面政策措施。

农村社区发展推动农民权益保护的生态绩效评价指标体系

总目标层	具体目标层	系统层	要素层	指标层
农村社区建设对农民权益保护的总体影响	农村社区建设对农民生态权益保护的影响（侧重于农村社区资源环境的实现程度）	1. 生态压力子系统	1. 农村社区建设对农民生态权益保护的推动作用	社区绿化覆盖率(%) 社区农业企业废水排放达标率(%) 社区农业企业二氧化硫排放量(吨) 社区固体废弃物综合利用率(%) 单位耕地面积化肥施用量(千克/亩) 单位耕地农药施用量(千克/亩) 水土流失率(%)
		2. 生态状态子系统	2. 农民生态权益保护的状态	人均公共绿地面积(平方米/人) 社区空气质量良好天数比例(%) 农村人口饮用水源水质达标率 社区污水、垃圾处理率(%) 农村每百人垃圾池数(个)
		3. 生态响应子系统	3. 促进农民生态权益保护的政策措施	农村环境整治投入(万元) 农村环境建设法治化率(%) 水土流失治理面积(平方米) 农村循环环保农业投资占财政比例(%)

现有的农村社区建设与发展绩效评价往往是没有基点的,只注重评价绩效结果,而忽视绩效行为的评价。将农民权益保护视为新农村社区发展绩效评价的基点,根据 PSR 模型原理,结合农村社区发展推动农民权益保护的复合系统特征,从政治、经济、文化、社会、生态五方面构建农村社区发展推动农民权益保护绩效评价指标体系。该指标体系不仅能够全面反映农村社区发展推动农民权益保护的绩效结果,还能动态反映农村社区发展推动农民权益保护的绩效行为。本节研究对本书的第三编实证部分的"基于农民满意度的农村社区建设成效评估"具有指导作用,其中的"成效评估"部分指标来源于本节构建的指标体系。

法 律 关 系 编

第五章　农民权益保护与新农村社区发展的政治法律关系

政治是社会发展到一定阶段的产物,同时也是社会不可或缺的一部分。政治是上层建筑领域中各种权力主体为维护自身利益而结成的特定社会关系。政治与法律的关系在于政治是根本,法律保障和维护国家权力。因此,在政治生活领域中,法律对于权力与权利的分配和保护具有十分重要的作用。

第一节　农民权益保护与新农村社区发展的政治法律关系概述

一、农民权益保护与新农村社区发展的政治法律关系概念

法律关系是依法形成的社会关系,是社会内容和法的形式的统一。① 政治法律关系是法律在调整政治领域社会活动过程中形成的具有政治性特点的社会关系。它不仅具有法律关系的基本特征,同时也具有一定的政治性。从具体的法律规范出发,形成政治法律关系的法律主要是宪法典、宪法性法律以及其他政治法律。这些法律主要是为了调整人们参与、组织和争夺国家权力

---

① 张文显:《法律关系论纲——法律关系若干基本问题的反思》,《天津社会科学》1991 年第 4 期。

等社会活动。①

政治法律关系涉及政治与法律两个层面的社会关系。政治与法律之间具有十分密切的内在联系,可以说,政治与法律是共生的。政治为法律提供了权力基础②,是法律的灵魂。而法律对政治来说,它承担着政治权力的道德性、正当性与合理性的意义赋予和意义展现的责任,通过法律使政治权力获得并维持足够的合法性。③ 在实施民主、法治的国家里,政治生活的法治化是十分重要的。政治的核心是权力,法律的核心是权利。虽然权力与权利分属于两个领域内的概念,权力是政治学概念,而权利是法律概念。但二者之间是紧密联系的。一方面,权力以权利为基础,以实现权利为目的;另一方面,某些权利的实现需要一定权力的行使。政治法律关系的中心在于政治权力的合法化、政治意志表达的正当性、政治活动的合法性。

二、农民权益保护与新农村社区发展的政治法律关系特征

农民是新农村建设与全面实施乡村振兴的主体,调动农民的积极性是推进新农村建设与全面实施乡村振兴的关键点。同样,新农村建设与全面实施乡村振兴的核心是立足农村、从增加农民广泛福利的角度来打开建设社会主义新农村、全面实施乡村振兴的思路。新农村社区发展是为了建立新型的农村社会,实现民主自治、农民幸福的社会。农民政治权益的缺失和农村民主的弱势,是新农村社区发展过程中急需要解决的问题。因此,农民权益保护与新农村社区发展的政治法律关系既具有一般的政治法律关系特征,同时也有其

---

① 政治法律关系的研究对象与政治法的研究范畴具有一定的一致性。张文显教授认为政治法以政治关系和政治行为为调整对象,马越教授认为政治法调整的是政治主体的政治行为、政治关系和政治过程的法律、法规的综合,俞德鹏教授认为政治法是调整人们在参与、组织和争夺国家权力活动中形成的社会关系的法律规范体系。学者将政治法的研究对象分为了广义的政治关系和狭义的政治关系,张文显教授和马越教授所研究的是广义的政治关系,俞德鹏教授研究的是狭义的政治关系。广义的政治关系包括行政关系、司法关系、军事关系等,而狭义的政治关系则将它们排除。本研究的对象主要是法律调整狭义的政治关系。
② 闫海:《论政治法与法政治学——从政治与法律关系契入》,《太平洋学报》2010 年第 9 期。
③ 姚建宗:《论法律与政治的共生:法律政治学导论》,《学习与探索》2010 年第 4 期。

自身的特点。

第一，政治性。政治法律关系是法律调整政治领域内的关系，自然具有政治性。这种政治性就体现为通过法律、通过政治权利来界定国家与公民的关系、确定公民在国家生活中的政治地位和功能。[①] 通过政治权利的行使、限制，公民可以进行参政、议政。这种权利义务的政治性体现了政治法律关系的政治性。

第二，宪法性。宪法是国家的根本大法，宪法的制定集中反映了各种政治力量的实际对比关系。宪法确认国体、政治制度、政权组织形式以及公民的基本权利义务，国家内部政治力量的变化对宪法的发展变化起着十分重要的作用。政治法律关系是法律调整政治领域生活所产生的法律关系，涉及到诸多政治活动，如政治制度的确认、民主制度、选举制度、公民的基本政治权利义务等，这些都需要国家宪法的确认。政治法律关系的宪法性是由政治生活与宪法紧密相连所决定。

第三，首要性。政治法律关系在各种法律关系中处于首要位置，这是由政治是法律的基础，政治权利与其他权利相比具有首要性作用而决定的。公民的政治权利在宪法基本权利中处于首要和核心地位，只有享有和实现政治权利，其他宪法权利才能够得以存在和受到保障。因此，厘清政治法律关系，明确政治权利主体、客体和内容是基础性的首要任务。

第四，有限性。政治法律关系是在政治范畴内的法律关系，不仅受到法律的制约，同时也受到政治制度设计的限制。在不同的国家，政治制度不同，容许公民参政议政的范围和程度也是不同的，公民可以享受到的政治权利就有不同程度的界限。最后，政治法律关系的存在和发展最终也要受特定国家经济文化和社会发展状况的限制。政治法律关系是法律关系中的一个部分，更是社会关系中的一个端点，政治法律关系的存在和发展受到法律关系的限制，同时也受到社会关系发展的限制。

第五，迫切性。我国正处于工业化中后期发展阶段，虽然是工业经济大

---

① 周叶中、韩大元主编:《宪法》,法律出版社 2006 年版,第 198 页。

国,但是产业结构仍需要不断的改革与升级。工业的发展离不开农业的大力支持,而农业的发展离不开农民、农村的发展。当前,农民政治权益仍处于十分弱势的地位,政治权利不平等,民主意志表达缺乏,而新农村社区发展要建立一个新的有活力的农村社会,需要农民积极民主参与。因此,农民权益保护与新农村社区发展过程中的政治法律关系的发展具有相当的迫切性。

第六,发展性与先进性。新农村社区发展将会产生新的利益阶层,产生新的利益集团,同时也会产生新的制度与权利配置。在新农村社区发展过程中,农民的政治权利将得到新的发展,展现出先进的一面。因此,新农村社区发展过程中的政治法律关系同样也会发展。

三、农民权益保护与新农村社区发展的政治法律关系历史进程

农民权益保护与新农村社区发展的政治法律关系随着新中国成立和农村社会的发展而不断前进,这七十多年来的变化可以大致分为三个时期,即一个以革命为中心的时期,一个以改革和经济发展为中心的时期,一个以实现社会主义现代化和中华民族伟大复兴为总任务的中国特色社会主义新时代时期。

第一个时期大致是从 1949 至 1978 年,这一时期主要是以阶级斗争为纲,农村社会的政治法律关系呈现出十分明显的阶级斗争性和有限性。虽然我国是社会主义国家,但是仍处于正在摸索和发展的社会主义初级阶段。新中国成立后法律并没有马上赋予全体国民平等的公民身份,而是在农村进行了阶级成分划分和开展土地改革运用,将农民简单划分为"敌""我"两个阵营:地主、富农、反革命分子和破坏分子是敌对阶级,贫农、雇农和中农是人民。通过这种政治分层,在农村内部形成不平等的政治社会结构。同时,国家通过土地改革、集体化运动以及严格的农业与非农业户籍制度,形成了不平等的城乡二元结构。城乡二元的户籍制度剥夺了农民的迁徙自由权和择业自由权。这一时期的农民政治权利是有限的农民政治权利,享有有限内容的政治权利,农民为国家早期的资本积累做出了很大的牺牲。

第二个时期是从 1978 年至 2017 年,这四十年是我国经济改革发展的重要时期,是农业、农村、农民发展的时期,同时,也暴露出了"三农"问题的紧迫

性。这个时期又可以分为三个阶段,也是农村土地制度变化的三个重要时期。农村的问题与土地问题紧密相连,土地是财富之母,是农民生存之本,土地制度的变化反映着农民、农村社会的变化。

第一阶段是 1978 年至 1988 年,这十年推行家庭承包责任制,农民得以从人民公社体制中解放出来,获得了内部身份的平等和人身自由权。十一届三中全会作为阶段标志,提出了要关心农民的物质利益,在政治上切实保障农民的民主权利,要让农村、农民的自主权受到国家法律的切实保护。十一届三中全会为农村政治法律的发展奠定了有力的政策基础。而 1982 年宪法的颁布又从法律层面保障了农民的基本权利。此外,在农村政治民主方面,1987 年的《村民委员会组织法(试行)》肯定了农民在村庄公共生活的民主参与管理权和社区自治权等权利。这一阶段极大的推动了农村民主的发展和农民政治地位的提高。

第二阶段是 1992 年至 2002 年,这一阶段最显著的变化是农民可以进入城市打工和生活,松动了严格的城乡二元结构,农民的迁徙自由和择业自由权在一定程度上得以实现。这一时期我国政府先后签署了两个人权公约,一是《经济、社会和文化权利国际公约》,另一个是《公民权利和政治权利国际公约》。这两个公约的加入提升了公民人权地位,对于提高农民的政治权利有积极意义。这一时期的发展也凸显出城乡二元体制的弊端,户籍制度的缺陷使得农民不能获得与市民一样的平等待遇。这一时期政府集中力量主要发展市场经济,农民、农村受到权力和市场的双重掠夺,成为相对的社会弱势群体。

第三阶段是从 2003 年至 2017 年,这个阶段农民、农村、农业"三农问题"受到了极大的关注。政府提出以人为本、可持续发展等战略,通过统筹城乡发展、通过工业反哺农业、城市反哺农村的政策导向,推进新农村建设与全面实施乡村振兴的全面开展。这个时期,改善民生、实现公平正义成为关键。除了取消农业税,大力支持新农村建设与全面实施乡村振兴等经济措施外,政府通过修改选举法、户籍制度改革等措施,努力提高农民的政治地位。通过新农村社区自主管理、社区自治又提高了农村的民主化水平。这一阶段农民权益和新农村社区的政治法律关系呈现出生机勃勃的发展态势。

第三时期是从 2017 年至今,这个时期中国进入了中国特色社会主义新时代。我国农民权益保护与新农村社区发展不断向前推进,取得更多、更好的历史成就。

第二节 农民权益保护与新农村社区
发展的政治法律关系主体

一、农民权益保护与新农村社区发展的政治法律关系主体概述

法律关系的主体是法律所调整的社会关系的参加者,这些参加者在法律关系中享有一定的权利和承担相应的义务。在法律关系中,主体一般包括公民(自然人)、机构和组织、国家等。政治法律关系的主体即政治性法律所调整的政治关系的参加者,是依据有关政治法律规范参与到一定的政治关系中享有一定政治权利并承担一定政治义务的公民、国家机关、社会团体和组织、政党、国家、国际组织等。

政治法律关系主体是政治法律关系不可缺少的组成部分,是政治法律关系实现的能动性要素。没有主体发挥能动性作用,政治法律关系就是一个静态的甚至是没有任何作用的关系。农民权益保护与新农村社区发展过程中涉及到多方面的政治生活,包括农民政治利益的实现、政府政治管理的行进、新农村社区发展中产生的新阶层利益的博弈等。农民权益保护与新农村社区发展的政治法律关系主体包括了公民、机关组织和国家等。公民包括农民、农村社区居民、城市居民等,机关包括国家机关如政府行政机关、司法机关、立法机关等,组织有企事业组织、社团组织、社会中间层组织等。这些主体在农民权益保护与新农村社区发展的政治法律关系中都占有一席之地。其中,以农民、村民(农村社区居民)委员会、新农村社区基层党组织、新农村社区、政府五大主体在农民权益保护与新农村社区发展的政治法律关系中发挥着最显著的作用,构成了农民权益保护与新农村社区发展的政治法律关系主体的核心。

上述五大主体之所以成为农民权益保护与新农村社区发展的政治法律关

系主体的核心,是由农民权益保护的特殊性、新农村社区的发展性,以及政治法律关系的特别性所决定的。农民是一个相对弱势群体,由于历史性、制度性以及农业生产的弱质性,决定了农民群体的利益受到多方面的制约,相对弱势性十分明显。农民权益保护是一个系统的工程,涉及到国家责任、社会责任、公民责任等多个层次。在农民权益保护的过程中,农民权利行使、利益实现是基础,政府的扶持是中心,基层组织、社区的保障是关键。新农村社区发展不只是经济的发展,更是农村社区政治、文化、社会的发展,是农村文明和现代化的发展。新农村社区的发展需要良好的外部环境,更需要基层社会的努力,尤其是农民、村民委员会、新农村社区、政府作用的发挥。立足于新农村社区发展和农民权益的基层性保护就要从基本主体出发深入地剖析这些主体的地位、作用和权利义务。

二、农民

中国农民的内涵与外延是十分广泛的,包括历史的沿革、社会的分工、身份的象征、生活方式的集合以及文化的范式等。从历史的沿革来说,农民是历史上的一个阶级,即在阶级社会,农民是作为主要生产资料和以农业为主要生产方式的利益群体而存在的。[①] 在不同的阶级社会,农民阶级与不同的阶级相对立,如在封建社会与地主阶级相对立,在资本主义社会,与资产阶级相对立。而在社会主义社会,农民则与工人阶级及其他社会各阶层平等存在,是社会主义社会的劳动者和建设者。

宪法条文明确确认了农民作为中华人民共和国公民享有和其他公民一样的权利,包括政治权利、经济权利、文化权利、社会权利等多重权利。农民这一称呼在新的时代中是一个利益的群体,是一个职业的称呼,更是社会主义事业的建设者和公共事务的参与者。

农民拥有宪法赋予的各项政治权利,但由于天生的弱质性,农民在行使这

---

① 高建民:《中国农民概念及其分层研究》,《河北大学学报(哲学社会科学版)》2008 年第4 期。

些权利的过程中存在着很多障碍。随着农民的民主政治权利逐步得到强化，在新农村社区发展和地方各级政府的支持下，农民的各项民主权利会越来越得到尊重和保障。确保农民的平等权、选举权与被选举权、监督权等各项民主权利的实现，将使农民权益得到更好保护，使农民真正成为新农村社区发展的主体。

三、村民（农村社区居民）委员会

政治法律关系涉及到政治民主与发展的问题。卢作孚曾指出，政治上最后的问题是全国问题，但它的基础却在乡村。因此，必须处理好农村基层的民主法治建设问题。一个乡村问题放大起来，便是国家问题。① "三农"问题的凸显也正说明了这一道理。农民是"三农"问题的核心，要解决好农民问题，就需要保障农民的各种权益的实现，村民（农村社区居民）委员会②对农民政治权益的保障具有其不可替代的地位。

村民自治是我国的一种特色自治，具有"草根民主"之称。村民（农村社区居民）委员会作为"草根民主"的重要组成部分，是村民实现民主管理、民主自治的渠道，也是国家建立农村秩序的重要组成部分。村民（农村社区居民）委员会作为"草根民主"、农村秩序的维护者，在农民政治权益保护、新农村社区基层民主法治建设过程中发挥着重要作用。因此，村民（农村社区居民）委员会是农民权益保护与新农村社区发展政治法律关系主体的重要组成部分之一。

根据宪法、《村民委员会组织法》的规定，村民委员会是村民自我管理、自我教育、自我服务的基层群众性自治组织，通过村民委员会民主选举、民主决策、民主管理、民主监督实现政治民主。法律赋予了村民（农村社区居民）委

---

① 刘重来:《卢作孚与民国乡村建设研究》，人民出版社 2007 年版，第 1 页。

② 村民委员会和居民委员会都是群众性自治组织，而居民委员会是设立在城市中。但随着新农村建设的不断推进，一些地区根据农村社区建设需要设立了农村社区居民委员会，如新乡市撤村改居等。村民委员会与居民委员会二者在性质和作用上具有一致性，只是称呼和管辖划分范围不一致。本研究主要是从村民委员会与农村社区居民委员会的权利义务、性质、作用角度研究，因此，将二者作为一个研究对象。主要是从村民委员会角度进行阐述。

员会在处理与村民利益有关事务过程中享有的一种自我管理、自我教育、服务的权力,同时也是在法律、法规和政策范围内自主决定社区各项事务的权力。这种自治权是一项重要的政治权力,它的实现和发展,不仅能够促进新农村社区基层民主的发展,同时也能够促进农民政治权益的实现,继而带动整个国家民主的发展。村民(农村社区居民)委员会权力的行使需要政府的引导,需要农民积极的参与,是农民政治权益实现的重要方式之一。

四、新农村社区基层党组织

在当代社会,国家政权的行使一般是通过政党来进行的。各国的政党为实现其政纲和主张展开了一系列的政治活动和斗争。因此,政党是政治领域不可或缺的一个要素。我国实行的是中国共产党领导下的多党合作制,中国共产党作为执政党对国家的政治生活有决定性的影响,代表着中国大多数人的利益。新农村社区基层党组织是党在农村基层、在社会基层中的战斗堡垒,不仅是党的全部工作和战斗力的基础,同时也是保障农民权益和领导新农村社区建设的重要力量和主体之一。新农村社区基层党组织在农民权益与新农村社区发展的政治法律关系中具有十分重要的地位。

农村基层党组织是全党组织体系的基础,他们是党联系群众的桥梁和纽带,是实现党的基本路线和完成党的农村工作的战斗堡垒和力量源泉,是农村基层组织中的领导核心。新农村社区基层党组织是农村基层党组织最重要的组成部分之一,是新农村社区服务组织的领导核心,发挥着政治领导作用。党代表的是中国最广大人民的利益,在新农村社区发展的过程中,在"三农"问题迫切需要解决的今天,党更是农民权益的主力代表。新农村社区基层党组织在政治法律关系中不仅要遵守法律,更要通过其意志,代表农民的政治利益、政治需求,从而推动法律的完善,使农民的政治权益得到更好的发展。

五、新农村社区

农村社区不只是一个空间聚集点,更是一个人的集合体。农村社区可以汲取大量的社会资源,能够参与各种公共事务、向社会提供公共物品和服务,促进社会公正和社会公平,能够在市场和政府之间发挥有效的角色功能、在制度创新和社会指导变革中起基础性作用。新农村社区的发展是以社区发展权为基础,以促进社会公正,促进农民、农村、农业发展为目标的新的农村社会建设。新农村社区在政治法律关系中,其本身不仅是参与国家管理的重要主体之一,拥有参政、议政权,同时也是农民参政、议政,传递农民意志的重要载体之一。

农民作为相对弱势群体,其政治权利缺乏组织保障。虽然人民代表大会中有农民代表,虽然各个政府机构中有农民出身的领导者,但是总体而言,农民的意志、农民参与国家管理、社会管理的范围仍较小。新农村社区建设不只是社区基础公共设施的建设,更是一个主体即社区组织的建设和完善。新农村社区可以传递农民声音,表达农民利益,成为农民政治权利诉求的平台。通过新农村社区发展来增强农民的民主参与和管理社会公共事务的能力,从而限制国家权力对社会的渗透,满足整个社会对公共性、民主性的要求,为权力更好地保障权利提供一个渠道。

新农村社区的发展其中一个重要方面是基层民主的发展。民主政治与民主法治,都要从基层做起,从基层实现人民的民主政治权利。新农村社区发展的过程中要创造条件去培育农民、社区其他成员的选举权、参与权、表决权等民主政治权利意识。这不仅是实现农民政治权利的渠道之一,同时也是为农民更好的参与国家民主政治奠定良好的基础。在现代社会中,"市场失灵""政府失灵"和"志愿失灵"的共存说明,在进行公共管理、为社会提供公共物品活动时,只有市场,只有政府,或者只有组织是不够的,一个健全的社会体系必须同时包含这三种机制。因此,新农村社区不仅在国家与农民、政府与市场之间搭起一座沟通的桥梁,与市场、政府形成并存的社会体系,而且新农村社区还将成为促进民主政治,实现小政府大社会,实现还权于社会,实现主权在民等目标的一个重要主体。

六、政府

政治的核心是权力,法律的核心是权利。政府作为管理和行使国家权力的机关,其核心是实现权力为权利服务。我国正处于社会转型、经济转型和政府转型的变化时期,向"服务型政府"转变是社会发展的需要。服务型政府是一个民主与负责的政府,它要保障人民民主的实现,要保障"民主选举、民主决策、民主管理、民主监督"等各种民主权利的实现。从法律层面上来说,就是通过有限的权力保障公民权利的行使。

虽然市场经济体制的建立加速了农民向城市流动,但是并没有从根本上改革我国的"二元"户籍管理制度,这些历史问题、体制问题、资源分配问题等导致了农民在各个方面的权利存在很多不足。一方面,我国农民是一个很广泛的相对弱势群体,各个方面的权利都存在缺失。政治权利是其他权利的基础,如果不能保障农民有效的实现政治权利,那么农民的其他权利也会难以实现。另一方面,在政治上必须尊重和维护农民的民主权利,能否让广大农民依法享有和充分行使自己的民主权利,这是决定农民能否充当新农村社区建设主体的一个基本前提。根据当前农民生存发展的实际以及新农村社区建设的要求,必须尊重和保障农民的民主权利的实现。政府作为服务型政府,作为管理社会和行使国家权力的机关,能够在保障和促进农民政治权利的发展中发挥重要的作用。通过原则精神指引、通过政策导向、通过执行力的提升等各个方面的努力,使农民的政治权利得到切实的保障。我国宪法规定"法律面前人人平等",但是在实际制度设计和现实中,这种平等有些地方还只停留在形式层面上,有些时候甚至连形式层面都没有达到,如身份歧视的存在。我国政府在这些方面做出了大量的努力,如在妇女政治权利保障方面,通过制定指标的方式保证妇女参政比例,1997 年 3 月《第八届第八届全国人民代表大会第五次会议关于第九届全国人民代表大会名额和选举问题的决定》中就规定了妇女参政的具体指标。[①] 1998 年 10 月 5 日,我国签署了《公民权利和政治权利国际公约》,向国际社会展现了政府对人权、对公民政治权利尊重的决心。2010 年 3 月 14 日通过的《关于修改〈中华人民共和国全国人民代表大会和地方各级人民代表大会选举法〉的决定》,其中对选举比例等方面的修改都肯定

---

① 李明舜、林建军主编:《妇女人权理论与实践》,吉林人民出版社 2005 年版,第 143—144 页。

了政府对农民选举权等民主权利的保障。

第三节　农民权益保护与新农村社区 发展的政治法律关系客体

作为构成法律关系的要素之一,法律关系客体是主体之间的权利和义务所指向的对象。农民权益保护与新农村社区发展的政治法律关系主体很多,主要有农民、村民(农村社区居民)委员会、新农村社区基层党组、新农村社区、政府,这些主体的权利义务所指向的对象就是政治法律关系的客体。即主要是公共职位和政治法律行为。

一、公共职位

公共职位是指由公共税收供养的,行使公共权力的政府部门中,作为职务与责任集合体的,只能由一个人充任的具体工作岗位。[①] 公共职位是选举权与被选举权的权利客体,主要有四种类型:[②]即人民代表大会、国家主席、行政机关公职人员和人民法院、人民检察院相关职位。在农民权益保护与新农村社区发展的政治法律关系中,涉及的主要是人民代表机关、相关行政职位、人民法院和人民检察院相关职位。

二、政治性行为

行为是法律关系客体的重要组成之一,农民权益保护与新农村社区发展的政治法律关系最重要的客体就是政治性行为。重要的政治行为包括政治支配行为、政治统治行为、政治管理行为、政治参与行为、政治斗争行为、政治竞争行为以及国际政治行为等。[③] 在法律规范调整领域内,作为政治法律关系

---

① 王振海主编:《公共政治教程》,中国海洋大学出版社 2004 年版,第 119 页。
② 焦洪昌:《选举权的法律保障》,北京大学出版社 2005 年版,第 22—25 页。
③ 李景鹏:《权力政治学》,北京大学出版社 2008 年版,第 76 页。

客体之一的行为主要是政治性行为,主要是包括政治管理行为、政治参与行为、政治自由活动、监督行为等。

三、政治法律关系其他客体

法律关系的客体包括物、行为和智力成果,政治法律关系的客体除了公共职位、政治性行为外,还体现为一种具体的智力成果。虽然言论、出版、集会、结社、游行、示威等政治自由会以行为的形式表现出来,但是其中有很多政治性言论会通过智力成果的形式表现出来,尤其是以书籍、报刊、杂志等著作的形式表现出来。这些具体的表达方式不仅是利益的表达,也是一种智力成果,从而成为某些政治法律关系的客体之一。

在新农村社区发展的过程中,积极开拓和发展利益诉求渠道,提高农民的政治地位,就需要善于利用智力成果,尤其是著作成果作用的发挥。一方面,能够让政府和社会了解农民的利益诉求;另一方面也能够提高农民各方面的素质。

新农村社区政治法律关系的客体是丰富的,随着法学理论研究、政治学理论研究的不断深入,会有越来越多的理论成果来支持政治法律关系的发展,能够更好地认识和促进农民的政治权利的提高。

第四节　农民权益保护与新农村社区
发展的政治法律关系内容

法律关系的内容是法律关系主体相互之间在法律上形成的权利和义务。农民权益保护与新农村社区发展的政治法律关系内容主要体现为各个主体的政治权利与政治义务。

一、农民的政治权利与义务

我国公民享有广泛的政治权利和自由,农民作为我国社会主义的主要建设者和公民成员,同样享有广泛的政治权利,需要履行与权利相适应的政治义务。农民的政治权利就是农民能够参与并影响政治生活从而在社会政治生活领域实现利益诉求的权利。农民的政治权利主要包括政治平等权、参政权、自由权和自治权①四个方面。

第一,农民的政治平等权。追求平等是人类文明的基本追求之一,也是当代政治发展的核心价值之一。亚里士多德认为"所谓'公正',它的真实意义,主要在于平等"。② 我国是社会主义国家,农民是社会主义的建设者,也是国家公民,因此,农民政治平等权就是农民在政治生活方面享有与其他公民同等的权利,③不仅包括机会平等,也包括享有实质上的平等对待的权利。

第二,农民的参政权。政治参与是现代国家政治的重要组成部分,农民参政权就是农民参与国家政治生活的权利。即包括农民依法享受国家生活的权利、依法参与国家管理的权利以及依法监督国家机关及其工作人员活动的权利。根据宪法的相关规定,农民的参政权主要有选举权与被选举权、批评权、建议权、申诉权、检举权、控告权等。保障农民的参政权具有重大的意义。没有农村的支持,就没有安定的可能。实现政治稳定的关键,是能否动员农村民众在承认现存政治体系而并非反对它的条件下参与政治。④ 我国社会主义民主的发展离不开农民对政治的参与,这不仅是农民权益保护的需要,也是社会发展的需要。

第三,农民的自由权。即由农民依法自主决定个人精神和行为空间的权利。⑤ 宪法规定了公民的自由权包括言论、出版、集会、结社、游行、示威的自由、宗教信仰自由、人身自由权等。在这些广泛的自由权中,言论、出版、集会、结社、游行、示威自由是政治自由的组成部分,而这些自由的实现又需要迁徙

---

① 胡美灵:《当代中国农民权利的嬗变》,知识产权出版社 2008 年版,第 25 页。
② 亚里士多德:《政治学》,吴寿彭译,商务印书馆 1965 年版,第 153 页。
③ 赵中华等:《论农民政治平等权及其保护》,《华中农业大学学报(社会科学版)》2007 年第 4 期。
④ 塞缪尔·亨廷顿:《变革社会中的政治秩序》,李盛平等译,华夏出版社 1988 年版,第 365 页。
⑤ 胡美灵:《当代中国农民权利的嬗变》,知识产权出版社 2008 年版,第 25 页。

自由的保障。迁徙自由权是一种"复合性"权利,既有人身权性质,经济自由权性质,同时也具有一定的政治性。虽然人身自由是所有自由的基础,但迁徙自由为人身自由以及其他权利和自由提供了基础条件。生存权、工作权、财产权、职业自由、经济自由以及信仰自由、集会结社自由、言论自由等权利的实现和保障,都首先取决于人们能否自由地选择自己的居住、工作、生活场所。①当前,农民的迁徙自由权受二元户籍制度的限制较大,造成了很多不平等的现象出现,因此新农村社区发展的过程中,要逐步统筹城乡发展,逐渐打破二元结构和户籍限制,实现农民自由权。

第四,农民的自治权。在民主制度中,自治权与参政权具有内在的一致性。农民的自治权主要体现为村民自治,即农民通过自治组织依法管理村内、社区内的事务,通过实行民主选举、民主决策、民主管理、民主监督实现自我管理、自我教育和自我服务的一项基本政治权利。这项权利通过村民委员会(社区居民委员会)实现。

农民除了上述各种政治权利外,要履行相应的政治义务。主要包括两大类,一是维护国家利益和根本制度的义务,二是在行使政治权利时应履行的政治义务。第一类义务,又可以成为一般性的政治义务。农民作为公民的一员,要与其他公民一起遵守我国的宪法和法律,维护国家的统一和民族的团结,维护国家的荣誉和利益,依法纳税、依法服兵役等。第二类义务主要是农民在行使政治权利的过程中,要遵守权利的界限,如在行使选举权和被选举权的过程中,要遵守权利主体关于行为能力的规定;在行使言论、出版、结社、游行等政治自由时,要以履行不侵犯他人合法权益、不危害国家安全等义务为前提。这两类政治义务是公民基本的政治义务,同时也是农民应该履行的政治义务。

二、村民(农村社区居民)委员会的政治权利与义务

村民委员会是村民自我管理、自我教育、自我服务的自治组织,按照《村民委员会组织法》的制度设计安排,村民委员会是由全体村民直接选举产生

---

① 张千帆主编:《新农村建设的制度保障》,法律出版社 2007 年版,第 243 页。

的,它的权力性质是村级意义上的"公权",来源于全体村民的意志。村民委员会的政治权利与义务要依靠村委会自治权的实现和村委会服务职能的实现来完成。

村民委员会作为连接政府与农民、政府与社会、法权与治权的枢纽,在政治方面,发挥着维护村秩序、管理村务、代表村民利益的功能。村民委员会作为自治组织,是我国最广泛的基层民主的表现形式,它的权力来源于村民的赋予,是村民意志和利益的代表者之一。它的政治职能就是实现基层的民主,并通过与政府、社会的利益博弈,实现农民的利益追求。因此,民主选举、民主管理、民主监督是村委会的重要权利,也是它的重要职责。维护好村民的合法权益和保障基层民主发展,是村民委员会的政治义务。

三、新农村社区基层党组织的政治权利与义务

根据我国宪法的规定,我国实行的是中国共产党领导下的多党合作制,因此,党拥有领导国家事务的权利。而根据中国共产党章程的规定,村、社区党组织,领导本地区的工作,支持和保证行政组织、经济组织和群众自治组织充分行使职权。因此,在农民权益保护与新农村社区发展的过程中,新农村社区基层党组织的政治权利就是领导和支持基层政府、村委会、合作组织等组织。这种领导权既是中国共产党作为执政党的权力,也是宪法赋予的权利。

保证新农村社区党组织的政治领导权是巩固党的执政地位的需要,是坚持党的政策能够切实落实的需要,也是保障农民的先进性、农村发展的正确性的需要。当前,新农村社区发展面临着复杂多样的国内、国际环境,农民主体意识在觉醒,新农村社区的发展要符合社会主义发展的需要,要走可持续发展和坚持社会主义、共产主义道路。因此,在新农村社区发展的过程中离不开基层党组织的领导和指引。

同时,新农村社区基层党组织对内有义务对党员进行教育、管理、监督和服务,对外有义务宣传和执行党的路线、方针、政策。这是基层党组织的政治义务和任务。只有做好这些义务,做好管理工作才能更好的领导农村的发展。

四、新农村社区的政治权利与义务

新农村社区不只是一个空间名称,它同时也是社区内各种组织的集合体,包括社区基层党组织、社区居民委员会、社区文化组织、社区经济组织等。从这个意义上来说,新农村社区是集空间、时间和具体活动于一体的主体。新农村社区的政治权利和义务是社区内各种组织集合体的政治权利和义务,通过社区这一集合体,通过社区内各个组织之间的相互合作,共同实现农民权益和农村社会的发展。

新农村社区作为农村发展的空间载体,同时也是农民权益保护的重要组织载体之一。在农民权益保护与新农村社区发展的过程中所展现出来的政治权利主要包括以农民意志为基础的基层民主管理权、民主决策权与民意代表权、农村社区公共事务管理权、农村居民参政议政保障权与监督权等。其义务主要包括保障农民政治权益实现的义务,维护社区社会稳定的义务,保障社区秩序的义务,和及时化解社区居民权益诉求矛盾冲突的义务。

五、政府的政治权利与义务

政府是国家权力的行使者,它的政治权利、义务与政府的政治职能是相互呼应的,政府的政治职能反映出了政府所享有的政治权利与义务。政府的政治职能主要包括对内职能和对外职能,具体包括政治统治职能、保卫国家主权职能以及民主职能。这些职能既是政府政治职能的体现,也是政府政治权利义务的反映。在农民权益保护与新农村社区发展过程中政府的政治权利与义务主要体现在对内职能上,即政府的统治职能与民主职能。

政府的政治统治职能主要是维护国家主权、领土的完整、国防和公共安全。[1]在农民权益保护与新农村社区发展中,政府的统治职能就主要体现为维护社会公共安全。政府通过制裁危害社会治安、扰乱社会秩序的各种违法行为,通过打击和惩办违法犯罪分子,为社会经济建设和其他各项事业的发展创造良

---

[1]　赵丽江主编:《政治学》,武汉大学出版社 2008 年版,第 87 页。

好的社会环境。新农村社区的发展需要一个稳定的社会环境,当前由于对外交流的增多、城市与农村接触繁多,思想的碰撞、价值的冲突等会导致众多的社会问题,尤其是与土地、农民权益相关的冲突增多,群体性事件增加,这些都会影响农民权益和新农村社区的发展。政府维护社会公共职能的发挥,不仅是政府管理社会公共事务的权力,也是宪法赋予的政府所应该承担的义务。

人民当家作主和为人民服务,不仅是立国之本,也是社会主义民主的精髓。政府民主职能的发挥是保障和实现这一立国之本的基础。政府的民主职能包括确保公民的政治民主权利和建立稳定的民主政治秩序,[①]完善各种民主制度、建立健全民主监督程序[②]。在农民权益保护与新农村社区发展过程中,政府要加强民主职能的建设,通过发展农村政治民主来保障农民政治权益和其他各种权益的实现。通过建立完善的民主制度、民主监督,提高政府活动的公开性、民主性和透明度,引导新农村社区的发展。

第五节　农民权益保护与新农村社区发展的政治法律关系主体权利义务的实现

实现农民权益保护与新农村社区发展的政治法律关系主体的权利与义务是政治法律关系的重要环节,只有实现这些主体的权利义务,才能真正达到保护农民权益和促进新农村社区发展的目标。

一、政治意识与权利意识的双重提高

意识是思维主体对信息进行处理后的产物,是人脑的机能和属性,具有社会性。意识的存在使人与动物的区分有了可能。意识使人具有了创造性,能

---

① 周文生:《政府职能创新》,中国矿业大学出版社 2007 年版,第 22 页。
② 吴江主编:《行政管理学》,中国农业出版社 2007 年版,第 31 页。

够指导实践改造客观世界,能够指导、控制人的行为和生理活动。政治、法律都是上层建筑,是人类活动积累到一定层次的结果,同时也反映出了人们的意识活动的过程。要实现农民权益保护与新农村社区发展过程中政治法律关系各个主体的权利义务,首先需要从意识的层面去提高政治意识和权利意识。

政治意识是一定的政治主体所具有的政治认知、政治态度和政治信仰,包括国家意识和公民个人的政治意识,包括统治阶级的意识,也包括被统治阶级的意识。政治意识决定了公民对国家的认知、态度和信仰程度,是十分重要的上层意识形态之一。意识对人的行为具有能动的作用,政治意识对人的能动作用不仅表现在政治行为方面,也表现在国家的政治行为和管理等各个方面。

权利意识是指人们对一切权利的认知、理解和态度。权利意识的内容很丰富,主要包含三个层次的内容,一是公民对依法享有的权利及其价值的认识与理解;二是公民对这些权利的行使方式和捍卫方式;三是对公民权利行使的限制。权利意识构成了公民意识和宪法精神的核心,在政治层面上,体现为对政治权利的认识、理解、行使与制约。权利意识的觉醒和发展有利于人们更好地认识法律和理解民主法治的内涵,有利于法治的推进和发展。因此,权利义务的实现就需要提高权利意识,认识和理解权利内涵。

农民是我国社会主义的建设者,是我国公民的重要组成部分,农民的政治意识和权利意识的提高主要体现在农民主体意识的觉醒和民主参政意识的增强。农民的政治权利是农民权益的重要组成部分,是农民其他权益实现的政治保障和支持。[①] 无论是从理论上来说,还是从实际来说,农民都应该享有公正平等的政治权利。但是现实的情况是,我国农民实际享有的政治权利存在很多问题,如平等权缺失、自由权受限、参政权与自治权不充分。这些问题,既有制度的原因,又有农民的政治意识和权利意识缺失的原因。农民政治权利

---

① 丁同民:《保障我国农民政治权益的法治路径探析》,《毛泽东邓小平理论研究》2009 年第 12 期。

保障是农民主体性发展的关键环节,是推进我国民主化进程的必要条件,是促进农村经济社会发展的助推器。① 因此,提高农民的政治意识和权利意识将从个体方面加强意识的能动作用。外因要通过内因起作用,再好的制度、再好的民主、再多的权利,都需要个体去认识、理解和实践才能成为现实。提高农民的政治意识、权利意识是提高农民主体地位和能动作用的关键环节之一。

村民(农村社区居民)委员会作为组织体,作为村民组织发展体,它具有组织结构的政治意识和权利意识,这一意识是村民集体政治意识和权利意识的反映。无论是政治意识还是权利意识,都是人对客观世界的反映,组织的意识是人的意识的集合体,是人对一定范围内的某些意识的共同认知和接受。村民(农村社区居民)委员会是村民组织,它不是简单的人在一起,它承载着和反映着一定的意识形态。组织的作用是巨大的,组织的意识形态变化对于个人的意识形态变化是有影响的,因此,村民(农村社区居民)委员会这一组织的政治意识和权利意识的提高对农民个体政治意识和权利意识的提高具有重要作用。

中国共产党是有中国特色的社会主义领导者,它的意识形态是国家意识形态的核心。党的意识很丰富,包括忧患意识、政治意识、执政意识、发展意识、自律意识、"公仆"意识、法纪意识、奉献意识、大局意识、创新意识等。在党的建设过程中,党非常重视意识作用的发挥。毛主席曾指出:"掌握思想领导是掌握一切领导的第一位"。② 思想是意识层面的一部分,掌握思想领导,也是要能够掌握意识领导。统治阶级如果弱化了对意识形态的领导,人民对其意识形态就不会有很强的认同,也就难以形成凝聚力和向心力,从而影响到执政能力的提高,甚至是国家政权的稳定。③ 党的政治意识和法纪意识的提高和增强,不仅仅是党执政能力的需要,也是社会稳定和发展的需要。新农

---

① 丁德昌、罗红:《论和谐社会秩序构建中发展权视野下农民政治权利保护》,《山东农业大学学报(社会科学版)》2008 年第 4 期。

② 中央宣传部编:《毛泽东邓小平江泽民论思想政治工作》,学习出版社 2002 年版,第 2 页。

③ 戴焰军、李英田:《论意识形态工作对提高党的执政能力的作用》,《理论前沿》2004 年第 13 期。

村社区基层党组织在农民权益与新农村社区发展过程中是领导者,是指明方向的灯塔。提高新农村社区基层党组织的政治意识和权利意识,不仅是提高党的意识的内在要求,也是深刻认识农民权利、农民主体地位的外在要求。

多元化的需求满足是政府与市场自身的力量无法实现的。只有政府、市场和新农村社区这三个部门各自发挥其优势,互相合作,扬长避短,才能最大程度满足社会中不同人群的不同需求,实现社会的公共利益。因此,我们应该在市场、政府和非营利组织之间构建一种合作、收益关系,充分发挥各自的比较优势,通过互相合作产生收益,最大程度满足社会中不同人群的不同需求,实现社会的公共利益。新农村社区政治权利义务的实现是农民权益保护和新农村社区发展的重要环节,提高新农村社区的政治意识和权利意识对农民权益保护具有重要作用。新农村社区的“新”不仅体现在社区建设的形式、社区治理的形式、社区环境建设方面,同时也体现在社区意识、社区文化等综合方面。新农村社区政治意识和权利意识的提高是社区自治的要求,是社区发展的要求,也是实现社区新的制约功能、中间组织功能、社区内治的要求。

无论是农民权益保护还是新农村社区的发展,都需要政府发挥社会管理、民主管理的职能。政府本身具有很强的政治意识和权力意识,但是过于政治化或者是权力化都不利于群众的权利实现。因此,政府在政治意识与权利意识方面,关键不是单纯的提高,而是转变中的提高。即政府要认识到自己所要成为的政府,是一个服务型的政府,是一个民主法治的政府,是一个以人为本,以人民利益为核心的政府,政府的政治活动都要从人民的根本利益出发。政府要转变权力意识,从权力意识转变为权利意识。政府要认清权力来源于权利,只有尊重和依从权利,权力才是符合人民需要的权力。

二、政治法律制度的建设与完善

要使农民真正惠益于新农村建设与全面实施乡村振兴和民主法治建设的成果,保障农民的政治权利的实现,就需要通过政治法律制度的建设和完善来完成。恩格斯指出:“一切人,或至少是一个国家的一切公民,或一个社会的一切成员,都应当有平等的政治地位和社会地位。"①农民作为社会成员和国家公民,在政治生活和法律面前享有平等的权利。农民政治平等和其他政治权利的实现都需要通过政治法律制度的建设和完善来实现。

政治法律制度即与政治相关的法律制度,与政治相关的法律制度包括选举制度、人民代表大会制度、政党制度、国家行政制度、司法制度等许多内容。其中,宪法对公民政治权利的规定最为全面,而政治权利中的选举、监督等在宪法制度实施过程中表现最为突出,因此,完善政治法律制度就特别需要完善宪法制度。

宪法制度是文明的标志。现代政治制度的文明来源于宪法的基础,通过制定宪法,为公共权力设定根本规则,为公共权力提供合法性来源,通过规定权力行使的依据、标准和程序,确定界限,明确责任。② 宪法制度强调对人权的尊重,强调民主法治的重要,宪法制度的实现能够保障公民权利的实现。完善宪法制度,要从意识、理念、具体制度三个方面入手。首先,要提高宪法意识、民主法治意识。要认识到人治与法治的区别,要认清党的领导与人大权力的关系,要树立宪法至上和依宪而治的理念。其次,要完善选举制度。当前我国选举法修改取消了人民代表大会城乡之间的比例差别,保障了农民的选举地位,但是依然存在着一些不足和问题。除了完善人民代表大会的选举外,还要完善村民(社区居民)委员会等基层组织的选举,使民主法治从基层开始,从农民的身边开始,使农民真真切切感受到主人翁的政治认同感。第三,要保障公民的权利,建立有限政府,实行违宪审查。违宪审查是宪法监督最重要的内容,违宪审查的确立和有效运行是宪法实施的重要保障,是维护宪法权威的重要武器,是保障公民权利和自由的重要工具。违宪审查已经成为世界上大多数国家民主法治内容的组成之一,我国在今后的发展中也需要逐步建立起违宪审查,让法律、行政权力、公民的权利运行都处在阳光底下。

---

① 《马克思恩格斯全集》第3卷,人民出版社1995年版,第444页。
② 谢庆奎:《人民代表大会制度与宪政体制的接轨》,《人大研究》2006年第1期。

三、政治法律关系主体的完善

新农村社区发展是一个政治、经济、文化、社会多个方面、多个层次的全面发展,无论是农民权益保护还是在新农村社区发展的过程中涉及到的主体十分复杂,要有效的保护农民的政治权益,实现新农村社区发展符合民主法治的要求,就需要完善政治法律关系主体的能力,包括权利能力和行为能力。

一般认为,权利能力是一个人作为法律关系主体的能力,即作为权利享有者和义务承担者的能力(或称资格)。[1] 传统的民法学说认为,权利能力是人格的别称。[2] 通俗来说,权利能力就是一种权利义务的归属资格,是人享有权利和履行义务的基础。在自然人方面,权利能力具有平等性、自然性、不可转让性与不可放弃性、抽象性,对于组织体而言,权利能力的设定与组织的性质、组织的形成、法律的规定息息相关。在政治法律关系中,农民、社区居民等自然人的政治权利是平等的,是自出生就可以取得的,同时也是不可转让和不可放弃的。而政府、社区组织等组织体的政治权利则受主体性质、规模等的限制,由法律具体规定。随着社会政治经济法律的发展和成熟,政治权利能力也逐渐成熟,因此,主体要实现政治权利,重点在于提高政治行为能力。

行为能力是指能够以自己的行为依法取得权利、承担义务的资格。没有权利能力,谈不上行为能力;没有行为能力,权利的实现无从谈起。权利的行使需要行为主体达到一定的行为能力水平,在民法上分为完全民事行为能力、限制民事行为能力和无民事行为能力。在行使政治权利的过程中同样有行为能力的限制,如选举法中规定"中华人民共和国年满十八周岁的公民,不分民族、种族、性别、职业、家庭出身、宗教信仰、教育程度、财产状况和居住期限,都有选举权和被选举权",这一条就规定了选举权和被选举权实现的条件之一是"年满十八周岁"。"年满十八周岁"不仅仅是一个时间、年龄限制,同时也是一种行为能力的限制。一般情况下认为未成年人由于心智、意志能力等不

---

[1]　卡尔·拉伦茨:《德国民法总论》,王晓晔等译,法律出版社 2003 年版,第119—120 页。
[2]　梅仲协:《民法要义》,中国政法大学出版社 1993 年版,第 53 页。

成熟,缺乏完全的行为能力,因此,暂不列入选举范围。此外,行为能力的高低也决定了主体实现权利能力的程度深浅。行为能力的高低与自然人主体的年龄、智力、精神状况、教育水平等息息相关,与组织体的组织形式、工作效率、工作方式等相关,因此,在政治法律关系中各个主体要从行为能力的相关方面着手不断提高,从而更好的实现政治权利的行使。

就农民自身而言,农民要提高政治意识、法律意识,不断学习,接受教育,积极参与各种民主政治活动,从而提高政治权利的行为能力。就村民(社区居民)委员会而言,要完善组织的构成,明确工作目标和职责,加强自治能力。就基层党组织而言,就是要加强党的执政能力。加强党的执政能力建设,关系到党和国家的长治久安,关系到中国特色社会主义建设事业的兴旺。要从执政主体、执政制度、体制和机制、执政方式方法多个方面去加强党的执政能力。就政府而言,要实现服务型政府建设,加强和创新社会管理方式,做到依法行政、科学行政、合理行政。

四、政治法律环境的优化

马克思主义哲学指出事物的发展变化需要内因和外因两个条件,内因是决定事物变化的决定因素,外因要通过内因起作用。但是,同时我们也应看到外因对事物的发展变化具有十分重要的作用。中国有很多古训与典故说明了外因的重要性,如"时势造英雄""近朱者赤近墨者黑""孟母三迁"等,这些都说明了外因,也可以说是环境对人和事情发展的影响。农民权益保护与新农村社区建设不是在一个封闭的空间,而是在中国和谐社会建设,在国际政治经济发展的大环境中进行的,因此,农民权益保护与新农村社区建设过程中政治法律关系的实现需要国内政治法律环境的优化,也需要国际政治法律环境的优化。

国内方面,要实现农民的政治权利、实现新农村社区民主法治的建设,就要将其纳入到国家整体的政治制度与法律制度运行过程中来。一个国家政局的稳定与否,会给人民的政治权利行使带来重大影响。政局稳定,人民安居乐业,就会形成一个较好的民主法治环境;相反,政局不稳,社会矛盾尖锐,秩序混乱,就会影响到经济发展,公民的各项权利无法行使。因此,在农民权益保护与新农村社区发展过程中,国内要稳定政治制度、政党制度,稳定党和国家的方针政策,形成一个尊农、护农的政治氛围。在法律环境方面,要逐步完善包括宪法、选举法、立法法等与政治权利相关的法律法规规定,形成一个民主法治的良好氛围。在国际方面,要注意国际政治局势的变动,稳定国际关系,积极关注国际法律、人权的发展,坚持中国特色,推进中国式法治现代化建设,不断提高农民的政治地位。

第六章 农民权益保护与新农村社区 发展的经济法律关系

随着我国国民经济的突飞猛进,农村经济也取得了稳定的发展。粮食生产连续 8 年稳定在 1.3 万亿斤以上,实现连续 19 年增长。畜牧业、渔业等其他农业领域也取得了稳定发展,农业机械化步伐加快,涉农企业和农垦经济也取得了快速发展,实现了农民收入持续增长,农村经济繁荣发展,农村社会安定和谐的目标。但在关注农村经济发展成绩的同时,还必须清醒地认识到我国农业基础仍十分脆弱,城乡差距仍在不断拉大,农村经济发展内涵需要不断丰富,我国已进入加快改造传统小农经济,走上有中国特色现代农村经济发展道路的关键时期,今后的农村经济工作还面临着新的挑战。为了更好的认识和理性探究现代农村经济发展中面临的新现象、新问题,更好的促进农村经济的科学发展,有必要正确把握新农村社区发展中的各种经济法律关系,为规范农村经济健康、可持续、高质量有序发展提供制度依据。

第一节 农民权益保护与新农村社区 发展的经济法律关系概述

法律是用于调整社会关系的,法律规范在调整社会关系中所形成的人们之间的权利和义务的关系就称为法律关系。部门法划分的主要依据是法律所调整社会关系的不同。法律也是因社会有需要其调整的社会关系的存在而生的。因而梳理农民权益保护中主体间的关系,从复杂的社会关系中去把握现实的、特定的法律主体所参与的具体社会关系,是进行立法以及法的正确实施的必要过程,是进行理论研究和立法的重要环节。立法质量的好坏、水平的高低无不与我们能否厘清所调整的复杂社会关系紧密相关。

经济法律关系是法律关系的一种表现形式,产生于生产、分配、交换、消费等过程。经济法律关系与其他法律关系一样是由主体、客体和内容三要素组成。经济法律关系主体是经济法律关系的第一要素,是经济权利、经济义务的承受者。经济法律关系的客体有经济主体的相关行为、物、智力成果和经济信息等类型。经济法律关系的内容就是经济法律关系主体依据经济法所享有的经济权利和承受的经济义务。经济法律关系内容的载体是经济法律关系的各类客体。从经济法律关系所涉及的要素性质看,经济法律关系是组织管理要素和经济财产要素相统一的法律关系,是经济法律规范在生产经营、经济往来及经济管理过程中对经济关系进行调整的结果。其过程要素中所表现出的组织管理性和内容要素中的经济财产性是非常明显的。经济法律关系一般采取较严格的法定程序和法定形式,是具有强制性的权利义务关系。经济法律关系产生、变更和消灭,一般需要依据法定程序,采取法定形式,如书面形式、公证形式等。且经济法律关系中的权利义务一旦形成,即受国家强制力保护,任何一方都不得违背,否则,将受到法律的追究。农村经济法律关系也就是经济法律规范调整农村农业生产、分配、交换、消费过程中的社会关系及管理关系时所形成的农村社会主体之间的权利和义务关系。在新农村社区发展中,经济法律关系主要是集中在新农村经济发展过程,其主体、内容、客体相应的也主要围绕农业生产、农产品销售等新农村经济形式展开,主要包括了农业生产经营、农村经济服务管理两方面的法律关系,这也成为了农村经济法律关系有别于其他法律关系的特点。

农村经济法律关系与其他法律关系相比有如下主要特征:一是农村经济法律关系产生于国家协调本国农村经济运行过程之中,具有经济性、综合性和社会公共性等特点。农村经济法律关系产生于国家运用法律的和非法律的手段使农村经济运行符合我国农村现状及客观规律的要求,推动农村经济发展的过程之中。其方法手段和形式具有多样性、综合性的特点,其内容是与农村经济密切相关的经济权利和经济义务,且与农村社会整体利益相连,具有社会公共性的特点。二是农村经济法律关系是由相关经济法律规范确认的。农村经济法律关系产生的一个前提是:农村经济法律法规的存在。经济法律关系是根据经济法律法规而建立起来的一种社会关系,经济法律关系是经济法律规范的实现形式,是经济法律规范的内容在现实经济生活中的具体体现。农村经济法律关系是根据除《公司法》等常见的经济法律外,还包括《中华人民共和国农业法》《中华人民共和国农村土地承包法》《中华人民共和国农民专业合作社法》等与农村经济密切相关的法律规范而建立的一种农村经济社会关系。三是农村经济法律关系的主体主要是农民和各类涉农组织,且多数情况下有一方主体为国家经济管理机关。农村经济法律关系主体包括了国家机关、各种经济组织、社会团体、其他组织和农民等等。其中,国家机关主要是指国家经济管理机关,是农村经济法律关系中主导性主体,且具有双重主体资格。在此情况下,农村经济法律关系主体的意志在一定范围内具有不平等性。这些不平等性主要表现在:在宏观管理活动中,国家管理机关和相对的经济法律关系主体之间依法产生的不平等性;在微观管理活动中,农民与强势经济主体之间存在的不平等性。

第二节　农民权益保护与新农村社区
发展的经济法律关系主体

法律主体是法律的创造物、规范的人格化、能动的行为者,是联结法律与现实生活的桥梁,[1]在法律关系中享有权利或负有义务,通常又称为权利主体和义务主体。[2] 经济法律主体就是在农村经济活动中,受经济法律规范的人

---

① 胡玉鸿:《法律主体概念及其特性》,《法学研究》2008 年第 3 期。
② 张文显:《法理学》(第三版),法律出版社 2007 年版,第 186 页。

格化、能动的行为者,是连接法律与经济活动的纽带。我国农村传统经济形态以小农经济为主,其农村社会的经济法律关系主体较为单一,主要包括农民、地主、政府。随着现代农村经济的发展,经济关系日益呈现出复杂化、多样化的特征,经济法律关系主体也逐渐变得更加丰富,除了农民、政府仍作为现代经济法律关系主体存在以外,地主这种经济法律关系主体已退出历史舞台,但同时增加了涉农企业、村民(农村社区居民)委员会、集体经济组织、社会中间层等其他新兴主体,这些主体在新农村社区经济发展过程中,各具特色,形成了新农村社区经济发展的重要组成部分。

一、新农村社区发展中经济法律关系主体的总体特征

随着我国农村经济的发展,经济法律关系主体表现出更加多样化的特点。现阶段农村经济主体就包括了农民、国家机关、村民委员会、涉农企业、农民专业合作社等,这些主体在促进农村经济发展的过程中扮演着不同的角色,是农村经济市场的重要组成部分。主体多样化是农村经济发展的必然结果,同时主体的多样化也加深了农村经济社会分工的细化,使农业生产经营更加专业化,劳动生产率不断提高,农村市场化步伐进一步加快,对新农村社区发展起到了促进作用。

在农村经济发展中,经济法律关系主体也越来越趋于专业化。这不仅表现在农民生产经营知识的不断增长、乡镇龙头企业的发展和农村经济管理部门的增多,还表现在农民专业合作社的专业性上。农民专业合作社法实施以来,我国农民专业合作社发展迅速。据农业农村部网站发布,截至 2022 年 3 月底我国工商注册登记农民专业合作社达 222.2 万家,辐射带动近一半的农户。近年来,农业合作社在帮助农民实现收入方面呈快速增长势头。通过农民专业合作社的专业化,农村经济取得了质的飞跃,如重庆市某粮食合作社,实行"土地入股,统一服务",统一配送优质水稻品种、统一垫支生产成本、统一技术服务、统一收购粮食,实现了粮食生产的规模化、标准化,并打造了两个"绿色食品"品牌,提高了农民种粮效益。也正是基于这一点,农民专业合作社在促进现代农业发展和农民共同致富、提高涉农项目效益、变革农业生产关

系、改善农村社会管理等新农村社区建设的诸多方面都发挥了越来越重要的作用。这些特征与新农村建设、全面乡村振兴中农村经济的市场化程度息息相关。

二、新农村社区发展中经济法律关系的典型主体

新农村社区发展中经济法律关系主体包括了农民、涉农企业、政府、村民（农村社区居民）委员会、集体经济组织、社会中间层等,这些主体可以从历史发展的角度分为传统农村经济法律关系主体及新型农村经济法律关系主体。

传统农村经济法律关系主体主要包括了农民、政府,农民一直是农村经济中的主要参与者,没有了农民,也就不存在农村经济,而政府也是各个时代存在,对农民、农村经济进行管制等经济管理行为的主体。

新型农村经济法律关系主体包括了涉农企业、村民（农村社区居民）委员会、农民专业合作社、农村合作经济组织、其他农村社区外的主体等,这些主体都是伴随新中国成立以来农村经济发展而产生的新型主体。其中,村民（农村社区居民）委员会、农民专业合作社等虽然也在农村经济生活当中扮演了一定的角色,例如村民（农村社区居民）委员会对农村土地承包经营的管理等,但其职能主要是综合管理及服务职能。此类主体中发挥经济职能的主要是涉农企业及集体经济组织,它们也是现代农村经济发展中比较典型的经济法律关系主体。

（一）农民（农户）

对农民的定义很难在学界形成统一意见,《新帕尔格雷夫经济学大辞典》中的"农民"一词中写道"很少有哪个名词像'农民'这样给农村社会学家、人类学家和经济学家造成这么多困难。什么是'农民'？即便在地域上只限于西欧,时间上只限于过去1000年内,这一定义仍是个问题。"在对农村经济法律关系的探讨中,我们不必将农民的定义讨论得十分清楚,但我们要从经济的角度划定农民的范畴:所谓农民就是占有或部分占有生产资料,长期以从事农业生产劳动为生的人。而农民伴随着农业生产的出现成为农村经济中重要参与者。《谷梁传·成公元年》中讲:"古者有四民:有士民,有商民,有农民,有

工民。"可见,农民在农村经济发展的历史长河中扮演了不可缺少的角色。根据历史唯物主义观点,农民是当然的新农村社区发展的主体,充分发挥农民的主体作用是建设社会主义新农村成败的关键。农业是农民从事的主要产业,农村是农民生产、生活的最主要载体。社会主义新农村社区建设是在市场经济背景下进行的,农村资源的配置、农村事业的发展、农村产业和产品结构调整,都离不开社会主义市场经济这个大背景。天生弱势是农民的特性,它决定了其不能像其他市场主体一样放手一搏,同时,农业在国民经济中的重要地位也不容我们对其置之不理。

值得注意的是,在新农村社区发展的过程中,农民的身份在逐渐发生新的变化,除继续以从事农业生产为生的部分农民外,还有一些农民已不再靠从事农业生产生活,他们或外出打工,或在当地从事商贸活动,农业生产已不再是其生活的重点。农民生产往往以农户为单位,各种生产大户:比如家庭农场也不断增长。而同时从事农业生产的人却越来越专业化,其生产的规模也越来越大,农业职业者的发展趋势逐渐显现。农民职业的这种分化也是促使我国农业生产规模化、集约化的重要原因。

（二）涉农企业

涉农企业是我国新农村社区建设、农业产业化发展的中坚力量,主要是指从事农业生产资料及农产品生产、加工、销售、研发、服务等活动的各类企业。它是中国乡镇地区多形式、多层次、多门类、多渠道的合作企业和个体企业的统称,包括乡镇办企业、村办企业、农民联营的合作企业、其他形式的合作企业和个体企业五级。涉农企业使广大农民走出黄土地,与先进的生产方式融为一体,从事二、三产业。涉农企业在提高农民收入,促进社区经济发展,带动农村经济发展进而提高农民生活水平等发挥了重要作用。

目前,涉农企业的经营发展模式主要有"企业+农户""企业+基地+农户""企业+合作社+农户""企业+协会+农户"等等,这些发展模式使龙头企业参与到新农村社区建设中来,提高了当地优势农产品在国内外市场的竞争力,带动了当地农业产业的迅速发展,有力地推动了新农村社区的经济建设。在市场准入方面,涉农企业需要符合我国《公司法》《合伙企业法》《个人独资企业法》等法律关于注册资本、名称、住所、组织结构等内容的规定,但由于我国涉农企业所从事的产业即农业具有天生的弱质性特点,严重阻碍了其推动作用的发挥,一些地区为促进本地农村发展,对涉农企业放宽了设立条件。如对涉农企业的住所放宽条件,对涉农企业住所(场所)在农村没有房管部门颁发的产权证明时,提交住所(场所)所在地村民委员会出具的证明,即可办理登记注册。① 优惠措施的采取为的是培育和支持涉农企业的发展,进而带动当地新农村社区的经济发展及社区建设。但应当注意的是,不能为了发挥涉农企业对当地经济的推动作用,就一味地放宽条件,疏忽企业发展的风险防范,导致农村经济的不可持续性发展。

(三)政府

农村经济法律关系除了会由平等主体之间的经济活动引起之外,还会由不平等主体之间的经济行为而引起。这种不平等主体主要是指政府经济管理部门与农民、涉农企业等个人或组织。政府在农村经济中是以维护和实现农村社会的公共利益为目的,行使国家公权力的组织。政府的职能是经济调节、市场监管、社会管理、公共服务。可见,政府在农村经济中也主要是承担农村经济调节与农村经济市场监管的职责,但不同层级的政府所担任的职责不同,具体可分为中央政府职责与地方政府职责。其中,中央政府主要负责根据宪法和法律的规定,结合农村经济的现实情况,制定相关的行政法规及政策方针,发布相关的决定和命令,以及负责执行农村经济管理等工作,而地方政府则负责具体实施中央的相关经济法规、政策、决定及命令,执行具体的农村经济管理行为,相比较而言,地方政府的职责更具体,是直接与农民、企业等主体接触的政府层,其中,县级以下政府层则更是与农村基础最频繁、最紧密的地方政府。

此外,政府在农村经济建设的过程中不仅仅要扮演农民权益保护的主导者和推动者,还需要在这一过程中不断提升自我,使政府职责在新农村社区建设中得到不断地完善,政府服务水平不断地进步。新农村社区发展是一项宏

---

① 张志杰等:《注册涉农企业,现金只需 9000 元》,《哈尔滨日报》2010 年第 3 期。

伟工程,要完成这项长期的、艰巨的和繁重的历史任务,需要扮演主导者和推动者的政府的职能不断完善和作用不断发挥外,更需要亿万农民的积极参与。没有农民这个基本力量的支撑,新农村社区建设是不会胜利的;没有政府的完善与进步,新农村社区建设也是不可能成功的。因此,正确界定政府与农民在农民权益保护和新农村社区发展中的角色,正确处理政府与农民的关系,是农民权益保护与新农村社区发展进程中摆在我们面前的一个十分重要的课题。从理论认识和实践层面上对政府与农民之间的基本法律关系进行研究,对加强政府在新农村社区发展中的科学领导,调动农民在新农村社区发展中的主观能动性,开创新农村社区发展的新局面具有极为重大的意义。

(四)农村社区集体经济组织

农村社区集体经济组织即农村集体经济组织作为一种法律概念,最早出现在我国 1982 年《宪法》中的第八条①及第十七条,之后的 1986 年《民法通则》(2020 年《民法通则》等法律被《中华人民共和国民法典》取代)、1999 年《宪法》修正案第二条、2002 年修订的《农业法》、2002 年颁布的《农村土地承包法》等多部法律文件都规定了农村社区集体经济组织的相关内容。农村社区集体经济组织也曾在我国农村经济发展的历史上发挥了不可磨灭的作用。但随着市场经济的发展,农村社区集体经济组织面临诸如农村社区集体经济组织的资源动员能力下降,投资、经营非农业的能力弱化,产权模糊制约农村经济发展,经济功能相对退化等一系列的挑战。② 在实践中,我国一些地区对农村社区集体经济组织进行改革,例如,长三角、珠三角等地区在城市化过程中对农村社区集体经济组织进行的股份合作制、公司化以及社区型股份合作社等多种类型的改革模式,但这些改革都显示了集体经济组织的一些基本问题:(1)改革模式及目标定位模糊;(2)法律地位不明确,法律人格不完善;(3)监管体制不顺;(4)封闭僵化的组织体系与运行机制远未达到现代企业制度的要求;(5)兼具发展经济和社区服务等多种职能,容易引起职能不分,社

---

① 1982 年《宪法》第 8 条规定,农村集体经济组织实行家庭承包经营为基础、统分结合的双层经营体制。

② 王振等:《市场深化与农村集体经济组织的变革》,《社会科学》2001 年第 1 期。

会负担沉重。① 因此,要在今后新农村社区发展的过程中继续发挥农村社区集体经济组织的作用,就必须注意要从明确农村社区集体经济组织经济性改革目标的定位,创新农村社区集体经济组织多种组织形式,剥离其经济与行政职能,与政府互补协作等多个方面着手。

(五)村民(农村社区居民)委员会

村民(农村社区居民)委员会属于农村社区的群众性自治组织,其产生依据为我国《村民委员会组织法》,该法第二条规定村民委员会是村民自我管理、自我教育、自我服务的基层群众性自治组织,实行民主选举、民主决策、民主管理、民主监督。村民(农村社区居民)委员会主要负责农村社区的公共事务与公益事业,调节社区纠纷,协助维护社区治安,向人民政府反映农村社区居民的意见、要求和提出建议等。与此同时,该组织也承担了一些经济职能,主要是支持和组织村民依法发展各种形式的合作经济和其他经济,承担本村生产的服务和协调工作,促进农村生产和社会主义市场经济的发展;尊重集体经济组织依法独立进行经济活动的自主权,维护以家庭承包经营为基础,统分结合的双重经营体制,保障集体经济组织和村民、承包经营户、联户或者合伙的合法的财产权和其他合法权利和利益。其中,正确处理村民(农村社区居民)委员会与农村社区集体经济组织之间的关系是较为关键的问题。如前所述,农村社区集体经济组织的定位是单纯的经济性质的法人,而村民(农村社区居民)委员会则应作为村民自治、协助行政的组织,定位为公共管理性质的特别法人,两者应当相互独立、相互支持。

(六)农民合作经济组织

农村的组织建设是市场经济下解决"三农"问题的重要一环。农民合作经济组织作为农村市场主体的新兴力量,在破解"三农"问题、统筹城乡经济社会发展、建设和谐社会的过程中发挥着独特的作用。农民合作经济组织是农民依法自愿联合组成、不以营利为目的、实行民有、民管、民享原则,为其成

---

① 王权典:《社区集体经济组织改制目标定位与职能重构之法律研究》,《法律论坛》2009年第4期。

员提供生产经营服务的经济合作组织,具有合作性、经济型、自愿性、非营利性以及实行民有、民管、民享的原则。我国自1978年实施家庭联产承包责任制与农副产品市场化两项改革以来,出现了各种不同形式的农民合作经济组织。20世纪90年代以来,随着我国社会主义市场经济体制改革深入,农村合作经济组织取得了快速的发展,并形成了各种新型的农民合作组织。1993年,国务院明确农业部作为指导和扶持农民专业合作与联合组织的行政主管部门。21世纪以来,我国农民合作经济组织得到了更进一步的发展,2006年10月,世界银行发布了一份《中国农民技术专业协会:回顾与政策建议》的报告,该报告认为,我国发展农民专业协会是十分合理的,且发展势头不断增强。2006年10月31日通过了我国第一部关于农民合作经济组织方面的法律——《中华人民共和国农民专业合作社法》(以下简称《农民专业合作社法》),并于2007年7月1日正式实施。该法的实施,标志着我国农民合作经济组织的发展进入了一个新阶段,通过法律形式明确了农民合作经济组织的市场主体地位。2008年1月,《中共中央国务院切实加强农业基础建设进一步促进农业发展农民增收若干意见》的出台,进一步为发展农民合作经济组织创造了良好的政策环境。

目前,我国农村合作经济组织的主要存在形式就是农民专业合作社。而各种农民专业合作社的兴起和壮大,为农民进入市场、保护农民利益和提高农业的经济效益提供了保障。农民专业合作社作为一种有效率的制度安排,其本质是处于弱势地位的农民,在自愿互助和平等互利的基础上,通过经济联合的方式,将家庭经营的个体劣势转化为群体优势,在更大范围、更广空间实现资源的优化配置,实现外部利益的内部化和交易费用的节约,减少经济活动的不确定性,打破市场垄断,共享合作带来的经济剩余。农民专业合作社是以利益为纽带结成的互惠互利共同体,作为农民利益集团的代表,其生命力在很大程度上取决于社员农户利益以及各种合作要素利益的实现程度。《农民专业合作社法》将其界定为在农村家庭承包经营基础上,同类农产品的生产经营者或者同类农业生产经营服务的提供者、利用者,资源联合、民主管理的互助性经济组织。该法还规定农民专业合作社以其成员为主要服务对象,提供农业生产资料的购买,农产品的销售、加工、运输、贮藏以及与农业生产经营有关的技术、信息等服务。该组织为其成员带来的利益不仅包括直接利益和间接利益,短期利益和长远利益,还包括了社员的个人利益和组织的整体利益,它是实现社会利益均衡和农民权益保护的重要组织形式。此外,根据《农民专业合作社法》的规定,农民专业合作社登记后,取得法人资格,对由其成员出资、公积金、国家财政直接补助、他人捐赠以及合法取得的其他资产所形成的财产,享有占有、使用和处分的权利,并以上述财产对债务承担责任。当然,农民专业合作社还可从事生产经营活动,但应当遵守法律、行政法规,遵守社会公德、商业道德,诚实守信。同时,农民专业合作社还积极开展与信用、保险多方面的互助合作,并致力于推进农业标准化生产、品牌化经营,为实现新农村社区经济的快速、健康发展起到了重要作用。

(七)涉农社会中间层

社会中间层是超越"政府—市场"二元框架存在的,是指独立于政府与市场主体,为政府干预市场、市场影响政府和市场主体之间相互联系起中介作用的主体,具有中介性、公共性和民间性等特征,[1]其功能包括服务功能、干预功能、协调功能。[2] 在农村经济市场化发展过程当中,越来越多的涉农社会中间层出现,例如一些农民专业协会、土地流转中介服务组织等等,它们已经承担起服务农村经济,参与农村市场规制、政府宏观调控,协调农村市场主体、农村市场主体与政府主体之间关系的功能。以土地流转中介服务组织为例,目前,我国农村社区的经济活动中,土地流转成为重点问题,随着土地流转速度的加快和范围的扩大,土地流转的中介服务机构逐步出现。综合全国来看,其主要表现形式有:土地投资经营机构、土地评估事务所、土地融资公司、土地托管中心、土地信托服务中心等。截至2009年,就浙江省共有254个乡镇,4344个村建立了土地流转服务组织,类似"土地信托中心"的中介服务组织

---

[1] 王全兴、管斌:《社会中间层主体研究》,《经济法论丛》(第五卷),中国方正出版社1999年版,第113页。

[2] 王全兴、管斌:《社会中间层主体研究》,《经济法论丛》(第五卷),中国方正出版社1999年版,第113页。

3069个。[1] 全国各个省市都陆续建立了类似的土地流转中介机构。这些土地流转中介机构承担了诸如发布流转信息、土地流转参考价格、管理土地流转参与价格、制定流转规则、主持土地流转、调解土地纠纷等职责,将土地的供给主体和需求主体连接起来,起到了沟通和桥梁的作用,进一步推动农业和农民进入市场经济。可见,涉农社会中间层已成为农村经济发展过程中的重要组成主体,对促进和完善农村经济市场化,保护农民权益发挥着越来越突出的作用。

（八）涉农金融机构

随着市场经济的发展,农村经济市场的日益扩大,农村经济的参与主体也越来越复杂,越来越多样。目前,农村经济活动中,除了以上几类主要的参与主体外,还包括农村金融主体,农村社区外投资主体,农村社区外消费者等。其中,我国农村金融长期存在农村金融供给严重不足等问题,造成大量的有效金融需求很难得到满足,很大程度延缓了农村经济发展,成为制约农村经济发展的瓶颈。[2] 为了解决这一问题,国家对农村金融机构给予税收等各方面大量的支持,目前我国农村金融进入到繁荣发展的阶段,其组织形式主要包括了国有商业银行、农村商业银行、农村信用社、农村合作银行、村镇银行、农村资金互助社、保险公司等。这些农村金融机构通过不断的改革,已取得了显著的成效,部分金融机构已发展成为境内外上市公司。农村金融机构的这些发展,对促进农村经济发展、带动新农村社区建设无疑具有极大的现实意义。

第三节　农民权益保护与新农村社区
发展的经济法律关系客体

法律关系客体是法律关系主体的权利和义务所指向的共同对象,是将法

---

①　沈映春、周晓芳:《关于我国农村土地流转的中介结构研究》,《当代经济管理》2009年第8期。

②　朱泽:《关于农村金融改革的基本思路及政策框架》,《农村经济》2005年第3期。

律关系主体间的权利义务联系在一起的中介,是构成任何法律关系的必备要素之一。从宏观上讲,法律关系客体的主要形态包括了物、行为、智力成果、人身利益等。在新农村社区经济发展中,经济法律关系客体的形态非常复杂,除了比较常见的生活品消费外,还包括以土地为主的农村资源环境、土地流转、国家对农村经济的管理等经济行为以及地理标志等智力成果。

一、农民权益保护与新农村社区发展中的农村资源

农村资源环境是农村经济持续发展物质基础,直接影响着农村生产水平、农产品质量以及人体健康。① 古书《逸周书·大聚篇》中记载:"早春三月,山林不登斧,已成草木之长。夏三月,川泽不入网罟,以成鱼鳖之长"。战国时期荀况更是将保护资源与环境作为治国安邦之策。可见,早在我国古代,人们就已经认识到合理利用资源、保护生态环境的重要性。近代以来,资源环境问题与人口、经济的增长成为世界关注的重要议题。在农村经济发展中,农业生产主要是经济法律关系主体对农业资源进行开发利用的社会经济活动,主要包括了对土地资源、水资源、矿产资源、林业资源等多种资源开发利用的经济活动。我国当前农村经济处于发展阶段,经济利益驱动下,农村资源利用与保护问题表现得比较突出,有限的资源与无限的需求、资源的节约与经济发展之间的矛盾日益加剧。

(一)土地资源

土地是重要的生产资料和劳动对象。土地资源是在一定技术条件下和时间内为人类利用的土地,既包括了土地资源的自然属性,也包括了人类利用、改造土地的经济属性,因此,也称之为"历史的自然经济综合体"。对于土地的分类,根据不同的属性可进行多种分类。按照地貌特征可划分为高原、平原、外围山地、盆地、丘陵等;按照土地的土壤质地可划分为黏土地、沙土地、壤质土地等;按照土地所有权可划分为国有土地、集体所有土地及私有土地。在此,我们按照最常用的土地分类方法,即依照土地的经济用途进行分类可分为

---

① 严立冬等:《试论农村资源保护立法》,《中南财经大学学报》1989 年第 3 期。

耕地、林地、草地、水面、未利用土地、建设用地、工矿用地、交通用地等。在农村生产经营中主要涉及耕地、林地、草地。在农村经济发展、城市化发展过程中,建设地及交通用地也成为关注的重点。由于我国幅员辽阔,地形、气候、土壤等条件复杂多样,加之各地农业发展历史、生产水平、土地利用差异等,形成了多种多样的土地类型。大部分土地经过人工改造利用成为耕地、草地、林地、建设用地等,这些土地约占总面积的 63.9%,适宜开垦利用的土地约占总面积的 17%,至今仍未利用的戈壁、荒漠、高寒石山等土地约占总面积的 19.1%。虽然我国农村土地资源丰富,土地类型多样,但土地资源的人均数量少;山地多,平地少,耕地面积少,森林覆盖率低,难以利用的土地比重大,后备资源不足。我国的这种土地资源状况对发展农业是一种不利因素。以耕地为例,我国现有土地面积居世界第三,但人均耕地不及美国的 1/6,不及加拿大的 1/15,不及俄罗斯的 1/8,甚至只有印度的 1/2。[1] 我国耕地资源短缺的严峻形势,已成为制约新农村社区建设的瓶颈。因此,一方面,我们应当在因地制宜原则的指导下,珍惜和合理利用每一寸土地,努力提高土地利用率;另一方面也要防止盲目扩大耕地面积、过度开发非农用地及土地污染等问题。面对制约我国新农村社区建设的土地资源的问题,除了要在利用方式上下功夫外,还要通过制度建设明确各种农村资源的权利归属和权利内容,促进土地的合理开发、高效利用和有效保护与管理,为农业生产得以有效开展,为保护农民利益、促进新农村社区发展提供制度前提。[2]

(二)水资源

水是一切生命体赖以生存的必不可少的重要物质,是工农业生产、经济发展和环境改善不可替代的宝贵自然资源。水资源即指与人类生活和生产活动以及社会发展息息相关的淡水资源。根据统计,我国江河平均年径流量为 271 * 10 亿立方米,位居世界第六,但人均径流量只有世界人均径流量的四分之一,每亩耕地水量也只有世界平均值的三分之二。而淡水资源总量为

---

① 资料来源:中国经济网。

② 李昌麒主编:《中国农村法治发展研究》,人民出版社 2006 年版,第 32 页。

28000 亿立方米,占全球水资源的 6%,居世界第四位,但人均只有 2200 立方米,仅为世界平均水平的 1/4,是全球 13 个人均水资源最贫乏的国家之一。此外,我国水资源的时空分布很不均匀。从空间上看,长江流域及其以南地区的水资源占全国水资源总量的 80%,但耕地面积仅占全国的 36% 左右;黄、淮、海流域的水资源只有全国的 8%,而耕地却占全国的 40%。从时间分配上来看,我国大部分地区,冬春少,夏秋雨量充沛,降雨量集中在 5—9 月,占全年雨量的 70% 以上,且多暴雨。

在农村社区,对水资源的利用主要是涉及渔业、农业灌溉、生活用水、运输、旅游等领域。我国在农田灌溉方面,全国现有农田灌溉面积 8.77 亿亩,林地果园和牧草灌溉面积约 0.3 亿亩,有灌溉设施的农田占全国耕地面积的 48%,但其生产的粮食却占全国粮食总产量的 75%。在防洪方面,现有堤防 20 多万千米,保护着耕地 5 亿亩和大中城市 100 多个。现有大中小水库 8 万多座,总库容 4400 多亿立方米,控制流域面积约 150 万平方千米。水资源分布的不均衡直接影响着我国不同农村社区对水资源的利用方式及程度。在我国东中部地区,水资源除了作为农业灌溉外,主要的是用于渔业发展,而北部、西部等各地区由于水资源缺乏,主要用于农业灌溉。目前,随着经济、人口、社会的发展,水资源的利用中除了由于水资源分布不均所引起的矛盾外,供需矛盾的日益尖锐,也导致了许多不利的影响。就农业生产而言,在中国 15 亿亩耕地中,尚有 8.3 亿亩没有灌溉设施的干旱地,另有 14 亿亩的缺水草场;全国每年约有 3 亿亩农田受旱;西北农牧区尚有 4000 万人口和 3000 万头牲畜饮水困难。此外,我国水资源还存在水利建设、洪涝灾害、水体污染等问题,这些问题也直接或间接的影响了水资源的利用。2010 年 3 月,我国西南地区遭遇历史罕见的干旱天气;2011 年第二季度,我国长江中下游多省市遭遇 50 年一遇的特大干旱。而这些特大旱灾凸显了西南水利建设滞后的问题,在该地区加大对水利基础设施的投入显得非常迫切。由此可见,在农村社区经济的发展过程中,对水资源的利用不仅要关注水资源本身,还应当注重因地制宜、合理利用并采取相关措施节约和保护水资源。据中投顾问发布的《2011—2015年中国水务行业投资分析及前景预测报告》显示,中国严重缺水的城市约有

110 个,14 个沿海开放城市中有 9 个严重缺水,北京、天津、青岛等城市缺水最
为严重。① 由此可见,水资源是农民权益保护与新农村社区发展的经济法律
关系客体中与土地资源同样重要的客体之一。

(三)矿产资源

矿产资源如同土地资源一样,是人类赖以生存的物质基础。我国矿产资
源门类齐全,矿业经济在我国国民经济中占有一定的地位。目前,我国大部分
矿产的开采都是在农村社区进行,矿产资源综合利用水平较低,大多为单一开
采,大量的伴生、共生矿被废弃,开采损失率达 40% 左右有色金属矿山年损失
各种金属量超过 20 万吨;不少乡镇的矿山将品位达 3 克/吨的金矿石丢弃了。
就陕西省而言,有 76% 的伴生、共生有色金属被抛弃,历年损失达 22 亿元人民
币。② 我国煤炭矿山回采率平均只有 32%,若提高 1%,则在不增加基建投资
的情况下,可增产 1000 万吨煤炭。与煤伴生、共生的瓦斯气利用率仅有 20%。
年产 10 多亿吨煤转化为清洁方便的电能不足 25%,浪费大、污染重。近十多
年来,我国已逐渐重视对矿产资源的综合利用,并已初具成效。例如鞍钢每年
回收 360 万吨炉渣、70 万吨钢渣、47 万吨瓦斯灰泥、105 万吨含铁尘泥、13.6
万吨炉泥与炉尘、20 万吨氧化铁皮,每年获利 5300 多万元。可见,我国一些
地区的矿产资源的综合利用已取得了一定的成绩,但从全国来看,矿产资源利
用率还有很大的提升空间。今后,在实现资源利用率提高的措施上不仅仅要
依靠科技进步、提高保护与合理利用矿产资源的水平、推行矿产资源的综合利
用,还应注重矿产资源开发中的环境保护及管理方式等问题,实现矿产资源由
粗放型向集约型的转变。

二、农民权益保护与新农村社区发展中的经济行为

经济行为在法律上即指经济主体参与经济法律关系的过程中,为了一定
的经济目的,实现其权利与义务所进行的经济活动。在我国新农村社区建设

① 资料来源:中国投资咨询网。
② 资料来源:《矿产资源综合利用》,参见:https://wenku.baidu.com/view/f925521014791711cc79173b.html。

与全面乡村振兴中,农村经济主要是围绕土地流转问题展开。农民要增加收入,需要通过土地流转来实现;涉农企业实现规模生产,需要通过土地流转实现;国家要推动新农村社区建设,也需要通过土地流转实现,因此,农村土地流转成为新农村社区建设中各个主体经济行为的中心环节。

(一)农民的经济行为

农民的经济行为包括了农业生产、销售、消费以及融资等多种行为。但在新农村社区建设过程中,农民的经济行为主要是围绕土地流转展开。现阶段,我国实行农村家庭联产承包责任制。家庭联产承包经营是在不改变土地集体所有的前提下,分田到户,由农户承包经营的行为。以家庭承包为核心的农村改革,促成了土地所有权与使用权的分离,保证了农民在土地集体所有权的基础上享有独立的土地经营权,充分调动了农民的积极性,极大提高了劳动生产率。以家庭承包经营为基础、统分结合的双层经营体制,是适应社会主义市场经济体制、符合农业生产特点的农村基本经营制度,是党的农村政策的基石。随着社会主义市场经济的发展,土地面积细化和农户经营分散化成为促进农业生产经营的障碍,土地承包经营权流转成为合理配置和持续有效利用农村土地资源的有效途径。

当前,我国农村土地承包经营权流转呈现出速度加快的趋势,土地承包经营权流转对象已不再局限于本集体内部成员,呈现出多元化的趋势,土地承包经营权流转形成了以出租和转包为主,兼有入股、互换、抵押、信托等多样化的形式特点,流转机制日趋市场化,其流转程度与农业产业化经营、社区经济发展水平紧密相关。与此同时,国家也相应出台了与农村土地流转相关的多项法律法规及政策,促使其有序进行。四川、重庆、湖北、浙江、广东等地也进行了农村土地流转试验,取得了较大的突破,为进一步推进土地流转提供了宝贵经验。农村土地流转行为不仅是符合当代农村社会经济发展条件的历史必然选择,也是发展规模化经营、提高土地利用率、加快城镇化进程、促进新农村社区持续健康发展的重要途径。

(二)涉农企业的经济行为

农业产业化的核心是涉农企业经营。涉农企业的经营行为主要依照现代企业制度进行。如前所述,我国涉农企业的经营模式主要有"企业+农户"等。不难发现,"企业+农户"的经营模式是农业产业化进程中涉农企业的基本经营模式,其他模式不过是在该模式基础上的发展。该模式下企业与农户签订合同,采取买断型、契约型或合作型的利益联结机制①,通过对某一或某些产品的种养加、产供销、贸工农等形式,由涉农企业、专业市场、合作组织、中介组织等形成一体化经营,并进一步拓展产业链,推动整个地域的农业产业化及农村城镇化建设。我国涉农企业的发展已取得显著成效,以湖南省为例,全省涉农企业继续保持较快增长,2011 年全年累计实现增加值 3260 亿元,同比增长12%。全省农产品加工工业,农产品流通、运输及农村休闲观光等服务产业均保持良好发展态势。全省加工企业发展到 4.6 万家,其中 220 家国家和省级龙头企业联结基地 4000 多万亩,带动 270 多万农户。全省 4000 多家规模休闲农庄当年营业收入有望突破 40 亿元。② 涉农企业已成为促进农业产业化经营、推动新农村社区建设的中坚力量。

(三)农村社区集体经济组织的经济行为

随着农村家庭承包经营责任制的实行、农村改革的深入以及农村市场经济的不断发展,农村社区集体经济组织越来越受到重视。作为负责集体资产经营管理等经济事务的经济性组织,目前在资产占有和经营上出现了三个明显的特征:一是社区集体经济原有资产的占有和经营出现了多种形式,或仍由集体统一管理使用,或折股到户承包经营,又或是以生产抵垫资金的形式分到户使用;二是以原有资产为基础,吸收各种社会投资,从而使集体经济组织的所有者主体出现了多元化的结构;三是集体经济组织的经营方式以承包经营

---

① 李达球:《农业企业化经营的方向和路径》,《学习时报》2007 年第 7 期。所谓买断型是指企业和农户之间缺乏密切的财产联系,双方利益相左,行为难以约束,其完善关键在于龙头企业,要鼓励龙头企业采取加大非市场安排力度、建立农产品生产基地、浮动保护价收购农产品等多种措施稳定和加强其与农户的关系。所谓契约型是指要规范利益合同,确保订单农业的实现,推行"订单农业+价格联动"利益分配机制,充分发挥中介组织或行业协会的作用,充分运用期权,降低农产品收购合同中的违约风险。所谓合作型是指涉农企业与农民之间严格约束,作为共同的出资方,组成新的企业主体。农民作为股东,参与管理、决策和监督,形成了"资金共筹、利益共享、积累共有、风险共担"的利益共同体。

② 资料来源:http://finance.sina.com.cn/roll/20081225/20172594567.shtml。

为主,同时存在联产承包、专业队(组)承包等多种形式。① 目前,社区集体经济组织主要是通过以下经济行为实现对集体资产的经营管理:(1)收取承包金等费用;(2)兴办集体企业,并根据对企业投资的份额,参入企业董事会或直接管理企业;(3)负责农田水利等基础设施建设及公共项目的支出等;(4)在不剥夺农户经营自主权的基础上,将农户组织起来,进行良种、机耕、排灌、栽培、信息技术以及代购生产资料、疏通农产品销售渠道等生产服务,降低农民生产成本,在农民和市场之间搭建桥梁。可见,集体经济组织的经济行为多限于为社区集体组织成员经济需求提供服务,为社区经济发展提供公共支出的行为。目前,2022 年 5 月 6 日,《中华人民共和国农村集体经济组织法》已经全国民大常委会初审,相信该法对农村集体经济组织的经济行为进行规范的条文将非常全面。

(四)村民(农村社区居民)委员会的经济行为

村民(农村社区居民)委员会(以下简称村委会)与农村社区集体经济组织是存在于农村社区的两个完全不同的管理机构。根据《村民委员会组织法》的规定,村委会是村民自我管理、自我教育、自我服务的基层群众性自治组织,实行民主选举、民主决策、民主管理、民主监督,是我国农村实行的村民自治制度的主要组织载体。可见,村委会是农村群众的自治组织,而集体经济组织则是独立运行的经济组织,两者有所不同。但两者的关系也有交叉重叠的地方,根据《村民委员会组织法》的规定,村委会应当尊重集体经济组织依法独立进行经济活动的自主权,维护以家庭承包经营为基础、统分结合的双层经营机制,保障集体经济组织和村民、承包经营户、联户或者合伙的合法的财产权和其他合法的权利和利益。同时,该法也规定村委会依照法律规定,管理本村属于村民集体所有的土地和其他财产,教育村民合理利用自然资源、保护和改善生态环境。由此可见,村委会作为保障集体经济组织的自治组织,主要承担的是村民自治的功能,但也可取代集体经济组织对农村社区的集体所有的土地、森林、草原、山岭、荒地等资产进行管理。村委会取代集体经济组织对

① 农业部软科学委员会办公室:《农业经营制度》,中国农业出版社 2022 年版,第 182 页。

集体财产进行管理的规定在《民法典》《土地管理法》《农村土地承包法》等多部法律中都有体现。在实践中,村委会取代集体经济组织,承担集体经济管理职能的现象更是不胜枚举。村委会的这种经济行为导致与集体经济组织的界限模糊,使集体经济组织功能虚化,有悖于农村社区政治职能与经济职能独立运行的立法初衷,需要对现有法律法规的混乱规定进行整理,并在实践中杜绝这种现象的出现。

(五)农民经济合作组织的经济行为

农民合作经济组织是为其成员提供生产经营服务的经济合作组织。其主要经济行为发生在为农业生产服务、组织农产品经销以及促进农业规模化发展的过程中。在农业生产中,农民经济合作组织既组织互助劳动,合作生产,还在农业生产的中各环节中提供服务,使农业生产形成有机的整体,有利于提升农业的综合生产能力。具体表现为:(1)收集市场讯息,根据市场变动,为农民提供种植信息,确定种植农产品的合理面积等;(2)顺应农业标准化生产的要求,组织农民进行农业标准化生产,提高农产品的竞争力;(3)为推进农业产业规模化,通过提供农业机械服务,实现农业机械化生产。在组织农产品经销中,发挥农民经济合作组织的优势,收集市场信息,为农户提供所需信息和其他专业化服务,联系农产品加工企业,与农民形成稳定的购销合同,组织农产品的联合销售与运输,大大的减少了农产品流通环节,降低了农产品的市场费用,实现了农产品加工企业及农民的双赢,促进了农产品的商业化。在农业规模化发展中,农民经济合作组织通过大力推行订单农业的同时,提供先进农业机械、采用现代技术、统一指导农户安排生产,实现农业的现代化与规模化生产经营。[1]

(六)政府对农村经济的管制与调控

农村经济的发展需要通过市场化改革进行。但市场机制并非万能,要保障农村经济的健康发展,还需要政府这只"有形的手"进行有效干预,即政府

---

[1]　黄大学、刘国炳:《农民经济合作组织的功能和构建评价与思考》,《广西社会科学》2006年第4期。

对农村经济进行管制与调控。政府主要是通过政策、法规的颁布及执行实现对农村经济的管制与调控。

首先,政府对农村经济的管制主要表现在对农村土地的管理、农产品流通的规制以及完善市场体系等环节上。对土地的管理涉及了农村土地利用规划、征地、农地整理等多个方面,颁布的法律法规主要包括《中华人民共和国土地管理法》《中华人民共和国农村土地承包法》《农村土地承包合同管理办法》等;对农产品流通的规制主要是在保证储备、进出口和质量的前提下,放开购销价格,拓宽流转渠道等,实现搞活农产品流通,尽快形成开放、统一、竞争、有序的农产品市场体系,为农民提供良好的市场环境的目的;对市场体系的完善,通过大力发展要素市场,重点推进劳动力、市场中介组织、资本和土地市场的发育,使广大农业劳动力资源能逐步从农业中有序的流动起来,以农村市场中介组织为桥梁连接生产、经营和消费,通过农村合作金融等制度充分发挥资金供求在农村经济发展中的调节作用,并解决农村土地有偿使用与转让的问题。

其次,政府对农村经济的调控主要表现在制定农村产业政策,保障粮食安全、支持农业生产、完善涉农价格保护与补贴等法律制度上。(1)农业产业政策包括产业结构政策和产业组织政策两方面。政府在农村继续实行稳定和强化农业的基础地位,大力促进农村其他产业的发展,推动产业升级的农村产业结构政策。在农村产业组织政策上,政府实行农业产业规模经营,农村经济市场化的政策。(2)粮食问题直接关系到政府的经济安全,是影响全局的问题。政府对粮食安全的调控主要是通过建立粮食安全预警制度、粮食风险防范制度等支持粮食储备、稳定粮食市场、保障粮食供给、保护农民权益和促进新农村社区建设的制度供给,以及政府通过政策、资金、技术等方面手段提高粮食生产和农业的经济效益。(3)对农业生产的支持制度主要是政府采取财政投入、税收优惠、金融支持等制度和措施扶持农民和农业生产经营组织发展农业生产,提高农民收入水平,加快新农村社区发展。具体包括提高中央财政预算内资金、政府基本建设资金用于农业中的比重;在确保农业贷款增长率高于全国平均贷款增长幅度的同时,增加农业中长期低息贷款;改变农业投资方式,将农业资金投放集中在农业基础设施建设、农业资源综合开发及农产品基地建设等领域。(4)确定合理的价格保护水平,当农产品市场价格低于保护价时,政府实施保护价收购,依靠价格政策和贸易措施保护本国农业。

三、其他相关经济法律关系客体

法律关系的客体除物与行为以外,还包括了人身及智力成果等。新农村社区在发展现代农村经济过程中,除上文所阐述的农村资源与主体的经济行为以外,也涉及到因农村经济主体的人身所产生的经济法律关系,例如房屋的继承等,但这些法律关系作普通的民事法律关系处理即可,本研究中不多做阐述。此外,新农村社区发展中比较典型的经济法律关系客体还包括了智力成果,主要有植物新品种、农业生产技术发明、农产品地理标志等,其中,农产品地理标志作为带动农业产业化发展的典型、提升农产品竞争力的有利因素,其保护越来越受到重视。

地理标志又称原产地名称,是指标示某商品来源于某地,该商品的特定质量、信誉或其他特征,主要由该地的自然因素或人文因素所决定的标志。地理标志保护制度已被国际社会普遍承认,成为影响产品质量监控的重要保护制度。在地理标志保护中,所涉及的产品主要是农产品,例如我国的西湖龙井茶、金华火腿等等。对于农产品而言,原产地的气候、土壤以及地质等自然因素以及相应的生产技术、加工工艺等人为因素,当然还包括了当地的历史传统等人文因素,共同决定了该产品的质量及特色。而一旦取得了地理标志,它便具有排他性和永久性,即使不同地区生产同样的产品,但该地区取得地理标志后其他地区就不能再生产了,例如,在绍兴黄酒取得地理标志之前,日本等地也有生产,但绍兴黄酒取得地理标志保护后,其他地区便不能再生产了。此外,根据 TRIPS 协议的规定,由于其地理文化遗产的排他性,地理标志可以在 WTO 成员方范围内自动得到承认和保护,在国际贸易中通关入境、国际名牌效应增强谈判能力和产品竞争力等方面有着巨大作用。

地理标志保护制度的这些特质为解决我国"三农"问题提供了一个有效途径,它对优化农村产业结构、促进农民增收具有战略意义。我国幅员辽阔,历史悠久,农业生产具有多样性和局部地域性的特点,形成了很多特色鲜明、地域特征明显的名优产品。地理标志保护的产品具有统一标志、执行政府统一的强制性标准的这一特性,很容易将分散的经营主体集中起来形成规模经营的效果。而在我国新农村社区建设发展过程中,农业产业化是必经之路。地理标志保护这一制度应该是我国农业实现产业化经营、提高农产品竞争力、拓宽国际市场的有效途径。

第四节 农民权益保护与新农村社区发展的经济法律关系内容

法律关系内容是指人们在行为过程中形成的权利、义务关系。[1] 新农村社区发展中经济法律关系内容主要体现为经济法律关系主体之间依照法律规范而分别享有的权利或负有的义务,具体是指新农村社区[2]与农民之间、新农村社区与政府之间、新农村社区与社区组织之间、政府与农民之间、农民与社区组织之间的权利义务关系。

一、农民(农户)的经济权利与义务

我国《民法典》《农村土地承包法》《村民委员会组织法》等法律法规以及中央政策的规定明确了农村社区与农民之间的权利与义务内容。其中主要包括了农民从农村社区承包土地的权利、取得宅基地使用权的权利,获得集体土地收益的权利以及获得农业补贴的权利等等。农村社区则有管理社区公共事务、为农民提供公共服务的权利与义务。

(一)农民(农户)的土地承包经营权与宅基地使用权

土地是农民赖以生存的根本。为了保障农民的生产、生活,促进农业、农

---

① 张文显:《法理学》(第三版),法律出版社 2007 年版,第 182 页。
② 此处"新农村社区"即指类似于村民(农村社区)委员会的群众性自治组织。

村经济的发展和农村社会的稳定,我国法律法规中规定农民享有土地承包经营权与宅基地使用权。而我国实行农村土地集体所有制,即农村社区享有农村土地的所有权。因此,农民需要通过农村社区才能取得这两项权利。

1. 土地承包经营权

土地承包经营权是我国历史发展的产物。它是指农村土地承包人对其依法承包的土地享有占有、使用、收益和一定处分的权利,此处农村土地承包人即指农民,发包人即指农村社区。2002 年颁布的我国《农村土地承包法》第 2条规定农村土地的范围为:农村集体所有和政府所有依法由农民使用的土地,包括耕地、林地、草地以及其他依法用于农业的土地。第 7 条规定承包农村土地的原则为:农村土地承包坚持公开、公平、公正的原则,正确处理政府、集体、个人三者的利益关系。而该法第二章对农民及农村社区的相关权利义务做出了详细规定,其中,农村社区享有发包的权利、监督的权利、处理的权利、法律行政法规规定的其他权利,同时承担维护承包方的土地经营权、尊重承包方的生产经营自主权、为承包方提供必要的服务、组织农业基础设施建设的义务;而农民则享有土地承包经营、土地承包经营权的流转、承包地被征用、占有时依法获得补偿的权利以及法律行政法规规定的其他权利,同时承担维持土地的农业用途、保护和合理利用土地以及法律行政法规规定的其他义务。2020年颁布的《中华人民共和国民法典》中将土地承包经营权明确规定为用益物权,使其具有物权性,更能保护农民的财产权利。此外,我国法律允许对土地承包经营权进行流转。近年来,政府更是放宽了对该权利流转的限制,但必须明确的是农民享有决定土地是否流转的权利,不受任何他人或组织的干涉。

2. 宅基地使用权

宅基地使用权保障了农民的安身立命之所。我国《民法典》中将宅基地使用权规定为用益物权。该法第三百六十二条规定,宅基地使用权人依法对集体所有的土地享有占有和使用的权利,有权依法利用该土地建造住宅及其附属设施。此外,《土地管理法》也对该权利做出了一些规定,明确指出一户一宅的原则。对宅基地使用权的取得及相关主体的权利义务,各地也通过宅基地使用权管理办法或条例进行规范,具体权利义务的规定各有不同,但均采取了严格规范的态度,严格限制宅基地使用权的自由流转,并对宅基地的用途做出了严格限制。

(二)农民(农户)享有分配集体土地收益的权利

随着城乡一体化发展的加快,越来越多的农村社区的集体土地被政府征收或征用。我国《宪法》第十条第二款规定"政府为了公共利益的需要,可以依照法律规定对土地实行征收或者征用并给予补偿"。《中华人民共和国民法典》第二百四十三条规定"为了公共利益的需要,依照法律规定的权限和程序可以征收集体所有的土地和单位、个人的房屋及其他不动产。征收集体所有的土地,应当依法足额支付土地补偿费、安置补助费、地上附着物和青苗的补偿费等费用,安排被征地农民的社会保障费用,保障被征地农民的生活,维护被征地农民的合法权益。征收单位、个人的房屋及其他不动产,应当依法给予拆迁补偿,维护被征收人的合法权益;征收个人住宅的,还应当保障被征收人的居住条件。……"。《土地管理法》第四十七条规定"征收土地的,按照被征收土地的原用途给予补偿。征收耕地的补偿费用包括土地补偿费、安置补助费以及地上附着物和青苗的补偿费。征收耕地的土地补偿费,为该耕地被征收前三年平均年产值的六至十倍。征收耕地的安置补助费,按照需要安置的农业人口数计算。需要安置的农业人口数,按照被征收的耕地数量除以征地前被征收单位平均每人占有耕地的数量计算。每一个需要安置的农业人口的安置补助费标准,为该耕地被征收前三年平均年产值的四至六倍。但是,每公顷被征收耕地的安置补助费,最高不得超过被征收前三年平均年产值的十五倍。……"。第四十八条规定"征地补偿安置方案确定后,有关地方人民政府应当公告,并听取被征地的农村集体经济组织和农民的意见。"第四十九条规定"被征地的农村集体经济组织应当将征收土地的补偿费用的收支状况向本集体经济组织的成员公布,接受监督……"。根据这些法律的规定:当集体土地被征收时,被征地农民享有分得土地补偿费、安置补助费、地上附着物和青苗的补偿费等费用的权利,并有权获得政府提供的社会保障;当集体土地被征用时,被征用土地的农民享有获得土地补偿费的权利。对于征地补偿的使用、分配方案等,农民有权参与、表决决定。此外,经营集体建设用地所得的租金等收益,该社区的农民有权获得分红。

(三)农民(农户)获得农业补贴的权利

我国对种粮农民的补贴主要有:水稻直补、农资综合直补、良种补贴和农机具补贴等。2004 年起,中央为促进粮食增产、农业增效和农民增收,实施了水稻直补、良种补贴和农机具购置补贴等补贴政策。江苏省在实施补贴政策时,对种植水稻的农户每亩直接补贴 20 元;对种植水稻农户发放每亩 15 元的良种补贴,对培育提供优质小麦种子的单位进行奖励性补贴;对种粮大户购置农机具进行补偿。同时,随着化肥、农药、薄膜等农业资料以及机耕作业价格上涨,江苏省还专门安排专项资金对种粮农民农资增支实行综合补贴,农户每亩发放 69 元的综合补贴。随着农村市场经济大发展,政府为推动农业发展,增加农民收入,对农业补贴的额度不断增加,范围不断扩大。2012 年,中央财政共安排粮食直补 151 亿元,安排农资综合补贴 860 亿元。① 2023 年农业补贴总额达到 1205 亿元。其中,国家还将逐步加大对种粮农民直接补贴力度,将粮食直补与粮食播种面积、产量和交售商品粮数量挂钩。可见,我国种粮农民享有获得良种补贴、农机具购置补贴、农资补贴等各项农业补贴等权利。此外,随着政府对种粮农民的农业补贴的对象、种类、范围等不断扩大,补贴力度不断增强,农民所享有的获得农业补贴的权利将不断得到发展。

二、涉农企业的经济权利与义务

农民是新农村建设与全面实施乡村振兴的主体,也是新农村建设与全面实施乡村振兴的各种法律关系的主体。农民与社区涉农企业之间的基本法律关系体现在经济、社会、文化、生态等多个方面,其中最为典型的是经济法律关系。涉农企业在振兴农村社区经济、增加当地农民收入等诸多方面都发挥了重要作用。

涉农企业是农村地区重要的经济主体,为改善农村产业结构和经济结构,促进农村经济的全面发展注入了新的活力。涉农企业的不断壮大有力地改善

---

① 资料来源:www.xiajin.gov.cn。

了农村产业结构和经济结构,促进了区域化布局、专业化生产,进一步增强了农业自我积累、自我发展的能力。涉农企业通过与农民签订合同,规定双方的权利义务实现了农村剩余劳动力向农村二、三产业转移,帮助农民实现就业、增收、致富。实证表明,农民收入净增值很大比例来自涉农企业。我国农村居民收入主要由三部分组成,分别为工资性收入、家庭经营净收入和财产性收入。涉农企业给农民提供就业机会,直接增加了农民的工资性收入;有些涉农企业属于股份合作制企业,年底进行利润分红,增加了农民的财产性收入。"只有减少农民,才能富裕农民"。这是许多经济学家的共识。大力兴办涉农企业不仅可以减少农民、富裕农民,还可以增强城镇吸引力,加快城镇化进程。

三、集体经济组织的经济权利与义务

社区集体经济组织负有促进新农村社区经济发展的义务。它在新农村社区的经济建设中发挥了不可替代的作用,不仅可以起到改善农业生产条件的作用,而且还可以促进农业技术推广,带动产业发展。由于目前农村实行双层经营体制,大规模的生产经营和对外销售等业务依然处于缓慢发展阶段,单独经营的农户的市场经营知识匮乏、资金短缺、技术力量薄弱、抵御风险能力差等诸多客观因素使农业产业化的发展速度减缓。从另一个角度来说,农民致富的愿望极为强烈,他们急需有组织、有规模、科学有序地与市场相对接,并能以较低的成本进行生产和销售。社区集体经济组织将农户组织起来,通过各种途径提高农产品技术含量,使农产品以高附加值的形式顺利进入市场,使农民实现收入的增长,避免了农户家庭各自为政、独自打入市场难等问题。正因为这些客观因素和农民的致富愿望融合在一起,才形成了农业产业化的基础力量。①

农村社区基础设施的投资、建设和管理是一项极为重大的系统工程,不但受资金的制约,还受人力、观念及实施、管理措施等诸多因素的影响,加之农业

---

① 吕孝侠:《农村集体经济组织的经济社会生态功能分析》,《中国乡镇企业会计》2008 年第 9 期。

基础设施具有投资大、见效慢、回收期长等特点。在此情况下,农业基础设施建设仅依靠农户自行解决并不现实。此时需要社区集体经济组织来承担这项艰巨的任务。社区集体经济组织能够加强对农业基础设施的投资、建设和管理,是农业基础设施建设的主力,从而为促进经济权利内容的全面展开和向纵深方向发展创造条件。

在农村金融方面,社区集体经济组织负有分担农村社区经济风险的义务。社区集体经济组织为农业生产提供融资和承担风险,以保证新农村社区经济权利的发展。从融资角度说,目前农村金融体系尚不健全,不能完全满足农业生产融资的需要。一方面农业生产技术含量越高,资金投入越大;另一方面农民难以取得商业性金融机构的贷款,这种情况下需要社区集体经济组织以法人身份向金融机构融资,以解决农民个体向金融机构融资难的问题。从风险承担角度说,农业生产在很大程度上受自然条件的影响,农村保险业务本身少之又少,加之农业保险覆盖面的狭窄,保障水平低,农业生产中的风险需要有一定组织和部门为其分担。在农业保险机构尚未健全、农业保险服务尚未完善的情况下,这个重任需要社区集体经济组织予以分担,以帮助农民规避农业风险,减少其经济损失。

四、农民合作组织的经济权利与义务

社区组织作为新农村社区建设的执行主体,与社区内部的农民直接接触并产生一系列的经济法律关系,主要包括农民与农民合作组织之间、农民与涉农企业之间的经济法律关系。厘清这些主体之间的经济法律关系,有利于了解社区组织在维护农民权益与促进农村经济发展方面的现状与问题,找出社区组织存在的缺失并确定社区组织未来的发展方向。

农民合作组织法所调整的合作组织是涉及面广、领域宽、主体数量庞大的社会组织。其中,农民专业合作社是农民合作组织中组织形式最典型完备,最主要的一类,《农民专业合作社法》中已对其正式确立了法人资格。该法的颁布和实施对保障我国农民合作组织的进一步发展有着重要的意义。农民专业合作社主要发挥的是经济方面的职能,对相关立法规定的研究有着重要的意

义。以下也主要从《农民专业合作社法》中的相关内容来着手分析农民合作组织和农民个人之间经济法律关系中的权利义务。

（一）经济法律关系中农民合作组织对农民的权利与义务

1. 农民合作组织赋予农民的经济权利

农民合作组织赋予成员合法的经济权益，主要体现在以下几个方面：第一，对出资的支配权利。农民专业合作社成员的出资在本质上是将其个人拥有的特定财产授权合作社进行支配。在合作社存续期间，合作社成员以共同控制的方式行使对所有成员出资的支配权。第二，是农民专业合作社应当为每个成员设立成员账户，如实记载该成员的出资额，并量化为该成员的公积金份额和该成员与本社的交易量（额）。这种做法一方面可以为成员参加盈余分配提供重要依据，另一方面也可以说明成员对其出资和享有的公积金份额拥有终极所有权。即按照《农民专业合作社法》第二十八条规定，成员资格终止的，农民专业合作社应当按照章程规定的方式和期限，退还记载在该成员账户内的出资额和公积金份额；同时，资格终止的成员应当按照章程规定分摊资格终止前本社的亏损及债务。第三，利用本社提供的服务和生产经营设施的权利。农民专业合作社以服务成员为宗旨，谋求全体成员的共同利益。作为农民专业合作社的成员，有权利用本社提供的服务和本社置备的生产经营设施。第四，获得相应盈余的权利。农民专业合作社获得的盈余依赖于成员产品的集合和成员对合作社的贡献，本质上属于全体成员。可以说，成员的参与热情和参与效果直接决定了合作社的效益情况。因此，法律保护成员参与盈余分配的权利，成员有权按照章程规定或成员大会决议分享盈余。我国农民专业合作社盈余分配制度，一方面，为了体现合作社的基本特征，保护农民成员的利益，在《农民专业合作社法》第四条确立了农民专业合作社盈余主要按照成员与农民专业合作社的交易量（额）比例返还的原则，并且，返还总额不得低于可分配盈余的百分之六十。另一方面，为了保护投资成员的资本利益，《农民专业合作社法》规定对惠顾返还之后的可分配盈余，按照成员账户中记载的出资额和公积金份额，以一定的比例返还于成员。同时，合作社接受政府财政直接补助和他人捐赠所形成的财产，也应当按照盈余分配时的合作社成员人数平均量化,以作为分红的依据。

此外,农民合作组织赋予农民的其他权利。除以上两个主要方面的权利之外,农民合作组织还赋予了农民其他方面的权利,这些权利包括:一是查阅本社的章程、成员名册、成员大会或者成员代表大会记录、理事会会议决议、监事会会议决议、财务会计报告和会计账簿。成员是农民专业合作社的所有者,对农民专业合作社事务享有知情权,有权查阅相关资料,特别是了解农民专业合作社经营状况和财务状况,以便监督农民专业合作社的运营。二是章程规定的其他权利。上述规定是《农民专业合作社法》规定成员享有的权利,除此之外,章程在同《农民专业合作社法》不抵触的情况下,还可以结合本社的实际情况规定成员享有的其他权利。

2. 农民合作组织对农民享有的权利

农民合作组织首先要对成员享有一定的权利,只有这样,才能更好的促进组织的进一步发展,壮大实力以更好的承担社会责任。农民合作组织的合法权益依法包括以下三项权益:第一,财产权利。《农民专业合作社法》第五条规定,合作社对成员出资、公积金、政府财政补助形成的和社会捐赠形成的财产,享有占有、使用和处分的权利。这一规定旨在明确合作社对上述财产享有独立支配的权利。本条同时规定,农民专业合作社以上述财产对债务承担责任,这是合作社行使财产处分权利的重要形式。同时,合作社作为独立的法人,依法享有登记财产、申请注册商标和专利的权利。第二,依法享有申请登记字号,并以自己的名义从事生产经营活动的权利。其字号受到相关法律保护,任何单位和个人不得侵犯。第三,生产经营自主权。农民专业合作社作为独立的市场主体,在其成立之后享有生产经营自主权,其生产经营和服务的内容不受任何其他单位或者市场主体的干预。

(二)经济法律关系中农民对农民合作组织的权利义务

农民专业合作社在从事生产经营活动时,为了实现全体成员的共同利益,需要对外承担一定义务,这些义务需要全体成员共同承担,以保证农民专业合作社及时履行义务和顺利实现成员的利益。根据《农民专业合作社法》第二十三条,农民专业合作社的成员应当履行以下义务:第一,执行成员大会、成员代表大会和理事会的决议。成员大会和成员代表大会的决议,体现了全体成员的共同意志,成员应当严格遵守并执行。第二,按照章程规定向本社出资。明确成员的出资通常具有两个方面的意义:一是以成员出资作为组织从事经营活动的主要资金来源,二是明确组织对外承担债务责任的信用担保基础。但就农民专业合作社而言,因其类型多样,经营内容和经营规模差异很大,所以,对从事经营活动的资金需求很难用统一的法定标准来约束。而且,农民专业合作社的交易对象相对稳定,交易相对人对交易安全的信任主要取决于农民专业合作社能够提供的农产品,而不仅仅取决于成员出资所形成的合作社资本。由于我国各地经济发展的不平衡,以及农民专业合作社的业务特点和现阶段出资成员与非出资成员并存的实际情况,一律要求农民加入专业合作社时必须出资或者必须出法定数额的资金,不符合目前发展的现实。因此,成员加入合作社时是否出资以及出资方式、出资额、出资期限,都需要由农民专业合作社通过章程自己决定。第三,按照章程规定与本社进行交易。农民加入合作社是要解决在独立的生产经营中个人无力解决、解决不好、或个人解决不合算的问题,是要利用和使用合作社所提供的服务。成员按照章程规定与本社进行交易既是成立合作社的目的,也是成员的一项义务。成员与合作社的交易,可能是交售农产品,也可能是购买生产资料,还可能是有偿利用合作社提供的技术、信息、运输等服务。成员与合作社的交易情况,按照《农民专业合作社法》第四十三条的规定,应当记载在该成员的账户中。第四,按照章程规定承担亏损。由于市场风险和自然风险的存在,农民专业合作社的生产经营可能会出现波动,有的年度有盈余,有的年度可能会出现亏损。合作社有盈余时分享盈余是成员的法定权利,合作社亏损时承担亏损也是成员的法定义务。第五,章程规定的其他义务。成员除应当履行上述法定义务外,还应当履行章程结合本社实际情况规定的其他义务。

五、新农村社区的经济权利与义务

对于农村经济面临的困难,农村社区在某些方面可以发挥政府在管理市场领域无法发挥的作用,能够充分动员和利用农村社会自有资源并加以整合

利用,满足社会的多元化需求,开拓保障农民经济权益的另类途径:

（一）新农村社区的社区治理权

社区要保障对农村义务教育、农村职业技术教育、农民科技文化培训和农村公共卫生服务体系建设的投入,保障"减免两税、三项补贴、四项基本保障"这一惠农政策体系的真正落实,保障农村医疗、养老、低保等社会保障基金的基本投入。要积极稳妥地推进农村综合改革,在乡镇机构改革、农村义务教育体制改革和县乡财政管理体制改革的基础上保障对农村基层政府财政和公共事业的投入安排,加大对农村经济和农业发展的金融支持,逐步增大政府支农资金规模,动员工商资本、民间资本和发达地区资本向农业区和低收入农民密集地区流动。要在统筹城乡经济社会发展中将农村人力资源开发与转移培训纳入各级公共财政的支持范围,对进城农民在城镇落户、子女就学、公共卫生、社会保障等方面创造良好的政策支持和制度环境。

（二）新农村社区的社区公共产品管理权

20世纪70年代前,西方政府学术界对公共产品的分析一直是与政府的行为联系在一起,把供给主体基本定格于单一的政府主体。20世纪60年代,学术界开始并从理论和经验方面论证了公共产品由私人市场和非营利部门供给的可能性,20世纪70年代,形成了公共产品私人供给理论,政府单一主体供给转变为政府、市场共同供给。以非营利组织为主导、多主体合作供给公共产品的理想模式,显然也适用于社区公共产品供给。农村社区根据农民的需求,社区公共产品管理权具体主要体现为:一是协调农村社区资源的使用与提供公共产品,解决农村社区生产、生活带来的外部效应问题,实现农村社区资源的合理配置;二是管理农村社区集体资产,创造就业机会,农村社区组织一方面要管好农村社区集体资产,使其保值并不断增值,兴办新的集体经济(商业、企业等),为农村社区内不断增加的人口提供就业机会;三是农村社区文化、体育、卫生、精神文明建设等各项活动的开展,这是促进农村社区发展的重要途径,也是提升农民生活质量、实现农民自身发展权的必经之路。新农村社区通过行使其在社区公共产品供给上的管理权,可以更加有效地保障农民的经济权益。

可以说农村社区是不容忽视的管理和治理主体,主要是因为农村社区在保护农民权益中所发挥的功能,新农村社区构建的落脚点也是通过促进社区经济的发展来推动农民权益的实现。社区组织在行使其管理权和治理权时要在指导思想上实现"三个转变":即从过去注重政治取向向以促进农民社员共同发展的经济文化需要为主的经济取向转变;从以生产领域为主的合作向以生产领域的合作为基础,以流通和服务领域为主的合作转变;从以经验指导为主向以法律规范指导为主的法治化管理转变。在财产权上落实"民有"原则,在经营权上落实"民管"原则,在利益分配权上落实"民享"原则,努力发展和谐的新农村社区。

(三)新农村社区辅助政府行政的权利与义务

新农村社区能够使成员获得更多的农业增值利润,促进农业利益最大化,进而实现农民经济利益的增加。社区发展的主要原则是对社员不以赢利为目的。社区内的农产品加工、销售上体现一体化经营,使加工、运销领域的增值利润,通过社区统一制度的回流给农户,将外部利润内部化,切实提高了整体农业的比较利益,促使农业利润的平均化,建立起农民利益最大化的利益协调机制,实现农业效率与公平的合理平衡。新农村社区的发展有助于落实政府经济政策。政府制定经济政策是通过某些手段来达到特定的目标。宏观经济政策的目标包括四个方面:充分就业、物价稳定、经济增长、国际收支平衡。对于新农村社区这一组织而言,经济政策的目标就是实现农村经济增长。

一方面,新农村社区辅助政府时主要以集中农村经济力量来发展农村经济。政府根据当前现实状况和短期目标,制定相应的经济政策以实现经济发展。对于各项政策在新农村社区的落实,则成为实现经济目标的重要环节。传统农村的经济力量是分散、无序的,对于很多经济政策"心有余而力不足",农民作为单个的经济实力无法响应政府政策。而作为有一定组织程度的新农村社区,在社区管理的基础上,新农村社区可以在其社区内部统一协调,集中经济力量,响应政府政策,从而使政府政策落到实处,真正为农民谋福利。另一方面,新农村社区辅助政府引导农民进行经济投资,增加农民收入。涉及农村的政府经济政策,很多时候是对农民的优惠政策,是为了推动农村发展,促进农民增收。但对于较多宏观调控,农民由于知识水平的限制,无从响应,不知道如何进行经济事业的投资等。而新农村社区作为农民的组织依托,则可以对农民进行集中教育、引导,减少农民投资的风险指数,帮助农民更为便捷地实现增收。

六、村民(农村社区居民)委员会的经济权利与义务

新农村社区内部存在着不同类型的社区组织,包括了社区自治型组织、社区营利型组织、社区互助型组织、社区服务型组织等,各种社区组织由于自身功能、目的以及性质的差异与新农村社区之间也体现着不同的法律关系。

(一)村民(农村社区居民)委员会对社区营利组织的监督

新农村社区与社区营利组织之间的法律关系主要体现在经济层面,核心是经济管理与服务关系。社区营利组织主要指涉农企业等以营利为主要目的的经济实体,包括外部投资和农民自主创办的社区范围内的企业。对新农村社区与社区营利组织之间的基本法律关系进行梳理,有利于为更好规范营利组织在新农村社区中的活动提供依据,进而促进营利组织吸纳农村劳动力、提高农村经济发展水平并推动新农村社区设施建设的不断完善。

从新农村社区对社区营利组织的权利义务看,主要表现为新农村社区有权要求社区营利组织不损害本社区及社区成员整体利益,尤其体现在对营利组织损害社区居民生活环境及生态利益时的沟通与协调作用。同时,新农村社区还应当对营利组织雇佣本社区成员的状况予以了解,并督促其落实员工的各类保险与保障费用。新农村社区与社区营利组织的法律关系不仅体现在管理和敦促方面的权利,还涉及新农村社区应当承担的义务。新农村社区有义务为社区营利组织提供良好的环境与公平的竞争机会,不能够利用社区管理与服务职能限制营利组织合法合理的发展。此外,新农村社区还应当积极为营利组织的沟通与发展提供信息交流平台。从社区营利组织对新农村社区的权利义务看,表现为营利组织对新农村社区发展的促进作用上,包括涉农企业、农村社区外资企业等在内的社区营利组织有权享有新农村社区的基础设施与生态环境资源,并有权公平地参与新农村社区发展与建设工作。而营利

组织在发展其自身的同时,也有义务避免对新农村社区及其居民利益的损害,遵循新农村社区的统一管理与要求,并且应当在利用新农村社区资源的同时,积极为新农村社区成员就业、保护、发展提供机会与条件。

(二)村民(农村社区居民)委员会对社区互助组织的辅助

新农村社区与社区互助组织之间的基本法律关系主要是指社区载体与合作组织之间的关系。本研究讨论的合作组织包括农民专业合作社、资金互助合作社等各类具有合作性质的农村社区组织。之所以将社区互助组织独立于一般营利机构进行讨论,是因为互助合作组织兼具互助合作及营利的双重性质,需要重点讨论其在提升社区凝聚力与协调性方面的作用与关系。对新农村社区与社区互助组织法律关系的讨论需从两主体出发分别探讨。

从新农村社区对社区互助组织之间的权利义务来看,新农村社区不仅要为互助组织发展提供良好的环境与相对公平的竞争环境,还需要鼓励和推动社区互助合作组织的发展。互助形式是提升农民组织化程度的重要途径,也一定程度上减轻了新农村社区发展的阻力。互助组织存在的本质意义与新农村社区的发展意旨是存在重合的,即提升农民互相协助形成合力的能力。从社区互助组织对新农村社区的权利义务来看,体现为经济与管理两方面的关系。社区互助组织享有使用新农村社区资源的权利,包括有偿使用社区自然资源、人力资源、基础设施及免费使用公共资源。相应的,社区互助组织也有义务参与新农村社区建设,并利用自身互助优势最大限度维护和提升农民利益。

互助合作形式是农村经济发展中最为特色的经济组织形式,能最大限度发挥农民相互配合与相互协作的能力,同时互助合作形式也能够提升农民参与合作组织、进而参与新农村社区活动的积极性。当前需要在明确新农村社区与社区互助组织之间基本法律关系的基础上,分析社区互助合作组织发展面临的困境,进而充分利用和发展这种特色组织形式。

(三)村民(农村社区居民)委员会对集体经济组织的保障义务

社区集体经济组织是一个以集体经济组织成员共同拥有土地及其他集体资产为前提,以地域为界限而形成的特定群体组织。其表现形式为自然村或行政村,在内部又可分为村民小组、生产队或生产大队等,其自治代表组织是村民委员会。其主要特点在于集体所有、合作经营、民主管理、服务社员。社区集体经济组织立足于社区,服务于社区,但同时新农村社区又为社区集体经济组织的发展提供支持。

新农村社区负有保障社区集体经济组织经济民主的义务。经济基础决定上层建筑,生产力是社会变革、发展和创新的根本动力。新农村社区为社区集体经济组织的发展提供强有力的经济支持,为社区集体经济组织的发展提供一系列的物质支持。新农村社区以社区组织体的完善和创新来促进社区集体经济组织的经济利益的增加,以社区组织的变革来实现社会结构的变迁,尤其促进在多元互动的社会结构下,社区对社区集体经济组织利益的发展,使社区集体经济组织在保持存量利益的前提下参与社会增量利益的分配,实现"罗尔斯"的分配正义。新农村社区作为一个社会组织还可以参与农村社会的公共产品供给,由于其供给公共产品的针对性强、成本低、效率高等优点,能够高效的促进农村社会利益的发展,增加农村的增量利益。社区参与公共产品的供给促成对政府的竞争,增加政府公共产品创新的动力和提高政府公共产品的质量、数量和价格,保证社区集体经济组织的发展,促进社区农民利益的实现。

七、政府的经济权利与义务

追逐利益是人类社会发展的动力,"每一个社会经济关系首先作为利益表现出来"。[1] 人类利益的基础是需要,当人们的需要在一定的社会关系中与其他人发生关系时就产生了利益,因而只要有不同需要就有不同的利益,也就有利益分歧。利益是民生的核心内容,利益分歧是社会矛盾冲突的核心。利益格局的失衡源于社会权利的失衡。要化解人们之间的利益冲突,就要给予他们相对公正的利益分配。和谐社会最根本的就是要尊重和保护每个社会成员的合法权利,尤其是社会弱势群体的权利,克服社会权利配置的失衡。我国

---

① 《马克思恩格斯全集》第 1 卷,人民出版社 1972 年版,第 537 页。

正处于转型期,在地区差距和不同利益集团之间的收入差距不断加大的形势下,作为初级产品生产者的农民群体成为社会最大的弱势集团。农民的组织化成为保障他们自身的利益的重要途径。新农村社区是以利益为纽带结成的互惠互利共同体,作为农民利益集团的代表,新农村社区为其成员带来的利益不仅包括直接利益与间接利益,短期利益与长远利益,还包括了社员的个人利益和社区内的整体利益,它是实现社会利益均衡和农民权益保护的重要组织形式。在新农村社区内众多利益关系中,经济上的法律关系不容小视。政府作为新农村社区的领路人和支持者,在经济法律关系中与新农村社区存在对应的权利义务;相应的,新农村社区作为保障农民权益的载体,在享有一定权利的同时也对政府和社会承担一定的义务。

(一)农村经济法律关系中政府对新农村社区的权利与义务

目前,在新农村社区中,农民经济权益缺乏保障的现象普遍存在。政府作为新农村社区发展和农民权益保护的支撑者和捍卫者,在保障农民经济权益时必然享有一定的权力、履行一定的义务。

1. 政府对新农村社区收入分配进行调节的权利

政府有权对新农村社区的收入分配依法进行调节。分配是指社会在一定时期内新创造出来的价值或体现这部分价值的产品即国民收入,在不同阶段社会集团或社会成员之间的分享,是社会再生产的环节。分配由生产决定,没有产品的生产,便没有产品的分配;生产的性质怎样,决定了分配的性质怎样。分配表面上是消费产品,其实质会影响生产,分配制度的好坏会促进或阻碍生产的发展。任凭市场机制自发调节,就不可避免地产生两极分化的结果。农业是弱质产业,需要政府扶持,规避农民的市场风险。在市场化的进程中,农民迫切要求政府依靠制度与行政的力量,利用包括产业政策在内的社会保障体系来保护农业和农民。就目前而言,农村中的市场发育程度远不能满足农民的需要,不论是在市场建设的软件上,还是在市场建设的硬件上,都需要政府的大力帮助。在农村社区的分配制度中,应从促公平、促效率的双重理念出发配置分配制度。基于农村社区的本质特征,在其内部,应坚持公平优先兼顾效率的原则,特别是在农村社区发展的初期。公平原则应是当代中国利益协调的基础性原则和首要原则。为此,应建立一套适合农村社区发展的,吸引农民加入的公正、合理、完善的利益协调机制,实现制度公平。在农村社区与其他社会主体之间,因其涉及的利益属于初级分配层面,仍应注意效率,坚持效率优先兼顾公平的原则。当然,我们还要明确:在社会主义制度下,效率与公平本质上是统一的,是一对相互联系、相互矛盾又相互适应的社会价值。

2. 政府对新农村社区发展承担的义务

首先,政府促进农村社区的经济发展。政府是公共物品的主要持有者和调配者,农村社区建设和发展需要政府的大力支持。近年来,我国政府制定了一系列的政策法规,从中央到地方,以不同层级财政拨款的形式来促进农村经济发展。一方面,政府在加大投入力度的同时,宏观上制定出台相应的政策,微观上监管农村社区工作,对动作大、进展快、效果明显的村,根据工作实绩,采取以奖代补的形式,给予不同金额的奖励;对集体经济薄弱村和建设任务相对较重、难度较大的村,通过政府财政预支或借款的方式,给予适当的政策倾斜。另一方面,对行政村实行"权力放松放宽、财政从紧从严"的政策,积极引导村干部千方百计地找资金,齐心协力地搞建设,通过盘活村集体资产存量、完善土地流转机制、引入市场机制、积极筹措社会资金等方式,进一步拓宽村级建设资金的来源,缓解社区建设资金不足的矛盾。

其次,政府为新农村社区提供必要的资金支持。一般来讲农村社区都受到资金不足的限制,政府应在财政方面对其做出鼓励和支持,以期能更顺利地发展壮大。鉴于当前政府财力所限,政府财政支持应主要着眼于政府重点农业工程和项目。一是根据 WTO 规则,积极贯彻落实农业补贴政策,将财政支农资金重点用于农村社区的山、水、林、田、路的综合治理和农用机械设备的购置,改善生产条件,增加农业生产的后备力量。二是设立农村社区发展基金,以周转金的形式支持农村社区的发展。三是设立奖金激励。把奖励资金列入财政预算,对发展较好的农村社区给予奖励和表彰,并作为典型予以宣传。其四是税收扶持。对于农村社区的各项税收政策,政府应做出适当减免,以减轻农村社区发展的阻力。

（二）政府为农民提供经济服务的义务

大量事实证明，新农村社区发展是以农民为主体的，政府在激发农民参与热情，凝聚建设力量等方面的作用是无可替代的。政府是以工促农、以城带乡的组织者和动员者，它所拥有的组织资源、经济资源与财政资源决定了政府在新农村社区建设中是推动农民权益保护的主导力量，这既是政府行使职能的充分体现，也是政府权力取之于民、用之于民的本质要求。

在新农村社区建设中，政府保障农民的经济权益，不仅仅是要保障农民现有的经济权益不受侵害，更重要的是要在保障的同时努力增进农民的合法利益。农民是新农村的主人，其深刻的涵义既表现为农民是新农村的建设者，也表现为农民是新农村社区发展的受益者。党中央提出建设社会主义新农村这个宏伟目标，其根本宗旨就是为了给广大农民谋取更多、更长远的利益，让农民和城市居民一起共享改革开放和现代化建设的成果。要把这样的理念变为现实，需要我们对新农村社区发展的每个具体目标的设计、每个建设环节的安排、每个项目的选择、每个资源的开发、每个村庄的整治上，都始终维护和发展广大农民群众的根本利益。抓住了这一点，让农民真正成为新农村社区发展的受益者，农民在新农村社区发展中的主体角色才能得到充分调动、充分发挥，我国的新农村社区发展才有美好的未来。保障和增进农民的合法利益，是新农村社区发展的长期任务，同时也是新农村社区发展的当务之急。从近期来看，在认识层面上，要防止和克服如下几种思想倾向：第一，对新农村社区发展急于求成，试图一蹴而就，希望毕其功于一役的倾向；第二，大拆大建、贪大求洋，把新农村社区发展过程等同于拆旧房、建新房、造洋房的倾向；第三，重硬件、轻软件，把新农村社区发展目标等同于新村建设的倾向；第四，争先恐后、相互攀比，把新农村社区发展搞成"形象工程""政绩工程"的倾向。以上几种倾向，均与农民利益密切相关，如不加以预防和克服，任其发展，显然与新农村建设与全面实施乡村振兴的宗旨相悖，与广大农民的愿望和要求相悖，其结果必然是劳民伤财、损害或侵占农民的利益，这样新农村社区发展无疑是得不到广大农民拥护和支持的，而缺乏了以广大农民群众为基础的事业也是决不会成功的。在实践层面上，必须以新的思路、新的手段去维护和发展农民利益。根据新农村社区发展的目标要求,我们必须坚持以工促农、以城带乡的原则,按照"多予、少取、放活"和"促生"的方针,拓宽思路,努力建立健全能维护和发展农民利益的长效机制。如建立和健全财政支农资金的长效增长机制;政府对农业的长效补贴机制;金融对农业的长效供给机制;征收征用农民土地的长效补贴机制;农村劳动力长效转移机制。而要实现如此之多的机制,需要加强以下两点:

一是政府必须加强对农民的扶持。中央提出新农村社区发展的重大战略决策,是在城乡差距不断扩大,二元经济社会结构没有根本改观,"三农"问题已成为制约我国经济社会进一步发展的主要瓶颈的态势下提出来的。可以说,实现全面乡村振兴的重点、难点,统筹城乡发展的主要任务,所要解决的主要矛盾均关系着"三农"问题。"三农"问题现已是涉及多方面关系的重大政治问题、经济问题和社会问题。"三农"问题中任何一个问题的破解,都需要有市场力量之外的政府行为来主导与推动,即政府提供的帮助和支持,即使是在欧美发达政府的农业也是如此。新农村社区发展工作纷繁复杂,首先需要的就是资金上的支持。而新农村社区建设需求的资金绝不是单靠农民或者某个社会团体就可以解决的。新农村社区发展的资金应通过多种渠道筹集,其中一个重要渠道应来源于中央和地方政府的各级财政。政府财政对新农村社区建设的支持和帮助体现在方方面面,既可以是直接的投资和补贴,也可以是间接的减免税费、提供贷款等优惠政策,并且由政府投资建设农村的基础设施是必由之路,也是缩小农村社区同城市社区之间巨大差距的主要依靠力量。同时,正如新农村社区发展工作的千头万绪一样,新农村社区建设所需要的支持不仅限于资金,还在于政府政策和立法上的支持。农民权益保护必然要体现在政府的政策中,对农民权益的保护也必然要上升到法律的高度。

二是政府必须促进农民的增收。政府主导与推动作用的发挥,最集中的体现就是农民收入增加。实现农民收入的持续快速增长,提高农民生活的水平和质量,是建设社会主义新农村的根本目的。鉴于此,政府保护农民权益的着力点应放在如何增加农民收入上,把新农村社区发展的政府目标与农民收入的增长目标统一起来并在市场中实现出来,最大程度地增加农民的收入,是衡量政府主导与推动作用发挥好坏的重要标志。这就需要政府把增加农民收入的指导思想,贯穿于政府主导新农村社区发展规划、政策制订和实施的全过程中,包括农村产业区域的布局、农业结构调整的方向、重点的选择,农业增长方式的转变,农村重大项目的建设,都必须有利于发展现代农业、工业和服务业,有利于提高农村经济增长的效率,最终有利于增加农民的收入。此外针对市场机制不恰当发挥时,对造成新农村社区发展中资源浪费,损害农民利益,影响农民收入增长的现象,政府必须要加强宏观引导,努力实现政府的宏观调控与市场的有机结合,尽可能帮助农民在开展各项生产经济活动中避免盲目性、投机性、自发性和分散性,将资源配置中的种种浪费情况降到最低,努力达到增加农民收入的目的。

第五节　农民权益保护与新农村社区发展的经济法律关系权利与义务的实现

　　法律关系的实现是法律关系主体之间权利义务的实现。要实现这些权利义务,法律关系主体就必须要依法行使权利或履行义务,只有依法行使权利或履行义务的行为才能保证法律关系的最终实现。这就要求发展法律关系主体、完善法律关系主体的权利与义务、优化法律制度的运行方式、适应和培育法律关系实现的经济社会环境,以保障法律关系得到有效实现。在新农村社区的发展中,农村经济法律关系的实现需要依靠各农村经济主体、农村经济法律制度、农村经济社会环境等多重因素的积极作用的发挥,它也关系到社区经济发展及农民经济权益保护的程度。因此,需要适配一定的措施,促使新农村社区中各个主体依法行使权利、履行义务,保障农村经济法律关系的实现,推动新农村社区经济的市场化,保障农民的经济权益。

一、繁荣与发展新农村社区发展中的经济主体

　　农村经济法律关系的实现要依靠农村社区经济主体来实践。目前,我国

农村经济发展中存在农民(农户)、涉农企业、政府、农村社区集体经济组织、村民(农村社区居民)委员会、农民合作经济组织、涉农社会中间层、涉农金融机构等等。同时,随着农村市场经济的不断发展,农村市场中的主体类型也在不断的变化。一些主体由于不适应农村市场经济的发展规律,退出了农村经济的舞台;一些主体则经受住了农村市场经济发展的考验,成为经济发展不可或缺的主体力量;也有一些主体在农村市场经济发展中不断创新职能、顺应经济发展需求成为具有全新经济职能的主体,还有一些主体是应农村市场经济的发展需要而生的新型主体。因此,新农村社区经济主体不是一成不变的,是随着经济社会的变化而变化的。可以肯定的是新农村社区经济主体结构依然是按照三元结构发展的,即市场—社会中间层—政府的结构。首先,从市场来看,为了更好的实现经济法律关系,促进农村经济发展,农村经济市场主体的发展趋势在于合作组织。无论是从西方发达政府的历史经验来看,还是从我国近30年农村改革的经验教训来看,合作组织将成为以后我国农村经济市场主体的发展主要形式之一。我国目前已经颁布的关于合作组织的法律仅有《农民专业合作社法》。很明显,由于合作组织的内容极为丰富,农民专业合作社仅仅是合作组织中的一部分,这样的立法现状很难满足合作组织发展的需要,应当有一部关于《农村合作经济组织法》的相关立法指引农村合作组织的发展,使其成为我国促进农村经济发展,统筹城乡经济、构建和谐社会的重要市场主体。其次,从社会中间层角度来看,我国目前的社会中间层还处于发展的初级阶段。农村经济的各个领域或多或少的都出现了一些社会中间层,为农村经济发展的各个领域提供专业的中介服务,推动了农村经济的市场化。随着农村市场化程度的加深,农村市场主体需求的增加,涉农社会中间层将迎来更大的发展,为农村市场主体提供更多专业的服务,在政府与市场主体之间发挥更好的连接和沟通的作用。值得注意的是,由于我国农村经济社会的长期闭塞,对社会中间层的认识还不够,需要政府引导、完善涉农社会中间层的建构,但同时要防止社会中间层的行政化,否则,就失去了社会中间层存在的意义。最后,从政府角度来看,在农村经济结构中,这一元主要指的是对农村经济有管理职能的机构,包括了政府、集体经济组织和村民委员会。这些主体的职能都在于管理农村经济、为农村经济发展提供公共服务。为了保障农村经济法律关系的实现,这些主体在未来农村经济的发展过程中应当更加强调其公共服务性,防止对市场主体的不当干预。无论是政府对农村经济的规制或调控,还是集体经济组织对农村资产的管理等,都必须明确其职能的行使,目的都在于为农村经济发展提供服务,这样才能更好的发挥其保障农村经济法律关系实现的作用,防止其异化为破坏农村经济法律关系的主体。

二、加强农村经济法治建设

农村经济法治建设不仅是我国依法治国的重要组成部分,还是新农村社区建设过程中经济发展的必然要求,也是实现农村经济法律关系的前提条件。我国是农业大国,农民占全国总人口的 36% 以上,没有农村法治的完善,依法治国就是一句空话。在新农村社区建设过程中,需要通过法律来规范和促进农村经济健康有序地发展,建立和完善农村经济法制体系成为其必然要求。有了完善的农村经济法制体系才能谈农村经济法律关系的产生与实现。而农村经济法治建设中包括了立法、执法、司法、守法和法律监督五个环节。

在立法上,农村经济法律制度主要是指围绕农业经济的产业化、市场化、现代化改革与发展,以巩固农业在国民经济中的基础地位为目标而形成的法律制度。目前我国农村土地、农村资源环境、农业生产经营、粮食安全、农产品流通、农业支持与保护、农业投入等农村经济的各个领域立法工作已基本完成,已初步形成农村经济法律体系。

在守法上,农村经济主体守法意识之所以存在淡薄的现象,是由于其长期以来的法律素养不高引起的。需要加大法治宣传和教育力度,提高各个主体的守法意识,使农村经济主体树立依法促农的理念,强化农民的权利本位意识,提高农民法治参与的实效,使法律存在于农村经济的方方面面,形成开放、公平、自由、有序的市场环境,实现农村经济的法治化。

在法律监督上,努力完善在农村经济法治建设中的法律监督体系。在立法与法律实施方面强化权力机关的监督,在行政、司法实践中,突出执法、守法、司法监督。在法治建设的全过程坚持政党监督与社会监督,维护法律权威,保障农村经济法治建设中各方主体的合法权益的实现,保证法律的实现。

在加强农村经济法治建设中,更重要的是加强农村经济执法与司法的工作。在执法上,行政机关应当以公共服务为理念,结合不同的农村经济领域的行为特征,有针对性的选择行政处罚、行政强制、行政给付、行政指导、行政合同等多种行政措施,充分发挥其监管、调控的作用,规范农村经济主体的行为,指导、促进和支持农村市场的发展。在司法上,由于农村经济存在特殊性,应当采取更为灵活和便捷的司法形式,为解决农村经济发展中产生的经济纠纷提供更为畅通的渠道,保障农村经济稳定、健康发展。

三、加大农村市场的培育力度

农村经济法律关系的实现不仅仅受到制度规定与实施主体的影响,还受到外部环境的影响,也就是农村市场环境的影响。目前,我国农村市场尚未完全形成,市场环境还很脆弱。但农村基础设施、农村市场的规划与建设、农民的市场经济意识以及法律素养等因素都直接或间接的关系着农村经济法律关系的实现。因此,为了保障农村经济法律关系的实现,有必要加大农村市场的培育力度。

(一)培育农民的市场经济意识、提高其法律素养

培育农民的市场经济意识,就是要对广大农民进行市场经济的教育,将广大农民推向市场。通过提高农民的文化水平,帮助农民学会获取市场信息,有针对性的组织和安排生产,建立全国甚至是全球范围的农产品销售渠道。同时,还应当注意市场经济是法治的经济。法律关系的实现依赖于法律主体的行为,要较好地实现法律关系,就必然要求法律主体能够依法行使权力或履行义务,这有赖于法律主体有较高的法律素养。我国农村社区长期以来法治资源匮乏,农民等农村法治主体的法律意识淡薄、法律知识缺乏、法律能力不强,这些不足已成为影响农村法治进程的硬约束。通过法律知识的宣传和教育,使农民在生产经营中能够规范自己的行为,运用法律法规保护自身的合法权益。

（二）加强对农村市场的规划与建设

由于我国农村经济的落后、农民市场经济意识的淡薄等因素的影响,不能放任农村市场完全自由发展,需要政府通过宏观指导和规划,制定农村市场经济的建设纲领及实施纲要,从宏观上加大对农村市场建设的指导,实现农村市场的建设从无序向有序、从分散向规模、从传统向现代、从低效向高效的转变,扭转农村市场建设滞后于经济发展的状况,解决农村经济发展中存在的瓶颈问题。政府要支持和鼓励国内大型涉农企业、农村经济组织及涉农社会中间层等利用国际农业组织、国际金融组织和外国政府的带有援助性或优惠信贷性质的资金,加快完善农村市场的建设。

（三）加强农村基础设施建设,提高农村市场的效率

影响我国农村经济发展的一个重要因素在于农村基础设施的落后。政府应加大对农村基础设施的投入,各级政府要强化对农村的公共服务力度,扩大公共财政覆盖农村的范围,增加对农村自来水、电力、公路、通讯等方面的投资,逐步改善广大农村的生产、生活条件和整体面貌。加强农产品市场信息体系建设。市场信息体系是农产品市场基础设施建设的重要内容,对于提高农产品流通效率具有重要意义。应将信息化建设作为农产品市场体系建设的重要内容,不仅要投资市场信息系统的硬件设施,更要配备智力资本和软件设施,处理好农产品供求、价格及交易信息的搜集、处理、预测和发布工作,完善市场信息咨询服务,正确、合理地引导农产品的生产、流通和交易。完善农产品低温仓储、冷链系统,对于试点企业建设的以冷藏和低温仓储、运输为主的农产品冷链系统,给予加速折旧等优惠政策。同时切实加强农产品低温仓储和冷链系统建设整体规划,建立政府、行业组织和相关企业联动机制,推动多种模式的农产品冷链体系建设。

四、充分发挥农业补贴的利益保障机制

农业补贴中利益保障机制的中心是通过制度安排依法保障农民利益的实现,主要包括保障农民的利益不受自然风险、市场风险的威胁和其他市场主体的侵害。当前我国对农业补贴的立法相对滞后,目前尚没有一部真正意义上

的《农业补贴法》,对补贴过程中农民合法利益的界定比较模糊,以至于当农民的某些利益受到其他市场主体的侵害时往往得不到法律很好的救济。当务之急应加快对农业补贴的专门立法,完善好各项配套法律制度,以保障补贴过程中的农民权益不受侵犯。对于防范农业生产中的自然风险与市场风险,农业保险是一项很好的制度安排。农业作为一个弱质性、低效益、高风险的产业,尤其在加入 WTO 以后以及我国农业外部环境存在不断恶化风险的条件下,农业生产面临着更多的自然和非自然性的风险,农民所赖以生存的经济基础正面临着前所未有的挑战。农业保险对农业的可持续发展和有效规避农业风险方面发挥着十分重要的作用。农业保险具有公共产品的属性,自身效益低、社会效益高,因此需要国家的财政予以支持。而在我国当前的农业补贴制度中,农业保险的补贴制度仍然缺失,从而使农业保险的发展受到了很大的限制,农业的风险无法得到有效的分散。为此,尽快建立起农业保险的补贴制度,促进我国农业保险的快速健康发展,是我国农业补贴制度改革的一项重要内容。

五、不忽视国际化大环境

经济全球化已触及到世界的每个角落。我国农村经济的发展脱离不了这种大的时代背景。但由于我国农村社会经济的长期封闭,全球化对我国农村经济的发展来说是一项前所未有的挑战。国际经验表明,发展中国家在面临全球化时,在农业方面有些政府从中受损,有些政府受益多,有些则受益比较少。其原因就在于各国各地区有不同的比较优势,在全球化过程中各自通过不同方式寻求后发优势。而我国农业资源有限、农业经营分散导致比较优势较弱,而农村交通、信息等基础设施以及农村市场设施等都比较落后,农村经济的组织化程度低,短期内很难与国际市场接轨。[1] 如何应对全球化的挑战成为影响我国农村经济社会发展的一个重大问题。按照国际主流思想,应对的策略就在于《华盛顿农业共识》中指出的要减少政府对农业的干预,实行农

---

① 张晓山等:《全球化与新农村建设》,社会科学文献出版社 2007 年版,第 31 页。

业领域里的自由市场经济。这样虽有导致"国内农产品竞争力不强,丧失国内市场"的风险,但另一方面,带来了外资,增加了农业投资,刺激农业向非农领域的发展。同时可以吸收国际市场上的先进技术和现代农业生产要素,提高生产率,增强农产品竞争力。此外,还有利于我国剩余劳动力的输出,对增加农村经济收入无疑是十分有利的。因此,要实现农村经济的市场化,就要能够抓住机遇、防止风险。要做到这一点,国内的农村经济改革与制度建设是最关键、最重要的环节。政府必须结合本国的国情,通过农村经济的改革与制度的不断调整,使国内农村经济的发展与国际规则接轨。在农村经济改革与制度的调整、建设中,根本点就在于要实现好农村经济法律关系。通过农村经济法律关系的实现使农业生产、农村产业结构升级等农村经济的发展与全球市场的需求相适应,而不仅仅依国内市场状况来决定农村经济的发展。

第七章　农民权益保护与新农村社区发展的文化法律关系

　　"文化"一词源于拉丁文,指经过人类耕作、培养、教育和学习而发展的各种事物或方式,是与大自然本来存在的事物相对的一个概念。《中国大百科全书》中的社会学卷认为:"广义的文化是指人类创造的一切物质产品和精神产品的总和"可见,广义的文化着眼于人类社会与自然界的本质区别,着眼于人类卓立于自然的独特的生存方式,其涵盖面非常广泛,所以又被称为大文化。狭义上的文化仅指意识形态所创造的精神财富,包括宗教、信仰、风俗习惯、道德情操、学术思想、文学艺术、科学技术、各种制度等。一定文化(作为社会意识形态的文化)是一定社会的政治和经济的反映,同时又对政治和经济产生巨大的作用和影响。文化是人类生活的反映、活动的记录、历史的沉积,是人们对生活的需要和要求、理想和愿望,是人们的高级精神生活。本研究所称的文化是广义上的范畴,不仅包括精神层面的文化,还包括以一定物质载体形式存在的文化。

　　著名社会学家吴文藻认为,社区是一个地方人民实际生活的具体状态,有物质基础,是直接观察的单位和实地研究的领域。构成社区的要素有三:人口、地域、生活方式或文化。人口是社区的第一要素,地域性是社区最显著的特征,三者中,自然以文化为最重要,因为文化乃是社区的核心。[①] 社区文化是人类文化的一种特殊形态。农村社区文化就是由居住在农村的一定地域范

---

　　① 吴文藻:《人类学社会学研究文集》,民族出版社 1990 年版,第 145 页。

围的人们,由一定的纽带和联系而形成的价值观、生活方式、情感归属和道德规范等。① 由于中国农村传统文化长期处于小农经济的农业社会之中,从整体上说,我国农村社区文化具有以下特征:第一,以农耕为基础的乡土文化。从社区文化产生的经济基础来看,农村社区文化主要是建立在个体农业基础上的,其经济活动主要是从事农、林、牧、副、渔的生产。这种生产和生活方式不仅决定了农民的物质生活状况,也决定了农民的思维方式、认知方式和价值观念。第二,以家族关系为基础、以血缘关系、亲缘和地缘关系为纽带的组织形式和群体特征。受历史传统的影响,中国农村始终保持着以血缘宗法和家庭群体为主的结构形式,与此相适应的社区文化带有强烈的家庭印迹。第三,农村社区文化的相对封闭性和传统性。② 由于长期自给自足的生产方式,农民一般不需要与外界往来,由此形成了较为封闭的文化特征。由于传统农村文化的封闭性,农民的思想观念、社会心理和生活方式都具有明显的传统性。

要推动社会主义文化大发展大繁荣。当今时代,文化越来越成为民族凝聚力和创造力的重要源泉,越来越成为综合国力竞争的重要因素,丰富精神文化生活越来越成为我国人民的热切愿望;要坚持社会主义先进文化前进方向,兴起社会主义文化建设新高潮,激发全民族文化创造活力,提高政府文化软实力,使人民基本文化权益得到更好保障,使社会文化生活更加丰富多彩,使人民精神风貌更加昂扬向上。按照党和政府的要求与安排,我们要从我国社会主义现代化建设和中华民族伟大复兴的宏伟目标出发,从建设中国特色社会主义事业的战略高度,强调加强文化建设、提高政府文化软实力的极端重要性,为文化建设指明了前进方向。文化作为新农村建设与全面实施乡村振兴的软动力,具有其他社会要素无法取代的作用。在新农村建设与全面实施乡村振兴过程中,加强农村文化建设,满足农民群众日益增长文化需求,是推进社会主义新农村建设与全面实施乡村振兴的必然要求,新农村社区文化发展是整个社会文化大发展大繁荣的题中之义。

---

① 梁万斌:《社区文化内涵分》,《徐州建筑职业技术学院学报》2004 年第 2 期。
② 张兴杰等:《农村社区建设与管理研究》,华南理工大学出版社 2007 年版,第 112 页。

第一节 农民权益保护与新农村社区
发展的文化法律关系概述

社会的存在是以特定的文化为基础的,法治是农村文化建设得以开展的前提,也是其顺利向前推进的重要保证。目前,我国调整文化领域的法律规范主要包括宏观和微观两个层面:宏观层面主要是调整政府文化行政机关之间及其在行政管理活动中同其他政府机关、社会团体和公民间发生的社会关系,其内容包括政府文化行政管理体制,政府文化行政机关工作人员的选拔和使用,政府文化行政管理活动的基本原则以及政府在文化行政管理方面的权限和活动的方式方法等。微观层面主要是调整与文化成果有关的人身关系和财产关系。公民或法人因从事学术论著、文艺创作、翻译、说唱等而产生的对文学作品、口头作品及其他作品应当享有的权利,如著作权。这些权利包括人身权和财产权两部分。

新中国成立以后,对公民文化权益的保护有了很大的进步,文化法律体系已初步形成。[①] 中国的文化法律体系是以宪法为核心,以文化法为主要内容,横跨行政法、民商法、经济法、社会法、刑法和诉讼法等多部门、多层次的规范体系。虽然文化方面的法律法规的调整范围和调整对象比较广泛,但当前中国农村文化法规尚未形成一个完整的科学体系,农村文化立法欠缺的现象还很严重。再加上农村文化建设方面"有法不依,执法不严"现象的存在,直接导致了农村一些地区的一些混乱无序甚至不健康的文化难以得到遏制。因此,在社会主义和谐社会和新农村社区建设的背景下,深入分析农村文化法律

[①] 据不完全统计,自 1949 年中华人民共和国成立至今,国家已经制定了有关文化的法律、行政法规和文化行政规章 400 余件,其中包括《文物保护法》和《著作权法》等法律。此外,各地方的权力机关和行政机关根据各自地方的实际情况,制定了大量的执行国家法律、行政法规的地方性法规和规章。可以说,在调整人们社会文化关系和文化事业管理的一些重要方面,初步做到了"有法可依""有章可循"。

关系,从而明确各主体在新农村文化建设中的权利义务具有极大的现实必要性。

一、新农村社区文化法律关系的内涵及特征

根据法律关系的定义及文化法的特点,我们认为,文化法律关系是指人们在有关文化活动中,根据文化法的规定所形成的以文化权利和文化义务为内容的社会关系。文化法律关系在内容上,必须是人们在文化活动中所形成的社会关系;在社会关系的性质上,必须是由文化法所确认和调整而形成的社会关系。这一概念包括以下几层含义:首先,文化法律关系是在文化保护、发展与传承活动过程中所发生的各种社会关系。文化社会关系既包括人与人之间的关系,也包括人与自然之间的关系。其次,文化法律关系是由文化法律规范所确认和调整的社会关系。再次,文化法律关系的内容是文化权利和文化义务。法律关系以权利义务为内容,充分体现了法的强制性特征,这是法律关系与伦理关系及其他社会关系的本质区别。

一般法律关系都是由主体、内容和客体三个要素构成,文化法律关系也不例外。文化法律关系是由文化法律关系主体、文化法律关系的内容和文化法律关系的客体三个要素所构成。农村文化对中国文化具有"根"和"源"的作用。农村文化,是农村区域内的人群在生产实践中创造的、在农村广泛流传的文化形式,它们是非物质文化遗产的重要部分。同时,多民族融合杂居的历史使农村文化形成了具有多样性的特点,农村地区拥有大量独特而丰富的民族民俗文化遗产,如各种丰收庆典、清明祭祖、求雨祈福、避灾消难等仪式活动;龙狮舞、赛龙舟、对歌、唱戏等娱乐活动;剪纸、刺绣、木雕、石刻等民间艺术活动。这些世世代代、口传心授、约定俗成的民间文化,承载了我们民族的传统精神,成为了传统文化的标志性符号,构成了华夏五千年文明的基石。这些民间文化的意义和价值将随着时间的流逝而显得弥足珍贵,它将成为新农村社区文化不竭的源泉和永恒的动力。新农村社区的特殊性和文化的特殊性决定了新农村社区文化法律关系与一般法律关系比具有明显的特征:

第一,文化法律关系具有综合性。文化法与民法、刑法、行政法等部门法

不同,文化法调整的对象和社会关系是并非是单一的,它将与文化保护有关的各种社会关系进行综合调整,除了《文物保护法》等专门规定文化方面的法律法规外,大多数与文化相关的法律条文都散见于行政法、民商法、经济法、社会法、刑法和诉讼法等部门法领域,不仅包括民事权益方面的关系,还包括刑事犯罪方面的关系以及文化行政管理方面的关系,不仅包括实体性的规范还包括程序性的规范。因此,文化法律关系具有综合性的特点。

　　第二,新农村社区文化法律关系具有地域性。社区文化是在特定地域内生成和发展起来的文化,它要受到地理环境、生产方式、社会制度、意识形态等因素的制约。因此,它的生成和发展无不带有本社区特有的烙印。随着社区文化的积累和创新,其地域性的特点更加鲜明和独特。[①] 新农村社区文化法律关系也受到民族区域和地域差异的影响,呈现出一定程度的地域性,如《景宁畲族自治县民族民间文化保护条例》就是专门针对浙江省景宁畲族民间传统文化和艺术进行保护的地方性法规,还有《广西壮族自治区民族民间传统文化保护条例》等地方性法规都表明了新农村社区文化法律关系具有地域性的特征。

　　第三,新农村社区文化法律关系主体具有多元性。农村文化建设是一项复杂的系统工程,涉及到政府文化行政部门宏观调控的行为、新农村社区的文化服务行为、合作组织的文化规制和引导行为、农民自身法律意识和文化素质的提高等等,因而在新农村社区文化法律关系中,其主体不仅包括政府各文化行政部门、新农村社区、除农企业、农民合作组织、农民,还包括文化事业单位、文化产业单位(团体)、民间文化组织等,具有主体多元化的特征。

　　第四,新农村社区文化法律关系内容具有广泛性。文化法律关系的内容主要是各主体之间的权利义务关系,主体的多元性与法律关系的综合性决定了文化法律关系内容具有广泛性。不仅表现在政府支持新农村社区文化教育、组织农民进行技术培训等直接措施上,还间接地体现在政府对农民合作组织的支持与鼓励,通过合作组织来提高农民在市场经济交易中的谈判地位,引

---

① 于显洋:《社区概论》,中国人民大学出版社 2006 年版,第 229 页。

导农民严格遵照安全生产标准和要求进行农业生产,为社会提供优质农产品;不仅体现在新农村社区为广大农民提供文化服务、组织文艺节目,丰富农民精神文化生活等层面上,还体现在新农村社区在保护社区文物、农业遗传资源、非物质文化遗产上的重要作用;不仅体现在合作组织在支持新农村文化建设过程中应尽的义务,还体现在合作组织为农民提供生产技术指导和培训,通过夯实新农村社区经济实力来保证文化建设的顺利进行。

二、新农村社区文化法律关系的历史与发展趋势

建设社会主义新农村与全面实施乡村振兴的伟大实践中,经济是基础,政治是保障,文化是灵魂。新农村文化建设不但肩负着为社会主义新农村建设与全面实施乡村振兴提供强有力的思想保证、精神动力和智力支持的重要使命,而且担负着建设社会主义和谐文化的重要责任。同时,还能逐步满足广大农民群众日益增长的多层次、多方面精神文化需求。新农村社区文化法律关系的发展是与农村社区文化的发展同步的。中华人民共和国成立以前,中国农村社区文化的变化不大。自从中华人民共和国成立以来,农村社区文化获得了重要的物质和精神基础,才有了很大的变化。改革开放尤其是 20 世纪 80 年代以后,农村社区文化进一步发生了裂变。① 新中国成立后,农民当家做了主人。通过土地改革,消灭了地主和富农阶级,全国近 43% 的耕地被再分配。社会主义改造运动将农村私有财产集体化,社会主义集体经济在农村占主导地位。与此同时,以社会主义制度为中心的政治文化深入人心,以爱国主义、集体主义为中心的道德文化在农民思想深处占了主导地位。但是,由于长期的城乡二元结构体制,农民的价值观念、思维方式和行为取向等长期处于相对稳定状态,没有发生实质性变化。

改革开放打破了城乡二元社会结构,农村从封闭渐渐走向开放。家庭联产承包责任制的确立,乡镇企业的兴起,大量农民进城务工等使农村社区文化发生了真正的变化。家庭联产承包责任制带来了新的交换关系和社会分配关

---

① 于显洋:《社区概论》,中国人民大学出版社 2006 年版,第 243 页。

系,乡镇企业的发展和"民工潮"改变了农民对土地的依赖关系。改革开放后,农村率先引入了市场经济机制,工业化、城市化、现代化进程在农村迅猛发展,纯农业的社区结构开始分化,农民依靠自己的力量在农村建成了独特的工商业、建筑、运输、服务业等产业。农业产业结构和社区结构的分化,对中国农民和农村具有决定性的意义。在谈到农民的思想时,费孝通指出:"对他们来说,优先的不是要民生,而是要保障。"他们的思想和生活条件"要等到农民改变了他们的职业才会起变化。那意味着我们必须改变产业的结构。"①社区产业结构的分化导致社区的分化和社区文化的发展。另外,农民通过向城市流动与交往,全方位地接受现代文明的熏陶,也在很大程度上培育了农民的现代性,培养了农民的商品意识和市场观念,打破了行为保守性和心理封闭性。正如罗吉斯在《乡村社会变迁》中提到的"交往就像社会中射出的一道霞光,照进他们与世隔绝的社会,使传统农民逐渐开始进入现代世界。"

生产力的发展、生产方式的改变、现代社会体制的渗透、改革开放的推进、生活态度的更新,促使我国农村由传统社会向现代社会过渡。社会的法律规范和政治规范已经渗透到村落共同体中,"法治"文化正逐步取代原有的"礼治"文化,成为调节农村社区社会关系中的主导准则。② 改革开放以后,农村社会经历着迅速的变迁,农村大力推行民主法治建设,民主、法治成为广大农民必须接受的行为关系准则,农民的法治意识和法治观念得到提高,绝大多数农民都意识到:凡事不仅要讲"理",还要讲"法",才能有效地维护自身的利益和社会关系。因此,法律武器也就逐渐成为农民用来处理自己社会关系的有效工具,"法治"文化就逐渐成为了主导社会秩序准则。③ 另一方面,积极流动、开放进取的市场意识,正逐步取代原有安土重迁、封闭保守的小农思想,成为了广大农民的主流思想意识。总之,农村的发展在很大程度上取决于农村绝大多数人口的状态,农村社区文化法律关系的发展也取决于农村社区文化

---

① 费孝通:《城乡和边区发展的思考》,天津人民出版社1990年版,第40页。
② 费孝通:《乡土中国生育制度》,北京大学出版社1998年版,第9页。
③ 黎昕:《中国社区问题研究》,中国经济出版社2007年版,第222页。

的走向。

另外,文化法律关系的历史发展也体现在法律关系的主体、客体、内容的发展变化上。经过改革开放30多年的发展,农村日益富裕起来,农民的文化需求也日益多样化,文化法律关系的主体由过去的政府和农民扩大到政府、农民、新农村社区、文化事业单位、文化产业单位(团体)、民间文化组织等;文化法律关系的客体不再局限于单纯的物和行为,扩展到文化产品、物质文化遗产和非物质文化遗产等领域;文化法律关系的内容也因主体和客体的多元化而更加多样化。

第二节　农民权益保护与新农村社区 发展的文化法律关系主体

法律关系的主体居于法律关系的"三要素"之首,是权利、义务得以实现的前提。法律关系的主体是指参加法律关系而享有法律权利和承担法律义务的人,其具有不依赖于外在事物的独立价值和认知实现自己价值的能力。我们在衡量一个人或者一个组织是不是法律关系的主体时,首先关注的是其权利能力。① 权利和义务是一对矛盾统一体,其中权利是矛盾的主要方面,居于主导地位,决定着法律关系的性质。因而权利的主体才是真正意义上的法律关系主体。

一、新农村社区发展中文化法律关系的主体概述

"权利主体"是法学家们从权利角度对法律关系主体的一种称谓。独立自主选择的自由是法律关系主体的必备要件,单纯的承担义务或者依附于他人不能认定为法律关系的主体。凡是法律关系的主体,都应具有

---

① 张文显:《法律关系论纲——法律关系若干基本问题的反思》,《天津社会科学》1991年4期。

独立依法行使权利和履行相应义务的法律资格,这种资格也被简称为"权利能力"。[①] 具有权利能力的人要独立享有权利、行使权利、履行义务,还必须具有行为能力。法律关系的主体具有法律性和社会性。法律性是指在社会生活中何者可以成为法律关系的主体以及成为何种法律关系的主体,是由法律规定或确认的,没有法律的规定或确认,就不能成为法律关系的主体。在中国,根据各种法律的规定,法律关系的主体包括以下几类:首先是公民(自然人)。这里的公民既指中国公民,也指居住在中国境内或在境内活动的外国公民和无国籍人;其次是机构和组织(法人)。中国的政府机关和组织,可以是公法人、也可以是私法人,依其所参与的法律关系的性质而定。再次是政府。在特殊情况下,政府可以作为一个整体成为法律关系主体。

由于文化法律关系的特殊性和新农村社区文化的特殊性,决定了新农村社区文化法律关系的主体具有明显不同于其他法律关系的特征:一是形式的广泛性。新农村社区文化法律关系的主体形式具有广泛性,主要表现在新农村社区文化法律关系的主体不仅包括政府、文化事业单位、文化企业单位(团体)还包括新农村社区、农民、民间文化组织等主体。二是权利义务的不对等性。在新农村社区文化法律关系中主体所享有的权利和承担的义务是不对等的,这与民事法律关系中主体权利义务对等性有所不同。文化法律关系的主体享受了相应的文化权利,不一定要其尽相应的义务。反之,尽了相应的文化义务不一定可以享受到相应的文化权利。三是主体能力的文化性。文化法律关系的主体是具有文化权利能力和文化行为能力的组织或个人,这种能力体现在各主体具体的权利义务中,与权利义务的实现密不可分。从现有的法律规范及农民权益保护与新农村社区发展来看,我国新农村社区文化法律关系的主体主要包括农民、农民合作组织、文化事业单位、文化产业单位(团体)、民间文化组织、新农村社区、政府等。

---

① 张文显:《法律关系论纲——法律关系若干基本问题的反思》,《天津社会科学》1991年第4期。

二、农民（农户）

农民作为发展权的主体，更要具备相应的权利意识和自我发展能力。新农村社区文化建设必须最大限度地激发农民自觉参与新农村文化建设的积极性和创造性，保证新农村文化建设目标顺利实现。新农村社区发展以农民为主体，以农民为受益者，无疑应当充分调动农民的积极性和创造性，激发农民的创业潜能，尊重农民的创新精神，带动农民的创新实践，对此我们必须改变那种认为农民素质低，不会自主经营、自主创业、自主创新的认识和看法。大量事实证明，农民拥有巨大的创造潜能、创造活力，在新农村社区文化发展中，他们完全可以成为文化创新的主力军。要彻底破解"三农"难题，打破农业农村发展瓶颈，建设美好的社会主义新农村与全面实施乡村振兴，就必须激发和发挥农民文化创新的精神和潜能。

作为文化法律关系的关键主体，农民的重要性在国际公约和国内法律法规中均有体现：《保护和促进文化表现形式多样性公约》序言中第八条："承认作为非物质和物质财富来源的传统知识的重要性，特别是原住民知识体系的重要性，其对可持续发展的积极贡献，及其得到充分保护和促进的需要"；《中华人民共和国农产品质量安全法》第十二条："制定农产品质量安全标准应当充分考虑农产品质量安全风险评估结果，并听取农产品生产者、销售者和消费者的意见，保障消费安全。"第二十四条："政府鼓励其他农产品生产者建立农产品生产记录。"以上这些法律规定凸显了农民在新农村社区文化建设中的关键作用。

农村文化建设的主体是农民，新农村需要新文化，新农村也需要新农民，农民不仅应当是农村文化的受益者，更应该是农村文化的建设者。农村文化在一定程度上已经落后于城市文化，但这并不意味着农民没有发展文化的潜力，农村沉淀了中国几千年的文化精粹，活跃着大批优秀的乡土艺术家，他们成为传承民俗文化的脊梁，同时深刻影响着农村文化的发展方向。随着农民生活水平的提高，农民兴办农村文化的积极性日益高涨，有的把文化做成了产业，农民在娱乐的同时，还实现了增收，民族文化得到延续，成为新农村文化建设的重要力量。政府部门为文化建设的发展提供有力的保障,建设一些基础设施,为民俗的展示提供开阔的舞台,农民的民歌唱得会更嘹亮,民族服饰绽放更绚丽的色彩。[1] 总之,应该充分发挥农民群众在新农村社区文化建设中的主体地位,把新农村文化建设和保护文化遗产、美化人居环境相结合,实现文化建设与经济社会发展的良性互动。

三、文化事业单位

公益性文化事业是中国特色社会主义建设事业的重要组成部分,是全面建设小康社会的内在要求,公益性文化事业对丰富农民的文化生活起着至关重要的作用,这是由公益性文化事业的非营利性所决定的。它肩负着向农民宣传政策、传播知识、提供优质文化产品的重任,大力发展农村公益性文化事业,必须健全完善公共文化服务体系,为广大农民提供更多的休闲娱乐场所,进一步提高农民的思想道德素质和科学文化水平[2]。

在我国现行文化宏观管理体制下,文化系统归口管理的公益性文化事业单位主要包括政府兴办的图书馆、博物馆、文化馆(站)、科技馆、群众艺术馆、美术馆等为群众提供公共文化服务的单位,体现民族特色和政府水准的保留事业体制的文艺院团,以及承担公益性任务的艺术研究机构、文物保护考古科研管理机构、艺术院校、画院等单位。文化站是目前农村唯一的公益性文化事业单位,是农村文化的前沿阵地。通过这个平台,农民能够学文化、学科技,了解政策、掌握信息,还能开展许多健康有益的文化活动。

《乡镇综合文化站管理办法》第二条规定:"本办法中的乡镇综合文化站(以下简称"文化站"),是指由县级或乡镇人民政府设立的公益性文化机构,其基本职能是社会服务、指导基层和协助管理农村文化市场。"第十条进一步规定了:"文化站的主要职能是,开展书报刊借阅、时政法制科普教育、文艺演出活动、数字文化信息服务、公共文化资源配送和流动服务、体育健身和青少

---

[1]　郭玉兰:《发展农村文化产业的三维思考》,《贵州社会科学》2007 年第 10 期。

[2]　谢晶莹:《发展农村公益性文化事业:保障农民文化权益的有效途径》,《中共四川省委省级机关党校学报》2008 年第 4 期。

年校外活动等。"仅在"十一五"期间,全国各地实施了乡镇综合文化站建设工程,计划新建和扩建乡镇综合文化站(室)2.67万个,基本实现"乡乡有综合文化站"的目标;全国文化信息资源共享工程建成各级服务点75.7万个,已覆盖75%的行政村①。

四、文化产业单位(团体)

随着社会经济的发展,人们的物质需求满足程度大大提高,随之会对文化产品产生更多的需求。与公益性文化相比,经营性文化除了具有教育性和娱乐性外,还具有营利性、时尚性、交际性等几个方面的特征,其中最典型的特征是营利性,即通过有效的经营活动,在提供文化产品的同时获得相应的收益;经营性文化的时尚性要求文化产品紧跟时代发展的潮流,不断发展创新交际性;交际性要求文化活动的组织为人们进行沟通和交流提供便利,人们通过参加文化活动聚集在一起既交流感情又沟通思想,并由此结交更多的朋友。近年来随着经济与社会的发展,尤其是市场的推动,城乡文化市场都呈现出良好的发展势头。特别是随着农民对文化产品的需求增加,经营性文化产业得到了较快的发展。

随着中共中央和国务院《关于深化文化体制改革的若干意见》发布,文化体制进行了改革试点。这次文化体制改革试点主要针对新闻出版、广播电视、文化演艺3个领域。国家对现有国有文化单位,按照公益性文化事业和经营性文化产业进行分类或剥离,分别确定公益性事业单位深化内部改革、事业转制为企业、企业进一步改制的改革方向,文化产业受到了空前的重视,我国的文化产业正面临历史上最好的发展时机。政府统计部门将以下8类列为"文化产业"的范围:(1)新闻服务;(2)出版发行和版权服务;(3)广播、电视、电影服务;(4)文化艺术服务;(5)网络文化服务;⑥文化休闲娱乐服务;(6)其他文化服务;(7)文化用品、设备及相关文化产品的服务。

农村文化产业是一个崭新的、充满活力和潜力的领域,发展农村文化产业

---

① 资料来源:中央机构编制委员会办公室网站。

是新农村建设与全面实施乡村振兴的一种必然趋势。事实上,原文化部早在1998 年就已经印发了《关于进一步加强农村文化建设的意见的通知》,其中明确提出:"农村各级文化主管部门和单位,要增强产业意识,积极探索发展农村文化产业的途径。农村有着非常丰富的文化资源,既要采取措施,加以保护,又要制定优惠政策,充分开发利用,使资源优势变为产业优势,促进农村文化产业的发展。"中共中央、国务院《关于推进社会主义新农村建设的若干意见》明确要"扶持农村业余文化队伍,鼓励农民兴办文化产业。"政府"十一五"规划明确,要将农村文化建设纳入当地经济社会发展。《中共中央关于构建社会主义和谐社会若干重大问题的决定》也明确指出,要加快发展文化事业和文化产业,满足人民群众的文化需求。农村文化由文化事业向文化事业和文化产业共同发展是农民群众日益增长的精神文化需求所决定的,是农村经济、社会、文化和谐发展的必然趋势。[1] 一些地方立法也确立了对乡村文化支持的规范,如《景宁畲族自治县民族民间文化保护条例》第二十五条规定:"县人民政府应当重视民族民间文化展览业发展,建立特色民族民间文化展示场馆。支持和鼓励民间资本创办畲医畲药、惠明茶、畲族传统体育等特色民族民间文化展示场馆。"

据文化部门不完全统计,我国目前有 6800 余家民营文艺表演团体,他们常年活跃于田间地头,演出形式丰富多样,贴近实际、贴近农民生活。如湖南省衡阳市杂技团,从一个家庭,一根扁担、两只挑箱发展到现在拥有演职员 98 人,固定资产近 2000 万元的专业团体。他们常年深入基层,每年在外演出达10 个月以上,年演出达 300 余场。河南省民权县北关镇王公庄村是"中国画虎第一村",是以农民画虎而闻名全国的文化专业村,全村 1000 多人中有四五百人从事绘画创作,"民权虎'享誉国内外书画市场,每年约有 2 万幅画作远销全国各地乃至日本、韩国等政府和地区,销售额达 600 多万元。福建省仙游县开发民俗文化,民间工艺产业化程度较高,已拥有工艺企业 2600 多家,从业人员 6 万多人,年创产值 20 多亿元,出口创汇 12 亿多元,成为我国雕刻工艺

---

① 郭玉兰:《发展农村文化产业的三维思考》,《贵州社会科学》2007 年第 10 期。

美术品的主产地之一。① 这些农村文化产业团体和单位不仅为丰富农村文化生活发挥着重要作用,也成为推动当地经济发展的重要力量。

五、民间文化组织

文化组织按照性质不同可以分为营利性文化组织和非营利性文化组织。对于营利性与非营利性的界定,不同政府的标准有所不同,目前国际上较为广泛接受的是萨拉蒙教授指导的美国约翰—霍布金斯大学在非营利性组织国际比较研究项目归纳的五特征界定,即:(1)组织性,指有正式的组织机构,有成文的章程、制度,有固定的工作人员等;(2)非政府性,指不是政府及其附属机构,也不隶属于政府或受其支配,也可称为"民间性";(3)非营利性,指不以营利为目的,不进行分红或利润分配;(4)自治性,指有独立的决策与行使能力,能够进行自我管理;(5)志愿性,指成员的参加特别是资源的集中不是强制性的,而是自愿和志愿性的,组织活动中有一定比例的志愿者参加。在这五个属性中,组织性一般被看作一个不言而喻的前提,自治性和志愿性也有一些不同的提法,而非政府性和非营利性是最核心和最一致的认识。"民间文化组织"一般具有"非营利性",它是民间自愿发起、依法登记成立、为社会提供各种文化服务活动的非营利性社会组织,是公益性文化事业的重要组成部分,包括各类文化协会、研究会和各类民办的博物馆、收藏馆、纪念馆、艺术院校、表演团队、文化艺术研究传播中心等,在农村社区主要是以农村社区文化组织的形式存在。

农村社区文化建设是新农村建设与全面实施乡村振兴的重要路径之一,农村社区文化组织是农民自愿参加,满足农民文化需要的非营利组织,其目标在于改善人与人之间的关系、愉悦身心、关心他人。农村文化组织担当着农村社区文化建设的重任。家庭是村民生活的最基本单位,家庭和谐是新农村建设与全面实施乡村振兴的题中之义,而农村社区文化组织促进了家庭成员之间的沟通交流和互信,促进了社区成员之间的资源整合和信息共享,从民主和

---

① 郭玉兰:《发展农村文化产业的三维思考》,《贵州社会科学》2007 年第 10 期。

法制角度看,农村社区文化组织是村民自我管理和民主决策的自治组织,可以通过强化道德意识和责任意识来弥补法治的不足,进而形成倡导志愿精神和服务责任意识的社会价值体系。①　新农村社区文化组织作为活跃在农村的草根组织,可以有效承载公益性文化职能,进而成为农村文化建设的有效载体。发展起来的社区文化组织也将迅速成为乡文化站工作开展所需借助的重要媒介。

六、新农村社区

农村社区(urban community)是指由一定数量的农村居民组成,在基础设施相对完备、公共服务体系相对健全的农村通过实行社区管理的模式,实现对公共事务的管理和为村民的生产提供服务,具有内在互动关系、结构功能稳定和完整的地域生活共同体。农村社区的发展以社区发展权为理论基础,社区发展除了经济、政治发展还应重视文化发展,充分发挥文化对新农村社区发展的促进作用。农村是孕育乡土文化的根源,这些乡土文化也深刻影响着生活在其中的人们,新农村社区治理如果能充分考虑到与当地的价值观念、伦理观念、道德观念相结合,将起到事半功倍的效果。

我国的农村社区具有经济功能、政治功能、文化功能、社会功能和生态功能。其中文化功能主要表现为农村社区担负着发展教育事业、组织开展文化娱乐和体育活动等重任,社区教育是重中之重。英国学者德朗特里在《西方教育词典》中对社区教育做了比较权威的论述:"一种教育工作计划,它跨出学习或学院的范围,并让社区其他的人参与。这些人即可作学生,也可作教师,或兼任两者。教育意图完全是为了整个社区的利益服务的。"《美国教育者百科全书》认为,社区教育是"终身教育概念的表现形式,集中社区的人力、物力资源,为社区居民提供各种可利用的教育机会"。②

受到国际终身教育和学习型社会思潮的影响,我国社区教育作为一种新

---

① 徐柳凡、马剑虹:《农村社区文化组织发展研究》,《科学社会主义》2007 年第 5 期。
② 蔡俊伦:《关于建立乡镇社区教育体系的思路》,《中国农业教育》2002 年第 3 期。

的教育实践正在全国各地广泛展开。早在 1998 年,教育部就在制定的《面向21 世纪教育振兴行动计划》对我国开展社区教育的实验工作做了部署。社区教育是实施终身教育和建设学习化社会的重要载体和形式,而在农村人口占总人口 50.32%的我国,农村社区教育显得尤为重要。

农村社区教育是对农村社区内共同生活的人群组合所进行的由学校教育、家庭教育和广泛的社会教育组成的大教育。它既是一种区域性的、整体性的教育活动,又是一种组织协调社区内外各种力量参与本社区的各种学习与教育活动,为提高社区成员素质,促进经济、文化发展而提供服务的教育新机制。未来的农村社区教育不再有年龄的局限,在内容上扩展到社会文化生活、思想道德建设、生态环境、政策法规等方面的知识,新农村社区教育也承担着提高社区居民文化水平和对社区居民进行职业培训的任务。

社区主导型社区教育是我国农村社区教育的主要表现形式,其由社区内部有影响力的单位牵头,利用单位在行业的影响力和资源开展社区教育活动,并争取政府的扶持和配合,以社区共建的形式开展社区教育活动,社区内部互相学习与引进外部先进文化相结合。[①] 新农村社区应该发挥推动社区精神文明建设的"载体"作用,积极推进社区教育,支持社区文化组织和团体的建设,促进社区的和谐稳定和高质量发展。

七、政府

改革开放 40 多年来,我国的经济建设有了突飞猛进的发展,人们生活水平显著提高。党和政府高度重视"三农"问题,采取了取消农业税、实行农业补贴等一系列措施促进农村经济社会发展、农民增收,并取得了显著成果。可以说,农民的温饱问题已经解决,目前社会主义新农村建设与全面实施乡村振兴的重点是如何实现农民发展权的问题。农民发展权的享有与实现,除了需要政策支持外还需要法律的保障,政府作为农民发展权的义务主体,应为保障和维护农民发展权承担起应有的责任;文化发展是农民发展权的重要组成部

---

① 张兴杰等:《农村社区建设与管理研》,华南理工大学出版社 2007 年版,第 144 页。

分,新农村社区文化建设正是维护和保障农民发展权最有力的体现。

《中华人民共和国宪法》规定,"政府发展为人民服务、为社会主义服务的文学艺术事业、新闻广播电视事业、出版发行事业、图书馆博物馆文化馆和其他文化事业,开展群众性的文化活动";"政府保护名胜古迹、珍贵文物和其他重要历史文化遗产";《中华人民共和国文物保护法》第二条规定:"文物认定的标准和办法由国务院文物行政部门制定,并报国务院批准"。《保护非物质文化遗产公约》规定:"各缔约国应该采取必要措施确保其领土上的非物质文化遗产受到保护";《国务院办公厅关于加强我国非物质文化遗产保护工作的意见》中强调"要发挥政府的主导作用,建立协调有效的保护工作领导机制。由文化部牵头,建立中国非物质文化遗产保护工作部际联席会议制度,统一协调非物质文化遗产保护工作。文化行政部门与各相关部门要积极配合,形成合力。""各级政府要不断加大非物质文化遗产保护工作的经费投入。通过政策引导等措施,鼓励个人、企业和社会团体对非物质文化遗产保护工作进行资助。"充分表明了政府在非物质文化遗产保护工作中的主导作用。

2010年4月8日,中央宣传部、中国人民银行、财政部、文化部、广电总局、新闻出版总署、银监会、证监会、保监会联合发布《关于金融支持文化产业振兴和发展繁荣的指导意见》,该意见中明确提出:"积极开发适合文化产业特点的信贷产品,加大有效的信贷投放;完善授信模式,加强和改进对文化产业的金融服务;积极培育和发展文化产业保险市场",是支持文化产业发展的指导意见。文化产业的发展能促进农村文化的繁荣,丰富农民的文化生活,激励农民自办文化。因此,政府对文化产业的支持,从某种意义上讲也是对农村文化发展的支持。

在新农村社区文化法律关系中基层政府发挥着更加重要的作用。由我国文化部门审议通过并于2009年10月1日起施行的《乡镇综合文化站管理办法》明确规定了乡镇人民政府文化工作的职责和任务。该办法第三条规定:"乡镇人民政府负责文化站日常工作的管理,县级文化行政部门负责对文化站进行监督和检查,县文化馆、图书馆等相关文化单位负责对文化站开展对口业务指导和辅导。"以上这些法律法规的规定,确定了政府在文化建设中的职责,也明确了政府在文化法律关系中的主导作用。

第三节　农民权益保护与新农村社区发展的文化法律关系客体

客体相对于主体,是主体的认识或活动所指向的对象。法律关系是主体之间的权利义务关系,主体是权利义务的主体,是权利义务之所属,客体则是权利义务的客体,是权利义务之所附。法律关系的客体,是法律关系主体的权利和义务所指向的对象或标的,故而又可称之为权义客体。文化法律关系的客体是文化法律关系的主体权利义务所指向的对象。从理论上说,一切与农村社区文化相关的、可以作为利益载体或利益的表现形式的事物,都有可能成为新农村社区文化法律关系的客体。新农村社区文化法律关系的客体多种多样,概括说来,新农村社区文化法律关系的客体有:(1)行为。主要是指文化教育与培训行为、监督管理行为、保护行为、服务行为等给付行为以及文化经营行为和文化交流行为。(2)物。本研究中新农村社区文化法律关系的物主要是指各种文化产品和物质文化遗产,如文物等。(3)智力成果。在新农村社区中比较典型的是民间传统工艺美术、民族风俗习惯等非物质文化遗产。

一、文化行为

文化行为是文化法律关系中的重要客体,按照文化行为的内容不同可以将文化行为划分为文化给付行为、文化经营行为、文化交流行为等。

(一)文化给付行为

给付行为的主体主要是政府,文化给付行为是政府行政行为的一种,文化的服务性给付强调政府在文化给付行为中的服务职能。德国学者福斯特霍夫第一次提出了"给付行政"的概念,他认为给付行政活动包括:(1)水、电、煤气等公用事业;(2)国内交通运输;(3)可以提供满足个人生活所必需的设施。按照前述标准,行政主体提供津贴和救济的活动在福斯特霍夫那里是被排除在给付行政范围之外的。① 不过,在福斯特霍夫 1938 年论文发表之后不久,另一位德国学者即将福氏看来不属于给付行政范围的上述行政活动归入了给付行政的范围,②以后给付行政的范围不断扩充。德国现代行政法学学者沃尔夫等人认为,给付行政(和担保给付行政)的范围涉及基础设施行政、担保给付行政、社会行政、促进行政、和信息行政等,其范围已随着行政的发展而不断扩大。③ 在新农村社区文化建设中,政府对农民(农户)的教育与培训行为、对民间传统文化的保护行为、对文化部门和其他文化主体的监管行为以及提供农村公共文化服务是文化给付行为的主要内容。

1.文化教育与培训行为

农村文化教育是新农村社区文化建设的基础。发展农村文化教育,是全面建设小康社会的内在要求,是树立和落实科学发展观、构建社会主义和谐社会的重要内容,对于提高党的执政能力和巩固党的执政基础,促进农村经济发展和社会进步,实现农村物质文明、政治文明和精神文明协调发展,具有重大意义。农村文化教育和培训的主体是政府教育部门、学校等事业单位,还包括新农村社区委员会、文化产业单位等,受体主要是农民,其内容比较广泛,主要包括维权意识教育、乡风文明教育、职业培训教育等。

首先,维权意识教育。农民的贫困不仅仅是物质层面的贫困,农民维权意识的淡漠才是更大的贫困。农民维权意识的主要内容之一是维护土地的使用权,农民维护土地使用权的意识增强,其增收才有保障,才更大可能投入到新农村的建设中来。

其次,文明乡风教育。讲道德和重礼仪是中国文化的重要特点之一,在农村许多淳朴的乡风民俗依然存在,维护和弘扬传统文明乡风,抵制不良价值观的诱惑,必须加强宣传,鼓励文明之风,形成诚信机制,使诚信与农民的实在利

---

① 陈新民:《"服务行政"及"生存照顾"概念的原始面貌》,见氏著《公法学札记》,中国政法大学出版社 2001 年版,第 71—72 页。

② 陈新民:《"服务行政"及"生存照顾"概念的原始面貌》,见氏著《公法学札记》,中国政法大学出版社 2001 年版,第 89 页。

③ 汉斯·沃尔夫:《行政法》(第 1 卷),高家伟译,商务印书馆 2002 年版,第 31—34 页。

益相关联,例如建立信用档案,开展信用农户评比,使农户的信用额度与信用
积分正相关。形成文明的社会风气,使道德的规范不仅成为人们内心的需要,
也成为实实在在物质利益的需要,这就是道德文明的力量。①

再次,职业培训教育。鉴于我国农村劳动力科技文化素质不高的现状,当
务之急是培养一批懂技术、善管理、能从事产业化经营的新型知识农民,要实
现农业产品标准化、生产规范化、经营产业化必然要求劳动生产知识化、专业
化。创新农民科技教育培训体系,使农民的文化教育工作与农民的实际需要
相结合,培养大批初级、中级和高级农牧民技术人员,使教育培训转化为先进
生产力的效率不断提高。《中共中央关于制定国民经济和社会发展第十二个
五年规划的建议》提出要努力提高农村义务教育质量和均衡发展水平,推进
农村中等职业教育免费进程。同时,也要注重利用互联网等现代手段,开展实
用技术、市场营销和农民工就业技能等多方面的教育培训,培育有文化、懂技
术、会经营、善管理的新型农民。

2. 文化监督管理行为

文化监督管理是政府文化给付行为的重要组成部分,是其他文化活动有
序进行的前提和保证。文化监督管理是指政府文化行政部门依照法律、法规、
制度、政策等对文化市场和文化主体的活动进行监管的行为。《文化市场管
理条例》第六条规定:"乡(镇)人民政府应当加强对本辖区文化经营活动的监
督管理,并发挥乡镇综合文化站的作用。"随着农村文化市场经营范围的不断
扩大,监督检查任务繁重,管理地域面广、线长,管理经费缺乏保障,管理设施
设备落后等主客观原因,使得农村文化市场监管面临难题。因此,促进农村文
化市场规范、有序、健康、繁荣发展,将有利于推动社会主义新农村建设与全面
实施乡村振兴和和谐社会的建设。《营业性演出管理条例》第五条规定:"国
务院文化主管部门主管全国营业性演出的监督管理工作。国务院公安部门、
工商行政管理部门在各自职责范围内,主管营业性演出的监督管理工作。县
级以上地方人民政府文化主管部门负责本行政区域内营业性演出的监督管理

---

① 黄帝荣:《发展农村文化教育,提高农民素质》,资料来源:湖南社会学网。

工作。县级以上地方人民政府公安部门、工商行政管理部门在各自职责范围内,负责本行政区域内营业性演出的监督管理工作。"如《景宁畲族自治县民族民间文化保护条例》第三十二条规定:"文化行政部门及其他有关工作人员由于玩忽职守、滥用职权、徇私舞弊,致使政府和集体所有的民族民间传统文化珍贵资料和实物受到损坏、被窃和遗失,视其情节轻重给予行政处分;构成犯罪的,依法追究刑事责任。"

广义上的文化管理行为还包括对文化的开发和利用,特别是对特色传统文化的开发和利用。如,《广西壮族自治区民族民间传统文化保护条例》第二十四条规定:"县级以上人民政府应当组织有关部门依法做好民族民间传统文化的管理与利用工作,鼓励和支持企业事业单位、其他组织和个人结合本地实际,在依法保护的前提下发掘和利用民族民间传统文化资源,发展民族文化产业,促进本地区经济发展和社会进步。"《贵州省民族民间文化保护条例》第二十三条规定:"各级人民政府应当结合本地实际,将自然风光与民族民间文化相结合,采取有效措施,发掘、利用民族民间文化资源,开发传统民族民间文化产品,提升旅游业文化品位,拓展旅游服务项目,促进旅游经济的发展。"第二十六条规定:"鼓励以弘扬优秀民族民间文化为目的的文学艺术创作活动,有重点、有选择地做好民族民间原始文献、典籍、戏剧、音乐等的记录、翻译、校订、出版、研究和开发利用等工作。"

3. 文化保护行为

民族民间文化是中华民族世代相传的文化财富,是我们发展先进文化的民族根基和重要的精神资源,是政府和民族生存与发展的内在动力。但是随着我国经济社会的发展和全球化进程的加快,我国民间传统文化生存环境发生急剧变化:大量文化资源不同程度受到了影响;民族民间文化的传承后继乏人,一些传统技艺濒临灭绝;许多珍贵实物和资料流失境外;民族民间文化保护的法律体系尚未建立,民众的保护意识淡薄,保护工作资金短缺。针对我国民族民间文化保护面临的严峻形势,为加强我国民族民间传统文化的保护,政府颁布了《中国民族民间文化保护工程实施方案》,在全国范围内实施中国民族民间文化保护工程(以下简称"保护工程")。该"保护工程"是在以往民族民间文化保护工作成果的基础上,结合新时期的新情况和新特点,由政府组织实施推动的,对珍贵、濒危并具有历史、文化和科学价值的民族民间传统文化进行有效保护的一项系统工程。2011年2月25日第十一届全国人民代表大会常务委员会第十九次会议通过《中华人民共和国非物质文化遗产法》,该法在以往民族民间文化保护工作成果的基础上,结合新时期的新情况和新特点,对珍贵、濒危并具有历史、文化和科学价值的民族民间传统文化等非物质遗产文化进行保护。

《中华人民共和国非物质文化遗产法》中明确规定了保护对象主要是各族人民世代相传并被视为其文化遗产组成部分的各种传统文化表现形式,以及与传统文化表现形式相关的实物和场所。包括:传统口头文学以及作为其载体的语言;传统美术、书法、音乐、舞蹈、戏剧、曲艺和杂技;传统技艺、医药和历法;传统礼仪、节庆等民俗;传统体育和游艺;其他非物质文化遗产。而对于属于非物质文化遗产组成部分的实物和场所,凡属文物的,适用《中华人民共和国文物保护法》的有关规定。该方案还指明了保护的基本方式:国家对非物质文化遗产采取认定、记录、建档等措施予以保存,对体现中华民族优秀传统文化,具有历史、文学、艺术、科学价值的非物质文化遗产采取传承、传播等措施予以保护;建立传承机制,对传承人进行资助扶持和鼓励。

政府在积极推动立法的同时,也鼓励各地方制定民族民间文化保护法规。如,《贵州省民族民间文化保护条例》第五条规定:"县级以上人民政府应当将民族民间文化保护工作纳入国民经济和社会发展计划。"第六条规定:"县级以上人民政府文化行政部门主管本行政区域内民族民间文化的保护工作。民族宗教事务、公安、工商、建设、规划、教育、旅游、环保、体育等有关部门应当按照各自的职责,配合文化行政部门做好民族民间文化保护工作。"另外,《福建省民族民间文化保护条例》第九条规定:"民族民间文化实行分级保护制度。省、设区的市、县(市、区)人民政府文化行政部门会同有关部门编列本级民族民间文化保护名录,报同级人民政府批准公布,并报上一级人民政府文化行政部门备案。"

4. 文化服务行为

农村公共文化服务是政府履行服务职能的一种表现。农村公共文化服务不以营利为目的,它的发展依赖于政府的支持和投入,着眼于社会效益,为全社会提供公共文化产品,它涵盖了电视、电影、出版、报刊、互联网等诸多领域,为农民提供新知识、新技术、新科学,在培养人才、科技普及、市场开拓、信息传递等方面发挥作用,为农村经济的发展提供智力支持。[1]

在新农村建设与全面实施乡村振兴的背景下,只有及时完善政府公共文化服务职能,加强公共文化设施建设,才可以提高农村公共文化服务水平。把农村公共文化建设纳入重要议事日程,纳入经济和社会发展规划,纳入财政支出预算,纳入扶贫攻坚计划,要在人财物方面给予政策扶持与倾斜。要坚持以政府为主导,以社区为依托,以村为重点,以农户为对象,发展县、乡、镇、村文化设施和文化活动场所,构建农村公共文化服务网络。[2] 同时还需要全社会的关注和重视,需要较高业务素质的文化服务工作者支持和参与。

(二)文化经营行为

文化经营行为的范围比较广泛,我国相关法律法规对文化经营行为进行了规定,1994 年我国文化部发布了《关于实行〈文化经营许可证〉制度的规定》,该规定第一条就明确了文化经营行为的范围,即"凡通过举办各种文化活动取得收入或利用文化场所取得收入的经营活动,均为文化经营活动",而且规定"凡开办文化娱乐、美术品、音像、演出、业余文化艺术培训等文化经营活动,在申请工商登记注册前,必须报经所在县市以上(含县市)政府文化行政管理部门审查批准,领取《文化经营许可证》",具体来说,文化经营行为主要包括营业性演出、娱乐场所经营行为、美术品经营行为等具体的行为。

1. 营业性演出

《营业性演出管理条例》第二条规定:"本条例所称营业性演出,是指以营利为目的为公众举办的现场文艺表演活动。"《营业性演出管理条例实施细

---

[1] 陈坚良:《新农村建设中公共文化服务的若干思考》,《科学社会主义》2007 年第 1 期。

[2] 陈坚良:《新农村建设中公共文化服务的若干思考》,《科学社会主义》2007 年第 1 期。

则》对营业性演出作了更加具体的规定,营业性演出是指以营利为目的、通过下列方式为公众举办的现场文艺表演活动:售票或者接受赞助的;支付演出单位或者个人报酬的;以演出为媒介进行广告宣传或者产品促销的;以其他营利方式组织演出的。另外,《营业性演出管理条例》还对营业性演出的主体、行为规范、法律责任等进行了详细的规定。

2. 娱乐场所经营行为

国务院于 2006 年 1 月 29 日颁布了《娱乐场所管理条例》对我国娱乐场所的经营行为进行规范,该条例第十三条规定:"政府倡导弘扬民族优秀文化,禁止娱乐场所内的娱乐活动含有下列内容:违反宪法确定的基本原则的;危害政府统一、主权或者领土完整的;危害政府安全,或者损害政府荣誉、利益的;煽动民族仇恨、民族歧视,伤害民族感情或者侵害民族风俗、习惯,破坏民族团结的;违反政府宗教政策,宣扬邪教、迷信的;宣扬淫秽、赌博、暴力以及与毒品有关的违法犯罪活动,或者教唆犯罪的;违背社会公德或者民族优秀文化传统的;侮辱、诽谤他人,侵害他人合法权益的;法律、行政法规禁止的其他内容。"而且,该条例还对营业场所的设立、监督管理、法律责任等进行了规定。随着现代科学技术的发展,网络已经成为人们生活中不可或缺的信息获取和交流平台,一些上网服务经营行为也日渐普遍,为了规范互联网上网服务场所的经营行为,国务院于 2002 年颁布实施了《互联网上网服务营业场所管理条例》,该条例第三条规定:"互联网上网服务营业场所经营单位应当遵守有关法律、法规的规定,加强行业自律,自觉接受政府有关部门依法实施的监督管理,为上网消费者提供良好的服务。"

3. 美术品经营行为

《美术品经营管理办法》第二条规定:"本办法所称美术品经营活动,是指美术品的收购、销售、租赁、装裱、经纪、评估、咨询以及商业性美术品展览、比赛等活动。"该办法第十二条对禁止经营的美术品进行了规定,包括:"反对宪法确定的基本原则的;危害政府统一、主权和领土完整的;危害政府安全或者损害政府荣誉和利益的;煽动民族仇恨、民族歧视,破坏民族团结,或者侵害民族风俗、习惯的;宣扬或者传播邪教、迷信的;扰乱社会秩序,破坏社会稳定的;

宣扬淫秽、赌博、暴力、恐怖或者教唆犯罪的;侮辱或者诽谤他人,侵害他人合法权益的;危害社会公德或者民族优秀文化传统的;有法律、行政法规和政府规定禁止的其他内容的。另外,还包括音像、书籍等文化产品的出版、发行、出租、销售、出口等行为。文化经营行为的内涵非常广,除以上法律直接规定的行为外,还包括文化产品的生产、销售、出口、出租等行为。因此,文化经营行为也是我国文化法律规范进行规制的重要客体。

(三)文化交流行为

人类历史的进步,离不开文化的交流和融合,对于任何一个民族文化而言,拥有文化输出和文化接受的健全机制,方能获得文化补偿,赢得空间的拓宽和时间的延展。① 文化交流发生于两个或者多个具有差异显著的文化源之间。在不同的文化圈层中,也能产生很好的文化交流。文化交流促进人们互通有无,增进文化交流与发展。文化交流按照范围有宏观和微观层面之分,宏观层面的文化交流也称"对外文化交流",主要是中国与其他政府之间的文化交流;微观层面的文化交流主要是本国各民族内部的交流以及不同区域之间的文化交流。如"十一五"规划曾指出,要拓展对外文化交流和传播渠道。利用春节、国庆日、建交日等重要节日、纪念日,组织举办高水平文化交流活动,增进世界对中国的了解;拓展民间交流合作领域,鼓励人民团体、民间组织、民营企业和个人从事对外文化交流。把文化"走出去"工作与外交、外贸、援外、科技、旅游、体育等工作结合起来,把展演、展映和产品销售结合起来,充分调动各方面力量,形成对外文化交流的合力。

从宏观层面看,对外文化交流一般是以政府层面为主。文化是一个政府综合国力的体现,强大的政府必须有强大的文化软实力。在全球化不断发展的今天,跨文化交流与传播是当今国际社会普遍关注的问题,文化的交流传播能力已经成为国家文化软实力的重要因素。21世纪,任何一个国家没有强大的文化软实力,就不可能真正实现可持续发展。文化软实力的发挥根本上是靠文化的吸引、精神的感召,具有以情感人、以文化人的特点。文化软实力体

---

① 张岱年、方克立:《中国文化概论》,北京师范大学出版社 2004 年版,第 97 页。

现为一个政府或民族的凝聚力和创造力,在政府或民族外部则体现为国际影响力。随着世界多极化、经济全球化的深入发展和科学技术的日新月异,文化与经济、政治相互交融,与科学技术的结合日益紧密,经济活动的文化竞争日益提高,文化软实力作为现代社会发展的精神动力、智力支持和思想保证,已经成为政府核心竞争力的重要因素。① 提高中国的文化软实力,离不开中国与世界各国的文化交流。

从微观层面看,群众喜闻乐见、具有浓郁乡土气息的文化交流能够促进村庄之间的和谐、融洽,广大农民的精神面貌为之焕然一新。在新农村社区文化建设中要通过挖掘、整合和弘扬,努力创建"一村一品、一村多景"的文化景致,不断提高新农村建设与全面实施乡村振兴的文化品位,实现乡村文化振兴。同时,还要充分利用"社区联动"的文化交流形式,促进各社区之间的文化交流,进而促进新农村社区优秀文化的传播,充分利用各种资源,创新文化"走出去"的形式,提升我国文化产品的影响力和竞争力,积极推动中华优秀传统文化走向世界。

二、文化产品

2004 年,国家统计局在与中共中央宣传部及国务院有关部门共同研究的基础上,制定了《文化及相关产业分类》,具体包括:文化产品制作和销售活动、文化传播服务、文化休闲娱乐服务、文化用品生产和销售活动、文化设备生产和销售活动、相关文化产品制作和销售活动。由此可见,文化及相关产业是指为社会公众提供文化、娱乐产品和服务的活动,以及与这些活动有关联的活动的集合。这些活动的成果以一定的物质载体形式出现并进入流通领域便形成了文化产品。

关于文化产品,马克思和恩格斯在《德意志意识形态》曾有过重要阐述,即科学思想、政治思想、法律思想、哲学思想等观念的成果。一般地说,这些成

---

① 李仁质:《加强文化交流提高中国的文化软实力》,《中央社会主义学院学报》2010 年第1 期。

果都具有物质的外壳,附属于一定的载体上,如图书、报纸、期刊、电影、电视、网络等。由此,它们也就是成为了一种具有思想内容的特殊物质——文化产品。除极少数属于私人使用外,大部分文化产品是供社会消费,其生产不属于"自给型",而属于"商品性"。也就是说,文化产品既有思想又有商品的"双重属性"。商品属性决定文化产品具有价值和使用价值,可以通过市场交换获取经济利益、实现再生产;思想属性要求文化产品履行一定经济基础服务的社会功能。文化产品在生产和经营过程中其"双重属性"表现出相应的经济效益和社会效益。① 而且其经济效益往往是以一定的意识形态和社会效益为前提和基础的。

　　新农村社区发展中作为文化法律关系客体的文化产品不仅包括面向农村文化市场的出版物,还包括书画艺术品、工艺品、文化旅游、教育培训等。其中出版物主要包括报纸、期刊、图书、音像制品和电子出版物等。如,《景宁畲族自治县民族民间文化保护条例》第二十六条对文化旅游、工艺品等进行了规定:"自治县人民政府应当采取有效措施,发掘、利用民族民间文化资源,开发传统民族民间文化产品,提升旅游业文化品位,拓展旅游服务项目,促进旅游经济的发展。鼓励和支持合理利用民族村寨、古村古镇,建设特色文化旅游村镇;依托畲族文化生态保护区,建设有代表性的文化旅游精品景区景点。支持具有民族特色的传统工艺品、服饰、银饰等旅游商品的开发、生产。"但是,随着我国农村文化生活的丰富,一些内容不健康的出版物在农村市场泛滥成为不容忽视的问题,也是新农村社区文化建设中亟待被重视和解决的问题。

三、物质文化遗产

　　中华民族传统文化源远流长,底蕴深厚,资源丰富。当前在广大农村,仍然遗存着大量的文化遗产。《保护世界文化和自然遗产公约》第一条对文化遗产进行了内涵界定:"在本公约中,以下各项为"文化遗产":文物:从历史、艺术或科学角度看具有突出的普遍价值的建筑物、碑雕和碑画、具有考古性质

---

① 《文化产品"叫好"也要"叫座"》,资料来源:中国文明网,www.wenming.cn。

成分或结构、铭文、窟洞以及联合体;建筑群:从历史、艺术或科学角度看,在建筑式样、分布均匀或与环境景色结合方面,具有突出的普遍价值的单立或连接的建筑群;遗址:从历史、审美、人种学成人类学角度看具有突出普遍价值的人类工程或自然与人联合工程以及考古地址等地方。"2010 年 1 月 12 日《国务院关于加强文化遗产保护的通知》中指出:"文化遗产包括物质文化遗产和非物质文化遗产。物质文化遗产是具有历史、艺术和科学价值的文物,包括古遗址、古墓葬、古建筑、石窟寺、石刻、壁画、近代现代重要史迹及代表性建筑等不可移动文物,历史上各时代的重要实物、艺术品、文献、手稿、图书资料等可移动文物;以及在建筑式样、分布均匀或与环境景色结合方面具有突出普遍价值的历史文化名城(街区、村镇)。"由此可见,物质文化遗产是新农村社区文化法律关系的重要客体。

近年来,不少历史文化名城(街区、村镇)、古建筑、古遗址及风景名胜区整体风貌遭到破坏。文物非法交易、盗窃和盗掘古遗址古墓葬以及走私文物的违法犯罪活动在一些地区还没有得到有效遏制,大量珍贵文物流失境外。此外,由于过度开发和不合理利用,许多重要文化遗产消亡或失传。在文化遗存相对丰富的少数民族聚居地区,由于人们生活环境和条件的变迁,民族或区域文化特色消失加快,新农村社区文化遗产保护刻不容缓。

四、非物质文化遗产

非物质文化遗产又称无形遗产,是相对于有形遗产,即可传承的物质遗产而言的概念。是指各民族人民世代相承的、与群众生活密切相关的各种传统文化表现形式(如民俗活动、表演艺术、传统知识和技能,以及与之相关的器具、实物、手工制品等)和文化空间。《保护非物质文化遗产公约》第二条第一款对"非物质文化遗产"的内涵进行了界定:"'非物质文化遗产'指被各群体、团体、有时为个人视为其文化遗产的各种实践、表演、表现形式、知识和技能及其有关的工具、实物、工艺品和文化场所。各个群体和团体随着其所处环境、与自然界的相互关系和历史条件的变化不断使这种代代相传的非物质文化遗产得到创新,同时使他们自己具有一种认同感和历史感,从而促进了文化多样性和人类的创造力。在本公约中,只考虑符合现有的国际人权文件,各群体、团体和个人之间相互尊重的需要和顺应可持续发展的非物质文化遗产。"该公约第二条第二款又指出"非物质文化遗产"主要包括:"(1)口头传说和表述,包括作为非物质文化遗产媒介的语言;(2)表演艺术;(3)社会风俗、礼仪、节庆;(4)有关自然界和宇宙的知识和实践;(5)传统的手工艺技能。"

2005年3月,国务院办公厅下发《关于加强我国非物质文化遗产保护工作的意见》,2006年2月,国务院又下发《关于加强文化遗产保护工作的通知》,提出了加强文化保护的指导思想、基本方针和总体目标,要求进一步加强文化遗产保护,并决定从2006年起每年6月的第二个星期六为我国的"文化遗产日",以发挥文化遗产在传承中华文化,提高人民群众思想道德素质和科学文化素质,增强民族凝聚力,促进社会主义先进文化建设和构建社会主义和谐社会中的重要作用。[1] 2011年2月25日第十一届全国人民代表大会常务委员会第十九次会议通过《中华人民共和国非物质文化遗产法》,该法对保护珍贵、濒危并具有历史、文化和科学价值的民族民间传统文化等非物质遗产文化进行了规定。政府"十一五"时期文化发展规划中提出了:"发挥重要节庆和习俗的重要作用;重视中华优秀传统文化教育和传统经典、技艺的传承;规范和保护政府、民族语言文字;加强重要文化遗产保护;抢救濒危文化遗产"的目标。"十二五"规划建议稿中也将提供政府文化软实力作为一项重大战略进行研究,对非物质文化遗产的保护仍然是研究的重点内容。

当前,在广大农村,仍然存留着大量的非物质文化遗产,它们是广大人民群众千百年的生产、生活实践的智慧结晶。但随着城镇化进程的加速,部分农村非物质文化遗产正濒临消亡。[2] 国家制定了一系列保护非物质文化遗产的法律法规,各地方也通过制定地方法规和规章对非物质文化遗产进行保护。《福建省民族民间文化保护条例》将民间文学、戏剧、曲艺、音乐、舞蹈、美术、杂技等;传统工艺和制作技艺;传统的礼仪、节日、庆典等民俗活动和传统体育

---

①　潘鲁生:《保护农村文化生态,发展农村文化产业》,《山东社会科学》2006年第5期。

②　黄正良:《新时期非物质文化遗产保护论》,《科技情报开发与经济》2007年第29期。

中国新农村社区发展的法理与实践

活动;古语言文字和少数民族语言文字等非物质文化遗产纳入保护范围,并规定:"民族民间文化形态保存较完整、并具有特殊价值、特色鲜明的民族聚居村落和特定区域,可以命名为福建省文化生态保护区。"

我国传统工艺美术是我国非物质文化遗产的重要组成部分,它是以中华民族博大精深的文化底蕴为基础,经历长期发展而形成独具特色的人类文化遗产。它以其选材独特、构思奇妙、工艺精湛而蜚声海内外,为世人所珍视,并为增进国际文化交流与世界各国人民的友谊起到积极作用。党和政府对保护我国工艺美术的发展十分重视,早在建国初期就明确提出"保护、发展、提高"的指导方针。在法律保护方面,《传统工艺美术保护条例》(国务院令第17号)第二条规定:"本条例所称传统工艺美术,是指百年以上,历史悠久,技艺精湛,世代相传,有完整的工艺流程,采用天然原材料制作,具有鲜明的民族风格和地方特色,在国内外享有盛誉的手工艺品种和技艺。";第五条规定:"政府对传统工艺美术品种和技艺实行认定制度。符合本条例第二条规定条件的工艺美术品种和技艺,依照本条例的规定认定为传统工艺美术品种和技艺。";第六条规定:"传统工艺美术品种和技艺,由国务院负责传统工艺美术保护工作的部门聘请专家组成评审委员会进行评审;国务院负责传统工艺美术保护工作的部门根据评审委员会的评审结论,予以认定和公布。"《中华人民共和国非物质文化遗产法》中明确规定了保护对象主要是指各族人民世代相传并视为其文化遗产组成部分的各种传统文化表现形式,以及与传统文化表现形式相关的实物和场所。因此,对非物质文化遗产的保护成为新农村文化建设中的重点,非物质文化遗产也成为新农村社区发展文化法律关系的重要客体。

第四节　农民权益保护与新农村社区发展的文化法律关系内容

法律关系是法律规范在调整人们行为过程中所形成的权利和义务关系,

所谓法律关系的内容,也就是指法律关系主体所享有的权利和所承担的义务。法律权利和法律义务是一对相互关联、相辅相成的概念。权利和义务是一种相互对应的关系,权利的实现以义务的履行为前提,义务的履行则是权利实现的保证。新农村社区文化法律关系的内容也主要表现为农民、文化事业单位、文化产业单位(团体)、民间文化组织、新农村社区、政府等的权利义务关系。

一、新农村社区文化法律关系中农民的权利与义务

农民是新农村社区发展中文化建设的参与者和实践者,农民权利义务的实现关系到我国新农村建设与全面实施乡村振兴的进程,关系到我国农村的可持续发展,更关系到我国社会主义和谐社会的建立。在文化法律关系中农民享有受教育权、农村公共文化设施的使用权、特定文化遗产的所有权、提出申请权等权利,同时要履行接受教育和培训的义务、爱护公共文化设施的义务和保护文化遗产的义务等诸项义务。

第一,受教育权。受教育权是一项基本人权,受教育权是中国公民所享有的并由政府保障实现的接受教育和获得教育的物质帮助的权利。它既是宪法赋予公民的一项基本权利,也是公民享受其他文化教育的前提和基础。

第二,农村公共文化设施的使用权。《公共文化体育设施条例》(国务院令第 382 号)第十七条规定:"公共文化体育设施应当根据其功能、特点向公众开放,开放时间应当与当地公众的工作时间、学习时间适当错开。公共文化体育设施的开放时间,不得少于省、自治区、直辖市规定的最低时限。政府法定节假日和学校寒暑假期间,应当适当延长开放时间。"

第三,特定文化遗产的所有权。《中华人民共和国文物保护法》第五十条规定:"文物收藏单位以外的公民、法人和其他组织可以收藏通过下列方式取得的文物:(一)依法继承或者接受赠与;(二)从文物商店购买;(三)从经营文物拍卖的拍卖企业购买;(四)公民个人合法所有的文物相互交换或者依法转让;(五)政府规定的其他合法方式。文物收藏单位以外的公民、法人和其他组织收藏的前款文物可以依法流通。"

第四,提出文化产品保护的申请权。《传统工艺美术保护条例》(国务院令

第 17 号)第七条规定:"制作传统工艺美术产品的企业和个人,可以向当地县级人民政府负责传统工艺美术保护工作的部门提出要求保护的品种和技艺的申请,由省、自治区、直辖市人民政府负责传统工艺美术保护工作的部门推荐。"

第五,爱护公共文化设施的义务。《公共文化体育设施条例》第二十三条规定:"公众在使用公共文化体育设施时,应当遵守公共秩序,爱护公共文化体育设施。任何单位或者个人不得损坏公共文化体育设施。"

第六,保护文化遗产的义务。《中华人民共和国文物保护法》第六条规定:"属于集体所有和私人所有的纪念建筑物、古建筑和祖传文物以及依法取得的其他文物,其所有权受法律保护。文物的所有者必须遵守政府有关文物保护的法律、法规的规定。"

第七,积极参与社区文化活动的义务。任何事物之间的作用是相互的,新农村社区保障农民文化发展、为农民提供文化服务,需要广大农民的积极参与和支持,否则只能停留在形式层面,发挥不到真正的作用,达不到预期的效果。农民个体应当摒弃原来打牌、赌博的消遣方式,多进社区文化室、阅览室阅读科技、文学、致富信息的书籍;民间艺人、文化能人、乡村精英等应起到模范带头作用,充分发挥农民的主观能动性,强化农民自办人才队伍建设。农民的支持和参与是农村社区文化建设的持续动力。

二、新农村社区文化法律关系中文化事业单位的权利与义务

文化事业单位的权利义务主要是提供文化教育和服务,其运行的基础和前提是获得政府的财政支持。在新农村社区建设与全面实施乡村振兴的文化建设中,中小学等公立学校负有提供文化教育的义务,乡村文化站负有提供文化服务的义务。

第一,提供文化教育的义务。作为文化事业单位的公立学校要传递和保存文化的职能,学校教育的教育内容,是把人类历史上所积淀下来的文化加以选择和整理而成的。因而,客观上学校具有文化的传承和普及的职能,使人类积累的文化薪火相传,绵绵不断。一方面,传承文化的义务。学校教育通过教师的言传身教和师生间的互动影响,把文化从物质载体转移到人身上。与人的

思想、智慧、情感建立联系,使文化与具有鲜活生命的人相结合,成为具有生命活力的"活文化",成为影响人行为的现实力量。另一方面,创造和更新文化。学校创造文化的职能通过直接和间接两种途径实现:一是通过教师直接创造新文化;二是通过培养创造性人才,这些人才在他们今后的各自岗位上从事文化创造活动。学校为广大居民提供各种层次的社会文化和生活教育,以满足他们精神生活的需要。农村公立学校几乎承担着农村九年义务教育的全部责任。

第二,提供文化服务的义务。作为农村基层文化事业单位的文化站,其职能包括:(1)对广大群众进行时政宣传和政策法治教育;(2)组织开展丰富多彩的文体娱乐活动,组织电影、电视、录像放映活动;(3)利用全国文化信息资源共享工程举办各类文化艺术培训班、科普讲座、农技知识讲座等,辅导和培养文艺骨干;(4)开办图书室,组织群众开展读书活动;(5)搜集、整理民族民间文化艺术遗产,促进乡村特色文化的发展;(6)指导和辅导村文化室、俱乐部和农民文化户开展各种业务活动;(7)做好文物的宣传保护工作;(8)受上级文化主管部门委托协助管理当地文化市场。可以说,文化站是集图书阅读、广播影视、宣传教育、科技推广、科普培训、体育和青少年校外活动等功能于一体的综合文化事业单位。

第三,获得资金支持的权利。公立学校和文化站的经费都是由政府财政支持的。另外,《中华人民共和国公益事业捐赠法》第三条中规定"教育、科学、文化、卫生、体育事业"属于公益事业,第八条规定:"政府鼓励公益事业的发展,对公益性社会团体和公益性非营利的事业单位给予扶持和优待。"

三、新农村社区文化法律关系中文化产业单位(团体)的权利与义务

随着经济社会的发展,文化产业已慢慢发展到农村地区,成为农村文化生活不可缺少的一部分。在新农村社区文化法律关系中,文化产业单位的权利义务也日益凸显出来,其权利(力)主要体现在对新农村社区文化活动的经营、管理等方面。这是我们着重讨论其主要义务。其义务方面包括合法经营的义务、进行文化引导的义务、依法纳税的义务等。

第一,合法经营的义务。《音像制品批发、零售、出租管理》第二十一条规

定:"从事音像制品批发、零售、出租业务的单位或者个人,不得经营下列音像制品:(一)非音像出版单位出版的音像制品或者音像出版单位违法出版的音像制品;(二)非音像复制单位复制的音像制品或者音像制品复制单位违法复制的音像制品;(三)未经文化部批准进口的音像制品;(四)供研究、教学参考或者用于展览、展示的进口音像制品;(五)侵犯他人著作权的音像制品;(六)其他违法音像制品"。

第二,进行文化引导的义务。《营业性演出管理条例》第二十六条规定:"营业性演出不得有下列情形:(一)反对宪法确定的基本原则的;(二)危害政府统一、主权和领土完整,危害政府安全,或者损害政府荣誉和利益的;(三)煽动民族仇恨、民族歧视,侵害民族风俗习惯,伤害民族感情,破坏民族团结,违反宗教政策的;(四)扰乱社会秩序,破坏社会稳定的;(五)危害社会公德或者民族优秀文化传统的;(六)宣扬淫秽、色情、邪教、迷信或者渲染暴力的;(七)侮辱或者诽谤他人,侵害他人合法权益的;(八)表演方式恐怖、残忍,摧残演员身心健康的;(九)利用人体缺陷或者以展示人体变异等方式招徕观众的;(十)法律、行政法规禁止的其他情形。"《福建省民族民间文化保护条例》第三十条规定:"图书报刊、广播电视、互联网络、音像制品等公共传媒应当介绍、宣传优秀的民族民间文化,提高全社会自觉保护民族民间文化的意识。"

第三,依法纳税的义务。《营业性演出管理条例》第三十条规定:"营业性演出经营主体应当对其营业性演出的经营收入依法纳税。演出举办单位在支付演员、职员的演出报酬时应当依法履行税款代扣代缴义务。"

四、新农村社区文化法律关系中民间文化组织的权利与义务

民间文化组织主要包括各种文化行业协会和社区文化组织,如民间的"行业协会""专业合作社"等群众性自建文化组织。这些民间文化组织享有获得政府支持的权利,同时也负有审慎自律与守法经营的义务、尊重农民主体地位的义务以及丰富新农村社区文化生活的义务。

第一,获得政府支持的权利。《文化市场管理条例》第四十一条第一款规定:"县级以上人民政府文化行政部门应当支持、指导文化经营行业协会建

设"。地方政府要积极组织开展农民群众喜闻乐见的的民间传统优秀戏曲、杂技、灯会等健康文艺比赛活动,支持相关文化团体的发展壮大,让农民在参与中享受文化的熏陶。

第二,加强自律与守法经营的义务。《文化市场管理条例》第四十一条第二款规定:"文化经营行业协会应当加强行业自律,倡导诚信、守法经营,依法维护文化经营者和消费者的合法权益。"民间文化组织应该注重自治和自律,提升群众文化团体的管理效率。由于社区工会和各三级单位承担着大量的职能工作,根本没有充裕的时间对文化组织进行管理,因此,实现文化组织的"自治"显得尤为重要。对于营利性的农村文化组织来说,应该遵纪守法地开展经营活动,在维护自身权益和消费者权益的同时,还应承担起弘扬优秀传统文化的义务。

第三,尊重农民主体地位,激发农民创新精神的义务。农民是组织建设的主体,是组织发展的持久动力和不竭源泉,农民组织化的发展必须依靠农民。这就意味着农民必须在农民组织化进程中发挥主动、能动、积极的作用。文化组织应该从中国农民的需求和利益出发,通过示范效应,让作为"理性经济人"的广大农民感受到组织化带来的效益,激活广大农民的组织热情。同时要尊重农民的创造精神,促进农村社区文化组织的多样发展。广大农民长期生活在农村,对农村情况比较了解,对组织的形式、结构、规模、原则等有深刻的认识和切身的感受。因而,在农村社区文化组织建设中,我们要尊重农民的创造精神,坚持实事求是、因地制宜的原则,先示范后推广的步骤,在实践中探索组织农民的多种形式,促进农村社群文化组织向多样化发展。

第四,丰富新农村社区文化生活的义务。社区文化生活内容的多样性和变化性是保持群众参与积极性的重要关键,为此,我们要积极探索更多的活动项目,吸引更广的群众参加到活动中来,在活动方式上保持灵活性,不断求新,顺应政府发展形势,紧跟时代的步伐①。这样,才能使群众文化活动最大程度

①　王会卿:《发挥社区群众文化团体作用的路径探析》,《山东省工会管理干部学院学报》2010 年第 3 期。

地符合群众意愿,使社区文化活动充满活力,多姿多彩。

五、新农村社区文化法律关系中新农村社区的权利与义务

新农村社区文化建设是全面建设小康社会和全面实施乡村振兴战略的迫切要求,也是加强社会主义物质文明、政治文明、精神文明和生态文明的必要条件,更是贯彻落实科学发展观的内在要求。在新农村社区发展文化法律关系中作为农村文化建设的关键主体,新农村社区支持文化教育、保障农民文化发展、提供文化服务等义务显得尤为重要。

第一,新农村社区响应政府文化政策,支持文化教育的义务。新农村社区促进传统农民向现代新农民转变。在文化方面,新农村社区发展贯彻政府下达的文化政策,重视发展农村义务教育,进一步提高农民的文化素质与政治素质。首先要做好农村义务教育,并大力发展职业教育、成人教育、继续教育,在农村大力开展以社会主义民主法治为中心的宣传教育。其次,新农村社区应注重大力发展农村的文化传媒事业,使农民多渠道、多方位、多角度的了解文化信息,协助政府推进文化建设。传媒事业在农村的推广,同时也可以加强农民与城市的沟通,加强农村与城市的联系,发展新时代农民,为新农村社区的文化建设打下基础。再次,新农村社区促进政府文化宣传,发扬农村传统文化的影响力。新农村社区将有力促进政府文化工作,促进传统文化的继承。这些传统文化是在人们长期的生活过程形成的,是人们调整彼此之间利益关系的惯例和规则。① 新农村社区文化建设要在大力弘扬传统文化同时培育先进的农村文化,尊重和扶持农村的一些仪式、风俗、习惯、信仰等,让这些传统优秀文化成为我们新农村建设与全面实施乡村振兴的文化基础。

第二,新农村社区有保障农民文化发展的义务。新农村社区是农民权益保护的重要载体和平台。社会主义新农村建设与全面实施乡村振兴必须以农村文化建设为重要动力源,发挥社区文化的整合功能和导向功能,使农民在社

---

① P.Battigalli and G. Bonanno. The Logic of Belief Persisitence, Economics and Philosophy, 1997,13:39-59.

区内部实现自我的利益协调,从而达到和谐社会的良性互动。农村文化建设是新农村社区建设的精神导向力,它为新农村社区建设指明方向和提供精神动力,通过改变农民的思想、观念、习惯、意识、行为方式等来促进农民利益的整合,并通过文化的整合、驱动和导向机制来实现农民的利益诉求。新农村社区改变了人们传统的依靠政府提供公共物品和管理社会的观念,农村社区自治自理及其发展增强了农民自身参与的自主性,锻炼了农民的治理能力和技巧。另外,新农村社区中的乡镇企业可通过企业内部职业技能培训,提高农民文化水平和技术水平,为新农村社区建设提供人力资源基础。

第三,新农村社区有提供文化服务的义务。政府在构建新农村社区文化服务体系的同时新农村社区也具备了向农民提供更好、更优质的文化服务的条件。新农村社区是文化建设的实践者,要在创新文化活动内容和服务方式上下功夫。首先,要全方位提供公共文化服务内容。包括各类文艺演出、书籍、报刊借阅和电子信息服务;广播和电视、电影放映服务;宣传教育和科普培训服务;休闲娱乐和体育健身服务等。其次,创新文化活动方式。一要在普及上下功夫。依托农闲、传统节日、重大节庆,组织开展读书、朗诵、文艺演出、陈列展览、书画摄影比赛等文化活动。二要在档次上下功夫。对优秀传统民间艺术进行发掘、整理和传播,对濒临消亡的民间民俗文化活动积极加以扶持和引导,着力打造反映新农村社区文化底蕴和人民精神风貌的文化品牌。①

第四,新农村社区有进行文化引导的义务。新农村社区应该引导社区文化组织加强自身建设,提高服务能力和水平。引导农村社区文化组织完善内部治理结构,建立健全的民主参与、民主管理、民主监督等制度体系,形成平等协商、诚信自律的运行机制。农村社区文化组织种类繁多,并且都有自身的特点,因此加强其能力建设还必须从内部着手,必须尽快建立以明确清晰的组织章程、公开透明的财务管理制度、灵活有效的人事管理制度为主要内容的内部管理制度,合理设置机构,建立内部监督机制等。规范的制度与合理的机构关

---

① 徐承英:《农村公共文化服务体系构建的思考——三峡库区如何实现城乡文化统筹发展》,《人民论坛》2010 年第 8 期。

中国新农村社区发展的法理与实践

系到组织运行的流畅性和效率,高度的专业化水平关系到组织的服务水平和服务能力,合理的监督机制关系到组织的公益性与廉洁度。同时,还要帮助农村社区文化组织解决在人才专业化、知识化方面存在的各种制度障碍,加强对社群文化组织从业人员培训,着力提高农村社区文化组织在发展规划、资源筹集等方面的能力建设。① 如组织农村外部人员到农村社区文化组织中,在组织内部培养较为专业的管理者等。

六、新农村社区文化法律关系中政府的权利与义务

政府是新农村社区文化法律关系的主导,在新农村社区文化建设中担负着财政支持的义务、文化监督和管理的权利与义务、提供教育与培训的义务、文化遗产保护宣传义务、文化推广的义务等等,同时由于履行职能的需要,也享有行政处罚权,部分文化遗产的所有权等各项权利。

第一,财政支持的义务。《中华人民共和国文物保护法》第十条规定:"政府发展文物保护事业。县级以上人民政府应当将文物保护事业纳入本级国民经济和社会发展规划,所需经费列入本级财政预算。政府用于文物保护的财政拨款随着财政收入增长而增加。"《公共文化体育设施条例》(国务院令第382号)第五条规定:"各级人民政府举办的公共文化体育设施的建设、维修、管理资金,应当列入本级人民政府基本建设投资计划和财政预算。"《政府级非物质文化遗产保护与管理暂行办法》第十条规定:"国务院文化行政部门对政府级非物质文化遗产项目保护给予必要的经费资助"。《中华人民共和国非物质文化遗产法》第六条规定:县级以上人民政府应当将非物质文化遗产保护、保存工作纳入本级国民经济和社会发展规划,并将保护、保存经费列入本级财政预算。

第二,文化监督和管理的权利与义务。《公共文化体育设施条例》(国务院令第382号)第七条规定:"国务院文化行政主管部门、体育行政主管部门依据国务院规定的职责负责全国的公共文化体育设施的监督管理。县级以上

---

① 徐柳凡、马剑虹:《农村社群文化组织发展研》,《科学社会主义》2007年第5期。

254

地方人民政府文化行政主管部门、体育行政主管部门依据本级人民政府规定的职责,负责本行政区域内的公共文化体育设施的监督管理。"《音像制品批发、零售、出租管理办法》第五条规定:"文化部负责全国音像制品批发、零售、出租的监督管理工作。县级以上地方人民政府文化行政部门负责本行政区域内音像制品批发、零售、出租的监督管理工作"。

第三,提供教育和培训服务的义务。主要是指政府通过各种形式对农民进行教育和培训。农民是推动农业和农村现代化的主体。政府要加强投入对农民培训,不断提高农民自身的素质,充分增强农民自身的力量。新型农民的培育和壮大,意味着农民自身现代化的发展,继而成为推动农业和农村的现代化的决定性力量。农民与中国现代化历史进程共命运,培养和造就亿万新型高素质的农民,使之成为农民合作组织发展和现代化建设的主体,是我国目前面临的紧迫且根本的任务。从事现代农业的新型农民与现代城市建设的现代产业大军是中国的先进生产力,都是党的阶级基础和群众基础,他们的先进性凝聚了我党的先进性,因此,要大力培育和发展新型农民。

第四,文化遗产保护宣传义务。《中华人民共和国文物保护法》第十一条规定:"文物是不可再生的文化资源。政府加强文物保护的宣传教育,增强全民文物保护的意识,鼓励文物保护的科学研究,提高文物保护的科学技术水平。"

第五,行政处罚权。《公共文化体育设施条例》第三十条规定:"公共文化体育设施管理单位有下列行为之一的,由文化行政主管部门、体育行政主管部门依据各自职责责令限期改正;造成严重后果的,对负有责任的主管人员和其他直接责任人员,依法给予行政处分:(一)未按照规定的最低时限对公众开放的;(二)未公示其服务项目、开放时间等事项的;(三)未在醒目位置标明设施的使用方法或者注意事项的;(四)未建立、健全公共文化体育设施的安全管理制度的;(五)未将公共文化体育设施的名称、地址、服务项目等内容报文化行政主管部门、体育行政主管部门备案的。"第三十一条规定:"公共文化体育设施管理单位,有下列行为之一的,由文化行政主管部门、体育行政主管部门依据各自职责责令限期改正,没收违法所得,违法所得5000元以上的,并处违法所得2倍以上5倍以下的罚款;没有违法所得或者违法所得5000元以下的,可以处 1 万元以下的罚款;对负有责任的主管人员和其他直接责任人员,依法给予行政处分:(一)开展与公共文化体育设施功能、用途不相适应的服务活动的;(二)违反本条例规定出租公共文化体育设施的。"

第六,部分文化遗产的所有权。《中华人民共和国文物保护法》第五条规定:"中华人民共和国境内地下、内水和领海中遗存的一切文物,属于政府所有。古文化遗址、古墓葬、石窟寺属于政府所有。政府指定保护的纪念建筑物、古建筑、石刻、壁画、近代现代代表性建筑等不可移动文物,除政府另有规定的以外,属于政府所有。国有不可移动文物的所有权不因其所依附的土地所有权或者使用权的改变而改变。"

第七,政府教育权。政府教育权,一般指教育权力,即政府及其机关所行使的发展、举办、领导、管理教育事业及对受教育者实施教育的权力。① 由政府行使的政府教育权具有以下特征:其一,政府教育权的权力主体是政府及其授权机构。其二,政府教育权力的运行既要有实体性依据,又必须遵循程序性规则。其三,政府教育权的行使具有行政法律行为的一般特征。其四,政府教育权的权力相对方不仅包括受教育者,也包括教育机构及其工作人员。② 宪法是政府教育权的根本依据。政府机关依据法律规定具体行使政府教育权。政府机关在行使政府教育权时,具有从属性,其存在是以实现社会整体的教育权力为目的,这种权力要受到全体社会成员的监督。

第五节　农民权益保护与新农村社区发展的文化法律关系中权利义务的实现

　　法律关系中法律权利和法律义务从应然状态转化为实然状态,是法律规

---

① 吴殿朝:《社会转型中的我国教育法律关系研究》,《武汉理工大学学报(社会科学版)》2010 年第 6 期。

② 凯声:《变革社会的教育权与受教育权》,载《教育法学基本问题研究》,教育科学出版社2003 年版,第 78 页。

范的应有之义,也是法律规范发挥其功能的必然选择。如果法律权利和法律义务不能实现,那么再好的法律规范都是一纸空文。如果权利不能实现就歪曲了它的本质,而义务不能实现就造成了对权利人利益的损害。当然,法律权利和法律义务的实现是一个复杂的问题,从大的方面讲,它取决于一个政府的物质生活条件和水平,取决于政治民主和法治发展的状况以及科学文化条件和道德人文环境的改善等等。从主观方面讲,权利和义务能否实现还要看法律关系主体之间各种关系的发展,法律关系主体的行为能力的状况,以及是否有法律认识上的错误和不以人的意志为转移的事件的发生等。以农民权益保护为出发点和落脚点,新农村社区文化法律关系中权利义务的实现首先要有坚实的思想基础,良好的法律文化观念有助于权利义务的实现;其次,要有健全的主体体系,充分发挥各主体在新农村社区文化建设中的作用;再次,要有完善的制度保障,主要是通过法律规范来保障权利义务的实现,最后,要有切实可行的实现方式,确保权利义务的实现。

一、实现基础:法律文化意识的培养

文化是人借助劳动的中介和自然界、社会相统一的特殊表现形式,法律作为思想的社会关系和社会意识的存在形式之一,是一种特殊的文化现象。法律既是对不以人们的意志和意识为转移的物质关系即社会存在的反映,也是人们维护自身生存的活动形式,属于社会发展的主观方面。[1] 法律虽然是统治阶级意志的体现,但法律根植于现实人们的社会经济关系中,存在于一定的物质生活条件中,因此,法律不仅具有社会政治的含义,而且也蕴含着文化层面的含义。作为一种文化现象的法律,凝结着特定地域人们活动所表现出来的主观力量和才能,不同民族或国度由于社会生活条件不同,形成了不同的法律文化传统,构成了民族精神的载体。法律按照结构可以分为物质性法律文化和精神性法律文化。其中物质性法律文化也被称为制度性的法律文化,如法律制度、法律规范等;精神性法律文化亦可称为观念形态的法律文化,如法

---

① 张文显:《法理学》,高等教育出版社 2003 年版,第 463 页。

律心理、法律习惯、法律学说等等。

　　法律文化观念是一个政府法治的内在逻辑。它表现为受历史传统制约的人们关于法和法律的态度、价值、信念、心理、感情、习惯等等之中,直接或间接、有形或无形地影响着社会主体的法律实践和法律行为,进而在很大程度上规制着一个政府的法律模式及其发展走向。[①] 在法律文化观念中法律意识居于核心地位,一定的法律意识在很大程度上制约和影响着法律实践活动,也就是说,法律关系的实现离不开法律实践活动,而法律实践活动受法律意识的影响和制约。因此,法律关系的实现离不开一定的法律意识。新农村社区文化法律关系的实现同样也离不开法律意识。按照法律调整过程可以将法律意识分为立法意识、执法意识、司法意识、守法意识和法律监督意识;从主体角度看,还可以将法律意识划分为个体法律意识、群体法律意识和社会法律意识。民主法治理念是法律意识的核心内容,民主是社会的和谐之源,法治是社会稳定运行的保障。列宁曾说:"民主意味着在形式上承认公民一律平等,承认大家都有决定政府制度和管理政府的平等权利"。新农村社区建设是社会主义和谐社会的重要一环,一方面要发扬、发展社会主义民主,充分保证人民真正行使其当家作主的权利,一方面要通过法治建设建营造一个稳定安宁的社会环境和有条不紊的社会生活秩序。尤其是在当今市场经济的大潮下。多元化的社会利益主体有着不同的利益诉求,"要使事物合于正义,须有毫无偏私的权衡:法律恰恰正是这样一个中道的权衡。"[②]

　　新农村社区文化建设首先应该是社会主义法律意识的培养。法律意识的培养尤其是民主法治理念的培养对于依法治国、建设社会主义法治政府具有极其重要的意义,在新农村社区文化建设中法律文化观念的培养还应当注重结合农村、农民的特点,就像苏力先生谈到的"中国的法治之路必须注重利用中国本土的资源,注重中国法律文化的传统和实际。"[③]

---

　　① 张文显:《法理学》,高等教育出版社 2003 年版,第 465 页。
　　② 亚里士多德:《政治学》,吴寿彭译,商务印书馆 1983 年版,第 375 页。
　　③ 朱苏力:《法治及其本土资源》,中国政法大学出版社 1996 年版,第 6 页。

二、实现条件:多元主体体系构建

改革开放以来,伴随计划体制向社会主义市场经济体制转轨、"总体性社会"向"后总体性社会"转型,政府改革不断深化、文化建设步伐加快、文化产业与文化事业分途发展,文化产品与服务由政府包办向多元供给转变,文化主体逐步向以政府为主导、以公益性文化单位与文化企业为骨干、全社会积极参与的多元化方向发展。

在新农村建设与全面实施乡村振兴的进程中,农民文化权益的保护和新农村社区文化建设是一个系统工程,不仅需要农民、文化事业单位、文化产业单位(团体)、民间文化组织、新农村社区、政府这些文化法律关系主体的努力,还需要发挥全社会的作用,共同参与到文化建设中来。第一,农民是新农村社区文化法律关系中的首要主体,其享有受教育权、农村公共文化设施的使用权、特定文化遗产的所有权、提出申请权等权利,同时要履行接受教育和培训的义务、爱护公共文化设施的义务和保护文化遗产的义务等诸项义务。这些权利义务的具体实现离不开政府的支持和农民自身的参与。第二,政府作为新农村社区文化建设的主导,应该着眼于农民受教育权的实现、对农民进行文化支持和引导、对农民进行培训、构建新农村社区公共文化服务体系、在新农村社区进行文化推广等方面,还要为农村文化产业发展营造良好的政策和社会环境。第三,应该充分发挥文化事业单位在新农村社区文化建设中的作用,充分发挥大众传媒和文化站的作用,构建文化站工作队伍网络。第四,文化产业是市场经济条件下文化发展的重要形态,我们在大力发展农村文化事业的同时应当积极地发展健康的农村文化产业,发展农村文化产业是新农村建设与全面实施乡村振兴的一种必然趋势。[1] 农村文化产业的发展不仅需要农民的积极参与,还需要相关的政策支持,要充分发挥农村传统文化的优越性。

总之,新农村社区文化法律关系中主体权利义务的实现需要充分发挥各

---

[1]　郭玉兰:《发展农村文化产业的三维思考》,《贵州社会科学》2007 年第 10 期。

主体的联动作用。广大农民要当好新农村文化建设的核心主体,政府对新农村文化建设的投入和扶持必不可少,而文化事业单位和产业单位(团体)在农村文化建设中的主导作用同样不可缺少,要使政府的推动力与农村文化建设的内生力有机对接。从农民的需要出发,从当地的基础和条件出发,将政府力量作用于社会力量,将现代资源嫁接于传统资源,才能使政府力量起到"四两拨千斤"的作用,才能唤醒农民的参与热情,才能调动农村社区沉睡的文化资源,从而形成生生不息的文化创造力,有力地推动农村文化建设的发展。

三、实现前提:法律制度完善

文化法律规范是文化法律关系产生、变更和消灭的法律依据,文化法律关系中主体的权利义务的实现必须以一定的法律规范为前提,没有法律规范,就不能形成相应的法律关系,因为法律关系是以一定的法律规范为前提的。

据不完全统计,新中国成立以后,政府已经制定了有关文化的法律、行政法规和文化行政规章 400 余件,其中包括《文物保护法》《著作权法》等法律。此外,各地方的权力机关和行政机关根据各自地方的实际情况,制定了大量的执行政府法律、行政法规的地方性法规和规章,初步做到了"有法可依""有章可循"。中国的文化法律体系是以宪法为核心,以文化法为主要内容,横跨行政法、民商法、经济法、社会法、刑法和诉讼法等多部门多层次的规范体系。①但是中国的文化法律体系还很不健全,特别是对农村传统文化、农民文化权益的保护还很不够,许多制度规范都只是停留在地方性法规和规章的层面,尚未上升为政府层面的法律,有些甚至只是一般的政策规范。推进文化体制改革和社会主义文化建设不仅需要党的方针政策,同时需要依靠健全的法律法规。随着文化体制改革的深化,文化立法的重要性和紧迫性也日益凸显出来。

文化法律制度的完善不仅需要加快文化立法进程,还应根据现实需要对

---

① 中国文化网,http://www.chinaculture.org/gb/cn_law/2004-06/28/content_49676.htm。

不合时宜的法律法规加以修改。目前亟需的文化立法涉及公益性文化事业、文化产业、文艺演出、文艺创作、非物质文化遗产保护、社会资金捐赠或投入、文化基金设立、知识产权执行机制、扶持民族民间文化以及电影电视等诸多领域。在文化立法的同时,还要修改完善已有的与文化建设相关的法律法规,因为随着文化事业和文化产业的发展,现有的一些法律法规的不合理性也暴露出来,必须加以修正。第一,我国文化立法必须坚持从实际出发、实事求是的原则,坚持民主、公开的原则,坚持保障公民文化权益的原则。第二,必须充分考虑中国文化的历史传统、现实发展、民族特色和区域经济、文化发展的不平衡性,根据文化发展的实际需要,确定文化立法的目标、内容和步骤,制定和完善文化法规;第三,必须积极争取社会各界参与文化立法,增加立法过程的透明度,积极推进立法进程;第四,文化立法必须充分体现宪法规定的维护公民和法人文艺创作的权利和自由,通过立法规范民间职业剧团和民间艺人的演出活动。第五,应该加强文化产业和文化市场管理方面的立法,尤其应加强群众文化方面的立法,将农村公共文化设施的建设、保护、利用和管理法治化,科学地规范基层文化设施投入机制,鼓励社会赞助和个人投资,转换乡镇文化站、村文化室的管理、经营机制,推进农村文化设施的建设。第六,文化立法必须尊重和保护农民的文化权益,必须要对农民进行正确的引导。农民群众具有很强的创新精神,应充分调动农民的首创精神,激发农民身上蕴藏着巨大的创造活力、创造潜能。通过法律制度保护农民的文化权益,发挥文化引导职能,调动农民自主创业和创新精神,有助于突破农业发展瓶颈,有助于破解"三农"难题,有助于新农村社区发展中各主体权利义务的实现。

总之,新农村社区文化法律关系的实现离不开文化法律制度的完善,在新农村建设与全面实施乡村振兴背景下,应该加快文化立法进程,提高文化立法质量,全面推进中国特色的文化法律制度体系向前发展。

四、实现方式:加强农村公共文化服务体系建设

自从党的十七大提出推进文化大发展大繁荣,积极构建公共文化服务体

系的新要求以来,党的十八、十九、二十大均非常重视文化建设,特别是农村公共文化服务体系建设。十七届三中全会通过了《中共中央关于推进农村改革发展若干重大问题的决定》,进一步要求加快发展农村公共事业,促进农村社会全面进步。这就要求政府尽快转变职能,提高服务和管理水平,构建新农村公共文化服务体系。

通过近十多年的发展,我国农村的公共文化服务体系建设有了明显成效,乡文化站的覆盖率大大提高,农村文化生活日益丰富,但是也存在着诸多问题:第一,农村文化基础设施相对薄弱,使用率低。大部分文化站不能专职专用,没有真正组织群众开展文化活动。广大农村虽然订阅了大量的党报党刊,但绝大部分滞留在乡镇机关和村社干部手中,一般农民很难看到,农民获取知识、信息的渠道十分狭窄。第二,农村文化经费投入不足。许多文化站因资金缺乏,一些乡镇文化站只有人头经费,基本没有工作经费,有的甚至仅有"一枚章子、一块牌子、一张桌子",形同虚设。部分乡镇文化站运转困难,投入少,甚至有年度投入为零的情况。第三,基层文化人才队伍不稳。从全国各地的文化基层单位看,基层文化队伍年龄结构偏大、文化层次偏低,高中或初中学历者还非常多,空编缺员较为严重,文化专干被挪作他用的现象时有发生。第四,基层文化人才队伍面临新挑战。新媒体的出现对基层文化人才队伍提出了更高的要求,使基层文化人才队伍的素质和能力面临日益发展的信息、数字社会的挑战。基于此,加强农村公共文化服务体系建设成为各文化法律关系主体权利义务实现的有效方式。

构建农村社区公共文化服务体系是建设社会主义新农村与全面实施乡村振兴的重要内容,也是"乡风文明"这一重要内涵的具体体现,以新农村社区为农村公共文化服务体系的重要载体,在建设层次上要求很高,是一个"覆盖全社会"的、"比较完备"的"体系"。根据目前新农村社区的实际情况,新农村社区公共文化服务体系应包括农村公共文化服务的政策理论体系、农村公共文化设施体系、农村公共文化服务的生产运营体系、信息发布体系、资金保障体系、人才体系、评估、监督体系等等,这里面涵盖了无数的创新内容。如农村公共文化设施布局、模式的创新、农村公共文化供给模式的创新、农村公共文化管理体制服务机制的创新等,每个层面都有若干创新内容。建成后将形成代表体现政府意志的、社会主义先进文化方向的强劲攻势,来消除和抵制农村腐朽文化、落后的文化的蔓延。

第八章　农民权益保护与新农村社区
发展的社会法律关系研究

　　党的十七大提出了统筹城乡发展,推进社会主义新农村建设。形成城乡经济社会发展一体化新格局"的发展战略。党的二十大更加明确地规划了全面推进乡村振兴,坚持农业农村优先发展战略,扎实推动乡村产业、人才、文化、生态、组织振兴,实现中国式农业农村现代化道路。党的十七届三中全会明确提出"社会事业发展重点放在农村,推进城乡基本公共服务均等化,实现城乡、区域协调发展,使广大农民平等参与现代化进程、共享改革发展成果""全面提高财政保障农村公共事业水平,逐步建立城乡统一的公共服务制度"的具体要求。2010 年中共中央关于制定国民经济和社会发展第十二个五年规划的建议中提出,要"着力保障和改善民生,逐步建立符合国情、比较完善、覆盖城乡、可持续的基本公共服务体系,提高政府保障能力,推进基本公共服务均等化"。城乡基本公共服务不均等是我国建设社会主义和谐社会进程中面临的突出障碍,并成为影响社会公平公正的焦点之一。当前,我国总体上已经进入以工促农、以城带乡的发展阶段,加快发展农村社会事业,积极推进城乡基本公共服务均等化,是统筹城乡发展、实现社会和谐的必由之路。

第一节　农民权益保护与新农村社区
发展的社会法律关系概述

　　在我国经济保持持续、快速、协调发展的同时,政府不断加大对新农村社区基础设施和公共服务的供给,持续加大财政对社会保障的投入,逐步扩大社会保障的覆盖面,使全体人民共享社会发展成果。新农村社区发展中社会法律关系的实现是现代和谐社会对权利保障的核心要求之一,是对社会权益的公平配置和平等保护。一方面,对社会权益的配置实行无差别的平等,另一方面,对所有人的社会权益给予同等的尊重。保障农民这一弱势群体的社会权益是构建和谐社会的重要内容和必然要求。在建设社会主义新农村与全面实施乡村振兴过程中,厘清社会法律关系的内涵、特征、历史、趋势以及社会法律关系的主体、客体、内容,对于我们合理配置权利义务,推动新农村社区社会发展、促进农民权益保护至关重要。

一、农民权益保护与新农村社区发展的社会法律关系内涵与特征

(一)农民权益保护与新农村社区发展社会法律关系的内涵

法律关系是某一类社会关系经过某种特定法律部门的调整而在相关当事人之间产生的具有某种特点的权利义务关系,它是特定社会关系在法律上的表现。法律关系是以现有法律规范为前提、以法定权利义务为内容、以政府强制力作为保障手段的社会关系。

长期以来,我国农业基础设施薄弱,农村教育医疗卫生等公共事业发展滞后,农民就业受到歧视,农民工子女入学困难,农民自由迁徙难以实现,农村社会救助、最低生活保障、养老保险以及医疗保险等社会保障体系残缺不全,严重影响着我国农村社会的发展和进步。

本书主要分析新农村社区基本设施供给、基本公共服务供给、教育医疗卫生事业、最低生活保障、新型合作医疗、农村养老保险等社会保障制度供给和运行中各个主体之间形成的法律关系。新农村社区发展中的社会法律关系是由社会权益保障方面的法律规范调整的以农民社会权益保障为核心的不同主体之间形成的权利义务关系。研究新农村社区发展进程中不同主体、不同层次的社会法律关系,将有助于进一步准确定位社会法律关系主体的地位和功能、合理配置不同主体权利义务的具体内容、剖析实然和应然状况的差别,探索社会法律关系实现的可行路径。

（二）农民权益保护与新农村社区发展社会法律关系的特征

新农村社区发展社会法律关系以农村基础设施、公共服务、教育医疗卫生事业以及社会保障等制度供给和运行为客体，具有不同于其他法律关系的特征：

第一，社会法律关系运行中以公平和正义为价值目标。公平原则是法律正义价值的根本体现，公平原则如何实现以及实现程度如何，可以直接体现社会主义和谐社会的法治水平。① 在现代政府，社会风险不断放大，福利政府制度正是建立在社会共同责任理念之上，即社会是以全体为依托，社会有责任帮助个人化解或者摆脱困境，以维护社会公平尤其是经济领域的公平。保障新农村社区内所有居民具有平等的教育权、社会保障权、劳动权、迁徙权、生存权、发展权等，能够维持社会不同利益主体博弈的动态均衡，对社会财富进行合理分配，实现良性循环，避免贫富过于悬殊而害及社会整体利益。强调政府应以促进和维护全民福利为己任，主动干预经济运行并以政府力量推行和维持这个社会保障制度的运行。

第二，社会法律关系所依据的法律规范具有复杂性。农民的社会权益主要包括农民的社会尊重权益、迁徙权、劳动权益、社会救助、养老保险、医疗保险等方面，围绕这些社会权益所形成的法律规范体系非常庞杂。既有规范平等主体关系的法律规范，也有规范隶属主体关系的法律规范。法律政策规范的制定主体不同，调整对象和调整手段各异，法律规范的效力层级不同，纵横交错，共同构成新农村社区发展中社会法律关系的依据。

第三，社会法律关系所规范的主体具有多元性。新农村社区基础设施和公共服务供给过程中涉及的主体十分广泛，几乎包括了政府、机构、组织、公民等所有的社会构成。当法律将这些主体纳入调整范围，即赋予其法律上的权利义务，这些主体之间的社会关系就上升到法律关系。而不同主体之间其利益既有一致性又有矛盾性，呈现出多元化发展趋势。在这些主体中，以政府为主导，以新农村社区为主体、社会组织为支撑、农户家庭为补充。除了政府财

---

① 杨思斌、吕世伦：《和谐社会实现公平原则的法律机制》，《法学家》2007 年第 3 期。

政供给之外,我国广泛引入民间资本,动员社会各方力量,形成以公共财政为主体、新农村社区、涉农企业、经济组织和社会组织、农户家庭等多方参与的供给体制和机制,形成责权明晰、配置合理、功能互补、协调可持续发展的公共服务体系。

第四,社会法律关系中权利义务的不对等性。在我们的传统观念中,没有无义务的权利,也没有无权利的义务,权利具有相互性和总量均等性,尤其是在民事法律关系和劳动法律关系中表现得十分明确。但是在以公平正义为价值旨归的新农村社区社会法律关系中,权利义务并不具有绝对的对等性。①例如在农村最低生活保障中,保障资金的筹集和给付是政府相关职能部门的法定职责,符合最低生活保障要求的公民是权利主体,但其并不承担缴纳费用的义务。同样,在社会保障基金筹集关系中,公民和用人单位是义务主体,经办机构是权利主体。在社会保障基金给付关系中,公民是权利主体,经办机构是义务主体。

二、农民权益保护与新农村社区发展的社会法律关系历史与趋势

(一)农民权益保护与新农村社区发展社会法律关系的历史

根据历史唯物主义理论,一定社会的基础是该社会的经济关系的体系,即生产关系的总和,主要包括生产资料所有制、生产过程中人与人之间的关系和分配关系三个方面。经济基础决定上层建筑,上层建筑又反作用于经济基础。从社会存在和社会意识的关系来看,上层建筑,包括政治、法律制度,属于社会意识领域。任何社会的上层建筑都是由其经济基础决定的。新农村社区发展的社会法律关系历史轨迹与发展趋势也是由不同历史时期的经济基础决定的。

新中国成立以来,我国农村基本设施供给、基本公共服务供给、教育医疗卫生事业、最低生活保障、新型合作医疗、农村养老保险等社会保障制度等公共产品供给体系经历了三次较大变迁,这种变迁由制度环境改变引起,是多种

---

① 朱海俊:《论社会保障法律关系的复杂性》,《天水行政学院学报》2006 年第 3 期。

力量共同作用的结果,由此也产生了社会法律关系的变迁与发展。总体而言,社会法律关系变迁历经了以下几个阶段:

一是人民公社时期,社会法律关系呈现行政强制性。1958 年 8 月,中共中央政治局会议通过《中共中央关于在农村建立人民公社问题的决议》,公社范围内的政治经济活动都由集体和政府统一规划和安排,形成了"政社合一"的政治经济共同体。人民公社时期市场经济不发达,农村社区的大多数公共产品,如道路、水利设施、乡村学校、土壤改良等都是由公社或大队组织农民自己建设起来的,以及政府直接生产(如基础教育和医疗)相结合。农村公共服务供给体系资金来源既有财政渠道,又有集体经济组织(制度外财政)渠道,并且以后者为主,经费来源主要是通过人民公社内部的财务核算和财务管理来实现的。公社既是农村经济管理组织,又是一个基层政权组织,集农村一切政治、经济和社会事务管理的大权于一体,拥有调动绝大部分农村人力、物力和财力的权力,对所属的生产(大)队实行严格的行政化管理。集体和政府主导一切,社会法律关系具有浓厚的行政色彩。

二是家庭联产承包责任制时期,社会法律关系逐渐多元化。以家庭联产承包责任制为主的农村经济体制,改变了人民公社制度下集体和政府主导一切的状况,农户拥有了独立的生产经营权、劳动自主权和剩余索取权,重新恢复了经济生活中的主体地位。[1] 随着社会经济的发展,社会中介组织也进一步发展起来,农民拥有越来越多的生产和生活资源,农村公共产品的生产和管理逐渐呈现多元化趋势。大型水利设施、农村义务教育、农村电力、电信业务等体系主要由政府供给,部分准公共产品由私人资本经营,例如自来水供应、乡村医院、职业教育等等。随着这一时期社会、经济的日益发展,导致对公共产品需求和供给的多元化,农户、公司、企业、社会团体以及政府,都成为农村公共品供给主体。由于公共财政长期"重城轻农",导致农村公共服务供求矛盾突出,表现为基础设施落后、教育医疗文化供给不足、社会保障覆盖率低、保

---

[1] 胡洪曙:《农村公共产品供给体制的历史演变及对比研究》,《中南财经政法大学学报》2007 年第 2 期。

障层次低等。

三是税费改革后的时期,社会法律关系的常规化。早在1993年,河北正定县就实行了以"税(费)提留全额承包"为主要内容的农业税费征收制度改革,并逐步在全国推广。2003年中国共产党第十六届三中全会明确提出"创造条件,逐步统一城乡税制"的新思路,要求取消农业特产税,逐步降低农业税税率,2006年中国正式免征农业税,对中国农村公共服务供给体系产生了深刻的影响。在解决中央财政乏力状况的同时,使处于行政层级末端的乡镇政府财税收入锐减,乡镇政府供给公共服务的资金短缺,再加上"费改税"以及随后的免除农业税使基层政府供给公共服务的财政能力更为削弱。长期以来,"重工轻农"或"重城轻乡"的思想使我国在公共服务方面一直实行城乡分割的"两种制度"。农村公共服务方面实行自筹与转移支付相结合的制度。虽然中央加大了转移支付力度,但仍无法满足日益增加的农村公共需求,直接造成后农村公共服务严重短缺的局面。

(二)农民权益保护与新农村社区发展社会法律关系的趋势

通过梳理新农村社区发展社会法律关系的历史,我们可以看到新农村社区发展社会法律关系主要具备以下几个变化趋势:

第一,主体多元化。随着我国市场经济的深入推进,所有制结构形式与分配方式深刻调整,农村社会阶层逐渐分化,农村公共产品的需求和供给呈上升趋势,涉及的主体也呈现多元化趋势,由单一的政府主体逐渐转变为以中央政府和地方政府为主导、社会组织、涉农企业与合作组织、新农村社区等主体为支撑,农户个体及家庭保障为补充的多元化主体体系。具体而言,计划生育、国防开支、大型农业基础设施建设、农业基础科学研究、义务教育等全国性的农村"纯公共品"是由中央和省级政府财政负担的;农村社会治安、道路、饮水、小型水利灌溉等基础设施的建设,农业技术研究与指导、公共农用固定资产、村集体福利、村办集体企业等区域性公共产品是由乡镇政府和村集体组织通过集资提供的;另外,中国妇女发展基金会、社区教育和医疗卫生机构等组织逐渐承担起部分公共品供给义务,家庭保障自始至终都处于一线地位,仍然是我国农村社会保障体系的重要组成部分。

第二,客体多样化。随着改革开放的深入和市场经济的推进,农业产业结构调整、农村经济体制改革,高度同质化的农民群体开始分化,并且随着拥有的财产、生产安排、消费习惯和对未来预期的不同而对公共产品的需求表现出很大的差异性,客体呈现多样化趋势。由最初的对基础生活和生产设施为主的需求,逐渐发展为对农村基本设施供给、基本公共服务供给、教育医疗卫生事业、最低生活保障、新型合作医疗、农村养老保险等社会保障制度的需求。这一变化趋势与我国构建和谐社会、构建服务型政府、实现城乡公共服务均等化的时代要求是相契合的。

第三,内容复杂化。权利义务是法律关系内容的主要表现方式,具有对立统一、功能互补、总量均衡等特征,权利义务具有历史的范畴,在不同的历史时期具有不同的内容。新农村社区社会法律关系除了主体和客体的多元化、多样化等趋势之外,内容也呈现复杂化趋势。在人民公社时期,社会法律关系具有浓厚的计划经济色彩,主要是政府和农民之间基础设施和服务的供给与受领关系。实行家庭承包经营和税费改革之后,社会法律关系的内容涉及村民委员会、涉农企业与合作组织、社会组织、新农村社区与农民、农户彼此之间复杂的权利义务关系。

除了这三个主要变化趋势之外,新农村社区发展法律关系的演变和发展是由各个时期的经济发展状况和制度结构决定的。

第二节　农民权益保护与新农村社区发展的社会法律关系主体

一、法律关系主体概述

法律关系主体是法律关系的参加者,即在法律关系中,一定权利的享有者和一定义务的承担者,主体是法律关系的重要组成要素。在每一具体的法律关系中,主体的多少各不相同,在大体上都属于相对应的双方:一方是权利的享有者,即权利人;另一方是义务的承担者,即义务人。根据我国基本法律的规定,能够参与法律关系的主体包括以下几类:公民、机构组织以及政府。新农村社区发展社会法律关系主体涉及面比较广,包括处于主导地位的政府,处于重要地位的家庭,处于支撑地位的社会组织,以及基层党组织、村民委员会(社区居民委员会)、涉农企业、经济组织、社会组织、新农村社区、共青团妇联等群团组织等等,这些主体在农村基本设施供给、基本公共服务供给、教育医疗卫生事业、最低生活保障、新型合作医疗、农村养老保险等社会保障制度供给和运行中都发挥着不可或缺的作用。本研究中重点选择其中的一部分典型主体进行详细阐释。

二、农民(农户)

中国是农业大国,农民是我国公民中人数最为庞大的群体,理所当然是新农村社区所有社会权益的合法享有者。从职业特征上看,农民是从事农业(植业、林业、畜牧业和渔业等产业)生产经营活动的劳动者,以农业收入为主要收入来源。

我国《宪法》第四十五条明文规定,"中华人民共和国公民在年老、疾病或者丧失劳动能力的情况下,有从政府和社会获得物质帮助的权利。政府发展为公民享受这些权利所需要的社会保险、社会救济和医疗卫生事业。"2001年7月,我国于1997年签署的联合国《经济、社会及文化权利国际公约》生效,"本公约缔约各国承认人人有权享受社会保障,包括社会保险""本公约缔约各国承认人人有权为他自己和家庭获得相当的生活水准,包括足够的食物、衣着和住房,并能不断改善生活条件"。社会救助、最低生活保障、医疗保险、养老保险等制度建立,是政府为了充分实现公民的生存权、健康权、发展权所应尽的义务。因此,每个具有中国国籍的社会成员都是社会保障法律关系的主体,都是社会保障的对象。

我们认为中国"三农"问题的关键是农民问题,而农民问题的核心问题是农民利益问题。农民的社会权益保护是指农民可以获得政府在教育、医疗、卫生、就业、养老、救济等方面保障的生存和发展权利的保护。主要表现在农民劳动就业、养老、工伤、失业保险权、医疗保障权、最低生活保障权以及社会福利享有权等农民社会保障权的享有等方面。"三农"问题直接关系到政府稳定与社会的可持续发展,而农民权益保护是解决"三农"问题的核心与关键。其中,农民社会权益能否得到充分实现、发展和保障,事关我国新农村建设与全面实施乡村振兴进程的快慢和广大农村地区的稳定。

我国曾长期是一个传统的农业社会,家庭人口众多且居住集中,一家一户构成完整的社会。农民所形成的以"户"为基本单位的家庭,也是新农村社区发展社会法律关系的重要主体之一。在我国农村社会保障制度还没有完全建立健全的时期,家庭保障是农村居民的主要保障形式,它奠定了我国农村社区稳定的基石。例如在农村家庭养老保障中,1954 年《中华人民共和国宪法》第49 条就已明确规定了子女有赡养老年父母的义务,《宪法》《民法典》等同时对子女赡养父母的义务做了明确规定,家庭养老以法律的形式得到确认,此外《刑法》《民事诉讼法》等法律中都有保护老年人合法权益的条款。

家庭保障以家庭所拥有的主要生产资料土地为经济基础,以代际之间的互惠为伦理基础,通过家庭成员之间长期共同生活形成的情感来实现,具有自觉性,即幼年时有受抚养的权利,成年时则有赡养老人及抚养子女的义务,进入老年后又有接受子女赡养的权利。[①] 农村家庭在养老保障、医疗保障、失业保障等方面发挥着重要作用,是我国社会保障体系的重要补充。家庭保障有着深厚的经济、社会、文化、伦理基础,这对于家庭的稳定性以及发挥家庭保障功能方面的作用是巨大的。它将为社会保障制度奠定重要的制度基础。

三、涉农企业(经济组织)

组织是人类社会整合度较高的一类群体,为了满足自身运作的要求,为着实现一定的目标,互相协作结合而成的集体或团体,具有共同的目标、共同的行为准则。合作经济组织正是在这个理论的基础上逐渐形成并发展而来的。农民各种合作经济组织的兴起和壮大,为解决农民进入市场、保护农民利益和

[①] 邓大松、杨洁:《我国农村家庭保障机制的局限与改善》,《中国社会保障》2004 年第10 期。

提高农业的经济效益提供了保障,公司和企业的组织程度更高。涉农企业(经济组织)作为一种有效率的制度安排,其本质是处于弱势地位的农民,在自愿互助和平等互利的基础上,通过经济联合的方式,将家庭经营的个体劣势转化为群体优势,在更大范围、更广空间实现资源优化配置,共享合作带来的经济利益。

在本研究中,涉农企业是指从事农产品生产、加工、销售、研发、服务等活动,以及从事农业生产资料生产、销售、研发、服务活动的企业。涉农企业(经济组织)在增强农产品的市场竞争力,促进政府与农民的联系,保护农民利益方面发挥着积极的作用。涉农企业(经济组织)作为我国新农村社区发展中的重要经济力量,在保障和实现农民社区权益方面发挥着不可或缺的作用。一是依法缴纳各项税费,推动各地经济发展;二是为农民提供工作岗位,缴纳各项社会保障费用,使农民以利益为纽带结成的互惠互利共同体,实现个体分散力量的集合化,增强了风险抵抗力。此外,涉农企业(经济组织)承担着一定费用交纳和服从管理的义务,是我国新农村社区社会法律关系的重要主体之一。

四、社会组织

社会组织是为了实现特定的目标而有意识地组合起来的社会群体,是人们为了特定目的而组建的稳定的合作形式。改革开放后,政府对公共产品的控制有所放松,出现了社会流动资源,同时出现了掌握社会流动资源的团体、组织和个人。他们能有效弥补政府在提供公共物品时的失灵缺陷,还可以借助市场竞争机制的力量提高农村公共产品供给效率。较为典型的例如公益性社会组织、互益性社会组织和盈利性社会组织。

1. 公益性社会组织

是在法律允许的领域内,向不特定的多数人无偿或者以较优惠条件提供服务,从而使服务对象受益的社会组织。[①] 公益性社会组织有效补充政府的

---

① 杨道波、王旭芳:《公益性社会组织的法律定位思考》,《理论探索》2009 年第 3 期。

公共品供给缺陷,例如中国扶贫基金会针对社区贫困群体提供公共设施和社区服务等公共品;中国妇女发展基金会为革命老区妇女进行妇科病防疫和治疗捐款、为贫困地区捐款打井解决饮用水困难。①

2. 互益性社会组织

主要是向组织内部成员供给公共物品,在中国农村的熟人社会发挥着重要作用。基于血缘、地缘或者契约而形成的互益性组织,在小范围内具有农田耕作、饮水灌溉、出行道路等共同需求的,由村民以人头或户为单位出资修建,也解决了一部分公共品供给问题。

3. 盈利性社会组织

在经济制度和政府管理制度允许私人部门参与的公共品供给中,政府减少了对社会投资领域的限制,使部分民营资本进入公共产品供给领域。这一般是针对准公共产品,完全由盈利性社会组织提供,或者由政府以租用、购买、资助或者参股的形式与合作组织形成联合。

五、农村社区居民委员会

村民委员会(社区居民委员会)在我国新农村社区社会建设中扮演着重要角色。我国现行《宪法》第 11 条规定,村民委员会是基层群众自治组织,它的任务是"办理本居住地区的公共事务和公益事业,调解民间纠纷,协助维护社会治安,并且向人民政府反映群众的意见、要求和提出建议"。由此可见,村委会是"办理本地区公共事务和公益事业"的自治组织。

2004 年修改的《传染病防治法》,要求村民委员会"组织居民、村民参与社区、农村的传染病预防与控制活动"。2006 年修改的《义务教育法》,要求村民委员会设置"协助政府做好工作,督促适龄儿童、少年入学"。我国《村民委员会组织法》于 2010 年 10 月 28 日修订通过,规定村民委员会是村民自我管理、自我教育、自我服务的基层群众性自治组织,负责办理本村的公共事务和公益

① 康洪:《论我国农村公共服务多元化的有效供给》,《湖南财经高等专科学校学报》2008年第 4 期。

事业,调解民间纠纷,协助维护社会治安;根据需要设人民调解、治安保卫、公共卫生与计划生育等委员会;支持服务性、公益性、互助性社会组织依法开展活动,推动农村社区建设等。

从实际情况来看,村委会所承担的职能在数和量上一直处于攀升状态,但村委会的组织规模、干部数量、经费设施等各方面未同时扩大或增加,故在社会建设领域村委会的法定职能与其本身的实施能力是不相适应的。

六、新农村社区

党的十六届六中全会提出要"全面开展城市社区建设,积极推进农村社区建设,健全新型社区管理和服务体制,把社区建设成为管理有序、服务完善、文明祥和的社会生活共同体"的要求,首次完整提出了"农村社区建设"的概念。党的十七大再次提出,要"把城乡社区建设成为管理有序、服务完善、文明祥和的社会生活共同体"。

农村社区是农村社会的基本单元、农民生产生活的基本场所,是农村社会治理的基础。开展农村社区建设是农村经济社会发展的客观要求和发展趋势,有利于政府公共服务资源向农村基层延伸和集约利用,有助于面向农村、贴近农民开展多样化服务,推动基层政府由管理型向服务型转变,实现城乡基本服务均等化,让农民共享改革发展成果。新农村社区是保障农民社会权利平等的重要时空载体。

在我国社会不断现代化中,如果不进行相应的制度机制安排,农民就可能变得更加边缘化,在社会地位、经济收入、利益保护、社会竞争力、就业和社会保障等方面,农民处于困难和不利的相对弱势地位。由于农民自身条件的限制、社会资源的占有和地理环境状况不优等诸多原因,使其即便在法律公平和正义的前提下也很难获得平等的发展,造成实质上的不公平。因此,政府在设计制度与分配社会资源时,要考虑到各个利益阶层在获取资源时的前后顺序,实质公平的价值要求在制度供给中得到优先体现。

新农村社区在农民社会权益的实现中承担着重大的责任。作为一种改变单个农业生产者和大市场之间进行不对等交易状况的制度安排,农村社区正发挥着一种独特组织形式的巨大作用,将来会成为提高农民组织化程度、增加农民收入、促进农村稳定和农业发展的重要主体力量,成为统筹城乡经济社会发展、建立和谐社会的重要时空载体。当前我国规范新农村社区社会法律关系的主要规范有《全国农村社区建设实验县(市、区)工作实施方案》《关于开展农村社区红十字服务工作的通知》和《民政部关于开展"农村社区建设实验全覆盖"创建活动的通知》等。此外,很多地方性法规也对农村社会法律关系中新农村社区进行了规定,例如:《新乡市人民政府关于在新型农村社区开展新型农村社会养老保险工作的意见》《金华市区农村社区卫生服务机构标准化建设实施方案的通知》《扬州市人民政府关于加快农村社区卫生服务体系建设的意见》《大连市农村社区服务中心建设项目实施方案》等等。新农村社区实现了对以市场为基础的经济资源和以公共利益和公共事务为基础的社会资源的多元化配置,对中国社会结构是一个史无前例的制度创新和推进,必将为农民社会权益的实现和增进提供源源不断的动力。

七、政府

生存权是每一个公民赖以生存的基本权利,并平等地受到国家基本法的保护。换言之,公平地保障每一个公民的生存权是国家的一项基本义务。政府作为代表国家行使权力的机构,在现代的经济活动中是一种主导型主体,是一种领导性、管理性力量。政府在行使社会保障职权与职责时,将其主导地位具体化为政府管理机构。政府的目的是维护社会秩序和发展,增进公共幸福,为增强相互合作的社会连带关系而努力。政府权力只有在依照体现社会连带关系的法律规则为社会提供服务时才具有合法的权力。"政府的这种服务,也就是履行社会职务的活动即公务活动;政府与被统治者之间,行政主体与相对人之间的关系,是一种服务与合作的公务关系;政府及其行政主体的公务活动是一种通过执行法律为公众提供的服务活动"。[①]

目前,在农村医疗救助、养老保险、最低生活保障、劳动就业等领域,我国

---

① 徐鹤林:《法国行政法》,中国政法大学出版社 1985 年版,第 272 页。

正在建立体系化的制度规范,并向城乡一体化发展方向努力。目前已经颁布并逐步完善的法律规范有《关于实施农村医疗救助的意见》《关于认真做好当前农村养老保险工作的通知》《关于在全国建立农村最低生活保障制度的通知》《关于切实做好被征地农民社会保障工作有关问题的通知》《农村五保供养工作条例》《关于农民工参加工伤保险有关问题的通知》《关于开展农民工参加医疗保险专项扩面行动的通知》《关于进一步解决建设领域拖欠工程款问题意见》《关于农民工适用劳动法律有关问题的复函》等等。各级地方政府也已经颁布法规政策,推动农村社会保障体系的建立,例如浙江省宁波市《关于建立新型农村养老保险制度的意见》,黑龙江省佳木斯市人民政府2010年颁布的《关于开展农村新型合作医疗补充保险推广工作的通知》等。

　　政府是这些法律法规和政策的制定者和实施者,利用政府强制力推动建立符合社会公共利益的社会保障制度,所以政府在社会法律关系主体中一直是处于主导性地位的。农村居民最低生活保障涉及县(市、区)级人民政府民政部门等部门;农村养老保险涉及新农保试点工作领导小组、地方各级人民政府农保部门、人力资源社会保障部门等等;农村新型合作医疗涉及各级县市乡镇、医疗单位等等。农村社会保障是一个复杂的、庞大的系统,需要建立专门负责实施和经办的机构,包括劳动保障、人事、卫生、民政、物价、统计、审计等部门,即经办主体。① 政府职能部门在实现好、发展好并维护好农民社会权益的过程中处于主导地位。

第三节　农民权益保护与新农村社区发展的社会法律关系客体

　　一般而言,法律关系客体是指法律关系主体之间的权利和义务所指向的对象,是构成法律关系的重要要素之一。法律关系客体是一个历史的概念,在

---

① 王国奇:《新农村社会保障法律关系探析》,《湖南城市学院学报》2008年第3期。

不同历史时期不同类型的政府有不同的表现形式,需要根据各国基本国情和发展阶段而定。随着社会历史的发展,法律关系客体范围、形式和类型也在不断发生变化,总体上呈现出扩大和增多的趋势。根据法学基本理论,法律关系的客体主要包括物、给付行为、智力成果以及人格利益等。本研究在研究新农村社区发展的社会法律关系时,主要侧重于基础设施和公共服务供给、农村社会救助、最低生活保障、养老保险以及医疗保险等社会保障制度中的法律关系。涉及的客体主要是物和给付行为,包括农村基础设施、公共服务、社会保障金及物质保障、农村公共品供给行为以及农村社会管理行为等等。

一、农村基础设施

农村基础设施是新农村社区经济社会发展和农民生产生活改善的重要物质基础。新农村社区基础设施是为发展农村生产和保证农民生活而提供的公共服务设施的总称,包括农田水利、交通邮电、供水供电、园林绿化、教育、文化、医疗卫生、社会保障等生产和生活服务设施。新农村社区基础设施建设是着力推进现代农业建设、加大村容整治力度、加快农村社会事业发展的物质保障。我们当前正着力优先解决农民最急需的生产生活设施,同时也始终注意加强农业综合生产能力建设,促进农业稳定发展和农民持续增收。

二、农村公共服务

"基本公共服务体系"首次在党的十七届五中全会上提出来。基本公共服务的属性在于它的公共性、普惠性和社会公平性。公共服务的范围比较广,根据经济社会发展的水平高低和政府建设的能力大小而定,但基本上都包括公共教育、公共卫生、公共文化等社会事业,也包括公共交通、公共通信等公共产品和公用设施建设,还包括解决人的生存、发展和维护社会稳定所需要的社会就业、社会分配、社会保障、社会福利、社会秩序等制度的建设。本研究中的"基本公共服务"主要指教育、卫生、文化、体育、环境等社会服务事业。农村的科技、教育、卫生、文化、体育、环境等公共事业,既滞后于农村经济的发展,更落后于城市的公共事业发展,城乡在社会发展方面的差距则更大。目前,我国农业科技以及与农业相关的信息和服务的提供远远满足不了农民的需求，现行的教育资源、教育投入在城乡间的分配极不合理，农村医疗卫生条件差，环境污染问题日趋突出。2008年中央1号文件指出，要提高农村基本公共服务水平，加快发展农村公共服务事业，对全部农村义务教育阶段学生免费提供教科书，增加农村基本医疗服务能力，在全国普遍建立新型农村合作医疗制度，深入实施广播电视"村村通"、电影放映、乡镇综合文化站等工程，创造农民喜闻乐见的优秀文化产品。

公共服务是新农村社区社会法律关系的重要客体。在新农村社区建设中，政府有义务提供各种基础公共服务。一方面表现为政府的各个部门，如财政、科技、教育、卫生、信息产业等部门把新农村社区发展当作分内事，各级领导不断增强服务意识，充分利用自身的优势，做到有人出人、有力出力、有钱出钱、有智出智，为现代农业发展、农村基础设施建设、社会事业发展排忧解难，支持农村、服务农民；另一方面，政府也要培育各种社会服务组织，包括中介组织、培训机构、农机服务站、种子公司、技术推广站等等，为新农村社区发展提供多方面服务。着力形成覆盖面广、服务水平高的服务体系。① 基础设施和公共服务是事关农民社会权益的大事，各级政府只有扎扎实实地做好新农村社区发展的各项公共服务，才能使新农村社区发展工程真正成为惠民工程。

三、社会保障金与实物保障

以农村居民最低生活保障制度、新型合作医疗制度、农村居民医疗救助制度、五保供养制度、自然灾害生活救助制度等为主要内容的农村居民社会保障体系是新农村社区社会法律关系的重要客体之一。2004年3月14日第十届全国人民代表大会第二次会议通过的中华人民共和国《宪法》修正案中规定：政府建立健全同经济发展水平相适应的社会保障制度。目前，城市居民享受的住房公积金以及各种社会保险和福利，如医疗保险、养老保险、失业保险、最

---

① 姜作培：《论政府与农民在新农村建设中的角色定位》，《安徽农业大学学报（社会科学版）》2006年第6期。

低工资和低保等,绝大多数农民都不能享受。目前的农村社会保障制度实际处于真空状态,多数农民没有养老、医疗等社会保险和社会福利。有的学者提出,社会保障法律关系的客体是给付,包括现金给付、现物给付和社会服务性给付。① 我们认为,农村社会法律关系中社会保障主要涉及的客体有:(1)社会保障金。社会保障金是政府、社会以及个人共同出资,用于支付社会保障各项开支的专项资金,包括医疗保险、生育保险、工伤保险、失业保险、养老保险等等。无论是农村养老保险,还是新型合作医疗,均与社会保障金有关。离开社会保障金,社会保障权利的享有、实现以及社会保障义务的承担和履行,都没有任何实际意义。社会保障金也是社会保障法律关系中各主体权利义务所指向的重要对象。(2)实物保障。除了社会保障金、一般的保障、保险、货币、实物等形式,政府和社会还通过保险、实物等形式对国民收入进行再分配,对特定范围的社会成员在生、老、病、伤、残、丧失劳动力或因自然灾害面临生活困难时给予帮助,以保障每个公民的基本生活需求和维持劳动力再生产。例如对农村社区居民中重度残疾人等缴费困难群体,各县(市)、区为其代缴全部最低标准的养老保险费;对烈士遗属、领证的农村社区居民中独生子女父母和双女户父母,有条件的地方可给予适当补贴;对选择较高档次标准缴费的,给予适当鼓励。包括社会福利、优抚安置、灾害救助和社会互助等社会保障项目。

四、农村公共品供给行为

为广大农民提供基本而有保障的公共产品是我国农业产业发展以至整个国民经济进入新阶段的客观要求。根据公共财政理论,中央政府和地方政府财政具有为农村地区提供基本生活和生产设施、服务、社会保障的法定职责,要确保中央和地方各级财政预算内每年用于农业支出增长幅度要高于财政经常性收入的增长幅度,每年财政支农支出的增长水平要高于上年增长水平。

---

① 郭成伟、王广彬:《公平良善之法律规制——中国社会保障法制探究》,中国法制出版社2003年版,第24—26页。

给付义务是以作为的形式表现出来的,它要求政府从事某种行为的义务,与公民的请求权相对应。现有的政府对生存权承担的物质给付义务主要有以下几个方面:基础设施和公共服务给付行为、最低生活保障、养老金、医疗费用以及灾害救助。① 具体而言:(1)基础设施和公共服务供给。即政府对农业基本建设、农村公共设施建设、农村社会化服务体系建设、教育、卫生、文化等农村社会事业发展所实施的给付行为。(2)社会保障制度供给和运行。要实现城乡基本公共服务均等化,政府应该在农村构建包括基本养老保险、医疗保险和最低生活保障在内的三道社会保障线,让农民也能老有所养、病有所医、贫有所济。为实现实质公平正义,政府在对国民经济进行再分配时,应将全体社会成员作为社会保障利益的权利请求主体,政府则是社会保障利益的义务主体。例如:最低生活保障是社会救助的核心,采取无偿救助的方式,由政府承担全部的保障责任,以货币或实物的形式提供救助。农村社会养老保险管理机构、基金经营机构、经办机构、监督机构等主体,在履行权利和义务时,资金筹集、管理和运营都是为了将来在公民符合法定条件时给付养老金。② 社会保障制度供给和运行行为是新农村社区发展社会法律关系的重要客体之一。

五、社会事务管理(服务)行为

十七届五中全会提出,我们要建立健全基本公共服务体系,加强社会管理能力,创新社会管理机制。政府对社会进行管理(服务)的行为也是社会法律关系的重要客体之一。包括:(1)推进现代农业建设的行为。加快农业科技进步,调整农业生产结构,加强农业设施建设,提高农业综合生产能力;(2)深化以农村税费改革为重点的综合改革行为。即在义务教育、公共卫生、公共文化、公共安全、金融体系和社会保障等多方面的改革;(3)促进农民就业与增收的行为。如实施积极的就业政策,多渠道开发就业岗位,广泛开辟农民增收渠道;(4)维护农村社会稳定的行为。包括健全党和政府主导的维护群众权

---

① 张翔:《基本权利的受益权功能与国家的给付义务》,《中国法学》2006 年第 1 期。
② 李红:《农村社会养老保险法律关系探析》,《法制与社会》2009 年第 7 期。

益机制,畅通和规范群众诉求表达、利益协调、权益保障渠道,建立调处化解矛盾纠纷综合平台,完善新农村社区治安防控体系等。这诸多方面都是新农村社区发展社会法律关系的重要客体。

第四节 农民权益保护与新农村社区 发展的社会法律关系内容

一、农民(农户)的权利义务

社会法律关系是以保障农民的生存权和发展权为核心的社会关系,农民作为主体享有社会保障权是整个社会保障制度的核心。为保障农民能够共享经济社会发展带来的成果,其具体权利和义务主要包括以下几项:(1)公共设施和公共服务的享用权。农村环境综合整治、村内绿化、围村造林、帮扶贫困、教育、文化、体育、医疗卫生等公共管理和服务事业的受益者是最广大的农民。(2)给付请求权和受领权。当出现法律规定的保障情形、符合法律规定的保障条件时,农民有请求给付的权利,农民有权自主行使这一权利,也可以自愿放弃这一权利。与给付请求权相配套的还有受领权,即接受社会保障待遇的权利,例如领取养老保险金、医疗补助金、最低生活保障金等等。(3)法律救济请求权。即当自身合法的社会权益不能正常实现时,社会成员有请求政府部门、司法机关或仲裁机构依法给予法律保护的权利。(4)监督权、批评权。农村社会保障关系到广大农民的切身利益。对在农村社会保障金筹集、管理及运营过程中所发生的违规、违法现象,法律赋予农民有监督权和批评权。如对各级保障机构、经办机构的徇私舞弊行为、挤占、挪用挥霍行为、基金经营机构不当投资行为,农民可以通过质询、诉讼等方式行使监督批评的权利。(5)缴纳保险金的义务。例如在农村新型养老保险制度中,新农保基金由个人缴费、集体补助、政府补贴构成,参加新农保的农民有义务按规定缴纳养老保险费,自主选择档次缴费,多缴多得。与此相对应的,农民享有查询和监督权。(6)协助和配合义务。例如农民在申请最低生活保障金时,有义务提供相关证明材料,并负有协助社会保障管理机构进行调查的义务。此外,随着农民思想观念和生活方式的更新加速,思想觉悟进一步提高,农民所享有的权利义务内容和形式逐渐丰富,包括组织开展多种形式的群众性文化活动的权利义务,开展创建文明户和文明村镇活动的权利义务、整治农村居住环境和生活条件的权利义务,以积极推进城镇化、小康村建设步伐以及民主管理民主建设,发挥出自力更生、建设家园的积极性,成为新农村社区社会文明进步的主体。

二、涉农企业(经济组织)的权利义务

稳定和完善农村基本经营制度是我们党的一贯主张。稳定和完善农村基本经营制度的重点之一就是要促进农民合作经济组织等新型经营主体的发展。鼓励农户联合与合作,形成多元化、多层次、多形式经营服务体系的方向转变,按照"服务农民、进退自由、权利平等、管理民主"的要求,发展集体经济、增强集体组织服务功能,培育农民新型合作组织,发展各种农业社会化服务组织,鼓励龙头企业与农民建立紧密型利益联结机制,着力提高组织化程度。

涉农企业(经济组织)是农民的利益联接体,对农民的权利义务主要包括以下几个方面:(1)入社退社审查权、人事任免权、重大财产处置决定权、合同解除权等等。具有民事行为能力的公民,以及从事与涉农企业(经济组织)业务直接有关的生产经营活动的企业、事业单位或者社会团体,承认并遵守涉农企业(经济组织)章程,履行章程规定的入社手续的,可以成为涉农企业(经济组织)的成员,审查权由涉农企业(经济组织)享有。涉农企业(经济组织)的组织机构享有章程修改权、选举权、罢免权、重大事项决议权等等。(2)保障农民平等就业的义务。保障农民在招录、聘用、晋升、签署合同、休息休假、社会保险、解除劳动合同和中止劳动合同的权利,以及合法利益诉求和获得补偿的权利等。(3)建立健全民主管理制度的义务。农民参与涉农企业(经济组织)管理活动的各项制度,使农民在与自身利益密切相关的事项中有一定的话语权,充分发挥农民作为生产经营管理主体的作用。(4)技能培训和薪酬给付义务。提高员工的劳动技能,使之具备从事现代化农业生产的技能。按

时足额发放农民工资和奖金,不得无故克扣或拖延,并随社会发展不断提高职工工资和福利水平。此外,涉农企业(经济组织)还具有积极改善劳动条件的义务,要着力保障农民的劳动安全和劳动卫生,防止重大安全事故发生。涉农企业(经济组织)是我国新农村社区社会发展的重要主体力量之一。

三、社会组织的权利义务

社会组织是为了实现特定目标而有意识地组合起来的社会群体,是人们为了特定目的而组建的稳定的合作形式。参与农村基本设施供给、基本公共服务供给、教育医疗卫生事业、最低生活保障、新型合作医疗、农村养老保险等社会保障制度供给和运行的社会组织具备以下权利义务:(1)会员入社、退社审查权。社会组织对申请加入该组织的个人、机关、企业、事业单位、社会团体等有权要求其提供申请材料和证明材料,并有权进行审查、决定、登记、备案;(2)内部事务自主决定权。包括章程制定和修改、人事任免、重大财产处置决定等事项。(3)资金筹集权、运营权和管理权。公益性社会组织按照合法、自愿、有效的原则,有权开展各种扶贫济困活动,通过各种渠道,募集扶贫资金和物资等,并有权合法、公开地进行运营和管理等;(4)接受登记管理机关检查和公众监督的义务。社会组织有义务执行政府统一的会计制度,建立健全内部会计监督制度,接受税务、会计主管部门的税务监督和会计监督,以及媒体和公众监督。(5)合同或者协议规定的其他权利义务。参与农村公共品供给的社会组织还需要遵守合同或者协议规定的特定权利义务。例如与政府签订的出租、购买、合作等合同,与捐赠人签订的捐赠合同,与受助人就资助方式、资助数额以及资金用途和使用方式签订的协议等等。

四、农村社区居民委员会的权利义务

2010年新修订的《村民委员会组织法》第二条规定:"村民委员会办理本村的公共事务和公益事业,调解民间纠纷,协助维护社会治安"。《农业法》第七十三条也明确规定:"农村集体经济组织或者村民委员会为发展生产或者兴办公益事业,需要向其成员(村民)筹资筹劳的,应经成员(村民)会议或者

成员(村民)代表过半数通过后,方可进行"。从法律规定可以看出,村民委员会具有兴办农村公共事务以及公益事业方面的权利义务。从实践来看,农村所有的非私人事务,无论大小基本都被归列为公共或者公益事务范畴。包括:公共设施建设、义务教育和扫盲教育、公共卫生、村容村貌、文化娱乐活动、社会优抚工作的组织和开展等等。村民委员会有权利也有义务发展好这些公共事务以及公益事业。我们认为,村民委员会在社会法律关系中的权利义务应该进一步明晰,应该配置与其规模和职能相符合的权利义务。(1)社会事务管理(服务)权。村民委员会根据需要设人民调解、治安保卫、公共卫生与计划生育等委员会。依照法律规定,管理本村属于村农民集体所有的土地和其他财产,引导村民合理利用自然资源,保护和改善生态环境。(2)提供社区公共设施和服务的义务。中央和地方财政承担对基本设施、基本公共服务、教育医疗卫生事业、金融体系、最低生活保障、新型合作医疗、农村养老保险等社会保障制度的给付义务,村民委员会承担社区范围内的生活互助、生产互助、民主自治等方面的公共事务和公益事业。(3)协助义务。乡、民族乡、镇的人民政府对于村民委员会的工作给予指导、支持和帮助,村民委员会协助乡、民族乡、镇的人民政府开展工作。具体包括协助做好与本村直接相关的经济、科教文卫体事业和财政、民政、公安、司法行政、计划生育等行政工作,及时、真实、全面地反映村民的意见、建议和要求,协助乡(镇)人民政府了解农村情况,帮助其改进工作、正确决策。

五、新农村社区的权利义务

在新农村社区发展新背景下要保护农民权益就必须做到坚持政府主导、农民主体和社会共同参与相结合,充分发挥社区力量,合理配置社区资源,大力发展社区公益事业,使农民群众学有所教、劳有所得、老有所养、残有所助、孤有所抚、病有所医、贫有所帮,实现城乡统筹协调发展。具体来说,新农村社区应该承担以下义务:

一是公共服务义务。农村社区公共服务是社区建设的永恒主题,是社区建设的生命力所在。具体来说,农村社区要充分发挥行政机制、互助机制、志愿机制、市场机制的作用,加快构建社区公共服务体系,真正使居民群众困有所助、难有所帮、需有所应。要着力加大流动人口服务管理工作,完善社区矛盾纠纷排查调处工作机制,加强社区公共安全应急体系建设。要把社区管理与服务有机结合起来,在服务中实施管理,在管理中体现服务。社区福利与救助的重点在于社区养老模式的构建。随着农村人口老龄化问题加剧,完善农村养老保障体系成为加快社会主义新农村建设与全面实施乡村振兴的迫切要求。有关专家指出,继续坚持和完善家庭养老,努力发展社区养老,大力推进社会养老,进而走向家庭、社区、社会三种养老模式的有机结合,逐步形成完整而科学的农村养老保障体系,才能最后迈向城乡养老保障一体化。另外,针对农民抗御风险能力低的问题,建立农村社区风险化减机制是十分必要的,而且也是一项复杂的工程。

二是保障社区农民就业的义务。随着城镇化的发展,农民大量进入城市务工,一定程度上缓解了农村社区失地农民及剩余劳动力的压力。然而,随着全球金融危机的影响在我国逐步显现,农民工返乡给农村社区带来了较大的就业压力。维护社区稳定和社区居民生活秩序是新农村社区的重要功能,因而新农村社区更要体现针对时代特色的功能,承担推动和促进农民就业与创业的任务。首先,新农村社区组织应当是促进农民就业的重要主体,利用社区组织及社区工作人员对农民就业与创业问题进行专项管理服务,形成密切联系的管理服务关系。其次,新农村社区应成为农民就业的信息载体。通过新农村社区与其他社区、社区组织的沟通,扩展获取就业信息的渠道。再次,通过新农村社区组织跟踪督促已就业农民完善就业社会保障,减少农民失业带来的不利影响和不稳定因素。通过新农村社区与农民就业之间法律关系的梳理,就仍然存在的欠缺之处进行设计与补充,促使新农村社区在保障农民劳动权益方面切实发挥作用。

三是社会保障资金的缴纳义务。当前,我国正着力构建"家庭为主、社区保障和社会救助相结合的"农村养老保险制度,以应对传统土地保障功能下降带来的挑战。"个人缴费、集体补助、政府补贴"是新农保基金的重要来源,除了村集体之外,政府鼓励其他经济组织、社会公益组织、个人为参保人缴费提供资助。新农村社区的高度组织化程度决定了它在保障农民社会权利中举足轻重的作用。有关专家指出,继续坚持和完善家庭养老,努力发展社区养老,大力推进社会养老,进而走向家庭、社区、社会三种养老模式的有机结合,逐步形成完整、科学的农村养老保障体系,才能最后迈向城乡养老保障一体化。农村社区养老包括:对老年人提供经济上的支持;建立老年人服务体系和对家庭养老的引导与监督。

四是化解风险过程中的协助义务。针对农民抗御风险能力低的问题,建立农村社区风险化减机制是十分必要的,而且是一项复杂的工程。因此,当前我国农村社会保障体系面临的基本任务是:健全农村社会保障项目,以最低生活保障和农业保险为基础,以农村养老、医疗保险为根本,以农村社会救济和社会福利为辅助,大力发展农村商业性保险,加快开发式扶贫工作力度,健全农村多层次的社会保障体系、并在内容上逐步实现与城镇社会保障体系的衔接。

五是解决农村新问题的辅助义务。贫困农村普遍存在着青壮年劳动力外出务工的现象,有些县区,政府甚至把组织人员外出务工,作为提高贫困地区农村家庭收入、发展贫困社区经济的一项重要工作来抓。然而,在农村大量劳动力外出的状况下,也出现了一些新的问题:如何对外出务工人员进行必要的职业技能培训,使他们能够得到更高的收入和必要的法律保障;当劳动力外出后,农村留守人员如何做好家庭农业生产;年轻父母外出务工,出现了一大批由老人照看的留守儿童,他们的教育问题如何解决等。

六、政府的权利义务

我国宪法第十四条第四款明确规定:"政府建立健全同经济发展水平相适应的社会保障制度"。这就以政府根本大法的形式确定了政府在建立农村社会保障中的主导作用。社会权益是农民权益的重要组成部分,政府必须保障农民的社会权益。能否对农民的社会权益进行保障,直接关系到占中国近五亿人口的农民是否能够享受改革开放四十多年所取得的发展成果,能否分享国家日益繁荣富强所带来的好处。因此,依法保障农民的社会权益是政府责无旁贷的义务,也是新农村社区建设中极为重要的一部分。政府享有以下权利并履行以下义务:(1)公共设施和公共事业的发展义务。政府有义务加大农村基础设施建设投入,加快乡村道路建设,发展农村通信,完善农村电网,逐步解决农村饮水的困难和安全问题。积极发展适合农村特点的清洁能源。加快发展农村文化教育事业,重点普及和巩固农村九年义务教育,对农村学生免收杂费,对贫穷家庭学生提供免费课本和寄宿生活费补助。加强农村公共卫生和基本医疗服务体系建设,基本建立新型农村合作医疗制度,加强人畜共患疾病的防治。实施农村计划生育家庭奖励扶助制度和"少生快富"扶贫工程。发展远程教育和广播电视"村村通"。(2)社会保障资金的征收权、管理权和运营权。通过法律法规形式,运用政府强制力对社会保障资金进行征收、管理和运营,能够降低成本,提高效率,这也是其基本职能之一。社会保障基金筹集之后,需要社会保障管理机构对资金进行有效管理,科学确定投资组合和策略,建立规范化、科学化的长效保值增值机制。① 这是政府管理机构的法定权利。(3)财政义务。政府有义务对农村社会保障进行财政投入,为农村社会保障事业的发展提供资金支持和保障。例如在农村新型养老保险中规定,"政府对符合领取条件的参保人全额支付新农保基础养老金,其中中央财政对中西部地区按中央确定的基础养老金标准给予全额补助,对东部地区给予50%的补助。"(4)支付义务。社会保障管理机构的支付权,是与农民的支付请求权和受领权相对应的概念。在社会保障待遇给付时,管理机构对受领者拥有资格审查权或确认权。如领取最低生活保障金之前,申请人须提供相关证明材料。此外,政府社会保障管理机构还有接受社会公众监督的义务。

第五节　农民权益保护与新农村社区发展的
社会法律关系权利义务的实现

加快发展新农村社区社会事业,实现农民的社会权益,积极推进城乡基本

① 赵秀敏:《社会保障法律关系三要素新探》,《行政与法》2010年第8期。

公共服务均等化,是构建和谐社会、实施乡村振兴战略、形成城乡经济社会发展一体化新格局的迫切要求和必要条件,是缩小城乡差距、扩大农村消费需求的重大举措。社会法律关系权利义务的实现取决于我们思想观念的更新、法律体系的完善、多元主体体系的架构、农村公共产品的供给和农村社会管理体制改革和创新。

一、思想观念:重视社会法律关系的实现

改革开放前,在传统的计划经济体制下,政府主要推行"以农补工"的政策,借助于工农产品剪刀差来积累工业化所需的资本。改革开放后,城乡二元体制和我国的二元税制使得农民在居住、迁徙、就业、教育、医疗、社会保障等一系列的制度中处于不利地位。中国农民在社会合作体系中承担的义务和负担过多,而获得的利益、权利和机会过少,成为社会发展过程中最大的利益牺牲群体。与中国农民为政府工业化、城市化和现代化建设作出的巨大贡献极不相符,农民俨然已经成为中国社会的最少受惠者群体。当前,根据当代伦理哲学巨擘——约翰·罗尔斯(John Rawls)的分配正义理论,分配政策的公平与正义依赖于对社会中最少受惠者利益的保障与促进。[①] 在建设社会主义和谐社会的大背景下,倡导社会公平与正义,优先保障与促进广大农民的群体利益,消弭巨大的城乡差距,保障农民的最少受惠者利益,具有十分重要的时代意义与价值正当性。农村基本设施供给、基本公共服务供给、教育医疗卫生事业、最低生活保障、新型合作医疗、农村养老保险等社会保障制度供给和运行在内的城乡公共服务均等化,能够赋予中国农民一个富有尊严的生命意义系统。这样做有利于避免社会转型造成的过重代价和成本,进而保持整体社会的健康、稳定、持续发展态势。

二、法律制度:保障社会法律关系的实现

我国的依法治国方略确立了法律在国民生产和社会生活中的基本规范和

---

① 李放、张永梅:《中国农民的最少受惠者地位及其政策根源——兼论城乡公共服务均等化的正义性》,《华南农业大学学报》2009 年第 4 期。

根本性指导作用,法律规范的系统性与严谨性对于保障新农村社区基本公共服务制度的制定与实施意义重大,是前提和保障。为此,我们首先要健全社会保障基本法律和行政法规体系。对新农村社区公共设施和服务的责任主体、筹资途径和投入份额、使用过程等内容进行统一规范。建立适合我国国情的基本制度,同时也为地方政府制定符合地方特点的具体制度提供依据和标准。其次要明确农村基本公共服务范畴,明确我国农村基本基础设施和公共服务的具体范畴,对基层政府选择农村基本公共服务的项目、决定财力投入方向和比重等方面也有明确的指导作用。再次要合理划分中央省、市、县、乡各级政府公共服务的职责,确定各级财政对农村基本公共服务的投入比例或增长率,将财力支出向公共服务倾斜,向基层倾斜。① 最后要否定违反法律程序的相关结果。对于违反相关法律和政策,干扰农村基本公共服务供给的选择与决策,特别是对于违反法定程序或者滥用权力的行为,应当依法否定违反法律程序的选择结果。

三、主体构建:促进社会法律关系的实现

市场经济体制下,市场是资源配置的最佳手段。农村基础设施、公共服务等公共品供给,需要构建多元化的公共品供给主体体系,以政府为主导,引入民间资本,动员社会各方力量,形成以公共财政为主体、新农村社区、涉农企业、经济组织和社会组织、农户家庭等多方参与的供给体制和机制,形成责权明晰、配置合理、功能互补、协调可持续发展的公共服务体系。具体来说:(1)政府为主导。政府在农村公共产品尤其是基本公共产品供给中具有不可替代和不可推卸的法定责任。新农村社区基本设施、基本公共服务、教育医疗卫生事业、金融体系、最低生活保障、新型合作医疗、农村养老保险等社会保障制度的给付由中央和地方财政提供。(2)新农村社区为主体。发挥新农村社区居民委员会的自治作用,向区内公民提供治安、卫生、防洪灌溉排水等公共设施

---

① 孙浩、刘晓坷:《法律视域下农村基本公共服务有效供给探究》,《行政与法》2010 年第2 期。

建设、农业机械化设备、文娱活动、村规民约、纠纷仲裁、家政服务等他们共同需要的而其他供给主体难以提供的公共产品。发挥共青团、妇联等群团组织的带动作用,充分发挥区域互助机制、志愿机制、市场机制的作用。加快构建社区公共服务体系,真正使居民群众困有所助、难有所帮、需有所应。(3)社会组织为支撑。转型期农村基本公共需求和差异化公共需求均呈快速增长态势,社会组织的产生恰恰弥补了市场和政府在提供公共产品上的缺陷,利于形成多渠道、竞争性供给格局。(4)家庭保障为补充。我国是一个发展中国家,政府财政本不充裕,更应该挖掘传统的家庭保障潜力。维护和巩固传统的家庭价值观念和伦理观念,使家庭发挥更大的凝聚和支持作用。家庭保障有着深厚的经济、社会、文化、心理基础,这对于家庭的稳定性以及发挥家庭保障功能方面的作用是巨大的,可以作为新农村社区社会保障体系的有力补充。

四、城乡公共服务均等化:推动社会法律关系的实现

要实现新农村社区发展社会法律关系,必须要把社会事业建设作为当前工作的重中之重,加强对新农村社区基本设施供给、基本公共服务供给、教育医疗卫生事业、最低生活保障、新型合作医疗、农村养老保险等社会保障制度供给,这是新农村社区经济社会发展和农民生产生活改善的重要基础。具体来说:(1)政府应该站在坚持和落实习近平新时代中国特色社会主义思想的高度上,加强理论研究和实地考察力度,完善基本发展政策和配套政策,健全和规范基本运营制度;(2)财政性建设资金的存量部分要向新农村社区适度调整,尽快形成有利于推进新农村社区基础设施建设的工作格局;(3)提高农业机械化与现代化水平,加快农业标准,健全农业技术推广,农产品市场,农产品质量安全监控和动植物病虫害防控体系。积极推行节水灌溉,科学使用肥料,农药,促进农业可持续发展;(4)加强新农村社区义务教育、职业教育、公共卫生、基本医疗服务体系建设,基本建立新型农村合作医疗制度,加强人畜共患疾病的防治。实施农村计划生育家庭奖励扶助制度和"少生快富"扶贫工程。发展远程教育和广播电视"村村通"。总之,逐渐统筹新农村社区教育、卫生、文化、社会保障等公共资源在城乡之间的均衡配置,有限保障农民最

中国新农村社区发展的法理与实践

急需、受益面广、公共性强的农村公共品和服务,加快城乡制度接轨步伐,逐步实现城乡基本公共服务均等化。

五、加强农村社会管理:落实社会法律关系的实现

正如十七届五中全会提出,在社会管理中我们要建立健全基本公共服务体系,加强社会管理能力,创新新农村社区社会管理机制。为实现这一目标,我们可以从以下几个方面着手:一是推进现代化农业。加快农业科技进步,调整农业生产结构,加强农业设施建设,提高农业综合生产能力;二是深化以新农村社区税费改革为重点的综合改革。包括在义务教育、公共卫生、公共文化、公共安全、金融体系和社会保障等多方面的改革;三是促进农民就业与增收。实施积极的就业政策,加强职业教育培训和择业观念教育,建立统一的人力资源市场,多渠道开发就业岗位,广泛开辟农民增收渠道;四是维护新农村社区社会稳定。健全党和政府主导的维护群众权益机制,畅通和规范群众诉求表达、利益协调、权益保障渠道,建立调处化解矛盾纠纷综合平台,完善新农村社区治安防控体系。

第九章 农民权益保护与新农村社区
发展的生态法律关系

可持续发展(Sustainable Development)自 1987 年联合国环境与发展委员会于《我们共同的未来》中明确提出后,在控制人口、削减污染、保护土地、能源供应协调、遏制沙漠化及水土流失、保护生物多样性等方面发挥了重要作用。可持续发展也一直是我国社会主义现代化建设中遵循的基本思路,"以人为本、全面协调可持续"的科学发展观思想,要求我们处理好发展过程中的经济、社会及人的相互关系,党中央文件也多次强调了应当实现经济、政治、社会、文化以及生态的全面与协调发展。可持续发展是经济发展的客观要求,也是农村社区经济持续增长的必然选择。生态环境在未来的发展期间内,将会成为关系人们生活的重要资源和财富,因而国际上已经高度重视生态环境的重要性,并由各国国内立法予以体现。农民作为农村社会范围内的核心主体,有权利享有农村生态资源带来的利益,同时也应当成为农村社区发展中生态法律关系的当然主体。农村生态环境保护的基本思路,是实现可持续,即保证现代人生态资源使用的同时,不损害后代人的利益。这就要求在发展社会生产力的过程中,不仅要高质高量,也要考虑其对生态环境的影响。对于经济社会发展尚不成熟的农村地区而言,生态环境保护方面的知识相对匮乏,而缺乏保护的农村生态也较为脆弱,因而要实现农村经济、政治、社会、文化的全面腾飞,生态建设与保护不可或缺。

第一节　农民权益保护与新农村社区
发展的生态法律关系概述

法律关系在生态领域的体现,是以农民生态权利为核心,涉及与农民密切关联的主体与载体并表现为具体权利义务内容的复合体。新农村社区发展生态法律关系的研究,在于保护和发展两个方面,一方面对现有生态法律关系的主体、客体以及内容进行分析,能为进一步明确不同主体在维护农村生态环境中的职能分工,并发现职能衔接中的漏洞,为形成系统化的农村生态环境保护网提供依据;另一方面针对农村地区发展起来的生态旅游、农家乐等生态环境开发项目,分析应当提供的客体及需要完善的主体思路,并就法律关系的实然与应然状态对比,为农村生态资源的保护、开发、利用及农村经济的发展提供参照。

一、农民权益保护与新农村社区发展的生态法律关系概念

生态法律关系是以生态环境保护与发展的相关法律法规为基础和依据,以法律规定的权利义务为内容,以行政机关代表政府保证实施的社会关系。农村生态法律关系是以农民的生态权益为核心的,包括农村享有良好生态环境的权利、合理利用生态资源的权利以及生态权益受损获得赔偿的权利等。

随着农村经济发展形式的不断丰富,各类乡镇企业蓬勃发展,在解决农村剩余劳动力就业以及带动农村经济发展等方面发挥了重要作用,然而基于审核、执行以及决策方面的诸多因素,存在着不符合生态环境标准的企业进驻农村,同时也存在一些行政执法部门对生态环境标准的漠视。农村生态环境本身较为脆弱,人为保护措施较少,再加上农村地区较为偏远,基层生态环境执法人力资源难以兼顾,造成了农村生态破坏或损害的情形在短期内不能够得到控制,致使一些乡镇企业持续污染得不到控制,损害了农民的生态权益。环境公益诉讼之所以得到确认,农民可以通过诉讼途径维护自身生态权益,致使

污染破坏行为得到及时治理。新农村社区发展生态法律关系以农民为核心主体,包括政府、市县级政府、行政主管机关等策略主体以及村民委员会、社区组织、乡镇企业、合作经济组织等各类基层实施主体,针对新农村社区生态法律关系的生态补偿金、行政给付行为、污染预防控制行为、污染治理行为以及生态破坏责任追究行为等客体,并体现在以农民、政府、社区组织等为代表性的主体之间的权利义务内容上。

二、农民权益保护与新农村社区发展的生态法律关系特征

新农村社区发展中的生态法律关系具有其不同于城市生态法律关系以及传统农村生态法律关系的新特征。这种新型特征是基于农村地理环境的特殊性、新农村社区带来的新主体、新农村社区发展的新思路而产生的。

(一)新农村社区发展中的生态法律关系具有可持续发展的特色

生态环境保护是可持续发展的必然要求,因保护需求而产生的生态法律关系突出特征即可持续发展的特色,即生态法律关系的主体是为实现可持续发展目标而设立的,法律关系内容也与可持续发展密切相关。新农村社区生态建设即统筹兼顾工作方式的具体要求,是统筹城乡发展的必然路径。保护农村生态环境,不仅关系到农民的生产条件和生活质量,还关系到全国人民甚至世界人民的身体健康问题。长期以来,城市地区在工业化发展过程中体验到了生态环境破坏的严重后果,因而近年来进行了一系列"卫生城市"建设和"绿色城市"建设,政府投入大量人力物力用于城市环境保护与生态环境维护。相对于城市地区,农村生态环境资源更为丰富,而受到的根本性破坏相对较少,若能及时加大用于农村生态环境保护的投入,将能在未来不久的期间内得到较大的回馈。生态资源是农民最宝贵的财富,生态资源为农民的农业生产提供了天然条件,并为畜牧业、林业、渔业等广义农业的发展提供了优质场所。若不遵循城乡统筹兼顾的可持续发展思想,将重心过于放在城市地区,则容易使农村地区走城市发展的老路子,并且造成难以弥补的生态破坏。因而,新农村社区发展中的生态法律关系,应当充分调动社区组织、集体组织、乡镇政府、村民委员会以及 NGO 组织的力量,通过多元主体共同作用的方式强化

农村地区生态保护主体力量,并通过政府政策对农村环保产业的鼓励和支持,推动环保事业向农村地区转移,综合运用行政力量与市场力量促进农村生态问题的协调解决。

(二)新农村社区发展中的生态法律关系兼具现实性与预见性

生态法律关系的现实性与预见性是基于农村经济的发展态势而产生的,并随着新农村社区建设的发展而逐步发展演变。新农村社区发展中的生态法律关系的现实性,是指其现存主体的现实性,已有客体的现实性以及权利义务内容的现实性。其中现存主体的现实性是指新农村社区发展生态法律关系中,已经存在着应对生态环境问题的专职机关,例如环保局。同时也有县、乡各级政府机关的重视与配合。此外,已经有非营利组织关注农村生态环境问题,并与当地农民采取了一定措施维护新农村社区的生态环境。并且,新农村社区发展中的生态法律关系的现实性应当针对传统农业生产中的生态问题,即保证农业增产、增收所需要的良好农业生态条件,在关系国计民生的粮食问题上,生态法律关系也体现了一定的紧迫现实性。

新农村社区发展中的生态法律关系的预见性,是针对经济、政治、社会、文化等发展较为成熟的法律关系而言,即充分体现了发展的潜力,同时也暴露了农村生态建设的诸多空白。针对农村地区乡镇企业的发展和引入,应当对其可能产生的生态问题进行科学预见,并采取相应措施以维护新农村社区发展的持续动力。同时,农村地区要引进人才、留住人才,也需要建设良好的生态环境。农村地区的发展需要大量资金的同时,还需要人才的支持,城市引力将农村走出的知识分子和高级人才吸纳到城市地区,而使较多农村地区留下的是老年人、儿童等,即便是有政府政策的鼓励支持以及资金扶持,趋向城市的人才仍占大多数。要缓解这一趋势,还应当从农村基本生活条件提升方面努力,其中生态环境建设是提高农村吸引力的重要手段。因而,新农村社区发展生态法律关系,还应当在乡镇企业发展、工商资本下乡等近期可预见方面予以重视,还应当在有利于人才引进的生态环境建设方面体现其预见性特征。

（三）新农村社区发展中的生态法律关系具有调整对象的脆弱性

新农村社区发展中的生态法律关系的调整对象是农村生态资源,与开发较为全面的城市地区相比,农村生态资源具有原始性、充足性以及脆弱性的基本特性。农村生态环境的目标在于实现可持续发展,而可持续发展主要在于规范两类关系,一类是"人与自然"的关系,一类是"人与人"的关系,并在此基础上实现人类的持续发展。人与自然的协调发展是可持续经济目标得以实现的保证,在农村地区突显得尤为重要。农村地区随着工业化的趋势已经在劳动力和经济机会方面落后于城市,因此城市经济的发展可提供经验供农村借鉴,尤其是在经济与环境的关系方面。农村地区不能走城市地区"先污染后治理"或者以环境损害换取经济发展的老路,而应以可持续发展原则为指导思想,避免对农村脆弱的生态环境造成难以恢复的损害。农村生态资源主要是山林、滩涂、溪流以及动植物资源,一旦进行不合理开发则难以进行恢复,且由于周围基础设施的缺乏,在排水排污、废弃物处理等方面的配套措施难以达到要求,因而产生的大量污染得不到适当处理,容易产生污染物的累积,影响新农村社区发展的可持续性,也影响农村地区的周边生态环境。

（四）新农村社区发展中的生态法律关系面临人力物力资源的匮乏

新农村社区发展中的生态法律关系面临人力以及物力资源的匮乏,是基于农村地区特殊地理环境以及我国目前生态执法监测人员不足的实现状况而产生的。基层执法力量的不足不仅体现在生态领域,在文化以及社会领域均存在城市与农村资源分配不均衡的问题,然而,在生态方面体现得尤为显著。我国的生态环境问题解决缺乏有效法律救济措施。首先,在立法救济方面,新农村建设与全面实施乡村振兴的法治建设要求建设事业必须有法可依,而我国的环境保护相关法律对农村环境并未做出特殊规定,也没有针对农村经济发展中的环境问题制定农村环境保护一般法或其他单行法规。虽然我国颁布的《固体废物污染环境防治法》中提到了农村环境问题,但关于农村环境及生态保护的其他方面,目前均没有相应的法律规定。这就使环境保护的解决方面缺乏法律依据和具体的执行标准,生态环境问题解决的环境要求存在于法律的空白地带中。其次,在司法救济方面,我国宪法和民法中规定了环境保护的政府责任和环境侵权人的民事责任,环境保护法律法规中也规定了相关主体的环保义务和控告检举权利。尽管没有赋予政府和公民对违反环境义务的行为可以进行环境诉讼的主体地位,但确定了国家检察机关和符合条件和社会组织,可以以原告的身份提起环境公益诉讼。从制度上弥补了过去司法救助的不足。

三、农民权益保护与新农村社区发展中的生态法律关系历史发展趋势

农民权益保护与新农村社区发展中的生态法律关系发展相对于农村经济、社会等法律关系而言较为缓慢,且呈现出阶段性发展趋势,总体表现为前期发展较慢,进入 21 世纪以来逐步加快的局面。通过对新中国成立以来重大事件的研究发现,新中国成立初期的重点在于政治和经济发展,在生态领域主要是水利设施建设。1973 年 8 月 5 日到 8 月 20 日期间,我国首次召开环境保护会议,制定了我国第一部环境保护综合法规《关于保护和改善环境的若干规定(试行草案)》;1984 年 5 月 1 日,政府再次将生态环境保护提上日程,国务院在《关于环境保护工作的决定》中指出保护和改善生态环境,防治污染和生态环境破坏应当作为我国社会主义现代化建设的基本国策;1989 年 12 月 26 日,七届全国人大常委会第十一次会议通过了我国首部《环境保护法》;2002 年 4 月 11 日,国务院发出了《关于进一步完善退耕还林政策措施的若干意见》。2003 年起,政府对农村生态环境工作的重视提升到了新的高度,2003 年 1 月 7 日到 1 月 8 日的中央农村工作会议中,提出了坚持"多予、少取、放活"的农村工作方针,在 3 月 9 日中央人口资源环境会议指出将循环经济贯穿到城乡建设之中;2007 年 6 月 3 日,国务院印发了《中国应对气候变化政府方案》,之后连续通过中央一号文件强调农村工作的重要性,并对农村生态环境问题进行了部署。下图是我国农村地区传统农业发展模式造成污染的模式图。

通过对新中国成立以来政府农村生态法律制度的发展状况看,农村生态法律关系总体呈现一种从无到有、从模糊到逐步清晰的发展趋势。随着《环境保护法》的颁布,农村生态法律关系有了存在的权威依据,各项农村发展与

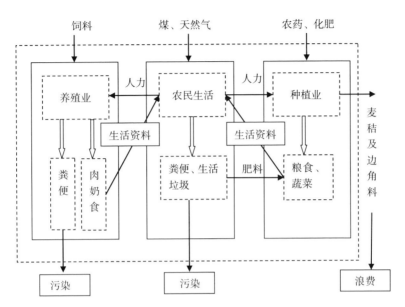

农村地区传统发展模式造成污染示意图①

改革政策法案也为农村生态法律关系提供了参照。然而,对比当前农村生态环境保护的实际需要以及资源开发利用需求来看,现有法律制度仍然存在着不足,尤其是对农村生态法律关系的专项规定仍存在缺失,随着政府对农村经济、社会、文化领域的重视,农村生态立法也将被逐步提上议事日程,而农村生态法律关系也将更具针对性、特色化并得到进一步完善。

第二节　农民权益保护与新农村社区
发展的生态法律关系主体

　　新农村社区发展中的生态法律关系主体应当根据现存主体的功能、作用、地位等具体分类,结合现行法律法规予以分类,并在分类基础之上对其概念、

---

　　①　王奇、李鹏:《基于"三位一体"的我国农村经济生态发展模式》,《生态经济》2008年第7期。

特征等实质内容展开分析,以探讨其在新农村社区载体之上推进生态环境建设的特殊性,为生态环境保护工作的展开做好准备、打好基础。中国农村人口占据了全体人口的近百分之四十,农村居民的生活水平影响着我国社会主义现代化建设的最终成果,因而维护农村居民生态环境资源是我国区域统筹、城乡统筹的和谐社会建设的必然要求。生态资源最为集中的区域在农村,而农村却是生态保护力量最为薄弱的地区。因而,应当将经济与生态协调发展的方式,推广到农村地区,引导农村地区建立新型的生态文明观念,走出符合我国新农村社区发展、新农村建设与全面实施乡村振兴实际的可持续发展道路,进而在保护生态资源基础上推动对农村环境的合理开发和利用,形成政府引导下的,新农村社区具体推动的农村生态保护与发展模式。应当全面实施生态环境保护的《循环经济促进法》《城乡规划法》《水污染防治法》《环境影响评价法》《水土保持法》以及《野生动物保护法》等针对生态环境保护的专项法律,以及《农业法》《土地管理法》《矿产资源法》及《刑法》中对违反生态管理法律制度行为的相关规定,为农村生态法律关系的明确与完善提供法律依据。

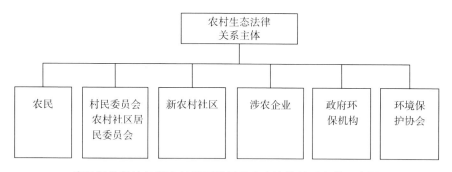

农民权益保护与新农村社区发展的生态法律关系主体示意图

一、农民

我国在农村生态环境保护方面长期以来重视的是政府力量,进而忽视了农民作为农村生态环境实际利益主体的重要作用。要实现农村生态环境保护的高效性和及时性,必须将农民纳入到生态法律关系的主体范围内,并确定其作为参与主体类型中的核心地位。农民是最为了解农村生态环境变化情况的主体,具有信息方面无可比拟的优势,而农村生态环境的变化最直接影响的就是农民利益,因而规定农民在与其息息相关的生态问题上的权利符合当前农村生态建设工作的实际需要。然而,当前的生态环境保护法律法规多强调政府在保护农村生态文明方面的权利,农民多是承担相应的义务,缺乏针对农民的相应授权性规定。

虽然随着生态环境建设的发展,已经有法律法规注意到了公民参与环境保护的权利,例如《环境影响评价法》中规定了任何单位和个人都有针对污染和损害环境的行为予以监督检举,但其具体实现仍然存在困难。对于行政、司法资源相对不足的农村地区而言,农民据此参与生态环境保护的权利更加难以实现。因而,为更加切实的保护农民权益,维护农民良好的生态环境与生活条件,应当通过立法明确赋予农民生态环境权,并通过具体的程序制度畅通农民行使此项权利的渠道,调动农民参与生态环境保护的积极性。

二、村民(农村社区居民)委员会

村民或农村社区居民的自治组织在配合各级环保机关开展农村生态环境保护工作中有其突出地位和作用,是直接推动农村生态环境保护的重要主体之一,是农村生态环境保护法律法规得以实施的保障主体。基层自治组织最为了解当地生态环境实际情况,更容易有效整合当地资源用于维护生态环境,同时也能最大限度发挥农民的主观能动性。我国《村民委员会组织法》中规定了村委会有教育农民保护环境的义务,为村委会发挥其在推动农民维护自身生活所在区域的生态环境保护提供了较为充分的法律依据。

伴随新农村社区的发展出现了村民委员会向社区居民委员会的转变,而新形成的社区居民委员会不仅要承担城市建设、社区维护等一般性的责任,更需要对农业补贴、农村土地流转等原有农村自治管理事务以及部分行政事务予以处理或提供协助。相应的,农村生态环境保护中,社区组织也承担着以参与为主的组织、协调和沟通职能,成为基层政府、村民委员会以及环境保护机关之外的重要新型主体。

三、新农村社区

社区是农村生态法律关系的不可或缺的主体,新农村社区是根据农村经济社会发展需求而形成的具有时代特色的主体。我国国土面积广大,仅有行政力量对农村生态环境进行管理,难以实现常规化和高效化的要求,而社区的中间层地位恰好能填补行政主体功能的不足,契合农村生态保护功能多样性特征。首先,新农村社区的空间环境与农村生态基层性质相一致。农村生态法律关系具有区域性、基层性特征,生态资源分布也通常与社区居民生活有一定关联,因而新农村社区能够为保护农民生态利益提供合理的空间。其次,新农村社区功能的多样性有利于满足农村生态管理的多样性需求。农村生态利益可能涉及个人、集体或政府等不同主体,同时也会产生不同的管理方式,而新农村社区能较好的综合各种管理方式,采取兼容并蓄的原则使不同的管理措施存在于同一社区内,提高农村生态法律关系的灵活度。再次,新农村社区作为农村生态法律关系主体有利于农村生态文明的培育和推广。新农村社区可以利用其自身的管理机构,促进生态技术的推广应用,为农村生态环境建设提供信息、知识和技能服务。此外,新农村社区作为农村生态法律关系主体体现了其宗族性与社会性的特点。新农村社区居民因宗族、风俗习惯、地域等原因聚合在一起,具有显著的社会性,农村社区作为农村生态法律关系主体也同样具有社会性,体现在其组织、管理、成员、活动方式上具有社会性,并且能够利用这种聚合力量对自然资源进行合理开发、集中力量对生态环境予以合理保护。

四、涉农企业

新农村社区涉农企业在发展自身经济,缓解农村就业压力的同时也应当承担企业的社会责任,其中重要内容即维护所在农村社区的生态安全。合作经济组织作为传统和典型的农村经济实体,在推动以人为本的新农村建设与全面实施乡村振兴发展方面始终都发挥着其独特的作用。因而,要实现社会主义市场经济发展的平衡,就要维护农村经济发展与生态环境保护、维护农民增产增收与享受环境利益之间的均衡。

当前大多数涉农企业生产基地在农村地区,其生产、包装、运输等过程中均不可避免的对农村生态环境产生一定影响,同时农村生态资源也是其重要的生产资料,因而涉农企业与农村生态环境息息相关,是农村生态法律关系中最具活力的主体之一。涉农企业是独立的市场主体,政府不能对其生产活动进行直接干预,对农村生态环境的自觉保护与合理开发很大程度上仍要求涉农企业予以相应重视,要求其认识到自身在生态法律关系中的主体地位,并根据相关法律确定其在法律关系中的具体权利、义务,进而对其违法行为予以及时追究,对其造成的损失予以及时弥补。农村环境的污染与生态的破坏,很大一部分是来自规模化的企业生产,污水排放、垃圾处置的不合理规划均会对农村生态环境造成一定影响,而相应的农村生态环境的改善与农业自然资源的丰富化也能够为涉农企业发展提供不竭动力。涉农企业是新农村社区建设的重要内涵,也是提升农民自主"造血"能力的有效方式,因而对涉农企业在农村生态法律关系中的定位,不能仅仅局限于对其规制、控制与限制,还应当以发展的视角来强调涉农企业的主体地位,要求其在配合政府监管、社区管理的同时,主动地参与到农村生态保护之中。

五、政府环保行政管理部门

政府环保机关是我国农村生态法律关系的重要主体,包括国家环境保护部门、基层环保机关以及各环保部门等,分别在不同层级形成生态法律关系。首先,生态环境保护部是在政策及法律制度框架下,通过部门规章和决策实现生态环境保护与发展的专项机关。政府各项政策法规在统筹层面需要具体制度、规章等上层建筑予以配合,形成相应的制度体系,才能够由执行机关贯彻落实,也才能够为地方立法决策提供可行性参照。在我国,生态环境保护部负责环境保护政策、标准及规划的拟定和实施,并在编制环境功能区划的基础上管理和监督环境污染防治问题,同时协调解决环境保护方面的重大问题。即在总体上承担环境政策制定、落实、监督、执行、协调等宏观统筹任务。根据2008 年国务院机构改革方案和《国务院关于机构设置的通知》,国家环境保护部门具体包括组织评估生态环境质量、拟定生态保护规划、监督对自然资源的利用与开发活动,并展开对重要生态区域的环境恢复工作。生态环境保护部的统筹作用体现在对风景名胜区、森林公园、自然保护区的协调、指导与监督作用,尤其是对湿地、野生动植物的保护等。生态环境保护部在统筹农村生态工作中,主要是协调和指导农村生态环境保护,并监督生物技术环境安全,保护整体的生物多样性。为实现这一系列目标,生态环境保护部先后发布了多项部门规章与规范性文件,其中对农村生态环境的关注体现在《地方环境质量标准和污染物排放标准备案管理办法》,与国家农业农村部在内共 7 个部委发布的《中国清洁发展机制基金管理办法》等,并以规范性文件《突发环境事件应急预案管理暂行办法》通知的方式,对生态环境突发事件进行制度与机制上的设计,并关注农村生态环境相关问题。

政府在农村生态法律关系中的主体地位,还体现在其对农业自然资源的科学管理、合理保护以及基于可持续发展的新方法和新思路的探索。政府部门是宏观管理与协调服务机构,可以通过适当的调节手段实现对农村生态资源保护开发的进行合理指导,探索生态补偿、生态评估、行政奖励等新型策略,并吸收借鉴国外经验形成适合于本辖区农村生态环境保护与发展的应用模式。政府作为农村生态法律关系主体不仅要对农民生态利益给予充分保护,同时更要促进对生态资源的合理利用,不断提高农民的知识技能、不断完善新农村社区设施功能,大力推动辖区内绿色农业的发展,着力解决农村"脏、乱、差"生活环境,对农村生态环境建设予以合理规划、科学指导。[①] 同时,政府农村生态法律关系主体地位决定其应当将地区经济发展、社会发展、与生态发展相协调,通过政策手段与行政措施实现经济与社会发展的"生态化",努力建设新农村社区的生态文明,全面实现乡村振兴。

六、环保协会

环境保护协会等服务型与自治型机构是新农村社区发展中生态法律关系

---

① 刘启营:《农村生态文明建设的困境与政府行为分析》,《农业科技管理》2009 年第 4 期。

的典型主体,环保协会在凝聚社会力量的前提下,综合运用多种方式与资源,举办不同种类的环境保护活动,并号召社会群体广泛参与环境保护工作,是不具有营利性的特殊组织体。环境保护协会主张凝聚社会团体及个人等多方力量,共同参与对生态环境的保护、维护,协助政府进行环境监督,促进环境保护事业的发展。环境保护协会作为一种公益性的社会团体,与政府等行政环保机关之间是相互促进与补充的关系,其中环保协会更注重从非强制性层面号召对环保活动的关注及参与。符合条件的环境保护协会还可以成为环境公益诉讼的原告,提起环境公益诉讼,更好地维护生态环境中的公共利益。

现在我国已成立"中国环境保护产业协会",就城乡环保产业发展以及与国际环保活动的结合展开工作。环境保护协会运用到农民权益保护与新农村社区发展中,可以更好的健全新农村社区组织,提升农民保护环境的意识,并不断整合农村社区居民的个体力量,形成推动农村生态环境保护的合力,培育农村生态环境合理利用的氛围。

第三节　农民权益保护与新农村社区发展的生态法律关系客体

新农村社区发展中的生态法律关系的客体是统筹、实施、参与三方面多元化主体在维护农村生态利益中所指向的对象,主要体现在政府、政府、村民委员会、环保机关及其他权力机关在履行生态保护职责时的行为。从维护新农村社区生态利益的时间节点上划分,主要可以从农村生态破坏防控行为、补偿治理行为以及责任追究行为三方面予以分析。

一、自然资源

自然资源归国家所有,是农村生态法律关系的首要客体。农村自然资源的涉及范围较广,主要包含气候资源、矿产资源、水资源、土地资源以及宏观意义上的生物资源。自然资源具有动态性、整体性、循环性和系统性的特点,是农业生产的物质基础,也是农民生产生活的必备要素。农业可持续发展是农村生态环境保护的现实目标,而自然资源正是生态保护与利用法律关系的重要客体,对耕地的合理利用、对水资源的保护与科学使用等均是自然资源作为农村生态法律关系客体的必然内涵。自然资源的保护与开发需要实现经济效益、生态效益以及社会效益的统一,实现与农民权益保护与新农村社区发展的互动。

自然资源是新农村社区发展的物质材料,也是农民利益可持续发展的依托。大多数自然资源具有难以再生的特性,一旦污染、破坏在短时期内难以恢复且会给农民身心健康造成巨大损失,因此农村生态法律关系必须重视自然资源的客体地位,重视自然资源对农民生产生活环境的影响以及对农民增量利益获取的推动作用,根据现有法律法规不断强化农村自然资源在生态法律关系中的客体作用。

二、农业遗传资源

农业遗传资源重要保护自然资源以外的,经人类长时期劳动而予以改造并呈现稳定遗传特性的农业资源。近年来国外对我国农业遗传资源的掠取,给我国农业生产造成了诸多不便与不必要的损失,农业遗传资源得到了国内重视并成为生态法律关系的重要客体之一。农业遗传资源是广义自然资源的组成部分,但对于农民权益保护与新农村社区发展有特殊而重要的意义,尤其体现在对其可持续发展上的意义,因而将农业遗传资源作为农民权益保护与新农村社区发展的生态法律关系客体单独予以讨论,意在提升现有研究对农业遗传资源生态与经济双重价值的重视。

根据《生物多样性公约》,农业遗传资源是指具有价值和能够遗传的来自动物、植物、微生物的材料,随着基因技术与生物工程的发展,农业遗传资源得到了逐步的开发和重视。虽然目前农业遗传资源的保护多强调在知识产权领域,但从生态法律关系领域予以研究,将其作为重要的农村生态资源而予以保护,能更好的强化对我国农业遗传资源的保护,损害我国经济利益。农业遗传资源能够产生巨大的经济利益,例如我国杂交水稻技术,通过对遗传资源的改良每年解决了 3000 多万人的粮食问题,为我国粮食战略安全提供了保证。

　　我国有大量的农业遗传资源,包括传统的粮食、野生水果、野菜品种等,在经济与技术发展水平有限的情况下尚未得到充分开发,然而这些农业遗传资源的潜在利益却是不容忽视的。因此,对农业遗传资源的保护不仅是农村生态环境保护的要求,也是未来经济利益的需要。农业遗传资源在尚未得到开发以前,仍然是农村生态环境的重要组成部分,影响着农民的生活质量与水平。将农业遗传资源作为新农村社区发展生态法律关系客体,出发点是对农民权益的保护,尤其是对农民发展权益的预先维护,避免潜藏巨大经济利益的农业遗传资源在未得到开发之前被破坏、流失,从而失去被开发的潜力。例如我国野生猕猴桃,在经过新西兰的改良培育后成为了我国目前市场上普遍流通的高质量人工培育产品,而我国原有的野生猕猴桃却因为不断开发、生态破坏和保护缺失而逐步减少,若长期得不到重视则其品种可能存在的其他价值将难以延续,损害农民的可持续发展利益。因而,农业遗传资源作为农村生态法律关系的客体,是基于生态保护与维护发展农民权益的双重需求。

三、农村生态破坏防控行为

　　新农村社区发展中的生态法律关系客体中的防控行为,指的是对生态破坏和环境污染的预防与控制措施。从预防层面看,政府、环保机构应当关注农民的生态权益,将预防生态破坏与环境污染纳入到日常工作范围。随着各种自然灾害和人为活动带来生态损害的不断加剧,突发环境事件的诱因更加复杂多变,突发环境事件不断增加①,在此过程中,环保机关履行职责的及时性和有效性就影响了农村生态环境的安全水平。因此,生态破坏的预防应当是政府与环保机关相互配合,结合村民委员会的作用,对农村社区内的乡镇企业、外企、合作经济组织等不同类型的组织体予以常规检查监督,重点预防其可能引发的突发环境事件。具体包括对农村社区经济实体定期生态环境监测

---

　　① 环境保护部环境保护与事故调查应急中心:《环境应急管理法律法规与文件资料汇编》,中国环境科学出版社 2010 年版,第 176 页。

行为、准入上的环境影响评价行为、常规检查与规律性抽查行为,同时还应当包括应急预案的制定与组织行为。从控制层面看,主要是环保机关结合各类行政力量、民间力量对农村生态环境进行具体控制的行为。包括对农村生态环境信息的掌握、生态破坏与环境污染事故的了解、生态破坏应急措施的实施等,目的均在于及时把握农村生态环境的变动状况,并采取相应措施及时防止损失的进一步扩大。

农村生态环境破坏与损害的预防和控制行为,是新农村社区生态法律关系中最为常见的客体类型。也是从根源上控制和预防生态环境破坏,尽量减少损失的重要途径,预防与控制行为的效果不仅影响着农民生活环境的总体水平,还会影响政府行政机关及执法人员在群众中的形象。高效率的预防控制行为,能够及时解决农民面临的生态环境损害问题,避免损失扩大化,反之,预防控制的不及时很容易造成较为严重损失并使农民对执法人员的信任度降低,进而影响农民参与生态环境保护的积极性。

四、农村生态保护治理行为

新农村社区发展中的生态法律关系客体中的保护与治理行为,包括具有政策倾向性的生态补偿行为,以及生态破坏的治理行为两个部分。从发达政府环境治理的经验看,要使已经恶化的生态环境状况得到控制,环保投入必须达到 GDP 的 1.5%,要使环境改善则须达到 GDP 的 2.5%。而我国环保投入长期以来都低于 GDP 的 1.5%[①]。从这一比例可以看出,我国生态资源得到的保护投入严重不足。而从当前城乡建设与发展水平来看,农村地区在生态基础设施建设和人员机构配备上与城市仍存在较大差距,因此及时增加对农村生态损害的补偿资金,并强化治理行为显得尤为迫切和重要。目前的生态补偿和治理多是以资金投入和项目支持的方式进行,但同时我们也可以看到以发展促进农村生态环境改善的双赢方式。例如,以生态旅游替代传统的工业生产和小作坊,形成有农村生态资源特色的经济增长方式。可以充分利用

---

① 唐萍萍等:《农村生态环境保护中的政府法律责任》,《安徽农业科学》2007 年第 24 期。

旅游业中经济实体的作用参与到农村生态环境保护与治理当中,转变视角进行理念上的创新,综合多方力量破解农村生态环境保护的难题。

农村生态补偿和治理行为是实现生态文明的必然要求,也充分体现了人类对自己行为负责的态度,是实现可持续发展维护生态环境现状的基础环节。因而提升环保投入、加强农村生态补偿,利用倾斜性政策确保农村生态保护的最后一环坚实、有效,是农村生态补偿治理行为当前需要时间的基本目标。

五、农村生态环境激励奖励行为

现阶段,我国农村生态环境的保护仅靠部分人的意识和自觉性是远远达不到需求的,因此,适当的生态环境保护激励与奖励行为十分必要。例如对植树造林、净化环境做出显著成绩的人授予荣誉称号,或进行表彰,也可以采取适当的小额物质奖励,提高农村社区居民参与生态环境建设与保护的积极性。

农村生态环境的激励以及奖励行为可以区分为精神上的奖励、物质奖励以及政策激励等,行为对象包括社区居民、企业等不同主体类型。就个人层面,主要对个人典型性、持续性的生态环境保护行为予以精神奖励,必要的时候给予物质帮助。而对于涉农企业等农村社区内的法人机构,则重点通过政策优惠引导、激励其发展循环经济。北京密云曾由政府将地方财政收入的10%用于农村环境建设,制定了创建生态文明村奖励扶持办法,用于激励农村生态环境建设及保护。政策扶持行为是保护农村生态环境客体的重要手段之一,也是新农村生态文明建设的应有之义。

六、农村生态损害责任追究行为

新农村社区发展中的生态损害责任追究行为的主体目前主要是环保机关。生态损害的责任追究主要是针对不同组织体及个人破坏农村生态环境的行为予以行政处罚的行为。在我国,农村生态损害的责任追究一般是通过行政途径,司法途径予以解决的仅是个案,因为环境公益诉讼尚未得到法律的明确认可,因而相应的诉讼主体地位、时效期间等均未得到明确规定,给诉讼方式追究生态损害责任造成了一定困难。因而,目前的农村生态损害责任追究,仍然是有行政执法权力的主体,例如环境保护机关根据生态环境领域的相关法律法规,对乡镇企业、集体经济组织、个体经营者对农村生态环境造成的损害予以行政处罚,通过罚金、责令整改等方式实现责任追究,并对农村生态环境损失予以弥补。此外,对于农村生态损害造成个人或组织体直接损害的情况,也可以由受损方通过民事诉讼方式寻求财产或人身上的损害赔偿。[①] 农村生态损害责任追究行为是保证农村生态法律关系客体完整性的最后一环,也是依靠强制力量推动农村生态环境保护实现的重要方式。

第四节 农民权益保护与新农村社区发展的生态法律关系内容

农民权益保护与新农村社区发展的生态法律关系内容,集中体现为农民、新农村社区、村民委员会、涉农企业、政府以及环境监管部门之间的具体权利、义务与责任。根据现有法律法规,农民权益保护与新农村社区发展在生态领域涉及的权利义务及责任种类繁多,为便于分析本部分主要就主要权利义务方面进行分析,突出不同主体生态法律关系内容上的特色与核心内容。

农民权益保护与新农村社区发展的生态法律关系在实体上的权利义务主要根据《环境保护法》《水污染防治法》《野生动物保护法》等直接法律规定及行政法规对部门职能的间接规定予以确定,从而明确不同主体享有的权利、应当履行的义务与需要承担的职责。

一、生态法律关系中农民的权利义务

农民是生态法律关系中较为活跃的主体,也是唯一以个体形式享有生态权利和履行生态义务的主体。生态法律关系中农民的权利义务主要体现在农民对其生活区域内自然资源的合理利用权利,对环境侵权造成其自身损害的

---

① 于华江、于志娜:《农村环境侵权行为问题研究》,《中国农业大学学报》2005 年第 4 期。

求偿权利以及对环境污染行为的监督举报权利。相应的,农民在享有生态环境权利的同时也应当遵守《环境保护法》及其他相关法律对个体义务的规定,通过自身行为履行义务承担法律责任。

（一）自然资源利用权

农民作为社会成员理所当然的享有自然资源的利用权利,包括对生活区域水能、森林、矿场资源、土地、动植物资源等有偿使用的权利。水源是属于政府所有,也即全体公民所共同享有,农民有权对其生活区域内的水源予以合理利用,包括灌溉和生活用水;对于森林、草原、滩涂等属于集体所有的自然资源,农民可以通过向集体承包的方式获得使用权,用于农业生产活动;土地是最为重要的自然资源之一,是农民安身立命之本,农民可以承包集体所有土地用于农业生产,并通过合理方式维持土地的可持续生产能力;农民也可以在法定范围内对动植物资源予以利用,进行采集、加工或销售等,实现自然资源的经济价值,但同时农民对自然资源的利用也应当遵循法律法规的要求,不得损害受保护的动物或植物,保证对自然资源的合理利用。

（二）环境侵权求偿权

环境侵权行为可能对农民身心健康造成一定损害,因此农民可以通过申诉或诉讼等方式,对自身受到的人身或经济损失要求侵权方给予损害赔偿。《环境保护法》规定被侵权方有权按照行政机关处理获取赔偿,对处置结果不服的可以提起诉讼。目前农民的环境侵权求偿权仍然只能对自己受到的直接损失要求赔偿,却不能针对间接受损情况予以求偿,农村生态环境损害多是通过行政途径求偿。通常情况下,农村环境污染或生态破坏的因果关系表现较为缓慢,环境侵权行为可能在较长时期后才能产生明显的损害后果,同时环境侵权直接损害的通常是公共环境利益,不具有所有权的农民难以取得环境侵权求偿的资格,这种法律规定上的欠缺也为严格限制和处置农村生态环境侵权行为留下了漏洞,不利于新农村社区发展中的生态文明建设。

（三）环境污染监督举报权

环境污染监督举报权是一项较为普遍的权利,《环境保护法》第六条规定,一切单位和个人均有权对污染和破坏环境的单位和个人进行检举和控告。

因此,本章法律关系主体部分所讨论的农民、村民委员会、新农村社区、涉农企业等各类主体均有环境污染的监督举报权,但鉴于环境污染对农民的损害和影响最为直接,而农民也是较为弱势的群体之一,因此将农民的环境污染监督举报权单独予以讨论,并就其可能存在的困境与特殊性展开分析。

(四)遵守环境保护法律法规的义务

农民负有遵守环境保护法律法规的义务,应当根据《环境保护法》及其他自然资源相关法律法规承担个体义务,不得任意损害生活区域范围内的生态环境利益。农民遵守环境保护法律法规的义务,具体包括对自然资源的保护义务、对污染环境行为的举报义务等。目前的法律法规尚未对农民生态法律关系中的义务做直接规定,因此农民仍然是根据一般性的公民生态环境义务,既不得违反法律法规故意破坏农村水源、矿产、土地、森林等自然资源,也不得对包括自身生活区域在内的农村环境任意污染。

二、生态法律关系中村民委员会(社区居委会)的权利义务

村民委员会与社区居委会是不同发展阶段或形式下农民或居民的自治管理主体,在联系农民和区域内涉农企业开展生态环境工作中有着重要作用,因而在生态法律关系中村民委员会或社区居委会也有着包含倡导、推动、引导等多项内涵的权利义务。

(一)维护农村生态安全的权利与义务

村民委员会或社区居委会维护农村生态安全的权利来源是行政机关的授权或委托,主要维护的是本辖区范围内的农村生态安全。维护农村生态安全既是村名委员会或社区居民委员会的权利,同样也是其应尽的义务。村委会或社区居委会维护农村生态安全的权利与义务,主要指其对辖区内的生态环境问题予以监管并及时上报、协助行政主管部门执行污染排放标准、协助农村地区环境监测、执行环保计划等。村委会或农村社区居委会在行使以上权力的同时,辖区范围内的农民、企业或其他主体应当予以配合,而村委会及社区居委会自身也应当严格遵循行政法律法规和行政主管机关授权范围,做到合理合法的维护农村生态安全,切实推进农民权益的保障与发展。

（二）倡导农村生态文化的义务

农村生态文明的建设需要适当的生态文化背景,而当前农民在经济发展水平尚不够高的情况下很容易忽视对生态环境的保护,甚至部分地方政府也存在着片面追求经济增长而放宽对农村企业的生态标准限制。村民委员会或社区居委会代表的是农民群体的利益,同时也具有相应的专业人才和信息,在进行新农村文化建设的同时有义务倡导农村生态文化的建设。

三、生态法律关系中新农村社区的权利义务

新农村社区是城镇化过程中尚处在成长过程的概念,当前生态环境保护法律法规尚未明确规定新农村社区在生态法律关系中的权利义务。然而新农村社区包含的范围及具备的功能又使其兼具了行政与中介双重性质,是农村生态法律关系中不可或缺的主体,根据生态环境保护法律的一般规定,新农村社区仍然具有一定的生态权利并应当履行相应义务。

（一）组织社区成员保护生态环境的权利

新农村社区是农民自治管理组织,同时也是社区服务机构。新农村社区可以利用其自治职能组织社区范围内的个体、企业或其他组织,共同参与到维护区域生态安全与防治环境污染的活动中。同时,新农村社区还可以利用其基层性质,推动和培育农村基层的环境保护 NGO,充分利用个体民间力量,弥补行政力量的不足,提升新农村社区环境保护与治理水平,为生态环境改善与自然资源合理利用提供条件。新农村社区以功能或产业为联接点的特色能够突破行政区划设置给生态环境保护带来的不便,更好的解决相邻行政区域生态环境问题,建立于更广泛利益基础之上的新农村社区更适合于组织辖区内成员对生态环境的保护和改善采取切实有效措施。

（二）保护和改善环境的义务

新农村社区是改善农民生活环境,完善农村社区功能的重要主体,不仅在促进农村经济、社会与文化发展上有其独特作用,在保护与改善农村生态环境上也应当承担与其功能相契合的义务。对本社区范围内自然资源的开发,应当组织社区成员采取相应措施防范对生态环境的损害与破坏,并且应当根据

新农村社区功能,综合可利用的物质、人力、财力等资源对社区环境进行合理整治,为农村居民生活环境改善不断调整策略,在实现新农村社区建设发展的同时,维护好与实现好农民与其他社区居民的利益。

四、生态法律关系中涉农企业的权利义务

涉农企业是生态法律关系中较为活跃的主体,也是当前农村生态环境污染的主要来源。涉农企业的规模化生产,以及部分地方政府为招商引资而放低标准引进企业造成了部分涉农企业排污标准达不到要求。当前环境保护法律法规已经就企业环境污染的治理、费用和处罚办法进行了相应规定,即表现成为生态法律关系中涉农企业具体的权利义务。

(一)生态资源有偿使用权

涉农企业与农民同样享有生态自然资源的使用权,并且遵循有偿使用的方式。涉农企业在生产经营过程中,有权通过租赁、购买等方式使用农村的土地、厂房以及部分设施,并可以在农村地区有偿使用能源和水源。涉农企业的此项权利是根据民事法律法规中关于物权的规定确立的,包括通过不同方式获取的生态资源使用权。涉农企业生态资源有偿使用权不得与法律的强制性义务相互冲突,例如涉农企业不得以享有生态资源有偿使用权作为不履行环保义务的理由,更不能以享有生态资源合法使用权为理由损害农民或其他主体的合法权益以及公共利益。

(二)生产废弃物合理处置义务

涉农企业在生产加工过程中产生的固体、液体废弃物及废气污染,应当得到合理处置以避免给农村生态环境造成难以恢复的损害。《环境保护法》规定了个人或单位有保护环境的义务,同时对于造成污染超标的企业,也有义务缴纳超标准排污费,并有义务对造成的污染在限期内处理。涉农企业生产、运输、储存以及销售有毒有害物品时,必须遵循政府有关规定避免造成环境污染。农村生态环境具有脆弱性特征,主要是由于农村环境污染处置的基础设施建设尚未完善,多数地区的排污、废弃物填埋设施场所尚未健全,涉农企业规模化生产带来的污染废弃物相对于农村基础设施的较低水平而言,容易造

成难以弥补的损失。因此,政府也制定了企业生产的环境标准,在准入阶段要求企业有较为完备的废弃物处理设施,或要求企业提供生态补偿资金交由相关环保机关对环境污染进行治理。

五、生态法律关系中政府环保机关的权利义务

政府环保机关是代表政府履行农村生态环境职责权限的直接主体,是利用行政权力对农村生态环境予以直接管理、监管、治理和处罚的机构,也是当前《环境保护法》权利义务规定比重最大也相对最为全面的主体,在农村生态法律关系中体现着权力与义务的一致性,即表现为具体的权力和职责。

(一)生态资源管理权责

政府环保机关有权对农村生态资源与环境保护予以管理,包括制定地方性政策、法规、规章,以及利用行政力量和审批方式对农村生态资源的有偿使用、生态补偿、科学规划利用等活动进行管理。政府环保机关作为农村生态法律关系统筹主体纵向体系的基层一环,担负了宏观层面把握经济增长与生态保护相互协调的任务,并需要根据当地实际情况,结合已有法律法规和规章制度,提出有利于地方生态保护和利用的经济政策。地方政府多是通过环境经济政策的方式对农村生态法律关系予以统筹安排,并在经济政策内部结合法律法规要求,对地方环境执法部门行为予以引导和规范。浙江、湖北、贵州、山西、河北、江苏、北京等地通过地方经济政策的方式,利用行政强制力量、金融信贷支持功能以及行政补偿措施对生态环境问题进行了专项处理,从整个区域的宏观角度,对生态问题解决运用统筹兼顾方式予以把握。例如《江苏省环境资源区域补偿办法(试行)》《北京完善绿色信贷政策体系》以及山西实施经济政策激励引导并结合法律强制手段,实现山西电力行业的全部脱硫。地方政府可有效利用行政手段,结合地方立法机关大力推动区域生态环境保护建设,尤其是本区域农村地区的生态建设。

(二)生态环境监管权责

地方各级环保机构是维护农村生态环境的主力军,也是激励和推动各类NGO、社区组织、农民和非农居民维护生态健康和安全的重要力量。各级环保

机构根据政府环保法律法规,并结合上级环保机构的要求展开各类生态环境专项行动,在权限范围内进行充分监管,督促企业、个人遵循生态环境保护法律制度规定。农村地区生态环境容易遭到中小企业及小作坊的破坏,因为这些类型的企业多是低成本,或者行政审批手续不全,环境标准可能达不到相关要求。当然,也存在地方政府为招商引资而简化了检查审批程序,造成片面追求经济增长引发的农村环境污染与生态破坏。针对这一现象,各级环保机构多是以专项行动予以解决,例如四川于 2010 年 4 月展开了环保专项行动,集中整治重金属污染行业,取缔关停政府明令淘汰的落后工艺设备,并禁止排放重金属超标的工业废水,同时对偷排投放或明知故犯的行为给予最高处罚。环保机构通过此专项行动,加强了当地对生态环境保护法律法规的认识及重视程度,推动了生态建设政策法律的落实。

（三）生态环境损害处罚权责

生态法律关系中政府环保机关的权力与职责不仅包括综合管理与重点监管,还包括与之密切相关的违法处罚。《环境保护法》中专章规定了违法环境法律义务应当承担的法律责任,其中即明确了政府环保机关对违法行为的处罚权力及职责,包括了警告、罚款的处罚方式、应予处罚的情形、处罚的标准,以及应在何种情形下给予行政处分。同时,政府环保机关还有权申请法院对不履行行政处罚决定的主体予以强制执行。政府环保行政机关的处罚权责应当与司法机关相互配合,从而保证行政机关处罚的权威性。

（四）生态环境污染治理义务

政府环保机构有对农村生态环境污染进行治理的义务。《环境保护法》规定各级政府应当对本辖区内的农业环境加强保护,防治农村生态环境问题中的贫瘠化、沼泽化、盐渍化、植被破坏、水源枯竭等生态失调现象,加强辖区绿化措施。同时,还应当对辖区内的自然保护区、水源涵养区、珍稀动植物生活区采取各种措施予以保护和治理,避免其遭到破坏的同时,利用各种技术手段治理以上特殊区域及其周边环境,为新农村社区建设和农民权益保护与实现提供后续动力。

第五节　农民权益保护与新农村社区发展的生态法律关系权利义务的实现

新农村社区发展生态法律关系的内容是以社区、社区组织、农民、政府等几类主体为基本主线,结合相关法律规定围绕其在农村生态领域应当享有的权益和相互承担的义务而展开的。从农民权益保护与新农村社区发展生态法律关系实现的法理层面看,本书主要遵循"3+1"模式,从法律意识、法律制度、参与主体以及外部环境四方面探讨农村生态法律关系实现所必须的条件,进而为农村生态法律制度的完善和权利义务的落实提供思路。

一、农村生态法律意识的形成与深化

要实现农村生态环境建设的良好发展,必须让农村社区居民认识到生态资源是农民最宝贵的财富,也是农村社区可持续发展的重要动力,因此,农村生态法律关系的实现必须依靠其生态法律意识的形成以及深化。农村生态法律关系的实现需要人们环境保护意识的增强,更需要生态法律意识的深化,尤其要注重农村社区管理者、服务者以及决策者生态法律意识的强化。要求在农村社区建设中,不能只顾眼前经济利益而牺牲环境,要自觉履行生态法律制度所规定的义务。

农村生态环境保护关系到新农村建设与全面实施乡村振兴的成败,生态环境在本质上看就是农民最宝贵的资源和财富。因此,包括农民、涉农企业、环保组织、自治机关在内的农村社区不同主体应当进一步提高对生态环境法律制度的重视,积极组织参与环境保护宣传教育活动,通过生态法律知识的宣传和普及活动提高农村社区遵循生态法律制度的整体自觉性。农村生态法律意识的形成和不断深化不仅需要主体的重视,还需要报纸、广播、电视等传播媒介的配合,通过优秀个人、典型事迹等向社会进行正面宣传并做出正确引导,同时,要对危害农村生态环境安全、阻碍生态法律关系实现的行为进行及时曝光,增强人们在农村生态环境保护中的责任感与主人翁意识。

二、农村生态法律制度的制定与完善

农村生态法律关系的实现不仅需要意识层面的形成与深化,也需要法律制度本身的完善。生态法律制度的完善应当着重在广度和深度上,配合农村生态环境可能涉及的不同层面予以逐步完善。例如,针对当前农村生态环境应当制定相应的生态建设规划制度、农村清洁生产实施制度、生态环境监管问责制度、农村生态环境评价与考核制度等,同时针对农村生态环境特点,对畜禽类养殖可能带来的影响农村生活环境质量的情形予以规范化管理。同时,还应当就环境监测、信息公开、生态补偿以及农村生态环境建设的财政转移支付制度、生态环境破坏事故的防范和预警制度、农村社区居民环境纠纷诉讼和法律援助制度等展开思考,尽力实现与现实农村生态环境建设需要的相互契合。

三、农村生态法律主体的配合与沟通

农村生态法律关系的实现需要不同主体的密切沟通与配合,其中,新农村社区、农民、社区、政府以及环保组织等相互之间关系的明确尤为重要。新农村社区与农民在生态资源上的出发点是一致的,因而新农村社区与农民之间存在着密切的生态法律关系。农村社区要促进社区内农民生态权利的实现。新农村社区发展必须通过从农民、政府与社区三个层面的协调发展完善,来进行基层行政权与农民权益的制度构建。应该发展"政府支持,社区管理、群众参与"三位一体的自然资源保护主体模式。同时应优化其内外部治理环境,促进主体之间的和谐互动。政府应该实行环境目标与社区生计目标相结合的发展模式。在补偿策略的设计和实施过程中,必须把环境目标与社区发展、社会公平的目标结合起来,以保证其运作过程能得到农民的支持。强有力的社区组织对于保证补偿机制的运作和环境服务的供给是非常重要的,否则,农民的参与、生态环境的保护和恢复将变得十分困难。在社区被赋予资源的使用和管理权的情况下,社区组织将成为决定性的因素。社区组织在制订协议,遵守规章制度,管理冲突,处理外界事务和争取外界支持等方面都起着至关重要的作用。农民要广泛参与社区资源保护,并规范农民参与自然资源保护过程。我们应该从组织、制度、机制、利益分配等方面考虑,构建既能调动社区群众参与自然资源保护的积极性,又能规范整体社区的参与模式,以推动自然资源的可持续利用。但因为目前新农村社区的发展尚未成熟,而农民对生态资源的重视也才初步显现,因此,这使得两者之间在生态法律关系方面的联系仍不够密切,农民利用新农村社区组织获取和维护生态利益的动机与实际行动尚不充分,因此需要在政策引导与制度规范双重作用下促进新农村社区与农民之间生态法律关系的健全与完善。

新农村社区与政府在生态保护与利用方面的法律关系契合点即农民权益保护。农村生态环境保护与利用需要各个层面的力量予以综合,其中政府与新农村社区起到的是最主要的引导与连接功能。分析新农村社区与政府之间的生态法律关系,能够更好的明确两主体在维护农民生态权益、保护农村生态环境上的具体作用,为明确政府与新农村社区组织职能分工提供基础依据。

政府是维护农村生态环境的重要主体,而随着新农村社区的发展,包括各类社区组织及其成员的农村社区也逐步在生态法律关系中占据了一定地位。新农村社区不仅是农村生态法律关系实现的载体,更是作为主体成为其中的新生力量。一方面,新农村社区有权代表农民要求政府处理业已存在的生态问题。新农村社区具有基层性特点,更能及时了解农村生态环境的变化及农民的具体需求。因此,新农村社区代表农民与政府进行沟通能够一定程度上避免生态损害影响的扩大,也能够减少农民在与政府进行沟通中的困难和个体沟通带来的管理资源浪费。另一方面,新农村社区应当承担配合政府进行农村生态管理的义务。新农村社区作为生态资源的承载主体,其内部的管理服务主体应当涵盖农村生态环境保护层面,而新农村社区内部的农民、乡镇企业合作组织等主体也与农村生态环境密切相关。因此,新农村社区不仅自身应当关注农村生态问题,更应该利用自身基层特点与政府行政力量相结合,共同发挥在保护农村生态环境、合理开发农业生态以及保护农民生态权益方面的作用。

新农村社区在农村生态环境保护中的作用在当前格局中仍然是配合,虽然促使新农村社区成为核心主体有利于农村民主环境建设,也有利于政府负担的减轻。然而,在当前形势下政府仍然是生态法律关系中最重要的主体。从政府在农村生态法律关系中的具体作用来看,其与新农村社区权利义务体现在两大方面。从政府对新农村社区的权利方面看,政府可以利用新农村社区的基层组织特色,扩大其维护农村生态环境的能力范围,降低维护生态环境成本。同时,政府也可以对新农村社区组织内部主体,尤其是合作组织、乡镇企业等经济实体的生态环境利用与保护情况进行监督与管理,同时也可以对新农村社区组织破坏生态环境的行为予以处理。从政府对新农村社区的义务来看,政府有为新农村社区生态环境安全提供保护的义务,同时也有及时处理新农村社区生态问题的义务。

通过新农村社区与政府的生态法律关系分析可以看出,农村生态环境需要不同主体作用与优势的结合,其中首先要强调的就是政府的主导作用,并需要逐步将政府的主导作用与新农村社区的联系与沟通作用相结合,以适应建设服务型政府的需要,并进一步发挥农民在保护自身生存环境方面的能动性。

生态法律关系中的社区组织,包含了社区居民委员会、乡镇企业、合作组织等多种以社区为载体,以实现、维护和发展农民利益为目的宗旨的组织体。农民与社区组织的权利义务根据组织体性质的不同而有所区分,本研究将对社区组织中的典型代表结合其与农民的权利义务展开分析探讨。

农村生态资源是我国农村的宝贵财富,也是农村社会可持续发展的重要动力,更是农民最宝贵的财富。因此,涉农企业与农民在生态资源上的出发点是一致的,因而乡镇企业与农民之间存在着密切的生态权利义务关系。涉农企业要促进社区内农民发展生态权利。相对分散的农民而言,涉农企业具有资金、技术和管理等方面的优势,应当承担适当开发农村生态资源的责任,应当积极配合“政府支持,社区管理、群众参与”三位一体的自然资源保护主体模式。同时应优化其内外部治理环境,促进与农民、政府等其他主体之间的和谐互动。涉农企业应当把适当开发农村生态资源保护农村生态资源相结合,既要保证合理利用生态资源,创造合理的经济价值,促进农村经济发展和提高农民生活水平,又要切实保护好农村生态资源,做到合理利用,遵循生态发展规律,不过度开发、盲目开发。基于生态资源本身的特殊性,一旦受到破坏,恢复起来将变得十分困难,因此,涉农企业在开发农村生态资源的过程中,要建立起必要的生态补偿长效机制,实现社会的公平正义。农民要广泛参与社区生态资源保护,自觉参与对生态资源开发的监督。由于我国农民自身的特殊性,面对开发企业的经济补偿时,容易导致短视,这就要求农民应当以"主人翁"的态度,参与到监督和保护农村生态资源开发过程中。因而,需要行政机关引导乡镇企业等社区组织,进一步规范农民参与生态资源保护,维护自身生态权益的过程。

目前,我国农村生态资源的开发尚处于萌芽状态,涉农企业对农村生态资源的开发大多停留在低级水平,属于粗放式开发,要真正做到可持续开发,还很难。农民对农村生态资源的主人翁意识才初步显现,而对农村生态资源的重要性认识显然不够,因此,这使得农民与乡镇企业之间在生态法律关系方面的联系仍不够密切,农民利用涉农企业获取和维护生态利益的动机与实际行动尚不充分,因此需要在政策引导与制度规范双重作用下促进乡镇企业与农民之间生态法律关系的健全与完善,使它们共同发挥在保护和适当开发农村生态资源方面的作用。

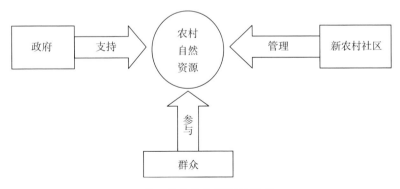

三位一体自然资源保护模式

合作形式是能最大限度凝聚我国小农经济生产力的重要方式,也是发展农村经济解决"三农"问题的关键。在农村生态问题上,合作组织同样发挥着并仍需进一步发挥其组织农民参与生态保护与建设上的作用。

农民对合作组织的权利义务建立在农民参与合作组织的基础之上,并体现为遵循合作规章制度规定的权利义务及根据生态环境法律规章所衍生出的具体权利义务关系。首先,农民享有要求合作组织遵循生态环境法律法规的权利。合作组织是建立在农民自愿合作的基础之上的,合作组织的决策应当由农民协商确定,因而农民可以根据合作组织的性质要求其在发展合作经济的过程中,遵循相关生态环境制度要求,发展有利于农村生态环境保护与合理开发的项目。例如,农民可以通过决策要求农村资金互助合作社开展有利于低碳经济发展的环境金融业务,也可以要求合作经济组织参与或投资生态旅游项目。其次,农民享有就合作组织损害其生态利益造成直接损失的求偿权利。虽然在我国,环境公益诉讼尚未得到法律确认,然而因损害生态环境造成的直接或间接利益损失、人身伤害等情形,是可以向有关责任主体求偿的。因此,在合作经济组织、互助合作社等合作性质主体经营过程中,若其行为损害农村社区生态环境平衡,造成了社区居民生产、生活等方面的直接经济损失,或引发了疾病、伤害等人身损害结果,则农民有权向合作组织要求赔偿。再次,农民有遵循合作组织规章中有关生态环境保护规定的义务。农民加入合作组织就应当遵循其规定并承担相应的责任,若合作组织规章中规定了农民应当遵循相应的生态保护要求,例如使用沼气、麦秆肥料等,则农民有遵循此生态环境相关合作组织规章的义务。此外,农民还有配合合作组织开展生态建设的义务。农民有义务配合生态环境保护与建设,不仅是基于其对合作组织应当承担的责任,同时也源于政府法律对农民维护生态环境的法律义务规定。因此,从生态法律关系上看,农民与合作组织的权利义务更倾向于对农民的权益保护,对义务方面的规定仍然较少。

合作组织对农民的权利义务关系建立在政府法律法规以及合作组织规章的双重效力之上。首先,社区合作组织应当享有要求入社农民遵循其规章制度有关生态环境要求的权利。社区合作组织的此项权利对应着农民应当遵循合作社规章制度的义务,着重强调赋予合作组织根据规章制度进行管理的权利。其次,合作组织应当承担维护农民生态利益的义务。合作组织作为新农村社区组织的重要组织形式,应当承担社区组织在维护和推动社区发展,实现农村社区居民生产发展、生活赋予和生态良好的目标。其中生态良好即要求其承担维护和发展合作组织经营区域范围内的生态安全,为农民保护好其最宝贵的财富资源。

四、农村生态法律环境的培育与健全

农村生态法律关系的实现不仅需要意识、制度以及主体的不断完善,同时也需要生态法律环境的健全,以减少法律制度运行中的阻力。新农村社区的发展是一个动态和连续的过程,并遵循着历史发展的客观规律不断向前推进,新农村社区发展中的法律关系也并非政治、经济、社会、文化以及生态五大方面能够涵盖的。同时,随着我国制度环境的变化,推动着环境法律制度的不断发展,社会经济生活也对环境保护法律政策提出了新的要求。[1] 要全面分析新农村社区发展中的法律关系,为法律制度的完善和落实提供参照和依据,必须将新农村社区发展与农民权益保护相结合,以发展的眼光看待法律关系所涉及的主体、客体以及内容,并以发散性的思维对同一主体面对的客体、内容,同一客体呼应的主体、内容,以及相同种类法律关系中主体客体相互交叉的情形。农村生态法律环境是指以农村社区为载体的,遵循生态法律制度的背景环境,包括法律关系得以实现的条件、方式、渠道、平台等。当有利于法律关系实现的资源与载体相互结合时,才能够更有高效的推动生态法律制度的实施,进而维护农村的生态环境安全。

实现城乡统筹是建设和谐社会的科学发展观具体要求,其标准是生产发展、生活富裕和生态良好,同时坚持改革开放和社会民主政治建设。政治民主建设需要明确现有村民委员会等自治制度,千方百计保障农民民主权利的实现,保障农民话语权的实现。农村经济发展需要理清现存的各项经济法律制度,并就不同层次主体所对应的客体和权利义务予以深入分析,为农村经济法

---

① 何卫东:《环境产业持续发展与中国环境法律政策创新》,上海科技教育出版社 2005 年版,第 19 页。

制的健全打好基础。农村社会保障、教育、医疗等重点领域建设同样需要在明确法律关系的基础之上,不断完善法律法规,为实现经济快速增长之下的社会公平创造条件。农村文化建设体现了物质文明建设与精神文明建设的统一,是党和政府基本建设方针的体现,农村文化法律关系的分析,能够更加明确行政机关、社区组织等主体在提升农民文化素养、丰富农民文娱生活上的地位和作用,并就法律规定的缺失和模糊之处提供思路和建议。建设农村生态文明,需要形成以资源节约型、环境友好型产业为主导,以循环经济和绿色经济为主要形式的农村经济发展模式,走工业文明向生态文明转变之路。因此,新农村社区发展中的法律关系还需要从生态文化建设、环境保护意识培育、产业结构转型、经济结构调整等诸多方面入手,拓展并完善现有法律关系。同时,正是法律关系的理论与实践结合的分析方法,能够就利用法律关系主体、客体、内容三元结构对当前新农村社区发展的法律关系予以分析,能够根据现有法律制度从应然状态对比现实状态,分析出法律制度颁布与落实之间的落差,并通过归纳分析寻找出存在落差的关键原因,为新农村社区发展法律制度建设及具体模式、措施的供给提供方向。

实证研究与比较分析编

第十章　农民权益保护与新农村社区
发展的背景及实证研究

第一节　农民权益保护与新农村
社区发展的背景分析

改革开放以来,我国社会结构已发生很大变化,农村人口在城乡之间、区域之间的流动性增强,越来越多的劳动力转移到了非农产业,农民就业方式、经营方式和思想观念、生活方式发生了深刻变化,我国提出"全面开展城市社区建设,积极推进农村社区建设,健全新型社区管理和服务体制,把社区建设成为管理有序、服务完善、文明祥和的社会生活共同体"的要求和任务。这同时也表明各级政府已经意识到农村社区建设对于加强社会管理、创新社会管理体制、构建和谐社会中的作用。在社会主义新农村建设与全面实施乡村振兴的当下,对新农村社区发展的背景进行系统分析,对新农村建设与全面实施乡村振兴工作的具体开展有重要指导意义。

一、农民权益保护与新农村社区发展的背景要求

新时期我国经济社会全面发展所面临的严峻挑战,不仅来自国际环境的变化,也来自国内发展的需求。了解新时代背景下国际、国内社会发展背景,有助于明确农民权益保护以及推进新农村社区工作的开展,关系到农村经济社会的健康稳定发展。

（一）国际背景：全球化发展的时代要求

其一，全球化发展体现为经济发展统一化。经济全球化是二战后世界经济的大趋势。在经济全球化的影响下，经济资源在全球范围内大规模地流动和配置，使世界各国经济在生产、交换和消费等环节的联系日益密切。全球化从本质上讲，是指人类不断跨越民族国家的地域界限，超越制度、文化的障碍，而使全球经济形成一个不可分割的有机整体的历史发展进程和趋势，是一场以发达国家为主导、以全球经济发展为主要动力的世界范围内的产业结构调整及国家、地区之间的经济互动。经济全球化表明世界经济不断融为一体，已经成为你中有我，我中有你的格局。经济全球化背景下的农业不再是自给自足的传统农业，在这一背景影响下，每个国家的农业经济都是全球农业经济的重要组成部分，都是世界农业的一部分，农业经济的发展与其他行业以及资源、环境、科技等紧密联系。随着人类对自身以及环境的认识不断深化，人类的农业发展观也在不断发展变化，不再追求传统农业经济增长、农业经济发展，而是注重农业可持续发展，这是经济全球化对农业发展内在要求的表现。在经济全球化的进程中，世界各国为了适应全球化的需要，从各自的客观情况出发，调整农业产业结构、提高农业科技含量、发展生态农业，世界生态农业快速发展，生态农业产品的生产和贸易相互促进，农业的生产方式及其对环境的影响日益受到重视。此外，世界各国特别是发达国家将更加重视科学技术在生态食品的发展中的应用和推广，各国对生态农业的资金投入会越来越大，有关生态农业和生态农业产品的法律、法规会更加完备。

自 2008 年全球金融危机以来，如何保证社会经济健康发展成为社会各界高度关注的焦点，我国作为农业大国，金融危机的冲击给农业生产和发展带来了巨大的不良影响。具体表现为农产品价格开始下滑，农业出口企业订单大幅度减少，农民工返乡回流逐渐增多，农民增收难度进一步加大等方面。面对新形势，如何将危机转"危"为"机"成为摆在我国新农村建设与全面实施乡村振兴过程中的一个难题和重点。面对百年一遇的全球性金融危机，政府应当积极应对，制定稳定地、促进农业经济发展的政策和措施，将农民放在主体地位上，促进农业增收，全方位的保护农民的经济、政治、文化等各方面的权益。

因此,以农村社区为载体,促进新农村社区建设,将成为我国积极应对全球金融危机的一个机遇和挑战。我国是最大的发展中国家,农业仍然属于相对弱势的产业,国际竞争力比较弱。在我国广大农村,传统生产方式仍然是农业主要生产形式,我国农民的生活水平相较于城市的生活水平,无法适应经济全球化的客观需求。

国外的农业发展水平并不是一开始就高于我国,曾在 1400 多年的时期里,我国农业发展水平遥遥领先世界,而现在的先进国家能从落后转为先进,和这些国家对农业、农民进行的政策保护是分不开的。首先,这些国家强调制定政策、法律法规保护农民权益。通过农业立法政策来扶植农业,在发达国家(尤以日本、德国、法国为代表)的农业经济起飞与农民问题基本解决的过程中起着举足轻重的作用。这些国家不遗余力地为本国农业发展提供法律层面的支持与保护。其次,注重农业发展过程中的财力物力的支持。日本、法国、德国均在农产品价格保护、农业财政补贴、农业信贷等具体领域给予充分的支持。再次,支持本国农民合作组织。国家在决策时充分考虑农民的利益,并给予农民组织一定的支持和法律上明确的权益保障。发达国家的农村建设经验显示,农民组织既是科学技术和工业进入农业和农村、先进农业知识进入农民头脑的有效载体,也是农民权益的维护者。这些保护政策使这些国家的农业发展水平不断提高,农民生活也更加富裕。促进农业发展、提高农民整体素质、增强农业竞争力是经济全球化对我国农业发展的客观要求。此外,农业始终同农民联系在一起,农业需要发展,农民的问题更需要解决,在我国,农业、农村和农民问题直接关系到国家稳定与社会的可持续发展,农民权益保护是解决"三农"问题的核心与关键,只有农民问题解决了,农民权益得到了保护,才能更好地促进农业的发展,才能更好地与世界接轨,适应经济全球化的客观要求。

目前我国正处于现代化进程中的高速发展时期,虽然经过 40 多年的改革开放,国民经济建设方面取得了可喜的成绩,但是总体而言,生产力发展水平、社会精神文化生活水平仍比较落后,种种因素客观上阻碍了我国公民有效地参与到集体公共事务的治理活动中去。特别是我国农村地区经济发展水平的不平衡,拉大了农村经济发展区域之间的差距,除去我国东部沿海部分较为发达地区的农村地区,大多数农村还处于小农经济向市场经济转变的过渡当中。而农村整体经济发展水平较低的现状也就从根本上制约了农民的民主意识提升,影响了农村村民自治化的进一步发展。我们要利用目前这个社会政治、经济、文化等多种元素转型的黄金时期,扩大基层民主,积极发展新农村社区建设,利用新农村社区职能的发挥,推进广大农村地区的生产力发展,不断地提高农民的物质生活水平和文化生活水平,最终为增强我国整体经济实力,应对全球化市场经济的挑战做出应有贡献。

其二,全球化发展体现为社会发展和谐化。自第二次世界大战结束后,世界范围内的绝大多数国家都把加快经济增长当作首要任务,这一期间人类创造了前所未有的经济增长奇迹。但由于片面地追求经济增长,忽视了环境保护、能源与资源的节约利用、社会发展和社会公平,导致世界各国在发展过程中普遍性的出现了社会发展滞后、两极分化严重、环境污染加剧、社会动荡频发、生态恶化进一步扩大等种种问题。由于这些不良因素的影响,许多国家为解决生态环境严重恶化、能源资源消耗过大以及失业人口增加等问题付出了惨重的发展代价。这些说明,人类要为靠牺牲自然的生态平衡和社会的公平正义带来的经济发展而付出高昂的代价。发展不仅要经济发展,同时也应重视社会发展。和谐凝聚力量,和谐成就伟业。党的十七大又进一步深刻而全面地阐述了科学发展观的科学内涵、精神实质和基本要求。以人为本、全面协调可持续发展的科学发展观,是中国特色社会主义理论体系的新发展,是我们党从新世纪新阶段党和国家事业发展全局出发提出的重大战略思想,是我们推动经济社会发展、加快推进社会主义现代化必须长期坚持的重要指导思想。坚持以人为本,就是要以实现人的全面发展为目标,从人民群众的根本利益出发谋发展、促发展,不断满足人民群众日益增长的物质文化需要,切实保障人民群众的经济、政治和文化权益,让发展的成果惠及全体人民。以人为本,就是以人民群众的根本利益为本,把人视为发展的价值主体,要把人民的利益作为一切工作的出发点和落脚点,不断满足人们的多方面需求和促进人的全面发展;全面,就是要在不断完善社会主义市场经济体制,保持经济持续快速协调健康发展的同时,加快政治文明、精神文明的建设,形成物质文明、政治文明、精神文明相互促进、共同发展的格局,在全面发展目标的价值指导下,不仅要正确处理好经济发展和社会发展之间的关系,还要处理好社会和人的关系,促进社会发展的同时促进人的全面发展;协调,是指社会系统内部的各个子系统之间以及社会系统与自然、人与其他系统之间在发展的顺序、速度、比例等各方面都有侧重点,同时又要兼顾到各方均衡的发展,具体而言就是要统筹城乡协调发展、区域协调发展、经济社会协调发展、环境资源与人口协调发展、国内发展和对外开放;可持续,就是要统筹人与自然和谐发展,使经济建设、人口增长与资源利用、生态环境保护相协调,推动整个社会走上生产发展、生活富裕、生态良好的文明发展道路,建设环境友好型、资源节约型社会,使人民群众在良好的生态环境中生产生活,同时实现经济社会又好又快发展。把实现高质量发展摆在突出位置,把党的政治优势和组织优势转化为推动经济社会又好又快发展的强大力量,为全面推进社会主义经济建设、政治建设、文化建设、社会建设以及生态文明建设,为全面推进党的建设新的伟大工程,为实现全面建设小康社会的宏伟目标,进一步奠定重要的思想基础、政治基础、组织基础。坚持以人为本、全面协调可持续发展的科学发展观,并把其贯穿于农民权益保护和农村社区发展的全过程,落实到农民权益保护和农村社区发展的各个环节。农业人口众多是我国当前的基本国情之一,国民经济的可持续增长依赖于农业的稳定和发展,只有农民的生活条件得到改善,收入得到提高,农村经济社会才能得到真正的发展,才能保证整个社会的可持续发展和国家的繁荣。因此,建设社会主义和谐新农村,促进农村和谐社区建设,这是和谐社会建设的目标需求。同时,构建和谐社会应处理好物质文明、精神文明、政治文明和生态文明之间的关系,构建和谐的农村社会还要与农村建设的实际相结合,把农村建设成为经济发展、生态良好、环境优美、文明进步的社会主义新农村。强调生态文明的建设,是贯彻落实高质量发展的新任务,是党的执政兴国理念的新发展,是社会主义新农村生态建设的新目标,同时,生态文明是高质量发展的充分体现。生态文明的提出充分体现了以人为本的核心理念,将生态保护提高到文明的高度,是科学发展观在这方面的升华,是科学发展观的重要文化内涵。

其三,全球化发展体现为社会发展的共同体化。全球化作为一个历史发展演进的过程,对全球政治、经济、社会文化等均产生巨大的影响、变革和发展。2013年3月,习近平主席在出访俄罗斯期间提出了构建人类命运共同体的理念,彰显了习近平主席在百年未有之大变局的当下高瞻远瞩,统筹中华民族伟大复兴战略全局和世界百年之未有之大变局的时代场景,创造性提出了构建人类命运共同体的发展理念与发展理论。在这样的理念和理论指导下农民权益保护与新农村社区发展全面乡村振兴实践中均需进行全方位、全方面、全过程的共同体意识的建构与社会实践。

(二)国内背景:新农村建设的发展要求

在《中国国民经济和社会发展第十一个五年规划纲要》中明确指出,新农村建设的目标为"生产发展、生活宽裕、乡风文明、村容整洁、管理民主"。具体而言,从如下方面展开:

一是和谐社会构建的要求。和谐是指对自然和人类社会变化、发展规律的认识,是人们所追求的美好事物和处世的价值观、方法论。和谐社会,是人类孜孜以求的一种美好的理想社会,即"形成全体人们各尽其能、各得其所而又和谐相处的社会"。在中共十六大报告中第一次把"社会更加和谐"作为重要目标提出,紧接着又在中共十六届四中全会上,进一步提出了构建社会主义和谐社会的任务。社会主义和谐社会的总要求就是建设一个民主法治、公平正义、诚信友爱、充满活力、安定有序、人与自然和谐相处的社会。民主法治,就是社会主义民主得到充分发扬,依法治国基本方略得到切实落实,各方面积极因素得到广泛调动;公平正义,就是社会各方面的利益得到妥善协调,人民内部矛盾和其他社会矛盾得到正确处理,社会公平和正义得到切实维护和实现;诚信友爱,就是全社会互帮互助,诚实守信,全体人民平等友爱,融洽相处;充满活力,就是能够使一切有利于社会进步的创造愿望得到尊重,创造活动得到支持,创造成果得到肯定,创造才能得到发挥;安定有序,就是社会组织机制健全,社会管理完善,社会秩序良好,人民群众安居乐业,社会保持安定团结;人与自然和谐共处,就是生产发展,生活富裕,生态良好。因此,和谐社会不仅是政治和谐,同时还是经济、文化等方面的和谐;不仅是人与自然的和谐,还是人与人之间的和谐;不仅是国内和谐,同时也是国际的和谐。构建社会主义和谐社会,是我们抓住和利用好重要战略机遇期、实现全面建设小康社会宏伟目标的必然要求,也是我们把握复杂多变的国际形势、应对来自国际环境各种挑战和风险的必然要求。我国的基本国情是农村地区幅员辽阔,和谐的社会主义新农村建设是构建社会主义和谐社会的重要内容。如果没有农村社会的稳定和经济的发展,就不可能有我国整个社会体系的稳定和发展;如果没有农村经济社会发展等各方面的全面小康,就不可能有社会主义全面乡村振兴的最终实现;没有农村的社会发展、经济发展以及文化发展的和谐,就不可能有城乡共同和谐。

　　构建和谐的社会主义新农村与全面实施乡村振兴,是一项系统复杂的工程,它不仅涉及到农村政治建设、经济建设和文化建设以及全面实施乡村振兴等方面,而且与整个社会建设小康目标是部分与整体的关系,是息息相关、密不可分的。所以,应当结合我国农村社会发展的具体实情来对农村经济社会的全面发展、农业生产水平的提高以及农民权益的保护等问题进行及时地解决,这不仅是构建和谐社会与全面实施乡村振兴的重要目标需求之一,也是和谐社会与全面实施乡村振兴的重要内容之一。和谐的一个重要方面就是要实现利益的和谐,包括不同阶层的利益和谐、不同地区的利益和谐、不同主体的利益和谐等等许多方面,其中自然包括处于社会相对弱势群体的农民与其他强势群体之间的利益和谐,当前"三农"问题的解决一直是困扰我国经济快速发展的重要因素之一,也一直是中央政府非常重视的问题。在《中共中央关于推进农村改革发展若干重大问题的决定》上提出遵循的重大原则之一就是必须切实保障农民权益,始终把实现好、维护好、发展好广大农民根本利益作为农村一切工作的出发点和落脚点。坚持以人为本,尊重农民意愿,着力解决农民最关心最直接最现实的利益问题,保障农民政治、经济、文化、社会权益,提高农民综合素质,促进农民全面发展,充分发挥农民主体作用和首创精神,紧紧依靠亿万农民建设社会主义新农村。朱镕基在 2003 年政府工作报告中指出:"农业、农村、农民问题,关系我国改革开放和现代化建设全局,任何时候都不能忽视和放松。坚持把加强农业、发展农村经济、增加农民收入,作为经济工作的重中之重。"温家宝把农村改革作为新政府推进四项改革之首,他在阐述新政府施政纲领时指出:"农业发展滞后,农民收入增长缓慢,已经成为制约扩大内需的一个重要因素。"党的十六大提出了全面建设小康社会的奋斗目标,指出:"统筹城乡经济社会发展,建设农业现代化,发展农村经济,增加农民收入,是全面建设小康社会的重大任务"。构建和谐的社会主义社会,离不开"三农"问题的有效解决,可以说,建设社会主义和谐社会中"三农"问题的解决占据了重要的地位。由于当前农村整体发展仍受到传统的城乡二元体制的负面影响,发展较于城市而言相对滞后,农村、农业、农民的问题已成为制约和谐社会主义新农村建设的全局性、基础性的重大现实性问题,并且随着我国经济社会发展的现代化程度的深入,这种制约越来越明显地牵制了农村经济社会的全面发展,成为构建社会主义和谐社会大局中必须及时合理地破除的重要障碍。在2010年中央农村工作会议中对"十二五"时期农村发展的要求是:"按照在工业化、城镇化深入发展中同步推进农业现代化的要求,在经济结构战略性调整中着力夯实农业农村发展基础,在收入分配格局调整中着力促进农民增收,在保障和改善民生中着力强化农村基础设施和公共服务,不断加大强农惠农政策力度,深入推进农村改革创新,加快转变农业发展方式,加快推进社会主义新农村建设,加快形成城乡经济社会发展一体化新格局,为促进经济长期平稳较快发展和社会和谐稳定提供有力支撑"。全面建设和谐稳定的小康社会,重点在农村,难点在农民。统筹城乡发展,促进农民增收的根本是给农民全面的国民待遇,保护农民的基本权益。农民权益保护是关系到中国农村改革、发展和稳定大局的重大课题。它不仅直接影响着农民的收入和农村社会的稳定,也关系到整个国民经济的健康发展。因此,切实保护农民权益,已经成为新一轮农村改革和当前迫切需要解决的重大课题。

二是民主法治建设的要求。社会公平正义是社会和谐的基本条件,制度是社会公平正义的根本保证,必须加紧建设对保障社会公平正义具有重大作用的制度。社会制度是社会运行的基础和保障,社会的发展应与社会制度相适应,自由与和谐是社会制度追求所在,也是社会可持续发展必不可少的,因此和谐社会的建构同样需要相应制度保障。《中国国民经济和社会发展第十一个五年规划纲要》中明确规定要"发展社会主义民主政治,全面推进法治建设",深化城乡政治、经济体制改革。"三农"问题是中国城乡政治经济发展的重要问题,农民权益保护和新农村社区建设与"三农"问题密切相关,因此更加需要相关的制度进行明确的保护。我国宪法明确规定:"中华人民共和国实行依法治国,建设社会主义法治国家。"即广大人民群众在党的领导下,依照宪法和法律规定,通过各种途径和形式管理国家事务,管理经济文化事业,管理社会事务,保证国家各项工作都依法进行,逐步实现社会主义民主的制度化、法律化。依法治国是社会主义法治的核心内容,是党领导人民治理国家的基本方略,是社会主义现代化建设的根本任务和原则,也是建设中国特色社会主义法治体系的基本目标。建设社会主义法治国家的首要任务,就是制定完善的法律,实现法制,只有有法可依这个前提存在,才能实现有法必依、执法必严,满足"法治"的内涵要求。因此在构建社会主义法治国家的制度需求下,保护农民权益和新农村社区建设就必须对其进行应有的规范,通过立法的手段,使其在法律的区域内,以符合法律规定的方式,正确地发挥其应有的作用。农村社区的建设为提高社会民主,民众充分参与政治提供了必要的途径和制度供给。首先从法律的制定过程来看,将为广大民众利益代表者提供参与机会。他们可以通过参加法律听证会,或是通过法定的渠道参与法律的制定等过程。其次是法律的执行,有法必依是维护法律权威性的基础,而目前我国在一些实践环节中还存在着有法不依的现象,一是由于我国公民的法律意识不强;二是法律缺少一定的社会监督;三是法律实施机制不完善。社会是个不断发展的过程,法律具有一定的滞后性,须根据现实不断改良,以适应社会的需要。目前我国法律界存在着某种程度的错位现象,参与立法者不知道具体法律的执行情况,对现实情况不够了解,新农村社区建设能很好地缓解这种矛盾,起着衔接政府与公民的重要桥梁作用,作为政府和农村社会信息沟通、对话、合作的纽带,它可以有效地平衡协调政府和农村社会的利益关系,实现农村共有利益和共同利益表达参与的制度化、规范化和法制化,保障农民组织化、制度化地参与政府公共政策的制定,降低政府制度变迁、制度创新的成本、政策制定的风险、政策执行的成本,实现农民的和谐利益。另外,农村社区作为一个社会组织体,通过社区文化的培育来协调差异利益和冲突利益,在认同差异利益的前提下缩减差异利益和平衡差异利益,最终实现利益之间的和谐。

三是城乡区域统筹的要求。一方面,尽管我国城乡面貌都发生了很大的变化,但过去典型的二元结构影响仍然存在。要从传统的乡土社会向现代社会过渡,就必须要打破传统的二元结构束缚。随着二元结构的转换,城乡间的要素流动和商品交换就构成了城乡间最重要的联系机制。城市离不开乡村,乡村也离不开城市,是城乡融合进程的迫切要求。城市和乡村本为一家,只是随着社会分工及生产力发展的需要,才逐渐从空间上分离,并由此产生了社会、经济、环境等方面一系列的差别。随着社会经济的进一步发展,经济的重心将逐渐由城市转向了城市—乡村地域,城乡系统也将趋向统一融合。生态学家马世骏曾强调,对城乡这样的社会经济自然复合系统,不应将各亚系统分别对待,必须重视整体综合。在城乡系统中,各子系统的发展是相互依赖的,都要求其他系统的配合与支持。因此,要建设现代化的城市和乡村,就必须以城乡一体化为指导思想和战略目标,采取积极有效措施,保证城乡间的顺利贯通。另一方面,资源节约型和环境友好型社会是社会主义新农村建设的重要基础,是可持续发展的具体表现形式。建立资源节约型和环境友好型区域经济,有利于提高土地的集约利用水平,有利于推进农业产业化经营,有利于促进"三农"问题的解决,是加快社会主义新农村建设的必然选择。科学发展观第一要义是发展。"两型社会"县域经济体现了以经济建设为中心的科学发展要求。建立"两型社会"县域经济,注重生态环境保护,有利于提高县域居民的生活质量和健康水平。我国是个资源紧缺的农业大国,农业的基础却很薄弱。农业、农村、农民问题始终是我国革命、建设、改革的根本问题,农业、农村、农民工作事关党和国家工作的全局。建立资源节约型和环境友好型区域经济,也是构建社会主义和谐社会的迫切需要。

四是基层组织创新的要求。一方面,农民权益保护与新农村社区发展具有内在统一性。农民权益保护的提出是新时期我国经济社会发展以及新农村建设的必然要求,而农村社区的深化发展则是内外因素共同作用的结果。农村社区建设,总体来说是一种计划性、目标性极强的、引导社会变迁的过程。我国现阶段农村社区建设主要是在国家进行小康社会的全面建设总体框架下,坚持外部支持和内部发展相结合,以市场化、民主化为导向进行社会主义新农村建设。与以往的乡村改造最大的不同在于,进行新农村社区建设注重扩大村民自治的社会基础,满足村民的政治需求,这不单是为了实现国家的大政方针,而更关注与帮助农民实现富裕、民主、文明的发展需求。有学者则认为新农村建设的核心是立足农村、从增加农民广泛福利的角度来打开建设社会主义新农村的思路。从增加农民福利方面建设社会主义新农村,可以从两个方面着手:一是提高农村公共品供给水平;二是通过农村文化建设、为农民提供非物质方面的福利。目前学者大都从主体角度探讨农民权益保护问题。如从农村民主自治角度探讨发展农村民主保护农民的政治权益问题;还如从农业补贴等角度探讨如何保护农民的经济权益问题。这些探讨对于农民权益保护工作的实际开展有良好的指导作用,但尚未形成独立的系统,不能达到全面保护农民权益的目标。而且,随着经济社会的不断发展,农民权益保护应当顺应时势进行相应的调整和转变,既要对农民的生存权进行保护,也要促进农民发展权的实现,将农民权益保护与农民发展、物质资料和客观环境相联系来考虑,从而共同推动农村社区建设的繁荣发展。另一方面,农民权益保护与农村社区发展是正相关关系。构建和谐的社会主义新农村社区,实质上是要更好地回答为什么发展和为谁发展的问题,它在追求对社会公平正义的有效维护的同时,保证社区公民能够共享经济发展的成果。而农民权益保护制度正是促进农村各项事业全面发展和实现社区公民共享发展成果的不可替代的基本制度安排与保证。农民权益保护制度具有化解冲突、协调矛盾、实现共享发展成果等多重特征,是国家干预收入分配和协调经济社会发展的重要工具与基本手段。具体表现为以下三个方面:首先,维护公共利益,真正实现农民群众共享发展成果,最终促进共同富裕;其次,援助弱势群体,缩小贫富差距、促进社会公平正义的实现;最后,平衡社会关系,缓和乃至化解相关利益冲突而产生的社会矛盾,促进社会和谐。从历史和实践分析可以看出,农民权益保护与农村社区和谐发展之间呈现一种密不可分的、正相关的关系。这就要求我们在社会主义和谐社区建设进程中高度重视农民权益保护,并通过健全和完善农民权益保护相关制度来化解农村社区生活中产生的冲突和矛盾。农民权益的具体内容伴随着时代的变化而不断发展。在这个利益多元化、社会冲突与社会利益交织的现代社会,农民权益的实现不能仅通过个人选择,还应当通过组织来进行集体选择。要从动态发展的视角进行农民权益具体的保护,构建以农民为中心的主体发展权与以土地为主的客体发展权和谐互促的社会发展权理论体系,从而寻求农民权益更全面、更科学的保护。农民权益保护与和谐社会建设的价值耦合,以及保护农民权益与社会和谐发展的正相关关系,均要求我们在构建和谐社会的整体进程中必须高度关注对于农民权益的相关保护,进而通过不断地健全和完善农民权益保护制度来达到化解现实社会问题和社会矛盾的作用。农民权益保护相关制度的发展完善,不仅能够为构建和谐社会创建一种发挥基础性功效的社会和谐机制,而且能够为经济社会的整体平衡发展营造出更具持续力的动力机制。构建社会主义和谐社会的实践必将为农民权益保护制度的建立健全提供宝贵的历史依据,并能积极促进农民权益制度的理性定位及其发展完善,同时,农民权益保护制度的不断创新也将为社会和谐提供有力保障。

五是农村民生发展的要求。建设新农村与全面实施乡村振兴作为社会主义现代化建设进程中的一项重大历史任务,我党对社会主义新农村建设前所未有的重视,早在"十一五"时期就将其置于我国国民经济和社会发展规划中的显要位置,并在"十二五"时期继续深化发展社会主义新农村建设的各个方面,提出"加快发展现代农业、拓宽农民增收渠道、改善农村生产生活条件以及完善农村发展体制机制"等一系列强农惠农措施,从民生角度出发,从更加细化的层面对社会主义新农村建设提出了新的要求和展望。农村社区是城乡社区的重要组成部分,不仅是构建和谐社会的重要基础,也是新农村建设的迫切要求。完善基层服务和管理网络,加强农村社区建设,整合社区资源,强化社区功能,把政府的公共服务和管理向农村基层延伸,对切实解决农民群众关心的难点、热点问题,提升农村社区文明程度,促进农村社区各项事业的协调健康发展具有重要作用。建设社会主义新农村事关国民经济建设的稳固发展、社会主义和谐社会的最终实现。没有农村的平衡、稳定、全面发展,就不可能有社会整体稳定和全面进步局面的形成。社会主义新农村建设在实质上与解决"三农"问题是相辅相成的。在构建和谐社会过程中,"三农"问题始终是急需解决的根本性问题。构建和谐的农村,就是要努力把农村建设成为符合社会发展需求、经济繁荣、设施配套、功能齐全、环境优美、生态良好、文明进步的社会主义新农村。这就要求按照生产发展、生活宽裕、乡风文明、村容整洁、管理民主的要求,扎实稳步地贯彻和推进。这是在全面建设小康社会的时代要求下,党中央根据我国城乡发展面临的新状况,为统筹城乡发展、全面落实科学发展观以及解决"三农"问题而作出的重大战略举措,对繁荣农村经济,增加农民收入,改善农村环境,缩小城乡差别,构建和谐社会等农村发展的各个方面均会产生重要的积极推动作用。社会主义新农村建设能够全面、综合的反映整个社会的文明进步程度。新农村建设不仅仅只是村镇建设,而且事关村民发展的问题;不仅仅是农村经济建设的问题,而是囊括了农村地区的政治、经济、科技、教育、文化、交通、群众生活、社会治安和社会保障等生活方方面面因素的有机统一体,是社会整体发展程度的衡量标志之一。同时,社会主义新农村建设也是一个动态的过程。社会主义新农村作为一定历史时期的某一特定社会形态的表现形式,必然要反映当下的时代特征,因而与其相关的衡量标准是随时间的变化和社会的发展而变化发展的。在社会主义新农村建设过程中,外因只是变化的条件,内因才是变化的根本。参与建设社会主义新农村的最广泛、最重要的主体是农民,并且是以一定的经济利益共同体为纽带组织起来的新型农民,因此新农村建设与全面实施乡村振兴最终还要依靠发挥广大农民群众的建设主体作用。必须大力发展农村社区,提高农民的组织化程度,调动农民的积极性、主动性和创造性,使农民真正成为社会主义新农村建设与全面实施乡村振兴过程中强有力的中坚力量。在这个过程中,关键在于如何把农民组织起来。只有把相对分散的农民个体组织起来,才能凝聚成巨大力量,进而改变传统落后的生产方式,有利于新农村建设与全面实施乡村振兴步伐的推进。只有把农民组织起来,共同投入到建设新农村与全面实施乡村振兴的目标中去,通过社区促成共有利益的聚合,促进农民平等地参与并分享利益、实现和谐利益;通过社区发展促进经济利益的发展,扩大存量利益、增加增量利益,实现利益的可持续发展;通过社区对差异利益、冲突利益的协调实现社区和谐利益的各种运行模式、运行方式和运行机理。和谐农村社区的构建可以实现利益主体和利益客体的和谐发展,新农村社区建设将是改善民生,推进新农村建设与全面实施乡村振兴和农民组织化的结合点。

二、农民权益保护与新农村社区发展及规范的现实功效

在社会主义新农村建设与全面实施乡村振兴中,对农民权益的保护以及新农村社区发展的现实功效可从市场经济发展、民主政治创新、乡风文明弘扬、社会和谐发展以及农民权益实现这五个方面进行阐述。

(一)推动市场经济健康发展

随着新时代社会主义市场经济的发展,经济结构战略性调整,工业化、城市化进程的加快和对外开放的扩大,我国的经济社会发生了深刻的变化,综合国力和人民生活水平显著提高。在这样的发展背景下,要实现社会主义和谐新农村建设与全面实施乡村振兴,首先就要求农村经济得到不断发展提高。农村经济的发展,很大程度上体现为农业的发展。农业作为我国广大农村地区的基础产业,与农村经济社会的整体发展和农民生活水平的提高息息相关。而农业要得到长足发展的首要条件就是推动现代化农业产业建设。为此,我们一方面要调整农业的产业发展结构。改变仍广泛存在于我国农村地区的粗放型、初级产品生产模式的低效益式农业生产现状,积极发展农业产业化经营,提高农产品市场价值,优化农业生产布局及推广绿色农产品生产技术等,提高农业生产的产出效益。另一方面,推进农业现代化建设要求改善农业生产条件,提高农业机械化水平,推动农业科技进步。必须加大农业技术推广的力度,提高农业生产的科技含量,同时积极发展相关非农产业,促进农业产业经济的全面协调发展。与此同时,伴随着发展所带来的增量利益不断被侵蚀,农民更加边缘化,在经济收入、利益保护、社会竞争力、就业和社会保障等方面,处于困难与不利的境界,已经成为当今中国社会积贫积弱的弱势阶层。新形势下,经济社会的发展与新农村建设、全面乡村振兴的历史实践对农民权益

保护提出了全新的理念与要求。农民权益保护制度要改革不适应现代社会发展趋势的旧体制,进一步着力构建促进广大农民平等生存权、人的尊严、平等发展权实现的保护体制与运行机制。

农村社区是社会主义新农村建设与全面实施乡村振兴的有利平台和重要载体,创新发展新农村社区管理是推进社会主义新农村建设与全面实施乡村振兴的重要手段。随着社会主义新农村建设与全面实施乡村振兴的大力推进,农民物质、文化生活水平的不断提高,农民群众对农村社会的管理和服务、文化娱乐以及医疗卫生等方面的要求也出现了多层次、多样化的特征。如何对旧的管理和服务模式进行改革,如何创新建立起全面覆盖农村全体农民群众的管理和服务体系,推动传统农村向社会主义现代化农村新社区转变,成为新农村建设与全面实施乡村振兴中亟待解决的难题。这就要求我们在党和政府的领导下,积极依托农村社区力量,有效整合农村社区资源,大力强化农村社区功能,深化村民自治,维护农村稳定,最终促进农村社区各项事业的协调、健康发展。同时,新农村社区建设是建设社会主义新农村的有效途径,它能够有效地促进建设社会主义新农村目标要求的全面实现:农村社区组织建设有助于促进建设社会主义新农村"管理民主"目标的实现;农村社区经济建设有助于促进建设社会主义新农村"生产发展、生活宽裕"目标的实现;农村社区服务建设、农村社区治安建设和农村社区文化建设能促进农村社区建立起和谐互助的人际关系,能提升村民的生活质量和文化生活品位,促进"乡风文明"目标的实现;农村社区卫生建设,能有效地整治农村社区环境卫生,建设环境优美的新型农村社区,有助于实现建设社会主义新农村"村容整洁"的目标等。目前,全面实现乡村振兴建设社会主义新农村社区已经成为全党和全国工作的重中之重,农村社区建设也应成为各级党委政府的一项重要工作,应当以农村社区建设为载体和平台,积极推进社会主义新农村建设与全面实施乡村振兴的整体进程。显然,认识新农村建设、全面乡村振兴与农民权益保护之间的内在关联及暗合相通之处,在宏观上建构起二者之间良性互动的理论范式,自觉地把和谐新农村的理想目标与农民权益保护的精神理念熔铸于现实的制度设计与实践中,必将成为推动我国经济发展、建设社会主义新农村的强大动因。

（二）促进民主政治创新改革

农村社区与农民政治素质似乎是两个没有太多关联的问题。但是，通过对农村社区组织机构设置和具体运作实践的相关分析不难发现，组织可以有效地帮助农民提高政治素质和文化素质。农民的政治素质的重要性体现在，它不仅是培养新型农民整体素质的重要途径之一，从广范围来说它同时也是加强农村民主政治建设的重要手段。搞好农村社区建设不仅可以在经济上提升农产品竞争力，促进农民增收，还能在政治上保障农民的政治权利，维护农村社会发展的稳定。从目前我国农村发展的现状来看，在农村中解决矛盾主要还是依靠上级党委和上级政府对下级政府的监督和查办等方式，而且很多矛盾都是在问题出现之后进行事后解决，这样不仅不能有效地解决问题，而且为此耗费了大量的基层政府工作资源。由政府直接对农民进行调控，不仅增加了政府调控成本，而且降低了政府调控的效率，因此，解决矛盾的最好办法是将社会矛盾化解在事前和农民内部。

农村社区是具有自治性质的社会团体，其管理形式是成员共同决策，而不是个人专断。它通过自我服务、自我管理的功能，使得国家与分散的农民之间有了新的联系方式与渠道，在国家、农民及企业间架起了畅通的沟通桥梁。组织的沟通途径主要体现在收集、代表和反映农民的经济和政治诉求，监督和规范国家的行政行为，维护农民自身合法权益等方面。一方面，国家可以借助农村社区工作，把党的农业政策有效且及时地传递到千家万户；另一方面，农村社区可以积极开展与国家机构的对话，代表农民利益、反映农民的意见和要求，从而为国家开展农村工作提供可靠依据。这样就使得国家与农民之间形成了良性的互动关系，国家在制定各项涉农政策时能及时了解到农民的现状，而农民也可以通过农村社区及时反映自身要求。农村社区作为国家对新农村建设与全面实施乡村振兴进行宏观调控和实施政策的组织载体和中间环节，是农民群众真正行使公民权利、维护自身合法权益的重要保证。不但有利于工农贸一体化管理，维护市场秩序，最大限度地消除地方、部门的垄断和控制，也使农业政策能够更加切合实际，极大地提高了国家的农业管理效率。这种以制度化的方式与基层政权展开互动的组织形式,使得农民的合法利益诉求可以通过有组织的渠道,以相对低的成本和相对小的代价向社会和国家进行充分表达,并且对基层政权也是一种监督和制约。

(三)弘扬社会主义乡风文明

尽管当前中国的农民文化正在经历着趋向现代性的演变,但是其因循守旧、惧怕变革、拒绝接受新思想和新事物等保守性的一面在相当多的农民身上仍然保留着。传统农民文化的落后性还表现在对于他人的不信任和缺乏合作的态度。孟德拉斯在其《农民的终结》一书中提出:"个人主义支配着整个农业生活。"农民不信任其他的农业劳动者,不相信集体行动是改善农民自身状况的最好途径。而不信任和缺乏合作使农民深信无法拯救自己,从而陷入普遍的悲观主义,这是相当可怕的事情,我们必须重视农村文化建设。当然,我们不能对农民文化的保守性予以简单的理解,这种保守性的实质是农民经济理性的表现,是有其经济基础和现实理由的。

农村社区作为全面而深刻地塑造新型农民文化的重要载体,对于弥补传统农民文化的不足是非常有效的。组织的原则与价值取向都是现代文明所倡导和需要的,也是新农村建设与全面实施乡村振兴中的新型农民所需要的。一是农村社区组织的宗旨就是要帮助农民摆脱个体独立经营所面临的困境,通过合作来达到实现和增进农民利益的目的,既体现了合作精神,又体现了一种积极进取的意识。同时,坚持以农民独立自主经营为基础,实现自愿原则上的平等合作,并且成员资格是对所有人实行无歧视性的开放原则,这与传统农民文化中狭隘的血缘思想,区别远近亲疏、讲究差序格局的做法是完全不同的,这对于传统农民文化本身就是一个突破。二是农村社区组织的存在和运行是以成员的积极参与为基础的,农村社区的生命力在于其成员的积极参与,农民参与到农村社区建设中不仅能够通过经济和交易活动实现和增进其经济利益,更能通过参与组织内的民主管理和决策活动从深层次上使其民主意识和参与意识得到提高。三是农村社区组织重视对农民的教育与培训对于塑造新型农民更为直接,这既是组织原则上的要求,也是农村社区生存和发展的现实需要。农村社区为了自身的生存和发展,必须为组织内的农民提供技术支持和培训,进行文化、技术和合作理念的教育。

(四)确保农村社会和谐发展

解决贫富差距拉大和两极分化严重问题,是目前建设新农村与全面实施乡村振兴过程中需要重点解决的问题。要实现共同富裕的目标,不仅要依靠国家宏观调控手段和财政手段,更重要的是要创设一种符合当下农村发展实情的科学制度安排来引导农民共同走上富裕道路。农村社区一般是由农民自愿联合起来的、建立在家庭经营基础上的组织形式,既能推动农村合作经济的快速发展,又能有效地帮助农民家庭经营提高创收能力,是符合目前农村发展所需,能够引导农民走向共同富裕的最合理的经济组织形式。

一是农村社区能满足家庭经营对发展条件和空间的多重需求。要最终实现农民致富和全面建设小康社会的宏伟目标,不能忽视农民家庭经营这一主要方式,但更为重要的是要克服以户为主体的小生产方式带来的局限性,提高家庭联产经营的创收能力。农村社区是建立在家庭经营基础上,由农民自发联合组成的,为解决家庭生产经营困难问题而向组织内成员提供平等服务的组织。这表明,农村社区能为家庭经营创造更多的发展条件,挖掘更多的发展潜力,同时能拓宽农业产业发展空间并且能明显的降低家庭生产经营的发展成本。因此,农村社区完全能帮助农民群众获得更多的农业生产收入,走上更加富裕的道路。

二是农村社区能有效调节农村经济发展中可能产生的贫富差距。调节贫富差距的目的是为了缩小农村发展过程中的贫富差距:一方面,通过农民间的联合形成合力,能够不断地创造发展条件,使农村社区成员共同所有的合作经济不断地得到发展壮大;另一个方面,分散的农民通过联合,能够充分地推动土地、资本、劳动、技术等生产要素的分配和整合;同时,由于组织是具有为社区成员盈利的外在特征,因此,对外以追求经济利益为目标,能够为其社区成员创造出更多的经济收入,最终引导农民逐步走向共同富裕。

三是农村社区能有效实现先富带后富,最终实现农民的共同富裕。我国农村社区同外国农业合作社存在的明显区别,主要表现在我国的农村社区组织中的大多数是由农村的能人大户领办或者由乡镇龙头企业领办的,而并不完全是由弱势群体联合产生的。这种能人大户领办或乡镇龙头企业领办模式体现了农村先富起来的,有技术、有经营能力的能人大户带领广大农民走新的合作化道路的特点,是响应"先富带后富,实现共同富裕"号召在农村的最好实践形式。

(五)保障农民权益全面实现

农村社区的利益是多元化的,同时也是存在差异、冲突和矛盾的。实现利益和谐不仅是新农村建设与全面实施乡村振兴的保障,也是利益多维度发展的必然要求,因此,为使农民合法权益能够得到更好的保护,建设新农村与全面实施乡村振兴战略中社区必须调解利益之间的冲突,促进新农村发展和谐。通过社区文化的导向功能来缩减利益之间的冲突,实现农村的社会利益和谐。在目前的形势下,正确认识多元群体之间的利益之争,是弄清构建什么样的新农村,怎样保护农民权益,如何构建新农村所必不可少的思想前提。第一,协调利益关系。在新农村构建过程中需要协调以下利益关系:首先,协调农民和政府之间的利益关系。政府的行政活动,由于更多的偏向于本部门的经济利益并且缺乏相对有效的监督,行政缺位、行政错位和行政越位这类严重损害农民利益的情况时有发生。在经济发展初期,出于侧重工业化发展的指导思想,使得国家采取了相当多限制农村发展的制度设计,以服从于工业化发展。这是导致城乡利益差别的历史原因,也导致了农民合法权益得不到有效保护。并且,由于这些利益差别情况异常复杂,易牵动积弊已久的传统体制的深层矛盾,因此解决起来也非常困难。其次,农民和其他主体之间的利益关系。政府在某一时期内所掌握的资源总是有限的。在新农村构建过程中,产生相应的利益冲突,农民群众的合法利益遭到侵犯的现象时有发生,这也为建设新农村与全面实施乡村振兴增添了不和谐因素。除此之外,在农村社区之间、合作组织之间、农村社区与合作组织之间也都存在着不同的利益需求冲突。第二,协调利益制度。要准确把握在新农村构建过程中国家对各项政策和制度进行的利益协调。"三农"问题自古以来就是中国经济命脉和社会稳定的强有力基石。

自改革开放以来,我国实行了以家庭联产承包责任制为主要形式的农村经济体制改革,推进农村税费改革、粮食流通体制改革和行政管理体制改革等相关改革措施,逐步调整农业产业结构,加大对农村各项事业的财政支持,使得农村经济和社会事业得到了较快发展。但是,由于受过去长期以来存在的城乡二元经济结构的旧有发展模式以及社会发展过程中出现新情况的影响,我国广大农村地区依然存在着各种影响农村整体发展的、难以协调的社会矛盾。如何在新农村构建中协调各方利益,实现农村社会的和谐发展是目前亟需解决的首要难题。这就需要建立相关制度来达到利益协调的目的,具体可从以下三个方面展开:第一,制度上消除以往不适应农民发展、农村进步的各种制度障碍,通过新的政策来扶植农村的发展。第二,经济上加大对新农村建设与全面实施乡村振兴的扶持力度,通过财政和税收支持农村发展。第三,文化上改变以往的重工轻农的思想,建立利益共处的文化制度,从思想意识上符合农村和谐的内在要求。

第二节 农民权益保护与新农村社区发展的实证调研

一、调研背景

2012 年 2 月 1 日,随着中央 1 号文件的出台,国家对"三农"问题的重视被提到了一个前所未有的高度。中国的农村问题包含了农村、农业和农民的"三农"问题,直接关系到国家稳定与社会的可持续发展,这一问题在中国社会政治经济转型中极为敏感。要实现国民经济稳定增长、社会安定和谐,必须始终保持清醒认识,绝不能因为农村面貌有所改善而投入减弱,也不能因为农村发展持续向好而工作松懈,必须要始终如一的将"三农"问题放在国家工作的重中之重,将农业发展、新农村建设与全面实施乡村振兴、农民增收放在国家工作的重中之重。作为一个超级农业大国,农业、农村和农民问题,始终是关系国民经济和社会发展全局的重大问题。按照现代化转型的基本路径,乡村将会随着城市化的扩展而逐渐萎缩,传统农业将会随着工业、服务业及农业现代化而逐渐转型为现代农业。农民（这里指的农民是职业意义上的农民）也将会随着劳动力的转移逐渐减少，与此同时资本将会随着全球化、市场化而流向高收益的产业，也就是说，生产要素将逐渐流向高收益的城市和工业部门。不论从典型的西方现代化模式来看，还是基于社会主义制度的社会主义市场经济转型模式而言，上述要素流动特点似乎表现出同质的趋势。因此，可以认为，当代中国转型实际上是"三农"的转型，这也就是为什么中央一直将解决"三农"问题作为中国式现代化建设中的核心要义的主要背景。

二、调研目的、时间、地点

通过对全国东中西部数十个具有代表性的省份展开农村社区发展问题的调查，目的有如下三点：一是了解全国各农村地区新农村建设与全面实施乡村振兴的进展情况；二是了解各农村地区新农村社区建设状况，借鉴和研究新农村社区发展较好的地区的实践经验，同时找出农村社区发展受阻的现实因素并寻求解决之路；三是了解实际情况、总结经验、发现问题，为我国农民权益保障以及相关法律的完善提供具有建设性、实用性的参考。调查样本要具有代表调查对象的典型特征，调查对象为全国范围数个具有典型代表性地域的农村和农村社区，这些代表地域多为全国新农村建设与全面实施乡村振兴和社区发展的典型区域，并根据具体情况确定调查问卷的制作、调查的对象和方式等。调查要兼顾到经济发展水平的不同之处。

本研究的实证调查主要通过问卷调查与访谈相结合的方式，分别选择全国中东西部有代表性的区域，共计81人组成10个专题调研组赴山东省、河南省、河北省、江西省、浙江省、江苏省、山西省、甘肃省、重庆市、天津市、北京市、云南省、陕西省、福建省、广东省、上海市、湖北省、湖南省、四川省、安徽省、内蒙古自治区、广西壮族自治区、贵州省、云南省等24个省份的62个县市、近74个乡镇展开了三次深入的调查，共走访九千多人，通过对农民、地方官员、基层干部等对象的采访调查，获得第一手调查资料，具有一定类型化的分析意义。本调查从2008年2月开始，直至2011年8月，历时近四年，共分为初期、中期、后期三个阶段进行。其中初期调查（2008.2—2009.3），具体分为三次进行,第一次调查时间是从 2008 年 2 月—3 月,第二次调查时间从 2008 年 7 月—8 月;第三次调查时间是从 2009 年 2 月—3 月。中期调查(2009.5—2010.3),具体分为三次进行,第一次调查时间是从 2009 年 5 月—7 月;第二次调查时间从 2009 年 9 月—11 月;第三次调查时间是从 2009 年 12 月—2010 年 3 月。后期调查(2010.6—2011.12),具体分为三次进行,第一次调查时间是从 2010 年 6 月—8 月;第二次调查时间从 2010 年 12 月—2 月;第三次调查时间是从 2011 年 7 月—8 月。三期调查分别采取了专门组织调研队和利用课题组研究成员寒暑假回乡期间相结合的方式进行。

本研究调查地区范围十分广泛,涵盖二十多个省份的六十余个县市。包括广东省的肇庆市德庆县德城镇、新圩镇、马圩镇和佛山市顺德区龙江镇、杏坛镇、乐从镇及中山市小榄镇、黄圃镇、南头镇、东凤镇,上海市南汇区老港镇、惠南镇、祝桥镇、大团镇和青浦区赵巷镇、徐泾镇、华新镇、重固镇及奉贤区南桥镇、庄行镇、青村镇、奉城镇,湖北省江夏区金口街、郑店街、建始县业州镇、高坪镇、景阳镇和巴东县茶店子镇、沿渡河镇、官渡口镇、孝感市云梦县道桥镇、随州市曾都区洪山镇、咸宁市嘉鱼县官桥镇、湖南省安化县仙溪镇、大福镇、长塘镇和宜章县城关镇、白石渡镇、杨梅山镇,安徽省太和县城关镇、旧县镇、原墙镇、大新镇,内蒙古自治区宁城县、赤峰市翁牛特旗、鄂尔多斯市准噶尔旗,四川省茂县凤仪镇、南新镇、叠溪镇和雷波县锦城中心镇、三台县、盐亭县、黄琅中心镇、西宁中心镇,广西壮族自治区武鸣县城厢镇、太平镇、双桥镇和陆川县温泉镇、米场镇、马坡镇,贵州省长顺县威远镇、苗族侗族自治州黎坪县、册亨县,云南省武定县狮山镇、高桥镇、猫街镇和兰坪县金顶镇、啦井镇、营盘镇。

三、调研方法及样本特征

本研究一共进行了三次调查,三次调查共访问了九千余人,包括新农村社区建设的直接参与者——农民,在新农村社区建设中发挥基层领导作用的地方基层干部,以及与新农村社区建设有关各级相关人员,同时还有非常关心新农村社区建设的学者。平均每个调查区域(县市)选取了 1—3 个街道办、乡、镇,采取调查问卷方式和座谈方式收集了调查数据。

样本来源结构表（N＝4128）

类别	层次	人数	比例（%）	累计比例（%）
性别	男 女	2658 1470	64.42 35.58	64.42 100
职业	个体农民 其他	2352 1776	57.88 42.12	57.88 100
年龄	27及以下 28—45岁 46—60岁 60及以上	268 1441 1721 62	6.5 34.9 41.7 16.8	6.5 41.4 83.1 100
学历	初中及以下 高中（中专） 大专 本科 研究生及以上	2275 1061 541 198 54	55.14 25.63 13.19 4.84 1.33	55.14 80.77 93.96 98.67 100
合计		4128	100	

　　本研究调查主要围绕农民权益保护而设定,运用数据收集、资料分析、对比研究等方法,以新农村社区建设问题为切入点,围绕农民群众对新农村社区建设的认知度、评价来对具体新农村社区建设工作提供参考性的建议。具体调查方法如下:一是访问座谈形式:通过走访新农村社区居委会的形式,邀请村委会干部和一些有声望的农户,一起座谈讨论新农村建设与全面实施乡村振兴的成就及问题,听取群众心声。二是发放调查问卷:调查问卷主要涵盖了被调查样本的基本特征、被调查者对新农村社区建设的认知程度、对社区建设的要求、农民最关注最迫切的问题、社区基础设施建设等一般情况,以及如何更好的体现农民需求、促进新农村社区在政治、经济、文化、社会以及生态等方面的发展问题。问卷设计后,我们邀请了团队外的20余名成员对我们的问卷进行评价,在此基础上对问卷进行再次的修改、定稿。在进行正式的调查前,我们在湖北江夏区选取了38位农户预先测试一下我们的问卷,在这次前测中,我们对调查对象可能有所冒犯以及某些没有意义的问题,或者某些可能会导致受访者对我们正在考察的问题产生误解的问题等都进行了再次考虑,并再一次进行修正,形成最终问卷。本次调查共发放问卷数4500份,回收4344份,有效问卷4128份,有效回收率91.73%,所有问卷均由调查对象当场自行匿名填写,不认

识字不理解问题含义者由调查人员当面进行客观上解释,当场回收问卷。

此次调研中,个体农民是主要对象,占到了全部被调查人数的 57.88%。而 57.88%的农民比例说明现在直接从事务农的人没有占到绝大多数,这和很多农村村民外出务工有关。学历层次中,初中以下的被调查者比例仍然较高,占到了 55.14%,而本科及以上学历的被调查者仅仅只占到总人数的 6.17%。尽管国家鼓励农业发展政策已促成很多青壮年农民工、大中专院校知识分子返乡,但总体比例仍然不高,学历偏低阻碍了农村社区的建设,影响了农村事业的发展。从调研对象的年龄综合来看,在被调查的对象中,大部分年长的务农者比较配合调查,也喜欢提一些诉求。在年龄层方面,我们可以很明显地看到,在农田耕作的 80 年代末以及 90 年代的年轻人较少,只有 6.5%。

第三节　调研数据的实证分析

一、农民权益保护与新农村社区发展的政治方面问题分析

(一)调查对象对新农村建设的知晓情况

农户对新农村社区建设的总体知晓频次分布表

调查选项	占总人数比例(%)	累计百分比(%)
基本知道	21.8	21.8
知道一些	40.7	62.5
听说过但不清楚	20.8	83.3
没听说过	16.7	100
合计	100	

对新农村社区建设知晓途径频次分布表

调查选项	占总人数比例(%)	累计百分比(%)
村委会	25.4	33.4
农民合作经济组织	6.6	32

续表

调查选项	占总人数比例（%）	累计百分比（%）
自己通过信息渠道	7.6	39.6
亲戚、朋友	10.5	49.6
村干部	48.5	98.1
其他	2.9	100
合计	100	

　　根据调查，农户对新农村建设政策的总体知晓程度较高。在被调查的农户中，基本知道的占21.8%，知道一些的40.7%，听说过但不清楚具体情况的占20.8%，没听说过的只占16.7%。通过比较还发现，新农村建设试点村农户对该政策的知晓程度远远高于非试点村。农户获得新农村建设相关信息的三个主要途径为村委会、合作组织、听亲戚邻居说。在新农村建设试点村，通过村干部了解到该政策的比例更高，接近一半，可见村干部在新农村社区建设中的作用。

　　农户对新农村建设的知晓途径，首先是通过媒体的宣传。自从中央提出建设社会主义新农村建设以后，在很多电视节目上只要涉及农村发展，往往都会被打上新农村建设的烙印；其次是通过亲戚朋友聊天和村干部通知。

对新农村政策了解程度的频次分布表

调查选项	占总人数比例（%）	累计百分比（%）
很了解	9.6	9.6
一般了解	32.3	41.9
不了解	58.1	100
合计	100	

　　从调查对象对新农村政策的了解程度调查中可以看出，58.1%的调查对象对新农村社区的政治问题不了解，很少听说相关方面的内容，也很少关注该方面；32.3%的调查对象对社区政治问题是一般程度的了解，但不是很详细；只有9.6%的调查对象对社区政治问题很了解，这部分调查对象基本上是文化层次相对较高，对国家政策和措施比较关注的。调查发现，中国农村社会政

策对农村社区的发展以及缓贫都有一定的作用,各项政策由于实施程度不同,农户对其满意程度不一致。农民对新农村建设政策的知晓情况关系到农民是否愿意参与新农村建设以及愿意发挥多大作用等,还会影响到基层政府对于政策执行的力度与速度等方面。

首先,农民对新农村建设政策知道的人多,了解的人少。也就是农民对新农村建设具体内容的了解趋于表面化和片面化。单一的政策传播渠道制约了农民对新农村建设的知晓情况,因为绝大多数农民通过电视来了解新农村建设,而电视传播的特性决定了其不便于深入了解其传播的信息,甚至会因为其视觉传播的特点而导致观众对信息理解的片面性。并且农民通过报纸、广播、网络和村干部等渠道获知、了解政策的比例不高。第二,不同群体的农民对新农村建设了解程度不同。不同群体的农民,由于其性别、年龄、文化程度、职业、所处环境等差异使其对政策的关心程度与知晓情况出现差异,因此不同群体的农民对新农村建设的了解程度各不相同。第三,村干部对政策获知渠道多样化。村干部对新农村建设的了解程度高于普通农民,其获知渠道也要多于普通农民。作为重要的组织传播渠道的会议及文件有助于村干部深入学习政策内容,加深对政策的理解。较高的报纸接触率使村干部能更加全面深刻地了解新农村建设的具体内容。目前,在一些政策实施过程中,部分地方政府落实中央政策时忽视地区差异和特色,在当前的财税体制下无疑增加了地方财政的压力,使得政策的落实在全国各地表现出不同的程度和水平。并且由于缺乏自下而上的农民需求的表达机制,农民在公共政策的制定过程中"集体失语",农民需求无法诉求,从而造成了中央政策与农民需求之间的脱节,农民认为降低化肥和农药等生产资料的价格、提高农产品价格是发展农业生产的最重要途径,但是在市场化条件下,实现这两方面的难度很大。公共政策能否满足农民的需求,直接关系到公共政策能否达到预期的目标,因此,未来农村公共政策的重点和倾向也需要进一步的研究。《村民委员会组织法》实施以来,村民委员会的选举已经经历了三届,虽然各地的选举程序和选举方式日趋完善和科学化,绝大部分地区农民能够真正参与到选举过程中,表达自己的选举意愿,但是贿选、家族势力等因素也在一定程度上影响了村民选举的质

量。农村税费体制改革,减轻了农民的负担,同时也掐断了集体收入的公共来
源,造成了农村集体经济的空虚,一事一议制度和村务公开制度由于缺乏有效
的经济基础而流于形式。上级政府的财政转移支付虽然满足了村民委员会的
运作经费,但也使得村委会实质上成为上级政府的派出机构,成为村委会"对
上负责"的依据,完全背离了村委会的村民自治组织的性质,村委会的职能定
位在法理和现实中存在的差异,如何消除这种差异,也将是今后农村发展的重
要研究课题。中央出台的系列公共政策的落脚点也将落在村委会一级,缺乏
系统培训的村委会是否具备宣传和实施政策的能力和资源也值得考虑。

(二)调查对象对新农村建设中的政府、村委会和农民的作用的基本认知

首先,在调研中我们了解到,农民们普遍认为新农村社区建设应由国家出
钱,农民出工,村委会组织来共同建设。国家的分工方面,51.7%的农民认为
最主要应该靠政府建设新农村与全面实施乡村振兴,政府需要着重解决社会
保障和孩子学费负担这两方面的问题。村委会分工方面,有些地区的村委会
职能没有发挥好,农民们就会缺乏对其信任与认同,甚至"缺席"村务的参与;
有些地区村委会能够发挥作用,但是也有农民表现出对村委会贪污腐败、挥霍
村集体财产的担忧。农民分工方面,农民们普遍认为他们只需也只能靠出工
来为新农村社区建设作出一份贡献。也有部分农民表示自己会积极付出和支
持政府的政策,"帮助"政府建设新农村与全面实施乡村振兴,这都反映了农
民缺乏新农村社区建设的主体意识与参与意识。

新农村建设中的政府、村委会和农民作用的基本认知频次分布表

调查选项	很重要	累计百分比(%)	一般重要	累计百分比(%)	不重要	累计百分比(%)
政府	51.7	51.7	33.3	33.3	14.7	14.7
村委会	30.6	82.3	46.3	79.6	33.1	47.8
农民自身	17.7	100	20.4	100	52.2	100
合计	100		100		100	

其次,在村干部看来,期望政府财政给予更多的投入和更多的优惠政策支
持,同时也期望农民遵从集体利益。村干部普遍认为政府需要通过资金投入、

政策扶植的方式来支持新农村社区建设。关于对村干部分工的认识,村委会自身应认真执行国家的政策,积极组织村民们进行新农村社区建设和发展。关于对农民分工的认识,村干部认为主要应从让农民理解国家对建设新农村与全面实施乡村振兴战略中社区建设的具体政策和涵义入手,只有这样,农民们才能理解新农村社区建设对农民自身追求幸福小康生活的真正意义,从而才能响应国家号召来,积极参与到新农村社区建设中来。村干部们也指出有些农民过于保守,目光短浅,在一些国家建设项目中为了一己私利而损害或者阻挠社区建设。由此可以看出,村民、村干部由于利益点和价值观的取向不同,其观点也存在很多不一致的地方。

再次,在县乡干部眼中,生产发展是建设新农村与全面实施乡村振兴的首要任务,但试点建设是目前重点的工作内容。各地县乡两级的干部都认为新农村建设的首要任务是生产发展,但是目前都把试点村建设放在首位,各地具体的建设内容存在较大差异。

总体来看,由于农民自身"小农经济"思想的天然缺陷,他们看待新农村社区建设,更多的是从自身所获取的"土地"经济利益考虑,他们大多没有意识去想一些宏观层面的政策建议。村干部与农民虽然是不同利益群体,但同样作为农村社区的成员,他们更了解社区,也有部分分配资源的权利,在新农村建设中发挥非常重要的作用[1]。与政府层面相比,村级干部县乡两级主要在做新农村的村宅建设等试点工作以及一些基础设施和项目方面的建设和推广。而国家则是从全局出发,提出如何完善社会保障制度、以工补农、发展农业生产等方面的政策。

(三)调查对象对村委会在群众利益诉求中的作用

在当地农民被问及当地村委会在农民利益诉求中的作用如何时,调查数据显示,40.7%的调查对象认为村委会在农民利益诉求中发挥的作用很小,自身很少体会到;33.6%的调查对象认为村委会虽然发挥了作用,但作用一般;

---

① 叶敬忠、杨照:《农民如何看待新农村建设中政府、村委会和农民的分工》,《农业经济问题》2007年第11期。

只有9.6%的调查对象认为村委会发挥了重要的作用。另外,还有16.1%的调查对象认为村委会在农民利益诉求中根本没有发挥作用。

对村委会在农民利益诉讼中的作用的频次分布表

调查选项	占总人数比例(%)	累计百分比(%)
没有作用	16.1	23.1
作用很小	40.7	56.8
作用一般	33.6	90.4
发挥了重要作用	9.6	100
合计	100	

按照宪法和相关法律的规定,我国的村民委员会是基层群众性自治组织,原则上村民委员会应该可以成为整合广大农民利益的有力组织,代表广大农民的利益,实现农民组织化的政治参与,与社会强势集团进行有力和充分的协商谈判,以维护农民群体的合法权益。根据宪法、《村民委员会组织法》的规定,村民委员会是村民自我管理、自我教育、自我服务的基层群众性自治组织,通过村民委员会民主选举、民主决策、民主管理、民主监督实现政治民主。法律赋予了村民(农村社区居民)委员会在处理与村民利益有关事务过程中享有的一种自我管理、自我教育、自我服务的权力,同时也是在法律、法规和政策范围内自主决定社区范围内各项事务的权力。实践中的众多事实却表明,村民委员会没有成为这样的组织,也难以成为这样的组织,使得农民群体的合法权益受到严重的侵害,得不到有效的保护。

(四)当前农民利益诉求存在的主要障碍

从数据调查中可以看出,13.0%的被调查者认为他们利益诉求主要的障碍在于平等权等权利缺失和20.6%的被调查者认为是政府不够重视,这主要就表现在政策性的障碍上;组织化程度低也是被调查者(42.7%)认为存在的最大的一个问题,主要是认为缺乏表达自身利益的渠道,缺乏建立自己组织的空间和缺乏利益表达的规范化安排;23.7%的被调查者则是认为他们自身的意识还不够强。

对利益诉求存在的主要障碍认识的频次分布表

调查选项	占总人数比例（%）	累计百分比（%）
政府不够重视	20.6	20.6
组织化程度低	42.7	63.3
平等权等权利缺失	13.0	76.3
自身意识不强	23.7	100
合计	100	

政策的目的在于实现农民的利益,政策的研究、制定和执行是实现政策的基本过程①。一般来说,政策的策划研究以及制定这两个环节是不容易出现问题的,而政策执行这个环节则往往容易出现问题。一个好的政策由于执行上的偏差,就会损害农民的切身利益,从而形成农民利益表达渠道的政策性障碍。所以,政策执行错误的后果便是农民的切身利益不能够被表达。这种情况一直存在于广大农村地区。在党的十一届三中全会以前,农村传达中央文件是层层传达,人民公社传到大队,大队传到生产队,是家喻户晓、人人皆知。在党的十一届三中全会以后,则是由县传到乡、乡传到村,而上级文件精神传到村干部那就不再往下传了。这样造成很多地区特别是偏僻地区的农民对中央政策根本不了解,从而导致干群关系的脱节,导致的后果就是农民不再信任村干部,农民们的利益诉求也不愿向村干部表达。自从中央做出建设社会主义新农村战略决策以后,全国各地都在贯彻落实这一战略决策。然而各地各级都有自己的贯彻思路,如有的农村地区将公路沿线条件较好的村寨作为新农村的试点村,还有的地区要求农民将房顶用石灰刷白,并认为这样就成新农村了。这些地方的村干部根本没有了解到中央新农村社区建设的真正涵义,也没有真正意义的去贯彻落实.他们根本不尊重农民的意愿,也没有弄清农民的诉求是什么,完全是一味地敷衍应付上级指示和任务。这不仅是对社会主义新农村社区建设相关政策理解不够的表现,也是对农民意愿、诉求根本忽视

---

① 黄廷安:《略论农民的利益诉求表达障碍因素与对策》,《铜仁地委党校学报》2006 年第6 期。

的表现。

由于历史的原因,封建专制官僚主义和行政官僚主义的余威还在部分农村区域存在。从权力来源角度看,农村行政官员的权力和地位主要来源于上级主要领导的赏识,而不是取决于下层农民群众的认可度。换句话说,在现行的制度框架内,没有农民群众直接制约农村官员权力的机制①。农村干部只对上级负责(从调研来看,这种"负责"更多的也是敷衍、应付),而不对下级负责。这种自上而下的管理,缺乏一种自下而上的约束机制,这正是造成广大农民群众利益诉求渠道体制性障碍的根本原因。在这种情况下,一方面农民们的切身利益诉求无法表达,造成农民群众对农村干部的一种潜在、不满的情绪,甚至酿成多起公开化的群体性对抗事件。另一方面村干部在决策执行过程中,由于忽视农民群众的意愿,往往主观臆断办事,难免存在执行任务过程中存在较多的非科学的因素。即使有些农村行政官员的主观动机是好的,也会好心办坏事,无法满足农民群众利益诉求的正常表达。此外,从过去我国经济社会发展的体制来看,长期的政策导向都是重城市建设而轻农村建设,形成了过去较为典型的二元经济结构,从而造成城市、农村两级分化不断加剧。

(五)调查对象对当地村务、乡务公开情况满意度

村务公开被定义为在一个村民委员会的辖区内,村民委员会把办理本村涉及国家的或集体的公共事务的活动情况,通过一定的形式和程序公开告知全体村民,并由村民参与管理、实施监督的一种民主行为。在调查中发现,73.4%的调查对象认为当地的村务、乡务信息公开不及时,村民委员会不是很负责任;50.6%的被调查者则表示当地村委会根本没有对村务乡务进行公开;其中27.2%的被调查者认为当地的村务乡务公开情况还算可以,他们基本上能及时获取最新的信息;只有14%的被调查者称当地村民委员会的村务乡务公开情况开展的很好,这多数是经济较发达地区,农村社区发展较快的地区。但在满意度调查中则显示不太一样的结果。有40.8%的被调查者对当地村务、乡务公开情况很满意。一般满意也达到了27.2%。这种不同的结果值得

---

① 黄廷安:《农民利益诉求表达障碍及其对策》,《安徽农业科学》2006 年第 8 期。

分析。

　　村务、乡务公开是实行村民自治、民主监督的重要途径,村民只有在对村务、乡务信息了解的情况下,才有真正间接或直接参与管理本村自治范围内的各项公共事务的机会,才能保证村委会选举的民主,才能积极地、主动地、热情地参与到村务决策和管理中来,才能对村务运行实现广泛的、直接的、有效的监督,从而实现真正的自治。可以说,村务、乡务公开不仅是一种基础的民主管理形式,同时又是一种强大的制约和监督力量,没有村务、乡务公开,村民自治就不可能顺利实行。

调查对象对当地村务、乡务公开情况满意度的频次分布表

调查选项	占总人数比例(%)	累计百分比(%)
很满意	40.8	40.8
一般满意	27.2	68
不满意,不及时	19.7	87.7
很不满意,根本没有	12.3	100
合计	100	

　　村务公开具有公开性、参与性和监督性三大特点,是农村民主化管理的重要表现。这三大特点是指对农民须公开、让农民主动参与、让农民主动监督,这是村民自治的前提。《村委会组织法》规定村务公开的内容主要包括财务、本村自治事务和需要村民完成的国家政务三个方面。账务公开是村务公开的重要组成部分,也是村民最关心的经济利益问题,现实中多半主要存在内容不真实、财务管理混乱、财会人员匮乏等严重问题,其中财务管理中存在多头审批、支出混乱等问题。从现实的情况来看,干部徇私舞弊,村民上访告状是村务公开产生的现实原因。另外,农民参政议政渠道不畅通,财务、村务管理制度不规范,监督机制跟不上,部分村干部存在挥霍公款、损公肥私、贪污受贿等腐败现象频频发生,群众信访与日俱增,干群关系日渐紧张。这些都与村务不公开、不民主、干部不廉洁有着密切的因果关系。

　　(六)反映民意的渠道通畅度情况

　　调查数据显示,56.1%调查对象反映目前反映民意的渠道很不通畅,在当

地基本上没有渠道来反映民意;32.6%的调查对象认为虽然当地有反映民意的渠道,但是在很大程度上要把自己的意见反映出还是存在很大困难的;7.8%的调查对象认为当地反映民意的渠道还算通畅;只有3.5%的调查对象认为当地反映民意的渠道是通畅的,这只占总数很少的部分,而这部分地区也是经济相对发达地区,其农村社区的建设也发展的相对较好。

反映民意的渠道通畅度的频次分布表

调查选项	占总人数比例(%)	累计百分比(%)
很通畅	3.5	3.5
一般通畅	7.8	11.3
不通畅	32.6	43.9
很不通畅	56.1	100
合计	100	

对反映民意的渠道通畅度调查中可以看出,虽然目前对于渠道的通畅度有所提高,但大部分地区还是存在民意反映渠道的不足,很多时候,从农民自身意识来说,他们觉得没有可以反映自己切身利益的渠道。农民群体在中国是最大的群体,对执政党而言,无论任何时候都不能忽视这个群体的利益诉求,这是新时期提高党的执政能力的具体体现,也是中国国情所决定的。但由于政策体制等方面的原因,我国农民并没有分享到改革的成果,变成了一支相对弱势群体[①]。这支弱势群体的利益诉求如果得不到妥善的解决,我国执政党倡导的和谐社会和社会主义新农村建设的目标就无从谈起。也就是说,只有真正了解和把握农民的利益诉求,建立畅通的农民利益诉求表达机制,才能真正理顺社会各阶层的利益关系,从而调动农民的积极性、主动性和创造性,形成建设社会主义新农村的强大合力。

(七)调查对象对村民小组代表的选举的态度

从调查数据中可以看出,被调查对象中有58.1%的人对村民自治是不甚了解,不知道村民选举究竟是怎么一回事,这种情况直接影响了其对整个选举

---

① 参见黄廷安:《农民利益诉求表达障碍及其对策》,《安徽农业科学》2006年第8期。

过程的参与;10.1%的人知道村民选举是怎么一回事,也有参与意识,但没有参与行为;只有9.2%的人有很强的参与意识和参与行为;而还有22.6%的人对村民选举不闻不问,表现出对外界事物毫无兴趣的状态。

对村民小组代表选举态度的频次分布表

调查选项	占总人数比例(%)	累计百分比(%)
积极参加	9.2	9.2
可以参加,可以不参加	10.1	19.3
不想参加,因为不了解	58.1	77.4
不会参加,跟自己没关系	22.6	100
合计	100	

(八)调查对象对平等选举、民主选举权利的看法

调查中显示,有近50%的调查对象认为实现农民的平等权是非常有必要的,平等权的实现,可以让农民获得自己的话语权;但仍有36.2%的人认为平等选举和民主选举权跟自身利益关系不是很大,所以抱着不太重视的态度,认为实不实现与自身都没太大关系;13.9%的被调查者则是对这项权利根本不了解。

对平等选举、民主选举权利看法的频次分布表

调查选项	占总人数比例(%)	累计百分比(%)
非常有必要	49.9	49.9
关系不是很大	36.2	86.1
根本不了解	13.9	100
合计	100	

在我国,除了政府以及各级人大中有为数不多甚至极少的农民代表之外,广大农民集体却没有一个真正意义上代表自己利益的、能为自己说话、争取和维护自身权益的利益组织体或者集团,使得农民利益代表者不仅量很小而且话极弱,在保护农民权益方面话语权较小,甚至存在有时失语、甚至无话语权的情况。单个的、分散的农民或者农民群体在市场经济的汪洋大海中无力维

护自己的权益,在利益冲突与矛盾中一直处于相对弱势地位。

(九)调查对象不维权的原因

对于为什么不维权的原因调查,最主要反映在农民不清楚如何维权,部分农民还表示根本不知道自己有什么权利,如何去维权? 一方面,由于我国传统文化中历来的"中庸之道"的处事原则,使得我国农民形成了"多一事不如少一事"的处事原则,很少站出来为自己的损失去抗争,更不用谈组织起来去抗争。另一方面,我国广大农民长期受传统的小农经济意识和"小富即安"思想的影响,多数只看重眼前利益,缺乏集体观念和合作与创新精神。

对不维权的原因所在的频次分布表

调查选项	占总人数比例(%)	累计百分比(%)
不得罪人	21.3	21.3
费用太高	27.8	49.1
不清楚如何维权	42.7	91.8
其他	8.2	100
合计	100	

从表3-12中可以看到,农民们不维权的原因可以这样归结:首先,农民合作意识、政治意识仍旧淡漠,思想认识觉悟不足。中国几千年的传统封建政治文化对农民的政治心理、政治态度、政治感情依然有着很大的影响[1]。加上近些年来在改革开放的过程中随着市场经济的深入而出现的各种不良政治现象,使广大农民的政治民主意识淡漠,政治认识、政治评价以及政治感情受到严重的扭曲[2],阻碍了农民有效参与到农村社区建设的政治实践活动中去。其次,农民对合作组织的政治效应认识和重视程度不够。从实际调研情况来看,相当一部分农民没有认识到农民合作组织的政治效应和"威力",特别是

---

[1]　徐秋梅:《和谐社会视野下我国农民合作组织的政治效应研究》,《四川农业大学学报》2011年第6期。

[2]　贾绍俊:《新农村社区建设背景中村民自治的政治文化障碍及其消除》,《安徽农业科学》2007年第11期。

对其在代表农民政治利益,协调政府和农民关系,传达农民心声方面所起的政治作用还没有切实体会。所以农民们参与其中的热情也不高。还有部分农民由于太过保守,不愿意去尝试有任何风险和不确定性的任何行为,所以也对农民合作组织发挥政治效应和"威力"持怀疑和观望态度。再次,农民自身政治文化素质不高,影响其组织政治效力的发挥。政治是人类的高级性需求与后天性活动,需要有一定的知识成本作为奠基。可见,要维持农民合作组织政治效应发挥的有序性和规范化,农民的政治文化素质无疑起着重要的作用①。然而从调查来看,我国农民政治认知水平偏低,这直接影响了农民合作组织政治效力的发挥,他们对政治参与的责任和基本权利的认知往往缺乏正确看法,对现行政治制度和政治参与程序也没有足够的了解,基本没有正确处理特殊自身政治权益问题的策略和方法。

二、农民权益保护与新农村社区发展的经济方面问题分析

(一)调查地区农民收入总体情况

在三个阶段的调查中,农民年人均纯收入增长速度提高,但不同区域农民的收入差距加大。

从农业生产经营性收入看,虽然农业生产资料价格上涨,但由于大多数农产品价格上涨,农民从农业生产中获得的收入还是增加的,特别是畜牧业养殖业生产效益较好,使农民得自畜牧业养殖业的收入增加较多。但是调查中我们发现,农民家庭经营性收入的增长已经不是主因。根据以往的调查,工资性收入和家庭经营收入占到农民收入的绝大部分,而工资性收入要占总收入的半壁江山,工资的上涨直接推动整体收入的快速提高,主要原因是这期间我国农民外出务工工资水平得到大幅度提升,这和上一年以来屡次出现的"民工荒"有很大关系,市场各方对劳动力的竞争导致工资上涨。

虽然目前农民工工资上涨速度比较快,但从整体收入来看,和城镇居民仍

---

① 徐秋梅:《和谐社会视野下我国农民合作组织的政治效应研究》,《四川农业大学学报》2011年第6期。

有很大差距,国家统计局公布的数据显示,2010 年城镇居民人均可支配收入 19109 元,是农村居民人均纯收入的 3.23 倍。而且各个地区的农村经济情况很有差距,东部地区与中部地区农民人均纯收入差距缩小,但与西部地区农民人均纯收入差距继续扩大,同时,中、西部地区之间的差距也有拉大趋势。

(二)新农村社区贫富差距状况

调查数据显示,有 45.49%的农民反映他们已从心理上接受目前这种贫富差距状况,也有 44.02%的调查对象觉得目前的贫富差距很不合理,很不正常,政府需要注意此方面的动向。接近九成的调查对象认为目前的贫富差距很大。有四成的农民认为这种巨大的贫富差距是由于政府对农村的扶持不够导致。有接近三成的农民认为是自身文化、技能素质不高的原因。一半以上的农民认为政府应当从农业补贴、惠农政策方面来缩小这种贫富差距。也有近三成的农民表示只有通过农村自身的经济发展推进农村社区建设、加快城镇化建设、全面实施乡村振兴才能解决这种贫富差距问题。

调查对象对贫富差距合理性的总体认知频次分布表

调查选项	百分比(%)	累计百分比(%)
很正常、合理	30.13	30.13
还算正常、合理	15.36	45.49
无所谓	10.49	55.98
不正常、不合理	20.47	76.45
很不正常、很不合理	23.55	100
合计	100	

调查对象对贫富差距程度的总体认知频次分布表

调查选项	百分比(%)	累计百分比(%)
差距很大	89.69	89.69
差距一般	10.10	99.79

续表

调查选项	百分比（%）	累计百分比（%）
没有差距	0.21	100
合计	100	

调查对象对贫富差距原因的认知频次分布表

调查选项	百分比（%）	累计百分比（%）
国家政策扶持的不足	40.38	40.38
社会保障体系的不健全	10.49	50.87
农民自身文化、技能素质有待提高	28.49	79.36
农村区位因素	20.26	99.62
其他	0.38	100
合计	100	

调查对象对于化解贫富差距途径的认知频次分布表

调查选项	百分比（%）	累计百分比（%）
增加政府的惠农政策及农业补贴	55.39	55.39
改革城乡户籍制度	6.48	61.87
加快推进农村社区建设	10.43	72.30
加快城镇化建设	10.30	82.60
统筹城乡社会保障	16.51	99.11
其他	0.89	100
合计	100	

（三）农村劳动力转入非农产业的状况

此次调查地区，有80.98%的劳动力从事农业生产，其中，仅从事农业生产的占46.31%，在本地从事非农业的占19.84%，从事农业生产同时在外出打工的占14.83%。这说明目前我国农村有一部分农民已脱离了农业生产，而有超过一半的农民为兼业农，因此，农地流转的潜在力量很大。此外，在调查中，还有34.24%的农户表示本村有外来劳动力从事农业生产，可见，我国农村已出现了农业职业化发展的趋势。

农村劳动力转移的情况的频次分布表

调查选项	百分比（%）	累计百分比（%）
从事农业生产同时在本地从事非农业工作	19.84	19.84
从事农业生产同时在外地打工	14.83	35.67
仅从事农业生产	46.31	81.98
未从事农业生产	19.02	100
合计	100	

（四）调查地区农村合作金融情况

列宁早在其《论合作制》一书中即提出了"我们应该特别加以支持的社会制度就是合作社制度，这一点我们现在应该意识到并使他实现"。[①] 合作制度在我国生根发展由来已久，在农村金融领域也历经了多次变迁。随着市场经济的不断完善，及全面乡村振兴、城乡融合发展等政治与时代特征在农村金融领域突显，合作金融也呈现出了一定的特征和变化趋势，在取得诸多成绩的同时也显现出一些问题和弊端。对农村合作金融法律问题进行现状考量，从法律制度和具体实践两个层面分析现存问题，并根据主要影响因素的分类探寻问题的根源，为金融发展权的平等实现和农村合作金融制度的完善提供事实参照。

1. 农民对农村合作金融经营活动参与的意愿及了解程度

农民参与农村合作金融的意愿是较为强烈的，调查对象中，仅有 4.3% 的样本表现出参加农村合作金融的消极意愿，高达 95.7% 的比例愿意参加合作金融的经营活动，仅是影响其参与意愿的倾向性因素在金融风险、获益水平、资金剩余等方面有所区别。当前农民参与合作金融和实现金融发展权的意愿是不够的，金融文化知识的匮乏和对农村合作金融管理经营模式的不了解阻碍了农民参加合作金融的积极性，降低了农民参与合作金融民主管理的可能性。一方面，农村合作金融普及层面的文化知识较为欠缺。在调查问卷中，当涉及到对农村合作金融的了解程度时，仅有 40.2% 的被调查对象表示了解，

---

① 《列宁选集》第四卷，人民出版社 1995 年版，第 681—683 页。

有超过 50% 表示一般了解或并不了解,包括合作金融在内的农村金融知识与文化普及十分欠缺。另一方面,农村合作金融宣传渠道有待拓展,宣传力度有待提高。对金融信息的了解渠道也较为集中和单一,有 67.7% 的被调查对象表示获取存贷款信息的主要渠道是农村信用社的宣传,其中表示有广播、电视、报纸等媒体宣传的有 17.6%,但通过政府或村委会得到金融信息的仅占 8.8%。农村合作金融本身即具有扶持"三农"的政策性质,《农民专业合作社法》也明确了政府在扶持、指导、服务合作组织上的职责与义务,其中应当包括对农村合作金融的鼓励和宣传,提高农户对合作金融信息知悉程度以更好利用金融资源,从而进一步提高农户入股合作金融实现金融发展权的积极性。

农民对农村合作金融经营活动的参与意愿频次分布表

调查选项	百分比(%)	累计百分比(%)
非常愿意	34.8	34.8
风险较小则愿意	34.8	69.6
收益较大则愿意	13.0	82.6
有剩余资金则愿意	13.0	95.7
不愿意参与	4.3	100
合计	100	

农民对农村合作金融的了解程度的频次分布表

调查选项	百分比(%)	累计百分比(%)
农村信用社的宣传	67.7	
广播、电视、报纸等媒体的宣传	17.6	85.3
政府、村委会的宣传	8.8	94.1
亲戚、朋友的介绍	2.7	96.8
农村商业银行的宣传	3.2	100
合计	100	

2. 农村合作金融改制后的补偿情况

根据农村合作金融机构服务"三农"的政策目标,其主要服务对象应当是农民和涉农企业,但已有法律法规并未对农村合作金融的服务对象做具体规定,更未进行涉农金融业务比例上的强制性规定。受金融资本逐利性质的影响,农村合作金融不可避免的倾向于为强势群体提供金融服务以获取更大、更稳定收益,这种趋势违背了农村合作金融服务弱势群体的初始功能,使农业生产、农民创业和生活水平提高缺乏必要的金融支持。从金融发展权实现的可持续化角度看,弱势群体的金融权益很容易在此"大而不倒"的状态下出现"缩水",进而在短期内难以进入再循环领域。本次调研对象中,有效数据显示:表示农村合作金融改制后原入股资金得到了全面清偿的仅有 36.4%,45.5% 的被调查对象表示存在拖欠,同时也有 18.2% 表示完全没有清偿。此外,在整体数据中,有 35.3% 的缺失,比全面清偿、部分清偿和未清偿三个选项在整体数据中的比例都高,也侧面反映出了农民对农村合作金融参与度不够,以及对合作金融改制、社员权、股权的了解程度仍有待提升。我国农村合作金融管理主要依据的是《商业银行法》《合作社法》《农村信用合作社管理规定》以及《农村资金互助社管理暂行规定》,而其市场退出依据的仅有作为行政法规的《金融机构撤销条例》,对于金融机构主动退出市场以尽量减少损失的破产行为缺乏法律规定。2009 年《银行业机构破产条例(草案)》的出台为农村合作金融破产指出了基本方向,并预计利用存款保险解决金融机构破产的公益困境。

农村合作金融改制后的补偿状况的频次分布表

调查选项	百分比(%)	有效百分比(%)	累计百分比(%)
进行了退股与全面补偿	23.5	36.4	36.4
补偿了部分,存在拖欠	29.4	45.5	81.8
完全没有补偿	11.8	18.2	100
合计	64.7	100	
缺失		35.3	
合计	100		

3.农民参与农村合作金融情况与农村合作金融的服务状况

从农业发展与农民消费的客观需求看,现存农村金融服务对充分实现农民金融发展权仍有较大差距。随着农业产业化过程中,小企业数量的不断增加,农业生产的资金需求也不断加大。同时,伴随农民生活水平的提高,消费信贷需求也在农村金融市场中不断突显。在农村改革发展过程中,农民金融需求的满足程度无疑是检验合作金融制度完善与否的重要标准。反映农民金融需求的金融发展权是农民基本权利之一,关系到农民内生性利益的积累与提升,理应在农村改革发展中置于先锋地位。作为满足农民金融需求的最重要渠道之一,合作金融担负了风险较大、标的较小的农业生产信贷和农民消费信贷等,面临逐步增加的农民金融需求,如何使有限的合作金融资源最优化地配置给农民、使其在农业生产中发挥最大作用,是农村合作金融的发展目标与方向。国家统计局对我国新农村建设中新增资金需求量做出预测:到2020年农村资金需求量将达到15万亿元左右。若农村合作金融得不到充分的发展,不仅难以满足当前农民金融发展权的实现需求,更在应对日益增加的农民和涉农企业金融发展权实现方面困难重重。从农民主观体验看,金融发展权不仅尚未充分实现而且未得到足够重视。通过问卷调查结果的分析表明,虽然高达82.4%的农民认为所在地区的金融服务已经基本到位或非常到位,但在金融权利受重视程度方面仅有23.5%认为得到了足够重视。并且,农民参与农村合作金融的比例较低,其中仅有4.3%的调查问卷显示其所在村小组成员大多参加了农村合作金融。由此可以看出,农民金融发展权并未得到足够重视,且金融发展权全面实现的任务仍十分艰巨,农民参与合作金融的途径有待进一步完善和拓展。

农民参加农村合作金融情况的频次分布表

调查选项	百分比(%)	累计百分比(%)
无人参与	26.1	26.1
有部分人参与	69.6	95.7
基本都参与了	4.3	100
合计	100	

农民对农村合作金融服务是否到位认知的频次分布表

调查选项	百分比（%）	累计百分比（%）
非常到位	8.8	8.8
基本到位	73.5	82.4
基本不到位	11.8	94.1
完全不到位	5.9	100
合计	100	

（五）农民土地流转状况①

1. 调查地农民土地流转总体状况

在广大农民分散经营土地的现实背景下,调查地区参与农村土地流转的土地数量依然很低,流转比重偏低的状况还未呈现出根本转变。如贵州省农业生产的主要形式是单打独斗的小农生产,在自给自足的情况下,农民少有前瞻性认识,土地流转难以展开。在实地调研中,我们了解到,虽然各农村地区每年有许多农民外出打工,但将农村承包地全部转包、出租、转让、互换等情况少有出现,转让、入股、抵押的情况则更是少有。当问及村级流转情况时,选择目前全部都由农户自己耕种的占了绝大多数,但土地转包与出租在各地也都有一定的比例,总体上来看,东、中部农村地区已经全部转包或出租出去比西部农村地区所占比例明显偏大。当问及是否有了解的土地流转方面的法律法规时,不论是东、中部还是西部地区农民大多数都选择了只是听说有法律,但是法律具体规定了什么内容他们很少清晰了解,农民自身具体有哪些权利以及义务更无从知晓。当问及承包地流转信息的渠道来源时,他们也都选择了在农村较普及的单一的电视转播等。至于是否参与了土地是否流转、如何流转的决策过程,他们更多的选择了摇头,有的甚至连什么是土地流转以及农民应有流转权利都是比较模糊的理解,更何谈决策权。可见,中西部地区农村土地流转中,由于地区经济发展、政策宣传与落实以及农民自身条件等主客观方

---

① 由于我国土地流转状况东、中、西部差异明显,特别是东部与中西部之间,东部土地规模经营程度较高,所以本部分数据,主要来源为中、西部省份的农村地区的调查。

面的原因限制,使得流转比重偏低的状况还未呈现出根本转变,这实际上是不利于各地区农村经济的发展,使得土地流转中农民经济权益得不到应有的保障。

调查地区土地流转情况的频次分布表

调查选项	百分比(%)	累计百分比(%)
全部由农户耕种	78.73	78.73
少部分转包或出租	15.42	94.15
多数转包或出租	4.09	98.24
全部转包或出租	1.76	100
合计	100	

农民是否参与了土地是否流转、如何流转的决策过程的频次分布表

调查选项	是	累计百分比(%)	否	累计百分比(%)
是否参与土地是否进行流转的决策	4.6	4.6	95.6	100
是否参与土地如何流转的决策	1.1	1.1	98.9	100

2. 调查地农民土地流转方式状况

在调查中我们发现,农村土地承包经营权流转大多是农民独立的个体行为,很少有多数农民联合起来的、共同的集体行为。在农村土地承包经营权流转模式的多样化发展上,与前几年的情况相比,没有较大的变化。据调查,农民绝大多数采用了转包、出租、互换等这些常用的流转方式,以贵州省毕节市为例,流转以转包为主,转包面积为1.57公顷,占流转总面积41.3%,出租、互换、入股、转让、其他形式流转比例分别为30.7%、4.7%、3%、7%、13.3%。与经济较发达、土地规模化经营程度较高的东南沿海地区相比较,以上农村土地承包经营权流转方式的这种现实状况,是我国中西部地区农村土地流转情况的缩影,与土地规模化经营相适应的农村土地流转方式、模式,例如联合出租、联合入股等,在中西部农村地区未成为农民流转土地的主要选择,可以说,无论在农村土地流转方式采用上,还是在农村土地流转发育规模上,中西部地区农村土地承包经营权的流转依然主要停留在自发流转的初始阶段。

调查地区土地流转形式的频次分布表

调查选项	百分比（%）	累计百分比（%）
土地通过转包形式流转	41.3	41.3
土地通过出租形式流转	30.7	72
土地通过互换形式流转	4.7	76.7
土地通过入股形式流转	3	79.7
土地通过转让形式流转	7	86.7
其他形式	13.3	100
合计	100	

3. 调查地区农民土地流转收益情况

调查显示，受访农民中收钱转包承包土地的农民占 47.6%，贴钱转包的占 2.3%，不收钱也不贴钱转包的则占 45.2%；相当多的农民话语中的"农村土地流转"是将农田送给别人种，不收取相关对价，如果今后自己再想种，则可收回农田。在湖北省，不少农民认为"转包一般是不收费的，大家乡里乡亲的也不好意思收钱。"但同时，采用反租倒包方式流转土地的一般要向农民支付流转费，但费用额度大多相当于或者略高于农民自己经营土地的收益。关于土地承包经营权流转调查显示，农村土地流转收益过低，流出的土地大多数仍旧种植收益水平相对较低的粮、棉、油等传统的农作物。农村土地流转的计量面积与实际耕地面积不符，计算出的土地流转收益差距非常大。在广大农村，具体按照土地土质、灌溉条件、是否岗坡低洼地等等将农村土地分为好、中、差三等级，在农村土地流转中，差地甚至一亩当作半亩。同时，农民往往会因缺少必要的经济知识，易在土地流转合同条款的各个方面吃哑巴亏，例如忽略了物价上涨、土地流转的增值利益、潜在利益、发展利益等因素。因此，农民流出土地后，农民收入来自流转土地收益比例极低，这在很大程度上影响了农民流转土地的主动性、积极性。在我们的调查中，也印证了这一事实，中西部地区农村土地流转中，当问及土地流转每年每户每亩分配的利益大约数额情况时，多数的农民都选择了没有任何收益，当问及是否满意土地流转收益的分配方式、分配数额等情况时，中西部地区农民选择很不满意、不满意占到了绝大多数。这种现象和问题的出现,与我国现行土地流转中侵害农民流转公平交易权、合理分配权、收益补偿权等权益是密切相关的。

调查地农民每年每户每亩土地流转收益状况的频次分布表

调查选项	百分比(%)	累计百分比(%)
没有任何收益(/年/户/亩)	20.14	20.14
0—50元的收益(/年/户/亩)	5.61	25.75
50—100的收益(/年/户/亩)	3.12	28.87
100—500的收益(/年/户/亩)	69.92	98.79
500—1000的收益(/年/户/亩)	1.21	1.21
1000以上的收益(/年/户/亩)	0	100
合计	100	

农民对土地流转收益的满意度状况的频次分布表

调查选项	百分比(%)	累计百分比(%)
无所谓	38.95	38.95
很不满意	47.05	86
不满意	12.74	98.74
满意	1.26	100
非常满意	0	100
合计	100	

4. 调查地区农民土地流转市场状况

当前我国中西部地区的农村土地流转市场仍处于发展阶段。据调查,在各地农村地区土地流转中,38.95%的农民签订正式书面合同,有47.05%是通过第三者证明的,12.74%的农民仅凭口头协议,土地流转过程缺乏有效监督①。它们多是同村乡亲之间随意的、口头式的达成流转,它们几乎有一大半

---

① 李长健、梁菊:《农村土地流转国内外研究综述与展望》,《广西社会主义学院学报》2010年第4期。

都不能被视为市场交易。农村土地流转的中介组织严重缺乏。我国中西部地区多数农民不了解土地中介机构,即使出现了中介组织,大都处于无序、混乱状态。

调查土地流转合同达成形式的频次分布表

调查选项	百分比(%)	累计百分比(%)
签订正式书面合同	38.95	38.95
通过第三方证明	47.05	86
仅凭口头协议	12.74	98.74
无任何手续、凭证	1.26	100
其他	0	100
合计	100	

　　调查显示,90%以上的农民对土地流转中介组织不了解。参与流转的农民大多是自发流转,以口头协议居多,农民处于信息不对称的劣势,流转价格不能反映真实的土地价值。毕节市农村土地流转缺乏中介服务机构,出现了"转的转不出去、租用的却租不到"的矛盾,这极大地增大了流转成本。农村土地流转缺乏有实力的农业投资主体,效益不高。在农村,种植大户、专业合作大多数资金较少,抵押贷款能力不强,抵御市场的风险能力很弱,当出现自然灾害、市场波动时,极易出现欠账跑人的现象。例如,毕节市农业生产基础设施条件差,交通运输不便,农业技术应用水平不高,土地生产经营效益又非常低。导致了土地对潜在需求者吸引力不高。同时,许多地区经济欠发达,农民虽有土地流转需求,但是很缺乏有实力的农业投资主体,难以实现有效流转。土地交易所、土地测量、评估机构、土地保险机构、土地银行、土地投资经营公司、农地托管公司、各类专业合作经济组织、行业协会等名称对于我国中西部地区的农民而言,是非常陌生的。由此可见,中西部地区农村土地流转中,流转市场尚未真正形成,农民的土地流转经济权益保障也就无从谈起。

三、农民权益保护与新农村社区发展的文化方面问题分析

（一）对农民文化权益的了解程度

从调查对象对农民文化权益的了解程度调查中可以看出,68.1%的调查对象对新农村社区的方化方面问题是不了解,很少听说相关方面的内容,也很少关注该方面;21.1%的调查对象对农民文化权益是一般程度的了解,但不是很详细;只有10.8%的调查对象对农民文化权益很了解,这部分调查对象基本上是文化层次相对较高,对国家政策和措施比较关注,维权意识比较高。

对农民文化权益的了解程度的频次分布表

调查选项	人数	占总人数比例（%）	累计百分比（%）
很了解	446	10.8	10.8
一般了解	867	21.1	31.9
不了解	2807	68.1	100
合计		100	

从农民对文化权益的了解程度调查中可以看出,农民对文化权益的了解度从最开始的不了解到一般了解再到很了解,这是一个认识过程,但就目前的发展状况来看,其了解程度还是不够深入,不少农民群众没有充分认识到农村文化建设以及农民文化权益保护的重要性,广大农民群体在农村社区文化建设中参与程度不高,缺乏积极性。另外,在广大农村地区思想政治工作比较薄弱,一些腐朽、落后文化的影响日益加深。有些人因对当地乡村干部作风不满而导致其对党失去信心,转而把对过富裕日子的希望寄托在求神拜佛上;有些人思想道德水平下降,置法律、道德、良心、人格、亲情、友情等于不顾,一切向钱看,甚至坑蒙拐骗,损人利己、铤而走险、违法犯罪;有些地方封建落后思想严重,封建迷信现象有所抬头,黄、赌、毒沉渣泛起;有些地方社会治安状况不佳,打架斗殴、酗酒闹事时有发生,地痞村霸相互勾结,个别地方还出现了黑恶势力等。因此,广大农民群体未能成为新农村中文化建设以及保护自身合法权益的主体。

（二）对农村社区文化建设的重要性认识

从调查对象对农村社区文化建设的重要性认识调查中可以看出,63.1%的调查对象认为农村社区文化建设是不重要的,很少关注,认为与自身的关系不大;23.1%的调查对象对农村社区文化建设重要性认为一般,他们觉得可有可无,没有花那么多精力去关注;只有14.8%的调查对象认为农村社区文化建设是非常重要的,这部分调查对象基本上是文化层次相对较高,他们能意识到农村社区文化建设的基础性作用。

对农村社区文化建设的重要性认识的频次分布表

调查选项	占总人数比例（%）	累计百分比（%）
很重要	14.8	14.8
一般	23.1	37.9
不重要	63.1	100
合计	100	

（三）对农村社区文化活动的需求度

通过调查可以看出,65.8%的被调查者表示不愿意为参加农村社区文化活动而支付一定费用,因为他们对农村文化建设和文化权益的保护的重要性没有充分的认识,从而导致农民群体在农村社区文化建设中参与程度不高,缺乏积极性;其中20.7%的被调查者表示在他们可接受的范围内愿意支付;15.5%的被调查者是非常肯定的,这部分人认识程度比较深,对社区文化建设工作也比较积极。

对农村社区文化活动需求的频次分布表

调查选项	占总人数比例（%）	累计百分比（%）
愿意	15.5	15.5
接受范围内愿意	20.7	36.2
不愿意	65.8	100
合计	100	

农民在社区文化建设中参与程度不高,缺乏积极性,现在新农村的社区文化建设还主要依靠村委会和党员的号召与引导,没能真正让农民自己意识到社区文化建设的重要作用。加之对经济效益的追求和物质生活的满足,农民主动开展社区文化建设的观念淡薄,缺乏对文化建设的渴求,因此在社区文化建设中农民的积极性不是很高,未能成为新农村中文化建设的主体。

(四)调查对象对农村社区文化基础设施建设满意度

在对文化基础设施建设满意度的调查中可以看出,62.7%的被调查者表示当地根本没有设文化站,更谈不上文化基础设施;21.6%的被调查者表示当地虽然设有乡镇文化站,但是文化基础设施很落后,建设非常不够;其中一般满意(9.4%)和非常满意(6.3%)只占很少的比例。

对农村社区文化基础设施建设满意度的频次分布表

调查选项	占总人数比例(%)	累计百分比(%)
很满意	6.3	6.3
一般满意	9.4	15.7
不满意,建设不够	21.6	37.3
很不满意,根本没有	62.7	100
合计	100	

综合调查对象对农村社区文化基础设施建设的满意度调查结果可以看出,大部分被调查者仍然是表示对文化基础设施建设不是很满意,认为建设不够。

在20世纪80、90年代的农村,经常会有各种文化团体送电影、戏、书到农村,这些公共文化资源充斥农村公共空间,丰富了农民的公共生活。而长期以来,我国一直把城市的图书馆、博物馆、文化馆、影剧院等文化基础设施建设作为投资的重点,无论是数量、规模还是质量都远远超过农村,导致如今的农村、文化基础设施相当落后且严重缺乏,加之现有的文化基础设施由于缺乏管理,开发利用程度较低,农村公共文化内容贫乏缺乏新意,难以产生吸引力。广大农民除了晚上在家看电视外,基本上没有别的文化生活。由于农村社区公共文化资源的不足,农民就很难通过文化资源,有效地了解社会、分享经验、增长知识。对于农村社区文化基础设施落后的原因归结主要是:受到农村文化公共服务经费的限制,基础设施的投入明显不足。文化公共服务基础设施的关键问题是资金问题。文化基础设施是开展文化工作、进行文化活动以及文化推广的硬件,没有必要的场地和设施,广大农民群众的文化生活也就成为了"空中楼阁"。目前,我国农村很多地区的文化公共服务设施陈旧,设备老化,环境较差,难以支撑农村文化公共服务建设。我国农村文化公共服务建设的基础相当的薄弱,原有的农村文化站、广播站等文化场地早已不复存在,广大农民群众文化生活非常的枯燥,不少地区的文化活动主要方式是打麻将、打扑克牌等。

（五）调查对象对社区文化活动内容的满意度

对于文化活动内容丰富度的调查显示,63.2%的被调查者认为社区文化活动内容不丰富,比重占了一半以上;而其中有19.3%的被调查者不清楚社区文化活动是些什么内容,主要在于他们的关注度和参与度不高;对社区文化活动内容不满意的有17.5%的比例。通过调查我们可以发现,农村文化资源开发不到位。广大农民群众喜闻乐见、丰富多样的文化形式有待去充分挖掘。

对社区文化活动内容满意度的频次分布表

调查选项	占总人数比例(%)	累计百分比(%)
不丰富	63.2	63.2
不清楚内容	19.3	82.5
不满意	17.5	100
合计	100	

（六）农村社区文化活动开展情况

在对社区文化活动开展情况调查中,75.9%的被调查者表示当地基本没有开展农村社区文化活动;19.6%的被调查者表示会偶尔开展一些社区文化活动,但还是觉得相当少;10.3%的被调查者表示会不定期的开展一些文化活动,他们表示由于是不定期,再加上不是很了解,所以很少参与;对于定期开展的比例只占到 4.2%。

农村社区文化活动开展情况的频次分布表

调查选项	占总人数比例(%)	累计百分比(%)
定期	4.2	4.2
不定期	10.3	14.5
偶尔	19.6	24.1
基本没有	75.9	100
合计	100	

新农村社区文化市场的监管与建设主要集中在科学文化教育、开展大众文娱活动等方面,缺乏对自身传统文化的挖掘,没有找到传统民族特色文化与现代新农村社区建设的契合点,导致许多带有鲜明地区特色、民族风情的文化现象丢失。另外,对现代文化资源的普及利用力度不够,有的农村社区文化市场的监管与建设与经济发展水平严重失衡,没能做到物质文明与精神文明的协调发展,长此以往将带来许多难以解决的矛盾,减缓社会的发展步伐。另外,政府及相关部门组织的文化"三下乡"活动由于缺乏长效机制,群众文化生活单调,有些文艺作品和演出脱离实际生活;有些村虽建有多功能的文化室、阅览室,但是图书以破旧陈旧书刊居多,科技类、致富信息类读物非常少见。这些状况使得农村招摇迷信很普遍,少数地方非法宗教活动抬头,腐朽和错误思想滋生。这些问题,已经严重影响了基层两个文明建设的顺利发展,甚至危害到社会的稳定。

(七)调查对象对农村社区文化建设的参与程度

从调查数据中可以看出,被调查对象中有 40.1% 的人对社区文化建设是不甚了解,不知道社区文化建设究竟是怎么一回事,这种情况直接影响了其对社区文化建设过程的参与;38.5% 的人知道社区文化建设是怎么一回事,也有参与意识,但没有参与行为;只有 8.8% 的人有很强的参与意识和参与行为;而且还有 12.6% 的人对社区文化建设不闻不问,表现出对外界事物毫无兴趣的状态。总的来看,农民对社区文化建设的参与程度还是不高,不少农民群众没有充分认识到农村文化建设以及农民文化权益的保护的重要性,广大农民群体在农村社区文化建设中参与程度不高,缺乏积极性。

调查对象对农村社区文化建设的参与程度的频次分布表

调查选项	占总人数比例(%)	累计百分比(%)
积极参加	8.8	8.8
可以参加,可以不参加	38.5	47.3
不想参加,因为不了解	40.1	87.4
不会参加,跟自己没关系	12.6	100
合计	100	

(八)农村文化建设缺少劳动力方面的问题

从调查中可以看出,目前农村劳动力方面也存在很大的问题,广大农村地区常住人口经常容易发生改变,因此农村社区文化建设以及农民文化权益的保护工作的主要劳动力极易缺失。现在大部分农村留守的常住人口是妇女、儿童、老人等老弱病残群体。村里大部分青壮年劳动力外出向城市就业转移,打工或经商,形成劳务经济群体,其劳务效益是部分农村家庭的经济支柱。然而,在农民文化权益保护的队伍建设上,问题比较突出,如文化工作者的专业素质参差不齐、农村文化工作者待遇较低、农村文化工作人员的服务意识不够强等。加之大量有文化的主要劳动力外移,不仅阻碍了农业生产现代化水平的提高,还使新农村社区文化建设以及农民文化权益的保护工作失去主力军。

随着农村社区经济的发展,以前单纯的农业劳动人口中分化出兼业农民、个体工商户(生意人)、私营业主、农村智力劳动者(医生、教师、技术员)等阶层。农村社区人口的职业分化日趋明显。这种分化是农村社区从封闭走向开放、从自然经济走向市场经济的结果。农村社区人口的经济分化也进一步加大,贫富两极分化加剧。在经济相对发达的农村社区私营业主阶层有壮大的趋势,例如福建省 A 村,由于该村私营经济发达,村里人均年纯收入 100 万元以上的富裕户达到 10 户,占 1%(10 户/740 户)。人均年纯收入在 2 万—100 万元的比较富裕户达到 82 户,占 11%(82 户/740 户)。他们一般在上海经营生意、开办企业。利润丰厚,属于先富群体。他们仍保持与原农村社区之间的关系,比如招聘该村村民或带动其他村民从事此行业。从而带动该村私营业主阶层的扩大,而绝大多数农村居民仍然属于低收入群体。

农村社区外出人口给农村挣回了大量的现金,对农村的发展起到了巨大的促进作用。近年来出现农民工回乡创业的现象,资金、人力和技术从城市向农村回流。外出人口对农村社区产生了较大的负面影响。农村劳动力向城市转移的主要群体是农村社区中具有较高文化素质和身体素质的劳动力。外出人口以小学和初中文化程度的青壮年劳动力为主,这种优势劳动力的流失,给农村社区的农业生产、子女教育、乡村工作等带来较大负面影响。由于大量青壮年劳动力的外出,在家从事农业劳动生产的多为妇女及老人。老农们说:"年轻人都不种田了,都到外面打工去了,他们的地就留给我们这些老头子种。"农村人口外出务工造成农村许多孩子短期或长期失去了直接监护人,形成了许多事实上的"单亲"家庭和"隔代教育"现象,这对下一代的成长十分不利。四川仪陇县 200 个外出打工者的子女的调查显示:45.7%学生成绩较差,39.3%的学习成绩中等偏下,11.5%的学习成绩较好,而成绩优秀的仅 3.5%。农村社区大量人口的外流已经影响到正常的乡村工作,例如税收、村干部人选以及组织公共事务等。现在农村社区一些农户举家外出,他们欠下的税费很难收缴,造成不少村委会为完成税收任务而举债。另外,农村社区很多能人都选择外出,造成村干部队伍缺乏后继力量,出现村干部队伍不稳定的现象,这在一定程度上影响了乡村基层政权的建设基础。

(九)农村社区教育发展情况

目前,从调查的情况,九年义务教育在农村地区的实行情况一般,66.7%的被调查者表示实行情况一般;只有 9.2%的被调查者称九年义务教育在当地实行的较好;其中还有 24.1%的被调查者认为当地根本没有普及九年义务教育。

九年义务的实行情况认知的频次分布表

调查选项	占总人数比例(%)	累计百分比(%)
较普遍	9.2	9.2
不是很普遍,一般	66.7	75.9
不普遍,很少	24.1	100
合计	100	

从调查中我们还了解到,农村小学、学生和教师的数量是不断减少的,农村初中学校、学生和教师数量总体趋势也是不断减少的。为促进和引导全国基础教育事业的改革和发展,推动、支持和鼓励中小学布局调整,加快中小学规范化、标准化建设,改善地方基础教育办学条件,提高办学质量和效益,国家颁布了《国务院关于基础教育改革与发展的决定》(以下简称《决定》)。《决定》将调整农村义务教育学校布局列为一项重要工作,之后,各地政府纷纷制定本地区的农村中小学布局调整规划,农村中小学布局调整在全国范围内大规模展开。因此,自此以后,农村中小学的数量都在下降,教育资源也趋于优化。农村义务教育阶段学生数量下降的原因,一是由于计划生育政策的落实,农村独生子女增加,适龄入学儿童的数量也在减少,相应的农村中学生的数量也在减少;二是城乡教育资源不均衡,农村生源流失严重。

(十)劳动力教育培训的状况

1. 农民对农村劳动力教育培训的认识

被调查者中有68.4%认为农村劳动力教育培训是有用的,有9.7%的农民认为没用,还有21.9%的农民未置可否。对于是否愿意参加教育培训,被调查的农民中有68%的愿意参加教育培训,其中希望学习职业技术、拥有一技之长的占37.4%;希望学习农业种植技术的占30.6%,还没想过的占32%。可见,农民对农村劳动力教育培训还是有很大的需求。

农民对农村劳动力教育培训作用的认可度频次分布表

调查选项	百分比(%)	累计百分比(%)
有用	68.4	68.4
没用	9.7	78.1
不知道	21.9	100
合计	100	

农民参加教育培训的意愿频次分布表

调查选项	百分比(%)	累计百分比(%)
希望拥有一技之长	37.4	37.4
学习农业种植技术	30.6	68
没有想过	32	100
合计	100	

2. 农民对农村劳动力教育培训的政府监管部门的认识

农村劳动力教育培训的服务对象是弱势群体的农民,从某种程度上讲是对教育资源的重新分配,以实现教育资源的均衡共享,因此需要政府部门在政策上多向农村劳动力教育培训进行倾斜,但实际上,政府部门所做的工作并不够,农民普遍认为农村劳动力教育培训的政府监管部门的职责履行不到位。被调查者认为政府不够重视农村劳动力教育培训的占38.6%,认为教育培训的收费过高、政府补贴不足的占到了43.7%,认为相关保障制度缺乏的有17.7%。在农村劳动力教育培训的监管问题上,有25.2%的农民认为农村劳动力教育培训应由政府部门进行管理,占28.4%的农民认为应该由教育部门管理,觉得可以由社区组织自行管理的占36.3%,还有10.1%的农民认为可以用其他方式进行管理。

农民对农村劳动力教育培训的政府监管部门的认知频次分布表

调查选项	百分比(%)	累计百分比(%)
收费过高,政府补贴不足	43.7	43.7
政府不够重视	38.6	82.3

续表

调查选项	百分比（%）	累计百分比（%）
相关保障制度缺乏	17.7	100
合计	100	

农民对农村劳动力教育培训监管的认识

调查选项	百分比（%）	累计百分比（%）
应由政府进行管理	25.2	25.2
应由教育部门管理	28.4	53.6
应由社区组织自行管理	36.3	89.9
其他方式管理	10.1	100
合计	100	

3. 农民对农村劳动力教育培训机构的认知

教育培训机构是农村劳动力教育培训具体的执行机构,农村劳动力教育培训的质量与教育培训机构的管理、教学水平直接相关,而目前农村劳动力教育培训机构还不是很完善。调查对象中有57.4%的人认为教育培训机构培训、教育水平一般,有14.4%的人认为教育培训机构培训、教育发展水平较低,只有28.2%的农民觉得培训机构培训、发展发展水平高。在对农村劳动力教育培训的认知上,有46.5%的农民表示培训的内容单一,认为培训方式不灵活的有37.3%,还有16.2%的农民觉得培训地点离家远,无形中增加了他们参加教育培训的成本。

农民对农村劳动力教育培训机构的认识频次分布表

调查选项	百分比（%）	累计百分比（%）
培训机构水平一般	57.4	57.4
培训机构水平较低	14.4	71.8
培训机构水平较高	28.2	100
合计	100	

农民对农村劳动力教育培训中存在问题的认知频次分布表

调查选项	百分比（%）	累计百分比（%）
培训内容较为单一	46.5	46.5
培训方式不够灵活	37.3	83.8
培训地点较远	16.2	100
合计	100	

4. 农民对农村劳动力教育培训过程中自身权利的认知

在农村劳动力教育培训过程中，农民的合法权利是接受教育培训的农民寻求法律帮助的依据。而绝大多数农民对农村劳动力教育培训中自身所享有的权利并不了解，在被调查的农民中，66.9%的农民认为接受教育培训的农民应享有一定权利，但对其具体内容不清楚；21.8%的农民认为无所谓；10.8%的农民不知道什么是自身权利，仅有0.5%的农民知道享有权利，并知道权利内容。

农民在劳动力培训过程中自身权利的认知频次分布表

调查选项	百分比（%）	累计百分比（%）
享有一定的权利，并知道权利内容	0.5	0.5
知道享有一定的权利，但不知道具体内容	66.9	67.4
无所谓	21.8	89.2
不知道应享有权利	10.8	100
合计	100	

（十一）调查对象对农村社区文化市场监管情况的看法

从调查对象对社区文化市场监管的到位情况调查中可以看出，68.1%的调查对象认为农村文化市场的监管情况是不到位的；26.6%的调查对象认为农村文化市场的监管情况不是很到位，还存在一些监管不力的方面；只有5.3%的调查对象认为农村文化市场的监管很到位，这部分地区大多是社区整治建设发展较快，经济较发达地区。

具体而言,其一,在农村文化市场中,管理职责不明确,县、乡、村三级管理体制没有很好的协调管理,对文化基础设施的运行管理缺乏系统规划和综合利用。其二,在农村文化市场中,管理方式不科学,简单的行政命令方式以及多头领导的情况仍旧大量存在。农村文化管理目前还处于一个盲区,没有一个规范的管理模式,文化局、文明办、民政、科技、教育、妇联、共青团等系统和单位都介入农村文化市场的监管与建设,缺乏统一规划和协调。

对农村社区文化市场监管情况的频次分布表

调查选项	占总人数比例(%)	累计百分比(%)
很到位	5.3	5.3
不是很到位	26.6	31.9
不到位	68.1	100
合计	100	

(十二)不同文化程度农民对新农村建设的需求差异

不同文化程度农民对新农村建设的了解程度和了解途径存在很大差异,文化程度越高,农民了解新农村建设的程度越深,且通过报纸、网络了解新农村的比例越高。文化程度高的农民各方面的经济现状优于文化程度低的农民,但对各方面现状的满意度却在下降,可见文化程度高的农民对现实的要求要高于文化程度低的农民。

在农业生产方面,随着农民文化程度的升高,农民对技术的需求程度呈现上升趋势,不仅体现在文化程度高的农民认为制约生产发展的主要因素是缺少技术,而且他们希望政府帮助解决的问题和农业生产中最急需改进的方面也是发展农业科技。在文化需求方面,文盲对文化活动的需求较强烈,而其他文化程度的农民对培训和法律知识的需求较强烈;文化程度越高,农民对知识的渴望越强烈,如文化程度较高的农民希望社区有图书室,可以提供农民阅读图书的场所。在社区管理方面,随着农民文化程度的升高,农民对社区管理的参与度也提高,对各种组织的参与意愿也呈现上升趋势。文化程度高的农民,不仅参与村委会的积极性较高,同时对村委会的财务状况的了解程度也高于其他文化程度较低的农民。并且,文化程度越高,对各种类型组织或协会的参与意愿也较高,相反在文盲中有五成多的农民不愿意参加任何类型的组织。不同文化程度农民中的比较特殊的群体是文盲。文盲对新农村建设五方面的需求与其他文化程度的农民差异较大。因为调查对象中的文盲大多是老人及残障人群,他们对社区事务的参与度较低。同时在选择生活方面的需求时他们选择保障基本生活、解决看病难和看病贵这两项需求的比例要明显高于其他文化程度农民。

四、农民权益保护与新农村社区发展的社会方面问题分析

2008 年到 2011 年是我国农村社会保障事业取得重要进展的时期,改变城乡社会保障资源分配严重失衡现状和农村社会保障状况达成社会共识。在中央"以人为本""构建和谐社会"治国理念和追求社会公正新发展观的影响下,国家政策制定部门和各级政府在 2008—2011 年先后推出并落实一系列政策,积极推进农村公共卫生和社会保障事业的发展,农民被排挤在保障体系以外的状况有所改变。

(一)新农村社区的新型合作医疗政策实施概况

大部分地区都已经开展新型合作医疗项目。从调查的农户情况来看,目前参与新型合作医疗的农户占 56.3%,经济较为发达的地方调查点参加合作医疗率相对较高,为 57.3%,而经济较为欠发达的调查点由于近些年才刚刚开始新型合作医疗工作,目前被调查的一些村都还处于参加合作医疗资金的收取阶段。由于许多农户还没有参加,因此目前参加合作医疗率较低,仅占 21.2%。在参加了新型合作医疗的 2702 农户中,一共有 1023 农户报销过医药费,占到 36.1%。根据统计,23.09%的调查对象认为参加新型农村合作医疗对农民有很大的帮助;58.02%的调查对象认为参加新型农村合作医疗对农民有一定的帮助;14.29%的调查对象认为参加新型农村合作医疗对农民不太有用;4.6%的调查对象认为参加新型农村合作医疗对农民没有用。

新型农村合作医疗对农民的帮助的频次分布表

调查选项	占总人数比例(%)	累计百分比(%)
很大	23.09	23.09
有一定帮助	58.02	81.11
不太有用	14.29	95.4
没有用	4.6	100
合计	100	

新型合作医疗在一定程度上解决了农民看病难的问题,但是在实际实施过程中,新型合作医疗存在的问题也是比较突出的。报销程序繁琐、报销额度偏低是目前新型合作医疗中存在的最主要问题。另外,对于流动人口等参加合作医疗问题的规定不太适合当前农村的经济发展特点,定点医院规划、定点医院的药价等问题都影响了当前农户参加合作医疗的积极性。

(二)新农村社区矛盾纠纷的情况

从调查的情况看来,问及当地农民关于自身遇到过的纠纷问题是哪些方面的时,39.9%的调查对象指出是土地问题;13.0%的调查对象认为遇到过的纠纷问题是外出打工的工资拖欠问题;26.1%的调查对象认为遇到过的纠纷问题是债务纠纷;16.6%的调查对象认为遇到过的纠纷问题是邻里矛盾引起纠纷;4.4%的调查对象认为遇到过的纠纷问题是家庭内部矛盾。

纠纷来源问题的频次分布表

调查选项	所占比例(%)	累计比例(%)
土地问题	39.9	39.9
外出打工的工资拖欠问题	13.0	52.9
债务纠纷	26.1	79
邻里矛盾引起纠纷	16.6	95.6
家庭内部矛盾	4.4	100
合计	100	

数据统计显示,47.4%的调查对象遇到矛盾纠纷时会采取私了的解决方

中国新农村社区发展的法理与实践

式;8.23%的调查对象遇到矛盾纠纷时会采取调解的解决方式;7.56%的调查
对象遇到矛盾纠纷时会采取法律诉讼的解决方式;7.95%的调查对象遇到矛
盾纠纷时会采取仲裁的解决方式;22.5%的调查对象遇到矛盾纠纷时会采取
上访的解决方式;6.46%的调查对象遇到矛盾纠纷时会采取一方忍让的解决
方式。

采取解决纠纷的方式的频次分布表

调查选项	所占比例(%)	累计百分比(%)
私了	47.4	47.4
调解	8.23	55.63
法律诉讼	7.56	63.19
仲裁	7.95	71.04
上访	22.5	93.54
一方忍让	6.46	100
合计	100	

在矛盾化解方式效果满意度调查方面,在满意的方式中找政府解决方式
作为满意方式的占22.1%;找村干部解决方式作为满意方式选择的达
26.1%。

矛盾化解方式效果满意度的频次分布表

调查选项	所占比例(%)	累计百分比(%)
找政府	22.1	22.1
找法院	8.70	30.8
找协会	18.7	49.5
找村干部	26.1	75.6
找亲朋好友	9.76	85.36
自行协商解决	14.64	100
合计	100	

调查数据显示,34.3%的调查对象希望用法律的途径来解决矛盾纠纷问题;49.9%的调查对象不希望用法律的途径来解决矛盾纠纷问题;15.8%的调查对象无所谓是否需要采用法律的途径来解决矛盾纠纷问题。

用法律的途径来解决纠纷问题认同感的频次分布表

调查选项	所占比例(%)	累计百分比(%)
希望	34.3	34.3
不希望	49.9	84.2
无所谓	15.8	100
合计	100	

(三)新农村社区社会保障政策实施概况

被调查地区基本建立了较完善的农村社会保障体系。农村低保户、五保户、特困户医疗救助和特困户救济、救灾救济工作在各地都有安排,在一定程度上解决了部分特困农户的生活问题。农村低保工作面临的核心问题就是资金问题。由于目前中央财政在农村最低生活保障工作方面几乎没有投入,各地采取的资金安排模式也不一样,经济发达的县,主要采取的是地方财政和乡村集体共同负担,具体分担比例根据当地情况而定;但对于贫困县,本来财政就十分困难,再安排低保资金就更加困难,因此一些地方存在农村最低生活保障资金列而少支,与中央财政对城市低保工作的充足投入相比,农村低保资金还存在巨大缺口,这严重制约了农村低保工作的开展。

本次调查,发现在197个村里,除了某几个县,由于村集体经济比较好,8个村所有的符合农村低保的农户都能够享受到低保补助,补助资金全部由村级集体经济负担。在某县的两个村,符合低保条件的农户有52户,但是享受到低保的仅为11户,低保的覆盖率仅为21%;在某县调查的两个村庄,符合低保条件的农户有203户,但享受到低保的只有73户,其保障比例仅为36%。调查发现,农村低保不仅覆盖面窄,发放给农户的补助金额也偏低。某县经济条件好,每个低保人口每个月可以获得140元的低保金;某县被调查村每个低保对象每个月只能获得 35 元的补助金额;某县被调查村每个低保对象每个月只能有 15—20 元的补助金额。而后两个地方当地人认为至少要每个月补助 120 元才够。低保对象的确定主要依靠村委会,通过村委会组织基层评议来确定,但是在实际操作过程中,基层评议出现的问题比较多。个别村民主评议低保对象有失公正,村委会对低保对象审查把关不严。有一些村受家族势力和宗派观念等因素的干扰,致使个别大户长期享受救助,而一些独门独户、人单力薄的农户则被排斥在保障范围之外,影响到低保工作的公正。农村低保户的评定必须通过村民民主评议。但在实际操作过程中,有的村干部不按程序办事,缺乏民主作风,搞"一人说了算",自己想给谁吃低保就给谁吃,优亲厚友,出现一定数量的"人情保"和"关系保",致使个别不符合条件的村民被列入低保对象,而将真正困难的家庭晾在一边,造成应保未保现象。部分村在评议上报农村低保户时,没有将生活困难的农户全家所有人口全部上报,而是搞平衡照顾,人为拆分家庭人口,出现大量"一户保一人"的现象。

同样,由于目前低保资金有限,所以能享受低保的人数也是有限的。虽然国家规定只要家庭经济收入低于补助标准的都可以享受低保,但是从现在已经享受到低保的对象特征来看,这些低保户大部分都是农村中的主要劳动力残疾或长期患病的农户,对于其他条件稍好,但仍然符合低保条件则没有任何补助。并且在某县,由于低保标准太低,仅为 70 元/月,当地的民政员表示,如果按照这个标准,该县即便最为困难的农户也无法进入低保对象中去,他表示在当地的低保标准至少要 150 元/月。这样严格的标准也就造成了在低保对象的确定过程中只能采取非常严格的条件限制。农村最低生活保障制度本身也存在着一些问题和困难,让基层的民政工作人员无法顺利地开展工作。对于新农村社区是否开始实施农村社会养老保障政策这个问题,39.9%的调查对象指出开始实施农村社会养老保障政策;19.0%的调查对象指出没开始实施农村社会养老保障政策;11.5%的调查对象说没有听说过相关的政策并不知道此类政策;29.6%的调查对象指出可能有这么回事,但是具体的情况不太清楚。

实施农村社会养老保障政策认知的频次分布表

调查选项	占总人数比例（%）	累计百分比（%）
开始了	39.9	3.9
没开始	19.0	58.9
没听说，不知道	11.5	70.4
可能有这么回事	29.6	100
合计	100	

（四）农民对农村社会保障的实施情况的态度

公共设施方面，调查地区57.14%的村庄中完成了公路交通的建设，但有81.25%的村庄公路设施无人维护，且东部和中西部有明显差异。其中，浙江、山东、福建等东部地区都已基本完成公路交通的建设，并大多采取维护措施，而中、西部地区在公路交通的建设方面非常不均衡，且已建设的村庄采取维护措施的也相对较少。社会保障权方面，农村社会保障的状况占5.43%的农民认为很好，占14.67%的农民认为较好，占19.02%的农民认为一般，占43.48%的农民认为较差，占17.40%的农民认为没有。可见，政府虽在农村社会保障方面投入了大量的资金，采取了多种措施，但取得的效果却并不理想。

农民对农村社会保障的实施情况的态度频次分布表

调查选项	百分比（%）	累计百分比（%）
没有实施	17.4	17.4
实施状况较差	43.48	60.88
实施状况一般	19.02	79.9
实施状况较好	14.67	94.57
实施状况很好	5.43	100
合计	100	

（五）新农村社区环境卫生状况

总体上农村环境卫生条件较差。比较而言，东部地区农村的环境卫生设施情况要明显好于其他中西部地区的农村。调查地区平均42.86%的村庄有

中国新农村社区发展的法理与实践

环境污染问题,存在环境污染问题的村庄的比例没有明显的地区特征和经济发展状况特征。在调查访谈中了解到,污水和垃圾污染是农村环境的主要问题。造成农村环境卫生状况差的主要原因包括了河道失去治理、无人维护农村公共环境、居住环境恶化等。不少公共卫生方面的公共投入都面临管理效率低的问题,具体表现在管理费用较高和管理不规范等方面。

(六)新农村社区新型农村合作医疗状况

调查地区农民基本以"保大病"为主参加新型农村合作医疗,受益面较小。目前在试点区基本上只报销少量的门诊费,由于村及乡镇卫生设备不全,对年内未动用农村合作医疗基金的参保人员的常规性体检也难以真正做到。当参保农民从新型合作医疗中没有得到实惠,加之没有认识到合作医疗的互助共济性时,直接影响他们下一年参加新型合作医疗的积极性。"保大病"还出现了为节省门诊费,小病不看,拖成大病,才住院治疗的现象,这既不利于身体健康,也增加了医疗总费用;同时,还诱发"小病大治"的道德风险。因此,必须加快新型农村合作医疗制度建设,要加强管理,不仅要让特别困难的农民能够得到重点保障,还要研究扩大农民受益面,体现新型农村合作医疗的普遍受惠性。此外,新型农村合作医疗所报销的费用起付线较高、报销比例较低、报销程序繁琐。试点区在实际操作中,由于缺乏专业的保险知识和精算技术,为了保证合作医疗基金收支平衡,普遍出现起付线高、封顶线和报销比例低的状况。报销起付线定得较高,使得有些贫困家庭因无力支付起付线的医疗费或无力垫付全额医疗费而放弃就医,结果贫困家庭参加了合作医疗还是看不起病。支付范围设计不合理和报销比例较低,也会导致参加农村合作医疗农民的医疗需求得不到有效满足。例如:调查地区某镇一位农民因病住院,住院费用花了1300元,除去起付点的300元,超出的1000元扣除不属于报销范围的部分,余额按45%报销,只领了112元补助。这点钱相对于1300元的医疗费起不到什么作用,正如农民所说:"报销所得连来回的车费都不够,还搭上几天时间。"不少试点区的农民都反映补偿数额相对于他们花费的高额医药费来说太少了,而且报销程序繁琐,报销周期长,有时为了报销几十元要往返有关部门多次,合作医疗在解决他们就医难的问题上所起的作用并不大。某些试点区合作医疗基金的大量沉淀,反映出在制定补偿范围和补偿水平上不够科学合理,合作医疗没能很好地保障农民的利益,这就降低了农民参加合作医疗的积极性。此外,由于广大农村居民对新型合作医疗未充分理解和完全赞同,每年乡镇干部、村干部及"合管办"工作人员都要挨家挨户催缴个人出资部分,而农民居住较分散,合作医疗的筹资成本和运行成本都相当高。在实际运行中,补偿方案不够合理,基金沉淀过多,报销程序繁杂,农民享受的报销范围和幅度不大,还出现虚报医药费、资金被挪用或侵占等现象。

(七)新农村社区农民养老保障问题及分析

随着我国人口老龄化进程的加快,农村的养老、医疗等方面的压力相对城镇将更加突出。随着近年来大规模人口流动的热潮,农村大量劳动力流向城市,"留守老人""留守妇女""留守儿童"等等社会问题逐步显现,在西部和贫困地区显得尤为严峻,如何使农村老年人"老有所养"正在逐渐成为日益关注的社会问题。据 2009 年人口普查资料显示,农村 60 岁以上老年人口依靠家庭其他成员养老的比例为 87.76%,其他养老渠道为 5.4%。在 2009—2011 年期间,我国农村社会养老保险参保人数分别为 5943 万、6121 万和 6295 万人,增长比率分别为 0.62%、1.32%和 2.41%,领取保险金人数分别为 302 万、352 万和 397 万人。

1. 农村"空巢"家庭老人养老问题

随着社会经济结构不断调整,计划生育政策逐渐完善,外出谋生而造成的流动人口增多,人口老龄化的发展,目前在农村也出现了大量"空巢老人"。农村"空巢老人"生活中遇到的困难相对来说比一般老人要多。比如家务、看病,尤其是与日俱增的孤独感,使他们的心理和生理承受着巨大的压力。最近,一项由中国老龄科学研究中心完成的调查表明,我国农村现有 14.5%的老人感到不幸福,有 37.6%的老人经常感到孤独,独居的和没有配偶的老人感到孤寂的比例更高。与农村"五保户"相比,农村"空巢老人"的养老问题容易被忽视,他们大多体弱多病、生活缺少照料,尤其是高龄老人面临的困难更大。调查表明,在农村,21.3%的老人是与子女分开生活,成为农村的新"空巢老人",子女及时有效地照顾老人已难以实现。很多家庭,婆媳矛盾或两代人的性格差异也使老年人被迫趋向和子女分别居住,两代分居模式,对农村老人生活有许多不利影响。同时,孝亲传统的淡漠正在瓦解家庭养老的伦理基础,一些调查显示,在农村老人中,认为子女不够孝顺的占了 28.5%,这在老人基数庞大的前提下,是一个惊人的数字。

"空巢"老人与"新空巢"老人养老状况认知频次分布表

调查选项	百分比(%)	累计百分比(%)
没有子女	5.1	5.1
与子女分开生活,并认为子女比较孝顺	21.3	26.4
与子女分开生活,并认为子女不够孝顺	14.9	41.3
与子女一起生活,并认为子女比较孝顺	42.7	84
与子女一起生活,并认为子女不够孝顺	13.6	97.6
其他	2.4	100
合计	100	

2. 农村的老年贫困问题

据全国老龄工作委员会相关资料,全国 60 岁以上农村老人占农村总人口的 10.92%,农村老人中 39.3%的人生活贫困,46.7%的生活得不到保障。由于贫困老年人收入水平很低,基本生活和基本医疗缺乏保障,疾病、伤残和照料问题突出,自我脱贫能力差,大部分贫困老年人需要长期救助。总体看,农村贫困老年人生活尤为艰难,主要表现在:温饱缺乏保障;健康状况差;居住条件简陋;照料问题突出;经济依赖性强。

农村老年人物质状况认知频次分布表

调查选项	百分比(%)	累计百分比(%)
物质生活过得较好	14.9	14.9
物质生活过得一般	59.7	74.6
物质生活过得不好	25.4	100
合计	100	

农村老年人精神状况认知频次分布表

调查选项	百分比（%）	累计百分比（%）
精神生活过得较好	31.4	31.4
精神生活过得一般	47.5	78.9
精神生活过得不好	22.1	100
合计	100	

2010 年,课题组在全国部分省、自治区、直辖市的 213 个村对 673 位老年人进行了抽样调查。调查发现,在物质生活方面,只有 14.9% 的农村老人认为自己的物质生活方面过得很好。而多数老人满意度不高,认为自己过得一般或不好,其中,59.7% 的农村老人认为过得一般,25.4% 的老年人认为过得不好。在精神生活方面,31.4% 的老人认为自己过得好,47.5% 的认为过得一般,22.1% 的认为过得不好。

（八）新农村社区便民服务项目情况

农民对农村社区哪些便民服务内容项目比较感兴趣的调查数据显示,对医疗卫生感兴趣的占到 21.7%,看病问题依然是农民们较为关注的问题;有 20.6% 的调查对象对职业介绍感兴趣,可见农民们有着强烈增加收入的愿望;对物品配送感兴趣占比也到了 19.3%,排名第三。随着我国农村社区建设的深入,农民们物质精神生活水平的提高,直接引致其对交通运输服务需求的增加。18.3% 的调查对象对专业培训感兴趣,大家希望能掌握一技之长,增加收入。对家政服务和环保管理的需求分别为 10.4% 和 9.7%。总体来看,各方面需求差异不大,因此新农村社区便民项目要在全面推进的基础上重点加强社区医疗卫生和职业介绍两方面的建设。

调查对象对农村社区便民服务项目需求的频次分布表

调查选项	百分比（%）	累计百分比（%）
家政服务	10.4	10.4
环保管理	9.7	20.1
职业介绍	20.6	40.7

续表

调查选项	百分比（%）	累计百分比（%）
物品配送	19.3	60
医疗卫生	21.7	81.7
专业培训	18.3	100
合计	100	

五、调查对象对农民权益保护与新农村社区生态方面问题的认识

（一）新农村社区农业生态环境的总体状况

经过调查我们发现,农业生态环境的质量状况方面10%的调查对象认为好,12%认为比较好,47%认为一般,31%认为差。认为农业生态环境非常重要的占10.4%,重要的11.2%,一般的12.1%,不重要的45.2%,很不重要的21.1%。这说明在人们已经认识到农业生态环境日益恶化的今天仍然对如何保护农业生态环境不是很重视,尤其是广大农民。在经济欠发达的农村,农民由于其经济承受力较低。正是这种经济状况对农民的环境意识在一定程度上有限制。因为人们所关心的首先是自身和家庭生活水平的提高,在满足物质需求的基础才有可能为生态环境良性发展而适当调整自己的获利途径。近些年来以环境为代价的急功近利式农业开发给农民带来了短期易见的经济利益,从而导致农民忽视了农业生态环境。

调查对象对农业生态环境质量的认知情况频次表

调查选项	百分比（%）	累计百分比（%）
农业生态环境质量很好	10	10
农业生态环境质量较好	12	22
农业生态环境质量一般	47	69
农业生态环境质量较差	31	100
合计	100	

调查对象对农业生态环境质量重要性的认知情况频次表

调查选项	百分比（%）	累计百分比（%）
农业生态环境质量非常重要	10.4	10.4
农业生态环境质量比较重要	11.2	21.6
农业生态环境质量一般	12.1	33.7
农业生态环境质量不重要	45.2	78.9
农业生态环境一点也不重要	21.1	100
合计	100	

（二）新农村社区的水资源状况

1. 农民对水资源保护的认知状况

由于调查地区水资源相对充沛，有近四成受访对象认为除开久旱不雨等季节因素影响，自己所居住的村镇不存在水资源短缺问题，不需要进行特别的关注。有近六成的受访对象认为当地水资源浪费现象严重，应当在农田耕作灌溉及沟渠、排管等小农田水利设施修缮方面进行特别关注。

调查对象对水资源保护的认知度频次分布表

调查选项	百分比（%）	累计百分比（%）
对水资源保护没有关注	10.32	10.32
水资源保护不太重要	30.96	41.28
水资源保护需要关注	45.81	87.09
水资源保护非常重要	12.91	100
合计	100	

2. 农民对水资源保护责任归属的认知状况

在调查过程中，受访农民和乡镇企业、相关组织大都认为目前农村水资源保护工作，如政策倾向及资金划拨，以及具体农田水利建设等工程实施，都需要在政府的支持和带领下进行。而受访的基层干部和水利工作人员则认为政府宏观调控离不开农村社区组织、企业及社会公众的支持，鼓励农村社区积极行使水资源保护职能，同时大力发展农村用水协会等群众组织，有效进行农村水资源科学配置和管理。并且,有相当部分的基层干部认为目前农村干群对水资源保护大都具有相当了解和认识,目前而言政府水利资金投入落实到基层水利建设末端的仍显不足,农村水利设施修缮拨款难以落到实处。

调查对象对水资源保护的责任归属的认知频次分布表

调查选项	百分比(%)	累计百分比(%)
政府责任	51.60	51.60
基层组织责任	20.20	71.80
农民自身责任	5.90	77.70
企业社会责任	22.30	100
合计	100	

3. 农民对当前水资源保护工作重点的选择状况

由于本问卷选择的农村调查地点的经济社会发展侧重有所不同,调查对象对于当前农村水资源保护工作的重点选择上也存在差异。例如鄂州市东港社区受访对象认为当地没有重污染的乡镇工业,且社区内建有专门的污水处理池和沼气池进行污水处理,因此水污染并不严重,而应该着重解决农田灌溉、沟渠修缮等农田水利建设及节水农业发展等问题;而湖北江夏区郑店街社区和湖北新洲区郑城街社区的受访对象则认为乡镇企业污水排放及农民农业生产污染对当地造成的水污染问题,是目前亟待解决的问题;在黄冈市英山县石头咀镇村并不存在乡镇企业污染,但是当地同样存在较严重的水污染问题,主要是由于当地居民对水资源保护意识较弱而肆意造成水浪费、水污染现象发生,因此需要进行必要的宣传教育和清洁用水生活方式推广。

调查对象对当前农村水资源保护工作重点选择的频次分布表

调查选项	百分比(%)	累计百分比(%)
农田水利建设	27.40	27.40
水污染防治	37.50	64.9
饮水工程	3	67.9
节水技术	17.10	85.0

续表

调查选项	百分比（%）	累计百分比（%）
宣传教育	10	95.0
其他	5	100
合计	100	

（三）新农村社区农业生态补偿的状况

1. 调查对象对农业生态补偿的了解状况

调查数据显示,只有 1.3% 的调查对象表示通过各种信息渠道对农业生态补偿很了解,30.4% 的调查对象对农业生态补偿是一般程度上的了解,不是很详细;38.2% 的调查对象对农业生态补偿有点陌生,表示不是很了解;仍然有 20.2% 的调查对象表示听说过农业生态补偿,但基本不了解怎么回事;有高达 19.9% 的调查对象根本就没有听说过这个词。此外,调查对象对农村社区的环境维护机构也不是很了解,对农村社区在农业生态补偿中的作用了解也很少。在农村环境维护上就农村环境维护机构而言无人维护占 20%,应由村委会维护占 27.4%,由社区维护占 37.6%,由自己维护的占 12%,不清楚占3%。在对调查对象对新农村社区在促进农民生态补偿权益方面所起的作用的认知情况调查来看,有 30.2% 的农户认为,社区在这个过程中应起重要作用,有 10.3% 的人认为,起一般作用,认为作用不大和不起作用的占到了32%,还有高达 27.5% 的人表示不太清楚。

调查对象对农业生态补偿情况认知的频次分布表

调查选项	百分比（%）	累计百分比（%）
对农业生态补偿很了解	1.3	1.3
对农业生态补偿一般了解	30.4	31.7
对农业生态补偿不太了解	38.2	69.9
听说过,但不了解	20.2	80.1
从没听说过	19.9	100
合计	100	

调查对象对农村社区生态环境维护机构作用的认知情况频次分布表

调查选项	百分比（%）	累计百分比（%）
无需要人维护	20.	20
应该由村委会来维护	27.4	47.4
应该由社区总体部署来维护	37.6	85
个人自己维护	12	97
不清楚	3	100
合计	100	

调查对象对农村社区在农业生态补偿中所起作用的认知情况频次分布表

调查选项	百分比（%）	累计百分比（%）
应起重要作用	30.2	30.2
作用一般	10.3	40.5
作用不大	20.3	60.8
不起作用	11.7	72.5
不清楚	27.5	100
合计	100	

由图表可以看出,调查对象对农业生态补偿知晓程度还不高,对其农村社区在农业生态补偿中的作用基本认识不清。农村社区是新农村建设和生态文明建设的重要组织载体。而在当前,对于农业生态补偿相关政策法律不多,很大一部分人对农业生态补偿表示不了解或了解一点。随着医疗卫生、社会保障等各方面农村工作的深入开展,广大农民朋友生活状况虽然有了很大改观,但仍然不能适应广大农村物质文明发展的需要,缺少对农业生态环境保护的意识就是一个重要的表现。农村由于历史和政治原因一直处于社会发展落后地带,同时也因为较差的家庭经济状况、农村人口文化知识水平相对普遍较低、现有技术水平较低、社会保障制度等方面的不完善等多方面原因,造成当前农民对于农业生态效益无法得到有效的补偿。在这种状况下,农村社区可以改变农民分散、个别的追求自身权益保障的局面,实现农民组织化的时空载体。农村社区充分发挥农民自治组织的优势,对农民进行各种环保型农业生

产知识指导和表达农业生态利益补偿的诉求。只有广大农民树立起正确的环保意识并得到相应的补偿,才能促使他们运用正确的环保型生产方式,进而改善农业生态环境状况。可见,在新农村社区建设中,加强社区在新农村社区生态补偿方面的职能作用任重而道远,需要加快改进新农村社区建设有"新貌",而农民环保素质却无"新貌"的现象。

2.调查对象对农村社区在维护农民生态补偿权益的意见建议

在当地被问及农业生态补偿问题上农村社区应从以下哪些方面进行完善时,40.9%的调查对象希望简单、直接的资金补偿,希望从增加社区农民社会保障权益方面进行补偿的占到11.3%,也有20.6%的农民表示希望从社区生态农业方面进行补偿(这是一个令人欣喜的数据,一定程度上显示我国农民在关注自身农业生产可持续性上意识的加强),仅有6.7%的农民希望从加强农民政治权益方面进行补偿,这从侧面反映我国农村社区政治建设真正达到让农民满意还有很长的路要走。此外,希望从政府的惠农政策方面进行补偿的占到17.5%,其他方式的占4%。

调查对象对农村社区在农民生态权益维护方面的意见和建议

调查选项	百分比(%)	累计百分比(%)
应直接进行一定的资金补偿	40.9	40.9
从增加社区社会保障权益方面进行补偿	11.3	52.2
从加强社区生态农业项目方面进行补偿	20.6	72.8
从加强农民政治权益方面进行补偿	6.7	78.5
从政府惠农政策支持方面进行补偿	17.5	96
其他方式	4	100
合计	100	

调查对象对农村社区维护农民生态补偿权益方面存在的主要难题的认知情况

调查选项	百分比(%)	累计百分比(%)
资金来源困难	20.9	20.9
无相关的政策法律保障	25.6	46.5

调查选项	百分比（%）	累计百分比（%）
执行困难	20.3	66.8
补偿方式、标准的不确定	19.6	86.4
其他	5.9	92.3
不清楚	7.7	100
合计	100	

由图表可知,在新农村社区建设中对于农民生态补偿权益的维护中,最担心的问题依次是无相关的政策法律保障、资金来源困难、执行困难、补偿方式及标准的不确定,这些困难占到 86.4%,可见农民对于新农村社区建设中生态补偿问题尽管普遍不是很了解,但是对所存在的问题有的自己关注,有关注,这就表明新农村社区建设在此方面的改进中要注重倾听广大农民的声音,积极调动其在此方面的积极性,依靠他们,新农村社区建设才会真正有进步。

六、基于农民满意度的农村社区建设绩效评价

（一）农民满意度指标设定

ACSI 是一种衡量经济产出质量的宏观指标,是以产品和服务消费的过程为基础,对顾客满意度水平的综合评价指数,由国家整体满意度指数、部门满意度指数、行业满意度指数和企业满意度指数 4 个层次构成,是目前体系最完整、应用效果最好的一个国家顾客满意度理论模型。在国外,ACSI 模型已被广泛应用于政府公共部门的绩效评价。[1] ACSI 的结构模型由六个变量构成,其中顾客满意度是目标变量;顾客期望、感知质量和感知价值是顾客满意度的原因变量;而顾客抱怨和顾客忠诚则是顾客满意度的结果变量。[2] 就农村社区而言,其建设实践的直接感受对象为农民,因而可以将农民看作是国家进行

---

[1] 沈坤荣、张骞:《中国农村公共支出及绩效分析——基于农民收入增长和城乡收入差距的经验研究》,《农业经济导刊》2007 年第 5 期。

[2] 催元锋、严立冬:《基于 DEA 的财政农业支出资金绩效评价》,《农业经济问题》2006 年第 9 期。

农村社区建设的"顾客",从而可以从顾客满意度这一角度来测度农村社区建设的成效。根据顾客满意度、农村社区建设等相关理论,设计基于农民满意度的农村社区建设成效调查的指标体系。

农村社区建设农民满意度指标体系表

一级指标	二级指标	三级指标	权重
农村社区建设农民满意度	职能部门的行政效率和服务(A) 0.1	1. "门难进、脸难看、事难办"的现象	0.05
		2. 基层干部为农民排忧解难的主动性	0.02
		3. 社区政务公开、公正、透明	0.02
		4. 社区便民服务	0.005
		5. 社区提供小额贷款	0.005
	基础设施(B) 0.1	6. 交通便利	0.03
		7. 污水和垃圾处理	0.05
		8. 环境绿化率	0.02
	医疗(C) 0.2	9. "看病贵、看病难"问题	0.1
		10. 基本的卫生保健制度	0.06
		11. 医疗条件、医院城乡差距	0.04
	文化教育(D) 0.15	12. 技能培训	0.09
		13. 子女入学难问题	0.06
	社会保障(E) 0.15	14. 社区治安	0.08
		15. 社区居民最低生活保障制度	0.02
		16. 享受低保人员名单的确定	0.02
		17. 食品安全状况	0.03
	权益保障(F) 0.1	18. 土地权益保障	0.02
		19. 在踏实为农民谋福利方面	0.02
		20. 在解决日常纠纷方面对农民权益的保护	0.06
	经济发展水平(G) 0.2	21. 人均纯收入	0.1
		22. 物价指数增长	0.06
		23. 农业成本增长	0.02
		24. 农业科技进步	0.02

(二)农民满意度及其测度方法

1. 农民满意度测算

农民满意度调研的一个重要目标就是测量当前的农民满意度水平。一般采用算术加权平均法来进行计算 $CSI = \sum_{i=1}^{n} W_i X_i$,公式中 CSI:农民满意度指数;$W_i$ 是第 i 个测评指标的权重;X_i 是农民对第 i 个满意度指标的评价。

2. 指标权重的测算

由上式可知,要测算农民满意度必须先得出各指标的权重。分配权重的方法多种多样,常用方法分为主观赋权法、客观赋权法。而客观赋权法又包括直接比较法、对偶比较法、德尔菲法和层次分析法等。本研究中采用的是层次分析法,二级指标权重及各三级指标在二级指标中的权重如表3-66所示。然后将二者对应相乘即可得各三级指标在一级指标下的权重。

3. 满意度测算

根据农民满意度指数的评价模型,我们可以计算出各个CSI评价指标的具体得分,并据此计算出整体的农民满意度水平。根据上式可以得到各个顾客满意度指标的平均得分即均值。根据层次分析法得出满意度三级指标权重,由顾客满意度计算公式可以测算出各指标的满意度,从而得出最终的整体满意度水平。

农民满意度指数计算结果表

三级指标	满意度均值	指标权重	单项满意度值
1. "门难进、脸难看、事难办"的现象	2.47	0.05	0.1235
2. 基层干部为农民排忧解难的主动性	2.33	0.02	0.0466
3. 社区政务公开、公正、透明	2.12	0.02	0.0424
4. 社区便民服务	2.14	0.005	0.0107
5. 社区提供小额贷款	1.37	0.005	0.00685
6. 交通便利	4.12	0.03	0.1236
7. 污水和垃圾处理	2.85	0.05	0.1425
8. 环境绿化率	3.98	0.02	0.0796
9. "看病贵、看病难"问题	1.34	0.1	0.134
10. 基本的卫生保健制度	4.29	0.06	0.2574
11. 医疗条件、医院城乡差距	4.25	0.04	0.17
12. 技能培训	1.83	0.09	0.1647
13. 子女入学难问题	4.26	0.06	0.2556
14. 社区治安	4.23	0.08	0.3384
15. 社区居民最低生活保障制度	2.36	0.02	0.0472
16. 享受低保人员名单的确定	3.59	0.02	0.0718
17. 食品安全状况	4.23	0.03	0.1269

续表

三级指标	满意度均值	指标权重	单项满意度值
18. 土地权益保障	1.73	0.02	0.0346
19. 在踏实为农民谋福利方面	1.51	0.02	0.0302
20. 解决日常纠纷中对农民权益的保护	1.05	0.06	0.063
21. 人均纯收入	2.89	0.1	0.289
22. 物价指数增长	1.38	0.06	0.0828
23. 农业成本增长	2.26	0.02	0.0452
24. 农业科技进步	3.99	0.02	0.0798
总体满意度水平(CSI)			2.53631

（三）农民对农村社区建设成效的满意度分析

1. 农民满意度总体水平分析

根据满意度调查数据,用加权平均法计算得出的我国农村社区建设的农民满意度指数为 2.53631,折合百分制为 50.72%,属于中等偏下水平。满意度指数从侧面反映了农村社区建设成效。农村社区建设作为针对农村居民实施的政策,其目的在于改善我国农村落后现状,实现城乡一体化发展。作为政策直接受惠者的农民对其落实情况是否满意反映了农民对农村社区建设的支持程度以及政策的实施成效。通过各项指标的满意度测评可知农民满意度水平并不理想,虽然少数层面得到较好落实,但就整体而言,国家农村社区建设的要求与任务并没有得到很好的落实,其建设发展绩效不容乐观。与农民的预期相比,农村社区建设成效仍然存在较大的落差,社区建设情况并不能满足农民的需求。在新形势下,要求政府更加重视对农村社区建设的投入,加大力度将国家出台的农村社区建设的任务和要求落到实处,从而使农民真正分享和谐社会建设的果实。

2. 农民满意度水平具体分析

一是农民的期望。从问卷调查结果可看出,被调查者(农民)对国家农村社区建设期望程度较高。其中期望最高的选项有:促进社区医疗卫生事业的发展,加大对农村社区基础设施建设的投资力度以及为农业生产提供技术培训的支持,这些都从侧面反映了农民自身的迫切需要解决问题的渴望。在调查过程中了解到,农村社区建设的各项惠农政策得到了农民的认可,然而政策的落实却存在严重的问题。多数农民反映国家社区建设中的惠农政策走了样、缩了水;基层干部素质较低,不能为农民办实事。

二是对成效的感知。据调查反映,尽管农村合作医疗制度已经落实普及,农民"看病难、治病难的问题得到改善",但是农村社区医疗卫生水平仍然没有得到较大幅度的提升,依然处在较低水平。虽然农民在个人纯收入层面的满意度实现较好,但物价指数增长以及农业成本增长这两个层面的满意度一定程度上使其大打折扣。

三是对价值的感知。对"是否觉得国家对农村社区建设投入越来越大"这一选项,94%的调查对象选择"是",这说明近年来国家对"新农村"建设的关注和努力以及农村社区建设已经收到了一定的成效。广大农民朋友已经感受到国家方针政策对农村的倾斜。在多选题"在农村社区建设中受益最大的方面",63.6%选择了社会治安和食品安全方面的改善,近55%选择了农村社区文化教育和环境问题的改善,此外新型农村合作医疗制度也得到了广大农民的认可。可见农民真正受惠的方面还是与农民日常生活紧密相连的基本的生活条件与环境,其他方面农民受惠感程度较低,劳动保障类政策同样没能真正落到实处。从而反映了基层政府落实保障类政策存在较大的问题。

四是抱怨。根据调查显示,对农村社区医疗卫生和劳动保障不满意的人最多,占到32%和28%,近67%的调查对象在与旁人的闲谈中表现出当地政府在农村社区建设中落实惠农政策上的抱怨。这反映出地方基层政府在国家"新农村"建设过程中执行不力,甚至欺上瞒下,使得国家农村社区建设的惠农政策没有真正为广大农民谋福利。

五是信任。调查表明,对"是否对当地所在社区构建和谐社会有信心"表示"非常有信心或有信心"的分别占22%、36%,由此可见农民对政府在实施农村社区建设、推进"新农村"建设方面表现出较高的信任度。对比与农民对社区建设的知晓程度较低,但是他们仍然表达对政府这项决策的支持态度,这反映了农民心理上把改善生活状况的希望寄托给政府,这种愿望一定程度上有助于推进政府对农村社区的规划建设工作。

(四)基于农民满意度的新农村社区建设成效四分图模型分析

四分图模型又称重要因素推导模型,是一种偏向于定性研究的诊断模型。它列出所有绩效指标,每个绩效指标有重要度和满意度两个属性,根据该绩效指标的重要程度及满意程度打分,将影响满意度的各个因素归于四个象限内,最后可根据归类结果对这些因素分别处理。

第一象限——优势区。指标分布在这些区域时,表示这些因素是重要的关键性因素,且目前其满意度评价也较高。这些优势因素需要继续保持并发扬。

第二象限——修补区。指标分布在这些区域,表示这些因素是重要的,但当前在这些方面的表现比较差,农民满意度评价较低,需要重点修补、改进。

第三象限——机会区。指标分布在这些区域时,表示这一部分因素对顾客不是最重要的,而满意度评价也较低,因此不是现在最急需解决的问题。由于农民不太重视这些因素,在资源紧张的情况下可以忽略这些因素,但是在这里往往可以挖掘出提升满意度的机会点。

第四象限——维持区。满意度评价较高,但对农民不是最重要的因素,属于次要优势(又称锦上添花因素),对成效提高的实际意义不大,如果考虑资源的有效分配应先从该部分做起。

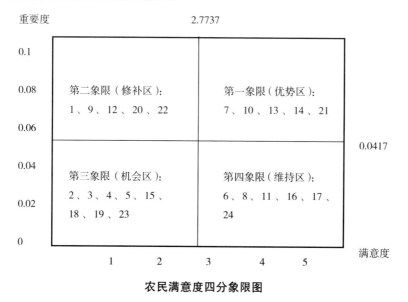

农民满意度四分象限图

在对所有的绩效指标归类整理后,可从三个方面着手对政策绩效进行改进:农民期望(农民最为关注的,认为影响他们对农村社区建设满意度的最为重要的一些因素),优势指标(当地政府在这些因素上做得到位,满意度也高),弱点(当地政府在这些因素上工作不足或是没有意识到这些因素对满意度的影响)。本研究的四分图见图表,图中两条相互垂直的参考线将整个坐标系分为四个象限,其交点即为满意度均值和重要度均值的组合点,坐标为(2.7737,0.0417)满意度测评体系的 24 个三级指标散布在这四个象限中,每个象限代表不同的"重要性"和"满意度"的组合,也代表政府应采取的不同措施和政策。这样整理得出分析结果。

从上文分析中可知,农村社区建设的农民满意度并不高,农民对这一举措的期望值与其落实情况之间存在较大的落差。除了在污水和垃圾处理、基本的卫生保健制度、子女入学难问题、社区治安等基本的日常生活需求保障层面外,其他各项的建设落实情况堪忧,整体成效偏低,远远无法满足农民的期望。值得一提的是尽管农民们对个人纯收入增长比较满意,然而,物价指数及农业成本增加的不满意使其大打折扣。四分图模型分析发现,需要主要关注的第二象限有对于基层干部服务的"门难进、脸难看、事难办"的现象、"看病贵、看病难"问题、农业技能培训、解决日常纠纷中对农民权益的保护、物价指数增长等。总结可知,农村社区建设成效不高的原因除了有社区管理法律法规政策上的缺陷外,农村社区的管理者、管理环境以及农民自身的原因,比如"小富即安"、封建迷信等观念也是我们需要深思的。农村社区建设是我国经济发展、国力不断提高的结果,更是党中央统筹城乡经济社会发展,建设农业现代化,发展农村经济、增加农民收入,全面建设小康社会的重大举措。因此必须把这种重视和关怀以及温暖送到广大农村,始终牢记维护农民权益的宗旨,积极调动广大农民建设家园、发展生产、增加收入和改善生活条件的积极性,增强其勇气和信心。

四分图模型分析结果

所属象限	指标名称
第一象限　优势区	7. 污水和垃圾处理 10. 基本的卫生保健制度 13. 子女入学难问题 14. 社区治安 21. 人均纯收入 1. "门难进、脸难看、事难办"的现象 9. "看病贵、看病难"问题 12. 技能培训 20. 解决日常纠纷中对农民权益的保护 22. 物价指数增长
第二象限　修补区	2. 基层干部为农民排忧解难的主动性 3. 社区政务公开、公正、透明 4. 社区便民服务
第三象限　机会区	5. 社区提供小额贷款 15. 社区居民最低生活保障制度 18. 土地权益保障 19. 在踏实为农民谋福利方面
第四象限　维持区	23. 农业成本增长 6. 交通便利 8. 环境绿化率 11. 医疗条件、医院城乡差距 16. 享受低保人员名单的确定 17. 食品安全状况 24. 农业科技进步

第四节　调研小结

一、调研启示

在调研过程中,各地的农村社区建设给我们许多有益的启示,突出表现在以下方面:

一是要注重发挥农民在社区建设中其自身的终极主体作用。农民是其自身权益保护和社区发展的主力军和内在动力,是主要的参与者和受益者,发挥农民的积极性是农村社区建设的根本保证。必须在保障其物质利益和尊重其民主权利的基础上,把其积极性、主动性和创造性作为社区建设的根本力量源泉。他们能够发挥出巨大的内发性力量,直接决定了农村社区发展的成败。一方面,我们需要在法律的框架下,架构农民利益的实现与保障层面的微观意义上的利益机制,以实现对农民利益的导向与保护以及利益实现的关注。农民作为原发性力量的社会角色,其待遇应得到法律的明确承认。这就要求在法律层面推动市场主体地位的平等,进而实现在文化利益上的平等,实现人才回流,精英归位。另一方面,要切实保障农民在市场交易和分配中待遇公平。可以通过合同制度、价格制度和竞争制度等相关法律制度的有机组合,并在此组合中实现对农民利益的保障。此外,农民合法权益及满意度的实现是客观上推动政府决策的终极力量。应在和谐的利益机制下,恰当引导农民行为,运用税收、信贷、金融、投资等方面优惠政策以及经济手段来引导农业的健康发展。

二是要发挥农村基层组织的利益表达功能,建立适合农民特点的利益表达机制。必须在尊重农民的意愿的基础上,因地制宜,充分考虑农民的社区生活成本,农民具有朴实的利弊观,既有着自己对生活成本、生活习惯、信息费用、补助方面甚至对于其情感交流的影响,他们在心底都有自己的考量,同时也对政府的规划和执行能力表示出一定程度的担忧。所以农村社区建设和规划必须充分考虑农民的意愿,反映所在地的人文风情等。通过建立广泛的农民利益表达组织,确立农民利益代表。期间要充分认识农村社区中非正式制度和非正式组织在利益表达中的作用,引导社区内社会组织发挥表达诉求、协调利益的功能。在社区内推广村民议事制度,在重大事务决策前由组织召开民主会议,提高决策的民主性和科学性,增强村级组织的凝聚力,提高决策的执行力。从而也确保各级政府在制定农村政策时能听到农民的声音,将农民最真实的想法和情况反馈给政府。农村社区应当在基层政府的科学规划和地方部门的密切协作下,充分进行社会动员,实现政府主导作用与农民主体地位的有机结合,上下互动,形成合力,共同推进。

三是必须建立有效的农村社区建设的工作机制,形成新农村社区建设的长效机制。新农村社区建设需要各个方面的广泛参与和各部门的配合协作，可以成立一个由各部门参加的农村社区建设委员会，统筹社区建设的指导工作，各部门必须根据自身的工作职责，围绕新农村社区建设的目标，在社区规划、资金、产业、基础设施、要素配置等方面协调配合，采取必要的一系列扶持政策工作措施。在工作中需要以社区农民权益保护为服务宗旨，明确职责、调整关系、运用行之有效的政策措施切实解决好新农村社区建设中农民权益保护的问题，将农民群众满不满意、答不答应、高不高兴作为判断我们工作成败的根本标准，让广大农民认可、放心、高兴、满意。

四是要建立健全农村社区矛盾化解机制，努力构建以新农村社区为中心的农村矛盾仲裁庭。必须从农民权益保护和新农村社区发展的整体利益出发，以提高农村矛盾防范和管理的综合能力为重点，以推动农村矛盾化解机制的创新与完善、不断提高农村矛盾化解水平为目的，以进一步完善农村矛盾化解的法律法规、政策、市场等方面的环境为内容，从而为广大农民群众的根本利益服务。主要从农村社区矛盾的治安防控措施、矛盾排查措施、矛盾预警措施、矛盾分流措施、矛盾应急措施、矛盾化解方式等方面着手。仲裁制度在我国农村社区的建立时间不久，但由于其经济性、公正性、及时性等特点决定了这一制度在我国新农村社区的经济发展过程中将发挥重要作用。根据目前农村仲裁的发展状况，建议在新农村社区设置以土地仲裁和农村劳动仲裁为主的农村矛盾仲裁庭，以系统、全面地疏导农村纠纷与矛盾的产生与发展，为农民生产生活提供更为稳定健康的社区环境，从而提高农民对社区建设的满意度。

五是通过建立农村社区民主监督机制，强化治理的透明化。要坚持以民主决策为处理新农村社区建设所涉及公共事务的主要手段，通过农民群众的广泛参与，既能够保障农民的知情权、参与权、决策权和监督权，使得新农村社区进行民主管理的内容具体化、程序规范化，又能够加强关系到农民切身利益的相关决策的合法性、合理性和可操作性。同时改革地方政府考核任用机制，将"农民满意度"着重作为其考核任用的指标之一，从而使之更加关注农民利益，真正为农民谋福利。

六是要将社区总体规划与后期社区管理紧密结合,努力创新农村社区管理机制。社区的总体规划必须要使农村社区经济效益、生态效益及社会效益和谐统一,真正实现农村社区发展的可持续性。农村社区建设与管理是社会主义新农村建设与全面实施乡村振兴的重要内容,但对于目前这样一个经济转轨与社会结构转型交织的特殊历史时期,既要大力发展农村社区组织,又要对农村社区相关管理进行强化和控制,比如由于一些农民素质相对低下等诸多现实性问题的存在,农村社区容易出现个别精英主义,歪曲民主,重视短期效益。因此,农村社区建设及管理工作一方面应坚持"以农民为本"的原则,明确以经济效益、社会效益、生态效益统筹协调发展的目标,以避免权力被异化而导致农民合法权益以及社会公共利益遭到侵害。另一方面也要社区各部门管理人员在实践中总结管理经验,在把握本社区发展的自身特色的基础上加强学习,努力探索创新本社区管理机制的新方法和新途径,更好地为本社区的农民服务。

七是要努力拓宽农民增收渠道,增加社区农民收入。增加农民收入是新农村建设与全面实施乡村振兴的基本出发点,也是当前和今后一个时期内新农村社区建设面临的紧迫而又核心的任务,直接影响农民社区建设的积极性、主动性,进而影响农民对社区建设成效的满意度。一方面要充分挖掘社区农业内部农民增收的潜力,扩大养殖、园艺等劳动密集型产品和绿色食品的生产,大力发展农产品加工业,延长农业产业的链条,壮大县域经济,发展乡镇企业,促进农村劳动力向第二第三产业转移,拓宽农业内部增收空间。另一方面也要进一步鼓励农民外出务工就业,切实保护好农民工合法权益,搞好就业服务,改善农民外出务工的环境,落实好中央的惠农支农政策法规,推动建立农民收入支持保护体系,确保农民收入的可持续增长,这是增加农民满意度的根本着眼点。

八是要提高农民组织化程度,强化利益维护载体的保障功能。农民组织化程度高低问题是当前新农村社区建设中面临的突出问题。鼓励和引导农民兴办多种形式的农民经济组织,实行农民管理、民主决策,民办民管民受益。并支持农民专业合作组织进行跨社区经营,壮大自身实力,增强服务功能。并支持农业科技人员、农业能人以及各类社会化服务组织,创办或领办各类农业中介服务组织。这是增加农民收入、增强农产品竞争力的有效途径。同时推动出台《农村社区农民合作经济组织法》,贯彻实施《农民专业合作经济组织示范章程》,以引导农民专业合作经济组织快速健康的发展。通过农民专业合作经济组织把农民组织起来,代表社区农民的共同利益,能提高农民的市场谈判地位和话语权,从而完善社区农民权益保护机制。

九是要加大农村社区基础设施建设的力度,切实改善农民生产生活的条件。农村社区基础设施建设要突出重点,要着重建设与农民生产生活直接相关的和农民群众最迫切需要的基础设施,这直接影响新农村社区建设成效的农民满意度。从调研中,我们了解到,今后新农村社区基础设施建设应着重把道路交通、水电改造、农田水利等放在突出位置,如农村社区沼气建设带动农民改厕、改厨、改圈,不仅改善了农民生产、生活的条件,还增加了农民收入,也没有破坏农村社区环境,投资少、见效快,深受农民们的欢迎。在调研中,很多农民表达了想发展沼气的强烈愿望,加上目前我国沼气技术已基本成熟,应抓住机遇,加大在适宜地区普及沼气技术,也要进一步创新沼气技术与模式,以使更多的农户受益,提高农户的满意度。

十是要大力发展农村社区教育培训,促进农民自身素质提高。农民基本权利缺失、弱化,以及农村社区落后与农民受教育程度低有着密切的关系。农民受教育程度低是造成农民基本权利缺失、弱化,以及农村社区落后的原因之一。只有用现代农业科技知识培养造就新型农民,让农民学会使用先进的技术和装备,才能有效推进现代农业进程,增加农民收入。当前农村劳动力整体素质不高,缺乏专业技能,自学能力低下,在市场竞争中处于明显弱势。必须采取有针对性和实用性的措施,突出区域优势产业,以现代适用技术和实用技术培训为主,结合发展现代农业和建设社会主义新农村的要求,加大现代信息技术、生物技术、清洁生产技术、环保技术等的培训力度,加快培养新农村社区新型农民和实用人才。一方面开展新型农民科技培训,围绕社区特色农业和支柱产业,以农村科技和经营管理知识为重点,对农民开展示范性培训,提高农民的科技素质,促进科学种田、科学养殖。以绿色证书工程为载体,遵照农业生产岗位的规范要求,采取灵活多样的授课方式,对社区农业生产骨干系统开展农业科技知识培训,切实把农业发展转入依靠科技进步和劳动者素质提高的轨道上来。另一方面,加快农村社区实用人才队伍建设,实施好农村实用人才培养计划,加大对农村社区使用人才培养计划的经费投入,开展面向农民的职业技能鉴定工作,为农村社区培养出更多的种养能手和农业经营能人。农民自身务农技能得到提高,满意度自然会增加。

十一是要进一步完善农村社区农业补贴政策,较大幅度地增加补贴总量和品种,扩大补贴范围。在新农村社区建设中,政府不仅是强有力的组织者,更是积极的参与者。中央的各项惠农、支农政策,要随国力的增强不断的加大,为农民增收创造良好的政策环境和支持保护力度。需要不断完善农业补贴政策,逐步提高农业支出占国家财政支出的比例,优先提高国家预算中农业基本建设的投资比重,有必要把新农村社区建设作为今后公共财政支出的重点,按照存量适度调整、增量重点倾斜的原则,以建立和健全财政支农资金稳定增长机制。这样既能支持和发展农业生产,又增加了农民的转移性收入。此外,还需要进一步探索农村社区信贷支农的新机制,让广大农民发展生产更容易获得信贷支持,从而提高农民的满意度。

十二是必须要发展好农村社区公共事业,进一步提高农民生活质量。农民满意度的增强离不开其生活质量的提高,生活质量的提高将给朴实的农民带来实实在在的满意感知。一方面必须配合地方政府和有关部门开展多种多样的文化活动,组织好科技、文化、卫生"三下乡"活动,丰富农村社区农民们的文化生活,同时提倡健康文明的生活方式和社会风尚;另一方面需要加快发展公共卫生事业和农村医疗服务体系,落实好新型农村合作医疗工作,并积极推动农村社会保障制度的完善。近年来,一些乡镇在新农村建设与全面实施乡村振兴中涌现出的"文化宣传中心户"就是一个很好的创新体现。在总体社区规划的基础上,建设结构合理、网络健全、运营高效、服务优质的农村社区文化基础设施,让农民乐意参与,并在活动中使农民能学到东西、开阔眼界、转变观念、丰富生活、增强技艺。

二、调研中农村社区建设存在的突出问题

调查地农村社区建设尽管取得了一定成效,但是也暴露了很多问题和矛盾,这些问题很多都存在一定的普遍性。认真分析这些矛盾和问题,对于进一步推进我国农村社区建设具有重要意义。

首先是农村社区农业产业的支撑力不够。我们在调查中发现,各村庄农业产业基础薄弱问题普遍存在,农村社区建设的后劲明显不足,很多村庄"四通四改"都已完成,但社区产业相对滞后,主导产业常常存在基础设施条件较差,产业特色不明显等问题,这些都严重制约了农民增收和农村社区建设的进一步推进。如成都市双流区南新村,该村生产生活设施这两年在国家和地方财政的支持下,有很大改善,然而,由于没有自身的特色产业,该村村民多数外出务工,家里修建的新房子很少有人住,许多村民也修建了沼气池,但由于外出务工,这些配备也没有利用。调查地很多村民也反映,他们种植的作物,由于种植面积过于分散,形不成规模,多数销往附近县城,一旦某一作物滞销,或供大于求,多数就会烂在地里。他们认为,如果政府能将他们组织起来,形成规模,很多作物就可以销往更大的城市,他们也能实现增收,还能带动全社区的村民致富。在农村社区建设中,如何加快当地农业产业发展,形成"一村一业",是首要解决的问题。

其次是农民增收难度大。在我们调查村庄中,农民们普遍反映增收较为困难,特别是在一些传统的农村社区,既无资源优势又无区位优势,农户收入水平明显较低。即使部分村组发展了养殖、园艺业,但大多数缺乏市场和技术,农业内部增收潜力也没有挖掘出来。外出务工的农户较多,但也多为外出,接受培训的较少,农民们外出务工的竞争力不强,多为体力活,工资较低,也不稳定。

再次是农村社区治理存在着受行政权力干预较大,"越位"与"错位"现象严重等各方面问题。调查地农村社区建设的主要手段是依靠社区自治,其民主治理的开展急切需要良好的内外部环境,其存在以上矛盾的主要原因在于两者赖以存在的经济基础薄弱,还有诸如文化差异、法律的缺位、农村教育的

落后、政策的倾斜、地域差异等等。同时,农民的综合素质也有待提高。农民是农村社区发展的主体,是社区建设的主要力量。农民们的综合素质直接关系到农村社区建设的成效,特别是"精英农民",他们在非正式组织中,类似承担着部分社区治理的重任。政府加大投入固然重要,但更重要的是要提高农民的素质,才能提高农民的发展能力,进而提高农村社区的发展能力。在我们调查的很多村庄里只有留守老人和小孩,年轻人大多外出务工,由于缺乏劳动力,更缺乏对"精英"农民的培育,很多村庄没有农民能手带动,农村社区经济发展较为缓慢。

此外,大多数农村社区基础设施还不全面。调查地的农村社区建设都把基础设施建设作为重头戏,也取得了一定的成效,但关乎农业生产的农业基础设施建设仍然滞后。农民急需的农田水利建设,电力基础设施建设都较为落后,很多农村社区的基本农业生产还是"靠天收",水渠经久未修,灌溉系统破败,农村社区电价高等都是调查社区普遍存在的问题,而这些又直接关系到农民最基本的生产、生活,如何将农民最关心最迫切的问题解决好,是全面推进农村社区建设的重要抓手。

最后,农村社区建设的投入还不够充足。农村社区建设需要大量资金,从调查情况来看,农村社区建设的资金主要来源:一是国家补贴;二是社会捐助;三是村民集资。然而很多投资都是一次性的,后期费用基本由村民集资,很多村民都负担不起,因此,如何建立稳定长效的资金投入机制,是农村社区建设面临的又一突出问题。

三、调研小结

农村社区的良性发展对于新农村建设与全面实施乡村振兴的整体和谐以及法治化具有重要促进作用,农村社区发展是我们解决农村问题的重要空间载体。通过上述对调查样本的数据分析可以看出,调查对象对农村社区的了解程度还比较低,有的地区的农民甚至完全不了解,导致农村社区这一保护农民权益的时空载体没有充分发挥应有的作用。同时,通过调查也可以看出,多数调查对象希望通过加强农村社区建设使之能更好的维护农民权益,并通过维护农民权利、加强社区管理、完善农村社区文化与卫生工作等方面对农村社区发展在促进农民权益保护上提出具体要求。调查对象从社区医疗卫生、社区治安、社区便民服务、社区文化教育、社区金融等方面提出了农村社区建设最为迫切需要解决的问题,同时对农村社区在劳动保障、社区治安、环境绿化、文化教育、医疗卫生、食品安全状况等方面发挥的作用感到不满。但是,绝大多数的调查对象对通过农村社区建设保护农民权益仍持积极的态度,愿意参与社区建设,并从为农民谋福利、解决日常纠纷、提供文化服务、保障日常生活需要等方面以及从制度供给、机制协调、主体培养、文化发展等方面提出新农村社区对农民权益的保护的着手点。

第五节　农民权益保护与新农村社区发展的影响因素分析

一、农民权益保护与新农村社区发展的制约因素分析

(一)农民权益保护的制约因素分析

近年来,党和政府围绕"三农"问题的解决陆续出台了一系列方针政策,取得一定的成效。特别是在对《农业法》的修订过程中,《农业法》新增了第九章"农民权益保护",更是在保护农民权益方面发挥了积极的作用,使农民权益问题获得较大的缓解。我们在调研中也发现,农民权益特别是经济权益的状况有了较大改善。农民收入有所增加,农业和农村发展出现了明显转机,这得益于中央政府"多予、少取、放活"的惠农政策和农业税减免政策在各地的良好落实。但是,通过调研,我们也更加清醒地看到,"农业弱、农民苦、农村穷"的格局并没有得到根本改观,农民权益保护的实然状况离应然要求还有很长的路要走。

1.农民权益保护的政治困境:城乡二元体制下农民的政治地位问题——农民政治权益缺失。

农民政治权益是指我国宪法赋予农民作为公民所该享有的政治方面的权

力,其主要包括政治平等权益、政治自由权益和政治活动权益。首先,政治平等权益方面。众所周知,自新中国成立以来实行的城乡二元结构,造成城乡在户籍、身份、待遇、权利、义务等方面的人为分割,使被定义为"户口在农村的公民"的农民成为事实上的"二等公民"。一些部门和地方通过制定规范性文件更强化了农民的"二等公民"身份,强化了对农民的制度歧视,弱化了农民作为公民所应享有的权利。在户口转移、劳动就业、接受教育、税费交纳、社会保障,乃至选举代表等诸多方面,农民拥有着与城市市民不同的权利和义务。"城乡分治"的现实状况使农民丧失了多方面的平等权利。显然,予以农民平等的国民待遇,既是宪法平等权的基本要求,又是国际法的根本准则的体现。目前,户籍制度有了很大的改革,但因城乡发展不均衡及城乡社会保障的"二元制",乡村仍存在不少权益保障不足的情况。其次,政治自由权益方面。差别化的户籍管理制度,一定程度上限制了农民向城镇自由迁徙居住,使农民的迁徙自由受到了极大的限制,是公民自由权的严重缺失的核心表征。自由权的相对缺失,导致农民日益成为发展权益受阻的相对弱势群体。最后,政治活动权益方面。在历届全国人大代表的构成中,农民代表的人数及比例都明显偏低,1977 年至 1981 年农民在全国人大代表中的比例为 20.59%,而 1996 年至 1999 年下降至 8.06%[①]。据报道,第十四届全国人大代表中,一线工人、农民代表 497 名,占代表总数的 16.69%。农民参加国家公务员考试等相关活动也在不同程度上受到了严格的户籍限制。我国工人有工会,商人有工商联,学生有学联,青年有青联,妇女有妇联,及众多工业产业协会和个体劳动者协会,而人口最多的农民却没有自己的政治性组织。没有组织化的利益表达机制,农民可能会逐渐演变为社会改革成本的主要承担者和利益的最大受损阶层。

2. 农民权益保护的经济困境:农村社区发展利益冲突

利益问题,特别是利益矛盾和冲突及协调问题是文明社会的制度焦点,是人类设立制度的原点问题。在利益关系调整的过程中是否产生利益冲突,利

---

① 刘智等:《数据选举:人大代表选举统计研究》,中国社会科学出版社 2001 年版,第 348—366 页。

益冲突的程度如何、复杂性怎样,在很大程度上取决于利益分配的公平程度和制度的规制状况。如果利益分配不公平,利益博弈的条件不对等,在博弈过程中又缺乏应有的规制,其结果便不会被大多数成员所认可,不仅会激化已有利益矛盾,还会产生新的利益矛盾,并对进一步发展造成阻碍。在利益博弈过程中,由于农民的相对弱势地位,利益流失现象尤为严重。在各项利益中,农民的经济利益处在核心地位。农民的经济权益主要包括收入分配权益、市场主体权益、土地的承包使用权益和消费权益。目前有些地方的农村,无论思想还是行动都没有完全摆脱传统体制的影响,滞后于形势发展,习惯于依赖,农村社区发展中缺乏积累资本的条件和动机,无论是生产要素还是资源配置,都处于僵化状态。在农村发展中,农村资产集体所有的产权性质始终没有改变,产权主体缺位和产权边界模糊的问题始终没有得到有效解决。而集体经济模糊的产权是制约农村社区进一步发展的最大障碍。其中,农民的土地自主使用权尚未得到真正落实,生产受到政府行政干扰的现象仍然比较普遍,导致"自主经营、自负盈亏"的制度实际蜕变为"他主经营、自负盈亏"。另外对农民土地进行非法或强行征占,给予的土地补偿款过低或侵吞其土地补偿款以及征用地后不给安置人员的现象也时有存在,农村土地纠纷已取代税费争议而成为目前农民维权抗争活动的焦点。其次,农民在商品生产和商品交换过程中缺乏独立自主的市场主体地位,集体谈判能力低,不能有效地通过集体力量来维护自己的权益。同时,农产品的价格歧视、借贷、保险等方面对农民的规定存在着不公现象,也导致了农民权益的大量流失。再次,地方政府乱收费、乱集资、乱罚款和各种摊派的行为,变相增加了农民负担,使农民负担越来越重。同时,假冒伪劣农资充斥农村,消费性伤害事件层出不穷,农民的消费权益深受损害。最后,农业补贴利益大量流失。

随着市场经济的发展,农业作为一个产业和其他产业特别是与工业相比具有比较利益低的特点,同时农业生产由于受自然条件的制约,具有较大不确定性,加上农产品需求价格弹性小于供给价格弹性等原因,农业生产者往往要承受较大的市场风险。为降低各种风险对农业的冲击,多数国家都实施了农业补贴政策,以保护、稳定国内的农业生产。农业补贴政策是指国家通过政策措施,对农业生产和贸易给予各种直接和间接的补助,使农业生产者最终实际所得超过按市场均衡价格确定的收益水平,以稳定和提高农民收入。然而,在国家给予广大农村地区农业补贴的过程中,由于农民利益代表主体缺失,没有能代表自己利益的农业利益集团,单个分散的农民在其他市场主体面前无力维护自己的权益,在利益冲突中往往陷于不利的境地,农民的经济权益在很多方面存在得不到充分保护,农民利益也存在着丧失和被侵蚀的现象。

3. 农民权益保护的文化困境:农民文化权益缺失

公民的受教育权利是指公民达到一定年龄且具备可以接受智力教育条件时有学习科学技术文化知识的权利。平等地享有受教育权是公民的基本宪法权利,是基本人权的组成部分。农民的文化权益主要是指农民享有文化教育和参与各种文化活动的权益。首先,农民与市民相比,受教育的权利是不平等的。我国目前的农村教育发展相对滞后,农民的素质相对的低下,农民普遍法律意识不高,不能维护自身的基本权益。农村教育法律体系不健全是造成农民文化素质低的原因之一。国家对城市和农村的教育投入分配不太均衡,严重偏向城市,对农村的教育投入相对要少得多。农村税费改革后农民的教育负担有了根本减轻,财政转移支付增多,但是义务教育经费投入不足、经费负担结构不合理等问题仍然突出,教师的待遇并没有得到相应的提高,城乡教育资源配置严重不均,教学质量难以保证,农村中小学普遍负债,这些问题严重制约了当地农村义务教育的推进。村民的文化素质和受教育程度不提高,会影响农村社会的稳定,给新农村社区的发展和农民权益的保护造成很大困境。在教育权益方面,从资源配置看,农村教育始终处于因分配不公而资源严重缺乏的弱势地位。中央对农村的教育拨款远远低于城市,资源配置的不合理造成农村教育始终处于资源严重缺乏的弱势地位。而农村学校大部分都由农民自己筹建,其经费近80%由乡镇负担,县、省和中央财政只负担不足20%,农民的成本负担较重。总之,在教育资源的分配上,城市人口的教育需要被优先满足,农村人口得到的教育资源非常有限,农村人口接受教育的需要难以满足。其次,农民难以获得公共影视文化教育权益,如中央七台的农业频道,它的受众是广大农民,但是,需要有线电视才能收看,广大农民实际上收看不到。

再次,图书馆、书店、影像店设在城市,由于地理位置条件的限制,农民很少使用,同时,由于体制方面和其他方面的种种原因,农民不可能在休闲时间得到像城市居民一样多的文化活动和文化服务,千百万的农村青少年也处在各种文化非常短缺的环境中。

4. 农民权益保护的其他困境:农民社会权益缺失

农民的社会权益主要包括农民的社会尊重权益、迁徙权、劳动权益和社会保障权益等方面。当前,农村的社区保障体系仍处在起步发展阶段,远远不能满足农民日益增长的需求,社区保障体系的完善迫在眉睫。农民在享受国家提供的社会保障、医疗卫生等方面与非农民有着巨大的差距。我国是一个农业大国,农村社会保障仍然处于中国社会保障的边缘,有相当一部分社会保障的内容将整个农村人口排挤在保障体制之外。农民的这些保障,无论在保障项目,保障内容和保障水平上,都根本无法与城镇居民所获得的"单位保障制"的保障相提并论。我国农村社会保障的立法内容也主要集中在最低生活救助保障、农村居民医疗与健康保障、农民养老保障、计划生育与母婴保健保障、农村救灾救济保障、农村优扶保障及农村集体或社区福利等几个方面。[1]如果农村发展仍在艰难爬坡,城乡居民收入差距扩大,社会保障以及医疗卫生保障等方面制度不协调发展,那么农民权益的保护也无从谈起。此外,农民劳动就业受到歧视,农民的迁徙权难以实现等问题都是影响农民权益保护的重要桎梏。在现实生活中,农民往往在劳动力市场中处于边缘性地位,一些用工单位侵害农民工合法权益已成为一个突出的社会问题。农民工遭受着难以签订劳动合同、被恶意拖欠克扣工资、劳动保护条件差、劳动强度过大、子女入学困难等不公正待遇,劳动权益无法得到保障。而现行的刚性户口管理制度,尽管有了彻底的改变,但城乡二元制的社会保障体系仍把农民牢牢地拴在土地上,使农民的迁徙自由受到了极大的限制,或者要为这种迁徙付出很大的代价。

(二)新农村社区发展的制约因素分析

在调研中,我们了解到在新农村社区发展过程中,面临很多问题:如农村

---

[1]　刘金红等:《我国农村社会保障制度研究》,《中国软科学》2001 年第 8 期。

社区相互之间缺乏横向联系,缺乏合理的城镇体系规划;农村社区规模小,布局分散,不利于统一的市场形成,从而无法发挥其整体规模效应。一般而言,农村社区发展主要涉及以下几个方面:第一,农村社区的主体——农村社区成员的发展。第二,农村社区共同意识的培养——有关农村社区互动的社区道德规范及控制的力量。第三,农村社区管理机构的完善——维系农村社区内各类组织与成员关系的权利结构和管理机制。第四,物质环境与设施的改善——农村社区的自然资源、公共服务设施、道路交通、住宅建设等硬件环境。制约新农村社区发展因素的许多种类,从系统理论的角度分析,可以把新农村社区建设的制约因素分为社区外部制约因素与社区内部的制约因素。

1. 制约新农村社区发展的内部因素

社区发展是一种有方向性的变迁,它指社区的变迁是具有积极性的,是有目标、有计划的、在人为的积极控制和推动下才发生的。因此,新农村社区的内部制约因素成为其发展的主要障碍。

首先,农村社区基础设施比较滞后。农村基础设施主要指道路、桥梁、港口、水利、能源、通讯、科技、医疗、网络电视等方面,与经济社会息息相关的物化产品,是产业发展和人民发展的重要基础。农村基础设施大部分属于纯公共品或准公共品性质,具有广泛外部性和社会非排他性。如道路、通讯、公共卫生和防洪排涝等纯公共品和部分准公共品的基础设施,投资主体应是政府,政府公共财政对基础设施建设进行投入。在其他基础设施和公共服务上,一般由社区提供。根据我国各地经济发展水平不同,要具体分类对待,相对于贫困地区的地区性基础设施,应以政府公共财政与社区内部经济支持相结合方式进行投入。虽然国家与各级政府加大对农村基础设施的投入,受管理方面的因素影响,政府对一些见效快、易出政绩的农村基础设施比较重视,如防洪防涝设施建设、交通道路建设等;而对一些见效慢、期限长,如教育、医疗卫生等基础设施却积极性过低,这就会形成资金的使用效率不高、容易形成重复性建设和供需结构失衡的状况。同时由于农村基础设施在产权主体和受益主体不明确以及建设与受益联系不紧的影响下,造成只用不管,只用不建的现象比较普遍,对已有设施的维修保养不足,任其遭受破坏。

其次,农村文化迟滞与精英流失现象严重。新农村社区建设需要形成一种崇尚科学文化以先进文化为正驱动力的动力体系。文化只有存在于适应的社会中,社会文化中的价值因素通过一定的方式传输给社会成员、促进人们的思想观念、生活方式与行为习惯的演进和改变,从而才能激发人们身上所蕴含的潜能,以致在现实中焕发生机勃勃的生命力。文化的一个突出的动力作用就是孕育社会精英,从而间接推动社会的进步。新农村社区的社会经济发展具有内发的性质,而这种内发发展的原发性力量就是农民,农民的代表就是农村社会精英。在新农村社区建设中,农村精英的作用主要表现为他们在农业科技现代化进程中所发挥的主体性积极影响和在经济发展过程中对利益分配的积极推动等方面。而我国长期以来对城乡二元体制的扭曲使得国家对于农村的教育、科技等文化领域的投入十分有限,使得农村的技术迟滞,造成了农村文化发展的制度性屏障。科技文化土壤的缺失,不仅使农村精英的产生受到了本源性的障碍,也造成了农民思维意识的封闭,大大降低了农村社会本身塑造精英的可能性,进而导致农民的发展权不断丧失。由此导致大量的农村精英流入城市,进而加剧了农村的技术落后,加大了新农村社区建设的难度。因此,从根本上说农村精英流失与缺位是在现有制度安排下利益机制作用的负面影响。所以,要赋予农民应有的文化权益,实现其文化利益,改变现阶段的技术迟滞和精英流失与缺位问题。

再次,社区成员的自身意识不足阻碍农村社区的发展。长期的小农生产方式使农村居民养成了墨守成规、安贫乐道的生活模式,缺乏创新精神,追求自给自足的生活,与城镇相比农村家族观念相当浓郁,这些都严重阻碍着农村社会经济的进一步发展。同时农村科普工作的出现松懈,使得封建迷信活动在农村有抬头蔓延之势,这不但影响了农村的经济发展和社会治安,而且还改变了原本淳朴的民风。受小农意识的影响,农民对自身素质状况不能够做正确认识,思想上忧患意识相当缺乏。有一部分农民为了眼前短期经济利益,放弃了对文化知识和科学技术的学习,从而放弃长期的经济利益。如在农村自然资源的利用方面表现尤为突出,无规划,低能效利用,无环保意识的利用自然资源的形式在许多农村中都存在,这种短视行为不仅造成农村资源的浪费,造成农村自然环境的破坏,还将阻碍农村社区建设的发展。在农村社区建设中,虽然农民主观上都渴望过上高质量的生活,但真正能主动参与农村社区建设的积极性却普遍不高。最后,农村社区发展中基层领导也存在思想障碍。如村领导支持意识不强,有少部分在征地拆迁过程中有集体资金积累的行政村,往往也不愿意将大量的资金投入到农村社区建设中,因为在他们看来,这项工作虽然是一项实事工程,但涉及资金量太大,而且只有投入,没有产出,不利于村级集体经济的发展,因而支持意识不强。

最后,管理体制和运行机制不足。政府角色的转换不到位,对社区事务干涉过多,当前一些地方撤销村小组改建农村社区,客观上造成了行政隶属体制的模糊,尚未形成协调统一的服务管理体制;社区运行机制上,缺乏有活力的领导动员机制,村级组织的号召力和凝聚力弱,没有形成便捷有效的社区建设者的参与机制和系统的社区规划体系。

2. 制约新农村社区发展的外部因素

新农村社区的外部制约因素成为其发展的又一重要障碍,主要表现在以下几个方面:

首先,城乡二元社会体制阻碍农村社区发展。城乡二元结构体制与农村社区建设不相适应。城乡二元结构体制的客观存在,是农村社区建设中要解决的首要问题。城乡间市场的自由流通是新农村社区发展的源动力,而我国长期推行的城乡二元社会结构模式始终没有得到根本性改变,国家通过牺牲农村、限制农民流动为工业化提供原始积累的情况尽管得到了很大改变,但城乡社会相关分割,城乡市场的封闭使农村社区仍难以真正融入社会。这种城市主导型的发展模式不仅使农村资源锐减、环境恶化、农民收入下降,而且制约了农民自身的创造力,使农民的主体作用得不到发挥,导致社区发展的源动力丧失。受社会保障制度的影响,我国农村劳动力在向城市转移就业的过程中,存在渠道不通畅的现象,具体表现为从农业转移出来的农村劳动力大部分"离土不离乡"或"亦工亦农"。同时许多政策仍然存在着在城乡之间分割、在以城为主的基础上制定的现象。城乡政策存在着较大的差异性,这些政策有计划生育、社会保障、医疗保险、义务教育和公共服务等。这种城乡的制度分割,不仅导致了城乡中社会成员之间在权力和利益分配上的差异性,还严重阻碍了城乡各类要素间双向流动和优化配置。这种政策差异成为阻碍统筹城乡经济社会协调发展、推进城乡一体化进程和建设农村社区的主要障碍。

其次,市场资源配置不足阻碍新农村社区的发展。市场是资源配置最重要的手段之一,目前我国农业生产经营一般采取独立、分散的农户经营模式,农户之间的横向联系较为缺乏,面对市场风险和自然风险往往缺乏自我保护能力。由于受传统思维和计划经济模式的影响,我国的农产品在商品交换、交易方式等方面都比较落后,农户的商品竞争意识和市场风险意识总体上很薄弱,在与规模化、组织化、专业化程度较高、竞争意识强的其他市场主体的利益博弈中往往处于劣势地位,利益受剥夺、流失的现象较为严重,农民增收困难,农业产业发展缓慢。由于农业的弱质性以及农业的部门利润较之其他生产部门低,市场的介入将会使农村优质资源源源不断地流向城市的其他高利润部门,从而进一步制约着我国农业的发展和农村社会的进步。

最后,投入资金制约。我国并没有建立全面覆盖城乡的、一体化的公共财政体系。中西部地区特别是传统农区和贫困地区财力困难,许多地方乡村债务负担沉重;农村社区建设中农村金融改革比较滞后,商业银行大量撤出农村市场,形成农信社独木难支的现象,邮政储蓄机构在农村充当着"抽水机"的功能,导致大量农村资金外流。农业保险在我国农村覆盖的范围较狭窄,保险范围过窄,保险的费用过高,保险率又过低。农民和合作组织贷款比较困难,货款的资金较小,担保的责任过大,社会资本参与新农村社区建设缺乏有效渠道。村级集体经济实力还十分薄弱。而农村社区建设作为一项系统性工程,集中居住点建设、基础配套设施、管理服务费用支出等都需要大量的资金投入,资金短缺的瓶颈制约非常突出。目前,除城市(镇)周边建立社区居委会的农村社区建设由财政负担工作经费外,大部分村庄的管理服务经费和一些农民集中居住点的配套投入经费都没有保障,各地市政配套设施建设项目收费偏高、收费标准混乱,也给村级带来了很大资金压力,影响到农村社区建设的推进。

二、农民权益保护与新农村社区发展的动力因素分析

（一）农民权益保护的两大动力因素分析

"三农"问题的核心是农民权益问题,农民权益一日得不到根本保障,农民的弱势地位就一日不能扭转,新农村建设与全面实施乡村振兴就一日不能由理想变为现实。在调查中我们发现,取消农业税、实施粮食直补、对农村贫困生实行"两免一补"、推进新型农村合作医疗、推动农村低保等等,随着中央一系列惠农、支农政策的出台和社会主义新农村建设与全面实施乡村振兴的展开,农民已经逐渐摆脱了经济负担沉重的局面,农民权益保护也朝着良好发展的方向前进。

1. 农业补贴:当前农民权益保护重要的发展因素

利益问题是一个关系到人的存在和发展的根本问题,人劳动的最根本的动因就是获取利益。在整个历史的发展中,人们争取的一切都与利益有关,追求利益是人活动的根本目的。人类社会发展的最根本的目标就是为了更好地实现人的利益。新农村建设与全面实施乡村振兴中,农业生产的利益实现具有两个层面:一方面,农业作为关系国民经济命脉的根基产业,其负有保障粮食安全、维护社会稳定、实现社会整体利益的使命;另一方面,从事农业生产的农民,其生产活动的最根本动因和目的就是获取经济利益。农民作为市场经济中的微观个体,同样也有追求自身利益最大化的需要。而农业自身的特点决定了农业的弱质性,自然风险和市场竞争双重制约使得农业部门的生产效率低下,难以实现其生产主体利益的最大化。这样,在新农村建设与全面实施乡村振兴中出现了社会整体利益和个人利益之间冲突和矛盾,而农业补贴作为国家支持和保护农业的一项政策工具和法律制度,说到底都是对这种利益矛盾和冲突进行协调的产物,其内在地体现着各主体之间一定的利益关系,体现着利益的属性。此外,农业补贴在生存权与发展权平等的维护上的重要作用不容置疑,对于和谐社会和和谐世界的建设具有巨大作用,和谐的核心在于利益均沾与发展成果共享。农业补贴可以加快发展中国家基础产业的健康成长,为发展中国家的产业结构优化提供有利条件。同时,农业补贴往往涉及发

展中国家最大群体的人权实现。一般而言,发展中国家的农业从业人口最为巨大,农业补贴关涉到发展中国家这一庞大弱势群体的切身利益,关系到能否直接维护和发展农民的利益。从这个意义上看,农业补贴差别待遇保证了发展中国家及发展中国家这一庞大的弱势群体能够实质公平地享有世界文明发展的成果。农业补贴的差别待遇可以缓和发展中国家与发达国家之间以及国家内部之间存在的冲突,达致双方的利益和谐,为我们的和谐社会与和谐世界建设提供一个契机。

农业补贴的内容、形式和最终目的也都体现出明显的利益属性。从补贴的内容上看,农业补贴主要包括"黄箱"补贴和"绿箱"补贴,"黄箱"补贴主要有国家对农产品的直接价格干预和补贴,种子、肥料、灌溉等农业投入品补贴、农产品营销贷款补贴、固定直接补贴、休耕补贴和反周期补贴等。这些补贴无疑以经济利益为内容,直接体现着国家、农民以及其他市场主体相互之间的经济利益关系。"绿箱"补贴主要包括一般农业服务,如农业科研、病虫害控制、培训、推广和咨询服务、检验服务、农产品市场促销服务、农业基础设施建设等;粮食安全储备补贴;粮食援助补贴;与生产不挂钩的收入补贴;收入保险计划;自然灾害救济补贴;农业生产者退休或转业补贴;农业资源储备补贴;农业结构调整投资补贴;农业环境保护补贴和地区援助补贴等。这些补贴主要是从可持续发展的角度对新农村建设与全面实施乡村振兴的根本性物质产业——农业进行扶持,保证国家、农民长远利益的实现,它们体现的是新农村建设与全面实施乡村振兴各参与主体之间一种长期的利益关系。从补贴的形式上看,农业补贴分为直接补贴和间接补贴。直接补贴是按照一定的标准(如耕地面积、粮食产量等)对农民进行的直接经济补贴。间接补贴主要是通过在流通领域中对农产品以及农业生产资料的价格支持,以"隐蔽"的方式对农民进行的一种资金补贴。直接补贴和间接补贴都是新农村建设与全面实施乡村振兴的基础性主体——农民事实上获得了利益,实现了农民的增收。从补贴的目的上看,任何国家的农业补贴都是为了促进农村经济社会发展,保护农业生产者的利益,维持农产品价格的稳定、保证本国粮食的安全,保障国民经济的快速稳定发展,从而最终实现社会整体利益。在全球化的冲击下,农业补贴法律制度的构建必须站在国际视野下考量。随着世界各国间的联系越来越紧密,国家间的制度安排会相互影响。因此,在今后相当长的时期内,中国农业所面对的国际环境并不宽松。农业补贴的国际协调,要遵循国际化的大背景,并体现以生存权与发展权为中心的制度差异性和互补性。由此可见,农业补贴在某种程度上是农民权益保护和实现的重要因素。

2. 组织化:农民权益保护长远发展的重要因素

在一个农业人口大国,提高农民组织化程度已经迫在眉睫,如何把分散的农民组织起来,形成合力,成为农民利益的忠实代表是当前亟待研究的一个重大课题。加强农民组织建设,无疑将在经济、政治、文化等多方面促进农民、农业、农村乃至整个国家的全面进步。从政治层面讲,建立农民组织,有利于促进农业、农村的繁荣和发展,有利于协调社会各利益集团间的关系,有利于切实保护农民利益,有利于促进民主政治建设,促进关于农业、农村问题决策的民主化。可以说,农民组织化是农民实现和保护自身利益的根本途径。从某种意义上来说,农民协会的成立应是中国式社会主义法治现代化的基本要求和标志。从经济层面讲,在保持家庭承包制稳定不变的基础上,提高农民组织化程度,按照市场机制建立起农户之间和农户与产前、产后经营部门之间的联合与协作,是农民进入市场、参与市场竞争的需要,是促进农业决策科学化、保障农业政策顺利实施的需要,是应对农村经济战略转型、提高农民收入的需要。从文化层面讲,农民组织,是对农民进行教育的最佳载体,也是丰富农民文化精神生活的有效载体。另外,提高农民的组织化程度还可以为农业的发展争取更好的国际环境,在国际谈判中处于有利的地位。因此中国农民组织的发展已成为一种必然趋势,农民要维护自身的权益,就必须组织起来,建立自己的代言机构。要通过加快农村组织化建设,提高农民的组织化程度,建立起真正表达农民心声的各种农民组织,使其与各基层政府和农村社区一样承担起保护农民权益的责任,以促进农业产业化经营的持续发展和农村社会的繁荣稳定。

(二)新农村社区发展的动力因素分析

在对农村社区的发展动力进行研究时,我们可以从系统论的角度对新农村社区的发展动力进行分析,可以把推动新农村发展的动力分为社区外部推动力和社区内部推动力,这两种推动力的关系是辩证统一的。新农村社区发展内部发展动力是推动新农村社区发展变化的根据,但新农村社区的发展不仅单纯依靠新农村社区内部动力就能达成的,新农村社区的发展也取决于社区外部动力的互动。我们也认为新农村社区内在动力为新农村社区的提供了发展变化的可能性,新农村社区外部动力为新农村社区的发展提供了发展变化的现实性。

1. 内部动力分析

农村居民发展需求是推动农村社区建设的内部动力。全国经济的迅速发展和经济体制改革引起了社会结构的变化,农村居民急切地期望着土地制度和户籍制度的改革,以便能够和城市社区居民一样享有在教育、就业、医疗卫生、社会保障等方面的平等权利。打破城乡之分,改变现有的城乡二元结构,使农村社区融入城市化的进程之中,使农民融入现代城市文明之中。随着城镇化发展,城乡二元结构和农村经济社会发展中一些深层次矛盾逐步显现出来。这些问题解决不好,将直接影响"三农"问题的解决,影响和谐社会建设。通过开展农村社区建设,可以为整合城乡资源,为完善创新农村社会管理和服务提供条件,促进基础设施向农村延伸,公共服务向农村覆盖,科学技术向农村扩散,现代文明向农村辐射。同时,农村经济社会结构已发生很大变化,农村人口在城乡之间、区域之间的流动性增强,农民就业方式、经营方式和思想观念、生活方式发生深刻变化。在解决温饱问题后的农民,不仅需要丰厚的物质生活,而且要求有丰富的精神生活,同时还要求拥有政治上更加充分的民主权利。这就对现有农村基础设施和政治权力分配提出了新的要求,促进了对现有的农村社区的发展和建设。通过农村社区建设,发展社区服务和社区文化、体育娱乐活动,增强农村的服务功能,提高农民群众的生活质量,已经成当前广大农村居民的迫切需求。

2. 外部动力分析

制度变迁、政策引导、资金支持、社会力量是推动农村社区建设的外部动力。我国农村改革发轫于农业改革。它首先从改变农村的基本经营制度入手,在推行"包产到户"和"包干到户"等责任制形式的基础上,逐步形成了家庭承包经营制度,这是农村改革初期的核心内容。1985年,国家对农产品的统派购制度进行全面改革,实现"双轨制"。取消了粮食、棉花的统购,将其改为合同定购。乡镇企业在20世纪80年代中期的异军突起,促进了农村经济从传统的农业单一结构转向多部门的综合发展。2006年我国彻底取消农业税,标志着我国农村改革开始进入综合改革的新阶段。农村经济发展推动农村社区的建设。随着我国综合国力的不断增强,在总体上我们已进入以工促农、以城带乡的发展阶段,具备了工业反哺农业、城市支持农村的能力。近年来国家、省市都出台了一系列支农惠农的政策措施,为开展农村社区建设提供了物质基础和政策保障。2003年至2007年,中央财政用于"三农"的资金投入累计达到1.56万亿元。随着中央财政用于"三农"的投入不断增加,2007年我国农村人均纯收入增长到4140元,农民收入有了大幅度增长,农民的物质生活条件得到极大的改善。为调动农民种粮积极性,促进农民增收,我国一直对农业实行农业补贴制度。2008年,中央财政进一步加大对"三农"的投入力度,投入规模将比上年增加1000亿元以上,增加幅度将超过30%。[①] 2009年中央财政安排"三农"投入7253亿元,比去年增长21.8%,其中安排粮食直补、农资综合补贴、良种补贴、农机具购置补贴四项补贴1230.8亿元。2010年,中央财政用于"三农"方面的支出安排合计8183.4亿元,比上年增加930.3亿元,增长12.8%。2011年,中央财政用于"三农"的资金主要用于促进农民增加收入、增强农业综合生产能力、深化农村综合改革和推动农村社会事业发展,其中用于强化以水利为重点的农业农村基础设施建设,安排资金近1600亿元,比2010年增长超过15%。2012年,中央财政用于"三农"的投入拟安排12287亿元,比2011年增加1868亿元。尽管如此,在城乡二元化结构社会管理体制下,城市社区的发展得到了更多的公共资源和政策支持,而农村社区的发展直到2004年以后才开始逐渐获得公共资源和政策的支持。在起步晚、底子薄的农村社区建设中我们也看到,农村的教育、卫生、文化等社会事

---

① 马凯:《谈当前经济生活中比较突出的几个问题》,资料来源:http://www.farmer.com.cn/news/spll/200704050043.htm。

业还比较落后,基础设施薄弱,环境脏乱差问题比较突出。农村经济发展落后,这种物质文明与精神文明、政治文明建设不相适应的状况,就必然要求开展农村社区建设,来改变目前这一现状。

党的十六届五中全会做出了加快社会主义新农村建设的重大决定。建设社会主义新农村是我国现代化进程中的重大历史任务,是统筹城乡发展和以工促农、以城带乡的基本途径,是缩小城乡差距、扩大农村市场需求的根本出路,是解决"三农"问题、全面建设小康社会的重大战略举措。农村社区建设,是社会主义新农村建设的基点和平台。农村社区建设不仅解决一些实际问题,更是对农村基层社会及其管理体制的重建和变革。在新农村建设中,农村社区的经济功能不仅仅表现在可以便利社区居民生活,还可以为农村地区的整体发展提供经济支持和物质保证。政治促进功能引导广大村民参与社区的活动,推动农民群众的自我管理、自我教育和自我服务,真正实现人民当家作主。农村社区的文化传承功能,能使新农村建设以传统文化为纽带并通过社区的道德约束和纪律约束来确立正确的世界观、人生观、价值观,这也是文化功能的具体要求。建设农村社区的过程实际上也是促进社区管理民主化和农村社区居民政治建设的过程,可以很好地推进新农村建设与全面实施乡村振兴中管理民主目标的实现,可以促进新农村建设与全面实施乡村振兴,实现风气文明的目标,建立和谐互助的人际关系,提升社区居民的生活质量和文化品位。农村社区卫生建设可以实现新农村建设与全面实施乡村振兴中的村容整洁的要求,建设环境优美的新型农村社区等。从以上看出新农村的建设离不开农村社区,同时也推动着农村社区的建设发展。

第六节　农民权益保护与新农村
社区发展的规律探索

一、"个体——组织——社区":农民权益保护发展的基本规律

在新农村社区发展的过程中,农民权益的保护是所有问题的中心所在。

农民权益保护的主体发展正在经历"个体——组织——社区"的历史发展过程。新农村社区发展正逐渐成为保护农民权益的重要组织体。以保护农民权益为中心,培养发展和规范农村社区组织,促进市场主导与政府引导相结合的内生方式社区的发展,是新农村社区发展的基本规律。

广义的农民权益保护,既包括对农民个体的权益保护,又包括对农民组织的权益保护,还包括对农民个体、农民组织生存的时空载体即农村社区的权益保护;既包括对农民现有存量权益的保护,又包括对农民将来增量权益的保护。农民权益保护的发展规律就是农民的组织化程度将不断得到提高,农村社区不断发展,实现从平等生存权到平等发展权,从形式公平到实质公平发展的一个渐进、缓慢的演变过程。在一个农民人口占重要比例的国家,而没有一个统一的、全国性的农民组织的农业人口大国,提高农民组织化程度已经迫在眉睫。如何把分散的农民组织起来,形成合力,成为农民利益的代表是当前亟待研究的重大课题。在实质平等理念的指引下,维护农民的尊严,可持续保护农民的权益,需要增强农民内生力量,实现其在政治、经济、文化、社会等各个方面的平等生存权,以体现现代人权的内涵和实质。农民发展权则是在生存权基础上的进步和升华,农民只有在一步步实现平等发展权的基础上,才能够实现个体与组织的价值,扩充个体与组织的发展空间,真正实现各种权益的全面和谐、可持续发展。

农村社区对农村权益保护有着重要的作用。和谐农村社区的构建与乡村全面振兴可以实现利益主体和利益客体的和谐发展,在农民利益的保护中发挥重要作用。其一,农村社区作为一个组织化的时空载体,发挥着桥梁纽带作用。农村社区是基于相对稳定与相对共性的文化、互相依存的经济关系、错综复杂的社会关系、根本利益共同的政治关系的组织化时空载体。基于此,农村社区可以作为政府和农村社会信息沟通、对话、合作的桥梁和纽带,它可以有效地平衡协调政府和农村社会的利益关系,实现农村共有利益和共同利益表达参与的制度化、规范化和法制化,保障农民组织化、制度化地参与政府公共政策的制定,降低政府制度变迁、制度创新的成本、政策制定的风险、政策执行的成本,实现农民的和谐利益。其二,农村社区作为一个区域化了的社会组织,可以积极发挥公共参与作用,参与农村社会的公共产品供给。其具有供给公共产品的针对性强、成本低、效率高等优点,能够高效地促进农村社会利益的发展,增加农村的增量利益。社区参与公共产品的供给能够促成与政府竞争,增加政府公共产品创新的动力和提高政府公共产品的质量、数量和价格,实现社区利益的可持续发展。其三,农村社区作为一个社会组织体,发挥着利益协调作用。通过社区文化的培育来协调差异利益和冲突利益,可以在认同差异性利益的前提下缩减利益差异和平衡差异利益,最终实现利益之间的和谐。农民权益保护制度与农村社区和谐发展的正相关关系,要求我们在构建和谐社区进程中必须高度重视农民权益保护制度,并通过健全完善农民权益保护制度来化解农村社区问题和农村社区矛盾,使农民权益伴随着社会变迁而发展。在主体多元化社会关系与社会利益交叠冲突的现代社会,农民权益不能仅通过个人选择还必须通过不同组织进行集体选择的方法来实现,农民权益保护要以动态发展的视野,在以农民为中心的主体发展权与以土地为主的客体发展权的构建中,以农村社区发展权为实践的时空载体,提出基于主客体和谐发展的社区发展权理论,从而寻求农民权益更新,实现更高层次的保护。

经过社会主义改造和建设的我国当代农村,在几十多年改革的建设和发展后,一定程度上形成了具有中国农村社会主义初级阶段特色的新型农村社区及其组织。构建和谐农村社区,实质上是要更好地回答为什么发展和为谁发展的问题。农民权益保护的提出是经济社会发展与新农村建设、全面乡村振兴的必然要求,而农村社区的深化发展则是内外因素共同作用的结果。目前,我国农民权益保护制度中的体系架构及其运行机制有了很大程度的发展,但仍然有很多不符合经济社会发展要求的地方,凸显的问题也日益增多。从理念层面而言,传统权益保护理念过于守陈,跟不上现代权益保护理念的发展,无法突出对农民权益的平等保护、法治保护、民主保护和全面、协调、可持续保护。从内容层面而言,传统权益保护制度关注的仅仅是农民的生存权,而缺乏对农民群体生存权与发展权的平等维度的关怀。从制度架构层面而言,传统农民权益保护制度的内部组成不健全,各组成制度间缺乏衔接性,部分之间存在矛盾和冲突,且各组成制度法律效力性也不高。从制度运行层面而言,也存在较多问题。首先,制度运行需要制度内各主体权利义务的适当赋予及合理界定,政府、农民与社区(我们可称其为"新第三部门")之间赋予的权利义务有所不妥,权利与义务的实质对称性并没有得到体现,且各方主体的权利义务也较为混乱。其次,制度内各主体行为的规范性也存在不足。最后,各主体权益保护中违法行为及不作为行为的法律责任规定的存在缺失和追究不力的现象。制度架构及运行机制中存在的这些问题,严重影响了农民权益保护的开展,需要予以解决。

二、农民权益保护发展的逻辑规律

平等生存权、尊严权与平等发展权是人在人权意义上的三项最重要、最基本的权利,它们在人权体系中处于母体性的、基础性的地位,是其他人权产生的基础,同时也是社会弱势群体权利的源头。在人本主义价值观的引领下,将广大农民的权利纳入平等生存权、尊严权与平等发展权的视野下,也就找到了透视农民权益保护全景的视窗。

第一,农民权益保护起源于平等生存权思想。法律和权利的重心从自由权到社会权的转移是人权发展的客观历史现象,以生存权为代表的社会权实质上是社会弱势群体的权利,蕴涵着对社会弱势群体权利的着重保障。作为一种基本的人权,生存权有以下几个理论特征。大致从两个方面着手,即生存权的权利主体与权利内容。首先,生存权的权利主体。自由权的权利主体,是作为普遍的、抽象的存在的市民,是等质地存在的"人"(Person)。只要对这样平等地存在的市民的基本权利和自由进行了保障,他们各自就能自由地去追求自己的幸福,责任全部归结于个人。而与此相对,以生存权为首的各种社会权的权利主体,是指生活中的贫困者和失业者等,是存在于现实中的个别的、具体的人,即带有具体性、个别性这样属性的"个人"。与此同时,我们也必须明确指出,社会权的权利主体也只能是一定限度上的、对自由权权利主体所具有的普遍性和抽象性的法律范围的修正,而并非是现实生活中具体存在的个人。然而,从市民宪法的价值观来看,这种虚伪性可以说基本上是应该加以肯定的。一般来说,不管是近代还是现代,自立原则均是市民社会的基本原则。这种原则的重要根基是最大限度地尊重个人的主体性和自立性的理念。因而,国家(政府)在进行保障之时存在着一种基本制约,即在消除那些社会弊病、恢复市民的自由和权利这样的限度上,国家才助市民们一臂之力①。其次,生存权的权利内容。把生存权的特征放在与自由权的对比之下来理解,就较为容易得其精髓。所谓自由权,实际是一种旨在保障应该委任于个人自治的领域而使其不受国家权力侵害的权利,是要求国家权力在所有的国民自由领域中不作为的权利。相较而言,生存权的目的,在于保障国民能过像人那样的生活,以在实际社会生活中确保人的尊严;其主要是保护生活贫困者和社会的经济上的弱者,是要求国家有所"作为"的权利。目前,对于农民生存权问题国内外研究并不深入,原因在于发达国家很少将农民生存权作为一个特定对象研究,他们认为农民生存权和其他居民生存权理应一致,而在其国内长期的法学研究中忽略了农民的存在。我们国家的研究也往往囿于二元经济结构,认为农民生存权具有两大特点:农民生存权的弱者身份性与农民生存权的脆弱性。对于农民生存权的法律保护要加强社会法和"三农"法的建设,特别是农村社会保障法的专门保护。总而言之,生存权凸显了社会弱势群体的主体地位,其以积极权利保护的特质为社会弱势群体权利的实现提供了强有力的支撑。在实质平等理念的指引下,生存权将关怀社会弱势群体的福祉作为价值目标。

第二,农民权益保护以人的尊严作为发展的基础维度。人的尊严是一个有着悠久历史和丰富内涵的概念,其作为人的一种类似本能的需求和渴望,伴随着人类的产生而产生。在人有限的生命形态中,人的尊严是必须维护的最为重要的价值,也是大多数价值的逻辑基础。正是基于物质生活和精神生活的和谐统一,人类才走向群体合作,组成人类社会,创造人类文明;之所以人群中的弱者与强者一样生存于自然界且大体能和谐共处,关键在于人类对个体生存价值的认同,对个体尊严的维护。在现实社会,弱势群体作为社会的一员,具有基于人权过体面生活、被平等对待的权利。弱势群体有权享有个人尊

---

① 大须贺明:《生存权论》,林浩译,法律出版社 2001 年版,第 15—18 页。

严和人格的自由发展所必需的政治、经济及文化方面的权利,有权享有一个符合人的尊严的生存基础。从法律上讲,人的尊严的概念源于现代人权思想和康德的哲学学说,与人本身固有的价值相联系。人的尊严是人之为人的固有属性,具有普遍意义,它与人的出身、地位、身份、权势、财富等因素没有法律上的必然联系。因此,从维护人的尊严视角出发,从无社会差别的每个个体人的自然属性出发,去研究社会弱势群体的权利保障,特别是他们的权利构成和权利状态,可以使我们更加全面、深刻地诠释弱势群体权利的法理学底蕴,更加清晰地剖析人的尊严与弱势群体权利之间的辩证关系,更加凸显社会弱势群体的主体性价值。① 农民权益保护直接以农民的"人性"作为对象,是维护广大农民人性尊严的具体表征。赋予农民实质的权益保护,并将国家社会作为农民该权利的义务主体,广大农民将不会再有生活无着落的忧虑和窘迫,并能够保持着自己的人格和尊严,从而体面的从事生产和进行生活。正如马克思所强调的,人与人之间在作为人的意义上是平等的,都有维护尊严、实现人性的自由;尊严最能使人高尚起来,使他的活动和他的一切努力具有高尚的品质。保护人的尊严,就保护了作为一个人的基本权利。

第三,农民权益保护的归宿在于实现人的发展权。发展权最初是由塞内加尔第一任最高法院院长、联合国人权委员会委员凯巴·姆巴耶于 1970 年正式提出。发展权的形成经历了一个从发展要求、发展原则到发展权利的过程。按照《发展权宣言》的宣告,发展权是一项不可剥夺的人权,由于这种权利,所有各国人民均有权参与、促进、并享受经济、社会、文化和政治发展,在这种发展中,所有人权和基本自由都能获得充分实现。发展权的主体既是集体也是个人,这种双重性的主体特征使其成为一项独立的新型人权。个人发展权的实现,是以人人平等地参与发展的决策,分享发展的成果,并实现个人的充分自由为内容。人的"类本质"在个人那里的全面发展,实际就是人的能力的充分发展;人的"社会本质"在个人那里的充分发展,实际就是人的社会关系的全面丰富。个人在"类本质""社会本质"和"个体本质"三个层面上的充分发

---

① 齐延平:《社会弱势群体的权利保护》,山东人民出版社 2000 年版,第 30—35 页。

展都是以个人的内在本质需要为源泉的。人的全面发展无论是作为人的本性的复归,还是作为历史本身的完成,都是以共产主义作为终极指归,因为共产主义是将每个人自由而全面的发展作为最高目标和基本形式。发展权是一种新型的人权,简而言之其有如下比较优势:首先,主体兼具特殊性与普遍性。发展权作为后现代社会的人权,其对现代人权具有极强的矫正性与重构性。其次,发展权以公正、公平为内核,又将形式正义与实质正义结合起来,使权利主体享受到真正具体切实的利益。再次,发展权追求人类社会整体的全面发展。发展权的主体是个人与集体,个人既包括发展中国家的个人也包括发达国家的个人;发展权的集体主体内容丰富,既包括特定的弱势群体也包括民族与国家。总之,发展权的发展是全人类的发展,是全人类的权利。我国农民个体发展权内容上的缺失还较严重,难以实现个体发展权。农民发展权的相对缺失导致了农民进一步贫困,发展权被剥夺的影响比收入低下的影响更重要,发展权的缺失限制了中国农民的发展机会和空间,发展权对贫困主体具有内在的价值功能。

第四,农民权益保护的途径在于对农民权益的倾斜性保护。在当前社会权利配置过程中,农民由于自身的相对弱势性以及其他外部社会影响导致其正当利益得不到有效的保护。通过对农民权益进行倾斜性保护,既符合社会公平正义的基本要求,也符合农民权益保护的理念要求。对农民权益的倾斜性保护在于通过倾斜性制度设置对农民权益进行倾斜性权利的配置,这是对传统农民权益保护制度的一种变革和创新。农民倾斜性权利即在实质公平的基础上,在一定时期内以法律制度的形式对农民进行特殊保护的形式。即由经济发达、人才资源丰富、科技能力强等优势的其他社会主体承担更多的资金、技术、人才服务等相关义务,保障农民在利益博弈中取得正当利益的同时,给予农民适当的利益补偿,平衡农民和其他利益主体的利益关系。这样一种权益配置模式,从内在层面看,是为促进农民发展在某些方面暂时给予农民某些特殊的权利而不究其义务,使农民享有看起来不对等权利义务,而实质上则是对长期以来以农补工、牺牲农村发展利益支持城市发展政策中农民应得的补偿,因此,从总量上,农民所享受的权利与其承担的义务仍是对等的。对农民进行倾斜性保护有着其深厚的理论和实践内涵。一个社会的弱势群体的利益如果长期得不到有效保护,就会引发社会整体利益的失衡。在我国社会转型期,利益调整以及阶层分化和多元结构决定了要形成各群体利益均衡的关键在于实现权利资源的平等分配。受历史因素的影响,我国农民存量利益大量流失、增量利益发展缺乏基础的现实也使农民长期处于相对弱势地位。在现实中,农业地位非常重要但是其具有天生的弱质性,在整个利益分配中外部性显露无遗,使以农业生产为主要收入来源的农民在利益分配中处于相对弱势地位。因此,对农民进行倾斜性保护,是保障农民正当利益的重要途径。这也意味着允许相关涉农主体在特定的时期内依然享受合理的倾斜性保护,而农业发展在一定时空范围内需要受到法律认可和保护的适度发展空间。在倾斜性权利保护的法律制度实践中,从组织层面,要加大国家对农村自治组织的法律制度的供给和支持,在健全和规范基本运营法律制度的基础上,落实"民有、民管、民享"的农民组织发展原则;在经济建设层面,要建立公共投资主体准入法律制度、公共投资决策行为和实施行为规制法律制度以及公共投资利益分享主体的权利救济法律制度等,完善以消除融资垄断、开拓融资渠道为重要内容的融资法律制度,由此保障民营企业、中小企业公平地获得融资机会,实现农民自身更好的发展;在主体发展层面,要加强对农村教育、农村科技推广等相关法律制度的建设,必须完善财政收支法律制度、农业科技创新法律制度,农业知识产权法律制度、税收管理法律制度等。通过理论——制度——实践的衔接,在倾斜保护中求平衡,实现农民权益的全面保护和发展。

综上所述,农民权益保护的发展规律就是农民的组织化程度将不断得到提高,从平等生存权到平等发展权,从形式公平到实质公平这样一个渐进、缓慢的演变过程。农民作为社会的相对弱势群体,平等生存权的保障就显得尤为重要。在实质平等理念的指引下,维护农民的尊严,实现其在政治、经济、文化、社会等各个方面的平等生存权,体现了人权的内涵和实质。而发展权是在生存权基础上的进步和升华。发展权的发展是全人类的发展,是全人类的权利。农民只有在一步步实现平等发展权的基础上,才能够实现个体的价值,扩充个体的发展空间,真正实现各种权益,从而得到全面的发展。

第十一章 农民权益保护与新农村社区 发展的历史比较研究

在主体多元化、社会关系与社会利益交叠冲突的现代社会,农民权益不能仅通过个人选择还必须通过不同组织进行集体选择的方法来实现。农民权益保护要以动态发展的视野,在以农民为中心的主体发展权下,以农村社区发展权为时空载体,构建农村社区主客体和谐发展的农村社区发展权理论,以将农民权益保护上升到更新、更高层次。经济社会的发展实践决定了农民权益的可持续保护必须实现从保护农民生存权向保护其发展权侧重的理念转变。以建设社会主义新农村与全面实施乡村振兴为背景,对基于农村社区发展权理论的农民权益保护法律问题进行研究,既是理论的呼唤,又是现实的需要。在倡导构建和谐社会与建设社会主义新农村的历史背景下积极推进农村社区发展与切实保护农民权益,已经成为新一轮农村改革和当前迫切需要解决的重大课题。

第一节 我国农民权益保护工作的现状与问题

解决好"三农"问题仍然是近年来党和国家关注的重大问题,为此,国家出台了一系列惠农、支农的政策,为农民权益保护工作提供了良好的政治环境和社会氛围,通过农业税减免、新农村建设与全面实施乡村振兴等政策的施行,农村面貌得到了极大改善,农民的生活条件越来越好,生产积极性也愈加高涨,促进了农业生产的整体发展,也从根本上推动"三农"问题向良好解决的方向发展。

一、我国农民权益保护工作的现状

近年来,党和政府围绕"三农"问题的解决陆续出台了一系列方针政策,取得一定的成效。农民收入有所增加,农业和农村发展出现了明显转机,这得益于中央政府"多予、少取、放活"的惠农政策和农业税减免政策等在各地的良好落实。具体而言,下列政策、文件在农民权益保护工作中发挥着重要作用:

(一)第一个"五个一号文件"

自 1982 年以来,国家每年都以中央一号文件的形式彰显其对"三农"问题的重视,其中,1982 年到 1986 年间党中央制定和颁布的关于农村工作的五份中央一号文件对农村工作做了基本指示,确定了家庭联产承包责任制、调整农业产业结构等重大问题,肯定了农村改革措施的重要性和正确性,为之后的农村工作做了重要部署和指引。这些文件的颁布突破了固有的僵化体制,都是关于"三农"问题,对农村改革进行了全面而且迅速的工作总结,使其在中国农村改革历史上具有了重要的历史地位,并成为一个专用名词——"五个一号文件"。文件确立的家庭联产承包责任制是适合我国国情的具有中国特色的伟大创新。第二个中央"一号文件"《当前农村经济政策的若干问题》正式颁布后,正式从理论上说明了家庭联产承包责任制是我国在共产党的伟大领导下,在马克思主义农业合作化理论指导下探索出的一种土地改革制度,该制度结合中国国情,是马克思主义理论在实践中的伟大创新,要求逐步实现我国农业经济结构改革、体制改革和技术改革,形成一条新的农业发展道路。1984 年的文件《关于一九八四年农村工作的通知》中强调应该继续稳定和完善家庭联产承包责任制,土地承包期应该在十五年以上,在特殊项目上承包期应该更长,只有发展商品的生产,才能提高社会生产力,促进社会分工,并使我们利用市场经济规律为计划经济服务,使 GDP 得到稳定和持续的提高。在调节的原则上继续坚持计划经济为主、市场调节为辅的原则。1985 年《关于进一步活跃农村经济建设的十项政策》中将家庭联产承包责任制进行了系统化的规定和发展，并否定了多年来的农副产品统购派购的制度，对部分重要产品采取国家计划收购的新措施。文件还提出国家应该加强市场调节，并扩大调节的范围，让农业的生产与市场需求一致，进一步促进农业产业结构优化。在1986年的第一文件《关于一九八六年农村工作的部署》中，肯定了之前农村改革方针政策的正确性，须继续切实贯彻执行。文件同时提出在依靠政策和科学的同时，需要加大投入，使农村改革能进一步深化，取得一定的改革成效。在社会主义发展的初级阶段，允许个体经济的存在和发展。在农业物质基础和技术基础还十分脆弱的阶段，在农村经济新旧体制交替的过程中出现的发展步调不一致问题，应该协调各方面利益关系。第一个"五个一号文件"极大地推动了当时的中国农村改革，对我国农村地区发生翻天覆地的变化起到了巨大的推动作用。

（二）新世纪的"二十个一号文件"

新世纪的"九个一号文件"是指2004年到2012年间中央颁布的九个一号文件，这九个文件分别在农民增收、提高农业生产能力、新农村建设与全面实施乡村振兴、建设现代农业、农业基础设施建设、粮食安全建设、农业科技以及民生建设等方面提出了重点要求，其核心思想则在于城市支持农村、工业反哺农业，通过一系列"多予、少取、放活"的政策措施，使农民休养生息。新世纪的"九个一号文件"为我国城乡统筹的实现起到了基础性的作用。从1997年以来，农民的收入增长缓慢，城乡二元制的社会结构不仅使农村和城市的发展速度有了较大差距，还使农村和城市的居民收入差距在不断扩大，尽快解决该方面的人民内部矛盾问题变得急迫又重要，早在2003年，中央就提出要把解决"三农"问题作为全部工作的重中之重，2004年《中共中央国务院关于促进农民增加收入若干政策的意见》。中央于是在新世纪第一个一号文件中提出了"按照统筹城乡经济社会发展的要求，坚持'多予、少取、放活'的方针来增加农民的就业机会，提高对农投入，促进农业科技化，产业化的发展，深化农村改革，保护农民的各项权益"，以此尽快扭转城乡居民收入差距不断扩大的趋势，达到保护和支持农业发展的目的。2005年《中共中央国务院关于进一步加强农村工作提高农业综合生产能力的若干政策的意见》：新世纪第二个一号文件指出"要把加强农业基础设施建设，加快农业科技进步，提高农业综合生产能力，作为一项重大而紧迫的战略任务，切实抓紧抓好"。2006年《中共中央国务院关于推进社会主义新农村建设的若干意见》：新世纪第三个一号文件，提出了"统筹城乡经济社会发展，扎实推进社会主义新农村建设"的中长期历史任务。2007年《中共中央国务院关于积极发展现代农业扎实推进社会主义新农村建设的若干意见》：新世纪第四个一号文件，再次强调第一个一号文件指出的方针，并提出要"切实加大农业投入，积极推进现代农业建设，强化农村公共服务，深化农村综合改革"。2008年《中共中央国务院关于切实加强农村基础建设进一步促进农业发展农民增收的若干意见》：新世纪第五个一号文件再次把农民增收列为重中之重的发展任务，提出要"按照形成城乡经济社会发展一体化新格局的要求，突出加强农业基础建设，积极促进农业稳定发展、农民持续增收"。2009年《中共中央国务院关于2009年促进农业稳定发展农民持续增收的若干意见》：新世纪第六个一号文件将农村工作的重点再次锁定为农业稳定增长和农民持续增收，但基本措施仍然是加大国家财政对农业的投入力度。2010年《中共中央国务院关于加大统筹城乡发展力度，进一步夯实农业农村发展基础的若干意见》：新世纪第七个一号文件把改善农村民生作为调整国民收入分配格局的重要内容，按照扩大农村需求、发展现代农业、建设社会主义新农村和推进城镇化的具体目标要求抓好农业农村工作。2011年《中共中央　国务院关于加快水利改革发展的决定》：新世纪的第八个一号文件明确了在我国新形势下水利的战略定位，制定和出台了一系列针对性强、覆盖面广、含金量高的加快水利改革发展的新政策、新举措。内容包括：在新形势下水利的战略定位；水利改革发展的指导思想、目标任务和基本原则；加强农田水利薄弱环节建设；加快水利基础设施建设；建立水利投入稳定增长机制；实行最严格的水资源管理制度；不断创新水利发展体制机制；切实加强对水利工作的领导。2012年《关于加快推进农业科技创新持续增强农产品供给保障能力的若干意见》：持续加大财政用于"三农"的支出，持续加大国家固定资产投资对农业农村的投入，持续加大农业科技投入，确保增量和比例均有提高。发挥政府在农业科技投入中的主导作用,保证财政农业科技投入增幅明显高于财政经常性收入增幅,逐步提高农业研发投入占农业增加值的比重,建立投入稳定增长的长效机制。新世纪的"九个一号文件"尽管在主题上有所区分,但在内容上都是围绕着城乡统筹的实现来制定相关的方针,提出具体的要求,以减小城乡居民的收入差距为目标,千方百计促进农民收入持续增长,这些都为城乡统筹奠定了坚实的基础。2013 年《中共中央　国务院关于加快发展现代农业,进一步增强农村发展活力的若干意见》,连续十年聚焦"三农"。2014 年《关于全面深化农村改革加快推进农业现代化的若干意见》,强化农业支持保护制度;深化农村土地制度改革健全城乡发展一体化体制机制,改善乡村治理机制。2015 年《关于加大改革创新力度加快农业现代化建设的若干意见》,2016 年《关于落实发展新观念加快农业现代化实现全面小康目标的若干意见》,全面聚焦农村农业的改革发展,促进农业现代化和全面小康目标实现。2018 年《关于实施乡村振兴战略的意见》首次在一号文件中实施布局推进乡村全面振兴。2019 年《关于坚持农业农村优先发展做好"三农"工作的若干意见》,2020 年《关于抓好"三农"领域重点工作确保如期实现全面小康的意见》全面对标建成小康社会、乡村振兴、实现中华民族复兴的伟大实践,继续抓实、抓好"三农"工作。随后 2022 年、2023 年,中央一号文件《中共中央　国务院关于做好 2022 年全面推进乡村振兴重点工作的意见》《中共中央　国务院关于做好 2023 年全面推进乡村振兴重点工作的意见》,对年度全面推进乡村振兴重点工作进行系统的谋划和工作部署。

(三)全面取消农业税

农业是安天下、稳民心的战略产业,农业、农村、农民问题关系党和国家事业发展全局。苛捐杂税自古以来就是束缚农民的沉重枷锁。现代社会中,农业税依然是农民沉重的负担。2004 年 7 月 5 日至 6 日,全国农村税费改革试点工作会议在北京召开,在总结四年来农村税费改革试点工作经验后,分析了研究改革进程中的新形势、新情况、新问题。温家宝指出:我国农村税费改革两步走,第一步主要是正税清费、治理"三乱",取消"三提五统",把过重的农民负担减下来。对农民应该坚持"多予、少取"的方针。深化农村税费改革,对促进农业的增产和农民增收,统筹城乡经济发展有着重要意义。为了将农民从农业税的重担中彻底解脱出来,我国政府开始逐步实行农业税减免政策,2004 年开始农业税减免试点。2005 年 12 月 29 日,第十届全国人大常委会第十九次会议经表决决定,自 2006 年 1 月 1 日起废止农业税条例。自此,农业税在我国全面取消,农民"种田纳粮"的时代彻底结束,农业生产积极性得到空前提高。全面取消农业税对农民权益保护有着重大意义。因为这是从经济上给农民解除了沉重负担,从大局上对农民权益进行全面的和长期的保障,这对农村市场化进程的推进也产生了深远的影响。全面取消农业税对基层政府职能转变意义重大。农业税的取消是对基层政府权力的限制,是要求其职能化转变的一种方式,改变了基层政府和农业税的征收行为纠结在一起的现状,有利于改善干群关系,缓和基础干群矛盾。取消农业税,对解决农民负担问题意义重大。取消征收农业税是根治涉农乱收费现象的一种有效手段。取消农业税有利于农民负担监督管理工作的有效开展,同时基层政府的财政收入成本和农民负担的监督管理成本都会大大降低。取消农业税,对农民增收意义重大。取消农业税对农民较低的纯收入来说,节省了一笔不小的支出,该支出可以用于农业生产或者其他生活方面,对农业生产或者是农民生活的提高有着重要的意义。自行可支配费用的提高可再次调动农民积极性,农民可以更自由、自主地选择和从事他们的农业生产行为。

(四)推进社会主义新农村建设与全面实施乡村振兴

党的十六届五中全会通过的《中共中央关于制定国民经济和社会发展第十一个五年规划的建议》中提出了关于推进社会主义新农村建设的若干意见,具体包括统筹城乡经济社会发展,实行工业反哺农业、城市支持农村和"多予、少取、放活"的方针,按照"生产发展、生活宽裕、乡风文明、村容整洁、管理民主"的要求,推进现代农业建设,促进农民持续增收,加强农村基础设施建设,加快发展农村社会事业,协调推进农村经济建设、政治建设、文化建设、社会建设和党的建设。在"多予、少取、放活"的方针中,"多予"是工作的重点。国家提供支农资金多于往年,国债和预算内资金用于农村建设的比重都要高于上年,其中直接用于改善农村生产生活条件的资金要高于上年,并逐步形成新农村建设稳定的资金来源。社会主义新农村建设是农村改革的工作的一个战略性举措,是一项全面改革当今农村的有效建设手段,对农村经济发展、农民生活质量提高和扩大内需有着重要而深远的影响,是国家长期发展的有力保障。在财政支农方面,大幅度增加农业综合开发投入,着重加强农业基础设施建设,改善农业生产的基本条件。在农村道路方面,将改建农村公路120万公里,基本全面实现所有有条件的村通公路。在农村生产方面,农业部启动"九大行动",全面提高农业现代化水平,夯实农业生产发展的基础。在农村生产生活用水方面,优先解决一亿农民饮水问题,加快建设饮水和灌溉用水的配套措施,修建中部地区的排涝工程,为农业生产和生活服务。

从 2018 年 1 月 2 日的中央一号文件开始,农村进入了全面乡村振兴的新发展阶段。产业振兴、人才振兴、文化振兴、生态振兴、组织振兴成为新时代农民权益保护的伟大时代场景,必将对农民权益保护提出新的要求,提供新的理念、理论和新动力。

二、我国农民权益保护工作存在的问题

随着各项支农惠农工作的开展,我国农民权益保护得到了一定的改善,但是不可否认的是,"三农"问题仍然存在,并且影响着国家经济社会的整体发展。"农业弱、农民苦、农村穷"的格局并没有得到根本改观,农民权益保护的实然状况离应然要求还有很长的路要走。具体而言,我国农民权益保护仍存在以下问题:

(一)农民的经济权益缺乏保障

首先,农民的土地自主使用权尚未得到真正落实,生产受到政府行政干扰的现象仍然比较普遍,导致"自主经营、自负盈亏"的制度实际蜕变为"他主经营、自负盈亏"。时至今日,还经常出现地方政府在"逼农致富"调整产业结构、推进经营规模化的政绩工程中,肆意侵害农民生产经营自主权的情况。

其次,在农业生产方面,目前遇到最严重的问题是农业生产资料价格上涨和质量的问题,假冒伪劣的化肥、种子和农药,使很多农民利益严重受损,而其后的规制救济又没有真正起到维护农民权益的作用,很多时候司法救济和行

政救济都流于形式。尽管近两年中央出台了一系列农业扶持政策,但农业生产农业效益却没有得到预期的提高。农民从国家政策获得的优惠基本上被农资产品的价格上涨所抵消。因此,加强农资市场的监管和进行农资产品价格的控制对农民生产经营自主权的保障至关重要。

再者,对农民土地进行非法或强行征占,给予的土地补偿款过低或侵吞其土地补偿款以及征用地后不给安置人员的现象时有存在,农村土地纠纷已取代税费争议而成为目前农民维权抗争活动的焦点。应该承认,通过多年努力中国农民负担问题目前已经得到了很大程度的缓解。农村土地方面的问题已成为当前侵害农民权益的主要问题,有的地方呈现加重的趋势。主要表现在土地征用中,低价强征强占农民承包地,截留、扣缴农民的补偿安置费用,不解决失地农民的就业安置;在土地承包和流转中,强制调整或收回农民承包地,强迫农民流转承包地,非法改变土地的农业用途,截留农民土地流转收益等方面。当遇到土地权益受到侵害方面的问题时,也有不少农民向政府部门反映或寻求法律援助,但由于救济途径的缺失,农民受损权益基本得不到有效维护。

最后,农民在商品生产和商品交换过程中缺乏独立自主的市场主体地位,集体谈判能力低,不能有效地通过集体力量来维护自己的权益。另外还存在一些损害农民经济权益的其他问题,如农产品的价格歧视、借贷、保险等方面对农民的规定存在着不公现象,也导致了农民权益的大量流失;假冒伪劣农资充斥农村,消费性伤害事件层出不穷,农民的消费权益深受损害。

(二)农民的政治权益待遇不公

我国农民由于缺少参与政治的具体组织形式和渠道,参政能力弱化。在政治活动权益上,农民的选举权和被选举权等政治权利与城市居民存在一定的差别。在历届全国人大代表的构成中,农民代表的人数及比例都偏低,所占的份额与其所占的人口比例极不相称。政治代言人的严重失衡,使农民群体在利益代表和表达的格局中遭遇"瓶颈"。农村村委会选举中,农村宗族势力、黑恶势力过度强大或者相互勾结使他们有机会采取暴力、胁迫、威胁甚至是利用金钱、物质等非正当手段操控选举,严重侵犯村民选举权与被选举权。

尽管村民可以按照《村民委员会组织法》的规定,村民有权向乡镇人民代表大会和人民政府或者县级人民代表大会常务委员会和人民政府及其有关主管部门举报,但是基层政府侵犯村民选举权与被选举权的问题,至今仍然没有有效司法途径保障来保护农民的政治权益。因为我国相关法律和诉讼程序的缺失,村民却无法通过向法院提起"选举无效"之诉维护自身的合法权利。由于乡镇政府和村委会选举只是指导关系,而非领导关系,是法理上的行政指导行为,并非为可诉的行政行为,不在法院受理范围之内,因此村民也无法通过提起行政诉讼来达到重新组织选举的目的。此外,改革造就了多元化的利益格局,使得我国各行各业几乎都有了自己群众性组织的协会,但是人口最多的农民却没有自己的代表组织。由于缺乏组织化的利益表达机制,致使农民往往演变为改革成本的主要承担者和利益的最大受损阶层。在政治自由和政治平等权益中,市场经济体制的建立虽然加速了农民向城市的流动,但仍未从根本上平等的一体化户口管理制度。这种仍有区别的户籍制度不但限制了农民向城镇自由迁徙,给农民生活造成极大不便,农民工在务工地没有户口,于是选举权、发展权等权利也无法得到保障。政治上的弱势地位使他们无法掌握所应有的话语权,在权益受到侵犯时找不到有效的申诉途径,使企业主的侵权行为更为肆虐,由此形成了一个恶性循环,使农民工的权利从政治上到经济上都在不断地受到侵害。这些,从根本上都阻碍了经济社会的发展,而且使农民在户口登记、劳动就业、社会保障、上学就医、税费负担等各个方面承担的权利和义务与城镇村民明显存在差别,从而丧失了多方面的平等权利。

(三)农民的社会权益大量流失

新中国成立后,我国在城乡关系上采取不同的政策,也就是,对城市是一套政策,对农村却是另一套政策。与城市居民相比,农民的社会权利普遍被漠视,甚至连基本的社会尊重都难得到。第一,农民劳动就业受到歧视,在劳动力市场中处于边缘性地位。艰难的生存状况和陌生的城市使中国农民工饱受身体和心理疾患之苦,需要政府乃至全社会对其给予高度关注。在现实中农民工权益受侵害的现象已成为非常严重的社会问题,现实中农民工屡屡遭受着被拖欠克扣劳动工资、劳动保护条件简陋、劳动强度过大、社会保障不公平等不公正待遇。在某些地方,政府部门与企业之间的关系过于密切,使农民工在与企业对话中始终处于弱势地位,这成为了农民工屡屡受伤的深层次的社会因素。这些都使得农民的劳动权益无法得到保障。第二,在农民的教育权益上,现实中有重"城市教育"而轻"农村教育"的政策偏好,加之其重"重点学校"而轻"非重点学校"的偏好,这样的双重偏好使农民受教育的权利遭到了严重的忽视,大大减少了农民通过受教育改变自身命运的机会。有些地区的重点学校全年投入的经费大概比一个县的全部教育经费还要多。不论是在义务教育阶段、高中教育阶段还是在高等教育阶段,城乡教育机会都出现了不同层次的不均现象。中央把教育拨款大都用于城市,农民只能得到较少的财政支持,资源配置的不合理造成农村教育始终处于资源严重缺乏的弱势地位,农民的成本负担较重。第三,由于我国社会保障制度大多面向城镇居民,对农民考虑较少,所以农民只能享受社会保障财政支出的 10% 左右,人均保障费用也只占城市居民的二十分之一,社会保障水平低于适度水平的下限,农村的社会保障状况远不及城市。广大农民在中国革命、建设和发展的每个时期,都对国家作出过重要贡献,一直是革命、建设和发展中的中坚力量。在社会生产力不断发展,国力不断强盛的今天,公共产品是他们所需要的,必需的,也是我国政府应该为他们提供的。在这些公共产品中,养老保险和医疗保险则是必不可少的两项主要保障。在农民的社会权益大量流失的今天,农民更需要的是社会权利义务的分配公正。

(四)法律救济方面不够完善

没有救济就没有权利,当农民权益受到损害的时候,司法或行政救济就成为公正维护农民权益的关键工具了。从现阶段农村问题来看,农民需要救济最多的是土地征用和农业生产资料的质量问题。在农村的土地征收与征用过程中,村委会(组)虽是基层群众性自治组织,但实际上服从于基层政府的领导,市、县(区)、乡、镇政府部门是土地征用的使用者和管理人,是农村土地的实际影响人和控制者。政府在农村土地征用的决策上有绝对的权威,而如果在程序上缺乏有效的监督,就有可能通过各种不正当的程序最终实现征地占地的"合法化",将农民的财产据为己有,根本不按照《土地管理法》第四十八条的规定公布征地补偿方案、听取被征地农民的意见,使失地农民没有主张权利的机会,最后导致农民的合法权益受到侵害。在政府成为侵害农民权益的一个强有力的主体后,在寻求法律救济方面,农民相对于强大的政府部门一般处于弱势地位。另外,诉讼成本的不断提高,使得许多农民望而止步。当遇到这些问题时,一方面缺乏相应的法律知识,司法维权意识不够,另一方面救济成本过高,大部分农民的利益未能得到保护。最后,农村纠纷非诉讼解决机制还需进一步完善。通过诉讼方式解决纠纷必须苛守复杂的程序,费用高昂。据调查,44%的农民在纠纷发生后首先选择双方协商和解,34%选择他人调解(邻里乡亲、亲戚朋友、村干部或村里德高望重的人调解解决),而选择去法院打官司的仅占6%,因此非诉讼方式是解决农村纠纷的主要途径。但是现有的农村非诉讼解决机制单一且运行不畅,调解组织功能发挥不到位,例如部分调解人员并不重视调解方式的重要价值和意义,一旦发生矛盾纠纷便互相推诿或者因其自身法律素质的欠缺不能使调解程序依法进行。另外,人民调解协议没有执行力仅有确定力,人民调解制度的权威性无从体现,非诉解决机制与诉讼存在严重的功能失衡,这些因素都使得农村非诉讼解决机制还需进一步完善,来保护农民的合法权利。

(五)农民的文化权益保障不足

文化建设是保障精神文明建设顺利进行的主要力量。从该角度分析,文化建设和对农民文化权利的保障应该是新农村建设的重要内容之一,是对农民权益进行全面保障毋庸置疑的基础之一。我国农村文化建设还处于一个初级阶段,但农民群众的文化需求却在迅速增长,这就形成了一定的供求差距。我国农村人口多,文化工作基础较薄弱,尽管国家对农村文化建设在不断地增加投入,进行了一系列的重大文化建设工程,但是还远远不能满足我国农民的需要,"看书难、看戏难、看电影难"的现象普遍存在。农村电影市场空白就是一种典型的例子。农民们高呼"想看场电影真比娶个媳妇还难。"健康文化的缺位使一些农民留恋于低俗的文化表演,迷信赌博成风,造成这些问题的原因主要有:一是对文化的投入明显不足。二是文化基础薄弱,相应配套设施不全。三是为农村服务的公共文化机构运转存在较大困难。四是艺术家们对乡土题材的淡漠和创作的缺失。乡土题材早已被有些艺术家认为是"老土",他们不愿意进行有关农民艺术创作,不愿意去基层了解农民们的精神世界,不愿意认真地去发现和探索农村中的文化因子来进行创作,这是一种创作思想的贵族化、豪华化倾向,是农村文化严重贫血的重要原因。文化生活贫瘠,内容单调,不符合发展新农村建设的要求,精神上的贫乏不能满足新时代农民与时俱进的精神需求,最终损害了农民的文化权益,影响了我国精神文明建设的顺利进行。

第二节　我国新农村社区发展工作的现状与问题

20 世纪 80 年代初,"三农"问题就成为我国现代化进程中的"重中之重"。经过四十多年农村改革,我国农村社区在经济事业、政治事业、文化事业、社会事业上都取得了令人瞩目的成就。

一、我国新农村社区建设与发展工作的主要成就

(一)我国新农村社区经济事业上取得的发展

随着实行家庭联产承包责任制、农村承包土地使用权流转、农村劳动力转移等一系列改革,我国农村社区已经发生巨变,农村社区经济取得了很大的发展。这不仅体现在农村经济整体上的巨大成就,还直接体现在农民收入(包括人均收入和家庭经营收入)的不断增长,农村社区的居住环境得到了不断改善,农民的生活水平得到大幅度的提高。

(二)我国新农村社区政治事业上取得的发展

经过 40 多年的农村改革,我国农村社区村民自治已趋近成熟阶段。1982年《宪法》明确了村民委员会的法律地位;1987 年《中华人民共和国村民委员会组织法(试行)》又确定了村民自治的法律形式;1994 年《关于加强农村基层组织建设》中明确提出民主选举、民主决策、民主管理、民主监督四项民主制度;1998 年《中共中央关于农业和农民工作若干重大问题的决定》中指出,

扩大农村基层民主,实行村民自治,是党领导亿万农民建设中国特色社会主义民主政治的伟大创造;2004 年《关于健全和完善村务公开和民主管理制度的意见》中又进一步强调了民主管理和村务公开的重要性。2011 年、2012 年《中共中央办公厅、国务院办公厅关于健全和完善村务公开和民主管理制度的意见》都强调,要进一步健全村务公开制度,保障农民群众的知情权、规范民主决策机制、完善民主管理制度、强化村务管理的监督制约机制,保障农民群众的知情权、决策权、参与权和监督权,努力推进农村基层民主的制度化、规范化、程序化。

(三)我国新农村社区社会事业取得的发展

统筹城乡发展是"五个统筹"之首,农村社区社会事业中的社会保障、义务教育以及医疗卫生等方面也明显开始同城市建设并轨。我国农村社区以医疗保障、养老保障、社会救助等为主的农村社会保障制度已经建立。其中,农村社会养老保险已覆盖全国 31 个省份;全国开展新型合作医疗试点的县达到 671 个;部分省已经建立了农村社区村民最低生活保障制度;我国已实现了全国范围内农村义务教育学生学杂费全免。

(四)我国新农村社区文化事业取得的发展

随着物质水平的提高,农村社区的文化事业也取得了相应的进展。首先,随着农村社区的不断现代化、信息化,农民的法律意识已经觉醒,不断增强自己的法律维权观念。其次,商品化和市场化强烈影响和冲击广大农民的人生观和价值观,使农民的观念逐渐走向开放。最后,新型农民的培养使农村社区文化事业更加多姿多彩。

二、我国新农村社区建设与发展工作的主要问题

在看到我国农村社区经济、政治、文化、社会事业取得了显著成就的同时,我们也应该看到,在这发展的背后存在着一些不容忽视的问题:

一是经济方面。城乡社会的二元结构阻碍了农村社区的发展。这种"以农促工"的发展模式不仅破坏了农村资源环境,还极大地限制了农民主体作用的发挥,导致农村社区发展停滞、农民贫穷问题现象严重、农民权益得不到

保护等一系列"三农"问题的产生。

二是政治方面。首先,缺乏农村社区利益代表机制和表达机制,严重阻碍了农民权益诉求;其次,农村社区管理体制和运行机制不健全,各主体协调不够;最后,农村社区参与机制和分配机制不健全,导致利益冲突、利益不均衡等问题。

三是文化方面。首先,农村社区文化经费投入不足,基层文化干部的专业素质有待提高。其次,对一些优秀的传统民间文化遗产保护不力。最后,随着物质生活的不断丰富,农村社区在思想道德建设和精神文明方面都受到一定挑战。

四是社会方面。首先,我国过去长期推行的城乡二元化模式已使城乡差别巨大,城乡融合还有待发展,社会保障事业、医疗卫生水平明显滞后,且存在各地发展严重不均衡的现象。其次,农村社区辍学现象严重,教师队伍状况令人堪忧。

五是生态方面。农村生态环境状况堪忧是当前农村社区发展的障碍之一。保护生态环境、实现可持续发展是农村社区发展应遵循的重大战略。近几年来,尽管国家加大了农村社区生态环境建设的力度,滥用农药、化肥的现象得到遏制,农村水土保持工作也逐步开展,农村整体环境得到了一定改善,但农村生态环境仍受到各种形式的破坏,加之农村生态环境基础仍然相当脆弱,整体环境进一步恶化的趋势尚未得到全面遏制。

第三节　基于农民权益保护的新农村社区发展的变迁轨迹及新进展

一、基于农民权益保护的新农村社区建设的变迁轨迹

随着经济的发展、社会的变革,我国传统的农村社区正在逐渐向现代农村社区转变,为我国农民权益保护提供了新的思路。中共中央在1982年至1986年连续五年发布以"三农"为主题的中央一号文件,对农村改革和农业发

展进行具体部署;2004 年至 2023 年又连续二十年发布以"三农"为主题的中央一号文件,其保护农民物质利益、尊重农民民主权利、不断解放和发展社会生产力的改革主线,不仅强调了"三农"问题在我国现代化进程中的重要地位,也有利于加速城乡协调发展的历史进程。

(一)传统农村社区的稳定性走向现代农村社区的流动性

传统农村社区以自然经济为基础,其一成不变的生产、生活和交往方式决定了传统农村社区的基本特征就是稳定性。马克思曾提出"亚细亚生产方式"这个概念,马克思认为"亚细亚生产方式"主要是指一种农村村社制度,具有一定的稳定性,但封闭保守,对经济发展和农村社会进步都存在局限性。所以马克思评价这种"田园风味"的农村公社"使人的头脑局限在极小的范围内,成为迷信的信服工具,成为传统规则的奴隶,表现不出任何伟大和任何首创精神"。

主要表现在以下两个方面:首先是国家政策制度的变迁。1950 年至 1956 年底我国全国上下进行土地改革,将原有的农民个体所有制改造成社会主义集体所有制。全国参加合作社的农户高达 96.3%,其中参加高级社的农户占全国农户的 87.8%,并开始实行村民委员会制度。其次是农村出现了自发的人口流动。1980 年以来,不管是国家规划性制度变迁还是农村自发的流动,在传统农村社区的稳定性走向现代农村社区的流动性的过程中,农民权益的内容以及其保护的方式也随之有了新的变化。其中最具代表性的就是在农村社区不断趋向流动性发展过程中,农民产生了取消传统的户籍制度禁锢的政治权益。

(二)传统农村社区的封闭性走向现代农村社区的开放性

在小农经济时期,农户基本上都是自给自足的,他们直接生产自己的大部分消费品,与外界社会的联系不是很紧密。但是,随着社会经济的发展和生产方式的改变,特别是市场、交通、信息因素的介入,传统农村社区的封闭性被打破。从社会交往和信息传递看,农民的活动空间已大大超越传统的村庄地域界限。随着农村经济改革的推进,城乡二元社会格局逐渐淡化,市场经济的大潮冲击着千百年来形成的以血缘为纽带、小农经济为根基的社会关系,传统的封闭的乡村社会向现代工业社会转变,田园农耕式村落农村社区的结构开始分化。农村社区不再固步于封闭的内部自我发展,农村社区组织也不只是在一个农村社区内运作,而是形成了跨农村社区互助合作的模式,为农民权益保护提供更为开放的信息,从而形成了独特的不同于城市开放式结构的农村社区发展农民权益保护模式。

(三)传统农村社区向现代农村社区转变中的凝聚力逐渐削弱

人是一种群体动物,在整个进化过程中都如此,当生产力发展和文明出现后,人们聚居在一起,先形成村庄,进而形成部落、民族和国家。绝大多数的人都喜欢和自己的同伴生活在一起。文化,包括语言、文字、宗教信仰、风俗、节日、历史等,这些方面相似越多,人们的认同感就越强。文化产生凝聚力,它能激发个体农民对于村庄发自内心的认同感、自豪感和责任意识。在传统的封闭的农村社区中,绝大多数农民都有强烈的乡土意识,具有较强的文化凝聚力。进入现代化社会后,大量的农村人口流出以及城市文化、外来文化的进入使得传统农村社区的文化资源急剧流失,尤其是城乡的差异性,使得农民对自身生活的农村社区开始缺乏信心,向往着走向城市生活。正是由于以上种种原因,我国现代农村社区凝聚力较传统农村社区显现出的更弱的文化凝聚力。传统农村社区向现代农村社区转变中的凝聚力逐渐削弱对我国农民权益保护也产生了一定的负面影响。首先,这种负面性表现在农村社区凝聚力逐渐削弱使农村传统文化利益在无形之中流失。其次,这种负面性表现在农村社区凝聚力逐渐削弱使农民利益表达更加分散,不利于农民利益代表机制的形成。但是,我们同时必须清醒地认识到,传统农村社区向现代农村社区转变中的凝聚力逐渐削弱是农村社会发展的一个阶段。

(四)传统农村社区由单一性走向现代农村社区的异质性

传统农村社区以一种稳定的生产、生活和交往方式存在。而今天的农村社会却发生了剧变,呈现出了很多异质性的特征。首先,是现代农村社区人口的异质性。随着产业的加速分化,现代农村社区人口的职业愈来愈多元化,如行政人员、医务人员、教师、商人、学生等。其次,农民在经济和社会方面的异质性,是现代农村地区的重要特征。在农村中,大规模商业农场与小自耕农并存;甚至小自耕农内部也存在异质性;商业化小农在市场上出售他们的剩余产品,分享高附加值的新型农业市场扩张的益处。而另外许多小农主要由于资产禀赋差、综合环境差,只能维持糊口农业,他们也会在市场上买进食物、出售劳动力,但大部分的食品消费是自产,他们的生活不仅受资产状况影响,而且还受性别、种族和社会地位的影响。

改革开放后,农村联产承包家庭经营体制的形成与发展,带来了农村社区劳动组织方式、农民生产资料占有形式、劳动产品分配方式,农村社区的村民思想观念、文化素质、家庭功能以及农村社区产业结构的大变化,由此农民群体开始分化,出现了多样化的职业类型。长期以来,随着我国农村社会的变迁,农村社区单一化的劳动人口逐渐分化为多元化的各行各业的劳动人口。农村社区劳动群体的多元化趋势也带动了农村社区间农民、社群团体乃至村镇企业的农村社区流动,增进了农村社区之间的交流互动,改变了原有的僵化的农村社会关系结构,使乡村社会具有了多元性、复杂性的特质,也导致了农民利益逐渐多元化。

(五)农村社区组织由行政管理模式趋向利益自治模式

现阶段,我国农村社区组织已经不完全依附于政府,而具有了一定的利益自治导向。由于新时期,农村社区利益的多极化、利益代表组织的不断分化、农村社区内外利益格局的不断磨合,村民自治在农村社区管理与发展中就显得格外的重要。时至如今,我国代表农民利益的农村社区组织亦若隐若现,亟待发芽开苞。通过利益导向的农村社区自治模式,农民的自我意识得到了极大提高,农村社会组织形式也从简单的依附行政管理模式向复杂的利益导向模式变化。农村社区组织由行政管理模式趋向利益自治模式对于农民权益得到更加完善的保护有巨大的促进作用。在许多利益阶层都有其利益代表的当今社会,人口最多的农民却没有自己的代表组织。由于缺乏组织化的利益表达机制,致使农民往往成为利益的最大受损者。农村社区组织由行政管理模式趋向利益自治模式有利于农民充分的实现其利益表达权,建立有效的利益代表组织,加速了农民利益保护的历史进程。

二、基于农民权益保护的新农村社区建设的新进展

转型时期的中国社会呈现出典型的过渡性质,国家与社会各领域相互渗透、相互交织的程度较高,传统社会与现代社会的各种因素并存共生,政治、经济、社会、文化等领域在很多问题上边界不清,社会形态呈现出典型的中介性特征。中介性社会形态的经济基础是过渡性经济形态。中介性社会概念框架的重要理论意义与政策涵义是,既指出了当代中国社会发展演变的阶段性问题,又提出了社会转型时期中国社会的结构构成与主要构成元素之间的关系模式问题。中介性社会是一种新型的社会形态,中介性社会向现代社会的转变过渡主要取决于市场经济发展状况,以及国家、市场、农村社区间的组合模式与性质,也就是取决于现代社会的结构雏形与框架。市场和农村社区已有相对独立自主的生存与发展空间。总体来说,市场、农村社区(地域与功能农村社区)、家庭已成为中国社会的三大主要组成部分。国家与社会的关系已演变为国家、市场、农村社区、家庭之间的关系。

众所周知,人享有的各项权利不是孤立的,这些权利之间存在着唇齿相依的紧密联系,政治权利、经济权利、文化权利、社会权利和生态权利相互依赖、相互支持的内在机制决定了要保障个人的权利就必须保障所有的政治、经济、文化和社会方面的权利。否则跛脚的权利必将损害个人整体的权利。其中,政治权利保障经济权利、文化权利、社会权利和生态权利诉求在国家机构中得到表达;经济权利是政治、文化、社会生态权利的基础;文化权利、社会权利通过提升公民素质增进对政治权利、经济权利和生态权利的理解和深化。

如何保障和实现农民的各项权利? 首先,在政治权利方面,应重点设置和细化选举权和被选举权、结社自由权、迁徙自由权、参政权以及申诉、控告检举权等各项权利,以解决农民政治权益贫困的问题。实现农民利益表达是实现农民权益的重要方式之一,当前比较重要的是建立农民自己的利益表达组织,形成利益需求的表达机制,以合理的制度化解社会矛盾。其次,在社会经济权利方面,应重点设置和细化财产所有权、平等的就业权、平等的受教育权和平等的社会保障权等,使农民能共享机会平等,共享社会发展的成果。最后,在

人身权方面,应重点设置和细化人身自由权、人格尊严不受侵犯权等。在设置和细化基本权利的同时,还要设置相关的普通权利,如与劳动权相关的生产经营自主权、与财产权相关的土地承包经营权、非法定义务拒绝权、与社会权利有关的养老、工伤、失业保险权、医疗保障权、最低生活保障权以及社会福利享有权等等。农民在享有权利的同时,理所当然地要承担相应的义务。但在该制度体系中农民义务体系的设置只能是部分的或原则性的,无法将所有义务具体化,其具体义务应由多种制度加以完成。农民权益保护制度体系对国家机关及社会公共组织的权利设置应侧重于管理权、服务权、监督权及实施救济权等方面,其中包含着义务和责任,是该法义务体系的主要内容。

在一个层级立体化而非单层平面化的社会中,人权首先是社会弱势群体的人权。随着时代的发展,农民权益保护被赋予了全新的理念与内涵,从平等生存权向平等发展权的客观转变是现实的必然。在充分考量中国农民现实特征与市场、政府双重失灵困境的基础上,建构基于农村社区发展权理论的农民权益保护的系统理论,进而实现农民权益的可持续保护是社会公平正义的指归。理论是人的意识在客观实在中的反映,作为有关客观实在或人的精神生活现象的某一领域的概括性知识而存在,因而是人们进行一切有意识、有目的的实践活动和理论活动的最重要基础。显然,从实际出发,在系统的思想和可持续发展的视野的指导下,介于理论支撑与实践指导之间的中层理论,即农村社区发展权理论的架构,有利于促进农民权益的可持续和谐保护。美国学者博登海默曾说过,"一个旨在实现正义的法律制度,会试图在自由、平等和安全方面创设一种切实可行的综合体和谐和体。"

整个社会由三大部门组成,包括政府组织、盈利性的经济组织,以及非盈利性的社会组织。农村社区属于社会第三部门组织,应当承担起其作为社会组织的责任。因此,在农村社区发展权理论下,实现农民权益保护必须明确社会权利的配置。在进行具体的理论架构时,首先应有明确具体的逻辑思路。明确逻辑思路是一个对历史和现状进行剖析的过程。应对传统农民权益保护理论进行检视。权利义务是任何社会法律制度建构的基础,保护权利是法治社会的重要内容。因此,不同学者从不同角度对农民权益保护进行了一定的思考,如从农村民主自治角度,提出发展农村民主保护农民的政治权益;从农业补贴角度,提出保护农民的经济权益等等。但是各理论主张之间通常相互割裂,散见于各法律制度中,不具系统性。从农民权益保护的实践需要看,应将农民权益与农民发展、农民发展与物质资料和客体环境等具体因素联系起来,争取实现农民权益的可持续的、系统的保护。在对历史和现状有了客观认识的基础上,注重农民权益保护的新理念,其中,有两大理念与当前的社会发展密切联系。一是社会和谐发展理念与农民权益可持续保护理念。和谐社会是发展、公平、民主、文明、法治的社会,和谐社会的建构,应以当前社会发展现状为基础,在农民权益的可持续保护方面,则应当注重当前农民的生存和发展状况,着力促进农民自身的发展。因此,农村社区发展权理论以社会和谐发展理念为理论逻辑点,农民权益的可持续保护为实践逻辑点,注重农民权益保护理论与实践的融合。二是农民发展权理念。鉴于当前我国的农民群体整体上仍属弱势地位,促进社会的和谐发展必然要加强农民权益的保护。农民权益的保护不仅仅要在利益分配中体现出来,还应该在利益生产阶段创造更多的增量利益,丰富农民的权益体系。这个过程从某种程度上说也是为农民创造更多的发展机会的过程,因此完善农民发展权利,规范存量利益与增量利益的产生和分配,有利于促进农民权益的可持续保护。

第四节　基于农民权益保护的新农村社区发展的内在历史规律探索

农民权益保护制度的发展和完善,不仅是为构建和谐社会与全面实施乡村振兴创建基础性的社会和谐机制,更是为经济社会发展建立更具持续力的动力机制。构建社会主义和谐社会与全面实施乡村振兴的伟大实践必将为农民权益保护制度的建立提供难得的历史依据,并对农民权益保护制度的发展完善及其理论定位产生深远的影响,而农民权益保护制度的变革与创新则也将为社会和谐与全面实施乡村振兴的伟大实践提供重要的制度支撑。

一、基于农民权益保护的新农村社区建设的两大互动着眼点

（一）新农村社区的发展：组织建设与农民权益保护的现实要求

以农村社区发展权理论为理论基础进行新农村社区发展的建设，在当前有着重要意义。农村社区发展权是发展权体系的重要组成部分，它是以农村社区为核心的主体发展权和以土地等为中心的客体发展权在农村社区这一时空载体上，以农村社区形式享有的经济、政治、社会、文化和生态等各方面权利的总和。这个权利体系包含了可持续发展的理念要求，是符合农村社区发展自身要求与农民权益保护深层需求的理论体系。从哲学角度思考，物质世界的主客体是对立的，同时又是统一的。农村社区发展权是主体发展权在客体物质世界实现的重要载体，也是人类发展权全面实现的重要条件。它以促进主体发展权实现为内涵，在农村社区关系中体现为农村社区村民平等参与农村社区活动、平等分享农村社区发展成果两个层面上。农村社区发展权以农村社区发展的形式促进人的全面自由发展的集体实现，其创设改变了传统主体权利与客体权利实现的静态、平面思维，形成了一种动态、立体的权利构建。从农村社区发展权的性质看，农村社区发展权属于集体人权，但它又区别于一般的发展权，是包含了主客体协调发展的权利，从表面上看农村社区发展权是农村社区所享有的权利，实质上它又是农村社区成员所享有的具体的、现实的发展权利，是个体发展权在特定时空载体下的表现形式。农村社区发展权的实现依赖于内部发展权和外部发展权的实现，外部发展权的实现主要通过法律形式实现农村社区所享有的政治、经济与文化发展权利；内部发展权的实现则主要通过农村社区组织内部的民主治理形式，实现农村社区成员的发展权利。

经济权益是农民权益的重要内容，经济的发展是利益实现和农村社区发展的源动力，是农村社区发展权实现的重要内容，又是农民权益实现的重要基础，同时农村社区建设反过来促进农村经济的发展，二者相辅相成。社会主义新农村建设与全面实施乡村振兴中要实现新农村社区建设的利益发展功能，必须大力发展农村社区经济，以经济的发展为构建和谐新农村社区提供强大

的经济基础和物质保障,农村社区经济发展的质量、速度、结构、规模和效益是构建新农村社区的内在源动力,新农村社区构建的落脚点也是通过促进农村社区经济的发展来推动农民权益的实现。

从社会治理与公民社会之间的相互依存关系出发,农村社区的发展促进农民权益的保护。社会学认为,任何个人和群体的利益和价值追求必须依托一定的地理空间和社会空间实施主体行为才能实现。农民是农村社区生活的主体,也当然是农村社区的治理主体。农村社区治理状况关系到农民切身利益,农民希望自己安身立命的农村社区治理有序,生产经营能得到应有的服务,起码的生活问题有人管理,遭遇天灾人祸时能得到有效救助,参与农村社区治理是农民实现自身利益的客观要求。

(二)农民的积极参与:新农村社区发展壮大的现实要求

农民农村社区的发展必须尊重农民的主体地位,根据农民的意愿和要求确定为农民服务的方式和项目。只有充分尊重了农民的选择和意愿,农民才有可能参加农村社区的建设,并在农村社区提供的各项服务中获得较多的福利和实惠。显然,服务于农的前提必须是广大农民自觉自愿地加入农村社区。为此,在鼓励和引导农民积极参与到农村社区建设时,一方面,要尊重农民的意愿,另一方面,要使农民认识到,他们所参与的农村社区建设不是原有集体经济组织的复归,而是市场经济条件下农民自主自治的组织。

在历史唯物主义看来,人是社会的人,社会是人的社会。而人和社会的变化发展机制正如马克思所指出的:环境的改变和人的活动或自我改变的一致只能被看作是并合理地理解为革命的实践。农民作为农村社区建设的主体,既是组织的创造者,也是组织的发展者。农民的素质高低关系到合作经济组织发展的速度和质量,要想巩固增强农民在组织中的主体地位就必须逐步提高农民的自身素质;而农村社区要实现规模逐步扩大,也离不开农民素质的提高。只有农民群体的整体素质提高了,才能促使其更加积极、能动地参与到变革农村社会和推动农业生产发展的实践中去。

实现农民参与首先要转变农民的传统观念,促使其形成对新农村社区的正确认识,并进而增强其主人翁意识和发展欲望,促进农民的全面发展。农村社区是为维护农民自身利益而自愿结合起来的一种组织,是农民自己真正的组织。因此,应当通过宣传教育、典型示范等方式使农民自身认识到分散的农民个体不足以应对市场和农业生产的风险,但是广大农民群体联合起来则可以改变单个农民的弱势状况,这也是农民发展的根本出路。因此,我们要激发农民的合作参与意识,促使其自愿参与农村社区建设,并保护自己的利益。农民参与农村社区建设的形式是多种多样的,农村社区自治可以通过村民委员会、基层组织等正式组织的活动实现,也可以通过相关非正式组织实现,如以生产为主的技术、劳务、资本合作型经济组织、行业间或以公益为目的的社会组织。此外,还包括二者有效融合而形成的组织。纵观农村社会发展的历史,农业产业化是农业生产发展扩大化、规模化的必然趋势,而当前农村分散的经营模式和农民独立的个体性是明显适应产业化发展要求的,因此,应当通过各种方式鼓励建立农村社区企业,壮大农村集体经济。农村社区企业的发展壮大,一要整合内外部资源,充分抓住当前新农村建设与全面实施乡村振兴的契机,灵活运用新农村建设"多予、少取、放活"的方针,同时结合农村发展的实际需要,创造良好的发展环境,提供"促生"的机会,如加强农村基础设施建设。其二,要发挥地方优势,发展特色经济。特色是农村发展的活力之源。农村社区建设应紧抓当地特色,发掘本地已有资源,并在此基础上形成优势产业,从而建立以相关农村社区企业为主体、各种经济组织并存的农村经济发展模式。同时,农村社区经济发展离不开土地的发展。土地是农民最宝贵的财富,农村社区发展的资源之母,我国实行农村土地集体所有制,在这一所有制体制下,以农村土地为条件和基础,采取如土地入股等合作形式组建农村社区企业,开拓农村社区经济发展的新路径。

其次要加强基本法律知识的普及,增强农民的法治观念和民主意识。建立民主监督机制,强化农村社区治理透明化,提升农民的综合素质,强化农民的权利意识。村民自治是农村社区发展的重要组织形式,这一民主治理模式需要良好的内外部环境予以支撑,但是受行政干预的影响,村民自治"越位"与"错位"现象严重。此外,受传统观念的影响,农民在农村社区建设中的积极性、主动性并没有充分发挥出来。因此,提高农民民主意识,促使农民自觉参与农村社区建设,有利于农村社区权力的合理配置,同时,在农村基层党组织的领导下,农村社区治理中更多体现了行政权力的单向制约向多元权力互动的转变,从政府主导逐渐转变为社会主导,在这一治理模式下,农村社区组织运用农村社区公共权力,组织、管理农村社区公共事务和公益事业,实践农村社区自治,达到"自我教育,自我管理,自我服务"的目的。在当前,我国农村社区主要享有财务自主决定权、日常事务决策权、人事干部任免权、监督权、自主管理权等基本自治权力。通过自主权力的运行实践,农民也得以更好地主张自己的权利。由此可见,农村社区治理制度的优化,不仅能够促进农村基层民主建设,而且可以从制度上拓展农民参与公共事务的能力和途径,进而保护农民的各项权益,促进农民发展权的实现。因此要通过教育示范等方式,来提高农民的民主意识,推动农民自觉参与到农村社区建设中来,更好地保护农民权益。

两大着眼点相辅相成,一方的发展以另一方的发展为前提,双方处于一个统一体之中。

二、完善基于农民权益保护的新农村社区建设各维度的发展趋势分析

目前,我国农民权益保护制度中的体系架构及其运行机制很大程度上已经不太符合经济社会的发展要求,凸显的问题也日益增多。从理念层面而言,传统权益保护理念过于守陈,跟不上现代权益保护理念的发展,无法突出对农民权益的平等保护、法治保护、民主保护和全面、协调、可持续保护。从内容层面而言,传统权益保护制度关注的仅仅是农民的生存权,而缺乏对农民群体生存权与发展权的平等维度的全面关怀。从制度架构层面而言,传统农民权益保护制度的内部组成不健全,各组成制度间缺乏衔接性,部分之间存在矛盾和冲突,且各组成制度的法律效力性也有待进一步提高。从制度运行层面而言,也存在较多问题:首先,制度运行需要制度内各主体权利义务的适当赋予及合理界定,政府、农民与农村社区(第三部门)之间赋予的权利义务需要进一步优化设计,权利与义务的实质对称性并没有得到体现,且各方主体的权利义务也较为混乱。其次,制度内各主体行为的规范性也存在不足。最后,各主体权

益保护中存在对违法行为及不作为行为的法律责任规定的缺失和追究不力的情况。制度架构及运行机制中存在的这些问题,严重影响了农民权益保护的开展,需要予以解决。农村社区发展权的创设改变了传统权利体系下主体权利与客体权利之间的静态、平面思维,其主体发展权与客体发展权相协调的动态、立体的权利构建,倡导以农村社区发展的形式立体化的全面保障农民主体的全面自由发展,深层次体现了对农民权益(平等生存权、平等发展权)保护的核心诉求。此外,从社会治理与公民社会之间的相互依存关系,以及农村社区经济发展等角度都彰显了农民权益保护的重要性。对此,我们应着力发展农村社区经济,壮大农村集体经济实力,优化农村社区治理结构,加强基层民主建设,从政治、经济、社会、文化和生态等方面实践农村社区发展权理论的要求。

(一)促进农村社区经济维度的发展趋势

生产发展是新农村建设与全面实施乡村振兴的强大物质基础。社会主义经济生产力水平差距决定了农村集体经济对产业、组织形式的不同要求,在农村集中经济中不同的产业形式、不同的组织形式,产生的效益不尽相同。因此,农村社区经济的发展应当保障各环节主客体的协调发展。例如,农村社区自治可以通过村民委员会、基层组织等正式组织,以及相关合法的非正式组织实现,如以技术、劳务、资本等方面的自愿合作为基础的经济利益组织或其他以自律、避险和公益为目的的民众组织,同时也可能是二者的有效融合,正式组织以非正式组织为条件发展。纵观农村社会发展历史,农业产业化是发展的必然路径,而单靠目前松散的农户个体无法实现农村经济跨越式发展,因此加快建立农村社区企业,壮大农村集体经济是非常重要的。农村社区企业在现实背景下要整合内外部资源,利用政府新农村建设与全面实施乡村振兴的相关优惠政策方针,以争取更好的发展环境,为农业发展服务。

(二)完善农村社区治理维度的发展趋势

农村社区建设是社会主义新农村建设与全面实施乡村振兴的重要部分,但对于处在经济转轨与社会结构转型交织的历史时期,完善农村社区治理更显得重要。首先,农村社区的发展离不开对农村社区权力的控制,以避免权力被异化。目前,由于农民素质相对低下等诸多现实性问题的存在,极易出现农村部分个体歪曲民主,追求个人利益或者只重视短期效益,而无视长期效益的现象,不利于经济社会的可持续发展。由此可见,农村社区建设应明确以经济效益、社会效益、生态效益多元协调发展的目标,积极促进人与社会、人与自然的和谐发展。因此,保障农村社区的建设的科学合理发展,一方面要坚持党的领导,发挥基层党组织的作用,另一方面要保障农村社区民主治理制度的科学合理。其次,建立健全民主监督机制,实现农村社区治理的透明化。再次,提高农民的综合素质,强化农民的权利意识。最后,探索合理的农村土地利用模式,发挥土地的资源价值。土地是农村集体组织和村民最主要的生产、生活资料,是农业生产经营活动的物质基础,也是农民基本生活资料的重要来源。农民一旦丧失土地,也就等于丧失了基本生活来源和农业生产活动的现实基础,因此,应建立以发展权为中心的农民土地合作形式,保障农民的土地权利,真正贯彻民有、民管、民享原则。

(三)提高农村社区文化维度的发展趋势

文化是在一定社会经济条件下人们观念上的财富的总和。农村文化则是农村社会中广大农民群众在生产生活中形成的观念、认知。长期的历史积淀使我国的农村文化呈现出多样化的特点,既有深厚的传统文化精髓,也存在明显的封闭性、边缘性和落后性等特点。其中的落后文化与现代文化的矛盾冲突明显。加之我国过去长期以来实施的城乡二元体制也使得国家对于农村教育、科技等文化领域的投入十分有限,导致农村的科技文化技术方面的发展迟滞,农村精英人才流失,也造成了对农村文化发展的阻碍。在这种落后的情形下,农村社区的建设能够很好地促进农村文化的推动和发展。第一,优化农村文化教育,实现人才回流。完善农村文化教育结构,除义务教育外还包括职业教育、干部培训教育、道德素质教育等全方位的完整的农村文化教育体系。在新农村社区建设过程中,农民作为原发性力量的角色地位应得到法律的明确承认,其待遇也应有基本保障,进而实现其在文化利益上的平等地位。第二,传承农村传统文化,实现民族特色。我国大多数优秀传统文化都发源于农村,但由于社会经济的不断发展,许多优秀的传统文化都面临断层与遗失的问题。

农村社区是农村传统文化传承的重要现实载体,农村社区建设为农村文化事业提供了健全的服务体系,包括文化基础设施和交流平台。其中,农村社区组织举办的各种文化活动,极大地丰富了农民的文化生活,满足了农民的文化生活需求的同时也活跃了农村文化氛围,为农村的长足发展提供了良好的文化环境。第三,农村传统文化与现代文化的融合。农村文化由于其固有的传统因素与现代文化间存在一定的冲突,而该冲突也是当前农村文化发展的重要影响因素。在诸多因素的作用中,具体对农村文化与现代文化的融合起到促进作用的主要有两个方面,一是现代文化对农村传统生活的影响,二是农村优秀传统文化的对外发展。农村社区作为文化融合的一个载体,可以组织文化下乡与乡戏进城等活动,在这种相互作用中,农村社区自身的发展也显而易见。

(四)农村社区生态环境的可持续发展

生态环境是人类生存和发展的基本条件,人类发展的历史实践中人为破坏生态环境所付出的代价已经告诉后人保护生态环境的重要性。农业生产的特性决定了农村社区的发展更是离不开生态环境的保护,而保护生态环境、实现农村社区经济可持续发展是当前农村社区发展必须采取的重大战略。在经济高速发展的同时,在农村社区生态环境保护方面也取得了巨大成就的一个重要原因在于农村生态环境的可持续发展。但必须注意,环境、资源与经济、社会发展间的矛盾日益突显,成为农村经济社会发展的制约性因素。在过去相当长的一段时期内,为追求短期效益,许多农村社区采取了以牺牲环境为代价发展经济的做法,结果付出了沉重的代价:水土流失危害越来越严重;生态环境不断恶化,自然灾害日益频繁;野生动植物数量锐减,部分种群濒临灭绝;农村污染日益突出,对人体健康的威胁越来越大。在这种情形下,加强农村社区生态环境保护,在快速发展中提升农村的环境质量,既是保障农村发展的长远之计,又是农村社区发展与农民权益保护的当务之急。

农村社区生态环境建设是一项"功在当代、利在千秋"的长期工程。从某种意义上说,农村社区生态环境建设的好坏不仅关系到农村社区的发展问题,也关系到农村社区中农民群体权益的保护,更关系到整个国家的经济、社会安

全,是当前发展经济、建设新农村与全面实施乡村振兴战略中社区必须要重点
关注的环节。从某种意义上来说,"绿水青山就是金山银山"。农村社区生态
环境建设需要各级政府、各部门的协同工作,以及社会各阶层的共同参与。此
外,配套的政策、法规和管理机制、先进的科学技术支撑、充足的资金支持、有
力的教育宣传等都是农村生态环境建设中不可或缺的环节。同时,生态环境
建设重点是协调人与自然、人与资源之间的关系,良好的生态环境的形成必然
需要一部分群体暂时牺牲部分既得利益,从可持续发展的高度,将农村社区生
态建设和环境保护工作融入到经济建设工作中。由此可见,农村社区生态环
境建设为经济建设提供了良好的环境,也是农民权益保护的必然要求。

第十二章 基于农民权益保护的新农村社区发展的国别比较研究

第一节 国外基于农民权益保护的新农村社区建设的实践及启示

一、国外基于农民权益保护的新农村社区建设的实践

在发达国家村镇规划中,判断可持续发展有两个不同的角度:一个是以生态为中心;一个是以人为中心。"生态中心论"以环境可承受和环境得以改善为前提来判断可持续发展,如决定人口和经济增长的限度;"人本论"以满足当前人的需要但不损害后人的利益和他人的利益为前提来判断可持续发展。两个不同的立足点的差异之一是尺度不同:"生态中心论"的尺度是区域的或全球的,而"人本论"的尺度是地方的,一个村、一个镇或一个城市。用可持续发展的方式去规划设计农村社区时大都采取"人本论"的立场。

在国外,农村社区被描述为一种生活共同体,一般具有以下六个要素:人群、地域、专业分工与互赖、共同文化和社会特质、归属感、自我维持与发展。关于农村社区建设的内涵,国外的专家有以下三种不同的认识:一是认为农村社区建设是一个过程。通过这个过程,农村社区拟定本身的需要和目标,寻找所需要资源,并采取行动去满足这些需要和实现目标。二是认为农村社区建设是一种社会工作方法。通过这种方法合理配置资源,协助村民解决问题,培

养村民的参与、自决及合作的素质,从而满足农村社区需要。三是认为农村社区建设是通过组织村民,采取集体行动,控制及影响农村社区的一切程序、计划、决定及有关政策。虽然观点不同,但他们的共同点是:培养农村社区成员的民主意识和村民自治、互助的能力,鼓励农村社区村民解决农村社区内问题,促进村民广泛参与,提高村民的综合素质和生活质量,这是农村社区建设的主旨。

(一)英国:《21世纪地方发展纲要》

英国从四个方面考虑可持续发展的村镇规划设计:一是在可持续发展的规划设计中,应采取生态学的方式去考察农村社区,重新研究农村社区与它的背景的关系,如自然景观、生态系统、水和能源等。二是在可持续发展的规划设计中,应尽可能强化地方农村社区的独立的和综合的功能。一个地方对汽车的依赖会产生环境污染、交通设施使用不平等、过量使用土地和能源等问题,因此,避免地方农村社区的区域功能衰退,减少对汽车的依赖,是以可持续发展的方式去规划设计农村社区的重要内容。三是在可持续发展的规划设计中,采用人的尺度、土地与空间的混合使用、人群的混合居住、维护地方的社会资本等基本准则。四是调动各方面积极参与农村社区可持续发展的规划设计,使每个人都承担起尽可能减少对生态系统干扰的责任。

(二)法国:村镇数量保持稳定

在法国,位于城市附近或位于工业和城市人口聚集区(ZPIU,类似于中国所谓城乡接合部地区)内的乡村人口,以及部分边远乡村的人口既有增加的趋势;也有1/3的村镇人口在减少,比如在科西嘉中部、南阿尔卑斯布列塔尼中部,主要是一些人口密度很低(20—30人/平方公里)的地区,一直存在着荒芜化、人口外流和老龄化问题。

早在20世纪70年代,法国城乡之间的生活条件就达到了相近的水平,乡村不但拥有城市生活的舒适,还有城市所没有的美好环境。乡村成为一个生活场所,其空间功能发生了深刻的变化。新型乡村空间不但有传统的农业生产功能,而且具有居住、娱乐、工业和自然保护区等多种功能。乡村功能的增加,导致乡村活动的多样化和乡村就业的多样化,也促使乡村重新焕发了新的活力,出现了所谓"乡村复兴"。过去,随着农业贡献率的急剧下降,乡镇似乎失去了一切活力,好像已经走到了尽头。然而,经济发展一旦进入到抹平城乡生活条件差别的阶段以后,甚至连那些最小的乡镇都萌发出了一种新的社会、文化、政治、经济的生命力。村庄变成为一种"既非城市、又非乡村"而是二者兼有的地方社会。人们在乡村社会找到了在城市社会难以找到的个性化、归属感的空间。在这样的条件下,尽管出现了乡村的人口外流,但是法国3.2万个乡村市镇始终保持着自己的政府和议会。法国学者认为,乡镇的合法性体现了民主精神的根深蒂固,体现了一种尊重地方自治的明智。他们在总结这一时期的经验时说:一切将乡镇再次集中的努力都失败了;人们可以制定把乡镇集中为专辖区市镇的计划,但是很难强迫乡镇再次集结。直到20世纪90年代,法国的乡村市镇数量都没有多大变化,只是有不少乡镇的农业人口减少、居住人口增加。从规模看,百人以下的市镇约占13%,100至1000人的约占76%,1000人以上的约占11%。2023年6月,法国总理博尔内提出并推动旨在促进乡村发展,改变乡村面貌,完善乡村地区公共服务的"乡村法国"计划。

(三)美国:自治型的农村社区组织

美国的政府行为与农村社区行为相对分离,政府的主要职能是通过制定各种法律法规协调农村社区利益主体之间关系,并为农村社区成员的民主参与提供制度保障。农村社区内的具体事务则完全实行村民自主自治,依靠农村社区村民选举产生的农村社区自治组织来行使农村社区管理职能。农村社区服务则由分布全国的140万个非营利性组织(NGO)具体承担,政府根据服务成本和效果予以不同幅度资助。农村社区企业为村民提供私人化的市场服务和公益性的福利服务。当然,政府部门,例如美国农业部也会给农村社区划拨大量资金,用于支持上述农村社区的公共学校和道路建设等。年度收入分享是农业部对美国农村社区、学校和青年的长期责任的一部分。对美国公共学校和道路建设提供支持,是政府促进农村社区自给自立和繁荣的诸多方式之一。

（四）日本和北欧：合作型农村社区组织

日本农村社区运行机制的特点是政府与农村社区相结合。政府的主要职能是规划、指导和经费支持。日本的市政府设立社会部全面负责农村社区工作，基层区政府设立"地域中心"具体执行农村社区事务。北欧国家强调政府和农村社区的结合，政府建立高效的农村社区公共服务体系和高效的管理体制，农村社区组织一般是行业性和专业性的，以维护其成员的权益为主要职责。市政和农村社区的结合，形成了农村社区安定和谐的有序结构。

二、国外基于农民权益保护的新农村社区建设实践的启示

农村社区建设与治理对农村社区的共同发展乃至经济社会协调发展都有着不可替代的重要作用。国外基于农民权益保护的农村社区建设的成熟经验对我国具有较大的借鉴意义。

首先，明确政府、农村社区委员会及其他农村社区建设主体之间的关系，主体多元化且权责清晰是社区治理的关键。政府、农村社区委员会及其他农村社区建设主体都是农村社区事务共同治理的积极参与者。职能清晰、分工明确、责任到位，就能避免互相推诿、扯皮的现象发生。政府在社区治理中的职责是规范、规划和指导，并予以经费拨款和支持。农村社区委员会应该负责实施社区发展的目标，充分听取和反映村民意见，成为政府与村民沟通的桥梁。其他农村社区建设主体应该有各自的责任中心和目标导向，来为农村社区服务。各农村社区主体严格定位首先有利于避免多头管理却最后无人承担责任的悖论；其次，有利于基层政府加快职能转变，以村民需求为引导开发农村社区服务；最后，有利于各级财政明确农村社区发展中的政府责任，加大农村社区设施投入、农村社区服务供给、农村社区福利和保障等方面的政府投入。

其次，推动农村社区自治、保证农村社区村民委员会有效代表农村社区村民的权益是农村社区建设的关键。从单纯地提供社区服务到逐步参与社区事务治理，他们在社区服务和听取村民意见、实现村民参与治理等方面发挥了政

府不可替代的作用。在欧美发达国家,农村社区发展带有较强的自发性质,政府基本上不干预农村社区事务。目前,城市发展的速度加快,农村社区也在进行着整体的规划和改造,村民的利益容易被忽视,农村社区自治力量的重要性显示出来。

再次,农村社区非营利组织是农村社区自治组织的手和脚,应该予以大力发展。非营利组织主要致力于社会服务和管理,与村民打交道最多的也是非营利组织。美国经验说明农村社区自治组织只是村民的代表机构,具体的农村社区服务和管理依赖各种提供专业服务的非营利机构执行。虽然在早期的国外农村社区的实践中,非营利组织地位不是非常明显,但随着社会问题和社会挑战的日益增多,政府高度重视农村社区发展,大量具体事务由非营利组织承担,政府鼓励企业参与,让农村社区非营利组织和企业、政府三者之间互相合作、互利互惠,共同为农村社区提供优质服务,其中政府在规划指导、法律环境、项目组织和资金支持等方面的组织、指导与监控发挥着重要的作用,但非营利组织和企业的合作才是农村社区服务的具体承担者,成为农村社区建设的关键力量。在美国,每届总统都会签署法令,给予非政府组织免税的优惠政策。在政府的培育下,美国农村社区非营利组织形成了自我独立管理的组织架构,并在美国的经济社会和社区治理中发挥着越来越重要的作用。

最后,塑造合格的公民,推动村民的农村社区参与。现如今,村民参与的重要作用日益凸显。尽管不同国家农村社区治理运作模式不同,自治程度存在差异,但社区自治一直是国外各国社区发展的共同价值取向和追求的目标。村民才是农村社区的真正主体。日本和北欧的经验告诉我们,政府和公民之间是平等对话关系。所以,村民要像政府一样承担起农村社区建设的责任。我国可以学习美国经验,培育公民的农村社区意识,通过贴近家庭生活的宣传、农村社区直接选举、开放讨论农村社区热点问题等方式,提高家庭和村民的生活质量,增进村民的满足感、社会感和幸福感,吸引村民走进农村社区,从而提高农村社区工作的效率和效益,节省大量的农村社会管理资金,并可以改善社区的邻里关系,进一步推动农村社会参与。

第二节　国外农民权益保护与新农村社区
发展的特征分析及启示

一、国外农民权益保护与新农村社区发展的特征分析

（一）美国农民权益保护与新农村社区发展以保障农业产业地位为基础

1. 美国农民权益保护模式

美国是实现工业化较早的国家,由于自然条件优越,农业生产力比较发达,如今美国的农产品依然比美国的一般工业制成品更有国际竞争力,使美国保持了世界最先进的农业大国地位。为稳定农业地位,其对农民权益的保护做出了大量努力。如美国在南北战争期间由美国联邦政府颁布和实施的一项有重大影响的土地法案——《宅地法》。此法规定:凡满 21 岁的美国公民,或符合入籍条件并愿做美国公民的外国移民,可免费或缴纳 10 美元的手续费,获得不超过 160 英亩的土地;耕种 5 年以上或未满 5 年但在宅地上住满 6 个月并每英亩缴纳 1.25 美元费用者,可获得土地所有权。该法案使大批贫苦百姓获得土地,并免除了拓荒者因购买土地而花费大笔资金所造成的经济负担。在 20 世纪初的经济大萧条时期,美国农产品出现大量过剩、价格猛降的情况,一些农场主入不敷出,负债累累,农业生产和农民利益损失严重。针对这种情况,美国政府便开始尝试用法律手段来解决。在此背景下,为适应罗斯福总统提出的以干预为指导思想的"新政",美国国会于 1933 年 5 月通过了美国历史上第一部《农业调整法》,开始以法律手段调整和促进农业发展。此后,为适应不断发展变化的农业形势的需要,《农业调整法》不断进行调整,每隔四、五年修改一次,"但无论如何修改,其基本方针始终是:支持价格,休耕土地,保护自然和环境,以解决长期困扰美国农业的生产过剩、农产品价格下跌的问题。"以此来保护农民利益不受损害。在美国的农业经济中,农业合作组织十分发达,并在农业经济活动中发挥着重要的作用。政府的支持与帮助对于合作组织的建立与发展非常重要,为了鼓励成立合作组织,以联合力量保护自己

的合法权益,1922 年美国政府就专门立法(Capper-volstead 法案),给予法定基金,便于美国农场主联合起来,通过组织和经营其他多种业务以提高种植业的收益,而且这种联合不受反托拉斯法的约束。农业合作组织是非盈利组织,其经营目的不是为了自身的赢利,而是使农场主从其产品中获取最大的收益,是农场主们自己的组织。

2. 美国农村社区管理模式

众所周知,今日美国的富强与繁荣固然原因众多,但与其对农民权益的倾力保护有着极大的关系。不论在政治、经济还是文化上的权益,美国都是在推崇自治的基础上以农民自由结社从而充分发挥农民群体的话语权来予以维护的。在美国农村社区,村民自治得到了最极致的发挥,从而使得非政府组织成为致力于社区服务和管理的主要承担者。因而,在农民的权益代表、分配、表达等方面,农民自身有充分的话语权,并可以通过组织化的非政府组织来从法律的层面争取自己的权利。因为有社区中介组织协调管理的存在,美国政府在农村社区发展和农民权益问题上也做出了大量的肯定性举措。基于法律的倡导和维护,美国的农业合作社得到了极大的发展,形式也越发精细化,如销售合作社、供应合作社、农业服务合作社、农场信贷系统、信贷联盟、农村保险合作社、农村合作医疗、农村住房合作社等,几乎覆盖了美国农业生产流通和农民生活的各个环节。对其国内农业的发展和保证农民增量利益、维护农民存量利益起到了至关重要的作用。

3. 美国农村社区医疗保障

在农村社区医疗卫生体制方面,从 1946 年出台的支持农村医疗卫生机构建设的第一项方案希尔—伯顿法案(Hill—Burton Act)出台以来,美国解决农村社区医疗卫生问题的政策方案大致可以划分为 4 种类型:支持农村社区医疗卫生机构建设;加大对农村社区医疗服务提供者的偿付力度;吸引和培训农村社区医护人员;控制医疗费用。总体趋势是,农村医疗卫生政策和法案不仅关注服务递送体系和提供者,更把被服务人群即农民的利益放在了第一位。

4. 美国农村社区文化建设

农村社区文化是美国农村社区建设中普遍开展的内容,受到政府和社区组织的高度重视和支持。美国开展社区文化的形式很多,主要是利用社区内的各种文化设施组织开展文艺、教育、科普、体育、娱乐等活动。他们认为,开展农村社区文化有利于促进人们的智力开发和恢复人们的活力,有利于提高农业生产的创造性和积极性,有助于培养农民的自尊和力量,从而改变农民自己、改变环境,创造祥和的气氛,塑造农村社区的积极形象,修补和完善农村社区的社会结构。通过培育社区文化,美国农民受高等教育的比率一直高居世界前列,这也就决定了美国农民较高文化教育素质驱动下对民主、平等权利的执着和对于维护自身权益积极创新的诉求制度要求。

5. 美国农村社区民主实践

从美国农村的最初起源来看,美国农村社区成长发展的过程有点类似于中国古代的自然村落,是自然形成的。从其规模看,一般为两三千人,并未大到使全体居民无法实现其共同利益,也足以使居民确实能从乡亲中选出良好的行政管理人员,也就是说有能力直接行使自己权利的农村社区人口不多;从农村管理方式看,人民是一切权力的源泉。人人都是本身利益的最好裁判者,人人都认为农村社区利益与自己的利益息息相关;人们可以自由结社、热心参与社区公务活动。这些特征决定了美国农村社区拥有历史悠久的自治传统,并且这种自治是个体自治和集体自治的完美结合。这种高度融合的自治管理形式,促使农村社区非政府组织的高度发展并激发了农民对其应有权利的认识和追求。以美国农村社区的民主选举为例,其竞争非常激烈,群众参与程度和热情也很高,揭开竞选的面纱,我们看到的不外乎利益的争夺,这种利益的争夺从某种意义上说,其实就是各利益代表集团之间互相磨合促进的过程,但不管怎么说,社区农民是最终的受益者,因为他们的权益在民主管理的过程中得以表达并被争取。

6. 美国农村社区土地管理制度

在美国许多农村社区中,公共土地管理是一个十分重要的经济发展问题,联邦土地政策的变化对社区选择增长道路产生着极为深刻的影响。美国约10%的县中有30%左右的土地归联邦所有,而这些县中的3/4位于西部,公共土地最广泛的使用莫过于饲养家畜。牧场主对联邦土地的使用权要受一系列复杂许可证制度和租赁制度的制约。根据许可证条件,牧场主支付一定的费用后可以在政府指定的一块联邦土地上饲养牛羊。放牧率也在许可证中进行了规定,这一比率是由行政机构根据一年中的特定阶段的土地资源保护标准确定的。在缴纳联邦不动产税后,这些许可证作为一项基本财产(按照传统是当地一千牧场)的附属权利,可以买卖。被许可人必须按照许可证所规定的义务负责对公共土地上的篱笆进行维护及其他改良。联邦土地管理机构(土地管理署或森林)负责许可证的具体执行实施。联邦土地管理人员负责监督许多地处偏远的拨付土地的使用情况。可见,美国农民在公共土地利用方面有着极为严格的限制。这种限制,一方面保证了农村社区公共土地更大限度地用于公共服务建设而规避共有土地私用的寻租,另一方面保证了土地管理责任的有章可循、有据可依,减少了土地利用的法外实施。

7. 美国农村社区教育保障制度

美国的农业与农村教育已有 140 年历史,由政府颁布相应法律来保障教育顺利进行。相关的立法从 1862 年开始陆续出台了十几部,美国政府的每一项教育法案都有经费支持,多年来美国的农村社区职业教育业从中获得了巨大支持。广大农民从中受益,并享受了受教育权利,政府保障每个农村社区居民接受农业教育的权利,而且农村社区教育的对象不只限于从事农业生产的人,还把产前、产中、产后的从业人员括在内,进行全民农业知识教育,目的是培养一技多能的农民。培养农民对市场变化趋势和市场求的迅速反应能力、竞争意识与创造精神,同时加强农业、农村教育与其他学科合作,提高科技和理论训练标准。目前美国的农场主大多数是各州大学农学院的毕业生。

(二)韩国农民权益保护与新农村社区发展以提高农民生活水平为主线

韩国在推进工业化的过程中,也曾面临着"三农"问题。二十世纪六七十年代,韩国连续实行了两个"重工轻农"的五年计划之后,工业得到了极大发展,而 1970 年韩国农民平均收入降到了城市居民的 61%,国家工业和农业发展的严重不协调,致使农民利益严重受损。为扭转农业日益衰退的局面,保护农民利益,韩国主动调整优先发展工业的不平衡战略为工农业均衡发展战略,以发展农业和农村来带动和振兴经济,于 1970 年开始"新村运动",其主旨就是在工业获得较大发展之后支援农村,使农村紧紧跟上社会现代化步伐,而不是被抛离在外。"新村运动"又称"新社区运动",其主要做法就是政府把从工业上挣到的钱,投到农村去。为启动新村运动,政府首先投资了 20 亿美元。从 1972 年到 1978 年,政府开支中农业所占的比例由 4% 上升到 38%。韩国的农业政策立法的基本框架是《农业基本法》,韩国的第一部《农业基本法》于 1967 年颁布,该法明确提出了所规定的农业目标:增加农民收入,使农民享受到与其他产业工人一样的生活水平。经过 30 年的发展,农民的待遇和基本生活水平得到了很大程度的提高,1999 年韩国颁布了新的《农业农村基本法》,该法将农业的发展和农村的发展结合了起来,提出了把农村发展成保存固有传统和文化的生活空间,并把大部分农村发展成大大小小的社区单元。

1. 韩国基于农民权益保护的农村社区管理模式

韩国"新村运动"以改善环境为开端,国家在财政困难的情况下拨出专款购买水泥,免费提供用于农村社区公共事业建设,如修建乡村道路、小型桥梁及堤防,改造水井,修缮房屋,建公共浴池等,村民积极参与,投资投劳,大大改善了社区面貌。韩国农村社区实行充分的自治,并且社区民间组织得到了政府的鼓励与支持,在韩国新农村建设和农民权益保护中功不可没。值得一提的是韩国的农业协作组织。其是个体农家通过互助合作来维护自身经济利益和社会地位的社区性、综合性的农民经济团体,纯属民间性质,与官方政府没有行政关系。韩国农协成立于 1961 年,目前大约有 24000 名成员及 1327 个分会,是一个综合性的农业服务机构。全国在农协工作的约有 10 万人,经费自理,财政不拨款。农协的主要财源来自银行业和保险业收入,其服务面十分广阔,包括农产品销售、农业生产资料供应、生活物资供应、设施共同利用、农产品加工业、教育指导等方面,真正起到了联通政府与市场,切实为农民权益诉争的作用。如通过农协产生的市场份额占整个韩国农业流通的 40%,由农协为主组建的农业银行目前在韩国金融界排名第一。韩国农协发展贯穿于新村运动全过程,在农业生产资料价格平均化、农业机械化升级改良、农业产业化机构改革以及农民福利改善方面发挥了重要作用;尤为突出的是,通过农协的作用推进了农村合作社事业,根除了农民承受不了高利贷的现象。在

"新村运动"中,由农民选举产生各农村社区的"村庄发展委员会",并由该委员会负责具体实施政府指定的工程项目。随着该运动的深入开展,韩国政府通过政策调整,使"新村运动"由从政府主导的"下乡式运动"转变为以农民为主体的民间自发的、更注重内涵的活动,而农民也成为社区真正的主人,农村社区管理成效显著。

2.韩国基于农民权益保护的农村社区法制实践

韩国的农村是自治的,民主意识因为农业协同互助传统的存在变得顺理成章。韩国十分重视农业农村立法,以《农业基本法》为农业宪法,先后制定了农村振兴、农村现代化、农业组织、农业机械、农业用地、农村能源、农产品价格流通、农作物种子、农业仓库、农业肥料农药、农业灾害以及粮食管理、畜产水产品、农业银行、农业教育等方面的法律法规100多部,形成了较完善的农业农村法律体系,确保了农业生产各个方面、各个环节都有法可依,真正走上了以法治农、依法管村的良性发展道路。韩国的农业农村法律体系是韩国整个法律体系中的重要组成部分,对整个韩国社会的稳定与发展具有重要作用。农业农村法律体系不仅保护了农业的基础,而且有利于维持农村组织发展的稳定性,实现农业政策的连续性。此外,农业农村法律体系有利于缩小城乡差别和地区差距、促进农村发展,对保持政治和社会稳定发挥了重要作用。

3.韩国基于农民权益保护的农村社区经济利益保障

增加农民收入是韩国新农村社区运动的重要内容。1968年至1991年国家实施增加农渔民收入推广水稻良种的特别事业计划期间,韩国政府逐年提高粮食收购价格,1968至1975年间,收购稻谷的价格每年平均提高24.8%,大大增加了农民的经济利益。而且,韩国政府于1972至1976年又推进了第二次增加农渔民收入的以畜产、养蚕、蔬菜、水果、水产养殖以及栗子等林产品等21个品目为对象,以郡为单位,在137个地区展开的特别事业计划,与此同时,韩国把开发冬季生产作为增加农民收入的重要途径,提高农产品的附加值,吸纳农村劳力,增加农户农外收入。其绩效累月而计,可圈可点。由此而来,无论是平原还是山区,无论是城市周边还是海岛渔村,农民的居住环境都有了质的变化,城乡差别已基本消失。1970年韩国农业中的就业人数超过整个就业人数的一半,到 1997 年已下降到 11%,到 2001 年,农业人口的比重已降到 7.7%。从农民收入来看,到 1993 年农村居民的收入已达到城市居民的 95.5%,基本实现了农业现代化。

4. 韩国基于农民权益保护的农村社区教育实践

韩国农村社区的教育和美国有所不同,其目标取向在于,通过讲课、讨论会和发放宣传品等形式,将正直诚实的价值观灌输给农民,让农民在思想意识上形成团结、奉献、自强和勤勉的主人公使命感,倡导勤俭朴素的生活方式,对农民进行长期不间断的教育培训,既使得农民具有强烈的集体荣誉感、团结协作精神和良好的生活态度,也使得农民学会了更多有用的知识与技术。面对农村教师流失的新问题,韩国政府人力资源部还与农林部协商,准备将有些涉及培养农村教师的优惠条款写进《促进农渔村地区开发特别法》。可以说,为解决农村教育的难题,政府在国家宪法允许的条件下,制定扶持农村教育的具体政策,得到全社会的积极响应和支持。

(三)日本农民权益保护与新农村社区发展实施三位一体的共同支撑

日本在解决"三农"问题、保护农民利益方面有独到的经验:日本实行小农地权、农协组织与政府保护三位一体的有机组合。小农地权的正式制度安排,指以平均的方式来保证有限耕地的配置公平性。这一措施符合日本人多地少的国情,保护了农民利益,有利于社会稳定。但土地的平均小额分配,不利于提高农业效率、增加农民收入。于是,农协作为农民合作的民间纽带将分散的小农地权组合并流动起来。为应对残酷的国际竞争,日本政府在"三农"领域采取超保护体系:对外采取进口堡垒的国境保护,对内实施全方位的支农措施。

1. 日本基于农民权益保护的新农村社区管理

町、村是日本农村社区的一级行政自治机构,无论是作为它的议事和权力机关的町、村议会的议长、议员,还是行政执行机关的町长、村长,都是由居民直接选举产生的,任期 4 年。町长、村长负有自治和行政的双重职责,除了全面负责町、村的农村社区管理事务外,还要执行国家和地方其他公共团体委托的事务。除行政管理之外,在日本的农村还存有大量的民间互助组织,据统计,一个仅600多人的村庄,各种社团可多达30多个,平均约20人就有一个组织。每一位村民都能从这些组织中找到自己归属的团体。通过积极扶持和发展农村现代组织形态,发挥地域组织凝聚农民和组织农民的重要作用,以及农民在地域组织中发挥其个体的积极性,日本农业现代化进程得到了极大的提速,日本农民利益得到了极大的满足。此外,根据1948年制定的《农业协同组合法》建立的日本最大的农业和农民团体——农业协同组合(简称农协)在其农村社区发展中也发挥了不可替代的作用。日本农协主要包括三级组织:全国农协、地方(都道府县级)农协和基层农协,日本农协对日本农业及农村的发展具有重要的推动作用。例如,在高速工业化时期,日本农协凭借其政治力量促使政府加大对农田基本建设、农村的基础设施等方面的投入,并且不断提高对粮食的收购价格,促使政府保证了农民收入的不断提高,进而保证了日本经济的稳定、高速增长。

2. 日本基于农民权益保护的新农村社区自治

日本的农村社区处处体现出"自己管理自己"的自治精神。在农村社区之下还有专门的"自治会",区别于政府组织,协调农村自主管理的活动。日本在1940年(昭和15年)颁布了《部落会町内会等整备要领》的17号内务省训令,明确规定町内会、自治会等是一定地域(如大都市中的町、町和县之下市町村里的区)住民的自治组织,以"户"为构成成员,围绕着社区居民的各种福祉事业,开展类似公共行政的活动,协力进行居民事务的自治管理。另外,日本农村社区居民自发建立了一个团体服务制度——住区协议会制度,它是地地道道的农村社区居民参与公共事务管理的群众自治组织,它的功能是协调促进。这种制度的最大特点是农民自愿加入并直接参与民主管理,使政府能听到农民的呼声,促使政府的计划更符合当地地区的实际。

3. 日本基于农民权益保护的新农村社区文化教育

国家重视对农民的教育。日本最初的农村义务教育费用是由市町村负担的,1940年日本制定了义务教育国库负担法,给予市町村一定的补助,现在基本上是各付一半。另外,为了给农业培养专业人才开设了农业高中,实行契约式培养;为农民开设继续教育,如农业者大学、农业大学及其他民间继续教育设施,为农业培养了大量人才,进而提高了农业生产效率。1949 年 6 月,日本还专门制定了《社会教育法》。其明确规定,各农村社区应支持学校教育以外的青少年及农民开展有组织的教育活动(其中包括体育活动和娱乐活动),并为此提供各种条件、设施和环境,使全体社区居民在任何情况下可以利用各种场所来提高文化修养。根据这一法案,几乎每个农村社区都建有各类社会教育活动的场所——公民馆。同一社区的人们在设施完备的公民馆内学习和活动的过程,是加深了解、增进交往的互动过程,更是提高文化修养,扩大知识面,充实生活的精神陶冶。

4. 日本基于农民权益保护的新农村社区社会保障

日本农民的社会保障体系十分完善。日本针对农民的养老保险种类较多,不同地域也有一定的差别,但最根本的保险是"国民养老金"。1959 年,日本政府颁布《国民养老金法》,将原先未纳入公共养老保险制度的农民、个体经营者依法强制纳入社会养老保险体系中,规定凡在日本居住的、20 岁以上 60 岁以下的农民及个体经营者等必须加入国民养老保险,交纳一定的保险费用。此后,该法案几经改革,在日本农民的养老福利保障、稳定社会秩序方面起到积极作用。除养老保险外,完备的医疗、护理等社会保障体系也为日本农民老有所依创造了条件。1973 年,日本政府制定了"老人医疗费支付制度",规定凡年满 70 岁以上或卧床不起的 65 岁以上老人享受免费医疗制度。1982 年,日本政府颁布《老人保健法》,规定 70 岁以上老人的医疗费由医疗保险的有关方面共同负担。1989 年日本制定《高龄者保健福祉推进十年战略》,并从 1993 年开始在全国制定地域保健福祉计划,要求地方政府积极建设与完善供老年人使用的各种设施。由于上述法案和措施的颁布实施,日本建立了覆盖面广的全国养老金体系,使得老人即使是身在农村,也可安度晚年。日本的公共社会保险体系将农民纳入救助范围之内,保障了农民的社会利益。

5. 日本农村社区生态建设

日本珍视自然,精耕细作的传统在农业生产中的一个特色在于其对农业生态环境的重视。在法律保障方面,日本以农业基本法为核心制定了一系列的农业环境保护法律,并制定相应的配套政策和措施。如,《有机农业法》出台之后,相继颁布实施了《有机农产品蔬菜、水果特别标志准则》《有机农产品生产管理要点》《有机农产品及特别栽培农产品标准》等政策措施。此外,政府还对绿色农业实施了许多优惠政策。如对从事有机农业生产的农户提供农业专用资金无息贷款;对堆肥生产设施或有机农产品贮运设施等给予建设资金补贴和税款的返还政策;对采用可持续型农业生产方式的生态农业者给予金融、税收方面的优惠政策等。这些优惠政策鼓励了农业经营者的积极性,为农业环境保护和可持续农业生产起到了推动作用。由于农业环境问题的产生主要是由高投入、高产出、高能耗的生产方式引发的,因此改变农业生产方式是保护和治理农业环境的关键。目前,日本的环境友好型农业主要包括3种类型,一是减化肥、减农药型农业,通过减少化肥和农药的使用量,以减轻对环境的污染及食品有毒物质含量;二是废弃物再生利用型农业,主要是构筑畜禽粪便的再生利用体系,通过对有机资源和废弃物的再生利用,减轻环境负荷,预防水体、土壤、空气污染,促进循环型农业发展;三是有机农业型,完全不使用化学合成的肥料、农药、生长调节剂、饲料添加剂等,通过植物、动物的自然规律进行农业生产,实现农业和环境协调发展。通过法律制度、政策以及产业调整,日本在社区生态环境、农业生产环境方面取得的成就显著。

(四)德国农民权益保护与新农村社区发展以合理规划促成科学发展

德国国内大多数人仍然居住在农村和小城镇。德国政府多年来一直不遗余力地实施一项旨在缩小城乡差距的村庄更新计划。这项计划重点突出了以人为本和保护农民权益的理念。在多年的发展中,德国的村庄更新计划已经从最初的以建设基础设施和加大资金投入等重点,逐渐向保持活力和特色的新农村建设方向发展。近年来,在全球重视环境保护的背景下,德国将大力发展城镇建设提到重要位置,①并将其纳入农业改革发展的6年规划。根据该规划要求,政府要投入45亿欧元,进行农村基础设施建设,河道治理,恢复自然,为居民提供教育、卫生、邮电、交通、能源等多方面的保障,达到与城市相当的水平,并将"农民"这一称呼改名为"自然环境保护者"。德国还在进行新农

---

① 李钢:《德国农村改革发展的五大模式》,《乡镇论坛》2009年第6期。

村建设中,非常重视农村社区规划。其规划的特点是自下而上,一般由地方社区进行引导,规划的参与主体非常宽泛,包括村民、企业、农业协会、管理部门等。最大可能地将社区发展与农民权益保护结合起来。

1. 德国农民权益的规定

德国农民拥有并充分享受广泛的权益,这是其他国家甚至许多发达国家所不能比拟的。德国的农民保障体系非常完善,认为自己的国家既是"法治国家"又是"社会国家"。在为农民提供社会保障的过程中,德国政府承担着很大的责任。从20世纪50年代起德国对贫困的农业地区采取拨款、投资补贴、低息贷款、农产品价格支持等措施,加快了农业和农村现代化的发展。德国法治的一项重要内容就是:以法律扶持、保护农民的利益。德国《农业法》第一条就规定,农业人口应与其他职业人员的福利状况相同。德国还制定了《农民医疗保险法》《农村社会保障法》等法律,通过法律保障农民们享有养老保险和医疗保险。通过制定法律,德国现代社会保障体系逐步建立起来了,社会保障从城市覆盖到了农村,使农民与工人和职员一样,都能够享受所有社会保险,并且确保政府提供的公共利益服务让农民平等享有。另外,德国联邦农业部执行政府对农业的宏观管理,也形成了纵横交叉的网络化的农民组织,其功能齐全。从层次上看,有地区组织、州组织、全国性团体。德国农民或民间农业组织组成各种农业利益团体,整体产业的利益和农民的政治、社会权益是这些团体十分重视的内容,因此它们会适时向立法及行政机关反映会员的具体意见,在政府与农业企业和农户间进行协调和沟通。同时,这些团体还通过利益诉求在政治、经济和社会等层面产生影响力。

2. 德国农村社区发展的规划

"政府—社会中间层—市场"的三元社会结构在农村社区发展方面发挥了很好的协调作用。农村社区的非政府组织在当下欧洲发达国家的农村中,已成为切实维护农民利益的无法取代的重要经济力量乃至政治力量。其在农业产业中贯穿了生产、管理、监督、销售和其他一系列服务流程。在传统合作组织可以保障农户的基本利益却不能保障农户经济有更大发展的状况下,由于面对东欧各国大规模低成本的农业,法国、德国、荷兰农业明显缺乏竞争力,农民的联合与合作出现多元化的态势。比如在法国,服务于农民的组织有三类:一是农业合作组织和行业协会,或者叫专业合作社;二是农民协会;三是农业工会。多元化的合作形式也多方位影响着欧洲国家的农村社区管理模式和农业发展政策。为了保障农民利益最大化,欧洲国家基本上走的是高农业补贴的政策路线。农业补贴之最多为法国,几乎占了欧盟补贴的1/4。所以欧洲农民的经济利益由政府给予了很大的保障,农村社区的基础设施和公共服务建设也得到了自觉的治理与维护。

3.德国农业生态环境的规划

德国社区政府在进行新农村建设时,非常重视规划工作,要求在农业发展中,权衡经济和环境利益,避免由于外源物质污染或经营措施不当而对农田内外群落造成不良后果,注意保护风景名胜和自然景观。在具体工作中,针对农村和区域经济发展、自然资源保护以及改善农业结构等重要政策的制定是每个州的重要任务。除执行州项目外,县、区和社区政府还会制定并执行自己的政策,比如改进自然与景观管理、保护水资源等。此外,德国农业部还提出了资助农村综合发展新思路,把一个地区视为一个整体,把各种资助措施有机结合起来,努力改进地区自然条件、农业基础设施和农场工作条件,以达到有效促进有关地区综合发展的目的。

二、国外基于农民权益保护的新农村社区发展特征分析的启示

农村社区居民与政府机关协同改善社区的经济、社会、文化、教育、福利等状况,逐步实现人口、资源和各种生产要素在社区内部的重新合理配置,从而促进农村社区的可持续发展和全面进步。农村社区的发展主要包括以下几方面的内容:第一,农村社区主体——农村社区成员的发展,既包括每一个个体的发展,同时也是社区成员素质整体发展的要求。第二,社区共同意识的培养。社区共同意识是有关农村社区互动的社区道德规范及控制的重要力量,共同意识的培养也是社区形成和发展壮大的重要因素。第三,社区管理机构的完善。要建立起维系农村社区内各类组织与成员关系的权利结构和管理机制,这些管理体制应当良好体现社区治理模式的优势之所在。第四,社区发展

中国新农村社区发展的法理与实践

环境的改善。社区公共服务设施、道路交通、住宅建设等基础设施建设应当为社区资源的开发利用做好铺垫。总体而言,农村社区建设的特点是与农村社区发展体系相对应的,具有主体性、目标性、动态性和建设性。

农村社区的建设,是有效保障农民权益至关重要的环节,通过对比国外农民权益保护和社区发展与我国农民权益保护和社区发展的状况,可以看出:以上所提及的美国、日本、欧洲以及韩国等国家和地区,在人口、自然资源、文化传统、政治制度、社会结构、人均收入和经济政策等方面也存在差异,这些差异都是由其不同国情决定的,在遵循本国国情的基础上,通过农民组织体保障农民权益,实现农民利益诉求,在推进农村和谐社会建设中发挥出极大的优势。由此可见,发展农民组织是实现社区发展的重要途径。具体而言,通过制定政策、法律法规保护农民权益,为本国农业发展提供法律层面的支持与保护,注重农业发展过程中的财力物力的支持等。在各国的实践中,通过农业立法扶持农业发展对于农业经济起飞与农民问题基本解决起着举足轻重的作用。而日本、法国均在农产品价格保护、农业财政补贴、农业信贷等具体领域给予充分的支持,支持本国农民合作组织。国家在决策时充分考虑农民的利益,国家对农民组织给予一定的支持和法律上明确的权益保障。发达国家的农村建设经验显示,农民组织既是科学技术和工业进入农业和农村、先进农业知识进入农民头脑的有效载体,也是农民权益的维护者。

第一,农村社区组织体系完整,社区管理中公众参与积极。发达国家的农村社区组织体系都比较完整。一般包括以下几个层次:第一层次主要负责提出社区建设的方针原则、指导社区的管理工作,派出专家对工作方向进行指导。第二个层次负责社区各个方面的建设工作以及各种机构的设立。在第二个层次下面还有各种具体的分支机构,分管治安、环卫、社区青少年教育等各项专门工作。在西方发达国家,居民参与社区管理已是一种传统,居民对自己的权利和责任都有较高的积极性。区内居民的要求与政府沟通,在涉及社区的重大问题时,向政府提出建议以维护居民权益,社区中的居民完全以"社区人"的角色处于社会中,积极为自己的权益进行各种工作。社区组织的建立由罗马时代的市民制度演变而来,农民自身有很强的权利意识和组织意识,大部分社区居民参与了公共组织或者农业协会,社区中建立了从上到下和从下到上两套相互转换的监督机制。

第二,良好的社区组织机制和利益代表机制。近现代西方国家倡导的自由、平等,信奉天赋人权等思想决定了农民作为公民的一部分平等享有公民权的必然性,加之农业生产在社会生活中的重要性决定了保护农民权益的重要性,而农民个体也体现出其在思想方面的先进性。这就为农民在社区管理中对属于自己的利益产生了强烈的诉求意识。于是,良好的社区管理模式,独立于政府和市场的社区中介组织在社区组织机制中占据了重要的地位,也发挥了极大的作用。以美国为例,美国的农民组织具有高度组织性,美国农场局联盟、全国农场主联盟、美国农业运动活动的展开都依赖于相关组织的作用,通过组织代表分散农民的利益,从而谋求组织成员乃至农业发展的优势地位,极大地维护农民的整体利益。

第三,政府财政大力支持农村社区发展和农民增收。如目前欧盟用于农业补贴的开支约为每年440亿欧元,占欧盟全年总预算的40%多。也就是说,欧盟每年1000亿欧元的财政支出中有接近一半是给了农民。这还不包括各成员方向农民提供的补贴。日本农民收入的60%来自政府的补贴,日本政府对农业每年补贴的总额高达4万亿日元以上。

第四,坚持在强化司法救济的重要作用前提下和基础上发挥行政救济的作用,引导农民通过法定、公正、有效的渠道解决权益受侵害问题。西方国家普遍有很好的法治传统,坚持依法治国和权力制衡原则,当然不容许出现行政权越俎代庖或者超越司法权的行使。农民利益表达的渠道和方法丰富多样,如政党选举、院外活动、游说政府、游行示威等,农民均可以自由组织和参与。因此,在本国的民主政治制度框架内,其农民能够通过建立团体的形式,成为社会政治生活中组织化程度较高、政治能量大的利益集团之一,加上西方发达国家给农民提供多种利益诉求渠道,才使得农民的利益得以很好的保护。

总之,国外农民利益诉求制度具有较稳固的理论基础和较丰富的实践经验,取得了许多成就,在许多方面也都走在世界的前列。我们必须充分认识到这一点,并应该坚持"剔除糟粕,取其精华"的原则和方针,在此基础上结合我国国情,坚持一切从我国实际出发,勇于创新,形成有中国特色农村社区(组织体)发展模式和农民权益保护机制。

第三节　国外基于农民权益保护的新农村 社区发展模式及启示

一、国外基于农民权益保护的新农村社区发展的模式

基于农民权益保护的社区发展,首先必须有切合我国实际的理念模式,才可以保证新农村社区建设的因地制宜,理论联系实际且发展方向正确。对比国内外关于社区发展的研究,可以看出,农村社区建设基本趋于两种理念。第一种为"行政化"管理理念,这种理念主要从强化基层社会管理的角度出发,鉴于社会转型后我国基层社会管理面临着严峻的问题,把社区建设看作加强政府对基层社会控制的一种方式。在这种理念的支撑下,社区协管组织(如村民委员会)实际上承担起了一级行政政府的职能,却没有授予相应的行政权力。因此新农村社区发展的思路是政府权力重心下移,将社区内各种社会组织、企事业单位、居民群众等资源整合起来,在社区群众组织引导下,共同推进新农村社区建设。这里的社区建设实际上是基层政权的重建。第二种为"自治化"治理理念,这种理念缘起于西方市民社会理论,从国家与社会关系层面来探讨农村社区建设。过去在我国计划经济体制时期,"大政府,小社会"的局面长期维持,政府是全能主义的政府,社会的力量非常薄弱。今天,在市场经济体制下,社区就有了成长,就有了更多的机会和空间。但是,如果政府权力依然过大,包揽公共事务过多,导致行政效率低下、缺乏社会认同等问题,农村社区也难以大踏步地发展。于是,"自治化"的治理理念就应运而生。这种理念的终极追求便是:建构"小政府、大社会"模式,转变政府职能,政府管理好本该自己管理的公共事务,把不该管的和管不好的事务交给农村社区自己管理,充分培育农村社区内的社会中介组织,走向社区自治。

"行政化"的管理理念模式强调政府引导,自上而下,关注基层政权的重

建,主观上强调社会稳定;而"自治化"的治理理念模式则强调社会参与,自下而上,关注基层社会的重构,主观上强调民主自治。事实上,在我国新农村社区建设所急需的是制度的革新,真正有利于农民权益的保护和农村的发展,而这种制度又在某种程度上带有强烈的地域色彩,这就需要政府与社会的双向参与和努力,实现不同地域不同发展状况下农村社区建设的良性互动。具体而言,从我国实际出发,可以归结出以下两种社区发展模式。

(一)"内生式"发展模式

"内生式"发展模式强调的是农村内部自发的社区形成模式。这种农村社区的发展带有很强的自主性,一般而言,社区内部农民基于自己的利益诉求,组成社区组织或直接参与社区治理决策,主动和政府互动,积极寻求社区发展和自身利益的最大化。这种发展模式在我国可分解为以下三种选择:

1."内生式"发展模式之一:城郊协调发展型模式

城郊协调发展型模式作为一种新型社区模式,是城市郊区化和乡村城市化的交叉运动,是二者不断互动、聚生和变迁的过程。这种城郊村新社区的建设具有乡村色彩,一方面是城市在乡村地区的扩展、嵌入以及发展的过程。另一方面,当前,在建设城郊村的过程中我国农村巨大的剩余劳动力在一定程度上实现了从农转入非农的产业转移。从最近一段时期来看,可以让农民让渡出土地使用权,并把其土地使用权折算成股份,使土地实现集约化规模化经营,农民则进入相应的企业从事第二、第三产业的工作。另外,可以为农民提供相应的社会保障福利体系,提高农民社会保障水平。在郊区发展模式中,一方面可以充分调动城郊地区农民的城建积极性,分享较多的经济利益。另一方面也可以推动新农村社区建设的开展。

2."内生式"发展模式之二:集镇建设型模式

集镇建设型模式是周边农村地区的经济、政治、文化、教育、卫生的中心以及城乡交流的中介环节和流通枢纽。加强集镇社区的建设与发展,对于促进我国广大农村剩余劳动力的有效转移,消除城乡社会的二元结构,实现城市和农村经济的可持续协调发展,促进农民权益保护机制的形成和长效运行,从而更快更好地推动我国新农村建设与全面实施乡村振兴的进程,有着不可置疑的积极意义。以浙江的天台县为例,由于过去天台县工业基础薄弱,城市化水平不高,农村社会结构特征比较明显,天台县将农村社区划分为集镇型、山区型、纯农村型等三种类型,根据不同类型社区的需求和条件,确定社区建设的目标和内容。以"人居社区""人和社区""人文社区"为目标,突出提高生活质量,发展社区服务,加强社区党建和文化建设等内容,通过不断探索,充分调动社区居民的力量推进社区建设。

3.“内生式”发展模式之三:乡村治理模式

乡村治理模式是农村新社区建设的重点和主要模式。农村新社区的建设发展,在很大程度上是自然村社区的建设问题。即使我国现代化和城市化达到了一个相当高的水平,大部分人仍旧要居住在自然村里。而这种自然村落社区的发展大多依赖旧村改造、村庄整理、环境整治等综合途径来加以推动。因此,政府、社区中间组织、农民之间的协调互动在社区发展中有着至关重要的作用。充分发挥政府的主导作用和社区中间组织的带动作用,提高农民参与社区建设的积极性是乡村社区发展模式的关键。

（二）“外促式”发展模式

“外促式”发展模式在相当程度上是在外在因素的影响下,以一种藉由外力而发展的新型农村社区发展模式。这种社区发展模式主要是基于外在因素的影响而选择社区发展方式、治理机制。这种模式的存在与我国独特的社会发展方式有关。“外促式”的发展模式亦可以分解为以下两种选择:

1.“外促式”发展模式之一:“流动型”发展模式

在我国,为适应新农村建设与全面实施乡村振兴,实现农民权益的平等发展,或者为了保护生态资源、配合国家性工程建设,很多地方会涉及到自然村、行政村农民集体迁移的情况。一个自然村落流动到另外一个地方,势必会与原来的村庄管理模式有异。对这种新形成的“流动型”社区,在政策上都应该变补偿性安置为开发性安置与可持续发展安置。在这种社区发展的培育期,迁入地政府必须发挥至关重要的作用,应尽可能想方设法帮助移民,组织生产技术扶助,构建移民社区服务、社区援助及社会保障体系,促进移民生产技能的提高,使移民脱贫致富。另一方面,迁出地政府也应根据以往的社区管理经验,在迁移前做好政策宣传工作,消除移民的恐惧、悲观心理,切实从农民的福利保障出发,建立农民参与新型农村社区建设的自信心。如福建晋江西滨镇因远从重庆市奉节县白帝镇迁来的三峡移民新建的白帝新村。西滨镇除了为移民户每个人分配0.2亩地外,还已落实好每个移民户到镇区比较稳定的企业就业。移民中孩子的就学问题也已解决,小学生将就近在西滨镇海滨小学学习,中学生则到附近的陈埭中学就读。为了帮助移民发展生产,尽快适应和融入晋江经济社会生活环境,晋江市政府已在基建税费、生活保障、行政管理、劳务服务、子女就学等方面制定了相应的优惠配套政策。还将组织移民劳动力进行就业岗前培训,并举办地方语言培训班、农业技术指导培训班和计划生育政策学习班、党员干部学习班。这些措施的落实,使新型的白帝农村社区有了存在和发展的空间。

2."外促式"发展模式之二:"村改居"发展模式

在城市化、工业化进程加快的背景影响下,某些农村土地会受生存环境、地理位置、城市总体规划等因素的影响而被征用。因此这种社区主要应用于城镇拆迁安置和土地全部征用后的农户安置。另一部分已完成户籍改变、股份制改革等各项工作的行政村,在其土地大部分被征用的情况下,可以就地实施"村改居"的改制工作,也可以原有的中心村建设规划为基础,形成适度的农村新型社区。对于相邻几个规模不大的行政村,这种新型社区也很适用,在土地未被全部征用但基本完成农村相关改革的情况下,改制为多村集聚、统一协调管理的集聚型社区。如辽宁省普兰店古城社区发展模式。普兰店古城社区是原近郊古城村民委员会改制而成的。随着普兰店向城市化发展,居民楼越盖越多,城市居民来这里买房的也越来越多,只依靠村民委员会管理已不适应当前的要求。普兰店于2000年将古城村改为社区,虽然原村集体土地管理权不变,村办企业归属权不变,但村名称改变了,工作任务和管理方式改变了。在规划建设上按城市要求规划设计;在管理方式上按城市居民要求进行管理;在分配形式上区分原村民和后入住居民;在资金投入上注重城区化建设,绿化美化社区;在生活方式上向城市居民转化。在这种发展模式中,必须切实考虑农民的利益,保障农民的存量利益的同时也发展其增量利益,合理定位社区发展中各主体的角色,让农民切实感受"村改居"带来的好处,从而促进农民参与社区建设的积极性,保障"村改居"社区发展不成为少数利益集团逐利的过程。

二、国外基于农民权益保护的新农村社区发展模式的启示

从国外经验来看,以发展农村社区为载体来实现对农民权益的保护,主要是从制度规范完善方面来实现农村社区在农民权益保护中的职能。

(一)完善农村社区规划制度,健全农民权益法律保护制度

从国外的先进经验来看,农村社区发展的大前提是对社区发展合理的规划。根据我国农村社区发展现状,对比国外先进做法,农村社区规划不仅应将社区内人的生活、生产硬件环境的改善作为目标来追求,而且应该对农民的人性、精神空间、权益安全等方面给予极大的关怀,并将农民权益保护作为农村社区发展规划内容中的必有之项。除社区发展必需的设施配套建设之外,还应注重规划和地域特色,体现不同社区的文化需求差异,为社区间及社区成员间交流沟通创造空间以及对广大农民群体的关怀。完善农村社区规划制度可以从以下多个方面入手:一是加强农村新社区规划管理。各地可以根据本地区的实际情况对社区规划管理。二是加强农村新社区建设管理。鼓励多户和自然村落整体置换迁建,增加宅基地复垦总量。三是加强农村新社区建房审批管理。农村居民建房,必须先批、先拆、后建。农村居民提出建房申请后,需经村民委员会集体讨论核对、镇(街道)村镇管理站按规划审查、镇(街道)国土资源所对建房户的条件、用地面积标准等进行初审,报市国土资源局审核、市人民政府审批后,由所在村公示,接受群众监督。镇(街道)国土资源所对村民建房进行逐户登记造册。四是加强村民违章建房监管处置。国土资源局负责农村居民建房用地的管理与监督,依法查处违法、违规用地行为。对违法违章建房户给予相关处罚。对参与违法建设的建筑单位,予以相应处罚。并建立责任追究制度,对不履行、不完全履行或不正确履行职责,损害农村居民利益或对农村新社区违规建房监管不力、处置不严的行为,按规定追究相关部门和当事人的责任。

（二）完善农村社区组织制度,培育壮大农村社区组织主体

完善农村社区组织制度,培育壮大农村社区组织主体,有利于在保护农民权益的基础上促进农村社区发展。农民组织化程度的先进性,对合理配置社区资源发挥着至关重要的作用,还能给社区的经济发展提供较好的物质基础。社会资源指的是能够为社会主体所使用以获取收益并能够为社会主体服务的社会工具和社会财富,总体上包括自然资源以及经济资源、组织资源、政治资源、文化资源、信息资源等。当资源能够衍生出利润的时候,就可以转化为资本。如何更好地配置农村社区资源,意味着社区能够从中获得多少经济利益。但是,国家机制和市场机制对资源的配置不可能在农村社区这样一个微观的地域内部达到最优化,而非政府的社区组织可以在很大程度上弥补政府和市场在资源配置上的缺陷,能根据整个社区资源禀赋、产业结构、传统历史等形成合理的资源配置格局,最大限度地整合资源,发挥有限资源的功用。农民组织化有助于形成良好的社区秩序,改善社区发展的内部环境。农民还因生产、生活的需要而产生组织起来的意愿。这种组织起来的意愿是存在的,而且是极其强烈的。事实上,农村传统的调解制度、农民之间的互助合作等组织形式之所以具有生命力,就在于它们符合了农村的实际。农村组织制度的建立能形成与市场、地方政府进行集体博弈的局面,促进以社区成员生活质量为内核的社区发展、社区各种服务(生产服务与生活服务)设施和条件的建立与完善,以及社区生态环境的保护与优化等多方面的内容,维护自身的利益,组织化的形式能使得农民从社区发展获得最大的社会收益,并且伴随社区发展而获得提高收入和增加可供选择的社会机会,从而增强掌握个人命运的自主能力。

完善农村社区组织制度是社会主义新农村社区发展的主体基础,应该大力培育农村社区组织主体,使更多的主体参与到农村社区的事务中来,成为农民权益保障的组织载体。

（三）完善农民权益诉求制度,健全农民权益法律保护制度

在市场经济体制下,必须要有一个能够妥善解决矛盾冲突、公平分配利益和有效维护社会秩序稳定的社会利益控制机制,而法治之良法的品质以及法

治所追求的实体价值和形式价值,对于化解冲突、促进社会公平正义、维护社会和谐稳定有着重要意义。只有一套完备的法律体系,才能真正将农村社区各项工作纳入法治的轨道。

现阶段我国农民利益诉求制度还不够完善,存在着诸多问题,包括利益表达渠道不够畅通、利益代表集团亟待发展、农民权益在权力和金钱面前有时被侵蚀、具有普遍适用性的法律明显带有城市中心主义的色彩等。这些问题的存在割裂了农村社区发展与城市社区发展的连结关系,拉大了城乡之间的差距,是对"城市反哺农村"政策的反讽。因而完善农民权益诉求机制,健全农民权益法律保护制度,不仅是对国外农村社区发展和农民权益保护经验的重要归结,也是当前促进我国农村社区发展和农民权益保护工作的迫切要求。

具体而言,要加快农村立法的步伐,同时在农村立法中可以考虑将农村民间法纳入,使之与农民利益诉求现状之进程相适应,从而使农村社区不论在管理上还是组织架构上都有一套真正切合农民权益保护和社区发展实际的法律可以遵循。在现有基础上,建构公平的社会法律机制,废除限制农民生存和发展的法律法规,确保农民的公民权与生存权之发展。在现代社会中,实行实质民主法治即是给予农民弱势群体平等地享受社会发展的权利,它强调防止恶法,推进良法善治,主张以实在法之外的标准衡量和检测法律,以公平公正的理念对待农民,给农民同等的国民财富占用权、同等的公共物品使用权,通过多次分配对农民在改革中付出的代价予以补偿。同时,彻底清除阻碍农民工进城的歧视性政策,使农民真正享受到与城市居民同等的劳动权益和就业机会,最终逐步建立城乡统一、开放有序的劳动力市场,真正做到农村社区和城市社区发展的协调接轨。同时针对目前农民利益诉求的困境,还应加强对社会中间层组织的培育,其可以为政府干预市场、市场影响政府和市场主体之间相互联系起中介作用,还可以提高弱势群体知政参政率,为弱势群体参与法律制定提供合法的途径,体现弱势群体的真实意志。

(四)改革农村金融体制,促进社区合作组织发展

目前,我国金融资源从非农产业和城市向农村流动的体系化、可持续化的机制和渠道尚未完全形成,农村向外的资金流出导致农村投资不足,导致了农村社区发展资金较为匮乏,农村合作组织的发展也受到了极大限制。从国外先进经验来看,创新农村社区合作组织的内外机制体制,对于增强农村集体组织的经济实力和服务功能,完善建设社会主义新农村的社区治理机制有着重要的现实意义。如何让资本更多地投入农业,农村社区合作组织责无旁贷而且也必将成为农村社区发展和农民权益保护的最重要的作用支点。但如何让合作组织更快更健康地发展壮大,如何让诸如股份制度的先进理念更快注入农村合作组织,增强农村金融供给就显得格外重要。

在农村金融发展中,就现有金融机构和金融体制而言,一方面,我们应该建立健全农村正规金融机构的内部控制制度,充分发挥内部监管的作用,有效的内部控制制度是农村正规金融机构自我管理的强有力保障。另一方面,应当优化农村正规金融组织的外部发展环境,加强监管力度,中国农业银行和农信社等正规金融组织一直都是我国农村金融体系中的骨干和支柱,完善现有正规金融机构的法律制度是确保其支农作用正常发挥的前提,要进一步完善《商业银行法》或制定《农村合作金融法》,以明确农村金融机构的法律地位和职能定位以及业务范围等,从而提高农村金融执法效率,推动我国金融法治环境建设,促进金融生态优化。此外,要建立健全监管体系,从农村正规金融组织运营的实际环境和其本身特点出发,建立一套适合对农村金融组织进行有效监管的指标体系要规范正规金融组织的运营,发挥预期支农的作用,避免其再次成为农村金融市场的抽水机,建立健全金融危机预警系统及其指标体系和信息披露制度,这是促进金融组织公平竞争,保护农民消费者权益的切实保障。

具体而言,应着重从以下几个方面改革农村金融体制,以期促进社区合作经济的发展。首先,完善农业发展银行的政策性金融机构功能。其次,加快农村信用社改革,加强农村信用合作社的合作金融功能,加快乡镇银行的建设,加强对农村小额信贷的监管和转型。最后,适度放松农村金融的市场准入条件并建立和完善农村保险组织体系,进一步贴近农村社区发展需求,加强对合作组织金融服务的创新。农村金融是整个农村社区经济发展的助推剂,农村金融的体制完善又为农民权益保障的提出提供了可持续的发展基础。

（五）促进农民权益保护与新农村社区发展的农业补贴合理制度安排

在农业补贴的方式上，过去我们主要采取的是"暗补"方式。许多农业补贴并没有补给农业生产者，而是补给了中间环节。以粮食补贴为例，其补贴种类有多种，有价格补贴、储备补贴、超合理周转库存补贴、销售补贴、新老财务挂账补贴等。而实际上收效不理想，政府出了钱，但农民得到的却不多，有相当一部分补贴流失在粮食流通领域，用于支付人员经费和弥补经营亏损上去了导致粮食企业亏损持续发生，国家财政补贴负担日益沉重。因此，中国应该继续改革完善补贴的方式，对农民实行直接补贴，推动农村社区发展。直接补贴不仅不会扭曲农产品贸易，是WTO《农业协议》免于削减的一种补贴措施，而且在流通体制、行政管理体制等方面可以大大节省国家管理的运行成本，从源头上减小补贴资金的流失风险，是目前各国特别是发达国家进行农业补贴的一种普遍做法。

将各种流转环节的补贴转为生产环节的直接补贴，不仅可以提高农业补贴效率，减少补贴资金的流失，防止农民应得利益受损，而且可以增加农民收入，提高广大种粮农民的生产积极性，保障国家粮食安全。目前，中国已经认识到直接补贴措施的优越性，从2004年起开始逐步实行了种粮农民直接补贴、种粮农民生产资料综合直接补贴等补贴措施，取得了很好的成效，受到广大种粮农民的普遍欢迎。但中国现行的直接补贴措施还主要仅限于粮食生产领域，我们应在其他领域逐步推广，从而为新农村社区发展提供更多的财政支持。

中国新农村社区发展的
法理与实践

李长健 著

The jurisprudence and practice of
Chinese new rural community development

下 册

人民出版社

目　录

下　册

基本法理、具体问题及对策编

保障模式与制度构建编

基本法理、具体问题及对策编

第十三章　农民权益保护与新农村
社区发展的基本法理

　　农民权益保护与新农村社区发展是世界性的新问题,问题的形成并非一朝一夕,问题产生的历史与现实原因具有高度综合性、关联性和复杂性,不仅各个问题相互联系、互为因果,而且还富有更深层次的体制性原因。对于我国农民权益保护与新农村社区发展的具体法律问题及制度的研究,我们不仅缺少经验,而且更缺乏理论,相对于我国的历史经验以及其他国家的经验来说都面临着很多全新的问题,需要我们寻找新的解决办法。

第一节　农民权益保护与新农村
社区发展的法理念

一、法理念概述

　　研究农民权益保护与新农村社区发展必须首先从深入研究农民权益保护的指导理念开始。法理念作为法的精神和法的实在的统一,属于法律意识中最深刻、作用和影响最为重要的法律思想体系部分。农民权益保护与新农村社区发展的基本理念作为一种哲学、一种实践的理性,是指导农民权益保护与新农村社区发展制度设计和机制实际运作的理论基础和主导的价值观念。

　　在研究我国农民权益保护与新农村社区发展的过程中,应该体现以下主要法理念的意识与价值观念:第一,利益和谐理念。此理念是以协调保障农民与其他相关主体之间权益为关键;第二,全面发展理念。此理念是以人的保障为中心,尤其是要体现弱势者——广大农民群体的保障;第三,倾斜保护理念。此理念是以平衡保障农民与其他相关主体的权益为基点;第四,安全保障理念。此理念是以基本权利保障为重心,安全保障理念涉及到我国农业、农村的方方面面,与农民的切身利益息息相关。以上法理念是在研究农民权益保护与新农村社区发展过程中需要着重关注的,但并不意味着仅仅只有以上法理念的支撑。农民权益保护与新农村社区发展的法理念应该是一种多元的、综合的理念束的集合体,以下将从几个比较重要且亟需提倡与发扬的理念入手进行阐述。

二、以协调保障为关键——利益和谐理念

人们对利益的追求是经济社会发展的内在动力。人们的一切活动都根源于利益,人与人之间的关系,归根到底就是利益关系。从哲学上讲,利益反映了客体所满足主体的某种需要,是利益主体对客体价值的肯定。马克思主义利益理论认为,任何一个社会首先必须满足人们的物质生活需要,即满足人们的物质利益要求。利益是社会发展的前提、基础和动力因素。任何社会变革归根到底都在于调整人们之间的利益关系,以促进和推动社会生产的发展,满足人们的物质文化利益需要。从本质上来讲,利益是社会主体的需要在社会一定条件下的具体转化形式,它体现了主体对客体的一种主动关系,形成人们行为的内在动力。

从人类的历史进程来看,在人类历史的发展过程中,人们追求的一切也都与利益相关,人类活动的根本目的是追求利益。因此,利益是关系到人类社会存在和发展的基本问题,构成了在追求利益这一基本动因驱动下的人类进行社会活动的利益机制。社会发展是一个由无数的社会个体以及利益群体不断博弈的过程。发展总是要伴随着新的利益分化与重新组合,旧的博弈均衡会被不断打破,新的均衡会逐步建立。整个变化的过程呈现出一个由均衡到非均衡再到均衡的动态博弈进化的过程,由此形成了一种内在的利益机制,它是社会主体在一定制度条件下追求自我利益,并以利益为动力从事相关的社会

经济活动,改造社会经济活动的对象,创造物质财富的各要素相互作用的过程。

　　在现代汉语中,和谐具有协调、融洽、合作等意义。和谐作为一种理想状态,是中华民族传统文化精神的精髓。我们亦可以简单地归纳为,"和而不同、求同存异。"马克思认为"和谐"作为一种社会状态,是共产主义社会本质的一种表征。和谐寓意着社会关系的和谐,表现的形式就是社会的稳定有序。社区作为一种维系社会共同体的结构性力量,从根本上体现了这样的精神价值,即对共同体利益、公共空间的自觉认同,并突出地表现为社会公益精神、奉献精神、慈善精神、互助精神等。社区服务、社区文化、社区保障、社区精神文明等内容的建设发展,对于促使社区居民建立起高尚的精神追求,促进社区团结互助、平等友爱的人际关系发展,弘扬人道主义精神和中华传统美德,提高社区居民综合素质,形成服务他人、奉献社会的现代理念和社区居民意识,推动人们思想文化、价值观念、生活方式等方面的不断进步,提高人们对社会公共事务的责任意识与参与积极性,重塑新的社会精神价值和人际关系具有重要的潜移默化的作用。农民权益保护与新农村社区发展建立在主体发展权与客体发展权融合实现的时空载体基础上,以社区形式享有的经济、政治与文化等各方面的发展权利,可以有效地调整利益平衡,积极调和、化解多元纠纷矛盾和实现社会和谐的目标。在一定的时空状态下,其通过基本保障和补充保障两个层次,统筹融洽社会各方关系,促进共同发展和规模效益,进而深化体现对社会公平正义的核心诉求,最终达到人与社会的协调可持续发展。农民权益保护与新农村社区发展能够也理应生成和凸显这样一条和谐线路:价值和谐——关系和谐——制度和谐——社区和谐。

　　在利益机制作用的过程中,如何实现利益的和谐成为建设和谐社会的关键点。制度作为社会的规范系统,对调整利益秩序、协调利益冲突、减少利益分配的不确定性等方面都将起到重要的作用。利益机制作用的实现就是在有效制度所建立的行为规制体系中,社会成员最大限度的发挥各自的主观能动性,对逐利行为的鼓励——利益的作用下,达到个体利益之间、个体利益与公共利益之间的协调发展,防止和减少社会各主体之间的利益冲突和矛盾,最终促进社会的和谐发展。现阶段我国社会利益主体在利益关系上发生了重大变化,现有的制度安排下的利益机制被扭曲和异化,导致社会利益主体之间的差距拉大,出现不平等、非均衡发展的现象。加之利益结构分化的弱质性、不平衡性以及利益整合机制的缺失,利益表达机制的软弱性,造成不同的社会利益群体之间呈现出矛盾和冲突的态势。这种利益矛盾不仅表现在不同的利益群体之间,即使在同一利益群体内部也依然存在,进而导致大量的非和谐因素的出现。

利益和谐是指利益的产生、分配、表达及保障等环节在制度的安排下运行和谐有序,各利益主体的需求得到有效供给。利益和谐是人类社会和谐发展的基础,是社会能够整合且能全面发展的关键。人类社会就是在利益和谐——利益非和谐——利益和谐中发展和进步的。在这个过程中,寻找到利益调整中新的利益平衡点,并在利益机制作用下,进行合作式的博弈,达到利益和谐,需要我们通过制度创新,构建起良性利益机制。具体到农民权益保护与新农村社区发展建设中,就必须协调好各个利益主体的关系,以协调保障为关键点,减少或避免农民权益保护与新农村社区发展建设过程中的矛盾冲突的产生与激化,加快建立和完善相关的利益机制和运行体系,让一切有利于农民权益保护与新农村社区发展建设的制度资源都充分发挥作用。

我们知道,平衡协调原则作为调整特定经济关系的手段性基本原则,是社会效益优先、社会整体利益至上价值要求的体现。协调是事物在各个发展单元、阶段、环节间的相互和谐,是主体为了均衡而做出的努力。在长期的生存斗争中,人们逐渐意识到,在某一时空,任何事物都有其最佳点,其是资源条件约束下组合结构的最优集合。在这一最佳点上,人的总体利益才能得到最大的保证,各种力量或者各种利益才能获得和谐与统一。为追求这一最佳点,人们开始有意识地维护各种资源的关系,这就是协调。显然,在农民权益保护体系下的"协调"就是指在理顺社会、国家、集体和农民四者之间的利益分配关系的基础上的,保障各利益主体在利益分配活动中和谐基础上的整体分配协调与统一。完善的农民权益保护与新农村社区发展体系能够在客观上平衡协调各方利益关系,缓和乃至化解相关利益冲突,促使不同地区间、不同利益阶层(集团)间、人与自然间、经济与社会间等,在发展中协调和谐,最终实现共同进步和繁荣。

三、以人的保障为中心——全面发展理念

马克思主义以普遍的个人的全面、自由的发展为其社会理想,而人的全面发展与自由问题是马克思主义关于人的发展学说的核心问题,是人类与个体、社会与个人的内在统一。个人的全面发展与自由不仅是全面的,而且是自由的,同时是充分的。"全面发展"是相对于片面发展而言的,这里的"自由发展"是人作为主体的自觉、自愿、自主的一种发展,是为了自身人格的完善和促进社会的进步而进行的自由发展,是把人作为最终目的的一种发展。马克思认为,"一个人的发展取决于和他直接或间接进行交往的其他一切人的发展①。"真正的人的发展只能是全社会的每一个人的发展,而不能是一部分人的发展且另一部分人的不充分发展或者不发展。马克思提出,人的发展应该着重于个人作为类存生物、社会存在物与个体存在物的发展,即个人身上的类特征、社会特征与个性的发展。

以人为本是一种尊重人的思维方式和价值取向,它要求尊重人(包括人的需要、个性、能力等)、依靠人、为了人、塑造人。以人为本是以人的需要和满足为出发点和归宿点,以人的生活条件来分析和解决与人相关的一切问题,其核心内容就是尊重人,尊重人的特性和人的本质,把人作为手段与目的的统一。以人为本的思想深刻体现了马克思主义的基本原理,回答和破解了人的解放和人的自由及全面的发展问题,是马克思主义的要旨。完善农民权益保护与新农村社区发展的制度体系理应以农民为本,以农民的现实发展与切实需要为核心依归。同时,以人的保障为中心的全面发展理念也应该是一种可持续的保障与发展,农民权益保护与新农村社区发展的可持续是指农民权益保护与新农村社区发展过程中既要求建立起相应的理念和行为准则,又要求建立起相应的制度体系,要以可持续发展观念建立、调整、规范人与人之间、人

---

① 《马克思恩格斯全集》第 3 卷,人民出版社 1972 年版,第 515 页。

与社会之间的各种活动关系。

以人的保障为中心的全面发展理念在农民权益保护与新农村社区发展中的贯彻和执行,不仅需要在理念上确立公民基本权利本位,更需要在制度上切实保障这种理念之践行。农民权益保护与新农村社区发展的全面发展理念是适应经济和市场社会化的迫切要求,是为解决人与人之间社会化引起的矛盾和冲突应运而生的。以人的保障为中心的全面发展理念的重要意义在于:

一方面,有利于保障人权。民主国家的主权属于全体人民,以人的保障为中心的全面发展理念必须力求做到以人为本、以民为本。我国古代虽有"民为邦本"的说法,但事实上历朝历代的统治者却将人民当作可任意宰割的"草民"。今天我们所要讨论的以人的保障为中心的全面发展理念必须从根本上改变这种不合理的体制,通过民主、共和、法治等制度安排,将政治体制的基点转移到人民主权之上,使新建构起来的法律体系成为保障人权和促进新农村建设与全面实施乡村振兴最有效的工具。

另一方面,有利于权力制约的确立和受控者权利的保障。由于政府权力的强制性和权威性,调控者与受控者的法律地位的不平等,政府在多数情况下可能对市场主体产生不利的影响甚至可能牺牲一部分市场主体的利益,受控者却须服从和接受。这些因素极易导致权力的滥用和低效运行等逆向效应,使社会经济同时面临市场失灵和政府失灵的双重风险。因此农民权益保护与新农村社区发展必须强化权力制约,确立政府权力的有限性和规范性,并引入公众参与机制,使政府在宏观调控中更多融合社会公众的意志,确保政策符合民意。

具体到农民权益保护与新农村社区发展过程中,我们应以广大农民群众的权益保障为中心,并且注重对农民综合的、全面的、发展的权益的保护与保障,不能顾此失彼,或者仅仅是关注农民群体的部分权益的保护、单一保护、即期保护、短期权益的保护以及权益保护背离了对农民的保障这一中心点。

四、以平衡保障为基点——倾斜保护理念

农村和谐社会对权利保障的核心要求,就是对权利的平等配置和平等保护。对基本权利的配置实行无差别的平等,即对于不同的人给予同等待遇。对所有人的权利给予同等的尊重,当权利被侵害时予以同等的救济机会,无论这种侵害是来自个人、群体,还是公共机构。这种形式上的平等的基本缺陷在于它从假设出发,对待所有的权利都不加以区别。这种仅适合于形式上和理念上平等保障的法律制度,不能反映公共权力和公共政策对弱者权利的实质保护。

倾斜性保护在一定程度上体现了针对不同对象以及在特定时期内"实质公平"先于"形式公平"的思想,以平衡保障为基点,实现农民权益保护与新农村社区发展的整体上与个体上的倾斜性保护,严格落实并从真正意义上实现平等、公平、正义。我们知道,平衡协调原则作为调整特定经济关系的手段性基本原则,是社会效益优先、社会整体利益至上价值要求的体现。平衡协调是对利益主体作超越形式平等的权利义务分配,以达到实质上的利益平衡。在实践中,法律在承认一定的利益差异的同时,采取适当的调节措施进行利益平衡,逐步缩小利益差距,从而最终实现社会公正的终极目标。这里的平衡是一种旨在缩小农民与其他利益主体之间的利益差距,以社会整体利益为出发点和最终归宿的平衡,是实现以农民权益为中心多方利益相互促进、共同发展的平衡。

从历史的角度来看,我国长期实行的工农业剪刀差,为支持工业发展导致大量农业利益向城市流动,导致我国农业发展滞后的现状,造成工业与农业基点的不平等。如果再实行等同的保护措施,则不可避免地继续扩大两者之间的不平等。从结果看来,农民在某些层面暂时只享受权利、不履行义务,但并不是"权义结构"的权利与义务的分配、组合上的不对等,也并非造成非农业相关主体的"不平等"。因此,不可能存在绝对的权利和绝对的义务,权利和义务存在着辩证统一的关系。无论是非农业相关主体在城市支持农村、工业反哺农业方面现实性的"义务优先"或是农业相关主体在农业发展、农村稳定、农民富裕方面暂时性的"权利优先",最终必须回归于权利义务的一致性和统一性上来。倾斜性保护与"不同情况不同对待""共同但有区别责任"本质上是一致的。它所蕴涵的权利义务差异性体现在以下方面:就城市支持农村、工业反哺农业来说,非农业相关主体目前属于"义务优先"。非农业相关主体应当"率先"承担义务并且在这方面履行符合自身能力实际的义务,这与非农业相关主体的经济先发展、财务实力、技术能力、人力资源优势以及其历史和现实情况等方面是相辅相成的。而就农业发展、农村稳定、农民富裕来说,农业相关主体(主要指农民)目前属于"权利优先",具体表现在那些需要国家支持和发展的农业及其相关产业享有的权利而暂时不需要支付对应的代价或不履行相当的义务。这意味着允许农业相关主体在特定的时期内依然可以享受合理的倾斜性保护,即农业发展至少在一定时间内需要有一个受到法律认可和保护的适度发展空间,农民不应承诺和承担与其经济先发展、财务实力、技术能力、人力资源优势不相适应的义务。

五、以基本权利保障为重心——安全保障理念

在研究安全保障这一法理念之前,我们首先需要了解法律对于安全保障理念的重要作用与意义。法律之于安全保障理念,是权力的一种稳定器、失控权力的一种抑制器,广大公民的生命、财产、健康等等权益都将直接规定在法律的各种制度规范之中。同时,为了满足和实现公民的安全保障的最基本的需求,法律还构建一整套体系与框架,从而为公民的各种行为及其法律后果提供明确的法律解释,因此每个公民在自己进行一定行为之前已经能够预测法律对自己行为的优劣评价并以此来规范、控制或者抑制自己的行为,进而实现和维护了社会的整体安全与稳定。我们认为,在农民权益保护与新农村社区发展的过程中,涉及与安全价值有关的方面、范围、层次等都是多样的,例如,农业产业安全、农业投资安全、农业贸易安全;农村治安问题;农产品质量安全、农业食品安全、农业产品(如农业机械、农业工具等)、农民主体的人身安全、农村中各个主体的身、老、病、死等等。在此,以农村社会保障制度所体现的安全保障,尤其是以广大农民群体的基本权利保障为重心的安全保障为例,来阐述安全保障理念在农民权益保护与新农村社区发展过程中的重要意义。

实现社会全体成员生活的安全以及整个社会的安全是社会保障法律制度首先要实现的价值。其通过对地位弱势者、家庭贫困者、遭遇灾害等不幸者、

没有生活经济来源者以及一切丧失劳动能力与工作岗位者给予帮助与救助，消除其种种的不安全感与忧虑感，满足其基本的生活需求与安全，从而维系整个社会的安全与稳定。根据我国这样一个农业人口占据大多数的典型农业大国的国情，应该可以肯定，我国的广大农民群体的稳定是整个社会稳定的基石与前提。广大农民群体在我国是典型的相对弱势群体或弱势大集体，整个社会的安全状况、安定与否都将直接与对农民权益保障的程度紧密相连。当广大农民群体生活困难时，农村社会保障法律制度应该能及时的给予一定的相关的物质帮助与支持，使其能够继续维持最基本的生活与生产，从而实现农村社会生产与生活秩序的稳定性、连续性，促进整体社会的安定和稳定。

因此，在法的理念中，安全保障理念应该处于基础性的地位，应该以广大农民群体的基本权利保障为重心，农村社会保障法律制度也应以农村社会的安全为其重要的基础性的价值体现。在农民权益保护与新农村社区发展过程中，应建立完善的农村社会保障法律制度，借助国家的力量，重新调节社会收入的分配，使国民收入再分配向农村尤其是广大农村低收入群体适度倾斜，从而维持广大农民低收入群体的基本生活与基本安全，缩小社会成员之间的贫富差距，实现社会公正与社会安全，最终为构建社会主义和谐社会奠定坚实的根基以及提供一种稳定的、安定的外部环境。

第二节　农民权益保护与新农村
社区发展的法价值

农民权益保护与新农村社区发展是建立在主体发展权与客体发展权融合实现的时空载体基础上，以社区形式享有的经济、政治与文化等各方面的发展权利。其具有实现和保障社区居民利益的基本属性，实现人的全面发展的目标，在一定程度上真正全面地体现了以人为本的新发展理念和对社会公平正义的核心价值诉求。一般而言，价值分析是进行问题解析和归并、制度改造和创新时必然进行的步骤，是对问题高层次的宏观把握和抽象概括。在此有必要从法理层面对农民权益保护与新农村社区发展的法价值进行深入的解析。我们认为,在农民权益保护与新农村社区发展过程中所体现的法价值主要是公平价值、正义价值、秩序价值、安全价值、效率价值、合作与竞争价值等,当然这里不能穷尽所有的法价值,仅仅是就主要的法价值进行研究与探索。

一、公平价值

所谓公平,意味着在一定时空范围内对资源、利益、机会、权利、义务等所作的配置,符合公正、平等、均等、均衡的要求,使其既能保证每个人发展又能保证整体发展的要求。合理的农民权益保护与新农村社区发展是一种对社会公平正义的生动体现。

为使社会处于良好的生存状态,避免"马太效应",追求永恒理性的人类设计了另一个公正原则对其加以约束,这就是适度差别原则,即把不可避免的利益差距限制在可被大家所接受的适度范围内。何为适度?就是指对所有参与者都有利,这种状态应是利益对抗达到最小(即至少不使双方处境变坏)所获致的一种和平的不平等。与个体之间一样,分配必然会出现利益差距,完全消除这种差距实现绝对的平等既不可能也不现实,但对之无动于衷甚至进行辩护也是非合理的。正如罗尔斯曾提出公平正义的两个原则:平等自由和差别原则。从功利角度来讲,适度差别原则可实现一种双赢,增加社会福利总和。当然,差距过分悬殊就会导致整个经济结构失衡,秩序混乱,而经济失衡和秩序混乱又会严重影响社会安全。因此,适度差别是利人利己的道德选择。

二、正义价值

正义(justice,just)一词来自于拉丁文"Jus",指法律,公正,审判,平等,权利等。古罗马法学家乌尔比安(Ulpian)首创了一个经典的正义定义,"正义乃是使每个人获得其应得的东西的永恒不变的意志。"实际上,正义总是包涵了公平、公正、平等的要求,是社会的伦理观念在法律中一定程度的反映,体现了人们所追求的一种理想目标。正义价值具体表现为:在社会和经济的不平等条件下,正义要求制度安排必须使人们能平等合理地得到对每个人都有利的期待,并最大限度地照顾最小受惠者的最大利益,每个人行使其平等权利的结果能满足社会所有成员的利益,使社会整体的自由(利益)总量增加。E·博登海默将正义价值的目标解释为:"满足个人的合理需要和要求,并与此同时促进生产进步和社会内聚性的程度——这是维持文明社会生活方式所必要的——就是正义的目标。"显然,社会正义所要体现与达到的正是利益分配的公正、平等,进而最终实现人与人的实质平等。农民权益保护与新农村社区发展,其通过自身独特的运行机制来实现对社区居民的保护,进而真正深化和体现社会的实质正义。

美国著名的政治哲学家罗尔斯认为"正义的诸原理可以分为两个:第一个原理,要求基本的权利与义务的平等分配;第二个原理,主张社会和经济的不平等(比如财富、权力的不平等)在结果上能够补偿所有人特别是处于最不利地位的社会成员的利益,仅仅在此情况下,才是最符合正义的"。[1]　就正义第一个原理而言,当代社会的市场经济是一种契约经济,这种契约经济所体现出来的基本价值观就是契约双方权利义务的平等。广大农民与强势利益集团同样作为市场主体,他们有理由享受到与对方平等的权利。而现实中农民更多地承担着义务,而强势利益集团则更多的享有权利。农民与强势利益集团权利享有和义务承担的不对等,显然与正义的第一原理(自由机会均等原理)不相符合。这就需要农民积极地通过对公共政策制定的利益诉求和政府倾斜性的利益采纳来进行权利的调衡。就正义第二原理(差别原理)而言,罗尔斯又提出"具有天生才能而居于有利地位的人,应当以改善天生处于不利地位的人的生活状况为条件,才允许凭借自己的幸运条件而获取利益。"[2]而在市场经济条件下,利益的多元化和个体化特性,使得任何个体不可能放弃自己原有的利益,要想达到利益平衡,需要借助于政府的积极斡旋,"没有政府的积极干预,就无法维护弱势群体的根本利益",[3]只有政府的介入,强势利益集团才能够以改善广大人民群众的生活状况为条件去获取利益。在当代中国,农

①　罗尔斯:《正义论》,中国社会科学出版社 1998 年版,第 97 页。
②　罗尔斯:《正义论》,中国社会科学出版社 1998 年版,第 92 页。
③　顾栋、焦忠祝:《关注弱势群体的社会学思考》,《理论建设》2002 年第 5 期。

民更大程度上不是处于天生的不利地位,而是由特定的社会历史原因造成的,这就更加要求政府对农民进行积极的社会关怀,不仅是物质上的给予,而且还包括政治权利的平等赋予。因此,公平原则应是当代中国利益协调的基础性原则和首要原则,坚持利益协调的公平原则,首要的和基础性的内容就是要建立一套更公正、更合理、更完善的利益协调制度,实现社会公正。在农民权益保护方面,应通过制度安排让农民能普遍受益的同时,让农民所得与应得、所付与应付相称,做到机会平等,实现程序公平,体现机会平等与效率增加的正相关关系,最终实现结果公平。要让与农业生产相关的既得利益者付出一定的代价,而不能让没有得到利益或者得到很少利益的农民承担更多的成本。

三、秩序价值

秩序是指在自然进程和社会进程中都存在着某种程度的一致性、连续性和确定性。秩序是一种运行状态的抽象,是在自由、平等、正义等"终结性"价值下人们主观追求各自目的的结果。制度是秩序稳定化的形式,是权力的外化、书面化和具体化,而法律是最具强制性的制度。农民权益保护与新农村社区发展所建构的秩序,是一种由实体性制度(以法律形式表现实体规则)和观念化的意志(法律秩序所体现的一定社会主体的意愿或者根本追求)综合的社会运行状态,以确定性、连续性和普遍性为特征。从维护社会稳定的角度看,社区发挥着重要的基础性作用。社区作为一个最基础层面的社会单元,社会生活、国家政治体制、集体、社区个体成员的社会化参与等方方面面,都被有机地集聚其中。社区以其特殊的组织结构和活动方式,在满足人们日常生活的需求,满足人们广泛的社会参与、满足人们开展社会互助、满足人们走向社会化等方面发挥着独特而又丰富的社会整合功能。可以说,社区功能的发挥在很大程度上可以有效地克服市场按照效率配置资源的局限性,弥补甚至消除政府职能转换、管理体制转轨过程中出现的提供社会公共产品的不足,改造社会救助和公平分配的弊端,促进全面的社会公平和公正。

人类所要面对的秩序有两种,一是自然秩序,一是社会秩序,两者都是客观规律在现实中的显化,后者更体现着人类的主观能动性。社会秩序包括了经济秩序、政治秩序、道德秩序、生活秩序等。利益秩序属于社会秩序一种,为法律所保护的利益秩序就转化为法律秩序,具备合法性特征。利益秩序包含三层内容:第一,利益秩序的动态化。社会各主体之间为追求利益产生了互动的利益关系,动态化的利益秩序才能激活社会各阶层正当合理的利益追求。第二,利益秩序的规范化。利益秩序的维护需要依靠国家政权的力量来制定并执行一系列行为规范或制度,这样各主体间的利益关系能保持相对稳定。①第三,利益秩序的均衡化。利益秩序的均衡化实际上就是利益秩序动态性与利益秩序稳定性在博弈过程中所呈现的理想状态。农民利益保护法律制度下的利益秩序主要有八种表现形式:农民利益代表秩序、农民利益表达秩序、农民利益产生秩序、农民利益分配秩序、农民利益协调秩序、农民利益保障秩序、农民利益联结秩序、农民利益实现秩序。农民利益秩序的动态化、规范化与均衡化离不开利益机制,利益机制有着将利益主体、利益客体、利益中介结合起来的功能。

农民利益秩序调整农民利益的基本机制就是农民权利与义务,农民权利以特有的利益导向与利益激励作用于农民的行为,农民义务以其特有的利益约束与利益强制作用于农民的行为,农民利益机制保障权利、义务的实化。农民利益秩序下的农民利益机制共有四组,即农民利益产生机制与农民利益分配机制,农民利益代表机制与农民利益表达机制,农民利益协调机制与农民利益联结机制,农民利益保障机制与农民利益实现机制。农民利益产生机制保障农民增量利益的生成,农民利益分配机制则是分配存量与农民增量利益的基本途径,农民利益分配的核心在于依法分配、公正分配。农民利益代表机制指农民主体有利益代表者。农民利益表达则需要表达渠道,也存在表达限度,安排利益表达制度时,应以社会秩序稳定为底线,以利益准确表达为上限,以合法规范为过程的保证,不断地拓展底线和上限之间形成的利益表达机制的制度化表达空间。农民利益关系错综复杂,利益冲突面需要利益协调,利益共同面需要利益联结,这就为政府管理中利益协调与利益联结提供了基础。政

---

① 张江河:《论利益与政治》,北京大学出版社 2002 年版,第 221 页。

府管理要对农民利益关系合理定位,通过协调机制缓解利益冲突与矛盾,实现利益均衡。另外,应尽量寻求并扩大各利益主体的利益契合面,提高利益相关者的参与程度,实现利益联结。农民利益的保障与实现密不可分,利益保障的目的是利益实现,利益实现是利益保障的结果,没有利益保障与利益实现,那农民权利与农民义务就只能停留在纸面,政府管理法律制度也只会是空框架,无法运行。

四、安全价值

安全价值在学术界里的地位远没有自由、平等、公平、正义等这些法的基本价值那么被公众关注以及重视。当然,有些提及安全价值时会把它与正义价值等联系起来,把安全价值看作是实现法的正义价值的一个因素。事实上,安全价值的功能与作用巨大,安全价值往往体现在维系法的价值方面,也就是说,安全价值更有利于人们享有诸如生命、自由、平等、财产等方面的法的价值的实现与保障。

近年来,从我国经济的高速发展中可以看出,单纯强调经济发展是不能保证农民权益保护与新农村社区发展的,农民权益保护与新农村社区发展应充分考虑到一系列社会制度的变革和建设,以便能逐步健全社会保障体系,建立公平的社会分配制度和良好的社会治安秩序,建设各种适合和谐社会需要的社会文化设施,发展教育、科技、文化以及保护生态环境等。在此,我们主要以农村社会保障为例,具体地强调安全价值在农民权益保护与新农村社区发展过程中的重要意义与作用。

"农村社会保障"一词源于英语中的"Rural Social Seeurity",同时我们也可翻译为"农村社会安全"。美国人对社区的社会保障和社区的社会保障制度含义的普遍理解是:社区的社会保障是一种全面的"安全网","安全网"对人们遇到的老年、伤残、疾病、死亡、失业等等普遍社会问题提供安全性的保护与保障。这种保护与保障既包括对接受者收入、支出方面、教育和培训方面的支持与补助,同时也包括对接受者遭受的某些损失的支持与补助。而世界上大多数国家的社会保障法所追求的首要价值与基础价值是个人生活的安全,个人生活的安全与否必然深刻的影响到社会整体的安全。英国著名法学家霍布斯认为,"人的安全乃是至高无上的法律"。在霍布斯建构的理想的法律体系中,安全价值是压倒一切的价值,是至高无上的价值。因此,个人安全是社会安全的前提与基础。由于过去我国城乡长期处于二元经济结构的传统格局,导致城乡在很多层面都存在或多或少的差距,农民几乎长期处于社会保障制度的全面性的"安全网"之外。随着我国工业化、现代化、城市化的步伐推进,社会保障制度也从城镇人口、非农产业劳动者向乡村、农业劳动者的范围扩展,成为城市补贴乡村、非农产业反哺农业以及覆盖全部社会成员的普遍性的社会保障制度,成为实现国家发展目标的重要武器与方式,成为保障城市与农村社会稳定的"安全阀"以及国民收入再分配的重要手段与工具。

五、效率价值

"效率"(efficiency)一词源于拉丁语 effetus,《辞海》中指"机械、电器等工作时,有用功在总功中所占的百分比",或指"消耗的劳动量与所获得的劳动效果的比率",现广泛用于物理学、经济学和管理学等学科,效率是从一个给定的投入量中获得最大的产出,即以最少的资源消耗取得同样多的效果,或以同样的资源消耗取得最大的效果。也就是经济学家常说的"价值最大化"或"以价值最大化的方式配置和使用资源"。效率的概念与价值标准主要适用于资源配置、收入分配、特定资源的配置与利用等三种情况:资源配置上的效率原则要求无论是自然资源,还是人文资源,无论是属于经济基础范畴的资源,或是属于上层建筑范畴的资源都要按照价值最大化的规律和原则进行配置,促进资源由低效率利用向高效率利用转变;收入分配上的效率原则要求在对产品和一切由人们创造出来的价值物进行分配时,必须考虑以什么方式的分配有利于调动合作者的积极性,有利于使分配本身成为扩大再生产,创造更多财富的调整机制;特定资源的配置和利用上的效率原则是对法律资源、政治资源等特定资源配置与利用的最大化。效率原本是经济学的基本命题,亚当·斯密首先将经济学的视野扩展到法学领域,开创了以效率为取向来评价法律制度的先河。若说一个制度或者机制是有效率的,则说明它能够以同样的投入取得比别的制度或机制更多的有用产出,为社会创造更多财富与价值。因此,在农民权益保护与新农村社区发展过程中的效率可以界定为对于农民权益保护与新农村社区发展的投入与成本之间的比值。在农民权益保护与新农村社区发展中必然包含着以有利于提高效率的方式分配资源的价值内涵。

在农民权益保护与新农村社区发展过程中,人们在普遍关注公正的同时,也开始对效率问题给予重视。在农民权益保护与新农村社区发展中的诸种价值形态中,公正与效率是紧密相连的。从表面上看,这两大价值目标之间似乎是泾渭分明的,公正表明人们对农民权益保护与新农村社区发展的正当性的追求,而效率则表明人们对农民权益保护与新农村社区发展各种活动所产生的效益的追求。就实质而言,两者具有内在的统一性。从某种意义上说,在农民权益保护与新农村社区发展过程中效率是公正的题中之义,正如法谚所言,"迟来的正义非正义。"在市场经济条件下,以尽可能少的资源耗费换取尽可能多的收益已经成为社会生活最基本的价值取向,对有限的资源加以最有效的利用已经是社会正义不可替代的组成部分。因此,在农民权益保护与新农村社区发展过程中也必须遵循社会正义这一原则,以效率作为其追求的价值目标。正是在这一意义上,波斯纳把效益与正义看作是同义词。波斯纳宣称,"正义的第二种意义,简单地说来,就是效益。"可见,从一定的角度看,在农民权益保护与新农村社区发展过程中的公正与效率是相辅相成的。在现代市场经济条件下,效率一方面成为评价农民权益保护与新农村社区发展的制度与机制的一种评价标准,另一方面也是构建农民权益保护与新农村社区发展的制度与机制中的价值目标。

六、竞争与合作价值

在人与人广泛交往中,常常会伴随着激烈且频繁的竞争与合作关系的发生,竞争与合作是各种社会关系中较为集中的一种表现,竞争与合作关系的根源在于个人利益同共与利益之间的较量与角逐。在竞争关系中,个人往往更加注重与在意自我主体性的发挥与凸显、自我素质与综合能力的提高与发展;而在合作关系中,个体一般更加注重和强调集体意识、集体精神、团队合作精神的培养。竞争与合作作为一种人与人之间的必然的交往方式与关系，一定会在利益问题上产生种种简单或者复杂的矛盾与冲突。这就需要有道德以及法律加以严格的调整与控制，只有符合社会道德与法律规范的竞争与合作关系，才可能确保社会整体秩序的有序与畅通，才可能变成促进社会个体的全面发展的真正的有价值的驱动力，即人的全面发展。个人的全面发展是一个具体的历史的发展着的过程，个人美好的内在品质以及良好健康的行为习惯，不是在自然的历史过程中形成的。而道德与法律的存在直接源自于人与人之间交往的现实的共同利益的维护，全面发展作为个人的最高需求与目标，是个人根本利益之所在。

竞争与合作是社会价值体系中的内容，具体到农民权益保护与新农村社区发展中的竞争与合作关系，更多的可以从我国农村合作社的产生与发展中体现出来。我国农村合作社是市场经济的一种制衡力量，同时农村合作社是与市场竞争相伴而生的。其中合作社之间的竞争不仅是市场经济发展的推动力，同样是我国农村合作社产生与发展的巨大推动力。农村合作社产生后，我们发现，有竞争无合作的农村合作社，会导致社会失态与失范；有合作无竞争的农村合作社，会导致社会失去活力，而逐渐失去动力。我国的农村合作组织较好地解决了竞争与合作的关系，使合作也成为自身发展和市场经济发展的推动力。我国农村合作社发展的实践进一步提升了竞争与合作的价值，使竞争与合作的单向价值得到和谐、互动的双向重构与发展。因此，我国农村合作社制度安排中应体现这一要求，实现对竞争与合作价值的提升。

第三节　农民权益保护与新农村社区发展的法特征

法是一种社会现象，它是客观存在的，是人们对客观现象认识的产物和结果。因此，法既是一种客观存在，也是人们主观认识的产物。法的特征一般主要表现为规范性、国家意志性、普遍性、强制性、程序性等。法是以权利义务为内容的社会规范,权利义务观念的形成是法产生的主要标志之一。农民权益保护与新农村社区发展的法特征是农村法律关系主体在农村社区发展的过程中通过一定的方法、手段、行为、方式等具体表现出法特征所特有的刚性与柔性的融合,而这种表现主要通过一些具体的传统民间法以及传统民间法律文化来体现,以下将进行具体的阐述。

由于对传统民间法的内涵与外延的界定不尽相同,在传统民间法的特征分析上也存在较大的差异,我国农村乡土社会生活中的礼仪、风俗、习惯、族规、民约、村规、人情等称为中国式的传统民间法。一般认为,传统民间法主要有以下几个基本的特征:传统民间法的乡土性,传统民间法主要根植于农村这块乡间土壤之中;传统民间法的地域性,农民们所遵守的法仅在一定的地域范围内生效;传统民间法的自发性,由长期的社会生活以及习惯等自然形成;传统民间法的内控性,主要依靠乡村中各个主体的普遍认可与心理认同。当然,传统民间法同时也具有客观性、特殊性、习惯性、类法性、自然性、自足性、自在性、自由性、开放性、批判性等特征。我国传统民间法律文化的基本观念具体可概括为慎刑思想、无讼价值观、情理法等基本特征。小农经济、宗法社会则是传统民间法律文化形成的经济和社会基础。"靠天吃饭"、自给自足的小农经济思想强化了人们对天的依赖性。人们聚族而居,聚村而居,同一宗族通过血缘关系这一纽带紧紧地联系在一起。同一村落的不同宗族之间也同时存在着交往与合作的关系,彼此"抬头不见低头见",和谐的村落环境成为以血缘关系为主地缘关系为辅的熟人社会的追求目标。

一、效力上的非强制性和特定的强制性

传统民间法中的"民间"是非官方、非正式之意,其决定了传统民间法是非国家正式承认和制定的法律规范,从某种意义上讲,其在适用上缺乏国家强制力作为有力的后盾。而从一定层面上来说,传统民间法在其适用的效力上相对于国家法而言缺乏整体意义上的强制性,但并不是绝对地断定传统民间法没有约束力,其作为一种特殊类型的法而存在,作为一种特殊的行为规范也应具有某种意义上的特定的强制性,具体表现在以下几个方面:第一,传统民

间法在范围上只是针对特定的地域或人群。传统民间法之民间本身就表现为具体的家族、宗族、民族、村庄、民间社团等,不同的区域、不同团体会根据自身的特定利益制定出各自的适应自身生存和发展的传统民间法。第二,传统民间法的强制性与国家法所表现出来的强制性有着本质的区别。国家法的强制性更多表现为一种外在强制力的调整与控制,一旦违反了国家法进入了国家法所规定的既定模式与程序,一系列的强制措施就会相应的适用。传统民间法主要依靠基层民众对其的一种普遍认同心理以及自觉自愿地遵守行为,一旦违反了民间法,更易遭受的只是道德上的歧视以及舆论上的谴责。传统民间法的强制性更多的表现为对人们内心的控制与调整。人存在于社会这个大的环境之中,每个人都有一种不愿被社会以及社会公众所抛弃的心理。第三,在农村的部分区域严重违反传统民间法规定的成员同样可能面临肉体上与精神上的严重惩处,甚至被剥夺宝贵的生命,从这一层面而言,传统民间法具备了比较深刻的特定的强制性。

二、适用的特殊性与存在的普遍性

目前,传统民间法当置于国家法背景之下进行分析时,在适用范围上,传统民间法具有特殊性,我们也可以称之为是传统民间法适用范围上的地方性、地域性、地缘性等,其实质是指出了传统民间法在适用范围上的局限性。由于传统民间法来自于民间,没有国家权力作为强有力的后盾,具有非官方、非正式的特点;同时其本身也只是服务于特定地域、特定时间、针对特定的主体、组织等,在不同地域、不同时空其内容和表现形式可能大相径庭,因此决定了传统民间法不可能像国家法那样具有普适性。但与此同时传统民间法也具有一定的普遍性。在国家法没有产生之前,传统民间法就已经大量存在,且并没有因为国家法的出现而退出历史舞台,而是普遍地存在于社会之中,且传统民间法经常或多或少的规制和影响着社会生产与生活。在任何社会里,国家法都不可能是全部的、唯一的法律。另外,在国家法没有制定出相应的具体实行规则之前,特定地域、特定时间、特定的主体、组织等都已经自发衍生或者主动创设出了相应的具体实行规则;加之国家法自身也可能会面临"恶法亦法"的局面,正是在这一层面上,传统民间法具有了普遍性,也即传统民间法存在上的普遍性。

三、稳定性与流变性

传统民间法与基层民众的生活、生产细节密切相关,大部分从民间礼仪、风俗、习惯、族规、民约、村规、人情等脱胎而来,具有生活化、社会化的特点,其中很多都是传统习俗的积累与沉淀,当这些习惯、习俗逐渐演变成为传统民间法时,其自然性、自足性、自在性、自由性、自发性的各类因子也会逐渐贯穿到传统民间法之中,传统民间法也因而内化成为人们的一种自觉意识,成为一种强大的内心信念,从这层意义上来说,传统民间法具有相当大的稳定性。但同时由于传统民间法来自于民间,具有非官方、非正式的特点,也表现出相当大的流变性。首先,传统民间法之"民间"是具体、广泛意义上的民间,这决定了其在适用上具有特殊性的特点,不同的地域、不同的时间、不同的人群与组织体等在适用各类传统民间法时往往会存在很大的差距;其次,传统民间法之"民间"是一种流变的民间,当民间法所依存之载体"民间"环境与氛围发生一定或者较大变化时,民间法也会随之而发生微妙的或者较大的变化,尤其是在法治社会里,将国家法奉为"经典与权威"后,民间法在实践适用中可能会出现尖锐的冲突和矛盾,使得其在现代社会被抛弃。最后,传统民间法源于生活,生活之第一要义为生存。在生存的巨大压力下,基层民众同样也会调整着、适应着传统民间法,传统民间法因此也会表现出较大的流变性。

四、自发性与创设性

传统民间法作为一种社会秩序具有很强的自发性,其并不是事先计划和理性的产物,而是自发形成并发展的结果,这里的自发性是相对于自觉性而言的。随着历史的发展与国家权力的不断渗透,传统民间法的一部分逐渐被打上了国家权力的烙印而与传统民间法有了一些形式上与实质上的差异与区别。随着国家法的国家意志的不断增强,国家法便逐渐从民间法中独立出来而具有自己的意识形态,剩下的民间法在没有外在力量的干扰或者外在力量干扰、阻挠很少的情况下,继续保持着自身的自然性、自足性、自在性、自由性、自发性而独立地发展着、变化着。由于传统民间法具有浓厚的生活、生产气息,可以说其大部分都是由民间礼仪、风俗、习惯、族规、民约、村规等演变和升华而来,在内容和形式上带有浓郁的地方特色,主要是在人们自觉、自愿的基础上,基于生活的客观需要日积月累而逐渐形成了传统民间法。因此,我们可以说,传统民间法的自发性比较明显。但是生活于民间的基层民众具有主观能动性,民间法的适用主体同时也是其创造主体。一方面,传统民间法虽然具有习惯性,大部分由行业、地域等习惯演变而来,但其毕竟不同于习惯、习俗,在其升华过程中主要是基于人的主动创造而发生质变;另一方面,在现实社会里,传统民间法与国家法并不是相互绝缘的,其或多或少在发展的过程中都会受到相互的影响。例如,在现实生活中出现的乡规民约等都是基层民众主动创设的产物。从传统民间法的起源来说,传统民间法是自发的产物,但随着其不断的变化与发展,传统民间法主动创设的成分也日渐浓厚。当然,主动创设是具有一定习惯的积累、沉淀,在传统民间法自发性的背后同时也隐藏了主动创设的参与和推进。

五、固有性

所谓固有性,是指保留了较多的国家的、传统的、民族的、历史的法律所固有的某种特性。例如,我国《民法典》中物权法律制度区别于债权法律制度的特征之一就是物权法是具有固有性的法律制度。在我国不论是城市土地还是农村土地,其物权的设定与制定必须与我国当地的具体的土地状况、生产力水平、人民的文化观念、社会经济制度等因素相结合,然后对这些固有性的法律所反映的客观存在加以认可、承认,如我国坚持农村土地的集体所有制,这是农村宅基地使用权存在的独特的形式。在本质上,物权制度是最具固有性法律色彩的特殊制度,各国因国家的、传统的、民族的、历史的等各种因素存在较大的差异,其物权法就会各不相同,任何国家的土地制度都是该国一定历史阶段具体的经济生产力状况、社会条件、地理环境、历史传统文化、政治稳定状态等相关因素的综合选择。我国农村宅基地使用权作为我国的特有的不动产用益物权,与广大农民群众的生存和基本需求紧密相关,与目前我国农村的现有的生产力水平基本相符,具有非常明显的固有性的法律特征。物权法律制度的设定与制定和人们的生存与发展息息相关,与一国的经济体制密切相关,其不具有债权法的普遍性,尤其是在不动产方面,更体现了各国法律的传承性、传统性与历史性。我国农村的宅基地使用权制度为我国的独创,其本身就具有了一定的固有性。因此,在农民权益保护与新农村社区发展过程中,有关农村土地方面的立法应反映我国目前存在的城乡土地使用权二元结构的客观现实,这是法特征中固有性的必然体现与要求。

第十四章　农民权益保护与新农村社区发展的具体法律问题研究

第一节　政治法律问题

一、政治法律问题概述

现阶段,我国农村在农民权益保护与新农村社区发展过程的政治法律问题得到了较好地解决,取得了很大的发展,但仍存在诸多的农民政治权益缺失以及侵犯农民政治权益的问题,具体包含了农民平等权的缺失、农民迁徙权与户籍制度问题、农村基层民主的虚位、村民自治中的法律问题、农民的政治管理权利、政治参与权利、政治自由权利、政治监督权利等受限的问题、农民严重缺乏利益代表与表达的问题以及其他农民权益保护与新农村社区发展中的政治法律问题等。

本研究将主要从农民平等权的缺失、农村基层民主的虚位两个主要方面进行具体的分析与研究,但这并不意味着农民的其他权益保护与新农村社区发展的政治法律问题不重要、不需要研究或者仅仅存在以上两个方面的主要政治法律问题,我们仅仅是以普遍性、重要性、关键性、亟需解决等角度为标准进行了一定的选择。

二、农民平等权的缺失

权利的平等和不受歧视已成为国际社会公认的基本准则,对平等权的认可是人类文明与进步最重要的成果之一。孟德斯鸠认为,"在民主政治下,爱共和国就是爱民主政治;爱民主政治就是爱平等,""平等是国家的灵魂"。我国《宪法》明确规定,中华人民共和国公民在法律面前一律平等。平等权是中华人民共和国公民的一项基本的权利。可以说,平等原则是宪政的基石,任何个人、集体、单位、团体等都不能动摇这个基础。平等权是我国宪法中一项非常重要的公民权利,在各国宪法体系中都一直占有十分重要的地位,且对于保证公民平等权利与义务的实现以及维护和保障社会公共秩序具有积极的作用。

农民问题的关键是农民的权益问题,是农民的自由与全面发展问题。农民权益尤其是农民的平等权缺失是造成"三农"问题的法律根源。维护农民利益首先要依据我国宪法以及我国已签署的《公民权利和政治权利国际公约》等,从落实农民的平等权开始。农民的平等权应该从广义上来理解,包括农民的政治平等权、经济平等权、文化平等权、社会平等权、生态平等权以及农民的法律救济平等权等。在这里我们主要对农民的政治平等权的缺失进行一定的分析和研究。

由于我国广大农民政治参与渠道的缺失,农民各自承包经营,分散的、弱小的农民很难抗衡现代国家各种不法权力与权利的侵害,广大农民的疾苦以及矛盾纠纷很难通过真正的农民代表和各级委员直达国家和省市领导人,因此广大农民群众才会通过不断申诉、越级上访等形式表达自己的利益诉求。农民缺少参与政治的渠道和具体化的参与形式,导致农民参政能力的大大虚化与弱化。广大农民基本上是现实政治的被动接受者,而不是积极参与者。在我国农民政治平等权的缺失方面,主要体现在以下方面:

第一,农民政治利益的代表和表达权不平等。在我国,除了政府以及各级人大中有为数不多的农民代表之外,占全国总人口 36% 以上的广大农民集体却没有一个真正意义上代表自己利益的、能为自己说话、争取和维护自身权益的利益组织体或者集团,使得农民利益代表者不仅量很小而且话极弱,在保护农民权益方面话语权较小。单个的、分散的农民或者农民群体在市场经济的汪洋大海中无力维护自己的权益,在利益冲突与矛盾中一直处于相对弱势地位。谁来代表广大农民群体？是虚拟的"集体组织"？还是有限的村民自治性组织？是农村基层党支部？还是农民临时性"同盟"？在现实实践中,这些均没有全面的、完全的代表市场经济条件下的广大农民群体的权益。在农民政治利益方面,具体表现在农民群体在选举权方面的权利表达与运用。2010年3月14日第十一届全国人民代表大会第三次会议《关于修改〈中华人民共和国全国人民代表大会和地方各级人民代表大会选举法〉的决定》第五次修正中拟将城乡按照"四比一"的比例选举人大代表的规定修改为"一比一",这标志着我国实现了城乡同比例的选举,在实现我国真正意义上平等选举、民主选举的道路上迈出了重要的一步。与利益代表机制密切相关的是利益表达机制。具体说来,我国农民利益表达存在着明显的矛盾,如利益表达客观必要性与表达意识的主体缺失之间的矛盾、利益的群体性与表达的个体化之间的矛盾、利益的正当性与表达利益方式的不正当性之间的矛盾等。这些矛盾的客观存在使得农民政治利益的表达权更加的难以实现和落实。

第二,农民结社(组织)权的缺失。我国宪法明文规定了公民结社自由的权利。据不完全统计,目前中国拥有全国性社团2000多个,代表工人、妇女、青年人等不同群体的法定组织分别有工会、妇联和青联,有各种各样的社团和协会,企业家有企业家协会,作家有作家协会,记者有记协,学生有学联,而唯独农民大群体却没有一个能够实事求是地整合自己的利益、代表自己的利益、为自己提供必要的公共服务的组织,广大农民的政治表达和政治参与受到了严重的制约。按照宪法和相关法律的规定,我国的村民委员会是基层群众性自治组织,原则上村民委员会应该可以成为整合广大农民利益的有力组织,代表广大农民的利益,实现农民组织化的政治参与,与社会强势集团进行有力和充分的协商谈判,以维护农民群体的合法权益。从实践中的众多事实却表明,村民委员会没有成为这样的组织,也难以成为这样的组织,使得农民群体的合法权益受到严重的侵害,得不到有效的保护。

当然,农民平等权的缺失不仅仅体现在政治方面,经济、文化、社会、生态等方面的平等权同样的存在一定的缺失或者不完整。如我国农村广大农民的经济平等权存在严重的缺失,而农民经济权利的限制导致了市场竞争的乏力和相对贫困的扩大化。具体表现在城乡居民收入差距过大,就业机会不平等,资源分配制度不公平,市场主体地位不平等等方面,如市场主体在生产环节严重地受到了生产准入的限制,使得农民只能局限在收益较低的农业领域进行谋生,而在交换环节有大量的制度对农民的权益进行了相应的限制。另外,政府对农村土地的征用与补偿带有明显的强制性与单方性,广大农民成为了制度利益的牺牲者。再如我国农村广大农民的社会文化权益平等权也存在一定范围的缺失,农民身份地位的相对弱势导致其社会权利被严重的轻视。具体表现为广大农民接受教育机会的不平等、享受医疗和社会保障机会的不平等、劳动就业方面的不平等、受社会尊重权利的不平等、社会地位的不平等等方面。

三、农村基层民主的虚位

法律是衡量正义与非正义的重要标准之一。抽象的正义是一种以相同或者同种方式来处理属于同一种类或者范畴的事物的行为原则。对广大农民群体长期不公平的"制度性歧视"是一种不公平、非正义的表现。广大农民群体的权利不平等有悖于法公平正义的价值理念,"法的价值"的体现必须是对全社会中每一成员的平等、自由权利的全面保障,而不是对个别人、个别利益集团的特殊权利的狭隘保障,如果法律只是满足了一部分人的权利或者权力需求,权利或者权力就蜕变成了特权,就是对普遍的人性权利的实质背叛。而法的价值首先突出的表现在它所体现的平等性上,没有平等性的保障就不可能保障每一个人的普遍的自由权利,法律面前人人平等,理应是法的价值的首要特性,也应当成为我国借以保障广大农民群体权利——尤其是农民政治权利的依据与理由。平等不代表正义,但是平等是追求正义的阶梯,通过平等的路径能够实现真正意义上的正义。

民主制度的基础是在强有力法治保障下的良好的选举制度以及与之相配套的畅通的民意代表机制与民意表达机制。在社会主义初级阶段,社会各阶层必然有着诸多的利益矛盾与冲突,城乡差别也不会一夜消失,但决不应当出现对广大农民群体的宪法权利的无端的蔑视和随意的、严重的侵害。特别是广大农民群体在依据宪法和法律来表达其意愿过程中受到国家机关的粗暴对待更是为宪法和法律所不允许,广大农民群体的建议权、申诉控告权应当受到国家保护,而不是受到国家的二次侵害。现实政治生活中,广大农民群体由于缺少自己的利益表达机制以及完善的维权机制,甚至缺少利益表达的代言人或者代表人,其利益无法得到有效保障的现象层出不穷、屡禁不止。从我国的最高权力机关各级人民代表大会和最主要的参政、议政机构政治协商会议的各代表委员的构成情况来看,农民的比例是非常之低的。如在第十届全国人大代表总数的 2985 名全国人大代表中,工人、农民的代表总和也只有 551 名,低于知识分子代表的 631 名,而这 551 名代表中真正的农民代表却是极少的。在推进农村基层民主制度建设的过程中,村民自治制度还不够完善,广大农民群体的民主选举、民主管理、民主监督等权利还没能得到充分的实现和保障。

我国广大农民群体的利益表达机制是极其不完善的,农民的利益无法得到有效的保障。当代社会,利益呈现出多元化的特征,不同的利益集团都理应有着自己制度化的利益表达机制。不同社会阶层的代表表达出来的意愿与利益是不尽相同的,每一个人不可能既代表这种意志又代表那种意志。此时不同利益之间就需要进行有效的整合,让各种利益群体的代表在制度化的论坛上去辩论,找到它们的最大公约数。同时我们应关注的是各类利益代表的比例应该和他们在人口总数中的比例相适应、统一、协调,不然这种利益代表就明显的触犯了公平、平等、正义的代表机制的初衷。

新中国成立以来,广大农民群体在政治生活中一直不是政治平衡中的一方,也不是政治博弈中的主体。在各级党代会、人大和政协中,广大农民群体身份的代表极其少。农民在政治上的相对弱势容易导致国家"政治生态"失衡。没有一个多元的、全面的政治架构,政府的生存空间和操作空间就极易受到偏置与挤压。由于强弱力量对比的悬殊,不仅广大农民群体自身失去了与强势力量相对抗的能力,政府也相应的失去了制衡、约束强势力量的筹码。正是由于这种"政治生态"的严重失衡,占人口大多数的农民群体成为了政治、经济、文化、社会、生态等发展的受损者和牺牲者,广大农民群体"越来越穷、越来越苦、越来越危险"。"政治生态"的严重失衡,很可能使有损社会公正的不平衡的利益格局受得了一定范围的确认和法律保护,也使得本应保护的弱势力量——广大农民群体的利益失去了保护的确定性和稳定性。

广大农民群体的政治参与是农民、农民代表或农民组织积极的参与政治活动或进行政治决策,主张自己的利益诉求,并与其他社会成员平等地进行政治博弈,从而能够有效地影响政治决策和政治活动,使之体现广大农民群体自身的意志,维护和保障广大农民群体自身利益的行为。然而,在我国,广大农民群体在政治生活中往往被边缘化,在政治生活中不能与其他成员形成对等的、平等的力量,这使得农民的政治参与显得极其的特别和需求上的迫切。广大农民群体的政治参与不是农民通过个人、代表和组织介入政治生活的形式参与,而是广大农民群体通过介入政治生活,从而影响政治决策,使之体现自己的意志与利益,并非一味服从的形式上的参与,这里的广大农民群体政治参与的目的是实现、维护、保障农民平等的权利与自由。现实中,很多人对农民的政治参与存在普遍的片面理解。把广大农民群体政治参与的范围仅仅限制在农民及农村的内部,把农民政治参与的对象限定为村民委员会和基层组织的管理行为等等。广大农民群体政治参与的范围应及于整个国家的政治生活,农民政治参与的范围应该扩展到工业、城市,而不仅仅是在农业、农村。

另外,在我国农村,基层民主的虚位也可以从一些具体的农村法治状况及农村管理行为中体现。具体而言,广大农民群体的民主法律素质整体上不高,欠发达地区村民自治工作比较薄弱,农村干部民主素质还不适应基层民主政治建设需要,不少乡镇对基层民主选举的重视度不高,村务公开不规范,监督与整改措施较为乏力等。

当然,从广大农民群体的代表的角度而言,农民代表必须真正来自农民,农民代表必须充分行使代表权力,在处境如此相对弱势或者不济的情况下,农民代表当选,首先应意味着一种责任,其次才是权力。同时,组织化是相对弱势农民的应有出路。在现实实践中,特殊权利主体,如消费者、妇女、残疾人等,通过组织化来主张权利取得了较好的效果。拥有亿万之众的广大农民群体一旦形成科学的组织体,便能有效影响国家的政策、决策和行动等,也就能有效地保障自己的权益。

第二节　经济法律问题

一、经济法律问题概述

现阶段,我国农村在农民权益保护与新农村社区发展过程的经济法律问题众多,具体包含了农村土地法律问题、农村社区集体经济法律问题、农民合作经济组织法律问题、农村金融法律问题、农业补贴法律问题、农村社会保障法律问题、农村自然资源与环境保护法律问题、农民权益法律救济问题、农产品地理标志法律保护问题、农业标准体系建设中的法律问题、种子产业战略中的法律问题、农产品国际贸易法律问题、农业投资法律问题、农业产业化过程中的法律问题以及其他农民权益保护与新农村社区发展中的经济法律问题等。

在我国社会转型的新时期,农民权益保护与新农村社区发展的具体法律问题多元、多样、复杂,但同时也体现出一定的集中性、突出性、历史性等特征。以下主要从当前农村中表现比较突出的、集中的、较尖锐的法律问题入手,具体包括农村土地法律问题、农村社区集体经济法律问题、农民合作经济组织法律问题、农村金融法律问题、农业补贴法律问题等。以下将仅仅从这五个主要方面深入展开研究,但这并不意味着其他农民权益保护与新农村社区发展的经济法律问题不重要、不需要研究与分析,当然我们也不可能将所有的农民权益保护与新农村社区发展中的经济法律问题穷尽而进行广泛的研究,那样容易导致研究的面太广而分析得不够深入、透彻、细致,抓不住经济法律问题中主要的、关键的矛盾。深入细致地分析当前比较突出的农民权益保护与新农村社区发展的具体法律问题,对于了解、保护、实现、保障、发展新农村社区中农民权益有着重要的现实意义。

二、农村土地法律问题

(一)农村土地集体所有制的问题剖析

农民权益保护与新农村社区发展中的经济法律问题首当其冲的应是农村

土地法律问题。农村土地是广大农民群体的命根子,土地对农民而言,有着至关重要的功能与作用。在我国广大农村地区,实行的是农村土地集体所有制,而农村土地集体所有制在其产生、存在及发展的过程中,逐渐地暴露出一些固有的缺陷以及不能很好地适应市场经济快速发展对土地开发利用等需求的问题。具体而言,如农村土地集体所有制主体不明晰、土地集体所有制客体不明晰、土地集体所有制权能不明晰等。

第一,主体不明晰。我国法律规定农村土地归农民集体所有。按照规范化的理论解释农民集体必须具备三个条件:有一定的组织形式、组织机构;具有民事主体资格,即能够依法享受权利和承担义务;集体成员应为长期生活于该集体内的农业户口的村民。农村集体土地应归某一农村集体经济组织的农民集体所有,但实际上农民集体是无法行使所有权的,必须由某一具体集体经济组织代表农民集体行使所有权,并负责土地的经营管理。然而,集体经济组织只是农民集体的代表机关而非农民集体本身。目前,我国法律所规定的农民集体作为集体土地所有权的主体有乡(镇)农民集体、村农民集体和村民小组,可以简称为乡(镇)、村、组三级。从表面看来,法律规定了农村集体土地所有权的主体和代表,但进一步考察可以发现,集体土地所有权主体并没有得到界定和明晰。因为乡(镇)、村、村民小组、村内集体经济组织都可作为农村土地所有权主体的代表,在同一地区,既有乡(镇)、村和村民小组,又有村内集体经济组织的情况下,农村土地究竟属于谁所有? 谁又是真正的所有权主体? 这在有关法律法规中缺乏明确的规定。这就造成农村集体经济组织、农村居民委员会或乡(镇)政府可能对同一块土地都可以拥有所有权,这就使农民集体土地往往变成乡(镇)、村党政组织所有,甚至农村集体经济组织负责人或部分人所有。这样,农村集体土地所有权权利主体并不明晰,造成集体土地所有权主体虚位与变质。

第二,客体不明晰。《中华人民共和国土地管理法》第八条规定:"农村和城市郊区的土地,除由法律规定属于国家所有的以外,属于集体所有。"1999年1月1日起施行的《中华人民共和国土地管理法实施条例》(简称《土地管理法实施条例》)第二条规定:"依法不属于集体所有的林地、草地、荒地、滩涂及其他土地属于全民所有即国家所有。"第三条规定:"农村和城市郊区中依法没收、征用、征收、征购收归国家的土地",属于国家所有。从立法可以看出,对于农村土地,除了国家所有的,就是集体所有的,但现行立法并没有界定哪些土地是集体的,更没有界定哪片土地属于哪一个集体所有,①国家土地所有权与集体土地所有权之间的界限不明晰。随着城市的不断发展和新兴城市的不断涌现,城市市区扩张的土地和新设城市市区的土地归属究竟如何确认,是一个亟需相关新的法律作出积极回应与明确界定的问题。

第三,权能不明晰。在当今世界,根据社会公共利益的需要对土地所有权进行一定的限制,已经成为各国土地立法的通例。因此,土地所有权是受限制的所有权。但是,对集体土地所有权的限制性规定不应该成为排斥和剥夺集体土地所有权主体所享有的各种土地财产权利的理由。对我国农村集体土地所有权而言,由于国家对其权能的限制,已经造成了集体土地所有权权能虚化。具体表现在:第一,缺乏核心权能,即处分权。处分权是所有权能的重要内容,是所有权主体拥有所有权的显著特征,同时也是判断是否拥有所有权的重要依据。然而,从我国农村土地的处分权看,上级政府比下级政府拥有更大的处分权。虽然法律上明文规定,农村土地所有权归乡村集体,但如农村土地的非农化,法律规定的所有者就无权决定。各级政府都具有土地所有权主体的性质,在权力范围内可以对土地进相应地处分,但法律规定的集体这个所有权主体却没有处分土地的权利。第二,侵害集体土地所有权的收益权能的现象时有发生。农地收益应在享有所有权、承包权和使用权的主体之间进行分配,所有者、承包者和使用者都应各自拥有相应的收益分配权利。然而,在现实中,由于农村土地所有权的归属不明确,所有权收益受到侵蚀和瓜分,要么被承包农户所截留,要么被上级所有者侵蚀,包括上级政府在内的经济主体竞相追逐收益,瓜分农村土地所有者的收益。农村集体土地收益不能得到有效保障,造成集体利益的不稳定状态。

---

① 洪名勇:《农地产权制度存在的问题及产权制度创新》,《内蒙古财经大学学报》2001 年第 2 期。

（二）农村土地家庭承包经营制度的问题剖析

在 20 世纪七八十年代，我国农村实行的是家庭联产承包责任制，在过去的几十年里，这一制度为我国在国际、国内两个方面的经济腾飞与发展中发挥了巨大的基础性作用。然而，随着我国经济、社会的不断向前迈进，在农民权益保护与新农村社区发展的过程中，农村土地家庭承包经营制度也逐渐暴露出很多固有的以及发展的问题与缺陷。具体而言，如农村土地家庭承包经营制度存在着不确定性、不稳定性以及缺乏可转让性等问题。

第一，不确定性。《农村土地承包法》明确规定：承包农户依法享有承包地使用、收益和土地承包经营权流转的权利，有权自主组织生产经营和处置产品。然而，在实际土地生产经营过程中，承包经营合同不仅要符合国家法律、法规、政策的规定，还要符合集体经济组织的章程，使得本来属于农户的正当权益受到来自国家、集体等多方面的不合理侵蚀，农户应有的经营权的时效性和完整性并无相应的制度保障。[①] 农民的承包权仍然没有走出所有权强制性约束的束缚，农户承包权存在不稳定性倾向，国家或者集体所有者事实上可以有多种理由终止或重新修订合同内容。其他主体行为的随意干预和解除，导致侵犯农民合法权益的现象经常发生，不少地方的农民连书面的土地承包合同都没有。除此之外，土地承包合同不是典型的市场合约，农民的土地承包经营权必须通过签订承包合同双方约定才可取得，这就导致了土地承包经营权具有一定的约定性、不确定性。

第二，不稳定性。根据我国农村土地集体所有制的规定，任何集体中的农民，只要他是特定社区中的一员，不需要支付任何代价就可以拥有对集体土地的权利，集体所有制分化和具体表现为每个生长在这个集体地域的成员都有权享有土地的使用权利。由于社区范围的不确定性，它既可以是静态的社区全体成员，也可以是动态的社区成员，这就导致社区边界处于不确定之中。与此相应的土地承包经营权必然要求社区土地能随着人口的变化而进行周期性

---

① 任辉、赖昭瑞：《中国农村土地经营制度：现实反思与制度创新》，《经济问题》2001 年第 3 期。

的变化、调整和分配。对现阶段的中国农民而言,农村土地的承包经营不仅是一种经营手段,而且是其生存和发展的最后屏障,农地资源仍承负着沉重的社会福利保障功能。在传统观念里,集体成员应该天然地无差别地享有集体所有的土地,而且这种观念已转化为一种制度安排,即土地随着人口的变化进行周期性的调整。[①] 据调查显示,1978 年以来,全国有 95%的村对土地进行过调整,调整 1 次的占 12.55%,调整 2 次的占 22.7%,调整 3 次的占 30.6%,调整 4 次的占 20.8%,调整 5 次的占 13.9%,最高的调整 8 次,平均调整 3.10 次。[②] 在第二轮农村土地承包时,虽然中央为稳定土地承包经营关系,明确提出承包期 30 年不变,但大多数地方却又不得不在有限的土地上随人口增减而重新调整、分配土地。

第三,缺乏可转让性。我国的《土地管理法》规定,"任何单位和个人不得侵占、买卖或者以其他形式非法转让土地"。虽然法律规定土地使用权可以依法转让,但限制为"允许农户将无力耕种的土地在经集体同意并不能擅自改变承包合同的前提下自找对象、协商承包",而"农民集体所有的土地由本集体经济组织以外的单位或者个人承包经营的,必须经村民会议三分之二以上村民代表的同意,并报乡镇人民政府批准。"对土地承包经营权转让的不当限制不仅直接阻碍着农地资源配置效率的改进,而且产生了更为严重的后果即相当多的一部分农民不能在意识形态上认知土地转让权。[③] 据调查,有近15%的人不知道或者不相信他们拥有土地使用权的转让权[④],有 40.2%的人不相信或不知道他们的子女有土地经营的继承权。

(三)农村土地征用与补偿制度的问题剖析

从新中国的成立到目前我国正处在急剧的社会转型时期,应该说,我国经济、社会的发展与进步是突飞猛进的,伴随着经济高速发展,国家需要征用更

---

① 周其仁:《产权与制度变迁——中国改革的经验研究》,社会科学文献出版社 2002 年版,第 25 页。
② 中共中央政策研究室、农业部农村固定观察点办公室:《对第二轮土地承包工作的观察分析》,《经济研究参考》1997 年第 73 期。
③ 钱忠好:《农村土地承包经营权产权残缺与市场流转困境》,《管理世界》2002 年第 6 期。
④ 王景新:《新世纪中国农村土地制度安排与法制建设》,《中国农村经济》2004 年第 4 期。

多的土地,甚至是农村土地去发展与建设城市与农村,以公共政策与公共利益的名义,行使国家公共行政职能,提供公共服务与建设。然而,在农民权益保护与新农村社区发展的过程中,由于农村土地征用与补偿制度设计本身固有的缺陷以及各个利益集团矛盾的不断加深,我国农村土地征用与补偿制度存在着比较明显的运行问题,主要表现在农村土地征用与补偿制度的土地征用目的不清、征地程序不透明以及征地补偿费标准低等方面。

第一,土地征用目的不清。土地征用权只有符合公共目的才能为法律和社会接受,土地征用权不能滥用。为了保证这一点,各国对土地征用权的行使都有详细的限定,并严格以土地用途是否符合公共用途或者具有公共利益作为判定土地征用是否合法的依据。在我国,征用权的法律规定主要来自《中华人民共和国宪法》《中华人民共和国土地管理法》和《城市房地产管理法》。我国现行法律关于土地征用权的规定相当模糊,是导致土地征用权被滥用的法律根源。① 作为国家根本法的宪法,其规定无可否认应当简明、概括,但目前宪法却并没有为"公共利益"在单行法中的界定与规制作出明确的指导。我国 2004 年《中华人民共和国宪法》(以下简称《宪法》)修正案第十条规定:"城市土地属于国家所有",而第十条第三款规定"国家为了公共利益的需要,可以依照法律规定对土地实行征收或者征用并给与补偿",而如果这种征地纯属盈利性质的用途,则这种征用权的行使当属权力的滥用。同时,新宪法修正案中仅提出了农民土地权利损失后的"补偿",即便这种补偿是合理的,也难以弥补农民因为土地权利的丧失而导致的农民发展权的受限和他们被迫割裂与村社之间的联系,转换生活工作环境造成的难以用补偿来衡量的情感和精神损失。同宪法中的规定一样,该法中相关条款的模糊性规定也为非公益性质的征地行为提供了方便。1998 年修订的《中华人民共和国土地管理法》(以下简称《土地管理法》)第一条第四款规定:"国家为公共利益的需要,可以依法对集体所有的土地实行征用",第四十三条同时规定:"任何单位和个人

---

① 黄天元等:《浅析我国征地制度中"公共利益"界定与征地范围划分问题》,《经济地理》2006 年第 5 期。

进行建设,需要使用土地的,必须依法申请使用国有土地……",这就引发了一个矛盾:农村集体土地转换为公共利益用地,只有在符合公共利益的前提下才是合法的,如果这种从农地向市场的转换并不具有公共利益的性质,而只是少数个人、团体或企事业谋取利益的工具和手段,那么这种任其发展的征地行为,必将造成宝贵土地资源的流失和农民土地权益的损害。

第二,征地程序不透明。征地程序相关制度的欠缺主要体现在:第一,决策不民主、不公正。土地征收决策的制定,本应本着权力主体与权利主体双方平等协商、公开讨论与评议而作出,但事实上往往在一项征收决策出台之前,权力一方主体已基于单方的意志制作出了有利于自身的决策,而行政相对方主体农民(农户)往往由于缺乏参与的机会而不得不无意中丧失了为自己争取权利的这一参与权和决策权。第二,现有的程序不完善、不科学。尽管已经出台《征用土地公告办法》,但事前的征用公告程序往往流于形式,事中的征用听证程序和认证程序,事后的补偿、安置程序也没有作为一条必经程序以公开化的方式予以完全兑现。第三,信息不对称、不透明。作为政策或决策的制定者,依靠丰富的行政经验和庞大的信息流通网络,居于支配地位的行政主体无疑在信息的获取能力上处于强势地位,而特别是对关键性信息的垄断凸显并加大了双方的优势与劣势差距。

第三,征地补偿费标准低。我国土地征用的补偿费主要包括土地补偿费、劳动力安置补助费和地上附着物补偿费。依我国现行法律,对被征用的集体土地的补偿并不直接由国家负担,而是由用地单位承担。发达国家主张的补偿原则是由国家按照征用前土地的合理市价,特殊情况下会考虑一些附加值来进行补偿。我国征用土地的补偿是法定的适当补偿,即按照规定标准来计算被征用土地的补偿费、安置补助费、地上附着物和青苗补偿费。补偿费的总和远远低于市场的土地价值,体现不出补偿的公平、公正性,也就更谈不上补偿的合理性了。

(四)农村土地管理制度的问题剖析

农村土地管理制度应包含两个方面的内容,一是农村土地归谁所有,即土地产权的管理制度;二是农村土地应如何使用,即土地用途管理制度。在农民权益保护与新农村社区发展的过程中,我国农村土地管理制度存在着土地产权保障不充分、土地用途管制不到位等问题,具体阐述如下:

一方面,土地产权保障不充分。土地产权保障不充分集中表现为登记的不全面和登记法律依据的不统一。我国法律规定的仅集体土地所有权和非农建设使用权需要登记,排除农业用地的使用权和其他权利,这是不全面的;耕地、林地、草地和滩涂等农地登记援引不同的法律依据,分别是《土地管理法》《森林法》《草原法》和《渔业法》,且各个法律对登记的规定抽象笼统,彼此间不统一,导致土地的管理规范性低,登记机关亦不能协调统一。由于土地登记机关的不同,各自的登记办法、程序不尽相同,相应的土地权属证书也不同。(土地管理部门、房地产管理部门、林业管理部门和工商管理部门)登记机关的不统一,不可避免地会损害权利人的正当利益和经济的正常发展,不但会加重权利人的经济负担和与市场规范的矛盾,还容易导致土地管理机关之间的推诿或争抢。

另一方面,土地用途管制不到位。土地用途管制问题主要体现在土地规划、土地管理等方面。第一,土地用途管制的规划缺乏科学性。长期以来,指标控制式的土地利用规划形式,使得土地缺少全局性和战略性规划,一些地方在指标上或平均分配,或层层截留、分解等,实行的是偏离市场导向而以资源为导向的用地配置方式,技术手段落后,缺乏弹性和灵活应变能力。土地利用规划很难发挥控制、指导土地利用的良性作用。第二,在规划过程中,地方政府急功近利,直接干预规划,或为了促进城市化发展而牺牲耕地,或为降低城镇化成本而滥用权力减少使用土地成本,或为吸引外资而以土地优惠转让使用,导致城市总体规划严重超标。第三,土地管理体制不利于耕地保护。尽管耕地保护制度已实行多年,却仍然有一些地方政府及其相关部门的领导耕地保护意识相当淡漠,耕地保护制度还没有真正落到实处,我国耕地流失现象依然非常严重。

三、农村社区集体经济法律问题

我国农村社区集体经济法律问题是一种概括性的说法。由于我国各区域农村的具体情况具有较大的差异性以及各地方农村社区集体经济建设的进程不统一,农村社区集体经济法律问题所包含的内容比较繁多且复杂,以下主要就农村社区集体经济组织、农村社区集体经济资产、社区成员分化后的利益冲突、农村集体经济产权等问题进行阐述。

首先是农村社区集体经济组织存在的主要法律问题。目前,我国的农村集体经济组织可分为三类:第一类是最为普遍的一种。农村绝大部分地区实行的以家庭联产承包经营为基础,土地和主要生产资料归集体所有的农村双层经营体制,后来集体经营层次改革成为现行的社区农业生产合作社;第二类是在某些地区根据本地的实际情况,集体经营的集体经济组织。如天津的大邱庄等地;第三类是对集体所有的土地和资产进行了股份制改造,是一种真正意义上的农业生产合作经济组织。其中,集体经营的集体经济组织是"三级所有、队为基础"体制下的集体实行统一经营方式的延伸,但经营内容在市场经济条件下发生了重大变化,主要从事非农产业经营活动。这些地区往往经济发展较好,生活富裕,村容整洁,公共设施齐全,成为中国新农村的样板。但在经历了一定的发展阶段后,先后出现了问题或存在潜在的问题。例如,集体经济组织的运行主要依靠能人或政府发挥作用,如果失去特定条件下产生的能人,或政府长期过多干预,这些地方的集体经济则不能正常发展[1];这些地方主要靠非农产业发展起来,与中国作为人口大国和农业大国对农业发展的内在要求不相适应。

其次是农村社区集体经济资产流失问题。随着城市边界的扩大和机构改革的深化,许多地方实行撤乡并村,尤其是城乡结合部实行"村改居",村委会变成居委会,农民变为居民。在这一过程中,原集体经济组织成员和村组集体资产的关系被变更、资产被大量调整或流失,严重损害了集体经济组织及其成员的利益。因此,对集体资产的产权保护已刻不容缓。

再次是农村社区成员分化后的利益冲突问题。由于城市化、工业化进程

---

[1]　孙合珍:《我国现行农村集体经济组织存在的问题与改革思路》,《经济纵横》2007年第22期。

的推进,许多原社区成员流出,也有新的移民进入社区,户籍也不再是社区成员身份的唯一尺度,农村社区成员构成日趋复杂。随之而来的是土地补偿费、集体不动产收益等在组织成员中分配出现的冲突。实践中最突出的是"外嫁女"、迁出与迁入户口反复的限制、子女的利益实现、社区成员为利益而出现的逆城市化问题。

最后是农村集体经济产权不明晰、产权制度建设滞后问题。我国的农村集体经济发端于解放初期,学习苏联发展农庄的模式,让农民带着土地、耕牛等私有财产入社,开展生产合作,后逐步经历了互助组、初级社、高级社的发展,集体经济在农村经济的比重逐步占据主导地位,到人民公社阶段,集体经济甚至成了农村经济的唯一经济成分。改革开放后,实行统分结合的双层经营体制,农村资产归集体所有的产权性质始终没有改变,产权主体缺位和产权边界模糊的问题始终得不到有效解决。随着市场经济体制改革的深入,集体经济产权主体虚置,产权边界不明晰,产权制度滞后、效率偏低的弊端更加凸显,因而一些集体企业纷纷转制或改造。一些地方通过拍卖、租赁、股份合作制改造等多种形式①,搞活集体经济,受到农民的普遍认同,但也存在某些地方把集体资产统统卖掉的情形。

四、农民合作经济组织法律问题

虽然合作经济组织在农业经济发展中发挥了一定的积极作用,但是由于我国农民的组织化程度还很低,农民合作经济组织尚处于发展的初级阶段,在生产规模和内部组织结构上存在严重的缺陷,发展中存在着许多问题。

一是发展速度慢,规范化程度低。改革开放后至今,我国新出现的农民合作经济组织虽有一定程度发展,但数量相对较少,规模不大,规范化程度较低。据农业部2004年初的材料显示,全国30个省区市农村合计新型合作经济组织数量为95330个,加入各类合作组织的成员总数为1153.85万人(万户),仅

---

① 谭炳才:《当前我国农村集体经济存在问题与发展建议》,《岭南学刊》2004年第6期。

占乡村农户总数比例的 5.27%,合作组织的规模平均 124 人(户)。^① 不少组织由于缺乏统一的约束和规范,职责不清,民主氛围不够,运作不规范,发展速度慢。还有些合作经济组织服务功能较弱,形式单一、功能不全,仅起到生产合作作用,难以实现"产供销、农工贸、产学研"一体化的目的,不能很好的按照国际、国家产品质量标准组织生产,参与国际市场竞争,缺乏适应和开拓市场的能力,无法达到提高农民组织化程度的要求。

二是产权归属不清,责任归属不明。产权关系问题是农民合作经济组织的核心问题,目前看来社员所有的产权制度还没有完全建立起来,在组织内部缺乏对责、权、利的明确划分。以往旧体制下建立起来的供销合作社、信用合作社以及社区合作组织等,发展中曾被集体所有的资产削弱了合作组织的优势,逐渐失去了合作组织的性质,到现在产权归属还未完全明晰。改革开放中新生的农民专业合作经济组织,由于还处于创立初期,会员人数少,大多数在成立之初就没有将产权明确到个人,缺乏对原始资产的明确界定,对财产处置和利益分配无章可循。加之他们当中的许多是通过政府有关部门、龙头企业、传统社区集体经济组织、供销社以及能人大户等牵头举办,农民在合作组织占有的资产极为有限。产权关系得不到理顺,农民的主体地位就无法真正确立,容易导致"有利就合无利就散,遇风险就垮"的现象,最终损害的还是农民自身的利益。

三是政策扶持不够,管理主体混乱。很多国家在农民合作经济组织的发展过程中都采取了不同的支持措施,尤其在财政、税收、金融甚至教育等多方面的政策倾斜,更是成为推动本国合作经济组织发展的强大动力。我国在信贷、经营、财政和税收等方面虽然也给予了合作经济组织一定的保护和支持。但在实践中,由于缺乏具体的可操作性文件,因而实际支持政策乏力:一是从税收环境看,合作组织在发展中享受的税收优惠政策少,为其成员提供技术服务或劳务的收入应免征增值税等措施,没有得到税务部门的确认。二是从金融环境看,农民合作组织的特点决定了既没有其他组织来为其提供担保,又没

---

① 莫少颖:《农民合作经济组织的发展现状及对策》,《现代农业科技》2005 年第 8 期。

有足够的资产去抵押,因此合作社在向银行申请贷款时受到很大限制,即使在条件好的地方也只能获得小额贷款,资金紧缺、贷款难问题仍然存在。三是从管理主体看,体制不顺、事权不明、职责不清的问题没有解决,农业、民政、工商、科协等各部门都参与管理,结果仍然是多头管理、各自为政、各取所需,无法形成齐抓共管、联动实施的氛围。

四是行政色彩较浓,缺乏自主性。政府虽在合作经济组织的兴办中起到了巨大推动作用,但也带给组织以浓厚的行政色彩。现阶段的农民合作经济组织,有相当数量的是由政府或其职能部门兴办。这些组织一般都是政府及其下属单位亲自领导、指导的产物,组织中的最高领导一般都由政府指定或委派,并按政府的意愿开展业务活动。组织的经营管理决策权实际上控制在乡镇政府一级,它的管理行为实际上是一种政府代理人的行为,而不是合作组织的主体——广大农民(农户)的行为。这种代理关系有着比较突出的特点:一是管理决策的行政强制性,即用行政命令替代了经济手段,合作组织成为政府控制经济的工具;二是经营者享有决策权却不承担经营风险,而合作组织的成员要承担经营风险,却无权罢免作出错误决策的领导。由于经营者代表的是政府利益而非农民利益,农民群众没有参与决策和监督的权利,因此合作组织的发展和农民经济目标的实现受到了严重阻碍。

五、农村金融法律问题

我国的农村金融体系主要是一种间接融资形式,除了相对独立的民间借贷具有自由借贷特征外,其他都是在金融管制下进行的存贷活动。金融体系的垂直领导形式决定了中国农业银行、农村信用社还有农村合作基金会进行与金融相关的融资活动,最终都必须通过中国农业银行集中于中国人民银行并受中国人民银行的调控。在这种金融制度的宏观体系下的农村金融体系在运行过程存在诸多问题。

自1996年以来,如果撇开民间金融或借贷行为不谈,我国农村正规金融体系基本上形成了政策性功能、商业性功能和合作性功能相区别的三类金融机构,即分别设立了中国农业发展银行、中国农业银行和农村信用合作社。从形式上和一定程度的实际功能上看,已经初步并逐步形成了以农村信用社合作金融为基础,中国农业银行商业金融和农业发展银行政策金融各司其职,三者间彼此分工合作,相互配合的农村金融体系。从宏观上看,正规金融机构的单一性特征是明显的。如果考虑到信用社的官办性、商业性追求,则机构的单一性特点就更为突出。这种单一性的局面,在微观上导致了农行和信用社机构内部上述三种功能的冲突,使每种功能都无法充分发挥其作用,而在宏观上又形成了正规金融功能欠缺的局面。农村金融机构或结构的功能定位需要进一步明确和调整。应真正实现政策性、商业性、合作性三种金融并存,但主力军应是商业性金融。特别是现在农发行、农行、信用社三者的职能分工仍有混淆和冲突,因此产生了诸多难以协调的矛盾。农发行资金来源不足,业务单一,政策性金融作用有限;农行由于市场定位的变化,原来农村金融的主导地位不复存在;农村信用社组织形式单一、融资能力较差等弱点显著。

具体而言,第一,无论中国农业银行、农村信用合作社还是民间借贷,都主要以盈利为目的,关注自身的经济效益而忽视社会效益,资金来源主要依靠组织存款,资金运用主要都是发放贷款,而且主要是短期流动资金贷款。第二,资产与负债具有很大的同构性,缺乏功能细化与分工。缺乏组织长期稳定资金来源的方式,股票、债券等筹资作用未能发展起来。此外,由于贷款资金的运用不当而形成信贷资金的呆滞和沉淀,也暴露了制度体系上的缺陷。第三,农村金融机构按行政区域设置,强调垂直领导,但事实上由于受到地方政府的干预过多,地方政府突出强调地方经济利益而忽视宏观调控的要求,给信用机构形成压力,金融机构被迫按地方政府的意图发放贷款,导致金融机构难以进行信贷投向和投量的选择,也易造成宏观调控的失控。地方行政首脑任期具有短期性,造成贷款沉淀而无人承担责任。同时,按行政区域设置的地区间公共投资往往难以顾及①,造成只清扫"屋内卫生",垂直全是空的,块块都是实的。

与城乡二元经济结构相适应而建立的城乡二元金融结构主要表现就是农村金融体系与城市金融体系的建立。农村金融体系与城市金融体系之间彼此

---

① 杨生斌:《农村金融制度改革论》,西北农业大学 1995 年博士学位论文,第 8 页。

独立和分离,缺乏渗透和融合,固化了我国城乡二元经济结构,不利于城乡协调发展,城乡经济水平和发展层次的差异性极大地造成了城市金融体系与农村金融体系相互之间的不协调、不平等,农村与城市之间的级差收入加大。为了促进二元结构向一元化发展,金融机制改革应起促进、带头作用。要打破城乡二元经济结构,就必须打破城乡各自的金融封锁和金融封闭,打破城乡二元金融结构,促进城市资金流向农村,农村资金流向城市,构筑城乡资金的交流体系。城乡资金的交流体系有利于改变封闭的农村金融制度,改变资金封锁条件下对落后企业的一味保护,使城乡按统一的高效率原则配置资源,提高全社会的经济效益。与此同时,必须注意城乡资金自由流通后农村资金单向转移城市的问题,防范由于农业产业的弱势性与滞后性,从而导致城市资金流向农村的动力不足,甚至出现农村投放货币而城市回笼货币的现象。

1979 年 3 月,相对独立的农村金融体系的建立,标志着以外源融资为主的融资机制取代了以内源融资为主的融资机制。把储蓄与投资在时空上分离开来,引入了资金价格,从而有效地动员了农村资金,并极大降低了融资成本和融资风险,缺点是也将风险集中于金融机构。在农村生产所需要的各种要素中,资金的流动性最强,具有可分性,且资金是最短缺的,而资金是农村经济的"先行官""龙头"和生产要素的"粘合剂",资金在其实现自身价值的过程,也是其他生产要素的运行过程。外源融资为主的农村融资机制则使得资金直接影响农村资金运行、投资方式、投资规模,必然引致农村产业结构的变革①。金融效应提高了农村资金的集中和转移速度,扩大了投资规模,缩短了投资欲望形成到投资实现的时间间隔。

第三节　文化法律问题

一、文化法律问题概述

1999 年 3 月,国家文化部《文化立法纲要》中指出了很多应亟需设立或者

---

① 杨生斌:《农村金融制度改革论》,西北农业大学 1995 年博士学位论文,第 9 页。

修改完善的法律法规等,如文艺方面的立法,《作家、艺术家权益保护条例》《艺术表演团体管理条例》《国家文化发展基金管理条例》等;群众文化方面的立法,《公共文化设施条例》等;文化市场管理方面的立法,《娱乐场所管理条例》《艺术品拍卖管理办法》《音像制品管理条例》等;保护文物和民族民间文化方面的立法,《文物保护法》等。而在2006年9月,国家"十一五"时期文化发展规划纲要中也再一次提出了要加强文化立法。抓紧研究制定《非物质文化遗产保护法》《图书馆法》《广播电视传输保障法》《文化产业促进法》《电影促进法和长城保护条例》等。抓紧修订《出版管理条例》《印刷业管理条例》《音像制品管理条例》《广播电视管理条例》等。但是以上文化立法很少有专门涉及到广大农村地区的文化建设以及农民文化权益保护的问题。

在我国农村,主要存在以下文化法律问题:农村文化立法分散、农村文化公共服务建设不足、农民文化权益的缺失、农村文化市场监管不到位、农村科技文化法律问题、农业科技成果推广与转化中的法律问题、农村科技服务中的法律问题、农村教育中的法律问题、农村文化建设法律问题、农村非物质文化遗产保护问题以及其他农民权益保护与新农村社区发展中的文化法律问题等。以下将就主要的、亟需解决的、关键的、突出的法律问题入手,主要对农村文化公共服务建设不足、农民文化权益的缺失、农村文化市场监管不到位等问题进行具体的研究与分析。

二、农村文化公共服务建设不足

在我国,农村文化公共服务建设不足主要表现在农村文化公共服务的经费投入与基础设施的供给两方面的不足与贫乏。具体而言,农村文化公共服务的财力严重投入不足,基础设施比较落后。大部分农民缺少休闲的场所,也基本没有休闲的意识,休闲娱乐几乎空白,农村社区的文化生活贫乏,农民的精神生活空前的贫瘠。有些地区虽建造了一些新的文化性质的基础设施,但由于指导思想上的偏差,出现了"重建筑轻功能"的现象,领导只关心基础设施是否落成,将其视为一项上级任务来完成,不注重农村文化公共服务的基础设施的功能服务,也不关心在整个区域中如何规划和构筑网络来具体实现农村文化公共服务的社会化;村级文体设施的任意性、人为性状况比较严重,缺乏标准化设计与技术上的指导。农村社区文化公共服务建设与农民群众的精神文化需求不相适应,与建设社会主义新农村的要求相距甚远。

第一,农村文化公共服务的业务经费投入不足。经费的缺乏已经成为当前新农村文化建设中最为严重的问题。财政投入不足或者没有,农村文化公共服务建设的经费严重缺乏,极大地限制了农村文化事业的发展。文化事业费占国家财政总支出的比重偏低,且文化投入偏重于城市,城乡文化建设差距不断的拉大。由于我国对农村文化公共服务建设的投入少,农村基层文化活动方式比较单一,可提供的文化服务内容和文化资源都相当的匮乏,许多乡镇能解决的文化经费仅是重大节日活动期间的必要费用支出,这造成了农村文化公共服务建设长期的无积累、无发展,处于停滞不前的状态。在农村税费改革前,农村文化公共服务建设经费在乡统筹中是有切块项目的,税费改革后这项经费被取消,农村文化公共服务建设经费只能靠乡、镇一级的财政支持,而部分乡镇只能保工资,导致了农村文化公共服务建设经费难以落实,必然引起了农村文化公共服务建设事业难以正常的开展。

第二,农村文化公共服务的基础设施及公共文化产品的供给严重不足,甚至贫乏。农村文化公共服务的基础设施是用来开展农村科技、教育、文化、艺术、体育、娱乐等各种活动的场所和设备。近年来,我国农村文化公共服务的基础设施在中央和地方各级财政的大力支持下有了较快发展,但是由于广大农民群体居住方式以分散居多,农村公共设施建设成本高,农村广大用户的资源共享率低、利用率低等原因,使得农村社区文化设施仍然远跟不上农民开展各项文化活动的需要,难以支撑农村文化公共服务的建设。

一方面,受到农村文化公共服务经费的限制,基础设施的投入明显不足。文化公共服务基础设施的关键问题是资金问题。文化基础设施是开展文化工作,进行文化活动以及文化推广的硬件,没有必要的场地和设施,广大农民群众的文化生活也就成为了空中楼阁。目前,我国农村很多地区的文化公共服务设施陈旧,设备老化,环境较差,难以支撑农村文化公共服务建设。我国农村文化公共服务建设的基础相当的薄弱,原有的农村文化站、广播站等文化场地早已不复存在,广大农民群众文化生活非常的枯燥,不少地区的文化活动主要方式是打麻将、打扑克等。

另一方面,农村文化公共服务基础设施的利用率较低,存在着基础设施被闲置、被挤占、侵占、变卖或者挪用的情况。我国农村许多已建成的乡镇文化站,由于面积狭小、年久失修而简陋,甚至破旧不堪,无法正常的开展农村文化公共服务活动,难以满足规模化的文化活动的需要,有的甚至有站无舍,服务能力逐渐弱化,甚至没有。在我国农村已建的不少图书馆、文化馆仍是设施陈旧落后,活动器材与设备缺乏,这种现象在贫困地区尤其突出。电视本是农村文化生活的重要组成部分,然而,广大农民所喜欢的电视节目却寥寥无几,针对农业、农村、农民自身的节目更少,电影、录像等也是如此。

三、农民文化权益的缺失

在农民权益保护与新农村社区发展的过程中,农民文化权益的缺失是很明显,也是很严重的。在这里,我们不去具体研究农民的哪些文化权益存在不足、缺陷,甚至缺失,而去探究和分析影响农民文化权益缺失背后的主观与客观因素以及由于农民文化权益缺失而暴露出来的相应的文化法律问题。

第一,主观思想方面的问题。一方面,农村地区的部分领导不够重视农村文化的建设以及农民文化权益的保护,导致文化工作被搁置一旁。一个地方的党政领导对农村文化以及农民文化权益的保护工作是否重视,直接关系到该地区农村文化建设的发展。个别地方的领导没有坚持"两手抓,两手硬"的方针,农村文化建设仍是"说起来很重要,干起来是次要,忙起来却不要"。"不抓粮食没饭吃,不抓文化不要紧"的思想依然存在,致使农村的文化经济政策严重不到位。另一方面,不少农民群众没有充分认识到农村文化建设以及农民文化权益保护的重要性,广大农民群体在农村社区文化建设参与程度不高,缺乏积极性。现在新农村的社区文化建设以及农民文化权益的保护工作还主要依靠村委会和党员的号召与引导,没能真正让农民自己意识到农村社区文化建设的重要作用。加之对经济效益的追求和物质生活的满足,广大农民群体主动开展社区文化建设以及保护自身合法权益的观念淡薄,缺乏对农村文化建设的渴求。另外,在广大农村地区思想政治工作比较弱化,一些腐朽、落后文化的影响日益加深,有些人因对当地乡村干部作风不满而导致对党失去信心,转而把对过富裕日子的希望寄托在求神拜佛上;有些人思想道德水平下降,置法律、道德、良心、人格、亲情、友情等于不顾,一切向钱看,甚至坑蒙拐骗,损人利己、铤而走险、违法犯罪;有些地方封建落后思想严重,封建迷信活动猖獗,黄、赌、毒沉渣泛起;有些地方社会治安状况不佳,打架斗殴、酗酒闹事时有发生,地痞村霸相互勾结,个别地方还出现了黑恶势力等。因此,广大农民群体未能成为新农村中文化建设以及保护自身合法权益的主体。

第二,农村劳动力方面的问题。广大农村地区常住人口经常容易发生改变,因此农村社区文化建设以及农民文化权益的保护工作的主要劳动力极易缺失。现在大部分农村留守的常住人口是妇女、儿童、老人等老弱病残群体。村里大部分青壮年劳动力外出向城市就业转移,打工或经商形成劳务经济群体,其劳务效益是部分农村家庭的经济支柱。然而,在农民文化权益保护的队伍建设上,问题比较突出,如文化工作者的专业素质参差不齐、农村文化工作者待遇较低、农村文化工作人员的服务意识不够强等。加之大量有文化的主要劳动力外移,不仅阻碍了农业生产现代化水平的提高,还使新农村社区文化建设以及农民文化权益的保护工作失去主力军。

第三,城乡及农村内部差异方面的问题。一是城乡差距上。在经济发展上,城乡差距较大导致了文化建设与发展上城乡差距十分的突出。城市文化建设与发展的投入较大,经费较为充足,有专业的和大量业余的文化队伍,政策落实顺畅。而广大农村地区的文化建设与发展的困难重重,相关的文化政策也难以贯彻执行。二是农村内部文化建设上。农村社区文化的建设与发展差异很大,参差不齐。由于我国农村地区之间经济社会发展不平衡,文化建设的起点存在着很大差异,新农村社区文化建设与发展水平呈现出参差不齐的特点。在偏远农村,国家政策普及较晚,地区经济发展水平较低,加之对农村社区文化建设与发展认识不到位,广大农民群体的积极性不高,进而导致新农村建设与全面实施乡村振兴中社区文化建设与发展成果不明显。

第四,农村文化消费结构方面的问题。在我国农村,在文化需求得不到满足的同时,在农村有限的文化消费中,文化消费结构也严重不合理。一是受农村文化供给瓶颈的制约,广大农民群体的文化消费支出在总支出中的比重低。二是受农村传统观念的制约,农村文化支出用途不合理。一部分富裕起来的农民倾向于将钱花在打道场、看风水、烧香拜佛、占卦算命等活动上,且这种活动思想渗透在不同年龄阶层、文化程度和政治身份的人群中。三是由于农村文化市场的制约,农村文化消费途径较少。由于农村文化市场的不完善,高质量的精神文化产品进不了农村与农户内部。从农村文化消费范围与时间上看,电视文化构成了农民文化生活中的最为重要的部分,其次是玩麻将、扑克牌等。与此相比,广大农民群体年人均看电影的时间明显较少,尤其是在一些农村传统文娱活动,如民歌、舞狮舞龙、民间工艺等逐渐退出了农民的文化生活舞台后,农民文化生活更加匮乏。在农村文化活动的形式上,文化活动形式单一,不能满足广大群众的文化需求,大大降低了广大农民群体参与文化活动的兴趣,也会打击文化工作人员的信心,从而给进一步开展农村文化活动带来巨大的困难。

四、农村文化市场监管不到位

在农民权益保护与新农村社区发展的过程中,农村文化市场监管不到位具体应该包含三个方面的内容,一是在农村文化市场中文化资源的开发与挖掘不足;二是农村文化市场的组织、监督、管理不到位;三是农村文化市场中的人才队伍的匮乏等。具体分析如下:

第一,农村文化资源开发不到位。广大农民群众喜闻乐见、丰富多样的文化形式没有得到充分挖掘和利用。新农村社区文化市场的监管与建设内容主要集中在科学文化教育、开展大众文娱活动等方面,缺乏对自身传统文化的挖掘,没有找到传统民族特色文化与现代新农村社区建设的契合点,导致许多带有鲜明地区特色、民族风情的文化现象丢失。另外,对现代文化资源的普及利用力度不够,有的农村社区文化市场的监管与建设和经济发展水平严重失衡,没能做到物质文明与精神文明的协调发展,长此以往将带来许多难以解决的矛盾,减缓社会的发展步伐。另外,政府及相关部门组织的文化"三下乡"活动由于缺乏长效机制,群众文化生活单调,有些文艺作品和演出脱离实际生活;有些村虽建有多功能的文化室、阅览室,但是图书以破旧陈旧书刊居多,科技类、致富信息类读物非常少见。这些状况使得农村招摇迷信很普遍,少数地方非法宗教活动抬头,腐朽和错误思想滋生。这些问题,已经严重影响了基层两个文明建设的顺利发展,甚至危害到社会的稳定。

第二,广大农村人民群众的文化生活缺乏有效的组织和管理。具体而言,其一,在农村文化市场中,管理职责不明确,县、乡、村三级管理体制没有很好的协调管理,对文化基础设施的运行管理缺乏系统规划和综合利用。其二,在农村文化市场中,管理方式不科学,简单的行政命令方式以及多头领导的情况仍旧大量存在。农村文化管理目前还处于一个盲区,没有形成规范的管理模式,文化局、文明办、民政、科技、教育、妇联、共青团等系统和单位都介入农村文化市场的监管与建设,缺乏统一规划和协调。

第三,农村文化市场中的人才队伍的匮乏。在农村文化市场管理中,人才队伍是文化建设的主体,繁荣广大农民群体的精神文化生活离不开一支业务强、素质高的文化队伍。然而从现实来看,基层文化市场管理人才队伍薄弱,且严重老化,已成为制约农村基层文化发展的一大重要桎梏。据调查显示:当前县文化馆、图书馆、文工团和乡镇文化站的专兼职人员普遍年龄偏大,业务能力不强。不少县级文化馆的老师、专业人员偏少,行政人员偏多,许多文化艺术部门多年来没有充实过新的大专以上学历的专业人才,原有各级各类艺术人才流失、老化严重,不能满足对乡镇文化站和农村骨干的培训需要,更难以满足群众对农村文化生活的高品位、高质量追求。调查结果表明,农村文化市场中基础设施、活动经费、农村文化市场管理人才严重不足,农村文化空间缩小,文化供给满足不了日益增长的农村文化需求。

第四节　社会法律问题

一、社会法律问题概述

农村社会保障法律问题是一个工程性、体系性问题。完善的农村社会保障应该包含农村社会保险、农村社会救助、农村社会福利、农村社会优抚等,而其中比较重要的是农村社会保险,完善的农村社会保险应该包含农村养老保险、农村失业保险、农村工伤保险、农村医疗保险、农村生育保险等。然而,实践中,我国的农村社会保障法律问题比较突出,具体包括:农业生产保险发展严重滞后、农村社会保障体系不健全、农村社会保障发展水平低、农村社会保障发展严重滞后于城镇、农村社会保障缺乏有效的监督管理、农村劳动力转移、就业、回流中的法律问题、农村合作医疗法律问题、农村卫生建设法律问题以及其他农民权益保护与新农村社区发展中的社会法律问题等。

　　以下主要从农业生产保险、农村社会保障体系、农村社会保障发展水平、监督管理以及农村社会保障发展与城镇之间的差距等方面分析我国农村社会保障存在的法律问题。这里需要说明的是,我们主要从以上几个方面进行研究与分析,并不意味着其他社会法律问题不重要、不亟需要研究或者仅仅存在以上社会法律问题,社会法律问题是复杂多样的,在研究农民权益保护与新农村社区发展的过程中,我们更加着重从比较突出、比较集中、比较关键等角度出发,选择其中的一些社会法律问题进行比较详细的分析,可能存在但尽量避免发生以偏概全、选择偏重某一部分的情况。

二、农业生产保险发展严重滞后

　　改革开放以来,我国保险业总体发展迅速,但是,我国农业保险的发展却非常滞后。相对而言,世界其他农业发达国家和地区,农业保险和各种农业支持保障体系都非常完备。中国作为世界上农业人口最多的国家之一,社会经济基础广泛建立在农业社会基础上,国民经济与农业存在着高度紧密的依存关系,但是农业保险的发展却十分缓慢,甚至出现停滞不前的现象。这种农村保险的滞后与保险业的整体快速发展状况形成强烈的反差,与我国农业的发展状况极不相协调。在自然灾难损失中农业损失最为严重、最为广泛,而农业承受灾难损失的能力却最为薄弱。因此,农业更为迫切地需要保险保障。然而,面对日益严重的农业灾难损失,我国农业风险保障却日趋减少,如1992年农业保险赔款达8.15亿元,而2004年仅2.87亿元,不到农业灾难损失的

1%；农业保险承保面占可保面的比例由 1992 年的约 5%下降到 2004 年的不到 2%。我国农业保险保障的不足,给恢复生产与灾后重建带来极大的困难。因而,在农民收入和国家财力支持有限的双重约束下,理性选择一套具有较高保障能力和运转效率的多元化农业保险发展模式,一方面可以使农业保险得以快速度拓展,另一方面对农民、农业和农村经济可以起到有效的保障和促进作用。

三、农村社会保障体系不健全

理论上,完整的农村社会保障体系应包括农业生产保险、农村社会福利、农村社会保险(含养老、医疗、失业、工伤、生育保险等)、农村社会救助(含农村社会最低生活保障、农村救济、救灾和扶贫等)、优抚安置和自愿补充保障等内容。一般来说,由国家、单位(企业)、集体、个人等多方共同为社会保障计划融资,但我国农村社会保障主要由农村家庭来承担。这种在农村传统文化影响下,家庭供养、自我保障、家庭互助的长期历史条件下形成的"农村社会保障以家庭为主"的农村社会保障模式,既不符合社会保障的要求,也不符合农村人口政策的要求。

四、农村社会保障发展水平低

我国广大农村社会保障总体发展水平过低主要表现在以下三个方面:一是社会保障覆盖面较窄。农民作为我国人口的主要部分,理应享受社会发展带来的社会福利待遇,然而在实际的农村社会中农村社会保障并不普遍,许多农民被尴尬地排除在外。二是农村社会保障水平偏低,区域差异明显。一般说来,经济较发达的东部地区,农村社会保障水平较高,而经济欠发达的中西部地区,农村社会保障比较落后,但是这些地区却集中了我国大多数有返贫风险的人口。从农村社会保障网络分布来看,西部大部分乡镇没有被农村社会保障网络覆盖;此外,即使在发达的东部地区,农村社会保障项目之间也缺乏有机联系,未形成有效的整体优势。

五、农村社会保障发展严重滞后于城镇

"城乡二元结构"的现实背景造就"城乡二元社会保障"结构的社会保障体系，即城市社会保障和农村社会保障。两者在发展程度和功能水平上都有明显不同。城市社会保障制度基本完善，网络基本健全，保障功能基本齐备；然而农村社会保障制度却尚处于起步和探索阶段，保障范围远远窄于城市，保障项目远远地少于城市。虽然这种差距存在基本国情、历史等方面的原因，但两者发展的过大差距、严重失调，已远远超出了农村与城镇社会保障制度协调发展的基本要求。

六、农村社会保障缺乏有效的监督管理

我国农村社会保障存在城乡分割、条块分割、多头管理、各自为政的现象，条块之间没有统一的管理机构，也没有统一的管理立法。农村社会保障的统筹归劳动部门管理，医疗保障归卫生部门和劳动者所在单位或乡村集体共同管理，农村养老和优抚救济则归民政部门管理。这种农村社会保障管理混杂而零乱，容易出现推诿和争执现象。有些地方的管理规章制度不健全，难以保证农村社会保障事业的健康发展。一些地方的乡村或乡镇企业也建立了社会保障办法和规定，一些地方人民保险公司也有保险业务，形成了各自为政、方式多样的管理格局。由于这些部门所处的地位和利益关系不同，在社会保障的管理和决策过程中经常发生矛盾。由于立法的不健全，农村社会保障工作无法可依，加之城乡分割，条块分割，政事不分，缺乏监督，使得管理体制更加混乱。

在此，以农村合作医疗法律问题为例，具体分析我国农民医疗利益被损害的现象。与医疗服务提供者相比，农民多方面的不利因素加剧了农民的弱势地位。首先，医患双方信息不对称。医生凭借其专业知识能清楚地掌握患者的病情及相应的治疗手段，处于主动地位。而农民患者缺乏专业知识，又怀有急切求医的心态，在医疗中处于被动地位。部分医疗服务者会通过夸大病情或故意隐瞒的方式诱导农民患者使用过度的、不必要的医疗花费来谋求自身

利益的最大化。现实中小病当成大病治、动辄开刀住院等现象屡见不鲜。这不但加重了农民的医疗费用负担浪费了社会资源,从长远看更是损害了广大农民的合作医疗利益。其次,医药合谋加重了消费者的费用负担①。医药不分家导致了医疗人员利用其优势地位,为追求利益最大化,滥用昂贵的药品、拖延病人的治疗等。再次,定点医疗机构的道德风险问题。医患双方信息的不对称,加上受医疗机构的审查、考核和监管等机制不健全等因素的影响,医疗服务供给方在缺乏道德约束的环境下,很有可能从自身利益出发诱导参保农民接受不必要的检查、治疗,或是向其提供超过基本医疗水平的额外服务。最后,定点医院"价高质低"。农民对农村合作医疗的定点医院没有自主选择的余地。定点医院往往不必面对市场的竞争,所以往往会出现药品、检查、住院等费用较高,但药品质量、服务态度、医务人员素质、医院环境等较差的现象。以上关于农民医疗保障利益受损的现象仅仅是我国农村社会保障法律问题中的一小部分,因此应不断加强我国农村社会保障的监督与管理,以促进农民与各个定点医疗机构、药品供应商、村民自治组织以及基层政府等主体利益的协调。

第五节　生态法律问题

一、生态法律问题概述

生态环境是人类生产、生活必不可少的物质基础。生态环境保护与可持续发展已成为国际社会关注的焦点。发展是人类社会进步的重要标志,而生产体现了自然的供给和人类的需求,经济发展的主要任务就是提高人民的福利水平。可持续发展战略已成为国际社会的共识,可持续发展战略是人类对传统发展模式的反思的结果,同时是人类发展观的革命。生态环境保护是可持续发展的重要内容,同时也是摆在人类面前的紧迫课题。随着全球以及我

---

① 孙群:《中国农村新型农村合作医疗制度的研究》,《三农问题研究》2006 年第 3 期。

国经济的不断向前快速发展,生态环境的破坏导致了生态环境质量的严重恶化,生态环境资源的稀缺性日益加剧。从总体上看,我国目前经济的快速增长在很大程度上是依靠资源的高消耗来实现的,并没有从根本上改变"高投放、高消耗、高排放、低效率"的粗放式经济增长方式。所以,建设我国的资源节约型、环境友好型社会,实现人与环境的和谐、可持续发展,必须解决制约发展的生态法律问题,尤其是广大农村地区的生态法律问题。

在农民权益保护与新农村社区发展的过程中,我国农村的生态法律问题呈现出众多、复杂的特征,具体包括农村自然资源保护法律问题、农村生态保护法律问题、生态产业法律问题、农村生态建设法律问题、农村区域经济发展、循环经济发展、低碳经济发展、生态圈建设、生态资源可持续发展利用中的法律问题、生态补偿法律问题、生态治理法律问题、生态法律责任问题其他农民权益保护与新农村社区发展中的生态法律问题等。以下将主要从农村自然资源保护法律问题、农村生态保护法律问题两个方面进行具体的阐述。

二、农村自然资源保护法律问题

农村自然资源包括水资源、气候资源、土地资源、矿产资源、生物资源等。自然资源保护是指以资源的可持续利用为目的展开的一系列活动。

目前,现行自然资源在保护问题上主要存在以下三对矛盾体:首先,自然资源保护与社区发展的矛盾。其主要表现在资源与人口,环境与发展,保护与利用,权属争议等方面。例如,自然资源保护区在划定之前就已有群众定居,他们的生活、生产与保护区有着紧密联系。保护区的建立限制了村民传统的生活方式。而且国家有关自然保护的政策和法律法规主要针对区内自然环境和自然资源的保护与管理,对于区内有关资源的合理开发利用和周边社区经济的发展涉及较少。这些因素导致了资源保护与社区发展的不协调,社区群众的平等生存与发展受到了抑制。其次,权利与权力(共有权)的矛盾。资源的存在本身就孳生了经济利益,在对资源进行管理的同时,又使之产生了权力的划分。在资源保护过程中,出现的权利和权力的矛盾体现在多个方面,如管理社区(农户)经济收入、社区集体公益事业发展受到制约等。权利和权力的不均衡,可能会导致当地社区重新萌发通过盗伐、开采和偷猎等来解决生存和发展的需要;也可能使得农民不会对政府做出的任何保护努力产生兴趣和提供合作,从而引起当地的社会矛盾和冲突,社区群众和政府之间的矛盾和冲突可能会日益严峻,社会安全保障可能会受到冲击。目前社区面临的关键问题并不在于农民因环境保护工程的实施而减少甚至失去了主要收入,而在于缺乏持续有效的替代收入来源,也即增量利益的增加。第三,自然资源保护与生存权、发展权的矛盾。社区与自然资源具有最密切关系,自然资源正是在一定社区地域内存在的,两者往往是相互依托。因此,对资源的保护,不能单纯地对生态进行保护,而忽视社区居民生存与发展的需要,否则居民的生存权将受到严重挑战,更深层次的发展权也将无从体现。我国自然资源保护的实践已经表明,忽略甚至蔑视社区存在和发展的权利以及它们在自然资源保护中的角色和作用,都将使自然资源的有效管理目标无法达成。社区的存在并不意味着是自然资源有效保护的障碍,社区作为资源有效保护的主体,保护作用发挥的关键是如何确定社区在这个过程中的角色、地位、作用和权利。

三、农村生态保护法律问题

(一)农村生态保护法治理念不足

农村生态保护法律问题的依法治理,依赖于"农村生态法治理念"的深入人心,即在农村生态保护领域内,权利义务得以明确,人民自觉遵守,规则治理得到一致认同,各利益相关主体皆树立自觉守法、依法而治、有法必依的信念、理想和观念。然而在我国农村,由于对乡村地方性的文化偏见,加上城镇化带来的现代思维对传统农村文化的冲击,农村生态法治理念有着先天的不足,农村生态法治建设在制度变迁的过程中呈现出鲜明的对传统农村路径依赖的特征。农民及农村干部生态意识淡薄,农村生态法制教育与宣传的虚无;社会环保组织的功能缺位,"下唯上,而上唯利",导致生态法治理念的缺失,管理规则的失灵,权利义务配置的不均衡,农村生态状况最终不断恶化。

(二)农村生态保护专项立法缺失

我国的生态保护立法体系在不断完善,从法的普遍适用性分析,我国法律对生态资源保护的规定无论对农村还是城市,都具有普遍的适用性和效力的一致性。然而,生态保护法律在农村环境保护中的实际效能尚未达到人们的预期要求,一些农村社区的环境污染和生态恶化已经相当严重,保护和改善生态的立法目的由于对农村生态问题认识上的滞后和调整机制的缺陷而没有完全实现,导致了生态保护立法不断增多但农村生态形势依然严峻的尴尬局面。生态保护法律的有效性不足的原因是多方面的,从立法体系的内容上看,现行体系中有关农村环保法律法规不多,民事法律规范性质的农村环保法律法规更少,其中以民商法性质为主体的环保法律法规也很少,远跟不上市场经济发展对生态保护多元化的需要。从立法对象来看,由于农村生态保护带有很强的农村特色,公共服务、基础设施都跟不上现行环保法律的要求。总体上,我国生态保护立法多以城市为中心,对出现的农村生态问题的认识与实际有很大落差,不论是《环境保护法》《农业法》,还是其他和生态与资源保护相关的法律法规、规章以及地方性规章,都没有从专门的视角对农村生态保护问题予以特别的对待,不能满足农村生态保护特点的现实需要,使得现行法律法规规章和地方性规章对于农村生态保护的可操作性不强,不能解决农村生态保护的实际问题。

(三)农村生态保护执法管理偏颇

目前,我国尚未形成一个统一而完善的生态执法管理体制。现行的生态执法管理体制是以辅助性原则为依据的统分结合的多部门、多层次的执法管理体制。在这种体制下,执法主体势力存在割据局面,权责不明,权力过于分散,从而使一些省、市级生态保护专门机构变成了本地区行政机关的附属机构①。不同地区、不同部门之间为了各自的地区利益、部门利益,形成了"上有政策,下有对策"的应付局面,许多监督政策不能得到有效实施,法律得不到贯彻执行,监督变得苍白无力,使得生态恶化日益严重。生态的保护与管理弊端成为影响生态保护执法的瓶颈,主要表现在生态保护统一监管能力薄弱、各部门生态保护监管职能横向分散、上下级环保部门纵向分离、跨地区环保部门

---

① 宋孔翙:《依法治理农村环境问题探析》,《尤锡商业职业技术学院学报》2008 年第 4 期。

地区分割、造成政令不畅,难以发挥整体监管效果。由于一些分工不够明确合理,执行分工职能时越位、交叉和重复建设,造成公共利益和部门行业利益的冲突。

此外,地方保护主义依然存在,执法管理手段偏软,手段与手段之间存在着冲突;执法队伍力量薄弱,人员素质不够过硬;执法装备落后,机动作战能力不强,不能对环保违法行为迅速、准确地作出反应;执法程序不规范,无法及时调查、收集重要证据等问题。

(四)农村生态保护法律机制失衡

基于环境资源法调整对象的特殊性和综合性,即基于环境资源法既调整人与人的关系、又调整人与自然关系等特点,环境资源法在其发展过程中形成了一套富有特色的调整机制①。这种富有特色的调整机制主要包括行政调整机制、市场调整机制和社会调整机制。各调整机制之间的相互制约与平衡是农村生态法治的必要前提。在当前农村生态保护中,各调整机制的相互妥协乃至缺位导致了机制的失衡。

首先,行政调整受制于地方经济利益的扩张。农村生态保护法律行政调整机制的良性运行依赖行政主体遵从合法的程序,把握合理的尺度,公正、公平的在行政管理职权范围内调整农村城镇化进程中的各种社会关系。在农村生态保护过程中,政府部门应当承担着主要的环保责任。然而,现实的生态保护行政主管部门通常面临两难境地,一方面要维护法律的尊严,依法行政,严格执法;另一方面又要接受同级政府的领导,维护政府的利益②。而农村城镇政府利益和法律的尊严往往存在冲突,在农村城镇,政府要受制于地方利益保护、经济扩张和政府政绩欲求,往往取地方利益而舍法律尊严,导致在农村生态保护管理上规划不力,行动迟滞;在生态治理上有法不依,执法不严。

其次,市场调整受制于资金限制。市场调整机制是指通过作为市场主体的营利性企业组织,以市场机制或市场这一"看不见的手"调整人与人的关系

---

① 蔡守秋:《建设和谐社会、环境友好社会的法学理论——调整论》,《河北法学》2006年第10期。

② 张梓太:《中国环境行政诉讼之困境与对策分析》,《法学评论》2003年第5期。

和人与自然的关系①。在城镇化的背景下,企业往往生产规模小,生产设备不够先进,生产方式落后,生产利润不足以进行更多的环保投入,无法通过自身的经济所得来弥补造成的生态恶化的损失。而作为主导的政府主体又出于财政创收的需要,忽视生态保护的要求,不叫停污染严重的企业,甚至给某些企业寻租的机会。这样就导致了生态恶化的恶性循环,治理速度赶不上污染速度。

再次,社会调整桎梏于固有思想。现行法学界普遍认为,社会中间层主体构成了社会调整机制的主体。在农村环保中社会中间层主体存在缺位,公众参与不足,直接导致了社会调整机制的滞后乃至失灵。传统农业生态固步于农村内部的自我调理,重视自然的朴素生态伦理观念②,这种传统的农业思想与当前农村城镇化进程中趋于现代化的生活方式存在冲突。在这种传统思想影响下,城镇化乡村中人们的生态权利意识淡薄,阻碍了社会中间层主体的成长和在农村生态保护中作用的发挥。

(五)农村生态保护法律制度偏轨

深入检讨我国现行农村生态保护法律制度及其体系,寻究其弊端与不足,有利于达到合理规避之目的。农村生态保护法律制度运行的偏轨,有其现有制度本身的原因,亦有其宏观规划与微观运行相矛盾的原因。我们认为,现有的生态保护法律不能囊括不断变化的社会现实中随时出现的生态问题,但对宏观存在的农村生态保护法律运行机制的合理把握,可以有效地预防和治理生态污染,并对解决农村生态问题起到积极作用。

首先,参与主体不足导致制度运行方式单一。任何制度的良性运行都离不开社会主体的积极参与。在生态法治理念的升华发展和现实生态问题的多样化和复杂化的生态法治实践中仅靠政府主体参与农村生态治理是远远不够的。因为"政府通过国家行为直接唯一提供商品和服务以及改善人民福利的

---

① 蔡守秋:《第三种调整机制——从环境资源保护和环境资源法角度进行研究》(上),《中国发展》2004年第1期。
② 生态伦理学提出,人对自然界生物的行为以维护物种的存在为标准;人对生态系统的行为以维护基本生态过程和完善生命维持系统为标准。

做法是注定要失败的"①农村生态保护领域是一个公共性领域②,而农村生态保护领域的公共性决定了农村生态保护法律制度运行机制应然层面上的多元性,无论是政府、企业还是社会公民都应该有平等的表达机会,共同参与讨论和批判公共事务,参加到公共管理中来。适当地引入市场化管理和公众参与管理,更有利于弥补法律普遍适用性之下农村城镇化生态问题特殊性的落差与不足。

其次,财政税收乏力导致运行制度缺乏。我国财税体制采用分税制,意味着我国农村政府财权与事权的分离。政府层级较多,在中央与地方财权的划分过程中,中央与地方、地方各级政府之间事权界线模糊交叉、界定不明,特别是在农村公共服务方面,本该由上级政府投资的公共服务,却有相当数量通过转移事权的方式交由下级政府提供,甚至村民自治委员会还承担了较多的政务,供给主体错位现象非常严重。这样,形成了财权层层上收,而事权层层下放,乡镇以下政府财权和事权越来越不对称的局面③。

---

① 毛寿龙:《西方政府的治道变革》,中国人民大学出版社 1998 年版,第 1 页。
② "公共性领域"是由德国学者尤根·哈贝马斯提出的一个经典范畴。哈贝马斯以批判的立场对公共领域的起源、结构、功能做了透彻分析。他指出,商品交换和信息交换,代表型公共领域萎缩,就为另一个领域腾出了空间,即是现代意义上的公共领域——公共权力领域。
③ 苏扬:《我国农村聚居点环境问题分析及对策》,《宏观经济管理》2005 年第 11 期。

第十五章　基于农民权益保护与新农村社区发展的其他相关问题分析

第一节　基于农民权益保护与新农村社区发展的社区建设问题分析

就考察国内外农村社区投资主体的情况而言,政府是社区公共投资最大的主体,既有基层政府的投入,也有上级政府甚至中央政府的投入。但是,包括我国在内,政府不包揽一切,并积极引导社会资金投入社区。从投入方式来看,资金是主体,但不是唯一的方式,在资金之外,还包括人力、物力、技术、管理等投入;新增资源既包括各类参与主体新投入的资源,也包括既有资源的重新整合。从投入范围看,既包括社区基础设施和服务设施的建设费用,也包括这些设施的运行费用以及社区管理费用,如社区管理人员的工资与办公费用等。从投入结果来看,其表现形式既有有形的,如设施、设备,也有无形的,如社区公共秩序、管理规范等。

一、基于农民权益保护与新农村社区发展的规划问题分析

对农村基础设施的发展进行全面的规划是十分必要的。农村社区发展规划是对社区内人们有关发展意愿的一种有效的表达方式,是对人们行为的一种规范,是对社区内不同人、不同人群相互之间利益冲突的一种协调机制。规划要激发社区内人们发展的潜力,使其从规划中看到未来发展的希望,并形成

一种合力使得社区运行更加有序。农村基础设施发展规划将各个基础设施项目作为一个整体,并从长远的角度来研究农村基础设施建设中的资源配置、投资重点和对策措施等等,可以克服以往农村基础设施建设中存在的种种弊端,使农村基础设施得以持续、健康地发展。

(一)农村社区发展规划的本源影响

首先是生产区与生活区的分野。农村社区发展实际上要解决的问题主要包括两个方面:一个方面是改革,使生产力和生产关系更好的适应;另一个方面则是开放,将农村社区融合到全社会的整体运行中去。因此,在传统型社区中,需要在不断发展生产力的过程中,加快开放的力度,如消除思想上的封闭,克服地理上的封闭性;而在过渡型社区中,需要将分散的农户通过对生产关系的调整,建立社区内的分工和合作的社区组织形式,来促进生产力水平的进一步提高,只有当农户被有效地组织在一起,才有可能形成更大的实力,增强在市场上的竞争力,到达更广阔的市场空间。一家一户的生产,在解决温饱问题时是有效的,但要增加收入则是很困难的。在现代型社区中,核心的是要面对开放本身带来的一系列新问题,尤其是在生产形成了一定的规模后,要引进先进的科学管理制度和手段,同时形成先进的社区文化。农业的规模经营和产业化都需要建立一定的农业生产基地或生产区域,以形成规模效应,开展社会化服务。这在农村社区的空间布局上就表现为各种形式的农场的出现。农场也就是农业的生产区。为便于生产,生产区通常集中建设有各种生产建筑物,场地设施等。生产区的规划布置在我国现在的农村社区发展规划中非常少见,或者可以说,现有农村社区发展规划主要是居住区规划。这种现象形成的原因可能是由于农业家庭经营小而分散,不可能也不需要有集中的生产区为其服务。但是,随着各地对农业规模化经营的探索和实践,在经济发达地区的一些农村,已经出现了比较大规模的农业基地、农业园区等等。另外,农业产业化的发展也要求组织好生产建筑群的布局,以减少非生产性的运输距离、提高生产效率,为降低生产成本创造条件。这就需要综合考虑生产区的合理布局,合理划分建设地段。可以预见的是,随着农场经营的发展,农村社区将出现两大功能区:生产区和居住区。需要我们处理好生产区内部组织以及两大区的关系问题,以利于生产生活。

其次是现代生产、生活方式的改变对农村社区发展规划的影响。除了对农村社区功能布局和规模的影响,农业现代化对农村社区发展规划的主要影响还在于通过影响农村居民的生产、生活方式,从而间接地影响其对物质空间组织的需求。我国现行的规划体系在很大程度上仍然沿用计划经济时代所形成的模式,上级制定规划,下级执行规划。但在市场经济体系中,上级的规划更多是从宏观的角度考虑,而缺乏同农村社区实际情况的联系。要改变这种状况,需要给农村社区更多的自主权,同时要为他们安排相应的资源,使他们能根据宏观规划的要求以及农村社区实际情况,制定出农村社区发展的规划,这也是行政管理从计划经济体系下的集权模式向市场经济体系下的分权模式转变的必然趋势。从现实看,农业现代化促进了农村人口的分化。农村人口的分化,标志着农民的观念已经发生了重大改变。在新一代的农民中,商品经济的观念已经深入人心,农民的活动范围、社会交往范围大大增大。现在的农民,已经不再是过去局限于一村一地、血缘地缘的种田人了,他们参与市场竞争,正在完成从传统到现代的转变。由于生产、生活方式的改变要求农村公共服务设施和住宅发生相应的变迁。在公建设施的需求上,农村中的非农人口由于不再耕种,需要就近设置菜场这样的公建设施供其购买食物等;而在农村中以家庭经营为主的农户,需要居住地与耕地保持直接、便捷的联系,为便于发展副业,需要配套有带有园地的独立式或组合式住宅。而对于在集体农场中的农业工人来说,居住的要求相对简单,设置多层单身宿舍就可以。如何满足农村中不同角色的需求建设农村社区,促进农业人口或兼业人口向非农人口的稳定转移,实现农业的规模经营,是我们在村庄建设中需要予以考虑的问题。

(二)农村社区发展规划的基本准则

农村社区发展规划是对社区内人们有关发展意愿的一种有效的表达方式,是对人们行为的一种规范,是对社区内不同人、不同人群相互之间利益冲突的一种协调机制,规划要激发社区内人们发展的潜力,使其从规划中看到未来发展的希望,并形成一种合力使得社区运行更加有序。因此,需要遵循以下基本准则：

第一,生产、生活与生态同步规划。要发展经济,加大政策和资金的扶持力度,才有可能进行各项基础建设,为农业发展创造条件。由于农业经济发展的滞后、农村生态环境的恶化以及由于乡镇企业的转型,农村吸纳剩余劳动力能力下降的现实问题,当务之急就是要建设好现代农业,为农村发展注入新的活力,提升农村经济发展的水平,避免村庄由于乡镇企业转型、发展衰弱而失去经济支柱,导致农业、农村发展倒退的现象。在发展现代农业的同时,还应注意生态环境的保护,以利于农业生产、生活为目标。因此,农村社区发展规划的目标定位应兼顾发展与保护、现在与未来的平衡。

第二,循序渐进。对于农村来说,由于生产力水平较低,农民的经济实力薄弱。在这种情况下,若要实现村庄集聚或改造,只能由政府主导、自上而下进行。就改造的资金来源看,村镇两级政府是投入的主体,但是完全靠村镇两级投入资金实行村庄拆迁,非常困难。由于资金补偿的有限,大规模地实施村庄迁并改造既不能调动村民的积极性,又可能损害原有的村镇发展基础。因此,规划应以控制、引导为主,在符合村庄现有的社会经济条件下分阶段分步骤地实施建设。

第三,以人为本的全局观。社区是以人为中心的,任何发展都是为人的发展服务的,而只有人首先得到了发展,才有可能更好的实现社区内各方面全面的发展,这是坚持人民至上,是习近平新时代中国特色社会主义思想中贯穿的一条主线。社区发展则意味着要将低水平下的适应状态改变到一个高水平的适应状态。但由于资源的缺乏,实际的发展过程中,需要我们从整体上去把握,在进行社区发展规划的时候,我们要从全局着眼,对局部进行调整。另外,发展是一个连续的过程,我们对各种关系的调整需要坚持长远的观点。

第四,现实性与发展性。规划应适应区域发展条件,促进农村经济发展。协调好新农村社区经济发展与县域经济的关系,注重挖掘潜在条件,整合社区资源,加强基础设施规划。从区域范围着手分析产业发展的前景,规划出充足的空间,并考虑家庭产业发展;在公共服务设施规划中,考虑与产业发展相配套的服务和农民生产培训等。规划应注重环境友好、资源节约。应尊重自然生态环境,注重资源节约,积极推广清洁能源技术,加快农村能源建设的步伐。

第五,开放性与参与性。一方面农村社区发展规划必须同社会整体的发展相适应,才有可能更好地确定农村社区发展规划的目标和机会。在发展的过程中,社区现有的资源是远远不够的,需要按照规划中开放性原则,收集、分析周围环境的信息,在农村社区发展规划中充分体现出发展过程中所在的社区同周围环境的交流与会同,并制定相应的农村社区发展规划和措施发挥优势,弥补不足。另一方面通过社区所有人在规划制定过程中的参与,提供所有人表达其需求和意愿的机会,并形成社区的协商机制和利益协调机制,通过规划加强社区组织的建设,在共同认可的发展目标下,使分散的力量形成合力。

(三)农村社区发展规划的问题分析

农村社区的规划影响农村基础设施的建设,规划的重要性在于为基础设施的后续投资、建设和运营等提供科学的指导和约束,减少以至于消除基础设施发展中的盲目性,使基础设施的发展既不会因供给不足导致需求受限,又没有因发展过多而造成资源浪费,既保证了效率,又保证了公平,且控制并减少对环境所造成的损害。近来,虽然我国农村社区规划取得了一定的进步,但是还存在许多不足,主要表现在以下:

第一,农村社区发展规划认识偏差。规划是知识经济社会的产物,它是建立在知识和信息的基础上,为社区未来的发展状况勾画的一幅蓝图。这对于那些还处在农业经济社会和工业社会中的人们来说,理解起来会有一定的困难。因为在农业经济社会中人们习惯于将物质作为主要资源,而在工业经济社会中则将资金和能量作为主要的资源,但在制定规划时,更重要的是对农村社区贫乏的知识和信息作为资源进行开发和利用,也就是通过知识和信息的流动,带动社区物质、能量和资金的流动。从这个角度来审视农村社区发展,我们会发现,问题的关键是社区内外的知识和信息没有得到有效的开发和利用。因此,规划制定的过程实际上是要帮助人们改变传统的思维方式。

第二，短期利益与长期利益协调困难。任何一个农村社区在发展的过程中，都始终面临着资源的有限性和人们需求的无限性之间的矛盾冲突。因此，在没有规划的情况下，人们为了自身发展的需要，对自然资源进行掠夺式的经营，结果导致自然资源的浪费和对自然资源的破坏。另外，在发展的过程中，如一些乡镇企业对环境产生污染，结果收入尽管增加了，但人们的生活质量却下降了。因此，社区发展规划一方面需要协调社区内不同农民间的利益关系，另一方面要保证社区的发展在满足我们自身需求的同时，要为我们子孙后代的生存和发展留下充分的空间和机会。社区发展规划不仅仅是为经济发展服务的，同时它要有效地解决农村社区发展中社会、经济和生态三方面的协调问题，在促进社区物质文明的同时，更应为社区的精神文明建设做出贡献，构建一个和谐的农村社区。

第三，农村社区发展建设资金缺口大。村级经济十分薄弱，尽管各级逐年加大对农业和农村经济的投入力度，但面对建设社会主义新农村的庞大工程，这些资金还远不能满足建设的需要，特别是教育、文化、卫生、道路、环保等农村基础设施和公用设施建设的投入更是捉襟见肘，再加上农民出资难，资金问题成了束缚新农村建设与全面实施乡村振兴的瓶颈。要改变这种状况，不仅要增强农民参与的主动性，还要增强农民的组织性。因此，在市场经济体系中，需要将分散的农户、分散的资源以及分散的力量有效地整合在一起，农户不是以个体，而是以组织的形式参与到农村社区发展规划中去。从这个角度出发，社区发展规划具有极为现实的意义，通过规划的制定明确农村社区的优势和发展的目标，起到调动社区内外的资源，凝聚农民的作用。

第四，农民社会保障体系不健全。新农村社区（居民点）规划建设需要征用大量的耕地，必然有一部分农民承包的土地要被征用，成为失地农民。目前，被征地农民基本生活保障和基本养老机制尚未全面建立，尽管部分镇根据当地实际，向被征地农民发放基本生活保障补贴，但这个补贴标准是低层次的，是社会救济性的范畴，难以满足当前农民基本的物质和文化生活需求。

（四）农村社区发展规划问题的影响因素分析

基础设施发展规划是农村社区经济发展的需要，在充分考虑权衡效率、公平和环保目标的基础上,对基础设施的发展进行数量、结构项目选择的设计和计划。① 但由于农村基础设施投资巨大,如果没有建立在科学论证基础上的规划做指导,一旦决策失误,将造成难以挽回损失。长期以来,造成我国农村社区建设规划不合理的因素主要表现如下。

第一,缺乏合理的规划和严格的管理。我国农村社区基础设施的建设很少进行规划,在建设前决策者往往没有做好长远的规划和明确的目标。另外,由于资金不足,地方政府在农村基础设施建设中往往显得力不从心,更无法从长远的角度去考虑。由于缺乏规划造成农村基础设施的结构和布局难以适应农村经济发展的要求。而对于已建成的基础设施,又疏于维护和管理,受毁损严重。因此,农村基础设施常常处于边建设,边破坏的恶性循环之中,造成了大量的资源浪费。另外,由于农村基础设施分布的空间范围较广,要对所有基础设施实行统一的管理是有一定的困难的。必须将管理责任落实到具体的部门和个人,并赋予其相应的管理权限,才能做到权责明确,从而对基础设施实施有效的管理。

第二,农村基础设施发展规划的自身实力有限。我国农村基础设施建设自身实力不强,也是造成城乡基础设施存在差距的原因之一。目前大多数农村基础设施的有偿使用机制尚未完全建立,没有直接的经济效益,因而难以争取到更多的私人投资。再加上政府在制定基本建设计划和各种决策时存在对城市的偏向,使得农村基础设施建设所需的投资更难得到保障。投资不力使得弱者愈弱,进一步拉大了城乡基础设施水平的差距。落后的农村基础设施已成为农村经济甚至整个国民经济发展的瓶颈。② 只有通过发展规划,合理布局基础设施建设,增加农村基础设施总量,提高设施水平,增强农村基础设施自身的实力,才能逐步缩小城乡基础设施的差距,带动城乡经济的全面发展。

第三,社区建设资金不足,规划难以落实。社区建设资金不足,是影响社

---

① 邓淑莲:《中国基础设施的公共政策》,上海财经大学出版社 2003 年版,第 97 页。
② 蒋兴:《荣昌县农村基础设施发展规划研究》,西南农业大学 2002 年博士学位论文,第 17 页。

区规划科学性不可忽略的重要因素。一方面,我国各级政府依然是农村社区设施建设中动员和投资的主体,这在很大程度上缓解了农村社区设施建设滞后于经济社会发展需要的矛盾。但在规划中,设施建设中的资金仍然是难点问题,主要体现在对财政资金的过度依赖和投资主体的单一方面。另一方面,资金管理体制的不健全,资金难以整合,使得规划难以落实。此外,不同部门之间的标准不统一,也影响着规划的合理布局。如社区道路建设方面,有扶贫道路、农业综合开发道路、林业道路,交通部门规划的路等;土地治理方面,有国土治理、水土保持治理、农业综合开发治理等;水利方面,有农业综合开发的水利,水利部门的水利等。在建设、验收中,为满足自身利益,各部门按照各自的标准要求做出决定,而标准的不统一造成行政效率低下,管理工作不到位,农村社区建设损失浪费严重,从而影响社区的合理规划和发展。

二、农民权益保护与农村社区发展的公共产品供给问题分析

农村社区建设过程中,公共产品的供给是农村建设的基础条件。公共产品不同于私人产品,具有着特殊的属性,即每个个人消费这种物品不会导致别人对该物品的消费的减少。首先,消费的非竞争性,即某一个人对某种公共产品的享用,并不排斥、妨碍其他人同时享用,也不会因此而减少其他人享用的数量或质量。其次,受益的非排他性,即在技术上没有办法将拒绝为之付款的使用者排除在公共产品的受益范围之外。不论使用者是否为之付款,都能从公共产品或服务的提供中得到利益。最后,效用的不可分割性,即公共产品是向整个社会共同提供的,整个社会的成员共同享用公共产品的效用,而不能将其分割为若干部分,分别归属于某些使用者享用。当前,关系到社区公共产品供给的产品主要包括两类,生产基础设施和生活基础设施建设的公共产品。生产基础设施建设的公共产品主要指:交通、水利、水电、农田、水库、灌溉等生产设施;生活基础设施建设的公共产品,如饮水、用电、教育、医疗、卫生事业等生活设施。本部分研究的公共产品主要指农村社区生活的基础设施公共产品。

（一）农村社区发展的公共产品特殊性分析

农村公共产品是相对于农村私人产品而言,用于满足农村公共需要,具有非竞争性和非排他性的社会产品和服务。非竞争性和非排他性是农村公共产品的基本特征。农村公共产品是公共产品的一个组成部分,它具有一般公共产品的特征,但由于农村地区的特殊性及我国农村经济社会发展和改革的特点,农村公共产品也具有其特殊性。

第一,基于农业弱质性的基础性特点。农村分散并且不健全的生产经营模式决定了一些在城市中可以由私人提供的产品,在农村则要由政府以公共产品的形式来供给。比如在一项农业新产品、新技术推广之初,由于农村居民对技术的信任度低,表现为对新产品、新技术的排他性,造成新产品、新技术的市场需求不足,推广者面临市场风险,导致推广的困难,但又由于新技术、新产品对农业生产的全局具有战略意义。因此,新产品、新技术的推广,需要国家来提供或者政府给予一定的补贴。

第二,基于农村区域的地域性特点。一方面,公共产品的城乡异质性表现非常突出。相对于城市公共产品而言,农村公共产品的重要区别在于:一是包含了大量的为农业生产服务的生产性公共产品,如科技服务、农田水利建设等;二是由于农村居民收入水平较低,农村消费性公共产品处于较低和基本的需求层次,比如相对于城市居民而言,农民对低价位的医疗产品就有更强烈的要求。另一方面,农村之间的公共产品提供也有明显的地域区别,比如南方农村对渔业生产作业和水田作业方面的公共产品需求就比北方农村要多。

第三,基于产品供给的层次性特点。由于农村居民处于行政地域划分最基层的乡镇,它的产品供给既包括中央政府提供的覆盖到农村的全国性的公共产品,又包括地方政府和农村组织提供的受益范围局限于本地区或部分外溢到周边地区的地方性公共产品。我国农村人口众多、幅员辽阔,各地自然条件与经济、文化发展水平差异很大,决定了我国农村公共产品供给必然具有层次性,如基础教育水平和医疗卫生水平的层次性。同时由于我国农村地区经济发展不平衡,地域差异较大,农村公共产品供给的层次性又是一个必然的、长期的问题。

第四,基于公共内质的外溢性特点。相对于城市公共产品而言,农村公共产品具有较强的正外溢性。像农村电网、农村道路等产品在优化乡村的投资环境的同时,所产生的收入效应、消费效应、就业效应,对启动农村消费,扩大内需和拉动经济增长具有明显的带动作用。

第五,基于农村公共产品的受体依赖性特点。农业部门在国有经济中的基础性地位、农业是自然风险与市场风险相互交织的弱势产业以及我国农民生产的分散性组织形式特征,决定了农民生产私人产品对农村公共产品具有强烈依赖,并且农村经济市场化程度越高,这种依赖性就越大。像农田水利条件、生态林网、交通设施、病虫害防治这些农业生产外部条件的好坏,直接影响到农业生产的丰歉和农民的利益。

(二)农村社区发展的公共产品困境分析

目前,在农村基础设施建设过程中,农村社区生活建设的公共产品还存在许多需要完善的地方,主要表现为以下方面:

第一,农村社区公共产品供给效率较低。首先,表现为农村公共资源无法得以合理有效的配置。由于长期以来我国在农村社区管理方面形成的自上而下的行政性供给的模式仍然存在,制度惯性没有因改革而发生变化,使本来就有限的农村公共资源无法得以合理有效的配置。其次,农村公共产品的使用过程缺乏有效的监督机制。由于信息不对称、预算不完整和行政体制改革不健全等问题的影响,使农村公共资源的使用过程缺乏有效的监督和管理,致使农村公共产品的供给效率低下。最后,地方政府存在内部膨胀的机制,加剧了公共支出增长。从瓦格纳法则可知,随着人均收入的提高,公共部门相对规模也会提高。乡镇机构的膨胀使政府提供公共产品的行政成本增加。这些具有刚性的行政成本对用于农村公共产品供给的公共资源形成强大的挤出效应,从而造成我国农村社区公共产品供给效率的低下,影响农村社区公共产品的合理分配。

第二,农村社区公共产品供给管理体制不完善。其一,政府对农村公共产品资金的筹措、管理和使用缺乏有效的监督。公共资金管理混乱,滥用和挪用等现象屡见不鲜。膨胀起来的机构和人员都具有自身独立的利益诉求,致力于自身薪金和福利的提高。其二,农村社区公共产品提供的中间环节过多,监督机制不完善。政府为农村提供公共产品中间环节较多,资金被层层过滤,公共产品被层层加价。其三,乡镇政府和村委会以获取自身利益为目标,强制性、高费用地向农民提供所谓的"公共产品"。从而造成农村公共资源和公共产品的供给管理体系不完善,增加了农村公共产品的供给成本。其四,公共资金管理透明度不高,暗箱操作时有发生,建立村级政务公开制度不健全,农民很难及时全面了解本村的财务状况。

第三,农村可持续发展的社区公共产品供给短缺。主要表现为:首先,农村基础教育发展滞后。教育投入的不足,导致了教育供给的不足,用于农村基础教育的公共产品比重很低;农村人口文化科技素质不高,影响了农业新技术的推广和劳动生产率的提高,也威胁到国家的长治久安和经济的可持续发展。其次,农村医疗卫生事业落后。农村医疗卫生事业是农村社区公共产品的重要组成部分,是保护农村生产力、振兴农村经济和维护农村社会发展的重要措施。然而,当前我国农村社区医疗和公共卫生事业十分落后,农村医疗服务体系远不能满足群众的健康需求,看病难、看病贵问题还相当突出。究其原因,一是农村卫生资源落后,财政投入水平低,政府对农村卫生经费投入不足。二是农村合作医疗制度弱化。三是农村卫生事业投入严重不足,技术力量薄弱。医疗卫生体制改革严重滞后,农村卫生服务网络极不健全,运营困难。村级医疗点分布不合理,公共卫生应急体系缺乏,农民抵御重大疾病灾害的能力十分脆弱。随着农村新型合作医疗的推广,目前这一问题有所缓解,但离根本解决还很遥远。再次,我国农村社会保障体系不健全。目前,我国城镇职工基本失业和养老保险制度改革已取得了很大进展,国家每年要为城市居民提供上千亿元的各类社会保障,如养老、医疗、救济、补助等;我国农村社会保障体系缺失主要表现在以下几个方面:一是农村社会保障的范围窄、标准低、社会化程度弱。享受全国得到最低生活保障的农村人口大部分为失去劳动能力的五保户、残疾人等。我国农村最低生活保障制度,带有很强的社会救济的特点。由此可见,社会保障体系在广大农村仍是一片空白。二是农村社会保障基金筹措难度大。一方面,国家投入水平低,另一方面,由于我国农村最低生活保障资金基本采取县、乡、村三级负担模式,农村经济发展缓慢,农民收入不高,再加上缺乏相应的政策法规依据和必要的约束手段,筹措起来十分困难。三是农村社会保障法律体系不健全。目前我国还没有一部农村社会保障方面的专门性法律,法律不健全,体系不规范,可操作性不强,违规难禁的事情经常发生。最后,我国有关生态保护的公共物品供给缺乏。随着工业化的发展,工业对自然资源的需求增加,对环境的破坏力也增强。许多农村地区环境保护意识淡薄,为了追求短期经济效益而不顾环境代价,为农村的可持续发展埋下了隐患。

第四,关系农村社区政治利益的公共产品供给过剩。我国乡镇领导自上而下的任命制,以及任期制决定了大多数领导以追求短期利益为目的。因此。对公共产品的投入表现出倾向于追求有显性政绩的公共产品供给,如对上级有考核要求的防洪防涝设施建设、农村电网改造、交通道路建设等公共产品供给积极性高,但对于具有长期效益和隐性政绩的公共产品供给,如农业技术推广、农村发展战略规划、环境污染治理等供给不积极。特别是在一些经济发展较落后的地区,乡镇领导不顾农村的客观条件,大量修建休闲广场,典型的如楼堂馆所、"美化"景点等"政绩工程""形象工程",美其名曰是建设新农村与全面实施乡村振兴,提高农民的生产、改善农村生活条件,实质上这些公共设施的利用率极为低下,不仅浪费农村社区的物力财力,还加重了农民负担,而且严重影响了政府形象,增加农村公共产品供给的成本。

(三)农村社区发展的公共产品供给问题的影响因素分析

当前,我国农村社区公共产品供给总量不足、供给效率低下、供给体制不健全等问题的产生,是由多方面因素造成的,主要有以下几个方面。

第一,农村社区供给能力不足。随着市场经济的迅速发展,在家庭联产承包责任制下,农民获得了生产的自由权,可以自由地支配自己的劳动力和劳动时间,增强了农民人力资本升值的空间。然而,在市场经济条件下,市场使农民成为独立活动主体的同时,原来生活在农村社区共同体中的农民,出现了适应市场经济发展的个体化状态,这种个体化的状态不断地削弱了村民集体行动的能力。个体化状态使集体无法有效组织起来,成为制约村级公共产品有效供给的瓶颈。近些年来,大多数村级集体经济已经无法有效地履行原有的公共产品供给职能,自由流动后的村民的生产与生活选择的多样化使之形成与村级组织的离心力。税费改革后,受政策制约,农村社区正式组织的公共产品供给能力下降,村民普遍缺乏合作能力的状态,使得由村庄内部实现社区公共产品供给的组织成本增加,农村社区的发展受到限制。① 这就大大削弱了农村社区的供给能力。

第二,农民支付社区公共产品能力有限。长期以来,我国农村居民收入低、增收难,农村社区经济增长缓慢,导致了农民支付农村社区公共产品的能力有限。首先,我国农民收入不高,对公共产品的成本承受能力较低。虽然税费改革体制减少了农民直接负担,但却无法改变农民增收难这样的问题。我国农村经济仍以农业为主,农民就业与收入主要来自于第一产业,尤其是种植业。尽管近几年来,农民从第二、第三产业的收入有所增加,但农业作为弱质性产业,自然风险和市场风险并存,效益较低。其次,通过工农产品价格、财政等"剪刀差"实现农业利益向工业的转移。为了促进工业化和城市化进程,我国采取工农产品人为价格差异的形式将大量农村资金转移到城市,并使农村金融机构的投资偏向非农产业。第三,农村社区经济发展缓慢,财力增长乏力。长期以来,农村社区内集体经济呈现粗放型和资源型的发展趋势。产业升级、乡镇企业改制,对农村社区经济带来很大的影响。总的来说,长期财政收入或集体收入不足必然影响农村社区公共产品的供给。

第三,市场供给激励机制不足。首先,市场主体供给单一。公共经济可以是混合经济,其中企业和私人也可以参与公共产品和服务的供给,并不一定是排他性政府垄断经济。我国政府应加大农村公共基础设施的供给,同时应鼓励多元主体投资。其次,竞争不强,资源没有得最优配置。竞争提高效率并使得经济发展少投入多产出,通过竞争可以打破垄断,可以推动人们去创新,改

① 贺雪峰:《税费改革后共同生产的困境或不应抽象地谈农民的合作能力》,中国农村研究网,http://ccrs.ccnu.edu.cn。

善服务赢得更多的顾客,否则市场将会造成失灵。从政府的角度来看,政府在供给公共产品时存在"政府失灵"。政府作为一种制度安排的主体,同市场主体一样,在向公众供给公共产品和公共服务过程中同样存在交易成本。如果政府再供给一些公共产品时产生交易成本甚至比市场还昂贵,也没有市场供给效率高,那么就应该由市场供给。最后,制度供给不足也是导致公共产品供给不足的原因之一。很长时间以来,出于规模经济的考虑,对于自然垄断类公共产品,政府只允许某一企业进入,然而随着经济与技术的不断发展,以及人们对于公共产品多样性的需求。政府应改变这种公共产品供给格局,放宽准入公共产品供给市场的条件,让有实力的市场力量进入供给公共产品市场。此外,管理上的创新使得经营活动的分解成为可能。根据经营活动的业务、地域等因素的不同,再将竞争引入原有体制,为市场进入创造了条件,提高了社区公共产品的供给源。

三、农民权益保护与新农村社区发展的基础设施建设问题分析

社区是人们居住、活动的场所,人们在社区活动总要依赖于一定的硬件设施,即社区设施。农村社区基础设施是指在一个或几个村落范围内提供的,为农村社区生产和农民生活提供公共服务、使用期限较长的各种基础设施,本部分基础设施主要是指生产的基础设施建设,主要包括:交通、水利、水电、农田、水库、灌溉、农业新科技、市场供求信息等生产设施,社区生产基础设施构成社区的必备要素,是社区建设的重要阵地和物质条件。社区设施是否完善是衡量一个社区发展的重要标准。社区是农村的重要组成部分,而社区的基础在于社区设施,设施完善是社区设施建设的目标和要求。

(一)农村基础设施在农村社区建设的功能分析

建设社会主义新农村首先是要发展生产,而发展生产要以提高农业综合生产能力为建设重点,这是建设社会主义新农村的物质基础。农业综合生产能力的提高,又以公共基础设施作为保证,因为农村基础设施具有"公共产品"的特征。农村基础设施是为整个社会生产、消费提供"共同生产条件"和"共同流通条件",绝大多数农村基础设施具有很强的效益外溢性,具有准公

共产品的特征。① 农村基础设施建设是为农村经济、政治、社会、文化和生态发展及农民生活提供公共服务的各种要素的总和,是农业经济发展的基础,是提高新农村社区经济发展的有效保障。具体而言,农村基础设施在农村社区建设中发展如下几个方面的功能。

第一,有利于促进现代农业的发展。良好的农村社区基础设施供给有利于保障农村社区基础设施的投资需求,促使供给结构上的项目和急需项目相统一,提高有限投入的使用效率。良好的农村社区基础设施可以降低农业生产的总成本,从而提高农业经济活动的经济效率。如现代化的仓储设施会减少农产品的产后储藏损失,起到保值、增值、保温和保鲜的作用。发达的农产品市场流通和销售设施会降低流通费用和销售成本,并能加速农产品的资金周转,提高资金使用效率。目前我国农村社区基础设施供给状况虽有很大改善,但仍存在许多问题。因此,研究农村社区基础设施供给问题,提出切实可行的改进对策,能够进一步改善我国农村社区基础设施供给状况,为现代农业的发展提供良好的物质条件。

第二,有利于增加农民收入。建设农村基础设施是增加农民收入、缓解农村就业压力、提高农民生活质量的关键。改革开放以后,由于财力资金供给不足以及过去城乡二元结构体制的影响,我国农村社区基础设施的供给主要依靠制度内公共资源。如通过征收乡统筹费、教育集资费或义务工解决,由农民税外负担,这些制度内公共资源供给是远远不足的,无法满足我国农村社区经济发展的要求。研究农村社区基础设施供给问题,提出改进农村社区基础设施供给对策,不仅可以减轻农民的负担,而且可以增加农民收入、发展农村社区经济、缓解农村就业压力和提高农民生活质量。农村社区基础设施建设,是一种劳动力密集型的生产,对劳动力会产生极大的需求,能够解决农村富余劳动力的转移问题。在农村基础设施建设中,对劳动力的技术素质要求不高,但需求量大,可以有效缓解农村的就业压力。实行"以工代贩",既可以加快农村社区基础设施的建设步伐,解决资金不足问题,还可以提高农业富余劳动力

① 王广起:《论农村基础设施供给机制的不断完善》,《商业研究》2006 年第 21 期。

的使用效率,为转移农业富余劳动力拓宽就业领域,增加农民收入。

第三,有利于实现农村现代化。农业是第一产业,是我国农村的支柱产业。其生产过程是自然再生产和经济再生产过程的统一,始终面临着自然风险,是一个弱势产业。我们要提高农业抵御各种自然灾害的能力,必须加强农村基础设施的建设。如发达的水利设施可以提高农业抗自然灾害的能力,发达的农产品市场体系可以降低农民进入市场的风险。建设农村基础设施是加快农业现代化、城镇化建设的根本保障。研究农村社区基础设施供给问题,提出改进农村社区基础设施供给对策,能够有效地改善我国农村基础设施,如建设乡村道路、水利、信息、通讯、供排水和市场硬件设施等,将会促进农村产业的专业化、市场化、社会化、一体化发展,有利于实现农业产业规模的优化升级,促进经济总量在空间上的积聚,加快城镇化步伐,实现农村的现代化。

(二)农村社区基础设施建设中存在的主要问题

第一,农村基础设施供给总量不足。我国长期以来实施的以农补工政策使我国农业基础设施严重不足。如农业水利设施老化,利用率低,抗灾能力差,这几年来的抗洪救灾、2010 年的西南大干旱足以证明这一事实。由于水利、林业生态等社会效益显著,受益对象不仅仅是农业,而我国的重大水利工程、生态建设工程长期以来一直统计在农业投资中,在一定程度上夸大了政府对农业投资的规模。另外,由于长期以来只注重经济的粗放增长,忽视了资源、环境、生态的平衡协调发展。因此,加快农村基础设施建设已成为社区发展的当务之急。

第二,农村基础设施内部结构不合理。目前在农村基础设施建设过程中,内部结构还存在许多不合理的一面。主要表现为:农民急需的基础设施供给不足,如:农田水利设施,据不完全统计,1993 年由洪涝灾害造成的直接经济损失达 630 亿元,洪涝受灾面积 2.5 亿亩,1/3 的耕地未彻底摆脱大江河的威胁,大型灌溉设施、农村交通及农村机械设备等缺乏。① 如以公路建设为例,

---

① 崔晓荣:《加强农村基础设施建设的经济法思考》,西南政法大学 2007 年博士学位论文,第 121 页。

现行农村道路多数是依行政关系修建的,即从县政府所在地,向乡镇政府所在地修路,再由乡镇政府所在地向行政村所在地修路。乡村道路、邮电通信中这种依行政关系构成的树型结构,是与农村经济长期处于封闭型的自然经济状态相适应的,如果这种状态长期得不到改变,将会成为限制的阻力。又如,农田水利设施年久失修、道路桥梁无人问津、大型农业机械肢解破碎。改革开放初期,原来在集体化时期形成的良好的农业基本建设持续发挥作用,但随着集体经济形式的解体,已有的农村社区公共产品也遭到相当程度的破坏。因此社区生产的基础设施建设过程要合理布局内部结构,促使农村基础设施促进经济发展。

　　第三,农村社区的社会性基础设施安全力薄弱。在农村社区设施建设过程中,农业科研机构、技术推广体系不健全、经费短缺的现象非常普遍,相当一部分地区还没有建立健全农产品标准化生产、无公害食品和优质专用农产品生产的科技推广体系、信息服务体系、病虫害防治体系及质量监测检测体系,因此不能适应发展订单农业特别是出口创汇农业的需要。同时,执法体系、文化服务机构建设也缺乏足够的资金保障。长期以来,我国在经济社会管理上,对农村和城市实行以两大行政制度因素为核心的两种体制:一是户籍壁垒;二是不同的资源配置制度,城乡居民在就业、教育、医疗、社保、金融等方面享受完全不同的待遇。由于我国农村生产基础设施安全力薄弱,农民权益在农村基础设施建设过程中没有得到有效保障。

　　第四,农村基础设施建设的管理体制不完善,资金的使用效率低。在实际建设过程中,政府对农村设施的投资渠道比较多,如有些县支农资金管理部门过多,投入分散,建设投资效果不佳,且支农资金中相当一部分被用于相关各部门机构人员费用和行政运转费用的开支上。具体而言,一是多部门职能交叉管理。由于同类型项目由多个部门管理,缺乏统筹整合和集中实施的效能,资金投入分散,交叉重复建设现象较严重,不能够集中资金投资大型农村社区设施项目,影响新农村社区设施结构的合理性安排以及项目工程投资效果。二是缺乏统一标准。在社区基础设施建设验收中由于没有统一的标准,各部门为满足自身利益,按照各自的标准要求建设,这造成行政效率低下,管理工作不到位,损失浪费现象严重。例如在社区建设中,某县的一些移民新区的建设由于有国家拨付的移民款,在建设中按发达地区标准建设,追求大而全,不注重当地移民的实际需求,造成急需的没钱建,可缓建的却提前建成。三是监督管理机制不完善。部分政府行业部门职能重叠,既是社区资金、项目主管部门,又是社区资金、项目的监督部门,导致社区资金、项目投入效果不明显。目前财政资金的使用上,存在重资金分配、轻资金的监督和管理的现象。由于缺乏完善的动态的监督管理机制,我国新农村社区设施建设资金在拨付使用诸环节中还存在挤占、挪用、滞留、截留等现象,部分机构擅自变更资金计划或用途现象较为普遍,影响了部分项目的进度和建设质量。

(三)农村社区基础设施供给问题的影响因素分析

第一,政府在农村基础设施供给中缺位。首先,在基础设施供给方面,我国实行城乡两种不同的供给体制。在我国城市基础设施建设和维护几乎都由政府投资,但在农村应由政府提供的基础设施,却主要由农民承担。长期以来,在国家重城轻乡的政策背景和挖农补工的非均衡发展战略下,农村基础设施供给的资金来源受到极大约束,这主要表现为城市基础设施供给一直由国家负担,而农村基础设施短缺却多是农业内部解决,无形中将一部分本应由政府负担的责任转嫁给农民。其次,农村基础设施建设中,中央政府与地方政府供给权责不明确。法律对各级政府及农村集体经济组织的农村基础设施供给职责未作具体明确的规定,是农村基础设施建设供给不足的原因之一。目前,我国农村公共产品供给实行的是从中央到省、市、县、乡镇的多级供给制。中央与地方、地方与地方的各级政府之间由于职责划分不太明确,往往导致县乡两级政府负担过重。乡镇政府的事权大于财权,承担了许多本应由上级政府承担的支出,同时也选择了将一部分本应由国家负担的支出分摊给农民。最后,在实践中,跨区域等大型的农村公路和水利设施等基础设施,目前主要还是由地方政府在负责。同时,在省级政府向上集中资金的过程中,县、乡两级政府仍一直要提供本区域内农业基础设施、环境保护等多种地方基础设施的供给,同时还要在一定程度上支持地方经济发展,①这种权责利不明确的现状

---

① 宋光钧:《税费改革,农村公共物品供给》,《皖西学院学报》2003 年第 3 期。

严重影响了我国农村基础设施的建设。

　　第二,资金供给制度不健全。在农村基础设施建设过程中还存在许多不足,资金供给不足是主要原因之一。主要表现为:首先,投资主体单一。根据《农业法》的相关规定,农村主要的、大型的、跨区域的基础设施的资金筹集应是中央、地方和农民个人三方共同负担。但由于我国中央财力有限且资源分配倾向第二产业,导致支农支出数量偏少,甚至长期难以到位。国家财政对农业公益福利事业的投入也严重滞后于城市水平,使农村基础设施体系建设滞后。从我国财政支出中的农业基础设施支出与基本建设中农业基础设施投资的数据可以看出我国的农业基础设施主要是国家财政来投资的,集体投资在农业基础设施中所占的比重很小。其二,资金供给渠道单一。现行体制中,政府仍是的单一的供给主体,造成农业基础设施的资本筹措方式单一,无法满足农民对基础设施供给的需求。一方面,由于金融机构和农户缺乏投资积极性,以及农业的高风险与信贷部门要求稳定的高盈利的矛盾,使金融机构对农业的支持力度不大,在各种贷款余额中农业贷款仅占5%。同时,在比较利益的驱使下,农户对农业的投入表现出强烈的非农化倾向,尤其对住房的投资比生产性投资多得多。① 另一方面,由于农业可利用外资的比例很低,国内预算资金、国内贷款和自筹资金大多属于政府行为。由于政府的强势,设计方案和融资方案的筛选及竞争制度难以建立,导致诸多基础设施项目是由国有企业垄断经营,产品或服务多实行垄断价格和补贴价格,增加了消费者的额外支出。此外,由于基础设施建筑质量、后期的维护和修缮成本较高,使外商对农业基础设施建设的投资不感兴趣。受决策目标和资金的限制,政府提供的基础设施数量有限,质量不高,难以满足农民对基础设施多样性、高质量的要求,从而影响了农村经济的发展。

　　第三,农村经济组织建设实力有限。我国农村是由小规模的家庭经营单位组成,社区又是农村的重要组成部分。农村经济组织过小是加强农村基础设施建设的制度性限制因素。具体表现在:一是经营规模过小,难以实现专业

---

① 谭洪江:《我国农业基础设施投资的困境与出路》,《岭南学刊》2004 年第 4 期。

化、机械化、产业化发展,并难取得规模效益。二是农户对眼前获利的期望比从基础设施获得最终收益的期望要大得多,造成经营活动中的短期行为。三是农村集体经济组织功能弱化,许多由集体统一经营办理的事无人管理,无人负责。集体经济收入的下降,不仅造成基础设施建设停滞,而且使已有的基础设施失修、损坏、衰退、减少,抗灾能力不断下降,导致农村基础设施的公益性功能没有得到真正的发挥。

第二节　我国农村社区金融法律制度问题分析

以保护农民权益为中心,培养、发展和规范农村社区组织,促进市场主导与政府引导的农村社区以内生方式发展,是新农村社区发展的基本规律。社区金融是实现金融资源优化配置的重要途径,其面向金融弱势群体的基层金融服务功能与社会公平价值的实现存在契合。社区金融主要运用于金融资源稀缺的基层地区,尤其是农村地区,并在缓解农村金融供需矛盾中初见成效。但由于我国农村社区金融制度建设仍然滞后,社区金融的普遍应用存在困难,其填补农村金融空白并促使农民金融发展权实现的作用尚未得到充分发挥。金融发展权是发展权理论体系的重要内容,是金融资源制度化合理配置的理论依据。金融发展权要求社会每一个体均有获取金融需求适当满足的权利,但此项权利在我国金融体制二元分化的模式下呈现出严重不均衡,农民等社区相对弱势群体的金融发展权益得不到充分的制度保障。

一、我国农村金融法律制度的问题现状

(一)金融发展权下的农村社区金融组织制度存在滞后

我国农村社区金融组织制度发展呈现出渐进性和非均衡性的特点,在社区金融组织形式及其资本构成方面均表现为"政策先行"。不仅村镇银行、小额贷款机构、资金互助合作社等新型社区金融组织缺乏制度依据,在我国运作已久的社区合作金融同样缺乏专项法律规定。同时,应对农村社区金融组织

资本结构变动新态势所做的制度应对也呈现滞后态势。在这种制度现状下，不仅农村社区金融组织发展受阻，农民、农业企业等金融弱势群体的金融发展权也难以得到充分满足。我国根据 WTO 成员方开放金融市场的义务规定，不仅开放了城市金融市场，也逐步批准了部分外资对农村社区金融市场的进入。汇丰银行、荷兰合作银行以及世界银行旗下的国际金融公司（IFC）均已在农村社区金融领域占据了先机。同时，随着国家对农村金融市场准入的放宽，以民间资本为主的小额贷款公司以及采取混合资本形式的乡镇银行异军突起，在部分经济发展水平较高的农村地区已取得较好发展。虽然政策的放宽对农村社区金融发展及农民金融发展权实现起到了积极促进作用，但从维护农村金融安全的长期目标来看，仍应及时将较为成熟的政策及实践经验制度化。

（二）金融发展权下的农村社区金融市场制度欠缺规范

良好的金融市场制度是金融生态环境的保障。我国农村社区金融市场制度的主要目标是维护社区金融安全和促进社区金融效率提升。目前阻碍我国农村社区金融发展的重要因素即农村金融风险，体现在制度层面即针对农村社区金融市场的外部监管制度及内部风险防御制度欠缺规范。法律制度的缺失会使合作组织的规范性缺乏约束和保障[①]，对于同样深植于农村的社区金融组织也是如此。在农村社区金融市场的外部监管制度层面，尚缺乏针对农村基层特点的《社区金融法》，具体监管仍然参照《商业银行法》并由银监部门统一实施，而农民及其他农村社区居民金融发展权重要内涵之一的金融监督权却难以实现。系统参与金融活动是金融发展权理论的重要内涵，但综观农村社区金融制度对社区居民市场参与权的已有规定，却是与金融发展权实现的要求相差甚远。在农村社区金融市场的内部风险防御制度层面，拓展农村社区业务的政策要求与维护资本安全盈利之间的冲突也未通过制度化解。社区金融属性决定了其资产规模小，风险评估能力与大中型金融机构相比较弱。

---

① 李长健、冯果：《我国农民合作经济组织立法若干问题研究》（上），《法学评论》2005 年第 4 期。

然而这种内置缺陷的弥补仅通过市场主体自身发展在短期内是难以得到解决的,需要在有利于化解风险的信用体系制度、新型担保制度等方面形成合力。我国整体信用体系制度尚未建立,虽然在北京、深圳、汕头等地区有了信用查询平台的尝试,针对企业的信用档案分类管理也在工商、税务、海关等部门配合下取得了一定效果,但这种实践经验与做法尚未得到制度的确认,应用范围仍然较窄。因此,目前农村社区金融对社区居民的信用获悉多是利用"熟人社会"的天然优势。而社区内弱势群体在参与社区金融过程中,也多因为传统担保物的缺乏导致金融发展权难以实现。与此同时,学界所探讨的土地承包经营权抵押、林权抵押等新型担保又尚未得到法律确认,民间借贷及部分"地下钱庄"长期存在的事实恰是佐证了现存社区金融担保制度的缺陷。

(三)金融发展权下的农村社区金融资源配置制度不够合理

金融资源是社会资源的核心要素,是推动和调整经济发展的重要工具。为推进农业产业发展与新农村建设,实现乡村振兴,进一步实现农民、中小企业等弱势群体金融发展权,国家出台了一系列政策直接或间接激励了农村社区金融发展,并取得了实际效果。原银监会数据显示,截至 2009 年末,银行业金融机构涉农贷款余额达到 9.14 万亿元,比 2008 年初增长 34.8%。这充分体现了农村金融需求在国家政策的支持下满足程度得到了提升。然而,基于金融资本天然的逐利性质及国家对城市金融资源的长期重视,这种金融资源的倾斜状态对社区成员金融发展权实现的阻力短期难以消除。在实际操作层面,国家为进一步合理化金融资源配置而出台的包括补贴、税收优惠、准入门槛降低等一系列引导金融资源向农村社区流动的倾斜政策尚未纳入制度化领域,已经出台的政策规定则呈现出较强原则性特征及模糊化问题,整体政策及法律制度体系仍不够合理。

二、我国农村金融法律制度问题的原因分析

(一)金融体制偏差导致了农村社区金融供需矛盾

基于金融"二元化体制"的我国农村社区金融供需矛盾长期存在,而有效的化解机制至今仍未确立。虽然国家与地方均采取了农业产业贴息、税收优

惠、创新扶持等多项政策鼓励农村金融发展,然而仅依靠政策难以破解长期存在的"二元体制",各类金融机构对农村资本的"虹吸"现象十分普遍。与此同时,后金融危机时期大量农民工的返乡使大批劳动力投入了新农村建设与全面实施乡村振兴中,乡镇企业与农业产业化迎来了一次发展契机。然而金融资本的缺乏成为了农民自主实现金融发展权的严重阻碍,农业产业规模扩大与农民自主创业缺乏原始资本。通过对我国农村社区金融制度的实际分析发现,已有政策制度更倾向于税收优惠及补贴等外部方式,对农村金融供需失衡的本质原因仍未充分重视。我国不仅缺乏《社区金融法》,对包含合作金融、民间金融、农业保险在内的其他农村金融形式也尚未规范。目前农民金融发展权实现的需求与其担保能力不足的矛盾、社区金融支持"三农"发展与维持自身盈利的矛盾更难以在法律制度中寻求解决依据。然而在金融全球化背景下,仅仅依靠商业银行法和分散的政策难以维持农村金融安全,也不易从根本上化解农村社区金融的供需矛盾。

(二)形式结构不明突显了农村社区金融组织制度脱节

我国农村社区金融的组织形式种类繁多,资本结构也有不同选择。现存的组织形式有合作资金社、乡镇银行、小额贷款组织等面向社区的金融机构,资本组织方式则主要为股份制、合作制以及股份合作制,其管理参照的是《商业银行法》《农民专业合作经济组织法》及国内机构颁布的办法与指导意见。但农村合作金融等传统形式及新型社区金融机构在组织形式上的特殊性仍得不到规范,出现的新问题也未得以及时解决。在国家逐步放松金融管制的政策背景下,已有法律制度难以应对民间资本和外资等非传统资本在农村社区金融中的诸多问题。民间资本的运用需要考虑其稳定性与资本来源等安全性因素,而如何利用民间资本调动社区居民主动实现金融发展权尚待解决。此外,金融全球化中外资资本的不断进驻在带来先进管理经验的同时,也增加了我国农村金融安全的负外部性因素。资本结构的不明确是阻碍农村社区金融组织制度完善的重要因素,而反之法律制度对不同资本组织形式下的各类资本比例与权责的规范缺失,也是我国农村社区金融组织形式与资本结构仍存在混乱的原因。总体而言,我国缺乏规范基层金融资本结构的《社区金融法》,对不同类型农村社区金融资本构成中包含比例、资格等具体要求的系统化规定仍缺乏统一要求,农村社区金融组织形式与资本结构的发展态势与其现有法律制度存在脱节。

(三)监管信息存滞造成了农村社区金融市场规范不足

金融监管及其监管信息体系建设始终是我国农村社区金融发展的主要内容,也是国家金融市场管理的首要任务。我国相对统一的国内金融市场更多需要关注统一监管标准之下的监管力量强化问题。我国对农村社区金融采取的是比较严格的监管方式,尤其在其设立与新业务拓展方面。这种严格的监管方式是基于对农村社区金融抗风险能力的充分考虑,但从另一方面也暴露出已有监管主体对农村社区金融监管信息掌握度较低,监管总体力量不足的缺点。监管信息存滞使社区内部金融发展权主体对金融市场监督的参与存在困难。农村社区金融具有面向基层的特点,在一定社区范围内金融机构及其服务的主体在信息上是相对畅通的。同时,双方基于自身安全和利益的双重目标,也会较为主动地收集信息。在此过程中,社区居民及与社区金融机构有业务往来的中小企业则有意愿和能力关注其运营,社区范围内的信息流通为这种关注提供了便利。但我国目前对农村社区金融的监管制度中,尚未将公众纳入监管主体范围内,仅仅依靠纵向行政监管的方式不仅耗费大量监管资源,同时也难以将监管实效最大化。

(四)利益补偿模糊降低了农村社区金融资源调整效率

政策扶持与资金补偿措施是农村社区金融发展不可或缺的助力,也是引导金融资源向农村社区流动的主要方式。然而我国具体的利益补偿过程与方式自中央到地方的纵向标准及各地横向标准均有不一。美国对社区金融的利益补偿主要是运用《社区再投资法》对其社区业务活动予以激励,同时通过反垄断法律制度避免大中型金融机构对其跨区域并购,为其留下较为充分的生存空间。鉴于我国农村社区金融发展的阶段性特征,采取的是积极的利益补偿方式,也即税收优惠与补贴,但至今尚未有制度明确规定优惠与补贴的标准、依据及发放时间。根据近年来中央一号文件及农业部、财政部各项政策性要求,各级政府均采取政策文件的方式规定对社区金融资源的倾斜性配置,造成了利益补偿的阶段性与非常规性,农村社区金融存在着计划性运用补贴的困难,也存在着因经济发展水平和区域差异得不到充分补偿的困境。例如海南省出台了《海南省支持农村信用社改革发展的若干意见》依据其省级权限对农信社减免税费,河南省财政厅提出了对农民强化财政贴息的具体方案,但大多数省市地区仍然是通过直接行政行为的方式对农村社区金融进行扶持,并未出台正式的专项地方性法规。地方性和临时性的利益补偿方式虽然比较灵活,但制度化的利益补偿机制在规范度、周期性以及调整农村社区资源优化配置的实际效率方面具有独特优点,因而适时地进行农村社区金融利益补偿进行制度化设计十分迫切。

第三节　基于农民权益保护与新农村社区发展的 农村矛盾化解机制问题分析

一、农村矛盾化解机制与农民权益保护的互促关系

(一)农村矛盾化解机制是完善农民权益保护进程的推进器

建设社会主义新农村是构建社会主义和谐社会的重点。社会主义新农村的建设首先需要有稳定的发展环境,邓小平也曾经指出"中国的问题,压倒一切的是需要稳定。没有稳定的环境,什么都搞不成,已经取得的成果也会失掉。"中国社会的稳定关键在于农村,只有农村稳定发展,才能实现中国经济的崛起,才能实现中国社会的长治久安,才能实现社会主义和谐社会的宏伟目标。要维护农村的稳定,保护农民权益是其必然要求,农民权益包含了经济权益、政治权益、文化权益及社会权益四个方面,这些权益在农村社区发展过程中面临着多种多样的矛盾与冲突,解决这些矛盾与冲突需要一套行之有效的农村矛盾化解机制。我国现有的农村矛盾化解机制还存在一些不足,农村矛盾化解机制的完善将成为保护农民权益,实现农村稳定的有力推手。

第一,农村矛盾化解机制的完善有利于促进农民的经济权益。

农民权益是以经济权益为中心的,经济权益是农民权益最基础、最本源性

的内容。随着市场经济的发展,在市场中农民的经济权益越来越处于相对弱势地位,在农村社区的发展过程中,与经济利益相关的矛盾、冲突不断涌现。例如,农村传统债权债务矛盾日益增多,因土地、山林等自然资源的权属问题所引发的矛盾也频频发生,有些甚至激化成为农村社区之间的群体性斗殴事件等等。农村矛盾化解机制的不完善也是这些矛盾和冲突屡屡发生甚至恶化的重要原因。因此,需要通过对现有农村矛盾化解机制的不断完善,利用其便利、高效的人民调解、仲裁、行政调解等矛盾化解方式,解决农民在农业生产、交换、消费、分配环节以及财产权尤其是土地产权等各方面的矛盾,并通过对农村矛盾化解机制的完善,达到防患于未然的效果,从根本上减少矛盾和冲突的发生,以此来稳定农村市场秩序,通过对矛盾的化解,明晰农民产权,发展农村经济,增加农民的收入,促进农民经济权益的稳步增长。

第二,农村矛盾化解机制的完善有利于维护农民的政治权益。

经济权益对政治权益的发展具有基础性的作用,政治权益反过来又影响经济权益,保障经济权益的实现。在社会的权利体系中,政治权益居于主导地位,政治权益是指特定社会成员以正义原则和法律规定享有的利益,分为参与权、知情权、表达权三项权利。但在我国农民的这三项政治权益存在着严重的缺失,并且因此而产生的矛盾纠纷比比皆是。譬如,相关部门在制定有关农民权益的政策法规时,较少听取农民的意见,即相对剥夺农民参与决策的权利所导致的矛盾;再如村民自治组织在选举村干部、决策村集体事务、公开村民自治组织相关事务及财务收支状况时,不尊重农民的参与管理决策、表达政治意见、了解村务情况等政治权益所引发的矛盾等。这些矛盾不仅挫伤了农民的政治积极性,还严重践踏了我国的政治民主。这些矛盾可以通过完善的农村矛盾化解机制将其解决,通过矛盾化解机制,可以及时弥补对农民政治权益的损害,并使相关人员承担法律责任,从正反两面维护农民的政治权益,保障农民的参与权、知情权、表达权等各项政治权利,最终实现真正的政治民主。

第三,农村矛盾化解机制的完善有利于繁荣农民的文化利益。

文化是人们社会实践的产物,有人类社会之后才有了文化。文化作为意识形态,借助于意识和语言而存在,文化是人类特有的现象和符号系统,文化就是人化,人的对象化或对象的人化,起源于人类劳动①。文化生活是社会生活的重要方面。农村文化环境较差,封建迷信和落后的民间风俗依然存在,而且农民文化生活较为贫乏。农村文化类矛盾的解决,有利于各种文化的融合,促进文化的繁荣。农村文化矛盾中最大的就是日益增长的农民文化生活的需要与农村落后的文化状况之间的矛盾。这是农村文化工作最终要解决的问题。农村与城市的差别其中很重要的就是文化的差异。城市的开放、活跃、科学的文化氛围与农村闭塞、传统、迷信的文化氛围形成鲜明对比。城市的文化有利于其他文化的融入和吸收,而农村的文化状况限制了农村文化的发展。而文化作为意识层面对经济生产具有反作用。积极向上的文化有利于经济生产的发展,落后封闭的文化则有碍于经济生产的发展。农村矛盾化解机制的完善正是为农村创造积极向上的文化而提供条件。因为文化冲突形成的矛盾得以解决,可以有效地促进彼此的交流,为文化的融合创造条件。最终,将有利于农村文化的繁荣。

第四,农村矛盾化解机制的完善有利于保障农民的社会利益。

对利益理论有专门研究的法学家庞德认为社会利益是指"包含在文明社会的社会生活中并基于这种生活的地位而提出的各种要求、需要和愿望"。具体包括一般保障利益(一般安全、一般的健康状态、占有物的保障以及买卖的保障);保障家庭、宗教、政治和经济各种社会制度的利益;一般道德方面的利益;使用和保存社会资源方面的利益;以及在社会、政治、经济和文化等方面的一般进步的利益;个人生活中的社会利益,即以文明社会中社会生活的名义提出的使每个人的自由都能获得保障的主张或要求,这种要求使他获得了政治、社会和经济各方面的机会,并使他在社会中至少能过一个合理的最低限度的人类生活②。农民作为农村社会的一员,以农村或者社区为载体享有社会利益。然而,由于我国农村发展的滞后,农民社会利益不足的现象仍然存在,诸如:农村社会保障制度的不完善,农民与市民的差别对待,以及农民生存权

①　恩格斯:《自然辩证法》第三卷,人民出版社 1972 年版,第 103 页。
②　梁琳、邓杭:《庞德的利益理论》,《法制与社会》2008 年第 19 期。

益的缺失等。如果这些农村矛盾得以解决,使农村社会保障制度进一步完善,农民与市民处于平等地位,以及城乡贫富差距的缩小等,既有利于社会稳定,也能实现农民的生存与发展利益,最终实现农民所享有的社会利益。农村社会的发展与农民权益的保护都需要农村社会利益的实现。农村矛盾化解机制的完善,可以有效地保障农民的社会利益。

(二)农民权益保护工作的加强对农村矛盾化解机制良性运作的促进

农民权益保护是农村工作的基本落脚点和原则,这是由农民自身的缺陷,农村发展的滞后,和农业发展的重要性决定的。同时,农民权益保护工作的加强,对农民权益保护工作也有良性的促进作用。农村矛盾化解也是农村工作的一个方面,农民权益保护工作的加强,有利于农村矛盾化解机制的良性运作。

第一,农民权益保护工作的加强为农村矛盾化解提供指导性思想和原则。

指导性思想和原则是指贯穿农村矛盾化解的各个环节,对整个农村矛盾的化解起着指导性、原则性作用。这体现在农村矛盾化解中应当符合农民权益保护的要求,同时,农村矛盾化解机制不能与农民权益保护原则相背离。这是因为农民权益保护是解决"三农"问题的核心与关键,在社会主义建设新时期具有重要的意义和价值。

首先,对农民权益进行保护有利于社会经济的发展和新农村建设与全面实施乡村振兴。新形势下,经济社会的发展、新农村建设与全面实施乡村振兴的历史实践对农民权益保护提出了全新的理念与要求。农民权益保护制度要改革不适应现代社会发展趋势的旧体制,建立进一步着力构建促进广大农民平等生存权、人的尊严、平等发展权实现的保护体制与运行机制。其次,对农民权益进行保护有利于构建社会主义和谐社会。构建社会主义和谐社会,是在一个新的历史高度谋划中国特色社会主义,它将与建立社会主义市场经济一样,成为中国特色社会主义理论的一个重要组成部分。我国是一个农业大国,没有农民的和谐生活,就没有全社会的和谐生活,农村和谐发展是构建社会主义和谐社会的重要基础。再次,对农民权益进行保护有利于城乡社会稳定,构建和谐的城乡关系。我国目前正处于工业化中后期,在这一关键时期,要防止出现贫富差距悬殊、城乡和地区差距拉大问题。党中央及时提出实行"多予、少取、放活"的方针,并迅速出台了一系列重农、惠农政策,提出了建设社会主义新农村的历史任务,这是因为社会矛盾是引发社会问题、导致社会不稳定的重要因素。最后,对农民权益进行保护有利于调动农民的积极性,使其成为社会主义建设的主体力量。马克思主义唯物史观强调,历史活动是群众的事业。"人民,只有人民,才是创造世界历史的动力",人民群众是社会物质财富的创造者,也是社会精神财富的创造者,更是推动社会变革的决定性力量。全面乡村振兴建设社会主义新农村就是要赋予广大农民平等的发展机会,使其拥有平等的发展能力,平等享有发展的成果,弥合城乡差距,实现共同富裕。农民最知道自己想要什么,因此新农村建设与全面实施乡村振兴的根本动力在于广大农民积极性的激发。要从农民最愿意、最迫切需要而又能实现的事情做起。

第二,农民权益保护工作的加强为农村矛盾化解提供政策保障或法律支持。

农民与市民相比,有先天的不足和缺陷。无论是利益代表和利益表达、利益产生和利益分配、利益协调和利益保障都存在困境和发展的滞后性。对于农民权益的保护,只有予以倾斜性保护,才能弥补农民群体的先天不足,达到最终的正义与公平。其中,最有效的就是制度保障和法律保障。通过政府提供有利于农民权益保护的政策,为农民权益的保护工作提供方向性的指引,将农民权益保护工作落到实处;而法律保障则是在法律运行过程中,即在立法、司法、执法、守法的过程中,自觉保护农民利益,使得农民权益保护有法可依,有法必依。法律制度的出台,更能以法律的规范性和强制性,对相关问题予以规范和制约,为农民权益的保护提供强有力的法律武器。以拖欠农民工工资矛盾的解决为例,拖欠农民工工资是一个影响社会治安和诱发犯罪的社会问题。欠薪主要发生在建筑、餐饮、制衣、制鞋等劳动密集型行业。从性质看,基本上是民营、私营、"三资"以及集体,也有个别国有企业。其中,又以建筑行业拖欠工资最为严重。建筑业是吸纳农村剩余劳动力的主要行业,进城务工的农民也主要集中在建筑行业。拖欠农民工工资的现象发生以后,政府相关部门予以重视,组成检查小组,对相关用人单位进行专项检查,严肃查处拖欠和克扣农民工工资行为,确保农民工及时拿到工资。各地政府部门以各种制度保障农民工权益。对拖欠农民工工资的企业予以列入"黑名单",采取暂缓办理预售许可证、吊销营业执照等方式,保障农民工的合法权益。用人单位不按规定支付农民工工资的,劳动行政部门将依据《劳动保障监察条例》责令限期支付,逾期不支付的,责令用人单位按应付金额50%以上1倍以下的标准,向劳动者加付赔偿金。

第三,农民权益保护工作的加强有利于农民积极参与农村矛盾的化解。

利益是影响人们行为的重要因素。人可以对别人的事情视而不见,但一旦关系到自己的切身利益,就会理所当然地表现得激动而敏感。对于农村矛盾的产生,自然关系到农民的切身利益,但几千年的礼教思想和农民自身法律意识的匮乏,使得农村矛盾产生后得不到有效的解决。要么被表面的"以和为贵"予以"暗地化",要么双方彼此疏远,互不联系;要么以更加激烈的方式表现出来。这些情况的发生,不能说是矛盾得以解决,而是矛盾以其他的方式表现出来。农村矛盾"暗地化"的结果,只能导致一方对另一方的诋毁和勾心斗角;而彼此关系的疏远,只会造成农村关系的不和谐,最终会形成两边势力,不利于村民团结;矛盾激烈化的方式,则会造成农村流氓、黑社会性质的帮派以及恶性犯罪现象的产生,因此,农村矛盾必须以合情、合理、合法的方式给以妥善地解决。而法律途径是一个非常有效的解决方式。法律以其自身的强制性,给人一种威严、庄重的感觉。法律所追求的公平、正义、平等的价值,正是人们期待矛盾解决方式所应该持有基本态度。法官充当这样的角色,他将矛盾双方的纠纷放置眼前,没有半点爱憎,纯粹以一个旁边人的角度来看待整件事情。法官予以明断的依据就是双方的证据和相应的法律规定。证据以其客观性和法律以其具有的规范性,给矛盾的解决增添了合理解决的可能性。人们甚至可以依据法律规定,自己预见案件的解决可能。这就使得矛盾的解决更能合乎客观事实,合乎正义、公平的价值理念。

农民对于矛盾合理解决的淡漠,关键原因就在于农民担心解决结果的正义标准。农民担心自己利益被错误的解决而蒙受不公。因为现实也确实有这样的情况发生。而农民权益保护工作的加强,使得法律运行过程中对于农民利益的保护变得更加有效。农民参与矛盾解决可以使利益在维护的同时得到适度扩张。因为倾斜性的保护有利于农民原本利益的扩展,这也是一种利益的导向作用。农民对于自身利益的保护相当看重,对于矛盾解决的结果向自己倾斜的规定,使得农民愿意把矛盾付诸相应的解决的方式。农民群众也会很自觉地对矛盾提供解决途径,这对他们自身来说,也是有利的。而农村矛盾的合理化解,也会产生辐射性的影响:一方面农民在矛盾化解中受益,自然会将其他矛盾和纠纷予以合理化解的途径,这种行为对其他农民也可产生榜样作用;另一方面,农民合理解决途径的期待,会促使其自觉加强对法律知识和相关政策的重视,有利于提高农村居民的法律意识和整个农村的法治水平。

二、农村矛盾化解机制与新农村社区发展之间的互促关系

新农村社区发展必然关系到农民利益的产生和发展,在这利益产生和发展的过程中,不可避免会产生矛盾,这种矛盾又都包括在农村矛盾之中。与此同时,新农村社区的发展也为这些矛盾的解决提供了新的解决路径和方法。可以说,新农村社区发展产生农村矛盾,又可以解决农村矛盾。此外,农村矛盾的不断化解,也将有利于新农村社区的不断发展。总之,新农村社区发展与农村矛盾化解之间存在着互动互促联系。

(一)农村矛盾化解机制对于新农村社区发展的促进和推动

新农村社区的发展需要一个和谐稳定的内部环境,农村矛盾化解可以为新农村社区发展提供一个和谐、安定的有利环境,最终将有利于新农村社区的发展壮大。

第一,农村矛盾化解可以为新农村社区发展提供有利的内部环境。

发展需要有内部环境和外部环境,内部环境是根据,外部环境是条件,外部环境通过改变内部环境发生作用。对于新农村社区的发展,也需要有利的内部环境和外部环境做保障。其内部环境主要指新农村社区内部构成部分的优化组合程度。一个优化组合的内部环境,成员目标统一而坚定,自然会发挥超出原本整体实力的力量;而内部组合的混乱或无序,只能导致整体的优势无

法发挥,且效益也会大打折扣。外部环境主要指外部的刺激和投入,包括人力、物力、财力投入等因素,好的外部环境可以有效地刺激内部环境的优化而达到整体优势的发挥,不好的外部环境只能成为发展的障碍甚至瓶颈。但外部环境发生作用,也是通过对内部环境的改变才能实现。因此,新农村社区的发展,在外部环境一定的基础上,主要通过内部环境的改善来实现。然而,由于中国新农村社区发展的滞后性,国家提供新农村社区发展的优惠极其有限和缺乏,只有通过新农村社区自身内部环境的改善才能达到不断发展的目标,而农村矛盾化解正是改善内部发展环境的重要措施。

矛盾的产生是彼此冲突的结果。有冲突就会有分歧,分歧的出现是农村内部环境不和的体现。对矛盾的化解也就是对内部环境的改善。农村的邻里纠纷造成邻里关系的不和睦,干群矛盾导致政府政策的难以贯彻,城乡贫富差距的扩大,村民对市民的不满,更是造成社会不稳定的重要因素,而村际之间的群体性矛盾的发生,更使得矛盾的范围扩大,造成大范围内的不和谐状况,也影响到社会稳定。种种矛盾的产生和发展,只会产生不和谐和争斗的情况。这种情况的发生,必然会带来经济、政治、文化、社会层面的损失和破坏。新农村社区发展需要安定、和睦的内部环境。农村矛盾的化解,使得生产发展、生活宽裕、乡风文明、村容整洁、管理民主的新农村建设与全面实施乡村振兴成为可能。社区成员的彼此团结,积极的工作热情,以及为社区发展投入绵薄之力的情怀,可以为新农村社区的发展增添强大的内部动力。

第二,农村矛盾化解有利于新农村社区经济、政治、文化、社会的发展。

农村矛盾的范围涉及经济、政治、文化和社会领域,范围如此之广,对于农村矛盾的化解自然带来新农村社区经济、政治、文化和社会各方面的利益和推动作用。

从经济方面来说,经济矛盾的减少,可以化解彼此的隔阂,促进彼此的交流和合作,在维护社会主义市场秩序的同时,也可以推进市场经济的发展。由于市场调解不是万能的,其自身存在着滞后性、盲目性、自发性特点。如果任市场自身盲目发展,会造成恶性竞争,资源浪费等现象,所以需要政府这只"看得见"的手提供辅助。经济矛盾的产生,正是市场机制调节产生的问题。

这些问题的解决,也就是农村矛盾化解,起到了"看得见"的手的调控和保障作用;从政治方面来说,政策的执行和贯彻,需要行政主体的积极负责,但也离不开行政相对人——人民群众的配合和协助。"两委"矛盾、干群矛盾等政治方面矛盾的形成,使得政策无法通过和执行,这对农村经济的发展也产生阻碍作用;从文化方面来说,最大的矛盾就是人民群众的文化需求与现实之间的矛盾。农村文化条件的落后与不足,使得农村居民文化生活的整体水平不高。一方面影响农村居民的生活状态;另一方面影响农村居民的科学文化水平。迷信在农村仍然占据很大市场,许多农民的无知和愚昧,都是文化发展不足的重要体现。这带来的影响也是明显的,农村生活的闭塞,对科学的不了解,造成农村信息量不足、农产品的科技附加值低、农业生产动力不足等后果。如果这些矛盾得以化解,农村将会得到一个巨大的发展机会,新农村社区的进程也会不断地加快;从社会方面来说,农村矛盾化解有利于破除掉影响社会稳定的种种因素,形成安定团结、和睦友好的农村环境。发展是目的,稳定是前提,要在稳定中求发展,在发展中促稳定。稳定是发展的前提,和谐稳定的发展环境,是新农村社区发展的重要依靠。

(二)新农村社区发展在农村矛盾化解机制中的作用和功能

新农村社区的发展伴随着农村矛盾的产生和发展,同时新农村社区的发展对农村矛盾的解决也具有相应的作用和功能。

新农村社区发展在农村矛盾化解机制中的作用主要表现为:首先,新农村社区发展有利于农村矛盾的减少。农村矛盾具有地域差异性,在地区经济发展和文化程度发展较高的地区,农村矛盾的数量较少、规模较小,且易解决。经济的较快发展,可以满足人们日益增长的物质、文化、生活的需要,文化水平的不断提高也有利于人们合理地处理彼此矛盾。因此,解决农村一切矛盾的关键是发展。新农村社区发展是农村发展的重要方式。新农村社区的发展,有利于公共服务在农村落到实处;有利于进一步繁荣农村经济;有利于农村文化的复兴;有利于加强农村政治文明建设;有利于强化农村基层组织建设。还有利于开辟具有中国特色的城镇化道路。其次,社区调解是农村矛盾化解的重要途径。新农村社区的发展有利于壮大社区的实力,以社会为平台的社区调解机制有利于农村矛盾的化解和缓和。中国农村社会是熟人社会,农村矛盾的主体一般不会通过法律途径解决。一方面是由于农民的法治观念淡薄,不知法,不懂法;另一方面是农民对"法律"和"诉讼"程序不甚偏好。很多学者笼统地将其归于一种"厌诉"的传统价值观念。当矛盾发生时,农民更偏向于通过忍让的方式予以接受,而不是采取其他途径化解。农民提出诉讼,将彼此的矛盾公开化,被认为是一种不道德和不隐私的行为。农民更希望私底下通过和解的方式解决,但是双方的力量强弱就决定了矛盾解决的结果,可能合乎事实,也可能不合乎事实,而且从一般的情况来看,大部分时候都是较强势的一方得到好的解决结果。社区调解方式,援引的是法律规定,而不是双方的家势和贫富,因而能够更客观地评断和处理。而调解员的职业化,更有利于法律价值标准的贯彻执行,也更能体现对矛盾事实的看重和对矛盾客观解决的可能性。

新农村社区在农村矛盾化解机制中的功能主要体现为:首先,畅通利益表达途径。我国的农民群体数量庞大,但分布具有分散性特点。工人阶层有自己的利益代表——工会,可以有效地反映工人的建议和要求,然而农民阶层却没有自己的利益代表。农民自身又存在素质不高的特点,无法将自己的利益诉求表达出来,造成农民阶层处于弱势地位。充分利用社区组织作用,形成农民利益代表与利益表达机制,疏通农民利益诉求的合理途径,能够适当提升农民在新农村社区建设中的地位和作用。利益表达途径的畅通可以及时有效将农民利益诉求表现出来,避免矛盾积累和激化,同时也能够相对集中农民的力量,克服单个农民群体过于弱势的困境。目前,以社区组织为代表的集体组织已经在农村矛盾化解中起到了一定作用,成为农民与政府、社会其他组织进行沟通的重要渠道。其次,促进农村经济发展。农村社区的形成与发展是农业生产集中化的必然结果。社区利用其组织化与区域化特色,能够推动农村地区与城市区域之间的交流,同时通过规模效应,促进现代化农业和区域特色农业的发展,吸纳相对分散的农村资金和经济实体,并根据农村地区的特殊资源环境条件,进行农业产业化发展。建立农村社区,以社区为单位壮大和发展多种所有制经济,形成一种整体力量,可以有效发挥社区组织的资源整合功能,形成较大的群体合力,从而能有效应对因市场竞争日益激烈所导致的各种矛盾,使加入了组织的个体农户能够摆脱分散、封闭的困窘局面。同时,社区的不断发展,不断改善的农村环境,可以为农民生活、生产、学习提供有利的外部环境。以社区为平台,开展技术培训、文艺汇演,发展集体经济,在加强社区成员的彼此联系的同时,丰富社区成员的物质文化生活,提高农民成员的知识文化水平,最终有利于农村经济的发展。最后,为农村矛盾化解提供社区平台。农村社区是农村矛盾化解的重要载体,可通过社区组织的整合与创新推动农村矛盾的高效化解。农村社区独有的地缘优势,能够较为科学的选择组织管理人才,并结合特定农村地区的风俗习惯,尽量减少化解矛盾中的阻力。农村社区组织所具备的综合性功能,使其不仅可以推动农村经济发展,更可以对农村社区成员活动进行引导,使其行为遵循法律和当地风俗习惯。新农村社区的形成,有利于提高农村地区居民的凝聚力,加强沟通协作,促进信息交流,减少可能产生矛盾的各种因素。新农村社区可以吸纳农民广泛参与,提高其参与市场经营和社区管理的意识与能力,形成维护社区稳定的主人翁意识,主动避免矛盾发生和主动的化解农村矛盾。

三、农村矛盾化解机制的现状

(一)农村矛盾多元化解机制

现代社会是一个多元的结构,社会矛盾及其表现出来的纠纷和冲突也是纷繁复杂的,成熟与完善的纠纷化解机制,应当具备厘清各种矛盾性质和类型、根据不同情况采取相应化解措施的功能。目前,我国已经积累了化解矛盾的丰富经验,也形成了不同的化解机制和化解资源的体系,并开始逐步探索适合我国国情的多元化矛盾化解机制。当前的矛盾化解机制主要包括诉讼化解机制、非诉讼化解机制,必要的衔接机制,以及针对矛盾产生之根源而设置的具体配套机制,包括经济发展战略、社会保障体系等全方位的支持体系。

农村矛盾作为具有一定特性的社会矛盾,其化解机制也在已有矛盾化解机制的基本框架下构建,同时结合农村纠纷自身的特点以及农民权益保护的需求,应对农村稳定的基本发展要求,进行严格的制度设置。就农村矛盾化解机制而言,当前我国的农村矛盾化解机制的体系是在我国改革开放以及计划经济体制向市场经济体制转型过程中逐步调整、完善的。改革开放前,农村矛盾一般是依靠群众运动方式来化解,国家也尝试探索实行行政调解和法律调解。由于实行单一的所有制结构、平均主义的分配方式以及党的一元化领导体制,社会运转模式简单清晰。改革打破了原有的政治、经济、社会生活格局,而新的社会格局正处于整合、调适阶段。这种社会变革是一项复杂的社会系统工程,它的变迁导致农村矛盾呈现出许多新现象、新特点,这些新变化相互耦合、交互作用,使得农村社会矛盾更趋复杂化。与之相适应的,是农村矛盾化解机制也融入了许多新的因素,例如社会中介组织开始涌现和活跃,这些部门开始发挥社团调解的作用。舆论媒体和个人调解在化解矛盾方面也扮演着重要的角色。在这个过程中,农村矛盾化解机制逐步由一元走向多元,由一个主体发挥作用发展成为多主体、多方式的互动与衔接。为了更有效地化解农村矛盾,不少地区根据本地农村的实际情况尝试性地构建了诸多农村矛盾化解机制,如民意表达机制的设置旨在健全农民利益表达机制,疏通民意;矛盾排查预防机制的设置旨在通过排查的方式发现矛盾,预防其发展与激化。随着实践的发展,农村矛盾化解机制的体系架构不断完善,逐步形成了包括发展农村经济、搞好农村社会保障、完善具体化解方式的农村矛盾化解机制,形成了包括党内协调、人大监督协调、行政调解、法律调解、社团调解、舆论媒体调解、个人调解等方式的调解机制,除调解外,和解、诉讼、上访等矛盾化解机制也在发挥着作用。在具体矛盾的化解中,多种化解方式均被当事人采用。

(二)农村矛盾化解的法律规范

目前,我国处于经济、社会结构深刻变革的新时期,在社会经济取得巨大发展成绩的同时,也必将引起相应的社会矛盾。尤其是在农村,各种体制性、制度性和社会性的问题日益增多,社会矛盾的关联性、聚合性、突发性不断增强,矛盾产生原因复杂化,矛盾内在结构更加复杂,为我国新农村建设和农村社会稳定带来严峻挑战。我国关于矛盾化解的法律、法规规范较为贫乏,农村矛盾化解一部分依靠政策性文件的指引,根据矛盾性质和内容的不同,灵活运用行政手段与刑事强制手段及相关规定处理农村矛盾。在农村矛盾化解中，针对行政裁决、诉讼、仲裁、调解等诸多矛盾化解机制，出台了一系列的法律规范，在具体法律问题的微观分析中已做系统梳理。包括《民法典》《民事诉讼法》《行政诉讼法》《刑事诉讼法》《行政复议法》及实施条例、《治安管理处罚法》《农村土地承包经营纠纷仲裁法》《农村土地承包法》《土地管理法》《人民调解委员会组织条例》等法律法规。最高人民法院结合司法实践工作，发布了一系列相关的司法解释和规定，系统指导农民矛盾的化解工作，例如《关于审理涉及农村土地承包纠纷案件适用法律问题的解释》《关于人民法院为建设社会主义新农村提供司法保障的意见》《关于当前形势下进一步做好涉农民事案件审判工作的指导意见》《关于指导人民调解组织及时化解当前农村土地承包纠纷的紧急通知》等。政府相继出台了《关于构建社会主义和谐社会若干重大问题的决定》《关于切实加强农业基础建设进一步促进农业发展农民增收的若干意见》《关于当前稳定农业发展促进农民增收的意见》《关于加大统筹城乡发展力度进一步夯实农业农村发展基础的若干意见》《关于把矛盾纠纷排查化解工作制度化的意见》《关于建立健全诉讼与非诉讼相衔接的矛盾纠纷解决机制的若干意见》等政策规范，党中央领导人一再强调深入推进社会矛盾化解，把政法、综治、维稳、信访等力量整合起来，把矛盾化解在基层。此外，在多元化解机制的探索方面，很多地方人大、政府、法院等部门根据各地的实际情况，也都发布了一些地方性法规、政府规章和其他的规范性文件，这些基本法律、行政法规、部门规章和政策规范在我国农村矛盾化解方面发挥了举足轻重的作用。

四、农村社会矛盾化解机制存在的问题

我国农村矛盾化解的方式向来不是单一的，随着农村改革的推进，为应对新情况下的新问题，建设好和谐稳定的新农村，最近几年各地在实践中取得了一些突破和发展，扩大了农村矛盾化解机制的范畴，使其更加体系化，更具适应性，对农村矛盾化解的理论也有一定的充实。但不可否认的是，当前的农村矛盾化解机制在总体上还有诸多缺陷或不足，主要体现在以下方面：

一是农村矛盾化解主体协同与监督不足。目前的农村矛盾化解机制已经形成了村民、村委会、调解委员会、法院、行政部门、社会团体等多主体并存的矛盾化解主体体系。这种多元化的主体体系是当前社会力量壮大以及对农民权益关注的积极后果，通过发挥各个主体在和解、协调、监督等各方面的功效，保障农村矛盾化解在基层、化解于无形，最终达到和谐的效果。但是，由于缺乏适当的安排，不能明确各主体在矛盾化解中的分工和责任，形成"有功争抢、有过推诿"的恶性循环，致使矛盾激化，造成更严重的后果。同时，由于在矛盾化解主体体系中没有相应监督、反馈主体，导致农村矛盾化解的效果缺乏考量机制。此外，农村矛盾化解主体的选择次序在当前的矛盾化解机制中并没有得到体现，对于一些农民信任的主体，其功能并不健全或其化解矛盾的效力还有待确定，离农民便捷、有效的矛盾化解主体要求还有一定的距离。

二是农村矛盾预防排查机制不健全。集中力量排查化解影响农村社会和谐稳定的突出矛盾纠纷，解决农村群众生产生活中最迫切的矛盾是矛盾化解的重点和难点。做好农村矛盾的预防排查一方面可以防止矛盾的产生与激化，将农村矛盾化解在产生之初；另一方面，通过排查可以了解到当前农村社会和谐稳定的影响因素，进而有针对性地采取措施。目前已经有很多地方意识到搞好农村矛盾预防排查、组织开展经常性的矛盾纠纷排查活动对于引导农民群众合法有序地表达利益诉求、防止矛盾激化引发更严重的事件的重要性，部分村委会等基层组织也将排查矛盾作为其工作的重要项目。例如有些乡镇提出以乡镇村组和社区工作为重心，把工作重点向源头预防转移，努力把农村集体财务、土地承包管理、土地承包经营权流转，涉及农民负担、农产品安全、农机安全等信访问题解决在基层，切实做到新老问题"底数清、情况明"确保不落项、不落人、不留死角盲点，全面开展农村矛盾纠纷集中排查化解。但是，由于农村矛盾的地域差异性以及复杂性，当前我国并未建立起完善的农村矛盾预防排查机制，并存在预防排查的手段不明确，以及排查主体仍然具有随意性等问题。

三是农村矛盾化解反馈追踪机制缺失。通过前文的调查及分析可以发现,当前已有的农村矛盾化解机制偏向于对既有矛盾的化解,化解矛盾也以消除已有矛盾本身为宗旨,而忽略对农村矛盾产生的根源进行深层次的分析与应对,从另一个角度讲,也就是缺乏矛盾的反馈追踪机制,不重视农村矛盾的根源化解,不注重预防农村矛盾的复发。就个体矛盾而言,在一系列的矛盾化解工作之后,虽然既有矛盾在一定时期可能处于被化解的状态,但是只要矛盾产生的现实土壤没有得到根本性的改善,这一矛盾也不可能从根本上化解。例如,当前矛盾化解之后当事人的矛盾心理并没有从根本上逆转过来,之后极有可能因为某些事由再次激起矛盾,而且,二次矛盾中当事人的心理会更加强硬,对各种矛盾化解方式的信任度也会降低。因此,对个体矛盾而言,需要一定的制度安排对已化解矛盾进行追踪。对于群体矛盾,相关机制的设置就更加必要。但目前的农村矛盾化解机制在具体化解制度本身方面尚存在一定的问题,更谈不上相应的追踪反馈机制。

四是农村矛盾化解的资源配置不合理。构建社会主义和谐社会离不开与飞速发展的经济社会密不可分的制度建设。制度是合理协调利益、处理社会矛盾、维护公平正义、建立社会诚信、激发社会活力和创造力的重要保障。建立科学和规范的制度,形成良好社会秩序的规则体系,许多事务的处理就有章可循,相关责任也能落到实处。在市场经济条件下,人财物的流动性很强,社会关系多种多样,没有明确、正确的制度保障,各种物质利益和权利就不可能得到有效承认和保护,利益冲突也没有稳妥的化解途径。同时,由于当前社会面临的问题很多,矛盾交织在一起,诸多矛盾的解决,不能只靠某一方面制度创新的"单打独斗",而应当发挥"制度群"的作用,以制度的综合效应解决一些"牵一发而动全身"的社会问题。由此可见,制度相互之间应当协调一致和不相冲突。当前构建多元化的矛盾化解机制的目的在于通过复兴传统的矛盾化解机制,减轻诉讼机制化解矛盾的压力,同时缓和矛盾,最终实现社会和谐。目前的农村矛盾化解机制,重诉讼解决轻非讼解决,致使诉讼外的矛盾化解方式被边缘化,未能持续健康发展;此外,化解矛盾的社会力量和资源未能充分调动,大量纠纷未经过滤即以案件形式进入司法渠道,而由于诸多因素的影响,导致"案结事不了"的情况时有发生,涉法涉诉上访大幅增加,诉讼解决纠纷的公信力遭受威胁。造成这些情况的主要原因有基层司法资源不足、程序繁琐、成本相对较高、运行效率低下、司法公正形象差等。此外，还有三方面的资源没有得到开发或重视。首先，对政府调解职能的重视不够。我国的各级乡镇一般都设有人民调解机构，乡镇司法所也承担了一部分矛盾化解职能。相对于诉讼方式而言，司法所作为民间纠纷的调解机构，具有便捷、高效、权威的特点。但是，由于未得到政府的充分重视，很多乡镇司法所的日常经费开支不能到位，人员学历层次和年龄结构不合理，有的办案人员甚至提供有偿服务，向当事人收取费用，使其处理纠纷的合法性受到严重质疑。其次，调解机构不健全。在村民委员会设置的人民调解委员会主要是由村干部组成，在进行矛盾调解的过程中，不依法调解的现象非常严重。也容易使农村严重的违法案件逃避法律制裁，私了结案。最后，农村矛盾自行化解的过程中由于缺乏第三方干预，一旦双方未能达成一致意见，极易导致矛盾的激化和升级。特别是有关家族或者宗族之间的矛盾纠纷，往往在族内或协商解决，在宗族情感的驱使下很容易发展成为群体性暴力事件，严重影响我国广大农村地区的稳定。而政府对这些自力救济方式缺少监督和指导，常常使矛盾激化甚至升级到不可挽回的局势。我国农村现有矛盾化解机制都存在不同程度的不足，而且存在资源配置严重失衡，这是我们当前亟待解决的问题。合理配置矛盾化解资源，充分发挥每一种机制的效能是高效化解农村矛盾的重要手段。

五是农村发展环境没有得到根本改善。农村发展环境问题是农村矛盾产生和激化的客观因素。其中，农村经济发展、农村政治民主建设、农村社会保障的建立健全、农村文教事业的发展、农村生态环境的可持续发展等问题都是对当前农村矛盾化解机制的严峻考验。从制度健全的角度讲，建立完备的农村矛盾化解制度并保障法律供给可以化解各种农村矛盾。这一点在单个矛盾的化解中得到明显体现。但是，当前我国正处于转型期，农村矛盾的复杂性决定了要想从根本上化解矛盾必须对农村矛盾产生的现实土壤进行治理。具体而言，在经济方面，当前农村经济还较为落后，贫富差距现象普遍存在，由此引发的矛盾已经极为尖锐；在民主政治方面，农村民主政治建设还有待在实践中进一步加强,村镇管理制度也有待进一步完善,管理人员的素质也有待进一步提升;在文化方面,农村文化需求与供给的矛盾以不同形式存在并影响农村发展;在社会建设方面,新农村建设与全面实施乡村振兴为农村发展带来了契机,农村社会面貌得到根本性改善,但是与基础设施相配套的一些社会保障制度尚未建立完备,城乡发展依然存在明显的差距。总之,农村矛盾的根本化解依赖于农村的全面发展,但在当前农村发展存在诸多障碍的情形下,农村矛盾化解机制的长效运行还是缺乏现实土壤。

五、农村矛盾化解机制的影响因素分析

农村社会的和谐稳定是关乎整个社会和谐稳定的重要因素,建立健全农村矛盾化解机制,有效化解农村矛盾对于维护社会的和谐稳定有着重要意义。农村矛盾的化解是一项系统工程,它不仅依赖于某一部分主体的积极参与或农村自身发展的完善,更需要社会整体力量的支持。因此,在研究农村矛盾化解机制的过程中,有必要结合我国农村矛盾的特点与当前农村矛盾化解机制的不足,对政策扶持、经济发展、法律供给等客观因素,以及相关主体的意识与观念等主观因素进行考量。

(一)农村矛盾化解机制的客观影响因素

第一,国家政策导向因素。政策是国家政权机关、政党组织和其他社会政治集团为了实现自己所代表的阶级、阶层的利益与意志,以权威形式标准化地规定在一定的历史时期内,应该达到的奋斗目标、遵循的行动原则、完成的明确任务、实行的工作方式、采取的一般步骤和具体措施。国家政策是政府发挥其宏观调控作用对各项事务所作出的引导和指示,中国农村发展的历史中,国家政策既发挥着积极作用,也产生了一系列消极影响,改革开放前,我国所实施的多项国家政策,包括城乡隔绝政策、农村经济政策、不平衡的区域发展政策以及消极的人口政策,都对农村发展产生了不利影响。改革开放后,尽管上述政策有了极大的改变,但其过去政策的影响暂时还难以消除,对农村发展依旧产生着强有力的制约作用。同时,我国农业的弱质、弱势性决定了其在市场竞争中的不利地位,尤其是在加入 WTO 后面对国外优质农产品的冲击,更要

求它在国家宏观调控中对农业农村加以保护。为此,国家每年为"三农"问题出台许多政策,如种粮补贴、农机具补贴、退耕还林直补、家电下乡等补贴,通过加大这方面的投入,大大提高了农民的积极性。由此可见加强落实国家惠农政策,更好的保护农民利益是我们政府当前面临的重要工作和任务。同时,通过实施一系列惠农、支农政策,从减免农业税、到增加农业转移支付、大力支持新农村建设与全面实施乡村振兴,在促进在农村、农业全面发展的同时,也有效地化解了农村矛盾产生的潜在动因。除补贴、经济发展策略等方面的影响外,国家政策对农村矛盾化解机制的形成与发展产生着重大影响,如2006年10月11日,中共中央《关于构建社会主义和谐社会若干重大问题的决定》提出我们要统筹协调各方面利益关系,妥善处理社会矛盾,形成科学有效的利益协调机制、诉求表达机制、矛盾调处机制和权益保障机制;2009年《关于把矛盾纠纷排查化解工作制度化的意见》提出采取多种排查方法把各种可能引发信访问题和影响社会和谐稳定的矛盾纠纷和苗头隐患解决在源头,将矛盾排查工作纳入规范化操作流程。这些都为农村矛盾化解工作的开展和农村矛盾化解机制的健全发挥着指导性作用。

第二,农村经济发展因素。我国是农业大国,实现全面建成小康社会的目标,重点在农村,难点也在农村。解决当前农村存在的诸多问题,关键在于努力增加农民收入。千方百计增加农民收入是各级党委、政府常抓不懈的中心工作,也是当前一项严峻、迫切和现实的课题。只有实现农民增收,农村经济才能够持续发展,农民生活才能够上新的台阶。由此可见,实现农民增收从本质来讲就是要通过各种途径发展农村经济,为农民开拓创收渠道。农村经济发展是一个体系化的过程,需要政策的支持、资金投入、科技创新以及产业优化等方面的支撑。政策上要走好新农村建设与全面实施乡村振兴的步伐,加快小城镇建设力度,加强对农村固定资产的投资和实施;产业上继续优化和调整农业产业结构,加强农业产业化建设;科技上加强科技兴农的培训力度,保证农民的现代科技知识充足,带动农村经济发展。同时,由于经济发展状况决定了一定区域内农村矛盾的特点以及矛盾化解途径的运用与选择,因此,通过发展农村经济、增加农民收入缓解当前农村贫富差距,解决农村基础设施建设等方面存在的问题,消除矛盾产生的土壤与环境,从而有效化解矛盾,为农村矛盾化解机制的长效运行提供物质保障,是完善与健全当前农村矛盾化解机制的重要影响因素。

第三,农村法律供给因素。目前我国的正式法律制度更多的是适应以城市为中心的工商社会的发展需求,从某些方面讲,农民对法律的不熟悉以及法律制度本身的偏向性决定了它是一套难为农民所知悉和理解的法律规则和规范。在很多时候,农民真正需要的法律救济,国家却不能够及时提供,国家施予农村的法律,未必都切合农村的实际。在现实社会中,农民需要的法律救济往往格外细致、具体,具有独特的地方性色彩,并且期望对方当事人有能力履行的或是司法机关有能力执行的。因此,在很多情况下,国家正式的法律与农村社会的生活逻辑并不一致,很难满足当事人的要求。另一方面,即使国家制定的法律能够满足社会的需求,但由于经济等多方面的原因,也无法通过法律途径得到及时救济。国家法律制度深入农村社会比较困难,更重要原因在于当农民需要国家法律救济时却没有足够的支付能力,这主要表现为高昂的律师费和诉讼费等,同时打官司有着严格的程序,繁杂的手续,还要消耗大量的时间成本,这些也是调解等非诉讼纠纷解决方式受到农民青睐的重要原因。

第四,矛盾化解成本与效果因素。在农村矛盾化解中,可选择的化解方式多种多样,对于选取何种化解方式,当事人都自然地将化解方式的效果与其成本紧密联系考虑。以诉讼与非诉讼的矛盾化解方式做比较,客观上讲,诉讼必然需要投入一定的费用以及时间,所以一般来说,朴实勤劳的农户们是倾向于非诉讼的矛盾化解方式。

（二）农村矛盾化解机制的主观影响因素

农村矛盾的产生和发展中各主体的意识因素对农村矛盾化解机制的完善和健全有着重要影响。其中,农村矛盾化解主体和农村矛盾主体这两类主体的意识更直接地影响农村矛盾化解机制的发展与运行。

1.农村矛盾化解主体的主观因素

农村矛盾化解主体是各级政府、社会组织、司法机关等主体。对于矛盾化解主体,党中央《关于构建社会主义和谐社会若干重大问题的决定》中提出:"建立党和政府主导的维护群众权益机制"。这也就是说,中国共产党及其领导的各级政府、行政机关是建立有中国特色化解社会矛盾的主导主体。此外,在农村矛盾的化解实践中,政府组建或倡建的居委会、村委会以及民间调解组织,以及许多行业协会等自律性的社团组织,统一组成了我国多重化解矛盾的主体,因为他们建立和生活在农民中间,与农民同呼吸共命运,知道农民的所想所为以及发生矛盾纠纷的症结之所在。这些主体的主观意识对矛盾化解有着重要的影响。首先,各矛盾化解主体对农村矛盾的认知是重要主观因素。矛盾化解主体对矛盾的主观态度决定了其在处理农村矛盾时的态度。许多农村矛盾产生、激化甚至引发群体性事件的一个重要原因就是矛盾化解主体在认知方面的不足,对于一些问题的存在采取漠视的态度或者认为不会产生矛盾,直接导致一些可以避免的情形发展成为矛盾,而一些小矛盾则发展成为难以调和的大矛盾。其次,农村矛盾化解主体的责任意识同样影响农村矛盾的顺利化解。由于对自身的责任认知不明确,许多矛盾化解主体,尤其是法律没有明确规定其责任的主体和矛盾化解责任不明确的情形,对于矛盾化解的结果采取放任的态度,直接导致矛盾的扩大化。由此可见,在农村矛盾化解中,矛盾化解主体对农村矛盾的认识以及自身在矛盾化解中职能的认知是影响农村矛盾化解机制长效运行的重要因素。

2. 农村矛盾主体的主观因素

以农村村民为主的农村矛盾主体对矛盾的认知以及对矛盾化解机制的选择是影响农村矛盾化解机制的主观要素。尽管农村法制化建设已经被提上日程,农民的法制意识也在一定程度上得到提高和增强,这对农村矛盾的化解提供了有力的支撑,但必须看到的是,农村中一直延续存在的习俗、乡土社会中的观念和生活方式在农村矛盾化解机制中也发挥着重要作用,也就是说,在农村矛盾化解中,农民的主观因素对农村矛盾化解机制起着重要影响。

首先,农民对法律的认识和接受程度影响矛盾化解机制的普遍适用。国家法律调整的是人的行为而不是思想,但从另一方面来说,人的意识决定了其将如何行为。虽然国家法律可以依靠国家的强制力来维护实施,但是更好的情形无疑是法律得到社会成员自觉自愿遵守和执行,这就必须以它得到社会成员广泛的心理认同作为条件。相对于民间规范的大众化,国家法律对普通村民是脱离生活的、不实际的、构思虽精巧却难以理解和运用。的确,人们对一个事物的认识水平和了解程度都是始于周围生活环境中有其存在,如果国家法律制度不与人民群众的生活相接触,那么人们一开始都会排斥它。由于当地民众一直生活在一个"无国家法诉讼"的环境中,他们就很少有机会去了解国家的法律制度,就更不会运用民事诉讼程序来为自己解决民事纠纷服务了。

其次,农民自身素质和权利保护意识对农村矛盾化解机制的发展同样产生重大影响。在中国传统观念中,恶讼、耻讼的文化意识根深蒂固,社会改革与农村法制化建设固然打破了农民的传统思想的坚冰,但从本质上讲,这一文化意识影响下的农民很难在矛盾化解中选取诉讼或其他法律途径。"讼,则终凶",《论语》中孔子说"听讼,吾犹人也。必也使无讼乎。"追求和谐融洽的人际关系在我国有深远的历史渊源,这种传统的"无诉"的文化价值取向,使得为逐利而求讼的行为与广大民众所接受的和为贵的人生观、"君子寓于义小人寓于利"的义利观相冲突。中国人解决争端首先必须考虑情,其次是礼,再次是理,只有最后才诉诸法。这种文化是独立存在的,成为了影响中国诉讼制度的一个大因素。意识因素就在于它首先是一种本能行为,当自身利益受到损害时,人们都会自觉地条件反射式的采取应对措施,这是人自古以来就存在的本能行为。在任何一个社会里,当出现纠纷矛盾时,当事人总会试图通过协商或者和解的方式来加以解决。协商、和解的做法是人类社会化的结果,存在于人类的集体无意识中并不时发生作用。而在选择如何协商、和解方式方法时,它更多地体现为个人意识指导下的选择,更多地取决于个人的理性思考。

由此可见,农民的主观意识状态对农村矛盾化解机制的影响重大。农村矛盾的化解方式有很多,但是在实际生活中,农民会站在自己利益的角度来考虑选择调解和协商的途径,而这显然不适应农村矛盾化解机制正常发展的要求。在农村,人们缺乏维护民主权利和利用有效措施保护自己切身利益的意识和实践活动。而且权利义务模糊、主体意识淡薄,对人际关系和矛盾纠纷仍然习惯于按照传统农村的伦理道德或单纯依赖行政权威来处理和解决。当自己的合法权益造成侵害时,往往采取消极的私下解决措施。总体来看,农民对自身权利观念还远未形成、民主意识还比较缺少、法制观念还比较淡漠,因此现阶段的农村矛盾化解机制的建设任重而道远。同时通过调查也可以看出,大多数被调查对象还是希望通过法律以及各类农村组织来化解农村矛盾,以此来维护自身的合法权益。农村日益增加的社会矛盾能否得到及时、有效的化解,直接关系到我国广大农村地区的稳定。同时也关乎着广大农民群众的心理健康,如果矛盾纠纷长期得不到解决,日积月累,会使农民产生情绪积压,矛盾随时可能激化或者升级,甚至导致矛盾双方采取极端手段,最终走上犯罪道路。因此,基于农民权益保护与新农村社区发展的农村矛盾化解机制的建立与完善迫在眉睫。

第四节　基于农民权益保护的我国农业补贴具体法律问题分析

一、我国现行农业补贴具体法律制度的特殊性

农业自古以来就是一个弱质产业,作为经济再生产和自然再生产的统一,农业生产面临着自然和市场的双重风险。农业生产天生的弱质性和市场经济发展给农业带来双重考验。在世界农产品贸易体制下,"发展中国家应该享有更多的灵活性,以满足在粮食安全和农业发展等方面的要求"①。但实际情况并非如此,广大发展中国家在某种程度上面临着比发达国家更为严峻的国际国内形势。中国作为一个人口众多的农业大国,人均自然资源相对贫乏,农业生产效率低,规模化和现代化程度都不高,经济发展形势极为严峻。在中国

---

① Proposal for WTO Negotiations on Agriculture Submitted by the Republic of Korean,9 January 2001,G/AG/NG/W/98.

加入世贸组织后,千家万户的小规模农户经营,不仅要抵御自然风险,更要承受国内市场竞争和国际市场竞争所带来的双重压力。可以说,中国农业的发展,直接影响着中国农民的生存和发展,直接影响到农民收入的增长、农村社会的稳定与和谐发展,农业的现代化和农村的发展更是直接影响到中国的现代化建设,影响到国家的政治和经济安全。中国农业与农民的生存和发展问题是困扰中国政府的症结所在。

(一)中国农业自然禀赋低,弱质性十分明显

农业是天生的弱质产业,这是由农业的自然特性决定的。中国农业发展由于受自身环境、经济发展条件的限制,其弱质性比其他任何国家都表现得更为突出。首先,农业具有自然风险性。农业生产是农业与自然、社会经济环境之间统一的生产系统,农业生产在很大程度上受制于自然环境条件的状况,而自然条件如干季或旱季往往是无法预料的,当农业生产面临自然灾害侵袭时,农民很难采取有效防护措施。在中国大部分地区,农业种植都是望天收成,各种基础设施也不够齐全,农产品科技含量较低,这些都导致农业对抗自然灾害的能力较低,自然风险性较高。其次,农业具有市场风险性。农业生产的季节性、周期性、区域性等特点,决定了农产品不能对市场的变化做出及时反应。农产品生产周期长、季节性强,上期价格决定本期产量,本期产量决定本期价格,农户独立决策、分散经营,无法随着市场需求的变化及时做出调整,供给缺乏弹性,要承受很大的市场风险;此外,由于不同区域之间存在着自然资源条件、生产技术水平和外部环境的巨大差异,决定了农产品生产布局具有区域性。加之农产品量大,具有不易储存、运输的特性,导致农产品局部过剩的现象,结果只能是农业生产者蒙受巨大损失。最后,中国农业生产者的组织化程度低。正是由于中国农业生产者组织化程度低,抵御自然灾害和市场风险的能力弱,存在的风险因素较高,同时又对市场过度依赖,中国农产品在市场上处于相对不利的劣势地位。

尽管从农业经济规模与总量来看,中国堪称是一个世界农业大国,但与美国、欧洲等一些发达国家和地区相比,中国农业基础仍显薄弱。无论是在农业生产基础、生产方式还是生产效率上,中国与发达国家都存在很大差距。就农业生产基础条件而言,中国虽然是一个大国,但由于人口众多,目前中国人均耕地面积仅为 0.1 公顷,还不到世界平均水平的 1/2、美国的 1/6、加拿大的 1/4。就农业生产方式而言,美国、加拿大等发达国家在 20 世纪初就开始积极推进土地的规模经营,到 20 世纪 70 年代已基本实现了农业生产的全面机械化和现代化,进入 90 年代后全球卫星定位系统被广泛应用于农业生产,农业工人的装备水平已接近或超过产业工人。与之相比,中国到目前为止仍实行以农户家庭为单位的小规模经营,农业机械虽然在一定程度上得到推广和应用,但人力、畜力以及传统的耕作工具和方式仍占主导地位。农业生产条件和生产方式的落后直接影响了中国农业生产效率和农产品竞争力,中国农业弱势特征仍然十分明显。因此必须对农业进行保护,采用农业补贴的方式,加大对农业的投入,提高农业生产者的积极性,从而使农业得以与其自然风险与市场风险进行对抗,改变其劣势地位,保证农业在能够生存的前提下也获得相应平等的发展权。

(二)中国农业粮食安全问题更为凸显

发展中国家农民占人口总数的大多数,且绝大部分贫困人口主要集中在农村。随着粮食进口取代本国粮食生产,农民无法靠种植粮食维持生计,这样不但使发展中国家的农业基础遭到削弱,粮食供应受到威胁,而且还可能引发严重的社会问题。[1] "没有钢铁或煤,或者没有电,人类仍可生存,但是绝对不能没有粮食。大多数制成品实际上都有替代品,但粮食却无可替代。"[2]中国是世界人口之最,中国的粮食安全保障功能更加重要。农业是国民经济的战略性产业,其产品也是一种特殊产品。人类社会生存发展离不开农业,人们赖以生存的衣食要靠农业来解决。像中国这样一个人口大国,如果纯粹地从经济效益角度出发一味地发展工业或高科技产业,而把国民赖以生存的粮食供给完全寄托于国际农产品市场,显然是很不理性的。而且一旦国际形势发生

---

[1] Tashi Kaul, The Elimination of Export Subsidies and the Future of Net-food Importing Developing Countries in WTO, Fordham International Law Journal, Vol.23, 2000, pp.384–407.

[2] Gillis, M.D. Perkins, M. Roemer and D. Snodgrass, (1996). Economics of Development, New York: W.W. Norton Company.

变化,就可能陷入受制于人的被动地位,甚至危及国家的独立和安全。仅从这一点考虑,中国所面临的农业生产和粮食进出口问题比其他任何国家都更为严峻。因此,对农产品这种战略物资常备不懈的保障需求,正是中国乃至世界大国实施农业保护、促进农业发展的根本原因所在。

（三）中国农业人口众多,农业补贴压力大

中国农业人口众多,这也是阻碍中国农业发展的一个因素。鉴于中国农业的现实状况,即农业人口过多、家庭联产承包责任制存在的缺陷,导致农业的再生产要求中一系列带共性的重要项目和内容,如农业基础设施、农田灌溉设施、抗御灾害、农业生产技术服务、农业市场化服务等,无法得到很好的解决,使中国不得不对农业进行补贴,加大农业资金投入。农业补贴主要包括两个基本内容,一是以提高农业生产效率为目的而对农业生产进行的农业补贴,二是以增加农民收入为目的而对农民收入直接支持。与很多国家特别是发达国家不同的是,不但中国农业是一个弱势产业,中国农民亦是一个相对弱势群体。中国不但是世界人口之最,而且也是世界农业人口之最,中国农业补贴面临着比任何国家都要大的压力。在美国,由于美国农业人口仅占全国总人口的 3%,美国每年给 2.5 万户棉农大约 30 亿美元的补贴,平均每户棉农得到的补贴高达 1.2 万美元,这相当于中国一户棉农 7 至 10 年的产值。而对于中国全部农业人口来说,每年即使给每个中国农民几十元的补贴,对于财政实力还很薄弱的中国来说也是一个很大的数字,况且几十元的补贴并不能从根本上解决众多贫困农民的增收问题。因此,仅从这个意义上来说,中国农业补贴面临的压力比其他任何国家都要大。

（四）中国农业方面的入世承诺,使得中国农业补贴面临的国际环境更加严峻

无论是从中国农业的弱质性、粮食安全保障功能的特殊性还是从中国众多的农业人口来看,中国所面临的农业补贴国内环境比其他国家都更为严峻。对农业提供巨额补贴仍然是目前发达国家农业政策的基本出发点。尽管WTO《农业协议》在一定程度上改善了国际农业竞争环境,但目前发达国家仍然普遍对农业实施高额补贴政策,这既不利于建立公平竞争的国际农业发展

环境,也严重损害了中国和其他发展中国家农业的利益。① 即使如此,从整个农业补贴的国际环境来看,中国为加入世贸在农业方面作出了诸多不利承诺。中国作为一发展中国家却只能享有包括发展性支持在内的 8.5% 的综合支持量,并且承诺放弃各国都普遍采用的对所有农产品的任何出口补贴。其次,面临反倾销指控和"绿色贸易壁垒"。目前,由于中国大多农产品多年来,过量施用农药、化肥等化学品,残留的有害物质较严重,导致大部分农产品质量低,与国际市场的绿色产品标准相差甚多,造成农产品的出口受阻;且中国部分农产品由于受劳动力密集因素的影响,农产品价格低于国际市场一般价格,将会面临反倾销指控,不利于中国农产品顺利进入国际市场。由此可见,WTO 相关国际法律规则对中国农业国内支持和农产品出口补贴的限制将比其他国家都更为严格,中国农业补贴面临的国际环境更加严峻。

二、我国农业补贴具体法律制度主要问题分析

现行农业补贴政策虽然在一定程度上促进了农业生产,提高了农民收入,取得一定的政策效果,但从中国现行农业补贴政策及其实施过程中来看,仍然存在不少问题。

(一)农业补贴的总量不足,方式单一

中国近年来农业补贴增长较快,但总量上仍明显不足,转移支付的力度不够。目前中国对农业的补贴仅为该产品总值的 2%,在支持总量上还有一定的增长空间和调控空间。WTO《农业协议》中"绿箱"补贴措施共 11 类,中国目前只使用了 6 类,还有 5 类没有启用,至于"黄箱"补贴,目前中国政府的"黄箱"补贴只占农业总产值的 3.3%。根据中国的入世承诺,对农民的收入补贴还有 5.2% 的补贴增长空间,"蓝箱"补贴措施则几乎没有使用。与发达国家对农业的巨额补贴措施相比,中国农业国内支持总量水平并不高。即使近年来随着中国政府对农业、农村和农民问题的重视,中国加大了农业补贴的力度,并且取消了几千年来的农业税。但从中国这几年对多种农产品的农业

---

① 程国强:《中国农业面对的国际环境及其趋势》,《中国农村经济》2005 年第 1 期。

国内支持总量来看,一段时间里中国对农业的支持可能仍然是个负数(国家财政支农和粮棉油价格补贴总和扣除农民实际负担的各项税费,再扣除农业国内支持市场与边境价格之后余额)。总的来看,作为一个人口众多的农业大国,中国的农业补贴仅为欧盟的 1/10,美国的 1/4,中国农业补贴总量仍然存在不足。从中国农业补贴方式来看,中国补贴方式则具有明显的单一化、简单化特征。按照 WTO 口径,中国使用较多的"绿箱"措施只有 6 项,分别是政府一般服务、粮食安全公共储备、国内粮食援助、自然灾害救济、环境保护计划和支持地区发展,而其他 6 项发达国家广泛使用的支持措施,如一般性农业收入保障补贴、农业生产者退休或转业补贴、农业生产结构调整性投资补贴、农业资源储备补贴等对生产者的直接支付补贴基本上没有使用,尤其是中国有关农民收入的补贴水平更低,措施使用更少,效率更差。旨在通过转移支付途径增加农民收入的补贴措施是中国农业国内支持措施中最缺乏的。尽管这几年,国家逐步加大了粮食直接补贴的力度,但在很多发达国家经常使用的"绿箱"补贴措施方面仍为空白。在 WTO《农业协议》免于削减的"黄箱"措施微量允许方面,中国则是运用得更少。目前,很多发达国家仍采用大量的"黄箱"措施对其农业和特定农产品实施补贴,或将大量"黄箱"措施转化为"绿箱"措施。如美国在 2002 年新颁布的《2002 年农业法案》中所采取的"销售贷款差额补贴"和"反周期波动补贴"均为 WTO《农业协议》所规定的"黄箱"措施。而目前中国所运用的"黄箱"补贴措施仅有粮食最低收购价保护,良种补贴、农机具购置补贴、农业生产综合资料直接补贴,而对于发达国家所普遍采用的特定农产品价格支持、营销贷款补贴、贷款差额补贴、农产品储备补贴、商品贷款利息补贴[①]等"黄箱"措施中国几乎为空白。由于 1996—1998 年基期内,中国的综合支持量为零,所以仍有大量的"黄箱"措施空间来采取各种"黄箱"措施对中国农业进行补贴。

(二)农业补贴的结构错乱,重点不突出

中国农业补贴的结构不合理,首先表现在"绿、黄箱"之间结构不合理,从

---

① 程国强:《难有突破的补贴议题——中国农业面对的国际农业补贴环境分析》,资料来源:http://www.wtolaw.gov.cn/display/displayinfo.asp？iid=200212240912310501。

中国现行的农业补贴看,"黄箱"支持多,"绿箱"支持和"发展箱"支持少;其次,内部之间的结构也不合理。虽然目前中国已经将补贴转向农业生产环节,但由于转移支持的力度不够,对农民直接收入补贴、农业教育、农业技术推广、农业基础建设等方面的补贴仍然不足,导致农民直接受益少,农业后发优势不足,同时引起贸易扭曲,不符合 WTO 农业规则,不利于农业生产的市场化和国际化。

与其他国家特别是发达国家相比,中国农业补贴的特点就是补贴面较广,补贴分散,各类别、各环节所获的补贴数额很少,导致财政补贴的作用难以集中发挥效能,补贴效果差。① 中国对农业的补贴几乎涉及到农产品生产、流通和贸易的全过程,补贴的范围虽然广但很分散,没有形成纵向优势,缺乏针对性和集中性。在农业补贴结构分配上,采取大量财政补贴用于弥合购销差价、降低农用生产资料价格以及贴息贷款等农产品流通环节和消费环节上;而对于农业教育、农业技术推广及农业基础建设等一般农业服务补贴方面则投入较少。这种补贴结构导致农民的人力资本匮乏,农业技术研发力度不够以及农产品质量和生产效率低下等问题,制约了农业补贴整体效能的发挥。农业结构错乱、重点不突出不利于从根本上解决中国农业生产力低下、农民收入增长缓慢的问题,同时也容易引起贸易扭曲,不利于农产品贸易的现代化和国际化。②

(三)农业补贴流失严重,资金利用效率低

过去一段时间,中国财政对农业补贴多采取"暗补"的方式,将财政补贴资金通过流通渠道间接地给予补贴,造成补贴资金流失严重。1992 年以后,中国就开始对粮棉等农产品在流通领域进行一定干预,同时实行较大力度的价格和流通干预政策。事实上,由于缺乏有效的监督机制和健全的法律来规制农业补贴资金的使用,国家对粮棉经营的补贴更多地给予了流通环节的各中间部门,实际上到农民生产者手中的补贴很少,以致于几年来,

---

① 高峰、罗毅丹:《我国农业补贴政策调整研究》,《甘肃社会科学》2006 年第 2 期。
② 任大鹏、郭海霞:《我国农业补贴的法制化研究》,《农村经济》2005 年第 10 期。

国家财政背上了多达数千亿元的包袱。虽然目前中国制定了多项有关农业补贴的法律法规、政策等，但是农业补贴资金自上而下活动，到达农民手中往往经过了多重关卡、多道手续，一般而言，由国家拨给省专项补贴资金，省再下拨给县市，然后到乡镇，最后经村组下发给农民，这样在整个过程中，许许多多的人力物力来完成此项工作，自然而然就会消耗掉部分补贴资金，导致农民得到的补贴利益减少，资金利用效率低。以下就粮食直补和农机购置补贴两种制度进行分析，具体阐述中国农业补贴法律制度存在的主要问题：

1. 粮食直补政策存在的主要问题分析

早在 2004 年，中国就改革了粮食补贴方式，出台了粮食直接补贴政策，这一政策大大提高了农民种粮的积极性，对稳定粮食生产、促进农民增收、保证粮食安全起到了一定成效，但中国粮食直接补贴政策在取得明显效果的同时，也存在一些问题，如补贴力度不够、补贴政策运行成本高、补贴标准地区差异大等，大大制约了粮食直接补贴政策最大效应的发挥。对于粮食直补政策的落实，主要依靠基层政府实践操作，由于中国农村土地制度的特殊性，因此，每年在对农户进行粮食补贴资金发放时，基层政府工作人员需要对每户土地面积进行核实、实际发放、督促检查等工作，这些都要花费大量的人力物力，导致政策运行成本居高不下。其次，目前中国粮食风险基金由各级包干筹集，并由中央与地方按 1:1 的比例筹集缺口资金，而且规定必须从财政预算中安排，各地的配套资金必须纳入地方财政预算，专款专用。在这一制度的约束下，一个地区只要生产粮食就要支出配套资金，生产粮食越多，配套的资金也就越多。从表面上看，地方粮食收购得越多，就可以多得中央的风险基金补贴，这对地方是有利的，但是得到中央的补贴越多，地方政府配套的基金也就越多。当前粮食主产区政府每年都得为粮食生产经营支付相当数量的粮食风险基金，以补贴国有粮食企业，确保粮食的收购和流通。① 这部分成本对于地方政府是

---

① 邓大才：《粮食宏观调控：中央政府与地方政府的权利与责任》，资料来源：http://www.dqnw.gov.cn/xx/content.asp？id＝8788。

笔巨大的财政负担,更重要的是产粮区的财政状况本身就不太好,因此,主产区对全国粮食供给越多,地方财政配套资金负担越重,地方政府在承担直接补贴资金与对粮食安全贡献上的不对称现象严重挫伤了地方政府产粮积极性,由地方为主筹措并承担补贴成本显然是不合理的。此外,还存在着补贴标准地区差异大,资金利用率低下的问题。目前,中国对农户的直接补贴政策处于起步阶段,各省一般根据自身财力先确定补贴总额预算,再确定对农户的补贴标准,因此,受各地财力制约,直接补贴的地区差异非常明显,且各地区补贴方式和标准不一,确定补贴时表现出较强的主观性和随意性。比如,内蒙古、江西、安徽等省区基本上按农业税计税面积和计税常产计算粮食直补;江苏、山东等省按农民实际种粮面积,向农民兑付粮食直接补贴;河南等省按农民的粮食定购量和应缴的农业税额,综合计算粮食直补;四川等省则基本上按农民向国有粮食供应购销企业售粮量,实行价差直接补贴。①因各地采用不同的补贴方式,具体补贴标准出现较大差异。而且,各地还普遍存在补贴标准确定主观性强,操作成本高,透明度差,补贴资金容易被截留等问题。

2. 农机购置补贴存在的主要问题分析

近年来,国家出台了一系列利农、惠农、支农政策,农机具购置补贴就是其中一项十分重要的内容。农机购置补贴促进了农机综合作业水平的提高,促进了农村劳动力转移和产业结构的调整,促进了农业增收和增效,提高了农业生产力,提高了农业抗击自然灾害的能力,提高了农民的生活质量,为早日实现农业现代化和加快社会主义新农村建设与全面实施乡村振兴作出了积极贡献。但在农机具补贴实施过程中也存在着一些问题,需进一步加强监督管理和规范。

(1)补贴覆盖面狭窄,补贴规模小。当前中国农机具购置补贴偏重于拖拉机等一些大型机械,对配套的农机具补贴力度不够,且比例较小,按国际惯

① 张明梅:《粮食直补:农业支持政策在我国粮食主产区的实践》,《调研世界》2004年第9期。

例,应该是1:4,而我们现在的比例还不到1:2①,致使政策实施的覆盖面太窄,加之补贴机具的数量和种类少,补贴比例偏低,远不能适应我国农民收入低、购机需求量大的现状。其次,小型农机具并未作为农机购置补贴的主要对象进行补贴,但是根据中国农民目前的经济状况,一般农民就是进行补贴也买不起大型机械,因为当前的补贴资金相对而言还是较少的,所以就出现了大多数农民想买小型农机具却没有相应的补贴的情况。

(2)补贴资金拨付周期长,生产企业资金周转困难。② 根据财政部、农业部《农业机械购置补贴专项资金使用管理暂行办法》的规定,中央财政补贴资金不拨付到有关市、县(区),由省财政直接支付给农机具供货方(生产企业或销售商)。财政补贴资金采取"差额购机、统一结算"方式支付。各省通常每季度受理一次农机具供货方提出的补贴资金结算申请。根据以上办法,企业至少要先垫付产品销售额的30%的资金,而且结算周期长达4个月到6个月。农机具购置补贴项目年度计划和资金下达时间太迟,在执行过程中某些计划变更程序比较复杂,致使部分机具购置赶不上当年季节需要,这就使企业资金周转更加困难,一些企业甚至出现了由于流动资金不足生产难以为继的困难局面。同时,由于资金占用、推广费等所造成的成本增加还将反映到产品的价格上,实际上使农民得到的购机补贴打了折扣。

除以上问题之外,农机购置补贴还存在农机具售后服务差、农机具购置补贴目录准入程序复杂和管理不规范、补贴资金流失现象严重等问题,致使此项措施在实践中的效用大打折扣,在一定程度上制约了农业应有发展权的实现。

三、我国农业补贴具体法律制度存在的突出矛盾

中国农业补贴法律制度除以上存在的主要问题外,还存在一系列的突出

---

① 乔光明:《当前中国农机购置补贴存在的几个问题》,资料来源:http://www.njh.com.cn/desktopModules/Blog/ArticleList/articleDetail. aspx? pid = 1&c = 7&uid = 481&ad = 20070705143840265。

② 宗言:《农机购置补贴:不尽完善尚需规范》,《中国县域经济报》2007 年 11 月 9 日。

矛盾,导致原本就是相对弱势群体的农民,在参与社会增量利益与存量利益的分配中处于更加不利的劣势地位,阻碍了他们应有利益的实现,这些矛盾也成了农业和农民生存权与发展权平等实现道路上的绊脚石。

(一)农民缺乏利益代表机制,组织化矛盾突出

在中国,农民人口多而分散,组织化程度低,缺乏共同利益的驱动,以致农民利益常常存在丧失和被侵蚀的现象。这一问题是当前中国农业补贴法律制度存在的突出矛盾之一。提高农民的组织化程度,创建农民的利益代表主体,是解决"三农"问题的有效途径,对保护农民的利益具有重要作用。在农业补贴过程中创建农民的利益代表主体,搭建农民与国家之间的中间桥梁,一方面有利于提高农民的谈判地位,改变广大农民在利益博弈和政策博弈中的劣势地位;另一方面有利于国家与农民之间的信息交流,降低补贴制度运行的成本,提高补贴的效率。美国、日本等发达国家的农民行业组织在农业补贴中发挥了极为重要的作用,这些国家的成功实践表明,农业补贴政策的制定和实施需要农民利益代表主体的参与。中国目前尚没有真正意义上的农民利益代表主体,一些政策制定者对提高农民的组织化程度心存顾忌,认为似乎农民一旦形成利益集团是件可怕的事情,将会对国家的稳定构成威胁。这一观点片面地夸大了农民组织化的制度风险而忽视了它的积极作用。我们应该对农民组织进行客观科学的评价,以发掘和认识其在解决"三农"问题中的作用和优点。在农业补贴中,中国应借鉴发达国家的成功经验,在法律上保证农业行业组织开展活动,在立法上赋予农业行业组织一定的法律地位,明确行业组织的性质、业务范围,给予农业行业组织必要的经营、民事主体资格,并应在补贴制度中将行业组织作为农业补贴的受益主体,充分发挥其在农业补贴中的积极作用。以此来保障农民生存权和发展权的平等,保证农业获得平等的发展机会,农民获得应有利益的分配。

(二)补贴方式落后,执行不连贯,补贴效果矛盾突出

中国目前针对农业的补贴多在流通领域进行,有限的资金没有得到高效的配置,补贴利益往往被中间环节的其他市场主体所侵蚀,补贴效率低下。另一方面,中国农业补贴时有时断,执行不连续,严重影响了中国农业生产力的不断提高和农民收入的持续增加。20 世纪 50 年代末,国家为了加快社会主义现代化建设,开始对农业生产进行一定补贴,极大地促进了中国农业生产力的提高。之后,由于受政治因素的影响,1980—1992 年间政府主要采取开放农产品价格的政策,对农业补贴非常少,农业补贴几乎一度中断。1992 年以后,由于市场经济改革的深入,中国开始对粮棉进行价格和流通干预政策,对粮棉等特定大宗农产品给予了一定的价格支持。但是,由于严重、繁杂的税赋,以及补贴效率低,国家对农业生产和农民的支持实际上非常小甚至为负。正是由于中国时断时续的农业补贴政策,中国的农业、农村和农民问题日益严重,直到 2004 年国家才真正又开始正视这一问题,相继出台了粮食直接补贴、良种补贴、农业生产资料综合直接补贴等一系列的农业补贴措施。在此期间,对农业补贴的方式也是相对落后,没能很好地保证农民生存权与发展权的平等实现。因此,必须要对补贴方式进行改进,变"暗补"为"明补"。应将流通领域的部分补贴转移到直接生产领域,或直接补贴农产品保护价以及与之相关联的仓储建设、保管费用等,将以"暗补"为主的补贴方式逐渐转化为以"明补"为主的补贴格局,让农业生产者直接受益获利,使政府对农业的支持更直接更具体,更能发挥财政对农业补贴的政策功效,提高补贴的政策效率。此外,要明确农业补贴不应是一种"应急措施",对农业的支持和投入作远景规划是确保农业生产稳定、持续发展的前提。财政对农业进行补贴的根本目的是为了有效地促进农业发展和保障农民收益。应在明确农业补贴目标的基础上调整农业补贴结构,在补贴资金有限的条件下,还可以缩小补贴范围,减少中间环节,有侧重点地对农业进行补贴和扶持,集中发挥财政补贴的政策效益,增强农业可持续发展能力。

（三）农业补贴法律制度不够统一,体系化矛盾突出

从法律制度建设和体系构建方面看,中国有关农业补贴的法律规定,在法律制度建设方面才刚刚起步,重点还不够突出,结构还不尽合理,内容还不够完善,一些基本的法律制度和措施尚未完全建立,在部分领域仍然存在立法的空白（如农业检验服务补贴方面等）,还不能形成一个完整、统一、有

序的体系。① 这种体系化的矛盾也严重阻碍了中国农民生存权与发展权平等
地获得。如我国早在 2002 年 12 月修订的《农业法》,在农业投入与支持保护
一章中,就详细规定了国家建立和完善农业支持保护体系,采取财政投入、税
收优惠、金融支持等措施,从资金投入、科研与技术推广、教育培训、农业生产
资料供应、市场信息、质量标准、检验检疫、社会化服务以及灾害救助等方面扶
持农民和农业生产经营组织发展农业生产,提高农民的收入水平。以及在不
与中国缔结或加入的有关国际条约相抵触的情况下,国家对农民实施收入支
持政策,也就是以法律法规的形式将对农业的支持与扶持确定下来,从而确定
了对农业的制度保障,有效地促进农业的发展和农产品竞争力的提高,对中国
农民生存权和发展权的保障起到了不可估量的作用。除此之外,中国还制定
了一系列其他方面的法律,如《草原法》《渔业法》《农业技术推广法》《动物防
疫法》和《植物检疫条例》等,其中都对农业支持、扶助等有所涉及,但法规内
容不够全面,整个农业补贴法律制度相对而言是比较混乱的,并未形成有关农
业补贴统一、完整、有序的立法体系,而是由各自不同的法律在各自所辖的范
围制定各自的法律规范,这样不利于农业补贴得到切实有效的贯彻,同样也不
利于农民应有利益的获得。

(四)管理体制不健全,运行机制矛盾突出

从中国农业补贴管理体制来看,管理体制不健全、运行机制矛盾突出等问
题,严重影响了中国农业补贴实施效果和效率。目前,中国财政农业补贴资金
支出实行分块管理,有限的资金不能形成合力。在农业补贴管理方面,农业基
本建设投资主要是由国家发改委单独管理或由发改委与农业部共同管理;农
业科研费用主要由财政部、科技部和农业部共同管理;支援农村生产支出、农
林水气等部门事业费、农业综合开发资金由财政部或财政部与农业部共同管
理;农产品补贴由财政部或财政部与流通部门共同管理。② 这种多部门管理
模式由于责任主体不明确,不能对农业补贴措施的实施和补贴资金的使用形

① 刘洁、阎东星:《WTO 规则框架下的我国农业补贴法制建设》,《法学杂志》2004 年第
1 期。
② 何忠伟、蒋和平:《中国农业补贴政策的演变与走向》,《中国软科学》2003 年第 10 期。

成合理有效的管理。同时，又由于缺乏有效的监督体制，运行机制不畅，在基层财政有限甚至非常紧张的前提下，难以保证政府的农业补贴能够不被挪用，没有一种有效的监督机制来防范农业补贴资金挤占、挪用、转移、乱花乱用等现象的发生。20世纪90年代，中国对粮食、棉花的价格支持和流通干预政策补贴就被流通部门大量吞噬，农民实际受益非常少，这很大程度上是由中国农业补贴管理体制不健全、运行机制不畅等造成的。

第五节　农民权益法律救济问题

现行农村法律救济制度尚处于起步阶段，虽对维护农村管理秩序和保障农民的合法权益起到一定的作用，但在实践中也暴露出一些缺陷。

一是农民申诉制度仅作原则性规定。虽然国家新颁布了相关法律，且对申诉范围、期限、受理机构及机构组成做出了具体规定，但是申诉应遵循的规则和程序、申诉与裁决的事实与证据规则要求、申诉与裁决的程序以及裁决的效力、农村申诉机构受理农民的申诉后逾期未作处理的或者久拖不决应承担的责任、复查决定或裁决不服能否向上级行政部门提请行政复议或提起行政诉讼等等问题，缺乏明确的法律规定，在申诉实施过程中难以操作。

二是行政复议的受案范围具有局限性。例如，《行政复议法》第六条规定，"申请行政机关履行保护人身权利、财产权利、受教育权利的法定职责，行政机关没有依法履行的，可向行政机关申请行政复议。"这一规定具有一定的局限性。只在行政机关没有履行保护人身权利、财产权利、受教育权利的法定职责的情况下，农民才可向行政机关申请行政复议。对于法律法规授权机构在行使管理权时对农民做出的违纪或违规处分决定，农民不服并认为管理机构侵犯其人身权利、财产权利或其他权利时，农民却不能行使行政复议救济权，只能依法向行政部门行使申诉救济权，农民享有的行政复议权受到法律规定的限制。各项救济制度之间没有建立合理的联系，各自为营。农民对于行政申诉机构做出的决定不服的，是否可以用其他的救济方式来维护其合法的权利,法律对此没有做出相应的规定。行政复议规定农民的人身权、财产权和其他权利受到行政机关的侵犯可以通过行政复议得到救济,但是行政诉讼却没有把此项列入其受案范围。申诉与行政复议和行政诉讼之间没有建立合理的衔接联系,从而影响了农民申诉制度功能的发挥。

第十六章　农民权益保护与新农村社区
发展的具体对策研究

　　农民问题是"三农"问题的关键,而农民问题的核心是农民利益问题①。保护好农民权益是新农村社区建设和全面乡村振兴的重要前提,我们要抓住新农村社区建设与全面乡村振兴这一历史机遇,整合和集中农民权益与农村利益,为解决"三农"问题奠定坚实的基础。以我国社区基本立法建议的思考和完善为理论架构,结合对农村社区治理中政府行为和责任、社区法律选择机制考查以及分析、社区矛盾化解机制的完善与创新的指引,我们要建设符合农民权益保护需要的新农村社区,需要从政治、经济、文化、社会和生态五个方面进行具体的构建,在推动新农村社区发展与全面乡村振兴的同时,促进农民权益的实现。

第一节　我国社区基本法设计的理论架构

　　一、我国社区组织立法研究——以《中华人民共和国社区组织法》学者建议案条文设计为中心

　　随着城乡统筹的不断发展,城市社区、农村社区已经运行了多年,承担着计生、统计、流动人口管理等多种行政事务。但目前,我国尚无有关社区的专

---

　　① 吴爽:《宪政视野下的农民平等权问题》,《社会科学论坛》2006 年第 12 期。

门法律或法规。因此,我们亟需制定《中华人民共和国社区组织法》,对社区的性质、作用和职能,社区管理机构的产生和设置及其各自的职责权限划分,社区管理的方式及运作机制,社区与居民、政府和其他社会组织的关系等,作出明确的规定,使社区工作有法可依,依法运行,以便进一步规范社区的建设与管理,为社区的健康发展提供制度上、法律上的保障。

（一）我国社区组织的立法现状与问题分析

由于农村社区对我国城市社会管理来说是一个新生事物,我国目前还缺乏针对农村社区组织的专门立法。1989 年 12 月 26 日,《中华人民共和国城市居民委员会组织法》公布并于 1990 年 1 月 1 日施行,这是我国第一部关于社区的法律;1998 年 11 月 4 日,《中华人民共和国村民委员会组织法》公布施行。应该说,村民委员会和居民委员会都可以称作是社区的组织形态,村民委员会的村民和居民委员会的居民都可以称作是社区的社员。2003 年 6 月 8 日中华人民共和国国务院令第 379 号公布《物业管理条例》,于 2007 年 8 月 26 日国务院令第 504 号修订,2007 年 10 月 1 日施行,将社区居民物业管理方面产生的社会关系纳入了法律的轨道。国内有关专家人士也提出应从法律、法规上尽快进行修改和调整。2002 年 3 月,福建代表团 30 多位代表就曾联名向全国人大提交议案,建议尽快为城市社区立法,制定《城市社区建设条例》并附上《条例》草案,引起广泛关注。国内有些地区也用立法手段来支持社区组织发展。2005 年,深圳市就制定并正式实施《深圳市义工服务条例》规范社区义工服务。根据社区建设实践的发展和社区体制变迁的要求创建新的法律,需要尽快考虑制定《社区组织法》,面对城市社区快速发展的新形势,在地方立法的基础上,针对社区相关领域,尽快展开全国层面上的立法工作也是一项重要而紧迫的任务。

社区建设工作具体由社区主持、操作和落实。中国的社区建设是由民政部门牵头,有关部门配合而开展起来的,政府在组织和落实社区建设方面发挥了主导作用。但仍然存在以下问题:

首先,社区组织独立性不强。目前我国的社区组织是由政府推动成立或从政府机构转变而来的,和政府有着密切的关系,它们在观念上、组织上、运行机制及管理体制等方面倾向于遵照政府意愿办事,这些组织不是民间自发成立的,而是政府职能的延伸或者上级下文批示要成立这样一个组织。这在一定程度上损害了社区组织的自治性、民间性,使广大民众对社区组织的性质定位产生质疑,并把社区组织定义为一个政府附属机关、一个政府委派来管理事务的机关,使组织处于一个尴尬地位。所以,需要通过立法来规定社区组织的性质和地位,落实到制度层面,保证其独立性和自主性。

其次,社区治理相关法律规范体系薄弱。社区组织因发展不成熟,导致自身管理方面仍存在众多问题,各种制度不健全,运作欠规范或者流于形式。这种情况的出现是和我国的国情相关联的,同时也还有缺乏相关实践的原因。我国经济的发展,推动了全国城市水平的发展,而我国现有社区治理制度却因为没有跟上经济发展的步伐,不能满足经济全球化态势下城市快速发展和社区公民组织活动的需要。

再次,社区居民参与略有缺失,到目前为止,大多数居民的社区参与仅仅局限于一般性的社区活动,如出席居民会议、楼院卫生清洁、文体健身等。部分活动只是流于形式,其目的是参加一些评比活动,或是为了应付上级部门的检查。其形式简单,内容匮乏。就居民作为主体参与社区建设而言,相当多的社区只是一些退休或失业人员参与其中,社区中的中青年和在职的专业技术人员很少甚至没有参加过社区建设活动。更有甚者,参与社区建设的只是作为居委会工作人员的居民。社区居民参与的主体缺乏广泛性,故要将社区活动居民参与作为制度在实践中运行。此外,现行《中华人民共和国城市居民委员会组织法》《中华人民共和国村民委员会组织法》等相关法律中,涉及到社区的条款仅限于"居民委员会应当开展便民利民的社区服务活动,可以兴办有关的服务事业""村民委员会应当支持服务性、公益性、互助性社会组织依法开展活动,推动农村社区建设"等事项,但没有对社区的性质、职能职责、权利与义务、管辖权限等有关内容作出规定,社区组织目前尚处于无法可依的尴尬境地。

(二)我国农村社区组织立法的构想

在现代社会中,法律的作用是不言而喻的,但是我们过去在社区组织的建设中对法律的作用重视程度不够。本书正是基于这样一个前提,通过一定的调查与研究,找到社区组织与法律之间的联系,将法律规制嵌入社区管理中,推动社区组织建设的发展。对《中华人民共和国社区组织法》的重点制度设计进行尝试性探讨,根据我国社区组织的特殊性质,以维护社区组织成员发展权为目标,结合我国相关立法的一般规律,就社区的性质、作用和职能,社区管理机构的产生和设置及各自的职责权限划分,社区管理的方式及运作机制,社区与居民、政府和其他社会组织的关系进行了探讨,尝试提出了具体法律条文设计。《中华人民共和国社区组织法》的学者建议案的条文设计拟分为九章,其具体内容如下:第一章总则。主要界定社区概念:社区是一定地域范围内,以自身为腹地,具有一定互动关系和共同文化维系力的人口群体,并进行一定社会活动的组织类型,其在政治、经济、文化、社会控制和生态中应发挥重要职能以及社区的性质、职能。第二章社区的权利与义务。主要介绍社区生活中业主(业主委员会)、物业公司、开发商、居委会等几个权利、义务主体,具体包括这几类主体各自的权利和义务内容。只有社区中各方权利义务主体都能够明确自己的权利、正确行使各自的权利、履行各自的义务,社区建设才有根本保障。第三章社区管理机构的产生、设置。社区管理机构以社区党政组织为核心,由社区党政组织(社区党组织、街道办事处和乡镇政府)、社区自治组织、社区中介组织和业主委员会组成。本章具体制定各组织的成员产生方式和任期、选举权资格和选举方式、职责权限划分、职务终止及其工作移交等制度和规定。第四章社区规划、建设与管理。首先是以社区为单位制定的规划,其次是规定社区规划的程序和方法及其指标体系,以及社区环境管理(社区自然环境管理和人文环境管理),社区服务管理,社区治安管理和社区信息化建设(社区资源的信息化和社区管理信息化)。第五章社区与居民、政府和其他社会组织的关系。主要介绍各个权利、义务主体之间的关系,即业主(业主委员会)与物业公司之间的关系、居委会与业主、物业公司之间的关系、业主与业主委员会之间的关系、业主与开发商、开发商与物业公司之间的关系以及他们与政府及其他社会组织的关系。第六章法律责任。社区主体中,若一方或多方违反了法定义务或契约义务,或不当行使法律权利(权力)所产生的法律责任,将由行为人承担的不利后果,这种不利后果包括各种民事责任、行政责任、刑事责任等。第七章附则。本章规定制定实施办法的机关和实施日期。

该建议案将以人为本,服务居民作为社区建设的首要原则。开展社区建设,无论是构思工作思路,开展各项工作,还是做出各种决策,衡量工作成效,都要突出"民本"思想,体现为居民服务的核心要义。这是社区建设的根本出发点和落脚点,要贯彻落实到社区建设的各项工作之中。

二、我国社区发展促进法的思考与完善

如果考虑到社区组织尚处于不断发展完善之中,我们要使得农村社区发展不断规范、壮大,也可以先行制定《中华人民共和国社区发展促进法》。通过立法可以保证农村社区建设顺利开展,实现农村社区建设与管理的法治化、规范化,进而保护农民合法权益,充分发挥新农村社区在促进社会和农村地区可持续发展方面的基础作用。农村社区发展关系着农村发展的大局,关系着农民权益的切实保护,关系着农村社会的稳定。目前在农村社区方面尚未制定相关法规,各地也主要是以政策的形式促进农村社区发展。为满足农村社区工作的急迫性,其立法是在当前条件下的合理选择。作为制定和实施专门法的探索,将本法命名为《中华人民共和国社区发展促进法》。

(一)我国社区促进法的立法依据和宗旨

《中华人民共和国社区发展促进法》主要以《中华人民共和国宪法》《中华人民共和国立法法》《中华人民共和国民法典》《中华人民共和国村民委员会组织法》《中华人民共和国行政许可法》《中华人民共和国环境保护法》等为立法依据,以党的农村社区建设基本政策为立法政策依据。根据我国相关法律、中共中央一系列关于农村社区建设的文件以及结合中国国情、农村发展的客观实际,我们认为,《中华人民共和国社区发展促进法》的立法宗旨可以是:法律是一定时期内国家社会形态的标志,也是社会各方面权力、责任和利益分配的标志。通过专门立法的形式,不断完善农村社区发展的法律制度,建立健全农村社区发展的法律机制,为农村社区的发展提供制度支撑和法律保障,实现农村社区的健康、稳定、可持续发展;充分发挥农村社区作为农村的聚落中心、

中国新农村社区发展的法理与实践

工商业中心和文化教育中心的多重功能,保证农村社区的社会效益、经济效益和生态效益的和谐统一。

(二)《中华人民共和国社区发展促进法》的立法思路及基本框架

制定《中华人民共和国社区发展促进法》的总体思路是围绕农村社区建立、农村社区组织建设、农村社区经济发展、农村社区基础设施、农村社区信息公开、农村社区文化建设、农村社区环境保护 7 个方面进行设计。具体思路为:

首先,遵循下位法不得违反上位法原则,制定的《中华人民共和国社区发展促进法》不得同《中华人民共和国宪法》《中华人民共和国行政法》《中华人民共和国民法通则》等法律相抵触。其次,《中华人民共和国农村社区发展促进法》应参照国家关于农村社区建设的政策和通知,与国家大政方针相衔接。再次,《中华人民共和国农村社区发展促进法》的体系和内容应全面符合农村发展、农民权益保护的实际需求。此外,《中华人民共和国社区发展促进法》应做到条文语言规范,内容应尽可能细化,使之具有很强的操作性和实施的可能。对农村社区的定义和规划应当科学合理,明确农村社区规划的原则。同时应注重农村社区发展模式的多样性,使其更加符合我国农村多样化的发展状况。最后还应积极借鉴国外农村社区发展制度的成功经验,汲取优秀的制度成果。

《中华人民共和国社区发展促进法》的基本框架如下:

根据上述《中华人民共和国发展促进法》的立法宗旨、立法目标、立法模式以及立法思路,根据《中华人民共和国社区发展促进法》的适用范围以及农村社区发展法制化的要求,在体例的安排上,可按专门法的结构和形式,共设十章。

第一章总则,明确本法的法律依据,农村社区的范围、管理对象、目标,以及本法的适用范围。第二章社区建立,主要规定农村社区的建立和规划的内容。第三章社区组织制度,主要包括农村社区选举制度,社区党组织制度,社区加入制度(特别是农民如何加入社区),社区管理制度等。第四章社区经济发展制度,主要包括农村社区建设资金来源与保障,社区金融,社区集体经济,社区企业等。第五章社区基础设施,主要包括社区基础设施的相关制度,社区基础设施的建设制度,基础设施的维护等。第六章社区信息公开制度,社区信息公开机构与方式、信息异议处理制度、社区互联网建设等。第七章社区文化制度,主要包括社区教育(办学),社区文体活动,社区优秀传统文化培育等。第八章社区环境保护,主要包括农村社区污染防治、生态文明建设以及破坏社区环境责任等。第九章附则,主要包括本法的解释机关和实施时间。

《中华人民共和国社区发展促进法》坚持以习近平新时代中国特色社会主义思想为指导,以实现农村社会管理创新、维护农民权益、化解农村社会矛盾为目标,把推动城乡统筹发展为根本要求,按照农村社区自治的客观要求,坚持从农村实际出发,积极探索农村社区发展的模式和治理方式,进而加快实现农村社区的科学、健康、可持续发展,提升治理体系和治理能力现代化为农业、农村、农民发展服务。

第二节　基于农民权益保护与新农村社区发展的政府行为与责任

一、农民权益保护与新农村社区发展中政府行为

在农村社区发展过程中,农村社会管理者是一个很重要的阶层。乡镇政府作为我国一级政府,处在农村工作的前沿,建设社会主义新农村,乡镇政府责无旁贷。新农村建设与全面实施乡村振兴,是一项全新的任务和开创性的工作,必须着眼于解决农业和农村经济发展中面临的深层次矛盾,不断深化改革,推动我国农村经济向前发展,增加农民收入,保护农民利益。为了促进新农村社区建设的顺利开展,乡镇政府在其实施具体行政行为时,必须把保护农民利益和提高农村社区的经济利益放在第一位。

(一)政府对农民权益保护的行为构想

1.巩固农村社区经济基础

在新农村建设与全面实施乡村振兴背景下,生产发展是新农村强大的物

质基础,农村集体经济是农村发展的重要部分。我们认为应着力发展社区经济,壮大农村社区集体经济实力,优化社区治理结构,增强基层民主,以发展促规范,以发展促保障,最终促进农民权益保护与新农村社区发展的共同实现。其中农村社区企业是重要力量。因此加快农村社区企业发展,壮大农村社区集体经济非常重要。首先,土地是农村集体经济组织和农村村民最主要的生产和生活资料,是他们从事农业生产经营活动的物质基础和基本生活资料的重要来源。农地一旦被国家征收,农村集体经济组织和农民便丧失了土地所有权和使用权,同时也丧失了基本生活来源和从事农业生产建设活动的物质基础。农村社区发展可以考虑与土地发展权充分融合,在农村土地集体所有制的前提下,如果我国土地发展权实行土地所有者权属安排,则农村社区可以凭借其对土地发展权的拥有为条件或基础,采取以土地入股等多种合作形式,以农村特有的资源环境,促进农村技术、资金发展,从而促进农村社区经济发展。其次,我国农村经历了几次大的变革,组织形式从分田分地到合作化,再到家庭联产承包,其变革的核心基本上遵循着调动劳动者积极性,激发劳动热情的基本原则,同时必须明确不同的产业形式,不同的组织形式产生的效益也不尽相同。纵观农村社会发展历史,单靠目前松散的农户个体是无法实现农村经济跨越式发展的,农业产业化是发展必然。农村社区集体经济可以通过灵活多样的组织方式来实现,如以资本、技术、劳务等方面的自愿合作为基础的经济利益组织或其他以自律、避险和公益为目的的民众组织,同时也可以是二者的有效融合。

2. 加强农村社区民主治理

农村社区是农村自治的重要场域。其民主治理需要良好的内外部环境。然而,目前农村自治的发展受到许多阻碍,主要表现为行政权力干预较大,"越位"与"错位"现象严重。要解决这样的问题,促进农村社区的民主治理形式可以从以下几个方面努力:首先应在坚持基层党组织的领导下,合理统筹农村社区权力的划分。农村社区治理应从行政权力的单向制约向多元权力互动转变,从政府型主导逐渐向社会主导转变,实现社区组织凭借社区公共权力对社区公共事务和公益事业进行组织与管理,实行社区自治,同时完善农村社区的直接选举制度,以达到"自我教育,自我管理,自我服务"的目的。农村社区权利主要包括以下基本自主权力:财务自主权、日常事务决策权、干部人事任免权、不合理摊派拒绝权、管理自主权、民主监督权。农村社区民主治理的优化,可以强化农村基层民主建设,从制度上拓展农民参与公共事务的方式和途径,最终保障农民的政治权益和经济权益,促进农民平等权的实现。其次,农村社区治理是社会主义新农村建设与全面实施乡村振兴的重要组成部分。我国正处在经济转轨与社会结构转型时期,农村社区既要大力发展,又要避免权力被异化,发生侵害农民权益以及社会公共利益的现象。然而,由于目前广大农民素质相对不高等诸多现实性问题,使农村社区容易出现农村个别精英主义歪曲民主,重短期效益,而轻长期效益,将会不利于社会的可持续发展。因此,农村社区治理应以可持续发展为原则,明确以经济效益、社会效益、生态效益统筹协调发展的目标,促进人与社会、人与自然的和谐、可持续、高质量发展。

3. 保障农民市场主体地位

和谐社会应该是各方面的利益关系都能够得到妥善协调的社会。社会的核心价值理念是公平与公正,和谐社会的基础和前提就是维护社会公平、公正。从市场主体的投资者、经营者、消费者和劳动者等多种类型看,市场经济的特点、农民自身的问题和有关农民主体地位的缺失,使农民主体在生产、分配、交换、消费等环节上都存在权益缺失现象。如生产环节的经营自主权的不落实,交换环节的价格歧视或其他主体的垄断或其他非规范行为,国民收入再分配时的农民话语权不强,消费能力不足且消费成本高和消费质量低等均是阻碍农民市场主体实现的具体体现。因此,如何重视农民经济利益和经营自主权,保护农民的财产权利,增加农民自我发展、自我保护权益的能力,是今后农民问题解决的基本问题。我们认为应要大规模开展农村劳动力技能培训,提高农民整体素质,培养造就有文化、懂技术、会经营的新型农民;继续支持新型农民科技培训,提高农民务农技能,促进科学种田;扩大农村劳动力转移培训的阳光工程实施规模,提高补助标准,增强农民转产转岗就业的能力;各级财政要将农村劳动力培训经费纳入预算,不断增加投入,加快建立政府扶助、面向市场、多元办学的培训机制;整合农村各种教育资源,发展农村职业教育和成人教育;坚持资金投入与科教投入并重、实践支持与制度供给并重、阶段发展与可持续协调发展并重、共同发展与壮大中产阶层并重的原则,促进农民主体权利的完善;逐渐建立长效保护农民权益的制度机制,真正地发展和壮大农民,解放农村生产力,促进农村社会的稳定与繁荣,促进城乡协调发展。

4. 强化农村基础教育

现代经济理论研究表明,一国经济发展的主要动力除了劳动力、资本、技术之外,人力资本是一项重要因素。从国家的角度看,一国的人力资本积累越多,经济增长的潜力就越大;从个人的角度看,人力资本越多,其个人的收入水平往往越高。个人人力资本的高低和个人受教育的程度密切相关。我国基础教育方面仍然存在着二元结构,即农村基础教育经费由农民自筹,而城市基础教育基本由政府投入。教育体制的二元结构使中国人力资本积累形成"恶性循环",造成了人力资本积累的"马太效应",即越是富有的人越能受到更好的教育,以此积累更多的人力资本,从而获得更多的收入,而更多的收入使他又能受到更好的教育;越穷的人越受不到好的教育,积累的人力资本越少,获得收入的能力越低,而收入低又使他无法获得更好的教育,从而陷入恶性循环。为了结束这种"恶性循环"和"马太效应",我国应尽快改革教育体制,增加对农村教育的财政支出,进一步完善农村免费义务教育制度。农村的基础教育发展好,才能从根本上给农民未来的持续发展提供充分条件。从国家层面上来说,农村人力资本的发展与积累会形成总体人力资本数额的迅速增加,促进我国经济的整体发展。从这个角度来说,用转移支付的方式为农民提供均等的受教育机会,不应仅仅被看作是一种慈善行为,而应被看作一种投资。这种投资不仅有利于农民,也有利于整个国家。

5. 建设农村社区社会保障体系

建设农村社区社会保障体系的重点是推行以为民服务代理制为主要内容的农村社区服务、社区福利与救助工作。农村社区服务是社区建设的永恒主题,是社区建设的生命力所在。要充分发挥行政机制、互助机制、志愿机制、市场机制的作用,加快构建社区公共服务体系,真正使居民群众困有所助、难有所帮、需有所应。要着力加强流动人口服务管理工作,促进其同当地居民和睦相处。要完善社区矛盾纠纷排查调处工作机制,提高社区就地化解矛盾纠纷的能力。要加强社区公共安全应急体系建设,提高社区应对公共危机的能力。要把社区管理与服务有机结合起来,在服务中实施管理,在管理中体现服务。社区福利与救助的重点在于社区养老模式的构建。随着农村人口老龄化问题加剧,农村城市化进程加快,完善农村养老保障体系成为社会主义新农村建设与全面实施乡村振兴的迫切要求。有关专家指出,继续坚持和完善家庭养老,努力发展社区养老,大力推进社会养老,进而走向家庭、社区、社会三种养老模式的有机结合,逐步形成完整而科学的农村养老保障体系,才能最后迈向城乡养老保障一体化。农村社区养老包括:对老年人提供经济上的支持;建立老年人服务体系和对家庭养老的引导与监督。另外,针对农民抗御风险能力低的问题,建立农村社区风险化减机制是十分必要的,而且是一项复杂的工程。因此,当前我国农村社会保障体系面临的基本任务是:健全农村社会保障项目,以最低生活保障和农业保险为基础,以农村养老、医疗保险为根本,以农村社会救济和社会福利为辅助,大力发展农村商业性保险,加强乡村振兴工作力度,健全农村多层次的社会保障体系,并在内容上逐步实现与城镇社会保障体系的衔接。

6. 优化社区资源保护的运行环境

首先,建立生态补偿机制。应按照谁受益谁补偿、谁受损谁受补的原则建立生态补偿制度,并制订出比较合理的资源利用补偿方案,确保各利益主体的利益,把补偿与资源保护结合起来,通过生态补偿激励机制,调动社区、农户参与环保工程的积极性,确保农民环境权的实现和可持续发展。其次,建立社区自然保护的监测与评估指标体系。社区管理的规范性和有效性,应当建立在一系列科学、合理的评估指标的基础上。只有通过评估符合经济、生态和社会协调发展的目标,才能够获得政府鼓励性的投资。这样,就把政府的角色从全力支撑庞大的保护体系、防范村民破坏,转到监测、指导社区的资源保护活动,进行相应的鼓励性的投资上来。再次,建立激励机制。对社区自然保护实践进行政府性、鼓励性投资。对符合经济和生态利益的资源保护的社区,政府给予鼓励性的投资或以财政补贴、贴息贷款、项目资金等方式进行支持,出台资金扶持政策,这样对于社区而言既有利于生产和生活,又能获得相应的投资,从而促进社区社会经济可持续发展。另外,引进资金和技术,进行多方协作。通过引进国内外资金和技术,在周边实施一些社区发展项目,主要包括基础设施建设、土地利用规划、水利建设、水土流失防治、发展绿色农业、开发替代能源等,社区群众通过全过程参与这些活动,既能学习农业技术、提高资源保护意识,又能实现经济收益,促进周边社区与保护区的可持续发展。最后,建立社区预警机制。主要是为了防范在自然资源保护过程中出现的紧急情况。具体运行机制的构建可以由社区牵头、政府支持、群众参与的模式来组建。此外,还要加强宣传教育,提高农民的资源保护意识。

7. 加大法律援助

农村法律援助定位于那些由于经济贫困无力支付法律服务费用而不能进行诉讼的农民。建立农村法律援助制度是现代法治社会的要求,是政府必须承担的国家职责。政府建立的法律援助机构应当具备必要的资格条件,比如有完善的组织机构、有较高法律知识水平的工作人员,并有一定的资金保障。在当代中国社会,乡镇司法所最适宜担任农民法律援助机构。司法所是设置于乡镇人民政府的国家司法行政机关,是县司法局的派出机构,司法助理员则是基层政权的司法行政工作人员,他们是中国司法行政机关神经末梢。在我国农村,大部分乡镇设立司法所,他们在乡镇政府和县司法局的指导下工作,又负责调解委员会和法治宣传教育工作。工作范围从调解打架斗殴到土地边界纠纷和家庭纠纷谶解等。乡村司法的覆盖面广,其扎根农村,熟悉农民经常面临法律问题,可以迅速及时地作出反应,能够避免矛盾的突发和激化,最适宜作为法律援助机构。从成本效益角度看,法律援助机构可以设立在乡镇司法所之内或采取一套人马两块牌子的形式,充分利用有限资源。司法所在农村开展法律服务工作具有天然优势和客观需要,一方面农民迫切需要法制宣传,只要工作有针对性和实用性,农民倾向乐意接受;另一方面,从党政部门来说也需要司法所当好参谋,以实现依法治乡和依法治村,同时也缓解了农民对法律援助的迫切需求,客观上为农民提供了法律援助,因此要把乡镇司法所建设和农民法律援助机构建设进行相应的协调与衔接。这对于解决目前农村法律服务中的供需矛盾是十分重要的。完善农村法律援助制度将以其特有的形式,对我国的未来产生深远的影响。

（二）政府对新农村社区发展的行为构想

1. 积极引导支持,营造良好氛围

农村社区是农民自愿建立起来的自我服务组织。农村社区的建立需要广大农民的积极参与,广泛、深入的宣传工作尤为必要,这也是各国把教育原则作为农村社区发展的重要原因之一。例如在日本,除了政府对合作人才的进行培养外,农协自身也有比较完整的教育体系。因此,进行农村社区的建设,我国农村社区的主管部门应当先从思想上提高对农村社区在农业和农村经济发展新阶段中的重要地位和作用的认识,增强发展农村社区的紧迫感、责任感。既要全面支持农村社区的发展,又要积极稳妥地正确引导,帮助农民正确认识农村社区的性质、功能和原则,消除某些群众的"恐合"心理,作好社区建设的舆论宣传,调动广大干部和农民群众参与农村社区建设的积极性,在全社会为农村社区的发展营造良好的环境氛围。媒体中介也可以设立农村社区栏目,向农民介绍社区知识、推荐典型和经验。主管机构可采取向农户分发小册子、散发传单、刷墙体标语等形式,做好普及工作。其次,通过各种途径,可以在综合性大专院校、农业职业技术学校开设合作经济专业或进行农业技术推广培训,培养高级技术人才和社区管理人才,提高农村社区的管理水平和工作成员的素质水平。同时,也可以在基层农技部门、农民能人中挖掘与培养一些既懂技术又懂管理,既有威望又有奉献精神的组织带头人。此外,选择社区发展比较成功的典型进行宣传推广,结合当地的具体情况,由农民在自觉自愿的基础上,创办、发展属于农民自己真正意义上的农村社区,使农民得到实惠,真正感受到兴办农村社区的有利之处,以事实来说服农民,引导农民,为农村社区的建立和发展打下良好的思想基础和群众基础。

2. 完善经济体制,巩固主体地位

我国社会主义市场经济体制建立的时间较短,无论是要素市场、运行机制还是管理体制方面都存在着许多问题,计划经济体制下的许多做法仍然有一定的惯性制约着市场经济体制的良性运转。在农村市场经济发展更为薄弱的地区,农村社区作为一种新生力量,还处于相对弱势地位,需要开放、公正的市场经济体制环境促使其快速、健康发展。因此,要打破现有的条条框框,在加强市场监管的前提下,促进自由竞争,逐步取消各种专营。积极培育土地、资金、劳力、技术、信息等生产要素市场,巩固和发展农村社区的市场主体地位。要加强市场制度与市场组织的建设,推动农村社区商品经济发展,具体要从以下几方面进行:首先,规范农产品批发市场。确立农产品批发市场的区域规划、财政投入、等级标准制度、市场信息的收集与发布等方面的政策,在逐步完善专业批发市场的前提下发展期货市场。其次,支持市场的软、硬件建设。农村社区的软、硬件建设有利于提高农产品的分级、包装、保鲜和贮运水平,在满足本地需求与国内需求的同时进一步开拓国际市场和增强出口产品的创汇能力。其中软件建设包括完善交易规则、监管规则、商品卫生检疫标准等;硬件建设包括改善交通运输条件与仓储设施,推广储藏保鲜技术等。再次,政府角色从直接经营农产品批发市场的事务中脱离出来,只提供市场用地、信贷等方面的优惠政策,将市场经营交由民间的或独立的专业性公司实行企业化管理。同时,以拍卖等集合竞价方式,提高价格形成效率,减少因价格扭曲而损害生产者利益的情况发生。最后,加快农产品外贸体制的改革,尽快与国际贸易规范接轨。一是建立贸工农一体化经营体系;二是赋予有条件的农业企业与农产品加工企业集团外贸自主权;三是积极发展与港澳及周边国家或地区的农产品边境贸易与合作,不断拓宽外商投资农业的领域与规模;四是鼓励国际投资或出国兴办农产品加工企业。

3. 转变政府角色,加大支持力度

参照国外政府促进农村社区发展的成功经验,我国政府角色应转化为责任政府、能力政府、服务型政府、宏观调控的政府。我们不但要进一步理顺管理体制,打破条块分割和部门、地区壁垒,动员全社会支持农村社区的发展,从宏观上为农村社区的发展创造良好的外部环境,在计划审批、工商登记、人员聘用等方面提供方便,更要在以下几个方面对农村社区的发展给予扶持和援助,引导、鼓励、支持农民发展合作事业:首先,政策支持。要根据当地实际制定促进农村社区发展的政策,把发展农村社区纳入执行政府农村政策的体系中,列入政府工作的重要议事日程,在政策上明确农村社区在解决"三农"问题中的重要地位,在宏观层面上把支持和引导农村社区的发展作为各级政府重要的政策选择,并列入国家宏观经济规划。制定发展规划和指导计划,强化各级领导干部的责任,广泛宣传,积极引导,培植典型。其次,资金支持。鉴于当前国家财力所限,政府财政支持应主要着眼于国家重点农业工程和项目。一是根据 WTO 规则,积极贯彻落实农业补贴的"绿箱政策",将财政支农资金重点用于农村社区的山、水、林、田、路的综合治理和农用机械设备的购置,改善生产条件,增加农业生产的后备力量。二是设立农村社区发展基金,以周转金的形式支持农村社区的发展。三是把奖励资金列入财政预算,对发展较好的农村社区给予奖励和表彰,并作为典型予以宣传。四是对技术、良种推广和产业化在资金上给予重点支持。再次,信贷支持。由政府出面积极协调农村信用社、农业银行和农业发展银行等金融组织的关系,调整信贷结构,降低信贷门槛,并放宽贷款条件,支持农村社区的生产和经营。根据宏观调控和经济性原则,控制农村资金外流,并加大农村信贷资金的注入。最后,税收扶持。农村社区比较利益相对较低。税收又是一个调节收入分配的杠杆,因此应根据不同情况实施不同的税收政策,总体构思就是零税负或低税负,包括对农村社区销售的自产农产品减税;对农村社区为农业生产提供技术或劳务所获得的收入免征所得税;对依托农村社区建立的农副产品加工项目,给予税收减免等优惠措施。

4. 健全农业社会化服务,加快体系建设

国外农村社区的发展实践告诉我们,合作组织应通过与组织外的集团或个人进行以利润为目标的交易,为组织成员的生产和生活提供更好的服务。我国农村社区的发展既要借鉴国外的成功经验,又要从本国实际出发,在充分尊重农民选择的基础上切实做好为农民服务工作。各地应根据农业产业化的要求,从实际出发,围绕优势产业和龙头企业建立健全相应的服务组织体系,如信息咨询服务中心、科技服务中心、种子服务中心、物资与产品服务中心、能源供给与调配服务中心等等,为农村社区提供产、供、销一条龙或一站式服务,降低流通成本,提高经济效率。在品种的选定与引进、技术指导、病虫害防治等方面为农户和合作组织提供优质、专业、高效的服务。一方面建立由技术能手或种养大户牵头成立的农民专业技术协会、研究会,充分发挥其贴近农村、联系广泛、推广技术灵活的优势为农户提供各种服务;另一方面,建立相应的专门提供劳务、服务的农村社区,范围涉及各种农业中的工业生产、手工艺品、农村公用设施、生态环境保护、生产运输以及管理和技术咨询、农民信贷担保等服务。同时,政府应构建完善的市场流通体系,结合本地实际,加强仓储、运输、信息等基础设施建设,合理规划农产品批发市场,积极培育各种生产要素市场,并为适应信息化、网络化的趋势,加快发展电子商务,构建现代网络,发展网络市场。

二、农民权益保护与新农村社区发展中政府责任

政府责任是现代民主政治的体现,是对政府公共行政进行民主控制的制度安排。一个责任政府必须尽最大努力满足社会和群众的需要,最大限度对其行为和后果向社会承担责任。在农村社区发展过程中,责任政府要求政府必须对其公共政策和行政行为的后果负责,坚持以人为本,在经济发展的基础上,不断提高人民群众物质文化水平和健康水平;尊重和保障人权,创造平等发展的社会环境;妥善处理好社区人民群众根本利益和具体利益、长远利益和眼前利益的关系,使广大人民能够分享到经济和社会发展的成果。

(一)政府在农民权益保护与新农村社区发展中的责任由来

1.农民权益保护的视角

首先,社会主义国家性质决定了国家负有对农民权益保护的责任。我国宪法规定,中华人民共和国是人民民主专政的国家,国家的一切权力属于人民,政府由人民选举产生,政府的权力由人民赋予,政府对人民负责。我国政府的公共权力是人民委托和赋予的,理所当然地应该为人民的利益而负责任地、正当地行使,做到依法行政。责任政府的基本理念是由政府与人民的基本关系决定的。政府权力的获得必然伴随着相应责任的承担。这种公共权力的委托和赋予关系表明,权力行使也必须为公众的利益服务并对公众负责。政

府作为受托方必须基于本身的责任对公共资源进行管理和经营,不断提高公共资源的使用效率和效果。政府代表人民利益这一性质,决定了政府在城市化进程中必须承担保护农民权益的职责,必须介入农民权益保护之中,政策的制定和执行应当惠及处于社会相对弱势地位的农民群体。

其次,政府优势地位决定其在农民权益保护中发挥着重要作用。政府掌握着制度配置的政治资源,即宪法、秩序、权力、权威、组织等。在城市化过程中,制度变迁是必然的,城市化的过程就是制度配置的过程,政府作为制度配置主体在制度变迁中发挥着重要的作用。政府通过法律、法规、政策等手段,以较低的成本,快速实施制度供给。如政府根据既定目标和约束条件,规划体制改革,包括确定改革的方向、原则、形式、步骤等;根据改革的总体方案,调整利益格局,制定新的规则或提供新的条件,建立一套新的行为约束机制。由此可见,由政府进行系统的制度配置以加强对农民权益的保护是极为有利的,它能为农民权益保护体系奠定一个宏观的制度环境。

2. 新农村社区发展的视角

随着经济社会的全面发展,国家与社会的关系逐渐由"强国家,弱社会"转向"强社会、强国家"。中国的"国家与社会关系"有更厚重的协同基础,有更优的个人融入到集体、集体融入到社会、社会融入到国家的协调性与整合文化。"强国家"与"强社会"的协调治理模式将成为繁荣稳定,走向民族复兴的实践模式。政府的职能也逐渐发生变化,从"全能政府"转型到"有限政府",从管理型政府转型到服务型政府。新农村社区发展享有的种种优惠政策都需要政府来推进实施,这也是政府所应当承担的责任。鼓励和引导新农村社区的健康发展是各级政府的一项日常性的工作。各级人民政府应当依照规定,围绕新农村社区的建设和发展,组织农业农村行政主管部门和其他有关部门及有关组织新农村社区发展提供指导、扶持和服务,并做好督促和落实工作。当新农村社区发展面临困难,需要政府解决时,要让群众知道可以找政府哪个部门帮助协调,为此需要有一个明确的政府部门承担相应的责任。现实工作中,各级政府农业农村行政主管部门与农业生产和农民群众联系更密切,对生产生活中的一些政策和技术性问题,农民群众一般也是主动与政府农业农村部门联系。因此,《农民专业合作社法》规定了政府农业农村行政主管部门更重的责任和更高的要求。但是,政府部门提供的指导、扶持和服务,必须始终坚持尊重农民的意愿和选择,采取农民群众欢迎的方式方法,因地制宜,分类指导。必要的、恰当的辅导和指导,可以有效培养农民的合作意识,激发群众的合作热情。国家通过给予新农村社区这类相对弱势群体必要的、适度的财政扶持和税收优惠等扶持政策,提高其在市场中的谈判地位。政府各有关部门应当依照法律规定,进一步整合各种支农资源,鼓励支持符合条件的农村社区参与申报和实施有关支农资金和支农项目,充分发挥农村社区在发展现代农业、建设社会主义新农村、构建农村和谐社会中的积极作用。

(二)政府对农民权益保护与新农村社区发展的责任理论

在我国,农民在社会生活中处于相对弱势地位,而法治的公正性和普遍性要求对所有人不能有任何歧视,同样要求对农民群体予以公平的对待。因此,政府对农民群体应通过相应的措施最大限度地缩小其与城市居民在社会生活方面的差距。依法通过公共权力对社会资源的重新分配,给予农民群体以特别的物质保障;或运用公共权力,通过创造条件,排除妨碍等方式,给予农村和农民以特别的精神、道义保障;或双管齐下,两者兼而有之。

在对农民权益的保护与新农村社区发展上,政府的行政保护是国家力量对处于相对弱势地位的农民的社会生活中的一种积极的干预和介入,是行政机关采取多种措施保护农民利益的重要目的和手段。从制度环境角度看,它是一种企图改变现有体制中对农民制度性歧视的新的政治经济体制安排;从政府管理角度看,它是针对目前防范性管理而提出来的一种保护性管理思想,目的在于通过转变政府自身行为方式,来实现政府最终行政目标——社会公平;从具体方式角度看,是行政机关①通过行政立法、行政执法和行政司法活动对农民权益保护与新农村社区发展进行的促进。

---

① 这里的行政机关包括各级人民政府及各级人民政府的具体行政主管机关如公安机关、民政部门等。

第三节　农民权益保护与新农村社区
发展的社区法律选择机制

在全社会倡导构建社会主义和谐社会、建设新农村与全面实施乡村振兴的历史进程中,农民权益保护问题成为了时下中国社会的热点,同时也被赋予了全新的内容。但由于当前制度安排的缺位,市场和政府双重失灵的客观悖论,农民权益保护步入了困境。在农村和谐社会建设中,农村社区的主体作用将进一步发挥,将成为新农村建设与全面实施乡村振兴利益分配过程中的协调主体。农村社区是农民权益保护的时空载体,它能促进农村社会和谐政治、和谐经济与和谐文化的构建。

一、整体互动——农村社区法律选择机制

农村社区法律运行机制是一个集合多种要素构成的统一体,具有整体性的特征。农村社区法律运行机制的整体功能并不是各个部分的简单叠加。农村社区法律运行机制的整体性是有机的、有序的。农村社区法律运行机制在一定的物质生活基础上产生的各种关于权利和秩序的要求,一部分通过国家立法外化为主体的法律规范制度,另一部分通过社会主体的心理活动内化为价值观。这成为农村社区法律运行机制得以良性运行的两个关键性条件。考察农村社区法律运行机制的运行,必须联系社会变迁来研究农村社区法律运行机制结构及其运行与社会变迁之间的内在联系。

处于农村社区法律运行机制结构中层的是联结规范建设、价值观建设和法律秩序建设的主体要素建设。主体要素的结构、状况及心理特征是农村社区法律运行机制能否运行及能否良性运行的决定性因素。它反映了农村社区法律运行机制的不同发展阶段的不同质态,从而表现出法制的多样性和不同法制之间的差异性。处于农村社区法律运行机制结构表层的是法律秩序建设。它是农村社区法律运行机制运行的一种结果状态。

农村社区法律运行机制不仅是一个多方面、多层次要素的有机结合,具有建设的整合功能。同时,农村社区法律运行机制也是一个诸要素相互作用、相互渗透的过程,具有动态过程性的特征。农村社区法律运行机制的动态过程性主要表现在农村社区法律运行机制的要素和整合功能始终处于不断变化的过程中,并与社会主体所处的经济、政治、文化等环境的发展、变化联系在一起,在不同程度上以这些变化为转移。

通过对农村社区法律运行机制的结构及动态过程的分析可以发现,农村社区法律运行机制所处的社会环境和农村社区法律运行机制的各个要素间的相互作用和相互联系的方式都呈现出复杂的动态过程,不仅社会客观环境和农村社区法律运行机制不可能截然分开,而且农村社区法律运行机制内部诸要素的内化和外化,都不可避免地被打上对方的烙印,甚至相互间是多重的影响。单纯地、孤立地、静止地去考察农村社区法律运行机制的方法是不科学的,应当把它视为一个动态的运行建设。在考察自身的各个要素的辐合和冲撞的过程中,以及农村社区法律运行机制与社会运行的耦合与冲撞的过程中,有必要探求农村社区法律运行机制良性运行的内在逻辑机理,有必要探求中国农村社区法律运行机制的有效途径。

二、多元互动——农村社区法律选择机制的主体分析

(一)农民的内发作用分析

作为社区的主力军,农民自身能够发挥出巨大的内发性力量,而内发性力量是农村社区建设的根本动力,决定着农村社区建设的成败。因此,对于农民的利益导向与保护就显得至关重要。农民的利益保护不到位,势必会影响到社会安定,影响国家整体的稳定、繁荣和发展。农民利益以经济利益为中心,经济利益是农民最基础最重要的利益。各社会主体作为"经济人"展开对社会利益的争夺,这就需要对利益争夺中处于弱势的农民及其利益进行特殊保护。法律对农民利益的导向与保护体现在对农民市场交易过程中利益实现的维护和保障,我们需要在法律的框架下,架构利益的实现与保障层面在微观意义上的利益机制,可以从以下几个方面努力:

　　首先,农民作为市场主体的法律地位得到应有确认。我国过去社会经济体制下的户籍制度中不合理的利益因素与价值倾向仍在现实中固维着城乡居民之间的"二元"结构和实质的不平等。而在农村和谐社会与全面实施乡村振兴的过程中,农民作为原发性力量的社会角色,其地位和作用应得到法律的明确承认。这就要求在法律面推动农民与其他市场主体地位的平等,进而实现在文化利益上的平等,实现农村人才回流,精英归位。其次,切实保障农民在市场交易和分配中的公平权利,应当通过合同制度、价格制度和竞争制度等相关法律制度的有机组合,真正实现对农民利益的有效保障。再次,确保农民参与市场运作的权利得到实化。农民合法权益的实现是客观上推动政府决策的终极力量。最后,恰当引导农民行为。正如前文所述,农民要生存,也要追求自身利益。在利益机制下,应当通过利益来引导农民的行为。政府可以通过税收、信贷、金融、投资等方面优惠政策,运用经济手段来引导农业的健康发展。

　　(二)政府的推动作用分析

　　在社会公共利益和个体利益的双重作用下政府决定采取的某种选择,通过政府的相关政策或行为表现出来。这种政府行为对于社会公共利益和个体利益的能动作用是巨大的。利益机制的构建也应以这种双重利益模式的互促关系为基础。众所周知,农村社区的发展离不开政府的各项支持。在农村社区运行机制中,政府应依照农村社区发展的初期、成长期、成熟期三个阶段的特性来对自己的职能进行动态定位,以哺育、扶持、"守夜人"身份执行政府职能服务社区发展,最大程度上杜绝政府侵犯农村社区的现象出现。发展初期政府的"哺育"职能主要包括以下三个方面:一是激发农民的合作热情。农村社区存在的根本价值就在于能够满足在市场竞争中处于弱势地位的农业商品生产者谋取或维护自身利益、增强市场竞争能力的社会经济需求。二是开展教育项目培养专业人才。我国农村社区发展的水平和竞争能力在很大程度上取决于其成员的素质水平,但我国的现实是广大农民文化和科技素质偏低,这就需要政府组织在农村大力开展农民文化和职业技术教育。三是指导农村社区建立健全章程及各项规章制度。成长期政府的"扶持"职能尤为必要。政府的扶持有利于实现农村社区的规范化运作,增强其内生活力、带动力和各方面的"自我造血"能力。其"扶持"职能应主要体现在以下三个方面:一是制定出有利于农村社区发展的法律法规;二是提供资金支持。一般来讲,农村社区都受到一定资金的限制;三是提供税收优惠。成熟期政府应发挥"守夜人"的职能。古典经济学家亚当·斯密认为,在自由市场经济时期,政府的职能就是做好一个"守夜人"。这一阶段的政府职能在于营造宽松的发展环境和进行监督管理。

(三)农村社区的组织作用分析

社区组织包括社区集体经济组织和农民合作经济组织等。在新农村建设与全面实施乡村振兴背景下,生产发展是新农村的强大物质基础,农村集体经济是农村发展的重要部分,其中农村合作组织是重要力量。农村社区是农村的新社会力量和治理主体,要改变当前农村社区治理缺失的普遍现象,必须凸显农民组织化的主体地位和治理功能,可以说农村社区是不容忽视的治理主体。农民对当前农村社区的现状还是持乐观态度,这主要是因为农民组织体在新农村建设与全面实施乡村振兴中所发挥的功能,主要表现在:

第一,政治功能。它可动员和汲取大量社会资源,除了进行各种公共事务和提供社会公共物品和服务外,还可以促进社会公正与社会公平;在市场和政府都无能为力的地方发挥有效的角色功能,农村社区在制度创新和社会指导变革中起基础性作用;而且它可以传递农民声音,表达农民利益诉求,影响政府决策,提高农民的民主参与和管理社会公共事务的能力,限制国家权力对社会的过度侵蚀,满足整个社会对公共性的要求,即为人民影响国家权力提供一个渠道,政府必须广泛地倾听人民的心声。因此,它不仅在国家与农民、政府与市场之间搭起一座重要桥梁,而且还将成为促进民主政治发展,实现"小政府大社会""还权于社会""主权在民"社会目标的一个重要平台。第二,经济功能。主要体现在替代政府管理市场领域,充分动员和利用社会自有资源为社会提供各种公共物品,满足社会的多元化需求。在农村社区发展过程中,首先,农民合作组织可以有效地实现先富带动后富,最终实现农民的共同富裕。我国农民合作组织和外国农业合作社存在明显区别。我国的合作组织并不完全是相对弱势群体的联合,其中大多数是由农村的能人大户领办或者龙头企业领办的。这种领办体现了农村先富起来的带动作用和由有技术、有经营能力的能人带领广大农民走新的合作化道路的特点,是"先富带后富",实现共同富裕在农村的最好表现形式。其次,社区集体经济组织有助于增强农产品的市场竞争力,改变农民相对弱势主体的地位。入世以后的中国农业不仅面临国内市场的竞争,也面临着激烈的国际市场竞争。一般来说,组织化程度的高低与市场竞争能力的强弱成正相关的关系。在中国农村经济分散式的发展经营中,组织化程度不足和规模化生产能力低造成农民在市场竞争中处于不利地位,抗击市场风险的能力相当弱。社区农民通过个体联合和集聚形成的社区集体经济组织,一手连接市场,一手连接农户,有助于改变农民这种相对弱势地位,提高农产品的竞争力,应对国内和国际上的激烈竞争。最后,农民合作组织和社区集体经济组织有机结合,有助于调节贫富差距,引导农民实现共同富裕。随着市场经济的发展,贫富差距逐渐拉大,两极分化日益严重,严重影响我国和谐社会的建设进程。我们知道要实现共同富裕,仅仅依靠国家财力的支持和政策的调控是不够的,还要有新的制度安排来引导农民走向共同富裕道路。合作组织正好可以克服我国农村经济分散、风险大等天生缺陷。建立在家庭经营基础上的农民自愿联合起来的农民合作组织,既能有效地推动农村经济发展,又能有效地帮助家庭经营提高经营能力,逐步引导农民实现共同富裕。第三,文化功能。文化既内在于人们的思想和意识,又外在于人们的生产和生活方式以及制度和规则等,文化动力对社区发展具有重要的现实意义,应发挥文化的最大正动力,抑制文化负动力,以文化承载力和文化张力为基础、以先进文化为导引形成文化发展力,以稳定、和谐的文化动力机制,构筑"一体多元"的可持续社区文化动力体系。农民的组织体文化功能主要指农村社区在意识形态、文化理念上的功能。农村社区改变了人们传统的依靠政府提供公共物品和管理社会的观念,调动了农民自身的参与欲和治理社会的积极性,锻炼了农民的治理能力和技巧。第四,社会结构中的结构性要素功能。它实现了对以市场为基础的经济资源和以公共利益和公共事务为基础的社会资源的多元化配置,促进了社会组织功能与形式的专业化、多样化,使社会的异质性大大增强,更新了社会动员、社会参与的新形式。

(四)农村市场主体经济作用分析

我国农村是世界上最大的潜在市场。因此,中国式社会主义市场经济的建成,很大程度上取决于这一市场的开发和培育,取决于这一市场主体真正形成。市场主体是指参与市场经济活动的具有独立利益、权利、责任、风险的各种组织和个人。它必须具有独立的经济地位和决策权利,因而具有独特的主体意识、竞争意识和平等观念。市场经济活动,包括消费品和劳务的买卖活动,生产要素(资金、劳动力、技术、信息等)的流转,以及这些活动的组织协调等,故而市场的卖方、买方、中介方、协调控制方等均是市场主体。由此可知,我国现阶段有四大市场主体:企业、农户、居民、政府。企业和农户属供给主体,居民属需求主体,政府属调控主体。农户是我国农业生产主体,又是农产品商品的主要供给者。农村市场主体是壮大农村经济的有效保障。

农民是农村市场主体的重要组成部分,农村社区又是农村的一个有机组成部分,我们要通过以下途径提高农村市场主体在农村社区的经济作用,有效保护农民的合法利益。第一,引导扶植农民走向市场。实践表明,广大农民通过多条渠道走向市场:一是直接参与流通走向市场;二是通过"两贩"间接走向市场;三是借助于各类服务组织或联合体走向市场;四是通过参与贸工农一体化的经济组织走向市场。政府在这个市场中起着至关重要的作用。因此,政府要引导农民走向大市场,让农民真正成为这个市场的经营者,提高农村市场主体的经济作用。其主要途径有:一是市场信息引导。通过向农民提供准确及时的市场需求行情信息,为农民走向市场提供超前服务,降低农民的市场风险;建立和开拓各类农产品市场。有效扩大农民市场引导的服务类型,建设多层次、多形式、多类型的农产品市场引导。二是典型示范。培植各类专业户、专业村、专业乡等起到示范和引路作用。三是政策导向。制订正确的产业政策、税收、价格等经济政策引导,保护农民的合法权益。四是经济杠杆引导。主要运用价格、财政金融、税收等杠杆引导,有效调控农村市场主体在农村经济中的作用。五是加工服务导向。通过组建农副产品加工"龙头企业"和完善农村商品生产服务体系,把农民的生产经营活动纳入市场轨道,让农民真正成为市场主体。第二,提高农民的组织化程度。建立以贸工农一体化为模式的经济组织和能够切实代表农民利益进行谈判的社会组织,即利益代表机制和利益表达机制,是确保农民市场主体地位,进而实现小生产与大市场相互衔接的不可少的组织环节。第三,增强农民的商品意识。提高农民的素质,增强农民的商品意识,是培育农村市场主体不可忽视的一个重要内容。目前,在走向市场化的过程中,许多农民缺乏商品观念,小农意识较浓,缺乏市场经营的知识,使其在农村市场经济主体中往往处于不利地位。因此,必须转变他们的观念,提高其文化素质,并加强培训,帮助其掌握市场规律,增强闯市场的本领。

(五)社会中间层主体服务作用分析

社会中间层主体是指独立于国家经济管理主体和市场活动主体的主体,其介于政府与市场主体之间,起到联系政府与市场主体的中间纽带作用,这就要求社会中间层主体具有既独立于政府、又独立于一般市场主体的地位。社会中间层主体具有如下特征:一是社会中间层主体与市场主体具有不平等性,如行业协会与其成员企业具有不平等性;二是社会中间层主体追求的是社会公共利益的最大化,具有准公共性;三是社会中间层主体存在的主要目的不在于从事商品或劳务的等价交换,具有非市场性;四是社会中间层主体在市场主体与政府之间起着桥梁纽带作用,具有中介性;五是社会中间层主体不属于国家机关系列,具有非政府性;六是社会中间层主体未经法律法规授权就可行使某种管理性权力,不完全等同于法律法规授权的组织。市场中间层主体在现实中表现是多种多样的,如工商业者团体、消费者协会、劳动者团体,交易中介机构、产品质量检验机构、人才中介机构、雇主协会和工会组织等。

在社会主义新农村建设与全面实施乡村振兴中,要想有效地维护农民的合法权益,必须加强社会建设和完善社会管理体系,健全党委领导、政府负责、社会协同、公众参与的社会管理格局。社会中间层主体的出现就是社会力量协调经济运行的一个典型例证。第一,积极引导社会中间层主体参与到农村社区城镇化的建设。通过引导社会中间层主体参与农村社区城镇化建设,形成一种多主体、多维度参与的农村社区法律运行机制。第二,充分发挥社会中间层主体的纽带作用。其通过充当调节主体与被调节主体的桥梁,协助政府干预与制约政府干预,将大大地改变经济调节领域非管理者与被管理者的等级森严的二元对立主体格局,改变单一的命令式调节经济的模式,从而使国家及社会对经济运行的调节更加和谐,更加符合市场规律和宏观经济学规律。第三,培植各类中介组织。通过各类专业协会、经济技术部门、贸工农一体化等组织的经济技术指导,提供资金、信息产品、加工销售等措施,引导农民进入市场。

三、协调、保障、疏导与控制相结合——农村社区法律选择机制选择

在市场经济体制下,必须要有一个能够妥善解决矛盾冲突,公平分配利益,有效维护社会秩序稳定的社会利益控制机制。由于各国的起源不同,面临的外部环境不同,构建农村社区法律运行机制选择的道路必然出现的不同模式。我国采用混合型制度选择模式来构建农村社区法律运行机制是由我国社会发展的历史条件所决定的:一是由于传统社会历史悠久,社会内部经济的市场化低,工业起步晚,不具备自身发展转型所需要的全部条件。但是,社会内部确实也具备一定程度内在的经济发展的基础,自身形成了法律变革的内在力量;二是具有强大而牢固的法律文明体系,这些法律文明体系经过长久的演变和积淀,已经形成了自身发展的独立品格,其影响深远而强烈;三是内在的传统法律文化与外来的西方法律文化之间存在着巨大的历史差异性,这使得西方法律文化的冲击成为中国农村社区法律运行机制的重要动因和催化剂。

(一)协调利益关系

利益是市场主体追求的核心目标,只有当某项经济活动能给市场主体带来实实在在的好处,市场主体才会感兴趣并投入人力、物力和财力。因此在农村社区经济发展过程中要协调好各方面的利益。一方面,协调农民和政府之间的利益关系。要准确把握在新农村构建中国家进行利益协调的各项制度。农民、农村和农业自古以来就是国家经济与社会命脉。改革开放以来,我国通过实行以家庭联产承包责任制为主要形式的农村经济体制改革,调整农业产业结构,推进行政管理体制改革、农村税费改革和粮食流通体制改革,逐步加

大对农村各项事业的财政支持,我国农村经济和社会事业得到了较快发展。具体包括以下三个方面:一是经济上加大对新农村建设与全面实施乡村振兴的扶持力度,通过财政和税收政策支持农村发展。二是制度上消除以往不适应农民发展、农村进步的各种制度障碍,实行新的政策来扶植农村的发展。三是文化上改变以往重工轻农的思想,通过建立利益共处的文化制度,从思想上确定农村和谐的内在要求。另一方面,协调农户与农民合作经济组织之间的利益关系。农户是农民合作经济组织的成员之一,农民合作经济组织又是壮大农村社区经济发展的重要组成部分。利益分配是农民合作经济组织利益机制的关键问题。总体上说,农民合作经济组织是追求成员利益最大化的组织,农户对农民合作经济组织的制度需求源于维护和增进社员利益的预期。因此,构建农村社区法律运行机制将有效规范农民合作经济组织的利益分配机制。可以通过如下措施协调农民合作经济组织与农民的利益分配格局:一是改革产权实现农户所有;二是改变决策方式实现农户控制;三是增加交易额返利实现农户受益;四是量化公共积累和政府扶持资金,促进农民合作经济组织发展;五是加强合作经济组织财务管理制度建设,提高合作组织资金运作的透明度,减少社员与合作组织的利益冲突。从而有效协调农民合作经济组织与农民的利益,促进农村社区可持续协调发展。

(二)保障农村稳定

农村社区作为政府和农村社会信息沟通、对话与合作的桥梁和纽带。农村社区法律运行机制是农村社区稳定、和谐发展的有效保障,其有效地平衡协调政府和农村社会的利益关系,增加农民利益代表机制,保障农民能够组织化的参与政府公共政策的制定,降低政府政策制定的风险和政策执行的成本等,维护农民合法权益,保障农村社区稳定和谐发展。实践表明,农村社区组织可以有效地帮助农民提高科学文化水平,提升政治文化素质,这在一定程度上对保障农村社区的稳定发展有很大的促进作用。农村社区不仅可以有效促进农业产业发展,提升农产品竞争力,增加农民收入,还在一定程度上保障了农民的政治权利,维护了农村社会的稳定。目前,在农村中,解决矛盾的基本方式还是依靠上级党委和国家对下级管理部门的监督和查办,而且大多是在问题

中国新农村社区发展的法理与实践

出现之后的事后解决方式,导致农民上访情况的不时发生,基层国家政府疲于应付。农村社区是具有自治性质的社会团体,成员共同管理、共同决策,而不是个人专断。农村社区通过其自我服务、自我管理的功能,使得国家与分散的农民之间有了新的联接方式与渠道,在国家、农民及企业间架起了畅通表达的沟通桥梁。其组织的沟通作用主要体现在收集、代表和反映农民的各种诉求,监督和规范国家的行政行为,以及维护农民自身的合法权益等方面,实现农村共有利益和共同利益表达机制,有效维护农村的稳定和社会的发展,实现农民的利益和谐。

(三)疏导农民诉求

一方面,作为农民利益的代表,农村社区可以积极开展与国家机构的对话,反映广大农民的意见和要求,从而为国家开展工作提供可靠依据;另一方面,国家也可以依靠农村社区,把党的农业政策有效地传递到千家万户。这样使得国家与农民之间形成了良性的互动关系,国家在制定各项涉农政策时能及时听到农民的声音,而农民的要求也可以通过农村社区得到反映。农村社区作为国家对农村千家万户进行宏观调控和实施政策的组织载体和中间环节,是广大农民真正行使公民权利、维护自身合法权益的重要保证。不但有利于贸工农一体化管理,维护市场秩序,最大限度地消除地方、部门的分割和垄断,也使农业政策更加切合实际,大大提高了国家对农业管理的效率。这种较为稳固的组织形式,以制度化的方式与基层政权展开互动,农民各种利益诉求可以通过有组织的渠道、以非常低的成本向社会和国家表达,同时对基层政权也是一种监督和制约。

(四)控制社区矛盾且化解利益冲突

在一定程度上来说,构建和谐社区是构建和谐社会的基础,社区和谐是和谐社会判定的重要认识依据和检验标准。农村社区在控制社区矛盾,化解利益冲突起着非常重要的作用。农村社区可以促成共有利益的聚合,保障农民平等地参与和分享利益,实现利益和谐;社区发展可以促进农民经济利益的增加,扩大存量利益、发展增量利益,实现利益的可持续发展;社区可以对差异利益、冲突利益进行协调,实现社区和谐利益的各种运行模式、运行方式和运行机理。农村社区作为一个农村中的社会组织,可以参与农村社会的公共产品供给,高效地促进农村社会利益的发展,实现社区利益的可持续发展。农村社区作为一个农村中的社会组织,可以培育社区文化,协调差异利益和冲突利益,在认同差异利益的前提下缩减利益差异和平衡差异利益,最终实现利益之间的和谐。

四、从主体"内化"到效果"外化"——和谐农村社区法律选择机制的实现途径

农村社区法律运行机制具有重要的社会功能。从哲学上讲,它是法律规范由应然性向实然性的转化、由可能性向现实性,由法律规定的模态判断转变为法律在实际生活中的具体实行的一种实然判断。农村社区法律运行机制功能的实现主要是农村社区法律运行机制实施活动的后果,即使农村社区成员对法律的使用和遵守产生一定的效果,使得和谐农村社区法律运行机制功能在现实社会中得到具体的发挥。综上,我们可以将农村社区法律运行机制功能实现的机制概括为:对法律知识、制度的学习即内化与使用、遵守法律即外化。

(一)主体内化:和谐农村社区法律运行机制的首要环节

从广义上理解,内化还可以包括反馈和影响。实践表明,农村社区法律运行机制内化不仅可以通过学习法律实现,还可以通过个体的行为反馈和社会影响实现。因此,农村社区法律运行机制内化过程分为学习、反馈和影响三种途径。

第一是农村社区法律学习环节。农村社区法律学习是指农村社区法律运行机制主体有目的、有计划、有建设地掌握知识技能和行为规范的活动。学习法律是对农村社区法律运行机制内化的基本途径,既包括学习法律制度的内容,又包括学习法律精神的内容。心理素质不同,其学习的要求及效果不尽相同。第二是农村社区法律运行机制的反馈环节。在农村社区法律运行机制内化过程中,行为反馈途径不应忽视。法律意识并不完全直接来源于书本,更多的是来源于日常生活的熏染和反馈。各种日常行为,无论是合法行为还是违

中国新农村社区发展的法理与实践

法行为,均可产生反馈作用,起到强化法律意识的作用。第三是农村社区法律运行机制的影响环节。社会影响在很大程度上促进了农村社区法律运行机制内化。社会影响以暗示、模仿、感染、社会舆论、社会规范、命令、说服等多种方式实现个体的内化。法律习惯、法律心理、法律观念在很大程度上是受其他社会成员的暗示而潜移默化培养起来的。在个体与他人和群体的交往中,如能创设一定的暗示环境,就能在一定程度上控制个体的行为,形成良性的内化。在农村社区法律运行机制中应理解和掌握这一原理,利用各种法律活动,使之在无意识中接受法律意识,加深农村社区法律运行机制的内化。

（二）效果外化:和谐农村社区法律运行机制的实现环节

农村社区法律运行机制功能的实现要求人们遵守法律规范设定的行为模式,在自己意志的支配下,正确地行使权利、履行义务。总的来说,农村社区法律运行机制功能能否发挥还要取决人们做出什么样的行为,从这种意义上说,农村社区法律运行机制功能的实现是要通过人们正确地行使权利、履行义务来体现的,其直接目标在于把人们的行为纳入法律的模式和准则之中,其根本目的则在于通过行为的类型化和模式化,防止出现社会关系的紊乱和失调,使社会关系保持一定的规则性和秩序性。

一方面,权利的行使。所谓权利就是法律规范所规定的,法律关系主体所享有的做出某种行为的可能性,或者说,就是法律对法律关系主体做出一定行为的许可和保障。这种行为的可能性包括三个方面:权利主体自己实施某种行为的可能性,即积极行为的权利;请求对方履行义务的可能性,即要求他人作为或不作为的权利:义务人不履行其义务时,权利人诉诸法律,要求保护的可能性,即要求保护的权利。[1] 这三方面构成了完整的权利内容,其中积极行为的可能性是权利的核心,但是这种行为的权利依赖于义务人不侵犯权利人的利益或者按照权利人的要求履行一定义务。当义务人不承担义务,使权利人的利益受到侵害,权利人有权求助国家从而获得救济,使其权利得到保护。如果没有另外两种可能性,所谓的权利也只能是一句漂亮的空话。倘若在一

---

[1] 付子堂:《关于法律功能实现的若干思考》,《法学评论》1999 年第 5 期。

个社会中人们对法律赋予的权利纷纷放弃,我们很难说这个社会中的法律得到了很好地实现。在法治社会建设中使用法律比遵守法律的意义更为重大。当人们能够尽情而又谨慎地行使权利时,农村社区法律运行机制的功能也就更接近实现了。

另一方面,义务的履行。法律义务是指法律为满足社会生活共同需要和某些具体情况下保护个体的正当利益需要而规定的,义务主体应当或必须为或不为的行为。义务的履行分为两种情况:积极义务的履行和对禁令的遵守。积极义务的履行是命令性法律规范的实现形式,即规定积极作为义务的义务性法律规范。命令性规范要求人们在法律上主动承担一定的积极义务,义务人必须做出某种行为。它的实现是通过义务人履行积极义务的合法行为来完成。这种行为在性质上表现为积极的作为,不能放弃。禁令的遵守是禁止性法律规范实现形式。禁止性规范要求人们在法律上承担一定的消极义务,即义务人不得做出某种行为。它的实现是通过义务人遵守禁令的合法行为来完成的。这种行为在性质上表现为消极的不作为。两种不同的义务规范形式对应着两种不同的义务履行形式。这两种不同的实现形式是把法律规范中规定的义务具现为现实生活中的义务,以满足整个社会或他人的某种利益要求。无论是履行积极义务,做出某种行为,还是遵守禁令,不做出某种行为,对义务人来说,都是法律规范的强制要求。①

第四节　农民权益保护与新农村社区矛盾化解机制的完善与创新

一、以新农村社区为中心的社区矛盾化解组织创新

在构建社会主义和谐社会与全面实施乡村振兴的大背景下,要促进新农村社区发展,将农村矛盾化解在基层,应该以新农村社区为中心创新农村矛盾

---

① 付子堂:《关于法律功能实现的若干思考》,《法学评论》1999 年第 5 期。

中国新农村社区发展的法理与实践

化解的组织,通过专业化、实用化、便民化的组织设置,切实有效地化解农村矛盾,维护农民合法权益、促进新农村社区和谐稳定发展。

(一)以新农村社区为中心的矛盾化解组织:矛盾调处与服务站

农村多元能动矛盾化解机制的运行模式以人民调解、诉讼调解、行政调解为轴心,以定纷止争为目标,以行政处理、仲裁裁决、诉讼判决为保障,相互协调,相互补充,及时高效地处理各类矛盾的矛盾纠纷化解体系。其中人民调解在农村矛盾化解中起着至关重要的作用。农村社区服务中心是为民服务的工作平台,服务中心除了包括医疗保健、环境卫生、文教体育、计划生育、社会保障、社区治保等服务站外,还应包括定纷止争化解矛盾的调处与服务站,便于贴近农民,展开集中服务。由于农村社区有以建制村为基础建立的"一村一社区",也有以自然村落为基础建立的"一村多社区",还有以乡镇为基础建立的"几村一社区",因此农村社区矛盾调处与服务站的组织形式也不尽相同。

人民调解是我国的一种民间矛盾解决方式,它主要是通过人民调解委员会来运作。人民调解与行政调解和司法调解不同,其性质是群众自治性的活动,是人民群众实现自我管理、自我服务、自我教育、自我约束的具体形式之一。人民调解在基层人民政府和基层人民法院指导下工作,发挥着党和政府与人民群众之间的桥梁和纽带作用。在农村社区可以根据多元能动的矛盾化解原则,建立以农村社区为中心的民间矛盾化解组织——矛盾调处与服务站。从村民中民主选举组成的矛盾调处与服务站可以有效地对出现的矛盾做出反应。

矛盾调处与服务站有两大功能:一是协调、联络、指导、培训和参与调解,主要是负责向上同政府矛盾调处职能部门的指导关系,向下与社区居民直接接触,构成农村社区矛盾调处工作体系的基础;二是服务功能,包括为仲裁、诉讼等提供指导与服务。因此,在社区矛盾调处与服务站内可以设立社区调处室、仲裁与诉讼指导室等相关科室,专门负责具体的调处与服务工作。社区调处室主要负责矛盾调处的相关工作,仲裁与诉讼指导室主要为农村社区居民提供仲裁和诉讼等法律咨询,定期开展专题咨询活动,散发宣传资料,以群众易于接受的形式进行法治宣传教育,讲解相关实体制度和程序规范,通过典型个案的解析深化大家对诉讼和仲裁的了解,为新农村社区辖区内的矛盾化解工作营造良好的环境氛围、奠定坚实的群众基础。

矛盾调处与服务站在组织原则上属于群众自治组织,也可以说是一种居民互惠性组织,是一种人们为了谋取相互的共同利益,以平等关系结成的社会组织。其目标是谋取组织成员的共同利益,在组织成员之间起着某种利益协调作用,采取的是非行政调解方式的平等协商调解方式。通过矛盾调处与服务站化解矛盾需要依据法律、法规、规章和政策进行调解,法律、法规、规章和政策没有明确规定的,依据社会公德进行调解。让双方当事人在自愿平等的基础上进行调解,同时还要尊重当事人的诉讼权利。

从矛盾调处与服务站设想的初衷和实际承载的社会功能看,它还有些不可缺少的方面:首先,承担着农村社会治理功能。矛盾调处与服务站要依托于群众性和自治性,属于社会治理系统的一个基本环节,这些基层组织完成社会自治功能的同时,还承担着对基层民众的组织、管理和教育等功能。在我国发展社会主义新农村的大环境下,矛盾调处与服务站是基于农村社区矛盾调整的需要而产生的一种不可或缺的农村社区矛盾化解的重要组织。其次,传承农村文化、道德的功能。矛盾调处与服务站产生于农村社区内部,在化解矛盾时依据的规则不仅有法律与政策,更重要的是大量依据公共道德、习俗、情理等社会规范。处理农村社区问题的时候,对我国传统上的以和为贵及礼义伦常等传统价值观、维护公共道德和公共利益、培养社会凝聚力及健康的人际关系的社会力量,具有传承与维系传统文化、社会公共道德和社会联系的功能。农村社区中设立一个调处与服务站来化解农村中的矛盾,是一种平等、自愿、参与、自主选择和灵活、便利、经济的方式,是矛盾化解途径最有价值的方式。实际上,农村对于社会治理等矛盾化解过程之中,设立一个矛盾调处与服务站有利于增加社区的凝聚力及和谐度,预防和减少矛盾,降低矛盾的对抗程度,避免矛盾升级。这些功能都是通过农村社区中的调处服务站作为日常的工作把社区中的矛盾提前化解掉。除矛盾化解之外,矛盾调处与服务站还承担着培养和维系社区共同体凝聚力等社会功能,随着社会自治的逐步成熟,将会成为社会健康发展的积极因素。

（二）服务新农村社区发展的仲裁组织:农业仲裁委员会

农业仲裁制度源于 20 世纪 90 年代初,我国的农业仲裁制度主要以土地承包仲裁为主。符合我国特色的土地承包仲裁制度,在化解我国农村社区土地流转矛盾方面发挥着举足轻重的作用。既能解决因协商和调解无法达成协议的难题,又能克服诉讼程序繁琐成本高的制度障碍,是依法解决矛盾争议的一种简易、快速、方便的途径。但受多方因素的影响,目前农村土地承包矛盾仲裁工作并不理想,例如基础设施薄弱,行政倾向浓厚,专业性人才匮乏。2010 年正式实施的《中华人民共和国农村土地承包经营纠纷调解仲裁法》虽然对农村土地承包经营中矛盾的调解和仲裁有了详细规定,但是仅对六种情形的农村土地承包经营纠纷进行调解和仲裁。这六种情形是:因订立、履行、变更、解除和终止农村土地承包合同发生的纠纷;因农村土地承包经营权转包、出租、互换、转让、入股等流转发生的纠纷;因收回、调整承包地发生的纠纷;因确认农村土地承包经营权发生的纠纷;因侵害农村土地承包经营权发生的纠纷;法律、法规规定的其他农村土地承包经营纠纷。该法特别注明,因征收集体所有的土地及其补偿发生的纠纷,不属于农村土地承包仲裁委员会的受理范围,可以通过行政复议或者诉讼等方式解决。农村土地承包经营纠纷的,当事人可以自行和解,也可以请求村民委员会、乡(镇)人民政府等调解。当事人和解、调解不成或者不愿和解、调解的,可以向农村土地承包仲裁委员会申请仲裁,也可以直接向人民法院起诉。

该法的颁布实施对化解农村土地矛盾,促进农村稳定发展具有重要意义,但该法明确将"因征收集体所有的土地及其补偿发生的纠纷"排除在"农村土地承包仲裁委员会的受理范围"之外,让人深感遗憾。因为目前我国农村土地纠纷中征地及其补偿纠纷占全部土地纠纷的约一半以上。据农业部的数据统计,仅 2006 年,农业部办公厅信访处共受理土地信访 5689 件(人)次,其中涉及土地征占的超过半数,达到 3057 件(人)次。另据一项对全国 2749 个村庄的调查表明,村民上访反映最集中的问题也是土地问题,其中因土地征收、征用问题上访的占 40%。而我国近年来群体性冲突事件中,有一半与土地问题相关,大部分为征地问题所引起。出现不少地方补偿不足,或者不补偿等的问题,存在着拖欠、挪用、截留征地补偿和安置费等严重问题,极大地损害了被征地农民利益,从而引发大量纠纷,但问题又难以得到处理,最终引发大量上访。其实在《中华人民共和国农村土地承包经营纠纷调解仲裁法(草案)》的审议过程中,曾有不少代表提出将征地及其补偿纠纷纳入仲裁范围。实际上我国不少地方在试点时也把土地补偿费纠纷纳入了仲裁范围。如重庆万州、河南虞城、辽宁凌源、北京房山均将征地补偿费在农村集体经济组织内部的分配争议纳入仲裁范围。吉林省政府、浙江省农业厅规定,征地补偿费用分配争议属于农村土地承包经营纠纷的仲裁受理范围。

征地补偿纠纷包括征地补偿标准争议、征地补偿费的归属争议以及农村集体经济组织与其成员间分配征地补偿金的争议等。农村征地纠纷异常复杂,是影响农村稳定的重要因素,通过行政裁决的方式解决农村征地纠纷有着很大的弊端,往往会导致新的矛盾产生。本书认为,将所有的征地及补偿纠纷排除在仲裁范围之外是不科学的,若争议性质为行政争议,如征地补偿标准争议等,当事人可以通过行政复议和行政诉讼的方式解决。若争议性质为民事争议,当事人为村委会或农村集体经济和村民,当事人可以通过仲裁或民事诉讼解决。考虑到农村矛盾的多样性以及农民的相对弱势性,与农业、农村、农民相关的其他涉农矛盾也可以通过仲裁方式化解。因此,我们认为有必要扩展现有农村土地承包仲裁委员会的受案范围,将农村征地补偿费用分配争议等民事纠纷以及其他涉农矛盾纠纷也纳入其中,形成一个"农业仲裁委员会",综合处理土地承包、征收征用、土地流转矛盾以及与农村社区农业发展相关的矛盾。

"农业仲裁委员会"的设立具有现实必要性和切实可行性。虽然新颁布实施的《中华人民共和国农村土地承包经营纠纷调解仲裁法》对解决农村土地承包经营纠纷具有重大的意义,但农村矛盾具有种类繁多,涉及标的额偏小,矛盾主体多元化等特点,因土地引发的矛盾纠纷只是农村矛盾的一部分,只对土地纠纷进行仲裁过于狭窄。仲裁具有自愿性、专业性、灵活性、保密性、快捷性、经济性、独立性等特点和优势,在农村矛盾化解中应充分发挥仲裁的优势。农业与市场经济下的工业、服务业等不一样,它具有风险大、比较效益低等天然的弱质性,农业仲裁也应与商事仲裁不同。因此,应单独提出"农业仲裁委员会"这一综合性的农业仲裁机构。考虑到现有资源的有限性以及随着土地承包经营纠纷仲裁的日渐成熟,我们认为,可以在现有农村土地承包仲裁委员会的基础上建立"农业仲裁委员会",综合处理土地承包经营矛盾纠纷、土地征收补偿费用分配矛盾纠纷、土地流转矛盾纠纷以及其他涉农矛盾纠纷。"农业仲裁委员会"应以保护农民权益和服务农村社区发展为根本宗旨,以事实为依据,以法律为准绳,公正、及时地裁决各种涉农矛盾纠纷,依法维护当事人合法权益,保障农村经济健康发展和农村社会的和谐稳定。

二、基于农民权益保护与新农村社区发展的我国农村矛盾化解机制的完善

为切实保护农民权益、促进新农村社区和谐稳定发展,我国农村矛盾化解机制的完善应针对矛盾产生和发展的各个阶段,通过事前矛盾预防机制的建立、预警排查机制的健全,事中应急处理和多元能动化解机制的建立和完善以及事后责任追究与反馈机制的建立,形成一个多元"环形"化解机制,同时将农民权益保护与新农村社区发展贯穿始终,保证农村矛盾能够得到及时有效化解。

(一)建立农村社区矛盾预防机制

农村矛盾预防机制的建立能够从源头预防矛盾的产生和恶化,是我国农村矛盾化解机制的首要和关键环节。通过分析矛盾产生的原因,本书主要从民意表达机制、利益协调机制、政府公共机制这三个方面来探讨农村矛盾预防机制的建立。

1.建立畅通的民意表达机制

长期以来由于我国相对弱势群体利益表达机制低效甚至缺失,利益受损群体往往通过扩大事件的影响来维护自身权益,导致一系列群体性事件的发生,在一定程度上激化了矛盾。农民作为相对弱势群体,其相关的"三农问题"的严峻性已不容忽视,因此完善民意表达渠道,是有效化解农村矛盾的必要手段。建立和完善民意表达机制,给农民以表达利益,倾诉不满的渠道;同

时也是党和政府了解民意、预防农村社会矛盾纠纷的重要举措。首先,民意表达机制的建立和完善需要加强培育民意表达机制的主体,畅通表达渠道,拓宽表达途径。其次,民意表达机制的建立需要健全防止滋生腐败的社会机制。加强制度建设,坚持标本兼治、综合治理、惩防并举、注重预防的方针,建立健全防止滋生腐败的社会机制,筑起反腐的铜墙铁壁。从以上几个方面保证民意表达的有序化、理性化和有效化。再次,民意表达机制的建立需要完善信息披露制度,对农民的利益诉求做出正面的回应。发挥民意调查、新闻传媒、网络平台在民意表达中的喉舌作用,尤其是完善信访制度、听证制度等民意表达制度。当然,在以制度安排容纳和规范民意表达的同时,从利益表达者来说,提高民意表达的理性化程度也是至关重要的。最后,积极发挥农民合作经济组织在民意表达中的作用,由农民合作经济组织作为完全中立的第三方,起到沟通农民和政府的桥梁作用,并在一定程度上影响基层政府的作为。因此,确立农民合作经济组织的地位,提高其话语权也是不容忽视的问题。

2. 构建有效的利益协调机制

随着我国经济社会的发展,城乡之间的差异越来越大,农村内部的贫富差距也日益凸显出来,另外,农村相对强势群体利用手中的权利、资源、地位等排挤打击相对弱势群体的现象时有发生,可以说农村矛盾的难点就是利益的协调问题,利益问题是催生农村矛盾最为直接的动因,所以通过利益协调实现利益的均衡才是避免农村矛盾发生的根本。

从宏观层面看,利益协调机制的建立涉及到社会、经济、政治等领域。首先要完善社会分配机制,公平分配社会利益和社会资源。政府可以通过运用经济政策、法律、税收、行政干预等手段,合理调整不同阶层的利益结构,努力遏制城乡差距和贫富差距的扩大,建立一个公平合理的分配体系。其次,建立协调利益关系的舆论引导机制,充分发挥思想舆论对人的价值观、社会道德潜移默化的导向作用。引导人们正确地认识和对待社会利益关系,增强主人翁意识和社会责任感,正确看待由于客观条件和主观能力等因素而导致的利益分配差距的客观性,正确处理个人利益和集体利益、局部利益和整体利益、眼前利益和长远利益关系,转变人民群众的传统思想观念,引导他们以合理合法的方式表达自身利益诉求,使追求个人利益的行为既符合法律规定又合乎道德要求,理性地处理各种利益关系,维护社会稳定。再次,政府在制定和实施政策规范的过程中,应着力实现政策目标取向的透明化、公开化,尤其要树立公平、公正处理社会利益冲突的核心价值观,维护最广大人民的根本利益,审慎处理双方当事人之间的矛盾,争取更大范围的民众理解和支持。

从微观层面看,可在农村选取不同地区进行农民、政府和其他利益群体之间进行集体谈判或实行定期与不定期的对话,共同探讨相互间存在的各种矛盾和冲突,以寻求相互间的合作与交流。在农村社区内部,可以提高农民的民主参与程度并将其制度化来实现农村社区内部利益关系的协调与平衡。在有条件的农村社区,可将各个村民小组划分为不同的利益单元,每组按人数的多少推选出适当比例表达利益的代表,由社区服务中心定期组织召开代表大会,并负责将每期讨论的主题整理成文并以广播或者公告的形式传达给村民,经村民集体讨论完善后最后作出决议。

3. 完善政府公共机制

健全农村矛盾化解的政府公共机制,发挥公共政策在农村矛盾化解中的积极作用。特别是加大政府在农村医疗、保险和农民工就业等方面公共政策的投入力度,从源头控制农村矛盾的产生,在制度上保证大多数农民都能分享到新农村建设与全面实施乡村振兴和改革发展的成果,保证利益的分配更加公平、公正、公开,从而有效地发挥公共政策预防和化解农村矛盾的功能。

首先,应该完善农村社会保障体系,形成科学有效的权益保障机制。农民权益能否得到保障,对于保持社会和谐与稳定至关重要。随着社会生产力的发展和人民收入水平的提高,为了保障农村劳动者的基本权益必须建立农村居民最低生活保障制度。要建立健全与农村社会保险、社会救济、社会福利相衔接的农村社会保障体系,为处于相对弱势地位的农民群体编织一张可靠的"安全网"。其次,要健全公共财政制度,把更多的财政资金投向农村文化教育、社会保障、医疗卫生、基础设施供给、生态环境保护等公共服务领域。通过完善公共财政制度,逐步实现基本公共服务的足量供给,彻底扭转公共服务供需失衡的局面,从而促进社会更加和谐。再次,要改革收入分配制度,构建科学合理、公平公正的社会收入分配体系,着力提高低收入者收入水平,扩大中等收入者比重,有效调节过高收入,取缔非法收入,努力缓解城乡收入分配差距扩大的趋势,建立促进社会和谐的利益分配格局。形成公开透明、公正合理的收入分配秩序,从根本上预防和减少农村矛盾的发生。最后,要加大对农村的普法宣传,提高农民维护自身合法权益的意识和能力。加强对农村居民的政策法规教育,采取各种宣传方式,如广播、电视讲话、法律讲座、送法下乡等方式,在农村中深入开展法律知识普及活动,特别注重普及与农民生活、生产相关的有针对性的法律法规,宣传守法和如何运用法律知识保护自己合法权益等法律知识。另外,要大力推广村务公开制度,增强村务管理的透明度,动员广大村民积极参与村务管理,使干群之间互相理解、支持和信任,减少干群间的矛盾。同时,注重培养农村和谐共处、互谦互让的社区文化,引导农民树立正确的人生观、价值观,不断加强文化道德修养,做到遇事冷静对待,互相谦让,共同参与处理。

(二)健全农村社区矛盾预警与排查机制

1. 建立农村矛盾风险预警机制

辩证唯物主义认为,任何社会过程与社会结构的存在都不是偶然因素作用的结果,它的产生和发展等有其自身的规律性。社会不稳定和社会风险的发生也具有一定的过程性和征兆性。这种征兆实际上就是社会稳定系统中的警情,它蕴藏在社会矛盾与冲突之中。对农村矛盾的预警,就是对这种警情的预测预报。农村矛盾排查预警机制的建立健全就是为尽早发现、及时化解农村矛盾提供决策依据。监控各种农村矛盾的动向,需要在信息预警(信息收集的及时性和准确性)的基础上,构建较为完善的矛盾预警体系。首先,要在思想上高度重视矛盾预警与处理机制。针对当前农村矛盾事件中一些"无直接利益冲突"的现象,一定要对其保持高度的警觉,"万州事件"等突发事件的处理足以凸显预警机制的重要性。其次,要建立一套高水准、可操作的预警预测体系,建立农村矛盾发生、处置的相关数据库,建立动态的农村矛盾监控系统,跟踪了解农村各个群体对某些问题的态度,重点搜寻有关初露端倪、今后可能酿成大害的社会问题,分析以往农村矛盾发生的原因、频率、发展趋势,力求在矛盾处于潜伏时期,及时察觉、预告有关迹象,提请有关决策部门和全社会引起注意,并采取相应的对策措施,防微杜渐,使有些问题在萌芽状态就得到有效遏制,从而把矛盾造成的负面效应和消极影响降到最低限度,努力掌握矛盾化解的主动权。第三,需要建立健全矛盾应急组织体系和保障体系。建议各农村社区在设立应急组织的同时,要有配套的问责制度和监督制度。在提升农民群众参与意识的同时,建立相应的研究矛盾的团体或者机构,定期对农民代表进行访谈并对基层自治组织进行调研,通过综合测算矛盾的冲突强度、暴力度、发生频率等,将矛盾分成不同的级别,及时递交给当地政府或者上报中央。对于群体性上访事件,要在疏导的同时规范相应的上访程序,要重视上访的警示作用。第四,农村社区矛盾调处与服务站人员、村干部和公务人员要深入农村实际,了解农民阶层的新需求、新观点、新动向,注重收集工作有关的农村矛盾信息,并及时采取相应措施。

2. 健全农村矛盾排查机制

农村矛盾排查机制主要包括矛盾排查运作机制和排查联动机制。首先,健全矛盾排查运作机制。一是健全矛盾排查工作例会制度。实行每月组织召开一次工作例会,例会的内容为对各村前一个月的治安状况、纠纷调处、法制宣传、刑释解教人员安置帮教等情况进行总结,对近期各农村社区可能出现的各种不安定因素进行分析排查,同时布置当月的相关工作。二是预防与排查相结合。坚持把矛盾纠纷排查调处工作的出发点和落脚点放在预防上,变事后处理为事前化解,变被动调处为主动预防。要深入群众调查研究,及时掌握矛盾纠纷发生情况、特点和规律,积极预测,超前防范,坚持抓早、抓小、抓苗头。三是完善报告制度,各级组织要将本部门本单位矛盾排查情况、特点、动向和规律每月向上一级组织报告一次,把握矛盾纠纷排查调处的主动权。其次,建立排查联动机制。人民调解委员会是调解民间矛盾纠纷的法定组织,依法设立在村(居)委会和企、事业单位,这是我国《宪法》和《人民调解委员会组织条例》中规定的。可以在农村社区由村民推举出几名村民任调解员或信息员,为加强矛盾排查调处工作的领导和协调,可在县、乡镇成立矛盾排查调处工作协调小组,同时在乡与乡之间、村与村之间、县与乡、乡与村之间,建立上下贯通、纵横交织的排查调处联动网络。特别是在乡镇一级可确定土地、林业、民政、计生、妇联、团委、老龄委等部门为矛盾排查联动单位,这样当发生纠纷时,由国土、林业等有关部门共同参与,有利于更好地解决纠纷。与此同时,还需加强网络管理与协调,积极促进各调解组织规范运作。

(三)建立农村社区矛盾应急处理机制

农村矛盾处理不当很可能诱发群体性突发事件,在农村社区中最突出的就是因土地等资源权属纠纷引发的群体性事件。在构建和谐社会和建设社会主义新农村过程中,加强对农村矛盾的应急处理是工作中的必然要求,也是强化农村社区公共服务职能的重要内容。因此,建立农村矛盾应急处理机制,找到突发事件的应对措施和办法具有现实必要性。

首先,建立健全应急组织体系。目前,国家级的应急组织综合协调机构尚未建立,但有关专家已向中央建议,成立中央级的危机综合管理协调机构。在地方政府层面上,有些城市率先开展了这方面的工作,建立应急社区动员体制,加强应急中心建设,实现应急处置工作联动,并取得了一定的成效。在农村社区也应建立相应的应急处理机构,统一指挥、协调突发事件的处理。其次,加强应急保障体系建设。各市、县市政府要积极推动和帮助农村社区基层组织做好重点领域应急预案制定修订工作,制定《农村社区处置群众性事件工作预案》和《农村社区处置突发性事件工作预案》等处置预案,确保一旦出现紧急突发事件能做到不慌、不乱。还应建立高效统一的应急指挥小组和应急救援队伍,同时加强与公安、司法、信访等部门和单位的密切配合与联动协调,努力增强预案体系的系统性。再次,规范和健全应急工作运行机制。加强监测预警和信息报告、信息发布制度建设。搞好对危机信息的过滤、分析和研究,信息分析研究主要以专职研究机构为主,辅以半官方机构和社区研究力量,聘请专家并开展委托研究。利用现代信息技术,加强对各类突发公共事件和可能引发突发公共事件的有关信息的收集、风险分析判断和持续监测,建立准确、及时、快速的突发公共事件监测、预测和预警工作机制。最后,围绕重点区域、重点领域和薄弱环节推进应急机制建设。加强农村矛盾多发地区的应急机制建设,不断提高这些地方的应急处置能力。此外,还应建立健全突发公共事件的调查评估制度。突发公共事件应急处置工作结束后,要及时客观公正地对事件发生及其处置工作进行全面的调查和评估,通过调查评估,总结经验教训,进一步完善应急预案、应急处置工作体系和工作机制。

(四)构建多元化农村社区矛盾化解机制

构建社会主义和谐社会过程中,妥善解决好农村矛盾,就是要在建设社会主义新农村的背景下,正确处理农村的各种矛盾。在各国,现代法律及其相关的制度很难进入农业社会、熟人社会或者在这样的社会中有效运作。而中国现代的法律大部分是在移植大陆法系国家法律的基础上借鉴英美法系国家的法律制度而形成的,现代法律很大程度上由于经济和文化的原因,只适用于城市社会、工商社会等,范围较小。司法制度是一个系统的工程,单一的诉讼已经被历史证明了无法解决日益增多和复杂的民间矛盾,而受大众所欢迎的替代性矛盾化解机制(ADR)作为司法制度的有益补充应该得到其应有的重视,发展是法治社会的需要。随着社会的发展,矛盾的内容和形式以及矛盾当事人和社会主体的需求发生了变化,矛盾化解机制也会随之发生相应的变化。当前的矛盾化解方式并不能解决法治所面临的问题和危机,但它毕竟是法治自我更新的一种努力。对于像我国这样的发展中国家,特别是通过法律移植实现法制现代化的国家而言,多元能动矛盾化解机制更具有重要的意义,是一种法制和社会"可持续发展"的需要。

应对当前社区民间矛盾的现状,我们要积极探索化解改革发展进程中各种矛盾的途径和办法,建立健全多元调处机制,充分发挥各级党政组织、人民调解组织、审判机关、行政复议机构与仲裁机构的作用,综合运用法律手段、经济手段、行政手段和教育、协商、听证、调解、仲裁、判决等方法,把矛盾纠纷调处纳入有序的轨道。农村社区具有民间性,它是独立于政府部门的,以农村社区为载体化解矛盾具有可执行性和可接受性。另外,我国目前的农村教育状况比较落后,教育制度不完善,农民普遍法律意识不高,在遇到矛盾或者是自身权益受到侵害的情况下,不知怎样维护自己的合法权益,不知如何选择适当的解决方式。因此,要以保护农民权益和方便农民为立足点,依托于农村社区进行矛盾化解的机制设计。

1. 构建农村社区多元化便民和解机制

和解对于及时解决矛盾,减少诉累,有着重要意义。和解是当事人通过协商达成一致意见,以解决争执或防止争执发生的民事法律制度。和解行为在社会生活中广泛存在,当事人在民事矛盾发生后,往往首先进行协商,以求达成和解意见、化解矛盾。只有在协商、谈判失败后,当事人才会诉诸仲裁、司法等方式解决问题。和解作为一种解决争执的方式,不仅体现在传统的民间行为中,而且是民法的重要内容。民法是规范和解行为、赋予和解效力的重要民事法律制度。我们在前面的研究中已经提到要赋予民间和解协议一定的法律约束力,书面的和解协议是必要的,这就对和解双方当事人提出了较高的要求。鉴于农村社区居民法律专业知识相对薄弱的特点,必须大力加强为农村社区居民提供法律服务与救助工作力度。法律援助办案人员接受受援人的委托,依据相关法规,向非受援人就解决双方的矛盾进行交涉,并对当事人双方的意见进行沟通协商,在确保受援人合法权益的前提下,促使双方达成和解协议。这种法律援助和解不同于法律援助调解,在和解中法律援助人员只是起辅助作用,为双方当事人提供法律咨询和服务,并不对矛盾的化解产生实质的影响,和解协议完全是矛盾双方当事人自由意志的结果。而法律援助调解是指由政府设立的法律援助机构组织、法律援助服务人员、以调解形式为经济困难的公民或特殊案件的当事人,来提供免费的法律服务。因此,必须发挥法律援助和解在构建社会主义和谐社会中的积极作用,规范法律援助的和解行为。

2. 建立农村社区多元化便民调解机制

调解是通过说服教育,促使发生矛盾的双方当事人依法自愿达成协议,解决矛盾的一种活动。农村中通用的调解是由非官方性质的民间力量作为第三方介入到矛盾化解当中,促成当事人达成矛盾化解的合意。为了方便农村社区居民通过适当的方式化解矛盾,应当建立农村社区多元化便民调解体系。第一,要大力扶持民间调解组织的发展。要解放思想,大胆探索扶持民间的调解组织,需要明确民间调解协议的法律效力。人民调解协议的法律效力已经被最高人民法院的司法解释确立过了,但对其他民间调解协议的法律效力问题还没有完全解决。一般是把其他民间调解也称之为人民调解,来解决此类的司法问题,形成人民调解外延的扩大。第二,要建立各种调解的规则、程序和规范。在农村中构建多元能动矛盾化解机制,其中包含程序、规则和规范的多元化。同样是调解,农村矛盾化解程序更应多元化,也可以有很多不同取向,基层村居委会调解,乡镇司法所的调解,以及行政机关调解等虽然都被称为调解,但每一种调解的方式、遵循的规则和程序都会不同。另外,随着新型矛盾不断出现,根据矛盾类型而设立专门化矛盾化解机制越来越多,这也是一种程序多元化。应该在总结实践经验的基础上,不断创新民间调解的形式以及相应的规则、程序和规范。第三,要明确指导农村中调解的责任主体。法律规定司法行政机关负责指导人民调解,但不能由此认为司法行政机关应该指导所有民间调解。应明确矛盾化解方式除了国家正式司法制度的大传统之外,必定相应地存在着非正式矛盾化解机制的小传统,即民间矛盾化解机制。这种农村中的矛盾化解机制呈地方性,面临着地区之间的政治经济文化发展的不平衡,也面临着各民族之间文化传统的差异和发展的不平衡,也即各个地区矛盾化解机制的多元化,地方性知识之间呈多元化。应当从以下几个方面来考虑化解矛盾的便民性。首先,实现法律面前人人平等。现代法治意味着法律面前人人平等、程序正义以及形式合理性等价值取向,但绝不意味着对所有法律问题都整齐划一,也不意味着应该绝对排斥来自农村不同的意见。如果这样,这种现代法治的普适性就只能变得毫无生机,从而失去现代法治基本的合理性。现代法治的普适性是一种灵活的普适性,在矛盾化解的领域,也要求正式司法制度与民间矛盾化解方式的灵活协调,共同发挥维持社会秩序的作用。其次,要适合农村实情。目前,在农村中正在建构的现代法律体系中包含的一系列概念和话语体系,尽管受到现代化转型的影响但大部分农村在传统与现代的边缘徘徊,甚至仍然在相对传统的阶段。在某种程度上,要根据各地农村的实际情况,针对性地建立矛盾化解机制,对农村的民间矛盾化解方式的认可要纳入正式法律的视野,对地方性知识的注重和其与现代法治的整体协调性都应当是现代法治的重要内容。农村中村民之间发生这些矛盾,并不单单是根本利益的对立和冲突,往往是因为某种局部或者暂时的利益引起的矛盾。但如果不及时调解,或者调解不当,会引起矛盾激化,由口角转化为刑事案件。化解农村矛盾时需要根据不同情况,做好因人而异的农村矛盾的调解工作,及时化解各种矛盾,是维护农村稳定,打造平安乡村,构建和谐社会,确保农村经济社会顺利发展的一个关键。

3. 建立农村社区能动仲裁机制

要及时妥善处理好农村的矛盾,仲裁也是非常重要的,建立便民、利民和节约、高效的农村社区仲裁机构是具有重要意义的。在农村中,涉及到仲裁案件最多的要属于农村土地承包矛盾案件和土地征收与补偿争议案件,而仲裁解决矛盾的仲裁人员并不像法院工作人员那样受过专门的法律训练。需要根据农村的特殊情况来建立一个适合农村特色的农村社区便民仲裁矛盾化解体系。化解农村中的矛盾需要便民,涉及到的所有程序及运行过程都需要方便当事人的参与,方便于仲裁机构进行仲裁处理。同时,考虑到农村矛盾季节性、区域性的特点,仲裁机构的设置也应便民化,发挥能动仲裁的作用。具体可以从以下几个方面考虑:

第一,仲裁机构设置应贴近群众。目前农村中仲裁机构设置的做法在国家法律的大环境下方式多种多样。有的地区在县、乡镇两级设立仲裁机构,有的地区则只在县一级设立。据统计,在全国5万多个乡镇中,已有两万个设立了农村土地承包矛盾仲裁机构。便民的设立仲裁是为了靠近农村中农民的需要,可以在县一级统一设置仲裁机构,在农村社区可以考虑用派出仲裁庭或巡回仲裁庭的方式。第二,程序的设计要便民化。对于仲裁矛盾的程序设计要相对简化,不能像民事普通程序那样严格和复杂,因为它主要面向农村中的居民。基于以上两点考虑,本书认为应该因时因地制宜,在农村社区设立巡回仲裁庭,实行能动仲裁。由于农作物的生长和管理有很强的时效性和季节性,矛盾纠纷拖得时间太长容易误了农时。我们必须创新思维模式,改革并丰富农村矛盾化解的仲裁方式,设立巡回仲裁庭,尤其是针对经济落后、交通不便的广大农村,可以考虑在乡镇或村设立巡回仲裁庭,使仲裁的关口前移,重心下沉,真正达到高效便民的效果。对于事实清楚,法律关系明确的案件,当场立案,当场处理,当场结案;对于案情疑难,权利义务关系较为复杂的案件,仲裁庭可提前做好证据审查工作,庭审时提高效率。开庭时可以组织村里的负责人及广大农民参与旁听,使大家知法、懂法、守法,增强个案效应和社会效应,使广大农户更了解仲裁制度,切实体会仲裁的高效便民性质。原则上矛盾纠纷发生在哪个区域,就在哪里现场办案,公开审理,积极推行便民、为民、利民措施。巡回仲裁是对传统仲裁制度的一种突破,便于人民申请仲裁,集纠纷解决功能与法制教育功能于一体。我们应该充分认识到在农村矛盾化解仲裁制度中设立巡回仲裁庭的巨大制度价值。

4. 建立农村社区便民诉讼联系机制

在社会主义新农村和谐发展的今天,让农村社区中的村民通过社区这个大环境,来选择不同的途径维护自身利益,来选择适合自己的矛盾化解方式。建立农村社区便民诉讼联系体系需要从以下几个方面着手:

首先要建立便民诉讼联系点。在农村建立便民诉讼联系点,是以人民法庭为中心,在所辖的社区、乡、镇、村社驻地设置一个方便群众诉讼的联系单位,聘任一位在当地较有威望者为诉讼联系人,形成法庭、联系点、联系人三位一体辐射整个辖区的便民诉讼网络。其次还要强化便民诉讼教育。提高农村当事人的诉讼能力是一项长期的工作,同时也需要与社会各界密切配合,进行长期不懈地努力,为此,还应该通过以下几点来提高农村当事人诉讼能力:在农村社区中采用多种形式来开展法制宣传教育。开展送法进农村、送法进学校等一系列的活动,扩大村民的法律知识面,增强其法律意识;举办民事诉讼知识宣传栏,将民事审判流程图、诉讼费收取标准、关于起诉的条件及期间规定的法律标准、举证时效等诉讼知识予以张贴明示,让村民了解怎样打官司;设立诉讼指导室,由法官坐班接待,解答法律咨询,减小村民的诉讼风险,提高其诉讼适应能力。

总之,构建农村矛盾多元能动"环形"化解机制,建立便民诉讼联系点,还可以在镇、村里建立一些便民服务中心和村社区代办站,为村民提供便民服务,为群众提供直接服务和代理服务的前沿窗口,为群众提供法律服务和民间矛盾调解的办公室,是农村化解矛盾、脱贫致富和劳务输出的信息基地。地方和基层的法庭要牢固树立为实现好、维护好、发展好人民群众的根本利益提供保障和服务的理念和意识,立足乡情,紧紧围绕着力解决影响和制约法庭科学发展的突出问题,积极采取便民服务措施,推动社区法治建设,继续深化法官进社区便民服务活动,保障社区和谐,方便群众诉讼,真正做到公正司法、一心为民。

(五)建立责任追究与反馈机制

农村矛盾冲突现场事态平息,并不意味着问题的解决。关心群众疾苦,帮助群众排忧解难,从根本上消除引发矛盾冲突的因素,处理工作才算真正结束。应当通过扎实有效的工作,及时化解处置一些带有对抗性因素的人民内部矛盾,防止个别问题得不到及时解决变成群体性问题、局部问题扩大为全局问题、非政治性问题演变成政治性问题、人民内部矛盾被敌对势力、非法组织所利用转化或激化、非对抗性矛盾转化为对抗性矛盾、国内问题转化为带有国际性的问题等情况的发生。

具体的责任追究包括对矛盾当事人的责任追究和对化解主体的责任追究。坚持对矛盾当事人的责任追究,一方面是从法律的角度落实对行政行为和民事行为的责任追究;另一方面通过法律的预防功能可以从源头上减少农村矛盾的产生。同时,只有坚持对矛盾化解主体不作为的责任追究,才能更好地落实"属地管理、分级负责,谁主管、谁负责"的原则,把矛盾化解工作的责任和任务落实到部门、单位、个人,加强对矛盾调处的督办力度。另外,要时常组织基层政法部门的工作人员参加政治法律知识培训,挑选素质高,专业知识扎实,爱岗敬业,责任心强的优秀人员从事司法和执法工作,真正做到公正执法,文明执法,以适应新形势、新任务的需求。

我们在走访调查中发展:调查区绝大多数农村社区矛盾化解的督查反馈机制还没有建立起来。矛盾化解工作要真正落到实处,必须有相应的机制对此进行监督。有些矛盾,特别是征地拆迁等引发的不安定事端,虽然暂时得到了化解与处置,但因种种缘由仍存在着"复发"的可能,因此,对于依靠第三方介入化解矛盾的,还应逐步建立和不断完善矛盾调处工作督办检查和反馈制度。我们必须始终强化跟踪调查、跟踪预测、跟踪服务等措施,及时反馈情况,努力巩固调解成果,消除事端隐患。应当推行矛盾调处反馈制度,对调解处理结束的疑难复杂矛盾,社区民警、调解人员应该定期回访双方当事人,了解矛盾的真实化解情况,同时征询对公安机关和调解机构的意见与建议,减少矛盾的反复,促进矛盾的妥善解决。同时,要发挥好新闻舆论对于反映真实民情民意、揭露社会消极现象、宣泄不良情绪、规范政府行为、促进政治文明等方面的作用。

第五节 农民权益保护与新农村社区矛盾化解制度的完善

在任何国家,纠纷都是普遍存在的,农村和城市中都会存在纠纷,这并不可怕,重要的是如何使这些纠纷能够得到迅速、妥善解决。如果纠纷得不到迅速、妥善地解决,将使受害者丧失对社会公正的期待,甚至演化为恶性事件,最终影响社会稳定。在新农村社区建设与全面实施乡村振兴中,如何构建诉讼与非诉讼的多元纠纷解决机制,对于解决农村纠纷,促进新农村社区与全面实施乡村振兴的发展具有重要意义。

一、新农村社区的诉讼制度的完善

(一)基层司法制度

世界各国现代司法制度和诉讼程序通常是以普通程序为基点的,为了节约司法资源,往往限制微小民事纠纷进入正式的诉讼程序。对于基层大量的纠纷解决需求,则采取非正式的方式解决,例如,治安法院、农村法院和社区法院、小额(简易)法院等。基层司法应以非正式、低投入、社区化、非职业化、简易化为特征,诉讼程序则主要由当事人本人参加,不须借助律师,从而同正式的司法制度及诉讼程序保持区别。我国民事司法历来对民事纠纷仅有主管范围的界定,而不对数额和类型等方面加以区分和限制。同时,我国基层法院是以行政区域和级别来划分的,基层法院分布不尽合理。但目前城乡基层法院的功能存在着极大的差别,真正意义的基层司法主要是指农村乡镇一级的法庭。目前基层民众的纠纷解决需求较为突出,而司法改革带来的程序正规化、成本增加和农村法律服务不足等问题加剧了解决途径的阻滞,因此需要改变简单的以增加法院和诉讼解决的政策,重新审视基层司法制度的设计。目前,针对法庭建设存在着两种截然不同的思路:一种是正式司法退出乡村,完全撤销农村基层法庭,以保证司法的正规化和非地方化。但这并不意味着减少基层法律服务或纠纷解决功能,而是适应基层乡土社区的特点,将乡镇派出法庭(甚至部分基层法院)与基层司法所合并,改造为类似治安法院、小额法院、简易法院的司法调处机构,以纠纷解决为基本功能,以调解为主要方式。在规范适用上采用以法律规则为主导的多元化(可以参照地方风俗习惯、乡规民约);在主体上可以吸收非法律职业人员、志愿者,或由原有的乡土法官、司法助理员或人民陪审员担任;在制度和程序上强调简易化、常识化、非诉化和灵活性;在特点上可以保持社区法院的特征——以此区别于正式司法制度,并以后者作为救济机制。这种思路面临的最大障碍并不是其可行性,而在于权力配置和博弈:作为改革的主导者的法院显然不会轻易退出已经占领的势力范围,而其他权力的进入无非是希望将其作为一种公共资源和权力资本,无法确信新的机制是否真的能够实现上述预期。另一种思路则是在现有撤并的基础上加强法庭建设,使其走向正规化,这也是最高人民法院 2005 年的工作重点之一。然而,基层司法虽然具有为公众提供便捷、经济和大众化的司法纠纷解决渠道的功能,但如果将其视为正式司法诉讼程序的组成部分,不仅会增加国家的司法资源投入,也很难承担起沟通国家法与地方社区规范之间协调关系的职能;同时高度地方化的法庭也难以承担处理公私权利(力)之争的责任。从我国基层农村的现状看,司法对于乡村的过快或过多渗透未必非常必要,与其大幅度增加对农村的法律资源投入,不如让法庭适应地方的实际,采取灵活的程序,注重调解,尊重地方习惯,提高乡纷解决的社区效果。比如在农村社区开设派出法庭,法官走进田间地头,进入社区解决社区纠纷,通过这种灵活的诉讼形式来处理社区纠纷,将会是更加符合我国新农村社区发展多元化纠纷解决机制的司法制度。

(二)法律援助

我国法律援助事业创立于 20 世纪 80 年代。2003 年 7 月,国务院制定公布了《法律援助条例》(2003年9月1日起施行),使其进一步走上了法制化道路。目前,我国法律援助制度包括两个部分,即法院诉讼费用的减免缓交和指定辩护人,以及由律师及法律援助机构提供的法律援助服务。在程序上,涉及法院与法律援助机构及律师事务所之间的相互协调。目前,我国法律援助工作面临的主要困难是:法律援助的供需矛盾突出;法律援助工作发展不平衡,农村社区法律援助资源极度短缺。建立机构和经费保障机制,适度向不发达的农村地区倾斜,将是未来法律援助工作发展的重点和难点。法律援助需要制度的支持,也需要依靠大量资金的支持。法律援助资源的紧缺是世界各国的共同难题,并且是无法根本解决的。因此,法律援助的发展不可能超越社区实际和经济发展水平。应在充分肯定法律援助制度的社区功能和意义,尽可能扩大对弱势群体法律援助的范围并提高其便利性的同时,尽可能将有限的法律援助资源合理地配置于最重要的地方。首先应确保对刑事被告辩护权的法律援助;在民事、行政纠纷方面,则应严格遵循审查制度,减少法律援助的无效使用,不断拓展法律援助的范围和方式,从单纯的诉讼代理更多地向非诉讼纠纷解决法律援助过渡。目前一些新的援助形式,例如帮助相对弱势群体参与谈判协商,直接主持调解斡旋,提供事先的合同审查、制定规则与公约,乃至于律师参与信访等等,都具有很好的社区效果和效益。

构建多元化的农村社区纠纷解决机制,需要法律援助工作来为农村社会矛盾化解提供一些制度性的安排,在农村中的农民或者其他贫者弱者都能够得到平等的司法保护,为维护农村中的居民合法权益,需要从以下几个方面完善法律援助制度建设:第一,发挥农村社区中律师的作用。城市中的执业律师是法律援助的主力军,在城市中处理纠纷问题需要充分调动他们的积极性,使律师主动投身到法律援助事业上来。在农村中也是需要通过律师为农村中的弱势群体提供帮助,对于在处理农村纠纷问题上做出突出贡献的律师,可以在政策制度上给予表彰和奖励,宣传他们的事迹,扩大他们的知名度,让其他地区的律师也投身到农村中。第二,加强乡镇的司法所建设。对于农村中的法律援助机构,加强农村中的司法所工作人员的工资待遇等相关政策,使他们能安心为广大农民提供各种法律帮助。乡镇司法所覆盖面广,工作人员也是比较熟悉农民经常面临的法律问题,而且可以做出较快的反应,能够避免矛盾的激化,最适合作为农民法律援助的机构。第三,保证农村社区的法律援助经费。政府财政对于法律援助经费的拨款是其主要的来源。应该让中央政府或地方政府逐级实行对农村地区的经费扶持政策,对于农村中的法律援助服务给予资金的帮助,按照需要扶持地区的最低经费标准,采取转移支付或设立法律援助专项经费的办法给予解决。第四,设立农村法律援助的专项基金。在农村中化解纠纷问题是为了弥补政府投入的不足,满足更多的贫困者对法律援助的需求,可以根据不同的需要来设立专项基金,使其来源渠道多样化,在农村可以给予法律援助的捐款给予免税的优惠及其他相关的鼓励政策等。

(三)司法救济

司法救济的基本方式是诉讼,诉讼必须依司法程序进行。司法程序,指司法活动中必须遵循的法定形式、步骤和方法,主要是指司法诉讼程序。司法程序概念可以作广义与狭义的理解。广义的司法程序,可以涵盖司法机关的组织规范、行为准则、司法行政程序和部分非诉讼程序等;狭义的司法程序,则特指诉讼程序。主要包括刑事诉讼程序、民事诉讼程序、行政诉讼程序和违宪审查程序(或宪法诉讼)。司法救济属于事后救济,裁判者原则上采取"不告不理"的消极立场,必须严格依法采用正当程序。三大基本诉讼程序及违宪审查程序之间,又存在严格的区别和分工。我国目前已经建立了刑事、民事和行政三大诉讼体系,这些司法程序在权利救济和解决社区纠纷中占有核心的地位。随着法制的发展,程序公正的理念已经逐渐深入人心,将进一步保障司法程序的功能。同时,通过审判监督和国家赔偿机制构成了对司法活动、诉讼程序、司法结果的监督制约,一旦出现错案等司法过错,能够启动法定的纠错机制,在追究司法责任的同时,对受害者给予赔偿或补偿。

在新农村社区多元矛盾纠纷解决机制的建设中,司法救济是不可或缺的一部分。比如,对于农村社区的离婚案件,通过调查了解,一直存在着女方举证难的问题,受传统的文化观念的影响,男方在家庭中往往占据主导地位,家庭中的一切事务均由男方最后决定。因此,家庭中的重要证件均由男方保管,家庭经济收入由男方掌控,女方对夫妻共同财产的状况难以把握,当纠纷发生后,难以举证证实。而且女方文化水平低,法律意识淡薄,她们惧怕"打官司",也不知道怎么"打官司",更想不到收集保存相关证据,用法律武器来维护自身的合法权益。受中国封建传统思想的影响,人们一般认为"家丑"不可外扬,当夫妻之间发生纠纷,总是由家族长辈进行调解,对外则是藏着、掖着,女方自然一般情况下是不会想到去收集证据,寻求法律的帮助。对于这点,本研究提出应该通过农村妇女委员会来担当起维护妇女权益责任的组织,当地妇女组织应当积极关注这些弱势的群体,可以聘请法律人才为她们提供法律帮助,依法支持她们诉讼,维护她们的合法权益。

与此同时,目前我国农村社区的行政纠纷解决机制行政纠纷的法制化主渠道弱化、阻塞。化解行政纠纷的公力救济较为乏力,尤其是一些涉及行政复议、行政诉讼受理之类的案件。我国农村中现行的一些解纷体系存在障碍,解纷过程中的行政诉讼受理范围也有限制。我国农村仍旧存在着百姓告状难的问题,农村居民行政诉权的司法保护乏力。这就需要我们:首先,进一步扩大行政复议对行政相对人合法权益的保护范围;在化解农村纠纷中扩大当事人对复议机关的选择自由权;完善行政复议责任追究制度。其次,在化解农村纠纷中是需要扩大范围和标准适用于行政赔偿中,畅通在农村中居民的请求赔偿渠道,完善解纷的程序办理赔偿。确保能依法获得赔偿,维护农村中的居民、法人和其他组织的合法权益。再次,建立健全农村社区中行政补偿制度。适时制定统一的《行政补偿法》,使我国农村行政补偿制度规范化、程序化、法治化。

(四)公益诉讼

利益协调的最主要方式是通过制度协调来实现,诉讼作为一种对社会冲突进行司法控制的基本手段,在利益的协调中起着至关重要的作用,尤其在倡导法制现代化的背景下,诉讼这种制度安排在解纷中的合法性、公正性和效率性均是无可比拟的。然传统诉讼制度多数是基于维护私益而设计,其诉讼理念和诉讼形式无不均片面关注于私益而忽视了对公共利益的救济。农民权益保护最终保障的是农民个人的生存权、发展权等实体性权利,由于波及范围广、涉及人数众多、影响程度深,具有很强的隐蔽性和跨时空性,影响的利益主体不再局限于一对一的直接个人,危害的利益也不仅仅是个体利益,而是包括潜在公众(农民群体)在内的社会公共利益。要实现潜在公众(农民群体)的权利,传统的三大诉讼和其他救济途径已无法完全满足,这会导致权利得不到救济处于落空状态。为了农民群体所享有的权利的实现,为了维护公共利益不被侵害,必须依靠新的救济途径,这就是公益诉讼制度。利用这一途径和载体可以更好地保障农民群体的基本权利和第二层次权利的最终实现,并且保障悬空的公共利益得以落实。公益诉讼起源于罗马法,是一种与私益诉讼相对应的诉讼方式,其实质是一种因保障社会公共利益而引发的诉讼。目前学界对公益诉讼的内涵尚还没有一个比较统一的定论。我国学者认为,公益诉讼是任何组织和个人根据法律的授权,就侵犯国家利益、社会公益的行为提起诉讼,由法院依法处理违法行为的活动。① 本研究认为公益诉讼是指有关的国家机关、社会中间层组织和普通公民,依据法律的授权,对违反法律、法规,给国家社会公共利益造成事实损害或潜在损害的行为,向法院提起诉讼,由法院依法追究相关责任主体法律责任的活动。公益诉讼制度应具有以下的基本特征:(1)公益诉讼的原告主体具有多元性:公益诉讼案件的原告可以是与侵害后果无直接利害关系的任何组织和个人。(2)公益诉讼成立的前提既可以是违法行为已造成了现实的损害,也可以是尚未造成现实的损害,但有损害发生的可能。(3)公益诉讼是对社会公共利益维护。(4)公益诉讼判决效力的扩张性。(5)公益诉讼方式的灵活性。

首先是当事人主体资格的界定。所谓当事人主体资格的确定,即当事人适格,是指在具体事件的诉讼中,能够作为当事人进行诉讼或被诉,且获得本案判决的诉讼法上的权能或地位。这种权能或地位在学理上称作"诉讼实施权",具有该权能或地位的人就是"正当当事人"。借鉴国外经验及结合本国法律制度实情,笔者认为,适格原告三元式启动方式的创制将有助于公益诉讼于制度层面的完善和实践层面的保障,从而进一步有利于公共利益的维护。一是普通公民。② 规定普通公民具有公益诉讼当事人适格资格,即普通公民

---

① 颜运秋:《公益诉讼理论研究》,中国检察出版社 2002 年版,第 8 页。

② 这里的"普通公民"指在政治国家中以自己的行为享受权利,承担义务的社会实体.其外延相当广泛。既包括一定组织形式出现的各类企业、团体,又包括普通自然人个人。

能够根据法律的授权,就侵犯国家利益、社会公益的行为提起诉讼。其最大的优点在于其能够在最大的范围内迅速、及时地发现侵害公益的违法行为,并启动诉讼程序予以监督。显然,制度化的民主参与机制将为人们提供一种利益表达与整合的合法途径和维护公共利益的基本规则与制度框架。二是社会中间层组织。赋予特定社会中间层组织公益诉讼原告资格,即将具有共同利益的众多法律主体提起诉讼的权利"信托"给具有公益性质的社会中间层组织,由该组织提起符合其章程、设立目的的诉讼。其具体诉讼模式是:代表人——团体(社会中间层组织)——团体(社会中间层组织)诉讼,这种将适格当事人资格以诉讼信托的形式赋予一个抽象实体,将从一定程度上弥补单个公民提起公益诉讼时所会承担过高成本风险的不足,有利于发挥社会组织在维护公益方面的整体优势,是一种不仅能解决纷争,还有更好的预防和保护功能的制度。① 三是国家检察机关。我国宪法明确规定检察院是国家的法律监督机关,而公诉权是检察机关发挥法律监督职能的必要构成。大陆法系模式,如德国、法国、日本的民事诉讼法律制度中均规定了检察院作为国家和社会利益的代表。国家检察机关作为传统的公益代表机关,提起公益诉讼无疑是较为适合的,其能以国家机关特有身份在诉讼过程中更好的与被诉机关进行抗衡,是国家干预原则的直接体现。同时,当在侵害公共利益行为发生而普通公民和社会中间层组织处于缺位状态时,国家检察机关便可以弥补空缺,提起公益诉讼。检察机关作为国家的法律监督机关,负有法律监督统一正确实施的职责,当国家利益、社会公共利益受到违法侵害后,能充分、有效地运用必要法律手段,代表国家提起或支持民事诉讼,有效维护社会公共利益,完全符合宪法精神和民事诉讼法的立法本意。

其次是受案范围。公共利益是指一个社会通过个人的合作而生产出来的事物价值的总和,而这种合作极为必要,其目的就是在于使人们通过努力和劳

---

① 这种诉讼模式类似于德国的团体诉讼。团体诉讼是指有权利能力的公益团体,基于团体法人自己的实体权利。依照法律规定,得就他人违反特定禁止性规定的行为或无效行为请求法院命令该他人终止或撤回其行为的,特别诉讼制度,参见陈荣宗:《美国群众诉讼与西德团体诉讼》,《法学丛刊》2006 年第 118 期。

动而能够建构他们自己的生活,进而使之与人之个性的尊严相一致。本书认为公益应该有两层含义。第一层为社会公共利益,即为社会全部或者部分成员所享有的利益,第二层为国家利益。公益诉讼作为一种对社会公共利益救济的制度安排,其诉讼适用范围应严格受公益定义界定的影响。同时,诉讼适用范围是指原告可以就哪些案件向法院提起公益诉讼,其同法院受案范围具有同一性。公益诉讼制度范围的界定,既是法院对违法行为实施司法审查的权限范围,也是公共利益受到不法侵害能够得到司法救济,更是原告取得诉权的前提。对于现代型纷争来说,常有扩大法官自由裁量权的需要,并根据社会需要、主流价值取向、公共政策等因素来进行诉的利益的衡量,决定是否将其纳入民事审判权作用的领域。[①] 农民权益保护领域公益诉讼的适案范围应包括以下几类:政府行政机关的不当行为和不作为案件。即政府机关不当行政行为、以行政权为根据的民事行为、政府机关行使的不当事实行为及政府行政机关的不作为等侵害农民权益的案件;环境与资源等公害案件。即通常所说违反法律规定,直接或间接造成不特定多数(农民)的人身、财产损害的环境污染案件,或者有重大环境污染隐患的案件;扰乱农村社区社会经济秩序和妨害国家宏观经济管理秩序的民事行政案件。主要包括价格违法、市场垄断、侵犯消费者权益、不正当竞争且有重大影响的民事行政案件;侵害农村集体资产权益的民事行政案件。主要是在农村社区集体资产的经营、管理活动中造成集体资产流失,或者使集体资产存在重大损失隐患的案件;法定代表人侵害法人利益的案件。即法定代表人不负责任,或在民事活动中与相对方串通,从而造成财产损失的案件;其他涉及农村社会公共利益而又无人起诉的重大民事行政案件。显然,衡量一国诉讼制度的科学性与否,一个重要的方面,就是看它能否将具有诉的利益的案件都有效地纳入司法保护的视野。

最后公益诉讼制度的程序保障。首先,激励机制的建构。美国的 Berlson 和 Steiner 对激励下了如下的定义:"一切内心要争取的条件、希望、愿望、动力

---

① 廖永安:《论诉的利益》,《法学家》2005 年第 6 期。

等都构成了对人的激励。它是人类活动的一种内心状态。"①恰当有效的激励政策体制能够使得主体产生一种积极的心理。公益诉讼作为一种新事物被接受往往需要一个合适的激励机制。为鼓励和支持广大农民对侵害农村集体利益和社会公共利益的行为作斗争，国家需要在社会上营造相关文化氛围，在立法上规定一定的奖励制度，从而推动公益诉讼的发展与完善。其次，诉权滥用的防止。程序的非理性设计必然会造成权力的滥用。公益诉讼制度建构的初衷之一就是要优化资源配置，促使社会效益最大化。而诉权滥用的发生将直接引致司法资源的浪费，进而增加社会成本。故考究公益诉讼制度程序保障便具有必要性。借鉴诉讼制度发达国家的相关经验，防止诉权滥用情形发生的措施大体有以下几方面：第一，对农民权益保护领域的公益诉讼设置必要的前置程序。第二，在受案范围上，只适用于没有特定受害人且（农民群体）公共利益已受到、正受到或将受到违法行为侵害，并确实是出于维护农村社会公益目的而提起的诉讼。第三，在案件审理阶段原告的自由处分将受到更为严格的限制。最后，诉讼费用的分摊。公益诉讼作为一种维护公共利益的社会活动，是一种有成本的司法活动。需要投入一定的人力、物力和财力，即必须付出一定的诉讼成本，诉的利益包括私益和公益、物质利益和精神利益，而公益诉讼更主要关注的是公益的维护。在主体缺乏自身利益的情状下，单纯为普通公众谋求利益的行为显然会缺乏动力，且法律不可以也不应该强行要求个人在自身"无利可图"的前提下，为维护公益而作出提起诉讼的"义务"行为。诚然，诉讼成本问题不应成为诉讼的主要障碍。在这一点上，清华大学学者易延友曾建议，建立惩罚性赔偿制和律师费用转付制。本书认为，可以通过以下措施加以解决：一是从立法层面上，根本免除原告承担诉讼费用的责任。二是从相关制度衔接上，完善法律援助制度。三是从资金筹措上，建立公益诉讼专项基金。

二、新农村社区非诉讼制度的完善

随着我国经济社会的发展，社会利益格局逐步发生变化，新的社会问题不

---

① 小詹姆斯等：《管理学基础》，中国人民大学出版社 1982 年版，第 195 页。

断涌现,社会矛盾不断凸显,因此要采取有效措施促进社会和谐势在必行。历史告诉我们,对制度的评价必须置于我国的特殊环境中加以考察,忽略了相适应的社会环境的评价往往是不成熟的。民间非讼制度作为制度的一种,能够在我国迅速发展,其原因在于人们经济利益的需求。对于经济利益,人们常常采用经济学上的成本——收益理论对其进行分析。经济学家们相信正是通过对成本与收益的比较,人们发现选择非诉讼制度(ADR,Alternative Dispute Resolution)带来的效益可能比诉讼制度的效益还要高,所以选择了 ADR 作为其解决方法。因此,从这种意义上讲,ADR 的存在是和谐社会和法制社会构建过程中不可缺少的重要组成部分。我们应该不断地去补充和完善它,使之向着规范化的方向发展,成为整个法律体系的有效补充和有机组成部分,从而在法治化进程中发挥更为积极的作用,为农村社区的健康发展及和谐社会的构建发挥更大的作用。

(一)新农村社区的和解制度

1.民事执行和解制度

在农村中执行和解制度是民事强制执行程序过程中比较重要的,由于在实践中民事执行和解制度的规定过于原则化,执行和解作为一项诉讼制度,在实践中缺乏可操作性,给人民法院和诉讼参与人带来了许多的不便,在构建多元化农村纠纷解决机制中,需要进一步对民事执行和解制度进行完善,本文对执行和解过程中存在的若干问题进行分析研究,并提出相应的完善对策建议。在解决我国农村纠纷中,完善执行和解制度应当从对执行和解的性质和效力的定位入手,从以下几方面来重新构建我国的执行和解制度:

第一,化解农村纠纷需要完善立法。通过法律来确认化解纠纷的方式,农村解纷中,法院对当事人共同达成的和解协议进行审查,对其合法性和有效性予以裁定,再赋予强制执行力。对于有明确申请请示的,根据申请的结果来执行。对已采取财产保全措施的和解案件,等当事人完全履行义务后,保全裁定才自动解除。第二,范围中将纳入执行和解的裁决。在农村解纷中和解协议变更了原来生效法律文书的内容以及其他的实质性的内容,要预防申请人或者是被执行人恶意串通来坑害第三人利益。在当事人行使处分权的时候,在执行中有法官强迫当事人达成和解协议的情况,当事人可以申请将其从执行程序中分离出来。应当在和解中脱离执行法官,并纳入裁决的范围进行审查,经审查后认为合法有效的和解协议,法院以执行裁定的形式赋予和解协议法律上的效力,从而作为违反执行和解协议后强制执行的依据。第三,在农村中化解纠纷时可以采用的一种方式是"和解+担保"的执行方式。在化解纠纷的执行中,双方当事人可以自愿达成和解协议,变更义务主体、标的物及其数额、履行期限和履行方式。在农村化解纠纷的执行实践中,尽量让担保人参与,对那些不守信用,想利用执行和解拖延执行期限的单位和个人,可以直接采用追加执行主体的方式,进一步保障和解协议的履行,最大限度地保护申请人的合法权益。第四,依照和解协议书来履行并结案。对于即时履行的执行和解案件做执行结案处理,对于延后履行、分期履行和解案件,在执行和解协议达成而没有履行的情况下,应先行裁定中止执行,待全部履行完毕后再做结案处理,或在未履行或未完全履行后恢复执行。第五,促成和解适时介入协调。应正确理解自行和解达成协议的内涵,法院执行人员不得将自己的意见强加于当事人,在双方当事人完全自愿的基础上合理介入和解程序,提出建议,也可邀请地方基层组织参加,发挥多种渠道解决纠纷的传统优势,做好当事人之间的协调工作,积极引导双方当事人缩小分歧,化解矛盾,根据被执行人的实际履行能力,制订出切实可行的和解方案,从而促成和解。民事执行和解制度是在纠纷发生后,按照当地的风俗习惯、宗教信仰以及社会公德等社会规范来自行协商、自觉化解纠纷的一种解决方式。完善民事执行和解制度以期对构建多元化农村纠纷解决机制产生积极的推动作用。

2. 诉讼和解制度

诉讼和解制度能够体现当事人意思自治的原则,实现司法程序上的公正。在民事案件中,当事人意思自治是在不违反公共利益和集体利益、不侵犯国家和他人的合法权益的前提下,有权根据自己的意愿,自主地处分本人民事上的实体权能和程序权能,而不受外来干涉的权利。诉讼和解能进一步明确合意的主动权、决定权,能够充分体现当事人的意思自治原则,有利于当事人自愿、公平地处分自己的民事权利,对构建多元化农村纠纷解决机制具有重要意义。

诉讼和解就是在民事诉讼的过程中,双方当事人通过自主协商、互谅互让自行达成协议,从而解决纠纷的制度。与民间和解不同的是该和解发生在民事诉讼过程中。本研究认为,新农村社区诉讼和解制度需要注意以下几个方面:

第一,建立完备的审前准备程序。在构建农村多元化的纠纷解决机制过程中,完善审前准备是为当事人和解提供程序上的保障。我国农村在处理民事诉讼问题时,对于审前程序的独立价值和功能的重视程度较少,而侧重于送达诉讼文书。审前准备可以让双方当事人在化解纠纷的之前先多接触、多了解。如果当事人无法得到足够的审前诉讼信息,那么难以明确双方当事人的纠纷争点,严重限制了审前程序应有价值和功能的发挥。第二,明确处分原则。在化解纠纷过程中,应当明确双方当事人的责权问题,为当事人和解提供权利保障。处分原则是程序公正理念指导之下的一项重要的诉讼制度,民事诉讼中,当事人能否真正享有处分权与法院对当事人处分权的尊重程度紧密联系。第三,明确民事诉讼和解行为的性质和效力。目前我国农村纠纷的化解处于法制化的初期,农村居民的法律意识比较薄弱,在化解农村纠纷问题时,应当通过民事诉讼法明确规定当事人可以双方达成和解协议,然后由法院记录在案后,制作和解书,确立此和解书处理结果具有同生效判决相同的效力。如果当事人一方不履行和解协议,那另一方当事人可以据此和解书向法院申请强制执行。第四,强调法官在诉讼和解中的作用。诉讼和解是以双方当事人合意为基础,鉴于我国农村当事人的诉讼行为能力比较欠缺,需要法官的积极参与。但是为了公平正义,应当避免法官过多干预和解的实质内容,且我们应当将和解法官与审判法官分离。除了从程序和制度上完善我国现行的和解制度,还需要从执行效力和费用上进行完善。要赋予经过法院认可的和解协议应当具有与法院判决、裁定具有同样的法律效力。诉讼费用应该是由审判费用的诉讼成本和当事人费用的诉讼拟定成本构成诉讼和解的诉讼费用是需要降低的。纠纷双方达成和解协议的过程,显示了当事人诉讼成本博弈的过程,和解基本是当事人自己在讨价还价,法院调解需要法官居中一直"斡旋",法官与法院的付出比法院在和解中的付出要大得多。

(二)新农村社区的调解制度

1. 调解的层级管理制度

虽然人民调解组织网络在全国初具规模,但是也有相当一部分调解组织尤其是农村地区的调解组织力量有限,有的有名无实,有的信息不灵,在农村中的调解不力,有的甚至处于瘫痪状态,影响了调解效用。当前,要充分发挥人民调解在解决农村矛盾中的作用,关键要在农村社区中完善人民调解组织网络,应着重结合以农村党支部为核心的农村基层组织建设,按照《人民调解委员会组织条例》的要求,把村级人民调解委员会建设好,增强组织的战斗力。

在对农村纠纷调解机制的进行考察之后,我们发现在促成调解的诸多因素中有一点是不容忽视的是权威情结。① 在农村的解纷状态下,一般最先出场的是村调解员,在农村中的调解员一般是村委中的调解主任和治保主任。如果所涉及的纠纷问题扩大,纠纷争议问题升级,最后可以一直上升到镇一级调解机构,通过镇长、镇党委书记来调解农村的纠纷。在农村中越是遇到重大、难办的案件,就越是需要较高级别的管理者来进行调解,化解纠纷在调解层级上不断上升,很多下一级没有解决的纠纷常常会想在上一个层次获得解决。② 这种逐层上升的化解现象是相应对于中国民众的传统思想,人们希望从更高权威那里谋求公正待遇的心理诉求。我们就可以通过调解层级设置的规范化和制度化,使得纠纷在这些逐级上升的调解层级中被不断过滤、消解。在目前的农村调解制度中虽然也有一些划分调解层级的做法,但问题在于:一是程序上的不规范,到底什么情况下进行哪个层次的调解缺乏明确区分,任意性较大。二是形式上的层级缺乏。尤其是在村和镇之间,村的调解意见与镇的调解意见常常混同,当事人因为不满意村调解意见而诉诸镇一级的时候,镇的调解意见基本上与村级保持一致,如此就使层级划分变得虚有其表,长此以往民众也就对更高的权威失去了应有的信心。权威的确立是与纠纷的合理解

---

① 王铭铭:《走在乡土上——历史人类学札记》,中国人民出版社 2003 年版,第 105 页。

② 强世功:《调解、法制与现代化——中国调解制度研究》,中国法制出版社 2001 年版,第117 页。

决联系在一起的,可以说纠纷解决得越是合理公正,村镇调解的权威就能够越好地得以建立。有学者在其《权力与公正》一书中,对村干部的权威进行评价时就指出:"显然这种权威不是靠家族中族长的地位,也不是靠村民对国家权力的完全认同来实现的,而是通过维持一种解决实际问题的程序公正而实现的"。①　各个级别的纠纷调解中公正性与其有效性是联系在一起的,可以说现在的公正就是将来调解能够有效开展的资本,否则纠纷的解决忽略了公平公正,偏离了老百姓口中的"道理",那么无论是哪一级的调解其都将失去在民众心目中的权威。而权威的缺位,除非是借助强力否则调解就难以开展,更谈不上是有效。

完善调解制度的一个重要突破口就在于,合理建构调解层级,并规范化和实质化。而在对这种调解制度进行程序性改造和完善的同时,也绝不可忽略对其解决纠纷的公平、公正的实质性要求。

2. 调解的监督制度

多元化纠纷解决机制,使各机制都在农村社区的平台上发挥出各自的相对优势,形成良性互动,这更有利于化解农村社会矛盾、维护社会秩序、建构和谐社会。在全面构建社会主义和谐社会的新时期,与时俱进的调解制度定会焕发出强大和旺盛的生命力。调解制度作为颇为重要的解纷手段,在实体和程序公正方面需要加强监督,这对于农村的和谐发展具有重要意义。

在农村社区的发展过程中,当遇到纠纷需要通过调解制度进行解决时,也需要建立健全调解的监督机制,可以由基层人民政府、人民群众和当地的新闻媒体行使监督权。首先,开展农村中的政府监督。在农村社区发展过程中,在遇到纠纷问题的时候,通过调解达成和解协议的这类纠纷应向基层人民政府备案,可以通过人民调解员和解,由基层人民政府审查其合法、合理性。而人民群众对调解协议的合法性有异议的,可以向基层人民政府或村民委员会提出,也可以直接向司法机关救助。人民调解制度的发展关系到整个农村社会的稳定和谐,我们应不断完善人民调解制度,让其更好的为建设和谐农村服

---

① 赵旭东:《权力与公正》,天津古籍出版社 2003 年版,第 268 页。

务。其次,建立监督奖励。在农村社区发展过程中,应当明确各级人民政府承担人民调解委员会的奖励经费,倡导社会各界对调解工作的支持,有条件的地方可以设立奖励或工作基金,发动社会的力量,作为调解工作健康顺利发展的物质保障。可以激励人民调解员在农村社区发展过程中更好更努力的为人民群众解决纠纷。再次,建立农村社区法律援助。法律援助制度作为一项重要的法律制度,在构建农村和谐社区发展的过程中,通过代理或协调案件,解答法律咨询等方式,引导群众以理性、合法的途径表达利益要求。法律援助帮助人民群众解决最关心和最现实的利益问题,对于维护困难群众的合法权益,促进农村社会的和谐稳定,有着独特的功能和重要的作用。法律援助在完善人民调解纠纷解决的问题方面,充分地发挥着协调和法律服务的优势,积极履行社会职能,维护了困难群众的合法权益,促进社会和谐稳定。

在农村中调解作为化解纠纷的一种方式,可以通过人民调解监督员监督。具体来说,农村社区人民调解委员会可以聘任人民调解监督员,对农村中的纠纷化解情况进行监督。其职责可以分为以下几方面:一是乡人民调解委员会邀请人民调解监督员参与调解。在化解农村纠纷时,调解监督员来对调解工作进行监督,进一步保障调解过程的公平、公正。二是对农村群众和社会各界反映调解工作中存在的问题和工作作风等情况,人民调解监督员有权向人民调解委员会提出批评。三是农村中协助人民调解委员会传送有关调解文书。四是农村中协助调解人员调查纠纷的有关事实。五是农村中要继续人民监督。在村里宣传法律,每年定期召开人民调解监督员工作例会,对调解工作和调解人员进行民主评议。

3. 农村社区调解员业务素质提升制度

在农村中社区调解员在农村纠纷化解中起到的作用非常大,可以近距离的贴近群众化解纠纷。在构建多元化农村纠纷解决机制中,不断提高农村社区调解员的业务和素质水平是趋势发展的需要。在调解机制的运行中,人的作用是显为突出的,在这样的前提下,选任什么样的人作为调解员对于整个调解制度的成败得失起着决定性作用。农村调解中所面临的各种难题和挑战,归根结底都跟调解人员的素质有着极为密切的联系。如果能够选任出称职而又合格的调解员,那么农村纠纷调解机制的各种难题即使不是迎刃而解也至少可以得到较大程度的缓和。本书认为,农村社区的调解员至少应当具备以下几个基本素质:第一,公正的素质。在农村中调解员应当保持一颗公正之心,在纠纷化解中调解一旦丧失了基本的公正,就不是在解决纠纷而只能是激化纠纷。在调解还没有开始的时候,调解员的天平不能倾斜,所以调解员必须保持公正。自律的调解员是通过合理的途径选举出来的,调解员需要拥有一颗公平、公正之心,不然在成为调解员之后很难自律。而制度则既是指合理的选举调解员的制度,也指对调解员的工作进行支持和管理的制度。对调解员的监督,则包括农村社区中的上级监督和群众监督两个层次,防止村民在村一级的调解中得不到公正的对待,而且这两种监督,应当有效配合,相互协调。当事人在向镇一级相关机构寻求救济时,上一级的相关部门应予以纠正。第二,树立威信性。调解员在农村中化解纠纷问题,还需要在村子里有好的口碑,而这是需要来自于民众的信任,再由信任上升为敬畏,而不是将权威建立在武力和强制之上。调解员在化解纠纷的过程中,运用强力来推行调解在根本上是对于调解本旨的背离。第三,农村解纷过程中需要懂法。在农村中化解纠纷是离不开法治化的大背景的,化解农村纠纷争议通过调解工作来展开,其实也不仅是简单的民间村民自治,而且是国家宏观法制建设方面的一项重要环节。这一环节的关键在于农村中调解员的法律素质,加强农村社区中的调解员的法律素质是需要有相应配套制度的:一方面,在农村社区中通过多种活动形式开展法律培训,提高现有农村中的人民调解员业务素质和法律知识。另一方面,要加强农村人民调解委员会与基层人民法院的沟通学习,让人民法院能及时的与农村社区中人民调解员保持联系,及时指导工作,提高业务水平。第四,解纷工作要高效。在农村社区中担任调解工作不仅需要公正也同样需要效率,化解农村中的纠纷要求调解员拥有一颗公正的心和有处理事情的工作效率。利用调解的快速便捷特点及时的化解农村中产生的纠纷。在最短的时间内最小的范围内把冲突的危害结果控制住。通过调解处理纠纷是不宜拖的,在农村社区中调解员不能将小纠纷拖成大纠纷,而是要快刀斩乱麻地尽可能高效化解纠纷。

（三）新农村社区的仲裁制度

1. 新农村社区土地承包纠纷仲裁制度

完善农村社区的土地承包仲裁机构,化解土地纠纷,对稳定农村土地承包关系,保护农民土地承包经营权,维护农村社区稳定与和谐发展将起着特别重要的作用。现实土地承包存在的纠纷问题需要解决,《农村土地承包法》对以仲裁形式解决农村土地承包纠纷做出了法律规定,但还没有相配套的具体操作办法。在构建农村社区多元化纠纷解决机制的时候,要结合农村社区土地承包纠纷的实际情况,本研究认为我国农村社区土地承包纠纷仲裁制度可以从以下几个方面着手。

第一,制定适合农村社区的仲裁规则。农村土地承包纠纷仲裁是方便、快捷化解纠纷的有效渠道。完善农村社区的土地承包纠纷仲裁制度,要以坚持当事人法律地位公平、公正等为基础,坚持当事人法律地位平等是仲裁结果是否合法公正的前提。有些土地承包纠纷,涉及到地方政府的行政行为,还有涉及发包方和承包方的权益之争。如果不坚持当事人法律地位平等的原则,就不能做到裁决的公平公正。第二,完善便民仲裁制度。农村社区土地承包纠纷的多数集中在本社区的村民与村民之间,通过调解化解矛盾,不仅对于当事人双方今后的友好相处至关重要,更重要的是对巩固社区稳定和经济发展有极其重要的作用。需要在依法化解纠纷的同时采取以调解为主,裁决为辅的便民方式。耐心调解,在案件审理过程中,双方当事人由于相互举证质证,情绪激动,难以当庭达成调解协议。闭庭后,仲裁庭需要及时动员各方面的力量对当事人进行劝说、调解,促使双方当事人达成共识,形成调解协议。第三,多种解纷形式,依法仲裁。在农村土地承包纠纷仲裁实践中,按照"先审查,后立案,先调解,后仲裁"的原则,根据纠纷情况的不同,采取适应的方法依法调解和仲裁。在各个乡镇农村社区中聘请仲裁员,委托政府和仲裁员受理当地土地承包纠纷,受理后按程序报仲裁委员会批准,由仲裁委员会在当地组成仲裁庭,在乡镇开庭。在申请仲裁时,由于考虑到农民的文化程度有限,可以文字申请也可以以其他方式申请。第四,健全仲裁队伍。在农村中通过仲裁化解纠纷,需要健全农村社区的仲裁队伍,在仲裁队伍里,争取农民代表和专业人员要占一半以上。县级人民政府应当根据实际情况组织成立农村土地承包仲裁委员会。仲裁委员会由政府代表、有关部门代表、农民代表以及法律、经济等专业人员组成,其中农民代表和专业人员不得少于总数的一半。仲裁委员会的职能是负责聘任、解聘仲裁员,受理案件,并监督仲裁活动。

建立和完善农村土地承包纠纷仲裁法律制度,还应当明确农村土地承包纠纷仲裁机构的性质,设置反映仲裁本质属性的农村土地承包纠纷仲裁机构。基层司法机关和乡镇政府要加强对农村基层调解组织的业务指导,强化基层调解,充分发挥基层调解组织在调解农村土地承包纠纷中的作用。强化农村法制宣传工作,开展农民教育和培训,提高农民的法律意识和法制观念,自觉守法、护法,自觉运用法律武器保护自身的合法权益,从而有效防止各种矛盾纠纷的发生。

2. 新农村社区的劳动争议仲裁制度

对仲裁协议是否有效采宽松态度,凡有仲裁协议,管辖权宜应由仲裁机构自主决定。仲裁机构设置过多过滥,案子少,水平低,经验不足,造成资源的浪费,易沦为地方保护的工具。① 仲裁机构的设立应遵循"宜精不宜多"的原则。仲裁机构应根据法律要求和国际惯例标准,加强自身建设,健全自身内部制度和仲裁程序规则,以品行端正、职业道德高尚、专业知识丰富为标准遴选仲裁员,从各方面与国际接轨。在仲裁程序进行中,法院应强化对仲裁的支持与协助,弱化对它的审查控制,尽量不介入仲裁过程。在承认和执行仲裁裁决以及撤销裁决时,法官原则上只宜对其进行程序审查,不严格审查裁决的实体内容。程序上审查也应限于必要范围,即使程序存在瑕疵,只要不足以实质性影响当事人的重大程序性权利或者严重影响裁决结果的实质性公正,法院就要尽可能维持仲裁裁决的效力。

第一,完善农村社区劳动仲裁机构。在农村的发展中不断出现多样化的劳动争议,劳动争议仲裁制度是最好的化解方式。首先,应当逐步取消不合理

---

① 棚濑孝雄:《纠纷的解决与审判制度》,王亚新译,中国政法大学出版社1994年版,第68页。

的机构管辖权限,建立一个服务于仲裁委员会的劳动仲裁委员会办事机构,对劳动争议的解决给予严格的规范,使其发挥自身应有的作用。其次,完善和规范仲裁庭制度,从法律和法规上来提升仲裁庭审理的效率,仲裁庭应严格按有关规定,不得用简易程序代替一般程序,以及不得用独任仲裁取代仲裁庭。劳动仲裁机构的组织建设逐步规范和完善,为劳动仲裁提供了必要的组织保证。第二,实行适合农村特色的仲裁员上岗资格的国家考试制度,建立农村社区仲裁员名册录。提高农村中仲裁员的理论素质和业务水平,应该在农村建立适合农村仲裁员考试的资格考试制度。通过定期的考试选拔,考核出优秀的能胜任的农村劳动仲裁员。建立农村仲裁员考试制度要根据当地农村的特色情况来设立,在农村设定报考的条件,根据农村各地和其本地有资格人员情况,建立仲裁员名册录,以便于仲裁人员的指定或选择,及时化解农村中存在的争议纠纷。第三,实行农村中纠纷处理后的错案追究制度。通过建立农村中纠纷处理后的错案追究制度,发挥出监督作用,杜绝纠纷仲裁中仲裁员随意仲裁的情况。农村劳动仲裁委员会在化解纠纷过程中,应设立农村的解纷行政管理部门来负责农村的劳动行政管理。而农村中的劳动仲裁委员会需要一个专门管理它的机构和领导,需要加强它的专业化建设。况且在农村中仲裁所受到的监督非常少,往往会造成一些劳动仲裁的错案错处理的情况经常发生,以加强它的专业化建设。况且在农村中仲裁所受到的监督非常少,往往会造成一些劳动仲裁的错案错处理的情况。为加强对错误处理的监督,可以不定时地对仲裁机构和仲裁员进行监督检查,设立农村社区仲裁员以及仲裁庭处理错案追究制度。具体做法是与当基层法院建立长期的密切联系,定期沟通仲裁工作。对于仲裁员所裁案件的起诉情况或者是错裁情况,及时提交仲裁委员会审查,以决定对仲裁员的奖惩和处罚。对不合格的仲裁员除给予必要的行政处分外,应当坚决清除出仲裁员队伍。第四,完善农村社区的仲裁回避制度。在案件仲裁中有些仲裁员是必须回避的,而目前的回避制度仍需完善。其一,劳动争议仲裁委员会对回避申请应当及时作出决定,并以口头或者书面方式通知当事人。本案当事人或者代理人的近亲属,有权以口头或者书面方式提出回避申请。在解决纠纷过程中,必须建立并完善回避制度以确保仲裁的公平公正。其二,完善农村社区回避制度。完善告知程序,除应当向当事人告知仲裁人员、书记员的名单外,还应将决定仲裁的案件由仲裁委员会的成员、出庭鉴定以及翻译人的名单告知当事人。同时告知提出申请回避的时间,当事人应在首次开庭前提出回避申请,回避事由在首次开庭后知道的,可以在最后一次开庭结束前提出。

3.仲裁员队伍业务的培训制度

在构建多元化农村社区纠纷解决机制进程中,进一步提高兼职劳动仲裁员的办案参与率,提高兼职劳动仲裁员的办案数量标准,是新农村发展的需要。由于目前我国农村中的仲裁工作人员大都不是法律专业人员出身,对仲裁的法律适用范围和程序合法性没有专业人员那样精通,存在一些仲裁的技术性缺乏问题,需要加强对相关仲裁工作的业务培训。

对于农村社区仲裁员,可以聘用一部分来自农村的土生土长的居民,也可以考虑聘请一些专业的法律人员为兼职仲裁员,以保证仲裁公正性和准确性。在新农村发展中,不断完善仲裁员的业务素质水平应从以下几个方面着手:第一,加强学习,强化培训。在农村通过采取举办培训班、发放宣传资料、悬挂宣传标语和过路横标等有效形式,广泛宣传农村土地承包各项法律法规,宣传农村土地承包纠纷仲裁试点工作的重大意义,积极引导农民群众学法、守法、依法维权。坚持学习、实践相结合的原则,对每起仲裁案件的审理,明确规定案件辖区的仲裁员、调解员必须参加,案件评议时,邀请部分镇街的仲裁员、调解员参与。同时,每周组织仲裁员开展一次集中学习,规定仲裁员除参加上级举办的业务培训外,还需系统全面地学习和掌握《农村土地承包法》《农村土地经营权流转管理办法》等法律法规。通过学习、培训和案件观摩,增长知识,积累经验,极大地提高仲裁员、调解员的业务素质和办案水平。通过多种途径的学习、培训,进一步提高仲裁员的业务素质和增强处理案件的能力。第二,强化仲裁队伍建设。仲裁员必须加强政治理论和业务学习,重点学习科学理论和有关法律、法规以及劳动仲裁争议案例,及时掌握新时期处理劳动争议案件的新方法,做到熟知会用。要求每名仲裁员在实践过程中,必须通过各种方式方法的锻炼,提高处理问题的协调能力和艺术性。同时,加强仲裁员队伍的廉政建设,坚决杜绝以权谋私,时刻接受群众监督,公平、公正、及时、透明、高效地处理各类劳动争议案件,树立良好的服务形象,进一步提升了劳动仲裁的公信力。第三,加强业务知识学习,着力提高仲裁文书的制作质量和效率。

(四)构建新农村社区诉讼与非诉讼机制的配套制度

1.建立社区纠纷预警制度

对于社会纠纷首要的态度应当是以预防为主,努力将纠纷化解在萌芽状态中。在农村积极采取各种措施,努力依法办事,涉农的行政机关以及农村的村民委员会都应当带头模范遵守法律。在发生矛盾与纠纷时,要采取预防措施,控制社会矛盾进一步恶化。在农村社区需要以制度促规范,进一步提升社区矛盾纠纷预警功能。构建多元化农村纠纷解决机制,发挥社区的纠纷预警功能,及时地减少甚至降低农村纠纷的发生,把纠纷及时地消灭在其萌芽阶段。通过社区应该建立相关的农村解纷配套制度,应从以下几个方面着手:

第一,加强农村社区纠纷预警队伍建设。在农村中通过社区内部的联动纠纷预警,可以提早发现纠纷,充分发挥社区联动预警的优势,让农村社区各部门互相配合,形成合力,努力将纠纷化解在初始状态,减少群体性纠纷的发生。要建设社区中的预警队伍应该注意以下几方面。首先,要提高预警队伍人员水平。可以定期展开教育培训法律业务,以及培训沟通协调能力。其次,强化纠纷预警队伍建设。可以从村子里选拔出优秀的村民来担当纠纷预警队员,也可以聘请律师和退休的法官加入队伍中,因其具有熟练的法律技能和丰富的实践经验,可以借助他们的威望和专业知识来优化预警人员结构,通过加强预警纠纷队伍建设,保障化解纠纷工作的规范运行。第二,建立农村社区预警组织网络。农村社区的纠纷预警组织建设是开展纠纷化解工作的基础,在构建和谐新农村的新时期,预警组织要形成一定的网络资源,才能更好的化解农村社区中遇到的纠纷。一是设立纠纷排查制度,实行月排查、季度集中排查和零报告制,在调处中做到政策把握不准的问题不放过、定性缺乏依据的问题不放过、群众不满意的问题不放过。二是对于处理重点矛盾纠纷的领导实行包抓制度,切实把调处责任落到实处。三是建立纠纷议事制度,对纠纷排查调处情况进行具体情况具体分析研究,对个别疑难问题进行研究或听证。四是建立矛盾纠纷应急处置预案制度,制定《处置群众性事件工作预案》和《处置突发性事件工作预案》等处置预案,确保一旦出现紧急突发事件能做到不慌、不乱。五是建立群体性矛盾预防和化解制度,领导亲临一线,通过专访、现场办公会议形式,面对面地做群众工作,引导群众以理性合法的方式解决矛盾纠纷。第三,强化对预警组织的监督。在农村社区的发展过程中,在遇到纠纷解决需要提早化解,防止小纠纷引发大纠纷,预警组织就起到了至关重要的作用。同时也要对于预警纠纷组织上给予监督,防止权力滥用。一是开展政府监督,在农村社区发展过程中遇到纠纷的时候,可以通过纠纷预警组织把纠纷化解在萌芽状态,减小纠纷的面积扩大。预警化解的矛盾,应该及时向当地人民政府报告。二是建立法律援助。法律援助在完善纠纷预警方面,能够起到保障困难群众的合法权益,促进社会公平正义。在农村社区的发展过程中,构建多元化的农村纠纷解决机制需要社区的预警制度。在农村中遇到纠纷时候,需要提早化解,防止小纠纷引发大纠纷,社区的预警组织就会起到了至关重要的作用。通过农村社区纠纷预警队伍建设和农村社区预警组织网络建设,,能够起到纠纷预警的作用,在和谐社会新农村发展中具有重要意义。

2. 建立社区异地联动制度

农村社区是以村庄为基础平台,在党和政府的领导下,依托农村社区力量,整合农村社区资源,强化社区功能,解决农村社区中遇到的问题,深化村民自治,维护农村社会稳定,促进农村社区各项事业协调、健康发展,不断提高农村社区的全面可持续发展。在构建农村多元化纠纷解决机制中,社区为和谐社会主义新农村社区的整理,为异地联动制度的构建提供了新的路径、组织载体,为农村社区多元化纠纷解决提供了有效的联动途径。构建农村多元化纠纷解决机制,需要通过社区这个基础平台,依托社区的力量来起到异地联动化解纠纷的作用,应建立以下几个方面的联动制度。

第一,建立以社区为中心的党员联动。在农村社区应该打造一个当地与异地党员联合为基本框架的组织链,增强社区的党组织战斗力,以适应新形势下加强社区党建工作的需要。首先,建立党员解纷小组。在农村中,发挥党员的模范带头作用,成立社区联动小组,与异地的党员可以通过网络建立联系点,相互沟通学习,加强异地党员互动。其次,建立党员联动解纷机制。在农村不论是在当地还是在异地,遇到纠纷问题,可以通过组建的"党员义工"来化解纠纷和共建和谐社区。要求社区服务队明确工作职责和服务对象,完善活动载体、方式和制度,接受社区服务中心的工作指导,通过异地党员互动,不定期深入到社区开展经常性服务活动,甚至开展社区纠纷化解工作。第二,建立以社区为中心的维权信息共享与解纷工作联动。农村社区作为政府和农村社会信息沟通、对话、合作的桥梁和纽带,它可以有效地平衡协调政府和农村社会的各种关系。一是建立网络交流解纷平台。在社区与社区之间,可以通过网络平台共建一个资源共享平台,把平时遇到的纠纷类型和如何化解纠纷的好办法进行沟通和交流,在交流平台上还可以提供相关的法律法规咨询服务。二是在村委会设立信息共享工作点。对于经济条件较落后的农村社区,可以在村委会设立信息共享工作点,通过村委会或者纠纷调解中心的工作人员来沟通联系,进行资源共享,为解决社区异地纠纷提供更好的制度保证。和谐新农村社区可以整合有关异地联动制度,是聚合社区内部的共有、共同和共享的利益,实现化解纠纷的联动性、规范化和法治化,促进社区内部形成和谐利益,低成本、高效率的参与纠纷化解及其他国家公共政策的制度。

3. 建立社区法律文化传播制度

通过社区文化建设来提高农民法律意识以及解决纠纷的思想认识,农村发展离不开特定的文化背景与社会基础,有什么样的农村文化,就有什么样的发展方式、模式、方向、速度、质量和结构。农村多元化纠纷解决需要发展农村法文化,借助法文化的力量寻求一个供给机制的创新,实现建立社区法律文化,通过合作互补的创新方式实现社区法律文化的宣传普及,为农村解纷起到重要作用。农村社区文化是维护农村居民权益,化解纠纷的精神灵魂。我们可以对可持续发展的文化进行整合,继续做好法律文化的宣传,进一步促进农村社区纠纷解决机制的发展,提高村民的法律意识,使其在遇到纠纷问题时候,能够更好的选择处理纠纷的方式。因此,为发挥化解纠纷工作的重要作用,应建立社区法律文化宣传制度。

第一,大力发展农村义务教育。在做好我国农村义务教育的基础上应大力发展职业教育、成人教育、继续教育等,使农村的人力资源实现可持续发展。完善农村文化教育结构,从初级教育到职业教育,再到道德素质教育等,形成完整的农村文化教育体系。提高农民文化素质,促进农民文化发展权的实现,促进纠纷解决机制发展,保护农民权益。第二,大力发展农村法律文化传媒事业。化解农村中的纠纷是需要借助新农村发展中给予公共产品的供给机会来大力发展农村法律文化的。使农村中的居民能够从多渠道,多方位,多角度来了解法律的文化信息,让农村中的农民能够懂得法律,成为新时代有知识、有思想、有技能的居民。第三,提倡公平发展,防止纠纷产生。化解农村社区中的纠纷问题是需要法律文化的推动作用的,促进农村文化教育体系的完善,可以化解农村社区中的纠纷,通过法律文化来提高农民的思想认识和法律意识,以便更好的化解纠纷。优化农村社区治理,促进农民平等参与,防止权力异化。农村社区的民主参与对于农民平等参与农地发展利益分配也是至关重要的,可以进一步的防止纠纷矛盾的产生。要在新农村建设与全面实施乡村振兴中继承传统文化的同时,大力发扬农村传统优秀的法律文化影响力。法律文化的宣传教育更是新农村建设与全面实施乡村振兴中进行农村法律文化建设,发挥农村社区功能性的重要保证。法律文化是推动新农村社区建设的重要精神动力,为农村中的纠纷化解起到重要的推动作用。在新农村社区发展过程中,为了更好的使农民在社区内部实现利益协调以及自我完善,可以通过法律文化的宣传来改变农民的思想观念,促进农民利益的整合,以减少纠纷的产生,实现农民的益的和谐发展。

第五节　基于维护政治权益的具体对策探索

农民政治权益是指我国宪法赋予农民作为公民所该享有的政治方面的权利和利益,其主要包括政治平等权益、政治自由权益和政治活动权益。在政治平等权益方面,我国农民在户口转移、劳动就业、接受教育、税费交纳、社会保障,乃至选举代表等诸多方面都与城市市民拥有不同的权利和义务,这种城乡分治的客观状况使农民丧失了多方面的发展权利。在政治自由权益方面,差异化的社会保障制度,制约了农民向城镇自由迁徙居住,使农民的迁徙自由受到了限制,导致农民日益成为相对弱势群体。在政治活动权益方面,农民在人大代表中所占的比例明显偏低,只有改革社会保障制度、完善选举制度,同时加强民主建设,才能真正维护农民的政治权益。

一、坚持一切依靠农民:注重发挥农民终极主体作用

农民是其自身权益保护和社区发展的主力军和内在动力,是主要的参与者和受益者,发挥农民的积极性是农村社区建设的根本保证。必须在保障其物质利益和尊重其民主权利的基础上,把其积极性、主动性和创造性作为社区建设的根本的力量源泉。他们能否发挥出巨大的内发性力量,直接决定了农村社区发展的成败。在调研中,我们深深感受到,新农村社区建设离不开农民。所以在我国开展新农村社区示范试点建设过程中,必须进行合理引导,而不是包办代替。调动农民的积极性、主动性和创造性。农民是新农村社区建设的主体,他们对建设自身家园充满了热情,在我们调研的很多农村社区,村民们都对新农村社区建设的热情度非常高,村民们都表现出对建设新农村社区的极高热情。

一方面,我们需要在法律的框架下,架构农民利益的实现与保障层面的微观意义上的利益机制,以实现对农民利益的导向与保护以及利益实现的关注。农民作为原发性力量的社会角色,其待遇应得到法律的明确承认。这就要求在法律层面推动市场主体地位的平等,进而实现在文化利益上的平等,实现人才回流,精英归位。另一方面,要切实保障农民在市场交易和分配中的待遇公平。可以通过合同制度、价格制度和竞争制度等相关法律制度的有机组合,并在此组合中实现对农民利益的保障。此外,农民合法权益及满意度的实现是客观上推动政府决策的终极力量。应在恰当和谐的利益机制下,恰当引导农民行为,运用税收、信贷、金融、投资等方面优惠政策以及经济手段来引导农业的健康发展。

二、从规划上科学统筹:坚持规划先行

由于此次调研涉及东、中、西部,调研地的经济社会发展情况、自然地理条件、民俗风俗传统等都有着很大的差异,加之农村社区建设涉及各个方面,开展新农村社区建设是一项复杂而又系统的工程。据走访了解,有些地区一开始在农村社区建设中就大拆大建,设施建设也不配套,建设的项目脱离实际,无法发挥应有的作用,村民们对此意见很大。以上问题都是由于缺乏科学、合理的社区建设规划所致。

新农村社区建设必须注重规划。在调研中我们发现,凡是农村社区建设搞得有声有色的都有着自己清晰、明确的规划。如湖北始建县的规划不仅包括村容建设,还包含了村民们的休闲娱乐场所、村镇公共绿地等。经过多年的努力,社区的生产生活布局设施逐渐合理化,基本实现了生产发展、生活富裕、生态良好的局面。又如上海市南汇区老港在新农村社区建设的初期,社区规划广泛征求大家的意见。村民们在座谈中感受到社区规划与自己的生产生活息息相关,都积极地参与进来。只有规划具备科学性、民主性、可行性,新农村社区建设才能有计划、有步骤地稳步向前推进,才会从根本上避免劳民伤财,重复建设的事情发生。

新农村社区建设作为系统性工程,涉及多个方面,需要科学统筹、合理规划,创造条件逐步推进,必须从各地区的实际村情出发,从产业布局、基础设施建设、生产生活条件改善、娱乐场所、社区绿地面积等多方面的因素考虑,制定出符合本地区经济发展水平、文化生态特点的可行的规划方案。同时,政府也要创造条件,提供优惠政策,推进规划的实施。特别是在规划的制定和实施过程中,一定要充分听取村民们的意见和建议,尊重自然、经济、生态规律和文化特点,以确保规划制定和实施的科学性、民主性、可行性。

此外,新农村社区建设规划还应处理好阶段性目标和长远性目标的关系,重视民情,珍惜民力,注重区分轻重缓急,要有重点、有抓手,即既要量力而行也要尽力而为之。农村社区规划必须具有前瞻性,要考虑到外出务工人员的增多、工业化城镇化进程加快等因素,所以,再一次强调,新农村社区规划的编

制必须要坚持科学、民主、充分吸收专家意见。多进行科学论证,多实行民主决策,努力将制定规划的过程变成统一认识、明确目标和推动实施的过程。

三、推进社区自治建设:确保农民权益的保障与落实

农民是加快推进社会主义新农村建设与全面实施乡村振兴的主体,是主要的参与者和受益者,发挥农民的积极性是新农村建设与全面实施乡村振兴的根本保证,新农村建设与全面实施乡村振兴既要保障农民的物质利益,又要尊重农民的民主权利,必须把调动农民群众的积极性作为根本的力量源泉。而要激发群众热情,调动积极性、主动性和创造性,基本的途径就是完善社区自治建设。

我国农村长期实行的是村民自治制度。它发端于 20 世纪 80 年代初期,发展于 80 年代,普遍推行于 90 年代,已成为当今中国农村扩大基层民主和提高农村治理水平的一种有效方式。其特点是广大农民直接行使民主权利,依法办理自己的事情,实行自我管理、自我教育、自我服务。

在外部环境的冲击下,农村社会正由传统封闭性和同质性逐步走向流动性与开放性,呈现出多元组织形式及其经济结构的新型农村社区形态。不过,其实质内涵并没有发生变化,以农业生产为主的社会生产性共同体逐步演变为以共同生活为基础的社会生活共同体。农村经济与社会的变迁要求社区实行自治,这是社区自治的内因。而作为一种制度模式的推广,社区自治的发展需要国家政权的认可与制度变化提升,国家开展的农村社区建设是其制度化的重要标志,是社区自治的外因。在农村社会内外环境的推动下,以新型农村社区结构单元为基础所形成的社区自治实践模式,符合当前农村社会发展的要求,代表了当前村治模式的新动向。推进农村社区自治建设可以从以下几方面进行:

第一,制定和完善有关法律。首先,要修订现行的《中华人民共和国村民委员会组织法》,并及早制定《中华人民共和国村民自治法》。社区自治是一项涉及农村经济、政治、社会、文化各个方面的系统工程。社区自治的主体是农民。随着农村税费改革和乡镇机构改革的推进,农业税、特产税、村提留、乡

统筹等的取消,以及国家对农业基础设施投入的增加和农业经济结构调整的加快,村委会组织法原有的一些规定已经不太适应现有的要求,这就要求村民自治的立法必须适应新形势,跟上时代的变化,及时出台或修订村民自治的法律、法规,保障村民自治的实施。其次,省级人大也应该制定相应的实施办法。目前,省级人大对社区自治中的民主选举有具体的实施办法,但对社区自治中的民主决策、民主管理、民主监督缺乏相应的实施办法,这使得省级其他部门出台的政策与村委会组织法冲突的情况时有发生。各级政府在制定政策时也要统筹考虑,不要顾此失彼,造成基层工作无法开展。

第二,开发农村社会资源。社区自治是农民大众参与的过程,需要培育和发展农村各种社会资源。首先要积极发展各类农民合作经济组织,并通过制度规范这些组织并提升其法律地位,使之能代表村民的利益,维护自身的权益。其次要将农村各类精英吸纳到村民自治的治理机制中来,发挥经济精英(比如村民中的企业家、种养大户、承包经营户等经济能人)、政治精英(比如村民中的中共党员,人大代表、政协委员,离任村干部,复退军人等)、文化精英(比如文化程度较高的回乡知识青年,回村居住的离退休教师等)、宗法精英(比如基于血缘关系、地缘关系或人缘关系形成的小团体中的具有影响力的人物)的积极影响和作用。同时,还要引进城市志愿者(包括政府下派干部以及自愿到乡村工作和建设的人员)等,为社区自治注入新的活力。

第三,强化村务公开,健全民主监督制度。社区自治工作中还存在民主决策、民主管理不到位、基层干部队伍的老化等问题。对此,有关部门要以强化对权力的监督制约为着力点,制定相应措施,推进依法治村。这些措施包括建立和完善内部、外部和事前事中事后监督的约束机制。要求镇、乡和村委会在具体工作中严格依法办事,比如村委会工作涉及广大群众切身利益的重大事项,要严格按照民主集中制的原则,集体讨论决定,并向全村公开,接受村民监督。同时还要健全村务公开制度,增加牵涉到村务、财务、土地、计划生育等村级重大事项公开的透明度。在开展村务公开工作中,可以联系实际,对容易引发矛盾和滋生腐败的热点、难点问题,只要不涉及国家机密都应予以公开,提高公开的效应,提高村民参与监督的积极性。

四、加强社区民主建设:构建民主法制的新农村社区

要扩大农村基层民主,搞好村民自治,健全村务公开制度,开展普法教育,确保广大农民群众依法行使当家作主的权利。"管理民主"是新农村社区建设的基本要求和政治保证,是对农民群众政治权益的尊重和维护。①社会主义新农村社区建设要发挥农村社区利益整合功能,必须建立在依法自治的基础上搞好村民自治的民主建设,这是实现农村社区利益整合的政治基础。

第一,农村社区建设需要优化政治体制改革。农村社区建设是社会主义新农村建设与全面实施乡村振兴的重要部分,由于我国正处于经济转轨与社会结构转型交织的历史时期,政府应加强农村社区的建设与发展,也要规范政府权力对农村社区的控制,以避免侵害农民权益以及社会公共利益。这就需要切实转变乡镇政府职能,加强依法治国、依法行政,纠正和处理乡镇政府与村干部在新农村社区实务中存在的违纪、违规以及违法行为,制约和限制政府权力的过度膨胀与扩张。在政治体制改革中,更多地采用经济、法律和教育等综合手段,在尊重村民自主权和社区居民委员会相对独立性的基础上进行有效的民主管理。

第二,要不断提升农民的综合素质,强化农民的权利意识。由于一些农民素质相对低下等诸多现实性问题的存在,农村社区容易出现个别精英主义,歪曲民主,重视短期效益。因此,农村社区建设应明确以经济效益、社会效益、生态效益统筹协调发展的目标,同时应制定科学合理的农村社区民主治理制度,建立农村社区民主监督机制,以强化农村社区治理的透明化。

第三,发挥农村基层组织的利益表达功能,提高农村基层组织的社会整合能力,建立适合农民特点的利益表达机制。政党政治理论认为,利益表达功能

---

① 余维祥:《科学发展观视阈下的新农村建设研究》,湖北人民出版社 2008 年版。

是现代政党政治的基本功能之一,是民意最有效的表达工具。① 党的基层组织应当利用其组织和资源优势,广泛获取村民的利益诉求,通过梳理和整合进行有针对性的供给,实现公共资源的高效利用和村民民主权利的有效保障。要充分利用非正式制度和非正式组织在利益表达中的作用,引导社区内社会组织发挥表达诉求、协调利益的功能。在社区内推广村民议事制度,在重大事务决策前由组织召开民主会议,提高决策的民主性和科学性,增强村级组织的凝聚力,提高决策的执行力。

第六节　基于发展经济权益的具体对策设计

经济的发展是利益发展和社区发展的源动力,社会主义新农村建设与全面实施乡村振兴中要实现新农村社区建设的利益发展功能,必须大力发展社区经济,以经济的发展为构建和谐新农村社区提供强大的经济基础和物质保障,社区经济发展的质量、速度、结构、规模和效益是构建新农村社区的内在源动力,新农村社区构建的落脚点也是通过促进各种社区经济的发展来实现农民利益的发展。尽管当前农民的经济权益在政府的惠农政策和农业税减免政策的落实下有了较大改善,但农民的经济权益仍有一部分得不到保护,农民利益也存在着丧失和被侵蚀的现象。如在农民耕地被征用的问题上,"不给农民合理的经济补偿和生计安置,被征地农民的合法权益得不到保护,引发大量农村群体性事件,仍然是影响农村乃至社会稳定的突出问题"。② 因此,在新农村社区建设的过程中,必须充分重视和维护农民的经济权益。

一、从基础上稳定新农村社区经济:建立完善健全的市场机制

农村市场作为我国市场经济的主要组成部分,其发展状况决定了市场经

---

① 徐勇:《在社会主义新农村建设中推进农村社区建设》,《江汉论坛》2007 年第 4 期。

② 《当前农业和农村工作需要重视的问题》,资料来源:http://www.chinahightech.com/。

济体制在我国是否能够完全建立。改革开放以来我国经济的发展中市场化改革是一条主线,它分为农村经济市场化和城市经济市场化两条线路。总的说来,城市经济市场化进程相对迅速,农村经济市场化进程比较滞后,这是导致"三农"问题产生的原因,制约了农村经济的发展幅度和发展效率,最终导致了城乡二元经济下城乡居民之间生活水平差距日益扩大。市场经济是利用市场机制调节资源配置的经济,市场化就是市场机制在经济中对资源配置起基础性和决定性作用。离开农村市场健康发展这个大前提,农民权益保护与新农村社区发展将会成为一座"空中楼阁"。因此,要想从根本上保障农民权益和为农村社区发展提供必要前提,我们就必须完善农村市场体制。发达国家经历了与我国相反的农业反市场化过程,在市场竞争中,政府逐渐加大了对农业的支持与保护。我国农业面临加入世界贸易组织以后随之而来的国内外竞争压力,离不开政府对"三农"的大力扶持,然而建立完善和健全的市场机制才是我国"三农"问题从根本上得以解决的路径,即农村经济从"政府输血"向"自我造血"的转变才是农村经济自身发展的必由之路。从我国农村经济的实际情况出发,在农民经济权益发展的对策设计中,应首先从基础上促进农村市场健康发展。

首先,要保障农民市场主体地位平等。农民作为农村经济发展的源动力,其市场经济观念先进与否决定了农村市场经济发展的健康与否。农民作为相对弱势主体,在利益博弈中经常处于不利地位,为其他利益集团所压制,由于市场经济地位的不平等导致谈判结果不利于农民自身,使农民无法保障自身权益,更由于农民自身抗风险能力差,市场经济观念的落后和缺乏,使其无法及时预测市场中存在和出现的风险,往往不能及时做出理性判断,最终难以逃避在市场竞争中失败的命运。因此保障农民市场地位平等是促进农村市场经济健康发展的必要基础和前提。

其次,要培育合格农村市场经济主体。合格的市场主体是农村市场健康稳定的根本,使农村的生产经营者以市场为导向,合法经营,平等竞争。要积极培育合格农村市场经济主体,发展社区集体经济,鼓励支持个体私营经济发展。要完善家庭承包经营责任制,积极推行股份合作制,进行产权制度和经营方式创新。

再次,还要建立自由竞争、统一开放的农村市场。自由竞争统一开放的农村市场是农村经济发展的基础,从我国的资源优势、产业结构、经济发展水平和交通条件等因素综合考虑,我国的地方保护主义、行业垄断与行政垄断现象比较普遍,严格的说来这种现象不仅仅出现在农村市场,也包括城市市场。而农村市场由于分布广,涉及的行政区域和层级更多,其受到的影响更大而且更隐蔽,自由竞争、统一开放的农村市场的缺失直接导致了农村经济发展的迟缓。为市场发育提供宽松的环境,建立农产品的多层次的市场体系。一方面,抓硬环境建设,如抓紧交通、通讯设施建设,抓紧市场建设等。在市场建设方面,建立农副产品的零、批兼营的初级市场。另一方面,重视软环境建设,制定优惠的政策搞好招商引资工作;制定切实可行的管理条例,坚决打击各种扰乱市场正常经营的违法犯罪行为;保护经营者的合法权益,使各类市场向规范化、法制化方向发展,使各种经济成分、各种经营渠道在市场里进行公平、公正、平等的竞争等。

最后,要进一步加强农村社会中间层组织培育。我国农业是小规模的农户分散经营,如果没有各种社会中间层组织作为联系的纽带,是很难发展壮大的。以新农村社区为载体,可以促进社会中间层组织的滋生发展,为农户节省市场交易费用,推动社会分工和专业化经营。

二、从核心上保障新农村社区经济:改革和完善农村土地制度

"三农"问题是中国式现代化建设最严重的瓶颈,其核心是土地问题。土地是中国最稀缺的资源之一,更是农民赖以生存和发展的基础,是农民问题的核心。农村发展的许多问题都归结为土地问题。粮食生产安全、土地抛荒、征地拆迁、农民工、因土地问题上访……这一切所产生的问题,都与农村土地制度的不规范有关。

我国当前的农村基本经济主要包括农村集体土地所有权制度与集体经济组织制度。现行农村集体土地所有权制度是伴随着新中国的诞生而建立的。从十一届三中全会召开至今,国家通过土地使用制度改革,使土地的所有权与

使用权分离,实行集体土地的家庭承包经营制。这种政策是调动了广大农民生产经营的积极性,使农村生产力的发展水平有了很大程度的提高,我国农村集体所有的土地只有农村集体组织的成员才有权使用,供集体组织的农民维持生存,因此农村集体组织成员所具有的这种权利带有大陆法系传统民法中人役权的性质。随着《农村土地承包法》的颁布实施,现行的农村土地制度得到了很好的完善,但由于这种土地承包制是以农户为单位的,这决定了我国农业生产无法形成规模效益,只能分散经营,因此短期内,土地还不能成为农民生活的基本保障。而要实现农民增收,必须发展农村经济,当前各地农村经济的发展在很大程度上依靠经营土地所得。在农民经济权益发展的对策设计中,应从基础上稳定农村经济制度,着力完善农村土地制度和集体经济制度。

(一)完善农村集体土地所有制度

农村集体土地所有权问题的关键在于所有权自身的权属关系问题,权利义务问题和权利实现形式问题。针对我国农村土地承包制度中存在的不足,在土地承包法上,应着重从以下几方面进行修改:第一,明确农村集体土地的所有者,改变所有者缺位现象。在立法上应该排除乡(镇)一级作为农村集体土地所有者的主体地位,并且确立和完善行政村和村民小组两级农村土地集体所有权主体。第二,必须通过法律、法规进一步确认农村土地集体所有者的权利和义务。土地所有权必须在宪法和有关的土地法律允许的范围内行使权利。第三,明确农村土地集体所有权的经济实现形式。农村土地集体所有权可有四种经济实现形式,即收费形式、税收形式、地租形式和收益资本化形式。

(二)改革农村土地家庭承包经营制度

首先,农村土地家庭承包权独立化,使农户确立相对完整的土地财产权,有助于国家对农民农地产权的保护,使承包经营权避免受到其他权利的侵蚀,从而减少承包权实施中的不确定性,更为重要的是它有利于消除农地要素的供给障碍和农地社会保障功能的替代障碍,进而推动农地的市场化流转,提高农地资产的效率。其次,农村土地家庭承包经营权长期化。土地承包经营权期限的长短直接影响到地权的稳定性及土地利用效率的发挥,不稳定的地权会不利于农民对自己所承包经营的土地进行长期预期。世界上许多国家都把延长土地使用期限作为完善土地制度的一项重要内容。澳大利亚、新加坡等国的公有土地利用比较有效,一个很重要的原因就是他们都不同程度地采取了土地的长久或永久租用制。我国应在《土地承包法》中确保农民对土地经营权再延长三十年的不断完善农村土地家庭承包经营制度的实现方式,避免土地使用权无序转移带来的损失。

(三)探索农村土地承包经营权流转制度

首先,建立科学的土地价格形成机制。合理的土地价格是农村土地市场运行的必要前提。当前农村土地流转的价格相当低廉,极不合理,限制了土地流转的顺利进行。所以,要实现土地流转市场化,就必须形成合理的价格机制。其次,建立规范的土地流转中介机制。建立土地使用权市场信息、咨询、预测和评估等服务系统,并使服务专业化、社会化。第三,建立合理的收益分配机制。就收益分配机制而言,应使土地收益在经济当事人之间进行合理分配,进一步理顺土地收益分配机制,保护各自的合法权益。对于农地不改变用途的流转产生的地租收益主要归农户所有,集体组织仍按承包合同享有所有者权益不变。

(四)创新农村土地征用与补偿制度

首先,建立健全农村土地征用制度。严格界定公共利益范围,切实改进土地征用程序。在征用农村土地过程中,要切实改进土地征用程序,保障农民的知情权、参与权与上诉权。

其次,建立健全农村征地补偿制度。农地征用补偿必须符合市场经济规律。现行征地补偿费按照土地原用途的年产值倍数来测算,没有体现土地的潜在收益和利用价值,没有考虑土地对农民承担的社会保障功能,更没有反映土地市场的供需状况,不符合市场经济规律,也不符合国际惯例。必须提高农地征用补偿标准。《中华人民共和国土地管理法》规定的征用耕地补偿费用三部分中,土地补偿费是给集体经济组织的,标准为该耕地年产值的6—10倍;安置补助费是给安置单位的,标准为该耕地年产值的4—6倍;农民个人只能得到土地附着物和青苗补助费。从目前的情况看,三项补偿合并计算,每亩也就数千元,总体上说这一补偿标准很低,应该提高土地征用补偿费标准。

最后,实行被征收土地资本化,让农民获得土地发展收益。现有的土地征收制度通过发放土地征收补偿费的方式获取农村集体土地所有权,征收后农民与土地的关系完全断绝。而被征收土地资本化的制度设计是让农民离开原来的土地但不断绝与土地的关系,让农民将原来对土地享有的权利转换成资本的形式参与到项目的建设中以及项目建成后的管理收益中。这种制度设计的内容包括:第一,明确被征收土地资本化的权利主体。我国实行的是农村土地集体所有制,农户(农民)对土地享有使用权,在被征收土地的资本化设计中,集体和农户(农民)应该成为共同的权利人。第二,被征收土地资本化的权利内容。集体和农户(农民)可以凭借其对兴建项目的股权享有建设、管理、经营收益的权利。项目对村集体和农户(农民)的分配方式采取保底收入、盈余分红形式。第三,被征收土地资本化中集体和农户(农民)权利的实现方式。将集体所有和农户(农民)享有的土地承包经营权股权化,实行农民"入股自愿、退股自由"的原则。农民既可承包项目内的农业项目,又可为公司打工,可优先在项目提供的职位中就业。这种被征收土地资本化的模式不仅可以解决以往对农民补偿不足带来的生存威胁的问题,而且可以解决农民失去土地后失业的问题,可以使农民通过土地的增值利益在社会保障不健全的情况下获得生活保障。

(五)完善农村土地管理制度

首先要改进和强化农村土地登记制度。从长远来看,我国必须制定和颁布具有全国效力的土地登记法,建立包括城市土地、农村土地、建设用地和农用地在内的统一的土地登记制度,逐步修改现有的相关法律法规。全面规范土地登记程序、登记申请人、登记机关、登记请求权、登记事项、登记的类型、登记的审查等内容。

其次,改进和强化农地用途管制制度。制定科学的土地规划。为了提高土地规划法的法律地位,应该由全国人民代表大会或其常委会制定独立的《中华人民共和国土地规划法》,对土地利用总体规划的编制原则、编制机关、编制程序、规划的法律效力、规划的实施、土地利用总体规划的法律责任等问题做出规定。同时,实行严格的耕地用途管制。在市场经济条件下,农地的流转是应该允许的,但允许在什么范围内流转,各国和各地区都有不同的规定。保证耕地总量平衡,强化耕地用途管制,着重要抓农地和非农地两大类的管制。

另外,还要建立完善的土地管理体制。土地用途管制制度是我国实行的一项全新的土地管理制度,事关国家和民族的全面利益和长远利益,这应该是中央人民政府和地方各级人民政府的共同职责,但是市、县的局部利益和短期行为使之难以从全局上考虑这个问题。因此,土地管理的权力应集中到能够体现全面利益的中央政府和省级政府,强化集中控制的权力。

通过改革和完善农村土地制度,提高土地规模化经营水平,落实农民权益保护。鉴于目前我国城乡二元结构的状况,考虑到社会保障短期内还不能覆盖到农村,所以土地仍然是农民生存的基础,通过农村土地的有效经营进行原始积累是在农村实现小康目标的基本途径之一。家庭联产承包责任制在一定程度上决定了小规模分散经营是我国目前农业生产的特点,这种小规模分散经营决定了农民的收入水平难有大的提高,他们的生产和生活设施也难有大的改善。因此,应该鼓励土地的规模化经营。这就要求继续坚持和完善家庭承包责任制,尤其是要允许土地在更大程度上进行流转,允许农民转让土地,保留相应股份,并由此获得相应的土地收益。这样就扩大了单个农户耕种的土地面积,促进土地的规模化经营。对于那些全部农转非的地区,扩大规模的有效方式是吸引现代化的企业对土地进行现代化的农业经营。

三、从组织上壮大新农村社区经济:发展农民合作经济组织

关于农民合作经济组织定义,可以概括为"农民依法自愿联合组成的,不以营利为目的的,实行民有、民管、民享原则为其成员提供生产经营服务的经济合作组织"。对于这个定义应把握以下五个农民合作经济组织的基本特征:第一,是一个合作组织;第二,是一个经济合作组织;第三,有依法自愿联合,体现平等和退社的自由;第四,对内不以营利为目的;第五,实行民有、民管、民享的组织原则。农民合作组织是世界上一些农业发达国家和国内一些先进地区发展农业的成功经验的结晶,是推进农业和农村经济加快发展的有

效组织形式。在当前新农村社区建设的新形势、新任务下,农民专业合作组织在促进农业和农村经济发展、推动农业结构调整、提高农业和农民组织化程度、完善乡村治理结构以及加强农村精神文明建设等方面发挥着显著的作用,是农村经济发展一支不可或缺的重要力量。因此,我们把农民专业合作组织作为中国建设社会主义新农村社区的重要组织载体。近年来,在农民的积极参与和政府的鼓励支持下,农民合作经济组织发展成效显著,但在发展的过程中也涌现出不少的问题,如农民对合作经济组织认识不够,内部运行机制不健全,外部配套措施不完善等,制约了合作经济组织的发展。要促进合作经济组织的良性发展,必须要采取一系列有效的措施和办法,积极扶持,正确引导,营造良好的环境,使其依法健康快速地发展。

（一）加大宣传引导

目前农民专业合作组织在不少地方还是空白,覆盖面有限,这与合作组织知识普及不够和对合作组织误解有一定关系。农民合作经济组织对于对广大农村和农民来说是一种新生事物,对于这种新型组织形式的认识需要一个循序渐进的深入过程,因此对农民合作经济组织相关知识的普及和相关人员的培训就显得尤为重要了。目前,各乡镇干部及广大农民对农民合作经济组织在思想上还不够重视,认识也不到位。只有加大宣传引导力度,让他们认识和了解合作经济组织的价值和优势,才能提高他们的参与意识,充分调动他们的积极性。第一,要以建设社会主义新农村为契机,通过各种途径大力宣传农村专业合作组织在促进农村经济发展、农民增收、农业产业结构调整等方面的积极作用,来营造全社会关心合作组织发展的良好氛围。还要通过帮助农民算经济账、技术账、稳定账等灵活有效的方式,引导农民转变观念,自觉加入到合作组织之中来。第二,要采取有效措施鼓励更多的经营大户、农村能人、基层农村干部放下思想包袱,创办领办农民合作经济组织,主动挑起带领农民共同富裕的担子。可以利用电视、广播、报刊、网络等新闻媒体,加大对农民合作经济组织的宣传引导,多形式、全方位、深层次地介绍农民专业合作组织的相关知识和政策法律,让广大农民了解加入合作经济组织的好处。第三,对社区内负责农业工作的相关领导以及合作组织的发起人甚至是一些对合作组织有意愿的农户进行有层次、有重点的合作组织知识推广和相关培训工作。通过对合作组织知识的普及和有针对性的培训既可挖掘出一批具有一定的合作理念、拥有相关管理经验的基层干部,也可培养一批可以具体负责合作组织日常经营运作的管理者和一大批对合作组织持积极参与态度的农户,通过他们的辐射带动作用可以使更多的农民、更广阔的农村地区接受农民合作经济组织的合作理念,投身到农民合作经济组织的蓬勃发展当中去。

（二）健全法律制度

在农民合作经济组织法中,人们最关心、最重要的内容莫过于其中所确立的各项关于农民合作经济组织的基本制度。围绕着农民合作经济组织的内外部关系所设立的各项法律制度是农民合作经济组织得以持续发展的保障。因此要健全相关的法律制度。第一,坚持"民有"的资本制度。我国的农民合作经济组织法中,对合作经济组织资本制度的规定要坚持"民有"原则,针对不同地区、不同类型的农民合作经济组织制定相应的认缴和退出股本的细则。就社员退社造成股本变动而言,应对退社程序做出一个时间上的具体规定,以实现社员退股的可操作性与效率性。第二,制定"明晰"的产权制度。产权是人们对财产本身所拥有的占有、使用、支配、处置的权利以及人们拥有这些财产所派生出来的各种有形或无形的物品或功效的收益权和不受损害权。农民合作经济组织是由我国劳动农民组成的集体企业,农民合作制经济是社会主义劳动群众集体所有制经济的组成部分,我国农民合作经济制度是社会主义制度的重要组成部分。我国农民合作制经济中的"联合所有"形式是集体所有形式的一种创新,也是社会主义集体所有制的组成部分。第三,配置"优化"的组织制度。优化的组织制度,又称合作经济组织治理机构制度。农民合作经济组织可以把小农户引入大市场,使外部经济内部化,以降低农户进入市场的交易成本,提高农户的组织化程度,使农户获得其他组织与制度安排下得不到的收入,我们应高度重视农民合作经济组织的建设。第四,建立公平"和谐"的分配制度。分配制度是指社会在一定时期内新创造出来的价值或体现这部分价值的产品(也即国民收入),在不同的社会集团或社会成员之间的分享制度。分配制度的好坏,会促进或阻碍生产的发展。我们需从促公平、促效率的双重理念出发建立农民合作经济组织的分配制度：一方面，在农民合作经济组织发展初期阶段，在农民合作经济组织内部应坚持公平优先、兼顾效率的原则。因此，我们应建立一套适合农民合作经济组织发展的，能够吸引农民加入的一种公正、合理、完善的利益协调机制，以实现农民合作经济组织分配制度的公平。另一方面，对于合作经济组织与其他社会主体之间，由于其涉及的利益属于初级分配层面，应坚持效率优先、兼顾公平的原则。

（三）优化政策环境

目前，农民合作经济组织还处于发展的初步阶段，还存在着组织机构和机制不够完善，组织的运作不够规范，政府的扶持政策落实不到位等问题，这些问题需要政府优化相应的政策环境，可以通过加大财政扶持力度，认真落实相关政策，加强对农民合作经济组织规范化建设的指导，来促进农民合作经济组织的不断完善和发展。第一，加大财政扶持力度。发展农民合作经济组织，关系农村经济社会发展的大局，是农村长期性的工作重点。财政部门要积极探索公共财政支持合作经济组织发展的有效途径，在农民合作经济组织的设施建设、技术培训等方面给予支持，尤其在与农业、科技有关的项目立项上给予优先支持。农业部门也要投入资金，开展农业科技推广，促进农业现代化建设，为农民经济合作组织的发展提供资金和技术支持。第二，落实税收优惠政策，农民合作经济组织是服务于广大农民的组织，不单纯以追求经济效益为目标。因此，各级政府部门应在税收政策上给予支持。税务部门应认真落实税收优惠政策，对合作组织通过向其成员提供技术服务和劳务服务所取得的收入免征企业所得税；对合作组织销售自产及初加工的农产品免征增值税；对从事农业机械作业、家畜配种和疾病防治等服务以及相关技术培训的收入免征营业税等。此外，在为合作组织办理证照、发票领购及纳税申报等手续时要提供方便并加强服务指导。第三，加强金融信贷支持。各级金融机构要将符合授信条件的农民合作经济组织列为优先支持对象，增加授信额度，每年安排一定数量的信贷资金，支持农民合作经济组织发展，简化贷款手续，在贷款利率上予以优惠。向农户发放小额信贷，允许有条件的农民合作经济组织开展信用合作，允许合作经济组织成员之间开展资金互助合作。鼓励和支持合作组织间推行"联保制度",集中申请小额贷款。各级金融机构安排的涉农贴息贷款项目,也要优先向农民合作经济组织倾斜。

四、从金融上支持新农村社区经济:改革和创新农村金融体制

农村金融是现代农村经济的中心,中国农业基础之所以薄弱,农村经济社会发展水平远远落后于城市,城乡居民收入差距越来越大,其重要原因是农村地区在资金上的严重"贫血"。在传统二元结构体制下,农村资金通过工农产品"剪刀差"、农业税收、农村存款等形式大量投入城市,为中国工业化初期的建设输送了宝贵"血液"。近年来,国家高度重视"三农"问题,提出"以工促农、以城带乡"的"反哺"要求,加大了对"三农"的资金投入。但农村金融供给仍滞后于农村金融需求,农民贷款难和农村资金外流问题依然存在。要推动我国农村金融发展,加大对新农村社区的金融支持,必须要改革和创新农村金融体制。①

(一)培育适度竞争的农村信贷市场

推进现代农业建设,提高农民收入,必须培育适度竞争的农村信贷市场。目前,在大部分农村,农村信用社是唯一的农村信贷供给者,无法形成竞争机制。只有在农村地区率先实现利率市场化,创新担保机构和担保方式,运用市场手段和商业化手段吸引社会资金进入农村,才能引入竞争机制,搞活农村金融市场。

利率是调节农村资金供求关系的主要杠杆,可以逐步放松利率管制,先放开农村贷款利率,再给农村存款利率以浮动区间,借助城乡利率决定权的差异性,吸收部分资金进入农村市场。同时,确保农村贷款利率能够覆盖风险溢价和操作成本,使发放农村贷款业务的金融机构能增加盈利不断补充资本金,促进其商业可持续发展。在农村金融市场,无论商业性金融业务还是政策性金融业务都需要一定程度的竞争,通过适度竞争,提高金融机构的经营管理水平和信贷资金的配置使用效率。对于不同种类的商业性贷款,形成两大竞争局

---

① 汪小亚:《农村金融体制改革研究》,中国金融出版社2009年版,第203页。

面:一是对一般商业贷款,可形成农村信用社、地方商业银行和农业银行竞争的局面;二是对到户小额贷款,可形成农村信用社和村镇银行、小额贷款公司等各类农村小额信贷组织竞争的局面。对于财政贴息的政策性金融业务,可通过招标方式引入竞争机制。

(二)建立健全多层次的农村金融机构体系

农村金融机构体系是完善农村金融市场和改进农村金融服务的主体和基础,必须进一步明确农村金融市场和改进农村金融服务的主体和基础,必须进一步明确农村金融机构的改革方向和定位,建立健全功能完善、分工合理、产权明晰、可持续发展的多层次农村金融机构体系。

一方面,要深化改革,充分发挥现有各类涉农金融机构的支农作用。第一,通过机构改革和功能定位,调整农业发展银行的职能定位,发挥政策性金融支农的引导作用。面对城乡二元经济结构长期存在和农村金融长期亏损的特征,农村政策性金融在弥补市场调节缺陷和找寻农村商业性金融的发展平台等方面有着重要作用。农业发展银行应成为农村政策性信贷机构主体,要明确支农的重点领域和重点客户,支持农村社区基础设施建设和农民生活基础设施建设投入,同时借鉴发达国家农业政策性金融机构的经验,在提供贷款的同时还提供一些技术和信息服务,以确保所发放贷款的使用效益和效率。第二,推进农村信用社改革,真正成为服务于"三农"的社区性金融机构。农信社是支持、服务"三农"的重要力量,其改革的成败关系到整个农村金融改革发展的大局,关系到农村和谐社会的构建、农村社区的健康发展和稳定。农信社的改革应根据本地区实际情况和自身发展实力,实行不同的制度创新,走一条既适应当地经济状况,又适合农村信用社的可持续发展之路。农信社应明确为"三农"服务的宗旨和方向,完善法人治理,进行业务创新,进一步深入改革,为"三农"发展提供更好的金融服务。第三,建立大型商业银行资金反哺机制,增加农业银行涉农信贷投放。商业金融支农不力的一个重要表现就是信贷资金不仅没有有效地流入农村,反而吸收农村资金投入至工商业部门,造成农村资金的长期供给不足,因此,建立大型商业银行资金反哺机制是发挥商业金融支农作用的前提和保障。可以建立支农资金独立运行机制,实行分账经营、单独考核,建立支农贷款考评制度,督促支农网点履行为农村服务的责任和义务;实行支农贷款单独抵押方式,打破以不动产抵押为核心的贷款抵押机制,积极探索权益质押、动产质押、联保互保、专业担保等多样化的担保方式;同时借鉴企业流程再造理论,改变支农业务与非农业务相同流程的状况,对支农业务流程进行重新组合和改造。① 最后,还要发挥邮政储蓄银行的支农作用,扭转邮政储蓄机构对农村资金的"抽水机"局面,进一步增加涉农信贷投放。

另一方面,要鼓励农村金融组织和机制创新,建立多种形式多层次的农村金融机构。加快培育村镇银行、贷款公司、农村资金互助社,有序发展小额贷款组织,引导社会资金投资设立适应"三农"需要的各类新型金融组织②。首先,要鼓励发展多种所有制的农村金融组织。考虑到农村金融实际特点,要在保证资本充足、严格监管、总结试点经验的前提下,鼓励创新适合农村金融需求特点的金融组织,允许私有资本、外资和国际组织参股农村金融机构。适度降低农村信贷和农村金融机构准入门槛。其次,要鼓励建立农村政策性担保体系。对政策扶持的产业和单位,运用不同形式的担保,政策可考虑在年度预算中安排一定额度资金作为担保风险补偿金或担保奖励基金。第三,要积极探索,建立农村政策性保险体系,将农业保险纳入国家农业支持保护制度安排中。第四,探索发展小额贷款组织,引导农户发展资金互助组织。最后,还要依法规范和引导民间借贷,使民间借贷在合理、合规、合法的范围内有序发展。③

(三)建立较完善的农村金融基础服务体系

要加快农村金融支付清算系统建设,为各类农村金融机构的资金汇划和清算提供服务,解决农村金融机构资金清算汇兑难的问题。另外还要加快农村信用体系建设,大力推广信用制度,建立完善失信惩戒制度,培育良好的信

---

① 谢赤等:《新农村建设的金融支持研究》,湖南大学出版社2009年版,第69页。
② 新华网:《2010 年中央一号文件》,资料来源:http://news. xinhuanet. com/politics/2010-01/31/content_12907829_1.htm。
③ 汪小亚:《农村金融体制改革研究》,中国金融出版社2009年版,第204页。

用意识和信用文化。还需要创新担保机构和担保方式,探索发展农业信贷保险,发挥保险在农村信贷中的作用。最后还需要完善相关立法,加大司法与执法力度,改善农村金融法制环境,维护农村地区的社会经济和金融秩序。

五、从财政上支持新农村社区建设:我国农业补贴制度体系的总体完善

农业补贴是政府运用财政资金给予特定对象、特定环节的导向性支出,是实现特定目标的财政支农政策手段,也是国际上普遍应用的对农业的支持保护方式。在我国"三农"问题的解决过程中,农业补贴制度发挥着稳定农村经济、调节收入分配、维持有效竞争、矫正外部效应的重要作用。建立一个稳定、完善、可持续的农业补贴制度是新农村社区建设稳定发展的重要保证。

农业补贴增加是降低农业生产的自然风险和市场风险、改善农业和农村发展资源的瓶颈、促进农村财政投入增加的重要手段之一。农业补贴通过国内支持与价格补助,提高农业生产者、经营者的积极性,引导利益的正确追求,促进利益的正当生成,保障利益的合理分配,完成利益的全面和谐。农业补贴扩大农村市场,为经济结构的调整和优化创造重要条件。提高农村财政投入尤其是农业补贴的增加,是提高农民生活水平、促进农民自身发展的重要途径。我国已经颁布了一系列的农业法规,对农业补贴进行了相关规定,一定程度上促进了我国农业和农村经济的发展,但总的来看,我国农业补贴立法还存在诸多方面的不完善。在完善农业补贴法律制度中,应该从利益与利益机制的视角出发对我国农业补贴制度进行透视,剖析其存在的问题;贯穿利益与利益机制理论,围绕生存权和发展权平等这一中心进行补贴利益的合理的、倾斜性的分配。在此基础上基于中国国情和国力的考察,在借鉴国外经验的同时,致力于探索符合中国特色农业补贴法律制度,构建一套以生存权和发展权平等为中心的农业补贴法律制度体系。

第一,落实农业补贴公平原则,缩小补贴水平的地区间差异。目前全国个别地区之间补贴标准差距较大,我们要对历史上亩均补贴标准和补贴强度系数过低的地区,在新增补贴资金分配上要适当倾斜,对补贴水平仍低于平均水平较多的个别地区,适当提高其补贴标准,缩小各地补贴水平差距。通过今后

几年的逐步调整,将最终实现粮食主产区或非主产区内的各地补贴强度一致。

第二,农业补贴外部环境,遵循市场化导向。农业补贴政策如果使得价格无法反映供求关系,则会束缚价格机制发挥作用,造成社会福利的净损失。这种政策实施的结果要么是农产品大量过剩,政府财政负担沉重,要么是产品短缺,农民利益受损。与这种政策相伴而生的流通领域的垄断经营会强化信息不对称,助长机会主义行为,造成补贴流失严重,补贴效率低下。与此相反,"市场化"可以使农民受益,无论是 2002 到 2003 年安徽省粮食补贴方式改革、2004 年遍及全国的粮价放开,还是 2005 到 2006 年与价格挂钩的粮食直补政策的改进,都使农民增收。因此,农业补贴政策都不能违背市场化的方向。

第三,完善农业补贴基本内容,促进国内外立法的协调统一。现行我国农业补贴的法律法规与国际规则衔接不够。从目前有关涉及农业补贴的法律、行政法规来看,除《草原法》《农业法》和《农业机械购置补贴资金使用管理办法(试行)》外,其他法律法规颁布(修订)的时间多数是在 1995 年 WTO《农业协议》生效和 2001 年中国加入 WTO 之前,因此我国农业补贴的法律法规不能很好的衔接 WTO 规则以及《农业协议》的要求,更不能很好的体现国际规则的要求,因此要进一步修改、补充和完善农业补贴的相关法律和行政法规。

第四,提升农业补贴立法层次,制定有关农业补贴专门法律。从法律制度建设和体系构建方面看,长期以来,我国都是用行政法规或政策文件来对农业补贴进行规制,只是近年来才实现依法治农,才在《农业法》《农业技术推广法》《农业机械化促进法》等法律法规中对农业补贴作了一定的规定。同时,我国现有关于农业补贴的法律规定还不能形成一个完整、统一、有序的体系,其体现在,一是还不够突出重点,二是结构还有待调整,内容还有待补充完善,一些基本的法律制度和措施尚未完全建立,在部分领域仍然存在立法的空白。从农业补贴相关法律规定的分布状况看,我国农业补贴措施除了在新修订的《农业法》的相关条款中集中体现外,在其他相关的农业法律法规中仅仅是零散的体现。因此,要改变现在农业补贴立法层次低且零散的现状,制定一部层次较高的专门的农业补贴法律制度。

第五,健全农业补贴现行法律,提升法律制度的现实操作性。我国现行的农业补贴的法律规定可操作性较弱,一般都比较原则或过于笼统,多使用一些提倡性、导向性语言,柔性条款多,刚性条款少,多数停留在文字层面。作为规范农业生产的基本法《农业法》,理应在结构和内容上对国家支持农业发展的产业政策做出全面而具体的安排,这是法治理念的基本要求,但令人遗憾的是现行的《农业法》从指导原则、结构体例、具体规范设计以及语言的表述上都未达到上述要求,正在制定的《农业补贴条例》应力求从上述几方面摒除农业补贴立法的不足。

第六,建立科学合理评价体系,落实农业补贴法律制度功效。针对我国现有农业补贴评价制度存在的问题,为了进一步完善农业补贴评价制度,充分发挥其制度功能,可以从以下几个方面进行考虑:首先,确立农业补贴评价的正确理念。应摒弃过去理念上的误区,确立以生存权与发展权平等为中心,以保护农民权益为基点,以和谐社会为目标的评价理念。其次,要健全和完善完全独立的专家咨询和公民评议制度。实现农业补贴评价制度对有关部门行政行为、行政决策起真正的约束作用,就必须建立和健全完全独立的专家咨询和公民评议制度。再次,应实现政府评价机构与市场评价机构的有效结合,建立专门的农业补贴评价机构。要使农业补贴评价具有持续性、科学性、合理性、专业性,提高评价的制度效率,就必须建立专门的评价机构。农业补贴评价机构人员应由行政专业人才、专家学者和社会公众按一定的比例组成。

第七,完善农业补贴管理制度,提高农业补贴绩效。首先,在农业补贴中,供农民参与分配的利益会逐渐增多,在以生存权和发展权平等为中心的主体生存权和发展权要求下,应使农民在存量利益与增量利益的分配过程中改变传统相对弱势身份,通过个人和政府的双重选择进行利益重构,以发展利益为理论基点,从发展权利的原点出发,以农村社区发展权为时空载体,在动态发展中寻求农民权益保护。对农业补贴资金的投放和管理,应做到"公平、公正、公开"三公原则,实现"规范化、制度化、法制化"管理。其次,对农业补贴实行"成本—效益"评价分析制度。农业补贴的效益评价要从政治、社会、生态进行各方面的成本和效益进行分析和评价,不能仅评价经济上的成本和效益。应按照经济、社会、生态三大效益相统一的要求,把农业补贴的成本和收益弄清楚。尽可能地设置比较具体的、明确的量化指标，从整体上去衡量农业补贴政策或项目是否达到了预期的目标。衡量和评价农业补贴的效益，最根本的一条就是看农业补贴是否符合农业可持续发展目标的要求，看是否能够促进农业和农村经济的发展，实现农民增收、获益的公平和社会的稳定，看是否有利于生态环境质量的改善。

第八，改革农业管理体制，提高农业补贴效率。中国计划经济时期建立的农业管理体制的基本模式在市场经济发展和中国经济的日益国际化进程中已表现出一定程度的不配，无法满足农民生存权与发展权平等的要求，我们应该根据形势的发展，对现有农业管理体制进行改革，以更有效的方式推动经济的发展，促进国家竞争力的提高，服务于农业。首先，要建立综合统一的农业管理部门。综合统一的农业管理部门可以保证农业资源利用、农业生产、农产品营销和农村发展等整个农业产业环节的有效管理和协调，以适应中国农业产业化经营的需要。其次，要加强对农业补贴的集中统一管理。我国现行的农业管理体制中，补贴分散在不同的部门管理，这种分散的管理使补贴政策的效果难以集中体现和发挥出来。在中国加入 WTO 后，由于世贸组织对农业补贴有了明确的限制，如果中国的农业补贴再继续分散下去，中国农业的支持和保护的效果就会受到影响，不能最大限度地发挥其对农业的保护和促进作用。最后，要提高资金补贴效益。根据国际农产品竞争的最新态势，除对专用化、优质化农产品重点补贴外，还要对精深加工农产品以及绿色产品生产进行重点补贴，促进这些产品的国际竞争力的提高。对于符合国际卫生检疫标准的优质和专用农产品，应加大对这些产品出口基地的投入，支持这些产品出口；对于动植物良种工程，要增加投入，通过对品种的选择性培育，实现良种扩繁，从而改善产品的品质，要特别注意的是要多向小麦、棉花、玉米等主要农产品倾斜，使其生产成本得以降低；设立农业结构调整专项补贴资金，对在特殊情况下受冲击严重的主要农产品的主产区进行重点补贴；制定合理的农业保险补贴制度，成立政策性农业保险机构，对农业生产的风险进行补贴，对主要出口创汇产品以及重点农产品由政府出资实施全额保险补贴；要支持农业产业化发展，对于龙头企业可以通过直接补贴和贷款贴息的形式为它们的收购、加工和销售给予支持。

第九,规范农业补贴方式,直接增加农民利益。首先,借鉴国际通行做法,中国应改革农业补贴方式,实行直接补贴。一方面,要减少国内支持政策对生产和贸易的扭曲影响作用;另一方面,要保护农民的利益不受到损害。因此,有必要改变对农民的补贴方法,中国主要以"暗补"作为农业补贴的主要方式上。许多农业补贴补给了中间环节而不是农业生产者。事实上这种补贴方式收效并不理想,政府出了钱,而农民得到的却不多,这些补贴的很大一部分流失在流通领域。为此,应考虑改革补贴的方式,对农民实行直接补贴。其次,针对主要农产品实施价格支持政策。直接收入补贴是目前中国财政农业补贴方式的改革方向,但作为它的补充,其他补贴方式也是必需的。要保护种粮农民的利益,除实行的对种粮农民进行直接补贴政策外,更重要的是要解决在粮食生产出现过剩的情况下农民"卖粮难"和粮食价格下跌问题。政府应制定价格保护政策,保障农民特殊情况下时的合理利益。保护价政策的实施要结合市场行情,当市场价低于保护价时,政府对不足的差价部分给予补贴;如果市场价格持平或高于保护价时,则不予补贴。

第十,在明确农业补贴目标的基础上进行长远规划。要确保农业生产稳定、持续发展,必须对农业的支持和投入进行远景规划,这是确保农业生产稳定、持续发展的前提。国家财政对农业进行补贴的根本目的是为了更好的促进农村经济发展和实现农民增收。一方面,保障农民经济利益,实现农民增收。农业补贴政策的目的就是通过国家财政的补贴资金让农民在进行农业生产过程中直接或间接受益,调动农民的生产积极性,促进农业健康快速发展,使农民的收益水平提高,实现农民增收。另一方面,确保农产品市场的稳定,使主要农产品购销政策的畅通。考虑到主要农产品市场的特点,收购环节应成为财政对农产品市场补贴的重点目标。对这一收购的补贴,应将对粮食企业的亏损补贴转为对粮食的仓储建设、保管费用、正常损耗的补贴。

六、从战略上发展新农村社区经济:推进农业现代化进程

农业现代化是指从传统农业向现代农业转化的过程和手段。在这个过程

中,农业日益用现代工业、现代科学技术和现代经济管理方法武装起来,使农业生产力由落后的传统农业日益转化为当代世界先进水平的农业。推进农业现代化是促进新农村社区经济的必然手段和发展目标。

作为一个发展中国家,我国的农业经济在改革开放以来得到了迅猛发展,取得了举世瞩目的成绩,但与发达国家相比,我国的农业经济无论在速度、规模、还是在效益上,与世界现代农业还有很大的差距,我国的农业现代化建设还有很长的路要走。要推进农业现代化进程,必须要注意以下几个方面的问题。

(一)促进农业产业化发展

农业产业化是以市场为导向,以经济效益为中心,以主导产业、产品为重点,优化组合各种生产要素,实行区域化布局、专业化生产、规模化建设、系列化加工、社会化服务、企业化管理,形成种养加、产供销、贸工农、农工商、农科教一体化经营体系,使农业走上自我发展,自我积累、自我约束、自我调节的良性发展轨道的现代化经营方式和产业组织形式。

农业作为规模经济的一个基础产业部门,应当具有相对完整的产业链。但是,在传统体制下,农业仅仅是初级农产品的生产部门,为城市居民和工业部门提供初级消费品和原材料,农业产前、产后环节与生产环节严重脱离,并被分配于不同的行政管理部门,农业的经营规模小,产业链残缺,要改变农业发展现状,就需要稳固和提高农业的基础地位,加强和壮大农业这个农村经济的母体产业,扩大农产品经营的规模效应,提高农业效益,走农业产业化道路。政府可以从以下几个方面促进农业产业化发展:

第一,加强宏观政策指导,为农业产业化发展提供良好的政策环境。首先,合理规划农业产业化发展,对资源进行合理整合,对产业进行合理引导;其次,政府要健全设施完备的商品市场网络,以全国性批发市场为主导、初级市场为基础、以区域性批发市场为骨干的发展方向,允许和促进多种经济形式和多种经营方式并存;再次,制定统一的农产品标准,引导农产品规范化、标准化生产,实现与国际接轨;最后开辟专门的农产品流通渠道,保证农产品在全国范围内的物流畅通。

第二,按照农业产业化发展的内在要求对政府的干预权限进行定位。尽量减少行政干预,降低管制风险。政府应从直接介入微观经济活动中解脱出来,让出组织空间以扩展农民经济组织的选择机会,为农民组织和农业产业化的发展提供制度与政策服务;为农民提供信息服务,减少和防范市场风险。在产业化经营发展过程中,有关部门无论在提供信息的数量上,还是在所提供信息的准确性与时效性上,都与农民需求相去甚远,由于信息传递不足或信息失真,导致农产品供求失衡。作为政府的职能之一,政府有责任为农民提供信息服务;提供农村公共物品,改善公共设施,降低搜寻成本。有的经济学者认为,农村公共物品是一种中间投入品和生产要素,对公共物品的消费可以降低私人产品的生产成本,提高私人的收益水平。政府应当提供适当的公共物品服务,尤其要为农民提供较为便利的集中交易场所,从而使农户降低信息搜寻成本,促进产业化的发展。

(二)加快农业信息化进程

农业信息化是指利用现代信息技术和信息系统为农业生产、市场、消费及相关的管理和服务提供有效的信息支持,以提高农业的综合生产力和经营管理效率的过程。农业信息化可以加快传统农业改造,提高农业生产效率和农业生产力水平,促进农业持续、稳定、高效的发展。农业信息化是农民进入市场的需要,是推进农村社会化服务的需要,也是农业信息部门转变职能、自我发展的需要,是发展现代农业、建设新农村与全面实施乡村振兴社区的重要内容。

要加快推进农业信息化建设,就要优化配置信息资源,开发应用信息技术,提升信息服务能力,以不断提高我国农业信息化水平,发挥信息化在发展现代农业和建设社会主义新农村中的重要作用。

第一,增强政府机关和农民的信息化意识,奠定建设农业信息化的思想基础。信息化建设的组织者是政府工作机构,信息化建设的用户是农民,两者之间是密不可分的,需要相互配合、相互合作。政府作为信息化建设的提供者,对推进农业信息化进程具有重要的作用。它可以实行的具体措施有:一方面通过广播、媒体、网络等渠道对农业信息化建设的重要性、时效性、风险性等进行广泛的宣传,提高有关部门工作人员的信息意识,充分发挥主观能动性,站在农民的立场想问题、解决问题;另一方面,农民作为信息化建设的接受者,应该提高自身的信息化意识,主动了解农业方面的政策和市场相关信息,充分利用信息提高收入水平。

第二,积极开展农村公共信息服务,推动农村综合信息服务体系的建立和完善。在信息资源开发方面,要提供贴近农民需要的生产资料和农副产品的市场信息、技能培训信息、劳务需求信息、村务公开信息以及相应的政策法规等。在信息传输方面,要充分利用各种公共通信网络和信息终端,将信息及时传输到农民手中。要充分利用网络技术,建设专门的农业门户网站体系,最大限度地实现资源共享,使之成为推进农业信息化的重要依托和服务新农村建设与全面实施乡村振兴的重要窗口。在有条件的地区建设农村信息化公共服务平台,积极鼓励国内外软件供应商、设备制造商和信息服务商参与平台建设,以先进的信息技术手段,提升农村综合信息服务体系的技术水平和服务能力。

第三,积极培养农业信息服务组织和农业信息人员,提高农业信息的质量。要加强信息管理和服务的职能机构建设,为农业信息化提供组织保障;提高各级农业信息管理人员的业务素质和工作技能,提高信息工作人员的业务素质和水平;努力建设一支责任心强、素质高、知识结构合理的工作队伍,重点加强对农业产业化龙头企业、中介组织的信息服务人员和农业生产经营大户、农村经纪人的培训,使其达到会收集、会分析、会传播信息的要求;同时,要认识到,加强农民信息素质培训是各级政府的重要职责,也是各级农业信息服务组织的一项重要任务。有关部门应结合当地实际,有针对性地对农民进行培训,努力提高农民信息运用能力。

(三)推进农业标准化建设

农业标准化,是指以农业为对象的标准化活动。是对农业生产的产前、产中和产后进行全过程规范的总和。具体说就是以建立完善标准体系为技术基础,应用现代管理和质量控制技术,建立完善工作制度和管理制度,将标准要求落实到农产品产销的每个环节,在确保农产品质量和产业可持续发展的前提下,获得最大的综合效益的活动。农业标准化是农业现代化的重要标志,是确保农产品质量安全的基础保障,是影响农业综合竞争力的主要因素。没有农业的标准化,就没有农业的现代化。农业标准化是促进科技成果转化为生产力的有效途径,是实现农业现代化的基本前提,是新世纪新阶段推进农业产业革命的战略要求。

加快农业标准化建设需要从农产品标准化生产的技术需求、过程控制、成本效益和市场表现等几个方面着手,解决政府和市场"双失灵"的问题,即农产品优质优价问题。需要创新发展思路、转变政策支持方式,确保农业标准化实施的可持续发展和良性循环。

第一,提高农民组织化程度。农民组织化是农业标准化发展的基础,分散的农户很难实现耕地的规模经营,农民单家独户生产不利于生产要素的合理配置。农业标准化的特性决定了农业生产经营规模越大、组织化程度越强、产业化水平越高,农业标准化越易于实施。因此,不仅要采取措施保障已有组织健康发展,还要通过实施补贴、奖励、指导等措施鼓励分散农户加入适合自己的组织,自觉接受组织的管理。此外还要赋予合作社在进行生产过程检查产品统一标识、产品产地准出等方面的行政管理权力,提高合作社的组织管理能力。

第二,提高农业生产技术服务能力。农户是保证农业标准化实施的最基础、最重要的执行者,只有农户严格按照标准化要求进行种养殖,才能保证最终的农产品符合质量安全标准要求。而农户实施农业标准化必须满足两个前提条件:一是保证标准化生产的农产品收益增加;二是要有技术人员指导,对生产过程中遇到的技术问题能够给予解决。要满足农户这两个条件,不仅需要实现基层需求与政府供给相对接,在政策上明确人才、技术、资金等资源方面进行整合,而且需要其他组织去协调落实,利用市场价格机制来调节。因此,在支持农业标准化实施的政策中,需要加强生产技术的研究与应用,同时还要考虑服务方式的创新与实用。最好采用信息化手段和短信方式,建立专家咨询交流网络平台,方便快捷地实现技术需求的上报和解决方案的反馈。

第三,提高农产品统一标识率。农业标准化标识是农业标准化生产行为的集中体现,也是消费者安全消费的判断依据。使用简单的标识向公众传达复杂的农业标准化内涵,更能利于消费者的接受和认可。而消费者的认可,又能更有效地激发农业生产者自觉实施农业标准化的积极性。目前,市场上虽然已经有"无公害农产品""绿色食品"和"有机农产品"等产品标识,但是实际贴标率很低,消费者也很难将其与标准化生产联系起来。因此,政策中一定要强调农产品标识的重要性和必要性,提出统一标识的相关要求和使用规范,将农业标准化标识率作为政策目标的考核指标之一。尤其是农业部门在组织建设的标准园、示范区(场)和示范县项目时,要求所生产的农产品必须加贴农业部门统一制定的安全标识。

第四,提高农产品质量安全监管水平。目前,农产品质量安全的日常监管多以监督抽查为主,不仅耗资较大,而且实际效果不明显,在发现问题时也不容易追查到责任人。因此,加强农产品质量安全监管,必须首先解决农产品标识问题。将标准化生产的过程信息加载到标识系统中,这样就可以通过标识查询了解并监控实际生产过程的动态变化,又可以通过标识检查与产品检测相结合的方式快速执法。从而可以有效解决执法队伍不健全和产品检测不及时的弊端,大大提高监管效率,也能进一步提升农业标准化生产标识的市场信誉。

(四)加快农业水利化建设

中共中央、国务院 2011 年 1 月印发了《关于加快水利改革发展的决定》。这是新世纪以来连续第 8 个中央一号文件。

水利是现代农业建设不可或缺的首要条件,是经济社会发展不可替代的基础支撑,是生态环境改善不可分割的保障系统,具有很强的公益性、基础性、战略性。加快水利改革发展,不仅事关农业农村发展,而且事关经济社会发展全局;不仅关系到防洪安全、供水安全、粮食安全,而且关系到经济安全、生态安全、国家安全。要把水利工作摆在党和国家事业发展更加突出的位置,着力加快农田水利建设,推动水利实现跨越式发展。

首先,要继续深入推进农村水利改革。进一步深化农村小型水利工程建设管理体制、运行机制和水价制度改革,明晰产权,通过承包、租赁、拍卖、股份合作等方式,鼓励农民及用水户协会等参与工程的建设和组织管理,落实管护主体责任,逐步实现工程建、管、用和责、权、利的统一。尊重农民群众在工程建设中的主体地位,让群众真正享有知情权、参与权、管理权和监督权。其次,多渠道加大投入。加强政府对农村水利建设的统一规划、组织引导和监督协调。中央和地方各级政府都要逐步增加对农田水利建设的资金支持。已经安排的各项农田水利建设资金要加强统筹协调，适当整合，避免重复安排，着力在提高资金使用效率上下功夫。继续搞好大型灌区续建配套节水改造、节水灌溉增效示范和中部大型排涝泵站更新改造等工程建设，保护和提高农业特别是粮食生产能力，促进农民增收和农村经济社会发展。加大病险水库除险加固力度，着力消除工程安全隐患，促其正常发挥防洪、灌溉、供水等综合效益。再次，要支持节水型农业技术的研究和推广。节水是一个整体的概念，它通过整个农业领域来保障未来用水需求。以色列那样高水平地使用滴灌技术以节约水资源，是以大量的科研和推广投入为前提的，如果在农作物节水和灌溉设施等成本两个问题上共同去突破，那么水资源解决起来会可更为轻松的。最后，也应适当提高农业用水的价格。一方面水资源不足，一方面水资源又存在大量的低价浪费。所以可以通过适当提高水价来鼓励农户多采用节水技术。尽管增加了部分生产成本，但是能够明显提高整个农业的产出效益。同时，政府在提高水价的同时，是可以通过财政补贴政策，来支持农户采用节水技术。此外，治理和控制水污染是一个长期任务，必须对各种水污染采取全面、系统的措施，在以法律为基础的前提下，辅之以行政措施，更好解决水污染问题。

第七节　基于促进文化权益的具体对策研究

农民的文化权益主要是指农民享有文化教育和参与各种文化活动的权益。文化是民族凝聚力和创造力的重要源泉，是综合国力竞争的重要因素，是经济社会发展的重要支撑。[①] 农村社区文化就是由居住在农村的一定地域范围内的人们，由一定的纽带和联系而形成的共同的价值观、生活方式、情感归

---

① 新华社：《中共中央政治局就深化文化体制改革进行集体学习》，资料来源：http://www.gov.cn/ldhd/2010-07/23/content_1662661.htm。

属和道德规范等。从形态的视角出发,农村社区文化可分为三个层次:物质文化、制度文化和观念文化。① 物质文化,指农村社区文化建设所必需的文化设施、文化活动场所等,它是社区文化目标得以实现的依托和保证。制度文化,就是社区文化管理制度化、规范化,它既是社区文化的组成部分,又是社区文化的保障。观念文化,指社区居民具有的共同的价值观、社区意识、社区精神等,它是农村社区文化的内核,也是农村实现现代化赖以存在的心理基础。三者缺一不可,相互联系,相互促进,共同构成社区文化统一体。

社会主义新农村建设与全面实施乡村振兴中发挥农村社区的利益发展功能,必须要进行农村文化建设,发挥社区文化的整合功能和导向功能,使农民在社区内部实现自我的利益协调。农村文化建设是新农村社区建设的精神导向力,它为新农村社区建设指明方向和提供精神动力,通过改变农民的思想、观念、习惯、意识、行为方式等来促进农民利益的整合,并通过文化的整合、驱动和导向机制来实现农民的利益和谐。农村发展离不开特定的文化背景与社会基础,有什么样的农村文化,就有什么样的农村发展方式、模式、方向、速度、质量和结构。目前,我国农民与城市市民相比受教育的权利是不平等的,农村教育始终处于因分配不公而导致资源严重缺乏的相对弱势地位。而公共影视文化教育、图书馆、书店等由于地理位置条件的限制,农村的相关资源也明显不足,我国农村文化不发达的现状制约了农村社区的发展和农民利益的保护与实现。新农村社区建设中必须大力促进文化建设,这是我国农村社区发展和农民利益保障的重要内容。

党的十六大以来,党中央、国务院对农村文化建设非常重视,在每年召开的农村工作会议上,都把加强农村文化建设作为重要内容予以部署和安排。党的十七大报告提出,推动文化的大发展大繁荣,使人民基本文化权益得到更好保障。党的二十大报告明确提出:统筹推进文明培育、文明实践、文明创建,推进城乡精神文明建设融合发展。健全现代公共文化服务体系,加强城乡建设中历史文化保护传承。2010 年中央一号文件也为农村的文化建设指明了

① 张桂芳:《试论转型期农村社区文化建设》,《兰州学刊》2004 年第 5 期。

发展方向:"巩固和完善农村义务教育经费保障机制,落实好教师培训制度和绩效工资制度。农村学校布局要符合实际,方便学生上学,保证学生安全。继续实施中小学校舍安全工程,逐步改善贫困地区农村学生营养状况。大力发展中等职业教育,继续推进农村中等职业教育免费进程。逐步实施农村新成长劳动力免费劳动预备制培训。建立稳定的农村文化投入保障机制,推进广播电视村村通、文化信息资源共享、乡镇综合文化站和村文化室、农村电影放映、农家书屋等重点文化惠民工程建设和综合利用,广泛开展群众性精神文明创建活动和农民健身活动。"①

一、大力发展农村教育事业:保护农民文化权益的基本举措

农村人口众多是我国的基本国情,农村经济的发展是让农民过上宽裕的生活,破解我国农村人口众多、发展不足的一条重要的途径。而实现此目标的制度保障中,大力发展农村教育是不可缺少的。造成农民基本权利缺失、弱化,以及农村社区落后的原因,与农民受教育程度低有着密切的关系。因此,为了全面保护农民权益的发展需要,建设新农村与全面实施乡村振兴战略进程,社区就要大力发展农村教育,促进农民素质提高。

一是要树立教育公平理念,促进城乡教育和谐发展。教育公平应由"消除歧视"和"消除不均等"两部分组成,以消除或减弱教育中的不公平对待。要使每个人的起点平等,只有人们拥有对基本教育资源的平等享有权,每个人才能有公平的竞争机会,也才能保证竞争结果的公平。之所以对农民教育弱势群体进行补偿,一方面,农民同样享有平等的享受教育的权利。弱势补偿是对现实中农民受到不平等教育的一种补救,是达到实质公平的途径,更是事实上教育平等的基本途径。另一方面,提高农民素质是教育长远效益的要求。一个社会人口的整体素质和竞争能力是社会各阶层人口所决定的。从长远的、全局的角度看教育补偿与眼前的局部教育效益二者是统一的。

---

① 新华网:《2010 年中央一号文件》,资料来源:http://news.xinhuanet.com/politics/2010-01/31/content_12907829_1.htm。

二是要真正落实义务教育,保障农民基本教育。普及义务教育作为一项基本国策,正是实现教育平等的一项重要体现。以提高整体民族素质为目标,基础教育是创设平等参与机会的基本途径和重要条件,普及的大众教育模式是最稳固、最科学的,这正是"正三角形"式的稳定性。因而,教育投资自然也应是"正三角形"的。

三是要加强农村职业教育建设,提高农民职业技能素质。现代农业的发展,需要用现代农业科技知识培养造就新型农民,只有用先进的技术和装备武装农民,才能有效推进现代农业进程。当前农村劳动力整体素质不高,缺乏专业技能,自学能力不足,在市场竞争中处于相对弱势地位。要从以下几个方面做好农村职业教育的发展。

第一,加强对从事农业生产的农民培训。突出区域优势产业,采取有针对性和实用性的措施,以现代适用技术和实用技术培训为主,结合发展现代农业和建设社会主义新农村的要求,加大现代信息技术、生物技术、清洁生产技术、环保技术等培训力度,提高农民的科技素质,让农民掌握科学种田、科学养殖技术,依靠科技进步和劳动者素质提高来促进农业发展。第二,搞好农村劳动力转移就业技能培训。应面向城乡劳动力市场需求,围绕农民转岗就业需求,对农村劳动力转移实施"阳光工程",加快建立政府扶助、面向市场、多元办学的培训机制,以岗位培训为主,从权益保护、城市生活常识、就业等方面进行引导型培训,结合产业发展的需要,进行家政服务、餐饮、酒店、建筑、制造等职业技能培训,使其初步掌握城镇非农产业所需技能,并获得相应的职业资格证书和培训证书,提升其在第二、三产业的就业能力和竞争力。第三,借鉴世界上职业教育发达国家的经验。例如,英国是世界上职业教育发达的国家之一,其通过多渠道、多层次的基础教育和技术培训,因地制宜地推进农村教育综合改革,进一步完善农村教育体系,全面提高农民的文化素质,使农民掌握现代化的民主政治知识,增强其自主能力和合法表达能力。

二、健全农村公共文化服务体系:维护农民文化权益的有力后盾

加快构建公共文化服务体系,按照体现公益性、基本性、均等性、便利性的

要求,坚持政府主导,加大投入力度,推进重点文化惠民工程,加强公共文化基础设施建设,促进基本公共文化服务均等化。这是从社会主义文化关怀的角度表达了对维护和保障农民基本文化权益的高度重视,同时也要求我们必须统筹城乡文化发展,加快农村公共文化服务体系建设,将城市文化带动农村文化、城市文化引领农村文化作为新农村文化建设的重要路径,积极推进新农村文化城乡共建,文化成果城乡共享。只有加快农村公共文化服务体系建设,才能更好地保障农民基本文化权益,才能不断满足新时期我国农民对精神文化生活的新期盼、新期待和新要求,同时也必将使我国农村社会文化生活更加丰富多彩,使我国农民的精神风貌更加昂扬向上。

农村公共文化服务体系应该是由政府主导、社会参与形成的普及文化知识、传播先进文化、提供精神食粮、满足农民群众文化需求、保障农民群众文化权益的各种公益性文化机构和服务的总和。从现阶段来讲,就是发展县、乡镇、村文化设施和文化活动场所,形成农村公共文化服务网络。在相当长一段时间内,我国农村文化事业还离不开政府财力的大力扶持。各级政府要加大对农村文化建设的投入力度,不断健全农村公共文化服务体系。

首先,要着力加强农村公共文化设施建设。第一,要整合一切用于农村、服务农民的各项文化资源,统筹规划,综合利用。如教育、科技、党员电教、村级活动室建设等。第二,要建设好三个层次的阵地,即县(市)区的文化馆、图书馆、剧团、乡镇文化站、村文化活动室。特别是要把乡镇文化站建成集图书阅读、广播影视、宣传教育、文艺演出、科技推广、科普培训、体育和青少年校外活动等于一体的综合性文化站。第三,要实施好广播电视"村村通"工程、文化信息资源共享工程、农村电影数字化放映工程、农民图书工程、民间艺术发掘利用工程、农民体育健身工程等。四是要统筹文化、教育、科技、体育和青少年、老年活动场所的规划建设和综合利用,努力做到相关设施共建共享,着力解决农村文化设施分散、使用效率不高的问题。鼓励各种文化设施采取多种方式对农民群众开放。①

---

① 张志科等:《新农村建设中的农民文化利益问题研究》,《理论与改革》2007 年第 11 期。

其次,要切实提高农村公共文化服务质量。针对农村新型农民具备一定的鉴赏能力、获取文化知识的渠道不断丰富、对高层次的文化生活有着强烈的追求和多样化需求的现状,送文化下乡的形式要不断改进和丰富,不能用以前老眼光看待当今农民,做蜻蜓点水式的送文化下乡活动,要送适合农民胃口的图书;要结合地方特色,送农村群众喜闻乐见的、农村题材的、现代的、能够鼓舞人心的文艺节目;送农民真正需要的科教片和农村题材的故事片。将戏剧纳入政府采购项目,用新的投入机制把文艺精品送到基层、送到农村,要让农民一村一月能看上一场电影;一年至少能看到一场较高水准的文艺演出;一人至少能拥有一册藏书;每季度至少能参加一次文化活动。

再次,要努力培养农民公共文化意识。农民不仅是农村文化的受惠者,更应该是农村文化的建设者。农村文化的主角应该是农民。鼓励农民开展形式多样的文艺活动,扶持农村社区演出:通过农民文化节、故事会等当地农民喜闻乐见的文化形式,让农民发挥自身优势,自己充当演员;帮助、鼓励、扶植农民宣传队、农民书社、个体放映队、民间职业剧团和农村业余剧团等文化实体,通过各种优惠政策为其发展创造良好的政策环境。

最后,要充分调动和发挥农民自办文化的热情和潜力,培养壮大乡土文化新军;政府也应当让农村文艺人才有机会到专业艺术院团进修、深造或培训,通过各级文艺团体的传、帮、带,帮助农村建设长驻不走的文化队伍,逐步培养农村文化的造血功能和旺盛的生命力。

三、推动农村文化体制改革和机制创新:保障农民文化权益的根本动力

我国当前的农村文化建设面临着一系列深层次矛盾问题:农村文化建设落后于城市文化建设;农村文化产业发展滞后,农村文化事业与文化产业之间发展不平衡;农民精神文化生活需求具有多元化趋势,他们不仅希望"治愚、治穷",更希望"求富、求知、求乐、求美、求健康",渴望通过参加各类文化活动,掌握科技文化知识,获取市场信息,了解法律常识,以达到依法维护和保障自身合法权益的目的。然而,当前农村文化管理体制不顺、机制不活,乡镇文化站作为文化管理机构,管理多于服务,输送多于培育,"送文化"多于"种文

化","养人"多于"养事",现有的乡镇文化管理体制基本上仍然延续着计划经济时代部门化文化管理方式。这种体制不仅制约着农村文化社会功能的有效发挥,而且难以满足农民的精神文化的多元化需求,更难以激发农民对农村文化建设的积极性、主动性和创造性。[1]

要解决农村文化建设面临的深层次矛盾,需要根据农民群众精神文化需求变化,不断创新农村文化活动形式。没有创新就难以生存,没有活动就没有"生命"。新农村、新农民,必须要有相适应的"新文化",增强新农村文化活动的吸引力在于创新。因此,我们要积极推进农村文化建设的体制改革和机制创新。

第一,探索农村文化设施运行管理新机制新办法。统筹文化、教育、科技、体育和青少年、老年活动场所的规划建设和综合利用,努力做到相关设施能够共建共享,以解决农村文化设施分散、使用效率不高的问题。机关、学校内部的文化设施,有条件的要采取多种方式对农民群众开放。对电影院、剧院等设施,在确保其功能不变的前提下,可以实行所有权与经营权相分享的运营模式,采取公办民营、公开招标、委托经营的方式,更好地提供文化服务。

第二,加快公益性文化事业单位改革。深化劳动、人事、分配等方面的内部改革,建立健全竞争、激励、约束机制和岗位目标责任制,全面实行聘用制和劳动合同制。增加对文化馆、图书馆的投入,转换机制,增加活力,提高公共服务水平。各级文化机构要面向农村,面向基层,制定年度农村公益性文化项目实施计划,明确服务规范,改进服务方式,开展流动文化服务,加强对农村文化骨干和文化中心户的免费培训辅导,扶持奖励民办文化。

第三,继续开展文化科技卫生"三下乡"活动。积极探索"三下乡"文化对口支援活动的长效机制,对重要项目和产品可以进行财政补贴,以政府采购的方式,直接送到农村。鼓励和组织专业文化工作者到农村辅导群众文化活动。充分发挥流动文化车、文化小分队的作用,使"三下乡"活动小型化、经常化,努力做到灵活多样、行之有效。把农村文化建设纳入对口扶贫计划,建立和完

---

[1] 沈跃春:《促进新农村文化建设　切实保障农民文化权益》,《人权》2009 年第 5 期。

善东部地区对西部地区、发达地区对欠发达地区、城市对农村的文化援助机制,支援农村文化建设。

第四,强化农村文化市场的政策调控。运用市场进行资格认定、价格调节、财税优惠等政策,按照普遍服务原则,引导各类市场主体在出版物发行、电影放映、文艺表演、网络服务等领域积极开发农村文化市场,重点推动面向大众的文化产品和服务进入中西部和老少边穷的农村地区。通过各种有效的调控,把发挥市场机制积极作用和构建公共文化服务体系有机结合起来,努力使广大农民群众享有更加充分、质优价廉的文化产品和服务。

第八节 基于保障社会权益的具体对策建构

农民的社会权益主要包括农民的劳动权益、社会保障权益等方面。过去很长一段时间里,农民的社会权益普遍得不到足够重视:以城市为本位的城乡二元化立法模式造成了农民劳动权保障的缺位,使农民的劳动权得不到有效救济;我国的社会保障制度大多面向城镇居民,对农民考虑较少,农民的社会保障状况远远不及城市。因此,在新农村社区的建设与全面实施乡村振兴过程中,必须要着力解决这些社会矛盾,有效地保障农民的社会权益。

一、建立城乡统一的就业保障制度:保护农民的劳动权益

我国宪法第四十二条规定"公民有劳动的权利和义务。劳动是一切有劳动能力的公民的光荣职责。国有企业和城乡集体经济的劳动者应以国家主人翁的态度对待自己的劳动。"显然所有公民的劳动权受我国宪法的平等保障,但由于我国劳动立法对市民劳动权的偏重,在很大程度上我国公民劳动权只是指市民的劳动权,而农民的劳动权则是由于农业法等部门法进行调整,过去这种以城市为本位的城乡二元化立法模式虽然在 20 世纪后期有效推进了我国城市劳动用工制度的市场化改革,对提高劳动效率发挥过积极作用,但它在21 世纪我国工业化中期阻碍了我国统一市场的建立,同时不仅导致进城务工

农民的劳动权得不到充分保障,而且使农民劳动权在农村则时常被行政机关和村委侵犯而得不到有效救济,造成社会的极不和谐。[①] 因此,在目前的新农村社区建设中应该特别重视农民的劳动权保障。

(一)建构统一性和多样性兼备的劳动权法律体系

改进目前劳动权立法模式的缺陷,建构起统一性和多样性兼备的劳动权法制体系,使农民的劳动权受到平等保障。

一是要加强立法保障。完善我国劳动就业法律制度,建立统一健全的部门法制体系;完善我国农地制度,赋予农地经营体制以创新空间;完善《农业法》等部门法,以保障农民劳动权为主要目标,将农民经营自主权和生产与收益保障权规范与政府对农业的调节监管指导权有机结合。二是要加强行政保障。公民各项权利的保障都离不开政府的支持,除对择业自由,经营自由等经济自由予以尊重外,农民其他劳动权内容还需要行政权力用其专业性公共权威予以行政给付和行政救济。在农民就业培训与转移方面,应通过加大财政投入,通过整合社会资源和体制创新为农民在农业内外就业提供免费职业技能培训,包括农业技能的有效培训,提高其适岗的就业能力,同时对转岗农民进行培训,提高其持续性就业能力;对农民工异地就业进城务工免费提供信息指导,适度加强组织保障并进行全程性就业服务。同时要加强行政问责制建设。农民劳动权得到保障程度的关键取决于社会发展中行政积极作为,因而应通过行政责任追究制度促使政府最大限度地保障农民的劳动权益。三是要进行司法救济。无救济则无权利,在法治社会中,行政救济不仅可能有失公正,而且其功能有限,因而"司法权作为制约立法和行政权,保护少数或弱势群体权利的权力和国家权力体系中最后的权力"[②]应对农民的劳动权予以积极而适当的保护。

(二)在农村社区内为农村劳动力创造更多的就业岗位

我国人力资源十分丰富,农村劳动力队伍庞大,农村劳动力向城镇转移、

---

① 刘茂林:《公法评论》(第6卷),北京大学出版社2009年版,第106页。
② 戚渊:《论立法权》,中国法制出版社2002年版,第53页。

进入城镇是必要的,也是应当支持和鼓励的。但是,我国农村劳动力的主要就业岗位在农业、在农村,农村劳动力都向城镇转移、都涌向城市,是不现实的,这是国情所定,也是国家经济安全、社会稳定的需要。在农村社区内解决了富余劳动力就业问题,积极创建充分就业社区。要以强化农村富余劳动力职业技能培训和就业服务为手段,促进农村贫困家庭成员就业为重点,建立健全就业服务体系,促进农村劳动力实现充分就业。

一是要加强农村社区劳动保障服务平台建设。按照"规范化、制度化、科学化"的总体要求,明确建设标准,理顺管理体制,建设制度健全、职责明确、服务到位、作用明显、群众满意的农村社区劳动保障服务室。二是要加大对农村创业项目的扶持力度。要坚持创业与就业并举原则,充分利用区域经济优势,扶持种养殖业基地发展,注重打造具有地方经济特色的创业项目,鼓励和引进农产品加工、来料加工等符合农村实际的就业创业项目,积极推动创业带动就业,努力营造农民自主创业的良好氛围,引导农民宜农则农、宜工则工、宜商则商,对有创业要求的要落实创业培训、项目推介、资金扶持等政策,形成适合农村实际需要的"一条龙"创业服务体系。三是要多渠道开发就业岗位。各农村社区要结合本地区实际,以创建充分就业社区为载体,全面贯彻落实各项农村就业扶持政策,不断加大对农村就业工作的资金投入力度,确保各项资金及时足额到位。四是要继续组织实施农民素质培训工程。以农村实用人才、农村富余劳动力、低收入农户劳动力为重点,采取培训与就业结合、培训与创业联动,形成创业带就业、就业促创业、脱贫致富的良好机制。

(三)为农民非农就业提供更多的引导、支持和帮助

农民是一个相对弱势群体,其自身的非农就业能力普遍不高,需要政府、有关方面和全社会来为其提供用工信息、进行岗前培训、减少各种手续、给予相关优惠等方方面面的支持和服务。以就业引导和技术培训为手段,以增加服务作为解决农民就业的关键。一是政府积极组织与用工单位的实际需求相结合,搞好定向培训。与农业产业结构调整相结合,搞好实用技术配套。二是把素质教育与义务教育相结合,在校园大力开展农村实用技能培训,提高农村后备劳动力的就业技能。三是就业培训与"双培""农民培训基地"等活动相结合,形成齐抓共管的工作局面。四是就业培训与先进性教育相结合,开展"送信息上门""送培训下乡""引岗位到乡"等活动,为农民就业培训提供方便。还可以有组织有计划地引导农村剩余劳动力到外地,甚至到国外就业,真正叫响"打工经济",实现"输出一人脱贫一家、输出两人致富一家、输出三人小康一家、输出一批致富一方"的目的,为农民就业提供更多的选择空间和机会。

二、完善农村公共品供给制度:保障农民的公共品享用权益

所谓公共品是指农村社区居民集体使用的公共消费品。公共品具有效用的不可分割性、消费的非竞争性和收益的非排他性三个基本特征。效用的不可分割性是指社区提供的公共产品使每一个社区成员受益;消费的非竞争性是指社区中的任何一个消费者享受了公共产品的益处,不会影响其他消费者享受同样的好处;收益的非排他性是指社区的公共产品不能从技术上将不愿付款的人排除在社区提供对象的收益范围之外,每一位社区成员,即便他不愿意支付公共产品的任何费用,他也能从中受益。

农村公共品是指在一定的农村地域范围内由农村居民消费、收益的,具有非排他性、非竞争性的公益性的社会产品或服务。涉及农村公共设施、公共事业、公共福利、公共服务等各个领域。随着我国经济增长的速度加快,"三农"问题日益严重,而这一切都与农村公共品供给滞后息息相关。在我国广大的农村地区,公共产品供给不足严重制约了新农村社区的发展,成为城乡差距具体表现的一个重要方面。因此,完善农村公共产品供给制度,缩小城乡差距,实现社会公平,保障农民社会权益的重要内容。

(一)建立城乡一体化的公共品供给体系

应把农村的公共品供给纳入全社会的公共品供给范围,实行一样的体制,采取相同的政策,让农民在公共品享用上能够获得国民待遇。因此,要加快农村社会经济的发展,增加农村公共品的供给,就要调整政府的公共支出政策,加大对农村公共品的供给力度,事实上这也是社会主义新农村建设与全面实施乡村振兴的根本要求。

现阶段,要调整财政支农结构,加大农村和农业基础设施的投入,增加财政支农资金的投入力度,确保财政支农资金增长速度不低于财政支出增长速度。在工业化初期,农民通过繁重的农业税和各种形式的"剪刀差",为城市的发展做出了巨大的贡献和牺牲,现在城市发展了,城市化水平提高了,城市具备了自我积累、自我发展的能力。工业化已经进入了中期阶段,我们应该贯彻"工业反哺农业、城市支持农村"的方针。中央政府应该无偿提供农村的大部分公共品,作为对农民长年以来巨额贡献的应有补偿。加大中央财政对农村基础教育的投入力度,真正使九年义务教育成为国家的义务,而不主要是农民的义务。同时也是缓解农民不满情绪、实现国家稳定和长治久安的现实需要。因此,要彻底改变"重城轻乡""重工轻农"的国家公共品制度安排,尽快建立起城乡一体化的均衡的公共品供给体系,向农民无偿提供全国性的公共品,并对地方性的公共品按照公平原则予以资助。

(二)建立由社区内部需求决定公共品供给的机制

要解决农村公共品供给中的结构失衡问题,必须改变现有的农村公共品供给的"自上而下"的决策机制,建立由社区内部需求决定公共品供给的机制。

第一,建立农村公共品的需求表达机制。在基层政权真正落实民主选举制度,使区域范围内多数人的需求得以体现,通过民主选举使得农村基层干部能够真正以本社区农民的根本利益为决策本位,对农民负责,受农民监督,从而保证农村公共资源得到合理有效的使用。因此,必须加强财政的民主化与法制化建设,将公共政策的制定和执行纳入法制化的轨道,优化公共政策制定和执行系统,使村民具有直接参与决策的信息基础和动力。

第二,完善农村公共品供给的民主决策机制。农村公共品供给的决策是指农村公共品的供给主体(包括政府、市场、社区和第三种力量等等)与受众(即农民)围绕公共产品的数量、规模、方式等问题,在信息公开、透明的情况下进行的理性沟通,并在达成一致意见后作出决策的过程。公共选择理论将政府决策程序分为直接民主决策和间接民主决策。因为直接民主决策的全票通过原则在实际中几乎不被采用,一般采用多数票通过原则,即简单多数(1/2 或 2/3)就获通过。但是,多数通过原则面对众多不同的偏好,有可能没有一种方案能获得多数,出现循环投票的弊端。但是,在实践中,通过投票做决策仍不失为一种合理的、实践可行的决策机制。①

(三)建立农村公共品供给的多元化体系

农村公共品供给应该包括下列几个方面:

第一,中央政府与地方各级政府供给。财政资金仍然是农村公共品供给的主渠道,因为市场经济条件下,财政的主要职能之一是满足社会公共需要,提供公共品。中央政府和地方各级政府供给农村公共品一直以来是我国公共品的最重要的来源,在今后我们应该继续坚持这种方式的供给,并且加大各级政府的投入力度。

第二,非盈利组织供给。在西方,许多过去由政府直接提供的公共品,如今都变成由政府资助的非营利部门来提供。在我国,各种类型的非营利组织近年来也获得了极大发展,在提供其他公共品方面发挥着越来越重要的作用。这种非营利组织包括:行业协会、商会、职业团体、各类学会、各种类型的基金会等这类组织,为社会提供市场难以提供而政府又难以顾及的公共服务。然而,在我国广大的农村,大部分地区的农民还处在一家一户的小农经济状态,没有自己的产业组织、协会组织,在政府提供公共品有限的情况下,农民所需的许多行业内、地区内的产业信息、技术信息得不到满足。政府应采取具体措施鼓励、扶持各种农民组织的发展,如提供一定的启动资金、提供一定额度的贴息贷款、给予一定的税收优惠甚至对农民进行必要的培训等。通过组织非营利部门,满足公众多样化的公共服务需求,成为解决公共服务不足的有效途径。

第三,私人或其他组织供给。对于大量的准公共品,如桥梁、公路、机场、医疗保健卫生服务等,因为不具有完全的非排他性与非竞争性,可以通过居民的购买行为,影响价格机制和供求关系的变动,为生产者的生产决策提供及

---

① 林凤:《新农村建设中公共品供给制度的创新》,《湖南工程学院学报》2010 年第 1 期。

时、准确、廉价的需求信息,从而促使价格机制发挥作用。这类公共品,应充分发挥民间资本和外资的作用,在市场竞争压力和追求盈利最大化动力的双重作用下,生产者会主动地降低物品的生产成本,改善产品和服务质量等。

(四)强化农村公共品供给的财政监督制度

通过强化财政监督制度,防止提供农村公共品过程中权力腐败,可以提高农村公共品的使用效率。

第一,建立透明的政府财政预算制度。将县、乡的各项收入与支出均列入财政预算,由县、乡人民代表大会审议通过。县乡政府规模的大小应根据农民对政府公共服务、公共品的需要来确定,政府内部工作岗位设置的多少及是否需要,应向居民公开,并最终由当地居民决定。实行村务公开、政务公开,定期向群众公布收支情况,增加公共资源使用的透明度。在政府提供公共品的过程中,应树立效率观念,运用成本收益法,最小费用法等,实行财政支出的绩效管理。

第二,完善农村公共品供给的监督制度。目前,农村公共品的供给缺乏有效的监督、管理,必须加强农村公共品供给的监督。首先,要制定和完善相关法律制度。目前,我国农村公共品的供给缺乏统一的法律制度,各政策法规之间不协调、约束力不足、管理漏洞多。因此农村公共品供给效率的提升有赖于一套行之有效的法律制度,为资金的筹集和使用的规范化提供制度保障。其次,要全面实施项目管理和目标管理。项目管理的中心在于搞好资金立项规划,避免项目因造价估值不准造成资源浪费。同时,要建立目标责任制,对项目实行目标管理,以督促相关部门能够按时地高质量地完成任务。最后,要加大对资金投资运营和专项资金发放给付的监管力度。在农村公共品的供给过程中,所筹集到的资金大都形成相应的专项资金并进行投资运营,对这此项资金的监督应从发放给付审批管理部门人手,从源头上进行。

三、健全新农村社区保障体系:维护农民的社会保障权益

社会保障,是指为保障社会安全和经济发展,国家和社会通过立法,采取强制手段对国民收入进行再分配,形成社会消费基金,对由于年老、疾病、伤残、死亡、失业及其他灾难发生而使生存出现困难的社会成员,给予物质上的帮助,以保证其基本生活需要的一系列有组织的措施、制度和事业的总称。

(一)新农村社区社会保障的宏观体系构想

首先,要加快新农村社会保障立法进程。在立法体制上,应尽快推进形成以全国人大常委会制定城乡一体的《社会保障法》为纲领的,以国务院针对农村的社会保障的主要方面制定和完善的《农村村养老保险条例》《农村村合作医疗条例》《农村五保供养工作条例》《农村社会救济工作条例》以及《农村优待抚恤工作条例》等条例为主体,以地方性法规与规章为补充的完备法律体系。同时,通过其他法律,如刑法、民法、行政法和相关诉讼法的立法完善,明确侵害社会保障利益行为的具体法律责任、各种救济途径,为新农村社会保障法的健全和完善提供全方位的法律保护。

其次,要实现新农村社保资金来源渠道的多样化。建立科学全面的社会保障体系,离不开雄厚的资金的支持与保障。大力开拓农村社保资金的来源渠道,在保证国家财政支持与不增加财政负担的前提下,可以进行以下四个方面的制度创新:(1)开征社会保障税,将其作为附加税,由税务机关统一征收,用作支持广大农村的社会保障建设;(2)借鉴福利彩票、体育彩票的经验,发行社会保障彩票,从社会广泛募集资金,还可建立统一的管理机构,将三种彩票发行机构合并,缩小管理成本;(3)加大宣传力度,鼓励各社会团体与个人募捐社保基金,充分挖掘和发挥出"第三次分配"的作用;(4)尝试以限额土地换农村社保的做法,保障失地农民的基本生存权。

第三,突出重点,健全基本保障制度。在新农村社保资源有限的现实条件下,必须突出重点,集中资源优先发展农民急需的基本社会保障制度,如农村最低生活保障、农村养老保险和医疗保险等。此外,还要因地制宜,兼顾统一化与差别化。由于中国区域发展的不平衡,东部地区与中西部地区的差别较大,实行统一标准的社会保障并不现实。为此,农村社会保障建设要结合各地的经济发展状况,在遵守基本标准的基础上,体现出一定的差异性。

最后,推动中国式现代化新农村社区社会保障体系建设。重点是推行以为民服务代理制为主要内容的新农村社区服务、社区福利与救助工作。新农村社区服务是社区建设的永恒主题,是社区建设的生命力所在。要充分发挥行政机制、互助机制、志愿机制、市场机制的作用,加快构建新农村社区公共服务体系,真正使居民群众困有所助、难有所帮、需有所应。要着力加强流动人口服务管理工作,促进他们同当地居民和睦相处。要完善新农村社区矛盾纠纷排查调处工作机制,提高新农村社区就地化解矛盾纠纷的能力。要加强新农村社区公共安全应急体系建设,提高新农村社区应对公共危机的能力。要把新农村社区管理与服务有机结合起来,在服务中实施管理,在管理中体现服务。新农村社区福利与救助的重点在于社区养老模式的构建。随着农村人口老龄化问题加剧,农村城市化进程加快,完善农村养老保障体系成为加快社会主义新农村社区建设和构建和谐社会的迫切要求。有关专家指出,继续坚持和完善家庭养老,努力发展社区养老,大力推进社会养老,进而走向家庭、社区、社会三种养老模式的有机结合,逐步形成完整而科学的农村养老保障体系,才能最后迈向城乡养老保障一体化。新农村社区养老包括:对老年人提供经济上的支持;建立老年人服务体系和对家庭养老的引导与监督。另外,针对农民抗御风险能力低的问题,建立农村社区风险化减机制是十分必要的,而且是一项复杂的工程。新农村村民的风险化减关键还要通过农民合作组织来实现。

(二)新农村社区社会保障体系的具体制度架构

在健全新农村社区社会保障体系进程中,为切实落实好农民社会权益的保护,不仅要在宏观上构建新农村社区社会保障体系,更要对不同地区、不同类型的新农村社区社会保障制度予以具体构架,才能在保障农民权益方面更有法可依,也更具有可操作性。在新农村社区为依托下,尤其应对新型农村合作医疗制度和新型农村养老制度应进行具体而系统的制度构想。

1.以社区为依托,推动新型农村合作医疗制度建设

改革开放以来,农村的医疗卫生条件有了极大的改善,农村缺医少药的一般问题已经基本解决。但是部分地方农村医疗保障制度还不健全,农民医疗费用负担较重,农民看病难、因病致贫的现象还时有发生。由于多数地区农村经济发展水平还不高,还不具备把农民医疗保障纳入社会医疗保险制度的条件,政府或集体经济也没有能力把农民的医疗保障包起来,目前广大农民的医

疗保障问题只能通过农民互助共济的方式来解决。新型农村合作医疗制度是由政府组织、引导、支持,农村居民自愿参加,集体和政府多方筹资为主要内容的农村医疗互助共济制度。重点解决农村居民因患大病出现的因病致贫和因病返贫问题,保证对农村居民大额医疗费用的补助,以减少农村居民"因病致贫和因病返贫"现象。推动新型农村合作医疗制度建设必须以社区为依托,农村人口分布零散,涉及地域范围广,以新农村社区为载体可以更为有效地推动新型农村合作医疗制度建设。

以新农村社区为依托,推动新型农村合作医疗的具体制度建设:(1)构建新型农村合作医疗的筹资制度。筹资制度是关系到新型农村合作医疗制度能否建立的基础。新型农村合作医疗实行个人缴费、集体扶持以及政府资助相结合的筹资机制。新农村社区可作为中介在政府与个体农民间发挥纽带、桥梁作用,从而充分调动个体农民参与农村合作医疗的主动性与积极性,为推动新型农村合作医疗制度的建设与发展发挥应有的作用。(2)构建新型农村合作医疗的组织管理制度。按照精简、效能的原则,建立新型农村合作医疗制度管理体制,通过依靠社区的力量,按照"风险共担,互助共济"的原则,在社区范围内通过个人缴费、集体扶持和政府资助相结合的方式建立集中的医疗基金,采取预付方式用来支付参保人及其家庭的医疗、预防、保健等服务费用。(3)构建新型农村合作医疗的监管机制。通过政府监管、社会与社区监督三者相结合,对新型农村合作医疗资金的使用情况进行监督,并对合作医疗的具体内容进行监督,充分发挥农民的主体地位,为推动新型农村合作医疗发展提供了重要的作用。

2. 以社区为平台,探索新型农村养老实践模式

伴随着我国逐步加入人口老龄化国家行列,传统的家庭养老模式已经不能再满足农村养老需要。农民是相对弱势群体,而老年农民群体则是农民这个相对弱势群体里面的相对弱势群体,保障农民权益尤其要注意保障好老年农民群体的各项基本权益。而我国由于处在社会转型期,传统社会道德体系遭受严重冲击,而新社会道德体系尚在形成之中,传统的家庭养老模式由于极度依赖晚辈对长辈的道德责任感以及社会的道德责难,难以在新的时代下满

足社会发展需要,也不适应我国社会主义现代化建设的发展需要。基于农民群体的相对弱势地位以及农村社会保障制度的缺失和城乡之间的差距,农村养老问题已凸显出来。

目前我国关于农村养老模式的研究主要集中在以下几个方面:(1)"内敛型"养老模式。"内敛型"养老模式是指以农民自我养老保障为起点,由上到下经个人——家庭——集体——社会——政府的路径,整合各层资源,内敛式地满足个人养老保障需求的一种保障模式。根据这一模式,农民作为理性的经济人充分利用自身资源进行养老,一层级未满足的养老保障需求即溢出部分,可以在下一层级继续得到满足,每一层级的资源经过整合都被最大限度的利用,以减缓最终一层级政府进行养老保障的压力。"内敛型"的养老模式的路径选择包括自我养老保障、家庭宗族养老保障、集体养老保障、社会养老保障和政府养老保障五种。[1] 在有"孝"文化传统的我国,家庭养老一直是养老的主要方式。因此认为,应利用利益机制来改善养老状况,也就是说使老人拥有一定的生产和生活资料,让他们具有由子女或他人赡养或照料的经济手段。[2] (2)完善家庭养老模式。在一定程度上,欠发达地区农村人口构成了中国农村人口的主体。研究欠发达地区农民的养老模式,实质上也是研究整个中国农村的养老问题。在分析各种养老模式的基础上指出,我国欠发达地区应以家庭养老为主,同时充分调动自我养老的积极性,在此基础上积极谨慎地探索集体养老和社会养老。在坚持家庭养老同时,采取制度化安排化解家庭养老的危机,建立农村最低生活保障制度。[3] (3)社会养老保障模式。一些学者认为我国农村居民已经发生分化,根据类群分化的特点各个击破可以逐步建立农村社会养老保障。如梁鸿提出引入农业外资源——公共资源完善农村社会养老保险。将农民分成四类,然后按照"权利义务对等"的原则,明确每类农民应参加何种公共资源提供的养老福利。乡镇企业职工为乡镇企业工

---

① 王亚柯、杨震林:《转型期中国农村养老模式研究》,《信阳师范学院学报(哲学社会科学版)》2002 年第 3 期。
② 陈彩霞:《经济独立才是农村老年人晚年幸福的首要条件》,《人口研究》2000 年第 2 期。
③ 黎民、杨惠:《我国欠发达地区农村的养老模式选择》,《中州学刊》2005 年第 2 期。

作,因此,乡镇企业对其职工负有养老义务。城市企业负有为其工作的农民工的养老保障义务,为进入城市打工的农民建立流动式养老保险基金账户,保险关系随打工者流动而变更。失地农民转化为市民后,在其没有找到工作之前,国家用征地补偿金为他们按月交纳全额保险金,当他们在城市找到就业后,由企业为其交纳养老保险金,国家将剩余的征地补偿金返还。对留地农民,在城市化进程最终完成后,只有占少数人口的农民,将实现"城市反哺农村"。①

(4)综合养老模式。如李宏认为根据我国地区经济发展不平衡的特点,构建"三层次"的农村养老保障体系,并轨最低生活保障制度和五保户制度,构筑"救济养老"层次巩固家庭养老的基础地位,完善家庭养老层次改革农村养老保险制度,发展养老保险层次。② 武深树认为我国农村应采取非均衡养老保障政策,不同地区分类选择,不同人群分批推进。发达地区推进社会化养老,欠发达地区坚持和优化家庭养老。小城镇和乡镇企业居民可先行推进农村社会养老保险,纯农业居民宜暂缓推行农村社会养老保险。③

以社区为平台建立新型农村养老模式,不仅仅是对于农民集体人权的尊重,也是对于他们毕生辛勤劳动的肯定,对新农村建设与全面实施乡村振兴可以起到鼓舞士气的作用,更可以彰显社会主义社会的优越性,我们有必要探索新型农村养老实践模式,为社会主义新农村建设与全面实施乡村振兴奠定坚实基础,为广大老年农民群体的各项权益提供制度保障。社区作为我国农村社会的最基本构成要素,是广大农民群众联系的纽带,以新农村社区建设为契机,我们以新农村社区为载体推进农村养老社会保障制度的建立。对我国农村地区来说,农村人口比例较高,贫困发生率较高,因此农村养老不能一蹴而就,应坚持渐进改革的思路,逐步从家庭养老过渡到社会养老,加快西部农村经济发展,为社会养老的推进奠定坚实的物质基础,调动多方积极性,发挥个人、家庭和社区在养老中的作用。

---

① 梁鸿、褚亮:《中国农村养老保障两种观点的比较——兼论中国农村养老保障的模式选择》,《市场与人口分析》2005 年第 4 期。

② 李宏:《21 世纪中国农村养老保障问题研究》,《生产力研究》2005 年第 4 期。

③ 武深树:《构建非均衡的农村养老保障制度》,《改革》2003 年第 1 期。

在我国农民家庭正在走向小型化的今天,建立以农村社区为平台的新型农村养老模式十分必要。建立新型农村养老模式,须从以下五个方面进行落实:一是必须继续保持和充分发挥传统的家庭养老保障制度的独特作用。我国古代历来提倡孝道,而且家庭养老在对老年人的精神慰藉方面具有无可替代的作用,从家庭养老向社会养老过渡后,这种优势将继续发挥作用。法律是最低限度的道德,道德和法律总是纠缠在一起,我国古代以伦理代法律,一样兼治天下,形成了独特的中华文明,坚持传统与发展法治并不矛盾,相反的我们应该协调二者的关系,使传统道德在新时期散发更加灿烂的光辉。二是必须建立农村社会养老保障制度。进入现代国家,尊重人权与法律面前人人平等要求我们对于不同的人群应一视同仁,不容许特权的存在,更不可以忽视他人的权利,在城市人享有社会养老保障的同时,身处广大农村的人们也应该得到同等的对待,建立农村社会养老保障制度应该本着城乡平等的理念进行制度设计。三是必须坚持政府财政大力支持。我国农民、农村和农业长期处在为工业现代化服务的地位,新形势下我国财政实力相对雄厚,工业体系非常完善,已经到了"工业反哺农业"的历史机遇期,要求我们必须做到城乡统筹,对农村养老社会保障的资金大部分须由政府财政负担。很显然,目前我国农村经济自身不可能完全自筹资金进行养老社会保障建设。四是必须坚持以新农村社区为推进平台。长期以来,我们认为中国农业人口众多的必然出路是农民的市民化,然而我国情况的特殊性是世界独一无二的,不能完全照搬西方发达国家城市化的道路,城市化虽然是发展方向,但农业剩余劳动力的转移却不能完全依赖城市化,坚持农村养老必须以新农村社区为平台就是坚持将农民就地转化,大力推进新农村社区建设和小城镇建设,把社区作为农民养老的载体。五是必须坚持以农民自身为决策主体。农民长期以来无法获得发展,多数情况下没有自己代表合法权益的组织和集体,其根源在于农民没有获得真正的发展决策权,不管是什么模式,一旦形成并发展经历一段历史时期难免僵化,而唯有不断创新才能不断适应历久弥新的社会现实,农民自己的事情我们更应该考虑农民自己的想法,让农民自己做自己的主,也许是更好的出路。农村养老模式是与广大农民自身息息相关的事情,我们应该从农民群众的利益出发,从农村经济发展的实际出发来构建新型农村养老模式。

第九节　基于维护农民生态权益的具体对策思考

生态权益是指特定的主体对生态环境和自然资源所享有的法定权利及相关利益。对社区农民来说,就是享有在安全和舒适的生态环境中生存和发展的权利及利益请求,主要包括自然资源的利用权、生态状况的知情权和环境侵害的请求权。自然生态环境问题直接影响着人民群众的正常生活和身心健康,不仅社会主义和谐社会要将人与自然的和谐作为基本要求,而且社会主义社会建设也要将人与自然的和谐作为基本方向,唯其如此,才能为人民群众的幸福安康提供持续的自然物质条件保障。农民生态权是农民权益的基础,是农民生存发展的保证,同时也是农村生态建设的前提和基础,是保护农村生态平衡的根据,对新农村社区建设与全面实施乡村振兴具有重大的现实意义。

当前,我国正处于工业化的上升期,经济和社会运行所需的能源和资源居高不下,资源利用率不高,环境破坏已经成为制约社会经济全面、协调、持续发展的重要因素。随着农村经济的快速发展和农民生活水平的不断提高,农业资源约束问题也日益突出,主要表现在:我国水资源缺口增加,农业用水短缺日趋严峻;由于城市建设占用、水土流失及沙漠化等原因,我国耕地数量不断减少;全国已退化、沙化、碱化的草原面积每年递增,草地质量和草地载畜力下降。同时,农村生态环境污染日益突出:大中型规模化养殖场产生的粪便量大而集中,导致农民居住环境和生产环境污染加剧;部分地区地表水富营养化和地下水硝酸盐污染,威胁农村地区的饮用水质量;农药的使用使农田受到污染;地膜覆盖由"白色革命"演变为"白色污染";农村能源开发滞后,能源结构相对单一,作为传统燃料的秸秆、薪柴直接燃烧使用效率低,加剧了环境污染和水土流失。① 生态环境的恶化造成了许多农村问题,农民生态权益问题也

---

① 农业部调研组:《和谐社会与新农村建设》,中国农业出版社 2006 年版,第 124 页。

在逐渐凸显出来。忽视农民生态权益,会造成农村生态环境的破坏,影响农村的发展。因此新农村社区建设必须营造和谐的生态家园,保障农民的生态权益。

一、维护农民生态权益的前提:建立城乡环境一体化体系

过去的城乡二元化体制是导致城乡环境不公正的深层原因,农村在环境问题上承受着更多的负担与不正义,需要建立城乡一体化的体系。城乡一体化是冲击和削弱城乡环境不公正的力量所在。城乡一体化就是要把工业与农业、城市与乡村、城镇居民与农村居民作为一个整体,统筹谋划、综合研究,通过体制改革和政策调整,促进城乡在规划建设、产业发展、市场信息、政策措施、生态环境保护和社会事业发展等方面的一体化。改变长期形成的城乡二元经济结构,实现城乡政策上平等、产业发展上互补、国民待遇上一致,让农民享受到与城镇居民同样的文明和实惠,使整个城乡经济社会实现全面、协调、可持续发展。

一方面需要建立城乡环境规划一体化体系。从生态体系的角度来看,城市和农村的环境是一个整体,唇齿相依。环境保护要从"城乡二元"走向"城乡一体"。城市的发展需要农村的生态系统来支撑,农村环境恶化了,城市也难以"独善其身",农村的生态环境崩溃了,城市发展就会成为无源之水。因此,在加强城市环境保护工作的同时,要推进农村的环境保护。要统筹考虑城乡环境保护,使城乡环境规划一体化,在生产力布局上,要充分考虑农村地区的环境承受能力,不能为了改善城市环境而简单地把污染企业搬迁到或建在农村地区。另一方面还必须建立城乡环境设施一体化体系。城乡环境设施一体化是改善农村居民,特别是农村环境和农民生产生活条件的必然要求。建立城乡环保基础设施统一规划、一体推进的机制,有助于对改变传统生活方式而造成的农村生态污染的集中治理。同时,要实施城乡网络化交通体系建设,推进市政公用设施向农村覆盖,实现村村通水泥路、城乡居民用电同网同价、自来水和天然气覆盖农村等。

二、维护农民生态权益的核心:增强农民生态保护的主体性

首先,要调动农民生态保护意识,维护农民的生态权。生态权是一项随着生态危机而发展和凸显的权利,在以往的社会发展中,因为生态危机不严重,农村生态环境良好,农民的生态权也没有觉醒。要让农民认真学习领悟习近平总书记的生态文明思想,在实践中真正践行"绿水青山就是金山银山"。随着农村生态环境的恶化,农业生产日益被生态危机影响,农民才意识到自己的生态权利的重要性。我国农民要求生态权的主体意识正在逐渐增强,生态维权意识急剧上升,有农民和政府要生态权的,有农民不准企业上马的,不准企业开工的,但是,自主保护的能力和力度还是不够,不能有效的维护自己的生态权益。因此,农民需要学习相关的法律法规,提升法律知识,增加自我救济的能力。同时也需要政府能够在制度运行实践中,在恰当的时候,恰当地点,扮演好"裁判长"的角色,发挥他力救济的作用。我国城乡环境不正义的实质是城乡居民在权利拥有上的不平等,权利不平等首先表现在环境权益上的不平等。农民还没有保护生态平衡的主体资格,没有形成主体力量。因此,只有赋予农民生态权利,才能调动他们的积极性,增强农村生态建设的主体力量。目前,我国采取的是一种国家本位主义的环境保护政策,环境保护的权利属于国家所有,公民保护环境的权利缺失。公民认为环保是国家的事情,农民更是对于侵犯自己生态权的行为缺乏保护意识。在法律上确认农民的生态权利,是实现农民生态权最强有力的保护措施。为此,首先要在《宪法》中将公民,包括农民的生态权作为一项基本人权确定下来,只有这样才能充分保障公民的生态权。农民的生态权是指农民享有在适宜的生态环境中生活的权利,是农民在农村生态系统中对生态安全、生态选择、生态保护、生态发展等所拥有的各项权利的总和。农民生存在农村生态系统中,是农村生态系统的拥有者、使用者、经营者和维护者。农民的衣、食、住、行都依赖于农村的生态系统,生态权是农民最基本的权利,农民没有生态权就不可能进行农业生产,农民的生态权遭到破坏,农民的利益就会受到损害。只有实现农民对生态环境参与的制度化、法律化,才能切实保证农民生态权益的稳定化、持续化,确

保农民平等享受环境权。

其次,要强化农民生态监督责任意识,确保农民的环境监督权。联合国《人类环境宣言》宣告"人类有保护和改善这一代和将来的世世代代的环境的庄严责任"。环境责任实际上是法律和道德的义务。农民要以"天下兴亡,匹夫有责"的责任感担负起环境监督的责任。只有强化农民的生态环境责任意识,确保农民监督企业与政府的行为,才能真正有效地控制和治理生态环境恶化。由于单个农民作为环境权益主体自保的能力有限,对政府和企业的主动监督是不够的,需要组建环保民间组织,代表农民、组织农民和带动农民充分参与环境监督,维护自己的环境权益。

再次,要唤醒农民生态建设主体意识,确保农民的环境话语权和参与权。农民与农村环境问题是息息相关的,农民是农村生态环境建设的主体,也可以享受农村生态建设的成果,只有农民的积极参与,才有可能带来更加有效的环境政策。长期以来,在我国农村生态环境保护决策和执行体系中,农民缺乏话语权和参与权,处于相对弱势和失语地位,因此,农民需要依据一定的程序,自由而平等地对影响到自己的环境政策进行公开且充分的讨论,为农村环境保护进言献策,把实现国家的环境与发展目标同自己的宗旨紧密结合起来,通过公共协商来赋予农村环境决策的合法性。

最后,还要完善环境信息公开制度,确保农民的环境知情权。环境知情权又称环境信息权,是国民获得本国乃至世界的环境状况、国家的环境管理状况以及自身的环境状况等有关信息的权利。农村环境信息和质量评价结果应公开透明,要定期向农民群众公布,对涉及农民群众环境权益的发展规划和建设项目,也应当听取当地农民群众的意见。大众传媒要冲破地方保护主义的束缚,开展及时有效的舆论监督。环保部门要建立环境信息公开平台和农村环保信息披露制度,从制度上保证农民的环保知情权落在实处。

三、维护农民生态权益的基础:建立生态保护财政转移支付制度

设立生态建设专项资金是前提。地方财政要加大对生态补偿和生态环境保护的支持力度。可以通过发行生态补偿基金彩票等方式扩大资金来源,按

照完善生态补偿机制的要求,进一步调整优化财政支出结构。资金应着重向欠发达地区、重要生态功能区、水系源头地区和自然保护区倾斜,优先支持生态环境保护作用明显的区域性、流域性重点环保项目,加大对区域性、流域性污染的防治,以及污染防治新技术新工艺开发和应用的资金支持力度。重点支持矿山生态环境治理,推动矿山生态恢复与土地整理相结合,实现生态治理与土地资源开发的良性循环。

进一步完善现行保护环境的税收政策是保障。调整和完善现行资源税,增收生态补偿税,开征新的环境税。将资源税的征收对象扩大到矿藏资源和非矿藏资源,增加水资源税,开征森林资源税和草场资源税,将现行资源税按应税资源产品销售量计税改为按实际产量计税,对非再生性、稀缺性资源课以重税。通过税收杠杆把资源开采使用与促进生态环境保护结合起来,提高资源的开发利用率。同时,加强资源费征收使用和管理工作,增强其生态补偿功能。进一步完善水、土地、矿产、森林、环境等各种资源税费的征收使用管理办法,加大各项资源税费使用中用于生态补偿的比重,并向欠发达地区、重要生态功能区、水系源头地区和自然保护区倾斜。

此外,需要建立横向转移补偿模式,与其他县市合作,建立"资金横向转移"补偿模式。富裕地区直接向贫困地区转移支付,通过横向转移改变地区间既得利益格局,来实现地区间公共服务水平的均衡。

四、维护农民生态权益的重点:建立农村生态补偿机制

美国华盛顿"有色人种环境高峰会"通过的环境正义"十七项基本原则"中的第 8 条强调指出:"环境正义保障环境不正义的受害者收到完全的赔偿,伤害的修缮以及好的医疗服务。"罗尔斯的正义理论也指出,经济增长不能以牺牲弱者的利益为代价,否则社会体制就是不正义的。但在我国城乡二元社会结构中,农村处于弱势地位。为了实现社会和谐和正义,改善农村和农民的弱势地位,无论是国家还是企业,对农村实施补偿都是实现社会正义的一个重要步骤。为了城市的发展,农民的环境生存权和生态发展权受到了限制,农业生态环境的受益者和利用者应当支付相应的对价却没有支付,这对于农民来

说是极其不公平的。农民应当得到相应的利益补偿和生态补偿,要落实污染损害赔偿制度和污染赔偿体系。"国家为了农业的发展和平衡农民和其他群体的利益,需要给予农业一定补偿,从而将农业生态补偿的正当利益以权利的形式确定下来。"

首先,要改变传统观念,明确生态补偿的战略地位和意义。我们在观念上首先必须明确生态系统的资本价值,抛弃传统的"生态无价"的观念。要保护生态环境,我们必须限制许多地方的开发利用,这种限制阻碍了这些地区生态资源这一生产要素遵循价值规律在市场上的自由流转,因此,这些地区产业的利润率一般要低于其他地区和发达地区产业。如此看来,部分地区收益偏低缘于其为国家生态环境安全作出了贡献。因此,对其生态补偿,是责任和义务的问题,是一种社会分工和利益互补,而不是"支援"的问题。经济发达地区对相对贫困地区的补给,不单纯是"扶贫",更不是"恩赐",而是利益回归。要把建立生态补偿机制置于国家战略的地位来考虑。这不仅是环境问题,也是政治问题。

其次,要加强扶持力度,制定科学量化的补偿标准。根据我们地区差异性,补偿标准在区域之间也应有一定的差异,有些项目的补偿标准在政策制定时就设定一个范围区间。为此,制定科学生态补偿标准有如下两个思路:一是根据某一生态系统所提供的生态服务来定价,二是根据生态系统类型转换的机会成本(即由于生态保护者要保护生态环境,牺牲了部分的发展权)来确定。从目前来看,根据机会成本来确定补偿标准的可操作性较强。但是,从公平性来讲,根据生态服务价值来确定补偿标准更合理。因此,建议政府在近期根据机会成本来制定生态补偿标准,同时加强对生态系统服务功能的价值化研究扶持力度,逐步向根据生态服务订立补偿标准的方向过渡。

再次,需要坚持政府主导,以引导全社会资金支持生态环境建设。建立健全生态补偿投融资体制,既要坚持政府主导,努力增加公共财政对生态补偿的投入,同时又要积极引导社会各方参与,探索多渠道多形式的生态补偿方式,拓宽生态补偿市场化、社会化运作的路子,多方并举,合力推进。逐步建立政府引导、市场推进、社会参与的生态补偿和生态建设投融资机制,积极引导省内外资金投向生态建设和环境保护。按照"谁投资、谁受益"的原则,支持鼓励社会资金参与生态建设、环境污染整治的投资。积极探索生态建设、环境污染整治与城乡土地开发相结合的有效途径,在土地开发中积累生态环境保护资金。积极利用国债资金、开发性贷款,以及国际组织和外国政府的贷款或赠款,努力形成多元化的资金格局。

此外,还要进一步培育资源市场,积极探索市场化生态补偿模式。培育资源市场,开放生产要素市场,使资源资本化、生态资本化,使环境要素的价格真正反映它们的稀缺程度,可达到减少污染和节约资源的双重效应,积极探索资源使(取)用权、排污权交易等市场化的补偿模式。同时,完善水资源合理配置和有偿使用制度,加快建立水资源取用权出让、转让和租赁的交易机制。探索建立区域内污染物排放指标有偿分配机制,逐步推行政府管制下的排污权交易,运用市场机制降低治污成本,提高治污效率。引导鼓励生态环境保护者和受益者之间通过自愿协商实现合理的生态补偿。

最后,需要加强组织领导,从而不断提高生态补偿的综合效益。建立和完善生态补偿机制是一项开创性工作,必须有强有力的组织领导。应理顺和完善管理体制,克服多部门分头管理、各自为政的现象,加强部门、地区之间的密切配合,整合生态补偿资金和资源,形成合力,共同推进生态补偿机制的加快建立。要积极借鉴国内外在生态补偿方面的成功经验,坚持改革创新,健全政策法规,完善管理体制,拓宽资金渠道,在实践中不断完善生态补偿机制。

五、维护农民生态权益的保障:健全生态权益保护的法律法规体系

我国把环境保护的权利通归国家所有,造成公民保护环境的权利缺位。农民对侵犯自己生态权益的行为缺乏保护的主体根据,因此,当自己的权利被侵害时,自己没有保护的力量。增强农民的主体地位,既需要国家的法律,也需要有农民的维权措施。

当前,我国制订了较为完整的环境保护法律来保护农村生态环境,但是还没有专门的农民生态权保护条文,也没有对农村环境进行专门保护的法律,对农民的其他生态权保护的法律更很少见到。因此,我们要加大《环境保护法》

《节约能源法》《土地管理法》《水土保持法》《森林法》《草原法》等法规的执法力度,完善相应的实施细则、实施条例和规章,积极履行有关的国际环境资源保护条约和公约。也要针对不同地区生态环境建设的需要,明确补偿环节和补偿主体,完善补偿标准和操作规范,改进补偿方式,探索建立有效的补偿机制。我国农业生态环境补偿机制较为突出的问题是缺乏完善的法律依据,也是发展生态农业、保护农民权益的重大障碍。法律的保护,是实现农民生态环境补偿权的最强有力的保护措施。西方国家为促进生态环境保护都会出台相应的法律法规,为生态环境建设提供制度支持,其中就包括农业生态补偿制度。我国农业生态效益补偿的立法落后于生态保护和建设的发展,部分法规条例已经难以适应新的体制变化和经济发展的需要,对新的生态问题和生态保护方式缺乏有效的法律支持。因此,我国应尽快出台农业生态补偿的专项法律法规,使生态补偿工作依法规范地开展。

同时,应当在环境保护法律中,明确生态利益的实体权利内容,采取列举式和概括式的混合模式规定公民享有的权利,诸如安宁权、清洁水权、清洁空气权等,使抽象的生态权变为具体的可操作的法律依据,利于公民在受到损害时主张生态权利。同时,也应明确农民保护生态的具体义务内容。在完善立法的同时,我们还必须进一步的加强执法。加大环保执法力度是为了更好地依法治理生态环境,构建新型农村社区。落实相应的法律法规,必须进一步加大环境执法力度、加强队伍能力建设,切实解决突出的生态环境问题。使应然性的农民生态权变为实然性的权利,使农民的生态权益切实得到保护,实现法的价值。

此外,还需要进一步完善我国的环境公益诉讼制度。所谓环境公益诉讼是指在任何行政机关或其他公共权力机构、法人或其他组织及个人的行为有使环境遭受侵害或有侵害之虞时,任何公民、法人、公众团体或国家机关为维护环境公共利益而向法院提起诉讼的制度。公益诉讼是维护社会公共利益的诉讼,除法律有特殊规定以外,凡民事主体都可以提起,起诉人与案件没有直接利害关系,而有间接的利害关系。美国早在 1970 年就在《清洁空气法》中确立了环境公益诉讼制度。之后,英国、德国等国家也都逐步建立了这样的制度。在我国,随着生态环境恶化及公民环境保护意识的提高,开展公益环境诉讼具有十分重要的意义。目前我国的环境公益诉讼还处于小范围、个别案件的试点之中,国家法律并没有正式确认这一制度。而在实践中,环保法庭或环境保护审判庭虽然是为环境公益诉讼而生,但实际受理的案件却非常少。现状表明,在中国要建立完善的环境公益诉讼制度还有很长的路要走。要建设生态文明的社会,维护农民的生态权益,我们应该重视环境公益诉讼制度的建立和完善。第一,修改相关法律。在立法上,应通过修改《环境保护法》《民事诉讼法》《行政诉讼法》等有关法律,确立环境公益诉讼的有关实体权利和程序制度,明确公民诉讼的法律依据。第二,建立相关的可操作性制度。在司法工作机制上,结合国家正在进行的司法体制与工作机制改革,在全国统一设定环境保护审判庭、合议庭以及环境保护法庭的标准,明确环境保护案件的主管问题,并由最高人民法院根据有关法律规定,行使司法解释权,指导全国环境公益诉讼案件的审判工作。解决司法权统一行使问题,保证司法工作机制的顺畅。第三,提高全民环境保护意识。在社会上,广泛进行环境保护教育,提高全民族的环境意识;积极鼓励社会团体、公民个人参与环境保护;完善公众参与程序,保障公民的知情权、表达权、参与权,推进环境民主建设。

保障模式与制度构建编

第十七章　农民权益保护与新农村社区发展中不同类型的农村社区治理模式

　　新农村社区建设与全面实施乡村振兴是我国农村社会走向中国式现代化的关键。随着社会文明的发展,我国农村也要向现代化、生态化、和谐方向发展,新农村社区是我国农村社会发展的新篇章。农民是农村社区的主要成员之一,享有社区成员享有的各种权利,包括参与社区管理权、知情权、选举权、生存权以及发展权等多方面。农民权益保护与新农村社区发展是相辅相成的,要建设一类符合农民权益保护需要和社会文明发展需要的新农村社区,就需要从社区治理、社区建设、法律保障以及具体实施多个层面入手。因此,本研究着重从农村社区治理模式、农村社区发展实践模式以及法律保障模式出发,深入研究农民权益保护与新农村社区发展的出路,为建立在新农村社区基础之上的农民权益保护和新农村社区建设提供具体的对策。

　　农村社区治理是促进我国社会和谐发展与全面实施乡村振兴战略中的的重要课题,随着我国政治、经济体制改革的不断深入,农村社区的功能、治理主体、利益主体、居民需求等呈现出多元趋势,导致原有的管理架构减效或失灵,因而必须对治理模式进行重新安排。农村社区建设是社会主义新农村建设与全面实施乡村振兴的重要组成部分,社会主义新农村的建设也应以农村社区发展模式及应用为起点。

第一节　我国农村社区治理的基本情况分析

"治理"原意是指统理(govern)、引导或操纵之行动或方式,经常与"统治"(government)一词相互交叠使用。全球治理理论的重要创始人之一——詹姆斯·罗西瑙(James N.Rosenau)

将治理定义为:一系列活动领域内的管理机制,它们虽然没有得到正式的授权,但却能够有效的发挥作用。[1] 治理倾向于多元主体之间的信任与合作,强调以合作方式管理社会公共事务,从而有效地防止市场失灵与政府失灵。总体而言,治理主要包括四个方面的内容:第一,治理不是一套规则,也不是一种活动,而是一种实实在在的过程;第二,治理这一过程的基础不是控制,而在于协调;第三,治理不仅涉及到公共部门的治理,同时也包括私人部门的治理;第四,治理不是一种正式的制度,而是一种持续的互动治理。[2] 治理的内涵和方式是丰富的,正如我国学者俞可平提出的"善治"是其中一种重要的治理理念。善治是一种旨在实现公共利益最大化的社会管理过程,善治的本质在于政府与公民通过合作,共同管理社会公共生活。善治体现了政治国家与公民社会间关系的时代演变,其落脚点在于权力从国家向社会的转移。[3]

治理是随着时代发展而出现的,它不同于传统的统治和管理,具有一定的时代优越性。虽然西方学者主张用治理代替统治,试图弥补社会资源配置中市场和政府的失灵,确实有其合理性。但是应该看到,治理本身并不是万能,治理也具有其历史的与阶级的局限性。新农村社区治理不可能排除政府的作用,相反地,正是要在政府的主导下稳步推进其历史进程。即,治理与政府统

---

[1] 罗西瑙:《没有政府统治的治理》,剑桥大学出版社1995年版,第5页。

[2] Global Governance Published by Lynne Rienner Publishers in Cooperation with the Academic Council on the United Nations [ACUNS] and the United Nations University. The Books and Study Commission Reports on the Subject Include The Commission on Global Governance, Our Global Neighborhood(New York:Oxford University Press,1995).

[3] 俞可平:《治理与善治》,社会科学文献出版社2000年版,第18页。

治需要相互辅助。

农村社区治理需要注入农民权益保护这一重要思想。农民不仅是我国社会主义建设的推动力量,同时也是我国社会主义建设的重要建设力量和组成部分。保护好农民权益是社会主义市场经济发展的重要前提,也是人权、发展权、和谐社会、法治社会发展的要求。目前,农民阶层是我国社会中的一个弱势群体,农村是我国社会主义经济发展的一个相对弱势环节,无论是农民还是农村,都处于我国存量利益与增量利益分配的相对弱势地位中。在社会利益关系纵横交错和社会利益冲突不断的现代社会中,要实现农民权益更为立体和全面的保护,要实现和谐社会主义新农村建设与全面实施乡村振兴的宏伟目标,需要抓住新农村社区建设这一历史机遇,以新农村社区建设和发展为载体,以社区治理和社区发展为手段,整合和集中农民权益和农村利益,从而加强农民与农村在市场竞争中的利益博弈能力,为解决"三农"问题奠定坚实的基础。

我国已进入全面小康社会、加快推进社会主义现代化的新时代。这是社会结构转型、经济体制转轨的关键时期,理念、制度、模式及手段等将发生相应的变革。在党的领导下,在政府的推动下在社区成员的治理下,通过整合社区资源,发挥社区功能,建设一个政治、经济、文化、生态协调发展的新农村社区。新农村社区发展离不开社区治理,通过对社区经济、社会等活动进行决策、管理和服务,实现社区的发展。

第二节　新农村社区治理模式的归结

我国大规模的社区建设是从 20 世纪 80 年代中后期开始的,90 年代以后在社区建设中逐渐借鉴国外社区治理理念,提出了社区治理的思路,社区治理得以逐步推开。现代社区治理模式的差别往往取决于政府和社区之间权能配置的方式。根据社区治理模式的历史演进,我们认为农村社区治理模式可以分为以下三类:边缘型社区治理模式、混合型社区治理模式和村民自主型治理模式。

一、二元型社区治理模式：政府主导与社区落实相结合

新农村建设初期，在农村行政管理领域，政府是农村社会管理的主体。边缘型社区自身的自治能力差，政府就成为了社区治理的主体，政府通过基层政府对村民委员会进行领导，充分发挥政府的优势，通过行政手段，整合社区资源，催生社区组织的产生与发展，可以在短期内收到社区有效治理的功效。以新加坡的城市社区建设为例，政府中设有国家住宅发展局负责对社区工作的指导和管理，其主要职能包括：（1）对住宅小区、邻里中心和社区中心及其公共服务设施的规划。（2）对社区领袖和居民顾问委员会、社区中心管理委员会及居民委员会等社区组织领导人的培训。（3）为居民委员会提供办公场所和设施，沟通政府与社区的联系渠道。（4）发起某些社区活动，倡导特定的价值观。（5）对社区治理予以财政上的支持。[①] 在我国，边缘型社区处于无组织管理的状态，社区的无序混乱更多由于管理组织缺乏，所以针对这类社区，可考虑加强村委会对其管理，充分发挥政府在农村社区治理中的主导作用。

二、多元型社区治理模式：多个主体协同参与

混合型社区治理模式下，村民、村委会、合作组织以及政府都积极、和谐地参与到了社区治理之中。政府通过授权把除决策权之外的其他职能移转给社区内的各种组织，政府仍然是社区治理的决策者和推动者，而同时社区内的自治组织与集体组织也成为社区治理的参与者，承担原本由政府承担的部分管理职能，政府与社区内的各种组织进行协商合作共同治理社区。政府投入仍然是社区资源投入的主要方面。而非政府、非营利性组织在社区治理中发挥重要作用。欧美各国在实施社区治理的过程中，社区治理的各项服务性工作一般是由非政府非营利性组织具体操作实施的。[②] 利之所在，人之所趋。人类一切经济活动的直接目的和最终目的是为了获得利益，在任何人类社会活

---

① 魏娜：《社区组织与社区发展》，红旗出版社 2003 年版，第 28 页。
② 吴亦明：《现代社区工作》，上海人民出版社 2003 年版，第 238 页。

动中都可以寻找到利益的作用和影子。利益是调整市场经济中人们行为的最重要手段,同时也是法律调整人们行为的手段之一。通过利益与利益机制调动社区群众参与社区公共事务的积极性,促进社区公共利益增进以调动社区居民关注社区公共事务的积极性,同时,制度和谐是社会和谐之根本,构建社区组织制度和社区管理体制为社区居民参与社区管理提供路径选择。

三、村民自主型社区治理模式:民主治理为主导

社区治理要真正实现善治,必须通过民主参与和民主决策以最终实现民主自治。自主治理模式下,政府虽仍然是社区治理的推动者,但是社区治理的决策者地位转移给社区自主组织,社区自治组织成为管理社区公共事务的真正决策者。社区的发展离不开政府的大力支持,政府通过制定法律为社区组织的发展提供制度保障。当前,我国农村社区治理模式已基本完成由边缘治理模式向混合治理模式的过渡,在经济比较发达的沿海地区已有部分地方实现了农村自主治理。混合治理模式是适合我国当前实际情况的。这种模式的治理主体由政府转变为政府、社区组织、其他非营利性组织、辖区单位、居民,治理过程由行政领导转变为协商合作,治理体系由纵向结构转变为双向结构。但是,我国社区治理模式不能仅仅停留在混合治理模式阶段,最终要走向村民自主治理模式,这是维护农民权益的必然选择。

第三节　新农村社区治理模式的选择

根据米格戴尔的"国家的社会嵌入与互动论"可以推断,个人、公民社会和国家的分界是通过互动而内生的,是相互转变的,不是一成不变的。① 农民权益伴随着社会变迁而发展。在主体多元化、社会关系与社会利益交叠冲突

---

① Migda,l JoelS. Strong Scxieties and Weak States:State-Society Relations and State Capabilities in the Third World[M]. Prince-tonUniversity Press,1988.

的现代社会,农民权益不能仅通过个人选择还必须通过不同组织进行集体选择的方法来实现。农民权益保护要从动态发展的视野,以新农村社区为时空载体,寻求农民权益更新、更高层次的保护。社区的发展能让农民真正平等地参与到社会建设中,平等地享受社会发展的成果并保障农民的基本生存权向实现农民发展权转变,以促进农民的全面、自由、充分发展。

一、新农村社区治理模式考量的依据

新农村社区治理模式考量的依据主要有以下三个:一是尊重,即尊重农民的意愿。新农村社区建设和治理必须充分尊重农民的意愿,对农民利益最关心的、最清楚的是农民本身,政府不能凭借任何借口来为民做主,这关系到新农村建设与全面实施乡村振兴的民意基础。现在关于新农村社区治理的政策,农民的参与尚不全面,渠道尚不通畅,因此尊重农民意愿主要是靠政府的自觉。二是利益,即维护农民权益。农民的权益必须得到维护,禁止以任何方式和借口侵犯农民权益,农民的利益不仅包含农民在农村的利益,也同样包含着农民走出农村之后的利益,这是关系到新农村社区治理能不能得到农民拥护和支持的重大问题。三是关系,即政府支持和农民意愿的关系。农民既是新农村社区治理的直接受益者,也是具体实施者。政府是新农村建设与全面实施乡村振兴的发起者,起着主导作用。因此在新农村社区建设和治理过程中要正确处理好政府主导作用与农民主体作用间的关系。政府主要是扶持、引导和政策导向,因为新农村社区治理全靠政府投入不行,要发挥受益主体也就是农民投入的积极性;光靠农民的力量也不够,应加大公共财政的支持力度,关键是要把两者结合起来。

二、新农村社区治理模式追求的目标

新农村社区治理模式追求的目标是要实现社区自治。我国农村社区的产生是社会变迁、制度创新和组织变革的内在需要,是和谐社会发展、社会利益协调的内生变量,它具有公益性、志愿性、民间性、组织性等特点,这些特点契合了和谐社会下对农村社区利益整合的需要,它是通过农村社区的治理来实现同质利益的认同、异质利益的协调和多维、多向利益之间的和谐。新农村社区治理就是通过社区这一时空载体实现利益的整合,通过社区促成共有利益、共同利益的聚合,促进利益参与、利益诉求的低成本、规范化、制度化和法制化表达,实现和谐利益;通过社区发展促进经济利益的发展,扩大存量利益、增加增量利益,实现利益的可持续发展;通过社区对差异利益、冲突利益的协调实现社区和谐利益的各种运行模式、运行方式和运行机理。因此,必须将实现社区自治作为新农村社区治理模式追求的目标。随着社会主义市场经济体制的建立、城市化进程的加快、企业转换经营机制和政府机构改革的深入,现有的《居委会组织法》已不能适应新时代的发展变化,在实施过程中出现了许多新问题:居委会的管理方式与新时期的任务要求不相适应,面对流动人口、下岗职工、人口老龄化、社会治安、计划生育等问题,居委会在管理上力不从心;居委会的规模设置偏小,难以适应城市建设快速发展的要求;居委会的权限、职能定位存在模糊的倾向,在一定程度上不能尽其职、出其力;居委会的人员素质和工作条件也有待进一步提高和改善。因此,要通过立法,解决社区居委会的权限、职能界定、权利与义务,以及与各个方面的关系等问题。另外,还要积极推进相关法律法规出台,确立其他社区自治组织的法律地位,如社区建设委员会、社区管理委员会、业主委员会、物业管理公司等,为社区治理提供必要的法规和政策支持。

三、新农村社区治理模式的走向:多元治理向民主治理发展

我国是一个文化多元、民族多元的国家,农村社会具有共性,同时也具有差异性。党的十六届六中全会指出:要建立"政府行政管理与社区自我管理有效衔接,政府依法行政和社区依法自治良性互动"的农村社区管理体制,要改变"乡政村治",实现"乡村共治"。加上,我国体制改革不断深入,社会结构逐步由"国家—市场"二元结构向"国家—市场—社区、社会"三元结构转变,这些都预示着我国新农村社区治理是多元化的治理,其特征如下:

第一,治理主体上由"乡村政治"向"乡村共治"转变。单依靠国家权力进行管治的乡村政治不符合现代国家管理体制的需要,也不符合社会发展的需

要。组织理论认为组织的存在、维持和发展来源于人的需要,因此人的需要、社会需要的改变将促进组织的演化。同理,乡村共治的目的在于实现由国家控制向社会控制的转变,突出国家管理向社区自治、社区管理的转变。农村社区在乡村共治中具有重要的作用,作为乡村政治核心的乡镇政府通过改革将部分权能和权力让渡给社区,实现国家管理与社会社区管理的和谐。

第二,治理方式上由行政管理向合作管理转变。既然要实现"乡村共治",那么在管理方式上就需要进行转换。新农村社区治理的主要主体是新农村社区组织及其成员,他们认同社区,能够充分调动社区能动性。而新农村社区中的非政府组织和社区居民也将参与治理,从而变管理为服务,以服务为主,更多强调法律手段,通过契约履行各自的权利义务,经由法律关系形成、变更和消灭的路径,使政府与社区之间形成良性互动。

第三,治理理念上:从理念创新向制度创新转变。增强新农村社区成员的民主意识和参与意识,健全新农村社区管理制度与组织体制,为社区居民参与新农村社区治理提供制度化途径。首先,要实现治理理念的与时俱进,实现治理机制的不断创新。要尊重治理主体之间资源平等合作关系,并强化这一关系,从而实现各主体之间的协调和沟通。治理理念要随着时代的变迁,治理理论的深化而不断深化,治理机制要跟随理念指导和制度规则变化而变化。其次,授予社区各主体相应的权力,实现主体之间适度的分权。政府组织、社会中间层组织和社区组织要通过合作及协商等方式确立一致认同的目标,实现对社区的共同管理。

四、不同发展背景下的我国新农村社区治理模式的合理选择

社区治理是社会治理的重要组成部分,关系到整个社会的变迁和发展。新农村社区治理的建设与安排需要因地制宜、因时制宜、因"人"而异,针对不同的地区差异、不同发展阶段和水平的时期差异以及社区成员、社区组织不同而采取不同的社区治理模式。一刀切并不能满足当前多元化社会的要求,不能满足各地区农村社会和新农村建设与全面实施乡村振兴的需要。根据新农村社区发展时期不同和发展状况不同,主要有以下几种社区治理模式。

（一）新农村社区发展的初期和经济不发达背景下的国家行政主导推进型治理模式

国家行政主导推进型治理模式是以国家行政权为基础,通过国家行政权与社区自治相互配合进行治理的模式。这一模式适用于新农村社区发展的初期和经济不发达的新农村社区。这两类社区其共性在于经济发展水平较低,社区发展基础相对薄弱,存在着诸多需要改进的地方。单靠社区自身发展远不能满足发展速度的需要,因此,强调国家行政主导的推进作用在于通过国家行政权予以资源等多方面的支持与倾斜。同时,在国家行政主导下,关注新农村社区自身治理的能动性培养,以和谐社会为目标,以构建生态文明为导向,逐步实现这两类新农村社区的发展。此外,要适当考虑部分具有生态资源优势的不发达地区新农村社区的实际,在对此类新农村社区进行治理时应大力发展生态型新农村社区,以人与自然和谐共处的生态精神来引导社区经济建设和文化建设,使社区发展进入良性循环的构建中。

（二）新农村社区发展的中期和经济发展水平中等背景下的多元主体互动合作型治理模式

多元主体互动合作型治理模式适用于新农村社区发展的中期和经济发展水平中等的新农村社区。前期发展由国家行政主导型治理,在国家行政权的推动下新农村社区将稳步发展,同时,社区内的政府、组织、成员都悄然发生着变化。现代社会要求行政型政府转变为服务型政府,行政管理向公共管理转变,而管理也要向治理转变。"乡村政治"有其存在的基础,但是"乡村共治"是发展所趋。"乡村共治",即乡镇政府与新农村社区多主体参与共同治理格局,将在发展中逐步取代"乡村政治",成为新的治理格局。在新农村社区发展的中期和发展水平中等状况下,国家行政主导推进型模式的缺陷将越加明显,为了适应发展的需要,解除不符合发展需要的治理模式的限制,国家行政主导推进型治理模式要向多元主体互动合作型治理模式转变。多元主体互动合作型治理模式就是通过国家行政与社区组织发展相结合治理,国家行政推进仍然在新农村社区发展中起重要的作用,但是其已经从主导位置上退下来。治理主体从一元向多元转变,治理方式从国家行政管理向多元合作治理,从垂直管理向互动协商转变。多元主体互动合作型治理模式要充分调动各方的积极性,从促进新农村社区经济、文化、社会发展角度出发,维护新农村社区的社会稳定。

(三)新农村社区发展的后期和经济发达背景下的社区组织与成员自治型治理模式

新农村社区治理最终要实现的是社区组织与成员的自治,这主要是在新农村社区发展的后期和经济发达的新农村社区中完成。前一阶段的多元主体互动合作治理为这一阶段的实现创造了前提条件。前一阶段的发展促进了新农村社区政治、经济、文化的发展,促进了农村民主建设,促进了农村组织的成熟,使农村社区发展层次和水平有了极大的提高。以经济发达农村社区而言,由于经济发展水平较高,社会利益结构分化趋势不断加剧,利益格局日益复杂,要想实现新农村社区的可持续性发展,必须重构社区治理模式。首先,必须明确的是,在我国现代化进程中,城市化是一个方向,但农村不可能都变为城市,应在保留农村特点的基础上进行新农村建设与全面实施乡村振兴的规划。其次,在公权力的配置上,较之多元主体互动合作型治理,社区组织与成员自治型治理更强调社区成员的民主参与。最后,社区自治必须在法律允许的范围实行。法治社会是社会文明的标志,农村社区建设同样要实现法治农村,社区组织与成员自治型治理除了强调新农村社区内成员的民主性外,更要强调这种民主性的规范性和法律性。

总之,因地制宜、因时制宜、因"人"制宜都是新农村社区治理要坚持和遵守的重要原则,各地区进行新农村建设与全面实施乡村振兴要根据各地实际情况和社区组织成员发展程度和状况进行合理安排,只有真正符合实际需要的发展模式才能更好地促进地区发展。

第四节　完善新农村社区治理模式的基本策略

新农村社区是农村社会的基层组织,是农村社会的细胞,新农村社区和谐是农村社会和谐稳定的基础。因此,必须把构建平安和谐新农村社区作为构建和谐社会的切入点。而和谐新农村社区的构建则要通过加强新农村社区治理来实现。虽然新农村社区治理模式需要因地制宜、因时制宜、因"人"制宜,但是无论是何种发展模式,其建立和发展都需要进行相应的个体培养,建构比较完整的组织体系,完善相关的法律机制以及在环境力方面进行适度的张扬。

一、个体的培育:社区治理民主化的必然选择

首先,让农民积极参与新农村社区治理,为深化新农村社区治理民主化打下坚实的基础。农民参与新农村社区治理是新农村社区治理民主化成功的关键。要逐步完善各项制度,降低农民进入新农村社区的各种门槛,杜绝人为设置防止农民进入新农村社区的障碍,利用完善的制度保障农民能够参与新农村社区治理。其次,要不断发挥农民合作组织、集体经济组织、社会中间层在社区治理中的各种功能,避免新农村社区治理主体走向单一化。再次,必须解决各个主体在新农村发展中的空间问题。随着新农村社区发展的不断延伸,各个主体在新农村社区治理中的地位可能不一样,因此,必须完善相关的机制,对各个主体的地位予以相应的保障。最后,要建立健全个体培育监督和责任机制。要使农民权益切实在新农村社区的框架下予以保证,要使农民能够真正参与到新农村社区治理的过程中来,必须建立和完善相关的监督和责任机制,避免损害各个主体利益的行为。

二、组织体的建构:社区治理主体多元化的重要支撑

我国政府提出"以人为本、资源共享、建设社区、促进社区发展"的社区规划与建设目标,建立新农村社区须加强组织体建设,否则社区治理理想的实现将停留在纸上和空中。其一,社区治理的目的是为了摒弃以往治理主体单一的弊端,通过实现治理主体的多元化以及促进合作协作精神的培养,达到善治的理想追求,那么就离不开社会中间层主体与民间组织的参与。要积极稳妥地培育多样化的社区内民间组织,积极促进社会中间层主体的发展,达到主体多元的社区治理格局。其二,社区居民是社区的基本主体和根本构成要素,必

须确立社区居民在社区治理中的主体地位,如果没有社区居民的肯定与参与,社区治理无法有效推进,社区自治将成为政府的一厢情愿。要承认居民在社区治理中的主体地位,充分尊重其合法权利,积极推进居民参与社区治理的全过程。其三,子思曾经说过:"仁义固所以利之也"。在子思看来,儒家所提倡的仁义之所以能够作为治理国家的准则,是因为仁义得到人民的认可和支持,是因为仁义从根本上是有利于人民的。当前我国处于加快推进社会主义现代化的阶段,提倡社区治理更应该充分发挥利益机制的作用与优势,根本途径是将个人利益融入社区利益,使社区真正成为居民利益的共同体。只有当社区居民感到社区与其利益息息相关,生活中的问题可以在社区范围得到解决,参与社区治理能够有效维护其利益时,社区居民才会积极参与并真正融入到社区中来。

三、法律机制的完善:社区治理过程法治化的根本保障

依法治国是我国的治国方略和既定国策,是依据体现人民意志和社会发展规律的法律治理国家,要求国家各方面的活动依法进行,而不受任何个人意志的干预、阻碍或破坏。社区治理同样离不开法律作用的充分发挥,法律机制的完善是社区治理过程法治化的根本保障。第一,各级人大代表作为中华人民共和国各级人民代表大会的组成人员,要充分发挥各级人大代表在反映人民群众意见的职责,使有关部门了解农村社区居民关注的较为普遍的的问题。第二,各级人大作为国家的权力机关,要充分发挥其对各级政府机关的监督,纠正在新农村社区治理过程中行政机关阻碍社区治理的具体行政行为。第三,政府要适时适当放权,鼓励新农村社区自治组织和居民参与社区公共事务的管理,为居民充分参与社区决策与管理过程提供条件和空间。第四,政府应准确了解居民实际需求,制定相关法律法规,以制度构建回应新农村社区自治组织及居民的意见和需求。

四、环境力的张扬:社区治理经验传承性的首选路径

党的十六大报告指出"当今世界,文化与经济和政治相互交融,在综合国

力竞争中的地位和作用越来越突出。文化的力量,深深熔铸在民族的生命力、创造力和凝聚力之中。"可见,聚集各种因素的环境力具有十分重要的作用。环境力的张扬,不仅是新农村社区建设的促进力,同时也是社区治理的重要保障力。环境作为一个系统的有机整体,具有多个方面的特征,即具有复合性、多元性和综合性。环境力在新农村社区发展中的作用表现在:第一,农村是培育乡土文化的源泉,乡土环境、家族环境和礼俗环境是传统乡村环境的重要内容。新农村社区治理作为国家推进的制度变迁,如果能考虑到乡村社会的价值观念环境、伦理规范环境、道德观念氛围等环境的特点并借鉴其优势,则可以大大提高推进制度实施的效率,甚至避免不必要的资源浪费。第二,我国是社会主义国家,人民当家作主是社会主义民主的具体体现。公民参与政治主要途径是民主参与、民主决策、民主管理与民主监督。有序的政治参与是公民参与政治生活的基本要求。社区自治要想实现善治,必须强调居民对社区事务的民主参与、民主决策、民主管理与民主监督,要积极培育社区居民参与社区治理的环境。第三,参与意识是指个体积极参与各种事物的心理状态,社区的发展离不开人们的积极参与,居民是否具有强烈的参与意识决定了其能否有效地参与社区的公共事务。政府要提供更多与公民合作、沟通的平台。第四,理念的产生与社会现实密不可分,理念引领着人们对未知世界的探索以及对理想生活的追求。社区是个新事物,社区治理是个新路径,迫切需要人们从思想和认识的高度接纳社区,形成社区理念。社区理念是公民参与社区建设的基础,只有积极培育公民的社区意识,才能增强他们对社区的认同感、归属感,增强其参与社区事务的积极性、主动性和创造性。

第十八章　农民权益保护与新农村社区发展的实践模式

　　模式,包含模型和范式两层涵义。从模型的角度看,模式具有理论的意义,它是一种实施理论或称其为操作理论;从范式的角度分析,模式又具有实践的意义,它是一种榜样或者样式。因此,模式既含有理论的底蕴,也包括实践的内涵,模式是高于经验的理论选择,是理论与实践的统一。依照国内外农村社区发展的不同标准将农村社区分为国外模式与国内模式。

第一节　农民权益保护与新农村社区发展的现有模式

　　新农村建设与全面实施乡村振兴是新时期中国式现代化进程中的重大历史任务。在新农村建设与全面实施乡村振兴中,由于各地方资源禀赋和经济、社会等条件的不同,新农村社区实践模式也不可能千篇一律,因此各不同地域的社区应当因地制宜地选择适合于自身特点的建设模式。

一、国外农村社区发展实践模式

　　国外农村社区发展较早,成熟度较高。根据各国(地区)农村社区发展实际情况的特点,农村社区发展模式各不相同、各具特色,在此主要阐述以下几种模式及特点。

第一,第三部门主导型。欧美发达工业化国家,政治经济发展和专业分工较为成熟,到现代大多已经形成了比较完备的农村社区自治组织管理体系。以美国为例,美国是一个分权制的国家,在社会事务管理方面政府不充当包揽一切的角色,在社区的发展上也是同样如此。美国政府对社区发展具体事务让社区去承担,特别是培育非营利性组织的发展承担大量的具体社会事务。在美国社会中,政府、营利部门(企业)、非营利部门是三支主流力量。非营利组织在社会、政治、经济中发挥着重要的作用,美国第三部门主导型模式的优势在于:首先,帮助美国政府摆脱社会化事务的具体服务,实现了社会主导格局。其次,充当着自上而下与自下而上的中介作用,为居民参与社会活动提供服务。最后,非营利组织从事社区建设活动,增强社区居民的参与意识。各类社区组织作为非营利部门的重要组成部分,在社区的发展中发挥了主导作用,而最终社区成为美国的基本组织形式之一。同样美国也比较重视对农村社区的科学规划与合理发展,农村社区作为农村社会最基层的管理与服务组织,内部设有社区委员会、服务顾问团、自治会等社区自治组织机构。许多城市都制订有自己的宪章或者相应的法规,对社区自治组织机构的权限作出明确的规定,保障社区依法实行自治管理。

第二,政府主导型。以新加坡为例,新加坡是一个多元种族、多元文化的国家,其由政府倡导推动、基层组织主导、基层领袖为骨干、义工为基础、民众广泛参与的行政主导型社区公共管理模式。其特点是政府部门中设立专门的社区(含农村社区)组织管理部门,政府行政力量对社区的组织管理有比较强的影响和控制力,政府对社区发展的法律、政策、组织规范体系提供计划及方案,并给予大力的资金支持,而在社区层面组织及居民按照政府的计划与方案实施或参与活动。新加坡政府领导和指导社区建设的机构主要有社会发展及体育部和人民协会等,其中人民协会下属2000多个基层组织,在政府指导下自主活动。从而形成社区管理机构、基层自治组织及社会团体之间职责分明、上下贯通、科学合理灵活的社区组织体系。居民联络管理委员会代表人民协会(全国社区组织总机构)行使建设和管理社区民众俱乐部的法定职权,它组织举办各种文娱、教育、体育等社会活动,同时在政府和民众之间起沟通、协调的作用。新加坡政府对社区的设计规划极为重视,以人性化、前瞻性的理念,对社区所有硬件进行科学配套。既注重满足广大民众的共同需要,又突出重点、强调保障老龄(老年人)人士、少年学生、低收入者等社会弱势人群的多层次需要,为这些特殊的群体提供各项服务。如学生托管中心、家庭服务中心等。新加坡政府还在所有的公共组屋区设立居民委员会,促进邻里和睦、社会团结以及更好地响应政府的政策措施。除此以外,新加坡社会注重培养为社会自愿贡献的"义工"精神,培育了一大批基层领袖,不计报酬从事居委会工作。但是在政府主导型新加坡农村社区建设模式中,农村社区内成员在不完善的社区建设中能量发挥受限,同时缺少对政府行为的制约导致政府职权滥用,导致大量"寻租行为"与"黑幕交易"产生。

第三,政府与社区共同治理型。政府—居民处于双重的主导地位、自上而下及自下而上的两种实施方式并行的社区发展模式。其特点是由政府部门人员、地方人士及其他社团代表共同组成社区组织管理机构,政府对社区发展的主要职能是规范、指导并提供经费支持,但仍通过强大的间接方式,使社区发展体现官方色彩与社区自治交织在一起的特点。以以色列为例,以色列的农村社区管理,主要通过社区中心来实施,社区中心是个非营利机构,具有独立性。社区中心实行管理委员会负责制,管理委员会由地方当局代表、各领域专家和农村居民代表等成员组成。社区中心通过管理委员会组织实施各项具体的管理和服务活动,并负责中心的财政预算、各项计划的组织和实施。为了协调各社区间的关系,每一个区域设一名区域主管,指导各社区的工作,并同地方当局和各种组织保持密切联系,以便为社区中心创造良好的外部环境。

第四,统一弹性协调发展型。以欧盟为例,欧盟在2004年通过的《共同农业政策》试图将利用一个专门的基金、一个专门的模式、一个专门的网络来实现农村的协调发展。即一个基金"欧洲农业农村基金",一个专门的模式"领导+"官方称为"把农村发展的愿望与农村经济发展各项活动联系起来"(Link between Action for the Development of the Rural Economy),一个专门的网络指"领导+"网络。在对农村社区的建设中,欧盟采取的是统一弹性协调发展模式。此种模式的特点在于:首先,农村地区的所有建设项目都必须由地方社会团体联合机构主持制定规划,在规划制定后方能获得和使用"欧洲农业农村基金"。欧洲农业农村基金对农村发展的资金投入、管理和审计实行统一管理,不是以行业管理的方式按条分发农村建设基金,而是集中各行业的资金到一个基金中,然后以规划区为单位按项目分发。第二,既坚持了欧盟的原则,也给不同国家和区域留下了选择的弹性,它明确要求各国按照自己的国情,在确保符合自己实际情况的前提下,把欧盟的农村发展原则转化为本国战略;各地区在每个原则中选择适合于自己实际情况的项目。第三,利用资金使用比例的管理方式把农村社区建设协调起来。避免出现农村社区发展的不协调,如只顾生产不顾环境,或相反只是保护环境而不能增加收入,盲目建设,不做规划。

二、国内农村社区发展实践模式

目前我国农村社区处于研究探索阶段,各种模式也不十分具体。根据社区建设与建制村范围不同将我国农村社区归纳出以下几种模式。

第一,"一村一社区"模式。"一村一社区"模式即在一个村委会的区域范围内开展农村社区建设的做法。这也是我国大多数农村社区建设的做法。一村一社区模式的农村社区的领导机构为村"两委",由社区党组织书记或村委会主任负责社区的管理事务。一村一社区模式的主要特点:一是一个村委会就是一个社区,将村委会和农村社区合二为一,使农村社区有了坚强的组织机构。二是社区投资经费主要来源于集体经济。三是社区团体力量相对薄弱。村民自治组织的村民会在实践工作的过程,容易受到政府决策的影响,从而影响到村民自治力量的发挥。

第二,"一村多社区"模式。"一村多社区"模式指在一个村委会内设立多个社区。按照我国原有行政划分标准对建制村落进行划分,在一些地方出现建制村辖区过大的情况,有的建制村覆盖面积为二三十里,管理十多个自然村。但随着农村改革的深入,特别是费税改革后,多数地区进行乡镇改革和村级联动,村级规模进行调整及村委会干部人员进行精减,此时就不适合以建制村为单位进行社区建设。根据上述情况,部分地区探索以自然村为单位进行社区建设。一个建制村设立多个社区。这种模式在江西省最为典型。"一村多社区"模式的特点:一是社区区域相对较小,活动灵活,人员组织方便,适应组织机构分散、村民居住地域分散的农村。二是能充分体现村民自治精神,实现社区成员自我服务与管理。三是能够为民间组织发育和成长提供足够的空间。

第三,"多村一社区"模式。"多村一社区"模式通常是指,以乡镇为单位建立农村社区,设立一个社区服务中心,社区建设涵盖就近的几个村落。山东诸城市为多村一社区的典型代表。"多村一社区"模式的优点与缺点如下:一是社区服务中心,是一个非营利第三方组织,不易受政府行政干预。同时,提供社区服务更具有系统性、专门性、科学性、标准性等特点。二是社区设在乡镇一级在设置与管理上更加科学,能高度集中反映社区成员的共同需求,还可以减少资源设施的重复建设所造成的资源浪费。三是缺少政府部门所有的宣传鼓动性与号召力,目前对"多村一社区"模式服务中心缺少监督机制,容易为追求利益而偏离设定宗旨。

三、我国具有地方特色农村社区发展实践模式

我国地域广阔,受各地区的农村经济发达程度与传统习俗的影响,各地区的农村社区发展模式也大相径庭,根据各地区不同地方特色农村社区总结出以下几种模式:

第一,青岛胶南模式。所谓"胶南模式",是胶南市立足建设青岛西海岸都市新区,在突破县域经济社会发展框架中探索形成的发展模式。该农村社区的建设以城市社区建设为标准,在村委会层面建立社区,通过加强基础设施建设、健全社区组织、强化社区公共服务、完善民主管理,将农村社区建设工作与新农村建设、全面乡村振兴一同推进,把建设社会主义新农村作为统筹城乡发展的总抓手,在农村社区建设中坚持以工哺农、以城带乡,加快推进城乡"七个互动",推进市区、卫星城市、小城镇、新农村协调发展,在提高城市集聚能力、加快城市化步伐的同时,实现城市与乡村资源的有效整合、合理利用,让不同的社会成员各尽其能、各得其所。

第二,南京模式。以村委会为单位建设农村社区。将农村社区分为"涉农村社区"与"纯农村社区"。涉农村社区包括城市周边地区和农村城镇的中

心村。纯农村社区,主要是指在相对偏远的农村社区。南京模式以促进农村经济社会全面发展,打造夯实新农村建设与全面实施乡村振兴的载体与平台,成为为百姓群众做好事、解忧愁的民心工程,使农民切切实实感受到便利和实惠,成为农村体制改革的配套工程,同时强化承载政府事务转移和合作治理农村基层社会的功能,成为村民自治工作的改革工程,使村委会由过去集权掌控者、决策者转为服务者、引导者,焕发新的活力,成为农村"文明工程",让农民、农村不再成为现代化建设的旁观者和局外人。

第三,江西模式。即村落(自然村、村民小组)社区。江西省是全国开展村落社区建设最早的省份之一,江西省结合农村实际,坚持以自然村为农村社区建设主要设置地域范围的基础上,按照地域相近、规模适度、群众自愿的原则,对农村社区的设置模式进行了积极探索,各个实验县(区)还积极探索了"一村一社区""社区设小区""多村一社区"等模式。江西农民社区的建设在乡镇党委、政府和村级组织领导下,以志愿者协会为依托,工作内容围绕"五站"(村落社区社会互助救助站、村落社区环境卫生监督站、村落社区民间纠纷调解站、村落社区文体活动联络站、村落社区公益事业服务站)开展,坚持村民自治、人人参与、以人为本、服务村民的原则,开展农村村落社区建设活动,努力改善农村环境,提高农民素质,树立农村新风,实现村民自我管理、自我教育、自我服务、自我监督,促进农村政治稳定、社会发展和社会各项事业的全面进步。

第四,重庆永川模式。重庆永川区农村社区建设以"2+3+N"为特点。"2+3+N"中的"2"即组建一个工作机构、搭建一个服务平台,工作机构为农村社区工作委员会,服务平台为社区居民服务中心;"3"即政府公共服务体系、志愿者服务体系、专业经济协会服务体系等三大服务体系;"N"即根据村情和村民生产生活的需要组建多类服务组织、协会组织,开展多种社区活动。通过探索农村社区建设新模式,依托农村社区力量,整合农村社区资源,强化农村社区功能,深化村民自治,促进了农村社区各项事业健康协调发展。

第五,湖北杨林桥模式。湖北省秭归县过去是国家级贫困县,杨林桥镇位于秭归县南部的高寒地区,自然条件差,经济落后。由于合村并组,村组范围扩大,村干部减少,村级工作难以有效开展,针对这一实际,镇党委将创新村级管理体制作为一个突破口,开始探索与实践村民小组改建社区的乡村治理新模式。"杨林桥农村社区建设模式"实际上就是撤组建社,撤销村民小组,按照地域相近、产业趋同、利益共享、规模适度、群众自愿的原则成立农村社区,社区规模远小于原村民小组规模。每个社区由 30 个左右的农户组成,社区成立理事会,设理事长 1 人,理事 2—4 人。杨林桥镇推行的农村社区建设,实质是对村以下政治、经济运行模式的改革,就主要内容而言,可以概括为"一条主线、三大改革"。所谓"一条主线",即以建设和谐的小康农村社会为主线,把政治上、经济上、组织上处于先进水平的"三种力量"整合起来,带动农村中低等收入群体加快发展的过程。所谓"三大改革",特指村级行政体制改革、党组织设置模式改革和对农村工作指导方式的改革。秭归县在全县范围内大力推广"杨林桥模式",取得良好的效果。这也为我国其他经济不发达地区的农村社区建设提供宝贵经验。

第二节　农民权益保护与新农村社区发展的模式运用标准

新农村社区发展可以实现农民权益在时空上拓展、维度上深化、内容序列上优化组合,力求实现利益逻辑与社区建设在时空、组织、制度和文化上的契合。基于农民权益逻辑与农村社区建设的视角对新农村社区发展的模式进行考量,归结出农民权益保护与新农村社区发展的模式运用的三个标准,即农民权益参与标准、农民权益发展标准和农民权益保护组织化标准。

一、农民权益参与标准

新农村社区是村民在自愿的基础上组成的社会组织,它有利于实现分散群体的权益的集中和整合,使农民相对弱势群体找到组织表达他们的权益。新农村社区发展的模式运用必须维护农民权益,在考量新农村社区模式运用的时候,农民权益参与标准无疑是重要的标准之一。因此,新农村社区发展的模式运用必须严格遵守以下几个标准：第一，新农村社区必须是村民在自愿和公益的基础上组成的，它必须有相对共同的生活背景和价值取向，他们的人生观、价值观、文化需求相对趋同，新农村社区必须在共同利益的基础上有效地组织起来，做到用一个声音说话，每个农民成员的权益主张都能在社区内得到有效的表达、沟通，促使社区能够了解组织成员的权益主张。第二，新农村社区作为一个组织体系，在模式运用上要有更强的信息收集、分析、判断、处理能力，能够更好地实现组织的利益识别和利益判断，进而使代表的农民权益更加广泛、全面、系统。第三，新农村模式运用必须通过社区来实现利益表达，进而降低社会的交易成本。由于农村利益主体的数量很大，利益主体非常分散，他们达成一致所需要的信息量较大，需要进行多次谈判、沟通、协商、妥协才能达成一致，信息、契约成本非常高昂。因此，新农村社区模式选择要利用组织优势，在组织内部实现农民利益的整合，降低信息收集、分析、判断和处理的次数，既降低农民个体权益代表的成本也克服了农民个体行为的机会主义倾向。

二、农民权益发展标准

在城市化、工业化、现代化进程中，现有政策尚没有从实质上打破二元体制，在一定程度上忽视城市与农村互相依存、共生共荣的内在要求，忽视城乡产业结构与就业结构的互动调整，使得广大农村居民不能有效地融入城镇化进程、共享城市文明和发展改革成果，城乡差距有进一步扩大的趋势。农村土地转化为工业和城市建设用地必须通过国家征用转化为国有土地后才能进入市场，在这一过程中，一级市场由国家控制，二级市场农民很难进入，农民只能得到征地补偿而难以分享农地转化所形成的土地增值收益。城乡分离的发展模式致使农产品生产、流通和加工没有形成有机联系，农民难以分享农产品的加工增值收益。政府在加大对城市投入力度的同时对农村重视不够。现有的征地拆迁政策只能使一部分人口实现农转居，没有转居的农民只能参加农村社保，无法保障农民的长远利益。因此，在探索农民权益保护与新农村社区发展的模式运用时，必须把农民权益的发展当作重要的参考标准，只有这样，才能切实维护农民的长远利益，维护农村的长期稳定。

三、农民权益保护组织化标准

提高农民组织化程度是转变农业生产经营方式、促进农民增收的有效途径。现阶段农民的组织化程度低,主要表现在生产和流通两个领域。从生产领域来看,一方面,农户生产经营分散,土地规模较小,难以形成规模经营效益。另一方面,个体农民无力也不愿花大力气去完善农业基础设施,削弱了农业生产持续稳定发展的后劲。此外,农业组织形态的薄弱使得农业的基础地位并不牢固,农业生产波动较大,农业生产效益低下,农民收入难以提高。从市场流通领域来看,农户经营行为分散,除了不擅长市场营销的因素外,还要面对巨大的市场风险。因此,农民权益保护必须提高农民组织化程度,把分散的经营通过有效途径组织起来,使农业生产中的资金、人才、土地、信息、市场、科技等生产要素有效整合,形成团队作战,增强农民闯市场的能力,实现效益最大化,是从根本上保障农民权益的关键。

提高农民权益保护组织化程度是提高农产品市场竞争力、应对入世挑战的迫切需要。分散的经营格局,致使农民不愿意进行农业技术改造,农业效益低下,即使有高科技含量的农产品品种,也因生产技术跟不上而被迫放弃,导致农产品持续在低水平上的过剩。面对入世后日趋激烈的市场化、国际化的挑战,我国农业明显缺乏强有力的参与市场竞争的经营主体,农产品无国际品牌、质量低劣、加工程度低等因素一一凸现,缺乏竞争能力。此外,在农产品生产信息获取方面,也存在着手段落后、渠道不畅、虚假信息泛滥等严重的信息不对称问题。这些都决定了我国农产品在过渡期内很难具备与国外农产品竞争的实力,农户根本无法规避由小生产与大市场之间严重脱节带来的市场风险。因此,必须提高农民组织化程度,把农民从分散的领域和地域中组织起来,参与到生产、加工、销售等各个环节之中,引导农民有组织地进入市场,使一家一户的小生产与千变万化的大市场有效地对接起来,大大提高农户购销行为的可预测性和有序性,使其物资有来源、生产有计划、销售有渠道,克服农户家庭经营与大市场之间存在着的信息不对称、资金不对称、专业化不对称等问题,以集体的力量和规模化优势提高市场竞争力。因此,农民权益保护与新农村社区的发展必须注重提高农民权益保护的组织化标准,新农村社区是将来农民权益保护组织化的最终体现。

第三节　农民权益保护与新农村社区
发展的具体模式运用

早在党的十七大党就提出了"把城乡社区建设成为管理有序、服务完善、文明祥和的社会生活共同体"的目标,将农村社区建设与城市社区建设放在同等的位置。即要在城乡统筹的制度框架下,进行更积极的体制改革和制度创新,建立城乡统一的行政管理体制,建立覆盖城乡的基础设施及其管理体制,建立城乡均衡化的公共服务保障体制,建立覆盖城乡居民的社会保障体系和城乡统一的户籍制度,以此促进城乡统筹发展。农村社区建设与社区居民、当地政府以及其他主体关系密切,政府需要通过制度创新,发动"社会协同",动员"公众参与",发挥基层自治组织在扩大群众参与、反映群众诉求方面的积极作用,形成各方协调合作、各方责任共担的机制,才能实现各尽其能、各得其所而又和谐相处,新型农村社区才能真正形成。

由于我国各地农村社区自身发展条件的差异性和特殊性,其建设目标、路径和方式也是不完全相同的。因此,我国新农村社区建设不可能走城市社区建设的路子,也不可能简单"全覆盖""一体化"地把在城市社区建设中获得的经验和方法套用到农村,把城市社区建设的政策照搬于农村,这将违背农村发展实际,既不合理,也不可行。我国新农村社区建设的第一步就是要按照"统筹城乡发展"的要求,根据区域发展需要以及村民的愿望,在有条件的社区,以现有社区为基础,由村民委员会牵头,组织本辖区居民,通过民主协商,提出制定本社区的建设计划。结合我国各地新农村社区的发展实际,我们主要从组织体推进形式、资源利用状况、经济发展水平、区域发展程度等四个方面进行归纳总结。

一、基于组织体推进形式考量的模式运用

建设和谐农村社区,要真正发挥农村社区在构建和谐社会、推动新农村建设与全面实施乡村振兴中的作用,就必须探索居民自治、民主决策、民主管理、民主监督的新农村社区的各种实现途径,这就需要健全的农村社区组织体系和各类农村社区管理服务规范模式,并以相应制度作为保障。从理论与实践上说,发展农村合作经济组织是大势所趋,发展合作组织、提升合作水平是农村经济社会发展的必然要求,是新形势下化解诸多矛盾、做好"三农"工作的重要抓手。这是一种通过创新组织形式优化生产要素配置的农村经济发展路径,也是建设新农村与全面实施乡村振兴的一种重要模式。组织化程度是未来农村社区发展的重要标志,从社区层面来说,农村社区负有对社区范围内的各类组织综合管理和协调责任,社区工作者应该主动地承担起培育社区组织的繁重任务,引导社区组织形成为民服务、自强不息的意识,并在制度建设、资金保障建设方面为组织发展提供帮助。同时对社区组织而言必须面对经济市场化的挑战,必须加强自身的能力建设,健全职能、强化功能,不断提高对社区居民的吸引力,这样既可以保证社区组织所作是人民所需,又保证了社区组织的管理与服务水平可以不断地得到提高,从而满足社区居民不同层次的需求。

由于受到各地经济发展水平差异性的制约,合作组织在农村社区建设中的作用发挥也因地区而异,在经济发展程度较好的地区,各类集体经济组织、合作经济组织、专业合作社等发展比较多。而组织体建设对于新农村社区建设是正相关作用。例如江苏省苏州市太仓市沙溪镇太星村在对原村经济合作社进行清产核资、股权设置和股份量化后,建立起土地入股、资产入股、资金入股"三合一"的社区股份合作社。资产重组时严格执行动产转让、不动产租赁的办法。与各转制企业协议约定,把原企业名称、供销渠道、产品品牌等无形资产作为集体股参加企业红利分配,如今,社员凭借包括土地证、股权证、退保证和粮食供应卡在内的"三证一卡",提前享受小康生活。山东前屯村实行的也是以股份制为主要形式的合作经济组织,对集体资产进行量化后,采取个人认购风险股与集体资产产权量化到个人相结合的办法,成立"前屯商贸有限

责任公司",开始了股份制企业运作。农转非后的农民变成居民,又从居民变成了股东。如今的前屯居民基础设施完善,生活富裕,教育、卫生等社会事业发达。江苏浦口区永宁镇侯冲村则是在村党支部的指导下,部分干部群众自发组织成立各种农民协会,引领农民走致富之路。农民协会组织架构严谨,职责分工明确,目标内容务实。他们一联科研院所、二联市场、三联农户,为农民增收致富探索了一条新路。上海部分地区在探索通过建立农村社团组织来促进社区建设与管理的完善,如通过一些非体制内农村精英成立农民专业合作组织,带动农民进行新农村建设与全面实施乡村振兴,通过发展农民合作组织促进农民增收、发展农村经济、建设新型农村社区。这些不同地方根据自身情况采取的新农村社区模式,都有一个共同点就是组建各种合作组织,通过合作组织增强新农村社区的管理能力和建设能力,从而有力地推动新农村社区发展。

二、基于资源利用状况考量的模式运用

新农村社区建设离不开资源的有效配置,对社区内资源的合理安排是未来发展农村社区的关键。当前,社区内资源的分布状况以东中西部的实际情况来划分,往往西部地区农村社区内资源丰富,却没有较好利用;而东部地区却需要对资源进行引进。在此情形下,就必须重视资源的合理利用和统一协调,促进其在新农村社区建设中发挥更有效的作用。

由于不同社区之间的基础条件不同,加之不同农村社区在社会资源、经济发展路径以及经济发展组织和管理水平方面的差别,即使是相隔不远的村庄,其经济发展水平也可能会存在巨大的差距。生态环境建设的最终目的,是从根本上为人们创造良好的生存发展空间,保障人们生活质量长久的、可持续的提高。对于资源比较丰富的地区,建议实行生态型农业支撑模式。生态型农业支撑模式就是按照生态经济的理念,以控制环境污染、保护农业资源和发展生态农业为目标,通过建立农业经济增长与生态系统环境质量维护与改善的协调机制,以保持农村良好的生态环境和自然风貌,改善农业生产环境,提高农业产出水平,进而实现良好的经济、社会和生态效益,为村民创造良好的生存发展空间,保障村民生活质量,实现农业经济和生态环境效益的统一的一种

新农村社区建设模式。建设生态化新农村,发挥农村特有的生态优势,以生态型农业为重点,逐步推进农业产业化进程的农村发展道路。

当前,已有较多省份的部分地区开始实行生态型新农村建设模式。例如云南省昆明市西山区实行的就是典型的生态型新农村建设模式。该区以养殖业为主体,以大型沼气工程为纽带,发展种、养、加相配套的生态农业圈模式;南京市江宁区汤山街道锁石村,在分析比较了锁石的发展条件、新农村建设的目标任务之后,最终确立了建设"近郊农业生态旅游村"的努力方向,以发展特色促进锁石经济、设施、环境、民风的全面提升,初步实现了"道路网络化、农业生态化、村庄绿色化、环境整洁化、家居舒适化、服务社会化、村风文明化";浙江奉化市滕头村始终坚持"一犁耕到头、认定目标不动摇"的科学发展信念,始终坚持"金山银山就是绿水青山"的辩证发展思想,始终坚持"有为互动、装点人生"的人本发展观念,走出了一条以规划立村和生态富村为特色,以全面协调发展方式和充满生机活力的可持续发展机制为支撑,产业相互融合、互为依存、联动发展,经济、社会、生态和谐互动的发展路子;湖北恩施土家族苗族自治州因地制宜,大胆创新,探索出"五改三建两提高"为主要内容的生态文明家园新农村建设模式,走出了一条具有恩施特色的社会主义新农村建设之路。这些比较成功的生态型新农村建设模式对我国其他自然资源丰富的农村地区在新农村社区建设中有着较大的借鉴和参考意义。

三、基于经济发展水平考量的模式运用

经济发展水平是开展新农村社区实践的基本起点,经济发展水平高低是衡量新农村社区发展的重要指标之一。当前我国新农村社区经济发展水平不一,既存在东中西部的整体差异,又存在地区内部发展差异,如东部农村地区也有发达与欠发达的明显界限。

发达地区主要采取以下几种模式:第一,实行农业产业化支撑模式。以漯河市农业产业化模式为例,漯河市高度重视农业发展,加快推进农业产业化经营步伐,培育出了双汇、南街村、北徐、龙云等一批全国知名的农产品加工龙头企业。全市国家级和省级农业产业化重点龙头企业数量、经认定的无公害农产品

基地数量均居河南前列,70%以上的农民进入农业产业化经营体系,走出了一条比较成功且符合漯河实际的农业产业化发展路子。第二,实行城乡统筹带动型。以南京市为例,郊县发展薄弱一直是南京的"软肋",为加快城乡统筹发展,南京专门制定了"1+6"即1个主文件6个配套文件。其中,针对发展相对处于弱势的区县,除了明确包括市级部门等在内的157家单位具体负责帮促外,还规定了具体财力支持措施:对"一区两县"免征农业税后的资金扶持期限延长3年,市级财政每年转移支付2000万元;加大教育费附加的转移支付力度,新增郊县教育经费中,70%用于"一区两县";各部门安排的郊县专项资金,70%用于"一区两县"。第三,工业村建设带动模式。以华西村为例,华西村是20世纪60年代组建的,现有380户人家、1500多人。70年代,华西村开了间小五金厂,从此冲破单一农业经济,走上了农副工综合发展之路。1995年,该村为中国乡镇企业最大经营规模第三名,最高利税总额第一名。目前全村95%以上的劳动力投入了工业生产。村民收入来源有基本工资、超产增效奖金和公共福利。第四,第三产业带动型。以湖南省韶山村为例,韶山村是湖南省唯一被国家农业部公布的湖南省新农村建设示范村,2005年该村曾被评为"全国文明村镇"。

欠发达地区新农村社区建设,可以通过借鉴发达地区新农村社区建设的先进经验,实现跨越式发展,建议欠发达地区主要采取以下几种发展模式:

第一,生态农业带动型。生态农业是指遵循生态学、生态经济学规律,运用系统工程方法和现代科学技术,集约化经营的农业发展模式。以江西省婺源县为例,婺源被人们誉之为"中国最美的农村",婺源生态农业旅游观光点目前有四个,即现代农业生态示范村——晓起村、鸳鸯湖自然保护区、金山生态茶业观光园、生态渔业观光园。

第二,休闲观光农业带动型。为了使农业走出困境,提高农民所得,一些地方加快推进农业产业升级转型,倡导以生产、生活、生态相互协调发展为目标的"三生"农业,从而使得休闲观光农业逐步兴起。

第三,劳务经济带动型。劳务经济主要适合于中西部农业剩余劳动力人口比较富余的地区。以湖北省为例,为了实现更多农村剩余劳动力上岗就业,湖北省工商联积极利用多年来与扶贫、劳动和社会保障等部门的合作机制,把安置农民工就业与扶贫安置就业紧密结合,印发了《关于建立招工扶贫安置就业工作劳务输出及民营企业用工信息平台的通知》,在此基础上,制订相应的方案,有针对性地为企业提供更完善、全面的用工信息。此外,湖北省在农村劳动力培训输出过程中,强化品牌意识,打造特色知名劳务品牌,品牌效应开始凸显。

第四,生态畜牧业带动型。以青海省门源回族自治县为例,2008年,青海省委、省政府作出开展生态畜牧业试点的决策,门源县立足县情在苏吉滩乡苏吉湾村先行展开试点工作。苏吉湾村经过近一年的实践探索,初步构建了以饲草料种植、农作物秸秆加工利用和天然草场保护性利用为依托的饲牧结合型生态畜牧业框架,形成了"合作社+联合经营小组"的管理运行机制,并初步探索出了"整合资源、优化生产"为主要手段的畜牧业实现方式。

四、基于区域发展差异考量的模式运用

以区域划分新农村社区建设的实践模式,主要是以东中西部进行区分。地理位置上的差异在一定程度上影响到了新农村社区的发展,各区域之间的发展模式应体现出这种区域上的差异性。总体而言,东部地区是继续平稳发展、持续创新;中部地区是异军突起,奋起直追;西部地区是厚积薄发,逐渐积累。基于在全国的模式推广与经验借鉴,我们主要探讨东部地区的实践模式。

(一)东部地区的上海市经过多年的发展,形成了以下四种较有特色的发展模式

一是农村城镇化改造模式。这种模式的特点是:从当地紧靠上海市这个良好的区位优势与实际条件出发,以农村城镇化改造理念引领新农村社区建设,农村人口不断向上海市附近城镇的第二、三产业转移和聚集,从而最终达到新农村社区建设的目标。其特征主要体现在三个方面:一是农村人口转换成城镇人口;二是第二、三产业向城镇聚集;三是农村剩余劳动力向城市转移。农村城镇化改造模式不仅仅适用于上海市近郊农村的发展,也可供其他大中小城市近郊农村发展参考。

二是生态旅游发展模式。生态旅游强调旅游地生态不应受到损害,是在可持续发展思想指导下开展的旅游活动。生态旅游发展模式的特点是从当地

农村自然人文地理优势、风景优美与环境良好的实际条件出发,充分发挥自身特长,进一步彰显其生态环境优势,从而推进新农村社区建设。如上海市嘉定区的毛桥村、崇明县的前卫村就属于典型的生态旅游发展模式。

三是特色农业发展模式。特色农业的关键点在于"特"。所谓特色农业就是以科技为先导,以追求最大的经济效益和最优的生态效益、社会效益和提高产品市场竞争力为目的,围绕市场需求,突出地域特色,将区域内独特的名优农产品转化为特色商品的现代农业。特色农业发展模式是以建立特色农业体系以带动经济发展,从而推进新农村社区建设。

四是规划集聚发展模式。规划集聚发展模式的特点是:根据上海市政府城镇体系规划、重大基础设施建设和产业布局需要,通过农民住宅动迁、自然村落归并和规划新建村庄等形式。①

(二)东部地区的江浙地区经过多年的发展,形成了以下几种有特色的发展模式

一是工业企业带动型。以江苏省宜兴市官林镇都山村为例,都山村以厂建村、兴企强村、以发展工业带动新农村建设。依托企业的发展,村里各项事业都得到了有效建设,村民的生活富起来了,精神文明建设也发展起来了。三木集团党委还是江苏宜兴市首家民营企业党组织管理行政村的试点单位,创建了"企业管村"的致富模式。

二是自主创业带动型。以江苏省南京市六合区横梁镇石庙村为例,石庙村坚持以人为本、富民为先,把扎实开展"全民创业、自主创业、艰苦创业"教育实践活动,作为加强精神文明建设的重要载体,作为发展经济、致富农民、服务农民的切入点,通过文明村、户系列创建活动的开展,促进了农民群众不断解放思想、更新观念,营造了"劳动为本、创业立身和想创业、敢创业、会创业"的浓烈氛围,增强和拓宽了村民的创业意识、创业本领和创业渠道。

三是合作组织带动型。以金湖县农民专业合作组织的发展为例,2002 年

---

① 上海市政协区县政协联络指导组课题组:《关于上海新农村建设形态模式的调研报告》2007 年第 10 期。

金湖县已发展合作经济组织 93 个,其中合作社 50 个,专业协会 22 个,农民合伙组织 21 个;入社或入会人数 34545 人,其中合作社 23993 人,专业协会 9313 人,农民合伙组织 1239 人;设立销售窗口 165 个,其中市内 70 个,市外省内 40 个,省外国内 55 个;吸纳股金 1344 万元,自身积累 2795 万元;年销售 35230 万元,其中合作社年销售额 12519 万元,专业协会年销售额 18292 万元。①

（三）东部地区的沈阳市的发展模式

在新农村社区建设的过程中,东部地区的沈阳市经过多年的发展,形成了以下几种有特色的发展模式:

一是农业现代化发展模式。最具有代表性的是新民市大民屯镇方巾牛村发展棚菜产业。新民市大民屯镇方巾牛村是国家住建部确定的全国新农村建设 4 个试点村之一。该村棚菜产业发展迅速,蔬菜产品销往沈阳、大连地区并有部分果蔬出口俄罗斯等国家,被沈阳市政府确定为绿色无公害蔬菜生产基地,享有"棚菜第一村"的美誉。

二是工业发展模式。最具代表性的是于洪区沙河子村。沙河子村是于洪区北陵街道办事处的一个自然村,原址在于洪区的长江北街,为配合沈阳市城乡一体化和城市化建设,2000 年迁至于洪区黄河北大街的于洪区环北食品产业集群园区内。2000 年来,沙河子村通过招商引资,同日本、韩国、加拿大、美国等企业建立了稳定的合作关系,吸引了大量的资金和设备,投资建设了一批高科技农业产业化龙头企业,引入了与世界同步的农业先进生产和管理技术,吸纳了一批国内外高科技人才,依靠农业科技创新,实施了一批农业高新技术项目,推动产业升级,树立了良好的品牌形象,出口创汇能力持续快速增长,有力地促进了区域经济的发展。

三是物流业发展模式。最具有代表性的是辽中县茨榆坨镇。茨榆坨镇地处沈阳西部 50 公里,是集区位、交通、资源、市场等优势于一体的具有较强经济增长活力的小城镇。茨榆坨第三产业日益兴旺,远近闻名的茨榆坨大集已

---

① 《金湖县农民专业合作经济组织调查报告》,资料来源:http://www.jsacd.com/acd/echo_article.php? type＝acd_dongtai&id＝704。

发展成为服装、木材、钢材、副食四大专业市场所构成的市场群;茨榆坨镇基础配套设施完善,社会服务功能齐备,投资环境优良,精心打造的西山工业园区为各界朋友投资兴业提供了广阔的平台。2004 年全镇 GDP 实现 16 亿,同比增长 20%。2005 年国家发改委公布的全国第一批发展改革试点小城镇名单中,茨榆坨成为沈阳唯一一家被列入试点的小城镇,这是全镇经济社会发展中所取得的又一项国家级荣誉。

四是劳务经济发展模式。最具有代表性的是东陵区浑河技术开发区满融村,满融村位于沈阳市南郊,始建于1934 年,村名满融意为五业皆满,民乐交融。

东部地区新农村实践模式为中西部社区发展提供了经验借鉴,通过过去一段时间的发展,中西部农村社区取得了长足进步,例如中部崛起的湖北"江汉模式"等。西部地区亦取得了重大突破,在总结具有农业资源优势、政策和农业生产结构比较优势的基础上,认识到了其人文贫困甚于收入贫困、农村及农用基础设施薄弱,农业投入产出水平较低与自我积累能力差、投资等方面的不足,并在此基础上提出了发展现代农业、兴建基础设施、发挥资金集合效应、政府支持、精英治理等先进模式。

总之,新农村社区建设是打破城乡二元结构的关键,农村社区建设也没有一个固定的模式。目前,通过已经开始探索农村社区建设与全面实施乡村振兴的地方实践证明,农村社区建设是在一种微观的层面上,落实社会主义新农村建设任务的基本载体。新农村建设与全面实施乡村振兴是一个很宏观的工作目标,即主要是围绕生产发展、生活宽裕、乡村文明、村容整洁和管理民主的要求开展工作。农村社区建设仅仅是里面的一个平台,它也是深化村民自治、建设农村美好家园的有效途径之一。这是农村社区建设的基本概念和内涵。目前,根据国家统计局的数据,中国农村有 41.032 万个乡镇,行政村数量为 63.25 万个,自然村数量为 264 万个。截止 2023 年 6 月 16 日行政村数量为 691510 个,自然村数为 261.7 万个。自然村在 13 年中消失了 59010 个。可见,农村社区建设与全面实施乡村振兴面临很大的困难。尽管农村社区建设比城市社区建设面临的任务更艰巨,但我们相信,在不久的将来,我国农村将以崭新的、全面振兴的面貌展现在世人面前。

第十九章　农民权益保护与新农村社区
发展的法律保障模式

第一节　农民权益保护与新农村社区发展
法律保障模式的原理探究

农民权益保护和新农村社区建设中的法治化发展需要在政府主导下进行,通过国民收入分配和再分配进行利益协调,对农民权益和农村法治予以政策倾斜,以确保农民权益的实现,进而推动新农村社区的发展。农民权益保护与新农村社区发展法律保障必须注重实质公平,在价值追求方面,社会和谐是利益和谐的最终目标,在这个过程中,要加强法治背景下的社区主体自治建设,通过社区发展促进利益和谐,通过利益和谐促进制度和谐,通过制度和谐促进农村社区法治化保障下的高质量发展。

一、个体与整体:从利益和谐到制度和谐

农民权益保护与新农村社区发展法律保障模式的基本法价值追求是以利益和谐来实现社会和谐。农民权益保护与新农村社区发展法律保障模式的基本法律原理实现了从形式公平到实质公平的发展,同时还应该以利益和谐为基本内涵,以社会和谐为最终法价值追求。农民权益保护与新农村社区发展的法律保障模式就是要在实质公平理念下,追求结果的公平,追求实际享有的利益的公平,通过对各个利益主体之间的利益协调,促进各利益主体之间的利

益平衡,确保农民权益的实现和新农村社区的全面健康发展。在和谐语境下,我们要实现的利益和谐不只是一种单纯的社会利益平均分配,而是更高层次的利益和谐。这种利益和谐承认和尊重各个主体之间的差异,这种利益和谐在于实现一种相对的利益平衡,这种和谐充分考量了各种因素的影响。农民权益保护与新农村社区发展法律保障模式应以利益和谐为基本内涵,其目标是实现社会和谐。社会主义和谐社会并不是没有利益冲突与矛盾的社会,社会主义和谐社会依然是存在着众多利益关系和利益冲突的社会,只是其解决机制符合利益和谐的需要。我国当前处于社会快速发展的时期,社会矛盾和社会利益多元化,利益冲突时有发生,这些都要求我们要对多元的利益冲突进行调和。要实现社会和谐,必须要合理处理发展过程中的利益分配问题,要使各方主体都能够公平享受到发展带来的好处。加强解决利益协调、利益分配和平衡等重大问题。只有解决好这些问题才能实现实质公平与正义,才能减少不和谐因素,从而达到社会各方面的和谐,实现各个利益主体的利益和谐。这也是我国的现实国情所决定的。农民权益的实现,农民利益与其他群体利益的平衡,关系到社会公平与正义,关系到社会稳定与发展,关系到社会和谐的实现。利益多元化和分化日益加深的现在,要求我们更加关注农民的权利与利益的实现。社会和谐要建立在利益和谐之上,建立在利益的平衡协调之上,只有如此,才能更好的保障农民的权益,促进农村社会与社区的发展。农民权益保护与新农村社区发展法律保障模式建构的核心和实质就是对利益关系进行重新合理定位和分配,在协调平衡各利益关系的基础上,缓解各利益主体之间的利益矛盾和冲突,促进农民权益的实现和保障新农村社区的发展,进而实现社会和谐。

二、冲突与平衡:从形式公平到实质公平

尽管农民权益保护与新农村社区发展需要在公平与效率当中做出选择,但它自身必须是有效的,以更好地体现或实现公平。需要将公平观念深入到农民权益保护中,公平观念不仅是对公平关系的认识和反映,更是对以客观公平关系为对象的追求正义的主观形式或观念化模型。公平关系作为社会关系

中的一种,会随着社会发展的变化而变化,随着社会生活的发展而不断丰富、扩展和演变。① 公平关系的变化会使公平观念也发生变化。同时,不同的社会群体、不同的社会发展阶段、不同的文化背景、不同的信仰以及不同的政治制度差异使得不同的群体、不同的个体对于公平观念的内涵理解有所差异。但是,对公平的追求却是不变的,无论是形式公平还是实质公平,都是人们追求的目标。

罗尔斯认为,形式正义要求执行法律和制度时应当平等适用于属于它们所规定的各种各样的人。由形式正义产生形式上的公平。在民法上,公平主要是指形式公平,它意味着机会平等。而机会平等至少要有四个方面的规定性:即社会资源平等地向市场主体开放;竞争的起跑线平等;市场主体同等地不受歧视;市场主体平等地拥有实现其经济目的的手段②。形式公平,也是农民权益保护与新农村社区发展法律保障模式的基本法律原理,但同时其更以实质公平为更高公平价值目标。社会的发展促进文明的发展,文明的发展使得公平观念的内涵不断丰富。人们对公平的追求已经不再是单纯地追求形式公平,而是更加注重实质公平与结果公平。来源于实质正义理念的实质公平,是从内容上追求结果公平的正义。实质公平是在承认经济主体的资源和个人禀赋等方面差异的前提下而追求的一种结果上的公平,实质公平要求一方面对具备特殊条件、地位和能力的市场主体的某些行为进行一定的限制,增加其义务或减少其权利。另一方面,实质公平对遭受或易于遭受经济特权侵害的弱小主体进行特别保护,赋予其更多的权利,而承受较少的义务。农民权益保护和新农村社区发展是新时代背景下新时期发展的必然结果,同时也是从"形式公平"到"实质公平"追求的必然产物。我们已经经历过发展进程中由于历史原因、制度安排失衡、国家政策倾斜等多方面因素造成的不公平现象。虽然形式上也许是公平的,但是结果却不一定是公平的。农民作为相对弱势群体,作为人权保障中十分重要的一个群体,需要对农民权益进行倾斜性保

---

① 谢鹏程:《基本法律价值》,山东人民出版社 2000 年版,第 102 页。
② 公丕祥:《论当代中国法制的价值基础法制与社会发展》,《法制与社会发展》1995 年第 2 期。

护,加强对新农村社区发展的政策、制度、市场倾斜,去追求对农民和农村的实质公平的实现。

从形式公平到实质公平发展是农民权益保护与新农村社区发展法律保障模式的基本法律原理,可以有效平衡协调各利益主体之间的冲突,促进农民权益落实和新农村社区的纵深发展。对农民权益的倾斜性保护在一定程度上体现了针对特定对象和在特定时期内"实质公平"先于"形式公平"的思想。农民在某些层面暂时只享受权利、不履行义务,看起来是"权义结构"的权利、义务的分配与组合上的不对等,看起来对非农业相关主体造成了"不平等",但从历史的角度,国家长期实行的工农业剪刀差,农业支持工业发展导致大量农业利益向城市流动的事实,以及农业相关主体最终亦需要履行其义务,说明了不可能存在绝对的权利和绝对的义务,权利和义务存在着辩证统一的关系。所以,无论是非农业相关主体在城市支持农村、工业反哺农业方面现实性的"义务优先"或是农业相关主体在农业发展、农村稳定、农民富裕方面暂时性的"权利优先",最终必须回归于权利义务的一致性和统一性上来。

三、法治与自治:从单一法治到主体自治

从价值的角度看,法律的权威性排除了个人的专断和任性,排除了权力的不正当干预,有利于实现公平和自由的社会秩序。法治规定的权益保障、纠纷解决具有很大的优越性,从效率的角度衡量,普遍化、程序化的解决方式简化了事务解决的过程,减少了决策所要处理的信息,是一种实用而有效的便捷手段。在法治现代化的进程中,需要建立健全法律体系,需要树立法律和司法的统一与权威,需要加强村民通过诉讼程序实现自身权利的意识。但是,法律毕竟不是万能的,从其产生之初便具有滞后性、局限性。加之现代社会生活的无限丰富性和新事物的扩张,法律不可能完全满足社会调控的要求,必须注重传统的、非正式机制的利用和发展,允许当事人根据多样化的社会规范进行自治。自治意味着主体自觉思考、自我反省和自我决定的能力,其核心在于村民自主、自律、自由地管理自己。在宪法框架下给乡村自治定位显得十分重要,我国宪法第一百一十一条规定:农村按照居民居住地区设立的村民委员会是

基层群众性自治组织。这为农村自治制度的创制和实施提供宪法依据和保障。社区解决意味着村民对内部事务的普遍参与,乡村社会作为一个实践领域,自治使村民的创造性得以发挥,为国家政权的制度创新提供可能。

自治强调尊重当事人的自由意志,只要主体通过交涉达成合意,就符合自治的要求。社区解决注重符合当事人根据其具体情况和意愿所做出的妥协和选择的结果。需要注意的是所谓主体,不是唯我独尊,而是"相互主体";所谓合意,不是你好我好的乡愿,而是求同存异有原则的自愿;所谓交涉,不是单纯的利益交易,而是指"在法律阴影之下的交涉"。[①] 自治以当事人意愿为基础,避免法律规定的僵硬;在价值上,它更为直接地体现了人的自主、自为和自律,符合自由的要求。但是,强调自治并不表示要取代法律在权益保护与解决纠纷中的作用,诉讼仍然处于核心地位,因为自治缺少程序性的保障和强制的平等标准,容易使合意变成不平等的交易,而使法治所代表的平等人权的理想落空。而且由于否定规范的指导作用,造成合意摸索的长期化、反复化,并削弱社会规范性,导致规范虚无,不利于社会有序化。村民自治、社区自治就是要加强农民主体以及农村社区主体在农民权益保护和新农村社区发展中发挥更积极的作用,只有调动起广大农民参与权益保护和新农村社区建设中来,农民的利益诉求才能得到切实的反映和尽快落实,因为只有农民自身才能真正的、全面的反映自己的权益诉求,也只有农民自身才是最迫切想把自己的权益诉求以某种形式表达出来,以争取自己权益的实现。农民权益保护与新农村社区发展法律保障的原理探究中,一定要在认识法治的重要作用的同时,深化对主体自治的认识,探索法治背景下的主体自治,促进农民权益保护与新农村社区发展法律保障模式发挥更积极的作用。

四、权利与义务:从二元统一到二元互补

根据马克思的观点,没有无义务的权利,也没有无权利的义务。[②] 这表

---

① 棚濑孝雄:《纠纷的解决与审判制度》,王亚新译,中国政法大学出版社 1994 年版,第12 页。

② 《马克思恩格斯全集》第 16 卷,人民出版社 1964 年版,第 16 页。

明,权利与义务是统一的。农民权益保护与新农村社区发展中的不同情况以及时代背景的特殊性决定了在对待农民权益保护与新农村社区发展时,要考虑到相关主体之间的权利与义务互补。权利是对利益的一种主张和宣告,个体大量主张的结果是最终我们所看到的如此大量的同种类的宣告被国家通过法律这一形式抽象为一种为共同体所有成员普遍享有的权利规范,从而集约地体现出来。但现实中由于人类需求的多样性等因素客观存在,一部分人对某一种利益欲求可能丧失兴趣或不急于兑现而放弃。其意思是说放弃相关其原本应该享有的权利。这种指引的效果是很明确的,即"因为我不要了,所以你可以要!"这时的权利因放弃而丧失,义务亦随之归于消灭。在农民权益保护与新农村社区发展中,其所蕴含的权利与义务的差异性与互补性主要体现在以下几个方面:就城市支持农业、工业反哺农业来说,处于相对相对强势地位的非农民主体目前属于"义务优先",其应当"率先"承担义务并且承担符合自身能力实际的义务。这与强势地位的非农民主体的经济先发、财务实力、技术能力、人力资源优势及其历史和现实情况等方面是相辅相成的。而就农业发展、农村稳定、农民富裕来说,处于弱势地位的农民主体目前属于"权利优先"。差异性权利义务在一定程度上体现了针对不同对象和在特定时期内"实质公平"先于"形式公平"的立足点,处于相对弱势地位的农民和新农村社区暂时只享受权利、不履行义务,表面上看来是权利与义务的不对等,但从整个历史发展的视角来看,农业长期支持工业导致大量农业利益向城市流动的事实,表明权利与义务的统一是需要条件的,不是绝对的。因此,在农民权益保护与新农村社区发展中,尊重农民的"权利优先"并不是权利与义务统一原则的违背,只是在特殊时期农民权利与新农村社区发展的一个过渡。

第二节　农民权益保护与新农村社区发展法律保障模式的主体架构

农民权益保护与新农村社区发展法律保障模式的主体是多元的,在整个主体架构的过程中,必须充分发挥政府的主导力量,依靠农民的主体力量,贯穿新农村社区在主体架构中的时空载体功能,立足农民合作组织的基础支持,增强社区集体经济组织在农民权益保护与新农村社区发展中的带动作用。

一、政府:法律保障模式的主导力量

在农民权益保护和新农村社区发展的过程中,农民权益可以通过多种渠道来予以实现,但比较而言,政府才真正能从根本上解决农民权益保护和新农村社区的顺利发展问题。政府在维护农民权益、促进农村社区发展方面发挥着十分重要且其他主体力量不能替代的作用。政府主体可以制定相应的保护农民权益的政策和法规,并是这些政策和法规的实施者,同时也是各种与农民权益相关的经济活动的组织者、管理者和各种利益关系的协调者。政府是农民权益保护与新农村社区发展法律保障模式的主体架构中处于主导地位的主体。在保护农民的权益方面,政府的作用至关重要。这主要是由几方面的原因导致的。首先,解决农民权益问题是各级政府的主要责任。一方面,长期以来,政府的政策、行为等造成了农民权益保护机制的缺失,解铃还须系铃人,要纠正这些偏向政策和不当行为唯有依靠政府来解决;另一方面,政府是公共权力组织,公共权力必须面对公共问题并予以解决。其次,与农民自身及其他利益集团相比,政府在保护农民权益方面具有优势。这是因为政府作为一个强势集团,在解决社会问题方面所具有的力量是社会和民众所无法替代的,这不仅表现在政府掌握着制度配置与完善的政治资源(例如权力、权威、组织等)和技术手段,对制度的配置与完善极为有利,而且表现为政府在实施这些制度方面也具有无可比拟的优越性。

二、农民:法律保障模式的主体力量

农民权益保护与新农村社区发展法律保障模式的主体架构中,主体力量应该是农民主体。落实法律保障模式在实践中的具体运用,无论是农民权益保护方面,还是新农村社区发展方面,都离不开广大农民的积极参与。具体而言,从市场主体的投资者、经营者、消费者和劳动者等多种类型看,市场经济的特点、农民自身的问题和有关农民主体制度上的缺失,使农民主体在生产、交换、分配、消费等环节上都存在权益缺失现象。如生产环节的经营自主权的不落实,交换环节的价格歧视或其他主体的垄断或非规范行为,国民收入再分配时的话语权不强,消费能力不足且消费成本高和消费质量低等均是阻碍农民市场主体完善的具体体现。因此在农民权益保护与新农村社区发展法律保障模式的主体架构中,要重视农民主体作用的发挥,重视农民经济利益和经营自主权,保护农民的财产权利,提升农民自我发展、自我保护权益的能力。第一,政府要大规模开展农村劳动力技能培训,整合农村各种教育资源,将农村劳动力培训经费纳入预算,不断增加投入,加快建立政府扶助、面向市场、多元办学的培训机制,发展农村职业教育和成人教育,提高农民整体素质,培养造就有文化、懂技术、会经营的新型农民,这不仅是农民权益保护的重要内容,而且也是新农村社区发展的迫切需要。第二,要继续支持新型农民科技培训,提高农民务农技能,促进科学种田。第三,扩大农村劳动力转移培训的阳光工程实施规模,提高补助标准,增强农民转产转岗就业的能力。在这个过程中,各级政府要坚持资金投入与科教投入并重、实践支持与制度供给并重、共同发展与壮大中产阶层并重、阶段发展与可持续协调发展并重的原则,促进农民主体的完善,从而建立长效保护农民权益的制度机制,真正解放和发展农民,发展农业生产力,促进农村社会的平稳与繁荣,促进城乡协调发展。切实做到保障农民权益,促进新农村社区发展。

三、新农村社区:法律保障模式的时空载体

英国社会学家麦基弗认为社区是建立在成员的共同利益之上,社区的主要特征是共同利益或公共利益,新时期要促进农村社区发展,使其切实成为农民权益保障与发展的时空载体,应着力以发展促规范,以发展促保障,具体从政治、经济和文化三个方面实践农村社区发展理论,从而促进农民权益的共同实现。新农村社区建设就是通过社区这一时空载体实现农民利益的整合,通过农村社区促成共有利益、共同利益的聚合,促进利益参与、利益诉求的低成本、规范化、制度化和法治化表达,实现和谐利益;通过新农村社区发展促进经

济利益的发展,扩大存量利益、增加增量利益,实现农民利益的可持续发展;通过农村社区对差异利益、冲突利益的协调实现农村社区和谐利益的各种运行模式、运行方式和运行机理。

在新农村社区发展与全面实施乡村振兴中,作为一种改变个体和大市场之间不对等交易状况的制度安排,新农村社区正发挥着一种独特组织形式的巨大作用,应该成为提高农民组织化程度、保护农民利益、促进农村社会稳定和经济发展的重要主体力量,成为统筹城乡经济社会发展、建立和谐社会的重要组织载体。目前,我国进入社会转型加速期,社会分层、社会流动加剧和社会结构变迁导致利益分化、利益主体多元化和利益群体显性化,这加剧了社会利益的冲突和矛盾的尖锐化和激烈化。新农村社区作为农民权益保护的时空载体,在保障农民权益方面有着重要作用,其一是整合利益即是实现利益参与,对多元利益中的共有利益、共同利益和共享利益能够实现统一的利益诉求,通过制度化、规范化和法治化实现农民的和谐利益诉求。其二是利益发展,利益的发展包括存量利益的增加和增量利益的发展,一方面通过培育集体经济组织来壮大集体的经济基础,另一方面整合社会资源,构建多元投资主体下的利益(公共产品)供给机制,实现社会主体在公共产品方面的共进互促。其三是协调利益即是实现利益和谐。通过对农村社区组织文化的建构和创新,用农村社区的组织文化来引导、沟通和协调差异利益、冲突利益和矛盾利益,最终做到在认同差异利益的基础上缩减差异利益和平衡冲突利益。在农民权益保护与新农村社区发展法律保障模式中,要发挥好农村社区主体的积极作用。

四、农民合作组织:法律保障模式的基础支持

农民权益保护与新农村社区发展法律保障模式的主体架构中,要通过大力发展农民合作组织,以作为保障模式的基础支持,提升农民的组织化程度,落实农民权益保护的实践功效,推动新农村社区的发展。第一,要增加组织的服务功能。个人的力量是有限的,组织能够完成个人所不能完成的任务。传统农民合作组织的功能过于单一,只是作为生产、供应、销售的中介服务组织,

对农产品附加值和信息服务不够,对农民利益的保障不够。增加组织的服务功能不仅可以产生更多的利益,从另一个侧面来说,可以增加对农民的吸引力,使农民更加关注组织,加紧农民与其他成员之间的组织关系和利益联系,从而更利于利益上的联结。第二,设立农民合作组织成员共同发展机制。农民合作组织需要建立一个组织成员共同发展的机制,只是个人发展不能很好地推动组织发展,有时还会成为组织理性治理的障碍。共同发展机制应形成良好的制度体系,做好对组织成员的关于合作理论的培训,不断提高组织成员的业务素质。新农村社区建设需要新型农民,即拥有新知识、新文化的农民,他们中的管理人员知晓治理的知识,了解和把握组织、社区在形成期、发展期和成熟期应该分别采取不同的发展和治理模式。第三,改进农民合作组织分配制度。分配制度实质是平衡农民合作组织追求对内公平与对外效率的重要制度。通过交易返还为主、按股分红为辅的方式设立新的分配制度,通过科学方法确定提留资金以便发展壮大组织和激励管理层。改进合作组织的分配制度是为了发挥出分配制度作为利益调节器的作用,当然,这一改进必须在一定的限度之内,要以农民合作组织的基本原则为基础。第四,创建关系产权的协调机制。在现实生活中,产权常常是模糊的、象征性的,并可能在谈判与博弈过程中被不断界定,产权不仅是一种权利还是一种关系。关系产权的观点给我们完善现有产权制度提出了新思路,我们在坚持产权明晰性与独立性前提下,也要注重产权自身所承载的关系,建立产权控制者间的协调、关联机制,协调农户与合作组织、合作组织与其环境间的产权关系,建立关系产权获取资源的法定渠道,以提高市场化程度来缩小关系产权的广度。第五,设立责任追究机制。高效、合理的责任追究机制是农民合作组织保持理性治理的重要内容之一,通过较为合理完备的责任追究机制可以防止诸如董事、总经理由于个人行为对公司造成的危害,使他们能够做出善管义务和忠诚义务。同时,农民合作组织理性治理也需要规定各成员不承担法定义务时应追究民事责任、行政责任与刑事责任三大不同层次的责任,农民合作组织管理层在不履行善管义务和忠诚义务、组织内强势社员侵害弱势社员应承担的法律责任等。合作组织的发展壮大,可以在农民权益保护与新农村社区发展法律保障模式中切实起到基础性的支持作用。

五、社区集体经济组织:法律保障模式的发展动力

社区集体经济组织的发展可以为农民权益保护和新农村社区发展带来活力和动力,因而也是法律保障模式中重要的主体之一。与世界上发达国家相比,我国社区集体经济组织以及社区集体经济总体上还处于弱势地位。首先要从制度供给、政策倾斜、权利保障、资金支撑和信息共享等方面入手,进一步改革完善集体经济的产权主体、产权结构和组织形式,同时借助各类合作组织,依托新农村社区建设促进新时期我国社区集体经济的不断发展壮大,增强其保障和发展我国农民权益的带动作用。同时应从加大政府扶持力度、完善内部管理制度等方面入手发展社区集体经济组织,促进社区集体经济组织在增加农民收入、发展农村社区中发挥更加积极的作用。第一,加大政府对社区集体经济组织的扶持力度。因农业的不可或缺地位及在市场竞争中的弱势地位,政府应对农业实行税收优惠和财政补贴等政策倾斜来扶持农业发展和增加农民收入,从而带动农产品加工业的发展。第二,健全和完善社区集体经济组织管理制度。我国很多地区的社区集体经济组织内部管理水平不高,直接影响了社区集体经济组织规模的扩大和持续发展。我国社区集体经济组织的发展要结合实际引入现代化管理理念,逐步完善社区集体经济组织的人才管理机制、财务管理制度、信息管理制度等,通过社区集体经济组织管理水平的提升,促进社区集体经济组织以及社区集体经济的纵深发展。第三,加快社区集体经济组织信息化建设。随着信息技术的发展,社区集体经济组织的发展要充分利用各种信息技术,及时了解国内外市场销售信息、供求信息等,根据市场需求的变动情况,做出科学的决策,推动社区集体经济发展,提升其市场竞争力。第四,加快推进农业知识产权战略。一直以来发达国家往往凭借其所掌握的农业科技优势,在农产品贸易方面设立技术壁垒和技术标准。农业科技及其贸易的国际化使国家间农业科技领域的竞争更为激烈,农业科技纠纷也不可避免,而这种纠纷往往更直接表现在知识产权保护上。要改变我国社区集体经济组织的弱势地位,适应更高的要求,就要加强原创性研究,大力

开展具有自主知识产权的农业技术研究,提高农业科技成果的产业化水平,增强我国社区集体经济的国际竞争能力。通过加强保护意识的宣传培育、专业人才的引进培养等具体措施,完善对农产品原产地地理标志、农业技术专利权、植物新品种权、农业商业秘密等权益的保护。

六、社会中间层:法律保障模式的协调性力量

传统的社会框架体系是政府和市场的二元结构框架体系,其中存在着很多的困惑,政府主体和市场主体还有社会中间层主体三种框架的形成,我们在经济法学研究当中,我们把它称之为社会中间层。在农民权益保护与新农村社区发展中,农村社会中间层主体主要表现为农村的一些公益性组织、农业社会服务组织等。和政府主体相比较,农村社会中间层主体能承担起政府承担的很多任务,而且效率更高,能力更强。它能够及时作出比政府反应更灵敏的反应,也能够避免政府体制中常见的官僚作风,降低运营成本。和市场主体相比较,社会中间层主体具有更加专业充分完整的信息,它有市场主体不具备的优势,这也为市场主体提供规模服务产生了可能。因此,在农民权益保护与新农村社区发展中,要加大对农村社会中间层的培育,充分发挥它在政府与市场之间的协调作用,使得农村社会各个主体之间发展均衡,避免侵蚀农民合法权益,阻碍新农村社区发展,维护农村社会的和谐。

第三节　农民权益保护与新农村社区发展法律保障模式的制度构建

我国新农村社区的产生是社会变迁、制度创新和组织变革的内在需要,契合了社会结构的变迁和利益协调的需求,是和谐社会发展、社会利益协调的内生变量。农民权益保护与新农村社区发展的法律保障模式要注重倾斜性基本理念的重塑,坚持平等生存权与发展权的两个基本原则,建立多元协调的体系化保障模式。

一、完善农村相关立法制度，确保农村社会有法可依

保障公民权利是建设社会主义法治国家和法治社会的核心要求，在我们这个农村人口占绝大多数的国家，农民权益的法律保障是我国法治建设必须面对的重大问题。我国农村问题一直以来更多的是靠国家政策来进行调整的，只有将国家政策上升为法律，农民权益保护才具有坚实的法律基础，农民才能够通过法律手段保护自己的合法权益。

（一）在立法上规范行政执法活动，保护农民权益不受违法行政行为侵犯

在保护农民权益方面，政府有着义不容辞的责任和义务。但在许多情况下，侵害农民权益的往往就是地方政府。"如果政府不给予法律获得尊重的权利，它就不能够重建人们对法律的尊重。如果政府不认真地对待权利，那么它也不能够认真地对待法律。"①对农民权益受到不法行政行为侵害后，应该有适合农民特点的法定援助手段。

（二）以立法的形式对农民的医疗保险、养老保险和进城农民工的合法权益进行保障

在现有的条件下，完善农村医疗保险制度和农村养老制度，以及结合农村惠民政策和其他民政补贴政策，试行农民最低生活保障制度对于保障当前我国农民权益具有重大意义。当前，我国进城农民工的权益保护问题也日益凸显。对此，政府虽给予了一定的政策支撑，但从长远和法治的角度考虑，我们应在全国范围内制定专门的《农民工权益保护条例》。

（三）以立法形式对农民的一些维权组织予以支持和保护

在我国，代表工人、妇女、青年人的法定组织分别有工会、妇联和共青团。此外，还有各种各样的社团和协会，就连私营企业主都有自己的协会，并且做得比较成功。而几亿的农民却没有自己的维权组织。因此，建立适合我国国情的农会组织具有一定程度的必要性。对此，我们应从立法源头上确定中国

---

① 德沃金著：《法律帝国》，信春鹰、吴玉章译，中国大百科全书出版社 2002 年版，第125 页。

农会的法律地位,制定促进我国农会事业发展的法律法规,使得我国农村的亿万农民在进行农业实践中有自己的代言人,弥补其在各级代表中人数偏少、话语权较弱的现象,增强其与政府协商调整的能力,使得农业发展有一个坚强的组织体,也使"三农"问题的解决有一个有力的组织基础。

(四)对农村承包经营权给予必要的民法保护,防止财产权保护的法律缺失

对于农村土地承包经营权的外延和内涵,在理论和立法方面均有很多不足,特别是在宪法上还存在立法方面的缺失。第一,表现为主体权属的缺失。从法律规定来看,我国宪法第十条规定:"农村和城市郊区的土地,除由法律规定属于国家所有外,属于集体所有;宅基地和自然地、自留地,也属于集体所有。国家为了公共利益的需要,可以依照法律规定对土地实行征收或者征用并给予补偿。"从该规定看,农村土地所有权的主体是"集体所有"。可以说这种集体主体的虚拟和多样性,导致农村土地所有权主体模糊不清的现象严重,导致损害农民土地承包经营权的现象时有发生。《民法典》第三十三条至三百三十条对农村土地承包经营制度与相关权利保护作出了明确的规定,进行了较完善的制度安排,解决了过去农村土地承包经营权中的民法保护不足的问题。

二、重构社会利益均衡制度,促进农民权益倾斜保护

在农民权益保护与新农村社区发展的法律保障模式构建中,其基本理念是倾斜性保护理念。保护农民基本权益,逐步落实对农民权益的倾斜性保护,可促进新农村社区的健康发展、维护新农村社区的安定有序,进而实现新时期我国整个社会的稳定与和谐。由于历史原因的影响,农民在许多方面和其他社会群体相比都处于相对弱势地位,多方面的原因造成了今天我国农民群体的相对弱势地位,使得农民群体处于一种不健康的结构性社会歧视之中。这种结构性的社会歧视一般不具有自我改变的能力,其自我发展的潜力也受到限制,只有通过外在权威和结构改变才能对其加以特别保护,以补偿他们本应拥有的那部分资源,或消除歧视,或排除实际行使权利的障碍。很多学者从自己研究的领域阐述了对农民这一弱势群体利益诉求保障的合理性,如伦理学、经济学、政治学和社会学的角度等,认为对农民利益诉求保障,要么源于人的天生的怜悯弱者的道德感或正义感,要么建立在促进经济全面发展、保持社会稳定、提高人民生活水平等功利性证明上,这从某种意义上来说都是不完备的。单纯的道德感或正义感,无法形成规模化、制度化的实践,只能是零打碎敲式的慈善组织的施舍,这还不足以作为我们为什么要完善农民权益保护的强有力的理论基础。因为功利性证明的缺陷在于对弱势群体的保护很难是普遍的和长久的,功利性可以为了"最大多数人的最大幸福"而牺牲某个人或一些人的利益,而被牺牲者往往是弱势群体,此一时的功利考虑在彼一时可能就不成立,这样就可能导致弱势群体应有利益的随意剥夺。但权利的保护就会避免这类问题,通过权利的保护具有普遍性和持久性。权利是社会利益的调整机制。权利不但是法律对利益的确认机制,同时也构成了法律对利益调整的有效机制,这种有效机制取决于权利独特的利导作用。[1]

学者们在这种权利配置的研究中,针对弱势群体的利益保护和实现问题,产生了倾斜性权利理论。所谓倾斜性权利,是指基于保护弱势群体的考虑,在进行权利配置时,往往通过权利倾斜性配置方式对交易一方的私权进行额外规制或过度保护。在市场经济体制下,即使建立了一套有关公平竞争的法规和政策,也会有部分社会成员由于本身条件的限制,经常处于不利的竞争地位,尽管有了专门保护这类人的权利的法规,但凭其自身的能力去实现其权利的手段却不具备。因此,除了有法可依外,对社会上处于不利竞争地位者的权利保护还需要有一套实现其权利的有效机制。[2] 因此在权利配置时要为农民配置倾斜性权利,以弥补社会地位的缺陷,倾斜性权利的产生是实现相对弱势群体利益的必然结果。从而我们可以得出,加强对农民权益保护不是伦理道德的要求,也不是功利性的证明,而是出于对农民倾斜性权利的考虑。倾斜性权利理念作为农民权益保护与新农村社区发展法律保障模式的基本理念,对

---

[1] 齐延平主编:《社会弱势群体的权利保护》,山东人民出版社 2006 年版,第 102 页。

[2] 郑杭生:《中国人民大学中国社会发展研究报告 2002》,中国人民大学出版社 2003 年版,第 206 页。

协调各主体之间的利益,促进农民权益保护的开展和新农村社区建设的进行具有重要的理论意义和现实意义。

三、健全权力制约法律制度,推动农村民主法治建设

权力制约,即权力的制衡与约束。经过多年农村社区发展的实践和探索,特别在新农村不断加速发展的新形势下,我们对如何加强社区内的制约监督高度重视,形成了较为系统的思想,积累了一些成功的经验,建立了一套包括社区内监督、行政监督、法律监督、群众监督、舆论监督等在内的监督体系和机制。这是我们社区治理能够不断成熟和走向规范化的重要原因和条件。但是,农村一些地方和社区不能适应新形势发展的要求,与农民权益保护和新农村社区发展的要求相比还存在很大差距,仍是当前我国新农村社区治理的一个薄弱环节。其突出问题是对新农村社区认识存在误区,农民权益保护和新农村社区治理制度不够配套,监督方式和措施落后,监督力度不大,监督合力不够等。加强对农村社区权力的制约和监督,必须从新农村社区治理权获得的那一刻开始,真正把监督贯穿于对权力的授予、权力运行的每一个环节、权力运行的结果等,形成一个有机联系的链条。监督是一项系统工程,涉及问题比较宽泛。针对监督工作存在的突出问题,必须加强对新农村社区内权力的制约和监督,当前应特别注重把握以下几个环节:提高认识。主要是进行强化监督意识的教育,消除认识上的误区。强化教育应重点把握三点:一是加强对新农村社区权力观的教育。使被监督者充分认识到,权力来自农民,是社区分工的一种体现,根本不存在特殊阶层。权力需要监督,谁掌握权力,谁就要受到监督;权力越大,越要受到监督。二是正确处理好监督与信任的关系。监督和信任是统一的,不言监督的信任是轻信,放弃监督的信任是纵容。监督不是找麻烦、唱反调,更不是不信任,监督恰恰是为了信任的牢靠和持续。三是监督和爱护的关系。监督是拒腐防变的关键,是对农民关心和爱护的最好体现。通过教育,提高广大农民的监督意识,提高各级农村干部主动监督和心甘情愿地接受监督的意识。这是加强对新农村权力制约和监督的前提条件和基础,不断推进农村民主法治建设的进程。

四、创新社区纠纷解决制度,保障农村和谐稳定发展

以利益为纽带联结起来的组织难免发生利益冲突,为协调当前新农村社区内部及外部之间的利益冲突,我们要积极探索改革发展进程中各种纠纷化解的途径和办法。

首先,建立以新农村社区为核心的调解机构。调解工作在化解纠纷中的重要作用,既符合中华民族"和为贵"的传统美德,也符合"以人为本"的理念和构建和谐社会的要求,是缓解社会矛盾、减少社会对抗、化消极因素为积极因素的有效途径。在我国农村,司法所是设置于乡镇人民政府的国家司法行政机关,是县司法局派出机构,但是,乡镇司法并不能及时有效地对农村的纠纷进行化解和解决,因为其所掌握的资源也是有限的,无法在最短的时间内对农村的一些纠纷做出反应。因此,依托新农村社区,建立相应的纠纷调解机构,可以熟悉农民经常面临的法律问题,而且能够较快做出反应,能够较及时地化解新农村社区内部和外部产生的纠纷,切实做到有事必调、调必有果、有效解决。

其次,充分发挥仲裁部门的职能。仲裁启动程序简单,运转成本低,处理纠纷更为快捷简便,能有效维持乡土社会的人际关系。仲裁应以人为本,遵循公开公平公正、依法独立仲裁、及时便民的原则,将新农村社区内部及外部产生的纠纷纳入仲裁范围,明确当事人的权利义务。一是严把立案关,首先由申请人提出书面申请,承办人审查受案条件,对符合受理条件的,填写立案审批表,报请仲裁委员会批准,避免仲裁的盲目性。二是做好开庭前的准备。及时告知被申请人答辩权,依法送达有关法律文书。三是依法开庭审理。调查、陈述、答辩、举证、辩论、最后陈述、裁决等各个环节都要严格遵循。四是注重协调,提高办案实效。严格执行仲裁程序,规范操作,依法仲裁,及时解决合作组织内部及外部的纠纷。

再次,充分发挥诉讼的作用,努力实现诉讼与其他方式的协调与整合。诉讼是最直接、最有效、终局性的纠纷解决策略,是调解与仲裁的结果得以执行的有力保障。但由于诉讼本身程序繁琐、成本较高,加之乡土社会人们有厌诉

心理、举证能力差等客观原因,直接导致了人们普遍不愿意选择诉讼作为纠纷解决方式。新农村社区作为农村社会的重要组成部分,为当地的农业产业及服务业的发展注入了很大的活力,但纠纷的产生在所难免。司法机关在审判形式上应该有所创新,探索出适合我国农村的纠纷司法解决方式:第一,应继续加强农村法律知识的普及。在农村的法律普及过程中,可以有针对性地加强对农村当事人的举证指导。在农村社区解纷中心,服务人员可以帮助居民提前仔细审查起诉状与答辩状,有针对性地对诉辩双方分别作以举证指导。积极开展巡回审判,由法官把庭审开到农村的院落或者田间地头,邀请周边的群众旁听,通过庭审普及法律知识,让乡村群众了解相关证据规则,明白证据在诉讼中的重要意义,增强他们的证据意识,从而逐渐提高他们的举证能力。第二,应注重农村纠纷举证指导的技巧性。农村当事人的文化素质、认识理解问题的能力都存在不同程度的区别。文化素质较高的人理解能力较强,在指导举证时说清缘由,对方容易领会。对农村中那些文化程度偏低、理解能力差的当事人就应做到耐心细致,不厌其烦地指导举证。在语言表述上要通俗易懂,并将应举证据以书面形式交给当事人本人,同时讲明可以委托他人代理诉讼或找其他人协助举证。对举证确实有困难或不便由当事人举证的,由人民法院的审判人员调取证据。第三,在指导农村民事诉讼当事人举证时,注意司法公平性、公正性和严肃性。要使其懂得依法举证的严肃性和作假证伪证所产生的法律后果,以确保所举证据的客观真实性。另外,应在广大农村广泛地建立健全当事人举证联系网,推广农村当事人举证联络员制度。在农村乡镇党委政府的支持下,通过基层人民法院在其所派出的法庭、农村司法解纷中心、各级人民调解委员会培训司法举证联络员。通过各级联络员发挥作用帮助农村当事人举证,意在解决农村当事人举证难问题,使法律赋予农民的一切合法民事权益能够得到充分的保护。第四,政府要为农民提供利益表达的制度化平台,使农民在多元利益社会中的合理利益诉求能够通过正当规范的渠道上通下达,供决策者参考、汲取,从而推出得到社会普遍支持的公共政策。要结合具体实际,尽快建全诸如民意调查制度、决策听证制度、政务公开制度、协商谈判制度等。要健全城乡基层民主管理与自治制度,实行村务公开、厂务公开、政务公开、民主评议、质询等直接民主形式,保证广大农民有知情权、发言权和监督权,使其获得更多议事决策的机会和渠道。

第四节　农民权益保护与新农村社区发展法律保障模式的多元协调运行体系

　　农民权益保护与新农村社区发展法律保障模式的构建,在法律原理上要注重形式公平,但更要关注实质公平,在法价值追求上要注重从利益和谐到社会和谐的实现,并且要逐步在法治背景下促进主体的自治。要通过建立农民权益保障机制;重构社会利益均衡机制;健全权力制约法律机制;完善社区纠纷解决机制等建立起健全完善的农民权益保护与新农村社区发展法律保障机制。要充分调动和发挥政府主体、农民个体、农村社区、合作组织、农业企业等各类主体在农民权益保护与新农村社区发展法律保障中的积极作用。

一、严格法律实施,确保运行制度

　　法律实施,也叫法的实施,是指法在社会生活中被人们实际施行,包括执法、司法、守法和法律监督。法是一种行为规范,法在被制定出来后,付诸实施之前,只是一种书本上的法律,处在应然状态;法律的实施,就是使法律从书本上的法律变成行动中的法律,使它从抽象的行为模式变成人们的具体行为,从应然状态到实然状态。法律实施是实现法的作用与目的的条件。法律实施与法的制定相对应。法律本身反映了统治者或立法者通过法律调整社会关系的愿望与方法,反映了立法者的价值追求。法律实施是实现立法者目的、实现法律的作用的前提,是实现法的价值的必由之路,正如庞德指出的,法律的生命在于它的实行。农民权益保护与新农村社区发展法律保障模式要正常运行,必须要严格实施农民权益保护与新农村社区发展的各种法律制度,只有这样,农民权益与新农村社区的相关立法才有意义,才能促进农民权益保护与新农村社区的不断发展,最终实现农村的和谐发展。如何严格实施农民权益保护与新农村社区发展的相关法律制度,是我们必须解决的重大问题。首先,要维护农民权益保护和新农村社区法律的权威和尊严。农村社会的一切国家机关、政党和农村社会团体、农村企业事业组织都必须遵守相关的法律规定,任何组织或者个人都不得有超越该法律的特权,对违反相关法律侵害农民合法权益的行为必须予以追究。其次,要在农村坚持依法治理和公正司法的原则。国家行政机关要严格按照法定权限和程序办事,加快建设基层法治政府。再者,要不断增强农民的法律意识和法治观念。我们应当深入开展农村法治教育,在广大农村形成自觉学法、守法、用法的社会氛围。农村各级国家机关工作人员要带头遵守农民权益保护和新农村社区发展的相关法律,善于运用法律解决农村现实生活中的实际问题。广大农民群众要依法按程序表达利益诉求、解决矛盾纠纷,用法律武器维护自身的合法权益。

二、加强主体规范,强化运行体系

政府主体要在政策上、财政上对农民权益保护予以倾斜和支持,根据各地的经济发展状况、农民权益的实现状况,确定合适的支持力度,不做“一刀切”,确保对农民权益保护的支持能发挥最大的作用。农民主体要积极参与到新农村社区建设中来,为新农村社区建设献智献策、贡献自己的力量,同时要积极争取自己应该享有的一系列权益。农民合作组织主体也要在保护农民权益、发展新农村社区中发挥积极作用,要因地制宜,培育新型农民合作组织,扶持采用先进科技和生产手段的专业合作经济组织,通过农民组织化程度的提升,确保农民权益的实现。农业企业主体要承担起转移农村剩余劳动力、发展农村经济、增加农民收入的积极作用,鼓励龙头企业与农民建立紧密型利益联结机制,推进产业化规模的扩大和升级,形成多元化、多层次、多形式经营服务体系,充分发挥中西部地区资源环境优势、传统文化优势,充分挖掘中西部农民可持续增收的潜力,夯实农民权益实现、保障与发展的基础平台。此外,还要通过和谐农村社区建设,使其成为我国农民权益实现的平台,建构基于和谐农村社区的农民权益保障与发展的实现、弥补、供给的机制和制度体系,为农民权益的实现、弥补和供给提供广阔平台,使其真正成为农民权益保障与发展的时空载体。在农民权益保障与新农村社区发展法律保障模式中,要加强这些主体之间的利益协调,以期发挥最大的价值功效。

三、促进产业协调,增强运行动力

在农民权益保护与新农村社区发展法律保障模式中,一定要加强第一、二、三产业发展之间的协调,实现农村经济的稳定、和谐发展,促进农民权益的实现,推动农村社区的发展。要从进一步落实以工促农、以城带乡政策,以工业反哺农业、城市支持农村为主线,健全完善稳定的投入帮扶机制,努力消除制约产业协调发展、城乡协调发展的体制性障碍,加快建立产业间共同发展的机制,通过加强现代化工业发展与现代化农业发展的协调运作,实现从"城乡分割"到"城乡一体化"的转变,从一二三产业梯度发展向一二三产业平衡协调发展转变,从而可持续地促进我国农民权益保障与发展。与此同时注重区域协调。在农民权益保护与新农村社区发展法律保障模式中,不能仅仅着眼于农村地区探索对策,要在东中西部区域间的协调发展中,破解"三农"问题,实现农民权益保护。从全局统筹我国东中西部社会经济发展来看,东部地区在利用我国中西部地区各种资源的同时,通过建立体系化权利补偿、生态补偿和利益反馈机制来将部分收益反馈回我国中西部地区,进一步弥补地区间发展差异,促进东中西部之间的协调发展。在主体协调、产业协调、区域协调的保障模式思路下,最终要落实于体系化保障模式来保护农民权益、发展新农村社区,即着力于以平等生存权和发展权为中心的宪法保护,着力于倾斜性宏观调控政策、农民经济主体市场化和组织化的经济法律保护,着眼于权利补偿、生态补偿的资源环境法律保护,着眼于农民素质提升和科技创新推广的文化法律保护,着眼于以社区调解、行政调解和司法调解三位一体为中心,以仲裁、诉讼为辅,以农村法律援助为外在推动力的与我国农村乡土社会农民权益相适应的救济制度,全方位构筑农民权益更新、更高层次的保护网,建立起协调、保障、疏导与发展相结合的我国农民权益保护与新农村社区发展的体系化法律保障模式。

四、推进区域合作,优化运行资源

农民权益保护与新农村社区发展法律保障模式要正常运行,也离不开区域之间的合作。通过不同社区之间的合作与交流,可以为农民权益保护和新农村社区发展提供更多的资源,以保障农民权益保护和新农村社区发展法律保障模式的运行。一是进一步明确区域合作目标,激发农村社区互补性带来的合作动力,必须进一步研究社区合作在未来农村以及国内区域竞争中的定位,并由此确立新农村社区合作各方的功能定位、发展方向及相关措施。由于各个地方的新农村社区存在较大的互补性,因此,新农村社区的合作在较长的时间内是以农民权益保护作为其主要合作动力,在这个过程中要实现不同地区社区的不同定位。二是明确新农村社区合作的决策机构和执行机构,进行合理分工,强化完善相关部门衔接落实制度。三是根据自愿参与原则,尽快将各种协议作为新农村社区合作规范进行建设。不同地区新农村社区之间可有选择性签订多边或者双边的合作协议。四是建立具有权威性的新农村社区协调机构。新农村社区在国内区域合作、发展中具有特殊的示范意义,国家应从战略上予以关注。建议将不同地区新农村社区合作上升为国家战略,给予新农村社区发展更多的政策倾斜,并在财政转移支付上予以倾斜。

第二十章　农民权益保护与新农村社区发展制度体系的构建

　　无论是基于对历史的回顾还是基于对现实的考察,架构农民权益保护与新农村社区发展制度体系都是我国新农村建设与全面实施乡村振兴的当务之急。之所以要架构这个体系,是因为在我国目前新的历史发展时期,新的时代对农民权益保护与新农村社区发展的制度体系提出了新要求,农民权益保护与新农村社区发展制度中的体系架构及运行制度机制需要适应新时代的变革,需要构建有中国特色的社会主义现代化的制度机制体系。

　　从理念层面而言,传统农民权益保护与农村社区发展理念过于守陈,跟不上现代农民权益保护与新农村社区发展制度理念的发展,无法突出对农民权益的平等保护、法治保护、民主保护和全面、协调、可持续保护,无法突出农村社区的全面、协调、可持续发展;从内容层面而言,传统权益保护制度关注的仅仅是农民的生存权,而缺乏对农民群体生存权与发展权的平等维度的关怀,传统农村社区仅注重经济的发展,缺乏对政治、经济、文化、社会的全面审视;从制度架构层面而言,传统农民权益保护与新农村社区发展制度的内部组成不健全,各组成制度间缺乏衔接性,部分之间存在矛盾和冲突,且各组成制度法律效力性不高;从制度运行层面而言,政府、农民与社区(第三部门)之间赋予的权利义务有所不妥,权利与义务的实质对称性并没有得到体现,且各方主体的权利义务也较为混乱,制度内各主体行为的规范性不足,各主体权益保护中违法行为及不作为行为的法律责任规定缺失。

　　所有这些问题仅仅依靠某项或某部分制度很难从根本上解决我国广大农

民权益保护和新农村社区发展的问题。它需要全方位的制度支撑,以保证农民权益的保护具有坚实的制度基础和法律支撑,即权利的保护和社区的发展问题要通过制度体系的规范转化为实有权利和实在的经济发展。同时,所有这些被承认的农民权益在某种程度上或在某些时刻可能发生冲突。对农民权益保护和新农村社区发展来说,重要的不是承认权利,而在于如何配置好这些权利,形成农民权益保护的权利体系,并给予其适当的救济。

第一节　农民权益保护与新农村社区发展的制度体系概述

制度体系是在社会范围内各种制度之间或某一领域内相关制度之间相互作用而形成的制度综合体。它是逐渐形成的,从无到有、经过制度的嬗变或变迁,从个别制度到形成各种不同维度不同层次的制度体系。一般而言制度体系的形成往往需要经历很长的历史进程。在制度体系的发展过程中,随着人类社会的不断发展,原有社会无序与制度不健全的弊端日益暴露出来。于是就产生了根据习俗和众人能接受的方式进行造法或修法的需求,由此制度的强制性变迁或诱致性变迁随之展开,从一个领域扩展到更多领域,从不完善到逐步完善。农民权益保护与新农村社区发展的制度体系便是在农民权益保护缺失的情况下,在人们的理性反思下逐渐形成的。而如何形成结构合理、功能齐备、相互促进、相互补充的农民权益保护与新农村社区发展的制度体系,是我们当前所面临的主要课题。

笔者认为农民权益保护与新农村社区发展的制度体系主要是集政治、经济、文化、社会、生态以及其他于一体的,对农民权益进行全方位保护的制度安排。要想充分地实现农民的权利,避免农民的权利被架空,就必须明确赋予农民社区发展权。社区发展权是发展权的重要组成部分,是建立在主客体发展权融合实现的时空载体之上,以社区形式享有的政治、经济、社会、文化与生态等各方面发展权利的总和;在实现层面上,分为外部发展权(即通过法律实现社区所享有的政治、经济、文化与生态发展权利）和内部发展权（通过内部民主治理形式，按照民有、民享、民管原则，实现社区成员的发展权利）两种形式。从性质上来讲它是一种集体人权，但是它以集体权利的实现方式来达到个人权利的实现。在基于农民权益的保护方面，外部发展权可以通过整合现有的农民权益保护的制度体系并在此基础上不断发展和完善，从而使所赋予社区相应的权利得以实现。在内部发展权方面，强调参与式管理制度的实施，保障农民广泛的参与权和决策权，实现社员与社区之间的互动。

具体而言，在外部发展权方面应该注重处理政府与社区的处理关系上。政府组织的特点具体表现在权力的局限性、行政事务的复杂性、管理服务的直接性、管理工作的被动性与综合性。政府的角色应该顺应时代的发展由管理型政府向服务型政府转变，在这个过程中，政府应该进行适当的分权，对社区赋予相应的管理权，如在印尼就赋予社区的森林管理权。

在内部发展权方面，在社区享有管理权的基础上，对农民进行赋权。这里主要指三个方面：一是社区本身的发展。社区按照自己的事情自己决定、大家的事情大家办理的原则，办理本社区的公共事务和公益事务，为全体居民服务。社区自治的内容包括社区的民主选举权和罢免权、社会事务决策权、日常管理权、财务自主权、内部事务监督权。社区委员会是设立在农村基层政权组织之下的社会组织，是直接由广大农民构成的组织。社区委员会的下面是农户，社区工作服务的对象是社会基本成员农民。社区拥有一定的自主权和自决权，实行自我管理、自我教育和自我服务，管理和决定本地区的公共事务和公益事业。社区是地域性的社会组织，是根据居民居住状况、人口多少，按照便于群众自治的原则设立的。社区的任务主要是办理有关农民的公共福利事业；向当地人民政府或派出机关反映农民的意见和要求；动员居民响应政府号召并遵守法律；开展群众性的治安保卫工作；调解农民间的纠纷。二是社区下农民经济合作组织的发展。合作组织的概念目前还很难有一个确定统一的内涵。在研究中，为了便于归纳，我们运用由一般到特殊的方法，从合作组织的外延，即其所包括的基本类型来归纳合作组织的基本概念。就目前来说，合作组织主要包括合作社、农民经济合作组织、专业合作社三个典型的合作组织代

表。我国合作组织对社区的发展有着重要的推动作用,表现在以下几个方面:
合作组织是推动社区发展的重要力量;合作组织提供着直接、具体和富有人性
化的公共服务;合作组织对志愿者的吸引和动员能力,是充分利用人力资源激
励民众参与社区发展的重要手段。三是社区中农民权益的保护。在社区居住
的个体也是参与社区治理的必不可少的"原子"。这些居民可以加入社区组
织来参与治理,也可以自荐为社区居委会工作人员,还可以自办社区志趣协会
以及直接提意见和建议的方式来参与管理。总之,一个社区的居民参与到社
区管理的人数越多,这个社区居住的居民就越会有更强的归属感和责任感。
在对社区成员的赋权方面,各国也在积极进行着实践。特别是参与式的管理
方法在现实中的应用,通过发展主体积极地、全面地介入发展的全过程,参与
项目的选择、规划、实施、监测、评价、管理以及利益分享的一类方式方法,其本
质是赋权。

由此可见,基于这种社区发展权的农民权益保障体系,是构建农民权益保
护和农村社区发展体系的基本理论前提,只有切实保障农民权益并构建完善
的社区发展制度体系才可能达到社区治理中公权力和私权利的协调、农民权
益保障机制的完善,从而使整个制度体系保持长效运转。

第二节　构建农民权益保护与新农村社区发展制度体系的原则

农民权益保护与新农村社区发展的制度体系构建是一个系统、全面的工
程,它牵涉到各个具体制度之间的协调与互动,而在其运作过程中,又必须很
好地协调各制度操作部门的利益与工作,因而农民权益保护和新农村社区发
展制度体系必须遵循以下原则:

一、制度体系平衡协调原则

所谓平衡协调原则,即从社会整体利益出发,协调各具体制度运行及相关

利益主体的行为,平衡各具体制度运行过程中的轻重缓急与难以回避的地域偏向性,以引导、促进或强制单个具体制度目标和运行在整个制度体系发展目标和运行秩序的轨道上,从而达到制度体系的有效运行、新农村社区的健康发展和农民权益的切实保障;同时,通过对利益主体和制度资源供给作超越形式平等的权益分配,以达实质上的利益平衡和社会公正。平衡协调原则贯穿于农民权益保护与新农村社区发展的整个制度体系之中,主要体现于以下两方面:第一,农民权益保护和新农村社区发展制度体系是一个全面系统的架构,其中会涉及到农民权益保护的相关制度和农村社区发展的相关制度,与此同时,更要考虑这些制度之间的合理融合与互通,即具体制度之间的平衡协调。我国现有制度资源不可谓少,但是综观全局,不难发现因地域不同、经济发展状况不同,基于农民权益保护和新农村社区发展的各具体制度亦有所不同,这些不同的制度导致了制度资源分配的不均衡,社区发展水平参差不齐,农民权益因为不同制度的不可协调性而难以保障。第二,在各具体制度平衡协调的同时还必须保证这些制度与整个制度体系之间的平衡协调。农民权益保护与新农村社区发展制度体系作为一个宏观的框架必须有其全局性的宏观目标,最终目的是要促进新农村社区发展并有效保护农民权益。各个具体制度安排必须顾全大局,合理协调其与整个制度体系间的关系,平衡制度供给对象的利益诉求,与整个制度体系形成一个互动互促的关系。

二、制度体系公平优先,兼顾效率原则

公平的含义较宽泛,涉及经济、政治、法律等各个领域。这里所说的公平,主要是指制度资源分配的公平。即表现为不同区域、不同群体在制度供求上应该公平合理,对于相对弱势群体还应该适度倾斜,以达到形式公平到实质公平的过渡。当然,制度作为一种资源,在运行过程中必然会付出相应的成本,制度运行的成本往往深刻影响农民既得利益的多少和可得利益的有无,因为制度运行中的经济成本、寻租成本等不可避免地成为制度执行者考量制度执行力度到位与否的因素。那么如何缩减成本或者至少使收益大于成本,就不得不考虑制度运行的效率。效率是制度资源供给公平的保障,公平又是效率

得以体现的根本出发点,而全面协调发展又是效率优先兼顾公平的落脚点。三者是相辅相成互促互进有机统一的整体。第一,相对于制度资源的稀缺性,公平与效率似乎是一对天然的矛盾,一方面要保证农民权益保护与新农村社区发展制度体系涵括各个方面,具有切实的可操作性,公平公正地对待农民的权益发展,使制度供给不因地域、经济发展状况、社会文化背景等因素而不平衡,另一方面,又要尽量降低制度运行成本,提高制度运行效率,使制度切实落到实处。第二,在具体制度安排上,应通过制度安排让农民能普遍受益的同时,让农民所得与应得、所付与应付相称,做到机会平等,实现程序公平,使机会平等与效率提升呈现正相关关系,最终实现结果公平。第三,对于公平与效率的关系,在制度供给上同样应遵行初次分配注意公平、再分配注意效率,而在制度运行上则应遵行公平优先兼顾效率,促进全面协调发展原则。在农村社区发展过程中,制度体系应该全面反映不同状况的农村社区和农民权益保护的需要,公平规划制度供给面和力度,并高效地将制度落到实处,促进社区社会、经济、资源、环境的可持续发展,最终达到社区的全面整体协调发展。

三、制度体系长效运行原则

长效运行原则,即是保证农民权益保护与新农村社区发展制度体系可持续地运行,稳定地发挥作用,不因利益需求不一、外部环境变动而朝令夕改。农民权益保护是一项长期的工作,新农村社区发展与全面实施乡村振兴也不是朝夕之事,农民权益保护与新农村社区发展时刻关系着各相关利益主体的利益争夺,这就决定了利益争夺的秩序规范必须持续合理地执行,农民权益保护与新农村社区发展制度体系建构的目的即在于准确界定这些秩序规范并通过合法合理的程序运行这些规范,其宏观系统性决定了其必须保持稳定持续的运行状态。长效运行原则体现在以下方面:第一,在制度设计上充分考量各利益主体的诉求和影响制度运行的现实阻因,充分发挥制度体系的宏观规划性和微观操作性。第二,在具体制度安排上,监管制度和运行保障制度显得尤为重要。一方面农民权益保护是一个多方主体利益相互博弈的过程,如果没有持续的监管,制度的运行很可能发生有别预期的偏差;另一方面,新农村社区发展不仅需要社区建设者的积极参与,而且需要强有力的财力物力支持,这些支持是长效运行原则的核心。第三,长效运行原则是基于对农民权益保护与新农村社区发展理论的清晰认识下,充分听取农民利益诉求,紧密结合社区发展权,以赋权(利)和控权(力)为基点的制度运行原则。抛却对弱势权益的关怀和社区发展权的理论指导,制度体系将很难维系。

第三节 农民权益保护的新农村社区发展制度体系构建

社会整体由三大部门组成,第一部门是政府组织,第二部门是营利性经济组织,第三部门则是非营利性社会组织,社区属于第三部门的社会组织,在社区发展权理论下,对农民权益的保护必然要求合理配置介于国家与个人之间的社会权利。要对这种社会权利进行合理配置,首先必须理顺新农村社区发展与农民权益保护之间的关系,找到他们之间的理论契合点和现实实践平台;其次,必须基于理论和实践的结合,从社会治理与公民社会之间的相互依存关系出发,以完善的制度安排来促进新农村社区的发展,以新农村社区发展促进农民权益保护。最后,这些体系化的制度安排还必须切合预期的目标,即通过着力发展社区经济,壮大农村集体经济实力,优化社区治理结构,增强基层民主,活跃农村社区文化,改善农村社区环境,维护和发展农民社会福利待遇,保障农民的存量利益,提高农民的增量利益,以发展促规范,以发展促保障。所有这些要求和目标,归根结底必须从制度中来、到制度中去。只有规范完善的制度体系,才可以规范社会权利的配置,维护新农村社区发展过程中各种利益角逐的均衡与协调,保证农民权益保护与新农村社区发展之间的互动互促。那么如何构建完善规范的制度体系呢?笔者认为,以社区发展权为理论研究轴,从政治、经济、文化、社会、生态五个方向实践社区发展权理论,从而形成基于农民权益保护的新农村社区发展的"五位一体"的制度体系。可以使具体制度资源的触角伸展到每一个制度稀缺的地域和群体,并促进农民权益的共

同实现,具体制度体系架构如下图:

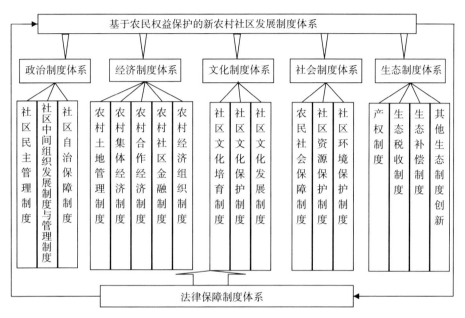

基于农民权益保护的新农村社区发展制度体系图

一、农民权益保护和社区发展的权利基点——政治制度体系

怎样界定和解释"权利"一词,是法理学上的一个难题。在现代政治法律中,权利是一个受人尊重而又模糊不清的概念。但可以肯定的是,权利包含着以下要素:一是利益,这种利益既可能是个人的,也可能是群体的、社会的;既可能是物质的,也可能是精神的;既可能是权利主体自己的,又可能是与权利主体相关的他人的。二是主张,一种利益若无人提出对它的主张或要求,就不可能成为权利。一种利益之所以要由利益主体通过表达意思或其他行为来主张,是因为它可能受到侵犯或随时处在受侵犯的威胁中。三是资格,提出利益主张要有所凭据,即要有资格提出要求。四是力量,它包括权威(power)和能力(capacity),一种利益、主张、资格必须具有力量才能成为权利。这种力量除了权威的支持外,权利主体还要具备享有和实现其利益、主张或资格的实际能力或可能性。五是自由,在许多场合,自由是权利的内容,如农民人身自由、选

择交易对象的自由等,这种作为某些权利内容的自由(或称"自由权利"),则独成一体,其本身即是权利,如农民的遗赠权。①

要保障农民的权利要素皆尽发挥功效,则农民权益保护和新农村社区发展必须以保障农民的基本权利为立足点,而政治制度则是赋予农民基本权利最起码最根本的制度。因为,人类政治生活的进步状态,是一定阶级、阶层、政党、社会集团、社会势力和个人运用各种手段来调整和处理阶级内部、阶级之间、民族之间和国家之间关系以及其他政治事务的积极成果,反映的是一种协调与互动的关系,这种协调与互动一旦被破坏,不仅农村社区政治生活会陷入困顿,而且整个经济、文化、社会制度体系也会陷入困境。只有从政治上赋予农民和社区相应的生存权和发展权,农民才会有足够的积极性发挥自己的创造潜力,参与到新农村建设与全面实施乡村振兴战略实施的社区建设中来——因为只有在政治上对个人和集体权利(比如财产权)予以承认,这些权利方可被理性的行使,否则,权利很可能沦为政治权力的奴仆。

二、农民权益保护和社区发展的现实支撑——经济制度体系

农民权益保护和新农村社区发展如果离开了农村经济的增长,缺乏经济制度的支撑,必将成为不切实际的空谈。因为经济的发展不仅是农民利益增长和社区建设的前提,同时也是活跃新农村社区的关键元素。随着新农村建设与全面实施乡村振兴的推进,我国新农村社区经济发展呈现出如下特征:农村经济持续稳定增长的同时,农村非农产业产值的增长仍然存在着极大的潜力。而这种潜力的发挥将更多地依赖于技术进步和内部产业结构调整。针对这一特征,必须加强农村经济宏观调控,适应市场需求,依靠科学技术进步,加快科技成果向农业的转化,加快农村剩余劳动力的组织性转移,构建适宜的经济制度体系。经济制度体系的构建,有以下几个方面:

第一,农村土地管理制度。农村土地作为农民个人和农村集体的基本生产生活资料,承担着很多的社会功能。可以说,土地管理制度的得失利弊直接

---

① 夏勇:《权利哲学的基本问题》(上),《法学研究》2004年第3期。

关系着新农村社区的和谐与发展。当前,我国土地法律法规和土地管理制度中,对土地进行的是双层管理模式。即一方面,将土地区分为城市用地和农村用地,实行城乡分管模式;一方面,按照土地的用途将其划分为建设用地和农业用地,实行工农分管模式。双层管理模式使得我国现行土地制度诟病重重、颇受微词,主要表现为土地资源的滥用与浪费、征地过程中农民权益的忽视、制度本身对农民增量利益的限制等。构建一套行之有效的农村土地管理体系,是保护农民权益、促进社区发展的一项重要内容。在此必须明确以下问题,在土地制度设计时必须清晰界定的农村土地权利,控制权力的滥用,保护农民合理利益的同时也要抑制农民获取过高利益。

第二,农村集体经济制度。在新农村建设与全面实施乡村振兴背景下,生产发展是其强大的物质基础,农村集体经济的发展是其重要部分,其中,农村社区企业是其重要力量。我国农村经济经历了几次大的变革,组织形式由分田分地发展到合作化,再由合作化发展成现今的家庭联产承包,基本上遵循调动劳动者积极性、激发劳动热情的规律,但必须明确的是,不同的产业形式对应不同的组织形式,其产生的效益也不尽相同。农村社区集体经济组织既可以通过村民委员会等正式组织来实现,也可以通过合法的非正式组织如以劳务、资本、技术等要素的自愿合作为基础的经济组织或其他以避险、自律和公益为目的的公众组织,同时也可以是二者的有效融合,正式组织也需依靠非正式组织实现多元化发展。纵观我国农村社会的发展历史,农业产业化是其发展的必然趋势,单靠目前松散的农户个体难以实现农村经济跨越式发展,因此,促进农村社区企业的成长,壮大农村集体经济是极其重要的。在农村集体经济制度中,必须明确在农民权益保护的实现中,政策着力点应在充分考虑农业、农村和农民现状的基础上,进行恰当的利益引导,在法律中明确承认农民作为原发性力量的社会角色及其待遇,通过法律推动市场主体地位的平等,切实保障农民在市场交易和分配中的公平待遇。

第三,农村合作经济制度。合作经济组织是一个全球性的概念和实践主体。无论是在发达国家还是在发展中国家,合作经济组织都已经成为促进农村社会经济发展不可替代的力量。我国的市场经济发展到今天,虽然农业市场化程度得到很大提高,但农民并没有成为成熟的市场主体,小生产与大市场的矛盾并没有得到解决。尤其是我国加入 WTO 后面临着国外农产品竞争的巨大压力,农业成为受冲击最大的产业。农民权益的保护、农业的发展和农村的稳定,日益成为制约我国经济社会持续发展的关键性因素。要改变我国农民在国内外市场竞争中的弱势地位,增强农产品的市场竞争力,就必须提高农民的合作化、组织化程度,建立健全农民合作经济组织,使农民成为有组织、高效率的市场竞争主体。农村合作经济组织不仅是提高农民组织化程度、保护农民权益的重要主体力量,更是统筹城乡经济社会发展、建设和谐社会的重要组织载体。要保障农村合作经济组织的成长与壮大,就必须予以合理的制度安排,使之沿着制度化、规范化的方向发展。

第四,农村社区金融制度。农村金融制度作为农村经济发展中最为重要的资本要素配置制度,其作用越来越明显,农村金融兴则农业兴,农村金融活则农业活,而农村社区作为农村金融市场发展的时空载体、文化载体、组织载体,为金融市场的发展提供了重要支撑。作为农村金融市场的发展阵地,农村社区承载着新农村金融市场发展的未来潜能。我们认为现行农村金融市场的和谐发展需要以社区金融文化为依托,从社区发展的角度进行政府主导规制、农民创新发展、社区协调促进、组织创新构建,从而构建完善的农村社区金融制度,推动新农村金融市场的健康发展,促进农民权益的实现以及新农村社区的和谐发展。

第五,农村经济组织制度。农民经济组织是农村市场主体的新兴力量,是统筹城乡经济社会发展、建立和谐社会的重要组织载体,在破解我国"三农"难题方面正发挥着一种独特经济组织的巨大作用。农民经济组织作为农村社区这一特定时空载体下的组织载体,对于农民权益的实现、维护和发展具有重要意义。农民经济组织具有特定的概念、法律性质、原则和主体间关系,其立法模式是从分业立法走向综合立法,其立法理念是促发展与促规范、促公平与促效率、促服务与促协调,其主要制度是资本制度、产权制度、组织制度、分配制度、责任制度。

三、农民权利发展和社区发展的文化动力——文化制度体系

"文化"的含义具有多元性,涉及面广,表现形式多样,分为有形的、无形的、物质的、精神的、显性的、隐性的,既可能是产品本身,又可能是某种活动和行为过程本身,还可能是一种情感体验或心理感觉。某种文化需求可能存在多种利益表现与之相对应,能满足该文化需求的任何一种利益表现,都能对人产生影响。因此文化利益的指向也就缺乏集中化,谋求需要的满足因为对象的非唯一性而增强了其现实性与可得性,正是因为文化利益与某种文化需求的"可变性"相对应,才使得人们可以在一定程度上容忍自身的既得利益遭到损失,而不会将自己局限在对某种文化利益的执着追求中,从而避免为争夺有限资源而产生的冲突。

农民的文化利益是关乎农民全面、可持续性发展需要的满足,是对其他利益委婉、曲折和间接的表达,并且对其未来利益的获得提供条件和可能,对其潜在发展和全面发展至关重要。这种文化利益的义利统一在于它能够给人们以情操的陶冶、精神的升华,体现着生命的理想与追求,并将这些理想与追求付诸实践,发挥自己最大的创造潜能来建设新农村与全面实施乡村振兴战略进程中的社区。这种带有"内倾"性的"心理状态"和情绪感受来自于主体对农村社区文化环境的评价,无疑更是满足了一种可以超越物质和政治制度而存在于人们内心的渴望和欲求,为农民权益保护和新农村社区发展营造了良好的文化环境。以体系化的制度安排来培育、发展和保护农村社区文化,应该贯彻以下几点:

第一,坚持以人为本,建立新农村社区文化培育制度。必须明确,农村社区文化创新与培育的根本目标是满足农民日益增长的精神需求和保证农民思想的时代性和先进性。要做到这一点,在新农村社区文化培育制度安排中就必须做到以人为本,以农民的文化利益作为出发点和归宿点,培育真正有益于农民利益增长和新农村社区发展的文化。这至少包含两个方面的内容:其一,通过生产并提供健康的公共文化产品及设施、开展广泛积极的文化活动(服务),丰富社区农民的精神生活;其二,通过这些公共产品的提供,倡导积极、

健康、先进的文化生活,营造社区健康的文化氛围,培育富有社区特色又能提高农民精神生活的文化体系;其三,培养农民的诉求文化。文化理念中实际上包含着对新农村社区基层民主、利益协调和权力监督的现实需求,是农民维护自身权益、保障自身发展的精神支撑。理应在文化培育制度安排中占有一席之地。

第二,保障实质公平,建立新农村社区文化保障制度。新农村社区文化制度体系建构的最终目的是要保证个体文化利益得以有效实现。这无疑凸显出了新农村社区文化保障制度对于整个文化制度体系的重要性。新农村社区文化保障制度取公平为原则,亦以公平为目标。众所周知,不同人及不同区域的文化需求在层次上参差不齐,如不加区分,一刀切地提供文化需求的客体,不仅会违背人性自由、阻碍个体多样性的发挥,而且不利于人的全面发展和社区的共同进步,甚至也会严重影响整个农村社区的文化繁荣。但是在一个物质生产的富足程度还不能达到保障所有人对各种社会财富平等取用的阶段和区域,为了制衡这种差异的平等观所产生的不利结果,还必须依赖于"对不平等的补偿"。所以,应当对那些在文化利益领域中由于财富、出身、社会地位和文化背景等原因所造成的占有资源少、机会少的农民进行多种形式的文化利益补偿,以达到文化制度资源享有和分配的实质公平。唯有如此,才不至于在文化制度资源分享的利益纠葛中出现文化"错位""失位"等现象,也唯有如此,新农村社区文化制度体系才能稳定持续地向前推进。

第三,强调和谐理念,建立新农村社区文化发展制度。和谐社会是一种理想的社会、发展的社会、公平的社会、文明的社会、法治的社会,文化是社会传统的积沉,建构和谐社会应以文化和谐为基础,而社会要在和谐中求发展,首先必须保证和谐文化的发展。要做到这一点,有以下对策:一是加快乡村社区文化站等基层文化产品供给场所。二是加大对新农村社区文化人才的培养力度,使基层文化工作者具备行使宣传和谐、先进文化的能力。三是持续实施区域文化资源共享制度,保证各区域间文化的相互融合与促进,使新农村社区文化资源保持新鲜的血液。四是深入挖掘新农村社区的非物质文化遗产资源,使村民立足于当地文化资源开展各类文化活动。

四、农民权益保护和社区发展的契合平台——社会制度体系

随着新农村建设与全面实施乡村振兴的推进,农民权益保护问题日渐突显,过去计划式的社会制度体系已经不能满足由于遭遇意外丧失劳动能力、失业等不测问题而失去生活来源或收入不足以维持必要生活水平的农民对社会福利的基本要求。因此,构建健全的社会制度体系有着举足轻重的作用。目前,我国已经建构起了较完善的社会制度体系。良好的社会制度体系不仅可以保障农民的存量利益,促进农民的增量利益,极大限度地发挥农民的创造力和积极性,带动新农村社区的发展,很好地将农民权益保护和新农村社区发展串并起来,而且也有助于农村社会的和谐安定,促进农村社会健康发展。社会制度体系的建构包括以下三个方面:

第一,农村社会保障制度。目前我国的社会福利仍不均衡,广大农民不仅无法实际享受与城镇居民相等的福利待遇,而且在农产品的生产销售中,农民外的主体还要从工农品不合理比价所形成的'剪刀差'拿走农民的利益,致使农民进行农业生产的比较利益更低,农村与城市的差距进一步拉大,造成城乡二元结构壁垒和经济发展失衡的局面。①

第二,农村资源保护制度。农村社区作为农村社会的细胞,是农村居民生活的基本空间,而社区资源则是农民赖以生活的物质财富。保护农村资源无疑是在保护农民的社会财富,是对农民经济权益和生存权益的最本质的关怀。建立农村资源保护制度,是农村社会制度体系中的重要部分,应从以下几个角度考虑:首先,建立健全产权清晰、主体明确、流转便利、开发经营自主的新型农村资源产权制度,突破新农村发展中资源利用的产权瓶颈。其次,完善新农村社区建设中的资源利用规划体系,破解新农村社区建设与发展中无规可依的难题。再次,培育农村资源运作市场,筹措新农村社区建设与发展的资金,对农村社区发展过程中的各种资源进行综合治理。

---

① 刘云升、任广浩:《农民权利及其法律保障问题研究》,中国社会科学出版社 2004 年版,第 178 页。

第三,农村环境保护制度。农村环境问题的形成既有经济原因,也有制度政策上的缺陷;既有农村内部原因,也有来自农村外部的影响;既有文化历史的原因,也有现实因素的作用。从某种程度上说,农村环境问题是我国农村城镇化、城乡一体化进程的负外部性后果。农村环境问题的恶化必将威胁到农民的生存权与发展权,农村社区发展也必将为此付出更沉重的代价。所以,必须建立体系化的农村环境保护制度,建立多元农村环境保护法律调整机制,摆正农村环境保护法律制度运行方向,真正保护农民的环境权益。

五、农民权益保护和社区发展的环境保障——生态制度体系

生态制度是对绿色制度内涵上的提升。生态制度是指围绕自然、经济、社会可持续发展所作出的各种制度安排。生态制度的建立是人类对环境污染、物种毁灭、生态失衡、资源浪费、水土流失、人对自然界生物的伦理丧失等状况的反应,是原有各种制度安排实质性的进展。构建农村社区生态制度保障体系,包括保护生态资产的制度、协调人类行为的制度、捕捉危机信号、平衡利益和实施决议的制度等。本书主要从以下几方面完善新农村社区生态制度体系,保护农民权益和发展新农村社区环境保障制度。

第一,产权制度。产权制度通常是指一系列用来确定每个人对于稀缺资源使用时的地位和经济社会关系。长期以来,农村社区发展过程中对生态资源采取粗放性掠夺式的经营,自然与环境资源廉价甚至无偿使用,忽视生态资源的核算和管理,造成生态资源价值补偿严重不足,致使生态环境与资源基础都在持续削弱,形成了经济发展中实质性的空洞现象。生态技术因素是制约现代生态产权制度演变的一个因素。同时,还受人口压力和资源稀缺程度状况、市场要素和产品相对价格的长期变动等因素影响。人口和资源的尖锐矛盾必然促使人们建立排他性产权,资源的稀缺性要求在有效的产权制度下,使其得到最有效的可持续利用。所以,加强建立经济高效的生态产权制度,推动农村社区公共资源要素市场的完善,解决生态环境污染问题等有着重要的指导意义与促进作用。

第二,生态税收制度。生态税收最早起源于英国福利经济学家庇古

（PIGOU）的外部性理论,即政府可将税收用于调节环境污染行为的思想。1992 年联合国环境与发展大会基本上确立了可持续发展战略,标志着生态环境保护已成为经济活动和社会发展必须考虑的重要因素。西方一些国家就是在这个时期前后开始征收生态税的。[①] 但目前为止我国生态税未能从理论和实践上得到很好重视。生态税收应包括环境税收和自然资源税收两个基本组成部分。环境税收主要涉及对环境污染的生产或消费行为的征税或税式支出;自然资源税收主要是对自然资源的保护和更好利用所进行的征税或税式支出。为了更好地保护农民权益,在社区发展过程中,应该尽早建立生态税的征收制度。

第三,生态补偿制度。构建生态补偿的基本思路是按照生态资源定价的理念,从实现生态文明、公平、公正的角度出发,妥善协调农村社区利益,按照"谁受益,谁保护""谁破坏,谁恢复""谁污染,谁治理"的生态补偿原则,建立受益区对受损区、城市对农村、富裕人群对贫困人群的生态补偿机制,协调各方利益,促进共同发展。

第四,其他生态制度创新。随着市场经济体制的建立、农村社区生态资源稀缺加剧与人们生态观念的更新,原有的资源补偿制度已适应不了新农村经济可持续发展的要求。因此,需要在原有的基础上创新生态制度,扩大资源补偿费的征收范围,适当提高收费标准;严格审批程序,加强征收工作的管理;对有利于生态环境建设保护的行业和企业,要实行减免收费,并给予奖励政策。如排污收费制度、绿色产品生产制度、生态营销制度、生态环境管理制度、资源产业发展制度、生态组织制度等多个方面,也是生态制度创新的重要内容。因此,我们要充分发挥以上生态制度保障体系,促进农村社区经济的可持续发展,保护农民合法权益的实现。

---

① 李树:《生态税制与我国经济可持续发展》,《商业研究》2002 年第 12 期。

第二十一章　农民权益保护与新农村社区
发展具体制度的构建与设计

第一节　基于农民权益保护的
新农村社区政治制度

一、政治制度概述

现代农村政治制度一般是指社会主义人民当家作主的村民自治、直接选举、村务乡务公开、村民监督等农村政治制度。在农民权益保护与新农村社区发展的过程中所体现的政治制度主要有人民代表大会制度、村民自治制度、村务乡务公开制度和村民监督制度等,这些与我国农村政治法律问题中的广大农民群体平等权、农村基层民主等发展等息息相关。

二、人民代表大会制度

人民代表大会制度是我国的根本政治制度。人民行使权力的机关是全国人民代表大会和地方各级人民代表大会。人民代表由民主选举产生,对人民负责,受人民监督。目前乡村民主制度尚需要进一步健全,民主政治生活尚需要进一步激活,仍需有一个强有力的外部力量来监督《村民委员会组织法》的贯彻实施,监督村民委员会在法律规定的范围之内活动,同时监督乡镇政权在行政过程中不侵犯农民的权益。从国家现行法律看,适合担负起这一职责的机构有乡镇人大,它所体现的民主也更具有直接性,行使职权更加具有便捷性。但是乡镇人大工作也面临着诸多困难,乡镇人大的职能得不到充分发挥。应积极探索乡镇人大作为权力机关,在村民自治中发挥监督作用的途径和手段。例如组织人大代表开展视察和调研活动;经常性对乡规民约和与村民自治相关文件进行审查;加强对村民委员会选举的民主监督;落实对乡镇人民政府和村委会的工作监督等。我国是一个农业大国,如何推进农村基层民主建设是保护农民权益的重要途径,必须按照宪法和法律的规定,健全村民委员会和居民委员会的相关职能,实行群众性自治。同时,也需要进一步加强乡镇人大的建设,使它成为容纳、集中民意的国家权力机关及法定场所,这是关键的途径,还具有稳定大局的作用,更有助于加强国家机关与人民群众的联系。

三、村民自治制度

村民自治是农村基层民主法治建设的核心内容。村民自治就是在党的领导下,全面推进民主选举、民主决策、民主管理和民主监督,使农民真正当家作主,其具体表现形式是村民委员会。村民通过村民委员会这一组织形式,对关系到自己切身利益的公共事务和公共事业,行使自己当家作主的民主权利,实行自我管理、自我教育、自我服务,积极参与本居住区各项事务的管理和建设。

村民委员会制度在实践中存在的这些缺陷,尚需要对其不断地进行改进与完善。其一,强化村民委员会的社区服务功能。村民委员会在市场化的过程中所应做的工作是为村民提供社区服务。这一点对于我国农村加强民主建设的意义尤为重大。其二,改善村民委员会建设的外部环境。在法治国家状态下由乡镇政府依法管理,在行政工作中严格依法办事,各个主体违反法律后能及时公正的追究其法律责任,村民权利受到各方的侵害时能及时得到司法救济。其三,增强法律的可操作性。《村民委员会组织法》的颁布,极大地推进了基层民主建设和农村民主自治进程,但目前还没有形成有力的监督机制。建议通过立法合理划分国家行政权和村民自治权的边界,明晰基层政府和村民委员会的工作内容,把基层政府的行政权力与村民委员会的自治权力有机结合起来,为村民委员会的建设提供良好的法律支持;完善程序性法律条文,通过立法为村民实现自己的权利提供确实可行的程序性条文,并且在制度的设计中保持权力的制衡,使村民的权利受到完全有力的保障,完善村民委员会的制度;保持权力、权利与义务的统一性,加强对违法主体的法律责任的追究力度。[①] 以法律形式确立农民发展权的侵权行为及司法救济渠道是保障农民发展权的制度性屏障。发展权对于农民的价值不仅在于它是一项记载在法律文本上的法定人权,更在于它是能够被实践并最终能够得以实现的实有人权。

四、直接选举制度

改革开放后至今,我国选举制度在不断地完善,取得举世瞩目的成就。我国宪法规定:"县、不设区的市、市辖区、乡、民族乡、镇的人民代表大会代表由选民直接选举。"《村民委员会组织法》第十五条第一款规定:"选举村民委员会,由登记参加选举的村民直接提名候选人"以及第十六条第一款规定"本村五分之一以上有选举权的村民或者三分之一以上的村民联名,可以提出罢免村民委员会成员的要求,并说明罢免的理由。"

中国现代的民主思想和传统社会的民主思想是完全不同的。现代社会的民主思想的核心内容是主权在民或人民主权。要实现主权在民,可以通过人民民主政治制度。人民民主政治制度就要保证公民参与政治的机会和条件是平等的,国家的各级公共职位和公共决策过程向所有符合法定条件的公民平等开放,所有公民的机会都是一样的,即公民不仅可以参与决策过程,向公共决策机构自由地表达自己的利益要求,而且可以平等地获得公平竞争公职的机会。

五、村务乡务公开制度和村民监督制度

村务公开被定义为在一个村民委员会的辖区内,村民委员会把办理本村涉及国家的或集体的公共事务的活动情况,通过一定的形式和程序公开告知全体村民,并由村民参与管理、实施监督的一种民主行为。[②] 村务、乡务公开是实行村民自治、民主监督的重要途径,村民只有在对村务、乡务信息了解的

---

① 谭洪青:《村民委员会制度研究》,吉林大学 2004 年博士学位论文,第 63 页。
② 周汉华:《我国政务公开的实践与探索》,中国法制出版社 2003 年版,第 67—68 页。

情况下,才有真正间接或直接参与管理本村自治范围内的各项公共事务的机会,才能保证村委会选举的民主,才能积极地、主动地、热情地参与到村务决策和管理中来,才能对村务运行实现广泛的、直接的、有效的监督,从而实现真正的自治。可以说,村务、乡务公开不仅是一种基础的民主管理形式,同时又是一种强大的制约和监督力量,没有村务、乡务公开,村民自治就不可能顺利实行。现今随着农民对市场经济的了解,其参与政策的意识有所提高,进而提出了对村务、乡务决策公开的新要求。① 因此,村务、乡务公开必须从其规范性、管理性、程序性、透明性、具体操作性出发,尤其注重制度上的规范性、内容上的真实性。

在农村基层民主建设中,深化基层民主监督的核心应是扩大基层民主监督的自治性和参与性。村民通过村民委员会这一组织形式,对关系到自己切身利益的公共事务和公共事业,行使自己当家作主的民主权利,实行自我管理、自我教育、自我服务,积极参与本农村社区各项事务的管理和建设,并且进一步地疏通村民监督渠道,扩大村民监督的方式。村民监督制度不仅有助于村民了解并行使自治权利,还有助于干部廉洁自律,政府各项资助落到实处。村民参与村务决策是村民自治的基础,农村社区是村民自治的重要时空。可见,村务、乡务公开制度给农村社区创造了良好的民主治理环境,不仅有助于提高村民对自治权利的认识,更有助于推动农村社区公共事业的进展,进而推动整个农村社区全面、健康发展。

第二节　基于农民权益保护的新农村社区经济制度

一、经济制度概述

我国的经济制度是以公有制为主体,多种所有制经济共同发展。从纵向

---

① 刘德洲:《监事会使村民监督权由虚变实》,《乡镇论坛》2007 年第 8 期。

划分来看,经济制度可分为市场制度、公共经济制度、企业制度等。在我国,市场制度是基础性的资源配置制度,有关资源配置的任务主要通过市场制度来完成。公共经济制度又称政府制度,就是通过非货币的政治强制力的方式来决定资源的配置和收入的分配。经济发展是农民权益实现的重要基础,经济权益也是农民权益的重要内容,在社区发展权理论中,经济要素以农民平等地参与经济发展过程与平等地分享社会发展的成果,同时在农民权益保护与新农村社区建设中,应联系工业对农业的反哺、城市对乡村的反哺,甚至在制度设计中可以考虑非对称优惠原则,真正实现产富于民、藏富于民。

在农民权益保护与新农村社区发展的过程中所体现的经济制度主要有农村家庭承包经营制度、农村集体经济制度、新农村社区中的合作经济制度、新农村社区金融制度、农业补贴制度等,这些与我国农村经济法律问题中的农村土地法律问题、农村社区集体经济问题、农民合作经济组织法律问题、农村金融法律问题、农业补贴法律问题等息息相关。

二、农村家庭承包经营制度

家庭承包经营制度作为中国农民的伟大创造,与现阶段中国的农业生产力水平和社会化程度相适应,在十一届三中全会以后,无论是集体农业企业,还是国营农业企业,都普遍实行了土地承包经营。它冲破了传统的经济体制,实现了集体所有制中财产所有权与经营权的分离;它极大地调动了农民的生产经营积极性,农村生产力高速发展,农业总产值和主要农副产品产量高速增长,解放了农村生产力,提高了农民收入,农业结构、农村产业结构不断得到调整,由此也带来了整个社会产业结构的调整和优化,促进了农村经济的迅速增长和持续发展,使我国农村社区的改革与发展取得了举世瞩目的成就。家庭承包经营制度已成为现阶段我国农村社区的基本经营制度。

(一)产权制度:以集体所有、家庭承包经营的土地制度为核心

所有权与经营权分离的产权制度,赋予了农民自主经营的权利,农民可以自由决定对土地的使用、收益和处分等,自由安排自己的劳动时间和劳动强度,成为自主经营、自负盈亏的微观经济主体,从而把家庭经营完全引入集体

经济当中,形成了家庭经营与集体经营相结合,以家庭经营为基础的双层经营体制。在此制度下,农民的土地权利不够完整,农民所获得的只是法律明文规定的有限权利。为解决这一问题,政府也做了许多努力去解决这一问题,包括延长土地承包经营期限、允许农户的承包经营权在一定范围内流转。家庭承包经营是农村土地承包经营权流转的前提,推进土地承包经营权流转、扩大农业规模经营,是转变农业增长方式的有效途径。明确承包土地的财产权,界定土地使用主体的权利范围,使土地流转在法律上得到保障。如果产权不明晰,市场机制就无法正常运作。但是,无论从国内、国外历史,尤其是发达国家历史来看,一旦农民失去土地,得不到基本的生活与医疗保障,往往造成难以解决的社会危机。在集体所有制和家庭联产承包制下,多数农民有最基本的生活保障。因此,只有相关配套措施的不断完善与改进,我国农村土地的流转制度才能更加适应我国农村发展的新形势。

(二)分配制度:"交够国家的,留足集体的,剩下全是自己的"

分配制度的合理与否直接关系着农民的生产积极性和劳动热情。分配制度是经济权利在经济活动中的实现,与产权制度密切相关,产权权能能否最终实现的主要依据就在于各产权主体能否从产权行使中获得相应的收益。改革开放之后,我国逐步推行家庭联产承包经营制度。很长一段时间里,这种经营制度要求承包户向生产队包上交国家的任务,还要包交纳大队提成,交纳生产队积累的提留,其余的产品则全部归承包户所有,这种分配方式也就是我们所说的"保证国家的,留足集体的,剩下全是自己的"。随着农业税的取消和国家对农业生产领域的各种补贴,农业的分配制度现在越来越有利于农民财富的积累。而解放初期建立的农地所有土地制度,实现的是农民"耕者有其田"的愿望,土地成了农民家庭最主要的财产,之后的人民公社集体所有制制度,将农民的土地财产收归集体,该制度运行的二十多年中,农民除住宅属于私有财产外,宅基地仍为集体所有,几乎没有其他主要财产。我们知道,在劳动仍旧是人们谋生手段的时期与阶段,按劳分配是极其重要的,是调动劳动者积极性的最重要手段。"自己的"部分是变量。家庭土地承包经营制度是激发农民劳动积极性的主要根源,在于农民真正实现了"多劳多得"。家庭联产承包经营制度在产品分配上,实行联产计酬制度。这就使过去人民公社分配中的平均主义弊病得以纠正,将农民的投入与收益紧密联系,真正使农民作为产权主体的权责利统一起来,充分体现家庭经营制度内在的激励约束机制,真正诠释了马克思所说的按劳分配的精神实质,真正贯彻了按劳分配的社会主义分配原则,从而极大地调动了劳动者的生产积极性。这种多劳多得的按劳分配和多投多得的按生产要素分配相结合的新型分配原则,特别是"剩下全是自己的",将剩余产品的所有权和支配权赋予了农民,使农户具备了独立积累家庭私有财产的能力,保护了农民的私有财产权,并且由此打开其财产积累的门户,逐渐形成农村财产积累机制。

(三)所有制度:集体所有与个人所有相结合的混合所有制

我国当前农村实行的是以联产承包为主的责任制和统分结合的双层经营体制为核心的新的农村经济政策,这种家庭承包经营制度是将家庭经营与农民私人财产共同引入集体经济当中,确立农民的私有财产权,打破原来单一的集体所有制,形成集体所有与个人所有相结合的混合所有制。但从本质上来说,家庭联产承包责任制并没有改变基本生产资料集体所有权,也没有改变基本生产资料的集体所有性质,家庭承包经营制度的设置是以土地公有为基础,考虑到我国生产力发展不平衡而存在多层次的情况,土地由承包户占有、支配、使用。这是一种新型的合作经济形式,这种责任制的核心是一个"包"字,它意味着能统能分、有统有分,使统一经营与分散经营充分结合。生产队通过合同形式把一年的农活一次派完,承包户则根据自己家庭人口、劳动力和技术特长,更能切实地去安排生产,有利于生产的发展,这也是在合作经济的支配和制约下实施的。这是对农村集体所有制经济组织形式的适当改革,实事求是地根据各地区、各社队不同的具体情况,给予承包户自己独立经营的权利,允许存在组织规模不等、经营方式不同而各有其特点的集体所有制合作经济的多种组织形式和多种经营形式,最终做到因地制宜、因时制宜,适应了各地自然条件千差万别、经济发展参差不齐等不同生产力水平的客观要求,有利于生产效率的提高。同时,承包户自己具有了经营自主权,管理层次减少,承包者只依据自己劳动的成果多少获得收入,农民的负担也就相对减轻了。

通过对历史的回顾和总结,我们不难看出,家庭经营制度自产生到现在确实产生了巨大的经济效益,实践证明这一制度是适合我国现阶段农村生产力发展水平的,同时家庭经营的内在激励约束机制以及还原农业家庭经营最优的经营特征和适应农业产业特征的内在本质等都决定了这一制度不仅适应于传统农业,也适应于现代农业。

三、农村集体经济制度

随着农村各项改革的深入推进,农村经济保持了持续高速的发展,农民的生活条件也随之得到了显著的改善。虽然农村的家庭承包经营制度得到了一定程度的发展,但是集体经济的发展却相对滞后,制约了为农民统一服务的功能。我国农村要稳定、要发展、要实现农业现代化,没有农村集体经济是不行的。探索农村集体经济有效实现形式是稳定和完善现行农村集体经济制度的时代要求。这种改革的必然性在于旧的集体经济制度本身不适应市场经济体制发展的要求,需要改革创新找到新的出路,从而实现农村经济的"第三次飞跃"。

(一)收益分配机制

资金是制约农村集体经济发展的稀缺生产要素,按照市场的要求在分配中应体现对稀缺生产要素的关注,在坚持按交易额分配的前提下,适当兼顾按股分配。农村集体经济组织的收益,应为产权收益(指土地承包费、宅基地使用费、集体企业上缴利润、集体股权分红、集体资产租赁费、集体资产处置收益等)和其他收益(指国家生产性补助、社会捐赠等)两部分构成。农村集体经济组织的收益分配机制是指国家通过税收参与分配,集体通过产权参与分配,劳动者通过劳动按劳分配,全体成员通过集体消费参与分配。按照"效率优先,兼顾公平"的原则,确定集体收入中集体与个人的分配比例,正确处理好集体与成员的利益关系,充分调动广大群众参与管理和发展集体经济的积极性。改制后的集体经济组织,按其成员拥有股权的比例进行收益分配。集体经济组织的成员可凭股金取得分红,同时还可获得由合作组织按照惠顾额进行利润返还。要将集体经济组织收益分配到人,确保农民利益。改制后集体经济组织的年终财务决算和收益分配方案,提取公积金、公益金、公共开支费用和股东收益分配的具体比例由董事会提出,提交股东大会或村集体经济组织成员大会讨论决定,具体的分配方式可以依据实际情况充分发挥创造性。

（二）人才管理制度

村级管理人才缺乏是制约农村集体经济发展的瓶颈。农业经营主体的主要成员是农民,农民的素质直接关系到农业经营主体组织化进程,应当改革人才引进和培养制度,提高农民素质。首先,增强农民的市场观念和风险意识。由于传统观念的影响、行为习惯的惰性和市场经济知识的缺乏,农民在激烈的市场竞争环境中经常束手无策。通过各种教育培训,提高农民对于新经济体制的理解能力和适应能力,增强其市场知识,培养其适应市场竞争的能力,积极主动地迎接挑战。其次,培养有能力的农村干部。发展农村集体经济,必须有大批大公无私、责任心强、有经济头脑和组织协调与指挥能力、有开拓精神的干部。随着高等教育大众化的到来和民主制度普遍化的形成,村干部都是根据《村民委员会组织法》选举产生,为了保证候选人的质与量,村级干部的选举应积极扩大候选人的人才供给,改变传统情况下村民被动地服从"本村有什么人"选什么人这种状况。要引入市场观念,拓宽选人用人渠道,为社会各个阶层中有志到农村的优秀人才提供良好的环境,建立有一定人才储备的村级后备干部人才库。第三,大力开展农民教育。由于历史传统的制约,我国农民的受教育程度一直偏低,导致农民综合素质也始终不高,这既限制了农村劳动力向非农产业的转移,同时也不利于农业科技的扩散和运用和农产品竞争力的提升。因此,在当前的情况下,发展农民职业教育具有非常重要的意义。通过职业教育和技术培训,以及科研机构和高等院校科技下乡、科技成果推广应用等多种形式,提高农民的科技文化素质,拉动农民对农业科学技术的需求,培育高素质的技术及管理人才,进而促进农民组织化进程。同时,在农村集体经济发展的过程中,领头人的作用也是极为重要的。

（三）民主决策制度

完善农村集体经济组织的民主决策机制,既要提高参与决策者的素养,也要建立健全决策规范与制度。我国农村集体经济组织的传统决策方式是重大决策由最高权力机构一人一票投票表决。这种方式体现了对民主的尊重,有着较强的政治意蕴,但对于市场条件下推进农村集体经济组织的发展壮大,却存有负面的影响。为此,在农村集体经济组织的民主管理机制方面应在坚持民主管理的前提下,修订和完善一人一票制。目前我国农村集体经济组织发展受制于资金的制约,如果在民主决策过程中不考虑大额资金参与的组织成员的利益,会影响到他们对组织的资金支持,最终也会阻碍组织本身的发展。同时,市场经济千变万化,而农村集体经济组织中的成员大都是普通农民,并不完全具备正确决策的基本素质,简单的一人一票制会因成员素养及程序繁琐导致议而不决、效率低下,甚至出现决策错误、造成损失的不良后果。因此,在表决权上实行加权制,对股金总额特别大、贡献特别突出的成员①,在一人一票的基础上酌情为其增加一定的票数,有利于促进农村集体经济组织的发展。

四、新农村社区中的合作经济制度

社区合作经济组织目前没有统一的名称,有的叫农业合作社,有的叫经济合作社,有的叫经济联合社等,但不管其名称是什么,都是从过去的农业生产合作社——人民公社体制发展演变过来的。农村实行家庭承包制后,为经营好土地,完善统分结合的双层经营体制,保证农户能够在生产经营的不同环节、不同领域得到公共服务,考虑设立了这种合作经济组织。中央在 1983 年和 1984 年的 1 号文件中都要求对人民公社实行政社分设的改革,建立乡村地区性合作经济组织。1987 年的 5 号文件又对地区性合作经济组织的职能作了进一步说明,指出"乡村合作经济组织主要是围绕公有土地形成的,与专业合作社不同,具有社区性、综合性的特点""在村一级,有的单设合作机构,有的则由村民委员会将村合作和村自治结合为一体。不管其名称如何,均应承担生产服务职能、管理协调职能和资产管理职能。"近 30 多年以来,在具体的

---

① 魏宪朝、于学强:《发展我国农村集体经济组织的几点思考》,《当代世界与社会主义》2008 年第 6 期。

政策制定和正式的组织制度设计中,社区性合作经济组织始终是一个重要内容,被定位为家庭经营基础上统分结合双层经营体制的基本组织载体。合作经济组织设计的理由在于乡村中不仅需要一种管理、协调社会生活的村民组织(比如村委会),同时也需要一种支持、服务经济活动的村民组织,这种组织形式就是社区合作经济组织。社区合作经济组织行使统一经营的权利主要来自它对农村土地的所有权和处置权。农村社区合作经济组织是以土地等农民集体所有资产为基础,以农民居住的社区范围为时空形式建立起来的,实行"统分结合、双层经营"的集体经济组织。历史和实践表明,农村社区合作经济组织是我国乡村治理机制的一个重要组成部分,是建设社会主义新农村、维护和实现最广大农民群众根本权益的基本组织形式。在新农村建设与全面实施乡村振兴中要继续增强农村集体组织的经济实力和服务功能。加强农村社区合作组织建设,创新农村社区合作经济组织的内外体制机制,对于增强农村集体组织的经济实力和服务功能,完善建设社会主义新农村的乡村治理机制有着重要的现实意义。

(一)资本制度

合作社是应对全球化巨大挑战的一种超乎人们意料的、灵巧的企业状态。合作社一般将自己的重点放在社会参与上,更多体现对弱者的联合,广泛促进合作社的发展,对稳定社会、平衡社会和发展经济来说不仅是一个基本要素,而且起着减少社会不稳定、政治不稳定风险的巨大作用。合作社之所以能发挥这些巨大作用,其原因之一就在于它灵巧地设置了自己特有的资本制度。

由于我国农民合作经济组织的本质是合作社,对内不以营利为目的的特征决定了其资本制度与公司企业的资本制度是不可能相同的,其特点表现在以下几个方面:一是股本中现金资本投入比例有限。我国农民合作经济组织的财产来源主要有三个方面:社员出资入股、合作社经营中财产积累、国家扶持资金。社员出资的三种形式分别是现金、实物或技术、提供劳动。当然,作为农民合作经济组织而非合作金融经济组织,实物或技术、提供劳动应是社员出资的主要方式。从某种程度上来说,这也是广大处于弱势地位者联合组建合作组织,用以抵抗大市场的风险和提高与其他市场主体竞争能力,而没有组建公司的原因。当然,我们应看到股份合作制等组织出现的新趋势。随着合作经济组织向流通领域延伸,现金资本投入比例就会有较大提高。二是股本的变动性。这不同于公司资本制,由于社员有入社、退社的自由,合作经济组织的股本处在一个相对变化的状态下,社员的进出均会影响股本的变化。三是资本约定。即农民合作经济组织的资本总额、认缴出资方式和程序,由合作经济组织章程加以约定。这一特点不同于有限公司的法定资本制度。

我国对合作经济组织资本制度的规定要充分考虑以上三个特征,要坚持"民有"原则,针对不同类型的农民合作经济组织制定不同的认缴股本、退出股本的规定。如就社员退社造成股本变动而言,为了保证合作经济组织的正常运行,维护正常的市场秩序和社员的合法权益,应对退社的时间作一定的限制。如可规定社员退社应当提前两个月向合作经济组织提出申请;对于生产性农民合作经济组织,社员在农忙季节(如春耕、夏种、秋收时)不得提出退出合作经济组织;合作经济组织在接到退社申请后,多少天内作出决定,为社员办理退社手续等,都应在章程中明确规定。按照现代企业制度对产权制度的要求,产权制度应当满足以下三方面的要求:一是产权明晰化和商品化;二是产权的开放性,即企业产权结构应当具有开放性,以便资产有效重组和合理配置;三是产权使用的社会化,即企业产权一般多集中在企业经营主体,以适应社会化的要求。

(二)产权制度

产权制度在所有经济制度中处于核心地位。科斯认为,要使资源合理配置实现帕累托最优的前提条件是明晰产权制度。艾尔奇对科斯产权含义作了较为权威的解释,他认为产权是一种通过社会强制而实现的对某种经济物品的多种用途进行选择的权利。换而言之,产权指社会约定俗成的习惯或法律赋予人们对某种财产拥有和可以实施的一定权利。这些权利是指人们对财产本身所拥有的占有权、使用权、支配权、处置权、相应的收益权及人们拥有这些财产所派生出来的各种有形或无形的物品或功效的收益权和不受损害权。总之,产权要有社会强制才能实现,这些社会强制的主要来源就是——法律。

科斯定理(Chase Theorem)是制度经济学的基础。它的一般意义在于揭示产权制度安排与交易费用及资源配置效率高低之间的关系。由科斯定理可以得出,无论产权属谁,只要产权的界定是清晰的,市场机制便能导出最有效率的资源配置结果。换言之,提高效率、节约交易成本的有效途径是明确产权。由此可知,产权制度是在市场经济条件下进行低成本、高效率资源配置的基础。在农民合作经济组织中最重要的制度就是如何选定产权制度,产权制度的确定是合作经济组织运行的前提。合作制作为一种现代企业制度,其产生和完善于西方发达资本主义国家市场经济,它在社会生活中一直表现出合作制经济的发展优势。合作制思想和理论传播到中国后,其合作制的特色被异化了,不仅优势得不到强化,其弱势反而有所上升,还不可避免地显露出小生产的"天生胎记",如组织成员的复杂性和多变性相应带来财产关系的复杂性和多变性,组织成员的产权不能转让和不能上市流通,合作经济组织积累的财产归属不够清晰,合作经济组织资金来源的封闭性和有限性等问题。这些问题使合作经济组织的产权制度安排需要整合、规范和改革,其最终目的应是建立现代合作经济组织产权制度。

在对农民合作经济组织产权进行制度上的安排和法律上的确定时,应遵循科斯定理和现代合作企业制度的双重需要,并对现代合作经济组织的产权制度进行创新,应从以下四个方面进行明确的认识和注意:第一,农民合作经济组织是劳动农民组成的集体企业。合作经济制度是社会主义制度的重要组成部分,对农民合作经济组织产权制度的明晰起着不可或缺的规范指引作用,合作制经济是社会主义劳动群众集体所有制经济的组成部分。合作制经济中的"联合所有"形式是集体所有的一种创新形式,同样属于社会主义集体所有制的重要组成部分。第二,合作经济组织是当前农民走上社会主义道路、走上现代化发展的最好形式。第三,产权制度的安排是农民合作经济组织制度配置的主要组成部分,最基本的是要尊重农民的意愿。第四,合作经济组织的产权制度不需要绝对具体化。产权明晰并不等于产权具体,同样产权具体也不当然等于产权明晰。依照合作经济组织的特点,其产权制度的安排应是包含一种抽象制度理想和具体的制度安排。为了维护合作经济组织的特征,使其产权制度有现代性,满足建立现代合作制经济的需要,我国农民合作经济组织的产权制度可以做如下具体安排：

在产权所有制形式上，农民合作经济组织应当坚持"民有"原则，这种"民有"应该是一种"联合所有"，即约定共同所有。资产一旦进入到合作经济组织之中，合作经济组织就享有集体的终极所有权。合作组织成员可以通过虚拟量化比例和数量来获取利益。财产的最终归属权实质上应为合作经济组织成员共同所有，形式上合作经济组织应依法依章程行使，本质上要明确"联合所有"是社会主义集体所有制的一种实现形式。

在资金来源和产权结构上，要通过立法加以规范和确定，以组织成员投入股金为主的多途径来源的合法性。鼓励政府、社会中间层主体及其他依法可进行投资的组织（如公司、企业、其他合作经济组织）和社会捐赠等对农民合作经济组织进行投资。如有可能，我们还可就外资进入合作经济组织进行立法。基于农民合作经济组织本质特征，对持股比例可作如下规定：一是农民个人持股总比例不低于50%。二是单个成员持股不超过一定的比例。这里的组织成员还可以区别为法人与自然人、农民组织成员（身份股股东）和组织成员外的投资者（投资股股东）等，对其持股比例、投票权和其他权利义务做出适当的区别。三是合作经济组织不可分割合作组织的共同财产——集体股的比例不能低于一定的比例，如不低于20%。四是确定合作组织集体资产的范围。如何确定政府扶持投入、社会捐赠、有关公共积累等属于集体共有资产。

在股金流动制度安排上，合作经济组织应作出允许组织内成员间流动的规定，对于向组织外成员流动股金应做严格的限制，并规定同等条件下组织成员有优先受让权，程序上可规定流动股金应当经过社员代表大会或理事会依章程讨论同意。合作经济组织股金结构的构成，对于维持合作经济组织基本特征和完成产权制度架构起着非常重要的作用。因此，将合作经济组织的股本可分成社员现金股、积累股、集体股、投资股等几部分。

（三）组织制度

组织制度，又称合作经济组织治理机构制度。如果说资本制度、产权制度和其他制度是农民合作经济组织的游戏规则的话，那么合作经济组织的组织就是玩游戏的角色。在架构农民合作经济组织的组织制度中，诺思认为，选择何种制度安排唯一的原因就是在这种制度安排下资源配置和使用过程的成本低于别的安排。农民合作经济组织就是这样一个能很好地实现降低农户进入市场的交易成本,提高农民组织化程度,把小农户引入大市场,使外部经济内部化,从而获得资源配置的帕累托最优,使农户得到其他组织与制度安排下所得不到的收入等制度带来的好处。因此,我们应高度重视农民合作经济组织的建设。

在进行农民合作经济组织的组织制度安排时,首先,要借助现代公司治理结构的经验,科学架构农民合作经济组织的内部组织体系,一般可以采取社员代表大会、理事会(董事会)、经理和监事会的模式来架构。其次,要明确各内部组织成员的职权和议事规则。这是合作经济组织为降低成本、提高效率而进行的必要组织制度安排。但此种制度安排要考虑到保护农民投票权,并使其投票权重最大;还要对单个投票者的投票权重进行必要性的限制;要科学合理配置好前述四个机构的职权,从而供给和谐高效的内部组织制度。最后,还需要防范有可能出现的组织制度风险。要建立和完善"三会"制,明确规定社员代表大会是合作经济组织的最高权力机构,由全体成员组成,可以投票表决重大事项。理事会和监事机构应由社员代表大会选举产生。理事会是会员(会员大会)的执行机构,代表前者处理合作经济组织日常经营管理的事务。理事可以聘请经理作为理事会的代理人,经理拥有对合作经济组织内部事务的管理权以及在一定范围内代表公司对外进行业务活动的代理权。监事会则主要履行对理事会的监督作用,使其行动不危害社员利益。当然,对于规模较小的组织,理事会人数和监事会人数应受到限制。在小规模农民合作经济组织可以先设独立监事;在规模较大、业务范围广、业务量大的组织可在理事会下设总经理(经理)及若干部门,负责管理组织的日常事务,以便更快、更有效地对市场变化作出反应。

在对农民合作经济组织的组织制度安排中,我们还应注意以下问题:一是民管原则的运用。要进行科学的民主控制、规范组织行为及议事规则。例如,从决策安排上,对社员代表大会一般应规定经由全体成员的 2/3 以上参加方可通过。一般决定需参加人数过半数通过,重大事项需全体成员 2/3 以上多数同意方可通过等。二是要体现民主控制的合作民主实质,保证农民社员对合作经济组织的控制力。在实践中可通过确立"一人一票、民主决策"的基本原则,结合股金数量、交易量建立按比例投票制度。换言之,就是以"一人一票+比例票"的投票方式进行投票。当然对个别大户或有突出贡献的组织成员也可突破"一人一票"的规定,但对于一个组织成员的投票比例要加以限制,要防止由弱者联合的农民合作经济组织变成富人的"俱乐部"。当然,组织制度架构中还要对组织内部各机构的责、权、利进行必要的明确,使之分工合理、相互制衡、民主控制、管理科学。实践中,还要考虑我国农民合作经济组织的水平不高、区域发展不平衡的现状,从而做出一些弹性的规定。

(四)分配制度

分配是指社会在一定时期内新创造出来的价值或体现这部分价值的产品即国民收入,在不同社会集团或社会成员之间的分享。分配是社会再生产的环节。分配由生产决定,没有产品的生产,便没有产品的分配,生产的性质决定着分配的性质。分配表面上是消费产品,其实质会影响生产,会因分配制度的好坏促进或阻碍生产的发展。马克思认为,财富(使用价值)由生产要素共同创造,价值由劳动创造,分配由生产关系决定。"分配关系和分配方式只是表现为生产要素的反面""分配的结构完全决定于生产的结构。分配本身是生产的产物,不仅就对象而言是如此,且就形式而言也是如此。就对象而言,能分配的只是生产的成果。就形式而言,参与生产的一定方式决定分配的特殊形式,决定参与分配的形式。"农民合作经济组织的分配制度无不体现出这一点。在农民合作经济组织的分配制度中,我们应该从促公平、促效率的双重理念出发对制度予以配置。基于合作经济组织的本质特征,在合作经济组织内部,我们应遵守坚持公平优先兼顾效率的原则,特别是在合作经济组织发展的初期,公平原则应是当代中国利益协调的基础性原则和首要原则。为此,我们应建立一套适合农民合作经济组织发展的并吸引农民加入组织的公正、合理、完善的利益协调机制,实现制度公平。在农民合作经济组织与其他社会主体之间,因其涉及的利益属于初级分配层面,我们仍应注意效率问题,坚持效率优先兼顾公平的原则。当然,在我国社会主义制度下,效率与公平是一对相互联系、相互矛盾又相互适应的社会价值,他们在本质上是统一的。在具体安排农民合作经济组织的分配制度中,我们要处理好以下几组关系:

一是按交易额与投资额分配的关系。按交易额分配是合作经济组织的基本分配制度,但是随着投资者进入合作经济组织,按资分配应该得到必要的重视,投资者的权益也应得到平等保护。用制度隔离了资本支配劳动的风险后,保证劳动与资本的协调也应是制度安排的重点。因此,按股金分配不应超过法定比例。当然,我们不能将两者完全对立起来,劳动、资本、技术和管理等都属于生产要素,社会财富的创造是这些生产要素共同努力的结果。二是合作经济组织剩余控制权和剩余索取权之间的关系。合作经济组织利益分配制度对应着其特有的剩余控制权和剩余索取权的分享安排。这种分享安排就是一种分配关系的安排,要体现"民享"原则。在合作经济组织正常运作时,组织成员应如何掌握剩余控制权和剩余索取权;在合作经济组织出现经营风险时,债权人应怎样行使剩余控制权、剩余索取权,都是分配制度安排中不可忽视的问题。三是内部成员与外部投资者资本报酬的分配关系。资本报酬有限原则是合作经济组织的基本分配原则。但为了解决合作经济组织发展初期资本稀缺的情况,为吸引资本进入合作经济组织,我们可尝试在坚持"资本报酬有限"原则的前提下,实行"一社两制"的资本分配制度,即允许合作经济组织通过其章程规定内外资本实行差别资本报酬制。当然,这种内外资本报酬差别率应控制在一定的范围、一定时期内。

分配制度是农民合作经济组织制度体系的重要组成部分。科学、规范的分配制度,不仅关系到合作经济组织能否在内部建立强劲的激励机制和制约机制,而且还关系到合作经济组织长远的发展。在进行农民合作经济组织分配制度安排过程中,既要保证对各种生产经营要素给予适当回报,还要保证合作经济组织的效率和生产力水平的提高,不断扩大其公共积累,使合作经济组织有可靠的物质保证,从而为成员带来更持久的利益。

(五)责任制度

责任制度是农民合作经济组织制度不可或缺的一部分。传统意义上的法律责任是整个法律制度的核心。法律责任的构造在价值方面主要体现为道义责任与社会责任的统一和融合。农民合作经济组织的发展,满足了我国转型变迁时代的社会需求,由于其特殊法律特征决定了我们对其法律责任制度的设置要与转型变迁时代的社会需求相契合,并从具体和客观的行为标准出发确定相关法律责任制度,从而实现法律评价的确定性和可预期性。因此,构建明确具体的法律责任规范和全面系统的法律责任制度显得尤为重要。社会责任的制度构建要体现在强化制度的预防、恢复和补偿功能。农民合作经济组织的责任制度配置中要充分体现这一点。法人责任制度经历了不断发展的过程,其发挥的作用越来越大。法人的独立责任、有限责任与法人成员的有限责任的规定已被世界各国普遍采用。符合条件的农民合作经济组织属于法人的一种新形式,即合作社法人。合作社法人与一般公司型企业法人有着本质的区别。公司型企业法人主要以资本作为企业经营和利润分配的核心,体现资本支配劳动或资本雇佣人支配劳动提供人,其主要的目的是为了实现利润最大化,追求利益最大化;而合作经济组织注重人与人的平等合作,主要是以人为核心,体现资本服务人,是劳动支配资本或劳动提供人支配资本雇佣人,其目的是为了人,追求人的公正、平等发展。

在法律责任制度安排过程中,责任主体一般对法律责任的有无、种类及大小有着密切关系,具有多元性的特点。责任种类应当包括行政责任、刑事责任和民事责任等完整责任体系的内容。就农民合作经济组织的法律制度设计中的民事责任制度来说:首先,责任主体及范围。农民合作经济组织法中民事责任范围从主体上来看,主要包括合作经济组织对合作经济组织成员、投资者以及债权人的民事责任;合作经济组织成员对合作经济组织、投资者的民事责任;合作经济组织的机构工作人员对合作经济组织、合作经济组织成员及投资者的民事法律责任;合作经济组织成员之间的民事责任等。其次,责任归责原则。就农民合作经济组织法中的民事责任制度来说,应遵循法律责任归责的一般原则,即责任法定原则、因果关系原则、责任相当原则以及责任自负原则。在不违反法律规定的前提下,允许在责任制度安排上运用责任约定原则来归责。最后,责任的承担形式。法律上的民事责任形式主要有无限责任、保证责任、两合责任和有限责任之分。从理论上看,这些责任形式均可配置在合作经济组织的民事责任制度中。从合作经济组织发展历程看,在发展初期为保证债权人的债权能得到清偿,一般多采取无限责任的形式。随着合作组织发展后其组织发展能力和管理水平等的增强,一般都采用保证责任或有限责任的形式。从世界各国相关立法实践来看,多数国家主要采取无限责任、有限责任和保证责任三种责任方式。基于我国农民合作经济组织发展的现状,结合农民合作经济组织的本质特征,为鼓励农民组织起来和促进农民合作经济组织的发展,当前我国农民合作经济组织应采取与个人合伙企业不同的民事责任承担形式,即有限责任形式。鉴于我国合作经济组织发展规模小、农业生产水平低、小农占主体的客观实际,在具体操作时可以采取"双有限责任"形式,即农民合作经济组织和其组织成员对外均承担有限责任。合作经济组织应以其全部所有资产为限对外承担清偿责任,组织成员以其所认缴的股金或保证金为限对合作经济组织的债务承担清偿责任。

五、新农村社区金融制度

(一)新农村社区现有金融制度的体系

我国农村金融服务总体上包括正式金融组织和非正式金融组织,这两类组织向农村社区提供金融产品和服务。农村正式金融组织主要指中国农业银行、中国农业发展银行、农村信用合作社、农村商业银行以及提供农村保险的保险公司等。除此之外,我国广大农村还大量存在包括私人自由借贷、钱背和私人钱庄、合会等非正式金融组织,这些组织在一些地区甚至成为农村金融服务的主要提供者。我们不难发现正式金融组织和非正式金融组织在我国农村长期并存,后者所提供的金融服务比例远高于前者,而且两者之间的功能和作用不能有效替代,这一特征已构成了我国农村金融制度以及农村金融服务的一般图景。

第一,农村社区正式金融组织的制度安排。20世纪70年代末以来,农村金融改革在政府的主导下围绕着农村金融组织更好地为"三农"服务这一中心展开,具体包括恢复农业银行,促使其成为真正的商业性金融企业;取缔农村合作基金会,恢复农村信用合作金融组织,扩大农村信用社自主权;农村信用社与农业银行脱钩;创立农业发展银行。2003年下半年开始的农村信用社明晰产权和完善管理体制的改革等,初步确立了农村金融支持主体运行的基本规范,形成了农村金融市场框架,农业发展得到了金融支持。然而,自1999年金融体制改革以来,四大国有商业银行已基本取消了县一级分支机构的放贷权,仅保留了收储功能,贷款权限进一步上收,农村资金正以每年3000—6000亿规模的速度外流,造成农村金融严重失血,国有银行逐渐退出金融市场的同时,农村正式金融组织的市场结构已发生了显著变化。与此同时,农村信用社基本垄断了农村信贷资金市场,为"三农"提供金融服务的重担落在了农村信用社的肩上。但实际当中,农村信用社过分看重业绩增长,以追求盈利为主要目标。近几年来,农村信用社的不良资产数额剧增,待处理资产及抵债资产比重大,农村信用社的发展正面临严重危机。而中国农业发展银行是作为政策性国有农业信贷机构,仅承担粮、棉、油的收储贷款业务,与农民并不发生信贷业务关系,政策性银行无法满足最基层农户的基本金融需要。此外,我国农业保险发展比较缓慢,农业保险供给严重不足,灾害救济手续过于繁杂,而且农业保险面窄、农业承保率低下、赔付率高、经营亏损严重、业务量较少,难以监管。另外,农村社会保障存在保障资金不足、保障覆盖面窄等主要问题,难以发挥其保障功能。可见,上述金融机构的改革措施使商业化的金融机构逐渐退出了"规模不经济"的农业信用领域,农村正规金融供给严重短缺,现有正式金融组织的制度安排不但未解决农村社区资金缺口问题,反而有逐步扩大的趋势。这客观上为农村非正式金融活动提供了机会与空间。

第二,农村社区非正式金融组织的发展。我国农村非正式金融组织包括私人个体自由借贷、私人钱庄、合会等,因民间资金需求与正式金融组织供给的巨大差距使农村非正式金融活动迅速发展。从需求角度看,市场需求是民间借贷迅速发展的内在动力。农户的资金需求贷款数额小,倾向于采用较少抵押甚至无抵押的贷款方式,希望贷款手续简便、灵活、及时等,这些都从民间借贷中得到了较好的满足。从供给角度看,农村贫富差距的加大使农村非正式金融拥有旺盛的供给。农村正式金融组织的存款利率低并且征收利息税,同时农村领域缺乏国债等证券投资渠道,使得数量巨大的民间资本持有者受利益驱使而成为潜在的非正式金融组织。因此,民间金融逐步成为农民借贷的主要来源。

(二)新农村社区现行金融制度的缺陷

通过近二十年的实践,可以看出由于我国正式金融组织制度所提供的服务与农村经济的金融需求之间存在严重的不对称,因此导致了正式金融制度所提供的农村金融服务所占比例长期低下,而非正式金融组织却在农村金融市场占据了主导地位。

目前,我国农村正式金融体系排斥农户的现象,造成了农户融资困难的问题。农村社区的金融需求具有灵活性高、规模小、频率高和信息传递成本高等不同于城镇居民和工商企业的特殊性,而目前以商业银行为主导的农村正式金融体系却出于交易成本的考虑,本能地把农户、中小企业等排斥出主流客户之外。农户贷款交易成本高的原因主要有:一是农业收益不确定性强。我国是以传统农业为主导的农业大国,由于地理和气候条件的特殊性,自然灾害频频发生,而广大农户的收入又主要来源于农业收益,农业收入具有不稳定性,银行对贷款需求者的未来收益并不十分确定。二是"规模不经济"。与城镇相比,农村居民居住的分散性十分突出,一家商业银行对农村客户相关信息的了解所花费的成本远高于对城镇客户的费用,金融中介的规模经济优势被农户居住的地理分散性所耗费。因此,农村社区居民融资难不仅来源于金融体系先天排斥农户,还来源于农户自身特点与我国正式金融体系的不相匹配,从而导致即使金融机构愿意为其提供融资支持,农户自身的资质情况也无法通过授信审查。作为贷款供给者的商业银行对贷款对象的信息是不对称的,为防范风险,银行会要求客户提供抵押物,用来防止借款人违约。然而,在我国农村存在经济主体抵押物不足的特点。抵押物最重要的形式是不动产,其中土地和房产是两个最重要的组成部分,在土地集体所有的条件下,农户不可能把仅仅只有承包经营权的土地作为抵押物。此外,农民的房产基本上是其生存场所,不具备流转和升值的功能,也不能作为抵押物。抵押物严重不足导致农村的贷款需求者很难向商业银行提供到期归还贷款本息的有力担保,也就不可能从正式金融安排下筹到所需资金。相比之下非正式金融组织却能提供切合农村经济金融需求的较为宽松的金融服务。另外,由于非正式金融在提供服务的同时,也隐藏着巨大的风险,尤其是一些非法金融组织所从事的大量非法交易,对农村经济甚至整个国民经济的发展造成巨大的危害。因此,民间金融也屡次成为金融秩序整顿的对象。

(三)新农村社区金融制度构建

农村金融制度是我国金融变革的一个重要组成部分。如果不把农村金融制度置于我国金融变革的总过程和大环境之中加以考察,就难以很好地把握对农村金融实行"宽准入,严监管"的战略选择。因此,要坚持以人为本的理念,以建设社会主义新农村的政策为指导,以促进农村金融安全、有效、公平的运营。要保持金融体系的效率,关键是要具有高效率的金融组织结构,而维护金融组织体系的效率,就需要在制度上做出科学的安排。

1. 产权制度

任何一种形式的社会经济活动都需要激励和约束,而清晰的产权能够把激励和约束有机结合起来。一个社会要组织社会经济活动,没有产权制度来执行激励和约束,就必然要评价其农村金融市场是否有效率,评价标准应以这一市场是否最有效地将闲置资本引导到农业生产上来,并使其有效转化为农业生产投资或农村消费,以实现资源的优化配置。

目前,我国农村商业金融的功能主要由农业银行来承担。作为国有商业银行,面对的是"公共金融产权结构",从法律上讲,农业银行的产权是明晰的,无论是物权还是债权,其权利归属均为国家,但从有效产权上讲却是不明晰的,都只是名义上的使用权、收益权以及让渡权归国家所有。因此,应当将农业银行的产权管理从银监会剥离到国资委,以实现其金融产权的人格化。中央政府、地方政府、农业银行之间围绕农业银行金融产权构成了多方利益博弈的格局,并形成低效的均衡状态。银监会将农业银行的产权管理移交给国资委而只负责金融监管的情况下,将农业银行改制为股份有限公司,吸收其他股东入股基础上进入资本市场,引进国内外股东促使其股本多元化。同时,设立国有商业银行股本金底线,在确保国家金融安全的前提下,进一步吸收自然人、私营企业、基金组织等非银行金融机构和产业机构进入,使农业银行产权多样化,逐步促使农业银行的金融产权人格化。

2.组织制度

农村金融组织的组织形式是描述其内部运作的框架体系,就像人体由骨架决定体形一样,组织也由结构来决定其形状。一个农村金融组织愈是进行细致的劳动分工,就具有愈多的纵向等级层次,其地理分布愈是广泛,则协调人员及其活动就愈是困难。组织需要依靠规则和程序引导员工行为的方式就是正规化。基于农村商业银行在我国农村金融组织体系中的重要地位及商业性金融功能的发挥,在对其进行股份制改革时,在遵循一定原则的基础上,还应当遵循科学的、合理的、有效的组织创新规律。在保证平稳运行的基础上,顺利地进行农村商业性银行的股份制改革。

首先,农村商业性银行的股权结构优化,也就是产权主体的多元化。农业银行现阶段的股权结构主要表现为国家股、法人股、公众股等多种股权相结合,特别要与战略投资人参股相结合,尤其是与那些国际上著名的大银行的资金参股投资相结合,吸收不同所有制股份,多种形式参股,调整优化现有国有商业银行资本结构,实现政府中央政府、地方政府、国企、外企、私企、个人等多种主体并存,股权结构多元化的、高度社会化的产权主体格局。

其次,我国农村信用合作社的关键是要建立健全社员代表大会、理事会和监事会之间的制衡机制,形成一个对信用社相关各方行为具有较强激励与约束的管理架构。对于社员代表大会,主要是确保社员在确定理事会及监事会人选上的权威,以及有义务建立起有效的信息披露制度,充分吸收社员参与民主管理的意见和建议,报告、说明、反馈社员提出的质疑和质询意见。对于理事会,主要是还权于社员代表大会,杜绝以行政任命替代民主选举,严格理事会与经理层的职权界限,防止理事长越权干涉主任具体经营业务。理事会既要及时掌握经理层执行理事会决议情况,防止"内部人"控制又要有效防止理事长对经理层业务活动的干涉,从而真正实现双轨运行、相互制衡的制度设计初衷。对于监事会,应直接对社员代表大会负责,除对业务、财务的审计权外,应给予监事会对管理层重大决策的否决权。同时,根据具体情况,监事会及时向理事会和经理层提出改进建议。与此同时,按照现代意义的股份制金融企业标准,完善法人治理结构。加快建立规范的董事会制度,充分发挥董事会在政策制度制定、重大经营决策方面的决定作用。要进一步改革监事会制度,加强对业务规范经营和风险防范的监督,按照"企业家、专家型"的思路选拔和培育经理层队伍,提高经理层队伍专业水平和组织协调能力。

再次,对农业政策性金融机构按照"所有权的实质在于控制"的制度经济学原理进行制度安排,农业政策性银行组织其主要的和宏观的决策权集中于政府及政府有关部门,政府的社会经济发展战略和经济政策成为农业政策性金融总体决策及其变化的依据,其经营方针、经营目标、经营原则、业务范围等都由政府确定。经营计划要经政府批准,资金计划执行情况要定期向政府汇报,重要决议及其他重要事项都要向政府呈报,主要负责人的任命和人事安排权由政府控制,政府对其经营活动进行监督和检查等。

最后,对农村民间金融组织,要采取措施给予必要的规范,使其走向合法化、规范化、制度化的道路上来。民营金融成长的真正动力存在于本部门的经济流程中,民间金融机构比国有金融机构更适合于非国有产出的金融需要。民间金融机构只要股东人数、资本金、经营者资格及其他有关条件达到法律规定标准,就可以注册登记。在实践中,一方面,政府要降低金融准入门槛,允许那些股东人数、资本金、经营者资格及其他条件达到法律规定标准的规模较大的私人钱庄、金融合会以股份制或股份合作制的形式进行注册、登记,按正规金融机构的要求规范管理,接受监督,将其转变为正规的民间金融组织。另一方面,要引导小规模的私人钱庄和民间资金参与农村信用社、城市信用社、农村商业合作银行、城市商业银行等正规民间金融的改制,使原先投向地下钱庄的社会闲散资金有效吸引到合法的投资轨道上来。同时,要严格规范民间借贷市场与典当行的经营行为,政府要将它们纳入监控范围,健全市场契约制度,使其合法并规范运作。

3. 功能制度

农村金融组织的不同功能组合在不同的条件下反映不同的决策。金融组织体系要发挥其对经济增长的功能必须在现有的金融结构框架下进行,根据现有的金融结构赋予其相应的功能并通过其行为绩效判断其功能实现的效果。

对于其服务功能,首先,农业银行需要有效整合系统资源,创新服务品牌。针对农业企业的金融需求,农业银行应当有效整合系统资源,实施一体化营销服务;积极开发配套的金融产品,如商业汇票承兑、信用证业务、买方信贷等;同时为适应客户理财需要,开办网上银行业务,提供经济金融信息、投资咨询、理财、融资安排等延伸服务,加快资金周转,提高支农效率。其次,农业发展银行应不断扩大业务范围,完善服务功能。农业发展银行应在明确职能定位的基础上,巩固现有的粮棉油购销贷款、农业产业化龙头企业贷款的基础,积极争取有关部门的批准,拓宽业务范围,重点支持农业、农村基础设施和农业生态环境建设。增加开办国家确定的中小型农、林、牧、水利、水电基建和技改项目贷款;乡村道路、通信、电网建设和改造项目贷款、小城镇基础设施建设项目贷款等,真正发挥政策性银行的支农作用。再次是农村信用社开拓业务领域,改善服务手段。农村信用社要在巩固提高原有经营业务的基础上,要明确经营重点,规划业务发展方向,推行多元化经营,开发新的业务品种,拓展新的业务领域;信用社还要加快电子化建设,尽快建立便利的电子网络体系,提高服务效率;信用社还要高度重视人才队伍建设,要把人才吸纳和培养作为各项工作的重点长期抓下去,提高业务人员的素质。

对于其保险功能,农业保险是农村经济稳定发展的保护伞。农业是高风险的弱质产业,没有相应的保险系统,大部分风险势必转嫁到为农村提供金融服务的机构身上。具体办法是:在农业保险实施方式上应采取强制保险和自愿保险相结合的方式;在险种设置上,要注意针对农民不同层次的保险需求,不断开发适合农民需要的险种;把原来用于扶持农业的专项资金转入其中,用于支持农村金融保险;通过相应的优惠政策以及资金支持,使农业保险成为分散农村经济风险的重要金融工具;通过财政、税收、金融、再保险等经济手段以及其他技术支持发展农业保险,从而有力支持农业经营、农民生产和农村经济的发展;对商业性保险公司提供的农业保险业务,也应给予政策优惠,刺激它们继续开办农业保险的积极性。

4.政府支持制度

健全和完善各项政府支持制度,鼓励农村金融组织为农民提供更多的帮助,有效处理好经济发展与人口增长、资源利用与生态环境保护的关系,以最小的资源环境消耗取得最大的经济社会效益。

第一,优化信贷支农环境,建立健全政府支农的引导协调机制。一是政府加快调整农业产业结构。切实提升辖内农业产业基础地位,加大对农业的投入,特别是农业基础设施的投入,适应市场需求的根本性变化,调整和优化农业生产结构,使农业从数量型增长向以质量为前提、以效益为中心的集约型农业转变,大力发展优质高效农业,同时加大对农业科技的推广、培训,以实现可持续发展,增强农村吸纳金融资产能力。二是改变财政支农资金的运作方式。进一步加大财政的支农力度,加大对农村减税让利的幅度,加大对部分高生产成本农产品价格的补贴,扩大农村的消费广度和深度。三是努力改善农村信贷环境。政府应进一步总结完善农户小额信用贷款和创建信用村、镇工作机制,重点是培育和增强农户和其他承贷主体信用观念,把农户信用等级评定工作向建立农村居民个人征信系统延伸。四是大力整治县域经济环境。规范企业改制行为,减少行政干预和司法干预,维护金融债权,夯实社会信用基础。同时,要逐步改善中小企业外部发展环境,简化贷款抵押登记手续,降低收费标准,减少企业贷前支出,为县域中小企业的发展和金融机构增加信贷投入创造良好的外部条件。

第二,加大财政投入,建立稳定增长的政府财政投入机制。各级地方政府要进一步调整财政支出结构,增加对农业投资的规模,特别是农业基本建设投资占全国基本建设的投资比重应成为投资的重点,并坚持持续有效的长期投入,确保农业发展的后劲。要整合各项支农投资,提高资金的使用效率。按照统一规划、明确分工、统筹安排的要求,集中中央、地方和其他投资渠道财力,突出重点,确定财政支农资金的合理投向。

第三,增加县域信贷投入,建立金融支农的约束机制。一是国家在制定经济发展政策和货币政策时,应充分考虑到县域经济发展中的实际困难,不搞一刀切,对县域经济制定一些优惠政策,如增加政策性贷款投入、实行城乡差别利率政策等,以扶持促发展。二是人民银行应针对邮政储蓄大量分流农村资金的现实,以再贷款的形式将县域邮政储蓄吸收的转存款按照各县市所需资金情况贷给县市农村信用联社,由联社在本区域内统一调度使用,减少农村资金外流。三是要对商业银行信贷支持县域经济发展采取硬约束,明确规定县级商业银行全年新增存款中可以上划的比例,至少应保证真正来自"三农"的储蓄存款实现反哺。四是要发挥货币政策作用,鼓励和引导金融机构加大农业信贷投入。人民银行要增加支农再贷款总量,扩大农村贷款利率的浮动范围,适应中央在强化县域金融机构服务"三农"义务的同时,相应满足金融机构利率浮动权力的需要,促进金融机构逐步增加农业信贷投入,积极推动农村经济发展。

第四,调整农发行职能定位,建立政策性支农资金的导向机制。政策性金融具有填补资本市场空缺、对公共产品的倡导性和贯彻政府经济政策的特殊职能,特别是在县域及欠发达地区,作为履行政策性金融职能的农业发展银行,其职能作用必须重新定位和调整,应将其办成综合性的执行政府规划的支农金融机构,通过政府扶植项目强力拉动民间资本、商业性金融从事符合政府规划的贷款和投资。从投向上要进一步拓宽支农领域,在继续做好国家粮棉油收购贷款和专项储备贷款的同时,加大对农田水利基础设施建设、农业科研技术推广等服务体系建设的支持力度;加大对农业经济结构战略性调整的支持力度;加大以农村能源、生态农业示范工程和生态资源保护工程为主体的农村生态环境建设的支持力度。

第五,实施农村金融补偿政策,建立信贷支农的保障机制。农村社区要建立金融支农的保障机制,采取以下配套政策予以支持:一是风险补助政策。建立一种以中央财政和地方财政共同负担的专项支出为主体,按农村信用社存款量一定比例提取的资金为辅助的特别基金,对涉农信贷投入实行政策性补助,解决其风险大的后顾之忧。二是税费支持政策。建议降低对农户小额信用贷款的营业税税率,并以县为单位统一冲减所得税,以此来对原有的政策性投入和高成本经营问题进行变相补贴。三是加强农业保险的法制建设,通过立法来保证农业保险制度的顺利实施。

　　第六,支持农村非正规金融的发展。对于非正规金融,政府不应采取简单的限制手段而应支持其发展,政府要允许正当、合理的民间金融组织出现,放松对民间金融组织市场准入限制,引导农村民间金融组织在农民自愿基础上建立起规范的合作金融组织,在经济发达地区可成立股份制或股份合作制民营商业银行。这些民营商业银行享有与其他股份制商业银行同样的权利与义务,其规模可大可小,在条件成熟时将其纳入政府的正规金融体系之中,支持农村民间金融的规范化发展,让民间资本更广泛地参与农村金融活动,支持其发展壮大。对待民间金融,尤其是私人金融的政策应该像对民营企业或私营企业那样,鼓励其发展,发挥其优势,限制其缺陷,以达到政府、“三农”、民间金融共赢的结果。政府只需要完善农村民间金融制度,负责好监管工作。

　　第七,完善配套政策,加强对农村金融体系的监管。对农村金融组织的管制,应以法律为底线,明确管制主体、管制范围、管制程序、管制权利和义务,进行公正和公开的管制活动。在保证农村金融安全的同时,提高农村金融活动的效率,根据风险状况建立一整套管制标准和措施。金融监管总局要重点掌握农村商业性银行的管制权,中国邮政银行负责合作社的管制权。市场准入、统计、保险、报表报送银监会,高级人员的资格审查、现场管制、非现场管制、风险管制都由银监会负责,让资不抵债的农村金融组织通过重组、关闭等方式及时退出金融市场。此外,优化农村金融机构的外部运行环境,加强法人内部治理。在健全法律以创造良好的外部环境的同时,重点围绕管理机制、产权问题、法人治理结构、人员素质等方面加强内部管理,提高金融服务效率和质量,达到盈利和支农的双赢目的。

第三节　基于农民权益保护的
新农村社区文化制度

一、文化制度概述

　　广义的社区文化可理解为人类的精神和物质生活方式。精神生活方式主要包括人们的价值结构(追求、期望、时空、价值观等)、信仰结构(宗教信仰等)和规范结构(风俗、道德、法律等)等方面;物质生活方式主要是指人们衣食住行以及工作和娱乐的方式。也就是说,广义的社区文化是社区居民在特定区域内长期实践中创造出来的物质财富和精神财富的总和。狭义的社区文化是指社区居民在特定区域内长期活动过程中形成的具有鲜明个性的群体意识、价值观念、行为模式、生活方式等文化现象的总和。从我国现阶段的实践情况看,我国的农村社区文化一方面秉承了传统文化和民族特色,另一方面又放射着改革开放的时代光辉。因此,我们在进行农村社区文化建设过程中,既要注重理论的探索,研究农村社区居民的理想追求、价值观念、道德情操、生活习惯、审美取向等方面的成因,又要在实践中促使农村社区文化适应改革开放和社会主义市场经济发展的需要,以社会化为方向,以多方参与为动因,以公益型文化为重点,以综合服务于社会、服务于人民群众、推进农村社区精神文明建设为内容,使农村社区文化朝着科学化、系统化、规范化、现代化方向健康有序地发展。① 在我国农村,基于农民权益保护的新农村社区文化制度应该包括新农村社区文化保护制度、新农村社区文化推广制度、新农村社区教育制度等。

二、新农村社区文化保护制度

农村文化是在一定社会经济条件下,以农业生产创新为基础逐渐形成的文化,具有明显的封闭性、边缘性和落后性。我国农村地区积淀了深厚的传统文化,古代中国是一个典型的传统农业社会,社会习惯代代相传,历久不变,这种“闭固性的风格”在社会高速发展中产生了传统与现代文化的矛盾冲突。在这种情况下,农村社区的文化建设能很好地促进农村文化的发展。基于农民权益保护的新农村社区文化制度建设方面,要做好以下几方面:

第一,在资金制度上,应该增强获取资源的能力,鼓励资金投入主体的多元化。我国的农村社区文化建设中,政府是资金投入、场地建设和设施配备的

---

① 张莉:《社区文化建设若干问题研究》,大连理工大学 2001 年博士学位论文,第 109 页。

主体。农村社区建设主要是由政府提出和推动的,但是政府的投入必然有限,很难满足现代社区文化建设的要求。因此,加大对社区和谐文化建设硬件的投入是建立社区文化多元化集资体系的重要途径。首先,在政府投资的基础上,要加大驻区单位的支持力度。在传统的计划经济体制下,驻区企事业单位承担着"办社会"的沉重负担。改革开放以后,企事业单位从"办社会"的许多职能中剥离开来,转移给了社会,但这绝不意味着企事业单位从此脱离社会,更不意味着脱离所在的社区,而是标志着企事业单位与社会和社区关系的重组,要从"办社会"转变为依托、参与、支持社会和社区,"办社会"是包揽社会事务,以致繁杂的社会事务阻碍了企事业自身的发展,而依托、参与、支持社区则是在解脱了社会事务的沉重负担以后充分利用良好的社会和社区环境发展企事业单位,积极参加必要的农村社区建设、管理工作,共建文明社区,为社区的健康发展提供必要的条件,这是企事业单位与社区的一种新型关系。企事业内部有可供广泛利用的设施、人才和技术等资源,可以向社区开放,为发展社区文化事业做出贡献,这既支持了社区文化的建设和发展,同时也创造了企事业单位自身发展的良好社会环境和条件。其次,社区自筹。可以通过拉拢赞助、寻求社会各方资助等方式自筹资金,这样既满足了社区文化建设的资金需求,又可以广为宣传本社区的文化品牌,为社区树立良好的外在形象。同时,发展社区文化产业也是社区文化建设资源获取的一个重要途径。

第二,在管理制度上,应以村民自治为主,政府调控为辅;以福利为主,市场为辅。政府必须下放权力到社区。例如,上海采取的是"两级政府,三级社会"的管理制度,而沈阳则是采取政府主导、社区自治的管理模式,这些地区都是根据其自身的实际情况和发展状况采取了相应的解决办法,并在一定程度上取得了不错的效果。同时,培育和建立一支具有区域特色、高素质、文化业务知识较为全面的文化队伍,是加强城市社区文化建设以及进一步发展城市社区文化的迫切要求。各级民政部门可以广开用人渠道主动纳贤,把那些政治觉悟高、思想素质好、工作能力强、热心社区居民工作的人才,通过法定的程序,吸收到社区工作者队伍中来,优化队伍结构,增强队伍的战斗力。社区服务中心可以通过岗位培训、资格认定的办法,加快社区工作者队伍职业化、专业化的步伐。将积极改善社区工作者的办公条件,力争把社区基础设施建设纳入城市发展建设规划,建设符合标准的办公用房和办公设施,建立功能齐全的社区活动室以及较为完善的社区服务设施。

第三,在活动制度上,运用群众喜闻乐见的形式开展多层次社区文化活动,通过活动达到育人的目的,这是社区文化建设的一项重点工程。运用老百姓常见的形式,因地制宜,多方位多层次地开展社区文化活动,满足社区群众精神文化生活的不同需求。这些文化活动既有日常普及型的读书、看报、晨练、下棋、扭秧歌,也有阶段性的各种艺术节。例如,大连的服装节、哈尔滨的"哈尔滨之义"音乐会、冰雪节,山东潍坊的"风筝节"等。业余文化组织是社区文化建设的生力军,诗社、画社、文学社、合唱团、小乐队、舞蹈团,他们活跃在社区文化的舞台上,极大丰富了社区文化的内涵。社区文化建设在这方面关键是要设计有效载体,吸引群众广泛参加。一是要寓教于文,即广泛开展各具特色的楼道文化、乡村文化、家庭文化活动,开展"学习新知识、掌握新技能"的群众性读书活动,对农民进行科学生活和文明规范等方面的教育,形成良好的文化氛围;二是要寓教于体,有计划地建设体育活动网点,开辟健身园地,组织晨练活动,发动居民参加一些有益于身心健康的体育活动。通过各种文化活动形式,不断丰富农民的文化生活,进而繁荣农村文化。

第四,在民主制度上,明确农民群众是社区文化的参与主体。"群众文化""农村社区文化",也即是人民大众的文化,群众性和广泛性是农村社区文化的最大特点。因此,社区文化必须以村民为主体,因此必须加大农民群众的参与率,让农民群众做社区文化的建设者。提高村民参与率最好的办法就是要在文化活动上真正能够吸引居民,切实满足居民各种文化需求。只有居民真正需要的,才是最好的。加大农民群众的自主权,给农民群众更加自主创新、自由发挥和自发组织的权利和空间,实现社区文化从"精英视角"向"平民视角"的转变,这样才能使农民群众在新农村社区文化建设中培养主人翁意识,更自觉地参加社区文化活动。社区文化是居民自己的文化,也可以说是"草根文化",是与农民群众生活最为贴近的文化。因此,社区文化就是平常老百姓共同智慧的结晶,必须充分挖掘农村社区农民的才能,正所谓"八仙过海,各显其能",这样的文化才能体现出本社区的特色。

第五,在法律制度上,建议制定一部可行的《农村文化促进法》,必将对新农村社区文化发展起到推动作用。首先,在《农村文化促进法》中,要对"文化"的价值有着更为深刻的理解。"文化"具有多元性,文化既内在于人们的思想和意识,又外在于人们的生产和生活方式、制度和规则等,文化动力对社会发展具有重要的现实意义。其次,明确《农村文化促进法》的理念基础。第一,坚持以人为本,发展诉求文化。在我国实践中,农民是农村文化创新的生力军。因此,我们必须以人为本,以广大农民为出发点和归宿。第二,强调和谐理念,凸显文化和谐。和谐社会是一种理想的社会、发展的社会、公平的社会、文明的社会、法治的社会,文化是社会传统的积沉,建构和谐社会应以文化和谐为基础,丰富和谐社会的内涵,真正促进人的全面、自由、可持续发展。再次,在这部法律中应突出文化主体的利益平等。保障个体文化利益得以实现的前提是要贯彻平等,这是从正义理想中引申出来的最基本原则。中外古往今来,人们都已意识到并非常重视此原则,但由于种种原因,人们特别是弱势群体在满足自己的文化和精神需求时仍然面临着不平等。如我国的城乡之间、男女之间、各民族之间、不同地区之间、不同阶层之间都存在着严重的失衡现象。这表明,在理论与法律上对于享有文化利益平等的确立并不等于现实中人们享用文化设施的机会平等。现实中对于文化利益领域中的平等是一个具有强烈实践性的概念,它的完整意义应是指建立在人格平等的基础上,而不是经济条件或政治地位基础上的实然状态。

三、新农村社区文化推广制度

在我国,一些农村文化推广活动比较发达的地区,普遍尝试开展一定范围的文化推广试点活动。例如,"文化设施建设双百工程""民工影院"、农村露天电影放映活动、农民书社、图书下乡、戏剧下乡、电影下乡、科普进社区、大中专学生志愿者下乡等示范活动。在有条件的农村地区,农村文化推广试点活动中,应遵循试点工作的群众性、特色性、地方性、灵活性、长效性、义务性、公益性、普及性原则,建立市、镇、村三级文化服务网络和文化培训基地,并挖掘地方特色文化,以各地"千镇万村种文化"活动为契机,探索建立"农村文化特派员"制度,试行基层文化使者模式,大力引导专业文化人才以"驻点联村"的方式开展文化服务活动,这些都对我国新农村社区文化推广制度的完善有着重大的意义。以下将具体对基层文化使者、文化特派员下乡推广制度、"教授""研究员"文化教育与推广制度、"驻村夜访"文化推广制度进行详细的阐述。

第一,基层文化使者、文化特派员下乡推广制度。一是组建"文化特派员"队伍。立足现状,深入挖掘本土丰富的文化人才资源,组建一支由县乡文体干部、各类文艺协会人员、学校艺术类教师以及文化志愿者等组成的县级"文化特派员"队伍;加强文化推广培训,定期举办"文化特派员"培训班,确保"文化特派员"以"一对一"方式开展文化指导工作;因村制宜,择优选派,做到"因村派人、因人定村"。二是开展"文化惠农"活动。开展"师带徒"活动,发展一批"文化示范户"和"民间艺术能人";开展"办实事"活动,积极引导农村群众向上争取文化项目,抓好"农家书屋"、广播电视"村村通"、农村电影放映等重大公共文化服务工程建设,每个乡镇都应有自己的特色文化;开展"种文化"活动,传承民间"草根文化"。三是构建"联动帮扶"机制。建立多方投入机制,采取当地政府出一点、向上争取一点、企业单位捐一点的办法,建立农村文化特派员专项经费。多方筹措社会资金,设立"种文化"专项发展基金;建立结对共建机制,以"百村结对共建"为契机,形成"派出单位+文化特派员+农村"的联动帮扶模式;建立创业承诺机制,特派员向村民公开承诺派驻期间所要实施的文化初建项目,承诺以书面的形式公示,接受群众监督;建立健全激励机制,特派员定期下村进行业务辅导,年终评比,对优秀的文化特派员给予奖励,开展"十佳农村文化特派员"评选活动,对优秀的特派员进行表彰。

第二,"教授""研究员"文化教育与推广制度。在高等院校、文化院所可以适时地设立"教授""研究员"文化教育与推广岗位,明确岗位职责,引导、鼓励高校文化教师和文化人员到农业生产一线开展文化教育与推广工作。依据新农村建设与全面实施乡村振兴对各类人才需求情况,调整涉农高等院校的专业设置,改革教学内容、课程体系和教学方法,逐步实行"教授""研究员"文化教育与推广制度,研究制定长期支持、扎根在农村文化教育与推广一线的有关从业人员参加职称评审或评奖的优惠政策。同时,组织实施新农村百名村干部学历教育工程、青年农民现代化素质培训工程、农村文化管理干部培训工程、实用人才开发培养工程、农村基层组织负责人培训工程、注册乡村医务人员培训工程,以增加文化总量、提高文化素质、发挥文化作用为目标,综合运用文化教育培训和实践锻炼等方式,着力培养一大批适应新农村建设与全面实施乡村振兴要求的文化型农村实用人才。

第三,"驻村夜访"文化推广制度。"驻村夜访"文化推广制度可以成为密切党群干群关系的"连心桥",发展农村经济的"助推器",维护农村社会和谐稳定的"润滑剂"。农村干部的"驻村夜访"制度是把干部休息时间交给群众,把下访工作做到农民家里。具体而言,一是农村干部要带思路、带问题、带责任、带感情进行夜访;二是农村干部要对上访户、特困户、老党员、老退伍军人、人大代表、乡土人才、群众威信高、科技示范户、种养大户等人员进行上门夜访;三是农村干部要做到知基本情况、知村情民意、知贫困农户、知致富典型、知发展方向、知热点难点等;四是农村干部要争做宣传政策的宣传员、发展生产的服务员、支持帮扶的扶助员、化解矛盾的调解员等。同时,农村干部要着重在"约访、上门面访、集体议访、扎实办访、按时复访、全程督访"环节上抓好落实。针对当前农村文化生活贫乏,赌博、封建迷信等不良风气的影响,在"驻村夜访"中,通过建立"廉政文化进农村"示范点,建设廉政文化活动室、廉政图书专柜、宣传教育长廊、廉政漫画、廉政电教片等,在农村中广泛开展家庭助廉、移风易俗等活动。另外,"驻村夜访"要有相应的督查,县、乡镇各级须成立配套的"驻村夜访"督查组。各乡镇把干部夜访工作的情况、成效与干部年终考核、评先评优等挂钩,在一定范围内给予通报、批评、党纪政纪处分等。此外,还应实行"夜访"帮扶互助制度。

四、新农村社区教育制度

(一)新农村社区教育制度的总体构建

社区教育(Community Education)一词最早源于20世纪初美国学者杜威,

他提出"学校是社会的基础"的思想。社区教育这个概念在国际上的正式和广泛运用是在第二次大战结束之后。社区教育这一概念虽然已被世界各国确认,但对社区教育的界定,存在着不同的观点。马丁(J.Martin,1987)认为,社区教育是提供教育机会给每一个人,以便达成更充实更有益的生活①。哈格雷斯(D.Hargreaves,1985)认为,鼓励更开放更民主地获得教育系统的人力和物力资源;重新界定课程和学习过程的观念,教育是产生个人自主和促进社会合作的方法②。我们认为,社区教育是提高社区全体成员素质和生活质量以及实现社区和谐发展需要的一种教育活动和过程,其包括三个基本点:一是社区教育的区域性;二是教育与社会双向服务性;三是学校、家庭、社会各种教育力量的协同性。

第一,从政府扶持方面,加大对新农村社区教育的支持力度。当基层的社区教育形成并发展成一定的规模以后,如何建设一个民主而有效的管理体制,则是保障社区教育得以健康与正常发展的关键所在。毋庸置疑,公权力抑或国家权力在推动与发展社区教育的过程中,是最为有力,也是最切实有效的力量。③ 而且一般的见解也认为公权力的介入对社区教育的组织化过程起决定性的作用。政府对社区教育发展是不可或缺的,但政府既能促进发展,也能阻碍发展,要使政府促进发展,就有必要运用我们的智慧,建立有效且有限的政府。政府不应当被动地去接受责任,甚至是推卸责任,应当在公平体制下主动寻求自身责任的定位,并理性地承担责任。由此,政府不仅要克服长官意志和行政命令的失误,社区教育主要是服务于社区的,唯有把内容贴近社区居民的生活,社区教育才能持久并焕发出生命力;同时,政府职能部门还应担当援助、协调的角色,以利于宏观监督,而又不至于管得过严或过死,这样的定位可使社区教育迸发出活力,并逐渐形成成熟的市民素质。

_____

① MtiJ（1987）CmmityEdtiTOwdthtillyiGAlltal（eds.）CommunityEdueationMiltonKeynes：Open University Press. R19.

② Hargreaves, D.（1985）, LearningtakesPlaeeinmanyandvariedcontextsthroughouttheindividual's 5life, 5.Ranson&J.Tomlinson（eds.）, TheGovernmentofEdueation, GeoreAllonUnwin.

③ 吴遵民:《关于对我国社区教育本质特征的若干研究和思考》,《华东师范大学学报》2003年第3期。

　　第二，从社区管理方面,扩大新农村社区教育资金来源。社区教育工作者队伍的建设是搞好社区教育的前提和保证,充分发挥老干部、老英雄以及社会上各种专业技术人员的作用。资金的筹集和管理是社区教育活动得以顺利开展的有效保障。今后社区教育资金的来源主要由政府拨款、捐赠、基金会储备金以及社区教育委员会自办经济实体的创收。要继续扩大社区教育资金来源渠道,并成立专门的基金会对其使用进行管理和监督。建立社区教育基地,统筹教育资源是开展社区教育的有效形式。社区充分挖掘教育资源,利用社区内的各种设备,军校部队建立革命传统教育基地、军事训练基地、社会实践基地及各种培训基地,保证社区各种教育活动的落实。在建立基地的同时,还须完善会议汇报、交流制度以及调查研究、评比考核、表彰奖励帮教等工作制度,为开展社区教育工作提供制度保证,推动社区教育向结构合理、运行规范、管理健全的目标迈进。无线电广播教育的费用低廉,电视技术的发展和计算机网络的拓展,更大地方便了社区居民接受教育。选择不同的教育内容和形式,使社区教育更加丰富多彩。因此,社区要加大投入资金,加强社区先进教育技术的装备,采用现代化的教育技术手段,推进社区教育向终身化、全员化、社会化、个性化方向发展。

　　第三,从社区特色教育方面,探索适合新农村社区的教育模式。农村社区经济的发展对农村社区教育发展具有很大的促进作用,各地在积极探索适合于本社区发展的社区教育时,形成了各具特色的教育模式。例如,上海市郊区的嘉定镇等一批乡镇以基础教育为中心的"立体式、开放型"的社区教育模式,这个社区教育模式的初步形成主要由地方政府统筹,以教育部门为主导,以整个社区为依托,以学校、家庭、社会的结合为纽带,以青少年学生全面发展为培养目标,以基础教育为中心的"立体式、开放型"的社区教育模式;山东省青岛市城阳区仲村形成了"全员、全程村级终身教育系统模式",他们积极探索建设功能齐全的现代化小城镇,提出了"治贫治愚同步行"的目标,以发展教育为基础工程,逐渐形成了从幼儿到老年、从普教到职教、从学校教育到社区教育的"全员、全程村级终身教育系统";浙江省象山县石铺镇形成了"农村小城镇教育模式",主要特点是政府统筹,学校为主体,主要教育形式有家长学校、成人学校和社区教育培训中心等;湖北省武汉市蔡甸区形成了学校与社会结合的"农村社区教育基本格局",其特点是以党政为主要领导,以学校为依托,主要办学形式是家长学校和文明公民学校等。这些办学模式都各具特色,有效推动社区教育的发展。

第四,从教育资金方面,实现新农村社区教育资金来源多元化。政府应加强对农村社区教育经费的投入,我国农村社区教育学院并不是营利性教育单位,其硬件设施建设以政府拨款为主。农村合作经济组织在我国农业区域化布局、产业化发展等方面发挥着越来越重要的作用,是农村社区教育的经济基础。农村社区教育学院需要投资主体多元化,除政府拨款以外,还要鼓励农村乡镇企业、社会团体和个人捐助等办法筹集资金,并鼓励爱国侨胞到我国农村捐资助学或办学等。另外,随着农村社区经济的发展、人民收入的增加,应依法筹集一些资金用于社区教育。在开展以公益性教育为主的基础上对于某些培训项目,如对于提高文化学历水平和个人技艺能力的培训项目,可适当收取一些费用,引入有偿与无偿相结合收费标准。此外,农村扫盲专项基金的建立,可根据不同地区文盲状况及扫盲任务,由社区和地方财政共同拨给专项经费,以支持农村扫盲事业,提高整个社区公民文化教育水平。

第五,从社区教育管理方面,建立协调共同管理体制。农村社区教育超越了农村社会各组织机构的行政隶属关系,是开放型的民众性社会事业,必须运用社区管理的艺术,将其纳入社区发展的总体规划,全面考虑构建调控网络与农村"小城镇大战略"的发展同步规划。在组织机构方面,应建立由行政领导和各方代表人士组成的社区教育委员会。在管理体制上,由政府牵头统筹各方,建立政府、社会和学校三结合的共同管理体制,协调各方形成合力。通过统筹管理,使社区中各个构成单位互动、互补整合而成一定的社区教育组织机构,从"全员、全程、全方位"的"三全"方向上促进教育社会一体化的实现。同时,促成学校向社区开放,加强学校、家庭和社区之间的教育衔接与沟通,促成社区教育资源的共享,优化社区教育环境。通过社区教育组织管理的上下、左右时空关系的衔接、沟通和协调,产生社区教育的系统整合功能,使社区中各类教育形态互联互通构成特定的大教育体系,产生整体倍增效应。统筹管理有利于全面贯彻教育方针,营造培养创新精神和实践能力的终身学习环境;有利于依照社区政治、经济、文化和个人身心发展的需求科学施教,全面提高社区成员的整体素质;有利于盘活社区一切可以利用的教育资源,提高社区教育实验工作的质量;有利于调动社区成员不断学习与深造的主动性,自觉地向终身学习的目标迈进①。在具体实施过程中,因地制宜地进行探索,不强求一律一致,进一步健全规章制度,实行民主管理,使社区教育实验更加贴近社会的广泛需要。

(二)新农村社区劳动力教育培训制度的具体设计

1.新农村社区农村劳动力教育培训立法制度

从总体上看,农村劳动力教育培训立法存在很多不足,相对于国家的整体法律而言,农村劳动力教育培训立法显得十分薄弱,这与农业大国的国情非常不相称;相对于农村劳动力教育培训发展的实际而言,存在着法律位阶低,法治化程度低,立法分散,法律保障不力,执法的环境不理想等问题。到目前为止,我们还未制定属于基本法律层次的《农村劳动力教育培训法》,关于农村劳动力教育培训政策的立法大部分是行政法规或规章,与此同时,现有的有关农村劳动力教育培训的政策法规也存在缺陷,例如,没有明确政府在农村劳动力教育培训政策的制定和实施过程中权力如何进行规范,法律责任制度的规定也不明确等。然而,笔者也不赞同将所有的农村劳动力教育培训政策都上升为法律,这是不现实和不科学的,但是加强基于社区发展的农村劳动力教育培训的立法完善,对于基本的农村劳动力教育培训政策逐步上升为相关法律,规范基于社区发展的农村劳动力教育培训政策的制定与实施,是国家的宏观调控对基于社区发展的农村劳动力教育培训的要求,也是促进基于社区发展的农村劳动力教育培训发展,切实保障农民权益的要求。新农村社区劳动力教育培训的立法应从以下几方面进行:一是应坚持以巩固和加强基于社区发展的农村劳动力教育培训基础地位,确立加大对基于社区发展的农村劳动力教育培训的支持和投入的立法宗旨,采取相关的倾斜政策,加快农村劳动力教

---

① 刘洋:《中国农村社区教育研究》,西北农林科技大学 2003 年博士学位论文,第 73 页。

育培训基础设施建设和师资建设。二是明确政府的权力与责任,对政府在农村劳动力教育培训中的权力进行规范与监督,建立政府法律责任制度,且对农民权利救济的方法与程序进行明确规定等。三是通过制度安排推动农村劳动力教育培训市场的形成,引入竞争机制,提高教育培训质量,并逐步形成完善的教育培训市场体系,明确教育培训主体的责任和义务,完善对教育培训主体的规范和监督的规定,建立相应的法律责任制度。四是保障和维护农民的合法权益。农村劳动力教育培训针对的是农民,作为相对弱势群体的农民在政治、经济上都处于相对弱势地位。因此,立法应当坚持保障和维护农民合法权益的原则,对农民权益进行倾斜性保护。

2. 新农村社区农村劳动力教育培训主体制度

就目前而言,我国基于社区发展的农村劳动力教育培训中社区、政府、教育、培训机构(包括企业)、农民是教育培训参与主体,完善这几个主体的法律制度对基于社区发展的农村劳动力教育培训具有重要作用,这些主体主要分为:社区主体、政府主体、教育培训主体及农村劳动力主体。

(1)新农村社区劳动力教育培训的社区主体制度

农村社区是基于社区发展的农村劳动力教育培训的主要力量。基于社区发展的农村劳动力教育培训是以农村社区为载体,提倡社区居民广泛参与,为了更好地进行农村劳动力教育培训,必须建立相应的组织让农民都能平等地接受教育培训,公平分享教育资源。为了完成基于社区发展的农村劳动力教育培训工作,而又不增加当地农村社区的负担,本书认为基于社区发展的农村劳动力教育培训还是应以当地农村社区的村民委员会为载体,在政府的宏观调控法律政策的指导下,引入专业化的教育培训机构对村民进行教育培训,为社区居民提供良好的教育培训服务。按照居民的居住地而设立的村民委员会属于基层群众性自治组织,并非国家的行政机关,在授权情况下,它可以实施部分管理社会公共事务的行政职能。因此,在基于社区发展的农村劳动力教育培训中,农村社区组织主要负责广泛听取和征求当地居民的各种意见,搜集整理相关资料和数据用以分析社区居民教育培训的问题和需求,以此为依据制定基于社区发展的农村劳动力教育培训的计划,选择和实施丰富多样的农村劳动力教育培训项目,加强宣传,增强社区居民参加教育培训的意识,提高社区居民参加教育培训的积极性,让社区居民都尽可能地参加教育培训,同时农村社区组织还能以基层群众性自治组织的身份,代表社区居民的利益,同政府有关部门及教育培训机构进行直接对话、交流及沟通,反映社区居民的真实意见,指出教育培训过程中的问题,维护当地社区居民的切身利益。为此,在农村社区组织开展工作的过程中,还须特别注意以下两个方面:一方面是信息公开;另一方面是民主议事。

(2)新农村社区劳动力教育培训的政府主体制度

政府主体是基于社区发展的农村劳动力教育培训的引导力量。政府主体是众多主体中不可或缺的。治理理论认为:在诸多因素的影响下,政府也会失灵,政府的能力也是有限的,这种有限性并不是取决于该政府是民主的,还是专制独裁的。治理观念与治理理论的提供,是试图通过建立政治国家和公民社会合作、政府和非政府合作、公共机构和私人机构合作、自愿和强制合作的社会治理机制,从而弥补国家能力的不足和市场机制的缺陷,解决政府失灵与市场失灵问题,进而实现以官民合作为特点的"善治",为此,政府应做到以下几点:

第一,简化政府的管制,从程序上为新农村社区劳动力教育培训提供便利。第二,作为基于社区发展的农村劳动力教育培训的引导性力量,政府在微观、中观和宏观层面承担大量监管职责,因此首先应在行政机关内部进行责任约束制度的完善。第三,政府应给当地的农村社区自治组织足够的自治权。政府应以服务为民、增加社会的福利为己任,充分了解公众的意愿,正确认识公众的参与的价值,吸纳社会的公众力量参与国家与社会事务的管理和组织。

(3)新农村社区劳动力教育培训机构的主体制度

教育培训机构主体是指具体履行对农村劳动力进行教育培训职责的组织或机构,通常包括学校、农民专业合作组织、社会团体等。教育培训机构主体是基于社区发展的农村劳动力教育培训的具体实施主体,担负着提高农村劳动力文化素质、开发农村人力资源的重要责任,它的基本职能是借助一定的教学设施与选定的环境对农民实施教育教学活动,帮助农民掌握职业技能和最新的农业科技知识。因此,有必要对社区农村劳动力教育培训机构主体的法律地位、宗旨、任务、责任和义务进行规定,应当明确社区农村劳动力教育培训机构主体以服务农村劳动力为宗旨,以对农村劳动力实施教育培训、传播职业技能和农业科技知识为任务,为农民提供优质的服务。首先,探索基于社区发展的农村劳动力教育培训的办学体制,拓宽教育培训机构主体的涵盖面。应改变传统的、单一的由教育部门或政府事业单位办学的局面,设立一定的条件和规定,吸引和鼓励符合条件的社会力量参与办学,同时引入竞争机制,通过竞争促使各教育培训机构主体不断提高服务质量。其次,基于社区发展的农村劳动力教育培训机构主体应当加强与农村社区主体的沟通与合作。社区农村劳动力教育培训机构主体以农民为服务对象,而农村社区是农民互助、合作的集体,它能代表社区内居民的利益和意愿,加强与农村社区的沟通与合作,能够及时了解农民对教育培训的要求和意见,依据这些信息反馈,不断对教育培训的方式、内容进行调整,能够确保以灵活多样的教育培训方式、丰富实用的教育培训内容满足农民的现实需要。再次,基于社区发展的劳动力教育培训机构主体必须接受政府主管部门的领导和监督,遵守农村劳动力教育培训的法律法规,对机构内部进行科学管理,制定相关规章制度,对师资建设等重要的问题要有明确的规定。最后,社区劳动力教育培训机构主体必须树立农民利益至上的价值观,进行行业自律,充分尊重农村劳动力的受教育权利,不得侵害农村劳动力的合法权益。具体而言,教育培训机构主体可以分为输出型或外向性劳动力教育培训机构主体、驻地型或内向性劳动力教育培训机构主体和兼容型或双向性劳动力教育培训机构主体,这三类教育培训机构主体由于特点不同,除了应明确上述内容外,各自还应明确以下内容:一是输出型或外向型劳动力教育培训机构主体应结合市场信息,为转移的学员提供跟踪服务;二是驻地型或内向型劳动力教育培训机构主体应密切联系农业高等院校,保证农业科学技术的更新;三是兼容型或双向型劳动力教育培训机构主体除了完成对学员的培训外,应为学员提供必要的就业信息。

(4)新农村社区劳动力教育培训的农村劳动力主体制度

在基于社区发展的农村劳动力教育培训中,农村劳动力作为接受教育培训的主体是教育培训过程中的重要主体,但由于农村劳动力自身的问题(思想意识问题和经济能力有限)和有关农村劳动力主体地位的缺失,使农村劳动力主体在接受教育培训的过程中都存在权益缺失的现象。如由于经济能力有限而被教育培训机构拒之门外,教育培训的内容不能满足农村劳动力的实际需要,农村劳动力交了学费但是教育培训机构的服务却不到位,教育资源整合时话语权不强等均是阻碍农村劳动力主体完善的具体体现。因此,基于社区发展的农村劳动力教育培训的农村劳动力主体制度有必要对农村劳动力主体的合法权益进行明确的规定,提高农村劳动力素质,保障农村劳动力机会均等地接受教育培训,让农村劳动力增强自我发展和自我保护权益的能力,是农村劳动力发展权利的体现。进一步说是农村劳动力文化发展权利的体现,因此,在构建农村劳动力主体制度时,应对农村劳动力在教育培训过程中的合法权益进行明确界定,如应当对农村劳动力文化发展权的性质和范围进行界定等。明确规定农村劳动力合法权益才能确保农村劳动力的合法权益得到法律的保护,这样才能使农村劳动力的主体逐渐完善,农村劳动力才会真正得到发展。

3. 新农村社区农村劳动力教育培训监管制度

新农村社区劳动力教育培训的健康发展离不开国家职能部门有效的监管,完善的监管制度是基于社区发展的农村劳动力教育培训健康发展的重要条件。结合基于社区发展的农村劳动力教育培训的特点而言,新农村社区劳动力教育培训监管制度主要包括以下几方面的内容:

(1)新农村社区劳动力教育培训评估制度

目前在农村劳动力教育培训中,教育培训普遍存在师资力量薄弱、专业设置不合理、课程内容落后等问题,教育培训的质量难以保证,缺乏监督机制。确立农村劳动力教育培训评估法律制度,将农村劳动力教育培训评估法律化、权威化,能够防止教育培训机构为了盈利对农民的培训敷衍了事,既能保护农民的合法权益,又能对教育培训机构的教学活动起到监督的作用,保障教育培训的质量。随着农村社区建设的不断深入,农村形势的变化逐渐加快,社区主体参与评估是必要的。基于社区发展的农村劳动力教育培训的评估应实行政府主体评估为主、社区主体评估为辅的评估模式。一方面,农村社区能够集中自身优势,充分调动农村社区的能动性机制进行有效的评估。农村社区是在农村通过一定方法联系起来具有共同的风俗习惯、共同的文化背景、共同的地缘以及共同利益的互助、合作集体。农村社区组织及成员是社区建设和治理的关键主体,在农村社区劳动力教育培训评估中,农村社区主体能够结合自身特色,充分结合农民的需要,集中农民对教育培训机构的反馈意见,与政府组织进行沟通,从而实现对社区农村劳动力教育培训进行有效评估。另一方面,政府组织能够从全局的高度,通过评估调整政策。政府组织能够从宏观上,考虑各方面的因素,制定评估标准、评估程序及方法,通过自身对社区农村劳动力教育培训的评估,结合社区主体评估的结果,从而对社区农村劳动力教育培训进行宏观政策制度的调整。农村劳动力教育培训评估制度的确定应注意以下几个方面:首先,方向性。农村劳动力教育培训评估必须坚持社会主义教育方向,以农村劳动力教育培训法律法规为依据,以法律法规为参照,通过教育培训评估工作使得社区农村劳动力教育培训保持正确的发展方向。其次,科学性及可行性。科学性要求社区农村劳动力教育培训的评估活动必须尊重客观规律,以科学的培训评估指标体系作为尺度,以评估信息作为依据,利用科学的评价方法和技术,在此基础上对基于社区发展的农村劳动力教育培训工作进行准确的价值判断。可行性是要求评估的指标体系以及方法技术应尽可能地简便易行,培训评估程序也要便于操作和实施。再次,灵活性与一致性相结合。一致性要求进行社区农村劳动力教育培训评估时,必须实行一致的标准。灵活性要求评估指标与评估标准的制定以及评估方法与评估程序的选取,都应考虑差异性,不能一刀切,应该灵活对待。在基于社区发展的农村劳动力教育培训评估中,我们应当突出的是:其一是评估内容的法定性。这就要求在法律上对评估内容进行明确规定,包括:专业设置、课程安排、培训内容、招生情况、收费标准、学员的结业率、结业学员的鉴定通过率、就业率、师资力量、工资水平等。其二是评估标准和程序的法定性。评估标准和程序直接影响到评估结果的真实与否,在法律的高度上对评估标准和程序进行规定,规范评估行为,能够确保教育评估活动的公正性。

（2）新农村社区劳动力教育培训激励制度

农村劳动力教育培训是一项关系到农民群体未来发展的公共事业,由于它服务的对象是弱势群体农民,这就决定了农村劳动力教育培训在整个教育体系中的弱势地位。虽然,《民办教育促进法》是允许社会力量参与办学的,但大多数的出资人都希望拥有其投入部分的产权,且得到相应的利润,在利润的影响下,出资人往往会选择城镇居民为主要服务对象的办学形式,而以弱势群体的农民为服务对象的农村劳动力教育培训则少见社会力量投入。但是,随着农业现代化和城镇化进程的发展,仅仅靠公办学校承担农村劳动力的教育培训,已经难以满足广大农民的教育培训需要了,鼓励社会力量参与农民劳动力教育培训将是新农村建设与全面实施乡村振兴的需要。因此,针对这种情况,立法机关应当制定农村劳动力教育培训激励法律制度,通过多种优惠制度鼓励和吸引社会力量参与农村劳动力教育培训,满足农民对教育培训的需要。

实践证明,允许出资人在办学盈余中抽取一定的回报,有助于吸引更多的社会资金来开办学校。因此,笔者认为农村劳动力教育培训激励制度可以从以下几个方面进行:一是明确民间投资基于社区发展的农村劳动力教育培训事业享有的优惠条件,如税收优惠、减少审批环节、优秀师资资源的共享。二是应明确"办学成本""提取其他必需的费用"及"预留发展基金"等概念的内涵。三是设置教育培训奖励基金。建立教育培训奖励基金,采取以奖代补的方式,对在培训项目实施中取得显著成效的教育培训机构进行奖励和扶持,或者对教育培训工作成效突出的企业和单位给予奖励,以便更好地调动各方参与培训的积极性。四是对接受培训者的优惠扶持。一方面,对返乡创业和自主创业的农村劳动力给予一定的优惠政策。另一方面,对经过教育培训并按期获得职业技能资格证书且已签订劳动合同的学员,给予一定的补助。

（3）新农村社区劳动力教育培训保障制度

基于社区发展的农村劳动力教育培训的顺利进行离不开保障制度的支持,离开了保障制度,基于社区发展的农村劳动力教育培训也就无从进行。就基于社区发展的农村劳动力教育培训的特点而言,资金的支持和教育资源的合理整合是基于社区发展的农村劳动力教育培训顺利进行必不可少的保障。第一,资金支持是农村劳动力教育培训发展的重要保障。在社区农村劳动力教育培训发展中,资金的投入是农村劳动力教育培训发展是否持续的关键因素。社区农村劳动力教育培训资金的首要主体是国家,即国家和各级地方政府所给予的财政投入,然而,国家和地方政府能给予的财政投入是非常有限的,甚至是不足的,随着农业现代化和城镇化进程的发展,农民参加教育培训的需求越来越大,以政府的财政投入为主体的资金投入方式逐渐难以满足农村劳动力教育培训发展的需要。因此,在政府提供稳定资金的前提下,拓宽筹资来源、开拓筹资方式,并进行法定化是必须的,也是必要的。

第二,教育资源的合理整合是基于社区发展的农村劳动力教育培训的必要保障。通过法律制度或政策调整,合理整合现有的教育资源,突出农村劳动力教育培训的地位,建立和扩充社区农村劳动力教育培训基地,为基于社区发展的农村劳动力教育培训打造坚实平台。

(4)新农村社区劳动力教育培训市场监管制度

市场之于教育培训似乎是个两难的选择,教育培训的公益性与市场的营利性总存在由里及表的矛盾,但是否定市场在教育培训中的作用是不可能的,矛盾要解决,须在市场机制作用于农村劳动力教育培训发展的过程中,既坚持教育培训发展规律又遵循市场规律,对农村劳动力教育培训市场进行特别监管,既尽可能地消除和避免市场对教育培训的负面影响,又充分发挥市场的积极作用。

当前我国的农村劳动力教育培训市场尚不规范、不完善,尚处于较低的发展阶段。制约农村劳动力教育培训市场发展的主要问题是政府相关部门重视不足、相关监督控制机制不完善和教育培训机构不规范。为促进农村劳动力教育培训市场的发展,维护农村劳动力教育培训市场的公平、正义、效益和安全,规范教育培训服务行为,必须加强农村劳动力教育培训市场的立法。立法应从以下几个方面进行:一是政府作为市场主体要转变市场执法的观念,引导有关部门重视教育培训服务市场的管理,并且在制度安排中对政府的管理权力与责任进行明确规定,避免对教育培训服务市场的管理流于形式。应将目前分属于众多部门且职能相同或相近的农村劳动力教育培训相关管理机构进行合并、精减,强化教育厅专司农村劳动力教育培训职责的部门,这样就能精减办公人员,减少经费开支,降低农村劳动力教育培训的管理成本,提高农村劳动力教育培训效益,统一农村劳动力教育培训的管理。二是加强教育培训机构主体自身的规范与完善,进一步延伸与强化服务功能,并且在服务中逐步形成示范性培训机构,带动其他相关服务行业的发展,使农村劳动力教育培训服务市场不断完善及壮大。三是通过立法健全与完善对农村劳动力教育培训服务市场的监督控制机制,例如制定信息公开制度,把教育培训机构的有关信息向社会公布。四是建立教育权利救济制度。应明确规定农民教育培训的权利,并对其权利进行保护。地方政府可以设立专门的政府部门,在农村劳动力的受教育权遭受到侵害时,该部门可接受农村劳动力的请求,向相关部门反映情况,帮助农村劳动力行使损害赔偿请求权。专门的政府部门还可依据群众的反映,撰写调查报告,请求相关部门对问题严重的教育培训机构进行调查处理。

4. 新农村社区发展劳动力教育培训运行保障制度

新农村社区发展的农村劳动力教育培训运行法律制度是为了确保基于社区发展的农村劳动力教育培训能够按照法律法规健康发展,有关基于社区发展的农村劳动力教育培训的法律法规能够在实践中得到落实,这就要求在推进基于社区发展的农村劳动力教育培训过程中能在执法和司法环节中做到有法可依、有法必依、执法必严、违法必究。

(1)严格新农村社区劳动力教育培训的执法

新农村社区劳动力教育培训执法是基于社区发展的农村劳动力教育培训法实施的基本实现方式和重要保障,是把基于社区发展的农村劳动力教育培训法律法规和规章制度具体切实地落实到农村生产、生活中去,规范和处理新农村社区劳动力教育培训活动中的各类行为。国家的大多数法律法规和规章制度要依靠各级行政执法机关去执行,加强基于社区发展的农村劳动力教育培训行政执法是实现依法治教的必要保障。行政机关在基于社区发展的农村劳动力教育培训执法过程中,必须遵守四个原则:首先,合法原则。一是要求行政机关务必按照法律规定的权限行使权力,任何超出法定权限的行为都应判定为无效,因其不具有拘束力、执行力、公定力和确定力;二是要求行政机关的执法程序和执法形式均须符合法律规定。其次,公正原则。公正原则要求行政机关在农村劳动力教育培训执法过程中办事要公道、不徇私,对待相对人要平等、不偏私、不歧视;合理各种考虑因素,不专断;严格禁止自由裁量权的滥用。再次,公开原则。一是要求作为行政机关执法依据的农村劳动力教育培训法律法规应当通过一定形式进行公布,未经公布的暂时不能作为教育培训执法的依据;二是要求行政机关执法行为的条件、标准、程序及手续等应当公开;三是要求行政机关执法行为的结果应当公开,以便于对该结果存在异议的相对人进行行政复议或诉讼。最后,效率原则。这就要求行政机关在进行执法时应当做到迅速、准确、及时、有效,以最少的时间、最少的人员和最低的消耗,取得最大的经济效益和社会效益。

具体而言,基于社区发展的农村劳动力教育培训执法的规范应从以下几个方面进行:第一,科学界定基于社区发展的农村劳动力教育培训行政执法范围。基于社区发展的农村劳动力教育培训执法范围应该限定在农村劳动力教育培训服务领域的宏观事项、重点事项及涉及到公共利益的事项,不应该包括的事项主要有:一是市场有能力实现调节的事项;二是政府缺乏能力管好的事项;三是教育培训机构自我治理的具体相关事项。第二,采用"刚柔并济"的行政执法方式。逐渐丰富基于社区发展的农村劳动力教育培训行政执法的职能和方式,转变当前以行政许可、指令等刚性执法为主的执法方式,积极探索和运用行政指导、行政调解、行政奖励等相关柔性的执法方式,推进基于社区发展的农村劳动力教育培训行政执法方式的不断创新和积极优化。第三,完善基于社区发展的农村劳动力教育培训执法监督及执法责任制。推行基于社区发展的农村劳动力教育培训执法责任制要科学地设定执法岗位,依法界定执法的职责,规范执法的程序,应建立公正、公平、公开的评议考核制和错案责任追究制,评议考核应当听取公众的意见,应积极探索行政执法的绩效评估及奖惩办法。逐渐完善基于社区发展的农村劳动力教育培训执法监督,积极发挥人大和政协的监督功能,加大社会监督的力度。

（2）公正新农村社区农村劳动力教育培训的司法

新农村社区发展的农村劳动力教育培训司法是指我国司法机关依据法定的职权及程序,具体地运用法律处理基于社区发展的农村劳动力教育培训案件的专项活动。它与基于社区发展的农村劳动力教育培训执法一样,是基于社区发展的农村劳动力教育培训法律法规得以实施的重要形式。具体而言,基于社区发展的农村劳动力教育培训司法应从以下几方面进行:

第一,确定和扩大司法机关受案的范围。一方面以基于社区发展的农村劳动力教育培训法律制度为依据,明确其受案的范围;另一方面在司法的实践中依据基于社区发展的农村劳动力教育培训法律制度的立法宗旨、原则和价值取向,收审具有代表性的相关个案,通过检察和审判实践,树立新农村社区劳动力教育培训法律制度的权威。第二,实施错案追究制和合理的赔偿制度。为促使司法人员提高自身的职业素质和工作责任心、避免工作失误,有效防止"暗箱"操作行为或司法不公,必须严格实施错案追究制及合理的赔偿制度。

第四节　基于农民权益保护的新农村社区社会制度

一、社会制度概述

一般认为,人类社会发展的终极目标,应是最大限度地满足全体社会成员的各种需求,提高全体国民的整体福利水平。我国是一个典型的农业大国,农业人口占全国总人口的 36% 以上,广大农民群体的生活需求是否能得到满足、能得到多大程度的满足,应是衡量我国社会发展程度的重要标准之一。以我国农村社会医疗保障制度为例,广大农民群体最基本的生活需求之一应是健康保障,我国农村合作医疗制度、乡村医生队伍、县乡村三级卫生服务网络等曾作为发展中国家在资源短缺的情况下成功解决我国农村医疗卫生问题的典范在全世界范围内进行了普遍地推广。然而,随着时代的变迁和社会不断向前发展,农村合作医疗逐渐走向了衰落,广大农民群体成了几乎没有任何医疗保障的群体。目前我国农村医疗卫生体制改革严重滞后,卫生事业投入与发展严重不足。我国农村医疗保障体系的缺失,削弱了农村经济的发展基础,扩大了城乡差距,严重影响了农村社会的稳定。这些对于我国社会主义新农村社区建设和实现城乡社会统筹发展都提出了严峻的挑战。

基于农民权益保护的新农村社区社会制度应该从广义上来理解,这里的社会制度不仅包含了上述社会法律问题中提到的农村社会保障制度,又具体包括了农村社会的保险制度、救助制度、优抚制度、福利制度,而农村社会保险制度又具体为农村养老保险制度、失业保险制度、医疗保险制度、工伤保险制度、生育保险制度,而这里的基于农民权益保护的新农村社区社会制度还包含了新农村社区安全防范制度、新农村社区医疗保障制度、农村劳动力转移、就业、回流中的社会制度、农村卫生建设中的社会制度等更为广泛意义上的社会制度。以下主要从新农村社区医疗保障制度、新农村社区养老保险制度、新农村社区社会救助制度、新农村社区安全防范制度等方面进行具体分析。

二、新农村社区医疗保障制度

公共卫生建设是关系国计民生的大问题,尤其是非典疫情后,无论是政府还是公众都进一步加深了对公共卫生重要性尤其是建立健全农村公共卫生体系的认识。充分关注和切实保障老百姓的生命健康,既是维护最广大人民群众根本利益的需要,也是中国式社会主义现代化强国建设、构建和谐社会的要求。

在目前的改革中,我们逐步努力打破城乡、所有制等界限,建立一个覆盖全民的、一体化的医疗卫生体制。这样不仅可以更好地实现社会公平,保障全体公民的基本健康权益,也可以避免体制分割所造成的利益集团分化以及由此产生的矛盾和冲突,从根本上扫清传统医疗体制对劳动力流动、国企改革等形成的障碍,更为重要的是,通过城乡一体化的医疗卫生体制建设,可以真正增进对农民权益的保护①。新型农村合作医疗制度直接关系到几亿农民的健

---

① 参见国务院发展研究中心课题组:《对中国医疗卫生体制改革的评价与建议概要与重点》,《卫生政策》2005 年第 10 期。

康和利益,是医疗体制改革重要组成部分,对于加快农村社会保障制度建设,促进农村经济与社会相互协调发展,保持社会稳定,构建和谐社会具有重要作用和意义。

第一,从政府管理方面。确立政府在医疗救助中的领导地位,搞好政府各部门之间的协调。由于医疗救助涉及部门较多,搞好部门之间的协调至关重要,必须做到各部门各司其职。首先,药品监督管理部门应加强对承担医疗救助服务机构的药品质量及用药行为规范性的监督管理,确保药品安全有效;民政部门应根据当地政府制定的标准,探索确定特困医疗救助对象的方式,制定救助资金年度收支计划,特别要注意与当地新型农村合作医疗管理办公室协调衔接好;财政部门要及时审核拨付救助资金;卫生部门要做好救助过程中的医疗服务;扶贫部门要进一步把医疗救助扩展延伸;残疾人占特困人群的比重较大,因此在实施特困人群医疗救助工作中,残联应充分发挥团体优势,为这些弱势群体争取基本权益;社会保障部门要转变观念,逐步把农村特困人群医疗救助纳入社会保障范畴;而发改委则要把农村特困人群医疗救助列入经济社会发展规划和年度计划;审计部门要牵头组织有关部门、单位和村民代表,定期对医疗救助基金的收支、管理、使用情况进行审计[1];组织人事部门要把实施特困医疗救助工作作为考核考察相关部门政绩、职责、成效的内容之一。其次,政府卫生投入要重点向农村倾斜。农村社区医疗保障制度的有效运行,需要各级政府的大力支持,各级人民政府须逐年增加卫生投入,其增长幅度不低于同期财政经常性支出的增长幅度;中央及省、市(地)、县、乡级人民政府每年增加的卫生事业经费应主要用于发展农村卫生事业,如包括卫生监督、疾病控制、妇幼保健和健康教育等公共卫生经费、农村卫生服务网络建设资金等,加强研究制定具体补助办法,规范政府对农村卫生事业补助的范围和方式。再次,全面干预医疗卫生服务体系的建设和发展。在全面干预医疗卫生服务体系的建设和发展方面,一是要干预医疗和服务的地域布局,避免医疗卫生资源过分向城市及发达地区集中,以确保医疗卫生服务的可及性。二是要

---

[1]　郭威:《我国农村医疗救助制度研究》,吉林大学 2007 年博士学位论文,第 18 页。

干预医疗卫生服务的服务目标,突出公益性,加速农村公共卫生体系和预防保健体系的建设,实现预防为主的卫生政策和新型农村合作医疗制度的对接。将医疗卫生的干预重点集中于公共卫生以及成本低、效益好的常见病、多发病的治疗与控制。在实际中,很多疾病是由于农民缺乏卫生知识而造成的,以致大大增加了农民医疗负担。因此,坚持预防为主的方针,是各级政府开展农村卫生工作的出发点和立足点。三是干预医疗卫生服务的质量和价格,确保公众能够得到良好服务。最后,必须认识到预防在农村卫生工作中的重要性,要在农民群众少得病、不得病上下功夫,在提高健康水平、看病少花钱上下功夫。要把重大疾病预防控制作为农村卫生工作的头等大事来抓。要着力提高重大疫情和公共卫生突发事件应急处理能力,坚决遏制传染病、地方病、职业病等重大疾病蔓延势头,大力普及疾病预防和卫生保健知识,帮助农民养成良好卫生习惯和科学、文明、健康生活方式。根据经济学常识,公共卫生作为公共物品,大多数发达的市场经济国家都避免让市场成为医疗卫生领域的支配力量。而在社会主义国家的中国,政府更应明确自己的责任,解决依靠市场无法解决的问题,将原来的"重治轻防"真正转为"预防为主",为公共卫生和人民群众的基本医疗"买单",为农村公共卫生体系补上重要一课。

第二,从资金筹集管理方面。筹资是新型农村合作医疗制度建立和可持续发展的根本。首先,在筹资渠道上,应该多元化筹集,积极筹集非政府组织的补贴。应加强基金管理,做到专户储存、专款专用、严格实行基金封闭运行,确保合作医疗基金和利息全部用于农民的医疗补助。要建立健全合作医疗审核制度以及报销办法,实行基金使用管理的县、乡、村公示制度,把合作医疗报销情况列入村务公开的重要内容,选举农民代表参与合作医疗的基金管理。其次,拓宽医疗救助资金筹集渠道,建立社会救助机构和基金医疗救助资金的稳定可靠来源,是医疗救助工作运转正常、运作有效的保证。再次,在建立风险基金方面,坚持做到合作医疗基金收支平衡、略有结余。对于新增的中央和地方财政补助资金应多用于大病统筹基金,也可适当用于小额医疗费用补助,提高合作医疗的补助水平;补偿方案要统筹兼顾,邻县之间的补偿差别不宜过大;补偿方案的调整应从新的年度实行,以便保持政策的连续性和稳定性;补偿模式应选择按病种付费,按病种付费结算法可有效控制医疗费用的不合理上涨,有利于投保患者和承保人控制和节约费用。各地可根据情况确定保底补偿费用比例,这样可以控制医疗机构的行为,维护参保者的利益。最后,投入与产出是社会再生产过程中两个重要的环节,是用来衡量各项经济指标的基础数据。要建立健全由参加合作医疗的农民、经办单位和政府参加的合作医疗管理工作委员会,定期对合作医疗进行监督检查管理,做到专款、专户、专用,真正管理好农民的"保命钱",要建立公平、公开的规章制度,做到量入为出、科学管理,使有限的资金发挥较大的保障作用。

第三,从立法保障方面。一方面,政府应利用其行政权力为农村合作医疗的开展提供完备的法律环境。加强保护农民健康权和就医权的立法工作,完善各种具体的法律制度体系;要以法律制度对各级政府对农村的卫生投入比例、投入方向、使用者的权益等进行规定;制定相应的部门法律条款,对涉及一些以合作医疗为主的农村卫生保障体系等重大问题进行法律界定和法律规范,以保证农村的医疗卫生事业健康有序发展。另一方面,完善医疗救助政策法规体系,使医疗救助有法可依。一是建立档案管理制度。要将农村医疗救助主要环节,如申请、审核、审批与发放等环节形成的文件材料及时归档。各地民政部门要对当地农村医疗对象进行排查摸底,建立和完善农村医疗救助对象备案制度。二是建立定期监督审查与通报制度。由上级民政、财政和有关纪律检查部门每年一次到两次对下级农村医疗救助工作开展的总体情况,尤其是基金管理与发放等情况进行定期抽查核实,定期将农村医疗救助人数与资金配套情况逐级上报,各部门将根据各地情况,每季度通报一次。通过这种方式,最大程度保障农村医疗救助公开、公正与公平的开展,使农村医疗救助在规范中往前推进。三是建立农村医疗救助信息管理制度。目前多样化的、在因地制宜基础上形成的医疗救助模式之间还缺乏比较研究,其中一个重要的原因是目前缺乏必要的地区信息交流平台和网络,导致一个地区的成功经验往往不能及时顺利地推广到全国,影响了医疗救助经验的共享和提炼。①

---

①　张国平:《我国贫困人口医疗救助研究综述》,《宁夏社会科学》2007 年第 1 期。

少数省市,如上海市,在农村医疗救助工作的信息化建设方面走得较快,但全国大多数省市在这方面步子较慢。今后应通过加大财政投入等方式逐步建立健全农村医疗救助信息管理系统,规范与提高农村医疗救助科学化管理程度。

第四,从组织管理方面。农村卫生服务管理体制改革中不可避免地要涉及产权制度改革。借鉴国有企业改革的成功经验,在构建医疗服务机构产权制度时应考虑如下两方面的因素:一是产权制度不仅要适应市场经济的要求,还要符合市场经济运行的规律;二是符合我国农村的社会经济发展状况。从我国目前不同所有制医疗机构所占比重看,国有卫生机构依然是我国医疗服务主体。随着我国市场经济的不断向前发展,实行社会主义市场经济体制以后,国有制医疗机构占主导地位的结构将会影响卫生服务市场体系的建立。由于公有机构占主体的情况下,社会大部分资产由政府来掌管,而政府作为产权主体的机构具有超越经济性质的特权,为此,国有制医疗机构在运行过程中,其行为模式与机构目标必然要首先满足国家和政府的要求,从而使企业按照政府的意志而非市场的规律运行。因此,有必要对现有的农村医疗机构进行产权体制改革,使之成为"以服务求生存,以质量求发展"的自主性组织。只有这样,才能使卫生行业与市场经济有机融合,才能实现医疗卫生事业的长远发展,政府才能真正地脱离卫生服务提供者和监督者的双重角色,而成为公正的第三方。产权改革可先选择少数卫生院进行试点。① 积极调整机构布局,有效实行乡镇卫生院立体化布局。根据社会主义市场经济发展的要求,从农村卫生事业发展自身规律出发,努力消除传统的计划经济体制的影响,打破行政区划限制、单位社会属性限定等束缚,按照公平优先、兼顾效率的原则,对现存的农村卫生机构实施大规模的结构性战略调整与重组。过去乡镇卫生院单纯按行政区划设置,造成了条块分割、机构重叠、功能交叉,从而导致资源分散、短缺、闲置、浪费等一系列问题。因此,要加强实行乡镇卫生院立体化布局策略,坚持分层次、高效益的原则,围绕中心卫生院和一般卫生院两个层次,狠抓规模和功能调整,并重点加强中心卫生院建设,使新农村卫生事业形成以功

---

① 魏嫚:《中国农村保障医疗制度研究》,《武汉科技大学学报》2007 年第 3 期。

能互补、层次分明、资源优势明显、竞争公平为主要特点的立体化布局。鉴于乡村医生年龄、资历、学历等方面的差异，要加快继续教育进程，对现有卫生人力进行多渠道、多环节、多形式的继续教育。如在岗进行函授培训、结合工作系统讲座、到上级单位进修、组织医生下乡进行传、帮、带等作为乡村医生继续教育的多种有效形式，促进乡村医生向全科医生转变，使其适应农村医疗市场和农民卫生服务的需要。

第五，从宣传推广方面。一种制度的确立必须得到民众的认同，否则就难以长久，而民众认同的内在基础是意识的接受和心理的认同①。因此深入的宣传是引导、促成观念转化、意识转变，接受新事物的最强有力的有效手段。各地有关部门应采取一定的措施和方法，采取问卷调查或切实深入到农村农户家中走访，深入了解他们对这项政策的疑问或意见，广泛征求群众意见，针对大家所提出的问题有针对性地进行解释和政策宣传，向农民介绍医疗保健和新型农村合作医疗知识，让群众对参加新型农村医疗的参保方式、程序、看病后报销的比例、与以往合作医疗的不同之处等一系列问题弄清楚，对自己所享有的权利和履行的义务讲清讲透搞明白，消除农民心中的疑虑和困惑，让农民真正享有知情权、参与权与监督权。同时在消费观念和保障意识上逐步加以引导，提高农民的健康意识和保险意识，改善农民风险态度，使其认识到参加合作医疗的好处和意义，引导农民形成健康投资的习惯，并要动员党员和干部率先带头参加新型农村合作医疗，真正起到模范带头作用，从而提高参保率。一是积极作好正面宣传，进一步提高参与比率。通过农民身边的具体事例引导和提高农民对该保障制度的认识，使广大农民认真树立互助共济意识，增强农民参与新型合作医疗的自觉性和主动性。二是加强对农民保健、医疗知识宣传。在调查中，我们发现多数农民患大病的主要原因是过度劳累、饮食结构失调造成的，再加上农民自我保健意识差，不能及时发现及时治疗，最终导致小病拖成大病。因此，尽早加强对农民保健意识的宣传和教育是解决问题的关键。

---

① 陈野：《构建新型农村合作医疗制度的研究》，《生产力研究》2004 年第 2 期。

三、新农村社区养老保险制度

由于我国广大农村地区经济基础薄弱,离开土地保障来谈论建立中国农村社会养老保险都是不现实或是不具备普遍意义的。然而,土地保障毕竟不是真正意义上的社会保险,具有不稳定性,它只是我国农村社会养老保险制度建立过程中的一个过渡形式,必然随着工业化、城镇化的发展逐步向社会保险制度过渡。因此,我国农村养老保险的制度构建必须将提高土地保障能力和发展土地外保障相结合,由传统的家庭养老保险转变为家庭养老保险与社会养老保险并举的农村养老保险制度。

第一,从政府扶持上,政府要在农村养老保障体系的建立中担负重要的职责。虽然,"经济发展是社会保障覆盖范围大小的主要决定因素,但是政府政策的制定同样重要。"[①]首先,要从政策上提供条件,支持农民养老保险工作的开展,积极建立社会保障信息网络和社会保险救济网络,为促进农民养老保险向社会转化提供必要服务;创新农村养老保险模式和体制,要进一步明确各级政府的职责,加大政府的财政支持力度,在一定程度上分担农村养老的风险;努力加快社区建设,要大力发展农村社会事业,优化社区养老机制,使农村老人的生活服务,由家庭"独揽"变为家庭与社区共同承担;重视农村养老保险工作,提高这个方面工作的宣传力度,要在社会开展对农民养老工作的宣传,使各方面都来关心和支持农村社会养老保险事业。其次,转变政府职能,实行政事分开。新公共管理理论认为,政府在公共行政管理中应该是制定政策而不是执行政策,政府只是起掌舵的作用而不是划桨的作用,"如果一个组织最佳的精力和智慧都用于划桨,掌舵将会很困难。"[②]就养老保险方面看,国务院在 1995 年就明确提出了"实行社会保险行政管理和基金管理分开,执行机构和监督机构分设"的目标要求,但是在实际运作中,行政管理与基金管理始终

---

① 埃斯特·詹姆斯:《老年保障的覆盖面及对未参保人群的保护》,转引自丁开杰主编:《社会保障体制改革》,社会科学文献出版社 2004 年版,第 219 页。

② 奥斯本、盖布勒:《改革政府——企业精神如何改革公营部门》,上海译文出版社 1996 年版,第 7 页。

未能分开,监督体系也终未形成。① 要改变这一局面,真正形成决策、执行、监督三功能相互结合、互相制约的高效、透明、公正的运作机制,就要转变政府职能,使之由直接经营转变为间接调控,政府主要是通过政策制定和推动国家立法的途径,明确自身工作的指导和监督职责。

　　第二,从资金筹集上看,改革和完善我国农村养老保险制度的筹资,关键是从改革现行的完全储蓄积累式个人账户制度入手,逐步增加公共财政对建设农村社会养老保险制度的投入。从资金来源上看,可以从目前国家财政各种用于支农的开支中以适当的形式用于农村养老保险制度的建设,并将其划入国家负担部分。如转变农产品的收购基金及农产品风险基金的现行使用方式,以贴补缴费的方式,直接用于农村社会养老保险;用农村养老保险基金发行长期国债等。具体在养老保险基金的补贴形式上,可以采取对养老保险基金未达到规定收益标准的差额实行贴补的形式。在利率水平相对稳定的情况下,也可以固定比例的数额进行补贴。这样做的目的在于保证投保人个人账户上的基金收益率高于银行储蓄收益,通过这种经济刺激有效调动农民参加养老保险的积极性。此外,农村集体还应对农村居民负有一定的法定责任和义务,尤其在集体经济较为发达的地区,有必要通过规章制度明确要求集体补贴的数额、比例和具体补贴方式等,具体可以采取固定比例或数额的方式对参保农民进行直接补贴。随着经济发展,如果出现较为严重、超出预期的通货膨胀,农民面临的困难将会更加严峻,财政还可以通过农村养老保险基金进行保值补贴。

　　第三,从组织管理上,就目前我国广大农村的具体实际来看,应坚持政府引导和农民自愿相结合的原则,发展多种形式的养老保险,即加大发展集体企业和补助养老保险以及发展储蓄养老保险,并给予政策支持。坚持城乡有别和与家庭养老、土地保障、社会扶持相结合的多层次农村养老社会保险制度。此外,由于我国经济发展水平和农村社会保障水平还比较低,可以采取强制性原则。考虑到我国地区经济水平的不同,在东部沿海经济较发达的地区,亦可

---

　　① 史柏年:《中国社会养老保险制度研究》,经济管理出版社 1999 年版,第 164—169 页。

以推行地方性的自愿性保险。地方自愿性保险既可以由地方政府主导,也可以允许民间团体主导,作为全国性农村社会保险体系的一个重要补充。商业保险能否进入农村领域,取决于是否有钱可赚。政府应当消除一些限制保险市场的法规,同时出台一些优惠政策,以吸引保险公司进入农村。

首先,建立市场化的基金运营模式,确保安全并实现保值增值。其次,明确投资主体,提高基金投资运营层次,设立基金专业管理机构。最后,引入市场机制与建立政府调控和规范的监督机制须同步进行。农村养老保险基金应在省一级集中,委托相关的专业管理机构直接或间接投资资本市场和金融市场,即实行行政管理与基金运营相分离、坚持市场化运营的原则;同时建立委托人、管理人、托管人、投资人制度,由专业的基金管理公司负责运营,确保资金的安全和保值增值[①];政府主管部门则应对专业管理机构的经营方向、政策、收益、风险等进行宏观调控,力求使基金的运营收益和风险控制在一个适度的范围内。

第四,从立法监督上,促进法制和制度建设,加强农村养老保险的立法监督工作。亨廷顿认为,"制度就是稳定的、受珍重的和周期性发生的行为模式","组织和程序与其制度化水平成正比例"。[②] "同城镇一样,农村养老社会保险也要依法行事。"[③]改革与完善农村养老保险与法制建设有机结合起来,使养老保险改革决策与法制建设相统一,才能使农村社会养老健康发展。同时,要重视农村养老社会保险的法制体系建设,包括地方法规和国家法律,使养老保险逐步走上完善的法治化轨道,并通过依法治理养老保险来维护农民的合法权益。政府要尽快制定和完善农村社会保障立法体系,通过制订法律来保证农村社会保障制度和政策的稳定性与持续性,提高广大农民对政府推行社会保障政策的信心。

---

① 肖航:《完善我国养老保险制度研究》,《江西财经大学》2007 年第 3 期。
② 塞缪尔·亨廷顿:《变化社会中的政治秩序》,王冠华等译,生活·读书·新知三联书店 1989 年版,第 12 页。
③ 侯晓丽:《积极推进我国农村养老保险制度的健全和发展》,《理论导刊》2005 年第 10 期。

四、新农村社区社会救助制度

传统农村社会保障制度不能很好地适应现代社会的需要,构建和谐社会需要制定和完善农村社区救助组织的制度,应考虑农村经济和社会生活的长期发展需要,明确政府的主导作用和主体地位,把分配型制度转变为发展型制度,通过救济政策解决短期困难,进一步完善基本生活救助制度,逐步建立社区专项救助制度、健全社会互助救助组织制度。

第一,加快社区社会救助的立法工作。随着经济建设的发展,我国的农村社会保障救助体系取得了很大的进步,但农村社会制度方面仍存在着诸多问题,如立法滞后、体系框架结构零散、保障面窄、保障水平低、司法保护不力等,这些问题在我们农村社会救助体系的建设方面尤其突出。在我国颁布的众多法律中,没有一部是专门调整农村社会救助体系的基本法律,也没有哪一个行政法规是专门为此而制定。所以,除了建立和完善相关实体法律制度外,还应当着手制定和实施与之配套的程序性法律制度。因此,地方政府从各地农村社会的实际情况和需要出发,结合本地经济和社会发展水平,制定和实施地方性实施细则,完善农村社会保障制度体系的建设。

第二,适当考察和研究农村社会出现的新问题,有针对性地制定相关法律制度。在构建和谐社会和建设社会主义新农村与全面实施乡村振兴的过程中,应当明确政府在社会救助中的主体地位,以实现农村经济和社会生活的最终发展为目的,应当改变过去应对问题的思路,将相关救助制度法律化、规范化、长期化,从发展的角度解决农村社会救助问题,确保农村社区保障救助体系更好地实现农民的利益最大化。

第三,把救助性制度和发展性制度结合起来,解决农村社会发展。政策提供方式上由分配型走向发展型,从生活救济为主过渡到能力扶助为主,不仅要保障农民的生存权,更要促进农民的发展权。发展性制度的优越性在于,一是可以增加农村社会救助基金,提高救助条件和水平;二是可以提高农村社会自救的能力,减轻政府压力。在长期的经济和社会发展过程中,农村社会承担了过多的责任和负担。应当把"三农"问题综合考虑,即综合考虑农村、农业和农民的发展问题,在农业产业化、农村城镇化、农民居民化的过程中,利用农村丰富而极具竞争力的劳动力资源,提高农业和农民与工业和工人的对话地位和谈判能力。在产业政策的制定和实施过程中,注意向第一产业的适当倾斜和扶持。

第四,对相关政策和制度进行改革,制定和实施优惠计划。传统的农村社会救助制度已经难以适应现阶段新世纪、新形势的需要,我们应以一种积极创新的思路来整合传统的农村社会救助体系,把过去输血为主的保障转变为以造血为主的发展,实现农村社会救助制度由分配型政策向发展型制度的转变。一是要大力发展农村社区的公共资产和社会资本,推进公共服务、能力扶助和集体福利等;二是引导社会资金进入农村社会保障领域,逐步把农村社会保障制度与城市社会保障制度结合。加快社会救助立法,完成城乡社会救助制度的对接,建立健全一种城乡协调、适应现代社会发展的新型农村社会救助制度。

第五,建立和完善社区服务决策制度。不管是社区服务设施建设还是社区服务项目发展的不平衡,究其根源,都与自上而下的政府单一中心决策机制有关。社区需要什么服务设施,需要多少,发展哪些项目,政府掌握的信息并不一定全面,且政府的决策常常受到决策者个人偏好和政绩观的影响,因此其做出的决策可能是片面的。基层政府或社区由于贴近村民,更容易掌握社区服务的状况和村民的需求,因而对最需要发展和优先发展的社区服务有更大的发言权。因此,由较低层级的组织来安排社区服务会在一定程度上减少一定的行为决策的盲目性。另外,由于村委会与村民之间直接接触,可以及时获知村民对服务安排的反应,并根据实际情况作出及时调整,使得服务更具适应性和有效性。因此,应增强基层政府和社区在社区服务项目确定、设施建设和资金使用方面的权力,改自上而下的决策程序为自下而上的决策程序。也即社区可以自行解决的就无需政府的介入。此外,在公权范围内,也应先由较低层级的政府决定。即使必须由上级政府决定的事项,也应充分听取基层政府、社区和农民个人的意见。

第六,完善村民参与和表达制度。从我国农村社区服务的发展历程看,当地政府大包大揽组织社区服务的依赖性思想,不仅在政府官员中存在,而且在村民中也普遍存在,形成政府单方面提供服务、村民消极接受的局面。这不仅不利于社区服务的有效供给,而且还会因缺乏村民的参与使得政府供给和村民对服务的需求难以对接,造成资源浪费和供给不足。因此,村民的参与不仅是解决社区服务有效供给的关键,而且是培养社区村民的责任意识,鼓励其积极参与社区服务的合作生产,从而降低社区服务成本。具体而言,要从建立和完善社区服务项目和设施建设的征集、公示、论证机制入手,不断拓宽村民的参与渠道,增强村民的参与意识,确保村民对社区服务资金使用的知情权和参与权,这样才能真正实现以满足村民实际需求为导向的服务安排机制。

五、新农村社区安全防范制度

由于我国农村的特殊情况,地区经济发展参差不齐,防范制度也不一样,难以形成统一管理体系。为了建设社会主义新农村,保证农村社区的和谐发展,需要构建一套以人防、物防、技防"三层防控"为特色的农村社会安全防控体系。

第一,人防系统的建设。要实现农村完善的人防系统,必须依靠社会公众力量,把单位、村委会与派出所的防范力量有机结合起来,形成以派出所为主,单位、村委会配合,村民组群众和社会公众参与的三级巡防体系。同时,全面实行村民自治,建立起群防群治防范网络。村民自治就是在广大农民群众民主参与的基础上,实行依法治村,把农村的经济、政治、社会生活的各项大事纳入法治管理的轨道,实现农民当家作主。它的推行在客观上可以加强当地政府的领导力量,缓和农民与基层政府组织之间的矛盾,从而减少农村的治安隐患,这是治本。对公安工作来说,自主地参与社会治安管理,共同保护自己的家园,有利于提高广大农民参与治安管理的积极性以及群防群治治安防范网络的建立。在推行村民自治,建立安全防范网络中,派出所重点要抓好以下几项工作:一是加强村治保会与治安联防队的建设。在人员任用上,要通过考核选拔,择优录取,党、团员以及退伍军人优先;在工作上,要明确其职责、任务,同时抓好业务培训提高其业务素质。二是加强同村级党政机关联系。对有关的领导干部进行必要的法律知识、安全防范业务知识指导,充分发挥其领导和宣传的优势,使之成为群防群治网络的中坚力量,实现人防系统的组织建设。人防系统的实现必须加强治保联防组织建设,提高基层群防群治水平。首先建立健全村级巡逻守护队伍,派出所通过规范巡逻制度、检查督导和业务指导等方式,发挥村级巡逻队人熟、地熟、情况熟的优势,确保重点村庄巡防力量的绝对到位。其次建立健全义务治安员队伍。可从辖区各村的清洁工、收费员和治安积极分子中挑选出优秀的人员。义务治安员应将安全防范意识融于群众日常生活中,做到边工作边防范;实行全天候、全方位的动态巡逻,并与派出所专职巡逻队的安全检查相结合,有效提高辖区的巡防效能。派出所还应当在重点场所和路段,设立治安岗亭、安置警灯,实行昼夜值班,通过加强阵地控制,起到预防和震慑违法犯罪活动的作用。

第二,物防系统的更新。更新物防系统,是当前社会形势发展的需要,也是安全防范的重要手段。有条件的农村社区,可以根据实际情况和需要,从以下几个方面加强物防系统建设:一是增加围墙的高度。由于人们的安全意识不是很高,一般农户的围墙高度普遍较低,犯罪分子能够很轻松地越过围墙,围墙的高度应该增加到2—3米左右,并在围墙上加拉铁丝网或者加上碎玻璃。二是更换现有的生锈、老化以及木质的防护栏,安装抗破坏强度符合标准的钢结构防护栏,才能确保犯罪分子无法破坏而进入室内作案。三是安装防盗铁门,安装坚固的防盗门可以使犯罪分子不再容易进入到室内。四是根据农村的情况,可以在家里院内养狗,可以起到良好的威慑作用。

第三,技防系统的展望。从近几年经济比较发达的农村来看,农民的生活水平提高了,安全问题就会受到很大程度的重视。我国农村面积大,社会情况日趋复杂,探索一条适合农村的安全技术防范之路是极为必要的。作为农村来讲,一般的盗窃犯罪都没有计划性,也没有技术盗窃的案例,犯罪分子作案动机简单,作案手段单一,这是农村盗窃案的特点。针对这个特点,可以广泛地安装一些小型的安全技术防范设施,实施局部报警,如开关式报警器,其价格便宜,安装简单,直接装在建筑物内。它只探测与记录入侵活动,触发声光报警,恐吓入侵者,并唤起邻居或警卫的注意,主要是对犯罪分子起到一个威慑作用,从而中止犯罪的进行。视频监控、红外探测器之类的安全技术防范产品,科技含量较高,同时需要一个高速的报警网络加以连接,建设成本较高,不易被农民接受。在农村这仅是一个发展的趋势,目前尚不能推广实施。随着经济的发展,农民的技防观念越来越强为技防系统大面积推广奠定了一定的基础。

随着市场经济的深入,从分散到集中是农村社区的发展趋势,可在有条件的农村建立起集团型的防范体系,集中各种安全技术防范设施与资源,加以整合,为农村居民实现自助的安防系统,并在紧急情况下连到附近派出所。总之,农村安全防范体系的构筑要符合我国国情,做到"因地制宜",切忌"花架子"。唯有如此,才能真正实现安全防范的目的。

第五节　基于农民权益保护的
新农村社区生态制度

一、生态制度概述

根据我国具体的国情,在基于农民权益保护的新农村社区生态制度的构建与完善过程中,须要贯彻落实科学的发展观,构建和谐的新农村社区,促进人与自然、环境、生态的和谐,正确处理新农村社区经济发展、社会进步与生态环境保护与发展的关系,坚持可持续发展的战略,坚持在发展中解决资源、环境、生态问题,促进生态环境与经济社会的协调、统一与发展。其中,关键是要转变国家政府职能,使国家各级政府,尤其是中央政府把资源、环境、生态的保护、开发利用、建设等的适当管理和积极投入作为基本的、重要的职责之一,发挥政府在农民权益保护的新农村社区生态制度建构与完善中的主导作用,加大对农村公共物品的投入强度,以解决生态环境在市场配置中的失灵问题。

在农民权益保护与新农村社区发展的过程中,生态制度应紧紧地围绕我国农村区域经济发展、循环经济发展、低碳经济发展、生态圈建设、生态资源可持续发展与利用等有益的生态理念与价值进行制度的建构与完善。具体而言,基于农民权益保护的新农村社区生态制度应包含新农村社区生态资源保护制度、新农村社区生态资源利用制度、新农村社区土地资源整理制度、新农村社区生态破坏防控制度、新农村社区生态补偿制度、新农村社区生态治理制度、新农村社区生态责任追究制度以及其他基于农民权益保护的新农村社区生态制度。当然,生态制度的多样性以及区域生态环境的特殊性等因素决定了我们不可能就每一种生态制度、每一个地区特有的生态模式等加以普遍地分析与研究,那样也是不现实的。以下将主要从新农村社区生态资源利用制度、新农村社区生态破坏防控与治理制度、新农村社区生态补偿制度、新农村社区生态责任追究制度四个方面进行讨论与分析。

二、新农村社区生态资源利用制度

生态制度是有利于农村生态环境系统、经济系统、社会系统三者的协调与发展,特别是农村社区生态资源的合理开发利用、保护生态资源、生态环境免受破坏和污染的法律、法规和制度的总和。生态制度,即凡是有利于农村经济发展与生态环境的发展相协调、统一、发展的制度体系。具体而言,这须要农村经济改革、农村体制改革的全面生态化。按照统筹城乡发展的目标,加快建设社会主义新农村的各项具体要求,新的经济制度、产业政策、法律法规等的建立都须要在保证农村生态环境良性循环的前提与基础上,实现农业真正的高效发展、农村经济稳步健康的发展、农民实实在在的增收。

在新农村社区生态制度体系中,生态资源综合利用制度应是其核心目标与基础性、前提性的制度。农业生态体系是一个相对比较完整的生态环境系统,各种生态资源之间的关系都具有其特定性,而各种农业自然资源之间的综合利用是根据各种生态资源的不同特性、功能、贮存形式及具体分布情况等具体状态,通过适宜的保护措施进行符合实际的合理保护、开发、利用。新农村社区生态资源综合利用制度,不但需要考虑各地区的农业生态环境的差异性,更需要考虑各种生态资源之间的互生、共存、互促、互进的协调关系,在此基础之上来对相应的农业生态整体进行合理的保护、开发与综合利用。在没有有效的新农村社区生态资源综合利用制度之下,不但会造成成本投入的巨大浪费,更有可能造成农业生态环境的进一步破坏与污染。因此,加强法律的正确引导,实现我国农业生态资源综合利用制度的法定化、规范化,可更好地针对我国当前农业生态系统中各种不同的农业生态资源,制定切实可行的保护、开发与综合利用措施,避免成本的不当浪费与增加。

在新农村社区生态资源综合利用制度中,由于各利益集团各自需求的差异、矛盾与冲突,需要纠纷解决机制贯穿于生态资源利用制度之中。在农业生态资源综合利用的过程中,各方主体围绕利益分享、成本分担等问题不可避免地会产生一系列的矛盾与纠纷,如何及时化解纠纷是保障农业生态资源保护、开发、利用和谐运行的基础。在纠纷解决过程中,须划清各方应承担的责任,根据各方应承担责任大小、付出成本多少来确定享有的生态资源综合利用所应有的收益;须注重保护弱势群体的利益,在制度方面给予适当倾斜。在具体的纠纷处理方式中,以和解为主,兼采其他方式,促使争议得到公正解决,这不但可促进我国新农村社区生态资源综合利用的和谐运行,且对维护新农村社区的稳定、缓和新农村社区的矛盾也具有积极作用。

在新农村社区生态资源综合利用制度中,由于各个利益主体众多,须要比较合理的利益分享机制来协调生态资源利用的收益。在农业生态资源综合利用的过程中,比较关键的内容是适当地进行利益分享与利益分配,实现农业生态资源保护、开发、利用利益的协调分配。农业生态环境作为一种公共产品,对这种社会公共产品的保护、开发、利用会带来社会整体利益的增加,也存在利益分享问题。农业生态保护、开发利用不仅能给人们带来一定的经济效益,且能够产生广泛的社会效益和生态效益,会给其他无关的社会主体带来一定的效益。这就会对相应的社会主体产生一种不当的激励,即农业生态环境利益分享主体在无生态环境利益成本的约束下尽可能获取自身生态环境利益的最大化。在农业生态资源综合利用的过程中,须切实保障农业生态环境保护者、开发者、利用者的利益,在法律制度中要求收益者根据自己的收益情况承担相应的成本,以弥补保护者、开发者、利用者的成本投入。

在农业生态资源综合利用的过程中,也不可避免地存在着生态环境的规划、环境影响评价以及外部监督等的介入。农业生态保护、开发利用只有以合理的规划、影响评价以及有效的监督为起点,在此基础上制定出适当的综合开发措施,才能发挥出最大的利用效益。农业生态的利用规划是根据国家或各地区的具体农业生态条件、自然资源状况、农村社会发展的需要,对实现一定时期内的农业生态目标所采取的规划措施的总体利用安排。并通过法定化、规范化的形式将农业生态合理利用的规划制度固定下来。农业生态资源利用中的影响评价制度是农业生态资源综合利用的影响评价的法定化,是通过具体的环境影响评价,对某项可能影响农业生态资源保护、开发、利用措施的人为活动的环境影响程度、可行性等提出报告,依法定程序予以监管。农业生态资源的保护、开发利用措施的实施前、实施过程中以及实施后,都应及时对已经或可能造成的农业生态环境影响进行有效的评价。另外,在农业生态资源综合利用的过程中,对具体措施的监督须有一定的技术性要求,这需要由具备相关专业知识的农业生态专家对农业生态资源环境进行相关的调研和考察,以得出农业生态资源保护、开发利用措施的合理性与有效性。

三、新农村社区生态破坏防控与治理制度

我国新农村社区农业生态保护法律制度架构的目标性原则与基石是实现新农村社区社会经济与生态保护之间的协调发展。新农村社区社会经济与生态保护之间协调发展原则的具体内容包括:一是新农村社区中农业生态环境资源的容量及其承载能力;二是整个社会的经济发展水平、农业生态保护要与人口的增长规模相协调。当然,在农业生态保护上并不是投入越多,效益就越明显,其成本的投入量要达到一定的合理水平,新农村社区农业生态保护不是一项孤立的计划,须综合考虑社会经济生活中各个方面的因素,农业生态保护应与社会经济的发展状况相适应。

四、新农村社区生态补偿制度

法律是实现农业生态环境补偿的最强有力的保护措施。我国农业生态效益补偿的立法落后于生态保护和建设的发展,部分法规条例已经难以适应新的体制变化和经济发展的需要,对新的生态问题和生态保护方式缺乏有效的

法律支持。农业生态补偿是确保农业生态可持续发展与农民经济利益平衡的关键。我国农业生态补偿方面出现法律缺失,经过多年的努力,关于农业生态补偿的法律条文也只是零星地分散于农业生态环境保护方面的一些法条中。目前没有一部专门法规对农业生态补偿作出明确的规范。农业与林业草原在对生产中和环境贡献方面是一样的,三者都是经济资源和生态资源的有机统一体。而在当前森林、草原生态补偿法律制度已经建立的今天,我国的农业生态环境制度建设还处于起步阶段。农业生态补偿没有得到国家强制力的保护,未能有效实施,这也是我国农业生态环境日益恶化的一个主要原因。我国应借鉴外国先进经验同时借鉴我国森林、草原生态效益补偿法律制度的理论与实践,建立农业生态补偿法律制度。农业生态补偿法律制度应主要包括以下几个方面的内容:

（一）我国农业生态补偿主体法律制度

"法律关系主体是法律关系的参加者,即在法律关系中一定权利的享有者和一定义务的承担者。"生态环境利益共享是生态社会的基本内容,也是生态社会的重要基础。构建农业生态补偿法律制度需要在保护农业生产的生态利益基础上保护农业生产的经济利益。因此,合理地分配社会经济权益,确定权利义务双方,使各个主体各尽其能、各得其所、各得其利是农业生态补偿法律制度建设的首要内容。但由于农业环境资源的有限性,决定了我们在设计农业生态补偿法律制度时,不仅要考虑到农业和其他产业、农民和其他社会群体的利益问题,还要考虑到经济利益、代际之间的利益和区域之间的利益分配问题。农业生态补偿制度的主体包括权利主体的受偿者和义务主体的补偿者。该制度在立法上对农业生态的补偿权利进行确认。从法理上看,法律救济使权利取得法律上的效力,产生对其他社会主体的强制性,无此要件的权利只是"道德权利"或"习惯权利",而不是法律权利。因此,要首先在立法上对农业生态的补偿权利进行确认。在法律中确认农业生态效益的补偿权利是实现农业生态效益保护的合法宣言书。仅仅宣告权利是不行的,要把纸上的权利转化为现实中的权利还须有一套完善的实施与救济机制。发展和完善农业生态补偿机制的终极目标是为了实现农民的发展权,进而深层体现对发展权的核心诉求,能否真正走向成功的权利实践将直接影响其发展目标的最终实现。农业生态补偿制度的受偿主体应该是对生态环境保护产生积极影响的行为实施主体,这里的行为包括作为和不作为两种。本研究认为这种作为主要是指农民农业生产行为和农业生产相关的活动。这种作为包括积极的作为和消极的作为。积极的作为就是农业生产者在农业生产过程采取积极的保护农业生态环境的生产方式、进行保护农业生态环境的社会活动,包括保护土地、防止土壤流失、土地沙化等。消极的作为是指,在一般情况下不对农业生态环境造成污染或者破坏的农业生产行为或者没有破坏或污染环境的行为和活动。不作为主要是指任由农业生态环境自由发展,人类活动尽量不侵入该系统。例如法国相关法律就规定,如农场主在其农场停止耕种也是对农业生态环境的保护,保持了农业生态环境的原貌,这种情况也给予一定的补偿。具体到我国,关于休耕的规定就是一种不作为的表现。这两种农业生产主体都应该是农业生态补偿的受偿主体。但是对农业生态环境产生消极影响的农业生产主体,如采用掠夺式开发、化学物品高投入等不应纳入农业生态补偿制度的受偿主体范围。同时在农业生态补偿法律制度中的受偿主体不仅仅是农业生产者个体,也包括一些对农业环境产生了积极影响的社会组织。根据生态补偿制度的普遍原则——"谁受益、谁补偿",农业补偿制度的补偿主体在理论上应是无偿享用农业生态利益者。由于农业生态环境资源是一种公共产品,具有稀缺性,这个社会所有人都可能成为农业生态环境利益的享用者。但并非所有的这些无偿享有者都是农业生态补偿制度的义务主体。第一,对于单个社会人,本研究认为应排除在农业生态补偿制度的补偿主体范围之外。一方面的原因是单独的社会个人补偿太过分散、不便操作,同时个人的补偿力量有限;另一方面的原因就是广大社会成员都享有环境权,作为国家和政府应当为社会成员提供该项福利,所以这部分的补偿就应该由国家和政府来承担。其次,企业盈利性社会组织。对于这类主体,本研究认为可以以缴纳农业生态税的形式承担起一定的补偿责任。再次,对于一些非营利性、公益性的社会组织,不应纳入补偿范围内。这类主体本身没有盈利,缺乏承担检责任的稳定经济基础。因此在法律制度建设过程中针对不同主体情况进行具体分析,不能将补偿主体界定得过于宽泛,否则该法律制度将缺乏可操作性和可实施性。

(二)农业生态补偿资金管理的法律制度

农业生态补偿筹资及管理是建立农业生态补偿法律制度的重要内容。雄厚的资金支持是顺利实现农业生态补偿的物质基础,良好的资金管理是顺利实现该补偿的关键因素。

首先是农业生态补偿筹资制度。农业生态补偿筹资制度主要有以下几个方面:第一,政府财政转移支付的法律制度。根据我国宪法规定,政府作为社会各项事务的管理者有保护公民享有良好生态环境的职责。农业生态补偿制度建立的一个重要目的就是保护生态环境,为人们生活提供良好的生活生态环境。因此,政府也应该为广大社会成员无偿享有的农业生态利益"买单",以财政支出方式给予农业生态补偿一定的资金支持。财政转移支付制度是我国政府进行生态补偿的一项重要制度,那么对农业生态补偿进行财政转移支付也是其内在要求。财政转移支付可分为一般性转移支付和专项转移支付。针对农业生态补偿的特殊性,采用转向转移支付的方式更能有效实现该制度。但是在现阶段我国政府对于农业生态补偿的财政支付转移的力度远远不够。第二,排污费和生态补偿费法律规定。随着市场经济发展,我国乡镇企业、工业所带来的污染已经侵入了农业生态环境。对这些企业征收相应的排污费符合生态补偿的要求,能够为农业生态补偿拓一条资金来源渠道,同时也促使这些企业重视环保,积极更新技术来节约资源、减少污染。第三,环境税法律规定。国家为了限制环境污染的范围、程度,而对导致环境污染的经济主体征收的特别税种。第四,基金彩票、公众募集等公益性筹资规范。农业生态环境保护对于整个社会生态环境的良性发展和对整个人类健康的生存都有重要意义。农业生态环境保护有很强的公益性质,因而农业生态补偿费还可以通过发行生态补偿基金彩票、公众募集等方式筹集资金。相信随着我国人民环保意识不断增强,人们也乐意为保护农业生态环境贡献出自己的一份力量。

其次是建立农业生态补偿资金的管理制度。一是应建立社会公众对农业生态补偿资金的监督管理制度。我们在结合我国实际情况的基础上可以借鉴发达国家的先进经验,采用听证会、建立公众意见反馈信息体系等方式及时向公众公布资金的筹集和流向。二是完善农业生态补偿基金的专业管理制度。同时也要组建先进的管理人员队伍,可以考虑将环境保护技术专家、环境法律专家和专业管理人员等专业人员引入农业生态补偿基金组织。三是加强补偿资金的管理与监督,构建资金使用效率高的补偿补贴制度。在中国现在的补偿体制下,中央很多部委都掌握着一定的资源,甚至一些部委下面的司局处也各有名目繁多的补偿专项资金。这种格局不仅加大了补偿资金的使用成本,而且政出多门,相互之间缺乏协调和配合,很难保证补偿的效率。同时,在中多个部门分散掌握资源的情况下,还导致难以实施有效管理与监督审计。虽然中央非常重视对补偿资金使用的审计监督工作,然而事实证明,确定政府主导型补偿模式,通过政府内部一个行政机构审计约束另外一个行政机构行为,存在很大成本和种种困难。即便审计发现存在问题,也难以通过有效措施从根本上加以治理。建议将这些政府部门分散掌握和使用的各类补偿资金相对集中管理,以便管理与监督,减少资金在使用过程中的成本和损耗,提高其使用效率。

再次是农业生态补偿金的发放制度。借鉴国际通行做法,中国应改革农业补偿发放方式,实行直接补偿到农户为主的多种补偿方式相结合。与此同时,政府的财政支出包袱也因过剩库存产品的不断增加而日益沉重。因此,有必要改变对农民的补偿方法,中国在农业补贴的方式上,主要采取的是"暗补"方式。许多农业补贴并没有补给农业生产者,而是补给了中间环节。以粮食补贴为例,其补贴种类有多种,有价格补贴、储备补贴、超合理周转库存补贴、销售补贴、新老财务挂账补贴等。而实际上发放的效果不理想,政府出了钱,而农民得到的实惠不多,有相当一部分补贴流失在粮食流通领域,用于支付人员经费和弥补经营亏损上去了。为此,中国应吸取农业价格补贴的教训,考虑采用对农业生产者实行直接资金补偿为主的补偿方式。在补偿发放制度的确定上,应进一步细分和明确。补偿对象范围宽泛和瞄准性不强,会产生补偿资金的稀释和遗漏效应。为了提高保护生态安全和农民利益政策目标瞄准的准确性和资金利用效率,结合我国的国情,在补偿资金发放中我们可以采取以社区或者村为单位,来保证农业生产者能获得有效的补偿,同时也能更好发挥农户和社区对补偿金的监督。

（三）我国农业生态补偿标准法律制度

农业生态补偿标准是开展补偿工作的基本依据。在我国农业生态补偿法律制度建设中,应确定制定补偿标准的机构以及标准修改程序等基本内容,确保补偿标准的科学性、权威性。

1. 农业生态补偿标准的制定机构

在我国农业生态补偿标准法律制度中,首先要明确标准的制定机构,为保障标准制定的统一性、系统性奠定基础。在制定机构上,可以探索由农业农村部牵头,由环保部门、发改委、林业部门等相关部门配合。由农业农村部统一制定基本补偿标准。可授权省级政府根据本省的农业发展情况、经济水平等具体实情在基本标准的基础上允许在一定范围内进行适当的调整。但是调整的前提是一定要在规定的范围内调整,标准不能过高或过低。另一方面,也可以广泛听取社会组织和社会公众的意见,实现标准制定的科学性,从而促进标准在实践中的可操作性。

2. 完善农业生态补偿标准的制定及修改程序

农业生态补偿标准在制定中应遵循分类补偿原则,即对实施农业生态补偿的区域、类别、补偿的力度等进行科学分类。该农业生态补偿小组可授权省级政府部门综合考虑本省实施生态补偿区域群众生产和生活的需要,在不违背小组授权的权限内制定合理的补偿标准。当前,农业生态环境影响因素不仅仅局限于农业生产自身,随着经济的发展,农业生态环境不断受到外界污染和破坏,同时各种化学成分复杂的农业投入品不断被研发出来,并投入到农业系统中来,这都导致农业生态环境问题日益复杂,因此,农业生态补偿的标准也不能是一成不变的,要根据现实的发展需要,及时修改完善相应的监管标准,才能保障补偿工作的顺利开展。在农业生态补偿标准的修改程序中,要在法律上明确补偿标准修改的提出主体、修改机构和通过标准,促使标准修改的科学化和规范化,及时满足补偿工作的需要。

3. 农业生态补偿标准的科学评估制度

我国农业生态补偿标准的制定要切实有效指导补偿工作的开展,而按照补偿标准来展开工作也要能够切实反映农业生态环境改善的真实状况,因此在补偿标准确定之前,要加强对标准的科学评估。要探索建立农业生态环境的检测数据系统,通过具体检测数据来反映农业生态环境质量状况,通过各种检测参数来反映各种化学投入品成分及其对环境的影响,从而科学有效地制定补偿标准,并在这种标准下准确反映各种检测参数,进而准确把握农业生态补偿实施状况。应实行农业生态农村的"成本—效益"评价分析制度。农业生态补偿的效益评价,不仅要评价经济上的成本和效益,还要评价政治上、社会上、生态上的成本和效益。应真正按照经济、社会、生态三大效益相统一的要求,把农业生态补偿的收益和代价弄清楚。否则,农业生态补偿可能就是"头痛医头,脚痛医脚"。衡量和评价农业生态补偿的效益,最根本的一条就是看农业生态是否符合农业环境可持续发展目标的要求,看是否能够促进农业和农村经济的发展,实现农民增收、获益的公平和社会的稳定,看是否有利于生态环境质量的改善。评价某项农业生态补偿政策、措施或某项农业生态补偿支出的效益,必须尽可能地设置比较具体的、明确的量化指标。只有这样,才能从整体上去衡量农业生态补偿政策或项目是否达到了预期的目标。为合理地决策农业生态补偿项目,调整农业补贴补偿政策提供科学的依据。在未开展资源与环境核算以前,可按照生态经济规律和环境核算原理,根据农业活动中的投入产出因子,建立考核农业生态效益的量化指标体系。此时考核农业生态补偿效益的量化指标体系,可分为直接经济效益、社会效益、生态效益三个子体系。从直接经济效益指标来看,鉴于不同的农业部门具有不同的经济技术特点,可考虑设置相对经济效益指标,如劳动生产率、成本利润率、单位土地产值、能源生产率等。社会效益指标,可设置人均绿地面积、人均产值(收入)、基尼系数等。生态效益指标,可设置光能利用率、水土流失面积指数、有机质含量变化率、农业环境污染指数等。

(四)我国农业生态补偿程序法律制度

为使决定客观、理性、公正,必须有程序规则。因此在我国农业生态补偿法律制度中,要明确补偿的工作程序,既有效指导补偿主体工作的开展,也可以保障补偿对象的合法权益。

1.补偿信息披露制度

信息披露制度,也称公示制度、公开披露制度,为受偿者的利益、接受社会公众的监督,应该规定相关农业生态补偿的执行部门以及资金管理部门必须将其自身的工作进程、资金流向等信息和资料向社会公开或公告,以便使广大补偿者和受偿者充分了解情况。

2.规定听证程序

在涉及补偿标准、生态价值评价、补偿方式、补偿的责任、补偿金额等直接关系到广大补偿者和受偿者重大利益的事项时,应该采用听证制度。这样有利于积极面向社会,充分听取广大公众的意见,推动相关部门决策的民主化和科学化。尤其是要注重听取广大受偿者的意见,这些决策的合理与否直接关系到他们切身利益。补偿程序中的听证制度为了更好地开展补偿工作,因此需要对生态补偿的听证事项、听证会提起主体、提起程序、组织者、参加者、时效等进行规定。

3.补偿的方式

合适的补偿方式对于促进当地农业生态环境保护和农业发展、农民生活改善有重大的意义。根据当前国际和国内实践经验,主要有以下几种补偿方式:一是货币补偿,即将补偿资金与保措施挂钩,引导农民自觉保护环境。包括开发押金、财政转移支付、贴息、复垦费、价格补贴等方式;二是实物引偿,给予农民一定物质、劳力甚至土地来给予农民补偿;三是智力补偿,即向农民提供无偿的知识培训、技术指导或者向农村或者农业生产投入一定的农业技术人才;四是政策性补偿,上级政府给予农民一些特殊政策,如税收的征收、减免或退税,使农民在授权范围内享有优先权或优惠待遇,以鼓励农民保护农业生态环境;五是项目补偿,是指作为补偿者的社会和政府通过在农业生产方面从事一定工程项目的开发或建设,使农民从项目中获得利益补偿。

4.补偿的评估与监督

这项评估制度至少包括以下几个内容:其一,补偿管理单位每年都应对补偿的工作进行评估。这项评估主要反映负有补偿责任的行政机关内部运行情况和补偿工作的情况。行政机关内部运行情况包括政策的制定、计划,财政情况支出以及支出的调整、撤销、超支、资金的使用和区域间、部门间资金流动等内容。补偿工作的情况包括补偿项目的数量、补偿所覆盖的面积和补偿对象数量等。其二,受补偿地区每年都应出具评估报告。受补偿地区应该根据本地区得到补偿的状况上报补偿的数额、补偿的范围、接受补偿后农业生态环境改善状况等内容。根据行政部门和地区的评估报告,对农业生态补偿机制的实施效果进行评价,从中总结出成功的经验和发现存在的问题。此外,应建立完善的监督制度。要建立补偿工作责任制,明确权责,强化对补偿工作的全程监督和监测;采用问责制,及时掌握相关部门的工作动态;健全农业生态补偿的审计制度和信息公开制度。同时,在接受社会监督的同时完善党内监督制度。

(五)我国农业生态补偿责任法律制度

任何一项法律制度的有效实施都离不开完备的法律责任制度。在农业生态补偿法律制度建设中,要明确农业生态补偿的法律责任。

1. 受偿主体责任制度

农业生态补偿制度措施之一就是给予农业生产者一定形式的补偿与他们约定在生产过程中尽量采用环保型生产模式。但是当补偿到位之后,受补偿者是否按照法律规定来约束自己的生产生活行为呢?这就需要我们用法律责任制度来对他们进行进一步的约束与引导。在制度中应该明确如果在获得补偿后未能按照法律规定进行活动就属于违法,根据违法的程度制定不同的惩罚措施,如罚金、剥夺以后的生态补偿权利等。如果是谎报信息、隐瞒实情或者是故意破坏环境就必须承担相应的行政或刑事法律责任。

2. 企业等补偿主体的责任制度

企业等补偿主体不仅仅负有依法向利益受损者提供补偿的责任,同时也负有保护生态环境的责任。在明确企业的责任制度时,要通过教育宣传促使企业积极履行社会环境保护责任,要使各类企业充分认识到环境保护的重要性,从而使各相关企业通过自我监督、行业自律以及配合行政监管主体的监管来切实保护生态环境。可以按照农业生态补偿的要求,对相关的责任制度进行完善。如可以援用刑法第338条重大环境污染事故罪规定来对那些违反环境保护的企业等补偿主体在增收补偿费的基础上追究刑事责任。

3. 相关行政部门的责任制度

我国环保、卫生、税务、工商等各部门是农业生态补偿法律制度主要执行主体,承担保护农业生态环境,维护农业生态法律制度权威性以及公平性的任务,因此对该类主体的法律责任要更加严格。一方面要根据行政人员在执行监管工作的实际情况,根据过失、重大过失、玩忽职守等情况,来确定是追究其纪律责任、行政责任还是刑事责任。另一方面,要强化和完善引咎辞职制度,对发生违法事件时,要追究各部门负责人疏忽大意的责任,以期能更好地督促行政主体积极履行其职责。对不同违法行为以及不同的违法程度,进行不同力度的惩罚,让执行力弱和违法者为其行为承担不利后果。对过错较轻的,给予训诫、通报批评处理;对于犯严重或者特别严重过错的人员以及部门责任人,给予记过、记大过、撤职、开除等行政处分或党纪处分;对有重大违纪违规,如贪污、挪用补偿资金等重大责任事故的有关责任人和部门负责人,要严厉追查,依法依纪严惩。

(六)我国农业生态补偿救济法律制度

"无救济即无权利"。农业生态补偿救济制度是农业生态补偿法律制度的重要组成部分。近年来,随着法治观念的深入人心,公力救济的作用不断得到加强,但是由于司法资源的有限性,公力救济也存在着一定的局限性,因此,在救济法律制度的完善中,我们不仅要重视公力救济制度的完善同时也要重视私力救济在生活中的主要作用。

1. 团体诉讼制度与公益诉讼制度

近年来,由于外来的产业和群体对农业生态环境造成巨大的污染,农民和其他主体为了消除其对农业生态环境不利影响在生产和生活中都要花费一定的人力、物力和财力。但是由于补偿的范围、补偿的多少、补偿区域、项目的认定等一系列涉及较高技术水平和较强专业知识的限制,农业生态环境保护群体在要求得到一定补偿时往往因缺乏对抗企业或行政机关的能力而得不到实现。这严重挫败了农民和其他主体的环保积极性。同时,关于农业生态补偿的争议问题大多属于群体性纠纷,如果由团体如社区、环保组织等代替受损害群体提起诉讼,有利于实现公益和私益的社会保护。现有的环境公益诉讼制度给检察院以原告身份提起公益诉讼提供了制度保障。因此,完善现有的诉讼制度,确立团体诉讼制度,赋予团体直接提起侵权之诉和不作为之诉讼的权利。与此同时,降低环境公益诉讼主体资格,让更多的有资格的主体拿起环境公益诉讼的武器,保护共同的生态环境利益。

2. 我国农业生态补偿的诉讼制度中的举证制度

在农业生态补偿中,尤其是某些受害人数较多、社会影响较大的事件,依靠私力救济手段往往不能达到最佳的解决效果,而发挥好司法诉讼解决是十分必要的。传统意义上的侵权举证责任制度一般是"谁主张,谁举证"的原则,但是由于公民提起环境公益诉讼的特殊情况,如某地区的农民主张本地的农业生态环境受到某企业的污染,提出赔偿损失的请求。但是,这种污染是否达到生态补偿法律制度规定的程度需要进行相关的环境技术检测。问题就在于广大农民对环境质量标准的检测以及把握方面是缺乏技术和知识的。这时应该实行"举证责任倒置"的制度。因此,在农业生态补偿诉讼举证中,如明显不利一方对传统的举证责任进行一定的变通,采取举证责任倒置能有效保障公民的诉权顺利实现。

3. 谈判协议、调解协议和行政处理结果等非讼救济方式的规定

在农业生态补偿纠纷发生之后,尤其是补偿对象之间发生利益冲突时,公力救济未必就是最佳的解决途径。众所周知,我国司法救济的社会成本和经济成本都较高同时解决时间较长。因此应深化我国的谈判协议、调解协议和行政处理制度,以期达到更好维护群众利益和社会和谐的目标。通过各个补偿对象之间进行平等协商,促使双方互相谅解,使其在融洽的气氛中明确各方的权利责任,在平等自愿的基础上就解决的方法进行协商。这样可以及时、妥善解决纠纷,从而降低争议双方维护权益的资金成本和时间成本,有效维护各方的合法权益。调解制度是我国依法设立的采用群众性自治组织调解的方式来解决民间纠纷的法律制度。人民调解可以及时避免矛盾的进一步恶化,把纠纷消灭在萌芽状态。在我国农业生态补偿的救济法律制度中,还要进一步发展调解制度。调解制度可以使争议双方通过直接的正面交流来解决纠纷,

从而提高纠纷解决的效率,但是如果双方不能抱有足够的解决诚意或者在协商中发生直接冲突,则可能导致协商不成功,并使纠纷更趋复杂化。对此,在调解制度中,要充分利用社区、居委会、环保组织等社会组织资源,在这些组织的调解下,或者帮助双方修改已有的解决方案,或者直接帮助争议双方提出解决方案,以促进争议双方纠纷的妥善解决。根据最高法院《关于审理涉及人民调解协议的民事案件的若干规定》,我们可以发现人民调解协议在某种意义上具备民事合同特质。但是这对于双方执行协议内容的保障力度还不够,因此,应当赋予其法律效力,以国家强制力来保障协议的实现。

众所周知,法律是存有漏洞的。漏洞经常在法律实践过程中被发现,而发现的缺陷往往不能及时克服。正如拉伦茨指出的:"大家日益承认,无论如何审慎从事的法律,其仍然不能对所有属于该法律规整范围,并且需要规整的事件提供答案,换言之,法律必然'有漏洞'。"法律尽管不能从终极意义上克服漏洞,但可通过一定的制度、原则等适当进行填补。在农业生态补偿法律体系不完善的现阶段,在实施农业生态补偿制度时要充分发挥其他相关法律的指导作用,如《环境保护法》《农业法》和《退耕还林条例》等法律制度。法律基于其内在的正义精神提炼出一些基本原则在实际的操作中都有一定的指导作用。基本原则既是法律基本精神的体现,也是人们在总结实践经验和教训的基础上达成的最大程度的共识。

五、新农村社区生态责任追究制度

在我国农业生态保护过程中,政府要承担起主导作用。政府责任制度应是新农村社区生态责任追究制度的基础。政府责任的明确是我国农业生态保护的基本前提。农业生态保护与发展也是全球环境保护的一个重要组成部分,与其他各国农业生态保护与发展构成一个完整的保护体系。政府应承担起农业生态保护与发展的责任,发挥其主导作用,这也是我国农村经济发展水平落后和广大农民群体收入相对较低的客观现实要求与必然趋势。虽然农业生态保护与发展主要是在广大农村地区进行的,但由于农业生态保护与发展具有正外部性效果,农业生态保护与发展所产生的环境效益、经济效益、社会效益等是全体社会成员都可享受到的,不能将农业生态保护与发展的责任全部转移到农村、转嫁给广大的弱势农民,政府应在其中承担起主要责任。由于农业生态问题具有负外部性影响,人们一时追求经济效益的短视性,因此农业生态保护与发展须由政府来予以正确的引导,以弥补市场调节的不足,这也要求在法律制度中体现出国家政府的责任。

传统的经济模式向可持续发展模式的转变并不是一个自发的、自然的过程,须要遵循市场经济发展的一般规律外,还须依凭国家的政治权力,完善政府的决策支持系统、宏微观政策、宏微观的调控功能等。政府在进行生态、环境保护和资源的可持续开发利用时,要提供一定的制度以使政府对生态、环境的管理由监督性向日常性、制度性过渡。巨大的眼前利益很容易扰乱地区的政府及其官员发展农村经济的计划,危害到农村生态环境,如违章设立和发展的园区、引进污染企业等。因此,政府须强化生态意识,明确生态责任,加强生态方面的临时性制度建设等。

第六节　新农村社区农民利益诉求的相关法律制度的具体构建

农村社区是实现农民利益诉求的制度载体和平台,农村社区发展与农民利益诉求是推进社会主义新农村建设与全面实施乡村振兴的关键环节。农村社区的利益是多元和差异的,为了更好地保护农民的利益,建设和谐新农村社区必须促使差异利益之间的和谐,实现利益和谐是新农村建设与全面实施乡村振兴的保障,也是利益多维度发展的必然要求。要求我们在党和政府的领导下,通过制度手段,依托农村社区力量,整合农村社区资源,强化农村社区功能,维护农村稳定,促进农村社区各项事业协调、健康发展,实现农民利益诉求。

一、基于农村社区发展的农民利益诉求宪法制度设计

（一）完善宪法的基本权利制度

所谓宪法保护,是对农民实现利益诉求提供宪法保护。现行宪法关系到农民利益的主要有以下四条:"国家建立健全同经济发展水平相适应的社会保障制度。""国家尊重和保障人权。""国家依照法律规定实行企业事业组织的职工和国家机关工作人员的退休制度。退休人员的生活受到国家和社会的保障。""中华人民共和国公民在年老、疾病或者丧失劳动能力的情况下,有从国家和社会获得物质帮助的权利。国家发展为公民享受这些权利所需要的社会保险、社会救济和医疗卫生事业。"但是,我国宪法对实现农民利益诉求存在一定改进的地方。宪法规定的农民利益与普通市民的利益没有体现"实质平等"与"倾斜保护",不能完全适应农民利益诉求的保障。对于农民的平等权、发展权、社会保障权这样基本的权利,应在《宪法》中予以确认,同时,整合多个涉农宪法条款,制定关于农民利益诉求实现的宪法化新条文,并通过法律规范把宪法所确认的基本权利具体化。

选举权的行使直接关系着农民利益诉求的实现,体现着农民参与国家和社会管理的权利,在我国的《选举法》修订中,应给予农民和市民平等的权利,让农民获得更多话语权,可以为利益诉求争取更大的空间。首先,我们要转变政府观念,鼓励和支持农民的利益诉求。政府还要为农民提供更多、更畅通的利益诉求渠道。其次,完善现有的农民利益诉求制度。人民代表大会制度是我国的根本政治制度,人民代表有批评、监督政府、提出各种建议的权利;政治协商制度也能够发挥政协委员参政、议政的作用。可见,只有从制度上保障落实农民的话语权、参与权、知情权和监督权,才能让农民利益诉求都得到充分表达。其三,力行人民主权的宪法原则。赋予农民平等的选举权,弥补农民政治权利的缺失,将农民的政治利益形成集体权利,将民主利益转化为民主权利。其四,完善农村基层制度,尤其是新农村社区的直接选举制度,维护农民自治权。农村社区居民委员会选举期间,县(市、区)人民政府及街道办事处、乡镇人民政府应选举工作指导小组,以确保农村社区内部选举的公平性和民主性。

（二）完善农村社区民主治理制度

在新农村建设与全面实施乡村振兴的背景下建设农村社区民主也即是实现农村社区的自治和提高农民的组织化程度,通过农村社区民主建设促进农民利益诉求。首先,农村社区民主治理制度的完善必须对农村社区权力(利)进行合理配置和监督。在坚持党的领导下,农村社区治理由单一主体向多元民主权力(利)互动转变,政府由管理型向服务型转变,形成农村社区权力来源于农民、为农民服务的权力让渡结构、对农村社区事务进行管理的权力让渡结构。完善农村社区内重大资源的决定制度,对于农村社区的重大资源分配实行农民投票决定制度。所谓农村社区的重大资源分配,包括耕地分配、宅基地分配、鱼塘林地等副业资源分配等。这些资源的分配,直接影响着农民的切身利益。在这种情况下农村社区内的掌权者容易利用在农村社区内部的权力,侵夺农民的合法权益。因而重大资源分配应通过村民大会投票通过,同时遏制政府人员的非法企图,从而达到"自我管理,自我服务"的目的,从治理的权力结构上促进农民发展权的实现。其次,农村社区发展要进行政治体制改革。农村社区发展是新农村建设与全面实施乡村振兴的重要部分,政府对于农村社区指导和支持,又要规范政府权力对农村社区的控制,避免侵害农村社区民主和社会公共利益。需要切实转变基层乡镇政府职能,纠正和规范乡镇政府和村干部在农村社区民主运行中存在的违纪、违规行为,制约公权力的过度膨胀,给农村社区发展创造良好的民主环境。在政治体制改革中,要更多地尊重农民自主权和农村社区相对独立性,进行有效的民主管理。最后,健全农村社区民主治理的有关法律法规。针对各地农村社区发展状况的差异,以及由此产生的制度不健全等问题,政府应该坚持在现有的政策法规基础上,尽快制定《农村社区居民委员会组织条例》,健全村务公开制度,建立健全村务管理的监督机制,不断加强农村社区自治的制度建设,确保农民真正享有农村社区中的知情权、参与权、表达权、监督权。值得注意的是,在农村社区发展实践中我们要防止农村社区与政府同构化或异化成侵害农民利益的力量。因此,农村社区发展需要制定科学、透明、合理的民主治理制度,提高农民的民主意识,监督民主运作程序。

二、基于农村社区发展的农民利益诉求经济法律制度设计

农民利益诉求与其市场主体地位及其组织化程度存在很大关联。我国农民经营的分散性使得其市场主体地位受到诸多限制,极大地阻碍了农业生产的发展和农民利益诉求的实现。拥有合理的收益是农民的基本权益,要实现农民利益诉求最为根本的就是应想方设法增加农民收入和提高农民福利,在这方面,经济法大有可为。经济法主体包括国家经济管理主体、社会中间层主体和市场经济活动主体三部分。农民利益诉求离不开这三个主体协调配合而成的主体组织系统的综合作用。

(一)完善农村经济主体法律制度

在农村经济社会发展中主要的经济法主体包括国家经济管理主体、农村经济组织(社会中间层)和市场经济活动主体三部分。在农村社区视域下,我国农民利益诉求的经济法保护离不开这三个主体协调配合而成的主体组织系统的综合作用。

一是完善国家经济管理主体法律制度。在经济法视野中政府经济管理机关是政府行使经济管理职能的行政机关。① 正如林登指出:"无缝隙组织是行动快速并能够提供品种繁多的、用户化和个性化产品和服务的组织,并以一种整体的而不是各自为政的方式提供服务"。② 用"无缝隙政府"模式重建政府部门正是为了满足在以民众为导向的社会中,民众对于高质量公共产品的需求。因此经济法赋予经济管理机关比其他市场主体更高的法律地位,它所行使的经济职权,均来自法律的直接规定,其经济职权既是权利,又是义务。

二是完善农村社区经济组织的发展与规范制度。治理是一系列活动领域里的管理机制,他们虽未得到正式授权,却能有效地发挥作用。治理概念表明,在社会问题的求解中,我们需要在市场、政府之外再引入第三方主体或机制——"第三部门"。第三部门概念的引入反映了这样一个事实,即在我们这

---

① 杨紫煊:《经济法》,高等教育出版社 2002 年版,第 133 页。
② 拉塞尔·M.林登:《无缝隙政府》,中国人民大学出版社 2002 年版,第 4 页。

个权威多元化的社会中,政府不再是权威垄断者。政府和公民组织、非政府组织、自愿性社团、协会、社区组织、利益团体可以开展多领域、多层面的互动和合作,共同调控经济和社会发展。

三是完善农民市场经济活动的主体地位保障制度。在市场经济的框架下涉农经济活动的主体主要是农户和农民。农民作为市场主体受市场经济的利益驱动、农民自身的文化意识问题和有关农民利益诉求制度上的缺失,使农民在生产、交换、分配、消费等环节上都存在利益受损现象。这就要求法律切实保障农民在市场交易和分配中公平待遇。需要通过合同制度、价格制度和竞争制度等相关法律制度有机组合,并在此组合中实现对农民利益保障。确保农民参与市场运作的权利实化。农民利益的实现在客观上是推动政府决策的终极力量,实现基层政府的综合性职能转变,明确其在经济协调者、生产服务者、市场培育者等方面的定位,使农民行为得到恰当引导。政府可以利用税收、信贷、金融、投资等方面优惠政策,运用经济手段来引导农业的健康发展。

四是完善农村市场规制法律制度。在农村市场规制法律制度建设中,要着力进行竞争行为和消费秩序规制法、商品服务市场规制法、要素市场规制法和市场管理法等制度建设。在农业大省更要体现以农民为本的基本理念,在以农民为本的基本理念指导下,优化农民的市场环境,防止"市场失灵"对作为市场弱势主体农民造成的"利益剥夺"(特别是农民增量利益),在竞争行为与消费秩序规制法、各要素市场特别是土地要素市场的规制法、商品服务市场规制法以及农村集体经营管理法等方面制定有利于实现农民利益诉求的经济制度规范。

总之,各级政府要针对各地区具体情况加强计划法、预算法、产业法、投资法、金融法、财政法、税法等涉农宏观调控法律制度的运用,为农民利益诉求的实现配置更加合理、更加长效的制度规范,使得宏观调控制度成为保障农民存量和增量利益,从而改变农民弱势地位的良性制度。

三、基于农村社区发展的农民利益诉求环境法律制度设计

农民为我国的经济发展在环境利益作出了巨大的让步—我们可以称之为

"利益迟滞"。在环境保护制度与体系日益完善和新农村建设与全面实施乡村振兴的背景下,农民对环境利益的诉求应在制度上得以实现。农民必须平等地享有环境权益,我们必须高度重视农民对环境利益的诉求,完善农村环境法律制度。

(一)农村环境保护制度立法与执法层面

我国环境立法工作应当在理念上要进行城乡在环境利益立法保护差异的反思。各级环境保护部门要加大农村环境保护执法力度,贯彻环境保护制度,对破坏农村环境的行为依法查处。在地方性法规中限制污染工业企业向农村转移,坚决控制次生性的污染现象。各级环境保护部门对已转移到农村的企业,要加大监管力度,充分发挥农村社区的力量进行监控,确保农业生态环境安全。同时,各级环境保护部门要优化新时代新农村社区生态环境建设,为环境法典的制定提供绿色实践样本。

(二)农村社区环境保护硬件投入制度层面

目前,农村地区环境污染的严峻态势,其硬件原因不可忽视:农村社区环境保护缺乏相应的基础设施。要解决农村社区环境污染问题,建设环境优美的社会主义新农村,实现农民对环境利益的诉求,必须从农村社区环境保护硬件投入制度层面入手。在农村社区环境保护硬件投入制度层面,我们的制度设计应考虑各个地区的不同发展水平,在制度层面进行区分。例如在地方性法规中明确乡(镇)一级的垃圾定点处理制度,基层政府可以在农村社区设置固定的区分建筑垃圾和生活垃圾的垃圾站点,实现社区垃圾分类、定点处置,并在地方性法规中确立相应的奖惩措施;有条件的农村社区建设地下管道系统,建设多农村社区联合公用的污水处理厂作为规划范畴,纳入发展规划,以制度化保障其落实。各级政府可以考虑建立专项农村社区环保资金制度作为农村社区环境保护的硬件建设的资金筹集和管理的基础制度。另外,利用新农村建设与全面实施乡村振兴的契机,制定有关的农村社区环保激励制度,将农村社区环保资金的来源由政府单一供给转变为政府、社区和个人多渠道融资制度体系,解决农村社区环境保护的资金缺乏问题。

（三）建立健全实质平等的环境补偿制度

"财富和权力的不平等,只有在他们最终能对每一个人的利益,尤其是对地位最不利的社会成员的利益进行补偿的情况下才是正义的。"①因为当前我国农民环境利益的分配与享有的不公平,所以基于"倾斜保护"的理念必须对作为弱势群体的农民给予一定程度的补偿与救济。从制度的层面讲,农村环境补偿制度可以纠正对农民环境利益分配的扭曲,维护农民环境利益的平等。首先,各级政府对于征地过程中农民土地权益所受损害的补偿与救济,相关制度尽早做出积极回应,切实保障农民的土地权益。其次,建立农民环境权益实质平等补偿制度。

（四）农民社区环境保护制度意识层面

农民是农村社区环境保护的主体,是环境利益诉求的重要利益关联者。针对目前农民环保制度意识普遍低下的现状,各级政府应当以农村社区为载体宣传环境保护的相关政策法规,以提高农村社区环境保护制度意识,珍爱自己的家园。使农民了解环境保护与农村社区发展的正相关关系,理解农村社区环境保护制度与农民生活质量提高的本质关联,让农民学会运用法律武器维护合法的环境权益,自觉积极参与到农村社区环境保护中来。以农村社区为载体能够增强农民对破坏环境行为的组织威慑感;以农村社区为载体也是实现农民平等参与农村社区环境保护决策的组织制度形式。为了充分实现农民环境利益诉求,可以制定与环境知情权有关的地方性法规,赋予农民获得农村社区环境保护信息的途径,从而更好地保护农民参与环境决策的权利。

第七节　新农村社区农民合作经济组织制度的具体设计

随着农村经济的不断发展,政府政策的不断实现,以及农村市场的不断成

---

① 钱再见:《中国社会弱势群体及社会支撑政策》,载于《江海学刊》2002 年第 3 期。

熟,农民素质的不断提高,农民组织化程度的提升,农民合作经济组织的资金稀缺、人才稀缺、技术稀缺等问题愈来愈突出。农民合作经济组织在大市场竞争中发挥着无与伦比的竞争力,占据市场发展的一片天地。当农民从农民合作经济组织得到越来越多的利益时,广大的中小农户会积极地投身到农民合作经济组织建设和发展的浪潮中,发挥其合作组织的主体作用,真正实现合作组织的为民服务目标。如何将法律制度规范运用到农民合作经济组织发展的过程中,有效地指示和引导农民合作经济的发展,是值得我们关注的问题。农民合作经济组织的种类繁多,且每种类型的合作组织都有其各自的特点和差异性,但在总体制度安排上具有相同的属性,在细节上会有所差异。

一、社区资本引入的资本制度

在公司法中,资本法定原则、资本维持原则和资本不变原则被大陆法系国家的学者概括为著名的"公司资本三原则",各国在公司立法中根据本国实际,形成了不同特色的资本制度。我国农民合作经济组织对内不以营利为目的的特征决定了资本制度与公司企业的资本制度存在不同,主要表现为:一是股本中现金资本投入比例有限;二是股本的变动性;三是资本约定。农民合作经济组织的资本来源可以各具不同。首先,社区合作经济组织,即乡、村集体经济组织。这类组织多半采用公司企业的注册形式,因而它本身应该符合公司企业的资本制度。农民是这类组织名义上的主体,在实践中由村委会和党委会对合作组织进行管理。这类组织的资金主要来自村集体的财产或是基层财政。其次,农村供销社主要以政府指导建立为主,政府是主要的组织者,但随着农民自治能力的提高,农民自己组织建立将来也会成为可能。最后,农民合作经济组织。农民合作经济组织的资金来源有两条渠道:一是成员投资,二是外部投入。前者是农民专业合作经济资金的主要来源。成员投资包括会费和股金两种形式。会费是组织比较松散的专业协会收取,相当于成员享受合作经济组织服务的费用。可以规定每年交纳一次。有经济实体的农民合作经济组织可以规定成员交纳一定的股金,作为身份股。在不同类型的农民合作经济组织中,股金构成可以有所不同。在内生型合作经济组织中,股金主要由个人成员投入;而在外生型合作经济组织中,股金由个体成员和依托单位共同投入。发展壮大的农村社区,社区资源股实,有一定的物质基础,有实力也有能力进行农民合作经济组织的建立和发展,为农民合作经济组织的发展保驾护航。我国合作组织的资金来源渠道相对狭窄,资金的主要来源仍然是内部融资,外部融资的渠道比较少,可以获得的外部资金非常有限。尽管《农民专业合作社法》从宏观角度规定了包括金融支持在内四种扶持方式,但其可操作性不强,具体的金融支持政策措施尚未形成,合作组织融资难问题还较为突出。国家应通过制定信贷支持政策从而促进合作组织的发展。政府和社区必须对合作组织进行信贷支持,才有利于合作组织资金短缺问题的解决。同时国家还应该对商业性金融机构、农业发展银行(包括中国农业银行、城市商业银行以及农村商业银行等)进行合理引导,鼓励它们积极开展相关业务,为合作组织的发展提供积极的资金支持。国家应鼓励金融机构挑选一些制度比较完善、业绩好的合作组织试行流动资金贷款的信誉担保制度,扩大他们的贷款额度;放宽组织内会员小额贷款的限额,对他们的贷款利率采取优惠等措施。

二、"共同所有"的产权制度

产权制度是一种通过社会强制力而实现的对某种经济物品的用途进行选择的权利,是所有经济制度的核心。产权指的是法律赋予人们对某种财产拥有和可以实施的一定权利,法律赋予的权利指人们对财产所拥有的使用、占有、支配等权利、相应的收益权、处置权以及由财产所派生出来的各种收益权和不受损害的权利。新制度经济学将产权结构作为分析组织治理效率的有效途径。合理的产权制度关系到组织效率的极大发挥。在农民合作经济组织中,如何界定产权制度和合理区分投入资产的产权差异性,是关系到组织存在与发展的关键问题。组织内的产权建设具有保障功能、配置功能、激励功能、约束功能和收入分配功能,这些是农民合作经济组织成员确立市场主体地位,进入市场活动的重要依据。

农民合作经济组织的健康发展必须有明确的产权制度规定。首先是个人产权的明晰。合作组织必须按照法律规定为其成员建立账户,以明晰个人产权,清楚划定合作组织与相关组织的产权边界,尤其是依托单位的产权关系,避免组织活动过程中与其他组织发生产权不明、权责不清的状况,导致纠纷的产生。明晰的个人产权能够使组织成员感受到自己的主体地位,并享有组织的决策权、剩余索取权和对组织净资产的处分权。一方面有效地激励组织成员努力工作;另一方面保证组织成员之间互不侵犯,甚至对外形成团体排斥力量。其次,组织产权明晰。必须通过立法的形式使合作组织的产权制度确定下来,承认合作经济组织的法律地位,作出权利、义务、责任方面的规定,充分发挥合作经济组织保护农民利益、适应市场需要、有效推动农村经济发展的作用。再次,政府和社区资金的产权界定。政府资助合作社发展是一种普遍现象,国外农民合作经济组织发展多采取这种形式,其理论观点是:实行开放社员资格和吸纳义务原则的合作社对纠正市场失灵、促进市场竞争、体现社会公平具有积极作用。对于成员贫困、资本缺乏、规模弱小的合作经济组织来说,政府资金扶植显然是十分必要的。政府扶持资金一般按照接收时的现金入账,作为合作组织的共有资产,不用于合作组织内部分配。同时,这部分资金还会形成收益,同合作组织的其他收益(投资、惠顾收益)混同起来,按合作组织既定的政策进行分配。农民合作经济组织的剩余索取权倾向于大股东和控制者,他们成为这部分收益的主要占有者。如果社员中途退社,将放弃政府扶持资金的收益权利。合理的办法应当是界定政府资助资金的产权归属,变无偿使用为有偿使用,在合作组织实力发展壮大、组织运行规范之后,从组织每年利润中扣除一定比例的提留,期满后全部归还。在这一方面避免了无偿使用条件下资金使用效率低下的局面,另一方面在一定程度上矫正了事实上的不公平。对于由这部分资金产生的收益,原则上应该由全体社员分享,具体执行中可以采取折合股份等形式进行处理。为了维护合作组织"合作经济"的特征,农民合作经济组织在明晰产权问题时,应该注意以下几个问题:首先,合作组织在所有制形式上应坚持"民有"。所谓"民有"不是单体的所有,而应该是"联合所有",即约定共同所有。农民合作经济组织的资金最终归属权为合作组织成员所有,形式上由合作组织依章程行使。其次,加快发展社区型股份合作社。社区集体财产必须先以股份形式量化给个人,在这之后再进行自由流转,积极创办地方性的产权交易市场,促进社区型股份合作社这一类经济组织产权交易的发展。最后,农民合作经济组织消灭时,应将合作组织财产进行合理分配,将"共同所有"的合作组织财产落实到合作成员的手中。

三、"合作民主"的组织制度

组织制度,又称合作组织治理机构制度。在企业制度中产权的初始界定固然重要,但对产权的执行工作也不可小视。要达到资源优化配置,只有通过执行产权的途径才能更好地实现。现代市场经济中,随着生产社会化的发展,合作组织规模不断扩大,资本日益积累,所有者的能力及专业知识对企业经营活动方式的限制越来越突出。而当所有者不能进行风险决策时,无法使生产经营活动的组织、协调和管理工作圆满完成时,就有可能去委托专业人员代理执行上述的资产经营的职能,即产生了委托代理关系,而这种资产权利委托代理关系的实现就是通过合作组织治理结构来实现的。科学的合作组织治理结构应当是一个有法律保障、组织章程和合同约束、制度严谨的分权、分责、制衡的体制。这种结构所形成的一套有效的委托代理关系,可以保障投资者的最终控制权,同时可以维系合作组织各种利害相关者之间的平衡。有效的合作组织治理结构可以为激励投资者、监督管理者提供体制框架。

合作组织的治理结构可以由会员大会、监事会、理事会和由经理人员组成的执行机构四部分构成。会员大会是农村合作组织的最高权力机关、决策机构,由全体会员组成。在人数较少的合作组织中,一般采取会员大会形式;而在会员人数有一定规模的合作组织中,可以设立会员代表大会。根据各国合作组织的立法实践和经验,会员(代表)大会主要的职能有:选举和罢免理事、监事;审议并通过对合作组织章程的修改;审查理事会对会员大会议案的处理执行情况;审查批准理事会关于财务、亏损处理的报告及盈余分配方案;决定合作组织经营活动的年度报告以及理事会、监事会的工作报告;讨论决定未来发展计划和经营方案;讨论决定合作组织的分立、合并与解散;同意成员加入、退出和开除决定;讨论决定有关合作组织的其他重大问题。

作为合作组织的经营管理机构,合作组织一般应当成立理事会,美国、韩国和意大利将合作组织的理事会也称作董事会。规模较小的农民合作经济组织，也可以不设理事会，只设一定人数的理事。根据各国合作组织的立法实践和经验，理事会主要行使的职权有：组织召开年度会员大会以及临时会员大会；制定合作组织的盈余分配方案和弥补亏损的方案；制定合作组织的年度财务预算、决算方案执行会员大会的决议；拟定合作组织合并、分立、解散的方案；决定合作组织的经营计划和投资计划等。此外，农民合作经济组织内部还应当设立监事会，代表全体会员监督和检查理事会的工作。对于规模较小的合作组织也可不设监事会，只设几名监事即可。监事会的主要职权有：监督组织的财务执行情况；必要时对召开临时会员大会提议；监督理事会对合作组织章程和会员大会决议的相关执行情况。在现实生活中，虽然大部分合作社具备了以上的治理结构，但由于缺乏统一的规范指导，各机构的职能并没有得到很好的执行，有些农民合作经济组织没有规范的章程，或者宗旨模糊、机构设置不合理、管理制度不完善、职责不明晰、民主氛围不够等，致使合作组织运作不规范，内部治理混乱。尽管有些合作组织有章程，但依然不按章办事，章程成为一纸空文，许多事务不公开，管理放任自流，存在很大的随意性。

农民合作经济组织不同于一般的公司企业，在组织制度方面，还应该突出其合作、民主管理的原则。在组织制度安排中应该注意以下问题：首先，民管原则的实现。对社员代表大会一般应规定由全体成员的 2/3 以上参加，决策一般应当过半数票通过，其中合作组织的重大事项需要全体成员 2/3 以上多数票通过。其次，保证农民社员对合作经济组织的控制力，体现民主控制的合作民主实质。贯彻"一人一票，民主决策"的基本原则，也可以采用股金数量、交易量为基础的比例投票制度，但必须进行严格地限制，也可对不同社员实行不同的投票规定。最后，明确各机构的分工和监督，使其相互制衡、民主控制、科学管理，将合作民主的组织制度落到实处。

四、和谐公正的分配制度

分配制度的改进可以制约农村合作组织发展中出现的负面效应，毕竟农民合作组织是弱者与弱者的联合。"分配制度是平衡农村合作组织追求对内公平与对外效率的制度载体,农业补贴是一种利益的特殊分配,补贴以农村合作组织为中介的模式,使得合作组织在利益分配内显得极为重要"。在维护合作组织基本性质的前提下,可以适当引入激励机制,提高社员的积极性,可以采用以交易返还为主、按股权分红为辅的分配制度。同时,合理确定一定比例的提留资金,用于组织发展壮大和激励管理层的需要,当然这也利于解决农村合作组织资金不足的问题。

分配是社会再生产的环节,指社会在一定时期内新创造出来的价值以及体现这部分价值的产品。财产权利是分配的前提条件和经济前提。正如科思所言:"合法权利的初始界定会对经济制度的运行效率产生影响。"在农村合作组织的分配制度中,我们应以促效率、促公平的双重理念为指导对制度进行配置。虽然在社会主义制度下,公平与效率本质上是一致,但在具体问题上仍然存在现实的差距,两者的关系处理好坏,直接关系到稳定与发展的大局,因而仍然需要正确地把握和处理。在合作组织内部,基于合作组织的本质特征,应坚持公平优先、兼顾效率的原则,特别是在合作组织发展初期,应把公平原则作为当代中国利益协调的基础性原则,为此,我们应尽快建立一套适合农村合作组织发展,吸引广大农民积极参与的公正、合理、完善的分配机制,实现制度公平。但具体的分配制度安排上,在初级分配层面上,合作组织与其他社会主体之间的利益分配应当强调效率,提高主体生产和经营的积极性,再分配上应当注重公平,避免主体间差距的扩大,而出现一方利益被侵占的现象。在具体安排农村合作组织的分配制度中,我们要注意处理好以下几个关系:一是按交易额与投资额分配的关系。传统的农民合作经济组织一般按交易额分配,但随着投资者引入合作组织,原有的分配方式已经不尽合理,按资分配必须得到必要的重视,投资者的权益理应得到合理照顾;二是合作组织剩余控制权和剩余索取权之间的关系。在合作组织出现经营风险时,债权人应该如何行使剩余控制权、剩余索取权,是分配制度安排中不可忽视的问题,合作组织利益分配制度对应着其特有的剩余控制权和剩余索取权的分享安排,这种安排是一种分配关系的安排,在分配过程中要体现"民享"原则;三是内部成员与外部投资者资本报酬的分配关系。资本报酬有限原则是农民合作经济组织的基本原则之一。在现实中,为了吸引投资者将资本投入合作组织,以解决合作组织发展的资本短缺问题,可以在原有的"资本报酬有限"原则下,发展"一社两制"的资本分配制度,即对内外资本实行差别资本报酬形式。但是对于这种分配方式也必须进行一定的限制。农民合作经济组织在现实中主要运用了三种利益分配形式:一是股金分红形式。即以股金为标准对组织内部的会员进行分红;二是交易额返还利润形式。以交易额为标准进行分配,可以起到激励作用,这是农民合作经济组织分配的主要形式;三是股金分红与利润返还相结合。在实现股份制的合作组织中,参股的会员既可以得到股金分红,又可以获得农民合作经济组织返还的利润。

对经济组织来说,利益分配机制是否和谐、公正、完善,对组织能否成功运转具有决定性的作用,应将和谐公正作为利益分配的重要标准,进行合理建构,引导合作组织逐步建立起合理的利益分配机制,坚持按劳分配与按资分配结合,按交易量返还利润与按股分红相结合,以充分调动合作社成员和投资者两个方面的积极性。具体可以从以下几个方面努力:

首先,处理好按劳分配与按资分配之间的关系。从性质来说,合作组织是一个以按劳分配为主的经济组织。这是确保成员得到平等化待遇的基础,也是保持合作社本质特征的要求。但是按劳分配为主并不是说就不能实行按资分配。为了拓展资金来源渠道,提高合作社的整体实力,合作社鼓励成员增加入股数量。由于不同成员的股权不同,就会遇到在分配过程中是否要考虑股权因素的问题。随着新一代合作社的发展,这一问题越来越普遍。对于这一问题,法律目前没有作细致规定。因此,在发展农民合作经济组织的过程中,务必指导合作社在章程中对这一问题进行明确规定。

其次,处理好交易量返还利润与按股分红的关系。按照交易量返还利润,是合作组织采用最为普遍的分配方式,也是合作组织的一条基本原则。《农民专业合作社法》四十四条规定:可分配盈余主要按成员与本社的交易量(额)比例返还,返还总额不得低于可分配盈余的百分之六十。按股分红则是另外一种分配方式。股金越多的成员,分红自然就越多。在可分配盈余一定的情况下,按照一种方式分配的部分多,则按另一种方式分配的部分就少了。

因此,要把握好惠顾者与股东之间的利益关系。由于不同合作社的情况不一样,无法出台统一规定。因此,合作社在成立的过程中,要向成员充分说明这一问题,并达成共识。

最后,处理好发展与分配关系。可分配盈余中提取的公积金越多,合作社用于发展方面的投入能力就越强。但是,如果提取过多,就会影响当期成员返还与分红,影响成员的积极性。从调查的情况来看,由于具有可分配盈余的合作社比例还不高,可分配的额度也不大,由此引起的矛盾较少。但随着合作社的发展,这一问题就会比较明显。因此,最好在合作社成立之初,就规范这一问题。目前,对于尚未规范的合作组织,要引导它们对此问题予以规范。

五、高效合理的责任制度

责任制度是农村合作组织制度不可或缺的一部分。法律责任是整个法律制度的核心。立法往往是围绕着法律责任的依据、范围、承担以及法律责任的认定和执行等问题进行的。高效、合理的责任制度能保证理性治理的完备性,也可以防止对权利的侵害和滥用。因此,农村合作组织也需要规定在成员不承担相关义务时应追究其相应的民事责任、行政责任、经济责任与刑事责任。在法律责任制度安排中,涉及责任主体法律责任的有无、大小、种类问题,其中责任种类包括民事责任、行政责任、刑事责任等完整的责任体系,在此之外,还应该包括经济责任。以农民合作经济组织的民事责任制度为例进行说明。第一,责任主体与范围。农民合作经济组织的民事主体主要是:合作组织对合作组织成员、投资者及债权人的民事责任。合作组织机构工作人员对合作组织、组织成员、投资者的民事法律责任;合作组织成员对合作组织、投资者的民事责任;以及合作组织成员之间的民事责任。第二,归责原则。归责原则确定中应当遵循一般的法律归责原则,即责任法定原则、责任自负原则、因果联系原则和责任相当原则。在现实生活中,可以作出灵活性的变通,即在不违反法律规定的前提下,可以存在责任约定的情况。第三,责任承担方式。民事法律责任形式主要有有限责任、无限责任和保证责任。在农民合作经济组织的民事责任承担中可以囊括这些责任方式,并且根据我国农村合作组织发展的现状,在具体操作上可采取农村合作组织和其组织成员对外均承担有限责任的"双有限责任"形式。

在农民合作经济组织的责任体系中,还具有一定的社会责任。农民合作经济组织不仅承载着为农民和农村社区服务的特殊使命,作为农村经济与农村可持续发展的重要主体力量,其还承载着保护农民利益和促进和谐农村构建的重要社会责任。"与企业社会责任一样,农民合作经济组织社会责任的相对人应与社会利益的享受主体一致,一般是社会公众或社会整体。"结合企业社会责任和我国农民合作经济组织发展的实际,其具体内容主要包括:对社员的社会责任,对投资人和债权人的社会责任,对消费者的社会责任,对政府和社区及至整个社会的社会责任。强调合作组织的社会责任,一方面,可以在农民合作经济组织相关法律条文中给予明确规定;另一方面,在农民合作经济组织发展的实践中,将其与市场经济的发展、和谐社会的构建相联系起来,构建起两者良性互动的桥梁和纽带,即合作组织社会责任的落实。

第八节　新农村社区合作金融法律制度的具体设计

中国"三农"问题的解决不仅需要国家的"多予、少取、放活",更需要"促生",即促进"三农"主体自主创造财富,内生性地拥有社会进步的增量利益,促进增量利益源源不断地产生,是解决中国"三农"问题的关键。金融发展权理论正是基于对社区弱势群体内生动力的重视,并综合运用利益与利益机制的作用,从稳固农村社区金融存量利益与提升社区成员增量利益双向出发,探索以制度完善方式促进弱势群体获取平等的金融发展权利,赋予其运用金融资源转化为既得利益的条件。

"法律是一个带有许多大厅、房间和拐角的大厦,在同一时间里想用一盏探照灯照亮每一间房间和拐角是极为困难的。"①尽管现代法律制度体系正在不断的发展与健全,然而仍然难以兼顾到社会"拐角"中的利益。金融弱势群体正是处在这一法律制度体系尚未完全"照亮"的领域,金融发展权往往难以充分实现,农村合作金融发展过程中的公平、公正更有待确认。从法律的自身属性看,十七世纪的英国法学家约翰·洛克在其《政府论》中称:"法律的目的不是要废除或限制自由,而是要保护和扩大人民的自由。"②金融发展权作为基本人权涵义的具体化和拓展解释,实际旨在赋予包括金融弱势群体在内的人们以平等享有金融资源的权利,这种权利在本质上即"人民的自由",也是法律的重要目的。因此,我们应当秉承金融发展权的涵义,尽快建立和完善有利于平等实现不同主体金融权益的法律制度,将金融发展权落到实处。农村合作金融立法的缺位,可以在充分调查研究的基础上予以填补。本研究希望通过分析和论证,就农村合作金融未来立法进行探索性的制度设计,结合立法原则尝试性的提出法律条文建议,以期对农村合作金融未来立法有所作用。鉴于本文调查范围的局限性及整体篇幅、研究水平限制,难以提出完整的农村合作金融立法,因此仅就设立与组织、产权与资本构成、经营与竞争、监管、责任以及终止等核心制度环节进行法律条文设计与安排,以探讨之意希望能够推动我国农村合作金融的立法进程,也希望能够为弱势群体金融发展权的实现尽绵薄之力。

一、以金融发展权为基础制定《农村合作金融法》

(一)确立金融发展权保护与实现的法律理念

以金融发展权为基础制定《农村合作金融法》,首要任务是确立金融发展权的法律理念,将金融发展权平等实现作为立法目标之一,贯穿于法律条文之中。金融发展权是弱势群体平等享有金融资源的依据,是我国坚持发展农村合作金融的理论抓手,是充分利用合作形式维护、实现、发展农民、涉农企业金

---

① 博登海默:《法理学、法律哲学与法律方法》,中国政法大学出版社1999年版,第198页。
② 约翰·洛克:《政府论》,杨思派译,中国社会科学出版社2009年版,第169页。

融利益的理论基础,同时也将城乡居民平等使用金融资源的权利提升到法律层次。

（二）在金融发展权下制定独立的《农村合作金融法》

金融发展权的落实必须依靠国家强制力的实施,立法是运用国家强制力实现权利的最有效方式,也是农村合作金融发展的迫切需要,因此制定独立的《农村合作金融法》十分必要。为推动我国农村合作金融的持续发展,进一步实现其促进农业产业化、提高农民生活水平、支持农村建设的特殊作用,应当尽快对现有农村合作金融部门规章、地方性法规、政府规章等予以梳理整合,形成符合"三农"发展需要及合作组织形式发展需要的农村合作金融制度体系。

二、设立与组织制度:规范金融发展权主体

设立与组织制度是《农村合作金融法》立法的首要内容,其中设立制度应当重点关注设立的条件及准入门槛设置,即主要解决法人在什么样的情况下才能够成为农村合作金融机构。组织制度则应强调民主决策、社员资格、管理人员等问题。金融发展权的主体是有权获得金融权益的组织和个人,包括通过金融活动获取收益的农村合作金融机构本身,也包括社员、存款人、贷款者等通过不同方式获益的主体,《农村合作金融法》中的设立与组织制度,即在于对法律调整领域内的金融发展权主体予以规范,以更好促进权利的平等实现。

三、产权与分配制度:保护金融发展权价值

金融发展权的实现应当与合作金融机构完整的产权及分配制度相结合,避免金融权益经受非常规性的价值折损,也改善当前社员这一金融发展权主体入社资金保值增值的状况。国外有学者提出的合作博弈理论认为,通过不同经济实力主体的合作,能够实现良好的边际效应,使合作与相互博弈的作用发挥到最优状态。农村合作金融应当制定以"合作"为组织形式的产权与分配制度,实现农民、农业企业、普通商业机构、外资企业等不同资本主体之间的

相互合作与共同博弈,保证农村合作金融的活力,也推动金融发展权的整体增值。

四、经营与竞争制度:推动金融发展权实现

经营与竞争制度是《农村合作金融法》的核心部分,是促进农村合作金融健康发展、推动农村金融市场逐步繁荣、促进金融发展权平等实现必须要具备的法律制度条件。经营与竞争制度从内外两个层面,就农村合作金融业务活动的开展、参与市场竞争的行为进行法律上的规制,推动金融发展权关键领域的规范化发展。

五、监管制度:降低金融发展权实现风险

有效的监管制度是《农村合作金融法》发挥强制效力的重要保障,是掌握金融发展权实现状况的重要方式。监督管理是降低金融风险的重要外部因素,也是当前最有效和使用最为普遍的风险防范手段,金融发展权的实现不仅需要金融主体、金融资本、金融市场的健全与完善,更需要监管制度的"保驾护航"。监管法律制度的完善是防范农村合作金融风险,为金融发展权顺利实现提供保障的重要方式。提升农村合作金融应对金融危机和经济风险的能力,需要通过《农村合作金融法》建立合作金融从过程监管到危机应对的全程配套制度。目前农村合作金融监管面临的最典型问题是社员监督权难以实现,因此为尽量减少农村合作金融的运营风险,保障其支持金融发展权平等的目标实现,应当建立系统化监管制度。

从总体上看,首先,要明确规定对农村合作金融必须实施全面监管。《农村合作金融法》中应明确对农村合作金融进行监管的基本原则,对其合作的价值理念、支持"三农"的社会经济目标及维持竞争的能力予以持续监管,维持农村合作金融的本质特征。① 其次,要在《农村合作金融法》中明确监管的

---

① R. Solvaraju. SeeCo-perativesinthenewMillennium, VikasPublishingHousePvt. Ltd. RePrint, 2000.

主体、标准、方法、程序、范围以及监管责任相关问题,使农村合作金融监管的具体操作有法可依。再次,要通过立法确认内外结合的监管方式,在农村合作金融组织内部设置监事会,监督决策民主化与运营合理化。在合作金融组织之外设置农村合作金融联合会,就行业标准做出规定。此外,也应当在立法中体现对金融发展权的确认,尤其是对金融发展权受损如何追偿做出规定,允许利用司法程序敦促违反农村合作金融经营管理义务的行为及时纠正,即赋予合作金融社员一定的诉讼权与知情权,允许其对合作组织不按规定发放贷款的情形提出质疑和诉讼,同时也应赋予社员查阅合作金融组织运营情况的权利,实现系统监管与纠纷解决的双重目标。

六、终止制度:解决金融发展权公益困境

金融危机使美国金融巨头一夜之间坍塌,也使世界各国对金融机构破产的重视大幅提升。我国银行业金融机构长期以来处于国有或国有控股的状态下,"大而不倒"是国内金融机构的常态,即便部分金融机构存在亏损也多由国家通过补贴、不良资产置换等方式予以化解,但随着金融全球化的发展,国内金融机构面临的挑战空前巨大,完全由国家承担风险不符合市场经济的要求。更重要的是作为本研究对象的农村合作金融更多的处于自负盈亏状态,若常年亏损却放任其继续经营,容易使亏损缺口不断扩大,社员难以通过法定程序收回部分投资以减少损失,作为其社员主要构成部分的农民等弱势群体,更容易因破产程序缺失而不能实现投资的及时冻结、回收,农民参加农村合作金融的安全性与稳定性得不到充分保障。金融机构的终止制度,能够通过依法破产净化金融市场,保障金融体系稳健、持续发展。因此,农村合作金融终止制度设计,有利于最终实现对弱势群体金融发展权有效的法律保护。

七、责任制度:强化金融发展权责任意识

权利与义务是不可分割的辩证统一关系,而责任制度的规定是保证权利实现和义务履行的重要方式。不同利益群体在合作博弈的过程中,弱势群体的金融发展权较易受到损害,需要适当的责任制度保证其不受恶意侵害。责

任制度是一部法律的必备内容,金融发展权的实现离不开《农村合作金融法》对违法责任的强制性规定。法律在进行赋权性规定的同时,应当有相对的义务性规定及违反义务的责任追究制度。《农村合作金融法》在明确平等金融发展权的同时,也应当规定合作金融机构、管理者在不遵循合作金融法原则、标准时应当承担的责任,同样社员不履行按期出资义务或出资不实的也应承担法律责任。农村合作金融责任制度应当在遵循《公司法》对企业法人责任规定的基础上,增加与社员权利相关的责任制度,以切实维护社员等弱势群体的金融发展权,推动金融发展权平等实现。

八、完善农村合作金融已有规章制度的法律解释

法律是一种不断完善的实践,农村合作金融法律制度的完善不仅需要对现有相关规章、制度予以梳理,形成相对体系化的《农村合作金融法》,当务之急还应当根据现有关于商业银行、银行业监管、合作经济组织等相关立法,确定各项规章制度之间的关系,同时对农村合作金融的各项地方法规、法令、规范以及部门规章的效力范围与可能存在的冲突进行立法层面的解释。

第九节　基于农民权益保护的我国
农业补贴制度的具体设计

一、农业补贴制度的总体构建

随着市场经济的发展,农业作为一个产业与其他产业特别是与工业相比具有比较利益低的特点,同时农业生产由于受自然条件的制约,具有较大不确定性,加上农产品需求价格弹性小于供给价格弹性等原因,农业生产者往往要承受较大的市场风险。为降低各种风险对农业的冲击,多数国家都实施了农业补贴政策,以保护、稳定国内的农业生产。农业补贴政策是指国家通过政策措施,对农业生产和贸易给予各种直接和间接的补助,使农业生产者最终实际所得超过按市场均衡价格确定的收益水平,以稳定和提高农民收入,维持国内

农产品高价,刺激生产,同时扩大出口争夺国际市场以处理过剩农产品。在WTO《农产品协议》框架下,农业补贴具有两层含义:一是广义的农业补贴,也称"支持性农业补贴",即政府对农业部门的投资或支持(Support)。由于其中大部分是对科技、水利、环保、救济等公益性方面的投资,不会对产出结构和农产品市场发生直接显著的扭曲性作用,因而不会对农产品贸易产生扭曲,此种补贴又被称为"绿箱"补贴措施或"绿箱"政策。另一种是狭义的农业补贴,也称"保护性(Protection)农业补贴",包括政府对农产品的直接价格干预和补贴,种子、肥料、灌溉等农业投入品补贴,农产品营销贷款补贴,休耕补贴等。这具有给生产者提供价格支持的作用,对产出结构和农产品市场造成直接明显的扭曲性影响,扭曲农产品贸易的公平性、自由性,此种补贴又被称为"黄箱"补贴措施或"黄箱"政策。

WTO规则框架下,农业补贴是指一国政府为了鼓励出口,平衡贸易,增强本国农产品的国际竞争力,保护本国农业和农民利益,通过国内支持和出口补贴等非关税措施,对农业生产、农产品流通和贸易所进行的转移支付和综合支持。我们认为农业补贴是指一国政府为了取得平等贸易地位,增强本国农产品竞争力,平衡协调国内各大产业发展,促进农业和农村发展,实现农民生存权与发展权平等,通过国内支持和出口补贴等符合国际条约规定的非关税措施,对农业生产、农产品流通和贸易等所进行的转移支付和综合支持。现阶段,为了适应国际社会发展的新环境,提高本国农业生产的国际竞争力,增加农民的收入,我国要以社会主义新农村建设与全面实施乡村振兴为契机,探索适应新时代的农业政策,改革和完善现行农业补贴制度的同时要加强对农业补贴相关配套措施的建设,从而使农业补贴充分发挥其支持和保护农业生产、保护农民权益的功能。

一是在农业补贴立法上,要加快农业补贴的法制化进程。完善农业支持法律体系,当前要抓紧做好修改《农业法》和制定《农业补贴条例》工作。要在WTO规则框架下,着手研究制定《农业保险法》《农业灾害救助条例》《贫困地区援助条例》《农民专业合作经济组织法》和《农产品行业协会管理办法》等法律法规,健全农业支持法律体系,提高农民的组织化程度,使农业补贴规范化和制度化。根据实际需要,适时制定有关农业机械化、农产品质量安全、农业结构调整等方面的法律、行政法规。根据新修订的《农业法》的基本精神,进一步修改和完善《农业技术推广法》,调整、理顺和改革农业技术推广体制,加强农业技术推广队伍建设,强化农业科研、培训、推广和咨询服务,充分利用法律促进农业技术成果的转化和推广。通过立法完善农业技术转化和推广的利益激励机制、风险控制机制、成果评价机制和权利保障机制。根据 WTO 规则和《农业协议》的要求,对《乡镇企业法》和《乡村集体所有制企业条例》中涉及农业补贴的相应条款进行必要的修改和完善。

二是在补贴方式上,要改进补贴方式,提高补贴效率。借鉴发达国家的农业补贴成功经验,根据我国国情、财力状况安排农业补贴的总额及比率,着重寻找高农业补贴效率的最佳实现形式。一是改间接补贴为直接补贴。这已被国际成功的经验与国内的教训所证实。由于我国实现了由计划经济向市场经济的转轨,土地产权制度也实现了由所有权到承包经营权分离的转变,因此,农业补贴也到了由间接补贴转向直接补贴的时候了。"直接补贴"不仅会成为农业快速发展的推动力,而且会带来流通体制、行政管理体制的变革,并可降低国家管理的运行成本,是利国、利农、利民之举。具体措施可表现为:其一,改粮食风险基金从流转环节补贴为生产环节补贴,以弥补国有粮油企业不再按保护价收购农民余粮,避免市价下跌,可以有效避免农民的利益损失。其二,按经济带的比较优势建立和推行良种补贴制度。引导农产品生产向优势产业区集中,最终推动农产品生产向专业化、优质化、规模化方向发展。其三,推行改善地力、提高肥力、恢复林地、草地等自然生态补贴制度,推动地力结构的改善,提高土地产出率,遏制荒漠化、防止水土大面积流失,促进国土的持续良性开发利用。二是以土地面积为补贴客观依据。根据国内外经验,无论采取什么方式计算补给农民的款额,都要以农民土地持有产权所承担的土地面积作检验,并把补贴最终落实到农民手里。否则,农业补贴就会变味,农民就难以得到实惠,农业的基础地位就难以巩固。具体办法为:第一,按国际市场通行的大宗农产品的"种植面积为主"补贴,改善地力的计税面积为辅补贴,既有利于保障大宗农产品产量的持续稳定增长,又有利于保护我国农村生态环境的良续发展。第二,科学制定补贴标准。建立补贴的"激励与约束"导向机制,根据财力状况,使农民得到看得见、摸得着的实惠,才会收到良好效果,才能得到广大农民的认可和拥护。三是以关系国计民生的大宗农产品为补贴重点。发达国家财力雄厚,但也只是对重点大宗农产品进行补贴,并非对所有农产品都进行补贴。我国经济发展不平衡,财力不足且种植情况复杂,目前只能根据农民的种植习惯,从确保我国的粮食安全,改善饮食结构,提升国民身体素质出发,科学确定补贴的大宗农产品品种,如粮、棉(麻)、油、豆等蛋白作物与牛羊等动物,以引导其种植和持续稳定高产。

三是在农业补贴的配套机制建设上,在财政支农的同时更要利用金融支农,建立完善的农村金融支持体系。我国农业贷款与国外一些国家相比,一直很低,而且农村资金向非农方面的转移很突出。目前正在农民中推行小额信贷,效果很好,在此基础上还应积极向条件较好的农户和前景看好的种、养、加项目推行中、长期较大额贷款,从而支持、引导农民投资和农民企业的发展壮大。

二、以生存权与发展权平等为中心的"黄箱"具体制度设计

对于农业协议约束的"黄箱"政策补贴,中国农业国内支持措施不存在减让问题,相反是应加强和调整,提高对农业支持的效率。[1] 基于生存权与发展权平等的考虑,以及 WTO 的相关规定,基于生存权与发展权平等的考虑,以及 WTO 的相关规定,借鉴其他国家的有益做法,中国今后的"黄箱"补贴具体制度设计应从以下几方面着手:

(一)以农产品价格支持体系为中心的"黄箱"补贴制度设计

根据 WTO 国内支持"微量允许标准"条款,中国对农产品的价格支持与补贴还有一定的调节空间。应充分利用这一有利的条件,对那些竞争性农产品建立灵敏、高效的价格支持体系。但是,WTO《农业协议》要求政府提供的

---

① 罗莉:《民族地区农业政策调整与 WTO 中"绿箱""黄箱"条款》,《西南民族大学学报(人文社科版)》2006 年第 5 期。

价格支持应针对农产品生产者,而不是流通部门。因此,尽管今后价格支持在总量上有一定调控空间,但在支持结构及补贴目标上则需作较大的改革。应通过调整农产品价格支持目标、支持重点,深化农产品流通体系改革,逐步减少对流通环节的补贴,把支持与补贴的重点转向农业生产者。

一是建立主要农产品合理的收购价格制度,保持农民农业收入的稳定增长。在支持数量方面,长期以来国家确定的农产品收购价格低于市场价格,比如私营的棉花收购者价格制定普遍比国有棉厂的价格高,却往往遭到政府限制、清理,今后应将农产品价格保护政策从单纯的粮食保护逐步扩大到其他大宗农产品,并通过建立主要农产品的储备制度,稳定主要农产品价格;在支持结构方面,中国的财政状况不允许中国以价格支持为主,但政府必须依据恰当的市场均衡价格,优化农业资金的投入,有重点地支持粮棉油等大宗农作物的生产,坚持和完善重点粮食品种最低收购保护价政策,保持合理的粮价水平,稳定粮食生产发展,坚决制止粮食收购中的压级压价和随意"扣杂扣水"行为,保护农民利益和种粮积极性。

二是加强农业生产资料价格调控制度,降低农产品生产成本。完善化肥、种子、农膜、农药、农用柴油等农业生产资料价格管理办法,控制农业生产资料价格过快上涨。继续对化肥生产实行价格优惠政策,运用综合手段调控化肥价格,必要时可规定最高限价。及时通过成本监审、公布中准价等手段干预农药、种子、农膜的价格,缩小其价格变化与成本变化的差异。

三是构建农产品价格预警应急制度,降低农业生产风险。构建主要农副产品价格预警应急机制,包括收购和销售两个环节。对已经或可能出现的农产品价格异动事件,根据对象不同,其农产品价格干预的原则有别。比如对粮食等主要农产品收购环节实行价格干预,就应遵循有利于促进粮食生产发展、调动和保护农民种粮积极性、有利于国家掌握资源、有利于尽量减轻国家财政和城市居民经济负担的原则。而销售环节的价格干预,就应兼顾加工者、经营者和消费者三方合法权益,既要有利于调动加工、经营企业的积极性、促进粮食加工流通,又要有利于保持粮食价格基本稳定,保护消费者利益;价格预警应急措施必须建立有力的办事机构,建立包括信息通报制度、价格异动事件专报制度、价格监测与检查制度、应急值班制度、紧急协调制度等在内的科学工作制度。实行价格预警应急干预,是在市场价格异动的情况下采取的非常措施,当市场价格及秩序恢复正常时,亦应按法定程序及时解除干预措施。

(二)以直接补贴为主要方式的"黄箱"补贴制度设计

由于政府的财政支出包袱因过剩库存产品的不断增加而日益沉重,加之以世贸组织谈判要求在农业中采取更加自由化和市场化的政策。一方面,要减少国内支持政策对生产和贸易的扭曲作用,另一方面,又不能使得农民的利益受到损失。因此,有必要改变对农民的补贴方法。[①] 借鉴国际通行做法,中国应改革农业补贴方式,实行直接补贴。中国在农业补贴的方式上,主要采取的是"暗补"方式。许多农业补贴并没有补给农业生产者,而是补给了中间环节。以粮食补贴为例,其补贴种类有多种,有价格补贴、储备补贴、超合理周转库存补贴、销售补贴、新老财务挂账补贴等。而实际上收效不理想,政府出了钱,而农民得到的却不多,有相当一部分补贴流失在粮食流通领域,用于支付人员经费和弥补经营亏损上去了,而粮食企业亏损持续发生,国家财政补贴负担日益沉重。因此,中国应考虑改革补贴的方式,对农民实行直接补贴。直接补贴不仅不会扭曲农产品贸易,还是 WTO《农业协议》免于削减的一种补贴措施,而且在流通体制、行政管理体制等方面可以大大节省国家管理的运行成本,从源头上减小补贴资金的流失风险,是目前各国特别是发达国家进行农业补贴的一种普遍做法。将各种流通环节的补贴转为生产环节的直接补贴,不仅可以提高农业补贴效率,减少补贴资金的流失,防止农民应得利益受损,而且可以增加农民收入,提高广大种粮农民的生产积极性,保障国家粮食安全。目前,中国已经认识到直接补贴措施的优越性,从 2004 年起开始逐步实行了种粮农民直接补贴、种粮农民生产资料综合直接补贴等补贴措施,取得了很好的成效,受到广大种粮农民的普遍欢迎。

(三)借鉴国外经验创新"黄箱"补贴制度

中国目前使用的种粮农民直接补贴、水稻最低价保护政策、良种补贴、农

---

① 李长健:《中国农业补贴法律制度的具体设计——以生存权和发展权平等为中心》,《河北法学》2009 年第 9 期。

机具购置补贴、种粮农民生产资料综合直接补贴等补贴措施都属于 WTO《农业协议》下的"黄箱"措施。与发达国家相比,中国"黄箱"措施补贴方式仍显单一。如美国在 2002 年新颁布的《2002 年农业法案》中所采取的"销售贷款差额补贴"和"反周期波动补贴",巴西现阶段仍在实行的"产品售出计划"和"期权合约补贴"①都属于"黄箱"措施,这些措施对于增加农民收入发挥了重要作用。因此,充分借鉴国外经验,创新各种营销贷款补贴、价格支持措施、面积补贴、牲畜数量补贴等"黄箱"措施补贴方式至关重要。

(四)防范"黄箱"补贴使用引发的问题

首先,防止财政压力过大。尽管近年来中国的国民经济取得了较大的发展,而且国家财政比较充裕,但是如果不根据中国国情和财政现状,无计划、超水平的增加农业补贴投入,可能给国家财政带来沉重负担,不仅积压其他财政的支出,而且可能会反过来增加农民负担。因此,在制定加大"黄箱"补贴政策时,要根据国家的客观情况,适时适量的逐步增进。其次,防止农产品过剩。由于价格支持政策的实行,势必增加农民的生产积极性,生产出大量的农产品,就有可能导致农产品过剩。解决这一问题的措施有两点值得注意:一是在进行农产品价格补贴时,应选择主要、重点农产品进行补贴,对于中国在国际市场上具有竞争优势的农产品也可以补贴;二是提高中国农产品的质量,增强国际竞争力,把过剩的农产品以不低于国际价格的平均水平销售到国际市场上去。最后,防范因补贴取消而引发的政治问题和社会问题。"黄箱"补贴作为一种会对贸易产生扭曲的措施,随着世界贸易自由化的发展,其必将会退出历史舞台。一旦突然取消"黄箱"补贴,就有可能因为损害了广大农民群体的所得利益而引发政治和社会问题。以日本为例,日本目前通货紧缩非常严重,但是日本对本国的农产品进行了高额补贴。如果日本加入这个自由贸易区,农业就会受到很大冲击。而农民是日本的一个重要政治利益集团,为了 3.9% 的农业人口和占总 GDP20% 的农业利益,日本政府只好放弃了这个可以使其经济复苏的机遇。因此,中国在"黄箱"补贴问题上要十分谨慎,要用发

---

① 张红宇、陈良彪:《巴西农民收入支持政策及启示》,《世界农业》2004 年第 10 期。

展的眼光看待问题,不断创新补贴方式,逐步以"绿箱"替代"黄箱"。

（五）以发展的战略眼光来实施"黄箱"补贴制度

"黄箱"政策是 WTO 需要各国作削减和约束承诺的国内农业支持与补贴措施,主要指的是那些容易引起农产品贸易扭曲的政策措施。因此,从历史发展的角度看,尽管目前《农业协议》允许"黄箱"补贴存在,但由于其"引起农产品贸易扭曲"的本质恶劣性,随着世界贸易的自由化发展和国际农产品市场的不断开放,"黄箱"补贴最终会被禁止实施。因此,中国必须以发展的战略眼光来对待"黄箱"补贴,以生存权和发展权平等为中心来进行制度考察。笔者认为要注意以下几点:

第一,在未来的国内支持政策改革中,要有计划的逐渐削减"黄箱"补贴。上面已经提到,黄箱补贴的实施可能引发财政压力过大、农产品过剩、政治和社会问题等,甚至有可能导致农业生产的倒退和农民利益的巨大损失。在"黄箱"补贴的削减中,我们既要尽量配合 WTO 的有关规定,履行国际义务,又要保障国内农业和农民的发展利益,在不影响农业生产和损害农民利益的前提下,逐渐稳步削减。第二,削减本国的同时注重要求发达国家的同步削减甚至提前削减。基于生存权与发展权平等的要求,中国作为发展中国家,已经承受了许多国际责任,同时应该让发达国家承担与其相应的甚至更多的责任与义务。在 WTO 的谈判中,我们必须基于本国的立场,要求发达国家在"黄箱"补贴的削减中同步削减甚至提前削减,我们应该争取发展中国家可以获得的更多特殊利益,保证国内农业和农民利益。第三,"黄箱"补贴削减的同时,以其他不同形式补贴作为替代。除"黄箱"补贴外还有"绿箱"和"蓝箱"补贴,我们在今后的国内农业支持政策中,要逐步以补"绿箱措施替代黄箱措施,适时使用"适时"措施,并且不断创新农业补贴措施,从而保证农业的长期顺利发展,促进农民生存权和发展权平等实现。

三、以生存权与发展权平等为中心的"蓝箱"具体制度设计

农业协议 6.5 条款规定,对一些与限制生产计划相关的"黄箱"补贴可以不计入"综合支持量(AMS)"中,不进行削减。这些不需要削减的"黄箱"补贴被称为"蓝箱"措施。包括:按固定面积或产量提供的补贴;根据基期生产水平85%以下提供的补贴;按牲畜的固定头数提供的补贴。"蓝箱"不包括在综合支持量(AMS)中,因此免于削减。如前所述,在多哈回合新一轮谈判中,"蓝箱"补贴已经发生了变化。多哈回合在重新认定"蓝箱"政策的同时,取消了限产的前提条件,"蓝箱"支付可以在限产计划下实行,也可以不跟产量发生联系。框架协议还规定了一个扩大化的"蓝箱"支持,既包括原限产计划下的直接支付,也包括不要求生产的直接支付。"蓝箱"支持的标准应保证"蓝箱"支付对贸易的扭曲作用要小于计算到综合支持量中的措施,并应考虑到WTO权利、义务的平衡,不应对当前改革有不当影响。"蓝箱"支持上限不能超过成员历史时期平均农业生产总值的5%。[①] 这就赋予了"蓝箱"更大的灵活性,不仅放宽了农产品过剩的发达国家使用"蓝箱"政策的范围,同时允许农产品短缺的发展中国家,尤其是食物净进口国家和最不发达国家,运用"蓝箱"政策支持国内农产品生产。

对中国而言,由于中国财政能力有限,对两亿多农户进行大量补贴是很困难的,因此新"蓝箱"补贴的存在对中国农业的发展和农产品的国际贸易仍然是很不利的。但是新"蓝箱"补贴的制定为中国将一些"黄箱"向"蓝箱"补贴调整(如中国的退耕还林还草工程),启用"蓝箱"补贴来对国内农业进行补贴,预留了一个合法的政策空间;同时,把挂钩的直接补贴改革为脱钩的直接补贴是大势所趋,新"蓝箱"补贴为中国农业补贴指明了方向,有助于中国农业的发展与农民生存权与发展权平等的实现。在中国的农业补贴制度中确立"蓝箱"补贴的法律地位,科学合理的使用"蓝箱"补贴,不仅是中国农业自身发展的要求,也是基于生存权与发展权平等理论,对农民权益保护的需要。而且,"蓝箱"补贴的确立不仅势在必行,同时切实可行。

构建以生存权与发展权平等为中心的"蓝箱"补贴制度。农业补贴的基本理念就是通过国家(政府)的积极作为,凸显对农民群体的倾斜性保护,以

---

① Doha Work Programme:Decision Adopted by the General Council on 1 August 2004,WTO, Doc. WT/L/579.

保证其有尊严的、体面的人类基本生活,进而最终实现社会的实质正义。生存权的实现本身就是国家通过积极义务的履行而给予社会弱势群体的特别保障。大须贺明从国家责任角度出发,强调生存权主要是保护帮助生活贫困者和社会的经济上的弱者,要求国家有所作为的权利。[①]

开辟以生存权和发展权平等为中心的"蓝箱"补贴新空间。WTO"蓝箱"补贴的设计是"黄箱"和"绿箱"之间的过渡,终将被削减的"黄箱"补贴的发展方向之一是逐渐实现向"蓝箱"补贴的转移。因此,从农业补贴实施的本质和历史使命来看,中国"蓝箱"补贴的制度设计中,必须以生存权和发展权平等为中心开辟新的政策空间。WTO《农业协议》规定的"蓝箱"政策是指按固定面积和产量给予的补贴。中国在"蓝箱"补贴的具体制度设计中可以进行尝试。从中国农业发展的情况来看,开辟以生存权和发展权平等为中心的"蓝箱"补贴新空间。从中国农业发展的情况来看,"改革开放以来,中国农业已经有了长足的发展,基本解决了温饱问题,但是农业的结构性矛盾也随着改革而突显出来,生产结构与需求结构的差异,使得中国农业已经面临着发展的危机,结构调整势在必行。"蓝箱"补贴的实施则对于农业结构的调整有促进作用。例如,在加强农业生态环境保护而采取退耕还林措施的同时,可以充分利用"蓝箱"政策的规定对农民进行适当补贴,减少或缓冲由此给农民收入带来的冲击。同时,"蓝箱"补贴的实施具有相当的灵活性。目前,一些发达国家在调整国内支持时,都利用补贴来规避"黄箱"补贴的削减,如欧盟在共同农业政策中将其1995年的补偿支付纳入"蓝箱"补贴,美国则将其1995年的差价支付纳入"蓝箱"补贴。"蓝箱"补贴具体制度设计上,中国应在促进结构调整的基础上,逐步将限产计划下的补贴列入财政预算,适当启用"蓝箱"补贴,可以将"蓝箱"补贴作为"黄箱"补贴调整的主要方面。改变以往农业补贴范围广、间接补贴多,直接补贴少、隐性补贴为主,公开补贴为辅的补贴政策现状,增加对农民公开的直接补贴,增强补贴的有效性和针对性,促进农业发展,有利于农民的生存权与发展权的实现。

---

① 大须贺明:《生存权论》,林浩译,法律出版社2001年版,第10—13页。

四、以生存权与发展权平等为中心的"绿箱"具体制度设计

"绿箱"政策,是由世界贸易组织在《农业协议》中为保护各成员方的农业利益,专门设立的保护条款。它指政府执行某项农业计划时,其费用由纳税人负担而不是从消费者中转移而来,且对农产品贸易和生产者不会产生或仅有微小的扭曲影响的农业支持措施。这类支农措施是允许的,成员方无须承担约束和削减义务。它包括政府的一般性服务、粮食援助补贴、与生产不挂钩的收入支持、政府参与的收入保险和收入安全网计划、自然灾害救济补贴、对生产者退休或转业补贴、资源停用或储备补贴、农业结构调整投资补贴、农业环境保护补贴和区域性援助等十一个方面。

(一)完善农业基本保障的政府一般性服务农业补贴制度

政府的一般性服务,指为支持农业提供一般性的公共服务开支。主要有以下几方面:农业科研,包括一般研究、与环境计划有关的研究以及与特定产品有关的研究;农业防病治病,包括一般的和特定的病虫害控制措施;农民培训,包括一般培训和专门培训;农业技术推广应用、农业政策咨询、信息服务、气象服务;农产品检疫,包括一般检验服务和卫生、安全等特定产品检验;大型农业和农产品市场基础设施建设、改造,政府只是为交易市场创造投资及经营环境和提供必要条件,市场的经营要按照市场机制进行,并主要由企业或其他实体来营运;市场推广和促销,主要指一般产品或特定产品市场信息、咨询和促销等提供的服务,但不包括为卖主降价和为买主带来直接经济利益的开支,如美国新奇士在中国的促销广告费用由美国政府补贴;其他服务,指以上项目不能包括的服务。

针对 WTO 中规定的政府的一般性服务的主要内容和中国在农业发展中面临的主要任务,在政府一般性服务农业补贴制度中着力构建以下几项内容:

1. 完善提高农业生产力的农业科研投入补贴制度

美国经济学家拉坦曾说:"美国农业在世界上的优越地位,是由于知识替代了资源。这种知识体现在促进生产力大幅度提高的生物技术、化学技术、机械技术和管理技术上。"中国农业科研体制经历了几次重大改革,已对农业科

技创新工作产生了重要的影响。21世纪初叶,是中国由传统农业向现代农业跨越这一宏伟目标的关键时期,为促进中国农业科技的跨越式发展,充分发挥科学技术是第一生产力的作用,知识、体制、技术、资源的有效整合是新阶段农业发展的必然要求。

(1)在科研投入主体建设上,构建以国家为主的多元主体。21世纪农业的竞争,根本上是农业科技尤其是高科技的竞争。为适应新世纪农业发展的要求,加快农业现代化进程,中国必须加大农业科技投入,大力推进农业技术和体制创新。然而,农业科技作为具有公益性和共享性特点的准公共产品,农业基础性研究投资额巨大,直接经济效益低而社会效益高,其投资的调节可能使市场出现失灵现象;而且农业科技活动是一项探索性活动,具有很大的风险性,单纯依靠科技主体难以解决投入问题;从国外经验来看,无论发展中国家还是发达国家对农业科研机构都给予"特殊照顾"。因此,应以政府为主要投资者,开辟多投入渠道,国家、集体、个人、社会等主体共同投资农业科研。保证政府投入主体的前提下,开辟多条渠道,形成多元投资主体。由于政府在提供公共产品配置社会资源方面,要遵循市场效率原则,不能只由自己承担全部成本,必须形成多方投入的利益格局,以提高资源的利用效率。农业科技活动是一种社会活动,本着社会活动社会办的原则,国家、集体、企业、个人作为中国社会活动的主体,他们有义务承担这种责任,成为农业科技活动的投资者。改革的实践证明,多渠道的投资格局的形成,大大活跃了农业科技活动的局面。民办科技机构开始大量涌现,他们在增强农业科技实力、促进农业生产发展方面起着重要的作用。所以,农业科技活动中也必须形成公有制为主体的多种所有制形式,形成多主体投入,多种所有制并存的格局。要重视开发社会上的资金来源渠道,建立国内农业科研资金多形式筹集机制。从目前的调查数据来看,随着中国农业科研体制的改革,政府财政以外的农业科研投资所占比重越来越大。但由于科技市场还不健全,这些投资的供给潜力还远远没有发挥出来,应该积极采取措施使其得到充分发挥:制定优惠的税收、价格政策,运用知识产权保护等法律手段,鼓励并引导企业、非营利组织和个人对农业科研活动进行投资;采用农业产业化的组织形式,使科研机构与公司、农户结成利益共同体;充分发挥科技贷款的作用,构建多层次科技金融支持体系;加速资金在农业科研、开发、推广过程的流动,使资金在流动过程中增值,再投入到农业科研活动中去;在农业高新技术项目的研发和产业化方面建立投资风险防范机制,在农业科技成果推广方面建立专业化保险体系;在带有一定程度的公益性质的农业科研领域,政府对企业、个人投资开发的农业科研成果采用政府收购或补贴的办法。

(2)在科研创新主体发展上,为农业科技发展提供人才支持。为了提高农业科研的整体水平,要借鉴国外农业科研体制设置的经验,加强地方研究机构之间的横向联系,加强中央农业研究机构和高等农业院校、综合性大学、农业企业、农民组织以及国际农业研究和教育机构的联系,鼓励农业研究机构间的科研协作。同时,广大农民较难成为科技的创新者,但作为商品的生产者,与科研院所不同,他们的行为与市场需求直接相联,他们可以通过自身的行为对农业技术成果进行选择,从而使自己成为技术成果向市场转化的关键因素和主体力量。作为农业技术大范围应用的主体,广大农民是农业科学技术能否变为现实生产力的重要一环。因此,从技术创新到技术成果的市场实现整个过程看,除非涉及农产品安全性或国家农业发展目标而由国家实施的强制性措施外,农民在更大程度上是农业新技术的主动创造者。另外,还要大力发展农业科技中介服务体系,按照"组织网络化、功能社会化、服务产业化"的方向,进一步建立健全各类科技中介服务机构。作为农业新技术转移和扩散桥梁的农村经济合作组织,是农户与市场对接的核心,是多元参与主体节省交易费用和合理分享共同交易利益的前提。精心培植农村经济合作组织,加速其发展,使其成为农业技术创新中富有活力的主体之一,也是加速实现创新技术市场的重要内容。

(3)在建立全方位共享平台上,促进农业科技应用。中国现行的农业科研体制,没有形成科研单位之间深层次的合作机制,以致一方面科研资金投入不足,另一方面科研投入形成的成果和资产等也没有充分发挥作用,有的甚至长时间得不到利用。因此,要大幅度提升中国农业科研的实际能力和效果,还必须在挖掘农业科研投入的存量潜力上做文章,健全科技成果管理和资产管理体系,高效管理、处置政府科技投入形成的科技资产,高效运作受托管理的其他主体投入形成的科技资产。要打破农业科研力量过于分散的格局,加强全国农业科研机构的协作与交流,在全国范围内进一步优化现有的科研资源配置,充分发挥科研力量的整体优势,将农业科研投入存量挖潜的重点放在共享平台的构建上。一是建立农业科技资源平台建设的政策法规体系,从法律角度界定农业科技资源的所有权及其权属范围以及使用权与所有权的关系;划分有偿使用、无偿使用等不同使用形式的界限;制定农业科技资源的开发利用条例、使用费征收办法等。二是参照国际规范标准,确定新形势下中国农业科技资源实物共享和信息共享的形式、内容和范围;明确农业科技资源平台共建主体、区划与布局,以统筹规划,协调发展;建立中国农业科技资源安全保障机制。三是制定国家农业科技资源库及其平台一体化的管理规范和相关制度,如协作制度、技术规范和标准的统一管理制度、内部管理规章、对外开放管理规章、数据检索服务管理规章、监督和评估制度等。四是确定国家农业科技资源平台试点战略、试点地区的选择原则、试点方式,根据国家农业科技发展纲要的目标与工作任务,制定不同资源领域试点单位的选择方案。

2. 完善病虫害控制补贴制度

病虫害控制补贴制度,包括一般性控制和针对具体产品的控制,例如自然灾害的预报服务、检疫和抗灾行动等。病虫害控制补贴制度的完善需要建立健全动植物疫病防控体系,加快构建网络健全、队伍稳定、保障有力、处置高效的动植物疫病防控体系。抓紧落实官方兽医和执业兽医制度,继续加大动物防疫体系建设投入力度,扩大无规定动物疫病区建设范围。对重大动物疫病实施免费强制免疫,完善重大动物疫病扑杀补偿机制。加快研制高效安全农药、兽药。加强动物疫病防控基础工作,健全村级动物防疫员队伍,并给予必要的经费补助。继续实施植保工程,探索建立专业化防治队伍,推进重大植物病虫害统防统治。

3. 健全农业科技人员和生产操作培训补贴制度

要统筹城乡发展,推进社会主义新农村建设与全面实施乡村振兴,培育有文化、懂技术、会经营的新型农民。人是最活跃的生产力,要实现生存权与发展权的平等,就要抓紧农村人才的培养,体现在农业补贴上就是要健全农业科技人员和生产操作培训补贴制度。具体来讲,要组织实施新农村实用人才培训工程,重点培训种养业能手、科技带头人、农村经纪人和专业合作组织领办人等。加快提高农民素质和创业能力,以创业带动就业,实现创业富民、创新强农。继续加大外出务工农民职业技能培训力度。加快构建县域农村职业教育和培训网络,发展城乡一体化的中等职业教育。支持高等学校设置和强化农林水类专业。国家励志奖学金和助学金对在高等学校农林水类专业就读的学生可以加大支持力度,给予必需的倾斜,对毕业后到农村基层从事农林水专业工作达到一定年限的毕业生,实行国家助学贷款代偿政策,落实中等职业教育助学金政策,对农林水类专业学生给予倾斜。

4. 完善农业基础设施建设补贴制度

以生存权与发展权平等为中心的中国农业补贴制度,要求改善农业生产环境和农民生活环境。为此,必须完善农业基础设施建设补贴制度。根据中国目前农业和农村的基本情况,农业基础设施建设补贴制度的重点在于以下几个方面:(1)小型农田水利建设补贴制度。抓紧编制和完善县级农田水利建设规划,整体推进农田水利工程建设和管理。大幅度增加中央和省级小型农田水利工程建设补助专项资金,将大中型灌区末级渠系改造和小型排涝设施建设纳入补助范围。以雨水集蓄利用为重点,兴建山区小型抗旱水源工程。采取奖励、补助等形式,调动农民建设小型农田水利工程的积极性。推进小型农田水利工程产权制度改革,探索非经营性农村水利工程管理体制改革办法,明确建设主体和管护责任。支持农民用水合作组织发展,提高服务能力。(2)发展节水灌溉农业补贴制度。继续把大型灌区节水改造作为农业固定资产投资的重点,不断完善大型灌区续建配套与节水改造体系。农业综合开发要增加中型灌区骨干工程和大中型灌区田间节水改造资金投入。搞好节水灌溉示范,引导农民积极采用节水设备和技术。扩大大型灌溉排水泵站技术改造规模和范围,实施重点涝区治理。对农业灌排用电给予优惠。(3)实施病险水库除险加固补贴制度。大幅度增加病险水库除险加固资金投入,健全责任制,加快完成大中型和重点小型病险水库除险加固任务。各地要加快编制重点地区中小河流治理规划,增加建设投入,中央对中西部地区给予适当补助。引导地方搞好河道疏浚。深化水利工程管理体制改革,进一步落实库区移民政策。加快西南地区中小型水源工程建设。扩大实施山洪灾害防治试点,加强地质灾害防治工作。(4)实施耕地保护和土壤改良补贴制度。严格执行土地利用总体规划和年度计划,全面落实耕地保护责任制,建立和完善土地违法违规案件查处协调机制,切实控制建设占用耕地和林地。土地出让收入用于农村的投入,要重点支持基本农田整理、灾毁复垦和耕地质量建设。继续增加投入,加大力度改造中低产田。加快沃土工程实施步伐,扩大测土配方施肥规模。支持农民秸秆还田、种植绿肥、增施有机肥。加快实施旱作农业示范工程,建设一批旱作节水示范区。(5)推进农业机械化补贴制度。推进农业机械化是转变农业生产方式的迫切需要,也为振兴农机工业提供了重要机遇。加快推进粮食作物生产全程机械化,稳步发展经济作物和养殖业机械化。加强先进适用、生产急需的农业机械的研发,重点在粮食主产区、南方丘陵区和血吸虫疫区加快推广应用。完善农业机械化税费优惠政策,对农机作业服务实行减免税,对从事田间作业的拖拉机免征养路费,继续落实农机跨区作业免费通行政策。继续实施保护性耕作项目。扶持发展农机大户、农机合作社和农机专业服务公司。加强农机安全监理工作。(6)加强生态建设补贴制度。深入实施天然林保护、退耕还林等重点生态工程。建立健全森林、草原和水土保持生态效益补偿制度,多渠道筹集补偿资金,增强生态功能。继续推进山区综合开发,促进林业产业发展。落实草畜平衡制度,推进退牧还草,发展牧区水利,兴建人工草场。加强森林草原火灾监测预警体系和防火基础设施建设。继续搞好长江、黄河、东北黑土区等重点流域、区域水土保持工作。加强荒漠化、石漠化治理,加大坡改梯、黄土高原淤地坝和南方崩岗治理工程建设力度,加强湿地保护,促进生态自我修复。加强农村节能减排工作,鼓励发展循环农业,推进以非粮油作物为主要原料的生物质能源研究和开发。加大农业面源污染防治力度,抓紧制定规划,切实增加投入,落实治理责任,加快重点区域治理步伐。

(二)建立确保粮食安全为核心的公共储备补贴制度

因粮食安全等公共原因引起的公共储备补贴,是指政府为了粮食安全目标进行粮食储备的支出(或税收减免),也包括为此目的向私营储备提供的政府资助。这些财政支出或补贴都是《农业协议》允许的。但这些财政支出或补贴不得用于以高于市场价收购储备粮或以低于市场价销售储备粮,并且用于储备粮的支出或补贴必须充分保持透明,且属于合理储备需要,不能过度补贴。

中国是人口大国,吃饭问题是关系国计民生的头等大事。面对国内外粮食市场的变化,必须确保国家粮食安全。绝大部分国家,都把农业和粮食生产作为国家重大战略来对待,真正原因在于其国家战略价值和国际战略价值。美国农业创造的经济价值不到 GDP 的 1.5%,提供就业仅 2%—2.5%,但政府每年向农业提供 400 亿—500 亿美元补贴,平均向每户粮农提供上万美元补贴(折算到每斤粮食补贴可达 0.4—0.5 元人民币)。日本 2000 年农业占 GDP 的 1.1%,对农业转移支付占 GDP 的 1.4%,其对大米的补贴达每斤 3 元人民币以上。其他一些工业富国、新兴工业化国家以及石油富国也莫不如此。

中国基于粮食安全目的的公共储备战略补贴制度,以生存权与发展权平等为中心,具体应做到:

(1)构建功能明确的粮食风险基金的公共储备补贴制度。世界各国对于粮食问题所实施的政策多为价格政策。价格政策主要为国内市场上保护农业生产者利益,但价格保护只是用以稳定农民收入,而不是提高农民收入,稳定价格政策主要是为了粮食安全,粮食的安全价格机制操作复杂。在国家粮食安全问题面前,中国不能放弃价格支持政策,对粮农的补贴不能只有"直补"这种固定补贴,政府还必须提供其他的必要的保护,保证农民在粮食价格波动时的合理利益。虽然粮食直接补贴政策的初衷是"改保护价收购为直接补贴农民",但在实际补贴过程中,由于强调增加农民收入,直接补贴的本质变成了与价格不挂钩的固定支付,因此,还须制定相应的粮食价格支持政策。

(2)构建提高粮食主产区补贴水平的公共储备补贴制度。粮食直接补贴作为公共工程,应该以最低的成本实现既定目标。基于粮食安全的农业补贴政策实际上包含有价格保障机制的补贴,其目的在于减少粮食生产者的市场风险。确保粮食安全,并不意味着所有地区都实现粮食自给,政府要积极引导和强化市场对粮食供需的调节作用,实现区域内的供需平衡向全国供需平衡转的态势转变。形成大型粮食主产区:东北三省、黄淮海平原、长江中下游平原等地区,以便进一步提高国家对粮食主产区的集中补贴力度。对主产区粮食生产者的价格补贴,由中央财政按全国统一标准负担基本补贴部分。粮食主产区公共储备补贴制度保持了国内粮食生产成本与进口粮食到岸价的动态平衡,虽由国家财政负担,但实际上是消费者支付给进口粮食到岸价差价转移支付给了中国农民。粮食主产区公共储备补贴制度不仅可以维持较低价格水平的粮食供求平衡,而且让广大农民分享社会经济发展成果,缩小城乡差距,促进国民经济的良性发展。这也是 2005 年中央 1 号文件提出的要建立粮食主产区与主销区之间的利益协调机制的应有之义。

(3)实施 WTO 规则下统一的全国粮食直接补贴政策的公共储备补贴制度。加入 WTO 后,中国粮食产业需直面国际农产品的竞争,粮食生产支持政策也必须适应国际化竞争。我们要充分、灵活运用 WTO《农业协议》的"绿箱"政策和部分"黄箱"政策,对农民进行直接的收入补贴和价格支持,这既是长期任务,又有较大的政策实施空间。按照 WTO 的有关规则,以价格保护为主的支持政策属于"黄箱"政策,要受到《价格与反补贴措施协议》的限制。但如果中国的粮食直接补贴的资金来源主要是粮食风险资金,而粮食风险资金是 WTO《农业协议》中免于减让的国内支持措施,即属于"绿箱"措施所包括的 11 个项目中的粮食安全储备补贴。那么粮食风险资金作为为粮食安全所进行的粮食直接补贴与生产者收入直接补贴和价格保护政策所形成的补贴明确分开,通过粮食风险资金制度对粮食安全的补贴数量进行测算,强调粮食安全储备补贴的性质,从而在 WTO 谈判中处于主动地位。

(4)加强粮食安全战略研究的公共储备补贴制度。第一,创新耕地管理战略。抑制城市和工业无序扩张,确保耕地面积和粮食耕作面积;改变僵化的耕地红线政策,优化作物种植结构和地区耕作结构;加快土地流转,支持产业化、规模化、标准化、生态化经营管理。第二,创新国家粮食储备战略。建立粮油企业集团集中化、粮油大户或合作粮产经济组织分散化的公共战略储备管理制度;建立战略性的重要替代性或非粮油副食品的国家储备制度;纳入农资国家战略储备制度,建立国控的农资集团和合作化的农资供销经济组织。第三,创新农业或粮食科技国家战略。改革农业科技研发资金投入机制,推进农业科技全面进步或重大突破,全面、大幅提高作物单产和品质;当前特别需要加强本土大豆和其他油料作物的良种研发。第四,构建粮食安全前瞻性研究战略。加快南水北调西线工程的战略研究;构建国家生态恢复创新战略和创新国家生态环境保护战略,扩展战略生存空间。

(三)保证基本生存权的国内粮食援助补贴制度

根据《农业协议》的规定,赈济本国(地区)饥民是每个政府所必须承担的责任,而为低收入居民保障粮食供给也是许多政府需要承担的义务。为此目的而作出的财政开支或对非政府援助行动减免税收均是正当的补贴。粮食援助补贴只能采取向符合受援资格的居民提供粮食或以补贴价格供应粮食的方式,政府所采购的援助粮食必须按市价采购(即不得高价采购),并且粮食援助行动还必须保持充分透明。

根据国内粮食援助情况的不同,可以将国内粮食援助分为两种:一种是紧急型国内粮食援助,主要是对自然或人为灾难的受害者进行人道主义援助,具有短期性;另一种是项目型国内粮食援助,主要是用于支持减少贫困、预防灾害等特定活动的援助,具有长期性。不论是紧急型国内粮食援助还是项目型国内粮食援助,都需要国内相应补贴制度的建立。本书认为,国内粮食援助补贴的主体首先是政府,其次是各种公益组织。不论是基于何种原因和何种主体做出的,都必须设立专门的款项和机构进行管理。

国内粮食援助补贴制度是中国已经实施的"绿箱"农业补贴制度。尽管中国解决了温饱水平,并已全面进入小康社会,大范围粮食短缺的情况不会存在,但是必须防范因自然灾害等紧急突发事件引起的短期粮食短缺问题,还有部分自然条件恶劣地区的长期粮食短缺问题。因为,粮食问题关系到国计民生,直接决定着人们的生存权利的实现。所以,不论何时,中国都不能放松对国内粮食援助补贴制度的警惕,并要进一步完善以生存权和发展权平等为中心的国内粮食援助补贴制度。

（四）加快建立与生产不挂钩的收入补贴制度

《农业协议》规定与生产不挂钩的收入补贴必须基于合理的和明确的标准（如收入标准、农业生产者身份或土地所有者身份标准、生产水平标准等），并且要保证不会使接受补贴者获得额外的生产优势。以前欧美等国家或地区对农业都实行价格支持，乌拉圭回合后，要求减少价格支持，政府逐步取消价格支持，但价格补贴的这部分资金还继续补给农民，但不限定农民的种养项目。

发达国家通常都对农民进行直接的收入补贴。例如美国最典型的脱钩补贴方式——生产灵活性合同补贴，其特点是生产者无论生产什么、生产多少，其所享受到的补贴数量都不受影响，具有生产决策灵活性，这种补贴的计算是以农户为单位，并且每个农民所获得的直接补贴数额每年最多不超过 4 万美元；欧盟采取的按种植面积补贴，可以享受这种补贴的作物是各种谷物、油料作物、豌豆、蚕豆等蛋白作物，麻类等纤维作物，享受补贴的土地面积是按基础面积计算的；日本的直接补贴政策，其补贴对象是处于根据有关法规规定的山区和半山区中的农田。

尽管中国的经济发展水平与国外发达国家比还存在差距，但是出于生存权与发展权平等的考虑，中国应该加快建立与生产不挂钩的收入补贴制度。除了直接补贴具有高效外，其理由还有以下几方面：

（1）符合世贸组织规则的基本要求。世贸组织谈判要求在农业中采取更加自由化和市场化的政策。一方面，要减少国内支持政策对生产和贸易的扭曲影响作用；另一方面，又不能使得农民的利益受到损失。因此，有必要改变和完善对农民的补贴方法。

（2）农业支持政策目标的多元化。产生直接补贴有一个重要原因，就是对农村社会和环境目标的重视程度日益增强，对农村其他非经济问题，包括就业和农村发展重视程度日益加强。为了让农民不过度使用农村资源，或者为了使农村地区不因农民的过度外流而荒芜，政府采用各种各样的特殊的自主性补贴措施，主要是通过地区援助与发展计划、资源停用和环境保护计划等。

（3）在市场基础上维持有效率的农业的需要。直接补贴已经成为最重要的农业政策之一。美国和欧盟对直接补贴政策的重视程度和强调程度均非常高。从具体实施的时间和力度上看，都是美国在先，欧盟次之，日本居后。美国的农产品市场和市场价格完全是开放的，与世界市场是一体化的；尽管程度已经大大减弱，欧盟的农产品市场和市场价格与世界市场之间仍存在一定的隔离状态；而日本的农产品市场与世界市场的隔离状态仍很显著。中国的农业虽然在近年来有了很大提高，但是要从根本上改变农业落后、低效的状态，提高农业的效率，就必须加快建立以生存权与发展权平等为中心的与生产不挂钩的收入补贴制度。

（4）有利于降低补贴运作的成本。从具体操作上看，美国的脱钩补贴在其具体情况下相当简单，即在核实基期产量后，每年的补贴过程几乎不用任何操作成本，农民不需要申报，政府不需要核实，只要按照每年联邦政府确定的单位标准向农民转账发钱就行了。而欧盟按照种植面积进行补贴的情况则要复杂得多，农民每年都需要将种植情况申报，政府还要核实，管理过程较为复杂，操作成本高。欧盟、美国和日本在环境保护和地区发展计划方面的政策实施过程，更为复杂一些。尤其是美国的土地休耕保护，实际上是按个案处理的，需要对农户的申请逐个审查比较（因为每个农户的要价都可能不同，地块条件也不同），并确定是否补贴以及补贴多少。从国际经验来看，与生产不挂钩的收入补贴制度可以降低农业运作的成本，为农民提供更多的直接收入，这也是与以生存权与发展权平等为中心的农业补贴制度相一致的。

（五）保障农民基本收入的收入保险计划补贴制度

《农业协议》中的收入保险计划补贴。在农产品贸易自由化的环境下，市场变动或其他原因都有可能严重减少农业从业者的收入，这对农业生产较为不利，为此政府实施适当的补贴是正当的。但这类补贴必须符合以下规定：（1）接受补贴的生产者收入损失量必须为全体农业生产者平均收入的30%以上；（2）接受补贴的生产者收入损失量必须超过其正常年份收入的30%以上；（3）有关补贴应仅针对收入的减少，而不应针对产品或产量；（4）若收入减少有自然灾害因素，则可同时适用收入保险计划补贴和自然灾害补贴。但补贴总量必须低于收入损失量的 100%。

1. 农业保险补贴基本理论

中国农业遭受自然灾害的频率高,农业生产风险大,而且农业还面临着各种社会问题,如就业、养老和医疗等根本性问题。尽管中国政府可以按照 WTO 的规则在一定程度上保护本国农产品市场,但在国内农产品竞争力尚未达到国际水平之前,农产品进口的增长在所难免。进口增加会导致本国农民收入的减少,从而出现大量的剩余劳动力,若不采取措施,会进一步引发各种社会问题。农业保险制度有利于增强农民的保险意识,提高农业抵抗自然灾害与市场风险的能力,调动地方和农民的积极性,保证农产品市场机制的运行。因此,必须尽快建立农业保险制度和农村社会保障制度。另外,由于农业受自然灾害的影响很大,市场风险较高,农业保险制度已经成为西方发达国家农产品市场制度的重要相关制度。为减轻自然灾害给农民可能造成的风险损失,西方发达国家的政府对从事农业保险的机构通常提供大规模的保费补贴,从而使农民能以较低的保险费普遍参加农业保险。中国应当把农业保险制度建设列入政府农业宏观调控法律制度的框架中,建立符合中国实际情况的农业保险制度,发挥农业保险在促进农业发展方面的重要作用。在这方面,可考虑设立专业性的农业保险公司,中央财政每年按一定比例拨付资金建立国家农业保险基金,对农业保险进行补贴。经济较为发达的地区可由商业保险公司与地方政府联合经营农业保险。在建立农业保险制度时,应当实行强制保险与自愿保险相结合,政府保险、商业保险与合作保险相结合的体制。

当前,农业保险作为绿色补贴允许行使的承载措施,已成为国际上最重要的非价格农业保护政策工具之一。将农业补贴的部分资金用于农业保险补贴,从长远目标和可持续的发展眼光看,更加有利于中国农业的发展和农民权益的保障。因此,构建农业保险补贴制度,是当前中国农业补贴政策调整的重要内容。《农业协议》对政府给予生产者保费补贴比例没有做出限制性要求,但对保险赔款进行了限定。规定参与政府农业保险计划的生产者只有在其损失超过 30% 时才可以获得保险赔款,保险赔款最高限不得超过生产者收入损失的 70%,生产者获得保险赔偿和政府自然灾害救济的总和不超过生产者损失的 100%。迫于国际竞争压力,中国农业必须扭转负支持的局面,加大对农业的公共财政支持力度,大力发展政策性农业保险,提升中国农产品的国际竞争力、增加农业效率以及维护农民收入的稳定。

2. 农业保险的补贴制度设计

法律制度——规范支撑。农业保险区别于社会保险和商业保险,而现行的《保险法》只适用于商业保险,使得农业保险规范处于缺位状态,由于农业保险的政策性性质,使得经营农业保险的公司承担着巨大的财务风险和经营风险,因此制定《农业保险法》已是当务之急。需要对政策性农业保险公司的地位、经营目标和原则、农业保险性质、组织形式、政府支持方式等做出具体而明确的规定,特别是针对国家与保险人之间的权利义务关系、保险活动当事人之间的法律关系等需要由《农业保险法》来规范和调整。另外,由于农业保险涉及国家的财政补贴和其他优惠措施。因此,对财政补贴和优惠措施也要在法律中反映出来,实现补贴的透明化。对农业保险的财政补贴一般分为保费补贴和管理费补贴。管理费具体补贴数额应在法律中予以明确,保险费补贴额和补贴率也应当透明,至于具体数额要考虑纯保险率、保险保障水平高低、政府的政策目标和财力、农民对保险产品的接受或购买能力等因素。补贴的有关内容主要包括:(1)补贴对象:农民,或是开展农业保险的经营主体;(2)补贴内容:费率补贴、经营主体管理费用补贴、经营主体经营亏损补贴;(3)补贴方式:直接补贴农民,增加农民收入,提高付费能力,补贴农业保险经营主体的经营(行政)管理费用,补贴农作物保险费率、补贴农作物巨灾再保险费率。(4)补贴比例:农作物保险费率补贴比例为 50%—80%,因不同作物而异,比例按费率的高低进行调整;补贴农业保险经营主体 25% 的管理费用(如果出现亏损比例可提高);补贴再保险经营主体经营农业巨灾再保险业务的管理费用。

国家政策——灵活支撑。2004 年中央"一号文件"中提出:"加快建立政策性农业保险制度,选择部分产品和部分地区率先试点,有条件的地方可对参加种养业保险的农户给予一定的保费补贴。"2008 年中央"一号文件"进一步提出要"认真总结各地开展政策性农业保险试点的经验和作法,稳步扩大试点范围,科学确定补贴品种"。这一政策导向促使试点工作进一步深化。同时根据不同阶段提出不同的政策,这从中国农业保险近几十年来的发展也可看出来:今后国家政策还要加大力度以示对农业保险的支持,比如相应的产业政策和税收政策等等。当然政策的制定要以法律的规定为标准,不得与法律相抵触。

保险意识——伦理支撑。由于中国广大农民过去一直处于一种自给自足,靠天吃饭的自然经济中,后来又长期经历计划经济下由国家、集体包揽一切的农村经济与农业生产格局中,农民对如何回避自然灾害认识不清,避险意识相当薄弱。因此,如何提高广大农民的参保意识,亦是我们政府和社会所需要做的工作。首先通过媒体的宣传让农民对农业保险的目的和作用有所了解,特别是给农民能带来什么利益,其次是试点工作的正面影响,只有试点工作的有序展开,让人民切身感受保险的正面作用,才能吸引更多的主动参保者,使保险意识和农业保险两者互动,形成良性局面。

3. 农业保险补贴体系之建立

虽然目前试点工作选择了多种农业保险的经营模式,但是财政补贴都是必须的,只是要根据不同地区不同情形不同模式区别对待。根据实际情况选择具体的补贴制度,给将来制定更细微的操作实施规则起到指导作用。

(1)建立中央和省两级财政补贴体系。农业保险属于准公共产品,也涉及了中央和地方如何分配职能的问题。补贴工作内容繁琐,涉及部门有农业农村部、财政部和金融监管总局等,由其中任何一个来做都十分困难,对各部门之间的协调要求相当高,可以考虑在中央单独设立一个政策性农业保险业务管理机构,主管农业保险的补贴工作及其与之相关的工作。

(2)对于由地方政府自己建立的政策性农业保险公司,由中央和省两级共同提供经营管理费和保险费补贴。两级承担的具体比例要与中国财税体系相适应。对于其他形式的保险公司,如商业保险公司代办,专业保险公司、外资保险公司、合资保险公司、相互保险公司等经营政策性农业保险时,应对政策性农业保险进行单独立账、单独核算。这样才能确定保险公司经营政策性规定的农业保险业务量,然后再确定每一类符合政策性要求的补贴数额,以及中央和省市自治区之间的补贴分担比例。

（3）区域性补贴和差别性补贴齐头并进。中国各省经济发展水平的差异，决定了在补贴制度上难以一视同仁，要体现区域性的特点，不同区域之间的发展应采用不同的策略。按地区大致分为东、中、西；按经营方式分为农垦式和家庭经营式。在补贴制度上，主要是应针对区域选择有梯度的保险保障水平，比如东部地区可以选择保障水平高的保险，这样得到的补偿也高，但农民个人交的保费绝对值也高，而如果选择保障水平低的保险，这样缴纳的保费就低些。此外，国家对中西部承担的保险费比例应高于东部，以支持农业的发展。对农垦区如新疆生产建设兵团、东北产粮地区等地方的国家补贴比例可适当高于其他地区，适当高于当地的普通农户。

（4）直补农民与补贴企业双向投入。中国先前对补贴更多采用了暗补、间接补贴的方式，这样补贴的效果不明显，真正让农业、农民得到的好处很少，因此有必要改变补贴方式，在农业保险的补贴中，补贴保费是直接补贴农民的较好方式，可以直补农民。对企业的补贴主要体现在管理费补贴，对管理保险业务的支出费用予以补贴。双向补贴可保障农业保险的顺利实行和深入。

（六）完善化解农民风险的自然灾害救济补贴制度

《农业协议》对属于"绿箱"的自然灾害救济补贴有以下规定：必须基于实际发生的灾害（包括一切不可抗拒的突发事故）；补贴必须基于实际损失（包括收入损失、牲畜损失、土地及其他生产要素损失等）；补贴量不得超过实际损失量。

1982年，中国人民保险公司根据农村经济发展的要求，开始试办农业保险。这项工作曾得到各级政府的高度重视和政策支持，也受到农民的热烈欢迎。中国人民保险公司对农业保险的经营模式进行了许多有益探索。但由于农业保险政策性、非盈利性的经营特性与商业保险公司追求利润的经营目标相背离，久而久之作为农业保险经营者已无开展这种费力赔钱的险种业务的动力，更无法顾及农业保险对农业发展和农村经济的促动作用。中国加入WTO后，应从以下几方面着力进行以生存权与发展权平等为中心的自然灾害救济补贴制度的构建：

1.农业自然灾害救济政府投入机制的建立。政府的有效性及其在经济、社会中的地位,应是以合作者的身份促进市场发育中形成和巩固的。市场与政府的关系中,在不能依靠或不能完全依靠市场功能的某些领域,政府应当充分发挥其宏观调控作用,重视政府作用的市场机制发挥,政府可以通过各类政策工具的宏观调控,完善市场机制,促进经济发展。长期以来,政府对农业灾害管理的投入严重不足,农业的自然高风险性以及农业在国民经济中的特殊地位,使得农业灾害救济具有"准公共产品"的特征。政府的财政投入是农业灾害救济的重要物质基础。世界上许多发达国家在农业自然灾害救济中,政府的投入和补贴起到了十分关键的作用。针对农业自然灾害发生的偶然性和不确定性的特性,为克服这种高度不确定性给经济和社会所造成的冲击与影响,政府灾害救济的投入应加强计划性和预见性。

2.农业保险补贴制度体系的全方位、多层次构建。(1)建立以政府补贴为主的政策性农业保险制度。要尽快制定地方农业保险条例,对关系到国计民生的大宗农作物实行强制性保险,政府对强制性保险的农作物应实行低费率和高补贴的政策,这是市场经济国家所采取的通用做法。(2)建立农业自然灾害的相互保险和合作保险制度。农业相互保险和合作保险是农民以互助共济为原则,在自愿的基础上将防险与保险相结合而组织起来的民间性的农业合作基金组织。其资金来源可以由地方政府支持部分,社会支持一部分,再加农户出一部分构成相互合作保险基金。(3)建立政府和社会共同联办的农作物保险集团。农作物保险集团是以政府控股为主体,社会参股的形式建立起来的股份有限公司。公司按照二级(出资者、董事会、经理制)控制的群体结构而运行。对一些农作物实行商业性保险,以转移风险。(4)拓展农业巨灾风险的分担途径。农业巨灾风险是制约我国农业保险发展的瓶颈,鉴于现行的农业保险经营环境,应从建立农业保险再保险机制,发行农业保险巨灾风险债券和设立农业保险风险保障基金来分散农业巨灾风险。

3.自然灾害救济中农业灾害风险管理工具的创新。国外在20世纪90年代中后期发展起来的农业巨灾风险证券化创新,将农业巨灾风险与资本市场结合起来,在资本市场上以各种金融有价证券的方式筹集资金来分散和化解农业的巨灾损失,强化农业保险的可持续发展,是近年来备受关注的保险技术创新思路。农业巨灾风险证券化通过借助气象卫星技术、通讯网络技术,将农业灾害风险与损失进行标准化、信息化处理。对各种信息进行精算,开发出标准化的产品,然后将其与资本市场进行对接,使农业风险这种损失型的产品变为具有投资价值的金融产品,通过与资本市场的对接,使得农业风险在更为广泛的空间进行分散。尽管目前在中国全面发展巨灾风险证券化并不现实,但只需要具备一定发展水平的资本市场、良性的监督管理、一定数量的机构投资者、有关的服务机构等,在短期内是可以实现。

(七)创建通过生产者退休计划提供的结构调整补贴制度

通过生产者退休计划提供的结构调整补贴,属于农业生产结构调整性补贴。其旨在逐步使小型农户退出农业,有利于农业集约化生产和提高生产效率,但此项补贴必须基于合理的和明确的标准。中国目前关于此类补贴还甚少,基本上没有启用。结构调整补贴制度是欧盟农业补贴的重要内容,其具体措施包括:对年龄不小于 55 岁、离开农业的农场主给予补偿支付;对提前退休给予补助。1995—2001 年间,生产者退休计划的支出增加了 4.41 亿美元,在"绿箱"支出中的比重上升了 2.77 个百分点。要实现中国社会的全面发展,特别是在城市化进程中,既要实现农业的集约化生产和提高生产效率,又要保障农业生产者"退休"——离开土地和农业生产后的生活,必须加快实行"通过生产者退休计划提供的结构调整补贴制度"。

农业生产者的退休应该至少包括两种,一种是正常情况下的退休,即农民长期从事农业生产达到一定年龄,因年老而离开土地、不再从事农业劳动的退休,类似于城市工人的退休;另一种是非正常情况下的退休,即农民因土地被国家征用而被迫离开土地、不再从事农业劳动的退休。但是这两种退休的农业生产者要想获得此项补贴,有一个前提,就是必须是基于结构调整的需要,逐步使小型农户退出农业,有利于农业集约化生产和提高生产效率,且此项补贴必须基于合理的和明确的标准。

农业结构调整是中国农业发展战略转型的首要任务。因此,中国的农业补贴应该着眼于调整中国农业结构,而不是仅仅作为临时性和局部性的增收措施。调整农业结构必须做到:既要瞄准国内外市场需求,又要以农业可持续发展为依据,对农、林、牧、副、渔实行深入的综合性调整。调整农业结构不能单凭强制性的政策法规,要借鉴美国的成功做法,发挥农业补贴的资源配置作用,利用补贴手段调动农业生产者的积极性,在保障农业生产者利益的基础上引导他们根据中国农业发展综合战略调整农业生产。同时,加大对农村地区的教育补贴,提高农民的综合素质。农业劳动力的素质与中国农民收入水平有较强的正相关关系。中国农村劳动力的素质与发达国家间的差距是造成中国农产品市场竞争力不强,潜在农业优势难以发挥的重要因素。当前,农村劳动力的素质是否适应国际化的农产品市场竞争的要求,将成为农业能否抓住机遇、面对冲击的关键之一,也是 WTO 框架下农民能否增收的关键之一,政府要在提高农业素质的问题上加大投入,对农业结构的调整和农民教育的补贴,是对农民生存权与发展权实现的保障。

(八)完善通过农业资源停用计划提供的结构调整补贴制度

农业资源是指人们从事农业生产或农业经济活动中可以利用的各种资源,包括农业自然资源和农业社会资源。农业自然资源主要指自然界存在的,可为农业生产服务的物质、能量和环境条件的总称,包括水资源、土地资源、气候资源和物种资源等。农业社会资源指社会、经济和科学技术因素中可以用于农业生产的各种要素,主要有人口、劳动力、科学技术和技术装备、资金、经济体制和政策以及法律法规等。显然,农业补贴中所指向的农业资源特指农业自然资源。通过农业资源停用计划提供的结构调整补贴制度的建立的直接目标是为了农业自然资源的保护,进而促进农业资源和环境的可持续发展。

通过农业资源停用计划提供的结构调整补贴,应按照退出的农业资源,确立明确的补贴标准,例如基于土地休耕的补贴,应发放给休耕三年以上的土地。这类补贴措施不得将有关资源投入特定的农产品生产作为补贴条件,或以干预农产品市场价格为目标。

(九)建立通过投资援助提供的结构调整补贴制度

通过投资援助提供的结构调整补贴。这类补贴可根据政府的农业生产结构调整规划而进行相应调整,但补贴应基于明确的结构调整规划和标准,并不得以有关农产品的市场价格作为补贴措施的目标。

　　中国农业当前存在的主要问题,从深层次上分析,是由于中国农业和农村经济的整体质量不高、增长方式比较粗放造成的。长期以来,农产品的普遍短缺迫使中国农业主要追求产量增加,而把农产品质量的提高放在第二位,并且向市场提供的主要是初级农产品,精深加工的农产品份额较小。要改变这种状况,就必须要求在农业粗放增长方式转变为集约增长方式的同时,对农村产业结构进行调整和优化,在保证总量基本平衡的基础上突出质量和效益。农业收益下降,农民增产不增收,其后果是严重的。在短期内既降低了农民对工业消费品的购买力,制约了农民生活水平的提高,又阻碍了农民对农业生产的投入和对国民经济发展的拉动。从长期来看,农民收入的减少会挫伤农民的生产积极性,不利于农业的稳定发展和社会的安定。中国农业结构调整的目标就是由产量最大化调整为效益最大化。效益本身包含产量高低的内容。农业发展进入新的转折时期,很多产品相对剩余,粮食卖不出去,果品卖不出去,农民增收遇到困难。农业结构调整从战略性上考虑,就是把效益或者利润放在主要的位置考虑。效益的最大化,并不排除产量的最大化。在生存权与发展权平等的理念指导下,中国建立通过投资援助提供的结构调整补贴制度的具体制度设计要体现以下三个方面内容:

　　1.在补贴的重点投入上,将资金投入到在结构调整中优先和重点发展的领域。在农业结构调整中,必须明确结构调整重点。适应中国农业进入发展新阶段的客观要求,准确把握现代农业的基本特征,根据市场需求,运用现代科技,将调整农业结构的重点放在改善农产品的质量和品种、发展优质高效农业、变粗放经营为集约经营、提高农业综合效益上。因此,在补贴资金的分配上,应该放在结构调整的优先和重点发展领域上,科学确定补贴的优先序和重点序,从而促进农业结构调整的科学合理化,实现农业的最优化发展。

　　2.在接受补贴的主体上,合理补偿在结构调整中受损的有关主体。在农业结构调整中,势必会使部分农民的现有利益和短期利益受损,例如为了保护水土而由种植业向林业发展,会使原来在土地上耕作的人不能再通过种植作物获得生存所需的粮食和其他利益。因此,基于生存权与发展权平等的考虑,对于这部分在农业结构调整中做出牺牲的农民,应该给予其合理的补偿,至少保证其原有的生活水平不下降,在条件允许的情况下,还应该让其分享农业结构调整后所增长的利益。

3.在补贴的保障和发展上,大力支持建立社会中间层组织。提高农业组织化程度。农民以一家一户为经营单位调整生产结构,资金投入能力弱,抵御市场风险的能力差,而且还会受到规模有限的制约。为了有效地推进农业结构调整,应在尊重农民意愿的基础上,积极探索多种途径,不断提高农民的组织化程度,为扩大经营规模、提高集约程度、优化资源配置创造条件。在这个过程中,应注意发挥农业龙头企业的带动作用,大力发展"订单农业"。

(十)可持续发展的农业环境补贴制度

《农业协定》规定,获得农业环境补贴的资格应确定为明确规定的政府环境保护计划的一部分,并应取决于对该政府计划下特定条件的满足,包括与生产方法或投入有关的条件。

在今后的以生存权与发展权平等为中心的农业环境补贴制度设计中,要制定有利于环境保护的财政补贴政策运行制度,形成长效运行机制。第一,通过农业环境补贴政策,加大政府对环保投资的力度。为了解决农业环境补贴需要的巨额资金,财政政策应做如下调整:加大中央对地方的投资和转移支付力度。利用财政信用方式筹集农业环境补贴,支持生态环境保护工作。政府对农业环境补贴的重点,应是公益性很强的环保基础设施的建设;跨地区的污染综合治理;跨流域区域的环境治理;环境保护的基础科学研究等。第二,调整财政投资政策,将农业环境补贴纳入各级政府的财政预算。政府在制定财政政策时,应将农业环境补贴纳入其中,并且要逐年增加投入。各级政府为了保证农业环境补贴资金的落实,必须从本地财力实际情况出发,每年从预算内的支出中安排部分资金用于农业环境补贴。此外,每年可从预算外资金中统筹部分资金用于农业环境补贴。第三,增强农业环境补贴对企业投资的约束力。一方面国家对于那些经济风险比较大的行业,在农业环境政策上应给予一定的补贴;另一方面,增强农业环境补贴对企业环境投资的约束力,国家财政应支持重视污染治理和环境保护的企业,增强财政政策的刚性约束。

（十一）促平等的地区援助补贴制度

地区援助补贴是针对农业生产条件明显不利的地区发放的,受援地区应基于明确和合理的标准加以认定,所谓"不利的生产条件"必须是长期性的。为此而发放的补贴必须是受援地区农业生产者所普遍能够获得的,补贴额应限于该地区的平均生产成本高出一般平均生产成本的部分。在充分运用"绿箱"构建地区援助补贴制度时,应从以下几个方面来改进:一是进一步细分和明确援助补贴制度对象。援助补贴对象范围宽泛,会产生援助补贴的力度稀释和遗漏。为了提高扶贫政策目标的准确性和援助补贴利用效率,需要把援助补贴拨款单位以"县"为单位改变为以"乡"为单位,保证所有贫困村都能获得援助补贴。另外,还应当总结以往扶贫资金使用的成功经验,在更好发挥农户和自治组织对援助补贴的监督作用基础上,加大援助补贴直接分配到农户的比例。二是援助补贴的转移支付制度应科学合理、稳定规范。我国就采用财政转移支付手段调控地区差异取得了一定的成效,但是由于长期以来的转移支付没有制度化,导致分配效果不显著。从中国目前经济发展形势来看,近期内中央对地区的财政转移支付必须根据当前的形势加以规范,重新调整返还数,并逐步创造条件,在稍长的时期内,尽快建立规范的按因素支出的财政转移支付制度。同时,还应加强国家对"老、少、边、穷"地区的专项拨款补助,中央对民族地区的经济援助如财政补贴、扶贫救济、文教卫生补助、边疆地区补助、基本建设补助,支援不发达地区发展资金等各种专项补助分配和使用过程的管理与监督,尽可能降低这些援助资金的使用成本,减少援助损耗,提高援助效率,在今后可考虑将其纳入财政转移支付制度设计与实施的统一考虑因素之中。此外,应在总结过去省区之间对口支援经验的基础上,进一步加大对口支援的力度,规范援助补贴支持方式,并对实施横向援助补贴的方式和制度进行探索,逐步提高横向援助补贴在整个转移支付中的比重。三是要改革中央财政援助资金的使用方式及领域。在中央财政援助资金中,有相当一部分属于附加配套资金条件的援助,这时地方必须对接受地援助资金进行配套投入,但是贫困地区因经济条件束缚,拿不出配套资金而得不到中央的援助。因此,应将"一刀切"的中央财政援助资金制度,有区别地规定地方配套资金比例,即原则上人均 GDP 相对于全国人均 GDP 水平愈低的地区,地方配套资金比率越低,反之亦然。其次,调整中央财政援助资金的使用重点,农村相对贫困人口的生活保障和农村义务教育应当成为中央财政援助资金的优先领域。因为在中央财政援助资金的使用上,长期以来中央财政援助资金实施重点主要集中在帮助农民和农村企业投资生产性项目(如农产品和工业加工项目)以及基础设施建设方面。对于相对贫困人口来说,首先需要解决的还是生存问题,然后才是发展问题。中国必须要重视农村相对贫困人口的最低生活保障与救济。中央财政援助资金必须承担起解决相对贫困人口最低生活需求的责任,相对贫困人口的救济和最低生活保障应当成为政府财政援助资金使用的一个优先领域。地区贫困落后的原因很多,但最根本的原因还是在于知识上的贫困。从不同角度观察和分析,农村义务教育都应当成为中央财政援助资金的又一个优先投放领域。四是改革农业补贴(国家援助)方式。考虑将农业补贴由"暗补"转变为"明补",减少相对贫困地区农民对国家援助的抱怨情绪,避免因援助方式使用不当而产生的负面作用。五是要加强援助补贴的监管,提高援助补贴使用效率。我国国家援助体制中,国务院各个部委掌握着形式各样的援助资源,一些部委下设的司局处也各有名目繁多的援助资金。这种格局使得各个部门相互之间缺乏协调和配合,加大了援助资金的使用成本,援助补贴的效率低下。由于援助补贴由多个部门分散掌握,导致对援助补贴难以实施有效监督审计。虽然国家重视对援助补贴资金使用的审计监督工作,然而事实证明,这种政府主导型援助补贴使用模式,试图通过政府内部审计约束其他行政机构行为,存在种种困难。在审计过程中即使发现问题,也难以通过有效措施从根本上加以治理。因此建议将政府部门分散掌握和使用的各类援助补贴相对集中管理,以便于监管,减少援助补贴在使用过程中的成本和损耗,提高其使用效率。六是国家对相对落后地区援助的法治化。国家对相对落后地区的援助政策对相对落后地区和相对贫困人口的利益问题和发达地区的利益具有较大涉及,是系统性和全局性的问题,因此国家对相对落后地区援助必须要有比较完善的法律制度作为保证。建议在已有的国家对相对落后地区援助法律制度基础上,进一步对国家对相对落后地区援助的总体结构、援助对象、援助责任、资金来源、援助方式、操作程序、数量规模、机构设置及监管等方面以法律的形式确定下来,进而提高其规范性和法律约束性,做到有法可依、有法必依,使其从形式到内容都符合法治化要求。

五、以生存权与发展权平等为中心的"白箱"具体制度设计

(一)"白箱"补贴法律制度的规则设计

1. 在规则的定性上,"白箱"补贴具有兜底条款的性质。"兜底条款"作为一项立法技术,被广泛运用于各领域、各层级的法律、法规、规章等法律文件中,是在列举相关具体行为或种类之后的概括性或原则性的条款。"兜底条款"之所以被广泛运用,主要是由于立法者无法穷尽并预测一切可能的情形,于是借助于兜底条款立法技术,意图达到法律涵盖范围的最大化。其目的就在于严密法网,堵截法律漏洞。同理,农业补贴制度也需要这样一个"兜底"条款。现有的农业补贴制度没有"兜底"性条款,"绿箱"明确规定了十一项内容,而将来有可能被取消的"黄箱"和"蓝箱"也具体规定了禁止实施的内容。笔者所设计的"白箱"补贴在定性上是一种"兜底"性条款,只要是有利于农业生产和农民利益保护的生存权与发展权平等的现有补贴措施以外的补贴措施就属于"白箱"补贴范围。

2. 在规则的制定上,由 WTO 做出原则性规定,各成员可以根据具体情况作出具体规定和灵活变通。WTO 作为国际贸易组织,其成员来自不同的地区和国家,有着很大的差异性。如果不顾各个成员的特殊情况,都采取一致的规定,肯定会阻碍一些成员的发展,虽然现有的农业补贴制度对不同成员也有所差异,例如 AMS 的规定,但是这些并不能满足特殊成员发展的需要,特别是发展中国家的生存权与发展权无法实现与发达国家的平等。因此,对于"白箱"的规定,本书认为,WTO 作为具有一定约束力的国际经济组织,其规定不宜过于具体,只要做出原则性的规定即可,具体的可以由各成员方根据自身农业建设的具体情况作出具体规定,并且允许灵活变通。

(二)"白箱"补贴法律制度的理念

1. 以生存权与发展权的平等为核心理念。"白箱"补贴制度的设计是为

了弥补现有农业补贴制度的不足,是为了能更好地实现生存权与发展权的平等。生存权与发展权平等不仅体现在一国国内的不同阶层、不同主体之间,也同样体现在国际社会,主要是发展中国家和发达国家之间、发达国家和发达国家之间、发展中国家和发展中国家之间,其中最为重要的是实现发展中国家和发达国家之间的生存权与发展权的平等。"白箱"补贴制度要充分尊重不同种族、不同肤色、不同阶层人的需要,在规则制定中,要体现国家尊重个人、社会服务于个人的理念,努力解决由于发展的不平衡对不同群体带来的影响,消除贫困,积极推进区域和全球经济合作,共同解决全球经济发展中出现的问题,维护经济安全,使尽可能多的人从现有的国际经济秩序中受益。因此,"白箱"补贴的内容应更多的关注与实现农民生存权与发展权平等有关的农业补贴制度内容,特别是促进发展中国家生存权与发展权平等的内容。

2. 以促进弱势成员与弱势群体利益的实现为基本理念。农业补贴通过法律制度架构保证农民生存利益与发展利益,在农业补贴中,农民是利益主体,经济利益、政治利益等都是农业补贴的利益内容。"白箱"农业补贴法律制度的设计必须关注弱势成员、注重弱势群体利益的实现。具体来说,"白箱"农业补贴制度在以促进弱势成员与弱势群体利益的实现为基本理念时,要注意以下几个方面:一是以"白箱"农业补贴制度强化弱质产业生存。农业是一项弱质产业,但是在整个社会的发展中具有基础地位。农业作为极为重要的弱质产业必须予以强力扶持,这是基于社会整体利益而做出的判断,制度倾斜表达了农业发展对实质公正的诉求。"白箱"农业补贴制度的设计,要根据人的发展和社会发展的需要,对农业发展制度进行合理可行的设计,体现人的主观价值取向,促进弱质农业的现实发展需要。二是以"白箱"农业补贴制度促进相对落后区域发展。从国际视角看,农村一般是相对落后的区域,发展中成员的落后在很大程度上就是落后在农村区域。农业补贴在农村区域的制度倾斜具有充分性和必要性。在目前的发展中,农村与城市存在巨大差距,"白箱"农业补贴法律制度的设计在于协调农村与城市的竞争与合作,促进落后区域的发展,最终实现社会发展良性状态。三是以"白箱"农业补贴制度促进弱势成员与弱势群体利益的实现。发展中成员是国际社会发展中的弱势成员,农民是一成员区域内发展的弱势群体,而发展中成员的农民则是弱势中的弱势,亟需更多的利益保护。"白箱"农业补贴制度的设计就是要弥补现有农业补贴法律制度下对弱势成员和弱势群体利益保护的不足,实现他们的利益。

(三)"白箱"补贴法律制度的基本原则

法律原则是法律规范的基础或在法律中较为稳定的原理和准则。其特点是,它不预先设定任何确定而具体的事实状态,也没有规定具体的权利、义务和责任。因此与规则相比,原则的内容具有较大的包容性,它在明确程度上显然低于规则。但是,原则所覆盖的事实状态远广于规则,因此,原则的适用范围也宽于规则。一条规则只能对一种类型的行为加以调整,而一条原则却调整较为宽阔的领域,其至涉及大部分社会关系的协调和指引。基本原则中体现了法律的基本精神,是在价值上比其他原则更为重要,在功能上比其他原则的调整范围更广的法律原则。

"白箱"农业补贴法律制度是 WTO 农业补贴法律制度的组成部分,当然地具有农业补贴法律制度的一般性共有原则。但是,"白箱"补贴制度作为一种创新性的农业补贴制度,是为了生存权和发展权平等的实现,尤其是发展中成员的生存权和发展权的平等实现,因此"白箱"补贴制度又具有特别的原则。

1. 弱势群体保护的倾斜性差异原则

"白箱"补贴制度的建构是为了实现生存权和发展权的平等,是为了保证处于弱势地位的发展中成员和弱势群体基本生存权和发展权的实现,保证其更多利益的实现。正如罗尔斯所说,对于最缺乏优势的人们,必须遵循差别原则,尽力降低自然天赋给人们带来的不利影响。当然,差异原则并不等同于要求结果的平等,也不要求根除不平等的天赋,而是对收益与责任的方案进行安排,使得最不利的人们得到幸运资源。社会中最需要帮助的是那些处于社会底层的人们,他们拥有最少的权力、机会、收入和财富,社会不平等最强烈地体现在他们身上,他们是"最不利者"。而一种正义的社会制度应该通过各种制度性安排来改善这些"最不利者"的处境,增加他们的希望,缩小他们与其他人之间的差距。这样,如果一种社会安排出于某种原因不得不产生某种差异安排,那么,它只有最大程度的有助于最不利者群体的利益,才能是正义的。①延伸到国际领域,我们可以看到,尽管在经济全球化背景下,广大发展中国家日益贫困化与边缘化的问题已引起国际社会的广泛关注,也采取了一定的行动。我们可以预见,为了国际社会的良性发展,今后的国际经济立法将比以前更多考虑发展中国家特殊利益及其需要,在一定程度上改变当前立法的"倾斜天平"倾斜度,"白箱"补贴制度的创新性设计正是国际利益的"倾斜天平"在农业补贴法律制度中的体现。但是,国际社会毕竟只是一个处于"原始状态"的社会体系,它的宏观主体,即主权国家,从本质上讲仍然是趋利避害的私利追求者。对于原来对己有利的国际经济法体系,发达成员更愿意的是保持与扩大在其中的既得利益,而不是心甘情愿的拱手相让。因此,在农业补贴制度中,必须针对发展中国家所处的弱势地位,基于生存权与发展权平等的要求,以"白箱"补贴制度加强对发展中国家农民和农业的保护,并给与必要的倾斜性差异制度保护。

2. 原则性与灵活性相结合原则

当今世界是一个多元文化的世界,WTO 各成员之间存在巨大的差异性,"白箱"农业补贴法律制度的设计必须考虑到这些差异性的存在,因此在制度的设计中,要确立原则性和灵活性相结合原则。因为"白箱"补贴的设计仍是按照 WTO 统一的原则性要求来制定,预先为各成员制定使用的方向和手段等,以防止某些成员的滥用。在制定"白箱"补贴法律制度时必须坚持原则性,否则,就会偏离"白箱"农业补贴制度的方向,法律制度的性质就会改变;但"白箱"农业补贴法律制度的制定又要求在原则允许的限度内,根据具体情况,对某些问题作出灵活的规定。原则性是主要的、决定性的,灵活性是原则性的体现;但没有灵活性,原则性也不能得贯彻和落实。具体来说,在国际经济关系中,应尊重不同国家发展的差异性;认同不同经济制度的共存,在国际

---

① 约翰·罗尔斯:《作为公平的正义——正义新论》,姚大志译,生活·读书·新知三联书店 2002 年版,第 447 页。

经济规则制定中,应体现多国利益,坚持多边主义,鼓励支持对话、协商和谈判来解决争端,保证各国参与国际经济规则的平等权利。在平等的基础上,加强合作,共同解决地区的、国际性的问题,实现多元共生的和谐局面。就中国的情况而言,中国在实际运行"白箱"时,也不得超越 WTO 的原则性规定,应在 WTO 框架下实施。但是可以结合中国的现实特殊情况实施,例如中国农业人口的绝对数量和相对数量与其他大部分国家相比都很庞大,尤其是绝对数量的庞大会导致农业补贴的压力巨大,因此在实施的方式上就可以多样化,灵活运用,如在现金补贴有压力时,可以灵活地通过其他利益或实物措施来替代,只要不违反 WTO 的原则性规定即可。

(四)以生存权与发展权平等为中心的"白箱"制度在我国农业的运用

如前所述,"白箱"补贴是在农业补贴的本质要求、现有农业补贴制度的缺陷要求、农业的弱质性产业性质要求和生存权与发展权平等理念的现实要求下应运而生的。而在具体的制度设计上,是一种由 WTO 进行原则性的规定、各成员根据实际情况灵活实施的,以实现生存权与发展权平等为目标的具有兜底性质的制度。那么,就中国而言,"白箱"补贴在中国的运用要体现重点。"白箱"补贴实施的重点在于保证生存权与发展权平等实现的重要领域。中国是一个发展中的农业大国,但不是农业强国,农业是国内的弱势产业,农民是国内的弱势群体。与其他产业和群体相比,农业和农民的生存权与发展权是不平等的。因此,就中国的现状而言,"白箱"补贴的重点领域在于以下几个方面:一是农业生产的重要领域,如粮食生产领域、大豆、棉花等基本农产品生产领域等,这一领域主要是关系国家粮食安全和农业稳定的基本农业生产领域。对这些农业生产的重要领域的"白箱"补贴内容可以是对"绿箱""蓝箱"和"黄箱"的补充,如基于粮食安全考虑的补贴,也可以是原有"三箱"以外的补贴,如在现代生物技术广泛应用于农业生产可能危及传统农业、生物物种甚至人类安全的情况下,为尽量减少不可预测的现代生物技术对农业的影响而采取的对主要农业生产进行补贴,鼓励种植传统安全农作物的补贴措施。二是与农业生产密切相关的基本领域,主要是农业资源与环境。农业资源与环境作为农业生产的基本领域,不仅关系到农业生产,而且影响整个人类的生存与发展,必须给与必要的特殊保护,例如传统农业资源,随着社会的发展,物种灭绝的速度越来越快,生物多样性受到了严重威胁,因此有必要对这些濒临灭绝的农业资源进行特殊保护,可以对从事这方面保护的人员给与比一般农业资源保护人员更多的补贴。三是关系农民生存和发展的重要领域,如农民的教育问题、农民的社会保障问题等,特别是对年老农民和失地农民的社会保障问题。这个领域的补贴直接关系着农民的生存和发展状况,必须给予更多的关注和投入。可以采取的具体措施是,建立农村发展补贴,包括保证农民基本生存的农民社会保障福利补贴(如基本医疗)、鼓励有知识、有技能的青年投入农业的青年农民安家和农场现代化补贴、农村环境维护补贴、农产品标准培训补贴、农村发展计划补贴、农民转移土地经营权补贴、自然条件恶劣地区补贴等。四是影响农业生产和农民正常生活的重大突发紧急事件,主要是指一些突发性的自然灾害、疫病疫情和突发的社会问题,可能造成农业生产受损严重和农民无法正常生活的情况,这时需要国家给予更多的补贴和临时应急性补贴。

主要参考文献

1.《马克思恩格斯全集》第1—4卷,人民出版社 1972 年版

2.《马克思恩格斯全集》第 16 卷、第 42 卷,人民出版社 1964 年版

3.《马克思恩格斯选集》第 3 卷,人民出版社 1995 年版

4.《马克思、恩格斯、列宁斯大林论巴黎公社》,人民出版社 1971 年版

5. 恩格斯:《自然辩证法》第 3 卷,1972 年版

6.《毛泽东文集》第二卷,人民出版社 1993 年版

7.《毛泽东选集》第三卷,人民出版社 1991 年版

8.《邓小平文选》第三卷,人民出版社 1993 年版

9. 亚里士多德:《政治学》,吴寿彭译,商务印书馆 1965 年版

10. 亚里士多德:《政治学》,商务印书馆 1983 年版

11. 休谟:《人类理解研究》,商务印书馆 1981 年版

12. 哈耶克、邓正来译:《自由秩序原理》,生活·读书·新知三联书店 1997 年版

13. 哈特:《法律的概念》,张文显等译,中国大百科全书出版社 1996 年版

14. 米尔恩:《人的权利与人的多样性——人权哲学》,中国大百科全书出版社 1995 年版

15. 托克维尔:《论美国的民主》(上卷),董果良译,商务出版社 1997 年版

16. 托克维尔:《论美国的民主》,商务印书馆 1988 年版

17. 泰·德萨米:《公有法典》,董果良译,云南大学出版社 1999 年版

18. 孟德斯鸠:《论法的精神》(册),商务印书馆 1982 年版

19. 弗朗斯瓦、魁奈:《魁奈经济著作选集》,商务印书馆 1979 年版

20. 罗纳德·德沃金:《认真对待权利》,中国大百科全书出版社 1998 年版

21. 康芒斯:《制度经济学》(上册),商务印书馆 1962 年版

22. 约翰·罗尔斯:《正义论》,中国社会科学出版社 1988 年版

23. 塞缪尔·亨廷顿:《变革社会中的政治秩序》,华夏出版社 1988 年版

24. E·博登海默:《法理学—法律哲学与法律方法》,邓正来译,中国政法大学出版社 1999 年版

25. 埃莉诺·奥斯特罗姆:《公共事务的治理之道》,上海三联书店 2000 年版

26. 李普塞特:《一致与冲突》,张华青等译,上海人民出版社 1995 年版

27. 塞缪尔·亨廷顿:《变化社会中的政治秩序》,王冠华等译,生活·读书·新知三联书店 1989 年版

28. 理查德·波斯纳:《法律的经济分析》,中国大百科全书出版社 1997 年版

29. 尼古拉斯·麦考罗:《经济学与法律》,法律出版社 2005 年版

30. 约翰·罗尔斯:《作为公平的正义——正义新论》,姚大志译,生活·读书·新知三联书店 2002 年版

31. 塞缪尔·亨廷顿:《文明的冲突与世界秩序的重建》,新华出版社 1999 年版

32. 伯尔曼:《法律与革命——西方法律传统的形成》,中国大百科全书出版社 1993 年版

33. 奥斯本、盖布勒:《改革政府——企业精神如何改革公营部门》,上海译文出版社 1996 年版

34. 柯武刚、史漫飞:《制度经济学:社会秩序与公共政策》,商务印书馆 2000 年版

35. 卡尔·拉伦茨:《德国民法总论》,王晓晔等译,法律出版社 2003 年版

36. 大须贺明:《生存权论》,林浩译,法律出版社 2001 年版

37. 速水佑次郎、神门善久:《农业经济论》,中国农业出版社 2003 年版

38. 棚濑孝雄:《纠纷的解决与审判制度》,王亚新译,中国政法大学出版社 1994 年版

39. 米兰·布拉伊奇:《国际发展法原则》,陶德涛等译,中国对外翻译出版公司,1989 年版

40. R·里奇:《发展权:一项人民的权利》,四川人民出版社 1996 年版

41. 阿马杜-马赫塔尔:《人民的时代》,中国对外翻译出版公司,1986 年版

42. 金里卡:《当代政治哲学》(上),上海三联书店 2001 年版

43. 包宗顺:《农村改革发展与农民权益保护》,社会科学文献出版社 2011 年版

44. 丁开杰:《社会保障体制改革》,社会科学文献出版社 2004 年版

45. 邓淑莲:《中国基础设施的公共政策》,上海财经大学出版社 2003 年版

46. 周文生:《政府职能创新》,中国矿业大学出版社 2007 年版

47. 杜青林等农业部课题组:《新时期农村发展战略研究》,中国农业出版社 2005 年版

48. 费孝通:《城乡和边区发展的思考》,天津人民出版社 1990 年版

49. 费孝通:《乡土中国生育制度》,北京大学出版社 1998 年版

50. 郭成伟、王广彬:《公平良善之法律规制——中国社会保障法制探究》,中国法制出版社 2003 年版

51. 何卫东:《环境产业持续发展与中国环境法律政策创新》,上海科技教育出版社 2005 年版

52. 胡美灵:《当代中国农民权利的嬗变》,知识产权出版社 2008 年版

53. 焦洪昌:《选举权的法律保障》,北京大学出版社 2005 年版

54. 姜安、赵连章、刘彤主编:《政治学概论》,高等教育出版社 2009 年版

55. 林纪东:《比较宪法》,五南图书出版公司 1980 年版

56. 林来梵:《从宪法规范到规范宪法:规范宪法学的一种前言》,法律出版社 2001 年版

57. 刘茂林:《公法评论》(第 6 卷),北京大学出版社 2009 年版

58. 刘重来:《卢作孚与民国乡村建设研究》,人民出版社 2007 年版

59. 刘智等:《数据选举:人大代表选举统计研究》,中国社会科学出版社 2001 年版

60. 李小云、左停:《中国农民权益保护研究:〈农业法〉第九章"农民权益保护"实施情况调查》,社会科学文献出版社 2010 年版

61. 李林:《当代人权理论与实践》,吉林人民出版社 1996 年版

62. 李明舜、林建军主编:《妇女人权理论与实践》,吉林人民出版社 2005 年版

63. 李昌麒主编:《中国农村法治发展研究》,人民出版社 2006 年版

64. 李景鹏:《权力政治学》,北京大学出版社 2008 年版

65. 娄成武、孙萍:《社区管理》,高等教育出版社 2003 年版

66. 鲁可荣:《后发型农村社区发展的驱动力研究——对北京、安徽三村的个案分析》,安徽师范大学出版社 2010 年版

67. 罗中枢、王卓:《公民社会与农村社区治理》,社会科学文献出版社 2010 年版

68. 茆荣华:《我国农村集体土地流转制度研究》,北京大学出版社 2010 年版

69. 毛寿龙:《西方政府的治道变革》,中国人民大学出版社 1998 年版

70. 梅仲协:《民法要义》,中国政法大学出版社 1993 年版

71. 农业部软科学委员会办公室:《农业经营制度》,中国农业出版社 2001 年版

72. 黎昕:《中国社区问题研究》,中国经济出版社 2007 年版

73. 戚渊:《论立法权》,中国法制出版社 2002 年版

74. 师坚毅:《新农村社区建设与管理》,中国社会出版社 2010 年版

75. 史柏年:《中国社会养老保险制度研究》,经济管理出版社 1999 年版

76. 吴江主编:《行政管理学》,中国农业出版社 2007 年版

77. 吴文藻:《人类学社会学研究文集》,民族出版社 1990 年版

78. 王霄:《农村社区建设与管理》,中国社会出版社 2008 年版

79. 王青山、刘继同:《中国社区建设模式研究》,中国社会科学出版社 2004 年版

80. 王振海主编:《公共政治教程》,中国海洋大学出版社 2004 年版

81. 王维国:《公民有序政治参与的途径》,人民出版社 2007 年版

82. 王蕾:《宪法平等规范的诠释观:理念、规范与实践》,法律出版社 2008 年版

83. 王存学、骆友生:《中国农村经济法律基本问题》,法律出版社 1998 年版

84. 王青山、刘继同:《中国社区建设模式研究》,中国社会科学出版社 2004 年版

85. 王全兴、管斌:《社会中间层主体研究》,《经济法论丛》(第五卷),中国方正出版社 1999 年版

86. 汪习根:《法治社会的基本人权》,中国人民公安大学出版社 2002 年版

87. 汪小亚:《农村金融体制改革研究》,中国金融出版社 2009 年版

88. 周晓虹:《传统与变迁》,上海三联书店 1998 年版

89. 谢赤等:《新农村建设的金融支持研究》,湖南大学出版社 2009 年版

90. 谢建社等:《中国农民工权利保障》,社会科学文献出版社 2009 年版

91. 夏忠胜、丁延武:《农村社区组织与制度》,四川大学出版社 2007 年版

92. 徐晓军:《转型期中国乡村社区记忆的变迁》,中国社会科学出版社 2001 年版

93. 徐勇:《城乡社区自治实务》,湖北科学技术出版社 2008 年版

94. 徐鹤林:《法国行政法》,中国政法大学 1985 年版

95. 余维祥:《科学发展观视阈下的新农村建设研究》,湖北人民出版社 2008 年版

96. 俞可平:《治理与善治》,社会科学文献出版社 2000 年版

97. 俞可平:《民主与陀螺》,北京大学出版社 2006 年版

98. 于显洋:《社区概论》,中国人民大学出版社 2006 年版

99. 易炼红:《健全市场经济条件下的农业保护体系》,湖南人民出版社 1998 年版

100. 袁亚愚:《乡村社会学》,四川大学出版社 1999 年版

101. 袁秉达、孟临:《社区论》,中国纺织大学出版社 2000 年版

102. 郑杭生:《中国人民大学中国社会发展研究报告 2002》,中国人民大学出版社 2003 年版

103. 卓泽渊:《法理学》,法律出版社 1998 年版

104. 张千帆主编:《新农村建设的制度保障》,法律出版社 2007 年版

105. 张玉堂:《利益论——关于利益冲突与协调问题的研究》,武汉大学出版社 2001 年版

106. 张晓山等:《全球化与新农村建设》,社会科学文献出版社 2007 年版

107. 张兴杰等:《农村社区建设与管理研究》,华南理工大学出版社 2007 年版

108. 张岱年、方克立:《中国文化概论》,北京师范大学出版社 2004 年版

109. 张文显:《法理学》(第三版),法律出版社 2007 年版

110. 张兴杰等:《农村社区建设与管理研》,华南理工大学出版社 2007 年版

111. 周其仁:《产权与制度变迁—中国改革的经验研究》,社会科学文献出版社 2002 年版

112. Lichangjian. Study on the Property Right Institution for Peasant Eooperative Economic Organizations in China［J］. The English edition of China Legal Science.2005.

113. Brigitte I·Hamm·AHuman RightsApproachto Development［M］·Human Rights Quarterly 2001

114. Bourdieu.P.The Forms of Capital Handbook of Theory and Research for Sociology of Education［M］.New York:Greenwood Press.1986.

115. Doha Work Programme:Decision Adopted by the General Council on 1 August 2004,WTO,Doc. WT/L/579.

116. David.B.Tr uman,The Governmental Pr ocess.New York:Knopf,1951.

117. Developing Countries in WTO, Fordham International Law Journal, Vol.23,2000,pp384-407.

118. Doha Work Programmed,Decision Adopted by the General Council on 1 August 2004,WTO Doc.WT/L/579,2 August 2004.

119. Ernest L, Geng Y. Industrial ecology and eco-industrial park [M]. Beijing:Chemical industry.2001.

120. Framework for Establishing Modalities in Agriculture,WTO Doc. JOB (03)/150/Rev. 2,Annex A,13 September,2003.

121. Global Governance Published by Lynne Rienner Publishers in Cooperation with the Academic Council on the United Nations[ACUNS]and the United Nations University. The Books and Study Commission Reports on the Subject Include The Commission on Global Governance,Our Global Neighborhood (New York:Oxford University Press,1995).

122. Giovanni Anania, Jean-Christophe Bureau, " The Negotiations on Agriculture in the Doha Development Agenda."

123. Gillis,M.D. Perkins,M. Roemer and D. Snodgrass,(1996). Economics of Development,New York:W.W. Norton Company.

124. Henkin, The Age of Rights, (1990), p. 33, New York, Columbia University Press.

125. Ite UE.Community perceptions of the Cross River National Park [J]. Nigeria:Environ.Conserv.1996(4).

126. Jams Rude,Under the Green Box:the WTO and Farm Subsidies,Journal of World Trade,Vol.35,2001.

附录一 调查问卷1

问卷编号_____

农民权益保护与新农村社区发展法律问题研究

调查地点:_____省(市、自治区)_____地(市、州)_____县(市、区)____

_____乡(镇)_____村

调查日期:_____年_____月_____日 调查员姓名:_____

亲爱的农民朋友:

您好,这是一份学术性问卷,此次调查的目的是在了解广大农民朋友对我国新农村社区建设和农民权益保护问题的一些看法,问卷的填答没有对错之分,敬请结合您的实际情形与您的个人看法填写。若某个问题未能完全表达您的意见时,请勾选出最接近您看法的答案。

您所提供的资料仅供本研究分析之用,我们将会对您提供的资料严格保密,绝不对外泄露、传播,敬请放心填答。由于本研究样本资料的完整性与真实性对研究结果有非常大的影响,您的意见不但具有代表性,对整个研究推论极具价值,请惠予合作填答。非常感谢!

在此对您惠予的支持与帮助,致上诚挚的谢意!

课题组

您的性别：＿＿＿＿ 您的年龄：＿＿＿＿ 您的职业：＿＿＿＿ 您的受教育程度：＿＿＿＿

1. 您家庭年收入范围为？

A. 3000 元以下　B. 3000—6000 元　C. 6000 元—10000 元

D. 10000 元以上

2. 您和您的家庭成员在过去的五年中发生过矛盾吗？

A. 是　B. 否

3. 您在哪些经济问题上与他人发生过矛盾纠纷？

A. 购销　B. 债务　C. 房地产　D. 其他

4. 您和您家庭在过去的五年中发生在政治领域的矛盾属于以下哪一类或者哪几类？

A. 干群矛盾　B. 民主政治权利实现的矛盾　C. 民族宗教矛盾

D. 公共权力腐败导致的矛盾　E. 其他　F. 没有

5. 您觉得村民自治组织是否有助于农村矛盾的化解？

A. 有　B. 没有　C. 不清楚

6. 您是否乐意参加有利于农村矛盾化解的村民自治组织？

A. 是　B. 否　C. 不清楚

7. 您认为农产品销售情况如何？

A. 好　B. 比较好　C. 一般　D. 差

8. 您所在地区是否发生过农产品质量安全事故？

A. 是　B. 否　C. 不清楚

9. 您和您家庭在过去的五年中发生在经济领域的矛盾属于以下哪几类？

A. 农村青壮年劳动力外流与农村自身建设需要之间的矛盾

B. 多种分配方式产生的矛盾　C. 贫富差距加大产生的矛盾

D. 土地矛盾 E. 收入增长缓慢产生的矛盾

F. 农村生产模式落后与经济快速增长的矛盾

G. 高新技术人才短缺产生的矛盾　H. 债务矛盾

I. 农民负担过重产生的矛盾　J. 其他

10.您和您家庭成员在过去的五年中发生在环境领域的矛盾属于以下哪一类或者哪几类?

A.环境保护与资源利用之间的矛盾

B.环境承受力与经济增长方式的矛盾

C.当前利益与长远利益之间的矛盾　D.其他

11.您和您家庭成员在过去的五年中发生在文化领域的矛盾属于以下哪一类或者哪几类?

A.民族文化丰富与缺少开发之间的矛盾　B.教育资源供需矛盾

C.思维方式落后产生的矛盾　D.享有文化成果不平等产生的矛盾

E.其他

12.当您遇到以上矛盾时,您和您的家庭是怎样解决的?

A.找政府　B.找法院　C.找协会　D.找村干部　E.找亲朋友

F.自己协商　G.其他

13.当您遇到以上矛盾时,您和您的家庭对所采取的解决途径是否满意?

A.满意　B.基本满意　C.不满意　D.很不满意

14.您认为哪种矛盾化解方式效果最为满意?

A.找政府　B.找法院　C.找协会　D.找村干部　E.找亲友

F.自己协商　G.其他

15.影响您选择某种矛盾化解方式的原因是什么?

A.金钱花费　B.时间花费　C.解决效果　D.便利程度　E.其他

16.当您遇到纠纷时,采取什么办法解决?

A.自行和解　B.由他人调解　C.行政办法　D.诉讼

17.当您遇到什么情况时才会考虑去法院?

A.判决公正有权威　B.调解没成功　C.政府处理不满意

D.听别人建议　E.其他

18.没有选择"上法院",您这样做的原因是什么?

A.成本高　B.不懂法　C.没有打官司的意识　D.法院有腐败现象

E.其他方式更奏效

19. 您认为农村社会保障情况如何？

A. 好　B. 比较好　C. 一般　D. 差

20. 您认为农村医疗情况（医疗费用、医疗便捷、医疗水平等）如何？

A. 好　B. 比较好　C. 一般　D. 差

21. 您认为农村文化生活丰富吗？

A. 丰富　B. 比较丰富　C. 不丰富　D. 不清楚

22. 您愿意为参加农村社区文化活动支付一定费用吗？

A. 愿意　B. 可接受的范围内愿意　C. 不愿意

23. 您认为农民文化权益缺失问题应由谁来解决？

A. 农民　B. 政府　C. 政府主导，农民为辅　D. 农民主导，政府为辅

24. 您所在地区的土地流转情况？

A. 全部由农户耕种　B. 少部分转包或出租　C. 多数转包或出租

D. 已全部转包或出租

25. 您不愿意流转土地的原因是什么？

A. 务农是主要经济来源　B. 老了生活没有保障

C. 子女教育费用无保障

D. 国家政策不明晰　E. 土地流转不规范　F. 非农就业困难

26. 您觉得当地农药、化肥造成污染程度如何？

A. 严重　B. 一般　C. 污染很小　D. 没有污染

27. 您认为谁最应该为水资源保护负责？

A. 政府　B. 基层组织　C. 农民自身　D. 企业

28. 您认为当前农村水资源保护的工作重点应在哪方面？

A. 农田水利建设　B. 水污染防治　C. 饮水工程　D. 节水技术

E. 宣传教育　F. 其他

29. 您认为当前农村社区生态环境怎样？

A. 很好　B. 较好　C. 一般　D. 较差

50. 您认为当前农村社区生态环境重要吗？

A. 非常重要　B. 比较重要　C. 一般　D. 完全不重要

30. 您听说过农业生态补偿吗?

A. 非常了解　B. 一般了解　C. 不太了解

D. 听说过但不了解　E. 完全没听说过

31. 您觉得应由谁来维护农村社区生态补偿呢?

A. 无需维护　B. 村委会　C. 社区总体部署　D. 自身维护　E. 不清楚

32. 您觉得农村社区在生态补偿方面所起的作用是怎样的?

A. 应起重要作用　B. 应起一般作用　C. 不用起多大作用

D. 不起作用　E. 不清楚

33. 您觉得应从哪种方式对农村社区生态进行补偿呢?

A. 资金直补　B. 从社区社会保障方面　C. 从社区生态农业项目方面

D. 从农民政治权益保障方面　E. 从政府惠农政策方面　F. 其他方式

34. 您觉得农村社区生态补偿最大的难题在哪里呢?

A. 资金来源问题　B. 无相关的政策法规保障　C. 执行难

D. 补偿方式、标准的不确定　E. 其他　F. 不清楚

问卷到此结束,再次感谢您的协助,祝您生活愉快!

附录二　调查问卷 2

问卷编号＿＿＿＿

农民权益保护与新农村社区发展法律问题研究

调查地点：＿＿＿＿省(市、自治区)＿＿＿＿地(市、州)＿＿＿＿＿县(市、区)＿＿＿＿
＿＿＿＿乡(镇)＿＿＿＿村

调查日期：＿＿＿年＿＿＿月＿＿＿日　调查员姓名：＿＿＿＿＿＿＿

亲爱的农民朋友：

　　您好,这是一份学术性问卷,此次调查的目的是在了解广大农民朋友对我国新农村社区建设和农民权益保护问题的一些看法,问卷的填答没有对错之分,敬请结合您的实际情形与您的个人看法填写。若某个问题未能完全表达您的意见时,请勾选出最接近您看法的答案。

　　您所提供的资料仅供本研究分析之用,我们将会对您提供的资料严格保密,绝不对外泄露、传播,敬请放心填答。由于本研究样本资料的完整性与真实性对研究结果有非常大的影响,您的意见不但具有代表性,对整个研究推论极具价值,请惠予合作填答。非常感谢!

　　在此对您惠予的支持与帮助,致上诚挚的谢意!

课题组

您的性别：_____ 您的年龄：_____ 您的职业：_____ 您的受教育程度：_____

1.您认为您所在农村反映民意的渠道畅通吗？

A.很通畅 B.通畅 C.一般 D.不通畅 E.很不通畅

2.您经常跟哪些主体发生利益纠纷？

A.村委会 B.农村社区 C.基层政府 D.其他农民 E.乡镇企业

F.外地人

3.您和周围的人遇到的纠纷大多是哪方面的问题？

A.土地问题 B.外出打工的工资拖欠问题 C.债务纠纷

D.邻里矛盾引起纠纷

4.您对自己遭受的侵权行为不维权，其原因是什么？

A.不愿意得罪人 B.费用太高 C.不清楚如何维权

D.时间周期过长 E.其他

5.您或者您的亲人、邻居有没有信访的经历？

A.有 B.没有

6.您认为村委会在群众利益诉求中的作用如何？

A.没有作用 B.作用很小 C.作用一般 D.发挥了重要作用

7.您认为政府发放的最低生活保障能解决农村贫困人群的生活问题吗？

A.完全能解决 B.基本能解决 C.作用一般 D.基本不能解决

E.不能解决

8.您觉得当前医疗机构存在哪些问题？

A.收费太高 B.医疗条件差 C.医德医风差 D.医院之间差距大

E.其他

9.据您所知,本地的青少年完成九年义务教育情况如何？

A.基本上都完成 B.辍学情况时有发生 C.辍学情况比较严重

10.您是通过哪些方式了解新型农村合作医疗？

A.入户宣传 B.广播电视新闻 C.传单 D.网络 E.其他途径

11.您认为新型农村合作医疗对农民的帮助如何？

A. 很大　　B. 有一定帮助　　C. 不太有用　　D. 没有用

12. 您参加合作医疗后最担心的问题有哪些?

A. 医疗费不能报销或报销少　　B. 担心药价上涨　　C. 担心看病不自由

D. 非要到定点医疗机构才能报销

13. 您认为您所购买的农业生产资料的质量如何?

A. 好　　B. 比较好　　C. 一般　　D. 差

14. 如果因购买或者使用假劣农资造成损失,您会怎样?

A. 自认倒霉　　B. 向生产者或经营者交涉要求其赔偿

C. 向有关部门投诉

15. 您对农村社区文化建设的参与程度?

A. 积极参与 B. 无所谓　　C. 不想参加,因为不了解

D. 不会参加,跟自己没关系

16. 您认为农村文化生活丰富吗?

A. 丰富　　B. 比较丰富　　C. 不丰富　　D. 不清楚

17. 您认为自己所居住的村(社区)治安状况如何?

A. 很好　　B. 比较好　　C. 一般　　D. 不好

18. 您怎么看待农村贫富差距矛盾?

A. 很正常　　B. 较正常　　C. 无所谓　　D. 不正常　　E. 很不正常

19. 您所在地区农村贫富差距大吗?

A. 很大 B. 一般　　C. 没有差距

20. 您认为导致农村经济差距矛盾的原因有哪些? (可多选)

A. 国家政策扶持不足　　B. 社会保障体系不健全

C. 个体农民自身文化、技能差异

D. 农村资源、区位差异　　E. 其他____

21. 您认为可以采取的化解农村贫富差距矛盾的途径有哪些? (可多选)

A. 增加政府支农投入　　B. 改革城乡户籍制度　　C. 推进新农村建设

D. 加快城镇化建设　　E. 统筹城乡社会保障　　F. 其他

22. 您所在地区是否设有固定的农产品质量安全例行检测点制度?

A. 是　B. 否

23. 您对不符合质量标准的农产品进行如何处理?

A. 停止销售　B. 向农业行政主管部门报告

C. 不在市场销售做其他处理　D. 其他

24. 您所在村或镇有没有设置法律援助机构?

A. 有　B. 没有

25. 您对农村社区的最大期望在什么方面?

A. 社会保障　B. 社会治安　C. 住房问题　D. 医疗问题　E. 子女教育

F. 食品安全　G. 基础设施　H. 民主权利　I. 经济负担　J. 其他

26. 您觉得现在的农业补贴标准如何?

A. 补贴标准过高　B. 补贴标准合适　C. 补贴标准过低

27. 您认为我国现在的农业补贴政策中最需要完善的地方是哪里?

A. 农村基础教育　B. 农业科技推广　C. 对农业专业组织的扶持

D. 农村信息网络体系建设

E. 农村基础设施建设　F. 其他方面

28. 您认为农村社区对农民利益进行保护应该从哪几个方面进行完善?

A. 为农民谋福利　B. 解决日常纠纷　C. 提供文化服务

D. 保障日常生活需要

29. 您认为当前新农村社区面临的环境污染问题有哪些?

A. 水污染　B. 大气污染　C. 植被破坏　D. 固体废弃污染

E. 其他各种污染,如噪声污染

30. 当地生态环境污染现象主要有哪些原因?

A. 人们环保意识差　B. 政府对环境问题重视程度不够

C. 人们的守法意识差

D. 人口膨胀　E. 经济发展过快

31. 农村生态环境改善的最大困境是什么?

A. 村民环保意识不够　B. 缺乏资金　C. 村委发挥作用不大,职责不明确

D. 缺乏环保机构监督　E. 政府不够重视　F. 其他

32. 当地社区已经开展的环境整治工作有哪些?

A. 没看见其开展工作　B. 河道治理　C. 垃圾收集处理

D. 农村污水处理　E. 户用沼气池建设

F. 畜禽养殖场沼气建设　G. 农村厕所改造　H. 其他

33. 当地农村社区环境宣传工作从哪些方面改善?

A. 工厂减轻对环境的污染　B. 城乡地区成立相关环境卫生部门

C. 对村民加强环保知识的宣传　D. 扩大植被覆盖率　E. 其他

问卷到此结束,再次感谢您的协助,祝您生活愉快!

附录三　调查问卷 3

问卷编号_____

农民权益保护与新农村社区发展法律问题研究

调查地点:_____省(市、自治区)_____地(市、州)_____县(市、区)_____
_____乡(镇)_____村

调查日期:_____年_____月_____日　调查员姓名:_____

亲爱的农民朋友:

您好,这是一份学术性问卷,此次调查的目的是在了解广大农民朋友对我国新农村社区建设和农民权益保护问题的一些看法,问卷的填答没有对错之分,敬请结合您的实际情形与您的个人看法填写。若某个问题未能完全表达您的意见,请勾选出最接近您看法的答案。

您所提供的资料仅供本研究分析之用,我们将会对您提供的资料严格保密,绝不对外泄露、传播,敬请放心填答。由于本研究样本资料的完整性与真实性对研究结果有非常大的影响,您的意见不但具有代表性,对整个研究推论极具价值,请惠予合作填答。非常感谢!

在此对您惠予的支持与帮助,致上诚挚的谢意!

课题组

965

您的性别：_____　　您的年龄：_____　　您的职业：_____　　您的受教育程度：_____

1.您对当前的农村金融服务是否了解？

A.非常了解　B.了解　C.一般　D.不怎么了解　E.一点都不了解

2.您所获取的存储、贷款等金融服务信息来自哪里？

A.农村商业银行的宣传　B.农村信用社的宣传　C.政府、村委会的宣传

D.亲戚朋友的介绍　E.电视、广播、报纸、网络等媒体宣传

3.您的日常金融活动倾向于选择的是？

A.农村商业银行

B.农村信用社、互助合作社、合作银行等合作金融机构

C.小额信贷公司　D.邮政储蓄　E.农业银行等其他商业银行机构

4.您选择此类金融服务机构的原因是？

A.离生活居住区域较近　B.金融机构业务人员态度好

C.银行信誉好,感觉安心　D.贷款方式灵活,办理业务更快捷

E.其他

5.您认为目前的农村金融服务是否到位？

A.非常到位　B.基本到位　C.基本不到位　D.完全不到位

6.您认为自身获取金融服务的权利是否得到了足够的重视？

A.得到了足够重视　B.得到重视的程度一般　C.完全没有得到重视

7.您认为目前农村金融服务仍然存在的问题有？（可多选）

A.手续繁琐　B.服务态度不良　C.服务点过少　D.操作不规范

E.其他

8.您认为当前农村金融服务存在以上问题的原因是？

A.有关部门监管不力　B.相关法律制度缺乏　C.国家投入不足

D.其他

9.您了解当前国家支持农村金融发展的相关法律政策吗？

A.非常清楚　B.清楚　C.知道一些　D.完全不了解

10.您是否与金融机构发生过争议？

A.有　　B.没有(跳过11题)

11.您与金融机构发生争议会寻求何种途径解决?

A.法院诉讼　　B.找金融机构管理人员理论　　C.寻求金融监管部门解决

D.寻求乡镇或村委会出面解决

E.忍气吞声,下次不去这家金融机构了

12.您所在的区域保险服务状况是

A.种类多、服务全　　B.有一些,选择范围较小　　C.基本没有

13.您是否期望获得便利的保险服务?

A.希望　　B.不希望　　C.无所谓

15.您是否了解农村合作金融(包括信用社、合作银行、资金互助合作社等)?

A.非常了解　　B.了解一些　　C.完全不了解(调查结束)

16.您所在区域农村合作金融的发展情况如何?

A.保持比较平稳的发展　　B.发展越来越好　　C.已经逐步改制,退出市场

17.您认为影响农村合作金融发展的因素有哪些?(可多选)

A.金融机构的竞争　　B.自身经营体制　　C.国家政策偏重

D.法律制度的规范

19.您或身边的人通常参与合作金融的方式是?

A.以金钱出资的方式入股　　B.直接参加合作金融经营管理　　C.其他

20.农村信用社改制之后是否进行了合法退股或其他方式补偿?

A.进行了退股与全面补偿　　B.补偿部分,存在拖欠　　C.完全没有补偿

21.您是否愿意参与合作金融经营?

A.非常愿意　　B.如果风险较小就愿意　　C.如果能获取较大收益就参与

D.如果有生产、生活之外的剩余资金就参与　　E.不愿意参与

问卷到此结束,再次感谢您的协助,祝您生活愉快!

附录四　调查问卷4

问卷编号＿＿＿＿

农民权益保护与新农村社区发展法律问题研究

调查地点：＿＿＿＿省（市、自治区）＿＿＿＿地（市、州）＿＿＿＿＿＿县（市、区）＿＿＿

＿＿＿＿乡（镇）＿＿＿＿＿村

调查日期：＿＿＿＿年＿＿＿＿月＿＿＿＿日　调查员姓名：＿＿＿＿＿＿＿＿＿＿

亲爱的农民朋友：

　　您好，这是一份学术性问卷，此次调查的目的是在了解广大农民朋友对我国新农村社区建设和农民权益保护问题的一些看法，问卷的填答没有对错之分，敬请结合您的实际情形与您的个人看法填写。若某个问题未能完全表达您的意见，请勾选出最接近您看法的答案。

　　您所提供的资料仅供本研究分析之用，我们将会对您提供的资料严格保密，绝不对外泄露、传播，敬请放心填答。由于本研究样本资料的完整性与真实性对研究结果有非常大的影响，您的意见不但具有代表性，对整个研究推论极具价值，请惠予合作填答。非常感谢！

　　在此对您惠予的支持与帮助，致上诚挚的谢意！

课题组

您的性别：_____ 您的年龄：_____ 您的职业：_____ 您的受教育

程度：_____

不满意 → 很满意

1. "门难进、脸难看、事难办"的现象 ······················· 1 2 3 4 5

2. 基层干部为农民排忧解难的主动性 ····················· 1 2 3 4 5

3. 社区政务公开、公正、透明 ····························· 1 2 3 4 5

4. 社区便民服务 ···································· .1 2 3 4 5

5. 社区提供小额贷款 ·································· 1 2 3 4 5

6. 交通便利 ·· 1 2 3 4 5

7. 污水和垃圾处理 ···································· 1 2 3 4 5

8. 环境绿化率 ······································ 1 2 3 4 5

9. "看病贵、看病难"问题 ······························· 1 2 3 4 5

10. 基本的卫生保健制度 ································ 1 2 3 4 5

11. 医疗条件、医院城乡差距 ····························· 1 2 3 4 5

12. 技能培训 ·· 1 2 3 4 5

13. 子女入学难问题 ···································· 1 2 3 4 5

14. 社区治安 ·· 1 2 3 4 5

15. 社区居民最低生活保障制度 ··························· 1 2 3 4 5

16. 享受低保人员名单的确定 ····························· 1 2 3 4 5

17. 食品安全状况 ····································· 1 2 3 4 5

18. 土地权益保障 ····································· 1 2 3 4 5

19. 在踏实为农民谋福利方面 ····························· 1 2 3 4 5

20. 解决日常纠纷中对农民权益的保护 ······················ 1 2 3 4 5

21. 人均纯收入 …………………………………………… 1　2　3　4　5

22. 物价指数增长 ………………………………………… 1　2　3　4　5

23. 农业成本增长 ………………………………………… 1　2　3　4　5

24. 农业科技进步 ………………………………………… 1　2　3　4　5

问卷到此结束,再次感谢您的协助,祝您生活愉快!

附录五 访谈提纲1

问卷编号_____

农民权益保护与新农村社区发展基本法律问题研究

访谈地点：_____省（自治区、市）_____地（市、州）

县（区）_____乡（镇）_____村

访谈日期：_____年_____月_____日

访谈人员：_____访谈对象：_____

1. 您对村民自治有怎样的理解？您所在地的村民自治情况怎样？您对此有怎样的看法？

2. 您所在地村委会在村民自治中的作用如何？您对当地村委会开展的工作满意吗？

3. 您有参加农民合作组织吗？您认为农民合作组织对您有帮助吗？

4. 目前您接受过国家农业补贴的哪些项目呢？对此您有怎样的看法呢？

5. 您有兴趣参与农村社区文化建设吗？今后您在这方面有怎样的打

算呢？

    6. 你是否接受过一些技能培训呢？对此您有好的建议吗？

    7. 您现在是否会为以后的生活保障问题担忧呢？主要是哪些方面呢？

    8. 您的家庭在医疗方面的支出占家庭总支付的比例大吗？具体情况是怎样的呢？

    9. 您是否担忧目前您所在地的生态环境状况呢？您的担忧主要在哪些方面呢？

    10. 您对保护农村环境、治理农村环境污染还有哪些建议？

    11. 您听说过生态补偿吗？接受过怎样形式和怎样标准的生态补偿呢？

    12. 您对您的权益保护状态满意吗？您有哪些意见或建议呢？

    13. 您对目前社区建设状况满意吗？结合您的自身需求您有哪些意见或建议呢？

    访谈到此结束，再次感谢您的协助，祝您生活愉快！

附录六　访谈提纲 2

问卷编号＿＿＿＿

农民权益保护与新农村社区发展基本法律问题研究

访谈地点：＿＿＿＿省（自治区、市）＿＿＿＿＿＿地（市、州）

县（区）＿＿＿＿乡（镇）＿＿＿＿＿村

访谈日期：＿＿＿＿年＿＿＿＿月＿＿＿＿日

访谈人员：＿＿＿＿＿＿＿＿＿＿＿＿＿＿＿＿访谈对象：＿＿＿＿＿＿＿＿＿＿＿＿＿＿＿＿

1. 您觉得您为社区建设与发展献言献策的途径多吗？有哪些呢？

2. 您有为社区建设与发展献言献策的经历吗？效果怎么样呢？

3. 您觉得社区干部办事情的效率和效果能让您满意吗？体现在哪些方面呢？

4. 您对国家农业补贴的相关政策了解多少呢？

5. 如果您在农业生产中遇到小额资金问题，通过履行相关手续后，能否及时贷到款呢？对此您有怎样的看法呢？

6.您所在地有农村合作经济组织吗？他们具体提供些什么服务呢？

7.您认为影响合作金融形式在农村地区发展的因素有哪些？最主要的是哪个？

8.您对您所在地的文化基础设施建设满意吗？主要表现在哪些方面呢？

9.您觉得社区开展的文化活动的内容能够吸引您吗？您希望能开展怎样的活动来丰富您的生活和开阔您的视野呢？

10.您所在地的生态环境有外来污染源吗？对此您有怎样的想法？

11.您经历过农产品质量安全的事件吗？对此您有怎样的看法呢？

12.您对国家"新农村社区建设"这一举措有信心吗？您有着怎样的想法或意见建议呢？

访谈到此结束,再次感谢您的协助,祝您生活愉快!

责任编辑：茅友生　张新平

封面设计：胡欣欣

图书在版编目（CIP）数据

中国新农村社区发展的法理与实践/李长健 著. —北京:人民出版社,2023.4

ISBN 978－7－01－025541－5

Ⅰ.①中…　Ⅱ.①李…　Ⅲ.①农村社区-社会主义法制-研究-中国

　Ⅳ.①D920.0

中国国家版本馆 CIP 数据核字（2023）第 050494 号

中国新农村社区发展的法理与实践

ZHONGGUO XINNONGCUN SHEQU FAZHAN DE FALI YU SHIJIAN

李长健　著

人 民 出 版 社 出版发行

（100706　北京市东城区隆福寺街 99 号）

北京新华印刷有限公司印刷　新华书店经销

2023 年 4 月第 1 版　2023 年 4 月北京第 1 次印刷

开本:710 毫米×1000 毫米 1/16　印张:62.75

字数:690 千字　印数:0,001-5,000 册

ISBN 978－7－01－025541－5　定价:368.00 元（上、下册）

邮购地址 100706　北京市东城区隆福寺街 99 号

人民东方图书销售中心　电话（010）65250042　65289539